Jaroslav Hašek

Die Abenteuer des braven Soldaten Schwejk

Illustrierte Ausgabe

© 2021 Matthias Schwarze
1.Illustrierte Auflage
Umschlag, Illustrationen: Matthias Schwarze
Erscheinungsjahr der tschechischen Originalausgabe: 1921
Übersetzung des tschechischen Originals von
Jaroslav Hašek: Grete Reiner

Verlag & Druck: tredition GmbH, Halenreie 40-44, 22359 Hamburg

ISBN
Paperback   978-3-347-30585-4
Hardcover   978-3-347-30586-1
e-Book   978-3-347-30587-8

Vorwort

Eine große Zeit erfordert große Menschen. Es gibt verkannte, bescheidene Helden, ohne den Ruhm und die Geschichte eines Napoleons. Eine Analyse ihres Charakters würde selbst den Ruhm eines Alexanders von Mazedonien in den Schatten stellen. Heute könnt ihr in den Prager Straßen einem schäbigen Mann begegnen, der selbst nicht weiß, was er eigentlich in der Geschichte der neuen großen Zeit bedeutet. Er geht bescheiden seines Wegs, belästigt niemanden und wird auch nicht von Journalisten belästigt, die ihn um ein Interview bitten. Wenn ihr ihn fragen wolltet, wie er heißt, würde er euch schlicht und bescheiden antworten: „Ich heiße Schwejk..."

Und dieser stille, bescheidene, schäbige Mann ist wirklich der alte, brave, heldenmütige, tapfere Soldat Schwejk, der einst unter Österreich im Munde aller Bürger des Königreichs Böhmen war und dessen Ruhm auch in der Republik nicht verblassen wird.

Ich habe diesen braven Soldaten Schwejk sehr lieb und bin bei der Niederschrift seiner Abenteuer im Weltkrieg überzeugt, daß ihr alle für diesen bescheidenen, verkannten Helden Sympathie empfinden werdet. Er hat nicht den Tempel der Göttin von Ephesus in Brand gesteckt wie jener Dummkopf Herostrates, um in die Zeitungen und Schulbücher zu kommen. Und das genügt.

Der Verfasser

Abbildung 1: Jaroslav Hasek
(Quelle: http://www.justmj.ru/forum/12-3852-1)

5

Erster Teil

Im Hinterlande

1. Das Eingreifen des braven Soldaten Schwejk in den Weltkrieg

„Also sie ham uns den Ferdinand erschlagen", sagte die Bedienerin zu Herrn Schwejk, der vor Jahren den Militärdienst quittiert hatte, nachdem er von der militärärztlichen Kommission endgültig für blöd erklärt worden war, und der sich nun durch den Verkauf von Hunden, häßlichen, schlechtrassigen Scheusälern, ernährte, deren Stammbäume er fälschte. Neben dieser Beschäftigung war er vom Rheumatismus heimgesucht und rieb sich gerade die Knie mit Opodeldok ein.

„Was für einen Ferdinand, Frau Müller?" fragte Schwejk, ohne aufzuhören, sich die Knie zu massieren. „Ich kenn zwei Ferdinande. Einen, der is Diener beim Drogisten Pruscha und hat dort mal aus Versehn eine Flasche mit irgendeiner Haartinktur ausgetrunken, und dann kenn ich noch den Ferdinand Kokoschka, der, was den Hundedreck sammelt. Um beide is kein Schad."

„Aber gnä' Herr, den Herrn Erzherzog Ferdinand, den aus Konopischt, den dicken frommen."

„Jesus Maria", schrie Schwejk auf. „Das is aber gelungen. Und wo is ihm denn das passiert, dem Herrn Erzherzog?"

„In Sarajevo ham sie ihn mit einem Revolver niedergeschossen, gnä' Herr. Er ist dort mit seiner Erzherzogin im Automobil gefahren."

„Da schau her, im Automobil, Frau Müller, ja, so ein Herr kann sich das erlauben und denkt gar nicht dran, wie so eine Fahrt im Automobil unglücklich ausgehn kann. Und noch dazu in Sarajevo, das is in Bosnien, Frau Müller. Das ham sicher die Türken gemacht. Wir hätten ihnen halt dieses Bosnien und Herzegowina nich nehmen solln. Na also, Frau Müller. Der Herr Erzherzog ruht also schon in Gottes Schoß. Hat er sich lang geplagt?"

„Der Herr Erzherzog war gleich weg, gnä' Herr, Sie wissen ja, so ein Revolver is kein Spaß. Unlängst hat auch ein Herr bei uns in Nusle mit einem Revolver gespielt und die ganze Familie erschossen, mitsamt dem Hausmeister, der nachschaut gekommen is, wer dort im dritten Stock schießt."

Abbildung 2: Attentat auf Franz Ferdinand von Österreich am 28. Juni 1914, Illustration der französischen Zeitung "Le Petit Journal" am 12. Juli 1914

„Mancher Revolver geht nicht los, Frau Müller, wenn Sie sich aufn Kopf stelln. Solche Systeme gibts viel. Aber auf den Herrn Erzherzog ham sie sich gewiß was Besseres gekauft, und ich mächt wetten, Frau Müller, daß sich der Mann, der das getan hat, dazu schön angezogen hat. Nämlich auf einen Herrn Erzherzog schießen is eine sehr schwere Arbeit. Das is nicht so, wie wenn ein Wilddieb auf einen Förster schießt. Da handelt sichs darum, wie man an ihn herankommt, auf so einen Herrn kann man nicht ins Hadern kommen. Da müssen Sie im Zylinder kommen,

8

damit Sie nicht ein Polizist schon vorher abfaßt."

„Es waren ihrer herich mehr, gnä' Herr."

„No, das versteht sich doch von selbst, Frau Müller", sagte Schwejk, seine Knie-massage beendend. „Wenn Sie einen Erzherzog oder den Kaiser erschlagen wollten, möchten Sie sich sicher auch mit jemandem beraten. Mehr Leute haben mehr Verstand. Der eine rät das, der andere wieder was anderes, und so wird das Schwerste leicht vollbracht, wies in unsrer Volkshymne heißt. Die Hauptsache is, den Moment abpassen, wenn so ein hoher Herr vorübergeht. Wie zum Beispiel, wenn Sie sich noch an den Herrn Luccheni erinnern, der, was unsre selige Elisabeth mit der Feile erstochen hat. Er is mit ihr spazieren gegangen. Dann traun Sie noch jemandem. Seit der Zeit geht keine Kaiserin mehr spazieren. Und dasselbe Schicksal wartet noch auf viele Leute. Sie wern sehn, Frau Müller, daß auch noch der Zar und die Zarin an die Reihe kommen und, was Gott verhüten mög, auch unser Kaiser, wenn sie schon mit seinem Onkel angefangen ham. Er hat viele Feinde, der alte Herr. Noch mehr als der Ferdinand. Wies da unlängs ein Herr im Wirtshaus gesagt hat, daß eine Zeit kommen wird, wo die Kaiser einer nach dem andern abdampfen wern und wo sie nicht einmal die Staatsanwaltschaft herausreißen wird. Dann hat er die Zeche nicht bezahlen können, und der Wirt hat ihn hopnehmen lassen müssen. Und er hat ihm eine Watschen hinuntergehaut und dem Wachmann zwei. Dann ham sie ihn in der Gemeindetruhe abgeführt, damit er zu sich kommt. Ja, Frau Müller, heutzutag geschehn Dinge! Das is wieder ein Verlust für Österreich. Wie ich noch beim Militär war, hat dort ein Infanterist einen Hauptmann erschossen. Er hat seine Flinte geladen und is in die Kanzlei gegangen. Dort hat man ihm gesagt, daß er dort nichts zu suchen hat, aber er is fort drauf bestanden, daß er mit dem Herrn Hauptmann sprechen muß. Der Hauptmann is hinausgegangen und hat ihm gleich einen Kasernarrest aufgebrummt. Er hat die Flinte genommen und hat ihn direkt ins Herz getroffen. Die Kugel is dem Herrn Hauptmann durch den Rücken hinausgefahren und hat noch in der Kanzlei Schaden angerichtet. Sie hat eine Flasche Tinte zerschlagen, und die hat die Amtsakten begossen."

„Und was is mit dem Soldaten geschehn?", fragte nach einer Weile Frau Müller, während Schwejk sich ankleidete.

„Er hat sich an den Hosenträgern aufgehängt", sagte Schwejk, seinen harten Hut putzend.

„Und die Hosenträger waren nicht mal sein. Die hat er sich vom Profosen ausgeborgt, weil ihm herich die Hosen rutschten. Hätt er warten solln, bis sie ihn erschießen? Das wissen Sie, Frau Müller, in so einer Situation geht einem der Kopf herum wie ein Mühlrad. Den Profosen haben sie dafür degradiert und ihm sechs Monate aufgepelzt. Aber er hat sie sich nicht abgesessen. Er is nach der Schweiz durchgebrannt und is dort heut Prediger in irgendeiner Kirchengemeinde. Heutzutage gibts wenig anständige Leute, Frau Müller. Ich stell mir halt vor, daß sich der Herr Erzherzog Ferdinand in Sarajevo auch in dem Mann getäuscht hat, der ihn erschossen hat. Er hat irgendeinen Herrn gesehn und sich gedacht: Das is sicher ein anständiger Mensch, wenn er mir ‚Heil' zuruft. Und dabei knallt ihn der Herr nieder. Hat er nur einmal oder öfter geschossen?"

„Die Zeitungen schreiben, gnä' Herr, daß der Herr Erzherzog wie ein Sieb war. Er hat alle Patronen auf ihn verschossen."

„Ja, das geht ungeheuer rasch, Frau Müller, furchtbar rasch. Ich möcht mir für so was einen Browning kaufen. Der schaut aus wie ein Spielzeug, aber Sie können damit in zwei Minuten zwanzig Erzherzöge niederschießen, magere oder dicke. Obgleich man, unter uns gesagt, Frau Müller, einen dicken Erzherzog besser trifft als einen magern. Erinnern Sie sich noch, wie sie damals in Portugal ihren König erschossen ham? Der war auch so dick. Na, selbstverständlich wird ein König nicht mager sein, — Also ich geh jetzt ins Wirtshaus ‚Zum Kelch', und wenn jemand herkam um den Rattler, auf den ich mir die Anzahlung genommen hab, dann sagen Sie ihm, daß ich ihn in meinem Hundezwinger am Land hab, daß ich ihm unlängs die Ohren kupiert hab und daß man ihn jetzt nicht transportieren kann, solang die Ohren nicht zuheiln, damit er sie sich nicht verkühlt Den Schlüssel geben Sie zur Hausmeisterin."

Im Wirtshaus „Zum Kelch" saß ein einsamer Gast. Es war der Zivilpolizist Bretschneider, der im Dienste der Staatspolizei stand. Der Wirt Palivec spülte die Bieruntersätze ab, und Bretschneider bemühte sich vergeblich, mit ihm ein ernstes Gespräch anzuknüpfen. Palivec war als ordinärer Mensch bekannt, jedes zweite Wort von ihm war Dreck oder Hinterer. Dabei war er aber belesen und verwies jedermann darauf, was Victor Hugo in seiner Schilderung der Antwort der alten Garde Napoleons an die Engländer in der Schlacht von Waterloo über diesen Gegenstand schreibt. „Einen feinen Sommer ham wir", knüpfte Bretschneider sein ernstes Gespräch an.

„Sieht alles für einen Dreck", antwortete Palivec, die Untersätze in die Kredenz einordnend.

„Die haben uns in Sarajevo was Schönes eingebrockt", ließ sich mit schwacher Hoffnung wieder Bretschneider vernehmen.

„In welchem Sarajevo?" fragte Palivec. „In der Nusler Weinstube? Dort rauft man sich jeden Tag. Sie wissen ja, Nusle!"

„Im bosnischen Sarajevo, Herr Wirt. Man hat dort den Herrn Erzherzog Ferdinand erschossen. Was sagen Sie dazu?"

„Ich misch mich in solche Sachen nicht hinein. Damit kann mich jeder im Arsch lecken", antwortete höflich Herr Palivec und zündete sich seine Pfeife an. „Sich heutzutage in so was hineinmischen, das kann jeden den Kopf kosten. Ich bin Gewerbetreibender, wenn jemand kommt und sich ein Bier bestellt, schenk ichs ihm ein. Aber so ein Sarajevo, Politik oder der selige Erzherzog, das is nix für uns. Draus schaut nix heraus als Pankrac".

Bretschneider verstummte und blickte enttäuscht in der leeren Gaststube umher.

„Da ist mal ein Bild vom Kaiser gehangen", ließ er sich nach einer Weile von neuem vernehmen. „Gerade dort, wo jetzt der Spiegel hängt."

„Ja, da ham Sie recht", antwortete Herr Palivec. „Er is dort gehangen, und die Fliegen ham auf ihn geschissen, so hab ich ihn auf den Boden gegeben. Sie wissen ja, jemand könnt sich irgendeine Bemerkung erlauben, und man könnt davon noch Unannehmlichkeiten haben. Hab ich das nötig?"

„In Sarajevo hat es aber bös aussehn müssen, Herr Wirt." Auf diese heimtückisch direkte Frage antwortete Herr Palivec ungewöhnlich vorsichtig:

„Um diese Zeit is es in Bosnien verflucht heiß. Wie ich gedient hab, mußten wir unserm Oberlajtnant Eis aufn Kopf geben."

„Bei welchem Regiment haben Sie gedient, Herr Wirt?"

„An solche Kleinigkeiten erinner ich mich nicht, ich hab mich nie um so einen Dreck gekümmert und war auch nie drauf neugierig", antwortete Herr Palivec, „allzu große Neugier schadet."

Der Zivilpolizist Bretschneider verstummte endgültig, und sein betrübter Ausdruck heiterte sich erst bei der Ankunft Schwejks auf, der bei seinem Eintritt in das Wirtshaus ein schwarzes Bier mit folgender Bemerkung bestellte:

„In Wien ham sie heut auch Trauer."

Bretschneiders Augen leuchteten voller Hoffnung auf. Er sagte kurz: „Auf Konopischt hängen zehn schwarze Fahnen."

„Es sollten zwölf dort sein", sagte Schwejk nach einem Schluck.

„Warum meinen Sie zwölf?" fragte Bretschneider.

„Damits eine runde Zahl gibt. Aufs Dutzend rechnet sichs besser, und im Dutzend kommt auch alles billiger", antwortete Schwejk. Es herrschte Schweigen, das Schwejk selbst durch folgenden Stoßseufzer unterbrach:

„Also er ruht schon in Gottes Schoß. Gott geb ihm ewigen Frieden. Er hats nicht mal erlebt, daß er Kaiser worden is. Wie ich beim Militär gedient hab, is einmal ein General vom Pferd gefalln und hat sich in aller Seelenruh erschlagen. Man wollte ihm wieder aufs Pferd helfen, ihn hinaufheben, da sieht man zu seiner Verwunderung, daß er mausetot is. Und er hat auch zum Feldmarschall avancieren solln. Das is bei einer Parade geschehn. Diese Paraden führen nie zu was Gutem. In Sarajevo war auch so eine Parade. Ich erinner mich, daß mir bei so einer Parade einmal zwanzig Knöpfe bei der Montur gefehlt harn und daß ich dafür vierzehn Tage Einzel gefaßt hab. Zwei Tage bin ich krumm geschlossen gelegen wie Lazarus. Aber Disziplin muß beim Militär sein. Sonst mächt sich niemand aus jemandem was machen. Unser Oberlajtnant Makovec hat uns immer gesagt: „Disziplin, ihr Heuochsen, muß sein, sonst möchtet ihr wie die Affen auf den Bäumen klettern. Aber das Militär wird aus euch Menschen machen, ihr Trotteln. Und is das nicht wahr? Stellen Sie Sich einen Park vor, sag mr aufm Karlsplatz, und auf jedem Baum einen Soldaten ohne Disziplin. Davor hab ich immer die größte Angst gehabt."

„Das in Sarajevo", knüpfte Bretschneider an, „haben die Serben gemacht."

„Da irren Sie sich aber sehr", antwortete Schwejk. „Das ham die Türken gemacht, wegen Bosnien und Herzegowina."

Und Schwejk legte seine Ansichten über die internationale Politik Österreichs auf dem Balkan dar. Die Türken hätten im Jahre 1912 den Krieg mit Serbien, Bulgarien und Griechenland verloren. Sie hatten damals wollen, Österreich solle ihnen helfen, und als dies nicht geschah, schossen sie Ferdinand nieder.

„Hast du die Türken gern?" wandte sich Schwejk an Palivec. „Hast du diese heidnischen Hunde gern? Nicht wahr, daß nicht."

„Ein Gast wie der andere", sagte Palivec, „und wenns auch ein Türke is. Für uns Gewerbetreibende gibts keine Politik. Bezahl dein Bier und setz dich hin und quatsch was du willst. Das is mein Grundsatz. Ob unsern Ferdinand ein Türke oder Serbe, ein Katholik oder Mohammedaner, ein Anarchist oder Jungtscheche umgebracht hat, is mir ganz powidel."

„Gut, Herr Wirt", ließ sich Bretschneider vernehmen, der wiederum die Hoffnung aufgab, einen von den beiden in die Enge treiben zu können. „Aber Sie werden zugeben, daß das ein großer Verlust für Österreich ist."

Statt des Wirtes antwortete Schwejk: „Ein Verlust is es, das läßt sich nicht leugnen. Ein furchtbarer Verlust. Der Ferdinand läßt sich nicht durch jeden beliebigen

Abbildung 3: Balkankrieg: besetzte Gebiete 1913
(Quelle: Von PosicionesPrimeraGuerraBalcánica.svg;: User:Decius derivative work: Rowanwindwhistler (talk) derivative work: Furfur (talk) - PosicionesPrimera-
GuerraBalcánica.svg, CC BY-SA 3.0, https://commons.wikim)

Trottel ersetzen. Nur noch dicker hätt er sein solln."

„Wie meinen Sie das?" fragte Bretschneider lebhaft.

„Wie ich das mein?" antwortete Schwejk friedlich, „no, nur so: wenn er dicker gewesen war, dann hätt ihn sicher schon früher der Schlag getroffen, wie er die alten Weiber in Konopischt gejagt hat, wenn sie in seinem Revier Reisig und Schwämme gesammelt ham, und er hätt nicht eines so schmählichen Todes sterben müssen. Wenn ich mir das so überleg, ein Onkel Seiner Majestät des Kaisers, und sie erschießen ihn. Das is ja ein Schkandal, die ganzen Zeitungen sind voll damit. Bei

13

uns in Budweis hat man vor Jahren auf dem Markt bei irgendeinem kleinen Streit einen Viehhändler erstochen, einen gewissen Bretislav Ludwig, der hatte einen Sohn namens Bohuslav, und wenn der seine Schweine verkaufen kam, wollt niemand was von ihm kaufen, und jeder hat gesagt: ‚Das ist der Sohn von diesem Erstochenen. Das wird gewiß auch ein feiner Lump sein.' Er hat in Krummau von der Brücke in die Moldau springen müssen, und man hat ihn wieder zu Bewußtsein bringen müssen, und man hat aus ihm das Wasser herauspumpen müssen, und er hat in den Armen des Arztes seinen Geist aufgeben müssen, wie der ihm irgendeine Injektion gemacht hat."

„Sie ziehen aber merkwürdige Vergleiche", sagte Bretschneider bedeutungsvoll, „zuerst sprechen Sie von Ferdinand und dann von einem Viehhändler."

„I wo", verteidigte sich Schwejk. „Gott bewahre, daß ich jemand mit jemandem vergleichen möcht. Der Herr Wirt kennt mich. Nicht wahr, ich hab nie jemanden mit jemandem verglichen? Ich möcht nur nicht in der Haut der Frau Erzherzogin stecken. Was wird die jetzt machen? Die Kinder sind Waisen, die Herrschaft in Konopischt ohne Herrn. Soll sie sich wieder mit irgendeinem Erzherzog verheiraten? Was hat sie davon? Sie wird mit ihm wieder nach Sarajevo fahren und zum zweiten Mal Witwe wern. Da hat vor Jahren in Zliw bei Hluboká ein Heger gelebt, der hat den häßlichen Namen Pinscher gehabt. Die Wilddiebe ham ihn erschossen, und er hat eine Witwe mit zwei Kindern hinterlassen, und sie hat nach einem Jahr wieder einen Heger genommen, den Schewla-Pepi aus Mydlowar. Und den ham sie ihr auch erschossen. Dann hat sie sich zum dritten Mal verheiratet und hat wieder einen Heger genommen und hat gesagt: ‚Aller guten Dinge sind drei. Wenns diesmal nicht glückt, dann weiß ich schon nicht, was ich machen soll.' Natürlich hat man ihr ihn wieder erschossen, und da hat sie mit diesen Hegern zusammen schon sechs Kinder gehabt. Sie is bis in die Kanzlei vom Herrn Fürsten in Hluboká gegangen und hat sich beschwert, daß sie mit diesen Hegern so ein Malör hat. Dort hat man ihr den Teichwächter Jaresch vom Razitzer Teich empfohlen. Und was sagen Sie dazu: den ham sie ihr wieder beim Fischfang im Teich ertränkt, und dabei hat sie mit ihm schon zwei Kinder gehabt. Da hat sie sich einen Schneider aus Vodnany genommen, und er hat sie eines Abends mit der Hacke erschlagen und is sich dann freiwillig anzeigen gegangen. Wie man ihn dann beim Kreisgericht in Pisek gehängt hat, hat er dem Priester die Nase abgebissen und hat gesagt, daß er überhaupt nichts bereut, und hat auch noch was sehr Häßliches über unsern Kaiser gesagt."

„Und wissen Sie nicht, was er gesagt hat?" fragte mit hoffnungsvoller Stimme

Bretschneider.

„Das kann ich Ihnen nicht sagen, weil sich niemand getraut hat, es zu wiederholen. Aber es war herich etwas so Furchtbares und Schreckliches, daß ein Rat vom Gericht, der dabei war, davon verrückt geworn is, und noch heut hält man ihn in der Isolierzelle, damit nix ans Licht kommt. Es war nicht nur eine gewöhnliche Majestätsbeleidigung, wie man sie begeht, wenn man betrunken is."

„Und welche Majestätsbeleidigung begeht man denn da?" fragte Bretschneider.

„Meine Herren, ich bitt Sie, sprechen Sie von was andrem", ließ sich der Wirt Palivec vernehmen. „Wissen Sie, ich hab so was nicht gern. Man läßt was fallen, und das kann einen manchmal verdrießen."

„Welche Majestätsbeleidigungen man begeht, wenn man betrunken ist?" wiederholte Schwejk. „Verschiedene. Betrinken Sie sich, lassen Sie sich die österreichische Hymne aufspielen, und Sie wern sehn, was Sie anfangen wern zu sprechen. Sie wern sich so viel über Seine Majestät ausdenken, daß es, wenn nur die Hälfte davon wahr war, genügen möcht, um ihn für sein ganzes Leben unmöglich zu machen. Aber der alte Herr verdient sichs wirklich nicht. Bedenken Sie: Seinen Sohn Rudolf hat er im zarten Alter in voller Manneskraft verloren. Seine Gemahlin Elisabeth hat man mit einem Dolch durchbohrt, dann is ihm der Johann Orth verlorengegangen; seinen Bruder, den Kaiser von Mexiko, hat man ihm in irgendeiner Festung, an irgendeiner Mauer erschossen. Jetzt ham sie ihm wieder auf seine alten Tage den Onkel abgemurkst. Da müßte man wirklich eiserne Nerven haben. Und dann fängt irgendein besoffener Kerl an, ihm aufzuheißen. Wenns heute zum Krieg kommt, geh ich freiwillig und wer unserm Kaiser dienen, bis man mich in Stücke reißt."

Schwejk tat einen tüchtigen Schluck und fuhr fort:

„Sie glauben, unser Kaiser wird das so lassen? Da kennen Sie ihn schlecht. Krieg mit den Türken muß sein. Ihr habt meinen Onkel erschlagen, da habt ihr dafür eins über die Kuschen. Es gibt bestimmt Krieg. Serbien und Rußland wern uns in diesem Krieg helfen. Sakra, wird man sich dreschen!"

Schwejk sah in diesem prophetischen Augenblick herrlich aus. Sein einfältiges Gesicht, das lächelte wie der Vollmond, glänzte vor Begeisterung. Ihm war alles so klar.

„Kann sein", fuhr er in seiner Schilderung der Zukunft Österreichs fort, „daß uns, wenn wir mit den Türken Krieg führen, die Deutschen in den Rücken falln, weil die Deutschen und die Türken zusammenhalten. Wir können uns aber mit Frankreich verbünden, das seit dem Jahr einundsiebzig auf Deutschland schlecht zu sprechen is. Und schon wirds gehn. Es wird Krieg geben, mehr sag ich euch nicht." Bretschneider stand auf und sagte feierlich: „Mehr müssen Sie auch nicht sagen. Kommen Sie mit mir auf den Gang, dort werde ich Ihnen etwas sagen."

Schwejk folgte dem Zivilpolizisten auf den Gang, wo seiner eine kleine Überraschung harrte, als ihm sein Biernachbar den Adler zeigte und erklärte, daß er ihn

Abbildung 4: Brustbild Franz Ferdinand, Erzherzog von Österreich-Este in Uniform
(Quelle: Österreichische Nationalbibliothek, Bildarchiv Austria, gemeinfreies Foto)

verhafte und sofort zur Polizeidirektion führen werde. Schwejk bemühte sich, ihm klarzumachen, daß der Herr sich vielleicht irre, er sei vollständig unschuldig und habe nicht ein Wort gesagt, das jemanden beleidigen könne.

Bretschneider sagte ihm jedoch, er habe sich einer Reihe strafbarer Handlungen schuldig gemacht, unter denen auch das Verbrechen des Hochverrats eine Rolle spiele.

Dann kehrten sie in die Gaststube zurück, und Schwejk sagte zu Herrn Palivec: „Ich hab fünf Biere und ein Kipfel mit einem Würstl. Jetzt gib mir noch einen Sliwowitz und dann muß ich schon gehn, weil ich verhaftet bin."

Bretschneider zeigte Herrn Palivec den Adler, blickte Herrn Palivec eine Weile an und fragte dann: „Sind Sie verheiratet?"

„Ja."

„Und kann Ihre Frau während Ihrer Abwesenheit das Geschäft führen?"

„Ja."

„Dann ist alles in Ordnung, Herr Wirt", sagte Bretschneider heiter, „rufen Sie ihre Frau herein, übergeben Sie ihr alles, und abends werden wir Sie abholen."

„Mach dir nichts draus", tröstete ihn Schwejk, „ich geh nur wegen Hochverrat hin."

„Aber wofür ich?" stöhnte Herr Palivec. „Ich war doch so vorsichtig."

Bretschneider lächelte und sagte siegesfroh:

„Dafür, daß Sie gesagt haben, daß die Fliegen auf unsern Kaiser geschissen haben. Man wird Ihnen schon unsern Kaiser aus dem Kopf treiben."

Und Schwejk verließ das Gasthaus „Zum Kelch" in Begleitung des Zivilpolizisten, den er mit seinem freundlichen Lächeln fragte, als sie auf die Straße traten:

„Soll ich vom Trottoir heruntergehn?"

„Warum?"

„Ich denk, wenn ich verhaftet bin, hab ich kein Recht mehr, auf dem Trottoir zu gehn."

Als sie in das Tor der Polizeidirektion traten, sagte Schwejk: „Wie rasch uns die Zeit verlaufen is! Gehn Sie oft zum ‚Kelch'?"

Und während man Schwejk in die Aufnahmekanzlei führte, übergab Herr Palivec beim „Kelch" die Gastwirtschaft seiner weinenden Frau, wobei er sie in seiner sonderbaren Art tröstete:

„Wein nicht, heul nicht, was können sie mir wegen einem beschissenen Kaiserbild machen?"

Und so griff der brave Soldat Schwejk in seiner freundlichen, liebenswürdigen Weise in den Weltkrieg ein. Die Historiker wird es interessieren, daß er weit in die Zukunft voraussah. Wenn sich die Situation später anders entwickelte, als er beim „Kelch" auseinandergesetzt hatte, dann müssen wir berücksichtigen, daß er keine diplomatische Vorbildung besaß.

2. Der brave Soldat Schwejk auf der Polizeidirektion

Das Attentat in Sarajevo füllte die Polizeidirektion mit zahlreichen Opfern. Man brachte eins nach dem andern, und der alte Inspektor in der Aufnahmekanzlei sagte mit seiner gutmütigen Stimme: „Dieser Ferdinand wird sich euch nicht auszahlen!"

Als man Schwejk in eine der vielen Zellen des ersten Stockwerks sperrte, fand er dort eine Gesellschaft von sechs Männern vor. Fünf saßen rings um den Tisch, und in der Ecke auf dem Kavallett saß, als wollte er sich von ihnen absondern, ein Mann in mittleren Jahren.

Schwejk begann einen nach dem andern auszufragen, warum man ihn eingesperrt habe.

Von den fünfen, die am Tisch saßen, erhielt er nahezu die gleiche Antwort: „Wegen Sarajevo!" - „Wegen Ferdinand!" - „Wegen diesem Mord am Herrn Erzherzog!" - „Wegen Ferdinand!" - „Dafür, daß man den Herrn Erzherzog in Sarajevo umgebracht hat!"

Der sechste, der sich von diesen fünf absonderte, sagte, daß er mit ihnen nichts zu tun haben wolle, damit auf ihn kein Verdacht falle, denn er sitze hier nur wegen versuchten Raubmordes an einem Bauer aus Holitz.

Schwejk setzte sich an den Tisch in die Gesellschaft der Verschwörer, die einander bereits zum zehnten Mal erzählten, wie sie in diese Affäre hineingeraten waren.

Alle, bis auf einen, hatte es entweder im Wirtshaus, in der Weinstube oder im Kaffeehaus ereilt. Eine Ausnahme bildete ein ungewöhnlich dicker Herr mit einer Brille und verweinten Augen, der zu Hause in seiner Wohnung verhaftet worden war, weil er zwei Tage vor dem Attentat in Sarajevo für zwei serbische Studenten, Techniker, im Gasthaus die Zeche bezahlt hatte und vom Detektiv Brixi in ihrer Gesellschaft betrunken im „Montmartre" in der Kettengasse gesehen worden war, wo er, wie er im Protokoll bereits durch seine Unterschrift bestätigt hatte, ebenfalls für sie gezahlt hatte.

Auf alle Fragen bei der Voruntersuchung auf der Polizeidirektion jammerte er stereotyp: „Ich habe ein Papiergeschäft."

Worauf ihm ebenfalls die stereotype Antwort zuteil wurde: „Das entlastet Sie nicht."

Der kleine Herr, den es in einer Weinstube erwischt hatte, war Geschichtsprofessor und hatte dem Weinstubenbesitzer die Geschichte verschiedener Attentate erklärt. Er wurde gerade in dem Augenblick verhaftet, als er die psychologische Analyse aller Attentate mit den Worten beendete:

„Der Gedanke des Attentates ist so einfach wie das Ei des Kolumbus."

„Genauso einfach, wie Sie Pankrac erwartet", wurde sein Ausspruch während des Verhörs von dem Polizeikommissär ergänzt. Der dritte Verschwörer war der Vorsitzende des Wohltätigkeitsvereins „Dobromil" in Hodkowitschka. An dem Tage, an dem das Attentat verübt worden war, veranstaltete der „Dobromil" ein Gartenfest mit anschließendem Konzert.

Der Gendarmeriewachtmeister kam, um die Teilnehmer aufzufordern, das Fest zu beenden, denn Österreich habe Trauer, worauf der Vorsitzende des „Dobromil" gutmütig entgegnete: „Warten Sie ein Weilchen, bis man das ‚Hej, Slowane' zu Ende gespielt haben wird."

Jetzt saß er da mit gesenktem Kopf und lamentierte: „Im August haben wir neue Vorstandswahlen, wenn ich bis zu der Zeit nicht zu Hause bin, kann es geschehen, daß man mich nicht wählt. Und ich bin schon zum zehnten Mal Vorsitzender. Ich überleb diese Schande nicht."

Seltsam hatte der selige Ferdinand dem vierten Verhafteten mitgespielt, einem Mann von lauterem Charakter und makellosem Schild. Er war volle zwei Tage jeglichem Gespräch über Ferdinand ausgewichen, bis er abends im Cafe beim Mariagespiel den Eichelkönig mit der Schellsieben trumpfte:

„Sieben Kugeln wie in Sarajevo."

Haar und Bart des fünften Mannes, der, wie er selbst sagte, „wegen diesem Mord am Herrn Erzherzog in Sarajevo" saß, waren noch vor Schreck gesträubt, so daß sein Kopf an einen Stallpinscher gemahnte. Dieser Mann hatte in dem Restaurant, wo er verhaftet worden war, überhaupt kein Wort gesprochen, ja nicht einmal die Zeitungsberichte über die Ermordung Ferdinands gelesen. Er war ganz allein an einem Tisch gesessen, als irgendein Herr zu ihm kam, sich ihm gegenübersetzte und rasch zu ihm sagte: „Haben Sie davon gelesen?"

„Nein."

„Wissen Sie davon?"

„Nein."

„Und wissen Sie, worum es sich handelt?"

„Nein, ich kümmer mich nicht drum."

„Aber es sollte Sie doch interessieren."

„Ich weiß nicht, was mich interessieren sollt! Ich rauch meine Zigarre, trink meine paar Glas Bier, eß mein Abendbrot und les keine Zeitung. Die Zeitungen lügen. Wozu soll ich mich aufregen?"

„Sie interessiert also nicht einmal der Mord in Sarajevo?"

„Mich interessiert überhaupt kein Mord, obs nun in Prag, in Wien, in Sarajevo oder in London is. Dafür sind die Behörden, die Gerichte und die Polizei da. Wenn man jemanden irgendwo erschlägt, recht geschieht ihm, warum is der Trottel so unvorsichtig und läßt sich erschlagen."

Das waren seine letzten Worte in dieser Unterredung. Seit dieser Zeit wiederholte er nur laut in Intervallen von fünf Minuten:

„Ich bin unschuldig." Diese Worte rief er auch im Tor der Polizeidirektion, diese Worte wird er auch während der Überführung zum Strafgericht in Prag wiederholen, und mit diesen Worten wird er auch seine Kerkerzelle betreten. Als Schwejk alle diese schrecklichen Verschwörergeschichten angehört hatte, hielt er es für angezeigt, den Arrestanten die vollständige Hoffnungslosigkeit ihrer Situation zu erklären.

„Ja, mit uns allen stehts sehr schlecht", begann er seine Trostesworte.

„Das is nicht wahr, was ihr sagt, daß euch, uns allen, nix geschehn kann. Wofür ham wir eine Polizei, als dafür, daß sie uns für unsere losen Mäuler straft. Wenn eine so gefährliche Zeit kommt, daß man auf Erzherzoge schießt, so darf sich niemand wundern, daß man ihn auf die Polizeidirektion bringt. Das geschieht alles von wegen der Aufmachung, damit der Ferdinand Reklam hat vor seinem Begräbnis. Je mehr unser hier sein wern, desto besser wirds für uns sein, denn um so lustiger wern wirs haben. Wie ich beim Militär gedient hab, war manchmal unsere halbe Kompanie eingesperrt. Und wieviel unschuldige Leute sind schon verurteilt worn. Und nicht nur beim Militär, sondern auch von den Gerichten. Einmal is, ich erinner mich noch gut, eine Frau verurteilt worn, weil sie ihre neugeborenen Zwillinge erwürgt hat. Obgleich sie steif und fest geschworen hat, daß sie die Zwillinge nicht hat erwürgen können, weil sie nur ein Mäderl zur Welt gebracht hat und es ihr gelungen war, es ganz schmerzlos zu erwürgen, is sie trotzdem wegen Doppelmord verurteilt worn. Oder dieser unschuldige Zigeuner in Zabehlitz, was am Christtag in der Nacht in einen Bäckerladen eingebrochen is. Er hat geschworen, daß er sich nur aufwärmen gegangen is, aber es hat ihm nichts genützt. Wie das Gericht mal was in die Hand nimmt, stehts schlimm. Aber das muß sein. Vielleicht sind nicht alle Leute solche Lumpen, wie man es von ihnen voraussetzen kann: aber wie unterscheidest du heutzutage einen anständigen Menschen von einem Lumpen, besonders heut, in einer so ernsten Zeit, wo sie diesen Ferdinand abgemurkst ham. Da hat man bei uns, wie ich beim Militär in Budweis gedient hab, im Wald hinterm Exerzierplatz den Hund von unserem Hauptmann erschossen. Wie er davon erfahren hat, hat er uns alle rufen lassen, hat uns antreten lassen und

Abbildung 5: k.k. Landwehr Kaserne in Budweis (Postkarte von 1900)

hat gesagt, daß jeder zehnte Mann vortreten soll. Selbstverständlich war ich auch der zehnte, und so sind wir Habtacht gestanden und ham nicht mal gezwinkert. Der Hauptmann geht um uns herum und sagt: ‚Ihr Lumpen, Schurken, Kanaillen, gefleckte Hyänen, ich macht euch allen wegen dem Hund Einzel aufpelzen, euch zu Nudeln zerhacken, erschießen und blauen Karpfen aus euch machen. Damit ihrs aber wißt, daß ich euch nicht schonen wer, geb ich euch allen zehn Tage Kasernarrest.' Also seht ihr, damals hat sichs um ein Hunterl gehandelt, und jetzt handelt sichs sogar um einen Erzherzog. Und deshalb muß Schrecken sein damit die Trauer für was steht."

„Ich bin unschuldig, ich bin unschuldig", wiederholte der Mann mit dem gesträubten Haar.

„Jesus Christus war auch unschuldig", sagte Schwejk, „und sie ham ihn auch gekreuzigt. Nirgendwo is jemals jemandem etwas an einem unschuldigen Menschen gelegen gewesen. Maulhalten und weiterdienen - wie man uns beim Militär gesagt hat. Das is das Beste und Schönste."

Schwejk legte sich auf das Kavallett und schlief friedlich ein. Inzwischen brachte man zwei Neue. Einer von ihnen war ein Bosniake. Er schritt in der Zelle auf und ab, knirschte mit den Zähnen und jedes zweite Wort von ihm war: „Jeben ti du-schu." Ihn quälte der Gedanke, daß ihm auf der Polizeidirektion sein Gottscheer-korb verlorengehen könnte. Der zweite neue Gast war der Wirt Palivec, der seinen Bekannten Schwejk, als er ihn bemerkte, weckte und mit einer Stimme voller Tragik rief:

„Ich bin auch schon hier!"

Schwejk schüttelte ihm herzlich die Hand und sagte:

„Da bin ich wirklich froh. Ich hab gewußt, daß jener Herr Wort halten wird, wie er Ihnen gesagt hat, daß man Sie abholen wird. So eine Pünktlichkeit is eine schöne Sache."

Herr Palivec bemerkte jedoch, daß so eine Pünktlichkeit einen Dreck wert sei, und fragte Schwejk leise, ob die andern eingesperrten Herren nicht Diebe seien, weil ihm das als Gewerbetreibendem schaden könne. Schwejk erklärte ihm, daß alle, bis auf einen, der wegen versuchten Raubmordes an einem Bauer aus Holitz hier sei, zu ihrer Gesellschaft wegen des Erzherzogs gehören.

Herr Palivec war beleidigt und sagte, daß er nicht wegen irgendeines dummen Erzherzogs hier sei, sondern wegen Seiner Majestät des Kaisers. Und weil dies die andern zu interessieren begann, erzählte er ihnen, wie die Fliegen ihm Seine Majestät den Kaiser verunreinigt hatten. „Sie ham mir ihn verschweint, die Biester", schloß er die Schilderung seines Abenteuers, „und zum Schluß ham sie mich ins Kriminal gebracht. Ich wer das diesen Fliegen nicht verzeihn", fügte er drohend hinzu. Schwejk legte sich abermals schlafen, aber er schlief nicht lange, denn man holte ihn ab, um ihn zum Verhör zu führen.

Und so trug Schwejk, während er über die Treppe in die 3. Abteilung zum Verhör schritt, sein Kreuz auf den Gipfel Golgathas, ohne etwas von seinem Martyrium zu merken.

Als er die Aufschrift erblickte, daß das Spucken auf den Gängen verboten sei, bat er den Polizisten, ihm zu erlauben, in den Spucknapf zu spucken, und strahlend in seiner Einfalt betrat er die Kanzlei mit den Worten: „Wünsch einen guten Abend, meine Herren, allen miteinand." Statt einer Antwort puffte ihn jemand in die Rippen und stellte ihn vor den Tisch, hinter dem ein Herr mit einem kühlen Beamtengesicht von so tierischer Grausamkeit saß, als wäre er gerade aus Lombrosos Buch „Verbrechertypen" herausgefallen. Er schaute blutdürstig auf Schwejk und sagte: „Machen Sie nicht so ein blödes Gesicht!"

„Ich kann mir nicht helfen", antwortete Schwejk ernst, „man hat mich beim Militär wegen Blödheit superarbitriert. Ich bin amtlich von der Superarbitrierungskommission für einen Idioten erklärt worn. Ich bin ein behördlicher Idiot."

Der Herr mit dem Verbrechertypus knirschte mit den Zähnen.

„Das, wessen Sie beschuldigt sind und wessen Sie sich schuldig gemacht haben, zeugt davon, daß Sie alle fünf Sinne beisammenhaben." Und er zählte Schwejk eine ganze Reihe verschiedener Verbrechen auf, angefangen vom Hochverrat und endend mit Majestätsbeleidigung und Beleidigung der Mitglieder des kaiserlichen Hauses. Inmitten dieser Gruppe glänzte die Billigung der Ermordung Erzherzog Ferdinands. Davon ging ein Zweig mit neuen Verbrechen aus, unter denen das Verbrechen der Aufwiegelung strahlte, weil sich alles in einem öffentlichen Lokal abgespielt hatte.

„Was sagen Sie dazu?" fragte der Herr mit den Zügen tierischer Grausamkeit siegesbewußt.

„Es is viel", erwiderte Schwejk unschuldig, „allzuviel is ungesund."

„Na also, daß Sie das wenigstens einsehen".

„Ich seh alles ein, Strenge muß sein, ohne Strenge möcht niemand nirgends hinkommen. Das is so wie einmal, wie ich beim Militär gedient hab ..."

„Halten Sies Maul!" schrie der Polizeirat Schwejk an, „und sprechen Sie erst, bis ich Sie etwas fragen werde! Verstehn Sie?"

„Wie sollt ich nicht verstehn", sagte Schwejk, „melde gehorsamst, daß ich versteh und daß ich mich in allem, was Sie sagen, zurechtfinden kann."

„Mit wem verkehren Sie denn?"

„Mit meiner Bedienerin, Euer Gnaden."

„Und in den hiesigen politischen Kreisen haben Sie keine Bekannten?"

„Das schon, Euer Gnaden, ich pfleg mir das Mittagsblatt der ‚Narodni Politika', die Tschubitschka, zu kaufen."

„Hinaus!" brüllte der Herr mit dem tierischen Aussehen Schwejk an. Als man Schwejk aus der Kanzlei führte, sagte er: „Gute Nacht, Euer Gnaden."

In seine Zelle zurückgekehrt, verkündete Schwejk allen Arrestanten, daß so ein Verhör eine Hetz sei. „Bißl schreit man euch dort an, und zum Schluß wirft man euch heraus."

„Früher", fuhr Schwejk fort, „da wars ärger. Ich hab mal ein Buch gelesen, daß der Angeklagte auf glühendem Eisen gehn und geschmolzenes Blei trinken mußte, damit man erkennt, ob er unschuldig ist. Oder hat man ihm die Füße in spanische Stiefel gesteckt und hat ihn auf eine Leiter gespannt, wenn er nicht gestehn wollt, oder man hat ihm die Hüften mit einer Feuerwehrfackel gebrannt, wie mans dem heiligen Johann von Nepomuk gemacht hat. Der hat herich dabei geschrien, wie wenn man ihn gespießt hätt und hat nicht aufgehört, bis man ihn von der Elisabethbrücke in einem wasserdichten Sack hinuntergeworfen hat. Solche Fälle hats viel gegeben, und nachher ham sie den Betreffenden noch geviertelt oder irgendwo beim Museum an den Pfahl geschlagen. Und wenn man ihn nur in den Hungerturm geworfen hat, war so ein Mensch wie neu geboren."

„Heutzutag is es eine Hetz, eingesperrt zu sein", fuhr Schwejk wohlgefällig fort, „kein Vierteilen, keine spanischen Stiefel, Kavalletts hamr, einen Tisch hamr, Bänke hamr, wir drängen uns nicht einer auf den andern, Suppe kriegen wir, Brot geben sie uns, einen Krug mit Wasser bringen sie uns, den Abort hamr direkt vorm Mund. In allem sieht man den Fortschritt. Bisserl weit is es zum Verhör, das is wahr, über drei Gänge und ein Stockwerk höher, aber dafür is es auf den Gängen sauber und lebhaft. Da führt man einen her, den andern hin, Junge, Alte, Männer und Weibsbilder. Man is froh, daß man hier nicht allein is. Jeder geht zufrieden seines Wegs und muß sich nicht fürchten, daß man ihm in der Kanzlei sagt: ‚Also wir ham uns beraten, und morgen wern Sie geviertelt oder verbrannt, je nach Wunsch. Das war sicher ein schwerer Entschluß, und ich denk, meine Herren, daß mancher von uns in einem solchen Moment ganz getepscht wär. Ja, heutzutag ham sich die Verhältnisse zu unsern Gunsten gebessert."

Er beendete gerade die Verteidigung des modernen Gefängniswesens, als der Aufseher die Türe öffnete und rief:

„Schwejk, ziehn Sie sich an, Sie gehn zum Verhör."

„Ich zieh mich an", antwortete Schwejk, „ich hab nichts dagegen, aber ich fürcht mich, daß es ein Irrtum is, ich bin schon einmal beim Verhör herausgeworfen worn. Und dann fürcht ich mich, daß sich die übrigen Herren, die hier mit mir sind, nicht auf mich ärgern, weil ich zweimal hintereinander geh und sie heut noch nicht einmal dort waren. Sie könnten auf mich eifersüchtig wern."

„Kommen Sie heraus und quatschen Sie nicht", lautete die Antwort auf die kavaliermäßige Kundgebung Schwejks.

Schwejk befand sich abermals vor dem Herrn mit dem Verbrechertypus, der ihn ohne jede Einleitung hart und unabweisbar fragte: „Gestehn Sie alles?"

Schwejk heftete seine guten, blauen Augen auf den unerbittlichen Menschen und sagte weich:

„Wenn Sie wünschen, Euer Gnaden, daß ich gesteh, so gesteh ich, mir kanns nicht schaden. Wenn Sie aber sagen: ‚Schwejk, gestehn Sie nichts ein', wer ich mich herausdrehn, bis man mich in Stücke reißt."

Der gestrenge Herr schrieb etwas in die Akten, und während er Schwejk die Feder reichte, forderte er ihn auf, zu unterschreiben. Und Schwejk unterschrieb die Angaben Bretschneiders sowie folgenden Zusatz:

Alle oben angeführten Beschuldigungen gegen mich beruhen auf Wahrheit.
Josef Schwejk.

Nachdem er unterschrieben hatte, wandte er sich an den gestrengen Herrn:

„Soll ich noch was unterschreiben? Oder soll ich erst früh kommen?"

„Früh wird man Sie ins Strafgericht überführen", lautete die Antwort.

„Um wieviel Uhr, Euer Gnaden? Damit ich um Himmels willen nicht verschlaf."

„Hinaus!" wurde Schwejk an diesem Tage schon zum zweiten Mal von hinter dem Tische angeschrien, vor welchem er stand.

Als er in sein neues vergittertes Heim zurückkehrte, sagte Schwejk dem Polizisten, der ihn begleitete: „Alles geht hier wie am Schnürl."

Sobald die Türe hinter ihm geschlossen war, überschütteten ihn seine Gefängniskollegen mit verschiedenen Fragen, auf die Schwejk klar entgegnete:

„Soeben hab ich gestanden, daß ich herich den Erzherzog Ferdinand erschlagen hab."

Sechs Männer duckten sich entsetzt unter die verlausten Decken, nur der Bosniake sagte: „Herzlich willkommen!"

Während er sich auf das Kavallett legte, sagte Schwejk: „Das is dumm, daß wir hier keinen Wecker ham."

Am Morgen weckte man ihn aber auch ohne Wecker, und Punkt sechs Uhr führte man Schwejk im „grünen Anton" zum Landesstrafgericht.

„Morgenstunde hat Gold im Munde", sagte Schwejk zu seinen Mitreisenden, als der „grüne Anton" aus dem Tor der Polizeidirektion fuhr.

Abbildung 6: Abbildung 6: Tschechische Dampflokomotive „Grüner Anton"
(Quelle: Rainerhaufe, CC BY-SA 3.0, https://commons.wikimedia.org/w/index.php?curid=7070308)

3. Schwejk vor den Gerichtsärzten

Die sauberen, gemütlichen Zimmerchen des Landesstrafgerichtes machten auf Schwejk den günstigsten Eindruck. Die weißgetünchten Wände, die schwarzlackierten Gitter und auch der dicke Oberaufseher für die Untersuchungshäftlinge, Herr Demartini, mit den violetten Aufschlägen und der violetten Borte an der ärarischen Kappe. Die violette Farbe ist nicht nur hier vorgeschrieben, sondern auch bei religiösen Zeremonien am Aschermittwoch und Karfreitag.

Die glorreiche Geschichte der römischen Herrschaft über Jerusalem wiederholte sich. Man führte die Häftlinge hinaus und stellte sie unten im Erdgeschoß vor die Pilatusse des Jahres 1914. Und die Untersuchungsrichter, Pilatusse der Neuzeit, ließen sich, statt sich in allen Ehren die Hände zu waschen, bei „Teissig" Gulasch und Pilsner Bier holen und lieferten der Staatsanwaltschaft neue und neue Klagen ab. Hier schwand zumeist alle Logik, und der § siegte, der § drosselte, der § blödelte, der § prasselte, der § lachte, der § drohte, der § mordete und verzieh nicht. Es waren Jongleure des Gesetzes, Opferpriester der Buchstaben des Gesetzes, Angeklagtenfresser, Tiger des österreichischen Dschungels, die ihren Sprung auf den Angeklagten nach der Nummer des Paragraphen berechneten.

Eine Ausnahme bildeten einige Herren (ebenso wie bei der Polizeidirektion), die das Gesetz nicht so ernst nahmen, denn man findet überall Weizen zwischen Spreu.

Zu einem solchen Herrn führte man Schwejk zum Verhör. Ein alter Herr von gutmütigem Aussehen, der, als er einst den bekannten Mörder Walesch verhörte, niemals zu sagen vergaß: „Bitte, nehmen Sie Platz, Herr Walesch, hier ist gerade ein leerer Stuhl."

Als man Schwejk vorführte, forderte er ihn mit der ihm angeborenen Liebenswürdigkeit auf, sich zu setzen, und sagte: „Also Sie sind der Herr Schwejk?"

„Ich denk", entgegnete Schwejk, „daß ichs sein muß, weil auch mein Vater ein Schwejk und meine Mutter eine Schwejk war. Ich kann ihnen nicht so eine Schande antun, meinen Namen zu verleugnen."

Ein freundliches Lächeln huschte über das Gesicht des Gerichtsrates. „Sie haben sich aber eine hübsche Geschichte eingebrockt. Sie haben hübsch viel auf dem Gewissen."

„Ich hab immer viel auf dem Gewissen", sagte Schwejk, indem er noch freundlicher lächelte als der Herr Gerichtsrat, „ich hab vielleicht noch mehr auf dem Gewissen als Sie, Euer Gnaden."

„Das geht aus dem Protokoll hervor, das Sie unterschrieben haben", sagte in nicht minder freundlichem Ton der Gerichtsrat, „hat man auf der Polizei keinen Druck auf Sie ausgeübt?"

„Aber woher denn, Euer Gnaden. Ich selbst hab sie gefragt, ob ichs unterschreiben soll, und wie sie gesagt ham, ich solls unterschreiben, hab ich ihnen gefolgt. Ich wer mich doch nicht mit ihnen wegen meiner eigenen Unterschrift zanken. Damit macht ich mir ganz bestimmt nicht nützen. Ordnung muß sein."

„Fühlen Sie sich ganz gesund, Herr Schwejk?"

„Ganz gesund grad nicht, Euer Gnaden Herr Rat. Ich hab Rheuma, ich kurier mich mit Opodeldok." Der alte Herr lächelte wiederum freundlich:

„Was würden Sie dazu sagen, wenn wir Sie von Gerichtsärzten untersuchen lassen würden?"

„Ich denk, daß es mit mir nicht so arg is, daß die Herren mit mir überflüssige Zeit verlieren müßten. Mich hat schon irgendein Herr Doktor auf der Polizeidirektion untersucht, ob ich keinen Tripper hab."

„Wissen Sie was, Herr Schwejk, wir werden es halt doch mit den Gerichtsärzten versuchen. Wir werden hübsch eine Kommission zusammenstellen, werden Sie in Untersuchungshaft belassen, und inzwischen ruhen Sie sich hübsch aus. Vorläufig noch eine Frage: Sie sollen nach dem Protokoll erklärt und verbreitet haben, daß bald ein Krieg ausbrechen wird?"

„Das bitte ja, Euer Gnaden, er wird in der allernächsten Zeit ausbrechen."

„Und werden Sie nicht von Zeit zu Zeit von Anfällen gepackt?"

„Nein, bitte sehr, nur einmal hätt mich fast ein Automobil aufm Karlsplatz gepackt, aber das is schon paar Jahre her."

Damit war das Verhör beendet. Schwejk reichte dem Gerichtsrat die Hand. Als er in seine Zelle zurückkehrte, sagte er seinen Nachbarn: „So wern mich also wegen dem Mord am Herrn Erzherzog Ferdinand die Gerichtsärzte untersuchen."

„Ich bin auch schon von den Gerichtsärzten untersucht worden", sagte ein junger Mann, „das war damals, als ich wegen der Teppiche vor die Geschworenen gekommen bin. Man hat mich für schwachsinnig erklärt. Jetzt hab ich eine Dampfdreschmaschine veruntreut, und man kann mir nichts machen. Mein Advokat hat mir gestern gesagt, wenn ich schon einmal für schwachsinnig erklärt worden bin, so muß ich davon schon fürs ganze Leben einen Vorteil haben."

„Ich glaub diesen Gerichtsärzten nichts", bemerkte ein Mann von intelligentem Aussehen. „Wie ich einmal Wechsel gefälscht hab, hab ich für alle Fälle die Vorlesungen vom Doktor Heverodi besucht, und wie sie mich erwischt hoben, hab ich einen Paralytiker simuliert, genauso wie ihn Herr Doktor Heverodi geschildert hat. Ich hab einen Gerichtsarzt von der Kommission ins Bein gebissen, hab die Tinte aus dem Tintenfaß ausgetrunken und hab mich, mit Vergeben, meine Herren, vor der ganzen Kommission in einem Winkel ausgemacht. Aber dafür, daß ich einem die Wade durchgebissen hab, haben sie mich für vollkommen gesund erklärt, und ich war verloren."

„Ich fürcht mich nicht ein bißl vor diesen Herrn", verkündete Schwejk, „wie ich beim Militär gedient hab, hat mich ein Tierarzt untersucht, und es is ganz gut ausgefalln."

28

„Die Gerichtsärzte sind Schufte", ließ sich ein kleiner verhutzelter Mensch vernehmen, „neulich hat man durch einen Zufall auf meiner Wiese ein Skelett gefunden, und die Gerichtsärzte ham gesagt, daß dieses Skelett vor vierzig Jahren durch
den Hieb eines stumpfen Gegenstandes in den Kopf erschlagen worden ist. Ich
bin achtunddreißig Jahre alt, und man hat mich eingesperrt, obwohl ich einen Taufschein, einen Auszug aus der Matrik und einen Heimatschein hob."

„Ich denk", sagte Schwejk, „wir sollten alles von einer bessern Seite betrachten.
Jeder kann sich irren, und er muß sich irren, je mehr er über etwas nachdenkt. Die
Gerichtsärzte sind Menschen, und Menschen ham ihre Fehler. So wie einmal in
Nusle, grad bei der Brücke über den Botitschbach, da is einmal in der Nacht ein
Herr zu mir gekommen, wie ich vom ‚Banzet' nach Haus gegangen bin, und hat
mir mit einem Ochsenziemer eins übern Kopf gegeben, und wie ich am Boden
gelegen bin, hat er auf mich geleuchtet und gesagt: ‚Das is ein Irrtum, das is er
nicht.' Und is darüber so in Wut geraten, daß er sich geirrt hat, daß er mir noch
eins übern Rücken gehaut hat. Das liegt schon so in der menschlichen Natur, daß
sich der Mensch bis zu seinem Tod irrt. Wie der Herr, was in der Nacht einen halb
erfrorenen tollen Hund gefunden hat. Er nimmt ihn mit nach Haus und steckt ihn
der Frau ins Bett. Wie sich der Hund erwärmt hat und zu sich gekommen is, hat er
die ganze Familie gebissen und den Jüngsten in der Wiege hat er zerrissen und
aufgefressen. Oder wer ich euch ein Beispiel erzähln, wie sich bei uns im Haus ein
Drechsler geirrt hat. Er hat sich mit dem Schlüssel die Podoler Kirche aufgemacht,
weil er geglaubt hat, daß er zu Hause ist, hat sich seine Schuhe ausgezogen, weil er
geglaubt hat, daß das seine Küche is, und hat sich auf den Altar gelegt, weil er
geglaubt hat, daß er zu Hause im Bett liegt, und hat paar von diesen Deckerln mit
heiligen Inschriften auf sich gelegt und untern Kopf das Evangelium und noch
andere geweihte Bücher, damit ers hoch unterm Kopf hat. Früh hat ihn der Küster
gefunden, und er sagt ihm ganz gutmütig, wie er zu sich gekommen is, daß es ein
Irrtum is. ‚Hübscher Irrtum', sagt der Küster, ‚wenn wir wegen so einem Irrtum
die Kirche von neuem einweihen lassen müssen.' Dann is dieser Drechsler vor Gericht gekommen, und die ham ihm bewiesen, daß er ganz zurechnungsfähig und
nüchtern war. Wenn er besoffen gewesen war, so hatt er herich mit dem Schlüssel
nicht ins Schloß von der Kirchentür getroffen. Dann is dieser Drechsler in Pankrac
gestorben. Oder noch ein Beispiel, wie sich in Kladno ein Polizeihund geirrt hat,
der Wolfshund von dem bekannten Rittmeister Rotter. Rittmeister Rotter hat solche Hunde gezüchtet und hat Versuche mit Landstreichern gemacht, bis alle Land-

streicher angefangen ham, dem Kladnoer Kreis auszuweichen. Da hat er den Befehl gegeben, daß die Gendarmen, kosts was kost, einen verdächtigen Menschen bringen solln. Da ham sie ihm einmal einen ziemlich anständig angezogenen Mann gebracht, den sie in den Laner Wäldern auf einem Holzstamm sitzen gesehn ham. Gleich hat er ihm ein Stückerl vom Rockschoß abschneiden lassen, den hat man den Gendarmeriepolizeihunden zu riechen gegeben, und dann ham sie diesen Mann in eine Ziegelei hinter der Stadt geführt und diese dressierten Hunde auf seine Spur losgelassen. Die ham ihn gefunden und wieder zurückgebracht. Dann hat der Mann über eine Leiter auf den Boden kriechen, über die Mauer klettern und in den Teich springen müssen und die Hunde hinter ihm. Zum Schluß hat sichs herausgestellt, daß der Mann ein tschechischer radikaler Abgeordneter war, der einen Ausflug in die Laner Wälder gemacht hat, wie er vom Parlament genug gehabt hat. Deshalb sag ich euch, daß alle Menschen Irrtümern unterliegen, daß sie sich irren, obs nun ein Gelehrter oder ein blöder ungebildeter Trottel is. Sogar Minister irren sich."

Abbildung 7: Kolonie Pankrác 1935
(Quelle: Phttp://www.digitalniknihovna.cz/mzk/view/uuid:7bbf8711-2942-11e8-b8a6-5ef3fc9ae867?page=uuid:93825db0-295a-11e8-8b05-005056825209 Světozor, 18. 4. 1935)

Die Kommission der Gerichtsärzte, die darüber entscheiden sollte, ob der geistige Horizont Schwejks all den Verbrechen, deren er angeklagt war, entspreche oder nicht, bestand aus drei ungewöhnlich ernsten Herrn, deren Ansichten bedeutend auseinandergingen. Sie vertraten drei verschiedene wissenschaftliche Schulen und psychiatrische Anschauungen.

Wenn es im Falle Schwejk zwischen diesen entgegengesetzten wissenschaftlichen

Lagern zu einer völligen Übereinstimmung kam, läßt sich dies nur durch den niederschmetternden Eindruck erklären, den Schwejk auf die ganze Kommission machte. Beim Betreten des Zimmers, in dem sein Geisteszustand geprüft werden sollte, rief er nämlich aus, als er auf der Wand das dort hängende Bild des österreichischen Monarchen bemerkte: „Meine Herren, es lebe Kaiser Franz Josef l.!"

Die Sache war vollkommen klar. Durch die spontane Kundgebung Schwejks entfiel eine ganze Reihe von Fragen, und es bedurfte nur noch einiger der wichtigsten, um aus den Antworten auf Grund des Systems des Psychiaters Kallerson, des Doktors Heveroch und des Engländers Weiking die wahre Geistesverfassung Schwejks festzustellen. „Ist Radium schwerer als Blei?"

„Ich habs, bitte, nicht gewogen", antwortete Schwejk mit seinem freundlichen Lächeln.

„Glauben Sie an das Ende der Welt?"

„Zuerst müßt ich das Ende der Welt sehn", warf Schwejk gleichmütig hin, „ganz bestimmt wern wirs aber morgen noch nicht erleben."

„Könnten Sie den Durchmesser der Erdkugel ausmessen?"

„Das möcht ich, bitte, nicht treffen", antwortete Schwejk, „aber ich selbst möcht Ihnen, meine Herren, auch ein Rätsel aufgeben: Es is ein dreistöckiges Haus, in diesem Haus sind in jedem Stock acht Fenster. Auf dem Dach sind zwei Erker und zwei Kamine. In jedem Stock sind zwei Mieter. Und jetzt sagen Sie mir, meine Herrn, in welchem Jahr is dem Hausmeister seine Großmutter gestorben?"

Die Gerichtsärzte blickten einander bedeutungsvoll an, nichtsdestoweniger stellte einer von ihnen noch die Frage: „Kennen Sie nicht die größte Tiefe im Stillen Ozean?"

„Bitte nein", lautete die Antwort, „aber ich denk, daß sie entschieden größer sein wird als die von der Moldau unterm Wyschehrader Felsen."

Der Vorsitzende der Kommission fragte kurz: „Genügt?" aber eines der Mitglieder erbat sich doch noch folgende Frage: „Wieviel ist 12897 mal 13863?"

„729", antwortete Schwejk, ohne mit der Wimper zu zucken.

„Ich glaube, das genügt vollkommen", sagte der Vorsitzende der Kommission. „Sie können den Angeklagten wieder abführen, wo er war."

„Ich danke Ihnen, meine Herren", sagte Schwejk ehrerbietig, „mir genügts auch vollkommen."

Nachdem er gegangen war, kam das Kollegium der drei überein, daß Schwejk ein notorischer Blödian und Idiot nach allen von den psychiatrischen Wissenschaftlern erfundenen Naturgesetzen sei. In dem an den Gerichtsrat abgesandten Bericht stand unter anderem:

„Die endesgefertigten Gerichtsärzte stützen sich in ihrem Urteil bezüglich völliger geistiger Stumpfheit und angeborenem Kretinismus des der oben angeführten Kommission zugewiesenen Josef Schwejk auf den Ausspruch: ‚Es lebe Kaiser Franz Josef I.', der vollkommen genügt, um den Geisteszustand Josef Schwejks als den eines notorischen Idioten erkennen zu lassen. Die endesgefertigte Kommission beantragt daher: 1. Einstellung der Untersuchung gegen Josef Schwejk; 2. Überführung Josef Schwejks zur Beobachtung in die psychiatrische Klinik zwecks Feststellung, wie weit sein Geisteszustand für seine Umgebung gefährlich ist."

Während dieser Bericht abgefaßt wurde, erklärte Schwejk seinen Haftgenossen: „Auf den Ferdinand ham sie gepfiffen und ham sich mit mir von noch größeren Unsinnen unterhalten. Zum Schluß hamr uns gesagt daß uns das vollkommen genügt, was wir uns erzählt ham, und sind auseinandergegangen."

„Ich glaub niemandem", bemerkte der verhutzelte, kleine Mensch, auf dessen Wiese man zufällig ein Skelett ausgegraben hatte, „es is alles eine Lumperei."

„Auch diese Lumperei muß sein", sagte Schwejk und legte sich auf den Strohsack, „wenns alle Menschen mit den andern Menschen gut meinen möchten, tät bald einer den andern erschlagen."

Abbildung 8: K.u.K. Infanterist 1916 (Quelle: Privatbesitz Herausgeber)

4. Schwejks Hinauswurf aus dem Irrenhaus

Wenn Schwejk später sein Leben im Irrenhaus schilderte, geschah dies unter ungewöhnlichen Lobpreisungen: „Ich weiß wirklich nicht, warum die Narren sich ärgern, wenn man sie dort einsperrt. Man kann dort nackt auf der Erde kriechen, heulen wie ein Schakal, toben und beißen. Wenn man das irgendwo auf der Promenade machen möcht, möchten die Leute sich wundern, aber dort is es selbstverständlich! Dort gibts so eine Freiheit, wie sich sie nicht mal die Sozialisten träumen lassen. Man kann sich dort sogar für den Herrgott oder für die Jungfrau Maria ausgeben, oder für den Papst, oder für den König von England, oder für Seine Majestät den Kaiser, oder für den heiligen Wenzel, obzwar der letztere fort gefesselt und nackt war und in der Isolierzelle gelegen is. Einer war auch dort, der hat geschrien, er is ein Erzbischof, aber der hat nichts anderes gemacht als nur gefressen und noch was hat er gemacht, mit Vergeben, Sie wissen schon, was sich so bißl darauf reimt, aber dort schämt sich keiner dafür. Einer hat sich dort sogar für den heiligen Cyrill und Method ausgegeben, damit er zwei Portionen kriegt. Und ein Herr war dort schwanger und hat jeden zur Taufe eingeladen. Dann hats dort viel eingesperrte Schachspieler, Politiker, Fischer und Skauts, Markensammler und Amateurfotografen gegeben. Einer war dort wegen alten Töpfen, die er Aschenurnen genannt hat. Einer war dort in der Zwangsjacke, damit er nicht ausrechnen kann, wann die Welt untergehn wird. Auch mit paar Professoren bin ich dort zusammengekommen. Einer von ihnen is mir fort nachgegangen und hat mir erklärt, daß die Wiege der Zigeuner im Riesengebirge gestanden is, und der andere hat mir auseinandergesetzt, daß im Innern der Erdkugel noch ein viel größerer Erdball is als obenauf. Jeder hat dort sprechen können, was er gewollt hat und was ihm grad auf die Zunge gekommen is, wie wenn er im Parlament war. Manchmal haben sie sich dort Märchen erzählt und sich bißl gerauft, wenns mit einer Prinzessin sehr schlecht ausgefalln is. Am wildesten war ein Herr, der sich für den 16. Band von Ottos Lexikon ausgegeben hat; der hat jeden gebeten, er soll ihn aufmachen und das Schlagwort ‚Kartonagennäherin' finden, sonst is er herich verloren. Er hat sich erst beruhigt, wenn sie ihm die Zwangsjacke gegeben ham. Dann war er ruhig, weil er geglaubt hat, daß er in die Buchbinderpresse gekommen is, und hat gebeten, daß sie ihn modern beschneiden solln, überhaupt hat man dort gelebt wie im Paradies. Man kann dort schrein, brüllen, singen, weinen, meckern, stöhnen, springen, beten, Purzelbäume schlagen, auf allen vieren gehn, auf einem

Abbildung 9: Standbild Wenzels von Böhmen im Prager Veitsdom
(Quelle: http://www.heiligenlexikon.de/BiographienW/Wenzeslaus.html where this photo is published as Public Domain)

Fuß hüpfen, im Kreis laufen, tanzen, den ganzen Tag auf der Erde kauern und auf den Wänden kriechen. Niemand kommt zu euch und sagt: ‚Das dürfen Sie nicht machen, Herr, das paßt sich nicht, Sie könnten sich schämen, Sie wolln ein gebildeter Mensch sein?' Wahr is aber, daß auch ganz stille Narren dort sind. So war dort ein gebildeter Erfinder, der hat sich fort in der Nase gebohrt und hat nur einmal am Tag gesagt: ‚Soeben hab ich die Elektrizität erfunden.' Wie ich sag, sehr hübsch wars dort, und die paar Tage, die ich im Irrenhaus verbracht hab, gehören zu den schönsten meines Lebens."

Und wirklich, schon der Empfang selbst, der Schwejk im Irrenhaus zuteil geworden war, als man ihn vom Strafgericht zur Beobachtung einlieferte, übertraf seine Erwartungen. Zuerst zog man ihn nackt aus, dann gab man ihm irgendeinen Schlafrock und führte ihn ins Bad, während ihn zwei Wärter vertraulich unter den Armen faßten, wobei ihn einer mit der Wiedergabe einer jüdischen Anekdote unterhielt. Im Badezimmer steckte man ihn in eine Wanne mit warmem Wasser, zog ihn dann heraus und stellte ihn unter eine kalte Dusche. Das wiederholte man dreimal, und dann fragte man ihn, wie ihm das gefalle. Schwejk sagte, daß das angenehmer sei als in dem Bad bei der Karlsbrücke und daß er sehr gern bade. „Wenn Sie mir noch die Nägel und die Haare schneiden wern, so wird mir nichts zu meinem vollkommenen Glück fehln", fügte er lächelnd und liebenswürdig hinzu.

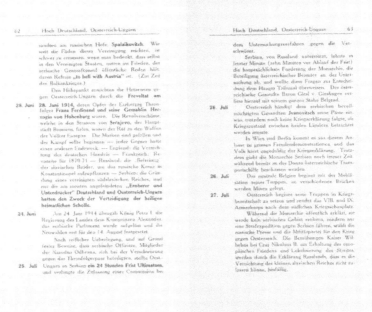

Abbildung 10: Aus Buch: "Hoch Deutschland, Österreich-Ungarn" von Victor N. Hesse; Kurze Schilderung der Ursachen des Krieges und der Kriegsereignisse... (1915)

Auch dieser Wunsch wurde erfüllt, und nachdem sie ihn noch gründlich mit einem Schwamm abgerieben hatten, wickelten ihn die Wärter in ein Leintuch und trugen ihn in die erste Abteilung ins Bett, wo sie ihn niederlegten, mit einer Decke zudeckten und ihn einzuschlafen baten. Schwejk erzählt noch heute mit Liebe davon: „Stelln Sie sich vor, daß sie mich getragen ham, wirklich weggetragen ham, ich war in diesem Augenblick vollkommen glücklich."

Und er schlief auch glücklich im Bett ein. Dann weckte man ihn, um ihm einen Topf Milch und eine Semmel vorzusetzen. Die Semmel war bereits in kleine Stückchen zerschnitten, und während einer von den Wärtern Schwejk an beiden Händen hielt, tunkte der andere die Semmelstückchen in die Milch und fütterte ihn, wie man eine Gans mit Stopfnudeln füttert. Als sie ihn gefüttert hatten, faßten sie ihn unter den Armen und führten ihn auf den Abort, wo sie ihn baten, seine kleine und große Notdurft zu verrichten.

Auch von diesem schönen Augenblick erzählt Schwejk mit Liebe, und ich muß sicherlich nicht mit seinen Worten wiedergeben, was sie dann mit ihm taten. Ich erwähne nur, daß Schwejk erzählt: „Einer von ihnen hat mich dabei in den Armen gehalten."

Nachdem sie ihn zurückgebracht hatten, legten sie ihn wiederum ins Bett und baten ihn abermals, einzuschlafen. Als er eingeschlafen war, weckten sie ihn und führten ihn ins Ordinationszimmer, wo Schwejk, völlig nackt vor zwei Ärzten stehend, der glorreichen Zeit seiner Assentierung gedachte. Unwillkürlich entschlüpfte es seinen Lippen:

„Tauglich."

„Was sagen Sie?" fragte einer der Ärzte. „Machen Sie fünf Schritte nach vorn und fünf Schritte zurück." Schwejk machte zehn.

„Ich habe Ihnen doch gesagt", sagte der Arzt, „Sie sollen fünf machen."

„Mir kommts auf paar Schritte nicht an", sagte Schwejk.

Hierauf forderten ihn die Ärzte auf, er möge sich auf einen Stuhl setzen, und einer klopfte ihm auf die Knie. Dann sagte er zu dem andern, daß die Reflexe vollständig normal seien, worauf der zweite den Kopf schüttelte und Schwejk selbst auf die Knie zu klopfen begann, während der erste Schwejks Augenlider emporhob und seine Pupillen untersuchte. Dann gingen sie zum Tisch und warfen ein paar lateinische Ausdrücke hin.

„Hören Sie, können Sie singen?" fragte einer von ihnen Schwejk.

„Könnten Sie uns nicht irgendein Lied vorsingen?"

„Ohne weiters, meine Herren", antwortete Schwejk. „Ich hab zwar weder Stimme noch musikalisches Gehör, aber ich will versuchen, Ihnen den Gefallen zu tun, wenn Sie sich unterhalten wolln!" Und Schwejk legte los:

36

„Der junge Mönch im Lehnstuhl dort
blickt nieder in tiefem Sinnen,
zwei bittre heiße Tränen fort
auf seine Wangen rinnen.

Weiter kann ichs nicht", fuhr Schwejk fort, „Wenn Sie aber wollen, sing ich
Ihnen:

Wie ist mir heute bang zumute,
wie schwer hebts meine Brust,
dort in der Ferne, im Schein der Sterne
dort, dort allein ist meine Lust.

Und auch das kann ich nich weiter", seufzte Schwejk. „Ich kann noch die erste
Strophe von ‚Kde domov muj' und dann noch: ‚General Windischgrätz und die
hohen Herren, als die Sonne aufging, gaben die Befehle', und noch paar solche
Nationallieder, wie: ‚Gott erhalte, Gott beschütze' und ‚Als wir nach Jaromer zogen' und ‚Wir grüßen dich vieltausendmal'."

Die beiden Herren Ärzte blickten einander an und einer von ihnen stellte an
Schwejk die Frage: „Wurde Ihr Geisteszustand bereits einmal geprüft?"

„Beim Militär", antwortete Schwejk feierlich und stolz, „bin ich von den Herren
Militärärzten amtlich für einen notorischen Idioten erklärt worn."

„Mir scheint, Sie sind ein Simulant!" schrie der zweite Arzt Schwejk an.

„Ich, meine Herren", verteidigte sich Schwejk, „bin kein Simulant, ich bin ein
wirklicher Idiot, Sie können sich darüber in der Kanzlei der Einundneunziger in
Budweis oder beim Ergänzungskommando in Karolinenthal erkundigen."

Der ältere von den Ärzten winkte hoffnungslos mit der Hand und sagte, auf
Schwejk weisend, zu den Wärtern: „Diesem Mann da geben Sie seine Kleider zurück, und bringen Sie ihn in die dritte Klasse auf den ersten Korridor, dann kommt
einer zurück und trägt alle Dokumente über ihn in die Kanzlei. Und sagen Sie dort,
daß mans bald erledigen soll, damit wir ihn hier nicht lang auf dem Hals haben."

Die Ärzte warfen noch einen niederschmetternden Blick auf Schwejk, der ehrerbietig rücklings zur Tür zurückwich, wobei er sich höflich verneigte. Auf die Frage
eines der Wärter, was er da für Dummheiten mache, erwiderte er: „Weil ich nicht
angezogen bin, bin nackt und will den Herren nichts zeigen, damit sie nicht denken,
daß ich unhöflich oder ordinär bin."

Von dem Augenblick, wo die Wärter den Befehl erhalten hatten, Schwejk seine Kleider zurückzugeben, wandten sie ihm nicht mehr die geringste Sorgfalt zu. Sie befahlen ihm, sich anzukleiden, und einer führte ihn in die dritte Klasse, wo er während der paar Tage, deren es bedurfte, um in der Kanzlei seinen schriftlichen Hinauswurf durchzuführen, Gelegenheit hatte, hübsche Beobachtungen zu machen. Die enttäuschten Ärzte gaben ihm das Gutachten mit auf den Weg, daß er ein „Simulant von schwachem Verstand sei", und weil man ihn vor dem Mittagessen entließ, kam es zu einem kleinen Auftritt. Schwejk erklärte, wenn man jemanden aus dem Irrenhaus hinauswerfe, dürfe man ihn nicht ohne Mittagessen hinauswerfen. Dem Auftritt machte der vom Pförtner herbeigeholte Schutzmann ein Ende, der Schwejk aufs Polizeikommissariat in die Salmgasse brachte.

Abbildung 11: Verwaltungsgliederung des Könogreichs Böhmen 1893
(Quelle: David Liuzzo (https://upload.wikimedia.org/wikipedia/commons/7/7a/Verwaltungsgliederung_des_Königreichs_Bohmen_1893.svg)

5. Schwejk auf dem Polizeikommissariat in der Salmgasse

Auf die schönen sonnigen Tage im Irrenhaus folgten für Schwejk Stunden voller Nachstellungen. Polizeiinspektor Braun arrangierte die Begegnungsszene mit Schwejk mit der Grausamkeit römischer Henkersknechte aus der Zeit des reizenden Kaisers Nero. Hart, wie damals, als man sagte: „Werft diesen Lumpen, den Christen, vor die Löwen", sagte Inspektor Braun: „Steckt ihn hinters Katzer!"

Kein Wort mehr und kein Wort weniger. Nur die Augen des Herrn Polizeiinspektors Braun leuchteten dabei in einer sonderbaren perversen Wollust.

Schwejk verneigte sich und sagte stolz: „Ich bin bereit, meine Herren. Ich denk, daß Katzer dasselbe bedeutet wie Separation, und das is nicht das ärgste."

„Machen Sie sich hier nicht zu breit", entgegnete der Polizist, worauf Schwejk sich vernehmen ließ: „Ich bin ganz bescheiden und dankbar für alles, was Sie für mich tun."

In der Separation auf der Pritsche saß ein melancholischer Mann. Er saß apathisch da, und seinem Äußeren merkte man an, daß er beim Kreischen der Schlüssel in der Tür der Separationszelle nicht daran glaubte, daß sich für ihn die Tür zur Freiheit öffnen könnte. „Kompliment, Euer Gnaden", sagte Schwejk, während er sich zu ihm auf die Pritsche setzte, „wieviel Uhr kanns beiläufig sein?"

„Die Uhr ist nicht mein Herr", entgegnete der melancholische Mann.

„Hier is es nicht so übel", fuhr Schwejk im Gespräch fort, „die Pritsche ist aus gehobeltem Holz."

Der ernste Mann antwortete nicht, stand auf und fing an, rasch in dem kleinen Raum zwischen Tür und Pritsche auf und ab zu gehen, als hätte er Eile, etwas zu retten.

Schwejk betrachtete inzwischen mit Interesse die auf die Wände gekritzelten Inschriften. Da gab es eine Inschrift, in der ein unbekannter Arrestant einen Kampf mit der Polizei auf Leben und Tod gelobte. Der Text lautete: „Ihr werdet es euch auslöffeln." Ein anderer Arrestant hatte geschrieben: „Steigt mir am Buckel, Hornochsen." Ein anderer wiederum stellte einfach die Tatsache fest: „Ich bin hier am 5. Juni 1913 gesessen, und man ist anständig mit mir verfahren. Josef Maretschek, Kaufmann aus Wrschowitz."

Ferner gab es hier eine Inschrift, die durch ihre Tiefe erschütterte:

„Gnade, großer Gott -" und darunter: „Leckts mich am A." Der Buchstabe „A" war jedoch durchgestrichen, und an der Seite stand mit großen Buchstaben „Rockschoß". Daneben hatte irgendeine poetische Seele Verse geschrieben: „Ich sitz traurig an dem Bache, am Himmel zeigt sich schon der Mond, und blicke auf die dunklen Berge, wo mein teures Schätzchen wohnt."

Der Mann, der zwischen Tür und Pritsche auf und ab lief, als wollte er den Marathonlauf gewinnen, blieb stehen, setzte sich abgehetzt wieder auf seinen alten Platz, legte das Haupt in die Hände und brüllte plötzlich auf: „Laßts mich heraus!"

„Nein, sie lassen mich nicht frei", redete er vor sich hin, „sie lassen mich nicht und nicht frei. Ich bin schon seit sechs Uhr früh hier."

Er bekam einen Anfall von Mitteilsamkeit, richtete sich auf und fragte Schwejk: „Haben Sie nicht zufällig einen Riemen bei sich, damit ich Schluß mache?"

„Damit kann ich Ihnen herzlich gern dienen", antwortete Schwejk, während er seinen Riemen abknöpfte, „ich hab noch nie gesehen, wie sich Leute in der Separation auf einem Riemen aufhängen."

„Es is nur ärgerlich", fuhr er fort, indem er umherblickte, „daß kein Haken hier is. Die Klinke am Fenster wird Sie nicht erhalten. Außer Sie hängen sich kniend an der Pritsche auf, wies der Mönch im Kloster in Emaus gemacht hat, der was sich wegen einer jungen Jüdin am Kruzifix aufgehängt hat. Ich hab Selbstmörder sehr gern, also nur lustig ans Werk."

Der düstere Mann, dem Schwejk den Riemen zusteckte, schaute den Riemen an, schleuderte ihn in einen Winkel und begann zu weinen, wobei er die Tränen mit den schwarzen Händen verschmierte und folgende Schreie aus sich hervorstieß: „Ich habe Kinderchen, ich bin hier wegen Trunkenheit und unsittlichem Lebenswandel. Jesusmaria, meine arme Frau, was wird man mir im Amt sagen? Ich habe Kinderchen, ich bin hier wegen Trunkenheit und unsittlichem Lebenswandel" usw. ohne Unterlaß.

Zum Schluß beruhigte er sich doch ein bißchen, ging zur Tür und begann an sie zu stoßen und mit den Fäusten auf sie zu trommeln. Hinter der Tür ließen sich Schritte vernehmen, und eine Stimme ertönte: „Was wolln Sie?"

„Laßts mich heraus!" sagte er mit einer Stimme, als bliebe ihm keine Lebenshoffnung mehr. „Wohin?" ertönte es fragend von der andern Seite.

„Ins Amt", entgegnete der unglückliche Vater, Gatte, Beamte, Säufer und Lüstling.

Ein Lachen, ein fürchterliches Lachen in der Stille des Korridors, und die Schritte entfernten sich wieder.

„Mir scheint, der Polizist haßt Sie, daß er Sie so auslacht", sagte Schwejk, während der hoffnungslose Mann sich wieder neben ihn setzte. „So ein Polizist, wenn er Wut hat, kann vieles machen, und wenn er noch größere Wut kriegt, is alles imstand. Sitzen Sie nur ruhig, wenn Sie sich nicht aufhängen wolln, und warten Sie, wie die Dinge sich entwickeln. Wenn Sie Beamter sind, verheiratet und Kinder ham, so is es schrecklich, das geb ich zu. Sie sind wahrscheinlich überzeugt, daß man Sie aus dem Amt entlassen wird, wenn ich mich nicht irr."

„Das kann ich Ihnen nicht sagen", seufzte der Mann, „weil ich mich selbst nicht mehr erinner, was ich aufgeführt hab, ich weiß nur, daß man mich irgendwo hinausgeworfen hat und daß ich wieder hineingehn wollt, um mir eine Zigarre anzuzünden. Aber erst hats so schön angefangen!

Unser Abteilungsvorstand hat seinen Namenstag gefeiert und hat uns in eine Weinstube eingeladen, dann gings in die zweite, in die dritte, in die vierte, in die fünfte, in die sechste, in die siebente, in die achte, in die neunte."

„Soll ich Ihnen vielleicht zähln helfen?" fragte Schwejk. „Ich kenn mich drin aus, ich war mal in einer Nacht in achtundzwanzig Lokalen. Aber alle Achtung, nirgends hab ich mehr gehabt als höchstens drei Biere."

„Kurz", fuhr der unglückliche Untergebene des Vorstands fort, der seinen Namenstag so großartig gefeiert hatte, „als wir etwa in einem Dutzend solcher verschiedener Beiseln gewesen waren, bemerkten wir, daß uns der Vorstand verlorengegangen war, obwohl wir ihn an einem Spagat angebunden hatten und hinter uns führten wie ein Hunterl. So sind wir ihn wieder überallhin suchen gegangen und zu guter Letzt haben wir uns einer dem anderen verloren, bis ich zum Schluß in einem Nachtcafe auf dem Weinberge, einem sehr anständigen Lokal, einen Likör direkt aus der Flasche getrunken hab. Was ich dann gemacht hab, dran erinner ich mich nicht mehr, ich weiß nur, daß die beiden Herren Polizisten hier auf dem Kommissariat, wie man mich hergebracht hat, schon gemeldet hatten, daß ich betrunken war und mich unsittlich benommen hab. Außerdem soll ich eine Dame verprügelt und mit dem Taschenmesser einen fremden Hut zerschnitten haben, den ich vom Kleiderrechen genommen haben soll. Dann soll ich die Damenkapelle vertrieben und den Oberkellner vor allen des Diebstahls einer Zwanzigkronennote beschuldigt haben. Dann hab ich angeblich die Marmorplatte an dem Tisch, an dem ich gesessen bin, zerschlagen und einem unbekannten Herrn am Nebentisch absichtlich in den schwarzen Kaffee gespuckt. Mehr hab ich nicht gemacht, wenigstens kann ich mich nicht dran erinnern, daß ich noch was angestellt hätt. Und glauben Sie mir, ich bin so ein anständiger, intelligenter Mensch, der an nichts andres denkt als an seine Familie. Was sagen Sie da dazu? Ich bin doch kein Exzedent!"

„Hats Ihnen viel Arbeit gegeben, bevor Sie die Marmorplatte zerbrochen ham?" fragte Schwejk mit Interesse statt einer Antwort, „oder ham Sie sie mit einem Schlag zerdroschen?"

„Mit einem Schlag", antwortete der intelligente Herr. „Dann sind Sie verloren", sagte Schwejk melancholisch. „Man wird Ihnen beweisen, daß Sie sich durch fleißiges Training drauf vorbereitet ham. Und der Kaffee von diesem fremden Herrn, in den Sie gespuckt ham, war Rum drin oder nicht?" Und ohne eine Antwort abzuwarten, legte er dar:

„Wenn Rum drin war, so wirds ärger sein, weil der teurer is. Bei Gericht wird alles berechnet und summiert, damits zumindest auf ein Verbrechen herauskommt."

„Bei Gericht...", flüsterte der gewissenhafte Familienvater kleinlaut, ließ den Kopf hängen und verfiel in den unangenehmen Zustand, in dem Gewissensbisse an einem fressen.

„Und weiß man zu Haus", fragte Schwejk, „daß Sie eingesperrt sind, oder wird mans erst erfahren, bis es in der Zeitung stehn wird?"

„Sie glauben, daß es in der Zeitung stehen wird?" fragte das Opfer des Namenstages seines Vorgesetzten naiv.

„Das is mehr als gewiß", lautete die unverblümte Antwort, denn Schwejk hatte nicht die Gewohnheit, etwas vor einem anderen zu verbergen. „Der Bericht über Sie wird allen Zeitungslesern sogar sehr gefalln. Ich les auch gern die Rubrik von den Besoffenen und ihren Ausschreitungen. Neulich beim ‚Kelch' hat ein Gast nichts andres angestellt, als daß er sich selbst mit seinem Glas den Kopf zerschlagen hat. Er hats in die Höh geworfen und sich druntergestellt. Man hat ihn weggeschafft, und früh ham wirs schon zu lesen bekommen. Oder ich hab im ‚Bendlovka' einmal einem Funebrak einen Watschen heruntergehaut, und er hat sie mir zurückgegeben. Damit wir uns versöhnen, hat man uns beide einsperrn müssen, und gleich wars im Mittagsblatt. Oder wie ein gewisser Herr Rat im Kaffeehaus ‚Zum Leichnam' zwei Tassen zerbrochen hat, glauben Sie, man hat ihn geschont? Er war auch gleich am nächsten Tag in der Zeitung. Sie können höchstens aus dem Gefängnis eine Berichtigung in die Zeitung schicken, daß der Bericht, was über Sie veröffentlicht worden is, nicht Sie betrifft und daß Sie mit dem Herrn dieses Namens weder verwandt noch identisch sind, und nach Haus einen Brief, daß sie Ihnen Ihre Berichtigung ausschneiden und aufheben solln, damit Sie sichs lesen können, bis Sie sich die Strafe abgesessen ham."

„Is Ihnen nicht kalt?" fragte Schwejk voll Teilnahme, als er bemerkte, daß der intelligente Herr mit den Zähnen klapperte. „Wir ham heuer einen kalten Sommer."

„Ich bin unmöglich", schluchzte der Kollege Schwejks, „aus ists mit meinem Avancement."

„Das stimmt", bekräftigte Schwejk entgegenkommend. „Wenn man Sie, bis Sie die Strafe abgesessen ham, nicht ins Amt zurücknimmt, weiß ich nicht, ob Sie bald einen andern Posten finden wern, weil ein jeder, sogar wenn Sie beim Schinder dienen wollten, von Ihnen ein Leumundszeugnis verlangen wird. Ja, so ein Augenblick der Lust, wie Sie sich ihn vergönnt ham, zahlt sich nicht aus. Und hat Ihre Frau mit Ihren Kindern von was zu leben, während der Zeit, wo Sie sitzen wern? Oder wird sie betteln gehn und die Kinder verschiedene Laster lernen müssen?"

Ein Schluchzen ertönte: „Meine armen Kinder, mein armes Weib!"

Der gewissenlose Büßer stand auf und begann von seinen Kindern zu sprechen: Er hatte ihrer fünf, der Älteste war zwölf Jahre alt und war bei den Skauts. Er trank bloß Wasser und hätte seinem Vater, der so was zum ersten Mal in seinem Leben angestellt hatte, zum Beispiel dienen sollen.

„Bei den Skauts?" rief Schwejk, „von den Skauts hör ich gern. Einmal in Mydlowar bei Zliw, Bezirk Hluboká, Bezirkshauptmannschaft Budweis, grad wie wir Einundneunziger dort eine Übung gehabt ham, ham die Bauern aus der Umgebung im Gemeindewald eine Treibjagd auf die Skauts gemacht, die sich ihnen dort eingenistet hatten. Drei ham sie gefangen. Der kleinste von ihnen hat gekreischt, geheult und gejammert, wie sie ihn angebunden ham, daß wir abgehärtete Soldaten es nicht mit anschaun konnten und lieber zur Seite gegangen sind. Und wie sie sie so gebunden ham, ham diese drei Skauts acht Bauern gebissen. Beim Foltern vorm Bürgermeister ham sie dann unterm Staberl gestanden, daß es keine einzige Wiese in der Umgebung gegeben hat, die sie nicht zerwälzt ham, wie sie in der Sonne gelegen sind, dann ham sie gestanden, daß der Strich Korn bei Razitz, grad vor der Ernte, durch einen bloßen Zufall abgebrannt is, wie sie sich im Korn auf dem Rost ein Reh gebraten ham, an das sie im Gemeindewald mit Messern herangeschlichen sind. In ihrem Versteck, im Wald, hat man über einen halben Meterzentner abgenagte Knochen von Geflügel und Wild gefunden, eine ungeheure Menge Kirschkerne, eine Masse Griebsche von unreifen Äpfeln und andre gute Dinge."

Der bedauernswerte Vater eines Skauts war aber nicht zu beruhigen. „Was hob ich da gemacht?" wehklagte er, „mein Ruf ist ruiniert."

„Das stimmt", sagte Schwejk mit der Ihm angeborenen Aufrichtigkeit, „nach dem, was geschehn is, muß Ihr Ruf fürs ganze Leben ruiniert sein, weil, bis man es in der Zeitung lesen wird, wern Ihre Bekannten noch was zugeben. Das macht man immer so, aber machen Sie sich nichts draus. Menschen, die einen ruinierten und verdorbenen Ruf ham, gibts in der Welt wenigstens zehnmal soviel wie die mit einem guten Ruf. Das is bloß eine ganz unbedeutende Kleinigkeit."

Auf dem Gang wurden schwere Tritte laut, der Schlüssel rasselte im Schloß, die Tür wurde weit geöffnet, und ein Polizist rief Schwejks Namen.

„Entschuldigen Sie", sagte Schwejk ritterlich, „ich bin hier erst seit zwölf Uhr Mittag, aber dieser Herr is schon seit sechs Uhr früh hier. Ich habs nicht so eilig."

Anstelle einer Antwort wurde Schwejk von der starken Hand des Schutzmannes auf den Gang gezogen, der ihn schweigend über die Treppe in den ersten Stock hinaufführte.

Im zweiten Zimmer saß am Tisch der Polizeikommissär, ein dicker Herr von gutmütigem Äußeren, der zu Schwejk sagte: „Also Sie sind der Schwejk? Und wie sind Sie hergekommen?"

„Auf die einfachste Art", entgegnete Schwejk, „ich bin in Begleitung eines Polizisten gekommen, weil ich mir nicht hab gefalln lassen wolln, daß man mich ausm Irrenhaus ohne Mittagmahl herauswirft. Das kommt mir so vor, wie wenn man mich für ein Straßenmädl halten möcht."

„Wissen Sie was, Schwejk", sagte der Herr Kommissär freundlich, „wozu solln wir uns hier in der Salmgasse mit Ihnen ärgern? Ist es nicht besser, wenn wir Sie auf die Polizeidirektion schicken?"

„Sie sind, wie man zu sagen pflegt, Herr der Situation", meinte Schwejk zufrieden, „jetzt gegen Abend auf die Polizeidirektion gehn, is ein ganz angenehmer kleiner Spaziergang."

„Das freut mich, daß wir uns geeinigt haben", sagte der Polizeikommissär lustig, „ist es nicht besser, wenn wir uns verständigen, Schwejk?"

„Ich berat mich auch mit jedem sehr gern", erwiderte Schwejk, „glauben Sie mir, Herr Kommissär, ich wer Ihnen nie Ihre Güte vergessen."

Mit einer ehrerbietigen Verbeugung ging er mit dem Polizisten hinunter zur Wachstube, und eine Viertelstunde später konnte man an der Ecke der Gerstengasse und des Karlsplatzes Schwejk in Begleitung eines zweiten Polizisten sehen, der unter der Achsel ein umfangreiches Buch mit der deutschen Aufschrift „Arrestantenbuch" trug.

An der Ecke der Brenntegasse stießen Schwejk und sein Begleiter auf eine Menschenmenge, die sich um ein Plakat drängte.

„Das ist das Manifest Seiner Majestät des Kaisers über die Kriegserklärung", sagte der Schutzmann zu Schwejk.

„Ich habs vorausgesagt", sagte Schwejk, „aber im Irrenhaus wissen sie noch nichts davon, obzwar sies aus erster Hand haben sollten."

„Wie meinen Sie das?" fragte der Schutzmann Schwejk. „Weil dort viele Herren Offiziere eingesperrt sind", erklärte Schwejk, und als sie auf eine neue Gruppe stießen, die sich vor dem Manifest drängte, schrie er laut:

„Heil Kaiser Franz Josef! Diesen Krieg gewinnen wir!"

Jemand aus der begeisterten Menge drückte ihm den Hut über die Ohren, und so trat der brave Soldat Schwejk, von einer Menschenmenge umringt, wiederum in das Tor der Polizeidirektion.

„Wir gewinnen den Krieg ganz bestimmt, ich wiederhols nochmals, meine Herren!"

Mit diesen Worten verabschiedete sich Schwejk von der Menge, die ihn begleitete.

Und irgendwo in weiten Fernen der Geschichte senkte sich auf Europa die Wahrheit herab, daß dies Morgen die Pläne der Gegenwart zunichte machen werde.

Abbildung 12: Gratulation der k.u.k. Armee an Kaiser Franz Joseph I. zum 85. Geburtstag durch Erzherzog Friedrich. Friedrich war Armeeoberkommandant (Quelle: Hans Temple (1857-1931))

6. Schwejk kehrt nach Durchbrechung des Zauberkreises wieder nach Hause zurück

Durch das Gebäude der Polizeidirektion wehte der Geist einer fremden Autorität, die das Maß der Begeisterung für den Krieg feststellte.

Bis auf einzelne, die ihre Zugehörigkeit zu einer Nation, deren Söhne für völlig fremde Interessen verbluten sollten, nicht leugneten, stellte die Polizeidirektion die schönste Gruppe bürokratischer Raubtiere dar, deren ganzes Sinnen und Trachten sich auf Kerker und Galgen konzentriert, um die Existenz der gekrümmten Paragraphen zu wahren. Dabei behandelten sie ihre Opfer mit giftiger Freundlichkeit und erwogen vorher bedächtig jedes Wort.

„Es tut mir sehr leid", sagte eines dieser schwarzgelbgestreiften Raubtiere, als man ihm Schwejk vorführte, „daß Sie wieder in unsere Hände gefallen sind. Wir haben geglaubt, daß Sie sich bessern werden, aber wir haben uns getäuscht."

Schwejk nickte stumm mit dem Kopf und gebärdete sich so unschuldig, daß das schwarzgelbe Raubtier ihn fragend anblickte und mit Nachdruck sagte:

„Machen Sie nicht so ein blödes Gesicht."

Er ging jedoch sofort zu einem liebenswürdigen Ton über und fuhr fort: „Für uns ist es gewiß sehr unangenehm, Sie in Haft zu halten, und ich kann Ihnen versichern, daß meiner Meinung nach Ihre Schuld nicht so groß ist, denn bei Ihrer geringen Intelligenz besteht kein Zweifel, daß Sie verleitet worden sind. Sagen Sie mir, Herr Schwejk, wer verleitet Sie eigentlich dazu, solche Dummheiten zu machen?"

Schwejk hustete und sagte: „Ich weiß, bitte, von keinen Dummheiten."

„Und ist das keine Dummheit, Herr Schwejk", hieß es in gekünstelt väterlichem Ton, „wenn Sie, nach Angabe des Polizisten, der Sie hergebracht hat, vor einem an der Straßenecke affichierten Kriegsmanifest einen Menschenauflauf hervorrufen und das Volk mit Ausrufen aufwiegeln, wie: ‚Heil Kaiser Franz Josef, diesen Krieg gewinnen wir!'"

„Ich könnt nicht untätig bleiben", erklärte Schwejk, seine guten Augen auf das Antlitz des Inquisitors heftend, „ich war so aufgeregt, wie ich gesehn hab, daß alle das Kriegsmanifest lesen und keine Freude zeigen. Keine Hochrufe, kein Hurra, überhaupt nichts, Herr Rat. So wie wenns sie überhaupt nichts angehn macht. Und da hab ich alter Soldat von den Einundneunzigern nicht mehr länger zuschaun können und hab diese Sätze ausgerufen, und ich denk, wenn Sie an meiner Stelle gewesen wären, daß Sie es gradso gemacht hätten wie ich. Wenn schon Krieg is, müssen wir ihn gewinnen und man muß dem Kaiser Heil rufen, das wird mir keiner ausreden!"

Überwunden und zerknirscht ertrug das schwarzgelbe Raubtier nicht den Blick des unschuldigen Schäfchens Schwejk; es senkte die Augen auf die Gerichtsakten und sagte: „Ich anerkenne vollkommen Ihre Begeisterung, aber Sie hätten sie unter andern Umständen bekunden müssen. Sie wissen selbst gut, daß ein Polizist Sie geführt hat, so daß so eine patriotische Kundgebung auf die Bevölkerung eher ironisch als ernsthaft wirken konnte und mußte."

„Wenn jemanden ein Polizist führt", entgegnete Schwejk, „is das ein schwerer Moment im Menschenleben. Aber wenn man nicht mal in so schweren Momenten vergißt, was sich zu tun gebührt, wenn Krieg is, so denk ich, dann is man kein schlechter Mensch."

Das schwarzgelbe Raubtier knurrte und schaute Schwejk noch einmal in die Augen.

Schwejk antwortete mit der unschuldigen, weichen, bescheidenen und sanften Wärme seines Blickes.

Eine Zeitlang blickten einander die beiden unverwandt an. „Hol Sie der Teufel, Schwejk", sagte schließlich der Amtsbart, „wenn Sie noch einmal herkommen, werde ich Sie überhaupt nicht mehr ausfragen, und Sie werden direkt ins Militärgericht auf den Hradschin wandern. Haben Sie verstanden?"

Und eh er sichs versah, schritt Schwejk auf ihn zu, küßte ihm die Hand und sagte: „Vergelts Gott tausendmal. Wenn Sie mal ein Hunterl brauchen sollten, wenden Sie sich gefälligst an mich. Ich hab ein Geschäft mit Hunden."

Und so befand sich Schwejk wieder in Freiheit und auf dem Weg zu seinem Heim. Seine Erwägung, ob er sich zuerst beim „Kelch" aufhalten sollte, endete damit, daß er jene Türe öffnete, durch die er vor einiger Zeit in Begleitung des Detektivs Bretschneider geschritten war.

Im Ausschank herrschte Grabesstille. Es saßen dort einige Gäste, unter ihnen der Küster von der Apollinarkirche. Sie sahen bekümmert aus. Hinter dem Schanktisch saß die Wirtin Palivec und blickte stumpf auf die Bierhähne.

„Also da bin ich schon wieder", sagte Schwejk lustig, „geben Sie mir ein Glas Bier. Wo hamr denn den Herrn Palivec, is er auch schon zu Haus?"

Statt einer Antwort begann die Palivec zu weinen. Sie stöhnte, und indem sie ihr Unglück in eine eigentümliche Betonung jedes Wortes zusammenfaßte, hub sie an: „Sie - ham - ihm - zehn - Jahre - aufgebrummt - vor - einer Woche..."

„Na also", sagte Schwejk, „da hat er also schon sieben Tage hinter sich."

„Er war so vorsichtig", weinte die Palivec, „er hats selbst immer von sich behauptet."

Die Gäste im Ausschank schwiegen hartnäckig, als gehe hier der Geist des Palivec
um und mahne sie zu noch größerer Vorsicht.

„Vorsicht is die Mutter der Weisheit", sagte Schwejk, während er sich an den
Tisch zu einem Glas Bier setzte, in dessen Schaum sich kleine Löcher befanden,
die durch die herabtropfenden Tränen der Frau Palivec entstanden waren, als sie
Schwejk das Bier auf den Tisch getragen hatte, „heutzutage sind die Zeiten so, daß
sie einen zur Vorsicht zwingen."

„Gestern hamr zwei Begräbnisse gehabt", lenkte der Küster von der Apollinarkirche das Gespräch auf ein anderes Geleise.

„Da is wohl jemand gestorben", sagte ein anderer Gast, worauf ein dritter hinzufügte:

„Warens Begräbnisse erster Klasse?"

„Ich mächt gern wissen", sagte Schwejk, „wie jetzt im Krieg die Militärbegräb-
nisse sein wern."

Die Gäste erhoben sich, zahlten und gingen still davon. Schwejk blieb allein mit
Frau Palivec.

„Das hab ich mir nicht gedacht", sagte er, „daß sie einen unschuldigen Menschen
zu zehn Jahren verurteilen wern. Daß sie einen unschuldigen Menschen zu fünf
Jahren verurteilt ham, das hab ich schon gehört, aber zehn, das is bißl viel."

„Wenn mein Alter gestanden hat!" weinte die Palivec. „Wie er das hier von den
Fliegen gesagt hat und von dem Bild, so hat ers auch auf der Direktion und bei
Gericht wiederholt. Ich war bei der Hauptverhandlung als Zeugin, aber was hab
ich bezeugen können, wenn sie mir gesagt ham, daß ich in einem verwandtschaft-
lichen Verhältnis zu meinem Mann steh und daß ich mich der Zeugenschaft entschlagen kann. Ich hab mich so erschreckt über dieses verwandtschaftliche Verhältnis, damit draus vielleicht nicht was wird, so hab ich mich der Zeugenschaft
entschlagen, und der arme Kerl hat mich so angeschaut, mein Leben lang wer ich
seine Augen nicht vergessen. Und dann, nach dem Urteil, wie man ihn abgeführt
hat, hat er auf dem Gang geschrien, so blöd war er davon: ‚Es lebe der Freie Gedanke!'"

„Und Herr Bretschneider geht nicht mehr her?" fragte Schwejk.

„Er war paarmal hier", erwiderte die Wirtin, „hat ein oder zwei Biere getrunken,
hat mich gefragt, wer hergeht und hat zugehört, wie die Gäste vom Fußball reden.
Immer, wenn sie ihn sehn, reden sie nur vom Fußball. Und mit ihm hats gezuckt,

als ob er jede Weile hätt toben und sich winden wolln. Während dieser ganzen Zeit is ihm nur ein einziger Tapezierer aus der Quergasse aufn Leim gegangen."

„Es is Übungssache", bemerkte Schwejk, „war der Tapezierer ein dummer Mensch?"

„Ungefähr wie mein Mann", antwortete sie unter Tränen, „er hat ihn gefragt, ob er auf die Serben schießen möcht. Und da hat er ihm gesagt, daß er nicht schießen kann, daß er einmal bei einer Schießbude war und dort die Krone durchschossen hat. Dann hamr alle gehört, daß der Herr Bretschneider gesagt hat, wie er sein Notizbuch herausgezogen hat: „Da schau her, wieder ein neuer hübscher Hochverrat! und dann is er mit dem Tapezierer aus der Quergasse fortgegangen, und der is nicht mehr zurückgekommen."

„Ja, ja, es wern ihrer viele nicht mehr zurückkommen", sagte Schwejk, „geben Sie mir einen Rum."

Schwejk ließ sich gerade zum zweiten Mal Rum einschenken, als der Geheimpolizist Bretschneider die Wirtsstube betrat. Er warf einen hastigen Blick in den Ausschank und in das leere Lokal, setzte sich zu Schwejk, bestellte ein Bier und wartete, was Schwejk sagen würde. Schwejk nahm eine Zeitung vom Ständer und bemerkte, während er die rückwärtige Inseratenseite betrachtete:

„Na also, dieser Tschimpera in Straschkow Nr. 5, Post Ratsch, verkauft seine Wirtschaft mit 13 Strich eigenen Feldern, Schule und Bahn im Ort."

Bretschneider trommelte nervös mit den Fingern, drehte sich zu Schwejk herum und sagte:

„Das wundert mich aber, daß Sie diese Wirtschaft interessiert, Herr Schwejk."

„Ach, das sind Sie", sagte Schwejk, indem er ihm die Hand reichte, „ich hab Sie nicht gleich erkannt, ich hab ein sehr schlechtes Gedächtnis. Zum letzten Mal hamr uns, wenn ich mich nicht irr, in der Aufnahmskanzlei der Polizeidirektion gesehen. Was machen Sie denn seit der Zeit, kommen Sie oft her?"

„Ich bin heut Ihretwegen gekommen", sagte Bretschneider, „mir wurde auf der Polizeidirektion mitgeteilt, daß Sie Hunde verkaufen. Ich brauche einen Rattler oder Spitz oder etwas Ähnliches."

„Das kann ich Ihnen alles verschaffen", antwortete Schwejk, „wünschen Sie ein reinrassiges Tier oder so einen Straßenköter?"

„Ich glaube", entgegnete Bretschneider, „daß ich mich für ein reinrassiges Tier entscheiden werde."

„Und wie wärs mit einem Polizeihund?" fragte Schwejk, „so einen, was gleich alles ausschnüffelt und auf die Spur des Verbrechens führt? Ein Fleischer in

Wrschowitz hat einen, und er zieht ihm das Wagerl. Dieser Hund hat, wie man sagt, seinen Beruf verfehlt."

„Ich möcht einen Spitz", sagte Bretschneider mit ruhiger Hartnäckigkeit, „einen Spitz, der nicht beißt."

„Wünschen Sie also einen zahnlosen Spitz?" fragte Schwejk, „ich weiß von einem. Ein Wirt in Dejwitz hat einen."

„Also lieber einen Rattler", ließ sich Bretschneider verlegen vernehmen, dessen kynologische Kenntnisse sich erst im Anfangsstadium befanden und der, wenn er nicht den Befehl dazu von der Polizeidirektion erhalten hätte, nie etwas über Hunde erfahren haben würde. Aber der Befehl lautete deutlich, klar und hart. Er sollte mit Schwejk auf Grund seines Hundegeschäftes näher bekannt werden und erhielt zu diesem Zweck das Recht, sich Gehilfen auszusuchen und über Beträge zum Ankauf von Hunden zu disponieren.

„Rattler gibts größere und kleinere", sagte Schwejk, „ich weiß von zwei kleinern und drei größern. Alle fünf kann man aufn Schoß nehmen. Ich kann Ihnen sie aufs wärmste empfehlen."

„Das wär was für mich", erklärte Bretschneider, „und was kostet einer?"

„Das kommt auf die Größe an", antwortete Schwejk, „das hängt nur von der Größe ab. Ein Rattler is kein Kalb, bei Rattlern is es grad umgekehrt, je kleiner, desto teurer."

„Ich reflektiere auf einen größern, der hüten kann", entgegnete Bretschneider, der fürchtete, den Geheimfonds der Staatspolizei zu sehr zu belasten.

„Gut", sagte Schwejk, „größere kann ich Ihnen zu fünfundzwanzig Kronen verkaufen, und noch größere zu fünfundvierzig, aber dabei hamr auf was vergessen. Solln es junge Hunde sein oder ältere Hunde, und dann Hunde oder Hündinnen?"

„Das is mir egal", antwortete Bretschneider, der hier unbekannten Problemen gegenüberstand, „verschaffen Sie mir einen, und ich hole mir ihn morgen um sieben Uhr abend bei Ihnen. Abgemacht?"

„Abgemacht, kommen Sie", antwortete Schwejk trocken, „aber in diesem Fall bin ich gezwungen, Sie um eine Anzahlung von dreißig Kronen zu bitten."

„Ohne weiteres", sagte Bretschneider, das Geld auszahlend, „und jetzt lassen wir uns jeder ein Viertel Wein auf mein Konto geben."

Als sie ausgetrunken hatten, bestellte Schwejk ein Viertel auf sein Konto, dann wieder Bretschneider, wobei er Schwejk aufforderte, sich nicht vor ihm zu fürchten, er sei heute nicht im Dienst, und man könne mit ihm daher über Politik sprechen.

Schwejk erklärte, er spreche niemals im Wirtshaus über Politik, die ganze Politik sei ein Geschäft für kleine Kinder.

Bretschneider hatte dagegen revolutionärere Anschauungen; er erklärte, daß jeder schwache Staat zum Untergang verurteilt sei und fragte Schwejk nach seiner Ansicht darüber.

Schwejk erklärte, daß er mit dem Staat nie zu tun gehabt habe, aber einmal habe er ein schwaches Bernhardinerjunges in Pflege genommen und mit Kommißzwieback gefüttert, und es sei auch richtig krepiert. Als sie jeder das sechste Viertel getrunken hatten, erklärte Bretschneider, er sei Anarchist und fragte Schwejk, in welche Organisation er sich einschreiben lassen solle.

Schwejk sagte, daß ein Anarchist einmal einen Leonberger für hundert Kronen von ihm gekauft habe und ihm die letzte Rate schuldig geblieben sei.

Beim siebenten Viertel sprach Bretschneider von der Revolution und gegen die Mobilisierung, worauf Schwejk sich zu ihm neigte und ihm ins Ohr flüsterte:

„Grad is ein Gast ins Lokal gekommen, daß er Sie also nicht hört, sonst möchten Sie draus Unannehmlichkeiten haben ... Sie sehn doch, daß die Wirtin weint."

Frau Palivec weinte tatsächlich auf ihrem Stuhl hinter dem Schanktisch. „Warum weinen Sie, Frau Wirtin?" fragte Bretschneider, „in drei Monaten gewinnen wir den Krieg, dann gibts Amnestie, Ihr Mann kommt zurück, und wir trinken uns bei Ihnen einen Rausch an."

„Oder glauben Sie nicht, daß wir gewinnen?" wandte er sich an Schwejk.

„Wozu das immerfort wiederkaun", sagte Schwejk, „gewinnen muß mans, basta, jetzt muß ich aber schon nach Haus gehn."

Schwejk bezahlte die Zeche und kehrte zu seiner alten Bedienerin, Frau Müller, zurück, die sehr erschrak, als sie sah, daß der Mann, der die Wohnungstür mit einem Schlüssel öffnete, Schwejk war.

„Ich hab gedacht, gnä' Herr, daß Sie erst in paar Jahren zurückkommen wern", sagte sie mit der gewohnten Aufrichtigkeit, „ich hab mir derweil aus Mitleid einen Portier aus einem Nachtcafe auf Quartier genommen, weil bei uns dreimal Hausdurchsuchung war und sie gesagt ham, wie sie nichts ham finden können, daß Sie verloren sind, weil sie raffiniert sind."

Schwejk überzeugte sich sofort, daß der unbekannte Fremde sich recht bequem eingerichtet hatte. Er schlief in Schwejks Bett und war sogar so edelmütig, daß er sich mit dem halben Bett begnügte und auf der andern Hälfte irgendein langhariges Geschöpf einquartiert hatte, das aus Dankbarkeit im Schlaf die Arme um seinen Hals geschlungen hielt, während Herren- und Damengarderobestücke kunterbunt ums Bett herumlagen. Aus dem Chaos war ersichtlich, daß der Nachtcafeportier mit seiner Dame in fröhlicher Laune heimgekehrt war.

„Herr", sagte Schwejk, den Eindringling rüttelnd, „daß Sie das Mittagmahl nicht verpassen! Es möchte mich sehr verdrießen, wenn Sie von mir sagen möchten, daß ich Sie herausgeworfen hab, wie Sie schon nirgends was zum Mittagmahl bekommen ham."

Der Portier war sehr verschlafen, und es dauerte lange, bevor er begriff, daß der Eigentümer des Bettes zurückgekehrt war und Ansprüche darauf erhob.

Nach der Gewohnheit aller Nachtcafeportiers erklärte auch dieser Herr, er werde jeden, der ihn wecken wolle, durchprügeln, worauf er weiterzuschlafen versuchte.

Schwejk klaubte einstweilen die verschiedenen Garderobestücke zusammen, brachte sie dem Portier zum Bett und sagte, während er ihn energisch rüttelte:

„Wenn Sie sich nicht anziehen, wer ichs probieren, Sie so, wie Sie sind, auf die Gasse zu werfen. Es is ein großer Vorteil für Sie, wenn Sie angezogen von hier herausfliegen."

„Ich hab bis acht Uhr abend schlafen wolln", ließ sich der Portier verschüchtert vernehmen, während er sich die Hosen anzog, „ich zahl dieser Frau pro Tag zwei Kronen fürs Bett und kann mir Fräuleins ausn Kaffeehaus herführen. Marie, steh auf!"

Als er sich den Kragen anzog und die Krawatte umband, war er bereits so weit zu sich gekommen, daß er Schwejk versichern konnte, das Nachtcafe „Mimosa" sei wirklich eines der anständigsten Nachtlokale, in das nur Damen Zutritt hätten, deren Polizeibüchel vollständig in Ordnung sei, und lud Schwejk herzlich zu einem Besuch ein.

Seine Gefährtin hingegen war mit Schwejk keineswegs zufrieden und bediente sich einiger recht feiner Ausdrücke, deren feinster lautete: „Kfach!, hundsgemeiner!"

Nachdem die Eindringlinge gegangen waren, wollte Schwejk mit Frau Müller abrechnen. Er fand aber keine Spur von ihr vor, außer einem Stückchen Papier, auf das mit Bleistift die unregelmäßigen Schriftzüge Frau Müllers geschmiert waren. Sie enthielten ihre Gedanken hinsichtlich des unglücklichen Vorfalls mit Schwejks an den Nachtcafeportier verborgtem Bett:

„Verzeihn Sie, gnä' Herr, daß ich Sie nie mehr sehn wer. weil ich aus dem Fenster spring."

„Sie lügt", sagte Schwejk und wartete.

In einer halben Stunde kam die unglückliche Frau Müller in die Küche geschlichen. Ihrem verstörten Gesichtsausdruck merkte man an, daß sie von Schwejk Worte des Trostes erwartete.

„Wenn Sie aus dem Fenster springen wolln", sagte Schwejk, „gehn Sie ins Zimmer, das Fenster hab ich aufgemacht. Aus dem Küchenfenster zu springen möcht ich Ihnen nicht raten, weil Sie in den Garten auf die Rosen fallen könnten und die Sträucher zerdrücken möchten und sie bezahlen müßten. Aus dem Zimmerfenster fliegen Sie schön aufs Trottoir, und wenn Sie Glück ham, brechen Sie sich das Genick. Wenn Sie Pech ham, brechen Sie sich bloß alle Rippen, Hände und Füße und wern noch das Spital zahlen müssen."

Frau Müller brach in Tränen aus, ging leise ins Zimmer und schloß das Fenster, und als sie zurückkehrte, sagte sie: „Es zieht nämlich, und das war nicht gut für den gnä' Herr sein Rheumatismus."

Dann machte sie das Bett zurecht, brachte wieder alles ungewöhnlich sorgfältig in Ordnung, und als sie zu Schwejk in die Küche trat, bemerkte sie tränenden Auges: „Die zwei jungen Hunde, gnä' Herr, was wir am Hof gehabt ham, sind krepiert. Und der Bernhardiner is uns weggelaufen, wie sie hier die Hausdurchsuchung vorgenommen ham."

„Jesusmariand-Josef", schrie Schwejk, „der kann in eine hübsche Schlamastik kommen, der wird jetzt sicher von der Polizei gesucht werden."

„Er hat einen Polizeikommissär gebissen, wie er ihn bei der Durchsuchung unterm Bett herausgezogen hat", fuhr Frau Müller fort, „nämlich zuerst hat einer von den Herrn gesagt, daß dort jemand unterm Bett is, so ham sie den Bernhardiner im Namen des Gesetzes aufgefordert, er soll herauskriechen, und wie er nicht wollt, ham sie ihn herausgezogen. Und er wollt sie beißen, dann is er aus der Tür geflogen und nicht mehr zurückgekommen. Mit mir ham sie auch ein Verhör angestellt, wer zu uns kommt, ob wir nicht Geld ausm Ausland kriegen, und dann ham sie Anspielungen gemacht, daß ich dumm bin, weil ich gesagt hab, daß das Geld ausm Ausland nur selten kommt, zuletzt von dem Herrn Direktor aus Brünn, die Anzahlung von sechzig Kronen auf die Angorakatze, die Sie in der ‚Narodni Politika' inseriert ham und statt der Sie ihm in der Dattelkiste das blinde Foxterrier junge geschickt ham. Dann ham sie mit mir sehr freundlich gesprochen und ham mir den Portier aus dem Nachtcafe empfohlen, damit ich mich nicht allein in der Wohnung fürcht, den nämlichen, was Sie herausgeworfen ham."

„Ich hab halt schon mal ein Pech mit diesen Behörden, Frau Müller, Sie wern sehn, wie viele Leute jetzt zu mir Hunde kaufen kommen wern", seufzte Schwejk.

„Ich weiß nicht, ob die Herren, die nach dem Umsturz das Polizeiarchiv prüften, die Posten des Geheimfonds der Staatspolizei entziffern konnten, die lauteten: B - 40 K, F - 50 K, L - 80 K usw., aber sie haben sich entschieden geirrt, wenn sie dachten, daß B, F, L die Anfangsbuchstaben von Männern waren, die für 40, 50, 80 usw. Kronen die tschechische Nation an den schwarzgelben Adler verkauften, „B" bedeutet Bernhardiner, „F" Foxterrier, „L" heißt Leonberger. Alle diese Hunde brachte Bretschneider von Schwejk zur Polizeidirektion. Es waren abscheuliche Scheusalen die nicht das geringste mit jener reinen Rasse zu tun hatten, für die sie Schwejk Bretschneider gegenüber ausgab.

Der Bernhardiner war eine Kreuzung aus einem nicht reinrassigen Pudel und einem Straßenköter, der Foxterrier hatte die Ohren eines Dachshundes, die Größe eines Fleischerhundes und krumme Beine, als hätte er die englische Krankheit

Abbildung 13: Zeitschrift "Narodni Politika" (Quelle: National Library of the Czech Republic)

durchgemacht. Der Leonberger erinnerte mit dem Kopf an das haarige Maul eines Stallpinschers, hatte einen abgehackten Schweif, die Höhe eines Dachshundes und einen kahlen Hintern wie die berühmten nackten amerikanischen Hündchen. Einmal kam Detektiv Kalous, um einen Hund zu kaufen, und kehrte mit einem verstörten Biest zurück, das an eine gefleckte Hyäne mit der Mähne eines schottischen Schäferhundes gemahnte; und unter den Posten des Geheimfonds erschien ein neues: D — 90 K. Das Ungetüm spielte die Rolle einer Dogge...

Aber auch Kalous gelang es nicht, etwas aus Schwejk herauszubekommen. Es erging ihm so wie Bretschneider. Selbst die geschicktesten politischen Gespräche leitete Schwejk auf die Behandlung der Hundeseuche bei jungen Hunden über, und das Ergebnis der scharfsinnigst erdachten Fälle endete damit, daß Bretschneider von Schwejk abermals ein neues, unerhört gekreuztes Scheusal nach Hause brachte.

Und das war das Ende des berühmten Detektivs Bretschneider. Als er in seiner Wohnung bereits sieben solcher Scheusäler hatte, sperrte er sich mit ihnen im Hinterzimmer ein und gab ihnen so lange nichts zu fressen, bis sie ihn auffraßen.

Er war so ehrenhaft, daß er dem Ärar die Begräbniskosten ersparte. In seinem Dienstvermerk auf der Polizeidirektion waren in die Rubrik: „Beförderung im Dienst" folgende Worte voller Tragik eingetragen: „Aufgefressen von den eigenen Hunden."

Als Schwejk später von dieser tragischen Begebenheit erfuhr, sagte er: „Aber das eine möcht ich nur gern wissen, wie sie ihn beim Jüngsten Gericht zusammensetzen wern."

7. Schwejk zieht in den Krieg

Zu der Zeit, als die Wälder am Flusse Raab in Galizien das österreichische Heer über die Raab flüchten sahen und die österreichischen Divisionen unten in Serbien nach Gebühr der Reihe nach auf die Hosen bekamen, was sie schon längst verdient hatten, erinnerte sich das österreichische Kriegsministerium auch Schwejks, der der Monarchie aus der Schlamastik helfen sollte.

Als man Schwejk zur Verständigung brachte, daß er sich in einer Woche auf der Schützeninsel zur ärztlichen Untersuchung einfinden solle, lag er gerade im Bett, abermals von Rheuma gepackt. Frau Müller kochte ihm in der Küche Kaffee.

„Frau Müller", ertönte aus dem Zimmer die leise Stimme Schwejks, „Frau Müller, kommen Sie auf einen Moment her!"

Als die Bedienerin beim Bett stand, sagte Schwejk wiederum mit leiser Stimme: „Setzen Sie sich, Frau Müller." In seiner Stimme lag etwas geheimnisvoll Feierliches. Als Frau Müller sich gesetzt hatte, verkündete Schwejk, sich aufrichtend: „Ich geh zum Militär!"

Nove uniforme naše vojske.

Abbildung 14: Uniformen der Österreichisch-Ungarischen Armee 1914
(Quelle: Hrvatski vojnički koledar, 1912., str. 18.; Urheber: J. Steinbrener / F. X. Hribar)

„Heilige Jungfrau", schrie Frau Müller auf, „was wern Sie dort machen?"

„Kämpfen", antwortete Schwejk mit Grabesstimme, „mit Österreich stehts sehr schlecht. Oben rücken sie uns schon auf Krakau und unten nach Ungarn! Wir wern gedroschen wie Korn, wohin man sich umsieht, und drum beruft man mich ein. Ich hab Ihnen doch gestern aus der Zeitung vorgelesen, daß unser teures Vaterland von düstern Wolken bedräut wird."

„Aber Sie können sich doch nicht rühren."

„Das macht nichts, Frau Müller, ich wer im Wagerl zur Assentierung fahren. Sie kennen doch den Zuckerbäcker um die Ecke, der hat so ein Wagerl. Vor Jahren hat er drin seinen lahmen, bösen Großvater an die frische Luft gefahren. Sie wern mich in diesem Wagerl zur Assentierung ziehn. Frau Müller."

Frau Müller brach in Tränen aus: „Soll ich nicht um den Doktor laufen, gnä' Herr?"

„Nirgends wern Sie hingehn, Frau Müller, ich bin bis auf die Fuß ein ganz gesundes Kanonenfutter, und in einer Zeit, was mit Österreich schiefgeht, muß jeder Krüppel auf seinem Platz sein. Kochen Sie ruhig den Kaffee."

Und während Frau Müller verweint und aufgeregt den Kaffee seihte, sang der brave Soldat Schwejk in seinem Bett:

„General Windischgrätz und die hohen Herren,
als die Sonne aufging, gaben die Befehle:
hopp, hopp, hopp!
Gaben die Befehle, schrien aus voller Kehle:
Hilf uns doch, Jesus Christ und Jungfrau Maria:
hopp, hopp, hopp!"

Die erschrockene Frau Müller vergaß unter dem Eindruck des fürchterlichen Kriegsgesanges den Kaffee. Am ganzen Körper zitternd hörte sie entsetzt, wie der brave Soldat Schwejk im Bette weitersang:

„Mit der Heiligen Jungfrau auf die starken Brucken,
Piemont, wir werden doch hinüberrucken;
hopp, hopp, hopp!
Ja, das war ein Kampf bei Solferino dorten,
Blut floß dort in Fülle, floß dort allerorten;
hopp, hopp, hopp!

Blut bis zu den Knien wie im Fleischerladen,
weil sich die Achtzehner dort geschlagen haben;
hopp, hopp, hopp!
Achtzehner, ihr Braven, fürchtet nicht Gefahren,
denn man bringt euch schon die Löhnung nachgefahren;
hopp, hopp, hopp!"

„Gnä' Herr, um Gottes willen", scholl es klagend aus der Küche, aber Schwejk beendete schon sein Kriegslied:

„Löhnung nachgefahren und Menage zum Fressen,
welches Regiment könnt sich mit uns messen?
hopp, hopp, hopp!"

Frau Müller stürzte aus der Tür und lief um den Arzt. Sie kehrte nach einer Stunde zurück. Schwejk war eingeschlummert.

Er wurde von einem dicken Herrn geweckt, der seine Hand eine Zeitlang auf Schwejks Stirn ruhen ließ und sagte:

„Fürchten Sie sich nicht, ich bin der Doktor Pavek aus der Weinberge — zeigen Sie mir die Hand — dieses Thermometer stecken Sie unter die Achsel — so — zeigen Sie die Zunge — noch mehr — halten Sie die Zunge — woran ist Ihr Herr Vater und Ihre Mutter gestorben?"

Und so verschrieb Doktor Pavek in der Zeit, da Wien wünschte, daß alle Nationen Österreich-Ungarns die glänzendsten Beweise der Treue und Ergebenheit erbringen mögen, Schwejk gegen seine patriotische Begeisterung Brom und empfahl dem wackeren und braven Krieger, nicht an den Krieg zu denken.

„Liegen Sie gerade und verhalten Sie sich ruhig, morgen komm ich wieder."

Als er am nächsten Tage kam, fragte er in der Küche Frau Müller, wie es dem Patienten gehe.

„Es steht ärger mit ihm, Herr Doktor", antwortete sie aufrichtig bekümmert, „in der Nacht hat er, mit Vergeben, wie ihn das Rheuma gepackt hat, die österreichische Hymne gesungen."

Doktor Pavek sah sich gezwungen, auf diese neue Loyalitätskundgebung des Patienten mit einer erhöhten Dosis Brom zu reagieren. Am dritten Tage meldete ihm Frau Müller, daß es mit Schwejk noch schlimmer stehe.

„Nachmittag, Herr Doktor, hat er sich eine Karte vom Kriegsschauplatz holen

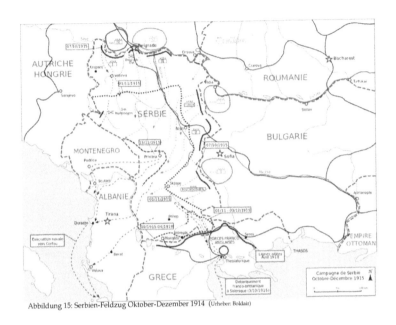

Abbildung 15: Serbien-Feldzug Oktober-Dezember 1914 (Urheber: Boldair)

lassen, und in der Nacht hat ihn der Rappl gepackt, daß Österreich siegen wird."

„Und die Pulver nimmt er genau nach Vorschrift ein?"

„Er hat sich noch nicht mal drum geschickt, Herr Doktor." Nachdem Doktor Pavek Schwejk mit einer Flut von Vorwürfen überschüttet hatte, verließ er ihn mit der Versicherung, daß er nie mehr kommen werde, um einen Menschen zu behandeln, der seine ärztliche Hilfe samt dem Brom ablehne.

Es fehlten nur noch zwei Tage, nach deren Ablauf Schwejk vor der Assentierungskommission erscheinen sollte.

In dieser Zeit traf Schwejk wichtige Vorbereitungen. Vor allem ließ er sich von Frau Müller eine Militärkappe kaufen; hierauf schickte er sie fort, um das Wagerl von dem Zuckerbäcker um die Ecke zu entleihen, in dem dieser einst seinen bösen, lahmen Großvater an die frische Luft gefahren hatte. Dann fiel ihm ein, daß er Krücken benötigte. Zum Glück bewahrte der Zuckerbäcker auch die Krücken als Familienandenken an seinen Großvater auf.

Jetzt fehlte ihm nur noch ein Rekrutensträußchen. Auch das trieb Frau Müller, die während jener Tage auffallend abgemagert war und, wo sie ging und stand, weinte, für ihn auf.

Und so ereignete sich denn an jenem denkwürdigen Tage in den Prager Straßen ein Fall rührender Loyalität.

Eine alte Frau, die ein Wagerl vor sich herschob, in dem ein Mann mit einer Militärkappe mit blankgeputztem „Franzi" saß und mit den Krücken winkte. Und auf seinem Rock glänzte ein buntes Rekrutensträußchen.

Und dieser Mann, der immer wieder mit den Krücken winkte, schrie in den Prager Straßen:

„Auf nach Belgrad, auf nach Belgrad!"

Ihm folgte eine Menschenmenge, zu der das unscheinbare Häuflein angewachsen war, das sich vor dem Hause, aus dem Schwejk in den Krieg zog, angesammelt hatte.

Schwejk hatte Gelegenheit zu konstatieren, daß die Polizisten, die an einigen Straßenecken standen, ihm salutierten.

Auf dem Wenzelsplatz wuchs die Menge um das Wagerl mit Schwejk auf einige hundert Köpfe an, und an der Ecke der Krakauer Gasse wurde ein Burschenschaftler im Cerevis verprügelt, der Schwejk zuschrie:

„Heil! Nieder mit den Serben!"

An der Ecke der Wassergasse griff berittene Polizei ein und trieb die Menge auseinander.

Als Schwejk dem Revierinspektor nachgewiesen hatte, daß er schwarz auf weiß den Befehl habe, daß er heute vor der Assentierungskommission erscheinen müsse, war der Revierinspektor ein wenig enttäuscht. Um Exzessen vorzubeugen, ließ er das Wagerl mit Schwejk von zwei berittenen Polizisten auf die Schützeninsel geleiten.

Über diese ganze Begebenheit erschien in den „Prazke Üfednj Noviny" folgender Artikel:

„Patriotismus eines Krüppels: Gestern Nachmittag waren die Passanten der Prager Hauptstraßen Zeugen einer Szene, die ein schönes Zeugnis davon ablegt, daß in dieser großen und ernsten Zeit auch die Söhne unserer Nation die glänzendsten Beweise ihrer Treue und Ergebenheit für den Thron des greisen Monarchen liefern. Wir hatten den Eindruck, daß die Zeiten der alten Griechen und Römer sich erneuerten, wo Mucius Scaevola sich in den Kampf tragen ließ, ohne seiner verbrannten Hand zu achten. Die heiligsten Gefühle wurden gestern von einem Krüppel mit Krücken, den ein altes Mütterchen in einem Krankenwagen schob, in großartiger Weise verdolmetscht. Dieser Sohn der tschechischen Nation ließ sich freiwillig, ohne seines Gebrechens zu achten, zur Assentierung fahren, um Gut und Blut für seinen Kaiser hinzugeben. Und wenn sein Ruf: ‚Auf nach Belgrad!' einen so lebendigen Widerhall in den Prager Gassen fand, dann ist dies ein Beispiel dafür, daß die Prager Bürger Musterbeispiele für die Liebe zum Vaterland und zum Herrscherhause darstellen."

Im gleichen Sinn schrieb auch das „Prager Tagblatt", das seinen Bericht mit den Worten schloß, den sich freiwillig meldenden Krüppel habe eine Schar Deutscher begleitet, die ihn mit ihren Leibern vor dem Gelynchtwerden seitens der tschechischen Agenten der Entente habe schützen müssen.

Die „Bohemia" veröffentlichte diese Nachricht mit der Aufforderung, der Krüppel-Patriot möge belohnt werden und kündigte an, daß sie Geschenke deutscher Bürger für den Unbekannten in der Administration des Blattes entgegennehme. Konnte das Land Böhmen diesen drei Zeitungen nach keinen edlern Bürger hervorbringen, so waren die Herren der Assentierungskommission nicht dieser Ansicht.

Insbesondere nicht Militäroberarzt Bautze.

Er war ein unerbittlicher Mann, der in allem den betrügerischen Versuch sah, dem Militär, der Front, der Kugel und den Schrapnells zu entrinnen. Bekannt ist sein Ausspruch: „Das ganze tschechische Volk ist eine Simulantenbande."

Im Laufe von zehn Wochen seiner Tätigkeit hat er aus 11 000 Zivilisten 10999 Simulanten ausgemerzt und hätte auch den elftausendsten kleingekriegt, wenn diesen glücklichen Mann nicht just in dem Augenblick, als er ihn: „Kehrt euch!" anbrüllte, der Schlag getroffen hätte.

„Tragen Sie diesen Simulanten weg!" sagte Bautze, als er festgestellt hatte, daß der Mann tot war.

Vor ihm stand an jenem denkwürdigen Tage Schwejk, gleich den übrigen in völliger Nacktheit, seine Blöße keusch mit den Krücken verdeckend, auf die er sich stützte.

„Das ist wirklich ein merkwürdiges Feigenblatt", sagte Bautze, „solche Feigenblätter hat es im Paradies nicht gegeben."

„Superarbitriert wegen Blödheit", bemerkte der Feldwebel, der in die Akten blickte.

„Und was fehlt Ihnen noch?" fragte Bautze.

„Melde gehorsamst, ich bin Rheumatiker, aber dienen wer ich Seiner Majestät dem Kaiser, bis man mich in Stücke reißt", sagte Schwejk bescheiden. „Ich hab

28. Juli   Am 28. Juli wird der Krieg an Serbien erklärt.
Wortlaut der Kriegserklärung: „Da die königlich
serbische Regierung die ihr am 23. Juli 1914 vom
österreichisch-ungarischen Gesandten in Belgrad
überreichte Note nicht in befriedigender Weise beantwortet hat, sieht sich die Königliche und Kaiserliche Regierung gezwungen, selbst vorzugehen,
um ihre Rechte und Interessen zu wahren und zu
diesem Zwecke zu den Waffen zu greifen.
        Oesterreich-Ungarn betrachtet sich daher von
diesem Augenblick an in Kriegszustand mit Serbien.

gez.: **Graf Berchtold,**
Minister des Auswärtigen für Oest.-Ung.

        Englische, französische und russische Zeitun-
gen hetzen mächtig für den Krieg gegen Deutschland und nur im französischen Parlament erheben,
mit Jaures an der Spitze, etwa 25 sozialistische Ab-
geordnete Einspruch gegen die Einmischung Frank-
reichs im Interesse Russlands. Jaures musste leider
sein entschlossenes Auftreten durch den Tod büssen,
indem er am 31. Juli in einem Pariser Kaffeehause
von Raoul Vilain erschossen wurde.

30. Juli   Deutschland, durch die ausweichenden Antworten als auch durch die stille Mobilisierung Russland's betroffen, fordert in einem 24 Stunden Frist
Ultimatum die russische Regierung auf, seine Stel-
lungnahme zu dem Krieg Serbiens und Oesterreichs
genau zu erklären.

18 Stunden für's Ultimatum an Frankreich.

        Inzwischen kommt es zum ersten ernsten Zu-
sammenstoss der serbischen und österreichischen
Streitkräfte bei **Foca in Bosnien,** wobei die Serben
bei 800 Mann an Toten und Verwundeten ein-
büssen. Auch bei **Semlin, Zvornik und Milanovatz**
versuchen österreichische Truppen in Serbien einzu-

Abbildung 16: Kriegserklärung (Aus Buch: "Hoch Deutschland, Österreich-Ungarn" von Victor N. Hesse; Kurze Schilderung der Ursachen des Krieges und der Kriegsereignisse... (1915))

geschwollene Knie."

Bautze blickte den braven Soldaten Schwejk fürchterlich an und brüllte: „Sie sind ein Simulant!", und zum Feldwebel gewendet sagte er mit eisiger Ruhe: „Den Kerl sogleich einsperren!"

Zwei Soldaten mit Bajonetten führten Schwejk in das Garnisonsgefängnis.

Schwejk ging an den Krücken und bemerkte mit Entsetzen, daß sein Rheumatismus zu schwinden begann. Als Frau Müller, die oben auf der Brücke mit dem Wagerl wartete, Schwejk unter der Obhut der Bajonette erblickte, schluchzte sie laut auf und ließ das Wagerl stehen, um nie wieder dazu zurückzukehren.

Und der brave Soldat Schwejk schritt in Begleitung der bewaffneten Beschützer des Staates bescheiden dahin.

Die Bajonette leuchteten im Glanz der Sonne, und auf der Kleinseite drehte sich Schwejk vor dem Radetzkydenkmal zu der Menge um, die ihm folgte:

„Auf nach Belgrad! Auf nach Belgrad!"

Und Feldmarschall Radetzky blickte träumerisch von seinem Denkmal dem sich entfernenden braven Soldaten Schwejk mit dem Rekrutensträußchen auf dem Rocke nach, wie er an den alten Krücken humpelte, während ein würdiger Herr den ihn umringenden Leuten erläuterte, daß man einen Deserteur abführe.

8. Schwejk als Simulant

In jener großen Zeit wandten die Militärärzte ungewöhnliche Mühe daran, den Simulanten den Teufel der Sabotage auszutreiben und sie wieder in den Schoß der Armee zurückzuführen.

Es gab einige Grade der Folter für Simulanten und solche, die als Simulanten verdächtig waren, als da sind: Schwindsüchtige, Rheumatiker, Bruchleidende, Nierenleidende, Typhuskranke, Zuckerkranke, Leute mit Lungenentzündung und anderen Gebrechen.

Die Folter, der die Simulanten unterworfen wurden, war genau geregelt, und ihre Grade waren folgende:

Absolute Diät, früh und abends drei Tage lang je eine Tasse Tee, wobei allen, ohne Rücksicht darauf, worüber sie klagen, Aspirin zum Schwitzen verabreicht wird.

Um jedem den Gedanken auszutreiben, daß der Krieg ein Honiglecken sei, wird in reichlichen Portionen Chinin in Pulverform oder sogenanntes „Chinin zum Lecken" verabreicht.

Zweimal täglich Magenausspülungen mit einem Liter warmen Wassers.

Ein Klistier, unter Benützung von Seifenwasser und Glyzerin.

Eine Packung in ein in kaltes Wasser getauchtes Leintuch.

Es gab tapfere Menschen, die alle fünf Grade der Tortur überstanden und sich in einem einfachen Sarg auf den Soldatenfriedhof schaffen ließen. Aber es gab auch kleinmütige Menschen, die, wenn sie beim Klistier angelangt waren, erklärten, daß ihnen bereits gut sei und daß sie nichts anderes wünschten, als mit dem nächsten Marschbataillon in die Schützengräben abzugehen.

Schwejk brachte man im Garnisonsarrest in die Krankenbaracke, just unter solche kleinmütige Simulanten.

„Ich halts nicht mehr aus", sagte sein Bettnachbar, den man aus dem Ordinationszimmer gebracht hatte, wo ihm bereits zum zweiten Mal der Magen ausgespült worden war. Dieser Mann simulierte Kurzsichtigkeit.

„Morgen fahr ich zum Regiment", entschloß sich der Nachbar auf der linken Seite, der gerade ein Klistier bekommen hatte und simulierte, daß er taub sei wie ein Klotz.

In dem Bett bei der Tür lag ein sterbender Schwindsüchtiger, in ein in kaltes Wasser getauchtes Leinentuch gehüllt.

„Das ist schon der dritte diese Woche", bemerkte der Nachbar auf der rechten

Seite, „und was fehlt dir?"

„Ich hab Rheuma", antwortete Schwejk, worauf ein aufrichtiges Gelächter aller rundherum folgte. Sogar der sterbende Schwindsüchtige, der Tuberkulose simulierte, lachte.

„Mit Rheumatismus komm nicht erst unter uns", sagte ein feister Mann eindringlich zu Schwejk, „Rheumatismus is hier soviel wert wie Hühneraugen; ich bin blutarm, hab den halben Magen und fünf Rippen weg und niemand glaubts mir. Hier is sogar ein Taubstummer gewesen, vierzehn Tage ham sie ihn hier jede halbe Stunde in ein in kaltes Wasser getauchtes Leintuch gewickelt, jeden Tag hat man ihm ein Klistier gegeben und ihm den Magen ausgepumpt. Alle Sanitäter ham schon geglaubt, daß ers gewonnen hat und nach Haus gehen wird, bis ihm der Doktor was zum Brechen verschrieben hat. Umreißen hats ihn können, und da hat er klein beigegeben. Ich kann nicht länger den Taubstummen spielen, sagte er, ich hab wieder Sprache und Gehör. Die Maroden ham ihm alle zugeredet, er soll sich nicht ins Unglück stürzen, aber er is dabei geblieben, daß er spricht und hört wie die übrigen. Und so hat ers auch früh bei der Visit gemeldet."

„Er hat sich lang genug gehalten", bemerkte ein Mann, der simulierte, daß er ein um einen vollen Dezimeter kürzeres Bein habe, „nicht so wie der, was simuliert hat, daß ihn der Schlag getroffen hat. Drei Chinine, ein Klistier und ein eintägiges Fasten ham genügt. Er hat gestanden, und bevors zum Magenpumpen gekommen is, war vom Schlag keine Spur mehr. Am längsten hat sich der gehalten, was von einem tollen Hund gebissen worn ist. Er hat gebissen, geheult, wirklich, das hat er ausgezeichnet getroffen, aber den Schaum beim Maul hat er nicht und nicht zuwege bringen können. Wir ham ihm geholfen, wie wir ham können. Wir ham ihn paarmal eine ganze Stunde vor der Visit gekitzelt, bis er Krämpfe gekriegt hat und ganz blau geworn is, aber der Schaum beim Maul is nicht und nicht gekommen. Es war schrecklich. Wie er sich einmal früh bei der Visit ergeben hat, hat er uns leid getan. Er hat sich beim Bett aufgestellt wie eine Kerze, hat salutiert und gesagt: ‚Melde gehorsamst, Herr Oberarzt, daß der Hund, was mich gebissen hat, wahrscheinlich nicht toll war.' Der Oberarzt hat ihn so eigentümlich angeschaut, daß der Gebissene am ganzen Leib zu zittern angefangen hat und fortgesetzt hat: ‚Melde gehorsamst, Herr Oberarzt, daß mich überhaupt kein Hund gebissen hat, ich hab mich selbst in die Hand gebissen.' Nach diesem Geständnis hat man gegen ihn wegen Selbstverstümmlung eine Untersuchung eingeleitet, daß sich die Hand abbeißen wollt, um nicht ins Feld zu müssen."

„Alle solche Krankheiten, wo man Schaum vorm Maul braucht", sagte der feiste

Simulant, „lassen sich schlecht simulieren. Wie zum Beispiel die hinfallende Krankheit. Da war hier auch einer mit hinfallender Krankheit, der hat uns immer gesagt, daß es ihm auf einen Krampf nicht ankommt, so hat er euch manchmal zehn in einem Tag zuwege gebracht. Er hat sich in Krämpfen gewunden, hat die Fäuste geballt, hat die Augen herausgewälzt, daß es ausgesehen hat, wie wenn er sie auf Stielen hätt, hat um sich geschlagen, die Zunge herausgesteckt, kurz ich sag euch, eine herrliche erstklassige hinfallende Krankheit, so eine ganz echte. Auf einmal hat er Asten bekommen, zwei am Hals, zwei am Rücken, und aus wars mit den Krämpfen und mit dem Auf-den-Boden-Schlagen, weil er den Kopf nicht hat rühren können, nicht sitzen und nicht liegen. Er hat Fieber gekriegt, und im Fieber hat er bei der Visit alles verraten. Und er hat uns mit diesen Asten ordentlich zugesetzt, weil er mit ihnen noch drei Tage hat zwischen uns liegen müssen und zweite Diät gekriegt hat, früh Kaffee mit einer Semmel, abends Brei oder Suppe, und wir ham zuschaun müssen mit hungrigem ausgepumptem Magen und ganzer Diät, wie der Kerl frißt, schmatzt und vor Sattheit faucht und rülpst. Dreien hat er damit ein Bein gestellt, sie ham auch gestanden. Die sind mit Herzfehler gelegen."

„Am besten", sagte einer von den Simulanten, „läßt sich Wahnsinn simulieren. Von unserm Lehrkörper sind nebenan im Zimmer zwei, einer schreit fortwährend bei Tag und Nacht: ‚Der Scheiterhaufen Giordano Brunos raucht noch, erneuert den Prozeß Galileis!', und der zweite bellt, erst dreimal langsam: haf - haf - haf, dann fünfmal schnell nacheinander: hafhafhafhafhaf und wieder langsam und so gehts immerfort. Er hats schon über drei Wochen ausgehalten. Ich hab auch ursprünglich einen Narren machen wolln, hab religiösen Wahnsinn heucheln, von der Unfehlbarkeit des Papstes predigen wolln, aber zum Schluß hab ich mir von einem Raseur auf der Kleinseite für fünfzehn Kronen einen Magenkrebs besorgt."

„Ich kenn einen Rauchfangkehrer in Brevnov", bemerkt ein anderer Patient, „der macht euch für zehn Kronen so ein Fieber her, daß ihr aus dem Fenster springt."

„Das is nix", sagte ein anderer, „In Wrschowitz gibts eine Hebamme, die euch für zwanzig Kronen so gut das Bein ausrenkt, daß ihr euer Leben lang ein Krüppel bleibt!"

„Mir hat man das Bein für fünf Kronen ausgerenkt", ließ sich eine Stimme von einem Bett in der Nähe des Fensters her vernehmen, „für fünf Kronen und drei Biere."

„Mich kostet meine Krankheit schon über zweihundert", erklärte sein Nachbar, eine vertrocknete Stange, „nennt mir, welches Gift ihr wollt, ihr werdet keins finden, das ich noch nicht genommen hab. Ich bin ein lebendiges Giftmagazin. Ich hab Sublimat getrunken, ich hab Quecksilberdämpfe eingeatmet, ich hab Arsen gekaut, ich hab Opium geraucht, ich hab eine Opiumtinktur getrunken, ich hab mir Morphium aufs Brot gestreut, ich hab Strychnin geschluckt, ich hab eine Phosphormischung von Schwefel und Schwefelsäure ausgetrunken, ich hab mir Leber, Lunge, Nieren, Galle, Hirn, Herz, Darme ruiniert. Niemand weiß, was für eine Krankheit ich hab."

„Das beste is", behauptete jemand von der Tür her, „wenn man sich Petrolium unter die Haut am Arm spritzt. Mein Vetter war so glücklich, daß man ihm den Arm bis untern Ellbogen abgenommen hat, und heut hat er vorm Militär Ruh."

„Na also, seht ihr", sagte Schwejk, „das alles muß jeder für unsern Kaiser aushalten. Sogar das Magenpumpen und das Klistier. Wie ich vor Jahren bei meinem Regiment gedient hab, da wars noch ärger. Da hat man so einen Maroden krummgeschlossen zusammengebunden und ins Loch geworfen, damit er sich auskuriert. Da hats keine Kavalletts gegeben wie hier oder Spucknäpfe. Eine bloße Pritsche, und auf der sind die Maroden gelegen. Einmal hat einer wirklichen Typhus gehabt und der andre neben ihm schwarze Blattern. Beide waren krummgeschlossen und der Regimentsarzt hat sie in den Bauch gekickt, daß sie herich Simulanten sind. Dann, wie diese zwei Soldaten gestorben sind, is es ins Parlament gekommen und in der Zeitung gestanden. Man hat uns gleich verboten, diese Zeitungen zu lesen, und eine Koffervisite gemacht, wer diese Zeitungen hat. Und wie ich halt schon immer Pech hab, hat man sie beim ganzen Regiment nirgends gefunden, nur bei mir. So hat man mich also zum Regimentsrapport geführt, und unser Oberst, der Ochs, Gott hab ihn selig, hat angefangen mich anzubrülln, daß ich grad stehn und sagen soll, wer das in diese Zeitung geschrieben hat, oder er wird mirs Maul von einem Ohr zum andern zerreißen und mich einsperrn lassen, bis ich schwarz wer. Dann is der Regimentsarzt gekommen, hat mir mit der Faust vor der Nase herumgefuchtelt und geschrien: ‚Sie verfluchter Hund, Sie schäbiges Wesen, Sie unglückliches Mistvieh, du Sozialistenbengel, du!' Ich schau allen aufrichtig in die Augen, zwinker nicht mal und schweig, die Hand an der Mütze und die Linke an der Hosennaht, sie laufen um mich herum wie Hunde, belln mich an, und ich fort, wie wenn nichts. Ich schweig, leist die Ehrenbezeigung, die linke Hand an der Hosennaht. Wie sies so vielleicht eine halbe Stunde getrieben ham, is der Oberst auf mich zugelaufen und hat gebrüllt: ‚Bist du ein Blödian oder bist du kein Blödian?' — ‚Melde gehorsamst, Herr Oberst, ich bin ein Blödian.' -, Einundzwanzig Tags strengen Arrest wegen Blödheit, zwei Fasttage wöchentlich, einen Monat Kasernenarrest, achtundvierzig Stunden Spangen, gleich einsperrn, nichts zu fressen geben, krummschließen, damit er sieht, daß das Ärar keine Blödiane braucht. Wir wern dir schon die Zeitungen aus dem Kopf schlagen, du Falott, schloß der Herr Oberst nach langem Herumlaufen. Während ich gebrummt hab, ham sich in der Kaserne Wunder ereignet. Unser Oberst hat den Soldaten überhaupt verboten zu lesen, und wenns auch nur die, Prazke Úfedni Noviny ' waren, in der Kantine ham sie nicht mal Wurst und Käs in Zeitungen wickeln dürfen. Seit der Zeit ham die Soldaten angefangen zu lesen, und unser Regiment is das gebildetste geworn. Wir ham alle Zeltungen gelesen, und bei jeder Kompanie hat man Verse und Lieder auf den Herrn Oberst gemacht, und wenn was beim Regiment geschehn is, hat sich immer in der Mannschaft ein Wohltäter gefunden, ders in die Zeitung gegeben hat unter dem Titel ‚Soldatenmißhandlungen'. Und dran war noch nicht genug. Sie ham den Abgeordneten nach Wien geschrieben, daß sie sich ihrer annehmen solln, und die ham angefangen eine Interpellation nach der andern einzubringen, daß unser Herr Oberst eine Bestie is und sowas. Irgendein Minister hat zu uns eine Kommission geschickt, damit sie das untersuchen soll, und ein gewisser Franta Hentschl aus Hlubokà hat dann zwei Jahre gefaßt, weil ers war, der sich nach Wien an die Abgeordneten gewendet hat wegen der Watschen, die er am Exerzierplatz vom Herrn Oberst erwischt hat. Dann, wie die Kommission weggefahren is, hat uns der Herr Oberst alle antreten lassen, das ganze Regiment, und hat gesagt, ein Soldat is ein Soldat, er muß das Maul halten und weiterdienen, wenn ihm was nicht gefällt, so is das eine Subordinationsverletzung.

„Ihr habt euch also gedacht, ihr Lumpen, daß euch diese Kommission helfen wird', sagt der Herr Oberst, „einen Dreck wird sie euch helfen. Und jetzt wird jede Kompanie an mir vorbeidefilieren und laut wiederholn, was ich gesagt hab."

So sind wir also eine Kompanie hinter der andern marschiert, rechts schaut, wo der Herr Oberst gestanden is, die Hand am Gewehrriemen, und ham ihn angebrüllt: ‚Wir ham uns also gedacht, wir Lumpen, daß uns diese Kommission helfen wird, einen Dreck wird sie uns helfen.' — Der Herr Oberst hat gelacht, daß er sich den Bauch gehalten hat, bis die elfte Kompanie vorbeidefiliert. Sie marschiert, stampft, und wie sie zum Herrn Oberst kommt, nichts, Stille, nicht ein Ton. Der Herr Oberst is rot geworn wie ein Hahn und hat die elfte Kompanie zurückgeschickt, damit sichs wiederholt. Sie defiliert und schweigt, und eine Reihe nach der andern schaut nur dem Herrn Oberst frech in die Augen. — ‚Ruht!' sagt der Oberst und geht am Hof auf und ab, schlägt sich mit der Peitsche über die Stiefelschäfte, spuckt aus, dann bleibt er auf einmal stehn und brüllt: ‚Abtreten!' setzt sich auf seinen Gaul und schon is er aus dem Tor heraus. Wir ham gewartet, was mit der elften Kompanie geschehn wird, und fort, wie wenn nix. Wir warten einen Tag, zwei, eine ganze Woche und fort, wie wenn nix. Der Herr Oberst hat sich in der Kaserne überhaupt nicht gezeigt, wovon die Mannschaft, die Chargen und die Offiziere große Freude gehabt ham. Dann hamr einen neuen Oberst bekommen, und von dem alten hat man erzählt, daß er in einem Sanatorium is, weil er Seiner Majestät dem Kaiser einen eigenhändigen Brief geschrieben hat, daß die elfte Kompanie gemeutert hat".

Die Zeit der Nachmittagsvisite rückte heran. Militärarzt Grünstein schritt von Bett zu Bett, hinter ihm ein Sanitätsunteroffizier mit dem Protokollbuch.

„Mokuna?"

„Hier!"

„Klistier und Aspirin!" - „Pokorny?"

„Hier!"

„Magen auspumpen und Chinin!" - „Kovafik?"

„Hier!"

„Klistier und Aspirin! - „Kotatko?"

„Hier!"

„Magen auspumpen und Chinin!"

Und so gings einer nach dem andern, ohne Erbarmen, mechanisch, stramm. „Schwejk?"

„Hier!"

Doktor Grünstein betrachtete den neuen Zuwachs. „Was fehlt Ihnen?"

„Melde gehorsamst, ich hab Rheuma!"

Doktor Grünstein hatte sich während der Zeit seiner Praxis eine feine Ironie angeeignet, die viel nachdrücklicher wirkte als Geschrei.

„Aha, Rheuma", sagte er zu Schwejk, „da haben Sie aber eine äußerst schwere Krankheit. Es ist wirklich ein Zufall, Rheuma zu bekommen, wenn ein Weltkrieg ausgebrochen ist und man in den Krieg ziehn soll. Ich glaube, das muß Sie schrecklich verdrießen.

„Melde gehorsamst, Herr Oberarzt, daß es mich schrecklich verdrießt."

„Da schau her, es verdrießt ihn also. Das ist sehr hübsch von Ihnen, daß Sie sich gerade jetzt an diesen Rheumatismus erinnert haben. In Friedenszeiten läuft so ein armer Teufel herum wie ein Zickel, aber wie ein Krieg ausbricht, gleich hat er Rheuma und gleich versagen ihm die Knie. Tun Ihnen nicht die Knie weh?"

„Melde gehorsamst, daß ja."

„Und die ganzen Nächte können Sie nicht schlafen, nicht wahr? Rheuma ist eine sehr gefährliche, schmerzhafte und schwere Krankheit. Wir haben hier mit Rheumatikern schon gute Erfahrungen gemacht. Die absolute Diät und der übrige Teil unserer Behandlung hat sich sehr bewährt. Sie werden hier früher gesund werden als in Pystian und werden an die Front marschieren, daß es hinter Ihnen nur so stauben wird."

Zum Sanitätsunteroffizier gewendet, sagte er: „Schreiben Sie: Schwejk, absolute Diät, zweimal täglich Magen auspumpen, einmal täglich ein Klistier. Wies weitergehn wird, werden wir sehn. Inzwischen führen Sie ihn ins Ordinationszimmer, pumpen Sie ihm den Magen aus, und bis er zu sich kommt, geben Sie ihm ein Klistier, aber ein ordentliches, daß er alle Heiligen anruft, damit sein Rheuma erschrickt und davonläuft."

Dann wandte er sich allen Betten zu und hielt eine Rede voll schöner und vernünftiger Sentenzen:

„Glaubt nicht, daß ihr einen Ochsen vor euch habt, der sich alles an die Nase binden läßt. Mich bringt euer Benehmen durchaus nicht aus dem Gleichgewicht. Ich weiß, daß ihr alle Simulanten seid, daß ihr vom Militär desertieren wollt. Und demgemäß behandle ich euch. Ich habe Hunderte und Hunderte solcher Soldaten überlebt, wie ihr es seid. In diesen Betten sind ganze Scharen von Menschen gelegen, denen nichts anderes gefehlt hat als kriegerischer Geist. Während ihre Kameraden im Felde kämpfen, haben sie geglaubt, daß sie sich in den Betten wälzen, Krankenkost bekommen und warten können, bis der Krieg vorbei ist. Da haben sie sich aber sakramentisch getäuscht, und auch ihr alle werdet euch sakramentisch täuschen. Noch nach zwanzig Jahren werdet ihr aus dem Schlaf schreien, wenn ihr davon träumen werdet, wie ihr bei mir simuliert habt."

„Melde gehorsamst, Herr Oberarzt", ertönte es leise aus einem Bett beim Fenster, „ich bin schon gesund, ich hab schon in der Nacht gemerkt, daß mir der Stickhusten vergangen is."

„Sie heißen?"

„Kovarik, melde gehorsamst, ich soll ein Klistier bekommen."

„Gut, das Klistier bekommen Sie noch auf den Weg", entschied Doktor Grünstein, „damit Sie sich nicht beschweren, daß wir Sie hier nicht behandelt haben. So, und jetzt alle Maroden, die ich vorgelesen habe, dem Unteroffizier nach, damit jeder bekommt, was ihm gebührt."

Und jeder bekam auch eine redliche Portion, wie sie ihm vorgeschrieben war. Und wenn sich einige bemühten, auf die Vollstrecker der ärztlichen Befehle durch

Bitten oder die Drohung einzuwirken, daß sie, die Patienten, sich auch zur Sanität melden und ihre Peiniger ihnen vielleicht einmal in die Hände fallen könnten, Schwejk verhielt sich tapfer. „Schon mich nicht", forderte er jenen Schergen auf, der ihm das Klistier gab, „denk an deinen Eid. Selbst wenn dein Vater oder dein eigner Bruder hier liegen mächt, gib ihnen ein Klistier, ohne mit der Wimper zu zucken. Denk dir, daß Österreich auf solchen Klistieren ruht, und der Sieg ist unser."

Abbildung 17: Österreich-Ungarn im Ersten Weltkrieg (Quelle: Melomene)

Am folgenden Tag bei der Visite fragte Doktor Grünstein Schwejk, wie es ihm im Militärspital gefalle.

Schwejk entgegnete, daß es ein gutes, erhabenes Unternehmen sei. Zur Belohnung erhielt er dieselbe Behandlung wie gestern, nebst einem Aspirin und drei Pulvern Chinin, die man ihm ins Wasser schüttete, worauf er sie sofort austrinken mußte.

Nicht einmal Sokrates hat den Giftbecher mit solcher Ruhe ausgetrunken wie Schwejk, an dem Doktor Grünstein alle Grade der Folter ausprobierte, das Chinin.

Als man Schwejk in Anwesenheit des Arztes in ein nasses Leintuch wickelte, antwortete er auf die Frage, wie ihm dies gefalle:

„Melde gehorsamst, Herr Oberarzt, es is wie auf der Schwimmschule oder im

Seebad."

„Haben Sie noch Rheuma?"

„Melde gehorsamst, Herr Oberarzt, es will nicht und nicht besser wern." Schwejk wurde einer neuen Tortur unterworfen.

Zu jener Zeit wandte die Witwe von einem General der Infanterie, Baronin von Botzenheim, große Bemühungen daran, jenen Soldaten ausfindig zu machen, über den die „Bohemia" kürzlich einen Artikel veröffentlicht hatte, der schilderte, wie er, der Krüppel, sich in einem Krankenwagerl zur Assentierung fahren ließ und: „Auf nach Belgrad!" rief, was der Redaktion der „Bohemia" Anlaß zu einer Aufforderung an ihre Leser gab, Sammlungen zugunsten des loyalen verkrüppelten Helden zu veranstalten.

Schließlich wurde auf Grund einer Anfrage bei der Polizeidirektion festgestellt, daß es sich um Schwejk handle, und das weitere ließ sich dann schon leicht erforschen. Baronin von Botzenheim packte ihre Gesellschafterin und ihren Kammerdiener samt einem Korb zusammen und fuhr auf den Hradschin.

Die arme Baronin wußte nicht einmal, was es bedeutet, wenn jemand im Spital des Garnisonsarrestes liegt. Ihre Visitkarte öffnete ihr die Türe des Gefängnisses, in der Kanzlei kam man ihr ungemein höflich entgegen, und schon fünf Minuten später wußte sie, daß der brave Soldat Schwejk, nach dem sie fragte, in der 3. Baracke, Bett Nummer 17 lag. Doktor Grünstein selbst, der wie vor den Kopf geschlagen war, begleitete sie. Schwejk saß gerade nach der täglichen, von Doktor Grünstein verordneten Prozedur auf dem Bett, umringt von einer Gruppe abgezehrter und ausgehungerter Simulanten, die sich bisher nicht ergeben hatten und zähe mit Doktor Grünstein auf dem Schlachtfeld absoluter Diät kämpften.

Hätte sie jemand belauscht, dann hätte er den Eindruck gewonnen, daß er sich in der Gesellschaft von Gourmands, in einer höheren Kochschule oder in Feinschmeckerkursen befinde.

„Sogar die ordinären Rindsfettgrieben kann man essen", erzählte gerade einer, der hier mit einem „veralteten Magenkatarrh" lag, „wenn sie warm sind. Wenn das Rindsfett kocht, drückt man sie aus, bis sie trocken sind, salzt sie, pfeffert sie, und ich sag euch, Gänsegrieben sind nicht so gut."

„Laßt nur gut sein", sagte der Mann mit dem „Magenkrebs", „über Gänsegrieben kommt nichts. Was kann man gegen sie mit Schweinsgrieben aufstecken? Sie müssen selbstverständlich goldbraun ausgekocht sein, so wies die Juden machen. Die nehmen eine fette Gans und ziehn das Fett samt der Haut ob und kochens aus."

„Wissen Sie, daß Sie sich in bezug auf die Schweinsgrieben irren?" bemerkte

Schwejks Nachbar, „ich mein natürlich Grieben aus hausgemachten Fetten, was man so hausgemachte Grieben nennt. Nicht braungefärbt, aber auch nicht gelb. Es muß etwas zwischen diesen beiden Schattierungen sein. So eine Griebe darf weder zu weich noch zu hart sein. Sie darf nicht knusprig sein, sonst ist sie verbrannt. Sie muß auf der Zunge zerfließen, und man darf dabei nicht den Eindruck haben, daß einem das Fett übers Kinn hinunterfließt."

„Wer von euch hat schon Grieben aus Pferdefett gegessen?" ließ sich eine Stimme vernehmen, jedoch niemand antwortete, weil der Sanitätsunteroffizier hereingelaufen kam.

„Alle ins Bett, eine Erzherzogin kommt her, daß niemand die schmutzigen Füße unter der Decke heraussteckt!"

Nicht einmal eine Erzherzogin hätte so würdevoll eintreten können, wie es Baronin von Botzenheim tat. Hinter ihr wälzte sich eine ganze Eskorte, in der nicht einmal der Rechnungsfeldwebel des Spitals fehlte, der in diesem Besuch die geheime Hand der Revision sah, die ihn vom fetten Trog im Hinterland reißen und vor die Drahtverhaue den Schrapnells zur Beute werfen würde.

Er war blaß, aber noch blässer war Doktor Grünstein. Ihm tanzte die kleine Visitkarte der alten Baronin mit dem Titel „Generalswitwe" vor Augen samt allem, was damit verbunden sein konnte, wie Konnexionen, Protektion, Beschwerden, Versetzung an die Front und andere fürchterliche Dinge.

„Hier haben wir den Schwejk", sagte er, eine künstliche Ruhe bewahrend, indem er Baronin von Botzenheim an Schwejks Bett führte, „er verhält sich sehr geduldig."

Baronin von Botzenheim setzte sich auf den herbeigeschobenen Stuhl an Schwejks Bett und sagte in gebrochenem Tschechisch:

„Tscheski Soldat, brav Soldat, Krüppelsoldat sein tapfere Soldat, hab moc gern tscheski Österreicher."

Dabei streichelte sie Schwejks unrasierte Wangen und fuhr fort:

„Alles in Zeitung gelesen, ich Ihnen bringen Papat, Tabak, Zuzat, tscheski Soldat, brav Soldat, Johann, kommen Sie her!" Der Kammerdiener, der mit seinem struppigen Kaiserbart an den Raubmörder Babinsky erinnerte, schleppte einen umfangreichen Korb ans Bett, während die Gesellschafterin der alten Baronin, eine große Dame mit verweintem Gesicht, sich auf Schwejks Bett setzte und ihm das Strohpolster unter dem Rücken zurechtrückte, mit der fixen Idee, daß man dies kranken Helden tun müsse.

Die Baronin zog inzwischen die Geschenke aus dem Korb. Ein Dutzend gebratener Hühner, in rosa Seidenpapier gewickelt und mit schwarzgelben seidenen Schleifen umwunden, und zwei Flaschen eines Kriegslikörs mit der Etikette „Gott strafe England!" Auf der andern Seite war auf der Etikette Franz Josef mit Wilhelm zu sehen, wie sie sich an den Händen hielten, als wollten sie das Spiel spielen

„Häschen in der Grube saß und schlief, armes Häschen, bist du krank, daß du nicht mehr hüpfen kannst?"

Dann zog sie drei Flaschen Wein für Rekonvaleszenten und zwei Schachteln Zigaretten aus dem Korb. Das alles breitete sie elegant auf dem leeren Bett neben Schwejk aus und legte noch ein schön gebundenes Buch dazu „Begebenheiten aus dem Leben unseres Monarchen", ein Werk des jetzigen, überaus verdienten Chefredakteurs unseres Amtsblattes „Die Tschechoslowakische Republik", der den alten Franz abgöttisch liebte.

Dann legte sie auf das Bett ein Paket Schokolade, ebenfalls mit der Aufschrift „Gott strafe England!" und ebenfalls mit den Fotografien des österreichischen und deutschen Kaisers geschmückt. Auf der Schokolade hielten sie einander nicht mehr an der Hand, jeder hatte sich selbständig gemacht und kehrte dem andern den Rücken. Sehr hübsch war eine doppelreihige Zahnbürste mit der Aufschrift „viribus unitis"', damit jeder beim Zähneputzen Österreichs gedenke. Ein elegantes und sehr passendes Geschenk für die Front und die Schützengräben war eine Manikürekassette. Auf dem Deckel war ein explodierendes Schrapnell zu sehen und ein Mensch im Sturmhelm, der mit dem Bajonett vorstürmte. Darunter stand „Für Gott, Kaiser und Vaterland!" Ohne Bild war ein Paket Zwieback, dafür stand darauf der Vers:

„Österreich, du edles Haus,
steck deine Fahne aus,
laß sie im Winde wehn,
Österreich muß ewig stehn!"

mit der tschechischen Übersetzung auf der andern Seite. Das letzte Geschenk war eine weiße Hyazinthe in einem Blumentopf. Als das alles ausgepackt auf dem Bette lag, konnte Baronin von Botzenheim sich der Tränen nicht erwehren. Einigen ausgehungerten Simulanten floß der Speichel aus dem Mund. Die Gesellschafterin der Baronin stützte den sitzenden Schwejk und weinte ebenfalls. Es herrschte Grabesstille, die Schwejk plötzlich unterbrach, indem er die Hände faltete: „Vater unser, der Du bist im Himmel, geheiligt werde Dein Name, zu uns komme Dein Reich, pardon gnädige Frau, so is es nicht, ich wollt sagen: Vater unser, himmlischer Vater, segne uns diese Gaben, die wir dank Deiner Freigebigkeit genießen werden. Amen."

Nach diesen Worten nahm er ein Huhn vom Bett und begann zu essen, von dem entsetzten Blick Doktor Grünsteins gefolgt.

„Ach, wie es ihm schmeckt, dem Wackern", flüsterte die alte Baronin dem Doktor begeistert zu, „er ist sicher schon gesund und kann ins Feld gehn. Ich bin wirklich sehr froh, daß ihm mein Geschenk so gelegen gekommen ist."

Dann schritt sie von Bett zu Bett und verteilte Zigaretten und Schokoladepralinen, kehrte von ihrem Rundgang abermals zu Schwejk zurück, streichelte ihm das Haar mit den Worten: „Behüt Euch Gott", und ging mit dem ganzen Gefolge zur Tür hinaus.

Bevor Doktor Grünstein, der die Baronin begleitet hatte, zurückkehrte, verteilte Schwejk die Hühner, die von den Patienten mit solcher Geschwindigkeit verschlungen wurden, daß Doktor Grünstein statt der Hühner nur einen Haufen Knochen vorfand, die so sauber abgenagt waren, als wären die Hühner lebendig in ein Geiernest geraten und als hätte auf ihre Knochen einige Monate hindurch die Sonne gebrannt. Auch die Flasche Kriegslikör und die drei Flaschen Wein waren geleert. Sogar das Paket Schokolade und der Zwieback waren in den Mägen verschwunden. Jemand hatte selbst die Flasche Nagelpolitur ausgetrunken, die sich in der Garnitur befand und die Zahnpasta angebissen, die der Zahnbürste beigelegt war.

Als Doktor Grünstein zurückgekehrt war, stellte er sich wiederum in Kampfpositur und hielt eine lange Rede. Ein Stein war ihm vom Herzen gefallen, weil der Besuch bereits gegangen war. Der Haufen abgenagter Knochen bekräftigte ihn in dem Gedanken, daß alle Patienten in diesem Zimmer unverbesserlich seien.

„Soldaten", legte er los, „wenn ihr ein bißchen Verstand hättet, dann hättet ihr das alles liegengelassen und euch gesagt, wenn wir das auffressen, dann wird uns der Herr Oberarzt nicht glauben, daß wir schwer krank sind. Ihr habt euch dadurch selbst das Zeugnis ausgestellt, daß ihr meine Güte nicht zu schätzen wißt. Ich pumpe euch den Magen aus, gebe euch Klistiere, bemühe mich, euch bei absoluter Diät zu halten, und ihr überstopft euch den Magen. Wollt ihr einen Magenkatarrh bekommen? Da irrt ihr euch aber, bevor euer Magen versuchen wird, das zu verdauen, werde ich ihn so gründlich reinigen, daß ihr daran bis in den Tod denken werdet. Noch euren Kindern werdet ihr davon erzählen, wie ihr einmal Hühner gefressen und euch mit verschiedenen andern guten Dingen vollgestopft habt, aber wie es keine Viertelstunde in eurem Magen geblieben ist, weil man euch den Magen noch warm ausgepumpt hat. Also einer nach dem andern mir nach, damit ihr nicht vergeßt, daß ich nicht so ein Ochs bin wie ihr, sondern doch noch ein bißchen gescheiter als ihr alle zusammen. Außerdem kündige ich euch an, daß ich morgen eine Kommission herschicke, weil ihr euch schon zu lange hier herumwälzt und keinem von euch was fehlt, wenn ihr euch in fünf Minuten den Magen so hübsch verschweinern könnt, wie ihr es gerade jetzt fertiggebracht habt. Also, eins, zwei, drei, marsch!"

Als die Reihe an Schwejk kam, blickte ihn Doktor Grünstein an und eine Reminiszenz an den heutigen rätselhaften Besuch veranlaßte ihn zu der Frage: „Sie kennen die Frau Baronin?"

„Sie is meine Stiefmutter", antwortete Schwejk, „in zartem Alter hat sie mich ausgesetzt, und jetzt hat sie mich wiedergefunden..."

Und Doktor Grünstein sagte kurz: „Dann geben Sie dem Schwejk noch ein Klistier."

Abends ging es auf den Kavalletts recht traurig zu. Einige Stunden vorher hatten alle allerlei gute und schmackhafte Dinge im Magen gehabt, und nun hatten sie nur schwachen Tee und eine Schnitte Brot darin, Nummer 21 ließ sich vom Fenster her vernehmen:

„Werdet ihrs glauben, Kameraden, daß ich Backhuhn lieber eß als Brathuhn?" Jemand brummte: „Schmeißt ihm die Decke übern Kopf", aber sie waren alle so schwach nach dem mißlungenen Festmahl, daß keiner sich rührte.

Doktor Grünstein hielt Wort. Am Vormittag kamen einige Militärärzte: die berühmte Kommission.

Sie schritten ernst die Bettreihen entlang, und man hörte nichts anderes als: „Zeigen Sie die Zunge!"

Schwejk steckte die Zunge so weit heraus, daß er eine blöde Grimasse schnitt und seine Augen sich schlossen.

„Melde gehorsamst, Herr Stabsarzt, ich hab keine längere Zunge."

Darauf folgte ein interessantes Gespräch zwischen Schwejk und den Mitgliedern der Kommission. Schwejk behauptete, daß er diese Bemerkung in der Befürchtung gemacht habe, man konnte glauben, er wolle vor ihnen die Zunge verstecken.

Die Urteile der Mitglieder der Kommission über Schwejk waren in Anbetracht dessen außerordentlich verschieden.

Die Hälfte von ihnen behauptete, Schwejk sei „ein blöder Kerl", die andere hingegen, er sei ein Filou, der sich aus dem Militär einen Jux machen wollte.

„Das müßt aber verflucht zugehn!" brüllte der Vorsitzende der Kommission Schwejk an, „daß wir mit Ihnen nicht fertig werden sollten."

Schwejk blickte die ganze Kommission mit der göttlichen Ruhe eines unschuldigen Kindes an.

Der Oberstabsarzt trat dicht an Schwejk heran:

„Ich möcht gern wissen, Sie Meerschwein, was Sie sich jetzt wohl denken!"

„Melde gehorsamst, ich denk überhaupt nicht."

„Himmeldonnerwetter!" schrie ein Mitglied der Kommission, mit dem Säbel klirrend, „er denkt also überhaupt nicht. Warum, Sie siamesischer Elefant, denken Sie denn nicht?"

„Melde gehorsamst, ich denk deshalb nicht, weils beim Militär den Soldaten verboten is. Wie ich vor Jahren bei den Einundneunzigern gedient hab, da hat uns unser Herr Hauptmann immer gesagt: ‚Ein Soldat darf nicht selbst denken. Für ihn denken seine Vorgesetzten. Wie ein Soldat anfängt zu denken, is er schon kein Soldat, sondern ein ganz gemeiner Zivilist. Denken führt zu nichts...'"

„Halten Sies Maul", unterbrach ihn wütend der Vorsitzende der Kommission, „über Sie haben wir sowieso schon Berichte. Der Kerl meint, man wird glauben, daß er ein wirklicher Idiot ist. — Sie sind kein Idiot, Schwejk, gescheit sind Sie, gerieben sind Sie, ein Lump sind Sie, ein Fallott, ein Lausbub, verstehn Sie ..."

„Melde gehorsamst, ich versteh."

„Ich hab Ihnen schon gesagt, Sie solln das Maul halten, haben Sie gehört?"

„Melde gehorsamst, daß ich gehört hab, daß ich das Maul halten soll."

„Himmelherrgott, also halten Sie das Maul. Wenn ichs Ihnen befehl, dann wissen Sie gut, daß Sie kuschen müssen!"

„Meide gehorsamst, daß ich weiß, daß ich kuschen muß." Die Offiziere blickten einander an und riefen den Feldwebel: „Diesen Mann da", sagte der Oberstabsarzt von der Kommission, auf Schwejk weisend, „führen Sie in die Kanzlei und warten unseren Bericht und Rapport ab. Im Garnisonsarrest wird man ihm schon das Quasseln aus dem Kopf treiben. Der Kerl ist gesund wie ein Fisch, simuliert und drischt noch mit dem Maul und macht sich einen Jux aus seinen Vorgesetzten. Er denkt, daß sie nur zu seiner Unterhaltung da sind und daß der ganze Krieg eine Hetz oder ein Jux ist. Man wird Ihnen im Garnisonsarrest zeigen, Schwejk, daß der Krieg kein Jux ist."

Schwejk ging mit dem Feldwebel in die Kanzlei, und auf dem Weg über den Hof summte er vor sich hin:

„Meinte, daß das Dienen
eine Hetz nur sei,
daß es eine Woche oder vierzehn Tage
dauert — und vorbei..."

Und während Schwejk in der Kanzlei von dem diensthabenden Offizier angebrüllt wurde, daß man solche Kerle wie Schwejk niederschießen solle, brachte die
Kommission in den Krankenzimmern die Simulanten zur Strecke. Von siebzig Patienten retteten sich nur zwei. Einer, dem eine Granate ein Bein abgerissen hatte,
und ein zweiter mit wirklichem Beinfraß.

Nur diese beiden hörten nicht das Wörtchen: „tauglich"; die andern wurden alle,
nicht einmal die drei sterbenden Schwindsüchtigen ausgenommen, felddiensttauglich befunden, wobei es sich der Oberstabsarzt nicht nehmen ließ, eine Rede zu
halten.

Sie war von den verschiedensten Beschimpfungen durchflochten und inhaltlich
knapp. Alle seien Rindviecher und Mist, und nur wenn sie tapfer für Seine Majestät
den Kaiser kämpfen würden, könnten sie in die menschliche Gesellschaft zurückkehren. Nur so könne ihnen nach dem Krieg verziehen werden, daß sie sich vom
Militär drücken wollten und simuliert hätten. Er selbst glaube aber nicht daran,
sondern denke, daß auf alle der Strick warte.

Ein junger Militärarzt, eine noch reine und unverdorbene Seele, bat den Oberstabsarzt, ebenfalls sprechen zu dürfen. Seine Rede unterschied sich von der seines
Vorgesetzten durch Optimismus und Naivität. Er redete deutsch.

Er sprach lange davon, daß ein jeder von denen, die das Krankenhaus verlassen,
um zu ihren Regimentern an die Front abzugehen, ein Sieger und Ritter sein müsse.
Er sei überzeugt, daß sie die Waffen auf dem Kampfplatz geschickt handhaben
und sich ehrenhaft in allen Kriegs- und Privatverhältnissen verhalten würden als
unbezwingbare Krieger, eingedenk des Ruhmes Radetzkys und des Prinzen Eugen
von Savoyen. Daß sie mit ihrem Blut die weiten Felder der Ehre des Herrscherhauses düngen und sich siegreich der Aufgabe entledigen würden, die die Geschichte ihnen vorbehalten habe. Tollkühn, ihres Lebens nicht achtend, sollten sie
unter den zerschossenen Fahnen ihrer Regimenter vorwärtsstürmen, zu neuem
Ruhm, zu neuen Siegen.

Auf dem Gang sagte dann der Oberstabsarzt zu diesem naiven Mann:

„Herr Kollege, ich kann Ihnen versichern, daß das alles vergeblich ist. Aus diesen Lumpen hätte nicht einmal Radetzky oder Prinz Eugen Soldaten gemacht. Mit denen kann man sprechen wie ein Engel oder wie ein Teufel, es ist alles für die Katz. Es ist eine Bande."

Abbildung 18: Österreich-ungarische Truppen bei einer Rast
(Quelle: https://upload.wikimedia.org/wikipedia/commons/a/af/Austrianinf.jpg)

9. Schwejk im Garnisonsarrest

Die letzte Zuflucht jener, die nicht an die Front gehen wollten, war der Garnisonsarrest. Ich kannte einen Supplenten, der, da er als Mathematiker nicht bei der Artillerie schießen wollte, einem Oberleutnant eine Uhr stahl, um in den Garnisonsarrest zu kommen. Er tat dies mit voller Überlegung, Der Krieg imponierte ihm nicht und bezauberte ihn nicht. Auf den Feind zu schießen und auf der Gegenseite ebenso unglückliche Mathematik-Supplenten mit Schrapnells und Granaten zu erschlagen, hielt er für einen Blödsinn. „Ich will nicht als Gewalttäter gehaßt werden", sagte er sich und stahl seelenruhig die Uhr. Man prüfte zuerst seinen Geisteszustand, und als er erklärte, er habe sich bereichern wollen, schaffte man ihn in den Garnisonsarrest. Es gab mehr solcher Menschen, die wegen Diebstahls oder Betrügereien im Garnisonsarrest saßen. Idealisten und

Nichtidealisten, Menschen, die den Krieg für eine Einnahmequelle hielten, diverse Rechnungsunteroffiziere im Hinterland und an der Front, die alle möglichen Betrügereien mit der Menage und der Löhnung begingen, und dann die kleinen Diebe, tausendmal ehrenhafter als die Kerle, von denen sie hierhergeschickt wurden. Außerdem saßen im Garnisonsarrest Soldaten wegen verschiedener anderer Delikte rein militärischer Art, wie Subordinationsverletzung, versuchter Meuterei, Desertion. Ein besonderer Typus waren die Politiker, von denen achtzig Prozent vollständig unschuldig waren und von denen wiederum neunundneunzig Prozent verurteilt wurden. Der Apparat der Auditoren war großartig. Einen solchen mächtigen Gerichtsapparat besitzt jeder Staat vor dem allgemeinen politischen, wirtschaftlichen und moralischen Zusammenbruch. Der Glanz der ehemaligen Macht und des früheren Ruhms wird durch die Gerichte, die Polizei, die Gendarmerie und den käuflichen Mob der Angeber erhalten. In jedem Truppenkörper hatte Österreich seine Spitzel, welche die Kameraden anzeigten, die mit ihnen auf denselben Kavalletts schliefen und auf dem Marsch ihr Brot mit ihnen teilten.

Die Staatspolizei - die Herren Klima, Slavicek & Co. - lieferte dem Garnisonsarrest ebenfalls Material. Die Militärzensur lieferte hierher die Autoren der Korrespondenz, die zwischen der Front und jenen geführt wurde, die daheim verzweifelt zurückgeblieben waren. In dieses Gefängnis brachten die Gendarmen auch alte Ausgedinger, die Briefe an die Front schickten, und das Kriegsgericht brummte ihnen für ihre Trostesworte und ihre Schilderung der Not daheim zwölf Jahre auf. Aus dem Hradschiner Garnisonsarrest führte auch ein Weg über Brevnov auf den Motoler Exerzierplatz. Voran schritt in Begleitung von Bajonetten ein Mensch mit Ketten an den Händen und ihm folgte ein Wagen mit einem Sarg. Auf dem Motoler Exerzierplatz erscholl dann der kurze Befehl: „An! Feuer!" Und in allen Regimentern und Bataillonen verlas man den Regimentsbefehl, daß man wieder einen Soldaten wegen Auflehnung erschossen habe. Er hatte sich nämlich gegen seinen Hauptmann gewendet, als dieser der Frau des Armen, die sich von ihm nicht trennen konnte, einen Säbelhieb versetzte.

Und im Garnisonsarrest führte die Dreieinheit Stabsprofos Slawik, Hauptmann Linhart und Feldwebel Repa, auch „Henker" genannt, das Weitere durch. Wie viele prügelten sie in der Einzelhaft zu Tod! Mag sein, daß Hauptmann Linhart auch heute in der Republik Hauptmann ist. Ich wünschte, man würde ihm die Dienstjahre im Garnisonsarrest einrechnen, Slawik und Klima werden sie von der Staatspolizei eingerechnet. Repa ist ins Zivil zurückgekehrt und geht wiederum seiner Beschäftigung als Maurermeister nach. Vielleicht ist er Mitglied eines patriotischen

80

Vereines.

Stabsprofos Slawik wurde in der Republik zum Dieb und ist heute eingesperrt. Der Arme hat in der Republik nicht so festen Fuß gefaßt wie andere Herren.

Es war ganz natürlich, daß Stabsprofos Slawik, als er Schwejk in Empfang nahm, einen Blick voll stummer Vorwürfe auf ihn richtete:

„Auch du hast also schon einen Fleck auf der Reputation, daß du bis zu uns gekommen bist? Wir werden dir den Aufenthalt hier schon versüßen, Freunderl, wie allen, die in unsere Hände gefallen sind. Unsere Hände sind keine Damenhändchen."

Und dann hielt er, um seinem Blick Nachdruck zu verleihen, Schwejk seine sehnige, dicke Faust unter die Nase und sagte: „Riech einmal. Lump!" Schwejk roch und bemerkte:

„Mit der mächt ich keine in die Nase kriegen wolln, das riecht nach Friedhof."

Diese ruhige, bedächtige Sprache gefiel dem Stabsprofos.

„He", sagte er, Schwejk mit der Faust in den Bauch stoßend, „steh grad, was hast du in den Taschen? Wenn du eine Zigarette hast, kannst du dir sie lassen, das Geld gibst du her, damit sie dirs nicht stehlen. Mehr hast du nicht? Wirklich nicht? Lüg nicht, Lüge wird bestraft."

„Wohin stecken wir ihn?" fragte Feldwebel Repa.

„Auf Nummer sechzehn", entschied der Stabsprofos, „zwischen die in den Unterhosen. Sehen Sie denn nicht, daß auf dem Schriftstück vom Herrn Hauptmann Linhart aufgeschrieben steht:

„Streng bewachen, beobachten?" - „Ja, ja", verkündete er Schwejk feierlich, „mit Gaunern verfährt man wie mit Gaunern. Wenn sich jemand auflehnt, dann schleppen wir ihn in den Einzel, brechen ihm alle Rippen und lassen ihn liegen, bis er krepiert. Dazu haben wir ein Recht. Wie wirs mit diesem Fleischer gemacht ham, nicht wahr, Repa?"

„Na ja, der hat uns Arbeit gegeben, Herr Stabsprofos", antwortete Feldwebel Repa träumerisch, „das war ein Körperl. Ich bin über fünf Minuten auf ihm herumgetrampelt, bevor ihm die Rippen zu krachen angefangen ham und das Blut ausm Maul geflossen is. Und er hat noch zehn Tage gelebt. Er war nicht zum Umbringen."

„Also siehst du, du Lump, so gehts bei uns zu, wenn sich jemand auflehnt", schloß der Stabsprofos seine pädagogische Erklärung, „oder wenn er davonlaufen will. Das is eigentlich Selbstmord, der bei uns auch so gestraft wird. Oder Gott behüte, daß dir, du Schweinehund, einfallen sollt, bis eine Inspektion kommt, dich

81

über etwas zu beschweren. Wenn die Inspektion kommt und fragt: ‚Haben Sie irgendeine Beschwerde?' — dann mußt du, Saukerl, Habtacht stehn, salutieren und antworten: ‚Melde gehorsamst, ich hab keine, ich bin ganz zufrieden.' — Wie wirst dus sagen, Trottel? Wiederhols!"

„Melde gehorsamst, ich hab keine, ich bin ganz zufrieden", wiederholte Schwejk mit einem so sanften Ausdruck, daß der Stabsprofos es irrtümlicherweise für aufrichtiges Entgegenkommen und Ehrlichkeit hielt. „Also zieh dich in Unterhosen aus und komm auf Nummer sechzehn", sagte er freundlich, ohne auch nur Lump, Trottel oder Saukerl hinzuzufügen, wie er dies in der Gewohnheit hatte.

In Nummer sechzehn traf Schwejk mit zwanzig Männern in Unterhosen zusammen. Es waren diejenigen, auf deren Akten die Bemerkung stand: „Streng bewachen, beobachten!" und die man jetzt sehr sorgfältig bewachte, um ihnen keine Gelegenheit zum Entwischen zu geben. Wenn diese Unterhosen sauber und nicht die Gitter in den Fenstern gewesen wären, dann hätte man auf den ersten Blick geglaubt, daß man sich in der Garderobe eines Bades befinde.

Schwejk wurde von Feldwebel Repa dem „Zimmerkommandanten" übergeben, einem unrasierten Kerl in offenstehendem Hemd. Der notierte Schwejks Namen auf ein Blatt Papier, das an der Wand hing, und sagte ihm:

„Morgen gibts eine große Hetz. Man wird uns in die Kapelle zur Predigt führen. Wir, die in Unterhosen, stehn grad unter der Kanzel. Das wird eine Hetz sein!"

So wie in allen Gefängnissen und Strafanstalten, erfreute sich auch im Garnisonsarrest die Hauskapelle einer großen Beliebtheit. Es handelte sich nicht darum, die Besucher durch den erzwungenen Besuch der Gefängniskapelle Gott näherzubringen oder den Arrestanten eingehende Kenntnisse über Sittlichkeit beizubringen. Von solchen Dummheiten kann nicht die Rede sein.

Der Gottesdienst und die Predigten waren eine hübsche Unterbrechung der Langweile des Garnisonsarrestes. Es ging nicht darum, Gott näherzukommen, sondern um die Hoffnung, auf den Gängen und auf den Weg über den Hof einen Zigaretten- oder Zigarrenstummel zu finden. Gott wurde vollkommen von einem kleinen Stummel verdrängt, der sich hoffnungslos in einen Spucknapf oder irgendwo auf dem Boden in den Staub verirrt hatte. Dieser kleine stinkende Gegenstand siegte über Gott und über die Erlösung der Seele.

Und dann folgte noch die Predigt, dieser großartige Jux. Feldkurat Otto Katz war doch nur ein reizender Mensch. Seine Predigten waren ungewöhnlich fesselnd, spaßig, erquickend in der Langweile des Garnisonsarrestes. Er verstand es so schön, von der unendlichen Gnade Gottes zu faseln, die verlotterten Arrestanten und entehrten Männer geistig zu erbauen. Er verstand es so schön, von der Kanzel und vom Altar herab zu schimpfen. Verstand es so wundervoll, beim Altar sein „Ite missa est" zu brüllen, den ganzen Gottesdienst auf originelle Art durchzuführen, die Ordnung der heiligen Messe durcheinanderzuwerfen, und wenn er schon sehr betrunken war, neue Gebete und eine neue heilige Messe zu ersinnen, seinen eigenen Ritus, etwas noch nie Dagewesenes. Und dann das Hallo, wenn er zuweilen ausrutschte und mit dem Kelch, mit dem heiligen Sakrament oder dem Meßbuch hinfiel und den Ministranten aus der Arrestantenabteilung laut beschuldigte, er habe ihm ein Bein gestellt, und ihm sofort vor den allerheiligsten Sakramenten Einzelhaft und Spangen aufpfefferte.

Und der Betroffene freut sich, denn das gehört mit zu diesem ganzen Jux in der Gefängniskapelle. Er spielt eine große Rolle in dem Stück und entledigt sich ihrer würdig.

Feldkurat Otto Katz, der vollendetste Kriegspriester, war Jude. Das ist übrigens nichts Merkwürdiges, Erzbischof Kohn war gleichfalls Jude und ein Freund Machars obendrein.

Feldkurat Otto Katz hatte eine noch buntere Vergangenheit als der berühmte Erzbischof Kohn.

Er hatte die Handelsakademie absolviert und als Einjährig-Freiwilliger gedient. Und war im Wechselrecht und im Umgang mit Wechseln so gut bewandert, daß er die Firma Katz & Co. innerhalb eines Jahres zu einem so glorreichen und gelungenen Bankrott brachte, daß der alte Herr Katz nach einem Ausgleich mit seinen Gläubigern, ohne ihr Wissen und ohne das seines Gesellschafters, der nach Argentinien auswanderte, nach Nordamerika abdampfte.

Als also der junge Otto Katz Nord- und Südamerika mit der Firma Katz & Co, uneigennütziger Weise beschenkt hatte, befand er sich in der Situation eines Menschen, der kein Erbteil zu erwarten hat, nicht weiß, wohin er seinen Kopf betten soll und sich beim Militär aktivieren lassen muß.

Vorher aber hatte der Einjährig-Freiwillige Otto Katz einen famosen Einfall. Er ließ sich taufen. Bekehrte sich zu Christus, damit dieser ihm helfe, Karriere zu machen.

Er bekehrte sich zu ihm mit dem restlosen Vertrauen, daß dies eine geschäftliche Angelegenheit zwischen ihm und Gottes Sohn sei. Er wurde feierlich in Emmaus getauft. Pater Alban tauchte ihn ins Taufbecken. Es war ein wunderbares Schauspiel, ein frommer Major des Regiments, bei dem Otto Katz diente, war dabei, dann eine alte Jungfer aus dem Adeligenstift auf dem Hradschin und ein großmäuliger Vertreter des Konsistoriums, der Pate stand.

Die Offiziersprüfung fiel gut aus, und der neue Christ Otto Katz blieb beim Militär. Anfangs schien es ihm, als würde alles gut gehen, er wollte sogar mit dem Studium des Stabskurses beginnen.

Aber eines Tages betrank er sich und ging ins Kloster, ließ den Säbel und griff zur Kutte. Er fand Zutritt beim Erzbischof auf dem Hradschin, und es gelang ihm, ins Seminar zu kommen. Bevor er die Weihen empfing, betrank er sich bis zur Bewußtlosigkeit in einem sehr anständigen Hause mit Damenbedienung in der Gasse hinter Wejwoda und ging geradewegs aus dem Taumel der Wollust und

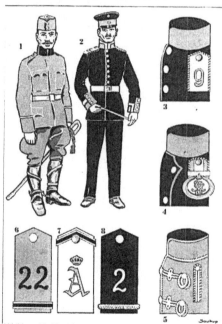

Die Einjährig-Freiwilligen

Nachwuchs für das Reserveoffizierskorps in der deutschen- und österreichisch-ungarischen Armee

Abbildung 19: Abzeichen von Einjährig-Freiwilligen in der deutschen und österreichisch-ungarischen Armee
Quelle: Deutsche Uniformen Mittler Verlag

84

Freude hin, um die Weihen zu empfangen. Nach der Einweihung ging er zu seinem Regiment, um sich Protektion zu verschaffen, und als er zum Feldkuraten ernannt wurde, kaufte er ein Pferd, ritt durch die Prager Straßen und beteiligte sich lustig an allen Gelagen der Offiziere seines Regiments.

Auf dem Gang des Hauses, in dem er wohnte, wurden häufig Flüche unbefriedigter Gläubiger laut. Er brachte auch Straßenmädchen in seine Wohnung oder ließ sie von seinem Burschen holen. Sehr gern spielte er Färbl, und es wurde auch gemunkelt, daß er falsch spiele; aber niemand konnte ihm nachweisen, daß er in dem weiten Ärmel seines Militärpriesterrockes ein As versteckt habe. In Offizierskreisen nannte man ihn den Heiligen Vater.

Für die Predigten bereitete er sich niemals vor, wodurch er sich von seinem Vorgänger unterschied, der gleichfalls den Garnisonsarrest besucht hatte. Das war ein Mensch, der mit der fixen Idee behaftet war, die im Garnisonsarrest eingesperrte Mannschaft ließe sich von der Kanzel herab bessern. Dieser ehrenwerte Kurat verdrehte fromm die Augen, setzte den Arrestanten auseinander, daß eine Reform der Huren und eine Reform der Fürsorge für unverheiratete Mütter erforderlich sei und sprach auch von der Erziehung unehelicher Kinder. Seine Predigt hatte einen abstrakten Charakter; hatte nichts gemein mit der augenblicklichen Situation und langweilte.

Feldkurat Otto Katz dagegen hielt Predigten, auf die sich alle freuten. Es war ein feierlicher Augenblick, wenn man die Insassen von „Nummer sechzehn" in Unterhosen in die Kapelle führte. Die Arrestanten ankleiden zu lassen, wäre nämlich mit dem Risiko verbunden gewesen, daß einer von ihnen hätte ausbrechen können.

Diese zwanzig weißen Unterhosen stellte man wie Engel unter die Kanzel. Einige von ihnen, denen Fortuna lächelte, verbargen im Mund Zigarettenstummel, die sie unterwegs gefunden hatten, denn sie hatten — natürlich — keine Taschen, in denen sie sie hätten verstecken können.

Um sie herum standen die andern Arrestanten des Garnisonsarrestes und ergötzten sich an den zwanzig Unterhosen unter der Kanzel, auf die der Feldkurat sporenklirrend hinaufkletterte.

„Habtacht!" schrie er, „zum Gebet, alle mir nach, was ich sagen werde! Und du hinten, du Lump, schneuz dich nicht in die Hand, du bist im Tempel Gottes, oder ich laß dich einsperren. Ob ihr wohl, ihr Saukerle, noch nicht das Vaterunser vergessen habt? Also probieren wirs. Na, ich hab gewußt, daß es nicht gehn wird. Woher denn das Vaterunser, ja, so zwei Portionen Fleisch und Bohnensalat auffressen, sich aufs Kavallett auf den Bauch legen, in der Nase bohren und nicht an Gott denken, das war was - hab ich nicht recht?" Er blickte von der Kanzel auf die zwanzig weißen Engel in Unterhosen, die sich ebenso wie alle andern vortrefflich unterhielten. Hinten spielte man „Maso".

„Das is sehr fein", flüsterte Schwejk seinem Nachbar zu, auf dem der Verdacht haftete, er habe für drei Kronen seinem Kameraden mit einer Axt alle Finger an einer Hand abgehackt, um ihn vom Militär zu befreien.

„Es kommt noch besser", lautete die Antwort, „heute is er wieder ordentlich besoffen, da wird er wieder vom dornigen Pfad der Sünde quatschen."

Der Feldkurat war heute wirklich ausgezeichnet gelaunt. Er wußte selbst nicht, warum er dies tat, aber er beugte sich fortwährend von der Kanzel hinab und hätte beinahe das Gleichgewicht verloren und wäre hinuntergefallen.

„Singt etwas, Jungens", schrie er hinunter, „oder wollt ihr, daß ich euch ein neues Lied lern? Also singt mit mir:

Von allen doch am liebsten
hab ich die Liebste mein,
geh zu ihr nicht allein.
Viele seh ich zu ihr gehen
und um ihre Liebe flehen,
und wer ist denn meine Liebste?
die Jungfrau Maria...

Ihr werdets nie erlernen, ihr Klacheln", fuhr der Feldkurat fort, „ich bin dafür, euch alle zu erschießen, versteht ihr mich gut? Das behaupte ich von dieser göttlichen Stelle herab, ihr Taugenichtse, denn Gott ist etwas, was sich nicht vor euch fürchtet und was mit euch umspringen wird, bis ihr davon blöd sein werdet, denn ihr zögert, euch Christus zuzuwenden und geht lieber auf dem dornigen Pfad der Sünde."

„Da is es schon, er is ordentlich besoffen", flüsterte freudig der Nachbar Schwejks.

„Der dornige Pfad der Sünde, ihr vertrottelten Klacheln, ist der Pfad des Kampfes mit dem Laster. Ihr seid verlorene Söhne, die sich lieber im ‚Einzel' wälzen als zum Vater zurückzukehren. Richtet euren Blick nur weiter und höher in die himmlischen Fernen, und ihr werdet siegen, und Frieden wird sich in eure Seele senken, ihr Lausejungen. Ich mächt mir ausbitten, daß dort hinten jemand schnaubt. Er ist kein Pferd und ist nicht in einem Stall, sondern im Tempel Gottes. Drauf mach ich

86

euch aufmerksam, meine Lieblinge. So, wo hab ich denn aufgehört. Ja, über den Seelenfrieden, sehr gut. Merkt euch, ihr Rindviecher, daß ihr Menschen seid und daß ihr auch durch eure getrübten Augen in den weiten Raum blicken und wissen müßt, daß hier alles nur eine gewisse Zeit währt, aber daß Gott ewig ist. Sehr gut, nicht wahr, meine Herren? Ich sollte Tag und Nacht für euch beten, daß der barmherzige Gott, ihr blöden Kerls, seine Seele in eure kalten Herzen ergießt und mit seiner heiligen Gnade eure Sünden abwäscht, damit ihr auf Ewigkeit rein seid und damit er euch, ihr Lumpen, immerdar liebt. Da irrt ihr euch aber. Ich werde euch nicht ins Paradies einführen."

Der Feldkurat rülpste. „Nein und nein", wiederholte er hartnäckig, „nichts werde ich für euch tun, fällt mir gar nicht ein, weil Ihr unverbesserliche Lumpen seid. Auf euren Wegen wird euch nicht die Güte des Herrn geleiten, der Odem Gottes wird euch nicht umwehn, weil es dem lieben Gott gar nicht einfällt, sich mit solchen Halunken abzugeben. Hört ihr, ihr dort unten in den Unterhosen?"

Die zwanzig Unterhosen blickten empor und sagten wie mit einer Stimme „Wir melden gehorsamst, daß wir hören."

„Es genügt nicht, nur zu hören", setzte der Feldkurat seine Predigt fort, „die dunkle Wolke des Lebens, in der euch Gottes Lächeln nicht von Kummer befreit, schwebt über euch, ihr Idioten, denn die Güte Gottes hat auch ihre Grenzen, und du Maulesel dort hinten verkutz dich nicht, sonst laß ich dich einsperren, daß du schwarz wirst. Und ihr dort unten, glaubt nicht, daß ihr in einer Schnapsbude seid. Gott ist im höchsten Maß barmherzig, aber nur für anständige Menschen und nicht für den Auswurf der menschlichen Gesellschaft, der sich nicht nach seinen Gesetzen und nicht einmal nach dem Dienstreglement richtet. Das hab ich euch sagen wollen. Beten könnt ihr nicht, und ihr denkt, daß in die Kapelle gehen ein Jux ist, ihr denkt, daß hier ein Theater oder Kino ist. Das werde ich euch aus dem Kopf schlagen, damit ihr nicht glaubt, daß ich dazu da bin, damit ich euch unterhalte und euch Freude am Leben gebe. Alle sperr ich euch ins ‚Einzel', das tu ich, ihr Lumpen. Ich verlier Zeit mit euch und seh, daß das alles rein umsonst ist. Wenn der Feldmarschall und der Erzbischof selbst hier wären, würdet ihr euch nicht bessern und Gott zuwenden. Und doch werdet ihr euch einmal an mich erinnern, daß ichs gut mit euch gemeint hab."

Zwischen den zwanzig Unterhosen wurde ein Schluchzen laut. Schwejk hatte zu weinen begonnen.

Der Feldkurat blickte hinunter. Dort stand Schwejk und wischte sich mit den Fäusten die Augen ab. Ringsherum machte sich freudige Zustimmung bemerkbar.

Der Feldkurat fuhr fort, indem er auf Schwejk zeigte: „An diesem Menschen soll sich jeder ein Beispiel nehmen. Was tut er? Er weint. Weine nicht, sage ich dir, weine nicht. Du willst dich bessern? Das wird dir nicht so leicht gelingen, mein Lieber. Jetzt weinst du, und bis du von hier in die Zelle zurückkehrst, wirst du wieder grad so ein Lump sein wie vorher. Du mußt noch viel über die unendliche Gnade und Barmherzigkeit Gottes nachdenken, dir viel Mühe nehmen, damit deine sündhafte Seele in der Welt den rechten Weg findet, auf dem du schreiten sollst. Heute sehen wir, daß hier ein Mann in Tränen ausgebrochen ist, der umkehren will, und was macht ihr andern? Gar nichts. Der da kaut an etwas, wie wenn seine Eltern Wiederkäuer wären, und die dort wieder suchen sich im Tempel Gottes Läuse im Hemd. Könnt ihr euch denn nicht zu Haus kratzen, und müßt ihr es euch grad zum Gottesdienst aufheben? Herr Stabsprofos, Sie kümmern sich auch um nichts. Ihr seid doch alle Soldaten und nicht blöde Zivilisten. Ihr sollt euch doch benehmen, wie es sich für Soldaten schickt, wenn ihr auch in der Kirche seid. Verlegt euch doch, kruzifixnochmal, auf das Suchen Gottes, und die Läuse sucht euch zu Haus. Damit habe ich zu Ende gesprochen, ihr Lauskerle, und verlange von euch, daß ihr euch bei der Messe anständig benehmt, damit es nicht passiert wie letzthin, wo die hinten die ärarisdne Wäsche für Brot getauscht und es während der Elevation gefressen haben."

Der Feldkurat stieg von der Kanzel hinab und begab sich in die Sakristei, wohin ihm der Stabsprofos folgte. Nach kurzer Zeit kam der Stabsprofos heraus, wandte sich geradewegs zu Schwejk, zog ihn aus der Gruppe der zwanzig Unterhosen hervor und führte ihn in die Sakristei.

Der Feldkurat saß recht bequem auf dem Tisch und drehte sich eine Zigarette.

Als Schwejk eintrat, sagte der Feldkurat:

„Also da sind Sie. Ich hab mir alles überlegt und glaube, daß ich Sie durchschaut habe, wie sichs gebührt, verstanden, Lump? Das ist der erste Fall, daß mir hier jemand in der Kirche in Tränen ausbricht."

Er sprang vom Tisch hinunter und schrie Schwejk, während er ihn an der Schulter rüttelte, unter dem großen melancholischen Bild des heiligen Franz von Sales an:

„Gesteh, du Lump, daß du nur hetzhalber geweint hast!" Und der heilige Franz von Sales blickte fragend auf Schwejk herab. Von der gegenüberliegenden Seite blickte Schwejk ein Märtyrer verstört an, der gerade die Zähne einer Säge im Hintern hatte, mit der unbekannte römische Söldner an ihm sägten. Dem Antlitz des

Märtyrers merkte man dabei keine Qualen, aber auch keine Freuden oder die Verklärtheit des Märtyrers an. Er sah nur verstört aus, als wollte er sagen: „Wie bin ich eigentlich dazu gekommen, was macht ihr denn da mit mir, meine Herren?"

„Melde gehorsamst, Herr Feldkurat", sagte Schwejk bedächtig, alles auf eine Karte setzend, „ich beichte dem allmächtigen Gott und Ihnen, Hochwürdiger Vater, der Sie an Gottes Stelle sind, daß ich wirklich nur hetzhalber geweint hab. Ich hab gesehen, daß zu Ihrer Predigt ein gebesserter Sünder fehlt, den Sie vergeblich in Ihrer Predigt gesucht ham. So hab ich Ihnen wirklich die Freude machen wolln, damit Sie nicht denken, daß es keine ehrlichen Menschen mehr gibt, und mir selbst wollt ich einen Jux machen, damit mirs leichter ums Herz wird."

Der Feldkurat blickte prüfend in das einfältige Gesicht Schwejks. Ein Sonnenstrahl spielte auf dem düsteren Bild des heiligen Franz und gab dem verstörten Märtyrer auf der gegenüberliegenden Wand einen warmen Ausdruck.

„Sie fangen an, mir zu gefallen", sagte der Feldkurat, indem er sich wieder auf den Tisch setzte. „Zu welchem Regiment gehören Sie?" Er fing an zu rülpsen.

„Melde gehorsamst, Herr Feldkurat, ich gehör zum einundneunzigsten Regiment und gehör nicht dazu, ich weiß überhaupt nicht, was mit mir los ist."

„Und warum sitzen Sie eigentlich hier?" fragte der Feldkurat, ohne daß er zu rülpsen aufhörte.

Aus der Kapelle drangen die Klänge des Harmoniums herein, das die Orgel vertrat. Der Musikant, ein Lehrer, der wegen Desertation eingesperrt war, spielte auf dem Harmonium die jämmerlichsten Kirchenmelodien. Mit dem Rülpsen des Feldkuraten verschmolzen diese Laute zu einer neuen dorischen Tonleiter.

„Melde gehorsamst, Herr Feldkurat, daß ich wirklich nicht weiß, warum ich hier sitz und daß ich mich nicht beschwer, daß ich hier sitz. Ich hab nur Pech. Ich mein immer alles gut, und zum Schluß wird für mich immer das Schlechteste draus, wie dort bei diesem Märtyrer auf dem Bild."

Der Feldkurat schaute das Bild an, lachte und sagte: „Sie gefallen mir wirklich, über Sie muß ich mich beim Herrn Auditor erkundigen, aber länger werde ich mich mit Ihnen nicht unterhalten. Ich will die heilige Messe schon vom Hals haben. Kehrt euch! Abtreten!"

Als Schwejk in die heimatliche Gruppe der Unterhosen unter der Kanzel zurückkehrte, antwortete er auf die Frage, was der Feldkurat in der Sakristei von ihm gewollt habe, sehr trocken und kurz: „Er is besoffen."

Die neue Leistung des Feldkuraten, die heilige Messe, wurde von allen mit großer Aufmerksamkeit und unverhohlener Sympathie verfolgt. Einer unter der Kanzel wettete sogar, daß dem Feldkuraten die Monstranz aus den Händen fallen werde. Er setzte seine ganze Ration Brot gegen zwei Ohrfeigen und gewann die Wette.

Das, was beim Anblick der Zeremonien des Feldkuraten die Seelen aller erfüllte, war nicht der Mystizismus Gläubiger oder die Frömmigkeit wahrer Katholiken. Es war ein Gefühl wie im Theater, wenn wir den Inhalt eines Stücks nicht kennen, die Handlung sich verwirrt und wir neugierig warten, wie sie sich entwickeln wird. Sie versenkten sich in das Bild, das ihnen der Feldkurat am Altar mit großer Opferfreudigkeit bot. Sie gaben sich dem ästhetischen Genuß des Ornats hin, daß der Feldkurat verkehrt angezogen hatte, und beobachteten mit innigem Verständnis und Eifer alles, was sich beim Altar begab. Der rothaarige Ministrant, ein Deserteur aus Küsterkreisen, Spezialist in kleinen Diebstählen beim 28. Regiment, war bestrebt, die ganze Reihenfolge, die Technik und den Text der heiligen Messe aus dem Gedächtnis hervorzuholen. Er war gleichzeitig Ministrant und Souffleur des Feldkuraten, der mit vollendetem Leichtsinn ganze Sätze überwarf und statt der gewöhnlichen Messe im Meßbuch bis zur Adventandacht kam, die er zur allgemeinen Zufriedenheit des Publikums zu Singen begann.

Er hatte weder Stimme noch Gehör, und unter der Wölbung der Kapelle ertönte ein Winseln und Kreischen wie in einem Schweinestall. „Der is aber heut besoffen", sagten die vor dem Altar mit voller Befriedigung, „den hats gepackt! Der hat sich wieder gegeben! Gewiß hat er sich bei Weibern besoffen."

Und vielleicht schon zum dritten Mal ertönte vor dem Altar der Gesang des Feldkuraten: „Ite missa est!" wie das Kriegsgeheul van Indianern, daß die Fenster zitterten.

Dann schaute der Feldkurat noch einmal in den Kelch, ob nicht doch noch ein Tröpfchen Wein übriggeblieben sei, machte eine verdrießliche Gebärde und wandte sich an die Zuhörerschaft:

„So, jetzt könnt ihr schon noch Hause gehn, ihr Lumpen, es ist schon Schluß. Ich hab bemerkt, daß Ihr nicht die wahre Frömmigkeit zeigt, wie ihr sie an den Tag legen sollt, wenn ihr in der Kirche vor dem Angesicht der heiligsten Altarsakramente steht, ihr Lauskerle! Angesicht in Angesicht mit Gott dem Herrn schämt ihr euch nicht, laut zu lachen, zu husten und zu kichern, mit den Füßen zu scharren, noch dazu vor mir, der die Jungfrau Maria, Jesus Christus und Gott Vater vertritt, ihr Lumpen. Wenn sich das nächstens wiederholt, so werde ich euch Mores lehren, wie sichs gehört und gebührt, damit ihr wißt, daß es nicht nur die Hölle gibt, von der ich euch das vorletzte Mal gepredigt hab, sondern daß es auch eine Hölle auf Erden gibt, und wenn ihr euch auch vor der ersten retten könntet, vor dieser werdet ihr euch nicht retten. Abtreten!"

Der Feldkurat, der eine so verflucht alte wohltätige Einrichtung, wie den Besuch von Sträflingen, so schön in Wirklichkeit umsetzte, verschwand in der Sakristei, kleidete sich um, ließ sich aus dem Demijohn in eine Kanne Meßwein einschenken, trank ihn aus und setzte sich mit Hilfe seines Ministranten auf sein im Hof angebundenes Reitpferd; aber dann erinnerte er sich Schwejks, kletterte hinunter und ging in die Kanzlei zu Auditor Bernis.

Untersuchungsauditor Bernis war ein Gesellschaftsmensch, ein bezaubernder Tänzer und moralisch verkommenes Subjekt. Er langweilte sich schrecklich und schrieb deutsche Gedenkbuchverse, um immer einen Vorrat davon bereit zu haben. Er war der wichtigste Teil des ganzen Militärgerichtsapparates, denn er hatte eine so ungeheure Menge von unerledigten und verwickelten Akten, daß er dem ganzen Kriegsgericht auf dem Hradschin Respekt einflößte. Er pflegte das Anklagematerial zu verlieren und war gezwungen, neues zu ersinnen. Er verwechselte die Namen, verlor die Fäden der Klage und spann neue, wie es ihm einfiel. Er verurteilte Deserteure wegen Diebstahls und Diebe wegen Desertion. Er spann sogar politische Prozesse, die er aus der Luft griff. Er machte den unmöglichsten Hokuspokus, um Angeklagte eines Verbrechens zu überführen, das sich diese niemals hatten träumen lassen. Er ersann Majestätsbeleidigungen und unterschob die ausgedachten inkriminierenden Aussprudle immer jemandem, dessen Anklage oder Strafanzeige in diesem undurchdringlichen Chaos von Amtsakten und Zuschriften verlorengegangen war. „Servus", sagte der Feldkurat, ihm die Hand reichend, „wie gehts?"

„Mäßig", antwortete Untersuchungsauditor Bernis, „man hat mir das Material überworfen, und nicht mal der Teufel kennt sich drin aus. Gestern hab ich das schon durchgearbeitete Material über einen Fall von Meuterei hinaufgeschickt, und sie haben mirs zurückgeschickt, weil es sich angeblich nicht um Meuterei, sondern um Konservendiebstahl handelt. Und ich hab noch dazu eine andere Nummer draufgegeben, aber wie sie drauf gekommen sind, das weiß Gott."

Der Auditor spuckte aus. „Spielst du noch Karten?" fragte der Feldkurat.

„In Karten hab ich alles verloren; letzthin haben wir mit dem glatzköpfigen Oberst Makao gespielt, und ich hab ihm alles in den Schlund geworfen. Aber ich weiß von einem netten Mädl. Und was machst du, Heiliger Vater?"

„Ich brauche einen Burschen", sagte der Feldkurat, „vor kurzem hab ich einen alten Buchhalter ohne akademische Bildung gehabt, aber ein Rindvieh erster Klasse, Fort hat er nur geraunzt und gebetet, Gott möge ihn beschützen, so hab ich ihn mit dem Marschbataillon an die Front geschickt. Es heißt, daß das Bataillon ganz aufgerieben wurde. Dann hat man mir einen Kerl geschickt, der nichts anderes gemacht hat als im Wirtshaus sitzen und auf meine Rechnung trinken. Er war ganz passabel, aber die Füße haben ihm geschwitzt. So hab ich ihn auch mit dem Marschbataillon an die Front geschickt. Heut hab ich bei der Predigt einen Kerl gefunden, der aus Hetz zu weinen angefangen hat. So einen Menschen könnt ich brauchen. Er heißt Schwejk und sitzt auf Nummer sechzehn. Ich macht gern wissen, warum man ihn eingesperrt hat, und ob es nicht zu richten geht, daß ich ihn bekommen könnt."

Der Auditor suchte in den Schubläden die Akten, die Schwejk betrafen, konnte aber, wie gewöhnlich, nichts finden.

„Hauptmann Linhart wirds haben", sagte er nach langem Suchen, „weiß der Teufel, wohin bei mir alle Akten verschwinden. Wahrscheinlich hab ich sie zu Linhart geschickt. Gleich telefonier ich hin.

„Hallo, hier Oberleutnant Auditor Bernis. Herr Hauptmann, bitte, haben Sie dort nicht die Akten betreffs eines gewissen Schwejk? — Daß die Akten bei mir sein müssen? Das wundert mich aber. — Daß ich sie von Ihnen übernommen hab? Das wundert mich wirklich. — Er sitzt auf Nummer sechzehn. — Ich weiß, Herr Hauptmann, daß ich Nummer sechzehn hab. Aber ich hab geglaubt, daß sich die Akten Schwejk irgendwo bei Ihnen herumwälzen. — Daß Sie sich ausbitten, daß ich so mit Ihnen spreche? Daß sich bei Ihnen nichts herumwälzt? — Hallo, halloo..."

Abbildung 20: Feldpostkarte von der Landsturm-Artillerieabteilung 7/1 in Jarosawice 1915
(Quelle: Autor unbekannt)

Auditor Bernis setzte sich an den Tisch und verurteilte erbittert die Unordnung in der Führung der Untersuchung. Zwischen ihm und Hauptmann Linhart herrschte schon lange eine Feindschaft, in der beide überaus konsequent waren. Gelangte ein Akt, der Linhart gehörte, in Bernis' Hände, verlegte ihn Bernis, daß ihn niemand finden konnte. Linhart tat dasselbe mit den Akten, die Bernis gehörten. Sie verloren einander gegenseitig die Beilagen.

(Die Schwejk betreffenden Akten wurden erst nach dem Umsturz mit folgendem Vermerk im Archiv des Militärgerichts aufgefunden:

„Hat die Absicht, die heuchlerische Maske abzuwerfen und persönlich gegen die Person unseres Herrschers und unseren Staat aufzutreten." Die Akten lagen zwischen Akten, die einen gewissen Josef Koudela betrafen. Auf dem Umschlag befand sich ein kleines Kreuz und darunter stand: „Erledigt" und das Datum.)

„Also der Schwejk ist mir verlorengegangen", sagte Auditor Bernis, „Ich werde mir ihn rufen lassen, und wenn er sich zu nichts bekennt, so laß ich ihn frei und laß ihn zu dir bringen, und du machst das schon beim Regiment aus."

Nachdem der Feldkurat gegangen war, ließ sich Auditor Bernis Schwejk vorführen und ließ ihn bei der Tür stehen, weil grade ein Telefonogramm von der Polizeidirektion eingetroffen war, das besagte, daß das verlangte Material zu der Anklageschrift Nr. 7267, betreffend den Infanteristen Maixner, in der Kanzlei Nr. 1 von Hauptmann Linhart übernommen worden sei.

Inzwischen betrachtete Schwejk prüfend die Kanzlei des Auditors. Man kann nicht behaupten, daß sie, insbesondere mit den Fotografien an den Wänden, einen sehr günstigen Eindruck gemacht hätte. Es waren Fotografien verschiedener Exekutionen, die von der Armee in Galizien und Serbien durchgeführt worden waren. Künstlerische Aufnahmen abgebrannter Hütten und Bäume, deren Zweige sich unter der Last von Gehenkten senkten. Besonders gelungen war eine Fotografie aus Serbien mit einer gehenkten Familie. Ein kleiner Knabe, Vater und Mutter, Zwei Soldaten mit Bajonetten bewachen den Baum mit den Hingerichteten, und irgendein Offizier steht als Sieger im Vordergrund und raucht eine Zigarette. Auf der andern Seite im Hintergrund ist die Feldküche in voller Arbeit zu sehen.

„Also was ist mit Ihnen, Schwejk?" fragte Auditor Bernis, als er das Telefonogramm zu den Akten legte, „was haben Sie angestellt? Wollen Sie gestehn oder wollen Sie warten, bis die Klage gegen Sie abgefaßt sein wird? So gehts nicht weiter. Glauben Sie nicht, daß Sie vor einem Gericht stehen, wo Sie vertrottelte Zivilisten verhören werden. Sie stehen vor einem k. u. k. Militärgericht. Ihre einzige Rettung vor einer strengen und gerechten Strafe kann ein Geständnis bilden."

Auditor Bernis hatte eine eigenartige Methode, wenn er das Material gegen den Angeklagten verloren hatte. Wie man sieht, war durchaus nichts Besonderes daran, und wir dürfen uns auch nicht wundern, daß die Ergebnisse einer solchen Untersuchung und eines solchen Verhörs in allen Fällen gleich Null waren.

Auditor Bernis glaubte so überaus scharfsinnig zu sein, daß er, ohne Material gegen den Angeklagten zu besitzen, ohne zu wissen, wessen er beschuldigt war, weshalb er hier im Garnisonsarrest saß, durch Beobachtung des Betragens und aus der Physiognomie des zum Verhör Vorgeführten kombinierte, warum man diesen Menschen wohl eingesperrt habe.

Sein Scharfsinn und seine Menschenkenntnis waren so groß, daß er einen Zigeuner, der wegen des Diebstahls einiger Dutzend Wäschestücke (er war Gehilfe eines Magazineurs in einem Magazin!) in den Garnisonsarrest gekommen war, politischer Verbrechen beschuldigte und behauptete, der Angeklagte habe in einem Wirtshaus mit Soldaten von der Errichtung eines selbständigen Nationalstaates gesprochen, der aus den Ländern der böhmischen Krone und der Slowakei bestehen und einen slawischen König an der Spitze haben sollte.

„Wir haben Dokumente", sagte er dem unglücklichen Zigeuner, „es bleibt ihnen nichts übrig als zu gestehn, in welchem Wirtshaus Sie es gesagt haben und von welchem Regiment die Soldaten waren, die Ihnen zugehört haben, und wann das war."

Der unglückliche Zigeuner dachte sich sogar das Datum, das Gasthaus und das Regiment seiner vermeintlichen Zuhörer aus, und als das Verhör beendet war, lief er einfach aus dem Garnisonsarrest.

„Sie wollen nicht gestehen", sagte Auditor Bernis, als Schwejk schwieg wie das Grab.

„Sie wollen nicht sagen, worum Sie hier sind, warum man Sie eingesperrt hat? Mir könnten Sies wenigstens sagen, bevor ich es Ihnen selbst sage. Ich mache Sie nochmals darauf aufmerksam, daß Sie gestehn sollen. Es ist besser für Sie, weil es die Untersuchung erleichtert und die Strafe mildert. Das ist grad so bei uns wie bei den Zivilisten."

„Melde gehorsamst", ließ sich die gutmütige Stimme Schwejks vernehmen, „ich bin hier im Garnisonsarrest als Findling."

„Wie meinen Sie das?"

„Melde gehorsamst, ich kann das auf sehr einfache Art erklären. Bei uns in der Gasse is ein Kohlenmann, und der hat einen ganz unschuldigen zweijährigen Buben gehabt, und der is mal zu Fuß von der Weinberge bis nach Lieben gekommen, wo ihn ein Polizist gefunden hat, wie er auf dem Trottoir gesessen is. Er hat also diesen Buben aufs Kommissariat gebracht, und man hat ihn dort eingesperrt, den zweijährigen Buben. Wie Sie sehn, war der Bub vollständig unschuldig, und man hat ihn doch eingesperrt. Und wenn er sprechen gekonnt hätt und jemand ihn gefragt hatt, warum er dort sitzt, hätt ers auch nicht gewußt. Und mit mir gehts so ähnlich. Ich bin auch ein Findling."

Der scharfe Blick des Auditors überflog Schwejks Gestalt und Gesicht und zerschellte an ihm. Aus diesem vor dem Auditor stehenden Geschöpf strahlte eine solche Gleichgültigkeit und Unschuld, daß Bernis aufgeregt in der Kanzlei auf und ab zu gehen begann. Und hätte er dem Feldkuraten nicht versprochen, ihm Schwejk zu schicken, weiß der Teufel, wies mit Schwejk ausgefallen wäre.

Schließlich blieb der Auditor wieder bei seinem Tisch stehen.

„Hören Sie", sagte er zu Schwejk, der gleichgültig vor sich hinschaute, „wenn ich Ihnen noch einmal begegne, so werden Sie dran denken. — Führen Sie ihn ab!"

Nachdem man Schwejk auf Nummer sechzehn zurückgeschafft hatte, ließ Auditor Bernis Stabsprofos Slawik rufen.

„Bis zur weiteren Entscheidung", sagte er kurz, „wird Schwejk dem Herrn Feldkuraten Katz zur Disposition geschickt. Entlassungspapiere ausfertigen und Schwejk mit zwei Mann zum Herrn Feldkuraten führen!"

„Soll man ihm Fesseln auf den Weg geben, Herr Oberleutnant?" Der Auditor schlug mit der Faust auf den Tisch:

„Sie sind ein Ochs. Ich hab Ihnen doch deutlich gesagt, Entlassungspapiere ausfertigen."

Und alles, was sich während des Tages in der Seele des Auditors angehäuft hatte, Hauptmann Linhart und Schwejk, ergoß sich jetzt wie ein Sturzbach auf den Stabsprofos und endete mit den Worten:

„Und jetzt werden Sie begreifen, daß Sie ein gekrönter Hornochse sind."

Das soll man eigentlich nur von Königen und Kaisern sagen, aber nicht einmal der gewöhnliche Stabsprofos, ein ungekröntes Haupt, war damit zufrieden. Nachdem er den Auditor verlassen hatte, traktierte er auf dem Gang den Arrestanten, der den Gang aufräumte, mit Fußtritten. Was Schwejk betrifft, nahm sich der Stabsprofos vor, ihn wenigstens noch eine Nacht im Garnisonsarrest schlafen zu lassen, damit er auch „noch was genieße". Die im Garnisonsarrest verlebte Nacht gehört jederzeit zu seinen angenehmen Erinnerungen.

Neben Nummer sechzehn befand sich der „Einzlik", ein düsteres Loch, die Einzelhaft, wo auch in dieser Nacht das Gewinsel eines eingesperrten Soldaten ertönte, dem Feldwebel Repa wegen irgendeines Disziplinarvergehens auf Befehl des Stabsprofosen Slawik die Rippen brach. Als das Gewinsel verstummte, wurde in Nummer sechzehn das Knacken der Läuse vernehmbar, die den Arrestanten beim Suchen in die Hände gerieten.

Über der Tür in einer Maueröffnung verbreitete die mit einem Schutzgitter versehene rauchende Petroleumlampe ein fahles Licht. Petroleumgestank vermischte sich mit den natürlichen Ausdünstungen der ungewaschenen menschlichen Körper und dem Gestank des Eimers, dessen Oberfläche sich nach jeder Benützung teilte, um eine neue Welle von Gestank in „Nummer sechzehn" zu werfen.

Die schlechte Nahrung verursachte bei allen einen beschwerlichen Verdauungsprozeß, und die Mehrzahl litt an Winden, die sie in der nächtlichen Stille fahrenließen, wobei sie einander unter verschiedenen Scherzen mit diesen Signalen Antwort gaben.

Auf den Gängen war der gemessene Schritt der Wachposten vernehmbar, von Zeit zu Zeit öffnete sich die Klappe in der Tür und der Aufseher schaute durchs Guckloch.

Auf dem mittleren Kavallett ließ sich leise eine erzählende Stimme vernehmen:

„Bevor ich weglaufen wollt und bevor sie mich dann hergegeben ham zwischen euch, war ich auf Nummer zwölf. Dort sind nämlich die Leichtern. Einmal ham sie euch einen Menschen hingebracht, von irgendwo am Lande. Der liebe Mann hat vierzehn Tage gefaßt, weil er Soldaten bei sich hat schlafen lassen. Zuerst hat man gedacht, daß es eine Verschwörung is, aber dann hat sichs aufgeklärt, daß ers für Geld gemacht hat. Er hat zwischen den Leichtesten eingesperrt wern solln, aber weil dort voll war, so is er zu uns gekommen. Aber was der sich alles von zu Haus mitgebracht hat und was man ihm noch geschickt hat, weil er weiß Gott wie erlaubt gehabt hat, daß er sich selbst verköstigen und zubessern kann. Sogar rauchen hat er dürfen! Er hat zwei Schinken gehabt, solche Riesenlaiber Brot, Eier, Butter, Zigaretten, Tabak, na, kurz, an was man sich erinnert, hat er in zwei Rucksäcken mitgehabt. Und der Kerl hat geglaubt, daß ers allein auffressen muß. Wir ham angefangen ihn anzubetteln, wies ihm nicht eingefalln is, mit uns zu teilen, wie die andern geteilt ham, wenn sie was gekriegt ham, aber der geizige Kerl hat gesagt, daß herich nicht, daß er vierzehn Tage eingesperrt sein wird und daß er sich mit Kohl und verfaulten Erdäpfeln, was man uns als Minasch gibt, den Magen verderben möcht. Daß er uns seine ganze Minasch und das Kommißbrot geben wird, das mag er herich nicht, das solln wir uns herich unter uns teilen oder der Reihe nach abwechseln. Ich sag euch, das war so ein feiner Mensch, daß er sich nicht mal aufn

Kübl setzen wollt und bis am nächsten Tag aufn Spaziergang gewartet hat, daß ers im Hof auf der Latrine macht. Er war so verwöhnt, daß er sich sogar Klosettpapier mitgebracht hat. Wir ham ihm gesagt, daß wir ihm auf seine Portion pfeifen, und ham ein, zwei, drei Tage gelitten. Der Kerl hat Schinken gefressen, hat sich Butter aufs Brot geschmiert, hat sich Eier geschält, kurz, hat gelebt. Er hat Zigaretten geraucht und niemandem nicht mal einen Schluck geben wolln. Wir dürfen herich nicht rauchen, und wenns der Aufseher sehn macht, daß er uns einen Schluck gibt, macht man ihn herich einsperren. Wie gesagt, wir ham drei Tage zugeschaut. Am vierten Tag in der Nacht is es losgegangen. Der Kerl is früh aufgekommen, und das hab ich euch zu sagen vergessen, daß er immer früh, mittag und abend, bevor er sich anzustopfen angefangen hat, gebetet hat, lang gebetet hat. Er hat also gebetet und sucht seine Rucksäcke unter der Pritsche. Ja, die Rucksäcke waren dort, aber ausgetrocknet, zusammengeschrumpft wie eine gedörrte Pflaume. Er hat angefangen zu schreien, daß er bestohln is, daß man ihm nur Klosettpapier dort gelassen hat. Dann hat er wieder fünf Minuten lang geglaubt, daß wir uns einen Jux machen, daß wirs wohin versteckt ham. Er sagt noch so lustig: „Ich weiß, ihr seid Schwindler, ich weiß, ihr werdet mirs zurückgeben, aber gelungen is es euch." — Da war euch dort unter uns ein Liebner, und der sagt: ‚Wissen Sie was, decken Sie sich mit der Decke zu und zähln Sie bis zehn. Und dann schaun Sie in Ihre Rucksäcke.' — Er hat sich zugedeckt wie ein folgsamer Junge und zählt: Eins, zwei, drei. Und der Liebner sagt wieder: ‚Sie dürfen nicht so schnell, Sie müssen recht langsam.' — Und so zählt er unter der Decke langsam, in Pausen: Eins — zwei — drei.

Wie er zehn gezählt hat, is er vom Kavallett gekrochen und hat sich seine Rucksäcke nachgeschaut. — Jesusmariandjosef, Leutln, hat er zu schrein angefangen, sie sind ja leer wie früher. - Und dabei sein blödes Gesicht, wir ham alle vor Lachen platzen können. Aber der Liebner sagt: ‚Probieren Sies noch mal.' — Und werdet ihrs glauben, daß er von dem allen so blöd war, daß ers noch mal probiert hat, und wie er gesehn hat, daß er wieder nichts dort hat wie Klosettpapier, hat er angefangen in die Tür zu dreschen und zu schrein: ‚Sie ham mich bestohlen, sie ham mich bestohlen, Hilfe, machts auf, um Christi willen!' Also sind sie gleich hineingestürzt, ham den Stabsprofos und Feldwebel Repa gerufen. Wir alle, einer wie der andre, sagen, daß er verrückt geworn is, daß er gestern bis lang in die Nacht gefressn hat und daß er das alles aufgefressen hat. Und er hat nur geweint und fort gesagt: ‚Es müssen doch irgendwo Bröserl sein.' — Also hat man die Bröserl gesucht und nicht gefunden, weil so gescheit waren wir auch. Was wir selbst nicht

ham auffressen können, hamr per Post auf einer Schnur in den zweiten Stock geschickt. Sie ham uns nichts nachweisen können, obzwar der Trottel fort wiederholt
hat: ‚Die Bröserl müssen doch irgendwo sein.'

Den ganzen Tag hat er euch nichts gefressen und hat achtgegeben, ob niemand
was ißt oder nicht raucht. Am nächsten Tag Mittag hat er auch noch nicht die
Minasch angerührt, aber abends hat er sich die verfaulten Erdäpfel und den Kohl
schmecken lassen, nur daß er nicht mehr gebetet hat wie früher, bevor er sich an
den Schinken und die Eier gemacht hat. Dann hat dort einer von uns von draußen
Dramas bekommen und da hat er mit uns zum ersten Mal zu sprechen angefangen,
damit wir ihm einen Schluck geben. Dreck hamr ihm gegeben."

„Ich hob schon Angst gehabt, daß ihr ihm einen Schluck gegeben habt", bemerkte Schwejk, „das hätt die ganze Erzählung verdorben. So einen Edelmut gibts
nur in Romanen, aber im Garnisonsarrest unter solchen Umständen wärs ein Blödsinn."

„Und eine ‚Decke' habt ihr ihm nicht gegeben?" ließ sich eine Stimme vernehmen.

„Dran hamr vergessen."

Eine leise Debatte hub an, ob er obendrein noch eine „Decke" hätte bekommen
solln oder nicht. Die Mehrzahl stimmte dafür. Das Gespräch verstummte allmählich. Sie schliefen ein, während sie sich unter den Achseln, auf der Brust und auf
dem Bauche kratzten, wo sich in der Wäsche die meisten Läuse halten. Sie schliefen
ein, indem sie sich die verlausten Decken über die Köpfe zogen, damit das Licht
der Petroleumlampe sie nicht störe.

Früh um acht Uhr forderte man Schwejk auf, in die Kanzlei zu gehen.

„Auf der linken Seite bei der Kanzleitür is ein Spucknapf, dort wirft man die
Zigarettenstummel hinein", belehrte Schwejk ein Arrestant.

„Und im ersten Stock gehst du auch an einem vorbei. Man kehrt den Gang erst
um neun, es wird was dort sein."

Aber Schwejk enttäuschte ihre Hoffnung. Er kehrte nicht mehr nach Nummer
sechzehn zurück. Neunzehn Unterhosen kombinierten und vermuteten mancherlei.

Ein sommersprossiger Landwehrsoldat, der am meisten Phantasie besaß, verbreitete Schwejk, habe seinen Hauptmann angeschossen und man habe ihn auf den
Exerzierplatz in Motol zur Hinrichtung geführt.

10. Schwejk als Offiziersdiener beim Feldkuraten

Schwejks Odyssee begann von neuem unter der ehrenvollen Begleitung zweier Soldaten mit „Bajonett auf", die ihn zum Feldkuraten bringen sollten. Seine Begleiter waren Männer, die einander gegenseitig ergänzten. War der eine von ihnen lang und hager, so war der andere klein und dick. Der Lange hinkte auf dem rechten Fuß, der kleine Soldat auf dem linken.

Beide dienten im Hinterlande, weil sie früher, bis zum Krieg, vom Militärdienst vollständig befreit gewesen waren.

Sie gingen ernsthaft auf der Fahrbahn und blickten von Zeit zu Zeit von der Seite auf Schwejk, der in der Mitte schritt und jedem zweiten salutierte.

Seine Zivilkleider waren im Magazin des Garnisonsarrestes verlorengegangen, samt seiner Militärkappe, mit der er zur Assentierung gegangen war. Bevor man ihn entließ, hatte man ihm eine alte militärische Montur gegeben, die einem Dickwanst gehört haben mußte, der um einen Kopf größer war als Schwejk.

In die Hosen, die er trug, wären noch drei Schwejks hineingegangen. Endlose Falten von den Füßen bis über die Brust, wohin die Hosen reichten, erweckten unwillkürlich die Verwunderung der Schaulustigen. Eine ungeheure Bluse mit Flicklappen auf den Ellbogen, voller Fettflecke und schmutzig, schlotterte an Schwejk wie ein Rock an einer Vogelscheuche. Die Hosen hingen an ihm hinunter wie ein Kostüm an einem Zirkusclown. Die Militärkappe, die man ihm gleichfalls im Garnisonsarrest ausgetauscht hatte, reichte ihm bis über die Ohren.

Auf das Gelächter der Vorübergehenden antwortete Schwejk mit einem weichen, warmen Lächeln und der Sanftmut seiner gutmütigen Augen. Und so marschierten sie nach Karolinenthal, zur Wohnung des Feldkuraten.

Als erster wurde Schwejk von dem kleinen Dicken angesprochen. Sie schritten gerade auf der Kleinseite unter dem Laubengang. „Woher bist du?" fragte der kleine Dicke.

„Aus Prag."

„Und wirst du uns nicht weglaufen?"

Der Lange mischte sich ins Gespräch. Es ist eine überaus merkwürdige Erscheinung, daß die kleinen Dicken größtenteils gutmütige Optimisten zu sein pflegen, während die hageren Langen im Gegenteil Skeptiker sind.

Und deshalb sagte der Lange zu dem Kleinen: „Wenn er könnt, möcht er weglaufen."

„Und warum möcht er weglaufen", ließ sich der kleine Dickwanst vernehmen,

„er ist so gut wie frei, ausm Garnisonsarrest heraus. Hier trag ichs im Paket."

„Und was is dort in dem Paket fürn Feldkurat?" fragte der Lange. „Das weiß ich

Abbildung 21: Karlsbrücke, Prag 1890 (Quelle: Library of Congress)

nicht."

„Also siehst du, weißt nicht und redst."

Sie gingen in tiefem Schweigen über die Karlsbrücke. In der Karlsgasse sagte abermals der kleine Dicke zu Schwejk: „Weißt du nicht, warum wir dich zum Feldkuraten führen?"

„Zur Beichte", warf Schwejk gleichmütig hin, „morgen wer ich aufgehängt. Das macht man immer so und nennt es geistlichen Trost."

„Und warum wird man dich, wie man sagt...", fragte vorsichtig der Lange, während der Dicke Schwejk teilnahmsvoll betrachtete. Beide waren Handwerker vom Land, Familienväter.

„Ich weiß nicht", antwortete Schwejk, gutmütig lächelnd, „ich weiß von nichts. Vielleicht is es Bestimmung."

„Wahrscheinlich bist du auf einem unglücklichen Planeten geboren", bemerkte der Kleine mitfühlend mit Kennermiene. „Bei uns in Jasena bei Josefstadt, noch während des Preußenkrieges, hat man auch einen gehängt. Sie ham ihn geholt, ham ihm nichts gesagt und in Josefstadt ham sie ihn gehängt."

„Ich glaub", sagte der Lange skeptisch, „daß man einen Menschen nicht um nichts und wieder nichts hängt, es muß immer eine Ursache dazu sein, damit mans begründen kann."

„Wenn kein Krieg is", bemerkte Schwejk, „so muß mans begründen, aber im Krieg nimmt man auf einen Menschen nicht Rücksicht. Soll er an die Front, oder zu Haus gehängt wern. Gehupft wie gesprungen."

„Hör einmal, bist du nicht am Ende politisch?" fragte die Hopfenstange. Dem Ton dieser Frage merkte man an, daß der Lange anfing, Schwejk geneigt zu sein.

„Politisch bin ich bis zuviel", lachte Schwejk.

„Bist du nicht Nationalsozialist?" Jetzt fing der kleine Dicke an, vorsichtig zu sein. Er mischte sich ins Gespräch.

„Was geht uns das an", sagte er, „überall is voll von Menschen, und man beobachtet uns. Wenn wir wenigstens in einem Hausflur die Bajonette abnehmen könnten, damits nicht so ausschaut. Wirst du uns nicht weglaufen? Wir hätten draus Unannehmlichkeiten. Hab ich nicht recht, Toni?" wandte er sich an den Longen, der leise sagte:

„Die Bajonette könnten wir abnehmen. Er ist doch einer von den Unsern."

Er hörte auf, Skeptiker zu sein, und seine Seele war von Mitleid mit Schwejk erfüllt. Sie suchten also einen geeigneten Hausflur, wo sie die Bajonette hinunter nahmen, und der Dicke erlaubte Schwejk, neben ihm zu gehen.

„Du möchtest rauchen, was?" sagte er, „ob sie dich wohl rauchen lassen werden, bevor sie dich aufhängen", aber er vollendete den Satz nicht, denn er fühlte, daß es eine Taktlosigkeit gewesen wäre. Sie rauchten alle, und die Begleiter Schwejks fingen an, ihm von ihren Familien im Königgrätzer Kreis zu erzählen, von ihren Frauen, Kindern, von einem Stückchen Feld, von einer Kuh.

„Ich hab Durst", sagte Schwejk. Der Lange und der Kleine blickten einander an.

„Auf ein Bier möchten wir auch gehn", sagte der Kleine, die Zustimmung des Langen herausfühlend, „aber irgendwohin, wos nicht auffallend war."

„Gehn wir zum ‚Kuklik'", schlug Schwejk vor, „die Bajonette stellt ihr in die Küche, der Wirt Serabona is Sokol, vor dem müßt ihr euch nicht fürchten."

„Man spielt dort Geige und Harmonika", fuhr Schwejk fort, „und es gehn Straßenmädel hin und verschiedene andere feine Leute, die nicht ins Repräsentationshaus dürfen."

Der Lange und der Kleine schauten einander nochmals an, und dann sagte der Lange: „Also gehn wir hin, nach Karolinenthal is noch weit."

Unterwegs erzählte ihnen Schwejk verschiedene Anekdoten, und sie traten gutgelaunt bei „Kuklik" ein und taten so, wie Schwejk ihnen geraten hatte. Die Gewehre deponierten sie in der Küche und betraten das Lokal, wo Geige und Harmonika den Raum mit Klängen des beliebten Liedes erfüllten: „Ja in Pankrac, auf den kleinen Hügel, führt ein hübscher kühler Weg..."

Irgendein Fräulein, das einem abgelebten Jüngling mit glattfrisiertem Scheitel auf dem Schoß saß, sang mit heiserer Stimme: „Hab ein Mädel aufgegabelt, und ein anderer geht mit ihr."

Bei einem Tisch schlief ein betrunkener Sardinenverkäufer, von Zeit zu Zeit wachte er auf, schlug mit der Faust auf den Tisch, murmelte: „Es geht nicht", und schlief wieder weiter. Hinter dem Billard unter dem Spiegel saßen drei andere Damen und riefen einem Kondukteur von der Eisenbahn zu: „Junger Herr, spendierens uns a Wermut."

Bei der Musik stritten zwei darüber, ob eine gewisse Marie gestern von der Patrouille erwischt worden sei. Einer hatte es mit eigenen Augen gesehen, und der zweite behauptete, Marie sei sich mit einem Soldaten zu „Walsch" ins Hotel ausschlafen gegangen.

In der Nähe der Tür saß ein Soldat mit einigen Zivilisten und erzählte Ihnen von seiner Verwundung in Serbien. Eine Hand hatte er verbunden und seine Taschen waren voller Zigaretten, die er von den Leuten bekommen hatte. Er sagte, daß er nicht mehr trinken könne, und einer von Gesellschaft, ein glatzköpfiger Greis, forderte ihn unaufhörlich auf: „Trinken Sie nur, mein Lieber, wer weiß, ob wir noch mal zusammenkommen".

„Soll ich Ihnen was aufspielen lassen? Hören Sie gern ‚Das Waisenkind'?"

Das war nämlich das Lieblingslied des glatzköpfigen Greises, und wirklich kreischten bald darauf Geige und Harmonika auf, während dem Greis Tränen in die Augen schossen und er mit zitternder Stimme sang: „Als es Sprach erlangte, nach der Mutter bangte, nach der Mutter bangte."

Vom Nebentisch her ertönte es: „Lassen Sie sich das. Lassen Sie sich ausstopfen. Hängen Sie sich auf einen Nagel. Verduften Sie mit Ihrem Waisenkind."

Und gleichsam begann der feindliche Tisch zu singen: „Scheiden, ach Scheidens Schmerz, mir bricht dabei das Herz..."

„Franjo!" rief man dem verwundeten Soldaten zu, als man, „Das Waisenkind" übertäubend, zu Ende gesungen hatte, „laß sie schon sein und setz dich zu uns. Pfeif auf sie und schick Zigaretten herüber! Wirst sie doch nicht unterhalten, die Schlappschwänze."

Schwejk und seine Begleiter betrachteten das alles mit Interesse. Schwejk versenkte sich in Erinnerungen. Wie oft war er hier vor dem Krieg gesessen. Häufig war Polizeikommissär Draschner zu einer Razzia hergekommen, die Prostituierten, die sich vor ihm fürchteten, hatten ein Lied mit einem Spottext auf ihn verfaßt. Einmal sangen sie im Chor:

„Als mal Herr Draschner kam,
hub ein großes Breigel an,
Mona, die war besoffen,
hats mit Draschner gut getroffen."

Im nämlichen Augenblicke war Draschner mit seinen Leuten eingetreten, fürchterlich und unerbittlich. Es war, wie wenn man mitten unter Rebhühner schießt. Zivilpolizisten trieben alles zu einem Haufen zusammen. Auch er, Schwejk, kam damals in diesen Haufen, denn bei seinem Pech hatte er Kommissär Draschner gesagt, als ihn dieser aufforderte, sich zu legitimieren: „Haben Sie dazu eine Bewilligung von der Polizeidirektion?" Schwejk erinnerte sich auch eines Dichters, der hier unter dem Spiegel zu sitzen pflegte und in dem allgemeinen Lärm bei Gesang und Harmonikaklängen seine Gedichte schrieb und sie den Prostituierten vorlas.

Schwejks Begleiter hingegen hatten keinerlei ähnliche Reminiszenzen. Es war für sie etwas vollkommen Neues. Sie fingen an, Gefallen daran zu finden. Der erste von ihnen, der hier volle Befriedigung fand, war der kleine Dicke, denn solche Menschen besitzen außer ihrem Optimismus eine große Neigung zum Epikureismus. Der Lange kämpfte eine Weile mit sich selbst. Und als er bereits seine Skepsis verloren hatte, verlor er allmählich auch seine Gemessenheit und den Rest von Überlegung. „Ich wer bißchen tanzen", sagte er nach dem fünften Bier, als er die Paare „Schlapak" tanzen sah.

Der Kleine gab sich völlig dem Genusse hin. Neben ihm saß ein Fräulein, das schlüpfrige Dinge sprach. Seine Augen funkelten nur so. Schwejk trank. Der Lange beendete den Tanz und kam mit seiner Tänzerin zum Tisch zurück. Dann sangen sie, tanzten, tranken ununterbrochen, tätschelten ihre Nachbarinnen. Und in dieser Atmosphäre von käuflicher Liebe, Nikotin und Alkohol, kreiste unauffällig der alte Wahlspruch: „Nach uns die Sintflut!"

Nachmittags setzte sich ein Soldat zu ihnen und machte sich erbötig, ihnen für einen Fünfer eine Phlegmone und eine Blutvergiftung zu besorgen. Er habe die Injektionsspritze mit und werde ihnen ins Bein oder in die Hand Petroleum spritzen. Er erklärte, sie würden damit wenigstens zwei Monate zubringen und, wenn sie die Wunde mit Speichel behandelten, eventuell ein Jahr, und man werde sie zum Schluß gänzlich vom Militärdienst befreien müssen.

Der Lange, der bereits sein seelisches Gleichgewicht verloren hatte, ließ sich auf dem Abort von dem Soldaten Petroleum unter die Haut am Bein spritzen.

Als sich bereits der Abend herabsenkte, schlug Schwejk vor, den Weg zum Feldkuraten anzutreten. Der kleine Dicke, der schon zu lallen anfing, redete Schwejk zu, noch zu warten. Der Lange war auch der Ansicht, der Feldkurat könne warten. Schwejk gefiel es aber nicht mehr bei „Kuklik", und deshalb drohte er ihnen, allein zu gehen.

Sie gingen also, aber er mußte ihnen versprechen, daß sie alle noch irgendwo einkehren würden.

Sie kehrten auf dem Florenz in einem kleinen Kaffeehaus ein, wo der Dicke seine silberne Uhr verkaufte, um sich noch weiter vergnügen zu können.

Aus diesem Lokal führte sie Schwejk bereits unterm Arm. Das war eine schreckliche Arbeit. Ununterbrochen knickten ihnen die Knie ein, ununterbrochen wollten sie noch irgendwo einkehren. Der kleine Dicke hätte beinahe das Paket für den Feldkuraten verloren, weshalb Schwejk gezwungen war, das Paket selbst zu tragen.

Schwejk mußte sie unausgesetzt auf die Offiziere aufmerksam machen, die ihnen entgegenkamen. Nach übermenschlicher Anstrengung und Mühewaltung gelang es ihm schließlich, sie zu dem Haus in der Königstraße zu schleppen, wo der Feldkurat wohnte.

Schwejk selbst steckte ihnen die Bajonette auf die Gewehre und zwang sie durch Rippenstöße, ihn zu führen, statt sich von ihm führen zu lassen. Im ersten Stock, wo sich an der Wohnungstür die Visitenkarte „Otto Katz, Feldkurat" befand, öffnete ihnen ein Soldat. Aus dem Zimmer ertönten Stimmen und das Klirren von Gläsern und Flaschen.

„Wir - melden - gehorsamst - Herr - Feldkurat", sagte der Lange mühsam, indem er dem Soldaten salutierte, „ein - Paket - und ein Mann gebracht."

„Kommt herein", sagte der Soldat, „wo habt ihr euch denn so zugerichtet? Der Herr Feldkurat is auch ..."

Der Soldat spuckte aus. Er verschwand mit dem Paket. Sie warteten lange im Vorzimmer. Dann öffnete sich die Türe, und der Feldkurat kam ins Vorzimmer, nicht geschritten, sondern geflogen. Er war nur in Hemdärmeln und hielt in der Hand eine Zigarre. „Also Sie sind schon da", sagte er zu Schwejk, „man hat Sie also hergebracht. Eh - haben Sie keine Streichhölzer?"

„Nein, melde gehorsamst, Herr Feldkurat."

„Eh - und warum haben Sie keine Streichhölzer? Jeder Soldat soll Streichhölzer haben, damit er Feuer geben kann. Ein Soldat, der keine Streichhölzer hat, ist... Was ist er?"

„Er is, melde gehorsamst, ohne Streichhölzer", antwortete Schwejk.

„Sehr gut, er ist ohne Streichhölzer und kann niemandem Feuer geben. So, also das wäre eins, und jetzt das zweite. Stinken Ihnen nicht die Füße, Schwejk?"

„Melde gehorsamst, daß nicht."

„So, das wäre das zweite. Und jetzt das dritte. Trinken Sie Schnaps?"

„Melde gehorsamst, daß ich nicht Schnaps trink, nur Rum."

„Gut, schaun Sie sich hier diesen Soldaten an. Den hab ich mir für heut vom Oberleutnant Feldhuber ausgeborgt, er ist sein Putzfleck. Und der trinkt nichts, er ist Ab-ab-ab-stinenzler und wird deshalb mit der Marschkompanie abgehen. W-weil ich so einen Menschen nicht brauchen kann. Das ist kein Putzfleck, das ist eine Kuh. Die trinkt nur Wasser und buht wie ein Ochs."

„Du bist Abstinenzler", wandte er sich an den Soldaten, „daß du dich nicht schämst, Trottl. Du verdienst paar Watschen."

Der Feldkurat kehrte seine Aufmerksamkeit den beiden Helden zu, die mit Schwejk gekommen waren und in dem Bestreben geradezustehen hin und her wankten, wobei sie sich vergeblich auf ihre Gewehre stützten. „Ihr habt euch be-betrunken", sagte der Feldkurat, „habt euch im Dienst betrunken, und dafür laß ich euch ein-ein sperren. Schwejk, Sie nehmen Ihnen die Gewehre ab und führen sie in die Küche und werden sie bewachen, bis die Patrouille kommt, um sie abzu-führen. Ich werde gleich in die Kaserne telefonie-nie-nie-nie-nieren."

Und so fanden Napoleons Worte: „Im Kriege verändert sich die Situation jeden Augenblick", auch hier ihre volle Bestätigung. Am Morgen hatten ihn die beiden „Bajonett auf" geführt, in der Angst, er könne ihnen weglaufen, dann hatte er selbst sie hergebracht, und zum Schluß mußte er sie selbst bewachen.

Anfangs waren sie sich dieser Veränderung nicht gut bewußt, erst als sie in der Küche saßen und Schwejk mit Gewehr und Bajonett bei der Tür sahen, ging ihnen ein Licht auf. „Ich möcht was trinken", seufzte der kleine Optimist, während der Lange wieder einen Anfall von Skeptizismus bekam und sagte, daß das alles ein elender Verrat sei. Er fing an, Schwejk laut zu beschuldigen, weil er sie in eine solche Lage gebracht habe, und warf ihm vor, daß er ihnen versprochen habe, er werde morgen gehängt werden; jetzt stellte sich heraus, daß alles nur ein Jux gewe-sen sei, die Beichte und das Hängen. Schwejk schwieg und ging vor der Tür auf und ab. „Ochsen waren wir!" schrie der Lange.

Zum Schluß, nachdem er die beiden Beschuldigten angehört hatte, verkündete Schwejk:

„Jetzt seht ihr wenigstens, daß das Militär kein Honiglecken is. Ich tu meine Pflicht. Ich bin grad so hineingefallen wie ihr, aber wie man in der Volkssprache sagt, mir war das Glück hold."

„Ich möcht was trinken", wiederholte verzweifelt der Optimist. Der Lange stand auf und ging schwankenden Schritts zur Tür. „Laß uns nach Haus", sagte er zu Schwejk.

„Fahr ab", entgegnete Schwejk, „ich muß euch bewachen. Jetzt kennen wir uns nicht."

In der Tür zeigte sich der Feldkurat: „Ich - ich kann nicht und nicht eine Verbindung mit der Kaserne bekommen, also gehts nach Hause und me-merkt euch, daß man im Dienst nicht sau-saufen darf. Marsch!"

Zur Ehre des Herrn Feldkuraten sei gesagt, daß er nicht in die Kaserne telefoniert hatte, weil er gar kein Telefon besaß, sondern in eine Stehlampe gesprochen hatte.

Schwejk war bereits den dritten Tag Bursche beim Feldkuraten Otto Katz und hatte ihn während dieser Zeit nur einmal gesehen. Am dritten Tag kam der Bursche vom Oberleutnant Helmich und forderte Schwejk auf, er möge den Feldkuraten abholen. Unterwegs teilte er Schwejk mit, der Feldkurat sei mit dem Oberleutnant in Streit geraten und habe das Pianino zerbrochen; er sei bis zur Bewußtlosigkeit besoffen und wolle nicht nach Hause gehn. Oberleutnant Helmich sei ebenfalls besoffen, habe den Feldkuraten auf den Gang geworfen, und der sitze vor der Tür auf der Erde und schlummere.

Nachdem Schwejk an Ort und Stelle angelangt war, rüttelte er den Feldkuraten, und als dieser etwas brummte und die Augen aufschlug, salutierte Schwejk und sagte: „Melde gehorsamst, Herr Feldkurat, daß ich hier bin."

„Und was wollen Sie - hier?"

„Melde gehorsamst, daß ich Sie abholn soll, Herr Feldkurat."

„Sie solln mich also abholen — und wohin gehn wir?"

„In Ihre Wohnung, Herr Feldkurat."

„Und warum soll ich in meine Wohnung gehn, bin ich denn nicht in meiner Wohnung?"

„Melde gehorsamst, Herr Feldkurat, daß Sie am Gang in einem fremden Haus sind."

„Und - wie - bin - ich hergekommen?"

„Melde gehorsamst, Sie waren zu Besuch."

„Zu — zu — Besuch war ich — nicht. — Da — i-irren Sie sich." Schwejk hob den Feldkuraten auf und stellte ihn an die Wand. Der Feldkurat taumelte von einer Seite zur andern, wälzte sich auf Schwejk und sagte: „Ich fall um."

„Fall um", wiederholte er nochmals, blödsinnig lachend. Schließlich gelang es Schwejk, den Feldkuraten an die Wand zu drücken, worauf dieser in der neuen Position abermals zu schlummern anfing. Schwejk weckte ihn. „Was wünschen Sie?" sagte der Feldkurat mit dem vergeblichen Versuch, an der Wand hinabzugleiten und sich auf die Erde zu setzen. „Wer sind Sie eigentlich?"

„Melde gehorsamst", antwortete Schwejk, den Feldkuraten wieder an die Wand drückend, „ich bin Ihr Putzfleck, Herr Feldkurat."

„Ich hab keinen Putzfleck", sagte der Feldkurat mühsam mit einem neuen Versuch, auf Schwejk zu fallen. „Ich bin kein Feldkurat."

„Ich bin ein Schwein", fügte er mit der Aufrichtigkeit des Säufers hinzu, „lassen Sie mich los, mein Herr, ich kenn Sie nicht."

Der kleine Kampf endete mit dem völligen Sieg Schwejks. Schwejk nutzte seinen Sieg dahin aus, daß er den Feldkuraten über die Treppe in den Hausflur schleppte, wo der Feldkurat Widerstand leistete, um nicht auf die Straße gezogen zu werden.

„Ich kenne Sie nicht, mein Herr", sagte er zu Schwejk während des Kampfes ununterbrochen: „Kennen Sie einen gewissen Otto Katz? Das bin ich."

„Ich war beim Bischof", grölte er, während er sich am Haustor festhielt. „Der Vatikan interessiert sich für mich, verstehn Sie?"

Schwejk ließ das: „Melde gehorsamst" beiseite und sprach mit dem Feldkuraten in rein vertraulichem Ton.

„Laß los, sag ich", rief er, „oder ich hau dir eins über die Pratzen. Wir gehn nach Haus und basta. Kein Wort mehr."

Der Feldkurat ließ die Türe los und umklammerte Schwejk: „Gehn wir also irgendwohin, aber zu ‚Schuha' geh ich nicht, dort bin ich schuldig."

Schwejk drängte und trug ihn aus dem Hausflur hinaus und schleppte ihn übers Trottoir in der Richtung der Wohnung.

„Was ist denn das für ein Herr?" fragte jemand von den Zuschauern auf der Straße.

„Das is mein Bruder", antwortete Schwejk, „er hat Urlaub bekommen, so is er mich besuchen gekommen und hat sich vor Freude besoffen, weil er geglaubt hat, daß ich tot bin."

Der Feldkurat, der irgendein Operettenmotiv vor sich hin pfiff, daß niemand erkannt hätte, hatte die letzten Worte gehört, richtete sich auf und wandte sich an die Vorübergehenden: „Wer von euch tot ist, soll sich binnen drei Tagen beim Korpskommando melden, damit seine Leiche eingesegnet werden kann."

Abbildung 22: Infanterie mit den neuen Stahlhelmen, links deutsche, rechts österreichische Fertigung
(Quelle: unbekannter Militärfotograf)

Dann verfiel er in Schweigen, bemüht, mit der Nase aufs Trottoir zu fallen, während Schwejk ihn unter den Armen nach Hause schleppte. Den Kopf nach vorn geneigt, die Füße nachschleppend, die er verwechselte, wie eine Katze mit zerschlagenem Rückgrat, summte der Feldkurat vor sich hin: „Dominus vobiscum — et cum spiritu tuo. Dominus vobis-cum."

Auf einem Droschkenplatz setzte Schwejk den Feldkuraten an die Mauer und ging zu einem Droschkenkutscher, um mit ihm wegen der Heimfahrt zu verhandeln.

Einer der Droschkenkutscher erklärte, er kenne diesen Herrn sehr gut, er habe ihn einmal gefahren und werde es nie wieder tun. „Alles hat er mir bekotzt", drückte er sich unverblümt aus, „und nicht mal für die Fahrt bezahlt, aber zwei Stunden hab ich ihn gefahren, bevor er seine Wohnung gefunden hat. Erst nach einer Woche, als ich vielleicht dreimal bei ihm war, hat er mir für alles fünf Kronen gegeben."

Nach langem Verhandeln entschloß sich einer von den Droschkenkutschern, ihn heimzufahren. Schwejk kehrte zu dem schlafenden Feldkuraten zurück. Den harten schwarzen Hut (er pflegte gewöhnlich in Zivil zu gehen) hatte ihm jemand vom Kopf genommen und fortgetragen.

Schwejk weckte den Feldkuraten und beförderte ihn mit Hilfe des Droschkenkutschers in die Droschke. In der Droschke verfiel der Feldkurat in völlige Stumpfheit, hielt Schwejk für Oberst Just vom 75. Infanterieregiment und wiederholte einigemal hintereinander:

„Sei nicht bös, Kamerad, daß ich dich duze, ich bin ein Schwein."

Eine Zeitlang schien es, als sei er durch das Rattern der Droschke zu Vernunft gekommen. Ersetzte sich grade hin und begann ein Lied zu singen. Mag sein, daß es nur seiner Phantasie entsprungen war:

„Ich denk der schönen Tage,
wo ich ihm am Schoße saß,
ja, es klingt wie eine Sage:
In Merklin bei Taus war das."

Bald verfiel er jedoch wieder in vollständige Stumpfheit, und während er sich an Schwejk wandte, fragte er ihn, das eine Auge schließend: „Wie geht es Ihnen heute, gnädige Frau?"

„Fahren Sie irgendwohin auf Sommerwohnung?" sagte er nach einer kurzen Pause, und alles doppelt sehend, fragte er: „Sie haben schon einen erwachsenen Sohn?" Dabei zeigte er mit dem Finger auf Schwejk. „Wirst du sitzen bleiben!" schrie Schwejk ihn an, als der Feldkurat auf den Sitz klettern wollte, „glaub nicht, daß ich dich nicht Ordnung lernen wer!"

Der Feldkurat verstummte und schaute mit kleinen Schweinsäuglein aus der Droschke, ohne zu begreifen, was eigentlich mit ihm vorging. Er mengte alle Begriffe durcheinander und sagte, zu Schwejk gekehrt, beklommen: „Geben Sie mir erste Klasse, Frau." Er machte den Versuch, die Hosen herunterzulassen.

„Gleich knöpfst du dich zu, Schweinkerl!" schrie Schwejk ihn an, „alle Droschkenkutscher kennen dich schon, einmal hast du dich schon bekotzt, und jetzt noch das! Glaub nicht, daß du wieder was schuldig bleiben wirst wie das letztemal!"

Der Feldkurat stützte den Kopf melancholisch auf die Hände und begann zu singen: „Mich hat schon keiner lieb …"

Er unterbrach aber augenblicklich seinen Gesang und bemerkte: „Entschuldigen Sie, lieber Kamerad, Sie sind ein Trottl, ich kann singen, was ich will."

Er wollte offenbar irgendeine Melodie pfeifen, aber stattdessen strömte ein so mächtiges: Prrr! von seinen Lippen, daß die Droschke stehenblieb.

Als sie dann über Schwejks Aufforderung den Weg fortsetzten, versuchte der Feldkurat, sich die Zigarettenspitze anzuzünden.

„Es brennt nicht", sagte er verzweifelt, als er eine Schachtel Streichhölzer verbraucht hatte. „Sie blasen mir hinein."

Er verlor jedoch sofort wieder den Faden zur Fortsetzung und begann zu lachen: „Das ist ein Jux, wir sind allein in der Elektrischen, nicht wahr, Herr Kollege?"

Er begann seine Taschen zu durchsuchen. „Ich hab die Karte verloren!" schrie er, „halten Sie an, die Karte muß sich finden!"

Er winkte resigniert mit der Hand: „Fahren Sie nur..."

Dann plapperte er: „In den meisten Fällen. — Ja, in Ordnung. — In allen Fällen. — Sie sind im Irrtum. — Zweiter Stock? Das ist eine Ausrede. — Es handelt sich nicht um mich, aber um Sie, gnädige Frau. — Zahlen. — Ich hab einen Schwarzen..."

Er begann im Halbtraum mit irgendeinem vermeintlichen Feind zu streiten, der ihm das Recht absprach, im Restaurant am Fenster zu sitzen. Dann fing er an, die Droschke für einen Zug zu halten, neigte sich hinaus und schrie tschechisch und deutsch auf die Straße:

„Nimburg, umsteigen!"

Schwejk zog ihn zurück, und der Feldkurat vergaß den Zug und begann verschiedene Tierstimmen nachzuahmen. Am längsten verweilte er beim Hahn, und sein Kikeriki scholl siegreich aus der Droschke. Eine Zeitlang war er sehr lebhaft und unruhig und versuchte aus der Droschke zu fallen, wobei er die Leute, an denen die Droschke vorbeifuhr, Gassenbuben schimpfte. Dann warf er das Taschentuch aus der Droschke und schrie, man möge halten, er habe das Gepäck verloren. Hierauf begann er zu erzählen: „In Budweis gabs einen Tambour. — Er hat geheiratet. — In einem Jahr ist er gestorben." Er fing zu lachen an: „Ist das nicht eine gute Anekdote?"

Während der ganzen Fahrt verfuhr Schwejk mit dem Feldkuraten mit rücksichtsloser Strenge.

Bei den verschiedenen Versuchen des Feldkuraten, einen kleinen Scherz zu vollführen, so wie etwa aus der Droschke zu fallen oder den Sitz abzubrechen, versetzte ihm Schwejk eins nach dem andern in die Rippen, was der Feldkurat mit ungewöhnlicher Stumpfheit hinnahm. Nur einmal machte er den Versuch sich aufzulehnen und aus der Droschke zu springen, indem er erklärte, erfahre nicht mehr weiter, er wisse, daß sie statt nach Budweis nach Bodenbach kommen würden. Binnen einer Minute liquidierte Schwejk seine Empörung vollständig und zwang Katz in seine frühere Lage auf den Sitz zurück, wobei er darauf achtete, ihn nicht einschlafen zu lassen. Das Feinste, was er dabei vorbrachte, war: „Schlaf nicht, du Krepierl!"

Der Feldkurat bekam plötzlich einen Anfall von Melancholie und begann zu weinen, während er Schwejk fragte, ob er eine Mutter gehabt habe. „Ich bin allein auf der Welt, Leutl!" schrie er aus der Droschke, „nehmt euch meiner an!"

„Mach mir keinen Schkandal", ermahnte ihn Schwejk, „hör auf, sonst wird jeder sagen, daß du dich besoffen hast."

„Ich hab nichts getrunken, Kamerad", antwortete der Feldkurat, „ich bin ganz nüchtern."

Aber auf einmal stand er auf und salutierte: „Melde gehorsamst, Herr Oberst, ich bin besoffen."

„Ich bin ein Schwein", wiederholte er rasch hintereinander in verzweifelter, aufrichtiger Hoffnungslosigkeit.

Und zu Schwejk gekehrt bat und bettelte er hartnäckig: „Werfen Sie mich doch aus dem Automobil hinaus! Warum wollen Sie mich mitnehmen?"

Er setzte sich nieder und brummte: „Um den Mond herum bilden sich Räder. — Glauben Sie an die Unsterblichkeit der Seele, Herr Hauptmann? Kann ein Pferd in den Himmel kommen?"

Er fing laut zu lachen an, aber bald darauf wurde er traurig und apathisch und schaute Schwejk an, wobei er bemerkte: „Erlauben Sie, mein Herr, ich hab Sie schon irgendwo gesehen. Waren Sie nicht in Wien? Ich erinner mich an Sie aus dem Seminar."

Eine Zeitlang unterhielt er sich damit, lateinische Verse zu deklamieren: „Aurea prima satast aetas, quaevindice nullo."

„Weiter gehts nicht!" sagte er, „werfen Sie mich hinaus! Warum wollen Sie mich nicht hinauswerfen? Es wird mir nichts geschehn."

„Ich will auf die Nase fallen", erklärte er mit entschiedener Stimme.

„Lieber Herr", fuhr er wieder bittend fort, „teurer Freund, geben Sie mir eine Ohrfeige."

„Eine oder mehrere?" fragte Schwejk. „Zwei."

„Hier sind sie..."

Der Feldkurat zählte laut die Ohrfeigen, die er bekam, wobei er glückselig zu sein schien.

„Das tut wohl", sagte er, „wegen dem Magen, es fördert die Verdauung. Geben Sie mir noch eins übers Maul."

„Herzlichen Dank!" rief er, als Schwejk ihm schnell willfahrte, „ich bin vollständig zufrieden. Zerreißen Sie mir die Weste, ich bitt Sie."

Er äußerte die merkwürdigsten Wünsche. Er wünschte, Schwejk solle ihm ein Bein ausreißen, ihn ein bißchen würgen, ihm die Nägel schneiden oder die Vorderzähne ziehen.

Er äußerte Märtyrerwünsche und verlangte, Schwejk möge ihm den Kopf abreißen und in einem Sack in die Moldau werfen.

„Mir würden die Sternchen um den Kopf gut stehen", sagte er mit Begeisterung, „ich könnt ihrer zehn brauchen."

Dann begann er von den Rennen zu sprechen und ging schnell zum Ballett über, bei dem er sich auch nicht lange aufhielt.

„Tanzen Sie Csardas?" fragte er Schwejk, „kennen Sie den Bärentanz? So..."

Er wollte in die Höhe springen und fiel auf Schwejk, der zu boxen anfing und ihn dann auf den Sitz legte.

„Ich will etwas!" schrie der Feldkurat, „aber ich weiß nicht was. Wissen Sie nicht, was ich will?" Er ließ den Kopf in völliger Resignation hängen.

„Was gehts mich an, was ich will", sagte er ernst, „und Sie, Herr, gehts auch nichts an. Ich kenne Sie nicht. Was unterstehn Sie sich, mich zu fixieren? Können Sie fechten?"

Er wurde für eine Minute kampflustig und machte den Versuch, Schwejk vom Sitz zu werfen.

Dann, als Schwejk ihn beruhigt hatte, wobei er ihn ohne Scheu sein physisches Übergewicht fühlen ließ, fragte der Feldkurat: „Haben wir heut Montag oder Freitag?"

Er war auch neugierig, ob gerade Dezember oder Juni sei und bezeugte eine große Fähigkeit, die verschiedensten Fragen zu stellen: „Sind Sie verheiratet? Essen Sie gern Gorgonzola? Habt ihr zu Haus Wanzen gehabt? Hatte euer Hund die Hundeseuche?"

Er wurde mitteilsam. Er erzählte, daß er für die Reitstiefel die Peitsche und den Sattel schuldig sei, daß er vor Jahren Tripper gehabt und ihn mit Hypermangan kuriert habe.

„Zu etwas anderem war weder Zeit noch Rat", sagte er rülpsend, „kann sein, daß es Ihnen bitter scheint. Aber sagen Sie, eah, eah, was soll ich machen, eah? Sie müssen mirs schon verzeihn."

„Autotherm", fuhr er fort, indem er vergaß, wovon er vor einer Weile gesprochen hatte, „heißen Gefäße, die Getränke und Speisen in ihrer ursprünglichen Wärme erhalten. Was halten Sie davon, Herr Kollege, welches Spiel ist gerechter: Färb oder Einundzwanzig?"

„Wirklich, ich hab dich schon irgendwo gesehn!" rief er, indem er versuchte, Schwejk zu umarmen und mit den Lippen voller Speichel zu küssen, „wir sind zusammen in die Schule gegangen."

„Du guter Kerl, du", sagte er sanft, während er seinen eigenen Fuß streichelte, „wie du gewachsen bist, seit ich dich nicht gesehn hab. Die Freude, daß ich dich seh, wiegt alle Leiden auf."

Er geriet in Dichterlaune und hub an, von der Rückkehr glücklicher Gesichter und heißer Herzen zum Sonnenglanz zu sprechen. Dann kniete er nieder und begann zu beten: „Gegrüßt seist du, Maria", wobei er aus vollem Halse lachte.

Als sie vor seiner Wohnung hielten, war es sehr schwer, ihn aus der Droschke zu bekommen.

„Wir sind noch nicht an Ort und Stelle!" schrie er, „helft mir! Man entführt mich! Ich will weiterfahren!" Er wurde im wahren Sinne des Wortes aus der Droschke gezogen wie eine gekochte Schnecke aus dem Gehäuse.

Einen Augenblick lang schien es, als würde er in Stücke gerissen, denn er verfing sich mit den Füßen hinter dem Sitz.

Er lachte laut, weil er sie angeschmiert hatte: „Ihr zerreißt mich, meine Herren."

Dann wurde er durch den Hausflur über die Treppe zu seiner Wohnung geschleppt und in der Wohnung wie ein Sack aufs Kanapee geworfen. Er erklärte, daß er das Automobil nicht zahlen werde, weil er es nicht bestellt habe, und es dauerte über eine Viertelstunde, bevor man ihm erklärte, daß es sich um eine Droschke handle.

Auch dann gab er nicht seine Zustimmung und wandte ein, daß er nur im Auto fahre.

„Ihr wollt mich anschmieren", erklärte der Feldkurat, indem er Schwejk und dem Droschkenkutscher bedeutungsvoll zuzwinkerte, „wir sind zu Fuß gegangen."

Und plötzlich, in einer Anwandlung von Großmut, warf er dem Droschkenkutscher seine Börse zu: „Nimm dir alles, ich kann zahlen. Mir kommts nicht auf einen Kreuzer an."

Er hätte sagen sollen, daß es ihm auf 26 Kreuzer nicht ankomme, denn mehr gabs in der Börse nicht. Zum Glück unterzog ihn der Droschkenkutscher einer gründlichen Untersuchung, wobei er von Watschen sprach.

„Also hau mir eine herunter", sagte der Feldkurat, „glaubst du, daß ichs nicht aushalte? Fünf Watschen von dir halt ich aus."

In der Weste des Feldkuraten fand der Droschkenkutscher ein Fünfkronenstück. Er ging, sein Schicksal und den Feldkuraten verfluchend, der ihn aufgehalten und ihm das Geschäft verdorben habe. Der Feldkurat schlief nur langsam ein, weil er ununterbrochen Pläne schmiedete. Er wollte alles mögliche unternehmen, Klavier spielen, Tanzstunden besuchen und Fische backen.

Dann versprach er Schwejk seine Schwester, die er nicht hatte. Auch wünschte er, man solle ihn ins Bett tragen, und zu guter Letzt schlief er ein, indem er erklärte, er fordere, ihn als einen Menschen anzusehen, der den gleichen Wert besitze wie ein Schwein.

Als Schwejk am Morgen zum Feldkuraten ins Zimmer trat, fand er ihn auf dem Diwan liegend und angestrengt darüber nachdenkend, wieso ihn jemand auf so sonderbare Art begossen hatte, daß er mit der Hose an dem ledernen Kanapee klebe.

„Melde gehorsamst, Herr Feldkurat", sagte Schwejk, „daß Sie sich in der Nacht..."

Einige Worte klärten ihn auf, wie entsetzlich er sich irre, wenn er glaube, begossen worden zu sein. Der Feldkurat, der einen ungewöhnlich schweren Kopf hatte, war in bedrückter Stimmung.

„Ich kann mich nicht erinnern", sagte er, „wie ich aus dem Bett aufs Kanapee gekommen bin."

„Im Bett waren Sie überhaupt nicht, gleich wie wir gekommen sind, hab ich Sie aufs Kanapee gelegt, weiter is es nicht mehr gegangen."

„Und was hab ich aufgeführt? Hab ich überhaupt was aufgeführt? War ich nicht vielleicht betrunken?"

„Nicht zum sagen!" entgegnete Schwejk, „vollkommen, Herr Feldkurat, ein kleines Delirium is auf Sie gekommen. Ich glaube, es wird Ihnen gut tun, wenn Sie sich überziehn und abwaschen wern."

„Mir ist, wie wenn mich jemand verprügelt hätt", klagte der Feldkurat, „und dann hab ich Durst. Hab ich mich nicht gestern herumgeschlagen?"

„Es war nicht so arg, Herr Feldkurat. Der Durst is die Folge von dem gestrigen Durst. Draus kommt man nicht so bald heraus. Ich hab einen Tischler gekannt, der hat sich zum ersten Mal am Silvester im Jahre 1910 besoffen und am ersten Jänner früh hat er solchen Durst gehabt und es war ihm so schlecht, daß er sich einen Hering gekauft hat und von neuem getrunken hat, und so macht ers täglich schon über vier Jahre und niemand kann ihm helfen, weil er sich immer schon Samstag Heringe auf die ganze Woche kauft. Das is halt so ein Ringelspiel, wie ein alter Feldwebel beim 91. Regiment gesagt hat."

Der Feldkurat war von einem vollendeten Kater und einer vollständigen Depression befallen. Wer ihn in diesem Augenblick gehört hätte, wäre überzeugt gewesen, daß er die Vorträge des Doktors Alexander Batek „Erklären wir dem Dämon Alkohol, der uns unsere besten Männer mordet, Krieg auf Tod und Leben" besuche.

Er legte sichs allerdings auf seine Art aus. „Wenn man noch", sagte er, „die Getränke trinken möcht, wie Arrak, Maraschino, Kognak, aber ich hab gestern Wacholderbranntwein getrunken. Ich wundre mich, daß ich das saufen kann. Schmecken tuts widerlich. Die Leute erfinden verschiedene Schweinereien und trinken sie wie Wasser. So ein Wacholderbranntwein ist nicht einmal schmackhaft, er hat nicht mal Farbe, brennt im Hals. Und wenn er wenigstens echt war, ein Destillat aus Wacholder, wie ichs einmal in Mähren getrunken hab. Aber dieser Wacholderbranntwein war aus Holzspiritus und Öl. Schaun Sie, wie ich krächz."

„Schnaps ist Gift", sagte er überzeugt, „oder er muß ein ursprüngliches Original sein, echt und nicht in einer Fabrik auf kaltem Weg von Juden hergestellt. Das ist so wie mit dem Rum. Ein guter Rum ist eine Seltenheit."

„Wenn ich einen echten Nußbranntwein hier hätte", seufzte er, „der tät mir den Magen in Ordnung bringen. So ein Nußbranntwein, wie ihn Hauptmann Schnabl in Bruska hat."

Er fing an, seine Taschen zu durchsuchen und schaute in seine Börse. „Ich hab alles in allem 36 Kreuzer. Was, wenn ich das Kanapee verkaufen würde", überlegte er, „was meinen Sie, wird jemand das Kanapee kaufen? Dem Hausherrn sag ich, daß ichs weggeborgt hab, oder daß es uns jemand gestohlen hat. Nein, das Kanapee laß ich mir. Ich werde Sie zum Herrn Hauptmann Schnabl schicken, er soll mir hundert Kronen borgen. Er hat vorgestern beim Kartenspiel gewonnen. Wenn Sie dort nichts ausrichten, so gehn Sie nach Wrschowitz in die Kaserne zum Oberleutnant Mahler. Gehts dort nicht, gehn Sie auf den Hradschin zu Hauptmann Fischer. Dem sagen Sie, daß ich Furage fürs Pferd zahlen muß, die ich vertrunken hab. Und wenns Ihnen nicht mal dort gelingt, versetzen wir das Klavier, und wenn weiß Gott was geschehn sollt. Ich schreib Ihnen für alle Fälle paar Zeilen auf.

Abbildung 23: Abtransport tschechischer und italienischer Soldaten an der Piave
(Quelle: k.u.k. Kriegspressequartier, Lichtbildstelle, Wien)

Lassen Sie sich nicht abfertigen. Sagen Sie, daß ichs brauch, daß ich ganz ,schwarz' bin. Denken Sie sich aus, was Sie wolln, aber kommen Sie mir nicht mit leeren Händen zurück, oder ich schick Sie an die Front. Fragen Sie beim Hauptmann Schnabl, wo er diesen Nußbranntwein kauft, und kaufen Sie zwei Flaschen."

Schwejk erfüllte seine Aufgabe glänzend. Seine Einfalt und sein ehrliches Gesicht sicherten ihm vollkommnes Vertrauen: man glaubte ihm ohne weiters, daß alles, was er sagte, wahr sei.

Schwejk hielt es für angezeigt, weder bei Hauptmann Schnabl noch bei Hauptmann Fischer oder Oberleutnant Mahler davon zu sprechen, daß der Feldkurat die Furage für das Pferd zahlen müsse, sondern stützte seine Bitte auf die Erklärung, der Feldkurat müsse Alimente zahlen. Er erhielt überall Geld. Als er, ruhmreich von der Expedition zurückgekehrt, 300 Kronen vorwies, war der Feldkurat, der sich inzwischen gewaschen und umgekleidet hatte, sehr überrascht.

„Ich war lieber gleich bei allen", sagte Schwejk, „damit wir uns nicht morgen oder übermorgen von neuem um Geld kümmern müssen. Es ist glatt genug gegangen, nur vorm Hauptmann Schnabl hab ich auf die Knie falln müssen. Das scheint eine Bestie zu sein. Aber wie ich ihm gesagt hab, daß wir Alimente zahln müssen..."

„Alimente?" wiederholte der Feldkurat entsetzt.

„Na freilich, Alimente, Herr Feldkurat, eine Abfindung für die Mädln. Sie ham

116

gesagt, ich soll mir was ausdenken und mir is nichts anderes eingefallen. Bei uns hat ein Schuster fünf Mädln Alimente gezahlt und war drüber ganz verzweifelt und hat sich auch drauf ausgeborgt und jeder hat ihm gern geglaubt, daß er in einer schrecklichen Lage is. Sie ham mich gefragt, was das für ein Mädl is, und ich hab gesagt, sie is sehr hübsch und noch nicht fünfzehn Jahre alt. Da ham sie ihre Adresse gewollt."

„Da haben Sie was Schönes angestellt, Schwejk", seufzte der Feldkurat und begann im Zimmer auf und ab zu gehen.

„Das ist wieder ein hübscher Skandal", sagte er, während er sich am Kopfe packte, „ich hab solche Kopfschmerzen."

„Ich hab Ihren Bekannten die Adresse von einer alten, tauben Frau bei uns in der Gasse gegeben", erklärte Schwejk.

„Ich habs gründlich durchführen wolln, denn Befehl is Befehl. Ich hab mich nicht abfertigen lassn - und etwas hab ich mir doch ausdenken müssn. Und im Vorzimmer wartet man auf das Klavier. Ich hab die Leute gleich mitgebracht, damit sies uns ins Versatzamt schaffen, Herr Feldkurat. Es wird gar nicht übel sein, wenn das Klavier wegkommt. Es wird mehr Platz sein, und wir wern mehr Geld beisamm ham. Und ham auf paar Tag Ruh. Und wenn der Hausherr fragen wird, was wir mit dem Klavier gemacht ham, sag ich, daß die Drähte drin gerissen sind und daß wirs in die Fabrik zur Reparatur geschickt ham. Der Hausmeisterin hab ichs schon gesagt, damits ihr nicht auffällig ist, wenn sie das Klavier wegtragen und aufladen wern. Ich hab auch schon einen Käufer fürs Kanapee. Es is ein Bekannter von mir, ein Trödler. Er kommt nachmittag her. Heutzutag bezahlt man ein Lederkanapee gut."

„Sonst haben Sie nichts angestellt, Schwejk?" fragte der Feldkurat verzweifelt, während er sich den Kopf mit den Händen festhielt.

„Melde gehorsamst, Herr Feldkurat, ich hab noch statt zwei Flaschen Nußbranntwein, wie ihn der Hauptmann Schnabl kauft, fünf Flaschen gekauft, damit bißchen Vorrat da is und damit wir was zu trinken ham. Kann ich jetzt das Klavier wegschaffen lassen, bevor man uns das Versatzamt sperrt?"

Der Feldkurat machte eine hoffnungslose Handbewegung und kurz darauf wurde das Klavier schon auf den Wagen geladen. Als Schwejk aus dem Versatzamt zurückkam, saß der Feldkurat vor einer offenen Flasche Nußbranntwein und schimpfte darüber, daß er zum Mittagmahl ein nicht durchgebratenes Schnitzel bekommen habe. Der Feldkurat war wieder betrunken. Er erklärte Schwejk, daß er von morgen an ein neues Leben führen werde.

Alkohol trinken sei gemeiner Materialismus, man müsse ein geistiges Leben führen.

Er philosophierte etwa eine halbe Stunde lang. Als er die dritte Flasche öffnete, kam der Trödler, und der Feldkurat verkaufte ihm für eine Bagatelle das Kanapee, forderte ihn auf, sich mit ihm zu unterhalten, und war sehr ungehalten, als der Händler sich entschuldigte, er müsse gehen, da er noch einen Nachttisch kaufen wolle.

„Schade, daß ich keinen hab", sagte der Feldkurat vorwurfsvoll, „der Mensch denkt nie an alles."

Nachdem der Händler gegangen war, knüpfte der Feldkurat eine freundschaftliche Unterhaltung mit Schwejk an und leerte mit ihm eine weitere Flasche. Ein Teil der Unterhaltung war dem persönlichen Verhältnis des Feldkuraten zu Weibern und Karten gewidmet. Sie saßen lange. Auch der Abend traf Schwejk und den Feldkuraten in freundschaftlichem Gespräch an.

In der Nacht änderte sich jedoch das Verhältnis. Der Feldkurat verfiel in seinen gestrigen Zustand, verwechselte Schwejk mit jemand anderem und sagte ihm: „Keineswegs, gehn Sie nicht fort, erinnern Sie sich an den rothaarigen Trainkadetten?"

Diese Idylle dauerte so lange, bis Schwejk dem Feldkuraten sagte: „Jetzt hab ich genug, jetzt kriechst du ins Bett und schläfst ein, verstehst du!"

„Ich kriech schon, Schatzerl, ich kriech schon — wie sollte ich nicht kriechen", lallte der Feldkurat, „erinnerst du dich, daß wir zusamm in die Quinta gegangen sind und daß ich dir die Griechischaufgaben gemacht hab? Ihr habt eine Villa in Zbraslaw und könnt mit dem Dampfer auf der Moldau fahren. Wissen Sie, was das ist, die Moldau?"

Schwejk zwang ihn, Stiefel und Kleider auszuziehen. Der Feldkurat folgte mit einem Protest an unbekannte Personen.

„Sehn Sie, meine Herren", sagte er zum Schrank und zum Ficus, „wie meine Verwandten mit mir umgehen?"

„Ich kenn meine Verwandten nicht", entschloß er sich plötzlich, indem er sich ins Bett legte, „und wenn sich Himmel und Erde gegen mich verschwören sollten, ich kenn sie nicht..."

Und durchs Zimmer dröhnte das Schnarchen des Feldkuraten.

In diese Tage fällt auch der Besuch Schwejks in seiner Wohnung bei seiner alten Bedienerin Frau Müller. Schwejk fand dort eine Kusine von Frau Müller vor, die ihm weinend mitteilte, letztere sei noch an dem nämlichen Abend, an dem sie Schwejk zur Assentierung gefahren hatte, verhaftet worden. Man hätte die alte Frau vor das Kriegsgericht gestellt, und weil man ihr nichts nachweisen konnte, halte man sie im Konzentrationslager in Steinhof gefangen. Es war bereits eine Karte von ihr eingetroffen, Schwejk ergriff diese häusliche Reliquie und las:

„Liebe Aninka! Wir haben uns hier sehr gut, alle sind wir gesund. Die Nachbarin neben mir im Bett hat Fleck ■ und auch schwarze ■ gibts hier. Sonst ist alles in Ordnung.

Essen haben wir genug und klauben Erdäpfel ■ auf Suppe. Ich hab gehört, daß Herr Schwejk schon ■ is, also krieg das irgendwie heraus, wo er liegt, damit wir ihm nach dem Krieg das Grab bepflanzen lassen können. Ich hab vergessen Dir zu sagen, daß am Boden in dem dunklen Winkel in dem Kistel ein kleines Hunterl is, ein Rattler, ein Junges. Aber das is schon viele Wochen, was er nichts zu fressen gekriegt hat seit der Zeit, wo sie wegen ■ um mich gekommen sind. So denk ich, daß schon zu spät is und daß das Hunterl auch schon in Gottes ■ ruht."

Und über dem ganzen Brief die rosa Stempel: Zensuriert k. u. k. Konzentrationslager Steinhof.

„Und wirklich war das Hunterl schon tot", schluchzte die Kusine der Frau Müller, „und auch Ihre Wohnung möchten Sie nicht mehr erkennen. Ich hab dort Näherinnen auf Quartier, Und die ham sich draus einen Damensalon gemacht. Überall sind Modebilder auf den Wänden und Blumen in den Fenstern."

Die Kusine der Frau Müller war nicht zu beruhigen.

Unter unaufhörlichem Schluchzen und Wehklagen äußerte sie zu guter letzt die Befürchtung, Schwejk sei desertiert und wolle auch noch sie ruinieren und ins Unglück stürzen. Zum Schluß redete sie mit ihm wie mit einem verkommenen Abenteurer.

„Das is sehr spaßig", sagte Schwejk, „das gefällt mir ausgezeichnet. Also daß Sies wissen, Frau Kejr, Sie ham ganz recht, ich bin freigekommen. Aber erst hab ich fünfzehn Wachtmeister und Feldwebel erschlagen müssn. Aber sagen Sies niemandem..."

Und Schwejk verließ sein Heim, das ihn nicht aufnahm, mit den Worten: „Frau Kejr, in der Wäscherei hab ich ein paar Kragerln und Vorhemden, also beheben Sies mir, damit ich mich, bis ich vom Militär zurückkomm, im Zivil in was umzuziehn hab. Geben Sie auch acht, daß mir im Schrank nicht Motten in die Kleider kommen. Und die Fräuleins, was in meinem Bett schlafen, laß ich grüßen..."

Dann ging Schwejk in den „Kelch". Als Frau Palivec ihn erblickte, erklärte sie, sie werde ihm nichts einschenken, er sei wohl desertiert.

„Mein Mann", begann sie die alte Geschichte aufzuwärmen, „war so vorsichtig und is dort, der Arme sitzt für nichts und wieder nichts. Und solche Leute gehn in der Welt herum und laufen vom Militär fort. Man hat Sie hier schon wieder vorige Woche gesucht."

„Wir sind vorsichtiger als Sie", schloß sie ihre Rede, „und sind im Unglück. Jeder hat nicht das Glück wie Sie."

Diesem Gespräch wohnte ein älterer Herr bei, ein Schlosser aus Smechov, der auf Schwejk zukam und Ihm sagte:

„Ich bitt Sie, warten Sie draußen auf mich, ich muß mit Ihnen sprechen." Auf der Straße verständigte er sich mit Schwejk, den er nach der Empfehlung der Wirtin Palivec für einen Deserteur hielt. Er teilte ihm mit, daß er einen Sohn habe, der auch desertiert sei und sich bei der Großmutter in Jasena bei Josefstadt befinde. Ohne der Versicherung Schwejks, er sei kein Deserteur, zu achten, drückte er ihm einen Zehner in die Hand.

„Das is die erste Hilfe", sagte er, indem er Schwejk mit sich in eine Weinstube auf der Ecke schleppte, „ich versteh Sie, vor mir müssen Sie sich nicht fürchten."

Schwejk kehrte spät in der Nacht zum Feldkuraten zurück, der noch nicht zu Hause war.

Er kam erst gegen früh, weckte Schwejk und sagte:

„Morgen fahren wir eine Feldmesse zelebrieren. Kochen Sie schwarzen Kaffee mit Rum. Oder noch besser, kochen Sie Grog."

11. Schwejk zelebriert mit dem Feldkuraten die Feldmesse

Die Vorbereitungen zur Tötung von Menschen sind stets im Namen Gottes oder eines vermeintlichen höheren Wesens vor sich gegangen, das die Menschen ersonnen und in ihrer Phantasie erschaffen haben. Bevor die alten Phönizier einem Gefangenen den Hals durchschnitten, hielten sie ebenso einen feierlichen Gottesdienst ab wie einige Jahrtausende später neue Generationen, ehe sie in den Krieg zogen und ihre Feinde mit Feuer und Schwert vernichteten.

Bevor die Menschenfresser von Guinea und Polynesien ihre Gefangenen beziehungsweise unbrauchbare Menschen, wie Missionäre, Reisende und Unterhändler verschiedener Handelsfirmen oder einfach Neugierige, feierlich auffressen, opfern sie Ihren Göttern. Indem sie die mannigfachsten religiösen Gebräuche vollziehen. Da die Kultur des Ornates noch nicht zu ihnen gedrungen ist, schmücken sie ihre Schenkel mit Kränzen aus bunten Federn der Waldvögel.

Bevor die heilige Inquisition ihre Opfer verbrannte, zelebrierte sie die feierlichsten Gottesdienste und die große heilige Messe mit Gesängen. Bei Hinrichtungen von Verbrechern wirken stets Priester mit, die den Delinquenten mit ihrer Anwesenheit belästigen.

In Preußen geleitet den Bedauernswerten ein Pastor unter das Beil, in Österreich ein katholischer Priester zum Galgen, in Frankreich unter die Guillotine, in Amerika führt ihn ein Priester auf den elektrischen Stuhl, in Spanien auf einen Sessel, wo er mit einem sinnreichen Instrument erwürgt wird, und in Rußland wurden die Revolutionäre von einem bärtigen Popen begleitet usw.

Überall manipulierten sie dabei mit dem Gekreuzigten, als wollten sie sagen: „Dir hacken sie nur den Hals ab, hängen dich, erwürgen dich, lassen 15 000 Volt in dich los, aber was hat jener erdulden müssen." Die große Schlachtbank des Weltkriegs konnte des priesterlichen Segens nicht entbehren. Die Feldkuraten aller Armeen beteten und zelebrierten Feldmessen für den Sieg jener Partei, deren Brot sie aßen. Bei den Hinrichtungen meuternder Soldaten erschien ein Priester. Bei den Hinrichtungen tschechischer Legionäre war ein Priester zugegen. Nichts hat sich geändert seit der Zeit, da der Räuber Adalbert, den man später den „Heiligen" genannt hat, mit dem Schwert in der einen und dem Kreuz in der andern Hand bei der Tötung und Vernichtung der baltischen Slawen mitwirkte.

Abbildung 24: Junge k.u.k. Soldaten (Quelle: Österreichische Mediathek)

Die Menschen gingen in ganz Europa wie das liebe Vieh zur Schlachtbank, begleitet von den Fleischer-Kaisern, Königen, Präsidenten und anderen Potentaten und Heerführern sowie von den Priestern aller Glaubensbekenntnisse, die ihre Schützlinge einsegneten und falsch schwören ließen, daß sie „auf dem Festland, in der Luft, auf dem Meere" usw.

Feldmessen wurden stets zweimal zelebriert. Wenn eine Abteilung an die Front abging und dann vor der Front, vor dem blutigen Gemetzel und Morden. Ich erinnere mich, daß uns einmal bei so einer solchen Feldmesse ein feindlicher Aeroplan eine Bombe gerade auf den Feldaltar warf und vom Feldkuraten nichts übrigblieb als blutige Fetzen.

Man schrieb von ihm wie von einem Märtyrer, während unsere Aeroplane den Feldkuraten unserer Gegner eine ähnliche Gloriole verliehen.

Uns bereitete das einen ungeheuren Spaß, und auf dem provisorischen Kreuz, unter dem die Überreste des Feldkuraten bestattet wurden, erschien über Nacht folgende Grabschrift:

Was uns ereilen konnte, hat auch dich befallen.
Du hast uns stets das Himmelreich versprochen.
Nun ists vom Himmel bei der Messe auf dein Haupt gefallen.
Und wo du plärrtest, liegen deine Knochen.

Schwejk kochte den berühmten Grog, der den Grog alter Seeleute übertraf. So einen Grog hätten die Piraten des achtzehnten Jahrhunderts trinken können und wären zufrieden gewesen. Feldkurat Otto Katz war begeistert.

„Wo haben Sie so was Gutes kochen gelernt?" fragte er.

„In Bremen, wie ich vor Jahren auf der Wanderschaft war", entgegnete Schwejk, „von einem verkommenen Matrosen, der gesagt hat, Grog muß so stark sein, daß einer, der ins Meer fällt, den ganzen Kanal La Manche überschwimmen kann. Nach einem schwachen Grog ertrinkt man nämlich wie ein junger Hund."

„Nach so einem Grog, Schwejk, wird es eine Freude sein, die Messe zu zelebrieren", meinte der Feldkurat, „ich denke, ich sollte vorher ein paar Abschiedsworte vorbringen. Eine Feldmesse ist nicht so ein Spaß wie eine Messe im Garnisonsarrest oder eine Predigt für diese Lumpen. In so einem Fall muß man wirklich alle fünf Sinne beisammen haben. Einen Feldaltar haben wir. Er ist zusammenlegbar, Taschenausgabe."

„Jesusmaria, Schwejk", packte er sich am Kopf, „wir sind aber Ochsen. Wissen Sie, wo ich diesen zusammenlegbaren Feldaltar aufgehoben gehabt hab? In dem Kanapee, das wir verkauft haben."

„Ja, das is ein Unglück, Herr Feldkurat", sagte Schwejk. „Ich kenn ihn zwar, den Händler mit alten Möbeln, aber vorgestern hab ich seine Frau getroffen. Er sitzt wegen einem gestohlenen Schrank, und unser Kanapee is bei einem Lehrer in Wrschowitz. Das ein Malör mit diesem Feldaltar! Am besten is, wir trinken den Grog aus und gehn ihn suchen, ich denk nämlich, daß man ohne Feldaltar keine Messe zelebrieren kann."

„Es fehlt uns wirklich nur der Feldaltar", sagte der Feldkurat schwermütig, „sonst ist schon alles auf dem Exerzierplatz vorbereitet. Die Tischler haben dort schon ein Podium errichtet. Die Monstranz borgt man uns in Brevnov. Kelch soll ich einen eigenen haben, aber wo ist der schon..."

Er wurde nachdenklich: „Sagen wir, ich hab ihn verloren. — Aber wir bekommen den Sportpokal vom Oberleutnant Witinger vom 75. Regiment. Er hat ihn einmal vor Jahren bei einem Wettlauf für den ‚Sport-Favorit' gewonnen. Er war ein guter Läufer. Hat 40 Kilometer gemacht: Wien— Mödling in 1 Stunde 48 Minuten, wie er immer prahlt. Ich habs schon gestern mit ihm ausgemacht. Ich bin ein Rindvieh, daß ich alles auf den letzten Augenblick laß. Warum hab ich Trottl nicht in das Kanapee geschaut."

Unter dem Einfluß des Grogs, der nach dem Rezept des verkommenen Matrosen gebraut war, begann er sich stumpf zu beschimpfen und äußerte in den verschiedensten Sentenzen, wohin er eigentlich gehöre.

„Also wir sollten schon den Feldaltar suchen gehn", forcierte ihn Schwejk auf, „es ist schon früh. Ich muß mir noch die Uniform anziehen und noch einen Grog trinken."

Endlich gingen sie. Auf dem Weg zu der Frau des Trödlers erzählte der Feldkurat, daß er am Abend vorher in „Gottes Segen" viel Geld gewonnen habe und, wenn alles gut ausfallen sollte, das Klavier im Versatzamt auslösen werde.

Es war etwas Ähnliches, wie wenn Heiden Opfer geloben. Von der verschlafenen Frau des Trödlers erfuhren sie die Adresse des Lehrers in Wrschowitz, der der neue Eigentümer des Kanapees war. Der Feldkurat verkündete eine ungewöhnliche Leutseligkeit. Kniff sie in die Wange und kitzelte sie unterm Kinn.

Sie gingen zu Fuß nach Wrschowitz, denn der Feldkurat erklärte, er müsse einen Spaziergang in frischer Luft machen, um auf andere Gedanken zu kommen.

In Wrschowitz, in der Wohnung des Herrn Lehrers, eines alten frommen Herrn, wartete ihrer eine unangenehme Überraschung. Als nämlich der Lehrer den Feldaltar im Kanapee gefunden hatte, war dem alten Herrn die Vermutung aufgetaucht, dies sei eine Fügung Gottes, worauf er ihn der Ortskirche in Wrschowitz für die Sakristei schenkte, wobei er zur Bedingung machte, daß auf der andern Seite des Altars die Inschrift angebracht werde:

„Gespendet zu Gottes Lob und Ehre von Herrn Kolarik, Lehrer i. R. Im Jahre des Herrn 1914." Da sie ihn in Unterhosen antrafen, war er sehr verlegen. Aus der Unterredung mit ihm ging hervor, daß er dem Fund die Bedeutung eines Wunders beigemessen und ihn für einen Wink Gottes gehalten hatte. Als er das Kanapee kaufte, habe ihm eine innere Stimme gesagt: „Schau nach, was in der Schublade ist." Er habe angeblich auch im Traum einen Engel gesehen, der ihm direkt befohlen habe: „Öffne die Kanapeeschublade." Er habe gehorcht.

Und wie er dort den zusammenlegbaren dreiteiligen Miniaturaltar mit der Nische für das Tabernakel erblickt habe, sei er vor das Kanapee niedergekniet und habe lange inbrünstig gebetet und Gott gepriesen und es für einen Wink gehalten, die

Kirche in Wrschowitz damit zu schmücken. „Das gefällt uns nicht", sagte der Feldkurat, „etwas, was Ihnen nicht gehört, haben Sie auf der Polizei abgeben solln und nicht in einer verfluchten Sakristei."

„Wegen diesem Wunder", fügte Schwejk hinzu, „können Sie noch Scherereien haben. Sie harn ein Kanapee gekauft und keinen Altar nicht, der dem Militär-Ärar gehört. So ein Wink Gottes kann Ihnen teuer zu stehn kommen. Sie ham nichts auf die Engel geben solln. Ein Mann in Zhor hat auch am Feld einen Kelch herausgepflügt, der aus einem Kirchenraub gestammt hat und dort für bessere Zeiten aufgehoben war, bis man drauf vergißt, und hats auch für einen Wink Gottes gehalten und is, statt ihn zu schmelzen, mit diesem Kelch zum Herrn Pfarrer gegangen, daß er ihn herich der Kirche schenken will. Und der Herr Pfarrer hat geglaubt, daß sich in ihm Gewissensbisse geregt ham, hat um den Bürgermeister geschickt, der Bürgermeister um die Gendarmen, und er is unschuldig wegen Kirchenraub verurteilt worn, weil er immerfort was von einem Wunder gequatscht hat. Er hat sich retten wolln und hat auch was von einem Engel erzählt und hat auch die Jungfrau Maria hinein verwickelt und hat zehn Jahre gekriegt. Am besten machen Sie, wenn Sie mit uns zum hiesigen Pfarrer gehn, damit er uns das ärarische Eigentum zurückgibt. Ein Feldaltar is keine Katze oder Fußsocke, die Sie schenken können, wem Sie wolln."

Der alte Herr zitterte am ganzen Leib, und während er sich ankleidete, klapperte er mit den Zähnen: „Ich hab wirklich nichts Böses oder Schlechtes im Sinn gehabt und bezweckt. Ich hab angenommen, daß ich durch so eine Fügung Gottes der Ausschmückung unserer armen Kirche des Herrn in Wrschowitz dienen kann."

„Auf Kosten des Militär-Ärars, versteht sich", sagte Schwejk hart und scharf. „Gott behüte einen vor so einer Fügung Gottes. Ein gewisser Pivonka aus Chotebor hat es auch mal für Gottes Fügung gehalten, wie ihm ein Halfter mit einer fremden Kuh in die Hand gerutscht is."

Der bedauernswerte alte Herr war durch diese Reden ganz verwirrt und ließ ganz davon ab, sich zu verteidigen; er war bestrebt, sich so rasch wie möglich anzukleiden und die ganze Angelegenheit zu erledigen.

Der Wrschowitzer Pfarrer schlief noch; von dem Lärm geweckt, fing er im zu schimpfen, denn in der Schlaftrunkenheit dachte er, er solle jemanden versehen.

„Sie könnten auch schon Ruh geben mit der Letzten Ölung", brummte er, indem er sich unfreundlich ankleidete, „müssen die Leute grad sterben, wenn man im besten Schlaf ist. Und dann kann man sich mit ihnen noch ums Geld herumschlagen."

Im Vorzimmer trafen sie zusammen. Er, der Vertreter Gottes bei den Wrschowitzer Zivil-Katholiken, und der andere, der Vertreter Gottes auf Erden beim Militär-Ärar.

Eigentlich war es jedoch der Zwist zwischen einem Zivilisten und einem Soldaten.

Behauptete der Pfarrer, ein Feldaltar gehöre nicht ins Kanapee, so äußerte der Feldkurat, er gehöre um so weniger aus dem Kanapee in die Sakristei einer Kirche, die von lauter Zivilisten besucht werde.

Schwejk machte dabei verschiedene Bemerkungen, es sei leicht, eine arme Kirche auf Kosten des Militär-Ärars zu bereichern. „Arm" sagte er in Anführungszeichen.

Zum Schluß gingen sie in die Sakristei der Kirche, und der Pfarrer folgte den Feldaltar gegen folgende Bestätigung aus:

„Bestätige den Empfang eines Feldaltars, der durch einen Zufall in die Wrschowitzer Kirche geraten ist.

Feldkurat Otto Katz."

Der glorreiche Feldaltar stammte von der jüdischen Firma Moritz Mahler in Wien, die alle erdenklichen Meßgeräte und religiösen Requisiten, wie Rosenkränze und Heiligenbilder, erzeugte.

Der Altar bestand aus drei Teilen, die reich mit einer falschen Vergoldung versehen waren wie der ganze Ruhm der Heiligen Kirche. Es war auch ohne Phantasie nicht möglich, festzustellen, was die auf diese drei Teile gemalten Bilder eigentlich darstellten. Sicher ist, daß es ein Altar war, den ebensogut die Helden auf Sambesi oder die Schamanen der Burjaten und Mongolen hätten benützen können. Mit schreienden Farben versehen, sah er von weitem aus wie eine bunte Tafel, die für die Prüfung der Daltonisten auf der Eisenbahn bestimmt ist. Nur eine Gestalt trat hervor. Irgendein nackter Mensch mit einem Heiligenschein und grünlich angehauchtem Körper wie der Steiß einer Gans, die schon stinkt und sich in Verwesung befindet.

Diesem Heiligen tat niemand etwas zuleide. Im Gegenteil, zu seinen beiden Seiten befanden sich zwei beflügelte Wesen, die Engel vorstellen sollten. Aber der Beschauer hatte den Eindruck, daß der heilige nackte Mann aufbrüllte vor Entsetzen über diese Gesellschaft, die ihn umgab. Die Engel sahen nämlich aus wie Ungetüme aus einem Märchen, ein Mittelding zwischen einer beflügelten wilden Katze und einem apokalyptischen Ungeheuer.

Das Gegenstück zu diesem Heiligen war ein Bild, das die göttliche Dreifaltigkeit veranschaulichen sollte. An der Taube hatte der Maler im großen Ganzen nichts verderben können. Er hatte einen Vogel aufgemalt, der ebenso gut eine Taube wie ein weißes Perlhuhn sein konnte. Dafür jedoch sah Gottvater aus wie ein Räuber aus dem wilden Westen, den ein blutdürstiger Film dem Publikum vorführt.

Der Sohn Gottes dagegen war ein lustiger junger Mann mit einem hübschen Bäuchlein, das mit etwas verhüllt war, das wie Schwimmhosen aussah. Im Ganzen machte er den Eindruck eines Sportsmanns. Das Kreuz, das er in den Händen hatte, hielt er mit einer solchen Eleganz, als wärs ein Tennisracket.

Von weitem jedoch verschmolz das alles und erweckte den Eindruck, wie wenn ein Zug in einen Bahnhof einfährt. Aus dem dritten Bild war überhaupt nichts zu entnehmen, was es vorstellen sollte. Die Soldaten stritten immer darüber und versuchten den Rebus zu lösen. Mancher dachte sogar, daß es eine Landschaft der Sazava sei. Es befand sich jedoch darunter die Inschrift: „Heilige Maria, Mutter Gottes, erbarme dich unser."

Den Feldaltar lud Schwejk glücklich in die Droschke; er selbst setzte sich zum Kutscher auf den Bock, der Feldkurat legte seine Füße in der Droschke bequem auf die Dreifaltigkeit Gottes. Schwejk unterhielt sich mit dem Droschkenkutscher über den Krieg. Der Droschkenkutscher war ein Rebellant. Er machte verschiedene Bemerkungen über den Sieg der österreichischen Waffen, wie: „Die hams euch in Serbien gegeben", und ähnliches. Als sie zur Verzehrungssteuerlinie kamen, fragte man sie, was sie mitführten. Schwejk antwortete:

„Die Dreifaltigkeit Gottes und die Jungfrau Maria mit dem Feldkuraten."

Auf dem Exerzierplatz warteten inzwischen ungeduldig die Marschkompanien. Und sie warteten lange. Denn man mußte noch um den Sportpokal zu Oberleutnant Witinger fahren und dann um die Monstranz, um das Ziborium und andere Meßgeräte, einschließlich einer Flasche Meßwein, die man im Kloster von Brevnov holte. Woraus ersichtlich ist, daß es nicht so einfach ist, eine Feldmesse zu zelebrieren.

„Irgendwie wirds halt schon gehn", sagte Schwejk zu dem Droschkenkutscher.

Und er hatte recht. Als sie nämlich auf dem Exerzierplatz vor dem Podium mit den hölzernen Seitenwänden und dem Tisch angelangt waren, auf dem der Feldaltar aufgestellt werden sollte, zeigte es sich, daß der Feldkurat den Ministranten vergessen hatte.

Früher hatte ihm immer ein Infanterist ministriert, der sich jedoch lieber zum Telefon hatte versetzen lassen und an die Front abgegangen war.

„Das macht nichts, Herr Feldkurat", sagte Schwejk, „ich brings auch zuweg."

„Und können Sie ministrieren?"

„Ich habs nie gemacht", antwortete Schwejk, „aber probieren kann man alles. Heut is Krieg, und im Krieg machen die Leute Sachen, die sie sich früher nich mal ham träumen lassen. So ein dummes et cum spiritu tuo auf Ihr dominus vobiscum bring ich auch zusamm. Und dann denk ich, daß das nichts so schwer sein kann, um Sie herumzugehn wie die Katze um den Brei. Und Ihnen die Hände zu waschen und aus den Kannen Wein einzugießen."

„Gut", sagte der Feldkurat, „aber gießen Sie mir kein Wasser ein. Gießen Sie lieber in die zweite Kanne auch gleich Wein ein. Übrigens werde ich Ihnen immer ein Zeichen geben, ob Sie nach rechts oder nach links gehn sollen. Wenn ich einmal leise pfeife, bedeutet es rechts, zweimal links. Mit dem Meßbuch müssen Sie sich auch nicht sehr schleppen, übrigens das Ganze ist ein Jux. Haben Sie nicht Trema?"

„Ich fürcht mich vor nichts, Herr Feldkurat, nicht mal vorm Ministrieren." Der Feldkurat hatte recht, wenn er sagte: „Übrigens ist das Ganze ein Jux."

Alles ging ganz glatt vonstatten. Die Rede des Feldkuraten war sehr kurz.

„Soldaten! Wir haben uns hier versammelt, um vor der Abfahrt auf das Schlachtfeld unsere Herzen Gott zuzuwenden, damit er uns den Sieg verleihe und uns gesund erhalte. Ich werde euch nicht lange aufhalten und wünsche euch das Allerbeste."

„Ruht", rief der alte Oberst auf dem linken Flügel.

Die Feldmesse heißt deshalb Feldmesse, weil sie denselben Gesetzen unterliegt wie die Kriegstaktik im Felde. Bei den langen Feldzügen der Heere während des Dreißigjährigen Krieges pflegten auch die Feldmessen ungewöhnlich lang zu sein.

Bei der modernen Taktik, wo die Bewegungen der Heere rasch und flink sind, muß auch die Feldmesse rasch und flink sein.

Diese da dauerte gerade zehn Minuten, und die, welche in der Nähe standen, waren überaus erstaunt, den Feldkuraten während der Messe vor sich hin pfeifen zu hören.

Schwejk folgte scharfsinnig den Signalen. Er lief auf die rechte Seite des Altars, war wiederum auf der linken und sagte nichts anderes als: „Et cum spiritu tuo."

Es sah aus wie ein Indianertanz um einen Opferstein, aber es machte einen guten Eindruck, denn es verscheuchte die Langweile des staubigen, traurigen Exerzierplatzes mit der Pflaumenallee im Hintergrund und den Latrinen, deren Geruch den mystischen Weihrauch der gotischen Kirchen ersetzte.

Abbildung 25: Feldmesse hinter der Feuerlinie d.14. Inf.Reg. (Die Feldmesse fand unter dem heftigen Artille-
riefeuer in der Mitte, zu Ehren Sr.Majestäts Namenstag statt. 4.X.1915.) (Quelle: Oestl.M.H.Oderacy.)

Alle amüsierten sich vortrefflich. Die Offiziere rings um den Oberst erzählten einander Anekdoten, und so wickelte sich alles in völliger Ordnung ab. Ab und zu konnte man in der Mannschaft sagen hören: „Gib mir einen Schluck."

Und wie Opferrauch stiegen von den Zügen blaue Wölkchen Tabaksqualm gen Himmel. Alle Chargen rauchten, als sie sahen, daß der Herr Oberst sich eine Zigarre angezündet hatte.

Endlich ertönte es: „Zum Gebet." Staub wirbelte auf, und das ganze Viereck der Uniformen beugte die Knie vor dem Sportpokal des Oberleutnants Witinger, der ihn für den „Sport-Favorit" im Wettlauf Wien-Mödling gewonnen hatte.

Der Pokal war voll, und das allgemeine Urteil, das die Manipulation des Feldkuraten begleitete und durch die Reihen lief, lautete: „Der hats ausgesoffen!"

Diese Handlung wurde zweimal wiederholt. Dann noch einmal:

„Zum Gebet", darauf gab die Kapelle „Gott erhalte, Gott beschütze" zum besten, Antreten und Abmarsch.

„Klauben Sie das Zeug zusammen", sagte der Feldkurat zu Schwejk, auf den Feldaltar weisend, „daß wirs wieder hinbringen können, wos hingehört!"

Sie fuhren also wiederum mit ihrem Droschkenkutscher und gaben alles redlich zurück, bis auf die Flasche Meßwein.

Und als sie zu Hause waren und den unglücklichen Droschkenkutscher bezüglich der Bezahlung für die langen Fahrten an das Kommando gewiesen hatten, sagte Schwejk zum Feldkuraten: „Melde gehorsamst, Herr Feldkurat, muß ein Ministrant derselben Religion angehören, wie der, was das heilige Abendmahl verabreicht?"

„Gewiß", antwortete der Feldkurat, „sonst wäre die Messe ungültig."

„Dann, Herr Feldkurat, is ein großer Irrtum geschehn", sagte Schwejk, „Ich bin konfessionslos. Ich hab schon so ein Pech."

Der Feldkurat schaute Schwejk an, schwieg eine Weile, dann klopfte er ihm auf die Schulter und sagte: „Sie können den Meßwein austrinken, der in der Flasche übriggeblieben ist. Denken Sie sich, daß Sie wieder in die Kirche eingetreten sind."

Abbildung 26: Besuch des Apostolischen Feldvikars Bjelik 1916 (Quelle: K.u.k. Kriegspressequartier, Lichtbildstelle – Wien)

12. Eine religiöse Debatte

Schwejk pflegte zuweilen den Hirten der Soldatenseelen tagelang nicht zu sehen. Der Feldkurat teilte seine Zeit zwischen Pflichten und Völlereien und kam nur selten noch Hause, schmutzig, ungewaschen wie ein verliebter Kater, der seine Ausflüge über die Dächer macht. Wenn er bei seiner Rückkehr noch fähig war, sich auszudrücken, plauderte er noch, bevor er einschlief, mit Schwejk über erhabene Ziele, über Inbrunst, die Freude am Denken.

Zuweilen versuchte er auch in Versen zu sprechen, Heine zu zitieren. Schwejk ministrierte nochmals für den Feldkuraten eine Feldmesse bei den Pionieren, zu der irrtümlicherweise noch ein anderer Feldkurat, ein ehemaliger Katechet, eingeladen worden war, ein ungewöhnlich frommer Mensch, der seinen Kollegen erstaunt betrachtete, als ihm dieser aus Schwejks Feldflasche, die Schwejk zu solch religiösen Handlungen immer mit sich trug, einen Schluck Kognak anbot.

„Es ist eine gute Marke", sagte Feldkurat Otto Katz, „trinken Sie und gehn Sie nach Haus. Ich besorg das schon allein, ich habs eh nötig, unterm freien Himmel zu bleiben, mir tut heut der Kopf weh."

Der fromme Feldkurat ging kopfschüttelnd fort, und Katz entledigte sich wie immer überaus glänzend seiner Aufgabe.

In das Blut des Herrn verwandelte sich diesmal ein Gespritzter und die Predigt war länger, wobei jedes dritte Wort lautete: und so weiter und sicherlich.

„Ihr werdet heute an die Front fahren, Soldaten, und so weiter. Wendet euch jetzt Gott zu und so weiter, sicherlich. Ihr wißt nicht, was euch geschehen wird, und so weiter und sicherlich."

Und immer donnerte es vom Altar: „Und so weiter" und „sicherlich", abwechselnd mit Gott und allen Heiligen. In seinem Eifer und in seiner oratorischen Begeisterung stellte der Feldkurat sogar Prinz Eugen als einen Heiligen hin, der sie beschützen werde, bis sie Brücken über die Flüsse schlagen würden.

Nichtsdestoweniger endete die Feldmesse ohne jegliches Ärgernis, angenehm und amüsant. Die Pioniere unterhielten sich ausgezeichnet. Auf dem Rückweg wollte man den Feldkuraten und Schwejk mit dem zerlegbaren Altar nicht in die Elektrische einsteigen lassen. „Daß ich dir eins mit dem Heiligen übern Kopf hau!" sagte Schwejk zu dem Kondukteur.

Als sie schließlich zu Hause anlangten, stellten sie fest, daß sie unterwegs irgendwo das Tabernakel verloren hatten.

„Das macht nichts", sagte Schwejk, „die ersten Christen ham die heilige Messe auch ohne Tabernakel gelesen. Wenn wirs anzeigen möchten, so könnt der ehrliche Finder von uns Finderlohn verlangen. Wenns Geld war, möcht sich vielleicht kein ehrlicher Finder finden, obzwar es noch solche Leute gibt. Bei uns in Budweis beim Regiment war ein Soldat, so ein gutmütiges Rindvieh, der hat mal 600 Kronen auf der Gasse gefunden und hat sie auf der Polizei abgegeben, und in den Zeitungen hat man von ihm als ehrlichen Finder geschrieben, und er hat einen Schkandal davon gehabt. Niemand wollt mit ihm reden, jeder hat gesagt: ,Du Trottel, du, was hast du da für eine Dummheit gemacht. Das muß dich bis in den Tod verdrießen, wenn du noch bißl Ehr im Leib hast.' Er ein Mädl gehabt, und die hat aufgehört, mit ihm zu reden. Wie er auf Urlaub nach Haus gekommen is, ham ihn die Kameraden bei der Musik deswegen ausn Wirtshaus herausgeworfen. Er hat angefangen zu kränkeln, hat sichs in den Kopf genommen und zum Schluß hat er sich vom Zug überfahren lassen. Einmal wieder hat in unserer Gasse ein Schneider einen goldenen Ring gefunden. Die Leute ham ihn gewarnt, er soll ihn nicht auf der Polizei zurückgeben, aber er hat sich nichts sagen lassen. Man hat ihn ausnehmend freundlich empfangen, daß dort herich schon der Verlust von einem goldenen Ring mit einem Brillanten gemeldet is, aber dann schaun sie auf den Stein und sagen ihm: ,Menschenskind, das is doch Glas und kein Brillant. Wieviel hat man Ihnen denn für den Brillanten gegeben? Solche ehrliche Finder kennen wir!' Zum Schluß hat sichs aufgeklärt, daß noch jemand einen goldenen Ring mit einem falschen Brillanten verloren hat, ein Familienandenken, aber der Schneider is halt doch drei Tag gesessen, weil er sich in der Aufregung eine Wachebeleidigung hat zuschulden kommen lassen. Er hat zehn Prozent gesetzlichen Finderlohn bekommen, 1 K 20 h, weil der Schmarrn 12 K wert war, und hat diesen gesetzlichen Finderlohn dem Besitzer ins Gesicht geworfen, und der hat ihn wegen Ehrenbeleidigung geklagt, und der Schneider hat noch 10 K Strafe bekommen. Dann hat er überall gesagt, daß jeder ehrliche Finder fünfundzwanzig verdient, daß man ihn verprügeln soll, bis er blau wird. Man soll ihn öffentlich verhaun, damit sichs die Leute merken und sich danach richten. Ich denk, daß uns niemand unser Tabernakel zurückbringt, wenn auch hinten die Signatur vom Regiment is, weil mit Militärsachen will niemand was zu tun haben. Lieber wirft ers irgendwohin ins Wasser, damit er nicht noch Schererei en damit hat. Gestern hab ich im Wirtshaus ,Zum goldenen Kranz' mit einem Menschen vom Lande gesprochen, er ist schon sechsundfünfzig Jahre alt, und der is auf die Bezirkshauptmannschaft nach Neu-Paka fragen gegangen, warum man ihm den Pritschwagen requiriert hat. Auf dem Rückweg, wie man ihn

von der Bezirkshauptmannschaft herausgeworfen hat, hat er sich den Train angeschaut, der grad angekommen und auf dem Ring gestanden is. Ein junger Mann
hat ihn gebeten, er soll für ihn eine Weile bei den Pferden warten, daß sie fürs
Militär Konserven führen, und is nicht mehr zurückgekommen. Wie sie sich dann
wieder in Bewegung gesetzt ham, hat er mit ihnen müssn, bis nach Ungarn, wo er
auch irgendwo jemanden gebeten hat, er soll ihm beim Wagen warten, und nur
dadurch hat er sich gerettet, denn sie hätten ihn nach Serbien geschleppt. Er is ganz
verstört angekommen und will nie mehr etwas mit Militärsachen zu tun haben."

Abends erhielten sie den Besuch des frommen Feldkuraten, der am Morgen
gleichfalls die Messe für die Pioniere hatte zelebrieren wollen. Er war ein Fanatiker,
der jedermann Gott näherbringen wollte. Als Katechet hatte er bei den Kindern
das religiöse Gefühl mittels Ohrfeigen entwickelt und in verschiedenen Zeitschriften waren von Zeit zu Zeit Notizen über ihn erschienen unter der Aufschrift: „Der
Katechet als Rohling"; der „ohrfeigende Katechet" war überzeugt, daß ein Kind
sich den Katechismus am besten mit Hilfe des Staberlsystems aneignen könne. Er
hinkte ein wenig auf einem Fuß, die Folge des Besuches des Vaters eines Schülers,
den der Katechet geohrfeigt hatte, weil er gewisse Zweifel an der Dreifaltigkeit
äußerte. Er hatte drei Ohrfeigen bekommen. Eine für Gott Vater, eine für Gott
Sohn und die dritte für den Heiligen Geist. Heute kam er, um seinen Kollegen Katz
auf den rechten Weg zu führen und ihm ins Gewissen zu reden, was er mit der
Bemerkung einleitete: „Ich wundere mich, daß bei Ihnen kein Kruzifix hängt. Wo
beten Sie das Brevier? Kein einziges Heiligenbild schmückt die Wände Ihres Zimmers. Was haben Sie dort über dem Bett?"

Katz lachte: „,Susanne im Bade', und das nackte Weib darunter ist eine alte Bekanntschaft von mir. Rechts hängt eine Japanerie, die den Sexualakt zwischen
einer Geisha und einem alten japanischen Samurai darstellt. Nicht wahr, etwas
sehr Originelles? Das Brevier hab ich in der Küche. Schwejk, bringen Sie es her
und schlagen Sies auf der dritten Seite auf."

Schwejk ging, und in der Küche war dreimal hintereinander das Herausziehen
eines Stöpsels aus einer Weinflasche zu hören. Der fromme Feldkurat war entsetzt,
als auf dem Tisch drei Flaschen erschienen. „Es ist ein leichter Meßwein, Herr
Kollege", sagte Katz, „eine sehr gute Sorte, Riesling. Im Geschmack erinnert er an
Mosel."

„Ich werde nicht trinken", sagte hartnäckig der fromme Kurat, „ich bin gekommen, um Ihnen ins Gewissen zu reden."

„Da wird Ihnen die Kehle trocken werden, Herr Kollege", sagte Katz, „trinken

Sie, und ich werde zuhören. Ich bin ein sehr verträglicher Mensch und kann auch andere Ansichten hören."

Der fromme Kurat trank ein wenig und wälzte die Augen heraus. „Ein verteufelt guter Wein, Herr Kollege, nicht wahr?"

Der Fanatiker sagte hart: „Ich bemerke, daß Sie fluchen."

„Das ist Gewohnheit", antwortete Katz, „manchmal ertappe ich mich sogar dabei, daß ich lästere. Gießen Sie dem Herrn Kuraten ein, Schwejk. Ich kann Ihnen versichern, ich sage auch: Himmelherrgott, Kruzifix und Sakra. Ich glaube, bis Sie so lange beim Militär dienen werden wie ich, werden Sie sich auch hineinfinden. Es ist gar nichts Schweres, Beschwerliches, und uns Geistlichen liegt es sehr nah: Himmel, Gott, Kreuz und heilige Sakramente, klingt das nicht schön und fachmännisch? Trinken. Sie, Herr Kollege!"

Der ehemalige Katechet tat mechanisch einen Schluck. Man merkte ihm an, daß er etwas sagen wollte, aber nicht konnte. Er sammelte seine Gedanken.

„Herr Kollege", fuhr Katz fort, „Kopf hoch, sitzen Sie nicht so traurig da, als sollte man Sie in fünf Minuten hängen. Ich hab von Ihnen gehört, daß Sie einmal Freitag irrtümlich im Restaurant ein Schweinskotelett aufgegessen haben, weil Sie geglaubt haben, es sei Donnerstag, und daß Sie sich dann am Klosett den Finger in den Hals gesteckt haben, damits herausgeht, weil Sie gedacht haben, daß Sie Gott vernichten wird. Ich fürcht mich nicht, in der Fastenzeit Fleisch zu essen, und fürcht mich nicht mal vor der Hölle. Pardon, trinken Sie. So, ist Ihnen schon besser? Oder haben Sie eine fortschrittliche Anschauung über die Hölle und gehn Sie mit dem Geist der Zeit und den Reformisten? Das heißt, anstelle gewöhnlicher Kessel mit Schwefel für die armen Sünder sind Papintöpfe dort, Kessel mit Atmosphärendruck; die Sünder werden auf Margarine gesotten, die Roste werden mit elektrischer Kraft angetrieben, seit Millionen Jahren fahren Straßenwalzen über die Sünder, das Zähneknirschen besorgen Dentisten mit besonderen Instrumenten, das Heulen wird in Grammophonen aufgefangen, und die Platten werden ins Paradies zur Erheiterung der Gerechten hinaufgeschickt. Im Paradies arbeiten Zerstäuber mit Kölnischwasser, und die Philharmonie spielt so lange Brahms, daß man lieber der Hölle und dem Fegefeuer den Vorzug gibt. Die Engel haben im Hintern Aeroplanpropeller, damit sie sich mit ihren Flügeln nicht zu sehr abrackern Trinken Sie, Herr Kollege! Schwejk, gießen Sie ihm Kognak ein, mir scheint, ihm ist nicht gut."

Als der fromme Kurat zu sich kam, flüsterte er: „Die Religion ist eine verstandesmäßige Überlegung. Wer nicht an die Existenz der Heiligen Dreifaltigkeit glaubt..."

„Schwejk", unterbrach ihn Katz, „gießen Sie dem Herrn Feldkuraten noch einen Kognak ein, daß er zu sich kommt. Erzählen Sie ihm etwas, Schwejk."

„Bei Wlaschim war, melde gehorsamst, Herr Feldkurat", sagte Schwejk, „ein Dekan und der hatte, weil ihm seine alte Wirtschafterin samt dem Jungen und dem Geld weggelaufen war, eine Bedienerin. Und dieser alte Dekan hat auf die alten Tage angefangen den heiligen Augustin zu studieren, den, was man sagt, daß er zu den heiligen Vätern gehört, und hat dort gelesen, daß der, was an die Antipoden glaubt, verdammt sein soll. So hat er sich seine Bedienerin gerufen und sagt ihr: ‚Hören Sie, Sie ham mir mal gesagt, daß Ihr Sohn Maschinenschlosser is und nach Australien gefahren is. Da war er zwischen den Gegenfüßlern, und der heilige Augustin gebietet, daß jeder, der an Antipoden glaubt, verdammt sei.' - ‚Hochwürdigster Herr', sagt drauf das Weibsbild, ‚mein Sohn schickt mir doch aus Australien Briefe und Geld.' - ‚Das is ein Blendwerk des Teufels', sagt drauf der Herr Dekan, ‚nachm heiligen Augustin existiert kein Australien, da verführt Sie nur der Antichrist.' Am Sonntag hat er sie öffentlich verflucht und hat geschrien, daß Australien nicht existiert. Da hat man ihn direkt aus der Kirche ins Irrenhaus geschafft. Es gehörten ihrer mehr hin. Bei den Ursulinerinnen ham sie im Kloster ein Fläschchen mit Milch von der Jungfrau Maria, mit der sie das Christkindl gestillt hat, und im Waisenhaus bei Beneschau, wie man ihnen Wasser aus Lourdes hingebracht hat, ham die Waisenkinder danach so einen Durchfall bekommen, das hat die Welt nicht gesehn."

Dem frommen Feldkuraten bildeten sich Ringe vor den Augen, und er erholte sich erst nach einem neuen Kognak, der ihm zu Kopf stieg. Mit den Augen zwinkernd, fragte er Katz: „Sie glauben nicht an die unbefleckte Empfängnis der Jungfrau Maria, Sie glauben nicht, daß der Daumen Johannes des Täufers, der bei den Piaristen aufbewahrt wird, echt ist? Glauben Sie überhaupt an Gott? Und wenn nicht, warum sind Sie Feldkurat?"

„Herr Kollege", erwiderte Kotz, wobei er ihm vertraulich auf den Rücken klopfte, „solange der Staat nicht einsieht, daß die Soldaten, bevor sie in die Schlacht gehn, um zu sterben, dazu nicht Gottes Segen brauchen, ist das Feldkuratentum ein anständig bezahlter Beruf, in dem sich der Mensch nicht zu sehr schindet. Für mich ists besser, als auf den Exerzierplätzen herumzulaufen, Manöver mitzumachen. — Damals hab ich Befehle von den Vorgesetzten bekommen, und heut mach ich, was ich will. Ich vertrete jemanden, der nicht existiert, und spiele selbst die Rolle Gottes. Wenn ich jemandem die Sünde nicht verzeihn will, so verzeih ich ihm die nicht, selbst wenn er mich auf Knien bittet, übrigens würde man verdammt wenig solche finden."

„Ich hab Gott lieb", ließ sich der fromme Feldkurat vernehmen und begann zu rülpsen, „sehr lieb hab ich ihn. Geben Sie mir ein bißchen Wein."

„Ich schätze mir Gott", fuhr er dann fort, „schätz mir ihn sehr und verehre Ihn. Niemanden schätz ich so wie ihn."

Er schlug mit der Faust auf den Tisch, das die Flaschen klirrten: „Gott ist etwas Erhabenes, etwas Oberirdisches. Er ist ehrenhaft in seinen Angelegenheiten. Er ist eine sonnige Erscheinung, das wird mir niemand ausreden. Auch den heiligen Josef schätz ich mir, alle Heiligen schätz ich mir, bis auf den heiligen Serapion. Er hat so einen häßlichen Namen."

„Er sollt um Änderung ansuchen", bemerkte Schwejk.

„Die heilige Ludmilla hab ich lieb und den heiligen Bernhard", fuhr der ehemalige Katechet fort, „der hat viele Pilger am heiligen Gotthard gerettet. Er hat am Hals eine Flasche mit Kognak und sucht die vom Schnee Verwehten auf."

Die Unterhaltung schlug eine andere Richtung ein. Der fromme Kurat begann wirr durcheinanderzureden: „Die unschuldigen Kinder schätz ich mir, sie haben ihren Feiertag am 28. Dezember. Herodes haß ich. Wenn die Henne schläft, kann man keine frischen Eier bekommen." Er brach in ein Gelächter aus und fing an zu singen:

„Heiliger Gott, heiliger, starker."

Er brach jedoch sofort wieder ab, wandte sich an Katz und fragte scharf: „Sie wissen nicht, daß der 15. August Mariens Himmelfahrt' ist?"

Die Unterhaltung war in vollem Gang. Weitere Flaschen tauchten auf, und von Zeit zu Zeit ließ Katz sich vernehmen: „Sag, daß du nicht an Gott glaubst, sonst gieß ich dir nicht ein." — Es schien, daß die Zeiten der Verfolgung der ersten Christen wiedergekehrt seien. Der ehemalige Katechet sang ein Lied der Märtyrer der römischen Arena und brüllte: „Ich glaube an Gott, ich verleugne ihn nicht. Laß dir deinen Wein. Ich kann mir selbst um Wein schicken."

Zu guter Letzt brachten sie ihn zu Bett. Bevor er einschlief, erklärte er, die Rechte zum Eid erhebend: „Ich glaube an Gott Vater, an Gott Sohn und den Heiligen Geist. Bringt mir das Brevier."

Schwejk steckte ihm ein Buch in die Hand, das auf dem Nachttisch lag, und so schlief der fromme Kurat mit dem „Decamerone" G. Boccaccios in der Hand ein.

Abbildung 27A: Illustration from The Decameron, Flanders, 1432. Paris
(Quelle: Biblioteque nationale, Département des manuscrits, Français 5070 fol. 132)

13. Schwejk geht versehen

Feldkurat Otto Katz saß melancholisch über ein Zirkular gebeugt, das man gerade aus der Kaserne gebracht hatte. Es war ein Reservaterlaß des Kriegsministeriums.

„Das Kriegsministerium hebt für die Dauer des Krieges alle die Letzte Ölung der Armeeangehörige betreffenden gültigen Vorschriften auf und setzt nachstehende Weisungen für die Militärgeistlichkeit fest: §1. An der Front wird die Letzte Ölung aufgehoben, §2. Schwerkranken und Verwundeten ist es nicht gestattet, sich wegen der Letzten Ölung ins Hinterland zu begeben. Die Militärgeistlichen sind verpflichtet, solche Personen augenblicklich den zuständigen Militärgerichten zur weiteren Strafverfolgung zu übergeben. §3. In den Krankenhäusern im Hinterland kann die Letzte Ölung massenweise auf Grund von Gutachten der Militärärzte erteilt werden, solange die Letzte Ölung nicht den Charakter einer Erschwerung für die zuständige Militärinstitution in sich birgt. §4. In außergewöhnlichen Fällen kann das

Kommando der Militärspitäler im Hinterland Einzelpersonen den Empfang der Letzten Ölung gestatten. §5. Die Militärgeistlichen sind verpflichtet, auf Anordnung des Kommandos der Militärspitäler jenen die Letzte Ölung zu erteilen, die das Kommando vorschlägt."

Dann las der Feldkurat noch einmal die Vorschrift, in welcher ihm angezeigt wurde, daß er am folgenden Tage im Militärspital auf dem Karlsplatz einen Schwerverwundeten versehen sollte.

„Hören Sie, Schwejk", rief der Feldkurat, „ist das nicht eine Schweinerei? Wie wenn ich in ganz Prag der einzige Feldkurat wäre. Warum schickt man nicht diesen frommen Priester hin, der neulich bei uns geschlafen hat? Wir solln auf dem Karlsplatz versehen. Ich hab schon vergessen, wie man das macht."

„Also wern wir uns halt einen Katechismus kaufen, Herr Feldkurat, dort wirds stehn", sagte Schwejk, „das is so wie ein Fremdenführer für geistliche Hirten. In Emmaus im Kloster hat ein Gärtnergehilfe gearbeitet, und wie er in die Schar der Laienbrüder eintreten wollt und eine Kutte gekriegt hat, damit er nicht seine Kleider zerreißen muß, hat er sich einen Katechismus kaufen müssn und lernen, wie man ein Kreuz schlägt, wer als einziger von der Erbsünde verschont worden is und was das is, ein reines Gewissen haben und andere solche Kleinigkeiten, und dann hat er ihnen unterderhand ausm Klostergarten die halben Gurken verkauft und is mit Schimpf und Schande ausm Kloster hinaus. Wie ich mit ihm zusammengekommen bin, so sagt er mir: ‚Gurken hätt ich auch ohne Katechismus verkaufen können.'"

Als Schwejk den gekauften Katechismus brachte, blätterte der Feldkurat darin und sagte:

„Da schau her, die Letzte Ölung kann nur ein Priester erteilen, und zwar nur mit einem vom Bischof geweihten Öl. Also sehn Sie, Schwejk, Sie selbst können nicht die Letzte Ölung erteilen. Lesen Sie mir vor, wie man die Letzte Ölung erteilt."

Schwejk las: „Die Letzte Ölung wird erteilt, indem der Priester den Kranken an den einzelnen Sinnen mit dem Krankenöle salbt und dabei betet: Durch diese heilige Salbung und seine mildreichste Barmherzigkeit vergebe dir der Herr, was du durch Sehen, Hören, Riechen, Sprechen, Tasten und Gehen gesündigt hast."

„Ich möcht gern wissen. Schwejk", ließ sich der Feldkurat vernehmen, „was der Mensch mit dem Tastsinn verschulden kann, können Sie mir das erklären?"

„Viele Sachen, Herr Feldkurat, zum Beispiel, er greift in eine fremde Tasche, oder auf einer Tanzunterhaltung — Sie verstehn mich ja, was dort alles zu sehn is."

„Und mit dem Gang, Schwejk?"

„Wenn er zu hatschen anfängt, damit die Leute sich über ihm erbarmen."

„Und mit dem Geruch?"

„Wenn ihm ein Gestank nicht gefällt."

„Und mit dem Geschmack, Schwejk?"

„Wenn er an jemandem Geschmack findet."

„Und mit der Sprache?"

„Das gehört schon mit dem Gehör zusamm, Herr Feldkurat. Wenn jemand viel quatscht und der andre ihm zuhört."

Nach diesen philosophischen Erwägungen verstummte der Feldkurat und sagte: „Wir brauchen also vom Bischof geweihtes Öl. Hier haben Sie 10 Kronen und kaufen Sie eine Flasche. In der Militärintendantur gibt's wahrscheinlich so ein Öl nicht."

Schwejk machte sich also auf den Weg, um vom Bischof geweihtes Öl zu beschaffen. So etwas ist ärger als das Suchen nach dem Wasser des Lebens in dem Märchen der „Bozena Nemcova".

Er ging in mehrere Drogerien, und sobald er sagte: „Bitte ein Fläschchen vom Bischof geweihtes Öl", brach man entweder in ein Gelächter aus oder versteckte sich entsetzt unter dem Pult. Schwejk gebärdete sich ungewöhnlich ernst.

Er entschloß sich also, sein Glück in den Apotheken zu versuchen. In der ersten ließ man ihn vom Laboranten hinausführen. In der zweiten wollte man auf die Rettungsstation telefonieren und in der dritten sagte ihm der Provisor, daß die Firma Polak in der Langengasse, ein Geschäft mit Öl und Lack, das verlangte Öl entschieden auf Lager haben werde.

Die Firma Polak in der Langengasse war tatsächlich eine agile Firma. Sie ließ keinen Käufer aus, ohne seine Wünsche zu befriedigen. Verlangte er Kopaivabalsam, goß man ihm Terpentin ein, und gut wars. Als Schwejk kam und für zehn Kronen vom Bischof geweihtes Öl verlangte, sagte der Chef zum Gehilfen:

„Gießen Sie ihm 10 Deka Hanföl Nummer 3 ein, Herr Tauchen." Und der Gehilfe sagte, während er Schwejk das Fläschchen in Papier wickelte, ganz geschäftsmäßig: „Es ist die beste Qualität, falls Sie noch einen Pinsel, Lack oder Firnis wünschen, wenden Sie sich gefälligst an uns. Wir werden Sie solid bedienen."

Inzwischen prägte sich der Feldkurat aus dem Katechismus ein, was einst im Seminar nicht in seinem Gedächtnis haften geblieben war. Sehr gut gefielen ihm einige ungewöhnlich geistreiche Sätze, über die er aufrichtig lachen mußte: „Der Name ‚Letzte Ölung' kommt daher, daß diese Ölung gewöhnlich die letzte unter allen heiligen Salbungen ist, welche dem Menschen von der Kirche erteilt werden."

Oder: „Die Letzte Ölung kann jeder katholische Christ empfangen, welcher zum Gebrauche der Vernunft gekommen und gefährlich erkrankt ist."

„Der Kranke soll die Letzte Ölung womöglich empfangen, solange er noch bei voller Besinnung ist." Dann kam die Ordonnanz und brachte einen Brief, in welchem dem Feldkuraten angezeigt wurde, daß morgen bei der heiligen Handlung im Krankenhaus „Die Vereinigung adeliger Damen zur Pflege der religiösen Erziehung der Soldaten" anwesend sein werde.

Diese „Vereinigung" bestand aus hysterischen alten Weibern und verteilte unter die Soldaten in den Spitälern Heiligenbilder und Geschichten von einem katholischen Krieger, der für Seine Majestät den Kaiser stirbt. Diese Geschichten waren mit farbigen Bildchen geschmückt, die das Schlachtfeld veranschaulichten, überall wälzten sich Menschen- und Pferdeleichen, umgeworfene Munitionswagen und Kanonen mit steil aufgerichteten Lafetten. Am Horizont brannte ein Dorf, explodierten Schrapnells und im Vordergrund lag ein sterbender Soldat mit abgerissenem Bein. Ein Engel beugte sich über ihn und reichte ihm einen Kranz mit folgender Inschrift auf der Schleife: „Noch heute wirst du mit mir im Paradiese sein." Und der Sterbende lächelte selig, als bringe man ihm Gefrorenes.

Als Otto Katz den Inhalt des Briefes gelesen hatte, spuckte er aus und dachte: „Das wird morgen wieder ein Tag sein!"

Er kannte dieses Gesindel, wie er es nannte, aus der Ignatiuskirche, wo er vor Jahren Militärpredigten gehalten hatte. Damals wandte er an die Predigt noch viel Mühe, und die „Vereinigung" pflegte hinter dem Obersten zu sitzen. Zwei aufgeschossene Weibsbilder in schwarzen Kleidern mit Rosenkränzen hatten sich ihm einmal nach der Predigt angeschlossen und zwei Stunden lang über die religiöse Erziehung der Soldaten gesprochen, so lange, bis er ihnen endlich wutentbrannt gesagt hatte: „Verzeihen Sie, meine Damen, auf mich wartet der Herr Hauptmann mit einer Partie Färbl."

„Also wir ham schon Öl", sagte Schwejk feierlich, als er von der Firma Polak zurückkehrte, „Hanföl Nummer 3, beste Qualität, wir können damit ein ganzes Bataillon einschmieren. Es is eine solide Firma. Sie verkauft auch Firnis, Lack und Pinsel. Noch ein Glöckchen brauchen wir."

„Wozu ein Glöckchen, Schwejk?"

„Wir müssen am Weg läuten, damit die Leute vor uns den Hut abziehn, wenn wir Gott den Herrn und dieses Hanföl Nummer 3 tragen, Herr Feldkurat. Das macht man so, und es sind schon viele Leute, die das nichts angegangen is, eingesperrt worn, weil sie nicht den Hut gezogen harn. In Zizkov hat einmal der Pfarrer einen Blinden verprügelt, weil er bei so einer Gelegenheit nicht den Hut gezogen hat, und der is noch eingesperrt worn, weil man ihm bei Gericht nachgewiesen hat, daß er nicht taubstumm is und nur blind, und daß er das Klingeln von dem Glöckchen gehört hat und Ärgernis erregt hat, obzwar es in der Nacht war. Das is wie am Fronleichnam. Sonst möchten sich die Leute gar nicht auf uns umschaun, und so wern sie vor uns den Hut ziehn. Wenn Sie nun nichts dagegen ham, Herr Feldkurat, bring ichs gleich."

Nachdem er die Zustimmung erhalten hatte, brachte Schwejk nach einer halben Stunde ein Glöckchen.

Es ist vom Tor der Kneipe „Zum Kreuz!", sagte er. „es hat mich fünf Minuten Angst gekostet, und ich hab lang warten müssen, weil in einem fort Leute vorbeigegangen sind."

„Ich geh ins Kaffeehaus, Schwejk, wenn jemand kommt, soll er warten."

Etwa eine halbe Stunde später kam ein grauer älterer Herr mit aufrechter Haltung und strengem Blick.

Aus seinem ganzen Äußern sprühte Zorn und Ingrimm. Er schaute drein, als wäre er vom Schicksal entsandt, um unseren elenden Planeten zu vernichten und seine Spuren im Weltall zu vertilgen.

Seine Sprache war scharf, trocken und streng: „Zu Hause? Ins Kaffeehaus gegangen? Ich soll warten? Gut, ich werde bis früh warten. Aufs Kaffeehaus hat er Geld, aber Schulden zahlen, das nicht. Ein Priester, pfui Teufel!"

Er spuckte in der Küche aus.

„Spucken Sie uns hier nicht herum!" sagte Schwejk, der den fremden Herrn mit Interesse betrachtete.

„Und noch einmal spuck ich aus, sehn Sie, so", sagte hartnäckig der strenge Herr, zum zweitenmal auf den Fußboden spuckend, „daß er sich nicht schämt. Ein Militärgeistlicher, eine Schande!"

„Wenn Sie ein gebildeter Mensch sind", machte ihn Schwejk aufmerksam, „dann gewöhnen Sie sich ab, in einer fremden Wohnung zu spucken. Oder glauben Sie, weil Weltkrieg is, können Sie sich alles erlauben? Sie solln sich anständig benehmen und nicht wie ein Menschenfresser, Sie solln fein vorgehn, anständig reden und sich nicht aufführen wie ein Gassenbub, Sie blöder Zivilist, Sie!"

Der strenge Herr stand vom Stuhl auf, begann vor Aufregung zu zittern und schrie:

„Was unterstehn Sie sich da, wenn ich kein anständiger Mensch bin, was bin ich also, sprechen Sie...!"

„Ein Scheißer sind Sie", entgegnete Schwejk, ihm in die Augen blickend, „Sie spucken auf die Erde, wie wenn Sie in der Elektrischen, im Zug oder in einem öffentlichen Lokal warn. Ich hab mich in einem fort gewundert, warum dort überall Zettel hängen, daß das Spucken auf die Erde verboten is, und jetzt seh ich, daß das wegen Ihnen is. Man muß Sie wahrscheinlich überall sehr gut kennen."

Der strenge Herr wechselte die Gesichtsfarbe und bemühte sich, mit einem Ansturm von Schimpfworten zu antworten, die an Schwejk und an den Feldkuraten adressiert waren.

„Sind Sie fertig mit Ihrer Rede?" fragte Schwejk ruhig (als das letzte „Lumpen seid ihr beide, wie der Herr, so der Knecht" verklungen war), „oder wolln Sie noch was hinzufügen, bevor Sie die Stiege herunterfliegen?"

Da der strenge Herr bereits so erschöpft war, daß ihm kein würdiger Schimpfname mehr einfiel, weshalb er verstummte, nahm Schwejk an, daß er vergeblich auf eine Ergänzung warten würde. Er öffnete die Tür, kehrte den strengen Herrn mit dem Gesicht zum Gang und versetzte ihm einen Stoß, für den sich nicht einmal der beste Spieler der besten internationalen Fußball-Meistermannschaft hätte schämen müssen.

Und hinter dem strengen Herrn erscholl Schwejks Stimme auf der Stiege:

„Nächstens, wenn Sie zu anständigen Leuten auf Besuch gehn, so benehmen Sie sich anständig."

Der strenge Herr ging lange unter den Fenstern auf und ab und wartete auf den Feldkuraten.

Schwejk öffnete das Fenster und beobachtete ihn.

Schließlich kehrte der Feldkurat zurück; er führte den Gast ins Zimmer und ließ ihn sich gegenüber auf einem Stuhl Platz nehmen. Schwejk brachte schweigend einen Spucknapf und stellte ihn vor den Gast.

„Was machen Sie da, Schwejk?"

„Melde gehorsamst, Herr Feldkurat, mit dem Herrn war hier schon eine kleine Unannehmlichkeit wegen Spucken aufn Fußboden."

„Verlassen Sie uns, Schwejk, wir haben etwas miteinander zu erledigen."

Schwejk salutierte. „Melde gehorsamst, Herr Feldkurat, daß ich Sie verlasse."

Er ging in die Küche, und im Zimmer wurde ein überaus interessantes Gespräch geführt.

„Sie sind das Geld für den Wechsel holen gekommen, wenn ich mich nicht irre?" fragte der Feldkurat seinen Gast. „Ja, und ich hoffe..." Der Feldkurat seufzte.

„Der Mensch kommt in solche Situationen, daß ihm nur eine einzige Hoffnung

142

bleibt. Wie schön ist das Wörtchen ‚hoffen' aus jenem Kleeblatt, das den Menschen aus dem Chaos des Lebens emporhebt: ‚Glaube, Hoffnung, Liebe'."

„Ich hoffe, Herr Feldkurat, daß der Betrag..."

„Gewiß, Verehrter", unterbrach ihn der Feldkurat, „ich kann nochmals wiederholen, daß das Wort ‚hoffen' den Menschen in seinem Kampf mit dem Leben stärkt. Auch Sie verlieren nicht die Hoffnung. Wie schön ist es, ein bestimmtes Ideal zu haben, ein unschuldiges reines Wesen zu sein, das Geld auf einen Wechsel leiht und die Hoffnung hat, ihn rechtzeitig eingelöst zu bekommen. Hoffen, unaufhörlich hoffen, daß ich Ihnen 1200 Kronen auszahlen werde, während ich in der Tasche nicht ganz hundert habe."

„Sie haben also...", stotterte der Gast.

„Ja, Ich habe also", antwortete der Feldkurat.

Das Antlitz des Gastes nahm abermals einen zornigen und bösen Ausdruck an.

„Herr, das ist Betrug", sagte er, indem er sich erhob, „Beruhigen Sie sich, geehrter Herr..."

„Das ist Betrug!" schrie hartnäckig der Gast, „Sie haben mein Vertrauen mißbraucht!"

„Mein Herr", sagte der Feldkurat, „Ihnen wird entschieden Luftveränderung guttun, hier ist es zu schwül!"

„Schwejk!" rief er in die Küche, „dieser Herr wünscht an die frische Luft zu gehn."

„Melde gehorsamst, Herr Feldkurat", ertönte es aus der Küche, „daß ich diesen Herrn schon einmal herausgeworfn hab."

„Wiederholen!" lautete der Befehl, der schnell, scharf und energisch vollführt wurde.

„Das ist gut, Herr Feldkurat", sagte Schwejk, als er vom Flur zurückkehrte, „daß wir mit ihm Schluß gemacht ham, bevor er uns hier einen Radau geschlagen hat. In Maleschitz war ein Schenkwirt, ein Schriftkundiger, der auf alles Zitate aus der Heiligen Schrift gehabt hat, und wenn er jemandem mit dem Ochsenziemer eins heruntergehaut hat, hat er immer gesagt: ‚Wer der Rute spart, haßt seinen eigenen Sohn; doch wer ihn liebt, züchtigt ihn beizeiten, ich wer dir geben, dich hier im Wirtshaus zu raufn!"

„Sehn Sie, Schwejk, wie es mit so einem Menschen endet, der den Priester nicht ehrt." Der Feldkurat lächelte. „Der heilige goldzüngige Johannes hat gesagt: ‚Wer den Priester ehrt, ehrt Christus, wer den Priester demütigt, demütigt Jesus Christus, dessen Stellvertreter der Priester ist.'

Abbildung 28: K.u.K. Landwehrsoldaten 1917 (Quelle: unbekannter Fotograf)

Für morgen müssen wir uns einwandfrei vorbereiten. Machen Sie eingerührte Eier mit Schinken, kochen Sie einen Bordeauxpunsch, und dann werden wir uns der Meditation widmen, denn wie es im Abendgebet heißt: ‚Herr, gib diesem Haus deine Gnade und halte alle Nachstellungen des bösen Feindes ferne von ihm.'"

Auf der Welt gibt es standhafte Menschen, zu denen auch der bereits zweimal aus der Wohnung des Feldkuraten hinausgeworfene Mann gehörte. Gerade als das Nachtmahl fertig war, läutete jemand. Schwejk öffnete, kam bald darauf zurück und meldete: „Er is wieder da, Herr Feldkurat. Ich hab ihn derweil ins Badezimmer eingesperrt, damit wir in Ruh nachtmahln können."

„Daran tun Sie nicht gut, Schwejk", sagte der Feldkurat, „Gast ins Haus, Gott ins Haus. In alten Zeiten hat man sich bei Gastmählern von Mißgeburten belustigen lassen. Führen Sie ihn her, er soll uns unterhalten!"

Schwejk kehrte bald darauf mit dem standhaften Mann zurück, der düster vor sich hin blickte.

„Setzen Sie sich", forderte ihn der Feldkurat freundlich auf, „wir beenden gerade

144

unser Nachtmahl. Wir haben Hummern und Lachs gehabt und jetzt noch eingerührte Eier mit Schinken. Ja, uns gehts fein, die Leute borgen uns Geld."

„Ich hoffe, daß ich nicht zum Scherz hier bin", sagte der düstere Mann, „ich bin
heute schon zum dritten Mal hier. Ich hoffe, daß sich jetzt alles aufklären wird."

„Melde gehorsamst, Herr Feldkurat", bemerkte Schwejk. „daß er nicht loszuwerden is, wie ein gewisser Bousdiek aus Lieben. Achtzehnmal am Abend ham sie ihn
bei ‚Exner' heraus geschmissen und immer is er ihnen wieder zurückgekommen,
daß er die Pfeife dort vergessen hat. Er is ihnen zum Fenster hineingekrochen, zur
Tür, aus der Küche, über die Mauer ins Lokal, durchn Keller in den Ausschank
und hätt sich vielleicht aus dem Schornstein heruntergelassen, wenn ihn die Feuerwehr nicht vom Dach heruntergeholt hätt. So ausdauernd war er, daß er Minister
oder Abgeordneter hätt wern können. Sie ham für ihn gemacht, was sie konnten."

Der standhafte Mann wiederholte hartnäckig, als achte er nicht auf das, was man
sprach: „Ich will Klarheit haben und wünsche angehört zu werden."

„Es sei Ihnen gewährt", sagte der Feldkurat, „sprechen Sie, geehrter Herr. Sprechen Sie, solange Sie wollen, und wir werden einstweilen unser Mahl fortsetzen.
Ich hoffe, daß Sie dies beim Erzählen nicht stören wird, Schwejk, tragen Sie auf."

„Wie Ihnen bekannt ist", sagte der Standhafte, „wütet der Krieg. Den Betrag
habe ich Ihnen vor dem Krieg geborgt, und wenn nicht Krieg wäre, möcht ich
nicht auf Bezahlung drängen. Aber ich habe traurige Erfahrungen gemacht."

Er zog ein Notizbuch aus der Tasche und fuhr fort: „Ich habe alles eingetragen,
Oberleutnant Janata war mir 700 Kronen schuldig und hat sich unterstanden, an
der Drina zu fallen. Leutnant Praschek ist an der russischen Front in Gefangenschaft geraten und ist mir 2000 Kronen schuldig. Hauptmann Wichterle, der mir
den gleichen Betrag schuldet, hat sich hinter Rawaruska von den eigenen Soldaten
umbringen lassen. Oberleutnant Maschek, der in Serbien gefangen ist, schuldet mir
1000 Kronen. Es gibt mehr solcher Leute hier. Einer fällt in den Karpaten mit
einem unbezahlten Wechsel von mir, einer gerät in Gefangenschaft, einer ertrinkt
mir in Serbien, einer stirbt in Ungarn im Spital. Jetzt begreifen Sie meine Befürch-
tungen, daß dieser Krieg mich ruinieren wird, wann ich nicht energisch und unerbittlich sein werde. Sie können einwenden, daß bei Ihnen keine direkte Gefahr
droht. Schaun Sie."

Er streckte dem Feldkuraten sein Notizbuch unter die Nase: „Da sehn Sie: Feldkurat Mathias in Brunn, vor einer Woche in der Isolierabteilung im Krankenhaus
gestorben. Ich mächt mir die Haare ausraufen. 1800 Kronen hat er mir nicht be-

zahlt und geht in die Cholerabaracke einen Menschen versehen, der ihn nichts angegangen ist."

„Das war seine Pflicht, lieber Herr", sagte der Feldkurat, „ich geh auch morgen versehen."

„Und auch in die Cholerabaracke", bemerkte Schwejk, „Sie können mitgehn, damit Sie sehn, was es heißt, sich zu opfern."

„Herr Feldkurat", sagte der standhafte Mann, „glauben Sie mir, ich bin in einer verzweifelten Situation. Führt man deshalb Krieg, damit er alle meine Schuldner aus der Welt schafft?"

„Bis man Sie assentieren wird und Sie ins Feld gehen wern", bemerkte Schwejk abermals, „so wern wir mitm Herrn Feldkurat eine heilige Messe lesen, damit der himmlische Gott gibt, daß die erste Granate Sie zu zerreißen geruht."

„Herr, das ist eine ernste Sache", sagte der Standhafte zum Feldkuraten, „ich verlange von Ihnen, daß Ihr Diener sich nicht in unsere Angelegenheit einmischt, damit wir zu Ende kommen können."

„Erlauben Sie, Herr Feldkurat", ließ sich Schwejk vernehmen, „befehlen Sie mir gefälligst wirklich, ich soll mich nicht in Ihre Angelegenheiten mischen, sonst wer ich weiter Ihre Interessen verteidigen, wie sichs für einen ordentlichen und anständigen Soldaten schickt. Der Herr hat vollkommen recht, er will allein von hier weggehn. Ich hab auch nicht gern Auftritte, ich bin ein Gesellschaftsmensch."

„Schwejk, mich fängt es schon zu langweilen an", sagte der Feldkurat, als bemerke er nicht die Anwesenheit des Gastes, „ich hab geglaubt, daß der Mensch uns unterhalten und uns Anekdoten erzählen will, und er verlangt, ich soll Ihnen befehlen, Sie solln sich nicht hineinmischen, obzwar Sie schon zweimal mit ihm zu tun hatten. An einem Abend, wo ich vor so einer wichtigen religiösen Handlung stehe, wo ich alle meine Sinne zu Gott wenden soll, belästigt er mich mit einer dummen Geschichte wegen lausigen 1200 Kronen, lenkt mich ab von der Prüfung meines Gewissens, von Gott, und will, ich soll ihm noch einmal sagen, daß ich ihm jetzt nichts gebe. Ich will nicht länger mit ihm sprechen, um mir diesen heiligen Abend nicht zu verderben. Sagen Sie ihm selbst, Schwejk: ‚Der Herr Feldkurat gibt Ihnen nichts!'"

Schwejk erfüllte den Befehl und brüllte dem Gast ins Ohr. Der standhafte Gast blieb jedoch weiterhin sitzen.

„Schwejk", forderte diesen der Feldkurat auf, „fragen Sie ihn, wie lange er glaubt, daß er hier noch herumgaffen wird!"

„Ich rühr mich nicht von hier, solang ich nicht bezahlt bekomme!" sagte hartnäckig der Standhafte.

Der Feldkurat stand auf, ging zum Fenster und sagte: „In diesem Fall übergebe ich ihn Ihnen, Schwejk. Machen Sie mit ihm, was Sie wolln."

„Kommen Sie, Herr", sagte Schwejk, den unliebsamen Gast an der Schulter packend, „aller guten Dinge sind drei."

Und er wiederholte seine Funktion rasch und elegant, während der Feldkurat einen Trauermarsch auf das Fenster trommelte. Dieser der Meditation gewidmete Abend durcheilte mehrere Phasen. Der Feldkurat näherte sich Gott so andächtig und inbrünstig, daß noch um Mitternacht aus seiner Wohnung der Gesang drang:

„Wie wir abgezogen sind, weinten sich die Mädel blind..."

Mit ihm sang auch der brave Soldat Schwejk.

Im Militärspital verlangten zwei Menschen nach der Letzten Ölung. Ein alter Major und ein Bankdisponent, ein Reserveoffizier. Beide hatten in den Karpaten eine Kugel in den Bauch bekommen und lagen nebeneinander. Der Reserveoffizier hielt es für seine Pflicht, sich mit den Sterbesakramenten versehen zu lassen, weil sein Vorgesetzter nach der Letzten Ölung verlangte. Sich nicht auch versehen zu lassen, hielt er für eine Subordinationsverletzung. Der fromme Major tat es aus Klugheit, denn er glaubte, ein Gebet könne einen Kranken gesund machen. In der Nacht vor der Letzten Ölung starben jedoch beide, und als sich am Morgen der Feldkurat mit Schwejk einstellte, lagen sie mit schwarz verfärbten Gesichtern unter einem Leinentuch wie alle, die an Erstickung sterben. „So viel Müh hamr uns gegeben, Herr Feldkurat, und jetzt ham sies uns verdorben", ärgerte sich Schwejk, als man ihnen in der Kanzlei meldete, daß die beiden ihrer nicht mehr bedurften.

Und es war wahr, sie hatten sich Mühe gegeben. Sie waren in einer Droschke gefahren, Schwejk hatte geläutet, und der Feldkurat hatte das Fläschchen mit dem Öl in eine Serviette gewickelt in der Hand gehalten und mit ernsthaftem Gesicht die Vorübergehenden, die den Hut zogen, gesegnet.

Es waren ihrer freilich nicht viele, obwohl Schwejk bemüht war, mit seinem Glöckchen einen ungeheuren Lärm zu machen.

Der Droschke liefen ein paar unschuldige Knaben nach, von denen einer hinten aufsaß, worauf seine Gefährten unisono anhuben: „Dem Wagen nach, dem Wagen nach."

Und Schwejk läutete dazwischen, der Droschkenkutscher schlug mit der Peitsche nach rückwärts, in der Wassergasse holte eine Hausmeisterin, Mitglied der Marienkongregation, die Droschke laufend ein, ließ sich im Fahren segnen, bekreuzigte sich, spuckte hierauf aus: „Sie fahren mit dem Herrgott wie von Teufeln gejagt! Schwindsucht kann man kriegen!" und kehrte atemlos zu ihrem früheren Platz zurück.

Am meisten beunruhigte die Stimme des Glöckchens den Droschkengaul, den es offenbar an etwas aus vergangenen Jahren erinnerte, denn er blickte unaufhörlich nach hinten und machte von Zeit zu Zeit den Versuch, auf dem Pflaster zu tanzen. Das war also die Mühe, von der Schwejk gesprochen hatte. Der Feldkurat ging inzwischen in die Kanzlei, um die finanzielle Seite der Letzten Ölung zu erledigen und rechnete dem Rechnungsfeldwebel aus, daß das Militär-Ärar ihm an 150 Kronen für das geweihte Öl und den Weg schulde.

Dann folgte ein Streit zwischen dem Spitalskommandanten und dem Feldkuraten, wobei der Feldkurat mehrmals mit der Faust auf den Tisch schlug und erklärte: „Glauben Sie nur ja nicht, Herr Hauptmann, daß die Letzte Ölung umsonst ist. Wenn ein Offizier von den Dragonern zu den Pferden ins Gestüt kommandiert wird, so zahlt man ihm auch Diäten. Ich bedaure wirklich, daß die beiden die Letzte Ölung nicht erlebt haben. Es wäre um 50 Kronen teurer."

Schwejk wartete inzwischen unten in der Wachstube mit dem Fläschchen heiligen Öls, das bei den Soldaten aufrichtiges Interesse erregte. Jemand meinte, daß sich mit diesem Öl sehr gut Gewehre und Bajonette reinigen ließen.

Ein junger Soldat aus dem Böhmisch-Mährischen Hochland, der noch an Gott glaubte, bat, man möge nicht über solche Dinge sprechen und die heiligen Geheimnisse nicht in die Debatte ziehen. Wir müssen christlich hoffen.

Ein alter Reservist blickte den Grünschnabel an und sagte:

„Hübsches Hoffen, daß dir ein Schrapnell den Kopf abreißt. Man hat uns was aufgebunden. Einmal is irgendein klerikaler Abgeordneter zu uns gekommen und hat von Gottes Frieden gesprochen, der sich über die Erde wölbt, und wie Gott sich keinen Krieg wünscht und will, daß wir alle in Frieden leben und uns vertragen wie Brüder. Und schaut euch ihn an, den Ochsen, seit der Krieg ausgebrochen is, betet man in allen Kirchen für den Sieg der Waffen, und vom lieben Gott spricht man wie von einem Generalstabschef, der diesen Krieg lenkt und dirigiert. Hier aus dem Militärspital hab ich schon hübsch viel Begräbnisse herausfahren gesehn, und abgeschnittene Beine und Arme führt man von hier in Wagenladungen fort."

„Und die Soldaten werden nackt begraben", sagte ein anderer Soldat, „und ihre

Montur zieht man wieder einem andern lebenden an, und so gehts fort."

„Solang wirs nicht gewinnen", bemerkte Schwejk.

„So ein Pfeifendeckel will was gewinnen", ließ sich aus der Ecke ein Korporal vernehmen.

„An die Front mit euch, in die Schützengräben, und vorwärts mit aufgepflanztem Bajonett über die Drahtverhaue, Minen und Feuerwerfer. Sich im Hinterland herumwälzen, das trifft jeder, und keiner hat Lust zu falln."

„Ich glaub auch, daß es sehr schön is, sich von einem Bajonett durchbohren zu lassen", sagte Schwejk, „und es is auch nicht schlecht, eine Kugel in den Bauch zu kriegen, und noch besser is, wenn einen eine Granate zerreißt und man sieht, daß die eigenen Beine samtn Bauch etwas weit von einem entfernt sind. Es wird einem so komisch zumut, daß man früher darüber stirbt, bevors einem jemand erklären kann."

Der junge Soldat seufzte aufrichtig. Ihn dauerte sein junges Leben und daß er in einem so dummen Jahrhundert geboren worden war, um abgeschlachtet zu werden wie eine Kuh auf der Schlachtbank. Warum war denn das alles?

Ein Soldat, Lehrer von Beruf, bemerkte, als lese er Gedanken:

„Manche Gelehrten erklären den Krieg als eine Folgeerscheinung der Sonnenflecke. Sobald so ein Fleck entsteht, kommt immer etwas Fürchterliches. Die Eroberung Karthagos..."

„Lassen Sie sich Ihre Gelehrsamkeit", unterbrach ihn der Korporal, „und gehn Sie lieber das Zimmer kehren, heut sind Sie an der Reihe. Was gehn uns Ihre dummen Flecke auf der Sonne an. Meinetwegen können zwanzig dort sein, ich kauf mir nichts dafür."

„Diese Flecke auf der Sonne ham wirklich eine große Bedeutung", mischte sich Schwejk ein, „einmal hat sich so ein Fleck gezeigt und noch am selben Tag hab ich bei ‚Banzet' in Nusle Dresch bekommen. Seit der Zeit hab ich immer, wenn ich ausgegangen bin, in der Zeitung gesucht, ob sich nicht wieder ein Fleck gezeigt hat. Und wie er sich gezeigt hat, lebwohl Marie, bin ich nirgends hingegangen, und nur so hab ichs überlebt.

Wie damals der Vulkan Mont Pete die ganze Insel Martinique vernichtet hat, hat ein Professor in der ‚Narodni Politika' geschrieben, daß er die Leser schon längst auf einen großen Fleck auf der Sonne aufmerksam gemacht hat. Und die „Narodni Politika" is halt nicht rechtzeitig auf dieser Insel angekommen, und so habens die Leute auf der Insel davongetragen."

Inzwischen traf der Feldkurat oben in der Kanzlei mit einer Dame von der „Vereinigung für adelige Damen zur Pflege der religiösen Erziehung von Soldaten" zusammen, einer alten, widerwärtigen Sirene, die bereits vom frühen Morgen an im Spital herumging und überall Heiligenbilder verteilte, die die verwundeten und kranken Soldaten in die Spucknäpfe warfen.

Mit ihrem dummen Gequatsche, sie möchten aufrichtig ihre Sünden bereuen und sich wahrhaft bessern, damit der liebe Gott ihnen nach dem Tode ewigen Frieden gebe, brachte sie bei ihrem Rundgang alle in Erregung.

Abbildung 29: Landwehr-Kaserne in Budweis (Quelle: Postkarte von unbekanntem Autor)

Sie war blaß, als sie mit dem Feldkuraten darüber sprach, wie der Krieg, statt zu veredeln, aus den Soldaten Tiere mache. Unten hätten die Maroden die Zunge auf sie herausgesteckt und ihr gesagt, sie sei eine Vogelscheuche und eine himmlische Ziege. „Das ist wirklich schrecklich, Herr Feldkurat, das Volk ist verdorben."

Und sie erzählte eifrig, wie sie sich die religiöse Erziehung des Soldaten vorstelle. Nur wenn der Soldat an Gott glaube und religiöses Gefühl besitze, kämpfe er tapfer für seinen Kaiser, dann fürchte er nicht den Tod, weil er wisse, daß das Paradies seiner harre.

Die Schwätzerin sagte noch manche ähnliche Dummheit, und man merkte, daß sie entschlossen war, den Feldkuraten nicht lockerzulassen, bis sich dieser höchst ungalant empfahl.

150

„Wir fahren nach Hause, Schwejk!" rief er in die Wachstube. Auf dem Heimweg legten sie keine Ehre ein.

„Nächstens soll versehen fahren, wer will", sagte der Feldkurat, „da soll man sich wegen der Seele, die man erlösen will, mit ihnen ums Geld herumschlagen. Die Rechnungsoffiziere sind eine Bagage."

Als er in Schwejks Händen das Fläschchen mit dem „geweihten" Öl erblickte, verfinsterte sich sein Gesicht:

„Die beste Lösung ist, Schwejk, wenn Sie mir und sich mit diesem Öl die Stiefel schmieren werden."

„Ich wer versuchen, auch das Schloß damit zu öln", fügte Schwejk hinzu, „es knarrt schrecklich, wenn Sie in der Nacht nach Haus kommen."

So endete die Letzte Ölung, zu der es nicht gekommen war.

14. Schwejk als Offiziersdiener bei Oberleutnant Lukasch

chwejks Glück sollte nicht lange währen. Das unerbittliche Schicksal zerriß das freundschaftliche Verhältnis zwischen ihm und dem Feldkuraten. War der Feldkurat bis zu dieser Begebenheit eine sympathische Gestalt, so ist das, was er jetzt tat, geeignet, ihm die sympathische Maske vom Gesicht zu reißen.

Feldkurat verkaufte Schwejk an Oberleutnant Lukasch oder, besser gesagt, er verspielte ihn beim Kartenspiel. So hat man früher in Kurland die Leibeigenen verkauft. Es kam so unverhofft. In einer Gesellschaft bei Oberleutnant Lukasch spielte man „Einundzwanzig".

Der Feldkurat verspielte alles, und zu guter Letzt sagte er:

„Wieviel borgen Sie mir auf meinen Burschen? Ein kolossaler Trottel und eine interessante Figur, etwas non plus ultra. So einen Burschen hat noch niemand gehabt."

„Ich borg dir hundert Kronen", machte sich Oberleutnant Lukasch erbötig, „wenn ich sie bis übermorgen nicht bekomme, schickst du mir diese Rarität. Mein Putzfleck ist ein ekelhafter Mensch. Fortwährend seufzt er, schreibt nach Hause Briefe, und dabei stiehlt er, was ihm unter die Hand kommt. Ich hab ihn schon geschlagen, aber es nützt nichts. Ich ohrfeige ihn, sooft ich ihn sehe, aber es hilft nichts. Ich hab ihm ein paar Vorderzähne herausgehaun, aber der Kerl bessert sich nicht."

„Also es gilt", sagte der Feldkurat leichtsinnig, „entweder übermorgen hundert Kronen oder den Schwejk."

Er verlor auch die hundert Kronen und ging traurig nach Hause. Er wußte bestimmt und zweifelte in keiner Weise daran, daß er bis übermorgen die hundert Kronen nicht auftreiben werde und Schwejk eigentlich elend und miserabel verkauft hatte.

„Ich hätt mir um zweihundert Kronen sagen solln", sagte er sich ärgerlich, aber als er in den „Einser" der elektrischen Straßenbahn stieg, die ihn binnen kurzem nach Hause bringen sollte, wurde er von Sentimentalität und Vorwürfen befallen.

„Es ist nicht hübsch von mir", dachte er, als er an der Tür seiner Wohnung klingelte, „wie werde ich in seine dummen, gutmütigen Augen blicken können."

„Lieber Schwejk", sagte er, als er zu Hause war, „heute hat sich etwas Ungewöhnliches ereignet. Ich hab ein schreckliches Pech im Kartenspiel gehabt. Ich hab alles hoppgenommen und das As in der Hand gehabt, dann ist ein Zehner gekommen, und der Bankhalter hat den Buben in der Hand gehabt und hats auch auf einund-zwanzig gebracht. Ich hab paarmal aufs As oder den Zehner gezogen, und immer hab ich das gleiche Blatt wie der Bankhalter gehabt. Ich hab alles Geld verspielt." Er verstummte.

„Und zum Schluß hab ich Sie verspielt. Ich hab mir auf Sie hundert Kronen aus-geborgt, und wenn ich sie bis übermorgen nicht zurückgebe, werden Sie nicht mehr mir, sondern Oberleutnant Lukasch gehören. Mir tut es wirklich leid…"

„Hundert Kronen hab ich noch", sagte Schwejk, „ich kann sie Ihnen borgen."

„Geben Sie her", sagte der Feldkurat neu belebt, „ich trag sie gleich zu Lukasch. Ich möcht mich wirklich ungern von Ihnen trennen."

Lukasch war sehr überrascht, als er den Feldkuraten abermals erblickte.

„Ich komm dir die Schuld bezahlen", sagte der Feldkurat, siegesbewußt umher-blickend, „laßt mich mitspielen."

„Hop", ließ sich der Feldkurat vernehmen, als die Reihe an ihn kam. „Um ein Aug", rief er aus, „ich hab zuviel gezogen."

„Also hop", sagte er bei der zweiten Runde, „hop — blind."

„Zwanzig nimmt", verkündete der Bankier.

„Ich hab ganze neunzehn", sagte der Feldkurat leise, während er die ersten 40 Kronen von dem Hunderter in die Bank legte, den Schwejk ihm geborgt hatte, um sich von der neuen Leibeigenschaft loszukaufen. Auf dem Heimwege gelangte der Feldkurat zu der Überzeugung, daß Schluß sei, daß nichts mehr Schwejk retten könne und daß es Schwejks Verhängnis sei, bei Oberleutnant Lukasch dienen zu müssen. Und als Schwejk öffnete, sagte er ihm: „Alles vergeblich, Schwejk. Dem Schicksal kann niemand entrinnen. Ich hab Sie samt Ihren hundert Kronen ver-spielt. Ich hab alles getan, was in meiner Macht stand, aber das Schicksal ist stärker als ich. Es hat Sie Oberleutnant Lukasch in die Arme geworfen, und wir müssen Abschied nehmen."

„Und war viel in der Bank?" fragte Schwejk ruhig, „oder ham Sie selbst Vorhand gehabt? Wenn die Karte schlecht fällt, is es sehr schlecht, aber manchmal is es ein Malör, wenns gar zu gut geht. Am Zderaz hat ein gewisser Klempner Wejwoda gelebt, und der hat immer Mariage in dem Wirtshaus hinter dem ‚Hundertjährigen Kaffeehaus' gespielt.

Einmal, der Teufel hats ihm eingeblasen, sagt er auch: ‚Wie wärs, wenn wir Einundzwanzig um ein Fünferl schmeißen möchten.' Sie ham also Einundzwanzig um ein Fünferl gespielt, und er hat die Bank gehalten. Alle lind top geworden, und so is es bis auf einen Zehner angewachsen. Der alte Wejwoda wollt auch den andern was gönnen und hat immerfort gesagt: ‚Die Kleine zieht.' Sie können sich aber nicht vorstelln, was für ein Pech er gehabt hat. Die Kleine is nicht und nicht gekommen, die Bank is anwachsen, und es war schon ein Hunderter drin. Von den Spielern hat niemand so viel gehabt, daß ers hätt hoppnehmen können, und der Wejwoda war schon ganz verschwitzt. Man hat nichts anderes gehört als: ‚die Kleine zieht', sie ham zu fünft gesetzt und sind alle hineingefallen. Der Schornsteinfegermeister hat Wut gekriegt, is sich nach Haus um Geld gegangen, wie schon über anderthalb Hundert drin war, und hats hoppgenommen. Der Wejwoda wollts los sein, und wie er später gesagt hat, wollt er sogar bis dreißig ziehn, nur damit ers nicht gewinnt, und hat derweil zwei As gekriegt. Er hat gemacht, wie wenn nichts, und hat absichtlich gesagt: ‚Sechzehn nimmt', und der Schornsteinfeger hat alles in allem fünfzehn gehabt. Is das nicht Pech? Der alte Wejwoda war ganz blaß und unglücklich, ringsherum hat man schon geschimpft und geflüstert, daß er schwindelt, daß er schon einmal wegen Falschspielen Dresch bekommen hat, obzwar er der ehrlichste Spieler war, und alle ham eine Krone nach der andern geblecht. Es waren schon fünfhundert Kronen drin. Der Wirt hats nicht ausgeholten. Er hat grad Geld fürs Bräuhaus vorbereitet gehabt, so hat ers genommen, hat sich zu ihnen gesetzt, hat zuerst zu zwei Hunderten hineingesteckt, dann hat er die Augen zugemacht, den Sessel umgedreht, damit ihm Glück bringt, und hat gesagt, daß er das alles, was in der Bank is, hoppnimmt.

„Wir spieln mit offenen Karten", hat er gesagt. Der alte Wejwoda hätt, ich weiß nicht was, dafür gegeben, daß er jetzt verliert. Alle ham sich gewundert, wie er aufgedeckt hat und sich ein Siebner gezeigt hat und er sich ihn gelassen hat. Der Wirt hat sich in den Bart gelacht, weil er einundzwanzig gehabt hat. Der alte Wejwoda hat einen zweiten Siebner gekriegt und hat sich ihn auch gelassen. „Jetzt kommt ein As oder ein Zehner", hat der Wirt giftig gesagt, ‚ich wett meinen Hals, Herr Wejwoda, daß Sie top sein wern.' Es war unglaublich still. Wejwoda deckt auf, und der dritte Siebner zeigt sich. Der Wirt is bleich wie Kreide worden, es war sein letztes Geld, is in die Küche gegangen, und in einer Weile kommt der Junge gelaufen, was bei ihm gelernt hat, wir solln den Herrn Wirt abschneiden kommen, daß er herich an der Klinke am Fenster hängt. Wir ham ihn also abgeschnitten, zu sich gebracht, und man hat weitergespielt. Niemand hat mehr Geld gehabt, alles war in der Bank vorm Wejwoda, der nur gesagt hat: ‚Die Kleine zieht' und um alles in der Welt nur top sein wollt, aber weil er seine Karten umdrehn und aufn Tisch hat legen müssen, hat er keinen Betrug machen und nicht absichtlich zuviel ziehn können. Alle waren schon ganz blöd von seinem Glück und ham beschlossen, daß sie, weil sie schon kein Geld mehr gehabt ham, Schuldverschreibungen geben wern. Es dauerte mehrere Stunden, und vor Wejwoda wuchsen Tausende und Tausende. Der Schornsteinfegermeister war der Bank schon über anderthalb Millionen schuldig, der Kohlenmann vom Zderaz ungefähr eine Million, der Hausmeister aus dem ,Hundertjährigen Kaffeehaus' 800000 Kronen, ein Mediziner über zwei Millionen. In der Geldschüssel allein waren über 300000 auf lauter Papierschnitzeln. Der alte Wejwoda hats verschieden probiert. Er is fort aufn Abort gegangen und hats Blatt immer einem andern gegeben, daß ers für ihn nimmt, und wenn er zurückgekommen is, hat der ihm gemeldet, daß er gewonnen hat, daß er einundzwanzig gezogen hat. Sie ham um neue Karten geschickt, und es hat wieder nichts genützt. Wenn der Wejwoda auf fünfzehn stehngeblieben is, so hat der andere vierzehn gehabt. Alle ham den alten Wejwoda wütend angeschaut, und am meisten hat ein Pflasterer geschimpft, der alles in allem bare acht Kronen hinein gegeben hat. Der hat offen erklärt, daß so ein Mensch, wie der Wejwoda, nicht in der Welt herumlaufen sollt und daß man ihn verdreschen, herauswerfen und wie einen jungen Hund ersaufen sollt. Sie können sich nicht die Verzweiflung vom alten Wejwoda vorstelln. Schließlich is er auf einen Einfall gekommen. ,Ich geh aufn Abort', sagt er zum Schornsteinfeger, ,nehmen Sie für mich, Herr Meister.' Und nur so, ohne Hut, is er auf die Gasse gelaufen, direkt in die Myslikgasse um die Polizei. Er hat eine Patrouille gefunden und hat ihr angezeigt, daß man in dem und dem Gasthaus Hasard spielt. Die Polizisten ham ihn aufgefordert, er soll vorausgehn, daß sie ihm gleich nachkommen. Er is also zurückgekommen, und man hat ihm gemeldet, daß der Mediziner indessen über zwei Millionen verspielt hat und der Hausmeister über drei. Und daß sie in die Bank eine Gutschrift auf 500 000 Kronen gegeben ham. In einer Weile sind die Polizisten hineingestürzt, der Pflasterer hat aufgeschrien: ,Rette sich, wer kann', aber es hat nichts genützt. Sie ham die Bank beschlagnahmt und alle auf die Polizei geführt. Der Kohlenmann von Zderaz hat sich widersetzt, so hat man ihn in der Gemeindetruhe hingeschafft. In der Bank war eine Schuldverschreibung über eine halbe Milliarde und an barem Geld fünfzehnhundert.

So was hab ich noch nie gefressen, hat der Polizeiinspektor gesagt, als er diese schwindelhaften Summen gesehen hat, ,das da is ärger als in Monte Carlo.'

Alle, bis auf den alten Wejwoda, sind bis früh dort geblieben. Den Wejwoda als Angeber ham sie freigelassen und ham ihm versprochen, daß er ein gesetzliches Drittel als Belohnung für die beschlagnahmte Bank kriegen wird, ungefähr über hundertsechzig Millionen, er is aber davon verrückt geworn, is in Prag herumgegangen und hat feuerfeste Kassen aufs Dutzend bestellt. Das nennt man Glück in den Karten."

Dann kochte Schwejk Grog, und die Szene endete damit, daß der Feldkurat, als es Schwejk in der Nacht gelang, ihn mit Anstrengung ins Bett zu schaffen, Tränen vergoß und weinte.

„Ich hab dich verkauft, Kamerad, schändlich verkauft, verfluch mich, prügel mich. Ich halte still. Ich hab dich den Bestien vorgeworfen. Ich kann dir nicht in die Augen schauen. Kratz mich, beiß mich, bring mich um. Ich verdien nichts Besseres. Weißt du, was ich bin?"

Und der Feldkurat, das verweinte Gesicht in die Kissen pressend, sagte leise, mit zarter, weicher Stimme: „Ich bin ein charakterloser Schuft", und schlief ein, als hätte man ihn ins Wasser geworfen.

Am nächsten Tag ging der Feldkurat, Schwejks Blicken ausweichend, zeitig früh fort und kehrte erst in der Nacht mit einem dicken Infanteristen zurück.

„Zeigen Sie ihm, Schwejk", sagte er, wiederum Schwejks Bücken ausweichend, „wo was liegt, damit er orientiert ist, und bringen Sie ihm bei, wie man Grog kocht. Früh melden Sie sich bei Oberleutnant Lukasch."

Schwejk und der neue Mann verbrachten die Nacht angenehm mit dem Kochen von Grog. Gegen früh konnte sich der dicke Infanterist kaum auf den Füßen halten und summte nur ein merkwürdiges Durcheinander von verschiedenen Nationalliedern vor sich hin, die er miteinander vermengte: „An Chodow vorbei fließt ein Wässerlein, meine Liebste schenkt dort rotes Bier, Berg, Berg, wie bist du hoch, Jungfern gingen übern Steg, am Weißen Berge ackert der Bauer."

„Um dich hab ich keine Angst", sagte Schwejk, „mit so einer Begabung wirst du dich beim Feldkuraten halten."

So geschah es, daß an diesem Vormittag Oberleutnant Lukasch zum erstenmal das ehrliche und aufrichtige Gesicht des braven Soldaten Schwejk erblickte, der ihm meldete: „Melde gehorsamst, Herr Oberlajtnant, ich bin der Schwejk, den, was der Herr Feldkurat in den Karten verspielt hat."

Die Institution der Offiziersdiener ist uralten Ursprungs. Es scheint, daß schon Alexander von Mazedonien seinen „Putzfleck" hatte. Sicher jedoch ist, daß zur Zeit des Feudalismus die Söldner der Ritter diese Rolle spielten. Was war der Sancho Pansa des Don Quijote? Es wundert mich, daß die Geschichte der Offiziersdiener bisher nicht geschrieben wurde. Sie würde uns darüber aufklären, daß der Herzog von Almavira seinen Soldatendiener bei der Belagerung Toledos ohne Salz aufgegessen hat, worüber der Herzog selbst in seinen Memoiren schreibt, wobei er erzählt, daß sein Diener ein zartes, mürbes, sehniges Fleisch hatte, das im Geschmack an etwas zwischen Huhn und Esel erinnerte. In einem alten schwäbischen Buch über die Kriegskunst finden wir auch Winke für Offiziersdiener. Der Putzfleck alter Zeiten sollte fromm, tugendhaft, wahrheitsliebend, bescheiden, tapfer, kühn, ehrlich, arbeitsam sein. Kurz, das Muster eines Menschen. Die Neuzeit hat an diesem Typus viel geändert. Der moderne „Pfeifendeckel" pflegt für gewöhnlich weder fromm noch tugendhaft und auch nicht wahrheitsliebend zu sein. Der moderne Putzfleck lügt, betrügt seinen Herrn und verwandelt dessen Leben häufig in eine wahre Hölle. Er ist ein schlauer Sklave, der die mannigfachsten Tricks ersinnt, um seinem Herrn das Leben zu verbittern. In dieser neuen Generation von Offiziersdienern gibt es nicht so opferwillige Geschöpfe, die sich von ihren Herren ohne Salz auffressen lassen würden wie der edle Fernando des Herzogs von Almavira. Anderseits sahen wir, daß die mit ihren Dienern der Neuzeit auf Tod und Leben kämpfenden Gebieter die mannigfachsten Mittel anwenden, um ihre Autorität zu wahren. Es pflegt dies eine Art der Schreckensherrschaft zu sein.

Im Jahre 1912 fand in Graz ein Prozeß statt, in dem ein Hauptmann, der seinen Putzfleck mit Fußtritten zu Tode gemartert hatte, eine bedeutende Rolle spielte. Der Hauptmann wurde damals freigesprochen, weil er es bereits zum zweiten Mal getan hatte. Nach den Ansichten dieser Herren hat das Leben eines Putzflecks keinen Wert. Er ist bloß ein Gegenstand. In vielen Fällen ein Watschenmann, ein Sklave, ein Mädchen für alles. Es ist daher kein Wunder, daß eine solche Stellung vom Sklaven Pfiffigkeit und Schlauheit verlangt. Seine Stellung auf unserem Planeten kann man nur mit den Leiden der Pikkolos aus alten Zeiten vergleichen, die durch Ohrfeigen und Martern zur Gewissenhaftigkeit erzogen wurden.

Es gibt jedoch Fälle, in denen sich ein Putzfleck zum Favoriten aufschwingt und dann wird er zum Schrecken der Kompanie, des Bataillons.

Alle Unteroffiziere bemühen sich, ihn zu bestechen. Er entscheidet über den Urlaub, er kann sich dafür einsetzen, daß es beim Rapport gut ausfällt.

Der Krieg veränderte das Verhältnis des Putzflecks zu seinem Herrn und machte ihn zum verhaßtesten Geschöpf der Mannschaft.

Der Putzfleck bekam immer eine ganze Konserve, wenn eine für je fünf Mann verabreicht wurde. Seine Feldflasche war immer voll Rum oder Kognak. Den ganzen Tag kaute ein solches Geschöpf Schokolade und süßen Offizierszwieback. Es rauchte die Zigaretten seines Offiziers, schmorte und kochte stundenlang und trug eine Extrabluse.

Der Offiziersdiener stand mit der Ordonnanz in vertraulichstem Verkehr und schanzte ihr reiche Abfälle von seinem Tisch und all die Vorteile zu, die er genoß. In das Triumvirat nahm er auch noch den Rechnungsfeldwebel mit auf. Dieses Trio, im unmittelbaren Verkehr mit dem Offizier lebend, kannte alle Operationen und Kriegspläne.

Der Schwarm, dessen Korporal mit dem Offiziersdiener verkehrte, war immer am besten informiert, wann es losgehen sollte. Wenn er sagte: „Um zwei Uhr fünfunddreißig nehmen wir Reißaus", so fingen die österreichischen Soldaten Punkt zwei Uhr fünfunddreißig an, sich vom Feinde loszulösen.

Der Offiziersdiener stand im intimsten Verkehr mit der Feldküche, trieb sich sehr gern beim Kessel herum und erteilte Befehle, als wäre er in einem Restaurant und hätte die Speisekarte vor sich. „Ich mächt Rippenfleisch", sagte er zum Koch, „gestern hast du mir Ochsenschwänz gegeben. Gib mir auch ein Stück Leber in die Suppe zu, du weißt, daß ich Milz nicht eß."

Aber am großartigsten war der Putzfleck im Arrangieren einer Panik. Beim Bombardement der Schützengräben fiel ihm das Herz in die Hosen. Er befand sich dann stets mit seinem und seines Herrn Gepäck in der sichersten Deckung, steckte den Kopf unter die Decke, damit ihn keine Granate entdecke, und hatte keinen andern Wunsch, als daß sein Herr verwundet werden möge, damit er mit ihm recht weit in die Etappe, ins Hinterland gelangen könne.

Die Panik pflegte er systematisch mit einer gewissen Geheimnistuerei herbeizuführen: „Mir scheint, sie legen das Telefon zusammen", teilte er vertraulich den Schwärmen mit. Und war glücklich, wenn er sagen konnte: „Sie hams schon zusammgelegt."

Niemand ergriff so gern die Flucht wie er. In so einem Augenblick vergißt er, daß über seinem Kopf Granaten und Schrapnells schwirrten, und bahnte sich unermüdlich mit dem Gepäck einen Weg zum Stab, wo der Train stand. Er liebte den österreichischen Train und liebte es außerordentlich, sich fahren zu lassen. Schlimmstenfalls benutzte er die Sanitätskarren. Mußte er zu Fuß gehen, machte er den Eindruck eines völlig vernichteten Menschen. In so einem Fall ließ er das Gepäck seines Herrn im Schützengraben und schleppte bloß seinen eigenen Besitz. Kam es vor, daß der Offizier sich durch Flucht vor der Gefangenschaft rettete und der Offiziersdiener nicht, vergaß dieser unter keinen Umständen, auch das Gepäck seines Herrn in die Gefangenschaft mitzunehmen. Es ging in seinen Besitz über, an dem er mit ganzer Seele hing! Ich habe einen in Kriegsgefangenschaft geratenen Offiziersdiener gesehen, der von Dubno mit den andern zu Fuß bis nach Darnic hinter Kiew gegangen war. Er hatte nebst seinem Rucksack und dem Rucksack seines Offiziers, der der Gefangennahme entronnen war, fünf Handkoffer verschiedener Größe, zwei Decken und ein Polster nebst einem Gepäckstück, daß er auf dem Kopf trug, bei sich. Er beschwerte sich, die Kosaken hätten ihm zwei Koffer gestohlen.

Nie werde ich diesen Menschen vergessen, der sich so durch die ganze Ukraine schleppte. Er war ein lebendiger Spediteurwagen, und ich kann mir nicht erklären, wie er das alles ertragen, so viele Hundert Kilometerweit schleppen, damit noch Taschkent fahren und es behüten konnte, um dann auf seinem Gepäck im Gefangenenlager an Flecktyphus zu sterben.

Heute sind die Offiziersdiener über unsere ganze Republik verstreut und erzählen von ihren Heldentaten. Sie haben Soltal, Dubno, Nisch, die Piave gestürmt. Jeder von ihnen ist ein Napoleon.

„Ich hab unserm Oberst gesagt, er soll dem Stab telefonieren, daß es schon losgehn kann."

Abbildung 30: Tschapka eines k.u.k. Landwehr-Offiziers
Quelle: ChristophT

159

Größtenteils waren es Reaktionäre, und die Mannschaft haßte sie. Einige waren Angeber, und es war eine besondere Freude für sie, wenn sie zuschauen konnten, wie man jemanden anband.

Sie entwickelten sich zu einer besonderen Kaste. Ihr Egoismus kannte keine Grenzen.

Oberleutnant Lukasch war der Typus eines aktiven Offiziers der morschen österreichischen Monarchie. Die Kadettenschule hatte ihn zu einer Amphibie erzogen. Er sprach in Gesellschaft deutsch, schrieb deutsch, las tschechische Bücher, und wenn er in der Einjährig-Freiwilligenschule vor lauter Tschechen unterrichtete, sagte er ihnen vertraulich: „Seien wir Tschechen, aber es muß niemand davon wissen. Ich bin auch Tscheche."

Er betrachtete das Tschechentum als eine Art Geheimorganisation, der man besser von weitem ausweicht.

Sonst war er ein braver Mensch, fürchtete sich nicht vor seinen Vorgesetzten und kümmerte sich bei den Manövern um seinen Zug wie sichs gebührt und gehört. Er wußte ihn stets bequem in Scheunen unterzubringen und ließ häufig von seiner bescheidenen Gage seinen Soldaten ein Faß Bier anzapfen.

Er hörte es gern, wenn die Soldaten während des Marsches Lieder sangen. Sie mußten auch singen, wenn sie von der Übung und zu der Übung gingen. Und neben seinem Zug gehend, sang er mit ihm:

„Und als die Mitternacht kam heran, aus dem Sack der Hafer sprang.
Bumatrija bum!"

Er erfreute sich bei den Soldaten einer großen Beliebtheit, denn er war ungewöhnlich gerecht und hatte nicht die Gewohnheit, jemanden zu sekkieren.

Die Unteroffiziere zitterten vor ihm, und aus dem rohsten Feldwebel machte er binnen vier Wochen ein wahres Schäfchen.

Er konnte schreien, das ist wahr, aber niemals schimpfte er. Er gebrauchte gewählte Worte und Sätze: „Sehen Sie", sagte er, „ich strafe Sie wirklich ungern, Junge, aber ich kann mir nicht helfen, denn von der Disziplin hängt die Fähigkeit, die Tapferkeit des Militärs ab, und ohne Disziplin ist die Armee ein im Wind schwankendes Schilfrohr. Wenn Sie Ihre Montur nicht in Ordnung haben und die Knöpfe nicht gut angenäht sind und fehlen, sieht man, daß Sie Pflichten vergessen, die Sie gegen die Armee haben. Es kann sein, daß es Ihnen unbegreiflich scheint, daß Sie eingesperrt werden sollen, weil Ihnen gestern bei der Ausrückung ein Knopf an der Bluse gefehlt hat, eine kleine, geringfügige Sache, die man in Zivil vollständig übersieht. Aber Sie sehen, daß so eine Vernachlässigung Ihres Äußeren beim Militär eine Strafe zur Folge haben muß. Und warum? Hier handelt es sich nicht darum, daß Ihnen ein Knopf fehlt, sondern darum, daß Sie sich an Ordnung gewöhnen müssen. Heute nähen Sie nicht den Knopf an und fangen an, sich zu vernachlässigen. Morgen wird es Ihnen schon beschwerlich scheinen, das Gewehr auseinanderzunehmen und zu putzen, übermorgen werden Sie irgendwo im Wirtshaus das Bajonett vergessen und zu guter Letzt werden Sie auf dem Posten schlafen, weil Sie mit diesem unglückseligen Knopf das Leben eines Schlampen begonnen haben. So ist es, Junge, und deshalb bestrafe ich Sie, um Sie vor einer noch ärgeren Strafe für Dinge zu bewehren, die Sie anstellen könnten, wenn Sie langsam, aber sicher an Ihre Pflichten vergessen würden. Ich sperre Sie auf fünf Tage ein und möchte, daß Sie bei Brot und Wasser darüber nachdenken, daß eine Strafe keine Rache ist, sondern nur ein Erziehungsmittel, das eine Änderung und Besserung des bestraften Soldaten bezweckt.

Er hätte bereits längst Hauptmann sein sollen, wurde es aber trotz seiner Vorsicht in nationaler Hinsicht nicht, weil er seinen Vorgesetzten gegenüber mit wahrhafter Offenheit auftrat und im Dienstverhältnis keine Kriecherei kannte.

Etwas in seinem Charakter erinnerte an einen Bauern aus Südböhmen, wo er in einem Dorf zwischen schwarzen Wäldern und Teichen geboren worden war.

Wenn er aber auch den Soldaten gegenüber gerecht war und sie nicht quälte, so wies sein Charakter dennoch einen besonderen Zug auf. Er haßte seine Putzer, weil er immer das Glück hatte, den unausstehlichsten und niederträchtigsten Putzfleck zu bekommen. Er schlug sie über den Mund, ohrfeigte sie und bemühte sich, sie durch Verweise und Taten zu erziehen, ohne sie für Soldaten zu halten. Er kämpfte mit ihnen hoffnungslos durch eine Reihe von Jahren, hatte unaufhörlich neue und seufzte zum Schluß: „Wieder hab ich so ein gemeines Rindvieh bekommen!" Seine Diener betrachtete er als eine niedrigere Sorte von Lebewesen.

Außerordentlich groß war seine Liebe zu Tieren. Er besaß einen Harzer Kanarienvogel, eine Angorakatze und einen Stallpinscher. Diese Tiere wurden von den Dienern, die Oberleutnant Lukasch bereits gehabt hatte, nicht schlechter behandelt, als er sie selbst behandelte, wenn sie eine Gemeinheit anstellten.

Den Kanarienvogel quälten sie, indem sie ihn hungern ließen, ein Diener schlug der Angorakatze ein Auge aus, der Stallpinscher wurde von ihnen auf Schritt und Tritt geprügelt, und zum Schluß führte einer der Vorgänger Schwejks den Armen nach Pankrac zum Schinder, wo er ihn umbringen ließ, ohne sichs verdrießen zu lassen, aus eigener Tasche zehn Kronen zu zahlen. Dann meldete er einfach dem

Oberleutnant, der Hund sei ihm auf dem Spaziergang weggelaufen, und am folgenden Tag marschierte er bereits mit dem Schwarm auf dem Exerzierplatz. Als Schwejk kam, um Lukasch seinen Dienstantritt zu melden, führte ihn dieser ins Zimmer und sagte ihm: „Der Herr Feldkurat Katz hat mir Sie empfohlen, und ich wünsche, daß Sie seiner Empfehlung keine Schande machen. Ich habe bereits ein Dutzend Putzer gehabt, und keiner davon ist bei mir warm geworden. Ich mache Sie darauf aufmerksam, daß ich streng bin und jede Gemeinheit und Lüge schrecklich Strafe. Ich wünsche, daß Sie immer die Wahrheit sprechen und ohne Widerrede alle meine Befehle ausführen. Wenn ich sage: Springen Sie ins Feuer, so müssen Sie ins Feuer springen, auch wenn Sie keine Lust dazu haben. Wohin schaun Sie?"

Schwejk blickte mit Interesse zur Seite auf die Wand, wo der Käfig mit dem Kanarienvogel hing, und antwortete, seine gutmütigen Augen nunmehr auf den Oberleutnant heftend, in freundlichem, gutmütigem Ton:

„Melde gehorsamst, Herr Oberlajtnant, dort is ein Harzer Kanarienvogel."

Und den Strom der Rede des Oberleutnants auf diese Weise unterbrechend, stand Schwejk militärisch da und blickte ihm ohne zu zwinkern geradewegs in die Augen.

Der Oberleutnant wollte etwas Scharfes erwidern, allein als er den unschuldigen Ausdruck in Schwejks Gesicht bemerkte, sagte er:

„Der Herr Feldkurat hat Sie als ungeheuren Blödian empfohlen, ich glaube, er hat sich nicht geirrt."

„Melde gehorsamst, Herr Oberlajtnant, der Herr Feldkurat hat sich wirklich nicht geirrt. Wie ich aktiv gedient hob, bin ich wegen Blödheit superarbitriert worn und noch dazu wegen notorischer. Sie ham unser deswegen zwei vom Regiment entlassen, mich und einen Herrn Hauptmann von Kaunitz. Wenn der, mit Erlaubnis, Herr Oberlajtnant, auf der Gasse gegangen is, hat er sich gleichzeitig fort mit einem Finger der linken Hand im linken Nasenloch gebohrt und mit der andern im rechten Loch, und wenn er mit uns zur Übung gegangen is, so hat er uns immer antreten lassen wie bei der Defilierung und hat gesagt: ,Soldaten, eh, merkts euch, eh, daß heut Mittwoch is, weil morgen Donnerstag sein wird, eh.'"

Oberleutnant Lukasch zuckte die Achseln wie ein Mensch, der keine Worte hat, um einen bestimmten Gedanken auszudrücken und vergeblich nach ihnen sucht.

Er ging an Schwejk vorbei von der Tür bis zum gegenüberliegenden Fenster und wieder zurück, wobei Schwejk, je nachdem, wo sich der Oberleutnant gerade befand, mit einem so intensiv unschuldigen Gesicht „rechts-schaut" und „linksschaut" machte, daß der Oberleutnant die Augen senkte, auf den Teppich blickte und etwas sagte, was keinerlei Zusammenhang mit Schwejks Bemerkung über den blöden Hauptmann hatte: „Ja, bei mir muß Ordnung und Sauberkeit sein, und man darf mich nicht belügen. Ich liebe Ehrlichkeit. Ich hasse die Lüge und strafe sie unbarmherzig, verstehn Sie mich gut?"

„Melde gehorsamst, Herr Oberlajtnant, ich versteh. Nix is ärger, wie wenn jemand lügt. Wie er sich zu verwickeln anfängt, is er verloren. In einem Dorf hinter Pilgram war ein gewisser Lehrer Marek, und der is der Tochter vom Heger Schpera nachgestiegen, und der hat ihm sagen lassen, daß er ihm, bis ihn trifft, ausm Gewehr Borsten mit Salz in Hintern schießen wird. Der Lehrer hat ihm sagen lassen, daß es nicht wahr is, aber einmal, wie er sich mit dem Mädel hat treffen solln, hat ihn der Heger abgefangen und hat schon an ihm diese Operation machen wolln, aber er hat sich ausgeredet, daß er herich Blumen pflücken wollt, daß er Käfer fangen gegangen is, und hat sich je weiter desto mehr verwickelt, bis er zum Schluß beschworen hat, daß er Schlingen, auf Hasen legen gegangen is. So hat ihn also der liebe Heger zusammengepackt und auf die Gendarmeriestation geführt, von dort is es zum Gericht gegangen, und es hat nicht viel gefehlt, so wär der Lehrer eingesperrt worn. Wenn er die Wahrheit gesagt hätt, so hätt er nur die Borsten mit Salz gekriegt. Ich bin der Meinung, daß es immer am besten is, zu gestehn, aufrichtig zu sein, und wenn ich schon was anstell, zu kommen und zu sagen: ‚Melde gehorsamst, ich hab das und das angestellt.' Und was die Ehrlichkeit betrifft, is es immer eine sehr hübsche Sache, weil man mit ihr immer am weitesten kommt. So wie wenn diese Wettgehen sind. Wie einer zu fix anfängt und läuft, is er schon distanziert. Das is meinem Vetter passiert. Ein ehrlicher Mensch is überall geschätzt, geehrt, mit sich selbst zufrieden und fühlt sich wie neugeboren, wenn er sich abends ins Bett legt und sagen kann: ‚Heut war ich wieder ehrlich.'"

Während dieser Rede saß Oberleutnant Lukasch schon lange auf einem Stuhl, blickte Schwejk auf die Stiefel und dachte: „Mein Gott, ich rede ja auch manchmal solche Blödheiten, und der Unterschied liegt nur in der Form, in der ich sie vorbringe."

Nichtsdestoweniger sagte er, da er seine Autorität nicht verlieren wollte, als Schwejk geendet hatte:

„Bei mir müssen Sie Stiefel putzen, Ihre Uniform in Ordnung halten, die Knöpfe ordentlich angenäht haben und müssen den Eindruck eines Soldaten und nicht irgendeines Zivilisten machen. Es ist merkwürdig, daß sich keiner von euch militärisch benehmen kann. Nur einer von allen meinen Dienern hat ein kriegerisches

Äußeres gehabt, und zum Schluß hat er mir meine Paradeuniform gestohlen und in der Judenstadt verkauft."

Er brach ab und fuhr fort, Schwejk alle seine Pflichten zu erklären, wobei er nicht vergaß, nachdrücklich zu betonen, daß Schwejk treu sein müsse und nirgends erzählen dürfe, was zu Hause geschehe.

„Zu mir kommen Damen zu Besuch", bemerkte er, „manchmal bleibt eine über Nacht hier, wenn ich am Morgen keinen Dienst habe. In so einem Fall bringen Sie uns den Kaffee zum Bett, wenn ich läute, verstehn Sie?"

„Melde gehorsamst, daß ich versteh, Herr Oberlajtnant, wenn ich unverhofft zum Bett kommen möcht, könnt es vielleicht mancher Dame unangenehm sein. Ich hob mir mal ein Fräulein nach Haus genommen, und meine Bedienerin hat uns, grad wie wir uns sehr gut unterhalten ham, den Kaffee ans Bett gebracht. Sie is erschrocken und hat mir den ganzen Rücken begossen und hat noch gesagt: ,Guten Morgen wünsch ich.' Ich weiß, was sich schickt und gehört, wenn irgendwo eine Dame schläft."

„Gut, Schwejk, Damen gegenüber müssen wir immer einen ungewöhnlichen Takt bewahren", sagte der Oberleutnant, dessen Laune sich besserte, weil das Gespräch auf einen Gegenstand gekommen war, der seine freie Zeit zwischen Kaserne, Exerzierplatz und Karten ausfüllte. Die Frauen waren die Seele seiner Wohnung. Sie schufen ihm ein Heim. Es waren ihrer ein paar Dutzend, und viele von ihnen bemühten sich während ihres Aufenthaltes, seine Wohnung mit verschiedenen Kleinigkeiten auszuschmücken.

Eine, die Frau eines Kaffeehausbesitzers, die volle vierzehn Tage bei ihm gelebt hatte, bis der Herr Gemahl sie abholte, hatte ihm einen reizenden Überwurf auf den Tisch gestickt, hatte seine ganze Wäsche mit Monogrammen versehen und hätte vielleicht noch einen Wandteppich zu Ende gestickt, wenn der Gatte die Idylle nicht zerstört hätte. Eine Dame, die nach drei Wochen von ihren Eltern abgeholt wurde, wollte sein Schlafzimmer in ein Damenboudoir umwandeln, stellte überall allerlei Krimskrams und kleine Vasen auf und hängte das Bild eines Schutzengels über sein Bett.

In allen Winkeln des Schlafzimmers und Speisezimmers war eine Frauenhand merkbar. Sogar in der Küche, wo die mannigfachsten Küchengeräte und Gefäße vorhanden waren, das großartige Geschenk einer verliebten Fabrikantenfrau, die außer ihrer Leidenschaft ein Instrument zum Zerschneiden von sämtlichem Gemüse und Kraut, ein Instrument zum Semmelreiben, eine Hackmaschine für

Fleisch, Kasserollen, Pfannen, Schüsseln, Kochlöffel und weiß Gott was noch mit-gebracht hatte. Sie verließ Lukasch jedoch nach einer Woche, weil sie sich nicht mit dem Gedanken abfinden konnte, daß er neben ihr noch beiläufig zwanzig an-dere Geliebte hatte, was gewisse Spuren an der Leistungsfähigkeit des edlen Männ-chens in Uniform hinterließ.

Oberleutnant Lukasch führte auch eine umfangreiche Korrespondenz, besaß ein Album seiner Geliebten und eine Sammlung verschiedener Reliquien, denn in den letzten zwei Jahren zeigte er eine gewisse Neigung zum Fetischismus. So besaß er verschiedene Damenstrumpfbänder, vier reizende gestickte Damenhöschen, dünne Hemdchen, Batisttaschentücher und sogar ein Korsett und einige Strümpfe.

„Ich habe heute Dienst", sagte er, „ich komme erst in der Nacht, passen Sie auf alles auf und bringen Sie die Wohnung in Ordnung. Der letzte Putzfleck ist wegen seiner Niedertracht heute mit dem Marschbataillon an die Front abgegangen."

Nachdem er noch Anordnungen betreffs des Kanarienvogels und der Angora-katze getroffen hatte, ging er fort, nicht ohne noch in der Türe einige Worte über Ehrlichkeit und Ordnung zu sagen. Nachdem er gegangen war, brachte Schwejk alles in der Wohnung in beste Ordnung, so daß er Oberleutnant Lukasch, als dieser in der Nacht nach Hause kam, melden konnte:

„Melde gehorsamst, Herr Oberlajtnant, alles is in Ordnung, nur die Katze hat Unfug getrieben und den Kanari aufgefressen."

„Wieso?" donnerte der Oberleutnant.

„Melde gehorsamst, Herr Oberlajtnant, so. Ich hab gewußt, daß Katzen Kanaris nicht gern ham und ihnen gern was zuleid tun. So hab ich sie zusamm bekannt machen wolln, und im Fall, daß die Bestie was unternommen hätt, wollt ich ihr den Pelz verbleuen, damit sie ihr Leben lang nicht dran vergißt, wie sie sich zum Kanari benehmen soll, weil ich Tiere sehr gern hab. Bei uns im Haus is ein Hutmacher, und der hat eine Katze so dressiert, daß sie ihm zuerst drei Kanaris aufgefressen hat und jetzt nicht einen, und der Kanari kann sich meinetwegen auf sie setzen. Ich wollts also auch versuchen und hab den Kanari ausn Käfig genommen und ihr ihn zu beschnuppern gegeben, und sie, der Äff, hat ihm, eh ich mich versehn hab, den Kopf abgebissen. Ich hab wirklich so eine Gemeinheit nicht von ihr erwartet. Wenns ein Spatz war, Herr Oberlajtnant, mächt ich noch nichts sagen, aber so ein hübscher Harzer Kanari. Und wie gierig sie ihn samt den Federn aufgefressen hat, und dabei hat sie vor lauter Freude geknurrt. Katzen sind herich nicht musikalisch gebildet und können nicht ausstehn, wenn ein Kanari singt, weils die Bestien nicht verstehn. Ich hab die Katze ausgeschimpft, aber Gott behüte, ich hab ihr nichts gemacht und auf Sie gewartet, was Sie entscheiden wern, was ihr dafür geschehn soll, dem Biest, dem räudigen."

Bei dieser Erzählung schaute Schwejk dem Oberleutnant so aufrichtig in die Augen, daß dieser, der sich Schwejk anfangs in roher Absicht genähert hatte, von seinem Vorhaben abließ, sich auf einen Stuhl setzte und fragte:

„Hören Sie, Schwejk, sind Sie wirklich so ein Rindvieh Gottes?"

„Melde gehorsamst, Herr Oberlajtnant", erwiderte Schwejk feierlich, „Ja! — Von klein auf hab ich so ein Pech, immer will ich was besser machen, gut machen, und nie kommt was heraus als eine Unannehmlichkeit für mich und die Umgebung. Ich hab die zwei wirklich bekannt machen wolln, damit sie sich verstehn, und kann nicht dafür, daß sie ihn aufgefressen hat und es aus war mit der Bekanntschaft. In einem Haus beim Stupart hat vor Jahren eine Katze sogar einen Papagei aufgefressen, weil er sie ausgelacht und ihr nachmiaut hat. Katzen ham aber ein zähes Leben. Wenn Sie befehln, Herr Oberlajtnant, daß ich sie umbring, wer ich sie zwischen der Tür zerquetschen müssen, anders geht sie nicht drauf." Und Schwejk erklärte dem Oberleutnant mit der unschuldvollsten Miene und seinem lieben gutmütigen Lächeln, wie man Katzen tötet, und brachte Einzelheiten vor, die einen Tierschutzverein sicherlich ins Irrenhaus hätten bringen müssen.

Er legte dabei fachmännische Kenntnisse an den Tag, so daß Oberleutnant Lukasch, seinen Ärger vergessend, fragte: „Sie können mit Tieren umgehen? Haben Sie Gefühl für Tiere?"

„Ich hab am liebsten Hunde", sagte Schwejk, „weil das für einen, der sie verkaufen kann, ein einträgliches Geschäft is. Ich hab mich nicht drauf verstanden, weil ich immer ehrlich war; aber doch sind noch Leute zu mir gekommen, ich hab ihnen herich ein Krepierl statt einem reinrassigen und gesunden Hund verkauft, wie wenn alle Hunde reinrassig und gesund sein müßten. Und jeder wollt gleich einen Stammbaum haben, so hab ich mir Stammbäume drucken lassen müssen und aus einem Kosirer Köter, was in einer Ziegelei geboren worden is, den reinrassigsten adeligen aus dem Bayrischen Hundezwinger Armin von Barheim machen müssen. Und wirklich, die Leute waren froh, daß sie es so gut getroffen ham und ein reinrassiges Tier zu Haus ham, und ich hab ihnen meintwegen einen Wrschowitzer Spitz als Dachshund anbieten können, und sie ham sich nur gewundert, warum so ein seltener Hund, der bis aus Deutschland is, struppig is und keine krummen Beine hat. Das macht man so in allen Hundezwingern, da möchten Sie erst Augen machen, Herr Oberlajtnant, was für Betrügereien mit Stammbäumen man in den großen Hundezwingern macht. Hunde, die von sich sagen können: ‚ich bin eine rein-rassige Bestie', gibts wirklich wenig. Entweder hat sich die Mutter mit einem Scheu-sal vergessen oder seine Großmutter, oder hat er mehrere Väter gehabt und von jedem was geerbt. Von einem die Ohren, vom zweiten den Schwanz, vom dritten die Haare am Maul, vom vierten die Schnauze und vom fünften die Gestalt, und wenn er zwölf Väter gehabt hat, so können Sie sich denken, Herr Oberlajtnant, wie so ein Hund ausschaut. Ich hab mal so einen Hund gekauft, einen Hühnerhund, der war nach seinen Vätern so häßlich, daß ihm alle Hunde ausgewichen sind, und ich hab ihn aus Mitleid gekauft, weil er so verlassen war. Und er is fort zu Haus im Winkel gesessen und war so traurig, daß ich ihn hab als Stallpinscher verkaufen müssen. Am meisten Arbeit hats mir gegeben, ihn zu färben, damit er die Farbe von Pfeffer und Salz hat. Er is mit seinem Herrn bis nach Mähren gekommen, und seit der Zeit hab ich ihn nicht gesehn."

Den Oberleutnant begann diese kynologische Ausführung sehr zu interessieren, und so konnte Schwejk ohne Hindernis fortfahren:

„Hunde können sich nicht selbst das Haar färben, wies die Damen machen, das muß immer der besorgen, der sie verkaufen will. Wenn ein Hund schon so ein Greis is, daß er ganz grau is, und Sie wolln ihn als einjähriges Junges verkaufen, oder Sie geben ihn, den Großvater, sogar für neun Monate alt aus, so müssen Sie Rabensilber kaufen, es auflösen und ihn schwarz anmaln, daß er ausschaut wie neu. Damit er an Kraft zunimmt, füttern Sie ihn wie ein Pferd mit Arsenik, und die Zähne putzen Sie ihm mit Schmirgelpapier, mit so einem, was man rostige Messer putzt. Und vorher, bevor Sie ihn zu einem Käufer führen, gießen Sie ihm Sliwowitz ins Maul, damit sich der Hund bißl besauft, und gleich is er munter, lustig, bellt freudig und freundet sich mit jedem an wie ein betrunkener Stadtrat. Aber was die Hauptsache is, is das: In die Leute, Herr Oberlejtnant, muß man hineinreden, so lang hineinreden, bis der Käufer davon ganz plemplem is. Wenn sich jemand von Ihnen einen Rattler kaufen will, und Sie ham nichts anderes zu Haus wie ir-gendeinen Jagdhund, so müssen Sie diesen Menschen so zu überreden verstehn, daß er sich statt dem Rattler diesen Jagdhund wegführt, und wenn Sie zufällig nur einen Rattler zu Haus ham und jemand kommt sich eine böse deutsche Dogge zum Hüten kaufen, so können Sie ihn so verwirren, daß er sich in der Tasche den Zwerg-grattler statt der Dogge wegträgt. Wie ich früher mit Tieren gehandelt hab, so is mal eine Dame gekommen, daß ihr herich ein Papagei in den Garten weggeflogen is und daß dort grad kleine Buben vor der Villa Indianer gespielt ham und daß sie ihr ihn gefangen ham und ihm alle Federn ausm Schwanz ausgerissen ham und sich mit ihnen geschmückt ham wie unsere Polizeimänner. Und daß der Papagei wegen der Schande, weil er ohne Schwanz is, krank geworn is und daß ihm der Tierarzt mit Pulvern den Rest gegeben hat. Sie will sich also einen neuen Papagei kaufen, einen anständigen, keinen ordinären, der nur aufheißen kann. Was hab ich machen solln, wenn ich keinen Papagei zu Haus gehabt hab und von keinem gewußt hab. Ich hab nur eine böse, ganz blinde Bulldogge zu Haus gehabt. So hab ich, Herr Oberlajtnant, in die Frau von vier Uhr nachmittags bis sieben Uhr hineinreden müssen, bevor sie statt dem Papagei die blinde Bulldogge gekauft hat. Das war ärger als eine diplomatische Situation, und wie sie weggegangen is, hab ich gesagt: ‚Jetzt sollns die Buben mal probieren, ihm auch den Schwanz auszureißen', und weiter hab ich mit der Frau nicht gesprochen, weil sie wegen dieser Bulldogge von Prag hat wegziehen müssen, weil sie das ganze Haus gebissen hat. Wern Sies glauben, Herr Oberlajtnant, daß es sehr schwer is, ein ordentliches Tier zu bekommen?"

„Ich hab Hunde sehr gern", sagte der Oberleutnant, „einige von meinen Kameraden, die an der Front sind, haben Hunde mit und haben mir geschrieben, daß ihnen der Krieg in Gesellschaft so eines treuen Tieres nicht so schlimm erscheint. Sie kennen also alle Hunderassen, und ich hoffe, wenn ich einen Hund hätte, würden Sie ihn ordentlich pflegen. Welche Rasse ist Ihrer Meinung nach die beste? Ich meine nämlich einen Hund als Gesellschafter. Ich hab einmal einen Stallpinscher gehabt, aber ich weiß nicht..."

„Meiner Meinung nach, Herr Oberlejtnant, is ein Stallpinscher ein sehr lieber Hund. Jedem, das is wahr, gefällt er nicht, weil er Borsten hat und so einen harten Bart am Maul, daß er wie ein entlassener Sträfling aussieht. Er is so häßlich, daß er schon wieder schön is und dabei sehr klug. Wie solls so ein blöder Bernhardiner mit ihm aufnehmen? Er is noch gescheiter wie ein Foxterrier. Ich hab einen gekannt..." Oberleutnant Lukasch schaute auf die Uhr und unterbrach Schwejks Rede:

„Es ist schon spät, ich muß mich ausschlafen. Morgen hab ich wieder Dienst. Sie können den ganzen Tag damit verbringen, einen Stallpinscher zu finden."

Er ging schlafen, und Schwejk legte sich in der Küche aufs Kanapee und las noch die Zeitungen, die der Oberleutnant aus der Kaserne mitgebracht hatte.

Abbildung 31: Erzherzog Karl von Österreich, der spätere Kaiser Karl I: Oberbefehlshaber ab Dezember 1916 Quelle: Bain News Service

„Da schau her", sagte sich Schwejk, „den Sultan hat Kaiser Wilhelm mit der Kriegsmedaille ausgezeichnet, und ich hab noch nicht mal die Kleine Silberne."

Er wurde nachdenklich und sprang in die Höh: „Fast hätt ich vergessen..."

Schwejk ging ins Zimmer, wo der Oberleutnant bereits fest schlief und weckte ihn: „Melde gehorsamst, Herr Oberlajtnant, ich hab keinen Befehl wegen der Katze."

Und der verschlafene Oberleutnant drehte sich im Halbtraum auf die andere Seite, brummte: „Drei Tage Kasernenarrest!" und schlief weiter. Schwejk verließ still das Zimmer, zog die unglückliche Katze unter dem Kanapee hervor und sagte ihr: „Hast drei Tage Kasernenarrest, abtreten!"

Und die Angorakatze kroch wieder unter das Kanapee.

Schwejk schickte sich gerade an auszugehen, um nach einem Stallpinscher Umschau zu halten, als eine junge Dame klingelte und Oberleutnant Lukasch zu sprechen wünschte. Neben ihr standen zwei große Koffer, und Schwejk sah noch auf der Treppe die Mütze eines Dienstmannes, der die Stiege hinunterschritt.

„Er is nicht zu Haus", sagte Schwejk hart, aber die junge Dame stand bereits im Vorzimmer und gebot Schwejk kategotisch:

„Tragen Sie die Koffer ins Zimmer!"

„Ohne die Erlaubnis vom Herrn Oberlajtnant gehts nicht", sagte Schwejk, „der

Herr Oberlajtnant hat befohlen, daß ich nie was ohne ihn machen soll."

„Sie sind verrückt", rief die junge Dame, „ich bin zum Herrn Oberleutnant zu Besuch gekommen."

„Davon is mir nichts bekannt", antwortete Schwejk, „der Herr Oberlajtnant is im Dienst, er kommt erst in der Nacht zurück, und ich hob den Befehl bekommen, einen Stallpinscher zu finden. Von keinen Koffern und von keiner Dame weiß ich nichts. Jetzt sperr ich die Wohnung zu, ich möcht also bitten, daß Sie freundlichst weggehn. Mir is nichts gemeldet worn, und keine fremde Person, die ich nicht kenn, kann ich hier nicht in der Wohnung lassen. So wie einmal, wie sie bei uns in der Gasse beim Zuckerbäcker Beltschizky einen Menschen eingelassen ham, und er hat den Kleiderkasten aufgebrochen und is weggelaufen."

„Ich mein damit nichts Schlimmes von Ihnen", fuhr Schwejk fort, als er sah, daß die junge Dame ein verzweifeltes Gesicht machte und weinte, „aber auf keinen Fall können Sie hierbleiben, das sehn Sie doch ein, weil mir die ganze Wohnung anvertraut is und ich für jede Kleinigkeit verantwortlich bin. Deshalb forder ich Sie nochmals in aller Liebenswürdigkeit auf, Sie solln sich nicht anstrengen. Solang ich keinen Befehl vom Herrn Oberlajtnant bekomm, kenn ich nicht mal meinen Bruder. Es tut mir wirklich leid, daß ich mit Ihnen so sprechen muß, aber beim Militär muß Ordnung sein."

Inzwischen hatte sich die junge Dame ein wenig erholt. Sie entnahm ihrem Täschchen eine Visitkarte, schrieb mit einem Bleistift ein paar Zeilen, legte die Karte in ein reizendes kleines Kuvert und sagte niedergeschlagen: „Tragen Sie das zum Herrn Oberleutnant, ich werde hier inzwischen auf Antwort warten. Hier haben Sie fünf Kronen für den Weg."

„Draus schaut nichts heraus", sagte Schwejk, durch die Unnachgiebigkeit des unverhofften Gastes beleidigt, „lassen Sie sich die fünf Kronen, sie liegen hier am Sessel, und wenn Sie wolln, kommen Sie mit zur Kaserne, warten Sie auf mich, ich geb Ihren Brief ab und bring Antwort. Aber daß Sie derweil hier warten, geht auf keinen Fall."

Nach diesen Worten zog er die Koffer ins Vorzimmer, und mit den Schlüsseln rasselnd, wie der Beschließer eines Schlosses, sagte er bedeutungsvoll bei der Tür: „Wir sperren!"

Die junge Dame trat hoffnungslos auf den Gang, Schwejk versperrte die Tür und ging voraus. Die Besucherin trippelte wie ein Hund hinter ihm her und holte ihn erst ein, als Schwejk sich in einer Trafik Zigaretten kaufte.

Sie ging nun neben ihm und bemühte sich, ein Gespräch anzuknüpfen: „Werden

Sies sicher abgeben?"

„Natürlich, wenn ichs gesagt hab."

„Und werden Sie den Herrn Oberleutnant finden?"

„Das weiß ich nicht."

Sie gingen wieder schweigend nebeneinander, bis Schwejks Begleiterin noch langer Weile wieder das Wort ergriff:

„Sie glauben also, daß Sie den Herrn Oberleutnant nicht finden werden?"

„Das glaub ich nicht"

„Und wo, glauben Sie, könnte er sein?"

„Das weiß ich nicht."

Damit war das Gespräch für eine Weile beendet, bis es wieder durch eine Frage der jungen Dame in Schwung gebracht wurde.

„Haben Sie den Brief nicht verloren?"

„Bis jetzt hab ich ihn nicht verloren."

„Sie werden ihn also bestimmt dem Herrn Oberleutnant abgeben?"

„Ja."

„Und werden Sie ihn finden?"

„Ich hab schon gesagt, ich weiß nicht", entgegnete Schwejk, „ich wunder mich, daß Leute so neugierig sein können und immerfort dieselbe Sache fragen. Das is so, wie wenn ich auf der Straße jeden zweiten anhalten und fragen möcht, der wievielte is."

Damit war der Versuch, sich mit Schwejk zu verständigen, endgültig beendet, und der weitere Weg in die Kaserne verlief in völligem Schweigen. Erst als sie bei der Kaserne standen, forderte Schwejk die junge Dame auf zu warten und knüpfte mit den Soldaten im Tor ein Gespräch über den Krieg an. Die junge Dame schien darüber eine ungeheure Freude zu haben, denn sie ging nervös auf dem Trottoir auf und ab und blickte recht unglücklich drein, als sie sah, daß Schwejk seine Erörterungen mit einem Gesicht fortsetzte, das so dumm war wie jenes, daß man auf einer Fotografie sehen konnte, die in dieser Zeit in der „Chronik des Weltkriegs" veröffentlicht wurde: Der österreichische Thronfolger im Gespräch mit zwei Fliegern, die einen russischen Aeroplan abgeschossen haben."

Schwejk setzte sich auf eine Bank beim Tor und legte dar, daß an der Front in den Karpaten die Angriffe des Heeres gescheitert seien, daß jedoch auf der anderen Seite der Kommandant von Przemysl, General Kusmanek, nach Kiew gekommen sei. daß wir in Serbien elf Stützpunkte aufgegeben hätten und daß die Serben es nicht lange aushalten würden, unseren Soldaten nachzulaufen.

Dann verstrickte er sich in eine Kritik der einzelnen bekannten Schlachten und machte die großartige Entdeckung, daß sich eine von allen Seiten umschlossene Abteilung ergeben müsse.

Als er genug gesprochen hatte, schien es ihm angezeigt, herauszugehen und der verzweifelten Dame zu sagen, daß er gleich kommen werde, sie solle warten. Dann ging er hinauf in die Kanzlei, wo er den Oberleutnant Lukasch fand, der gerade einem Leutnant eine Aufgabe aus der Schützengrabentechnik löste und ihm auseinandersetzte, er könne nicht zeichnen und habe keine Ahnung von Geometrie.

„Sehn Sie, so soll man das zeichnen. Wenn wir zu einer gegebenen geraden Linie eine senkrechte Linie skizzieren sollen, müssen wir sie so fällen, daß sie mit ihr einen rechten Winkel bildet. Verstehn Sie? So werden Sie die Schützengräben richtig und nicht zum Feind führen. Sie bleiben 600 Meter von ihm entfernt. Aber wie Sie es gezeichnet haben, stoßen Sie unsere Position in die feindliche Linie und stehen mit Ihrem Schützengraben senkrecht über dem Feind, und Sie brauchen einen großen Winkel. Das ist doch ganz einfach, nicht wahr?"

Und der Leutnant in Reserve, in Zivil Kassierer einer Bank, stand ganz verzweifelt über diesen Plänen, verstand nicht das geringste und atmete erleichtert auf, als Schwejk an den Oberleutnant herantrat: „Melde gehorsamst, Herr Oberlajtnant, eine Dame schickt Ihnen diesen Brief und wartet auf Antwort."

Dabei zwinkerte er bedeutungsvoll und vertraulich.

Was er da las, machte auf den Oberleutnant keinen günstigen Eindruck.

„Lieber Heinrich! Mein Mann verfolgt mich. Ich muß unbedingt bei Dir ein paar Tage gastieren. Dein Bursch ist ein großes Rindvieh. Ich bin unglücklich. Deine Kati!"

Oberleutnant Lukasch seufzte, führte Schwejk in die anstoßende leere Kanzlei, schloß die Tür und fing an, zwischen den Tischen auf und ab zu gehen. Als er schließlich vor Schwejk stehenblieb, sagte er: „Die Dame schreibt, daß Sie ein Rindvieh sind. Was haben Sie ihr denn gemacht?"

„Ich hab ihr nichts gemacht, melde gehorsamst, Herr Oberlajtnant, ich hab mich sehr anständig benommen, aber sie hat sich gleich in der Wohnung niederlassen wolln. Und weil ich von Ihnen keinen Befehl bekommen hab, so hab ich sie nicht in der Wohnung gelassen. Noch zu dem is sie mit zwei Koffern gekommen wie nach Haus."

Der Oberleutnant seufzte nochmals laut, was Schwejk ihm nachmachte. „Was heißt das?" schrie der Oberleutnant drohend.

„Melde gehorsamst, Herr Oberlajtnant, es is ein schwerer Fall. In der Vojtechgasse is vor zwei Jahren zu einem Tapezierer ein Fräulein gezogen, und er hat sie nicht aus der Wohnung loswern können und hat sie und sich mit Leuchtgas vergiften müssen, und aus wars mit der Hetz. Mit den Weibern hats halt seine liebe Not. Ich seh in sie hinein."

„Ein schwerer Fall", wiederholte der Oberleutnant und hatte niemals so die nackte Wahrheit gesprochen. Der liebe Heinrich war bestimmt in einer peinlichen Situation. Eine vom Gatten verfolgte Gattin kommt zu ihm für einige Tage zu Besuch, gerade als Frau Micko aus Wittingau kommen soll, um drei Tage lang zu wiederholen, was sie ihm regelmäßig jedes Vierteljahr gewährt, wenn sie in Prag Einkäufe besorgt. Außerdem soll übermorgen ein Fräulein kommen. Nachdem sie eine ganze Wache geschwankt hatte, hatte sie ihm bestimmt versprochen, sich verführen zu lassen, denn sie soll erst in einem Monat einen Ingenieur heiraten. Der Oberleutnant saß jetzt mit gesenktem Kopf auf dem Tisch, schwieg und dachte noch, aber er kam vorläufig auf keinen Ausweg. Schließlich setzte er sich an den Tisch, nahm einen Briefumschlag und schrieb auf ein Amtsformular:

„Teure Kati! Im Dienst bis 9 Uhr Abend. Komme um zehn. Bitte, fühl Dich bei mir wie zu Hause. Was Schwejk, meinen Diener, betrifft, habe ich ihm bereits Befehl gegeben, Dich in allem zufrieden zu stellen. Dein Heinrich."

„Diesen Brief", sagte der Oberleutnant, „übergeben Sie der gnädigen Frau. Ich befehle Ihnen, daß Sie sich zu ihr ehrerbietig und taktvoll benehmen und alle ihre Wünsche erfüllen, die Ihnen ein Befehl sein müssen. Sie müssen sich galant benehmen und sie ehrlich bedienen. Hier haben Sie hundert Kronen, die Sie mir verrechnen werden. Vielleicht wird sie Sie um etwas schicken, Sie werden ein Mittagessen für sie bestellen, Nachtmahl usw. Dann kaufen Sie drei Flaschen Wein und eine Schachtel Memphis. So. Mehr vorläufig nicht. Sie können gehn, und noch einmal lege ich Ihnen ans Herz, daß Sie ihr tun müssen, was Sie ihr an den Augen absehn."

Die junge Dame hatte bereits alle Hoffnungen verloren, Schwejk wiederzusehen, und war daher sehr überrascht, als sie ihn aus der Kaserne treten und mit einem Brief auf sich zukommen sah.

Er salutierte, überreichte ihr den Brief und meldete: „Nach dem Befehl von Herrn Oberlajtnant soll ich mich zu Ihnen, gnädige Frau, ehrerbietig und taktvoll benehmen und Sie ehrlich bedienen und Ihnen alles machen, was ich Ihnen an den Augen abseh. Ich soll Sie füttern und für Sie kaufen, was Sie wünschen wern. Ich hab drauf vom Herrn Oberlajtnant hundert Kronen gekriegt, aber davon muß ich drei Flaschen Wein und eine Schachtel Memphis kaufen."

Als sie den Brief gelesen hatte, kehrte ihre Energie zurück, die sie zum Ausdruck brachte, indem sie Schwejk befahl, ihr einen Fiaker zu besorgen. Als dies geschehen war, gebot sie ihm, sich neben den Fiakerkutscher auf den Bock zu setzen, sie fuhren nach Hause.

In der Wohnung spielte sie ausgezeichnet die Rolle der Hausfrau. Schwejk mußte die Koffer ins Schlafzimmer tragen, auf dem Hof die Teppiche klopfen, und ein kleines Spinngewebe hinter dem Spiegel versetzte sie in großen Ärger.

Alles schien davon zu zeugen, daß sie sich für lange Zeit in dieser erkämpften Stellung einzugraben gedenke.

Schwejk schwitzte. Als er die Teppiche geklopft hatte, fiel ihr ein, man müsse die Gardinen herunternehmen und reinigen. Dann erhielt er den Befehl, in Zimmer und Küche die Fenster zu putzen. Hierauf fing sie an, die Möbel umzustellen, und als Schwejk alles aus einer Ecke in die andere geschleppt hatte, gefiel es ihr nicht, und sie kombinierte von neuem und ersann eine neue Aufstellung.

Sie kehrte alles in der Wohnung von oben nach unten, doch allmählich begann ihre Energie im Einrichten des Nestes zu verpuffen, und der Raubzug flaute ab.

Aus dem Wäscheschrank nahm sie noch saubere Bettwäsche, überzog selbst Polster und Betten, und man merkte, daß sie dies mit Liebe zum Bett tat, das in ihr ein sinnliches Beben der Nüstern hervorrief. Dann ließ sie Schwejk das Mittagessen und Wein holen. Und bevor er zurückkam, zog sie ein durchsichtiges Matinee an, das sie ungewöhnlich verführerisch und reizend erscheinen ließ.

Beim Mittagessen trank sie eine Flasche Wein aus, rauchte viele Memphis und legte sich ins Bett, während Schwejk sich in der Küche am Kommißbrot gütlich tat, das er in ein Glas mit süßem Schnaps tunkte.

„Schwejk!" ertönte es aus dem Schlafzimmer. „Schwejk!"

Schwejk öffnete die Tür und erblickte die junge Dame in einer reizvollen Lage in den Kissen.

„Treten Sie näher!" Er trat zum Bett, und sie maß seine untersetzte Gestalt und seine starken Schenkel mit einem eigentümlichen Lächeln. Den zarten Stoff zurückschlagend, der alles verhüllte und verbarg, sagte sie streng: „Ziehn Sie sich Stiefel und Hosen aus! Zeigen Sie..."

So geschah es, daß der brave Soldat Schwejk dem Oberleutnant melden konnte, als dieser aus der Kaserne nach Hause kam: „Melde gehorsamst, Herr Oberlajtnant, ich hab alle Wünsche der gnädigen Frau erfüllt und sie Ihrem Befehl gemäß ehrlich bedient."

„Ich danke Ihnen, Schwejk", sagte der Oberleutnant, „hatte sie viele Wünsche?"
„Beiläufig sechs", antwortete Schwejk, „jetzt schläft sie wie erschlagen von der Fahrt. Ich habe ihr alles gemacht, was ich ihr an den Augen abgesehen hab."

Während die auf die Wälder am Durajec und an der Raab gestützten Truppenmassen unter einem Granatenregen standen und großkalibrige Geschütze ganze Kompanien in den Karpaten zerrissen und verschütteten, während die Horizonte aller Kampfplätze im Scheine der brennenden Dörfer und Städte lohten, verlebten Oberleutnant Lukasch und Schwejk eine unangenehme Idylle mit der Dame, die ihrem Mann weggelaufen war und nun bei ihnen Hausfrau spielte.

Als sie einmal spazieren ging, hielt Oberleutnant Lukasch mit Schwejk einen Kriegsrat ab, wie man sie loswerden könnte.

„Am besten wär, Herr Oberlajtnant", sagte Schwejk, „wenn ihr Mann, von dem sie weggelaufen is und was sie sucht, wie Sie gesagt ham, das in dem Brief steht, was ich Ihnen gebracht hab, davon wissen möcht, wo sie is, damit er sich um sie kommt. Am besten, ihm ein Telegramm zu schicken, daß sie bei Ihnen is und daß er sie sich beheben kann. In Wschenor war voriges Jahr so ein Fall in einer Villa. Aber damals hat dieses Frauenzimmer das Telegramm selbst ihrem Mann geschickt, und der is um sie gekommen und hat beide geohrfeigt. Beide waren Zivilisten, aber in diesem Fall wird er sich auf einen Offizier nicht traun. Übrigens sind Sie gar nicht schuld dran, weil Sie niemanden eingeladen ham, und wenn sie weggelaufen is, hat sies auf eigene Faust gemacht. Sie wern sehn, so ein Telegramm leistet gute Dienste. Und wenns auch ein paar Ohrfeigen setzen sollt..."

„Er ist sehr intelligent", unterbrach ihn Oberleutnant Lukasch, „ich kenne ihn, er handelt mit Hopfen en gros. Unbedingt muß ich mit ihm sprechen. Das Telegramm werde ich abschicken."

Das Telegramm, das er absandte, war ungemein lakonisch und sachlich: „Die augenblickliche Adresse Ihrer Frau ist..."

Es folgte die Wohnungsadresse von Oberleutnant Lukasch.

So geschah es, daß Frau Kati sehr unangenehm überrascht war, als der Hopfenhändler in die Tür stürzte. Er sah sehr rechtschaffen und besorgt aus, als Frau Kati, ohne in diesem Augenblick die Besonnenheit zu verlieren, beide Herren vorstellte: „Mein Mann - Herr Oberleutnant Lukasch." Etwas anderes fiel ihr nicht ein.

„Nehmen Sie Platz, Herr Wendler", forderte ihn Oberleutnant Lukasch freundlich auf, ein Zigarettenetui aus der Tasche ziehend, „ist gefällig?"

Der intelligente Hopfenhändler nahm artig eine Zigarette und sagte, Rauchwölkchen durch die Lippen blasend, bedächtig: „Gehen Sie bald an die Front ab, Herr

Oberleutnant?"

„Ich habe um Versetzung zu den Einundneunzigern in Budweis angesucht, wohin ich wahrscheinlich fahren werde, sobald ich mit der Einjährig-Freiwilligenschule fertig bin. Wir brauchen eine Unmenge Offiziere, und es ist heutzutage eine traurige Erscheinung, daß sich die jungen Leute, die Anspruch auf das Einjährig-Freiwilligenrecht haben, nicht dazu melden. Lieber bleibt so ein Mensch gemeiner Infanterist, als daß er sich bemüht, Kadett zu werden."

„Der Krieg hat dem Hopfengeschäft sehr geschadet, aber ich glaube, daß er keine lange Dauer haben kann", bemerkte der Hopfenhändler, während er abwechselnd seine Frau und den Oberleutnant anschaute.

„Unsere Situation ist sehr gut", sagte Oberleutnant Lukasch, „heute zweifelt niemand mehr daran, daß der Krieg mit dem Sieg der Waffen der Zentralmächte enden wird. Frankreich, England und Rußland sind viel zu schwach gegen den Österreichisch-türkisch-deutschen Granit. Freilich, wir haben an manchen Fronten unbedeutende Mißerfolge erlitten. Sobald wir aber die russische Front zwischen dem Karpatenkamm und dem mittleren Dunajec durchbrechen, wird das zweifellos das Ende des Krieges bedeuten. Ebenso droht den Franzosen in kürzester Zeit der Verlust ganz Ostfrankreichs und der Einmarsch des deutschen Militärs in Paris. Das ist vollkommen sicher. Außerdem schreiten unsere Manöver in Serbien sehr erfolgreich fort, und den Rückzug unserer Truppen, der in Wirklichkeit nur eine Umgruppierung darstellt, deuten viele ganz anders, als es die im Krieg gebotene Kaltblütigkeit erfordert. Wir werden über Nacht sehen, daß unsere vorausberechneten Manöver auf dem südlichen Kriegsschauplatz Früchte tragen werden. Da sehen Sie, bitte..."

Oberleutnant Lukasch faßte den Hopfenhändler zart an der Schulter, führte ihn zu der an der Wand hängenden Karte des Kriegsschauplatzes und erklärte, während er ihm einzelne Punkte zeigte: „Die östlichen Beskiden sind ein ausgezeichneter Stützpunkt für uns. In den Frontabschnitten der Karpaten haben wir, wie Sie sehn, eine große Stütze. Ein mächtiger Schlag auf diese Linie, und wir machen erst in Moskau halt. Der Krieg wird früher enden, als wir ahnen."

„Und was ist mit der Türkei?" fragte der Hopfenhändler, während er erwog, was er beginnen solle, um zum Kern der Sache zu gelangen, deretwegen er gekommen war.

„Die Türken halten sich gut", erwiderte der Oberleutnant und führte ihn abermals zum Tisch, „die Vorsitzenden des türkischen Parlaments, Hali Bey und Ali

Bey, sind in Wien eingetroffen. Zum Oberkommandanten der türkischen Dardanellenarmee ist Feldmarschall Liman von Sanders ernannt worden. Goltz Pascha ist aus Konstantinopel noch Berlin gekommen, und Enwer Pascha, Vizeadmiral Usedon Pascha und General Dschewad Pascha sind von unserem Kaiser ausgezeichnet worden. Verhältnismäßig viel Auszeichnungen für eine so kurze Zeit."

Sie saßen einander alle eine Zeitlang stumm gegenüber, bis der Oberleutnant es für geeignet hielt, die peinliche Situation mit den Warten zu unterbrechen:

„Wann sind Sie angekommen, Herr Wendler?"

„Heute früh."

„Da bin ich aber sehr froh, daß Sie mich gefunden und zu Hause angetroffen haben, weil ich Nachmittag immer in die Kaserne geh und Nachtdienst habe. Da die Wohnung eigentlich den ganzen Tag leer ist, hab ich der gnädigen Frau Gastfreundschaft anbieten können. Sie ist hier während ihres Aufenthaltes in Prag von niemandem belästigt worden. Aus alter Bekanntschaft…"

Der Hopfenhändler hustete: „Kati ist gewiß eine merkwürdige Frau, Herr Oberleutnant, nehmen Sie meinen allerherzlichsten Dank entgegen für alles, was Sie für sie getan haben. Von nichts und wieder nichts fällt es ihr ein, nach Prag zu fahren, sie muß sich angeblich die Nerven kurieren; ich bin auf Reisen, komm nach Haus, und das Haus ist leer. Kati ist weg." Bemüht, ein möglichst aufrichtiges Gesicht zu machen, drohte er ihr mit dem Finger und fragte sie nur mit einem gezwungenen Lächeln: „Du hast wahrscheinlich geglaubt, wenn ich auf Reisen bin, kannst Du auch verreisen? Du hast freilich nicht daran gedacht…"

Als Oberleutnant Lukasch sah, daß das Gespräch eine unangenehme Wendung nahm, führte er den intelligenten Hopfenhändler wieder zu der Karte vom Kriegsschauplatz, wies auf die unterstrichenen Orte und sagte: „Ich habe vergessen, Sie auf einen höchst interessanten Umstand aufmerksam zu machen. Betrachten Sie diesen großen, nach Südwesten gewandten Bogen, wo diese Berggruppe einen großen Brückenkopf bildet. Hierher richtet sich die Offensive der Verbündeten. Durch Absperrung der Bahn, die den Brückenkopf mit der wichtigsten Verteidigungslinie des Feindes verbindet, muß die Verbindung zwischen dem rechten Flügel und der nördlichen Armee an der Weichsel unterbrochen werden. Ist Ihnen das klar?"

Der Hopfenhändler erwiderte, ihm sei alles vollkommen klar, und da er in seinem Taktgefühl befürchtete, das, was er sage, könne als Anzüglichkeit aufgefaßt werden, erklärte er, auf seinen Platz zurückkehrend:

Abbildung 32: Otto Liman von Sanders
(Quelle: The Project Gutenberg eBook, The New York Times Current History: the European War,
February, 1915)

„Unser Hopfen hat durch den Krieg sein Absatzgebiet im Ausland verloren,
Frankreich, England, Rußland und der Balkan sind jetzt für den Hopfen verloren.
Wir senden noch Hopfen nach Italien, aber ich fürchte, daß sich Italien auch hin-
einmengen wird. Aber dann, bis wirs gewinnen, werden sie uns die Preise für die
Waren diktieren."

„Italien wird vollständige Neutralität bewahren", tröstete ihn der Oberleutnant,
„das ist..."

„Also warum gibt es nicht zu, daß es durch den Dreibund an Österreich-Ungarn
und Deutschland gebunden ist?" brauste der Hopfenhändler plötzlich auf, dem auf
einmal alles zu Kopfe stieg: Hopfen, Frau und Krieg.

„Ich hab gewartet, daß Italien gegen Frankreich und Serbien losgehn wird. Dann
wär der Krieg schon beendet. Der Hopfen verfault mir in den Magazinen, die hei-
mischen Abschlüsse sind schwach, der Export ist gleich Null, und Italien bewahrt

Neutralität. Warum hat Italien noch im Jahre 1912 den Dreibund mit uns erneuert? Wo ist der italienische Außenminister, Marquis di San Giuliano? Was macht der Herr? Schläft er oder was? Wissen Sie, was für einen Jahresumsatz ich bis zum Krieg gehabt hab und weichen ich heut hab?"

„Denken Sie nicht, daß ich die Ereignisse nicht verfolge", fuhr er fort und blickte den Oberleutnant wütend an, der ruhig Rauchringe aus dem Munde blies, die ineinanderflossen, was Frau Kati mit großem Interesse verfolgte.

„Warum sind die Deutschen an die Grenzen zurückgegangen, wenn sie schon bei Paris waren? Warum führt man zwischen Maas und Mosel heftige Artilleriekämpfe? Wissen Sie, daß in Combres und Woevre bei Marche drei Bräuhäuser verbrannt sind, wohin wir jährlich über 500 Säcke Hopfen geliefert haben? Und in den Vogesen ist das Hartmannsweilersche Bräuhaus abgebrannt, in Niederaspach bei Mühlhausen ist ein riesiges Bräuhaus dem Erdboden gleichgemacht worden. Das bedeutet für meine Firma einen Verlust von 1200 Sack Hopfen jährlich. Sechsmal haben die Deutschen mit den Belgiern um das Bräuhaus Klosterhoek gekämpft, das bedeutet den Verlust von 350 Sack Hopfen jährlich."

Er konnte vor Aufregung nicht weitersprechen, näherte sich seiner Frau und sagte: „Kati, du fährst augenblicklich mit mir nach Haus. Zieh dich an."

„Mich regen alle diese Ereignisse so auf", sagte er nach einer Weile in entschuldigendem Ton, „ich pflegte früher ganz ruhig zu sein."

Und als sie gegangen war, um sich anzukleiden, sagte er leise zum Oberleutnant: „Das macht sie nicht zum erstenmal. Voriges Jahr ist sie mit einem Supplenten weggefahren, und ich hab sie erst in Agram gefunden. Ich hab bei dieser Gelegenheit im städtischen Brauhaus in Agram einen Abschluß von 600 Sack Hopfen gemacht. Bah, der Süden war überhaupt eine Goldgrube. Unser Hopfen ist bis nach Konstantinopel gegangen. Heut bin ich halb ruiniert. Wenn die Regierung die Biererzeugung bei uns einschränken sollte, versetzt sie uns den letzten Schlag."

Und während er sich die angebotene Zigarette anzündete, sagte er verzweifelt: „Warschau allein hat 2370 Sack-Hopfen gekauft. Das größte Bräuhaus ist dort das Augustinerbräuhaus. Der Vertreter pflegte alljährlich zu Besuch zu mir zu kommen. Es ist zum Verzweifeln. Noch gut, daß ich keine Kinder hab."

Dieser logische Schluß aus dem alljährlichen Besuche des Vertreters des Augustinerbräuhauses in Warschau bewirkte, daß der Oberleutnant ein wenig lächelte, was der Hopfenhändler bemerkte, weshalb er in seinen Erklärungen fortfuhr:

179

Abbildung 33: Dt.Reich, ITA, Ö-U: Dreibund/ RU, FIN, FRA, VK: Triple Entente/ Rest: Neutral (Quelle: Blank map of Europe 1914.svg; Alphathon)

„Die ungarischen Bräuhäuser in Sopron und Groß-Kanizsa haben für ihre Exportbiere, die sie nach Alexandrien exportierten, bei meiner Firma jährlich durchschnittlich 1000 Sack Hopfen gekauft. Heute lehnen sie wegen der Blockade jede Bestellung ab. Ich biete ihnen den Hopfen um dreißig Prozent billiger an, und sie bestellen nicht einmal einen Sack. Stagnation, Verfall, Misere und noch dazu häusliche Sorgen."

Der Hopfenhändler verstummte, und das Schweigen wurde von Frau Kati unterbrochen, die reisefertig ins Zimmer trat: „Was machen wir mit meinen Koffern?"

„Man wird sie abholen, Kati", sagte der Hopfenhändler zufrieden, der letzten Endes froh war, daß alles ohne Auftritt und peinliche Szene geendet hatte, „wenn du noch Einkäufe machen willst, haben wir höchste Zeit. Der Zug fährt um zwei Uhr zwanzig."

Beide verabschiedeten sich freundschaftlich vom Oberleutnant, und der Hopfenhändler war so froh, daß es schon vorüber war, daß er beim Abschied im Vorzimmer zum Oberleutnant sagte: „Wenn Sie, Gott behüte, im Krieg verwundet werden sollten, kommen Sie zu uns zur Erholung, wir werden Sie so sorgfältig pflegen wie nur möglich."

Als der Oberleutnant ins Schlafzimmer zurückkehrte, wo Frau Kati sich angekleidet hatte, fand er auf dem Waschtisch 400 Kronen und ein Billett nachstehenden Inhaltes:

„Herr Oberleutnant! Sie haben sich nicht für mich eingesetzt vor diesem Affen, meinem Mann, einem Idioten ersten Ranges. Sie haben erlaubt, daß er mich mit sich schleppt, wie eine Sache, die er in der Wohnung vergessen hot. Dabei haben Sie sich die Bemerkung erlaubt, daß Sie mir Gastfreundschaft angeboten haben. Ich hoffe, daß ich Ihnen keine größeren Kosten verursacht habe als die beigelegten 400 Kronen, die Sie, bitte, mit Ihrem Diener teilen wollen."

Oberleutnant Lukasch blieb eine Zeitlang mit dem Billett in der Hand stehen, dann zerriß er es langsam. Er blickte lächelnd auf das auf dem Waschtisch liegende Geld, und als er sah, daß Kati in der Aufregung ihren Kamm auf dem Tischchen vergessen hatte, als sie vor dem Spiegel ihr Haar kämmte, legte er ihn in seine Fetischsammlung. Schwejk kehrte gegen Mittag zurück. Er war einen Stallpinscher für den Oberleutnant suchen gegangen.

„Schwejk", sagte der Oberleutnant, „Sie haben Glück. Die Dame, die bei mir war, ist schon weg. Der Herr Gemahl hat sie mitgenommen. Und für alle Dienste, die Sie ihr geleistet haben, hat sie Ihnen 400 Kronen auf dem Waschtisch gelassen. Sie müssen ihr hübsch danken, respektive Ihrem Herrn Gemahl, denn es ist sein Geld, das sie auf die Reise mitgenommen hatte. Ich werde einen Brief diktieren."

Er diktierte ihm:

„Sehr geehrter Herr! Wollen Sie den herzlichsten Dank für die 400 Kronen bestellen, die mir Ihre Frau Gemahlin für die Dienste geschenkt hat, die ich ihr während ihres Besuches in Prag geleistet habe. Alles, was ich für sie tun konnte, habe ich gern getan, und deshalb kann ich diesen Betrag nicht annehmen und schicke ihn —."

„Nun, schreiben Sie nur weiter, Schwejk, was drehn Sie sich denn so herum? Wo hab ich aufgehört?"

„Und schicke ihn —", sagte Schwejk mit zitternder Stimme voller Tragik.

„Also gut: schicke ihn zurück mit der Versicherung meiner tiefsten Hochachtung. - Einen ergebenen Gruß und Handkuß der gnädigen Frau, Josef Schwejk, Offiziersdiener bei Oberleutnant Lukasch. Fertig?"

„Melde gehorsamst, Herr Oberlajtnant, das Datum fehlt noch."

„Zwanzigsten Dezember 1914. So, und jetzt schreiben Sie das Kuvert und nehmen Sie die 400 Kronen und tragen Sie sie auf die Post und schicken Sie sie an diese Adresse."

Und Oberleutnant Lukasch fing an, lustig eine Arie aus der Operette „Die geschiedene Frau" zu pfeifen.

„Noch etwas, Schwejk", fragte der Oberleutnant, als Schwejk zur Post gehen wollte, „wie steht es mit dem Hund, den Sie suchen gegangen sind?"

„Ich hab einen in petto, Herr Oberlajtnant, ein sehr hübsches Tier. Aber es wird schwer sein, ihn zu bekommen. Morgen, hoff ich, werd ich ihn vielleicht doch herbringen. Er beißt."

Das letzte Wort hatte Oberleutnant Lukasch nicht gehört, und doch war es so wichtig. „Das Biest beißt, was das Zeug hält", wollte Schwejk nochmals wiederholen, aber zum Schluß dachte er: „Was geht das eigentlich den Oberlajtnant an. Er will einen Hund, also bekommt er einen Hund!"

Es ist freilich ganz einfach zu sagen: „Bringen Sie mir einen Hund!" Die Eigentümer von Hunden geben auf ihre Hunde sehr gut acht, es müssen nicht einmal reinrassige Hunde sein. Sogar den Köter, der zu nichts andrem taugt, als einer alten Frau die Füße zu wärmen, liebt sein Eigentümer und läßt ihm nichts zuleide tun. Ein Hund fürchtet selbst instinktiv, insbesondere wenn er von reiner Rasse ist, daß er seinem Herrn eines schönen Tages entwendet werden wird. Er lebt ununterbrochen in der Angst, daß er gestohlen werden könnte, gestohlen werden muß. Ein Hund entfernt sich beispielsweise auf dem Spaziergang von seinem Herrn, ist anfangs lustig, übermütig. Spielt mit andern Hunden, kriecht unmoralisch auf sie hinauf und umgekehrt, beschnuppert die Ecksteine, hebt an jeder Ecke, ja sogar bei der Hökerin über dem Korb mit den Kartoffeln ein Beinchen hoch, kurz, empfindet eine solche Freude am Leben und hält die Welt sicherlich für so schön wie ein Jüngling nach glücklich bestandener Matura. Plötzlich aber könnt ihr bemerken, daß sein Frohmut verschwindet; der Hund fühlt, daß er verlorengegangen ist. Und erst jetzt fällt wahre Verzweiflung ihn an. Er läuft erschreckt auf der Straße herum, schnüffelt, winselt und zieht in völliger Verzweiflung den Schwanz zwischen die Beine, legt die Ohren nach hinten und stürzt inmitten der Fahrbahn irgendwohin ins Unbekannte.

Wenn er sprechen könnte, würde er schreien: „Jesusmaria, jemand wird mich stehlen!"

Wart ihr einmal in einem Hundezwinger und habt ihr dort solche erschreckten Hunde gesehen? Sie alle sind gestohlen. Die Großstadt hat eine besondere Art von Dieben großgezogen, die ausschließlich vom Hundediebstahl leben. Es gibt kleine Arten von Salonhündchen, Zwerge, Rattler, ganz kleine Dings, sie haben Platz in der Überziehertasche oder in einem Damenmuff, in dem man sie mit sich trägt.

Auch von dort zieht man euch den Ärmsten heraus. Eine böse, gefleckte deutsche Dogge, die in der Vorstadt wütend eine Villa hütet, stiehlt man in der Nacht. Einen Polizeihund stiehlt man dem Detektiv vor der Nase weg. Ihr führt einen Hund an der Leine, man schneidet sie entzwei, und schon ist der Dieb samt dem Hund verschwunden, und ihr schaut verdutzt auf die leere Schnur. Fünfzig Prozent der Hunde, denen ihr auf der Straße begegnet, haben einige Mal ihre Herren gewechselt, und oft kauft ihr nach Jahren euren eigenen Hund, den man euch als Junges gestohlen hat, als ihr mit ihm spazieren gingt. Die größte Gefahr, gestohlen zu werden, droht Hunden, wenn man sie auf die Straße führt, damit sie ihre kleine und große Notdurft verrichten. Besonders bei dem letzten Akt gehen die meisten verloren. Deshalb schaut sich jeder Hund dabei vorsichtig nach allen Seiten um.

Es gibt einige Systeme, Hunde zu stehlen. Entweder direkt nach Art des Taschendiebes oder durch trügerisches Anlocken des unglücklichen Geschöpfes. Der Hund ist ein treues Tier, allein nur im Lesebuch oder in der Naturgeschichte. Laßt den treuesten Hund eine gebackene Pferdewurst schnuppern, und er ist verloren. Er vergißt den Herrn, neben dem er geht, dreht sich um und geht euch nach. Speichel fließt ihm aus dem Maul, und er wedelt in der Erwartung und Vorahnung der großen Freude freundlich mit dem Schwanz und bläht die Nüstern wie der wildeste Hengst, wenn man ihn zur Stute führt.

Auf der Kleinseite bei der Schloßstiege befindet sich ein kleiner Bierausschank. Eines Tages saßen dort rückwärts im Halbdunkel zwei Männer. Ein Soldat und ein Zivilist. Zueinander geneigt flüsterten sie geheimnisvoll. Sie sahen aus wie Verschwörer aus den Zeiten der venezianischen Republik.

„Jeden Tag um acht Uhr", sagte der Zivilist flüsternd zu dem Soldaten, „geht das Dienstmädchen mit ihm an die Ecke vom Hawlitschekplatz zum Park. Aber er is ein Luder, er beißt, was das Zeug hält. Er läßt sich nicht streicheln."

Und noch näher zu dem Soldaten geneigt, flüsterte er ihm ins Ohr:

„Nicht mal Wurst frißt er."

„Auch keine gebratene?" fragte der Soldat.

„Nicht mal gebratene." Beide spuckten aus. „Was frißt das Luder also?"

„Gott weiß. Manche Hunde sind verzärtelt und verwöhnt wie der Erzbischof."

Der Soldat und der Zivilist stießen an, und der Zivilist fuhr flüsternd fort: „Einmal hat von mir ein schwarzer Spitz, den ich für den Hundezwinger über der Klamowko gebraucht hab, auch keine Wurst nehmen wolln. Drei Tage bin ich ihm nachgegangen, bis ichs schon nicht ausgeholten hab und die Frau, was mit dem Hund spazierengegangen is, direkt gefragt hab, was der Hund eigentlich frißt, daß er so hübsch is. Der Frau hats geschmeichelt, und sie hat gesagt, daß er am liebsten Koteletts hat. Also hab ich ihm ein Schnitzel gekauft. Ich hab mir gedacht, das is sicher besser. Und siehst du, dieses Aas von einem Hund hat sich nicht mal drauf umgeschaut, weils Kalbfleisch war. Er war an Schweinefleisch gewöhnt. So hab ich ihm ein Kotelett kaufen müssen. Ich habs ihm zu beschnuppern gegeben und bin gelaufen und der Hund mir nach. Die Frau hat geschrien: „Puntik, Puntik!' aber woher, der liebe Puntik. Dem Kotelett is er bis um die Ecke nachgelaufen, dort hab ich ihm eine Kette um den Hals gegeben, und am nächsten Tag war er schon im Hundezwinger über der Klamowka. Unterm Hals hat er paar weiße Haare gehabt, einen Fleck, die ham sie ihm schwarz angemalt, und niemand hat ihn erkannt. Aber die andern Hunde, und es waren ihrer viele, sind alle auf eine gebratene Pferdewurst geflogen. Du möchtest auch am besten tun, wenn du sie fragen möchtest, was der Hund am liebsten frißt: Du bist Soldat, hast Figur, und sie wird dirs eher sagen. Ich hab sie schon gefragt, aber sie hat mich angeschaut, wie wenn sie mich durchbohren wollt, und hat gesagt: ‚Was geht das Sie an?' Sie is nicht sehr hübsch, sie is ein Äff, aber mit einem Soldaten wird sie sprechen."

„Is es wirklich ein Stallpinscher? Mein Oberlajtnant will keinen andern."

„Ein fescher Kerl, ein Stallpinscher, Pfeffer und Salz, wirklich reinrassig, so wahr du der Schwejk bist und ich Blahnik heiß. Mir handelt sichs drum, was er frißt, das gib ich ihm und bring dir ihn."

Beide Freunde stießen abermals an. Als sich Schwejk vor dem Krieg noch mit dem Verkauf von Hunden ernährte, hatte Blahnik sie ihm geliefert. Er war ein erfahrener Mann, und man erzählte von ihm, daß er unter der Hand in der Abdeckerei verdächtige Hunde kaufe und wieder weiterverkaufe. Er hatte sogar schon einmal die Hundswut gehabt, und im Pasteurinstitut in Wien war er wie zu Hause. Jetzt hielt er es für seine Pflicht, dem Krieger Schwejk uneigennützig zu helfen. Er kannte alle Hunde in ganz Prag und Umgebung und sprach deshalb leise, um sich nicht vor dem Wirt zu verraten. Vor einem halben Jahr hatte er nämlich unter dem Rock einen jungen Hund aus dem Gasthaus weggetragen, einen Dachshund, dem er aus einer Saugflasche Milch zu trinken gegeben hatte, so daß der dumme Hund ihn offenbar für die Mutter hielt und sich unter dem Mantel gar nicht regte.

Er stahl aus Prinzip nur reinrassige Hunde und hätte gerichtlicher Sachverständiger sein können. Er lieferte in alle Hundezwinger und auch in Privathäuser, wie sich gerade die Gelegenheit bot; wenn er über die Straße ging, knurrten ihn die Hunde an, die er einst gestohlen hatte, und oft, wenn er vor einem Schaufensterstand, hob irgendein rachsüchtiger Hund hinter seinem Rücken ein Beinchen hoch

184

und benäßte ihm die Hosen.

Am Morgen des folgenden Tages um acht Uhr konnte man den braven Soldaten Schwejk an der Ecke des Hawlitschekplatzes beim Park auf und ab gehen sehen. Er wartete auf das Dienstmädchen mit dem Stallpinscher. Endlich kam sie, und ein bärtiger, struppiger Hund mit rauhem Fell und klugen, schwarzen Augen lief an ihm vorbei. Er war munter wie alle Hunde, wenn sie ihre Notdurft verrichtet haben, und rannte auf die Spatzen zu, die auf der Straße Pferdemist frühstückten.

Dann ging diejenige an Schwejk vorbei, die den Hund zu betreuen hatte. Es war ein älteres Mädchen mit manierlich zu einem Kranz geflochtenem Haar. Sie pfiff dem Hund und schwenkte das Kettchen und die elegante Peitsche in der Hand hin und her. Schwejk sprach sie an:

„Verzeihn Sie, Fräulein, wo geht man hier nach Zizkov?"

Sie blieb stehen und blickte ihn an, ob er es auch aufrichtig meine, doch das gutmütige Gesicht Schwejks sagte ihr, daß der Soldat wohl wirklich nach Zizkov gehen wolle. Der Ausdruck ihres Gesichtes wurde weich, und sie erklärte ihm entgegenkommend, wie er nach Zizkov zu gehen habe. „Ich bin erst unlängst nach Prag versetzt worn", sagte Schwejk, „ich bin kein Hiesiger, ich bin vom Land. Sie sind auch nicht aus Prag?"

„Ich bin aus Vodnany."

„Dann sind wir ja nicht weit voneinander her", antwortete Schwejk, „Ich bin aus Protiwin."

Schwejks Kenntnis des böhmischen Südens, die er sich einmal bei den Manövern angeeignet hatte, erfüllte das Herz des Mädchens mit heimatlicher Wärme.

„Dann kennen Sie wohl auch in Protiwin aufm Ring den Fleischer Pejchar?"

„Wie denn nicht! Das ist mein Bruder. Den ham bei uns alle gern", sagte Schwejk. „Er is sehr brav, dienstfertig, hat gutes Fleisch und gibt gute Waage."

„Sind Sie nicht einer von Joreschs?" fragte das Mädchen, das mit dem unbekannten Soldaten zu sympathisieren begann.

„Ja"

„Und von welchem Jaresch, von dem aus Krtsch bei Protiwin oder aus Razitz?"

„Aus Razitz."

„Fährt er noch mit Bier herum?"

„Noch immer."

„Aber er muß doch schon recht hübsch über die sechzig sein?"

„Achtundsechzig war er heuer im Frühjahr", entgegnete Schwejk ruhig, „jetzt hat er sich einen Hund angeschafft und da fährt sichs ihm fein. Der Hund sitzt ihm am Wagen. Grad so ein Hund wie der dort, was die Spatzen jagt. Ein hübscher Hund, ein feines Tier."

„Der gehört uns", erklärte ihm seine neue Bekannte, „ich dien hier beim Oberst. Sie kennen nicht unsern Herrn Oberst?"

„Ja, das is mir ein schöner Intellektueller", sagte Schwejk, „bei uns in Budweis war auch so ein Oberst."

„Unser Herr is streng, und wies neulich geheißen hat, daß man uns in Serbien eins aufgewichst hat, is er ganz wütend noch Haus gekommen und hat in der Küche alle Teller heruntergeworfen und hat mir kündigen wolln."

„Das is also euer Hund!" unterbrach sie Schwejk, „das is schad, daß mein Oberlajtnant keinen Hund ausstehn kann, ich hab Hunde sehr gern."

Er verstummte und stieß plötzlich hervor: „Jeder Hund frißt aber auch nicht alles."

„Unser Fox klaubt sich sehr, eine Zeitlang wollt er überhaupt kein Fleisch essen, bis wieder jetzt."

„Und was frißt er am liebsten?"

„Leber, gekochte Leber."

„Kalbs- oder Schweinsleber?"

„Das is ihm egal", lachte die „Landsmännin", die die letzte Frage für einen mißlungenen Witz hielt.

Sie gingen noch ein wenig spazieren, dann schloß sich ihnen auch der Stallpinscher an, der an die Kette genommen wurde. Er benahm sich Schwejk gegenüber recht zutraulich, versuchte ihm wenigstens mit dem Maulkorb die Hose zu zerreißen, sprang an ihm empor und plötzlich, als fühlte er, was Schwejk mit ihm plane, hörte er auf zu springen und ging traurig und bestürzt weiter, während er Schwejk von der Seite anblickte, als wollte er sagen: „Wartet das also auch auf mich?"

Dann sagte das Mädchen noch, daß sie auch jeden Abend um sechs Uhr mit dem Hunde herkomme, daß sie keinem Mann aus Prag traue, daß sie einmal in der Zeitung annonciert habe und daß sich ein Schlosser mit Heiratsabsichten gemeldet und ihr 800 Kronen für irgendeine Erfindung herausgelockt habe und verschwunden sei. Am Land sind die Menschen entschieden ehrlicher. Wenn sie heiraten sollte, würde sie nur einen Mann vom Lande nehmen, aber erst nach dem Krieg. Kriegsehen halte sie für eine Dummheit, weil so eine Frau gewöhnlich Witwe wird. Schwejk machte ihr große Hoffnungen, daß er um sechs Uhr kommen werde, und beeilte sich, Freund Blahnik mitzuteilen, daß der Hund alle Sorten von Leber fresse.

„Ich wer ihn mit Rindsleber bewirten", entschloß sich Blahnik, „mit der hab ich schon den Bernhardiner vom Fabrikanten Vydra erwischt, ein sehr treues Tier. Morgen bring ich dir den Hund unbeschädigt."

Blahnik hielt Wort. Als Schwejk am Vormittag mit dem Aufräumen fertig war, wurde hinter der Türe Hundegebell laut und Blahnik zog den sich sträubenden Stallpinscher, der noch struppiger war als von Natur aus, in die Wohnung. Er rollte wild die Augen und blickte so finster drein, daß an einen hungrigen Tiger im Käfig gemahnte, vor dem ein wohlgenährter Besucher des Zoologischen Gartens steht. Er knirschte mit den Zähnen und knurrte, als wollte er sagen: „Zerreißen und fressen!"

Sie banden den Hund an den Küchentisch, und Blahnik schilderte den Verlauf des Diebstahls.

„Ich bin absichtlich an ihm vorbeigegangen, die gekochte Leber eingewickelt in der Hand. Er hat angefangen zu schnuppern und an mir hinaufzuspringen.

Ich hab ihm nichts gegeben und bin weitergegangen. Der Hund mir nach. Beim Park bin ich in die Bredauergasse eingebogen, und dort hab ich ihm das erste Stückchen gegeben. Er hats im Laufen gefressen, damit er mich nicht ausm Aug verliert. Ich bin in die Heinrichsgasse eingebogen, wo ich ihm eine neue Portion gegeben hab. Dann hab ich ihn, wie er angefressen war, an die Kette gebunden und ihn übern Wenzelsplatz auf die Weinberge und bis nach Wrschowitz gezogen. Am Weg hat er mir schreckliche Sachen aufgeführt. Wie ich über die Schienen gegangen bin, hat er sich hingelegt und wollt sich nicht rühren. Vielleicht hat er sich überfahren lassen wolln. Ich hob auch einen sauberen Stammbaum mitgebracht, was ich beim Papierhändler Fuchs gekauft hab. Du kannst doch Stammbäume fälschen, Schwejk?"

„Es muß mit deiner Hand geschrieben sein. Schreib, daß er aus Leipzig aus dem Hundezwinger von Bülow stammt. Vater Arnheim von Kahlsberg, Mutter Emma von Trautensdorf, vom Vater Siegfried von Busenthal. Der Vater hat bei der Berliner Stallpinscherausstellung im Jahre 1912 den ersten Preis bekommen. Die Mutter wurde mit der goldenen Medaille des Nürnberger Vereins zur Zucht edler Hunde ausgezeichnet. Wie alt is er, glaubst du?"

„Nach den Zähnen zu schließen, zwei Jahre."

„Schreib, daß er eineinhalb is."

„Er ist schlecht kupiert, Schwejk. Schau dir seine Ohren an."

„Dem kann man abhelfen. Wir können ihm sie ja zustutzen, bis er sich bei uns gewöhnt. Jetzt möcht er sich noch mehr ärgern."

Der Gestohlene knurrte wütend, fauchte, warf sich herum, legte sich dann mit herausgesteckter Zunge müde hin und wartete, was weiter mit ihm geschehen werde.

Allmählich wurde er ruhiger, nur von Zeit zu Zeit knurrte er kläglich. Schwejk setzte ihm den Rest der Leber vor, die ihm Blahnik übergeben hatte. Der Hund beachtete sie jedoch nicht, warf nur einen trotzigen auf sie und schaute beide an, als wollte er sagen:

„Ich hab mich schon einmal angeschmiert, freßt euchs jetzt allein auf."

Er lag resigniert da und tat, als schliefe er. Dann fuhr ihm plötzlich etwas durch den Kopf, er stand auf und fing an, Männchen zu machen und mit den Vorderpfoten zu bitten. Er hatte sich ergeben.

Auf Schwejk machte diese rührende Szene nicht den geringsten Eindruck.

„Kusch dich", schrie er den Ärmsten an, der sich wiederum kläglich winselnd hinstreckte.

„Was für einen Namen soll ich ihm im Stammbaum geben?" fragte Blahnik, „er hat Fox geheißen, also etwas Ähnliches, damit ers gleich versteht."

„Also nennen wir ihn meinetwegen Max, schau Blahnik, wie er die Ohren spitzt. Steh auf, Maxi!"

Der unglückliche Stallpinscher, dem man Heimat und Namen geraubt hatte, erhob sich und wartete weitere Befehle ab.

„Ich glaub, wir sollten ihn losbinden", entschied Schwejk, „wir wern sehn, was er dann machen wird."

Nachdem sie ihn losgebunden hatten, war sein erster Weg zur Tür, wo er dreimal kurz den Türgriff anbellte, scheinbar auf die Großmut dieser bösen Menschen bauend. Als er jedoch sah, daß sie kein Verständnis für seine Sehnsucht, hinauszugelangen, hatten, machte er bei der Tür eine kleine Lache, überzeugt, daß sie ihn hinauswerfen würden, wie man dies einst getan hatte, als er jung war und der Oberst ihn streng, nach Soldatenart, dazu erzog, zimmerrein zu sein.

Stattdessen bemerkte Schwejk: „Der is gescheit, das is ein Jesuit von einem Hund." Er versetzte ihm eins mit dern Riemen und tunkte ihm die Schnauze in die Lache, worauf der Hund sich hastig abzulecken begann. Der Hund winselte über diese Schmach und fing an, in der Küche herumzulaufen, verzweifelt seine eigene Spur beschnuppernd; dann ging er ohne jeden Anlaß zum Tisch, fraß den ihm auf dem Boden vorgesetzten Rest der Leber auf, legte sich zum Ofen und schlief nach diesem ganzen Abenteuer ein.

Abbildung 34: Das mittlere gemeinsame Wappen von Österreich-Ungarn (1915-1918)
Quelle: Hugo Ströhl

„Was bin ich dir schuldig?" fragte Schwejk, als er von Blahnik Abschied nahm.

„Davon sprich nicht, Schwejk", sagte Blahnik weich, „für einen alten Kameraden mach ich alles, besonders wenn er beim Militär dient. Leb wohl, Junge, und führ ihn nie übern Hawlitschekplatz, daß nicht ein Unglück passiert. Wenn du noch einen Hund brauchen solltest, so weißt du, wo ich wohn."

Schwejk ließ Max recht lange schlafen und kaufte inzwischen beim Fleischer ein viertel Kilo Leber. Er kochte sie und hielt Max, um ihn zu wecken, ein Stückchen warme Leber vor die Schnauze.

Max fing an, sich im Schlaf abzulecken, dann rekelte er sich, beschnupperte die Leber und verschlang sie. Sodann ging er zur Tür und wiederholte seinen Versuch mit dem Türgriff.

„Max!" rief Schwejk ihm zu, „komm zu mir!"

Der Hund gehorchte mißtrauisch. Schwejk nahm ihn auf den Schoß und streichelte ihn, und Max wedelte zum ersten Mal freundschaftlich mit dem Rest seines kupierten Schwanzes, schnappte nach Schwejks Hand, hielt sie im Maul und schaute Schwejk klug an, als wollte er sagen: „Da läßt sich nichts machen, ich weiß, daß ichs verspielt hab."

Schwejk fuhr fort, ihn zu streicheln und fing an, ihm mit sanfter Stimme zu erzählen: „Also es war einmal ein Hunterl, das hieß Fox und lebte bei einem Oberst. Ein Dienstmädchen führte es spazieren, und da kam ein Herr, der stahl den Fox. Fox kam zum Militär zu einem Oberlajtnant, und man gab ihm den Namen Max.

„Max, gibs Pfoterl! Also siehst du, Rindvieh, wir wern gute Kameraden sein, wenn du brav und folgsam sein wirst. Sonst wirst du sehn, daß der Krieg kein Honiglecken is."

Max sprang von Schwejks Schoß hinab und fing an, munter um ihn herumzuspringen. Am Abend, als der Oberleutnant aus der Kaserne zurückkehrte, waren Schwejk und Max bereits die besten Freunde. Während er Max betrachtete, dachte Schwejk philosophisch: „Wenn mans rundherum nimmt, wird eigentlich jeder Soldat auch aus seinem Heim gestohlen."

Der Oberleutnant war sehr angenehm überrascht, als er Max erblickte, der gleichfalls große Freude bekundete, weil er wieder einen Soldaten mit Säbel sah.

Auf die Frage, woher er sei und was er koste, teilte Schwejk dem Oberleutnant mit vollendeter Ruhe mit, er habe den Hund von einem Kameraden, der gerade eingerückt sei, zum Geschenk erhalten.

„Gut, Schwejk", sagte der Oberleutnant, mit Max spielend, „am Ersten bekommen Sie von mir fünfzig Kronen für den Hund."

„Das kann ich nicht annehmen, Herr Oberlajtnant."

„Schwejk", sagte der Oberleutnant streng, „wie Sie den Dienst angetreten haben, habe ich Ihnen erklärt, daß Sie aufs Wort gehorchen müssen. Wenn ich sage, daß Sie fünfzig Kronen bekommen, müssen Sie sie nehmen und vertrinken. Was werden Sie mit diesen fünfzig Kronen machen, Schwejk?"

„Melde gehorsamst, Herr Oberlajtnant, ich wer sie befehlsgemäß vertrinken."

„Und wenn ich daran vielleicht vergessen sollte, Schwejk, so befehle ich Ihnen, mir zu melden, daß ich Ihnen fünfzig Kronen für den Hund geben soll. Verstehn Sie? Hat der Hund nicht Flöhe? Baden Sie ihn jedenfalls aus und kämmen Sie ihn durch. Morgen habe ich Dienst, aber übermorgen geh ich mit ihm spazieren."

Während Schwejk Max badete, schimpfte der Oberst, sein ehemaliger Besitzer, zu Hause fürchterlich und schrie drohend, daß er denjenigen, der ihm den Hund gestohlen habe, vors Kriegsgericht stellen, erschießen, hängen, auf zwanzig Jahre einsperren und zerhacken lassen werde. „Der Teufel soll den Kerl buserieren", erscholl es in der Wohnung des Obersten, daß die Fenster zitterten, „mit solchen Meuchelmördern werde ich bald fertig werden."

Über Schwejk und Oberleutnant Lukasch ballte sich eine Katastrophe zusammen.

15. Die Katastrophe

Oberst Friedrich Kraus, Besitzer des Prädikates: von Zillergut, nach irgendeinem Dorf in Salzburg, das seine Vorfahren bereits im achtzehnten Jahrhundert verfressen hatten, war ein ehrenwerter Idiot. Wenn er etwas erzählte, pflegte er lauter selbstverständliche Dinge zu sagen, wobei er fragte, ob alle die primitivsten Ausdrücke verstünden: „Also ein Fenster, meine Herren, jawohl. Wissen Sie, was ein Fenster ist?" Oder: „Ein Weg, an dem auf beiden Seiten Gräben sind, heißt Straße. Jawohl, meine Herren. Wissen Sie, was ein Graben ist? Ein Graben ist eine Öffnung in der Erde, an der mehrere Leute arbeiten. Er ist eine Vertiefung. Jawohl. Man arbeitet mit Spaten. Wissen Sie, was ein Spaten ist?"

Er litt an einer Erklärungsmanie, der er mit einer Begeisterung frönte wie ein Erfinder, der von seinem Werk erzählt.

„Ein Buch, meine Herren, sind mehrere geschnittene Papierblätter von gleichem Format, die bedruckt und zusammengestellt, gebunden und mit Leim zusammengeklebt sind. Jawohl. Wissen Sie, meine Herren, was Leim ist? Leim ist ein Klebemittel."

Er war so unglaublich blöd, daß die Offiziere ihm von weitem auswichen, um nicht von ihm hören zu müssen, daß das Trottoir ein erhöhter gepflasterter Streifen längs der Häuserfassaden und etwas anderes sei als die Fahrbahn. Und daß die Fassade eines Hauses jener Teil des Gebäudes ist, den wir von der Straße oder vom Trottoir aus sehen. Die rückwärtige Häuserfront können wir vom Trottoir aus nicht sehen, wovon wir uns augenblicklich überzeugen können, wenn wir die Fahrbahn betreten. Er war bereit, diese interessante Tatsache sofort zu demonstrieren. Zum Glück wurde er jedoch überfahren. Seit dieser Zeit vertrottelte er noch mehr. Er hielt die Offiziere auf der Straße an und verwickelte sie in endlos lange Gespräche über Omeletten, Sonne, Thermometer, Krapfen, Fenster und Postmarken.

Es war wirklich staunenswert, daß dieser Idiot verhältnismäßig schnell avancieren konnte und ungemein einflußreiche Leute hinter sich hatte, zum Beispiel einen hohen General, der ihm trotz seiner völligen militärischen Unfähigkeit die Stange hielt.

Bei den Manövern vollführte er mit seinem Regiment wahre Wunder. Niemals langte er irgendwo zur Zeit an. Er führte das Regiment in Kolonnen gegen Maschinengewehre, und vor Jahren, bei den Kaisermanövern in Südböhmen war es geschehen, daß er ganz und gar verschwunden war und bis nach Mähren gelangte, wo er sich mit seinem Regiment noch einige Tage herumschlug, als die Manöver bereits vorüber waren und die Soldaten wieder in den Kasernen lagen. Es wurde ihm nachgesehen. Sein freundschaftliches Verhältnis zu dem kommandierenden General und anderen nicht weniger blöden Würdenträgern des alten Österreichs trug ihm verschiedene Auszeichnungen und Orden ein, durch die er sich ungewöhnlich geehrt fühlte, so daß er sich für den besten Soldaten unter der Sonne und den besten Theoretiker der Strategie und aller anderen militärischen Wissenschaften hielt.

Bei Regimentsrevisionen ließ er sich mit den Soldaten in Gespräche ein und fragte sie immer ein und dasselbe:

„Warum nennt man die beim Militär eingeführten Gewehre Mannlichergewehre?"

Beim Regiment hatte er den Spitznamen Mannlichertrottel. Er war ungewöhnlich rachsüchtig, vernichtete die ihm untergeordneten Offiziere, wenn sie ihm nicht gefielen, und wenn sie heiraten wollten, schickte er sehr schlechte Empfehlungen für ihre Gesuche nach oben. Es fehlte ihm die Hälfte des rechten Ohrs, die ihm in jungen Jahren ein Gegner wegen der wahrheitsgemäßen Konstatierung, daß Friedrich Kraus von Zillergut ein blitzblöder Kerl sei, im Duell abgeschlagen hatte. Analysieren wir seine geistigen Fähigkeiten, so gelangen wir zu der Überzeugung, daß sie nicht besser waren als die, welche den großmäuligen Habsburger Franz Josef als notorischen Idioten berühmt machten.

Derselbe Redefluß, derselbe Schatz an größter Naivität. Bei einem Bankett im Offizierskasino erklärte Oberst Kraus von Zillergut plötzlich, als die Rede auf Schiller kam: „Da hab ich euch gestern, meine Herren, einen Dampfpflug gesehn, der von einer Lokomotive angetrieben war. Stellen Sie sich vor, meine Herren, von einer Lokomotive, und nicht nur von einer, von zweien. Ich seh Rauch, geh näher, und es ist eine Lokomotive und auf der andern Seite die zweite. Sagen Sie mir, meine Herren, ist das nicht lächerlich? Zwei Lokomotiven, als ob nicht eine genug wäre."

Er verstummte, und nach einer Pause bemerkte er: „Wenn das Benzin ausgeht, muß das Automobil stehnbleiben. Das hab ich gestern auch gesehn. Dann quatscht man vom Beharrungsvermögen, meine Herren. Es geht nicht, steht, rührt sich nicht, hat kein Benzin. Ist das nicht lächerlich?"

In seiner Beschränktheit war er ungewöhnlich fromm. Hatte zu Hause in seiner Wohnung einen Hausaltar. Ging häufig zum heiligen Ignaz zur Beichte und zur

Kommunion und betete seit Ausbruch des Krieges für den Sieg der österreichischen und deutschen Waffen. Er vermengte das Christentum mit den Träumen von einer germanischen Hegemonie. Gott sollte helfen, die Reichtümer und Gebiete der Besiegten zu okkupieren. Fürchterlich regte er sich jedes Mal auf, wenn er in der Zeitung las, daß man wiederum Gefangene eingebracht habe.

Er sagte: „Wozu Gefangene einbringen? Erschießen soll man alle! Kein Erbarmen! Zwischen den Leichen tanzen! Alle Zivilisten in Serbien bis auf den letzten verbrennen! Die Kinder mit Bajonetten totschlagen!" Er war um nichts schlimmer als der deutsche Dichter Vierordt, der während des Kriegs Verse veröffentlichte, Deutschland möge mit eiserner Seele Millionen französischer Teufel hassen und morden:

Und türmten sich berghoch in Wolken hinein
Das rauchende Fleisch und das Menschengebein!

Nachdem er den Unterricht in der Einjährig-Freiwilligenschule beendet hatte, ging Oberleutnant Lukasch mit Max spazieren. „Ich erlaube mir, Sie darauf aufmerksam zu machen, Herr Oberlajtnant", sagte Schwejk fürsorglich, „daß Sie auf den Hund aufpassen müssen, damit er Ihnen nicht wegläuft. Es kann ihm eventuell nach seinem alten Heim bange wern, und er könnt Reißaus nehmen, wenn Sie ihn losbinden möchten. Und ich möcht Ihnen auch nicht raten, ihn übern Hawlitschekplatz zu führen, dort treibt sich ein böser Fleischerhund ausm Marienbild herum, der is sehr bissig. Wie er in seinem Rayon einen fremden Hund sieht, gleich is er auf ihn eifersüchtig, damit er ihm dort nicht was wegfrißt. Er is wie der Bettler vom heiligen Kostullus."

Max sprang lustig herum, geriet unter die Füße des Oberleutnants, wickelte sich mit der Schnur um den Säbel und legte eine ungewöhnliche Freude über den Spaziergang an den Tag.

Sie traten auf die Straße, und Oberleutnant Lukasch wandte sich mit dem Hund dem Graben zu. An der Ecke der Herrengasse sollte er mit einer Dame zusammentreffen. Er war in dienstliche Gedanken vertieft. Was soll er morgen vor den Einjährig-Freiwilligen in der Schule vortragen? Wie geben wir die Höhe eines Berges an? Warum geben wir die Höhe stets von der Meeresfläche aus an? Wie berechnen wir aus der Höhe über der Meeresfläche die einfache Höhe eines Berges von seinem Fuße aus gerechnet? Verflucht, warum gibt das Kriegsministerium solche Sachen ins Schulprogramm? Das ist doch Sache der Artillerie. Und es gibt doch

Generalstabskarten. Wenn der Feind auf Höhe 312 ist, wird es nicht genügen, darüber nachzudenken, warum die Höhe des Berges von der Meeresfläche aus angegeben wird, oder zu berechnen, wie hoch jener Hügel ist. Da schaut man halt auf die Karte und weiß es.

Aus diesen Gedanken riß ihn ein strenges „Halt!", gerade als er sich der Herrengasse näherte.

Gleichzeitig mit dem „Halt" bemühte sich der Hund, sich samt der Schnur loszureißen, und stürzte mit Freudengebell auf den Mann zu, der das strenge „Halt!" gesprochen hatte.

Vor Oberleutnant Lukasch stand Oberst Kraus von Zillergut. Oberleutnant Lukasch salutierte, stand vor dem Oberst und entschuldigte sich, ihn nicht gesehen zu haben.

Oberst Kraus war bei den Offizieren bekannt wegen seiner Leidenschaft „anzuhaken".

Er hielt das Salutieren für etwas, wovon der Erfolg des Krieges abhing und worauf die ganze Militärmacht aufgebaut war.

„Ins Salutieren soll der Soldat die Seele legen", pflegte er zu sagen. Er war der schönste Korporalmystizismus.

Er achtete darauf, daß der, welcher die Ehrenbezeigung leistete, bis in die kleinste Einzelheit nach Vorschrift genau und würdig salutierte. Er lauerte allen auf, die an ihm vorübergingen. Vom Infanteristen bis zum Oberstleutnant. Infanteristen, die flüchtig salutierten, als wollten sie sagen, indem sie das Schild der Mütze berührten: „Pfüat di Gott", führte er selbst geradewegs in die Kaserne zur Bestrafung. Für ihn galt kein: „Ich hab nicht gesehn."

„Ein Soldat", pflegte er zu sagen, „muß seinen Vorgesetzten in der Menge suchen und darf an nichts anderes denken als daran, seinen Pflichten nachzukommen, die ihm im Dienstreglement vorgeschrieben sind. Wenn er auf dem Schlachtfeld fällt, soll er noch vor dem Tod salutieren. Wer nicht salutieren kann, wer tut, als ob er nicht sehen würde oder nachlässig salutiert, ist bei mir eine Bestie."

„Herr Oberleutnant", sagte Oberst Kraus mit entsetzlicher Stimme, „die niedrigere Charge muß der höheren immer die Ehrenbezeigung leisten. Das hat sich nicht geändert. Und zweitens: Seit wann haben sich die Herren Offiziere angewöhnt, mit gestohlenen Hunden spazierenzugehen? Jawohl, mit gestohlenen Hunden. Ein Hund, der einem anderen gehört, ist gestohlen."

„Dieser Hund, Herr Oberst...", wandte der Oberleutnant ein.

„Gehört mir, Herr Oberleutnant", unterbrach ihn der Oberst scharf, „es ist mein Fox."

Und Fox oder Max erinnerte sich seines alten Herrn und merzte den neuen völlig aus seinem Herzen aus; er riß sich los, sprang auf den Oberst zu und bezeugte eine Freude, wie ihrer ein verliebter Sextaner fähig ist, wenn er bei seinem Ideal Verständnis findet. „Mit gestohlenen Hunden herumzugehn, Herr Oberleutnant, verträgt sich nicht mit der Offizierser. Nicht gewußt? Ein Offizier kann keinen Hund kaufen, wenn er sich nicht überzeugt hat, daß er ihn ohne Folgen kaufen kann!" wetterte Oberst Kraus weiter, während er Fox Max streichelte, der aus Niedertracht den Oberleutnant anzuknurren und die Zähne zu fletschen begann, als hätte ihm der Oberst, auf den Oberleutnant zeigend, gesagt: „Faß ihn!"

„Herr Oberleutnant", fuhr der Oberst fort, „halten Sie es für richtig, auf einem gestohlenen Pferd zu reiten? Haben Sie nicht in der ‚Bohemia' und im ‚Tagblatt' die Anzeige gelesen, daß mir ein Stallpinscher verlorengegangen ist? Sie haben nicht das Inserat gelesen, das Ihr Vorgesetzter in die Zeitung gegeben hat?"

Der Oberst schlug die Hände zusammen.

„Wahrhaftig, diese jungen Offiziere! Wo ist die Disziplin? Der Oberst veröffentlicht Inserate, und der Oberleutnant liest sie nicht."

„Wenn ich dir, du alter Trottel, paar Ohrfeigen geben könnt", dachte Oberleutnant Lukasch, den Backenbart des Obersten betrachtend, der an einen Orang-Utan erinnerte.

„Kommen Sie auf eine Minute mit mir", sagte der Oberst. So gingen sie denn und führten ein erquickliches Gespräch.

„An der Front, Herr Oberleutnant, kann Ihnen so eine Sache ein zweitesmal nicht passieren. Im Hinterland mit gestohlenen Hunden spazierengehn ist gewiß sehr angenehm. Jawohl! Mit dem Hund seines Vorgesetzten spazierengehn. In einer Zeit, wo wir täglich auf dem Schlachtfeld Hunderte Offiziere verlieren. Und Inserate werden nicht gelesen. Da könnt ich hundert Jahre inserieren, daß mir ein Hund verlorengegangen ist. Zweihundert Jahre, dreihundert Jahre!"

Der Oberst schneuzte sich laut, was bei ihm stets das Zeichen großer Aufregung war, und sagte:

„Sie können weiter spazierengehn", drehte sich um und entfernte sieh, mit der Reitpeitsche wütend auf die Enden seines Offiziersmantels klopfend. Oberleutnant Lukasch ging auf das gegenüberliegende Trottoir und vernahm abermals ein: „Halt!" Der Oberst hielt gerade einen unglücklichen Infanteristen, einen Reservisten, an, der an seine Mutter daheim gedacht und ihn übersehen hatte.

Der Oberst zog ihn eigenhändig in die Kaserne zur Bestrafung, wobei er ihn

Meerschwein schimpfte.

„Was mach ich mit diesem Schwejk?" dachte der Oberleutnant.

„Ich zerschlag ihm das Maul, aber das genügt nicht. Sogar Riemen vom Leib schneiden ist für diesen Lumpen zuwenig." Ungeachtet dessen, daß er mit einer Dame zusammentreffen sollte, wandte er sich aufgeregt seinem Heim zu.

„Ich erschlag ihn, den Kerl!" sagte er sich, als er sich in die Elektrische setzte.

Inzwischen war der brave Soldat Schwejk in eine Unterredung mit der Ordonnanz aus der Kaserne verstrickt. Der Soldat hatte dem Oberleutnant einige Schriftstücke zur Unterschrift gebrecht und wartete jetzt. Schwejk bewirtete ihn mit Kaffee, und sie sprachen davon, daß Österreich den Krieg verlieren werde. Sie führten dieses Gespräch, als handelte es sich um die natürlichste Sache der Welt. Es war eine unendliche Reihe von Aussprüchen, von denen jedes Wort sicherlich bei Gericht als Hochverrat definiert worden wäre und beide an den Galgen gebracht hätte.

„Seine Majestät der Kaiser muß davon ganz blöd sein", erklärte Schwejk, „er war nie gescheit, aber dieser Krieg gibt ihm den Rest."

„Er is blöd", erklärte der Soldat aus der Kaserne mit Bestimmtheit, „ganz blöd. Er weiß vielleicht gar nicht, daß Krieg is. Kann sein, daß sie sich geschämt ham, ihms zu sagen. Wenn er auf dem Manifest an seine Völker unterschrieben is, so is das Lug und Trug. Man hats ohne sein Wissen in Druck gegeben, er kann schon überhaupt an nichts denken."

„Er is fertig", fügte Schwejk mit Kennermiene hinzu, „er macht unter sich, und man muß ihn füttern wie ein kleines Kind. Neulich hat ein Herr im Wirtshaus erzählt, daß er zwei Ammen hat und daß Seine Majestät der Kaiser dreimal täglich an der Brust is."

„Wenn nur schon Schluß wär", seufzte der Soldat aus der Kaserne, „und sie uns verdreschen möchten, damit Österreich schon mal a Ruh hat."

Und sie fuhren beide fort in dem Gespräch, bis Schwejk schließlich Österreich mit den Worten endgültig erledigte: „So eine blöde Monarchie soll gar nicht auf der Welt sein", wozu der andere, um diesen Ausspruch gewissermaßen in praktischer Hinsicht zu ergänzen, hinzufügte: „Wie ich an die Front komm, verduft ich ihnen."

Abbildung 35: Nikolaus II, Zar von Russland um 1907
Quelle: russian painter H. Manizer (Генрих Матвеевич Манизер) (1847-1925)

Hierauf gedachten sie der Zeit der alten Kriege, und Schwejk wies ernsthaft nach, daß es früher, als man Stinktöpfe in eine belagerte Burg geworfen habe, auch kein Honiglecken gewesen sei, in so einem Gestank zu kämpfen. Er habe gelesen, wie man eine Burg irgendwo drei Jahre lang belagert hätte und der Feind nichts anderes getan habe, als sich täglich auf solche Art mit den Belagerten zu unterhalten. Er hätte gewiß noch manches Interessante und Lehrreiche gesagt, wenn ihr Gespräch nicht durch die Rückkehr Oberleutnant Lukaschs unterbrochen worden wäre. Mit einem fürchterlichen, niederschmetternden Blick auf Schwejk unterschrieb er die Schriftstücke, und während er den Soldaten entließ, winkte er Schwejk, ihm ins Zimmer zu folgen.

Die Augen des Oberleutnants schossen fürchterliche Blitze. Er setzte sich auf einen Stuhl und überlegte, auf Schwejk blickend, wann er mit dem Massaker beginnen sollte.

„Zuerst geb ich ihm paar übers Maul", dachte der Oberleutnant, „dann zerschlag ich ihm die Nase und reiß ihm die Ohren ab, und das Weitere wird sich schon finden."

Und ihm gegenüber blickten ihn aufrichtig und gutherzig die beiden gutmütigen, unschuldigen Augen Schwejks an, der die Stille vor dem Sturm mit den Worten zu unterbrechen wagte: „Meide gehorsamst, Herr Oberlajtnant, Sie sind um die Katze gekommen. Sie hat die Schuhkrem aufgefressen und hat sich unterstanden zu krepieren. Ich hab sie in den Keller geworfen, aber in den nebenan. So eine brave und hübsche Angorakatze wern Sie nicht mehr finden."

„Was soll ich mit ihm machen?" fuhr es dem Oberleutnant durch den Kopf, „er hat ja um Christi willen so einen blöden Ausdruck." Und die gutherzigen, unschuldigen Augen erstrahlten unerschütterlich in Weichheit und Sanftmut, zu der sich der Ausdruck eines völligen seelischen Gleichgewichtes gesellte, als wäre alles in Ordnung und nichts geschehen, und als ob es, auch wenn etwas geschehen wäre, doch nur in Ordnung sei, daß überhaupt etwas geschah.

Oberleutnant Lukasch sprang auf, versetzte aber Schwejk keinen Schlag, wie er ursprünglich beabsichtigt hatte. Er fuchtelte ihm vor der Nase mit der Faust herum und brüllte: „Sie hoben den Hund gestohlen, Schwejk!"

„Melde gehorsamst, Herr Oberlajtnant, daß ich von keinem solchen Fall während der letzten Zeit weiß, und ich bin so frei, Herr Oberlajtnant, zu bemerken, daß Sie mitm Max Nachmittag spazieren gegangen sind, so daß ich ihn nicht hab stehln können. Mir wars gleich auffallend, wie Sie ohne Hund gekommen sind, daß wahrscheinlich was geschehn sein muß. Das nennt man Situation. In der Brenntegasse is ein gewisser Taschner Kunesch, und der hat nicht mitm Hund spazieren gehn können, ohne daß er ihn verloren hätt. Gewöhnlich hat er ihn irgendwo im Wirtshaus gelassen, oder jemand hat ihm ihn gestohlen, oder jemand hat sich ihn ausgeborgt und nicht zurückgegeben..."

„Schwejk, Rindvieh, Himmellaudon, halten Sies Maul! Entweder sind Sie ein raffinierter Nichtsnutz, oder Sie sind ein Kamel und ein ungeschickter Idiot. Sie sind nichts als Beispiele, aber ich sage Ihnen, mit mir spieln Sie sich nicht! Woher haben Sie diesen Hund gebracht? Wie sind Sie zu Ihm gekommen? Wissen Sie, daß er unserm Herrn Oberst gehört, der sich ihn wieder genommen hat, wie wir einander zufällig begegnet sind? Wissen Sie, daß das ein schrecklicher Skandal ist? Also sagen Sie die Wahrheit, haben Sie ihn gestohlen oder nicht?"

„Melde gehorsamst, Herr Oberlajtnant, ich hab ihn nicht gestohlen."

„Haben Sie davon gewußt, daß es ein gestohlener Hund ist?"

„Melde gehorsamst, Herr Oberlajtnant, ich hab gewußt, daß der Hund gestohlen is."

„Schwejk, Jesusmaria, Himmelherrgott, ich erschieß Sie, Sie Vieh, Sie Rind, Sie Ochs, Sie Idiot, Sie. Sind Sie so blöd?"

„Melde gehorsamst, ich bin so blöd, Herr Oberlajtnant."

Warum haben Sie mir einen gestohlenen Hund gebracht, warum haben Sie mir diese Bestie in die Wohnung gesetzt?"

„Damit ich Ihnen eine Freude mach, Herr Oberlajtnant." Und Schwejks Augen schauten gutmütig und sanft dem Oberleutnant ins Gesicht, der sich setzte und seufzte: „Warum straft mich Gott mit diesem Rindvieh?"

In stiller Resignation saß der Oberleutnant auf dem Stuhl und hatte das Gefühl, als habe er nicht nur nicht die Kraft, Schwejk eine Ohrfeige zu geben, sondern nicht einmal die, sich eine Zigarette zu dienen. Er wußte weiß Gott nicht, warum er Schwejk fortschickte, um die „Bohemia" und das „Tagblatt" zu holen und ihm das Inserat des Obersten zu zeigen. Mit den beim Inseratenteil auseinandergefalteten Zeitungen kehrte Schwejk zurück. Er blickte strahlend drein und meldete freudig: „Es is dort, Herr Oberlajtnant, so hübsch beschreibt ihn der Herr Oberst, diesen gestohlenen Stallpinscher, daß es eine Freude is, und gibt noch dem, wer ihn zurückbringt, 100 Kronen Belohnung. Das is eine sehr hübsche Belohnung. Gewöhnlich gibt man 50 Kronen. Ein gewisser Bozetech hat sich nur so ernährt. Er hat immer einen Hund gestohlen, dann hat er in den Inseraten gesucht, wo sich einer verlaufen hat, und is gleich hingegangen. Einmal hat er einen hübschen schwarzen Spitz gestohlen, nur weil der Besitzer sich nicht gemeldet hat, hat ers probiert und hat ein Inserat in die Zeitung gegeben. Er hat einen ganzen Fünfer inseriert, bis sich schließlich ein Herr gemeldet hat, daß es sein Hund sei der ihm verlorengegangen is und daß er gedacht hat, daß es vergeblich war, ihn zu suchen. Daß er nicht mehr an die Ehrlichkeit der Menschen glaubt. Daß er aber jetzt sieht, wie sich doch noch ehrliche Menschen finden, was ihn sehr freut. Er is herich grundsätzlich dafür, Ehrlichkeit zu belohnen. Dann hat er ihm zum Andenken sein Buch über die Pflege von Blumen in Haus und Garten geschenkt. Der liebe Bozetech hat den schwarzen Spitz bei den Hinterfüßen gepackt und ihn diesem Herrn um den Kopf geschlagen, und seit der Zeit hat er sichs verschworen, daß er nicht inserieren wird. Lieber verkauft er den Hund dem Wasenmeister, wenn sich niemand in den Inseraten um ihn melden will."

„Gehn Sie schlafen. Schwejk", befahl der Oberleutnant, „Sie sind imstand, bis früh zu blödeln."

Er ging ebenfalls zu Bett, und in der Nacht träumte ihm, daß Schwejk auch ein

Pferd des Thronfolgers gestohlen und ihm gebracht habe und daß der Thronfolger das Pferd bei der Truppenschau erkannte, als er, der unglückliche Oberleutnant Lukasch, vor seiner Kompanie darauf ritt.

Am Morgen war dem Oberleutnant zumut wie nach einer durchzechten Nacht, in der man ihn geohrfeigt hatte. Ein ungewöhnlich schwerer seelischer Alp lastete auf ihm. Gegen früh schlief er, entkräftet von dem fürchterlichen Traum, noch einmal ein und wurde von einem Pochen an der Tür geweckt; das gutmütige Gesicht Schwejks zeigte sich. Schwejk fragte, wann er den Herrn Oberlajtnant wecken solle. Der Oberleutnant stöhnte im Bett:

„Hinaus, Rindvieh, das ist ja schrecklich!"

Als er dann bereits wach war und Schwejk ihm das Frühstück brachte, war der Oberleutnant von der neuen Frage Schwejks überrascht: „Melde gehorsamst, Herr Oberlajtnant, möchten Sie nicht wünschen, daß ich Ihnen einen andern Hund verschaff?"

„Wissen Sie, Schwejk, daß ich Lust hätte, Sie vors Feldgericht zu schicken?" sagte der Oberleutnant mit einem Seufzer. „Aber man würde Sie freisprechen, denn etwas so kolossal Dummes hat man sein Lebtag nicht gesehn. Schaun Sie sich im Spiegel an. Ist Ihnen nicht schlecht von Ihrem blöden Ausdruck? Sie sind der dümmste Scherz der Natur, den ich je gesehen habe. Nun, sagen Sie die Wahrheit, Schwejk. Gefalln Sie sich?"

„Melde gehorsamst, Herr Oberlajtnant, ich gefall mir nicht, ich bin in diesem Spiegel ganz schief oder so was. Es ist kein geschliffener Spiegel. Da ham sie mal beim Chinesen Stanek so einen bauchigen Spiegel gehabt, und wenn sich jemand hineingeschaut hat, hat er geglaubt, er muß kotzen. Das Maul so, der Kopf wie ein Geschirrsdiaff, der Bauch wie von einem besoffenen Kanonikus, kurz, eine feine Nummer. Der Herr Statthalter is vorbeigegangen, hat hineingeschaut, und gleich ham sie den Spiegel heruntergeben müssen."

Der Oberleutnant kehrte sich ab, seufzte und hielt es für angezeigt, sich statt mit Schwejk lieber mit dem weißen Kaffee abzugeben, Schwejk hantierte bereits in der Küche, und Oberleutnant Lukasch vernahm seinen Gesang:

„Grenevill zieht in den Krieg durch das Tor in voller Zier.
Auf den Helm die Sonne scheint,
und das hübsche Mädel weint..."

Und Schwejk fuhr fort:

„Wir Soldaten, wir sind Herrn,
uns haben die Mädel gern,
fassen Löhnung jeden Tag,
kennen keine Sorg und Plag..."

„Dir gehts freilich gut, Lackl", dachte der Oberleutnant und spuckte aus.

In der Tür zeigte sich Schwejks Kopf: „Melde gehorsamst, Herr Oberlajtnant, man is hier aus der Kaserne um Sie, Sie solln augenblicklich zum Herrn Oberst kommen, die Ordonnanz is da."

Und vertraulich fügte er hinzu: „Vielleicht wirds wegen dem Hunterl sein".

„Ich hab schon gehört", sagte der Oberleutnant, als sich die Ordonnanz im Vorzimmer bei ihm melden wollte.

Das sagte er mit bedrückter Stimme und entfernte sich mit einem vernichtenden Blick auf Schwejk.

Es war kein Rapport, es war etwas Ärgeres. Der Oberst saß äußerst mürrisch in einem Fauteuil, als der Oberleutnant seine Kanzlei betrat. „Vor zwei Jahren, Herr Oberleutnant", sagte der Oberst, „haben Sie sich gewünscht, nach Budweis zum 91. Regiment versetzt zu werden. Wissen Sie, wo Budweis liegt? An der Moldau, ja an der Moldau, und es mündet dort die Eger oder etwas Ähnliches. Die Stadt ist groß, sozusagen freundlich, und wenn ich mich nicht irre, hat sie einen Kai. Wissen Sie, was ein Kai ist? Das ist eine Mauer, die über dem Wasser erbaut ist. Jawohl, gehört das nicht hierher. Wir haben dort Manöver abgehalten".

Der Oberst verstummte, und während er ins Tintenfaß blickte, ging er schnell zu einem andern Thema über: „Mein Hund hat sich bei Ihnen den Magen verdorben. Er will nichts fressen. Da schau her, im Tintenfaß ist eine Fliege. Das ist merkwürdig, daß auch im Winter Fliegen ins Tintenfaß fallen. Ist das eine Unordnung."

„Also äußer dich schon, alter Schöps", dachte der Oberleutnant. Der Oberst stand auf und ging einige Male in der Kanzlei auf und ab.

„Ich habe lange nachgedacht, Herr Oberleutnant, was ich Ihnen eigentlich tun soll, damit sich so was nicht wiederholen kann, und habe mich erinnert, daß Sie gewünscht haben, zum 91. Regiment versetzt zu werden. Das Oberkommando hat uns neulich mitgeteilt, daß beim 91. Regiment ein großer Mangel an Offizieren herrscht, weil die Serben alles erschlagen haben. Ich verbürge mich Ihnen mit meinem Ehrenwort, daß Sie binnen drei Tagen beim 91. Regiment in Budweis sein werden, wo man ein Marschbataillon formiert. Sie müssen nicht danken. Die Armee braucht Offiziere, die..."

Und da er nicht wußte, was er noch sagen sollte, schaute er auf die Uhr und sprach: „Es ist halb elf, höchste Zeit, zum Regimentsrapport zu gehen."

Damit war das angenehme Gespräch beendet, und dem Oberleutnant war bedeutend leichter zumut, als er die Kanzlei verließ und die Einjährig-Freiwilligenschule betrat, wo er die Mitteilung machte, daß er in den nächsten Tagen an die Front fahren und deshalb einen Abschiedsabend in der Nekazanka veranstalten werde.

Als er nach Hause kam, sagte er Schwejk bedeutungsvoll: „Wissen Sie, was ein Marschbataillon ist, Schwejk?"

„Melde gehorsamst, Herr Oberlajtnant, ein Marschbataillon ist ein Marschbatjak, und eine Marschka is eine Marschkumpatschka. Wir kürzens immer so ab."

„Also Schwejk", sagte der Oberleutnant mit feierlicher Stimme, „ich teile Ihnen mit, daß Sie mit mir mit dem Marschbatjak abgehn werden, wenn Ihnen diese Abkürzung lieber ist. Aber glauben Sie nicht, daß Sie an der Frort solche Blödheiten anstellen werden wie hier. Sind Sie froh?"

„Melde gehorsamst, Herr Oberlajtnant, daß ich froh bin", entgegnete der brave Soldat Schwejk.

„Das wird was Wunderbares sein, wenn wir beide zusamm für Seine Majestät den Kaiser und seine Familie fallen wern..."

Epilog des Verfassers zum ersten Teil „Im Hinterlande"

Nach Beendigung des ersten Teiles der „Abenteuer des braven Soldaten Schwejk" (im Hinterlande) möchte ich mitteilen, daß rasch nacheinander die beiden Teile „An der Front" und „In der Kriegsgefangenschaft" erscheinen werden. Auch in diesen beiden Teilen werden Soldaten und Bevölkerung so sprechen und auftreten, wie dies in Wirklichkeit der Fall ist.

Das Leben ist keine Schule des feinen Benehmens. Jeder spricht so, wie er kann. Der Zeremonienmeister Dr. Guth spricht anders als der Wirt Palivec beim „Kelch", und dieser Roman ist kein Handbuch, das die Menschen salonfähig machen soll, und kein Lehrbuch, welcher Ausdrücke man sich in der Gesellschaft bedienen soll. Es ist ein historisches Bild einer gewissen Zeit.

Wenn es notwendig ist, einen starken Ausdruck zu benutzen, der tatsächlich gefallen ist, zögere ich nicht, ihn so wiederzugeben, wie es geschehen ist.

Zu umschreiben oder zu punktieren halte ich für die dümmste Verstellung. Derartige Worte gebraucht man auch in Parlamenten.

Es wurde einmal richtig gesagt, daß ein gut erzogener Mensch alles lesen kann. Über etwas, was natürlich ist, können nur die größten Schweine und raffiniert ordinäre Menschen ungehalten sein, die in ihrer niederträchtigsten Lügenmoral nicht den Inhalt berücksichtigen und mit Entrüstung an einzelnen Wörtern Anstoß nehmen.

Vor Jahren habe ich die Kritik irgendeiner Novelle gelesen; der Kritiker regte sich darüber auf, daß der Autor geschrieben hatte: „Er schneuzte sich und wischte sich die Nase ab."

Dies verstoße gegen alles Schöne und Erhabene, das die Literatur dem Volke geben solle.

Das ist nur ein kleines Beispiel dafür, was für Rindviecher auch unter der Sonne geboren werden.

Menschen, die über einen starken Ausdruck ungehalten sind, sind Feiglinge, denn das wirkliche Leben überrascht sie, und gerade schwache Menschen sind die größten Schädlinge für die Kultur und den Charakter. Sie möchten das Volk zu einer Schar überempfindsamer Leutchen erziehen, zu Masturbanten einer falschen Kultur nach Art des heiligen Aloisius, von dem in dem Buche des Mönches Eustachius erzählt wird, daß er, als er hörte, wie ein Mann mit lautem Getöse seine Winde fahren ließ, zu weinen begann und sich nur durch ein Gebet zu beruhigen vermochte.

Solche Menschen entrüsten sich öffentlich, aber mit ungewöhnlicher Vorliebe suchen sie öffentliche Klosetts auf, um dort die unschicklichen Aufschriften an den Wänden zu lesen.

Indem ich in meinem Buche einige starke Ausdrücke benutzte, habe ich nur beiläufig festgestellt, wie man tatsächlich spricht. Vom Wirte Palivec können wir nicht verlangen, daß er so fein spricht wie Frau Laudová. Dr. Guth, Frau Olga Fastrova und eine ganze Reihe anderer, die am liebsten aus der ganzen Tschechoslowakischen Republik einen großen Salon mit Parketten machen möchten, auf denen man in Frack und Handschuhen herumgehen, vornehm sprechen und feine Salonsitten pflegen müßte, unter deren Deckmantel die Salonlöwen sich den ärgsten Lastern und Exzessen hingeben könnten.

Bei dieser Gelegenheit mache ich darauf aufmerksam, daß der Wirt Palivec am Leben ist. Er hat den Krieg im Kerker überstanden und ist derselbe geblieben wie damals, als er die Affäre mit dem Bilde Kaiser Franz Josefs hatte.

Er hat mich sogar besucht, als er las, daß er in dem Buche steht, und hat über zwanzig Hefte der ersten Nummer gekauft und an seine Bekannten verschenkt, wodurch er zur Verbreitung des Buches beigetragen hat.

Er freute sich aufrichtig darüber, daß ich über ihn geschrieben und ihn als bekannt ordinären Menschen geschildert hatte.

„Mich wird niemand mehr ändern", sagte er mir, „ich hab mein ganzes Leben lang so ordinär gesprochen, wie ich mirs gedacht hab, und wer weiter so sprechen. Ich wer mir nicht wegen irgendeiner Kuh eine Serviette vors Maul binden. Ich bin heut berühmt."

Sein Selbstbewußtsein ist wirklich gestiegen. Sein Ruhm ist auf einigen starken Ausdrücken begründet. Ihm genügt dies zu seiner Zufriedenheit, und hätte ich ihn, als ich seine Sprache wortgetreu und genau reproduzierte, wie ich dies tat, darauf aufmerksam gemacht, er möge nicht so sprechen, was allerdings nicht meine Absicht war, dann hätte ich diesen guten Menschen entschieden nur beleidigt.

In ungesuchten Ausdrücken, einfach und ehrlich, brachte er die Abneigung des Tschechen gegen den Byzantinismus zum Ausdruck, ohne selbst darum zu wissen. Das steckt im Blut, diese Verachtung für den Kaiser und anständige Ausdrücke.

Otto Katz ist ebenfalls am Leben. Er ist die wirkliche Figur eines Feldkuraten. Nach dem Umsturz hat er alles an den Nagel gehängt, ist aus der Kirche ausgetreten und betätigt sich heute als Prokurist in einer Drogerie- und Lackfabrik in Nordböhmen.

Er schrieb mir einen langen Brief, in dem er mir droht, mit mir abzurechnen. Ein deutsches Blatt hat nämlich die Übersetzung eines Kapitels veröffentlicht, in dem er geschildert ist, wie er wirklich aussah. Ich habe ihn dann besucht, und alles ist gut ausgegangen. Um zwei Uhr in der Nacht konnte er nicht auf den Füßen stehen, predigte jedoch und sagte: „Ich bin Otto Katz, Feldkurat, ihr Gipsköpfe."

Menschen vom Typus des seligen Bretschneider, Staatsdetektiv im alten Österreich, treiben sich auch heute in großer Zahl in der Republik herum. Sie interessieren sich außergewöhnlich für das, was jemand spricht.

Ich weiß nicht, ob mir in diesem Buche gelungen ist, was ich bezweckte. Der Umstand allerdings, daß Ich einen Menschen einen anderen schimpfen hörte: „Du bist so blöd wie der Schwejk", würde dagegensprechen. Sollte jedoch das Wort „Schwejk" zu einem neuen Schimpfwort im Blumenkranz der Beschimpfungen werden, muß ich mich mit dieser Bereicherung der tschechischen Sprache begnügen.

Jaroslav Hašek

Zweiter Teil

An der Front

1. Schwejks Mißgeschick im Zug

In einem Kupee 2. Klasse des Schnellzugs Prag-Budweis befanden sich drei Personen. Oberleutnant Lukasch, ihm gegenüber ein älterer, vollständig kahlköpfiger Herr und Schwejk, der bescheiden bei der Kupeetür stand. Er schickte sich gerade an, einen neuen Ansturm Oberleutnant Lukaschs über sich ergehen zu lassen, der, ohne die Anwesenheit des kahlköpfigen Zivilisten zu beachten, auf der ganzen Strecke, die sie durchfuhren, Schwejk andonnerte, er sei ein Rindvieh Gottes usw. Es handelte sich um nichts anderes als um eine Kleinigkeit, nämlich um die Zahl der Gepäckstücke, auf die Schwejk achtzugeben hatte.

„Man hat uns einen Koffer gestohlen", warf der Oberleutnant Schwejk vor, „das ist leicht gesagt, du Lump!"

„Melde gehorsamst, Herr Oberlajtnant", ließ sich Schwejk leise vernehmen, „man hat uns ihn wirklich gestohlen. Aufm Bahnhof treiben sich immer viel solcher Schwindler herum, und ich stell mir halt so vor, daß einem von ihnen unbedingt Ihr Koffer gefallen hat und daß der Kerl wahrscheinlich die Gelegenheit ausgenützt hat, wie ich vom Gepäck weggegangen bin, um Ihnen zu melden, daß mit unserm Gepäck alles in Ordnung is. Er hat uns den Koffer grad nur in so einem günstigen Moment stehlen können. Auf so einen Moment lauern diese Gauner. Vor zwei Jahren ham sie aufm Nordwestbahnhof einer Frau ein Wagerl mitsamt einem Mäderl im Wickelbett gestohlen und waren so nobel, daß sie das Mäderl aufm Polizeikommissariat bei uns in der Gasse abgegeben ham, daß sies herich in einem Hausflur gefunden ham. Dann ham die Zeitungen aus der armen Frau eine Rabenmutter gemacht."

Und Schwejk erklärte nachdrücklich: „Am Bahnhof is immer gestohlen worn und wird weiter gestohlen wern. Anders gehts nicht."

„Ich bin überzeugt, Schwejk", ergriff der Oberleutnant das Wort, „daß es mit Ihnen einmal schlecht enden wird. Ich weiß noch immer nicht, machen Sie einen Ochsen aus sich, oder sind Sie schon als Ochs zur Welt gekommen. Was war in dem Koffer?"

„Im ganzen nichts, Herr Oberlajtnant", entgegnete Schwejk, ohne die Augen von dem kahlen Schädel des Zivilisten abzuwenden, der dem Oberleutnant gegenübersaß und, wie es schien, nicht das geringste Interesse für die ganze Angelegenheit zeigte, sondern die „Neue Freie Presse" las.

„In dem ganzen Koffer war nur der Spiegel ausm Zimmer und der eiserne Hutrechen ausm Vorzimmer, so daß wir eigentlich keinen Verlust erlitten ham, weil der Spiegel und der Rechen dem Hausherrn gehört ham."

Als er die fürchterliche Grimasse des Oberleutnants sah, fuhr Schwejk mit liebenswürdiger Stimme fort: „Melde gehorsamst, Herr Oberlajtnant, daß ich davon, daß der Koffer gestohlen wern wird, im voraus nichts gewußt hab, und was den Spiegel und den Hutrechen betrifft, so hab ichs dem Hausherrn gesagt, daß wirs ihm zurückgeben wern, bis wir ausm Krieg nach Haus kommen. In den feindlichen Ländern gibts so viel Spiegel und Rechen, so daß wir in diesem Fall mitn Hausherrn keine Schwierigkeiten ham können. Gleich wie wir irgendeine Stadt erobern..."

„Kuschen Sie, Schwejk", rief der Oberleutnant mit entsetzlicher Stimme dazwischen, „ich werde Sie noch vors Feldgericht bringen, überlegen Sie sichs gut, ob Sie nicht der allerblödeste Kerl auf der Welt sind. Mancher Mensch würde, wenn er tausend Jahre leben sollte, nicht so viele Blödheiten anstelln wie Sie in diesen paar Wochen. Ich hoffe, daß Sie das auch gemerkt haben?"

„Melde gehorsamst, Herr Oberlajtnant, ich habs auch gemerkt. Ich hab, wie man sagt, ein entwickeltes Beobachtungstalent, wenns schon zu spät is und etwas Unangenehmes geschieht. Ich hab so ein Pech, wie ein gewisser Nechleba aus der Nekazanka, der dort ins Gasthaus zur ‚Hündin im Hain' gegangen is. Der wollt immer brav sein und von Samstag an ein neues Leben führen, und immer am nächsten Tag hat er gesagt: ‚Gegen früh, Kameraden, hab ich euch bemerkt, daß ich auf einer Pritsche sitz.' Und immer hats ihn erwischt, wenn er sich vorgenommen hat, daß er ordentlich nach Haus gehn wird, und zum Schluß is herausgekommen, daß er irgendwo einen Zaun zerbrochen hat oder einem Droschkenkutscher ein Pferd ausgespannt hat oder sich die Pfeife mit einer Feder samt Federbusch von einer Polizeipatrouille hat ausputzen wolln. Er war davon ganz verzweifelt, und am meisten hats ihm leid getan, daß dieser Fluch ganze Generationen verfolgt hat. Sein Großvater is einmal auf die Wanderschaft gegangen..."

„Geben Sie mir Ruh, Schwejk, mit Ihren Beispielen."

„Melde gehorsamst, Herr Oberlajtnant, daß alles, was ich hier erzähl, heilige Wahrheit is. Sein Großvater is auf die Wander..."

„Schwejk", rief der Oberleutnant erzürnt, „ich befehle Ihnen noch einmal, Sie solln mir nichts erzählen, ich will nichts hören! Bis wir nach Budweis kommen, werde ich mit Ihnen abrechnen. Wissen Sie, Schwejk, daß ich Sie einsperren laß?"

„Melde gehorsamst, Herr Oberlajtnant, ich weiß es nicht", sagte Schwejk weich, „Sie ham noch nichts davon erwähnt."

Dem Oberleutnant klapperten unwillkürlich die Zähne, er seufzte, zog aus dem Mantel die „Bohemia" heraus und las die Berichte über die großen Siege und über die Tätigkeit des deutschen Unterseebootes „E" im Mittelländischen Meer; als er bei der Nachricht über die neue deutsche Erfindung des In-die-Luft- Sprengens von Städten durch neuartige, aus Flugzeugen geschleuderte Bomben, die dreimal nacheinander explodieren, anlangte, wurde er durch Schwejks Stimme gestört, der zu dem kahlköpfigen Herrn sagte:

„Entschuldigen, Euer Gnaden, sind Sie, bitte, nicht der Herr Purkrabek, Vertreter der Bank ,Slawia'?"

Als der kahlköpfige Herr nicht antwortete, sagte Schwejk zum Oberleutnant: „Melde gehorsamst, ich hab mal in der Zeitung gelesen, daß ein normaler Mensch durchschnittlich 60 000 bis 70 000 Haare am Kopf ham soll und daß schwarzes Haar schütterer zu sein pflegt, wie in vielen Fällen zu sehn is."

Und erfuhr unerbittlich fort: „Dann hat mal ein Mediziner im Kaffeehaus ,Beim Schpirk' gesagt, daß Haarausfall von der seelischen Erregung im Wochenbett kommt."

Und jetzt ereignete sich etwas Entsetzliches. Der kahlköpfige Herr sprang auf Schwejk zu und brüllte ihn an: „Marsch, hinaus, Sie Schweinkerl", stieß ihn auf den Gang und kehrte ins Kupee zurück, wo er dem Oberleutnant eine kleine Überraschung bereitete, indem er sich ihm vorstellte.

Es lag ein unbedeutender Irrtum vor. Das kahlköpfige Individuum war nicht Herr Purkrabek, Vertreter der Bank „Slawia", sondern nur der Generalmajor von Schwarzburg. Der Generalmajor unternahm gerade in Zivil eine Inspektionsreise durch die Garnisonen und fuhr nach Budweis, um die dortige Garnison zu überraschen.

Er war der schrecklichste Inspektionsgeneral, der jemals geboren worden war, und wenn er etwas in Unordnung vorfand, führte er bloß folgendes Gespräch mit dem Garnisonskommandanten:

„Haben Sie einen Revolver?" — „Ja." — „Gut! An Ihrer Stelle wüßte ich gewiß, was ich mit ihm zu tun hätte, denn was ich hier sehe, ist keine Garnison, sondern ein Schweinestall."

Und nach seiner Inspektionsreise pflegte sich tatsächlich ab und zu jemand zu erschießen, was Generalmajor von Schwarzburg mit Genugtuung zur Kenntnis nahm: „So solls sein. Das ist ein Soldat!" Es hatte den Anschein, als liebe er es nicht, wenn nach seiner Inspektion überhaupt jemand am Leben blieb. Er hatte die Manier, die Offiziere stets in die unangenehmsten Orte zu versetzen. Der geringste

Anlaß genügte, und schon nahm ein Offizier Abschied von seiner Garnison und pilgerte an die Grenzen Montenegros oder in irgendeine versoffene, verzweifelte Garnison in einem schmutzigen Winkel Galiziens. „Herr Oberleutnant", sagte er, „wo haben Sie die Kadettenschule besucht?"

„In Prag."

„Sie sind also in die Kadettenschule gegangen und wissen nicht einmal, daß ein Offizier für seinen Untergebenen verantwortlich ist. Das ist schön. Zweitens unterhalten Sie sich mit Ihrem Burschen wie mit einem intimen Freund. Sie erlauben ihm zu sprechen, ohne daß er gefragt wird. Das ist noch schöner. Drittens erlauben Sie ihm, Ihre Vorgesetzten zu beleidigen. Und das ist das Schönste: aus all dem werde ich Konsequenzen ziehen. Wie heißen Sie, Herr Oberleutnant?"

„Lukasch."

„Und bei welchem Regiment dienen Sie?"

„Ich war..."

Abbildung 36: Kadettenschule 1907 (Quelle: Courtesy of Derzsi Elekes Andor)

„Moment, davon, wo Sie waren, ist nicht die Rede, ich will wissen, wo Sie jetzt dienen."

„Beim 91. Infanterieregiment, Herr Generalmajor. Man hat mich versetzt..."

„Versetzt? Daran hat man sehr gut getan. Es wird Ihnen nicht schaden, so bald wie möglich mit dem 91. Infanterieregiment an die Front zu kommen."

„Darüber hat man bereits entschieden, Herr Generalmajor."

Der Generalmajor setzte nun in einem Vortrag auseinander, er habe während der letzten Jahre bemerkt, daß die Offiziere mit ihren Untergebenen in einem familiären Ton sprechen, worin er die Gefahr der Verbreitung gewisser demokratischer Grundsätze sehe. Einen Soldaten müsse man in ständiger Angst erhalten, er müsse vor seinem Vorgesetzten zittern, sich vor ihm fürchten. Die Offiziere müßten sich die Mannschaft zehn Schritt vom Leib halten und dürften ihr nicht erlauben, selbständig zu überlegen oder am Ende gar zu denken. Darin liege der tragische Irrtum der letzten Jahre. Früher habe sich die Mannschaft vor den Offizieren gefürchtet wie vor Feuer, aber heute ...

Der Generalmajor winkte hoffnungslos mit der Hand: „Heute verzärtelt die Mehrzahl der Offiziere die Soldaten. Das wollt ich sagen."

Her Generalmajor ergriff abermals seine Zeitung und vertiefte sich in die Lektüre. Oberleutnant Lukasch ging blaß auf den Gang hinaus, um mit Schwejk abzurechnen.

Er fand ihn mit einem so glückseligen und zufriedenen Ausdruck am Fenster stehend, wie ihn nur ein einen Monat altes Kindlein haben kann, das sich satt gesaugt hat und eingeschlummert ist.

Der Oberleutnant blieb stehen, winkte Schwejk und wies auf ein leeres Kupee. Er trat nach Schwejk ein und schloß die Türe.

„Schwejk", sagte er feierlich, „endlich ist der Augenblick gekommen, wo Sie paar Ohrfeigen bekommen werden, wie sie die Welt noch nicht gesehen hat. Warum haben Sie denn diesen kahlköpfigen Herrn angerempelt? Wissen Sie, daß es der Generalmajor von Schwarzburg ist?"

„Melde gehorsamst, Herr Oberlajtnant", ließ sich Schwejk vernehmen, der eine Märtyrermiene aufsetzte, „daß ich überhaupt nie im Leben die geringste Absicht gehabt hab, jemanden zu beleidigen, und daß ich überhaupt keine Idee und Ahnung von einem Herrn Generalmajor gehabt hab. Er ist wirklich der ganze Herr Purkrabek, Vertreter der Bank „Slawia". Der is zu uns ins Wirtshaus gegangen, und einmal, wie er beim Tisch eingeschlafen is, hat ihm ein Wohltäter mit Tintenstift auf seine Glatze geschrieben: ‚Wir erlauben uns, Ihnen hiermit auf Grund der beigelegten Drucksorte IM c. höflich die Erwerbung einer Mitgift und Aussteuer für Ihre Kinder mittels einer Lebensversicherung anzubieten!' Versteht sich, daß alle weggegangen sind, und ich bin mit ihm allein dortgeblieben, und weil ich immer Pech hab, so hat er sich dann, wie er aufgekommen is und sich in den Spiegel geschaut hat, aufgeregt und gedacht, daß ich es gemacht hab und hat mir auch paar Ohrfeigen geben wolln."

Das Wörtchen „auch" floß so ergreifend weich und vorwurfsvoll von Schwejks Lippen, daß die Hand des Oberleutnants herabsank. Aber Schwejk fuhr fort: „Wegen so einem kleinen Irrtum hätt sich der Herr nicht aufregen müssen, er sollt wirklich 60 000 bis 70 000 Haare ham, wies in dem Artikel gestanden is, wo aufgezählt war, was ein normaler Mensch alles ham soll. Mir is nie im Leben eingefalln, daß ein kahlköpfiger Herr Generalmajor überhaupt existiert. Das is, wie man sagt, ein tragischer Irrtum, der jedem passieren kann, wenn einer eine Bemerkung macht und der andre sich gleich an sie klammert. Da hat uns mal vor Jahren der Schneider Hyvl erzählt, wie er aus dem Ort, wo er in Steiermark geschneidert hat, über Leuben nach Prag gefahren is und einen Schinken mitgehabt hat, was er sich in Marburg gekauft hat. Wie er so im Zug fährt, hat er sich gedacht, daß er überhaupt der einzige Tscheche zwischen den Passagieren is, und wie er bei Sankt Moritz angefangen hat, den ganzen Schinken anzuschneiden, so hat der Herr, der gegenüber gesessen is, angefangen, auf den Schinken verliebte Augen zu machen, und der Speichel hat angefangen ihm ausn Maul zu laufen. Wie der Schneider Hyvl das gesehen hat, hat er auf tschechisch laut zu sich gesagt: ‚Das möchtest du fressen, du Mistvieh du!' Und der Herr antwortete ihm auf tschechisch: ‚Freilich möcht ichs fressen, wenn du mir was geben möchtest.' So ham sie den Schinken zusamm aufgefressen, bevor sie nach Budweis gekommen sind. Der Herr hat Adalbert Raus geheißen."

Oberleutnant Lukasch blickte Schwejk an und verließ das Kupee. Kaum daß er wieder auf seinem alten Platz saß, zeigte sich in der Tür das aufrichtige Gesicht Schwejks.

„Melde gehorsamst, Herr Oberlajtnant, wir sind in fünf Minuten in Tabor. Der Zug hält fünf Minuten. Befehlen Sie nicht, was zum Essen zu bestellen? Vor Jahren ham sie hier sehr gute..."

Der Oberleutnant sprang wütend auf und sagte auf dem Gang zu Schwejk: „Ich mach Sie noch einmal darauf aufmerksam, je weniger Sie sich zeigen, desto glücklicher bin ich. Am liebsten wäre mir, wenn ich Sie überhaupt nicht mehr sehen würde, und sein Sie versichert, daß ich dafür sorgen werde. Kommen Sie mir überhaupt nicht unter die Augen. Verlieren Sie sich aus meinem Gesichtskreis, Sie Rindvieh, Sie Blödian."

„Zu Befehl, Herr Oberlajtnant."

Schwejk salutierte, machte mit militärischem Schritt kehrt und ging ans Ende des Ganges, wo er sich im Winkel auf den Sitz des Schaffners setzte und mit einem Eisenbahner ein Gespräch anknüpfte: „Kann ich Sie, mit Verlaub, etwas fragen?"

Der Eisenbahner, der offenbar keine Lust zu einem Gespräch hatte, nickte schwach und apathisch mit dem Kopf.

„Zu mir", redete Schwejk drauflos, „pflegte ein braver Mensch zu kommen, ein gewisser Hofmann, und der hat immer behauptet, daß die Alarmsignale nie was taugen, kurz und gut, daß sie, wenn man diesen Griff da zieht, nicht funktionieren. Ich hab mich, aufrichtig gesagt, nie darum gekümmert, aber wenn mir schon dieser Alarmapparat hier ins Aug gefallen is, so möcht ich gern wissen, woran ich bin, wenn ichs zufällig mal brauchen sollt."

Schwejk stand auf und trat mit dem Eisenbahner zu der Notbremse: „In Gefahr." Der Eisenbahner hielt es für seine Pflicht, Schwejk zu erklären, worin der ganze Mechanismus des Alarmapparates besteht: „Das hat er Ihnen richtig gesagt, daß man diesen Griff ziehn muß, aber er hat gelogen, daß es nicht funktioniert. Immer bleibt der Zug stehn, weil der Apparat über alle Waggons mit der Lokomotive verbunden is. Die Notbremse muß funktionieren."

Beide hatten dabei die Hände auf dem Griff der Bremse, und es ist wahrlich ein Rätsel, wie es geschah, daß sie daran zogen und der Zug stehenblieb. Sie konnten auch nicht darüber einig werden, wer es eigentlich getan und das Alarmsignal gegeben hatte.

Schwejk behauptete, er habe es nicht sein können, er habe es nicht getan, er sei kein Gassenbub.

„Ich wunder mich selbst darüber", sagte er gutmütig zu dem Schaffner, „warum der Zug plötzlich stehengeblieben is. Er fährt, und auf einmal steht er. Mich verdrießts mehr als Sie."

Irgendein ernster Herr ergriff die Partei des Eisenbahners und behauptete, er habe gehört, wie der Soldat als erster ein Gespräch über Alarmsignale begonnen habe.

Schwejk hingegen redete unuterbrochen von seiner Ehrlichkeit, er habe kein Interesse an einer Zugverspätung, denn er fahre in den Krieg. „Der Herr Stationsvorstand wird es Ihnen schon klarmachen", entschied der Schaffner.

„Das wird Sie zwanzig Kronen kosten."

Inzwischen konnte man die Reisenden aus den Waggons kriechen sehen, der Zugführer pfiff, eine Frau rannte erschrocken mit einem Reisekoffer über die Strecke in die Felder.

„Das steht wirklich für zwanzig Kronen", sagte Schwejk, der vollständig ruhig geblieben war, aufrichtig, „das is noch sehr billig. Einmal, wie Seine Majestät der Kaiser in Zizkov auf Besuch war, hat ein gewisser Franta Schnor seinen Wagen angehalten, indem er vor Seiner Majestät dem Kaiser in der Fahrbahn auf die Knie gefallen is. Dann hat der Polizeikommissär aus diesem Rayon zu Herrn Schnor weinend gesagt, daß er ihm das nicht in seinem Rayon hätt machen solln, daß ers um eine Gasse tiefer hätt machen solln, was schon zum Polizeirat Kraus gehört, daß er dort hält seine Huldigung bezeugen solln. Dann hat man diesen Herrn Schnor eingesperrt."

Schwejk blickte gerade prüfend umher, als der Oberschaffner den Kreis der Zuhörer erweiterte.

„Na, jetzt könnten wir schon weiterfahren", sagte Schwejk, „es ist nicht angenehm, wenn der Zug sich verspätet. Wenns im Frieden wär, na dann mit Gott, aber wenn Krieg is, so soll jeder wissen, daß in jedem Zug Militärpersonen, Generalmajore, Oberlajtnants, Burschen fahren. Eine jede solche Verspätung is eine hinterlistige Sache. Napoleon hat sich bei Waterloo um fünf Minuten verspätet, und sein ganzer Ruhm war beim Teufel."

In diesem Augenblick drängte sich Oberleutnant Lukasch durch die Gruppe der Zuhörer. Er war fürchterlich blaß und konnte nichts anderes aus sich hervorstoßen als: „Schwejk!"

Schwejk salutierte und ließ sich vernehmen: „Melde gehorsamst, Herr Oberlajtnant, man hats auf mich geschoben, daß ich den Zug angehalten hob. Das Eisenbahn-Ärar hat sehr komische Plomben bei den Notbremsen. Man soll ihnen lieber gar nicht in die Nähe kommen, sonst kommt ein Malör heraus, und man kann zwanzig Kronen von einem verlangen, wie von mir."

Der Oberschaffner war schon draußen, gab ein Signal, und der Zug setzte sich wieder in Bewegung.

Die Zuhörer begaben sich auf ihre Plätze in den Kupees. Oberleutnant Lukasch sagte kein Wort mehr und ging ebenfalls auf seinen Platz.

Nur der Schaffner und der Eisenbahner blieben zurück. Der Schaffner zog ein Notizbuch hervor und stellte einen Bericht über den ganzen Vorfall zusammen. Der Eisenbahner blickte gehässig auf Schwejk, der ruhig fragte: „Sind Sie schon lange bei der Bahn?"

Da der Eisenbahner nicht antwortete, erklärte Schwejk, er habe einen gewissen Mlitschek-Franz aus Ourinowet; bei Prag gekannt, der auch einmal so eine Notbremse gezogen habe und so erschrocken sei, daß er für vierzehn Tage die Sprache verloren und sie erst dann wiedergewonnen habe, als er zu einem gewissen Wanek, Gärtner in Hostiwar, zu Besuch gekommen sei und sich dort gerauft habe, wobei an ihm ein Ochsenziemer zerbrochen wurde:

214

„Das is", fügte Schwejk hinzu, „im Jahre 1912 im Mai geschehn."

Der Eisenbahner öffnete die Tür zum Klosett und sperrte sich darin ein. Zurück blieb der Zugführer mit Schwejk; er verlangte von diesem zwanzig Kronen Strafe, wobei er betonte, daß er ihn im umgekehrten Fall in Tabor dem Stationsvorstand vorführen müsse.

„Gut", sagte Schwejk, „ich sprech gern mit gebildeten Leuten und mich wirds sehr freun, wenn ich den Stationsvorstand von Tabor sehn wer."

Schwejk zog aus der Bluse eine Pfeife hervor, zündete sich sie an, und indem er den scharfen Rauch des Kommißtabaks von sich blies, fuhr er fort: „Vor Jahren gabs in Zittau einen Stationsvorstand namens Wagner. Er war ein Leuteschinder zu seinen Untergebenen und hat sie sekkiert, wo er könnt, und am meisten hat er sich auf einen gewissen Weichenwärter Jungwirt verlegt, bis sich der Arme aus Verzweiflung im Fluß ertränkt hat. Bevor er das aber gemacht hat, hat er dem Stationsvorstand einen Brief geschrieben, daß es in der Nacht bei ihm spuken wird. Aber ich lüg Ihnen nicht. Er hats ausgeführt. Der liebe Vorstand sitzt in der Nacht beim Telegrafenapparat, die Glocken ertönen und der liebe Vorstand nimmt ein Telegramm in Empfang: „Wie gehts dir, gemeiner Kerl?" Die ganze Woche hats gedauert, und der Vorstand hat angefangen nach allen Seiten Diensttelegramme zu schicken, als Antwort ihm das Gespenst: „Verzeihs mir, Jungwirt." Und in der Nacht drauf hat ihm der Apparat folgende Antwort geklopft: „Häng dich auf dem Semaplior bei der Brücke auf, Jungwirt." Und der Herr Vorstand hat gefolgt. Dann hat man den Telegrafisten von der Station von Zittau eingesperrt. Sehn Sie, es gibt Dinge zwischen Himmel und Erde, von denen wir nicht mal eine Ahnung ham."

Der Zug fuhr in den Taborer Bahnhof ein, und bevor Schwejk in Begleitung des Schaffners aus dem Zug trat, meldete er, wie sichs gebührt, Oberleutnant Lukasch: „Melde gehorsamst, Herr Oberlajtnant, daß man mich zum Stationsvorstand bringt."

Oberleutnant Lukasch antwortete nicht. Eine vollständige Apathie allem gegenüber hatte ihn erfaßt. Wie ein Blitz fuhr es ihm durch den Kopf, daß es am besten sei, auf alles zu pfeifen. Auf Schwejk genauso wie auf den kahlköpfigen Generalmajor gegenüber. Ruhig sitzen, in Budweis aus dem Zug steigen, sich in der Kaserne melden und mit einem Marschbataillon an die Front fahren. An der Front sich gegebenenfalls erschlagen lassen und diese elende Welt loswerden, in der sich eine Kanaille herumtreibt wie dieser Schwejk. Als der Zug sich in Bewegung setzte, schaute der Oberleutnant aus dem Fenster. Er sah Schwejk auf dem Perron stehen, in ein ernstes Gespräch mit dem Stationsvorstand vertieft. Schwejk war von einer

Menschengruppe umgeben, in der sich auch einige Eisenbahnbeamte in Uniform befanden, Oberleutnant Lukasch atmete auf. Es war kein Seufzer des Bedauerns. Ihm war leicht ums Herz, weil Schwejk auf dem Perron geblieben war. Sogar der kahlköpfige Generalmajor schien ihm kein so widerliches Scheusal mehr zu sein.

Der Zug keuchte schon längst Budweis zu, aber auf dem Perron wurden der Leute um Schwejk herum nicht weniger.

Schwejk sprach von seiner Unschuld und überzeugte die Menge so, daß eine Frau sich äußerte: „Schon wieder sekkiert man hier einen Soldaten."

Die Menge schloß sich dieser Meinung an, und ein Herr wandte sich an den Stationsvorstand mit der Erklärung, daß er für Schwejk die zwanzig Kronen Strafe bezahlen werde. Er sei überzeugt, daß der Soldat es nicht getan habe.

„Schaut euch ihn an", folgerte er aus dem unschuldigen Gesichtsausdruck Schwejks, der, zu der Menge gewandt, erklärte:

„Ich bin unschuldig, Leutl."

Dann tauchte ein Gendarmeriewachtmeister auf, zog einen Bürger aus der Menge, verhaftete ihn und führte ihn ab mit den Worten:

„Dafür wern Sie sich verantworten, ich wer Ihnen zeigen, die Leute aufwiegeln und ihnen sagen, daß niemand verlangen kann, daß Österreich gewinnt wenn man so mit den Soldaten umgeht."

Der unglückliche Bürger schwang sich zu nichts anderem auf als zu der aufrichtigen Behauptung, er sei doch ein Fleischermeister vom Alten Tor und habe es nicht so gemeint.

Inzwischen bezahlte der gute Mann, der an Schwejks Unschuld glaubte, für diesen in der Kanzlei die zwanzig Kronen und führte ihn in die Restauration dritter Klasse, wo er ihn mit Bier bewirtete; und als er feststellte, daß sich sämtliche Legitimationen sowie die Fahrkarte Schwejks bei Oberleutnant Lukasch befanden, schenkte er ihm großmütig einen Fünfer für eine Fahrkarte und weitere Ausgaben.

Als er ging, sagte er vertraulich zu Schwejk: „Also, lieber Soldat, wie gesagt, bis Sie in Rußland in Gefangenschaft sein wern, so grüßen Sie mir den Brauer Zeman in Zdolbunow. Sie hams doch aufgeschrieben, wie ich heiße. Sein Sie nur gescheit, damit Sie nicht lang an der Front sind."

„Da müssen Sie keine Angst haben", sagte Schwejk, „es is immer interessant, eine fremde Gegend umsonst kennenzulernen."

Abbildung 37: k.u.k Feldgendarmen (Quelle: wikiwand)

Schwejk blieb allein am Tisch sitzen, und während er still den Fünfer des edlen Wohltäters vertrank, erzählten einander auf dem Perron die Leute, die bei der Unterredung Schwejks mit dem Stationsvorstand nicht zugegen gewesen waren und die Menschenmenge nur von weitem gesehen hatten, man hätte einen Spion gefangen, der den Bahnhof fotografiert habe, was eine Frau jedoch mit der Behauptung widerlegte, es handle sich um keinen Spion, sondern sie habe gehört, wie ein Dragoner einen Offizier beim Damenklosett versäbelt habe, weil der Offizier der Liebsten des Dragoners, die diesen begleitet habe, nachgekrochen sei. Diesen abenteuerlichen Kombinationen, die die Kriegsnervosität charakterisierten, tat die Gendarmerie Einhalt, indem sie den Perron räumte.

Und Schwejk trank still weiter, wobei er zärtlich des Oberleutnants gedachte. Was wird der wohl machen, bis er nach Budweis kommt und im ganzen Zug seinen Diener nicht findet?

Vor der Ankunft des Personenzuges füllte sich das Restaurant dritter Klasse mit Soldaten und Zivilisten. Vorwiegend waren es Soldaten verschiedener Regimenter, Truppenteile und verschiedener Nationen. Der Kriegssturm hatte sie in die Taborer Lazarette verweht, und sie fuhren jetzt neuerdings ins Feld, um sich neue Verletzungen, Verstümmelungen und Schmerzen zu holen und ein einfaches

Holzkreuz über ihrem Grab zu erwerben, auf dem noch nach Jahren in den traurigen Ebenen Ostgaliziens in Wind und Regen eine verblaßte österreichische Soldatenmütze mit verrostetem „Franzi" flattern sollte; auf ihr wird sich von Zeit zu Zeit ein alter, trauriger Rabe niederlassen und der einstigen fetten Gelage und des unendlichen gedeckten Tisches voll wohlschmeckender Leichen und Pferdekadaver gedenken. Wird daran denken, wie er just unter so einer Kappe, wie der, auf der er jetzt sitzt, den schmackhaftesten Bissen fand — menschliche Augen. Einer von diesen Leidenskameraden, der nach einer Operation aus dem Militärlazarett entlassen worden war, in schmutziger Uniform mit Spuren von Blut und Kot, setzte sich zu Schwejk. Er war irgendwie eingeschrumpft, abgemagert, traurig. Er legte ein kleines Paket auf den Tisch, zog eine zerrissene Geldbörse aus der Tasche und überzählte sein Geld. Dann schaute er Schwejk an und fragte:

„Magyarul?"

„Ich bin Tscheche, Kamerad", erwiderte Schwejk, „willst du trinken?"

„Nem tudom, bardtom."

„Das macht nichts, Kamerad", nötigte ihn Schwejk, sein volles Glas vor den traurigen Soldaten stellend, „trink nur ordentlich."

Der Soldat begriff, trank, dankte: „Köszönöm, szivesen", und fuhr fort, den Inhalt seiner Geldbörse zu untersuchen. Zum Schluß seufzte er. Schwejk begriff, daß der Magyar sich gern ein Bier geben lassen würde und nicht genug Geld hatte; deshalb bestellte er ihm eines, worauf der Magyar abermals dankte und versuchte, Schwejk mit Hilfe von Grimassen etwas zu erklären, indem er auf seinen durchschossenen Arm wies und in einer internationalen Sprache sagte: „Pif, paf, puz!" Schwejk schüttelte teilnahmsvoll den Kopf, und der Rekonvaleszent teilte ihm noch mit, während er die Linke einen halben Meter hoch über die Erde hielt und dann drei Finger hob, daß er drei kleine Kinder habe. „Nintsch ham, nintsch ham", fuhr er fort, womit er sagen wollte, daß sie zu Hause nichts zu essen hatten, und trocknete sich die Augen, aus denen Tränen flössen, mit dem schmutzigen Ärmel seines Militärmantels, in den die Kugel, die ihm für den magyarischen König in den Leib gefahren war, ein Loch gerissen hatte.

Es war nicht überraschend, daß Schwejk bei einer solchen Unterhaltung allmählich nichts von dem Fünfer übrigblieb und daß er sich langsam aber sicher von Budweis abschnitt, denn mit jedem Glas Bier, das er für sich oder den magyarischen Rekonvaleszenten bestellte, verlor er immer mehr die Möglichkeit, eine Soldatenfahrkarte lösen zu können. Wiederum passierte ein Zug nach Budweis die

Station, und Schwejk saß fortwährend beim Tisch und hörte zu, wie der Magyar sein „Pif, paf, puz! Härom, gyermek, nintsch ham, eljen!" wiederholte. Das letzte sagte der Soldat, wenn Schwejk mit ihm anstieß.

„Trink nur, Junge, magyarischer", antwortete Schwejk, „sauf, ihr möchtet uns nicht so bewirten..."

Am Nebentisch sagte ein Soldat, daß die Magyaren, als das tschechische 26. Regiment nach Szegedin gekommen sei, mit aufgehobenen Händen auf sie gezeigt hatten.

Das war heilige Wahrheit, aber der Sprecher fühlte sich durch das, was später eine gewöhnliche Erscheinung bei allen tschechischen Soldaten war und was die Magyaren schließlich selbst taten, als die Balgerei im Interesse des ungarischen Königs ihnen zu gefallen aufhörte, offenbar beleidigt.

Er setzte sich ebenfalls zu Schwejk und erzählte, wie sie den Magyaren in Szegedin zugesetzt und sie aus einigen Wirtshäusern herausgeprügelt hatten. Dabei erklärte er anerkennend, daß die Magyaren sich aufs Raufen verstehen und daß er einen Messerstich in den Rücken erhalten habe, so daß man ihn in die Etappe zur Behandlung schicken mußte. Jetzt aber, nach seiner Rückkehr, würde der Hauptmann von seinem Bataillon ihn wahrscheinlich einsperren lassen, denn er habe keine Zeit mehr gehabt, dem Magyaren den Stich, wie sichs gebührt, zurückzugeben, damit der Lump auch was davon habe und die Ehre des ganzen Regiments gerettet sei.

„Ihre Dokumente, waschi dokument?" So hübsch redete Schwejk der Kommandant der Militärkontrolle, ein von vier Soldaten mit Bajonetten gefolgter Feldwebel, in gebrochenem Tschechisch an, „ich seh Sie sitzen, nicht fahren, sitzen, trinken, fort trinken!"

„Ich hab keine, Milatschkul antwortete Schweik, „Herr Oberlajtnant Lukasch, Regiment Nummer 91, hat sie mitgenommen und ich bin hier auf dem Bahnhof geblieben."

„Was bedeutet das: ‚Milatschek'?", wandte sich der Feldwebel an einen seiner Soldaten, einen alten Landwehrmann, der seinem Feldwebel allem Anschein nach alles zu Trotz machte, denn er sagte ruhig: „Milatschek, das is wie: Herr Feldwebel!"

Der Feldwebel setzte die Unterredung mit Schwejk fort: „Dokumente hat jeder Soldat, ohne Dokumente wird so ein Lauskerl auf dem Bahnhofskommando eingesperrt wie ein toller Hund."

Man führte Schwejk zum Bahnhofskommando, wo in der Wachstube die Mannschaft saß, die ebenso aussah wie der alte Landwehrmann, der das Wort „Milatschek" seinem angeborenen Feind, der Feldwebelobrigkeit, so hübsch ins Deutsche zu übersetzen verstand.

Die Wachstube war mit Lithographien geschmückt, die das Kriegsministerium in jener Zeit an alle Kanzleien, durch die Soldaten passierten, als auch an Schulen und Kasernen verschicken ließ.

Den braven Soldaten Schwejk begrüßte ein Bild, das, der Aufschrift nach zu schließen, darstellte, wie der Zugführer Franz Hammer und die Feldwebel Paulhart und Buchmayer vom k. u. k. 21. Schützenregiment die Mannschaft zum Ausharren anspornen, Auf der andern Seite hing ein Bild mit der Aufschrift: „Zugführer Jan Danko vom 5. Regiment der Honvedhusaren kundschaftet die Stellung einer feindlichen Batterie aus."

Auf der rechten Seite, etwas niedriger, hing ein Plakat: *Seltene Beispiele von Tapferkeit.*

Mit solchen Plakaten, deren erfundene Beispiele in den Kanzleien des Kriegsministeriums von diversen eingezogenen deutschen Journalisten verfaßt wurden, wollt das alte blöde Österreich die Soldaten begeistern, die diese Plakate niemals lasen; und wenn man ihnen solche großartigen Beispiele von Tapferkeit in Buchform an die Front schickte, drehten sie sich aus den Blättern Zigarettenhülsen für Pfeifentabak oder verwendeten sie noch zweckmäßiger, wie dies dem Wert und Geist dieser erfundenen großartigen Beispiele von Mut entsprach.

Während der Feldwebel einen Offizier suchte, las Schwejk auf dem Plakat:

Trainsoldat Josef Bong

Die Soldaten des Sanitätskorps schafften Schwerverwundete zu den Wagen, die in einem gedeckten Hohlweg bereitstanden. Sobald dieselben voll waren, fuhr man mit ihnen auf den Verbandsplatz. Die Russen, die diese Wagen bemerkten, fingen an, sie mit Granaten zu belegen. Das Pferd des Trainsoldaten Josef Bong von der k. u. k. 3. Trainschwadron wurde von einem Granatsplitter getötet. Bong jammerte: „Mein armer Schimmel, es ist aus mit dir."

In diesem Augenblick wurde er selbst von einer Granate erfaßt. Trotzdem spannte er sein Pferd aus und zog das Dreigespann in ein sicheres Versteck. Hierauf kehrte er zurück, um das Geschirr seines getöteten Pferdes zu holen. Die Russen schossen ununterbrochen. „Schießt nur, verdammte Wüteriche, ich laß das Geschirr nicht hier!" Mit diesen Worten nahm er dem Pferd das Geschirr ab. Endlich war er fertig und schleppte das Geschirr zurück zum Wagen. Hier mußte er wegen seines langen Ausbleibens ein Donnerwetter der Sanitätssoldaten über sich ergehen lassen: „Ich wollte das Geschirr nicht dortlassen, es ist beinahe neu. Es wäre schade darum, dachte ich mir. Wir haben keinen Überfluß an solchen Dingen", entschuldigte sich der tapfere Krieger und fuhr zum Verbandsplatz, wo er sich erst dann verwundet meldete. Sein Rittmeister schmückte später die Brust des heldenmütigen Soldaten mit der silbernen Tapferkeitsmedaille.

Als Schwejk zu Ende gelesen hatte und der Feldwebel noch immer nicht zurückkehrte, sagte er zu den Landwehrmännern in der Wachstube: „Das ist ein sehr schönes Beispiel von Tapferkeit, so wern bei uns in der Armee lauter neue Pferdegeschirre sein, aber wie ich in Prag war, so hab ich im Prager Amtsblatt noch einen hübschem Fall von einem Einjährig-Freiwilligen namens Doktor Josef Vojna gelesen. Der war in Galizien beim siebten Feldjägerbataillon, und wies zum Bajonettkampf gekommen is, so hat er eine Kugel in den Kopf gekriegt, und wie sie ihn aufn Verbandsplatz getragen ham, hat er sie angebrüllt, er wird sich nicht wegen so einer Schramme verbinden lassen. Und hat wieder gleich mit seinem Zug vorrücken wolln, aber eine Granate hat ihm den Knöchel abgehaun. Wieder ham sie ihn wegtragen wolln, aber da hat er angefangen auf Krücken zur Kampflinie zu humpeln und hat sich mitm Stock gewehrt, und eine neue Granate is geflogen gekommen und reißt ihm die Hand ab, in der er den Stock gehalten hat. Er hat den Stock in die andre Hand genommen, hat gebrüllt, daß er ihnen das nicht verzeiht, und Gott weiß, wie das mit ihm ausgefalln war, wenn ihn nicht ein Schrapnell bald darauf definitiv umgebracht hätt möglich, daß er, wenn sie ihn zum Schluß nicht doch umgebracht hätten, auch die silberne Tapferkeitsmedaille gekriegt hätt. Weils ihn den Kopf abgerissen hat, so hat er, wie er gekollert is, noch gerufen: ‚Tu immer treulich deine Pflicht, und wenn dein Aug auch dabei bricht.'"

„Die schreiben was zamm in den Zeitungen", sagte einer von der Mannschaft, „aber so ein Redakteur war in einer Stunde davon ganz blöd!" Der Landwehrmann spuckte aus: „Bei uns in Tschaslau war ein Redakteur aus Wien, ein Deutscher. Er hat als Fähnrich gedient. Mit uns wollt er nicht mal tschechisch sprechen, aber wie man ihn zur Marschkompanie zugeteilt hat, wo lauter Tschechen waren, hat er gleich tschechisch gekonnt."

In der Tür erschien der Feldwebel, schaute wütend drein und legte los: „Wenn man drei Minuten weg is, da hört man nichts anderes als: ceski, fieki."

Während er hinausging - augenscheinlich in die Restauration -, sagte er dem

Landwehrkorporal, auf Schwejk weisend, er möge diesen lausigen Lumpen, sobald der Leutnant kommen würde, zu ihm führen. „Der Herr Lajtnant unterhält sich bestimmt wieder mit der Telegrafistin", sagte der Korporal, als der Feldwebel gegangen war, „er läuft ihr schon seit vierzehn Tagen nach und is immer sehr fuchtig, wenn er vom Telegrafenamt zurückkommt, und sagt immer:

‚Is das aber eine Hur, sie will nicht und nicht mit mir schlafen.'"

Auch diesmal war er in so fuchtiger Laune, denn als er etwas später eintrat, konnte man ihn mit Büchern auf dem Tisch herumwerfen hören. „Es nützt nichts, Junge, du mußt zu ihm", sagte der Korporal teilnahmsvoll zu Schwejk, „durch seine Hände sind schon viele Leute gegangen, alte und junge Soldaten."

Und schon führte er Schwejk in die Kanzlei, wo hinter einem Tisch mit zerworfenen Papieren ein junger Leutnant saß, der sich wie ein Wüterich gebärdete.

Als er Schwejk mit dem Korporal erblickte, brachte er überaus vielversprechend hervor: „Aha!" Worauf der Korporal meldete:

„Melde gehorsamst, Herr Lajtnant, dieser Mann is auf dem Bahnhof ohne Dokumente aufgefunden worden."

Der Leutnant nickte mit dem Kopf, als wolle er ausdrücken, daß er bereits vor Jahren vorausgesetzt habe, daß man an diesem Tag und zu dieser Stunde Schwejk ohne Dokumente auf dem Bahnhof finden werde, denn wer Schwejk in diesem Augenblick betrachtete, mußte den Eindruck gewinnen, es sei überhaupt nicht möglich, daß ein Mann mit einem solchen Gesicht und so einer Gestalt irgendwelche Dokumente bei sich haben könne. Schwejk sah in diesem Augenblick aus, als wäre er von einem Planeten gefallen und blicke jetzt naiv erstaunt auf die neue Welt, wo man von ihm eine ihm bisher unbekannte Dummheit verlangte wie Dokumente.

Der Leutnant blickte eine Welle auf Schwejk und überlegte, was er ihm sagen soll. Schließlich fragte er: „Was haben Sie auf dem Bahnhof gemacht?"

„Melde gehorsamst, Herr Lajtnant, ich hab auf den Zug nach Budweis gewartet, damit ich zu meinem 91. Regiment komm, wo ich Bursch bin beim Herrn Oberlajtnant Lukasch, den ich zu verlassen gezwungen war, weil ich wegen einer Strafe dem Stationsvorstand vorgeführt worden bin, weil ich verdächtig war, daß ich den Schnellzug, in dem wir gefahren sind, mittels der Alarmbremse zum Stehn gebracht hab."

„Davon werde ich verrückt", begann der Leutnant zuschreien, „erzählen Sie es mir zusammenhängend und kurz, und quatschen Sie keinen Blödsinn."

„Melde gehorsamst, Herr Lajtnant, daß wir schon von dem Moment, wo wir uns mit dem Herrn Oberlajtnant Lukasch in den Schnellzug gesetzt ham, der uns so schnell wie möglich zum 91. k. u. k. Infanterieregiment bringen sollt, Pech gehabt ham. Zuerst is uns ein Koffer verlorengegangen, dann wieder, damit wir Abwechslung ham, hat irgendein Generalmajor mit einer Riesenglatze..."

„Himmel Herrgott", seufzte der Leutnant.

„Melde gehorsamst, Herr Lajtnant, daß es aus mir heraus muß wie aus einer haarigen Decke, damit wir eine Übersicht von der ganzen Begebenheit ham, wies immer der selige Schuster Petrlik gesagt hat, wenn er seinem Jungen befohlen hat, bevor er ihn mitm Riemen zu prügeln angefangen hat, er soll sich die Hosen ausziehn."

Noch während der Leutnant stöhnte, fuhr Schwejk fort:

„Also ich hab diesem kahlköpfigen Herrn Generalmajor nicht gefalln und bin vom Oberleutnant Lukasch, bei dem ich Bursch bin, hinaus auf den Gang geschickt worn. Aufm Gang bin ich dann beschuldigt worn, daß ich das gemacht hab, was ich Ihnen schon gesagt hab. Bevor man die Sache in Ordnung gebracht hat, bin ich allein am Perron geblieben. Der Zug war weg, der Herr Oberlajtnant samt den Koffern und mit allen seinen und meinen Dokumenten war auch weg, und ich bin hier ohne Dokumente klebengeblieben wie ein Waisenknabe."

Schwejk schaute den Leutnant rührend und sanft an: es ward nunmehr vollkommen klar, daß der Kerl, der den Eindruck eines Idioten von Geburt an machte, die volle Wahrheit sprach. Der Leutnant zählte Schwejk alle Züge auf, die nach dem Schnellzug nach Budweis abgefahren waren, und richtete an ihn die Frage, warum er diese Züge versäumt habe.

„Melde gehorsamst, Herr Lajtnant", antwortete Schwejk gutmütig lächelnd, „daß mir unterdessen, was ich auf den nächsten Zug gewartet hab, das Malör passiert is, daß ich am Tisch ein Bier nach dem andern getrunken hab."

„So einen Ochsen hab ich noch nicht gesehn", dachte der Leutnant, „er gesteht alles ein. Wie viele hab ich schon hier gehabt, und jeder hat geleugnet, und der hier sagt ruhig: ,ich habe alle Züge versäumt, weil ich ein Bier nach dem andern getrunken hab.'"

Schwejks Erwägungen faßte er in einem Satz zusammen: „Sie sind degeneriert, Mensch. Wissen Sie, was das ist, wenn man von jemandem sagt, daß er degeneriert ist?"

„Bei uns an der Ecke Na Bojischti und Katarinengasse, melde gehorsamst Herr Lajtnant, war auch ein degenerierter Mensch. Sein Vater war ein polnischer Graf und die Mutter war Hebamme. Er hat die Straßen gekehrt, und anders hat er sich in den Butiken nicht sagen lassen als Herr Graf."

Dem Leutnant schien es angezeigt, die ganze Sache auf irgendeine Art zu beenden, deshalb sagte er nachdrücklich: „Also ich sage Ihnen. Sie Dummkopf, Sie Esel, Sie werden zur Kassa gehn, eine Karte kaufen und nach Budweis fahren. Wenn ich Sie hier noch erblicke, werde ich mit Ihnen verfahren wie mit einem Deserteur. Abtreten!"

Da Schwejk sich nicht rührte und die Hand ununterbrochen am Schild der Mütze hielt, brüllte der Leutnant: „Marsch hinaus, haben Sie nicht gehört, abtreten? Korporal Palanek, führen Sie diesen blöden Kerl zur Kassa und kaufen Sie ihm eine Karte nach Budweis!" Korporal Palanek erschien bald darauf abermals in der Kanzlei. Durch die halbgeöffnete Tür guckte hinter Palanek das gutmutige Gesicht Schwejks hinein. „Was gibs schon wieder?"

„Melde gehorsamst, Herr Lajtnant", flüsterte Korporal Palanek geheimnisvoll, „er hat kein Geld für die Bahn und ich auch nicht. Umsonst will man ihn nicht fahren lassen, weil er nicht die Militärdokumente hat, daß er zum Regiment fährt."

Der Leutnant ließ nicht lange auf seine salomonische Lösung dieser traurigen Frage warten.

„Also soll er zu Fuß gehn", entschied er, „soll man ihn beim Regiment einsperren, weil er sich verspätet hat; wer wird sich hier mit ihm abgeben."

„Es nutzt nichts, Kamerad", sagte Korporal Palanek zu Schwejk, als er aus der Kanzlei trat, „du mußt zu Fuß nach Budweis gehn, mein Lieber. Wir ham dort im Wachzimmer einen Laib Kommißbrot, den wern wir dir auf den Weg mitgeben."

Und eine halbe Stunde später, nachdem sie Schwejk noch mit schwarzem Kaffee bewirtet und ihm nebst dem Kommißbrot auch ein Paket Militärtabak auf den Marsch zum Regiment mitgegeben hatten, verließ Schwejk Tabor in dunkler Nacht, durch die sein Gesang erscholl. Er sang ein altes Soldatenlied:

„Als wir nach Jaromer zogen,
glaubt nur nicht, es sei erlogen..."

Und der Teufel weiß, wie es geschah, daß der brave Soldat Schwejk statt nach Süden gegen Budweis ununterbrochen geradewegs gegen Westen marschierte.

Er schritt, in seinen Militärmantel gehüllt, im Frost über die verschneite Landstraße, wie der Letzte von Napoleons Garde, als sie von Moskau zurückkehrte, nur mit dem Unterschied, daß er lustig sang:

„Ich ging fröhlich vor die Stadt,
in die grünen Wälder."

Und in den verschneiten Wäldern, in der nächtlichen Stille erscholl brausend das Echo, daß in den Dörfern die Hunde zu bellen begannen. Als ihn das Singen nicht mehr freute, setzte sich Schwejk auf einen Schotterhaufen und zündete sich die Pfeife an; und als er nicht mehr müde war, zog er weiter, neuen Abenteuern, der Budweiser Anabasis entgegen.

2. Schwejks Budweiser Anabasis

Xenophon, ein Feldherr des Altertums, durcheilte ganz Kleinasien und kam ohne Landkarte weiß Gott wohin. Die alten Goten trafen ihre Vorbereitungen gleichfalls ohne topographische Kenntnisse. Fortwährend geradeaus marschieren, das nennt man Anabasis. Sich durch unbekannte Landschaften einen Weg bahnen. Von Feinden umringt, die auf die erste Gelegenheit warten, dir den Hals abzudrehen. Hat jemand einen guten Kopf wie Xenophon oder all die Räuberstämme, die bis weiß Gott woher vom Kaspischen oder Asowschen Meer nach Europa kamen, wirkt er wahre Wunder auf dem Zuge.

Irgendwo im Norden am Gallischen Meer, das die römischen Legionen Cäsars ebenfalls ohne Landkarte erreicht hatten, faßten sie den Entschluß, einmal wieder zurückzukehren und, um einen noch größeren Genuß zu haben, auf einem andern Weg nach Rom zu marschieren, was ihnen auch gelang. Seit dieser Zeit sagt man offenbar, daß alle Wege nach Rom führen.

Es führen alle Wege nach Budweis, wovon der brave Soldat Schwejk in vollstem Maß überzeugt war, als er statt der Budweiser Gegend ein Schild bei Mühlhausen erblickte.

Er ging jedoch ununterbrochen weiter, denn keinen braven Soldaten kann so ein Mühlhausen daran hindern, dennoch einmal nach Budweis zu gelangen.

Und so tauchte Schwejk westlich von Mühlhausen in Kvetov auf: als er bereits alle Soldatenlieder gesungen hatte, die er von den Soldatenmärschen her kannte, war er gezwungen, vor Kvetov wieder mit dem Ersten zu beginnen:

„Wie wir abgezogen sind, weinten sich die Mädl blind..."

Eine alte Frau, die aus der Kirche zurückkehrte, begegnete Schwejk auf dem Weg zwischen Kvetov und Wraz, der ununterbrochen in westlicher Richtung verläuft, und leitete mit dem christlichen Gruß: „Guten Tag, Soldat, wohin des Weges?" ein Gespräch mit ihm ein. „Ich geh nach Budweis zum Regiment, Mütterchen", erwiderte Schwejk, „in den Krieg."

„Aber da geht Ihr ja schlecht, Kleiner", sagte die Alte erschrocken, „da werdet Ihr nie hinkommen. Wenn Ihr in dieser Richtung über Wraz fort gradaus geht, so kommt Ihr nach Klattau."

„Ich denk", sagte Schwejk ergeben, „daß man auch von Klattau nach Budweis kommen kann."

Abbildung 38: Xenophon und die Zehntausend
Quelle: The story of the greatest nations, from the dawn of history to the twen-
tieth century (published in 1900)

Es is wahr, es is ein hübscher Spaziergang, wenn man zu seinem Regiment eilt,
damit man nicht noch zu allem für seinen guten Willen, rechtzeitig an Ort und
Stelle zu sein, Unannehmlichkeiten hat."

„Bei uns war auch so ein Kerl. Der hat nach Pilsen zur Landwehr fahren solln,
ein gewisser Toni Maschek", seufzte die Alte, „er is ein Verwandter von meiner
Nichte und is weggefahren. Und nach einer Woche ham ihn schon die Gendarmen
gesucht, daß er nicht zu seinem Regiment gekommen is. Und nach noch einer Woche is er in Zivil zu uns gekommen, man hat ihn herich nach Haus auf Urlaub
geschickt. So is also der Bürgermeister auf die Gendarmerie gegangen, und sie ham
ihm diesen Urlaub gestrichen. Jetzt hat er schon von der Front geschrieben, daß er
verwundet is, daß er ein ‚Bein weg hat.' Die Alte blickte teilnahmsvoll auf Schwejk:
„In diesem Wäldchen dort, Kleiner, könnt Ihr auf mich warten, ich bring Euch ein
paar Erdäpfel hin, das wird Euch erwärmen. Unsere Hütte is von hier zu sehn, grad
hinterm Wäldchen bißl rechts. Durch unser Dorf Wraz könnt Ihr nicht gehn, dort
sind die Gendarmen wie Falken. Geht lieber am Wäldchen vorbei auf Maltschin
zu. Von dort aus weicht Tschizowa aus, Kleiner. Dort sind die Gendarmen wie
Schinder und fangen die Deserteure. Geht direkt durch den Wald nach Sedletz bei
Horazdowitz. Dort is ein sehr braver Gendarm, der läßt jeden durchs Dorf. Habt
Ihr Papiere bei Euch?"

„Nein, Mütterchen!"

227

„Dann geht gar nicht hin, geht lieber nach Radomyschl, aber trachtet, gegen Abend hinzukommen, da sind alle Gendarmen im Wirtshaus. Dort werdet Ihr in der untern Gasse hinterm Florian ein Häuschen finden, unten is es blau angestrichen, dort fragt nachm Bauer Melicharek. Das is mein Bruder. Daß ich ihn grüßen laß, und er wird Euch zeigen, wo man nach Budweis geht."

Im Wäldchen wartete Schwejk länger als eine halbe Stunde auf die Alte, und als er sich an der Erdäpfelsuppe erwärmt hatte, die die arme Alte ihm in einem Topf brachte, der mit einem Polster umwickelt war, damit die Suppe nicht kalt werde, zog sie aus einem Tuch eine Schnitte Brot und ein Stück Speck hervor, steckte das alles in Schwejks Taschen, schlug ein Kreuz über ihn und sagte, daß sie auch zwei Enkel „dort" habe. Hierauf wiederholte sie ihm noch gründlich, durch welche Dörfer er gehen und welchen er ausweichen solle. Zum Schluß zog sie aus der Jackentasche eine Krone, damit er sich in Maltschin Schnaps auf den Weg kaufen könne, denn der Weg nach Radomyschl sei lang. Von Tschizowa ging Schwejk nach dem Rat der Alten östlich auf Radomyschl zu; er dachte, daß er von jeder beliebigen Wellgegend aus nach Budweis gelangen müsse.

In Maltschin schloß sich ihm ein alter Harmonikaspieler an, den Schwejk im Wirtshaus traf, als er sich auf dem langen Weg nach Radomyschl Schnaps kaufte.

Der Harmonikaspieler hielt Schwejk für einen Deserteur und riet ihm, mit ihm nach Horazdowitz zu gehen, er habe dort eine verheiratete Tochter, deren Mann ebenfalls ein Deserteur sei. Der Harmonikaspieler hatte in Maltschin offensichtlich zuviel getrunken.

„Sie hat ihren Mann schon zwei Monate im Stall versteckt", redete er auf Schwejk ein, „so wird sie dich auch dort verstecken, und ihr werdet bis zum Kriegsende dort bleiben. Zu zweit wird euch nicht so traurig sein."

Nach der höflichen Ablehnung Schwejks regte er sich sehr auf, wandte sich links in die Felder, und drohte Schwejk, er werde zur Gendarmerie in Tschizowa gehen und ihn anzeigen.

In Radomyschl fand Schwejk gegen Abend in der unteren Gasse hinterm Florian den Bauer Melicharek. Als er ihm den Gruß seiner Schwester aus Wraz bestellte, machte dies auf den Bauern nicht den geringsten Eindruck.

Er wollte unaufhörlich Papiere von Schwejk haben. Er schien ein altmodischer Mensch zu sein, denn er sprach ununterbrochen etwas von Räubern, Landstreichern und Dieben, von denen sich eine Menge im Piseker Kreis herumtreibe.

„So was läuft vom Militär fort, dienen wills dort nicht und geht in der ganzen Umgebung herum, und wos kann, stiehlts", sagte er Schwejk mit Nachdruck ins

Gesicht, „jeder von ihnen schaut aus, wie wenn er nicht bis fünf zähln könnt."

„Freilich, freilich, wegen der Wahrheit ärgern sich die Leut am meisten", fügte er hinzu, als Schwejk sich von der Bank erhob, „wenn so ein Mensch ein reines Gewissen hätt, so möcht er sitzenbleiben und läßt sich die Papiere nachschaun. Wenn er aber keine hat..."

„Also mit Gott, Großvater."

„Aber ja, mit Gott, und nächstens findet Euch einen Dümmern."

Als Schwejk in die Finsternis hinaustrat, brummte der Alte noch hübsch lange: „Er geht herich aus Tabor nach Budweis zu seinem Regiment. Und da geht der Lump zuerst nach Horazdowitz und dann erst nach Pisek. Er macht ja eine Reise um die Welt."

Schwejk marschierte wiederum beinahe die ganze Nacht, bevor er in der Nähe von Putim auf einem Feld einen Schober fand. Als er das Stroh beiseite wälzte, vernahm er dicht in seiner Nähe eine Stimme: „Von welchem Regiment? Wohin des Wegs?"

„Vom 91. Nach Budweis."

„Am End gehst du nicht wirklich hin?"

„Ich hab dort meinen Oberlajtnant."

Man konnte hören, daß dicht neben ihm nicht nur einer lachte, sondern drei. Als das Lachen sich beruhigte, fragte Schwejk, von welchem Regiment sie seien. Er stellte fest, daß zwei vom 35. und einer von der Artillerie und ebenfalls aus Budweis war.

Die Fünfunddreißiger seien vor einem Monat vor Formierung der Marschkompanie desertiert, und der Artillerist sei seit der Mobilisierung unterwegs. Er sei in Putim zu Hause und der Schober gehöre ihm.

In der Nacht schlafe er stets im Schober. Gestern habe er die zwei andern im Wald gefunden und sie zu sich in seinen Schober genommen. Alle hegten die Hoffnung, daß der Krieg in ein bis zwei Monaten beendet sein werde. Sie hatten die Vorstellung, daß die Russen bereits hinter Budapest und in Mähren stünden. Das sei in Putim allgemein bekannt. Gegen früh, noch bevor es dämmerte, werde die Frau des Dragoners ihnen das Frühstück bringen. Die Fünfunddreißiger würden dann nach Strakonitz gehen. Dort wohne eine Tante des einen, die wiederum in den Bergen hinter Schüttenhofen einen Bekannten habe, der eine Säge besitze, und dort würden sie gut aufgehoben sein.

„Und du vom Einundneunzigsten, wenn du willst", forderten sie Schwejk auf, „kannst auch mit uns gehn. Scheiß auf deinen Oberlajtnant."

„Das geht nicht so leicht", antwortete Schwejk, grub sich ein und kroch tief in den Schober.

Als er am Morgen erwachte, waren alle bereits weg; einer, augenscheinlich der Dragoner, hatte zu seinen Füßen eine Scheibe Brot als Wegzehrung niedergelegt.

Schwejk ging durch die Wälder und bei Schtekno begegnete er einem Landstreicher, einem alten Knaben, der ihn wie einen alten Kameraden mit einem Schluck Schnaps begrüßte.

„Da drin geh ich nicht herum", belehrte er Schwejk, „diese Soldatenuniform wird sich dir mal verflucht schlecht auszahlen. Jetzt wimmelts überall von Gendarmen, und betteln kannst du drin auch nicht. Uns stelln die Gendarmen nicht mehr nach wie früher, jetzt suchen sie nur euch."

„Nur euch suchen sie", wiederholte er so überzeugt, daß Schwejk den Entschluß faßte, ihm lieber nichts vom 91. Regiment zu sagen. Mochte er ihn halten, wofür er ihn hielt, wozu dem guten alten Burschen die Illusion stören?

„Wohin gehst du?" fragte der Landstreicher nach einer Pause, als sich beide die Pfeifen angezündet hatten und langsam ums Dorf herumgingen.

„Nach Budweis."

„Um Christi willen", erschrak der Landstreicher, „dort packen sie dich in einer Minute zamm, nicht mal warm wirst du dort wern. Einen zerlumpten Zivilrock mußt du haben, mußt hinken und einen Krippl aus dir machen."

„Aber fürcht dich nicht, jetzt gehn wir nach Strakonitz, Wolyn, Ticha, und da müßt der Teufel seine Hand im Spiel ham, daß wir nicht eine Zivilkluft aufgabeln möchtn. Dort bei Strakonitz gibts noch so blöde und ehrliche Leute, daß sie noch hie und da über Nacht offenlassen, und bei Tag sperren sie gar nicht ab. Jetzt im Winter gehen sie zum Nachbar plauschen, und gleich hast du eine Zivilkluft. Was brauchst du? Stiefel hast du, also nur was zum Anziehen. Der Militärmantel is alt?"

„Ja."

„Also den laß dir. Drin geht man am Land herum. Du brauchst Hosen und einen Rock. Bis wir die Zivilkluft ham, verkaufen wir Hosen und Rock dem Juden Herrmann in Vodnan. Der kauft alles Ärarische und verkaufts wieder in den Dörfern."

„Heut gehn wir nach Strakonitz", entwickelte er seinen Plan weiter. „Vier Stunden von hier steht der alte Schwarzenberger Schafstall. Dort hab ich einen bekannten Schafhirten, auch schon ein alter Knabe, dort bleiben wir über Nacht, und früh machen wir uns auf nach Strakonitz, damit wir dort irgendwo in der Umgebung eine Zivilkluft auftreiben."

Im Schafstall lernte Schwejk einen freundlichen Greis kennen, der sich noch an die Geschichten erinnerte, die sein Großvater von den Franzosenkriegen erzählt hatte. Er war etwa zwanzig Jahre älter als der Landstreicher und nannte deshalb ihn ebenso wie Schwejk „Junge".

„Also seht ihr, Jungens", setzte er auseinander, als sie um den Herd herumsaßen, auf dem Kartoffeln in der Schale kochten, „damals is mein Großvater auch desertiert wie dieser Soldat hier. Aber sie ham ihn in Vodnan erwischt und ihm so den Popo verdroschen, daß von ihm Fetzen geflogen sind. Und hat er noch von Glück sagen können. Aus Razitz hinter Protiwin der Sohn vom Jaresch, der Großvater vom alten Jaresch, was dort Teichwächter is, hat, wie er weggelaufen is, Pulver und Blei in Pisek abbekommen. Und bevor man ihn auf den Piseker Schanzen erschossen hat, is er durch ein Spalier Soldaten gelaufen und hat 600 Stockhiebe abgekriegt, so daß der Tod für ihn eine Erleichterung und Erlösung war. Und wann bist du denn weggelaufen?" wandte er sich mit verweinten Augen an Schwejk.

„Nach der Mobilisierung, wie man uns in die Kasernen geführt hat", entgegnete Schwejk, der begriff, daß die Uniform das Vertrauen des alten Schafhirten nicht erschüttern könne.

„Bist du über die Mauer geklettert?" fragte der Schafhirt neugierig, offenbar in der Erinnerung an den Großvater, der erzählt hatte, er sei über die Kasernenmauer geklettert. „Anderswo herum is es nicht gegangen, Großvater."

„Und die Wache war stark und hat geschossen?"

„Ja, Großvater."

„Und wohin willst du jetzt?"

„Aber ein Rappl hat ihn gepackt", antwortete für Schwejk der Landstreicher, „er will, kosts was kost, nach Budweis. Das weißt du, ein junger, unverständiger Mensch läuft selbst in sein Verderben. Ich muß ihn bißl in die Schule nehmen. Eine Zivilkluft treiben wir schon auf, und dann geht alles in Ordnung. Bis zum Frühjahr schlagen wir uns halt durch, und dann gehn wir irgendwohin zum Bauer arbeiten. Heuer wirds große Not an Leuten und Hunger geben, und es heißt, daß man heuer alle Landstreicher zur Feldarbeit assentieren wird. So hab ich mir gedenkt, dann lieber freiwillig gehn. Die Feldarbeiter wern alle erschlagen sein."

„Du glaubst also, daß heuer noch nicht Schluß sein wird? Hast recht, Junge. Es hat schon lange Kriege gegeben. Der napoleonische, dann, wie man uns gesagt hat, die schwedischen Kriege, die siebenjährigen Kriege. Und die Menschen ham diese Kriege verdient. Der liebe Gott hat das doch nicht mehr mit ansehn können, wie alles hochnäsig worn is. Nicht mal Hammelfleisch is ihnen mehr unterm Schnabel gekrochen, sie hams nicht mehr fressen wolln, Jungens. Früher sind sie in Prozessionen hergekommen, damit ich ihnen unter der Hand einen Schöps verkauf, aber in den letzten Jahren ham sie nur lauter Schweinernes gefressen, Geflügel, alles auf Butter oder Fett gebraten. So is der liebe Gott auf sie bös worn wegen ihrem Hochmut, und sie wern erst wieder zu sich kommen, bis sie sich Melde kochen wern, wie sies in den napoleonischen Kriegen gemacht ham. Unsre Obrigkeit hat ja schon vor lauter Übermut nicht gewußt, was sie machen soll. Der alte Fürst Schwarzenberg, der is noch in einem gewöhnlichen Wagen gefahren, und der junge fürstliche Rotzbub stinkt vor lauter Automobil. Der liebe Herrgott wird ihm schon auch noch das Benzin ums Maul schmieren."

Das kochende Kartoffelwasser summte, und der alte Schafhirt sagte nach einer kurzen Pause prophetisch: „Und er wird diesen Krieg nicht gewinnen, unser Kaiser nämlich. Man sieht keine Begeisterung fürn Krieg nicht, weil er sich, wie der Lehrer aus Strakonitz sagt, nicht hat krönen lassen. Jetzt soll er, wie man sagt, wem er will Honig ums Maul schmieren. Wenn du alter Lump versprochen hast, daß du dich krönen läßt, so hast du Wort halten solln."

„Kann sein", bemerkte der Landstreicher, „daß ers jetzt machen wird."

„Drauf pfeift ihm jetzt jeder, Junge", sagte der Schafhirt gereizt, „du solltest dabeisein, wenn die Nachbarn unten in Skotschitz zusammkommen. Jeder hat jemanden dort, und du möchtest sehn, wie die reden. Daß herich nach diesem Krieg die Freiheit kommen wird, daß es keine Herrschaftshöfe und keine Kaiser mehr geben wird, daß man nicht den Fürsten ihre Güter lassen wird. Wegen so einem Gered ham auch schon die Gendarmen einen gewissen Korinek weggeführt, daß er herich sozusagen aufwiegelt. Ja, heutzutage ham die Gendarmen was zu sagen!"

„Das hamm sie auch früher gehabt", ließ sich der Landstreicher vernehmen. Ich erinner mich, daß in Kladno ein gewisser Herr Rotter Gendarmeriewachtmeister war. Er hat plötzlich angefangen, sogenannte Polizeihunde mit dem Naturell von Wolfshunden zu züchten, was alles herausschnüffeln, wenn sie ausgelernt sind. Und dieser Herr Wachtmeister in Kladno hat den Arsch voll von seinen Hundeschülern gehabt. Er hat ein extra Häuschen für sie gehabt, wo die Hunde gelebt ham wie die Fürsten, und nur einmal is ihm eingefalln, daß er mit diesen Hunden Versuche mit uns armen Landstreichern machen wird. So hat er den Befehl gegeben, die Gendarmerie soll im ganzen Kladnoer Kreis eifrig Landstreicher sammeln und sie ihm direkt einliefern. Also stiefel ich da einmal aus Lana und halt mich hübsch tief im Wald, aber es nützt nichts, in die Försterei, auf die ichs abgesehn gehabt hab, bin ich nicht mehr gekommen, schon ham sie mich gehabt und zum

Herrn Wachtmeister geführt. Und das könnt ihr euch gar nicht vorstelln und ausdenken, was ich mit diesen Hunden ausgestanden hab. Zuerst hat er mich von allen
beschnuppern lassen, dann hab ich auf eine Leiter klettern müssen, und wie ich
schon oben war, ham sie so ein Luder hinter mir auf die Leiter gelassen, und das
hat mich, das Biest, von der Leiter auf die Erde getragen, dort hat sichs auf mich
gekniet und geknurrt und mir die Zähne ins Gesicht gefletscht. Dann ham sie die
Bestie weggeführt und mir ham sie gesagt, ich soll mich irgendwo verstecken, daß
ich hingehn kann, wohin ich will. Ich bin zum Katschaker Tal in den Wald gegangen, in eine Schlucht, und in einer halben Stunde waren schon zwei von diesen
Wolfshunden bei mir, ham mich umgeworfen und derweil, was mich einer hier am
Hals gehalten hat, is der andere nach Kladno gelaufen, und nach einer Stunde is
der Herr Wachtmeister selbst mit Gendarmen zu mir gekommen, hatn Hund gerufen und hat mir fünf Kronen und die Erlaubnis gegeben, daß ich zwei ganze
Tage in Kladno betteln darf. Aber woher denn, ich bin nach Beraun gelaufen, wie
wenn man mir den Kopf angezündet hätt, und hab mich nie mehr in Kladno gezeigt. Kladno sind alle Landstreicher ausgewichen, weil der Herr Wachtmeister hat
an allen seine Versuche gemacht. Er hat diese Hunde überhaupt schrecklich gern
gehabt. Auf den Gendarmeriestationen hat man erzählt, daß er immer, wenn er auf
Inspektion gekommen is und einen Wolfshund gesehn hat, überhaupt keine Inspektion gemacht, sondern nur den ganzen Tag mitm Wachtmeister vor Freude
gesoffen hat."
  Und während der Schafhirt die Kartoffeln seihte und saure Schafsmilch in eine
Schüssel goß, fuhr der Landstreicher in seinen Erinnerungen an die Gerechtsam-
keit der Gendarmerie fort: „In Lipnitz war ein Wachtmeister unterm Schloß. Er
hat direkt auf der Gendarmeriestation gewohnt, und ich alter, guter Kerl war immer
der Meinung, daß die Gendarmeriestation irgendwo auf einem auffallenden Platz
sein muß, zum Beispiel am Markt oder so ähnlich und nicht in einem verstecken
Gäßchen. Also ich lauf das ganze Städtchen ab und schau nicht auf die Aufschriften. Ich nehm ein Haus nach dem andern, bis ich in so einer Baracke in den ersten
Stock komm, die Tür aufmach und mich meld: „Ich bitt untertänigst, ein armer
Wanderbursch. Ja, meine Lieben! Die Füße sind mir starr geworn. Es war die Gendarmeriestation. Hinten an der Wand, ein Kruzifix am Tisch, das Register auf der
Almer, unser Kaiser schaut überm Tisch grad auf mich. Und bevor ich was hab
stammeln können, is der Wachtmeister schon auf mich zugesprungen und hat mir
in der Tür so eine Ohrfeige gegeben, daß ich über die Holzstiegen bis herunterge-

flogen bin und erst in Kejzlitz stehngeblieben bin. Das is das Recht der Gendarmen."

Sie begannen zu essen. Dann schliefen sie, in der warmen Stube auf Bänken liegend, bald ein.

In der Nacht kleidete sich Schwejk langsam an und ging hinaus. Im Osten stieg der Mond empor, und in seinem aufgehenden Licht schritt Schwejk nach Osten, wobei er sich wiederholte: „Das wäre doch gelacht, daß ich nicht nach Budweis kommen solln."

Als er aus dem Walde trat, erblickte er zur Rechten eine Stadt; deshalb wandte er sich nach Westen und dann dem Süden zu, wo wiederum eine Stadt sichtbar wurde. Es war Vodnan. Er wich ihr, über die Wiesen schleichend, geschickt aus, und die Morgensonne begrüßte ihn auf den verschneiten Hängen oberhalb Protiwins.

„Immer vorwärts", sagte sich der brave Soldat Schwejk, „die Pflicht ruft. Nach dem verfluchten Budweis muß ich kommen."

Und durch einen unglücklichen Zufall wandten sich Schwejks Schritte von Protowin statt südlich nach Budweis, nördlich nach Pisek. Gegen Mittag erblickte Schwejk ein Dorf vor sich. Von einer kleinen Anhöhe hinabsteigend, dachte er: „So gehts nicht mehr weiter, ich wer fragen, wo man nach Budweis geht."

Und das Dorf betretend war er ungemein überrascht, als er auf einem Meiler beim ersten Häuschen die Bezeichnung las:

„Gemeinde Putim."

„Um Christi willen", seufzte Schwejk, „da bin ich also wieder in Putim, wo ich im Schober geschlafen hab."

Dann aber war er nicht im mindesten überrascht, als hinter dem Teich aus einem weiß getünchten Häuschen, auf dem eine Taube hing — wie man in manchen Orten den Adler nannte — ein Gendarm trat, wie eine Spinne, wenn sie ihr Spinngewebe überwacht.

Der Gendarm ging geradewegs auf Schwejk zu und sagte nichts weiter als: „Wohin denn?"

„Nach Budweis zu meinem Regiment."

Der Gendarm lachte sarkastisch: „Sie kommen doch von Budweis. Sie ham Ihr Budweis schon hinter sich", und zog Schwejk in die Gendarmeriestation.

Der Putimer Gendarmeriewachtmeister war in der ganzen Umgebung für sein überaus taktvolles und dabei scharfsinniges Vorgehen bekannt. Niemals beschimpfte er Angehaltene oder Verhaftete, sondern unterwarf sie einem solchen Kreuzverhör, das selbst ein Unschuldiger gestanden hätte.

Die beiden Gendarmen der Station paßten sich ihm an, und das Kreuzverhör fand stets unter dem Gelächter des gesamten Gendarmeriepersonals statt.

„Die Kriminalistik ist auf Klugheit und Freundlichkeit aufgebaut", pflegte der Gendarmeriewachtmeister seinen Untergebenen zu sagen, „jemanden anzubrülln hat keinen Zweck. Delinquenten und verdächtige Menschen muß man fein behandeln, aber dabei drauf achten, daß sie in dem Ansturm von Fragen ertrinken."

„Also schön willkommen, Kamerad", sagte der Gendarmeriewachtmeister, „setzen Sie sich hübsch, Sie sind sowieso unterwegs müde geworden, und erzähln Sie uns, wohin Sie gehn."

Schwejk wiederholte, daß er nach Budweis zu seinem Regiment gehe.

„Dann haben Sie allerdings den Weg verfehlt", sagte der Wachtmeister spöttisch, „denn Sie kommen von Budweis, wovon ich Sie überzeugen kann. Über Ihnen hängt eine Karte von Böhmen. Also schaun Sie, Soldat. Von uns südlich liegt Protiwin. Von Protiwin südlich liegt Hlubokä und südlich davon liegt Budweis. Also sehn Sie, daß Sie nicht nach Budweis gehn, sondern aus Budweis kommen."

Der Wachtmeister blickte Schwejk freundlich an, der ruhig und würdig sagte: „Und ich geh doch nach Budweis." Das war mehr als Galileis: „Und sie bewegt sich doch!" Denn dieser muß dies offenbar sehr zornig gesagt haben.

„Wissen Sie, Soldat", sagte der Wachtmeister ebenso freundlich wie zuvor, „ich werde es Ihnen ausreden, und Sie werden zum Schluß selbst zu der Ansicht kommen, daß jedes Leugnen ein Geständnis nur erschwert!"

„Da ham Sie ganz recht", sagte Schwejk, „jedes Leugnen erschwert ein Geständnis und umgekehrt."

„Also sehn Sie, daß Sie selbst draufkommen werden, Soldat. Antworten Sie mir rückhaltlos, von wo Sie ausgegangen sind, wie Sie eigentlich nach Ihrem Budweis gegangen sind. Ich sag absichtlich, Ihr Budweis, weil es offenbar noch ein andres Budweis geben muß, das irgendwo nördlich von Putim liegt und bisher in keiner Karte eingetragen ist."

„Ich bin von Tabor ausgegangen."

„Und was haben Sie in Tabor gemacht?"

„Ich hab auf den Zug nach Budweis gewartet."

„Warum sind Sie nicht mit dem Zug nach Budweis gefahren?"

„Weil ich keine Fahrkarte gehabt hab."

„Und warum hat man Ihnen als Soldaten nicht eine Militärkarte umsonst angeben?"

„Weil ich keine Dokumente bei mir gehabt hab."

„Da ist es", sagte der Gendarmeriewachtmeister siegesbewußt zu einem von den Gendarmen, „er ist nicht so dumm, wie er sich stellt, er fängt an, sich hübsch zu verwickeln."

Der Wachtmeister begann von neuem, als hätte er die letzte Antwort bezüglich der Dokumente überhört:

„Sie sind also von Tabor ausgegangen. Wohin sind Sie denn gegangen?"

„Nach Budweis."

Der Gesichtsausdruck des Wachtmeisters wurde ein wenig strenger, und seine Blicke fielen auf die Landkarte.

„Können Sie uns auf der Karte zeigen, wo Sie nach Budweis gegangen sind?"

„Ich merk mir nicht alle Orte und erinner mich nur dran, daß ich schon einmal in Putim war."

Die ganze Mannschaft der Gendarmeriestation blickte einander forschend an, und der Wachtmeister führ fort:

„In Tabor waren Sie also auf dem Bahnhof. Haben Sie etwas bei sich? Geben Sie es heraus."

Als sie Schwejk gründlich durchsucht hatten und nichts fanden außer seiner Pfeife und Streichhölzern, fragte der Wachtmeister Schwejk:

„Sagen Sie mir, warum haben Sie nichts, aber rein nichts bei sich?"

„Weil ich nichts brauch."

„Ach, mein Gott", seufzte der Wachtmeister, „ist das eine Tortur mit Ihnen! Sie haben gesagt, daß Sie schon einmal in Putim waren. Was haben Sie hier damals gemacht?"

„Ich bin über Putim nach Budweis gegangen."

„Also sehn Sie, wie Sie sich widersprechen. Sie sagen selbst, daß Sie nach Budweis gegangen sind, und jetzt, wie wir Sie überzeugt haben, sagen Sie, daß Sie von Budweis kommen."

„Ich hab halt einen Kreis machen müssen."

Der Wachtmeister wechselte abermals mit dem ganzen Personal der Station einen bedeutsamen Blick:

„Hübsche Kreise, mir kommt vor, daß Sie sich in der Umgebung herumtreiben. Haben Sie sich lange in Tabor auf dem Bahnhof aufgehalten?"

„Bis zur Abfahrt des letzten Zugs nach Budweis."

„Und was haben Sie dort gemacht?"

„Mit den Soldaten gesprochen."

Ein neuer, überaus bedeutungsvoller Blick des Gendarmeriewachtmeisters auf die Mannschaft.

„Und wovon haben Sie zum Beispiel gesprochen, und was haben Sie gefragt?"

„Ich hab sie gefragt, von welchem Regiment sie sind und wohin sie fahren."

„Ausgezeichnet. Und haben Sie sie nicht gefragt, wieviel Mann zum Beispiel ein Regiment hat und wie es eingeteilt wird?"

„Das hab ich nicht gefragt, weil ichs schon längst auswendig weiß."

„Sie sind also vollständig über die Zusammensetzung unserer Armee informiert?"

„Gewiß, Herr Wachtmajster."

Und der Wachtmeister spielte den letzten Trumph aus, siegesbewußt auf seine Gendarmen blickend. „Können Sie russisch?"

„Nein."

Der Wachtmeister winkte dem Postenführer. Sie traten beide in die anstoßende Kammer, und der Wachtmeister verkündete, sich vor Begeisterung über seinen vollständigen Sieg die Hände reibend:

„Haben Sies gehört? Er kann nicht russisch! Der Kerl ist mit allen Salben gerieben! Alles hat er gestanden, nur das Wichtigste hat er nicht gestanden. Morgen liefern wir ihn in Pisek zum Herrn Bezirkshauptmann ein. Die Kriminalistik ist auf Klugheit und Freundlichkeit aufgebaut. Haben Sies gesehn, wie ich ihn im Ansturm der Fragen ertränkt habe? Wer hätt das von ihm gedacht. Er sieht so blöd und dumm aus, aber grad solchen Leuten muß man klug beikommen. Jetzt sperrt ihn vorläufig ein, und ich geh das Protokoll darüber aufsetzen."

Und noch am nämlichen Nachmittag gegen Abend schrieb der Wachtmeister mit freundlichem Lächeln das Protokoll, in dem jeder Satz das Wort enthielt: „Spionageverdächtig."

Je länger Gendarmeriewachtmeister Flanderka in seinem merkwürdigen Amtsdeutsch schrieb, desto klarer wurde ihm die Situation, und als er schloß:

„So melde ich gehorsamst, daß der feindliche Offizier heutigen Tages aufs Bezirksgendarmeriekommando in Pisek überliefert wird", lächelte er ob seinem Werk und rief dem Postenführer zu: „Haben Sie dem feindlichen Offizier was zu essen gegeben?"

„Nach ihrer Anordnung, Herr Wachtmajster, versehn wir nur diejenigen mit Nahrung, die bis zwölf Uhr vorgeführt und verhört wem."

Abbildung 39: Österreich-Ungarn im Jahr 1899
(Quelle: D. H. Lange "Volksschul-Atlas", Dreihundertste Auflage, George Westermann in Braunschweig, 1899)

„Das ist eine große Ausnahme", sagte würdevoll der Wachtmeister, „das ist ein höherer Offizier, einer vom Stab. Das wissen Sie, die Russen wern nicht einen Gefreiten spionieren schicken. Lassen Sie ihm im Gasthaus ‚Zum Kater' ein Mittagmahl holen. Wenns schon nichts gibt, solln sie was kochen. Dann solln sie Tee mit Rum kochen und alles herschicken. Sagen Sie nicht, für wen es ist. Erwähnen Sie überhaupt zu niemandem, wen wir hier haben. Das ist ein militärisches Geheimnis. Und was macht er jetzt?"

„Er hat um bißchen Tabak gebeten, sitzt im Wachzimmer und benimmt sich so zufrieden, wie wenn er zu Haus sitzen möcht. ‚Hübsch warm habt Ihrs hier', hat er gesagt, ‚und der Ofen raucht euch nicht? Mir gefällts hier sehr gut bei euch. Und wenn euch der Ofen rauchen möcht, so laßts den Kamin durchziehn. Aber erst Nachmittag, und nie, wenn die Sonne überm Kamin steht.'"

"Ist das aber ein raffinierter Kerl", sagte der Wachtmeister mit einer Stimme voll Begeisterung, „er tut, wie wenn ihn das nichts angehn möcht. Und weiß doch, daß er erschossen werden wird. So einen Menschen müssen wir uns schätzen, wenn er auch unser Feind ist. So ein Mensch geht in den sichern Tod. Ich weiß nicht, ob wir dazu imstande wären. Wir würden vielleicht wanken, nachlassen. Aber er sitzt

ruhig und sagt: „Hübsch warm habt ihrs hier, und der Ofen raucht euch nicht."
Das sind Charaktere, Herr Postenführer. Dazu gehören stählerne Nerven bei so
einem Menschen, Selbstverleugnung, Härte und Begeisterung. Wenns in Österreich so eine Begeisterung gäbe — aber lassen wir das lieber. Auch bei uns gibts
Enthusiasten. Haben Sie gelesen, was in der ‚Narodni Politika' von dem Artillerie-
oberleutnant Berger gestanden ist, der auf eine hohe Tanne geklettert ist und sich
dort auf einem Ast einen Beobachtungspunkt eingerichtet hat? Wie die Unsrigen
zurückgewichen sind und er schon nicht hinunterkriechen könnt, weil er sonst in
Gefangenschaft geraten wär? Er hat also gewartet, bis die Unsrigen den Feind wieder vertrieben hatten, und es hat volle vierzehn Tage gedauert, bevors so weit war.
Volle vierzehn Tage war er oben auf dem Baum, und damit er nicht vor Hunger
stirbt, hat er den ganzen Gipfel abgenagt und hat sich von Zweigerln und Nadeln
genährt. Und wie die Unsrigen gekommen sind, war er schon so schwach, daß er
sich nicht mehr auf dem Baum hat haltn können, ist hinuntergefalln und hat sich
erschlagen. Er ist nachm Tod mit der goldenen Tapferkeitsmedaille ausgezeichnet
worden."

Und der Wachtmeister fügte ernsthaft hinzu: „Das ist Opfermut, Herr Postenführer, das ist Heldentum! — Da schau her, wie wir uns wieder verplauscht haben,
laufen Sie jetzt und bestellen Sie das Mittagmahl, und schicken Sie ihn derweil zu
mir."

Der Postenführer führte Schwejk ins Zimmer; der Wachtmeister bedeutete ihm
freundschaftlich, sich zu setzen, und begann ihn auszufragen, ob er Eltern habe.

„Nein."

Dem Wachtmeister fiel sofort ein, daß dies besser sei, wenigstens würde diesen
Unglücklichen niemand beweinen. Dabei blickte er unverwandt in das gutmütige
Antlitz Schwejks, klopfte ihm plötzlich in einem Anfall von Gutmütigkeit auf die
Schulter, neigte sich zu ihm und fragte ihn in väterlichem Ton:

„Nun, und wie gefällts Ihnen in Böhmen?"

„Mir gefällts in Böhmen überall", entgegnete Schwejk, „auf meiner Wanderschaft
hab ich überall sehr brave Menschen gefunden."

Der Wachtmeister nickte zustimmend mit dem Kopf: „Bei uns ist das Volk sehr
brav und gut. Ab und zu ein Diebstahl oder eine Rauferei, das fällt nicht in die
Waagschale. Ich bin schon fünfzehn Jahre hier, und wenn ichs zusammenrechne,
kommt auf ein Jahr ungefähr dreiviertel von einem Mord."

„Da meinen Sie einen unvollkommenen Mord?" fragte Schwejk.

„Keineswegs, das mein ich nicht. In fünfzehn Jahren haben wir nur elf Morde untersucht. Davon waren fünf Raubmorde und die sechs übrigen solche gewöhnlichen, die nicht für viel stehn."

Der Wachtmeister verstummte und ging wieder zu seiner Verhörmethode über.

„Und was wollten Sie noch in Budweis machen?"

„Den Dienst beim 91. Regiment antreten."

Der Wachtmeister forderte Schwejk auf, sich wieder in die Wachstube zu begeben, und zwar rasch, damit er nicht vergesse. In seinem Rapport an das Bezirksgendarmeriekommando in Pisek hinzuzufügen: „Der tschechischen Sprache vollkommen mächtig, wollte er in Budweis versuchen, in das 91. Infanterieregiment einzutreten."

Der Wachtmeister rieb sich freudig die Hände, erfreut über das gesammelte Material und die genauen Ergebnisse seiner Verhörmethode. Er erinnerte sich an seinen Vorgänger, Wachtmeister Bürger, der mit einem Angehaltenen überhaupt nicht redete, ihn nach nichts fragte und sofort zum Bezirksrichter schickte mit dem kurzen Rapport: „Nach Angabe des Postenführers wurde er wegen Vagabundage und Bettelei abgefaßt." Ist das ein Verhör?

Und während der Wachtmeister die Seiten seines Rapports betrachtete, lächelte er mit Genugtuung, zog aus seinem Schreibtisch ein geheimes Reservat des Landesgendarmeriekommandos in Prag hervor, mit dem üblichen: „Streng vertraulich!" und las nochmals:

„Allen Gendarmeriestationen wird hiermit streng aufgetragen, mit erhöhtester Aufmerksamkeit alle Personen zu beobachten, die den Rayon passieren. Die Verschiebungen unserer Truppen in Ostgalizien haben Ursache dazu gegeben, daß einige russische Truppenabteilungen nach Überschreitung der Karpaten Positionen im Innern unseres Reiches eingenommen haben, wodurch die Front tiefer in den Westen der Monarchie gerückt wurde. Diese neue Situation hat es den russischen Spionen ermöglicht, bei der Beweglichkeit der Kampflinien tiefer in das Hinterland unserer Monarchie einzudringen, hauptsächlich nach Schlesien und Mähren, von wo sich, vertraulichen Berichten zufolge, eine große Zahl russischer Spione nach Böhmen begeben hat. Es wurde sichergestellt, daß sich unter ihnen viele russische Tschechen befinden, die in den hohen Militärstabsschulen Rußlands ausgebildet wurden und welche infolge der vollkommenen Beherrschung der tschechischen Sprache besonders gefährliche Spione zu sein scheinen, denn sie sind in der Lage, auch unter der tschechischen Bevölkerung eine hochverräterische Propaganda zu entfalten, was sie sicherlich tun. Das Landeskommando befiehlt daher, alle verdächtigen Elemente anzuhalten und insbesondere die Wachsamkeit an jenen Orten zu erhöhen, wo sich in der Nähe Garnisonen, militärische Zentren und Eisenbahnstationen mit durchfahrenden Militärzügen befinden. Die Angehaltenen sind augenblicklich einer Untersuchung zu unterwerfen und den höheren Instanzen einzuliefern."

Gendarmeriewachtmeister Flanderka lächelte abermals zufrieden und legte das geheime „Sekretsreservat" unter die übrigen Reservate in die Mappe mit der Aufschrift „Geheime Verordnungen".

Es waren ihrer viele, die das Ministerium des Innern unter Mitwirkung des Ministeriums für Landesverteidigung, dem die Gendarmerie unterstand, ausgearbeitet hatte.

Auf dem Landesgendarmeriekommando hatte man alle Hände voll zu tun, sie zu vervielfältigen und zu versenden. Da waren:

Die Verordnung bezüglich der Kontrolle der Gesinnung der Ortsbevölkerung.

Eine Anleitung, mit Hilfe von Gesprächen den Einfluß der Nachrichten vom Kriegsschauplatz auf die Gesinnung der Ortsbevölkerung zu beobachten.

Eine Anfrage über das Verhalten der Ortsbevölkerung gegenüber den ausgeschriebenen Kriegsanleihen und Sammlungen. Eine Anfrage über die Stimmung unter den Assentierten und denjenigen, die assentiert werden sollten.

Eine Anfrage über die Stimmung unter den Mitgliedern der örtlichen Selbstverwaltung und der Intelligenz.

Eine Verordnung über die unverzügliche Feststellung, aus welchen politischen Parteien sich die Ortsbevölkerung zusammensetze und zur Ergründung der Loyalität der unter der Ortsbevölkerung vertretenen politischen Parteien.

Eine Verordnung über die Kontrolle der Tätigkeit der Führer der in der Ortsbevölkerung vertretenen politischen Parteien.

Eine Anfrage über die in den Rayon der Gendarmeriestation gelangten Zeitungen, Zeitschriften und Broschüren. Eine Instruktion über die Erneuerung der Beziehungen gewisser der Illoyalität verdächtiger Personen und die Feststellung, worin sich ihre Illoyalität äußere.

Eine Instruktion über die Gewinnung bezahlter Denunzianten und Informanten unter der Ortsbevölkerung.

Eine Instruktion für bezahlte und in den Dienst der Gendarmeriestation eingereihte Informanten aus der Ortsbevölkerung.

Jeder Tag brachte neue Instruktionen, Anleitungen, Anfragen und Verordnungen, überflutet von dieser Unmenge von Erfindungen des Österreichischen Ministeriums des Innern, hatte Wachtmeister Flanderka eine ungeheure Anzahl von Resten und beantwortete die Anfragen stereotyp: bei ihm sei alles in Ordnung, und die Loyalität unter der Ortsbevölkerung stehe auf Stufe Ia.

Das österreichische Ministerium des Innern erfand nämlich für Loyalität und Unerschütterlichkeit gegenüber der Monarchie folgende Stufen: Ia, Ib, Ic - IIa, IIb, IIc - IIIa, IIIb, IIIc - IVa, IVb, IVc. Dieser letzte römische Vierer bedeutet in Verbindung mit einem „a" Hochverräter und Strick, mit „b" internieren, mit „c" beobachten und einsperren.

Im Tische des Gendarmeriewachtmeisters befanden sich alle möglichen Drucksorten und Register. Die Regierung wollte von jedem Bürger wissen, was er von ihr denke.

Wachtmeister Flanderka rang oft verzweifelt die Hände ob dieser Druckschriften, die unerbittlich mit jeder Post anwuchsen. Sooft er die bekannten Umschläge mit der Stampiglie „Portofrei dienstlich" erblickte, klopfte ihm immer das Herz, und wenn er des Nachts darüber nachdachte, gelangte er zu der Überzeugung, daß er das Ende des Krieges nicht erleben werde, daß das Landesgendarmeriekommando ihn um das letzte bißchen Verstand bringen und er sich an dem Sieg der österreichischen Waffen nicht werde freuen können, weil er um ein Rädchen zu viel oder zu wenig haben werde. Und das Bezirksgendarmeriekommando bombardierte ihn täglich mit Fragen, warum der Fragebogen sub Nummer sowieso nicht beantwortet, warum die Instruktion sub Nummer sowieso nicht erledigt, welches das Ergebnis der Anleitung sub Nummer sowieso sei usw.

Am meisten Sorgen machte ihm die Instruktion, wie aus der Ortsbevölkerung bezahlte Denunzianten und Informanten zu gewinnen seien. Da es ihm unmöglich schien, jemanden, der für diesen Dienst geeignet war. in der Gegend von Blata zu finden, wo die Menschen so harte Schädel haben, verfiel er auf den Gedanken, den Gemeindehirten, dem man zuzurufen pflegte: „Pepek, hop!" zu diesem Dienst zu dingen. Der Hirt war ein Kretin, der auf diese Aufforderung immer in die Höh sprang. Eine von jenen bedauernswerten, von Natur und Menschen vernachlässigten Gestalten, ein Krüppel, der für ein paar Gulden jährlich und für ein wenig Nahrung das Gemeindevieh hütete. Den ließ er rufen und sagte ihm: „Weißt du, Pepek, wer der alte Prochazka ist?"

„Mee."

„Meckre nicht und merk dir, daß man so unsern Kaiser nennt. Weißt du, wer das ist, unser Kaiser?"

„Unser Taiser."

„Gut, Pepek. Also merk dir, wenn du jemanden sagen hörst, bis du von Haus zu Haus mittagmahln gehst, daß unser Kaiser ein Rindvieh ist oder was Ähnliches, dann kommst du gleich zu mir und zeigst mirs an. Du kriegst einen Sechser, und wenn du jemanden erzählen hörst, daß wirs nicht gewinnen wern, kommst du, verstehst du, wieder zu mir und sagst, wers gesagt hat, und kriegst wieder einen Sechser. Wenn ich aber hören sollt, daß du was verheimlichst, kannst du dich freun. Dann verhaft ich dich und bring dich nach Pisek. Und jetzt, hop!"

Als Pepek gehüpft war, gab ihm der Wachtmeister zwei Sechser und schrieb zufrieden einen Rapport an das Bezirksgendarmeriekommando, daß er bereits einen Informanten gewonnen habe. Am folgenden Tage kam der Pfarrer zu ihm und teilte ihm geheimnisvoll mit, er sei heute morgen hinter dem Dorf dem Gemeindehirten Pepek Hop begegnet, und der habe ihm erzählt: „Knädcher Herr, der Herr Wachmajster hat gestern ksagt, unser Taiser is ein Lindvieh, und wir dewinnens nich. Mee, hop!"

Nach weiteren Aufklärungen des Herrn Pfarrers ließ Wachtmeister Flanderka den Gemeindehirten verhaften, worauf dieser wegen hochverräterischer Aufwiegelung, Majestätsbeleidigung und noch anderer Verbrechen und Vergehen zu zwölf Jahren verurteilt wurde. Pepek Hop betrug sich bei Gericht wie auf der Weide oder unter den Bauern. Auf alle Fragen meckerte er wie eine Ziege, und nach Verkündung des Urteils stieß er hervor: „Mee, hop!" und sprang in die Höhe. Er wurde dafür im Disziplinarwege mit einem harten Lager bei Einzelhaft und drei Fasttagen bestraft.

Seit dieser Zeit hatte der Gendarmeriewachtmeister keinen Informanten und mußte sich damit zufriedengeben, sich einen auszudenken, einen Namen zu fingieren; so erhöhte er sein Einkommen um 50 Kronen monatlich, die er im Gasthaus „Zum Kater" vertrank. Beim zehnten Glas bekam er einen Anfall von Gewissenhaftigkeit, das Bier in seinem Munde ward bitter, und seine Nachbarn machten jedesmal dieselbe Bemerkung: „Heut is unser Herr Wachtmeister aber traurig, wie wenn er nicht bei Stimmung war."

Dann ging er nach Hause, und nachdem er gegangen war, hieß es immer: „Die Unsern ham wieder irgendwo in Serbien die Hosen voll bekommen, darum ist der Wachtmeister wieder so mundfaul."

Und der Wachtmeister konnte zu Hause wiederum wenigstens einen Fragebogen mit den Worten ausfüllen: „Stimmung unter der Bevölkerung Ia."

Es gab häufig lange, traumlose Nächte für den Herrn Wachtmeister. Ununterbrochen erwartete er eine Inspektion, eine Untersuchung. In der Nacht träumte ihm von einem Strick, man führte ihn zum Galgen, und noch zum Schluß fragte ihn der Landesverteidigungsminister in eigener Person unter dem Galgen: „Wachtmeister, wo ist die Beantwortung des Zirkulars Nr.1789678 : 23792 X. Y. Z. ?"

Und jetzt? Es war, als erklinge in der ganzen Gendarmeriestation aus allen Winkeln das alte Losungswort der Jäger:

„Weidmannsheil!" Und Gendarmeriewachtmeister Flanderka zweifelte nicht daran, daß der Bezirkshauptmann ihm auf die Schulter klopfen und sagen werde: „Ich gratuliere Ihnen, Herr Wachtmeister."

Der Gendarmeriewachtmeister malte sich im Geiste noch andere reizende Bilder aus, die in irgendeiner Falte seines Beamtengehirns entstanden waren. Auszeichnung, rasches Avancement in eine höhere Rangklasse, Anerkennung seiner kriminalistischen Fähigkeiten, die ihm eine Karriere eröffneten.

Er rief den Postenführer und fragte ihn: „Haben Sie das Mittagmahl bekommen?"

„Man hat ihm Gselchtes mit Kraut und Knödln gebracht, Suppe gabs schon nicht. Er hat den Tee ausgetrunken und will noch einen."

„Er soll ihn haben!" willigte der Wachtmeister großmütig ein, „bis er den Tee ausgetrunken hat, führen Sie ihn zu mir."

„Na also! Hats Ihnen geschmeckt?" fragte der Wachtmeister, als der Postenführer eine halbe Stunde später Schwejk, satt und zufrieden wie immer, ins Zimmer führte.

„Es is noch so angegangen, Herr Wachmajster, nur Kraut hätt bißl mehr sein solln. Aber was kann man machen, ich weiß, Sie waren nicht darauf vorbereitet. Das Gselchte war gut geräuchert, es muß hausgemachtes Gselchtes von einem zu Haus gemästeten Schwein gewesen sein. Der Tee mit Rum hat mir auch wohlgetan."

Der Wachtmeister schaute Schwejk an und begann: „Ist es wahr, daß man in Rußland viel Tee trinkt? Hat man dort auch Rum?"

„Rum gibts in der ganzen Welt, Herr Wachmajster."

„Dreh dich nur nicht heraus", dachte der Wachtmeister, „du hättest früher aufpassen solln, was du sprichst!"

Und er fragte vertraulich, zu Schwejk geneigt: „Gibts in Rußland hübsche Mädel?"

„Hübsche Mädel gibts in der ganzen Welt, Herr Wachmajster."

„Ach, du Schlaucherl, du!" dachte der Wachtmeister abermals, „du möchtest dich jetzt gern draus herausdrehn."

Und der Wachtmeister rückte mit einem Zweiundvierziger heraus: „Was wollten Sie beim 91. Regiment tun?"

„Ich wollt mit ihm an die Front gehn."

Der Wachtmeister schaute zufrieden auf Schwejk und bemerkte: „Das ist gut. Das ist die beste Art nach Rußland zu kommen."

„Wirklich sehr gut ausgedacht", strahlte der Wachtmeister, der die Wirkung seiner Worte auf Schwejk beobachtete. Er konnte aber nichts anderes feststellen als vollständige Ruhe. „Der Mensch zuckt nicht mal mit der Wimper", entsetzte sich der Wachtmeister im Geiste, „das ist ihre militärische Erziehung. Ich an seiner Stelle sein und mir das jemand sagen, die Knie täten mir wanken..."

„Früh bringen wir Sie nach Pisek", bemerkte er gleichsam nebenhin, „waren Sie schon mal in Pisek?"

„Im Jahre 1910 bei den Kaisermanövern."

Das Lächeln des Wachtmeisters ward nach dieser Antwort noch freundlicher und siegesbewußter. Er fühlte im Innern, daß er mit dem System seiner Fragen sich selbst übertroffen hatte.

„Ham Sie die ganzen Manöver mitgemacht?"

„Gewiß, Herr Wachmajster, als Infanterist."

Und Schwejk blickte wiederum ruhig wie früher den Wachtmeister an, der unruhig wurde vor Freude und sich kaum zurückhalten konnte, das alles schnell in den Rapport einzutragen. Er rief den Postenführer, um Schwejk abführen zu lassen, und vervollständigte seinen Rapport: „Sein Plan war nachstehender: Wenn es ihm gelungen wäre, sich in die Reihen des 91. Infanterieregimentes einzuschleichen, hätte er sich sofort zur Front gemeldet, um bei der nächsten Gelegenheit nach Rußland zu gelangen, denn er sah ein, daß ein anderer Rückweg angesichts der Wachsamkeit der österreichischen Organe unmöglich sei. Daß er beim 91. Infanterie-Regiment seine Absicht ausgezeichnet durchgeführt hätte, ist vollkommen begreiflich, denn in seinem Geständnis hat er sich nach einem längeren Kreuzverhör dazu bekannt, daß er im Jahre 1910 die ganzen Kaisermanöver in der Umgebung von Pisek als Infanterist mitgemacht hat. Daraus ist rechtlich, daß er in seinem Fach sehr fähig ist. Ich bemerke noch, daß die angeführten Beschuldigungen das Ergebnis meines Kreuzverhörsystems sind."

In der Türe erschien der Postenführer: „Herr Wachmajster, er will aufn Abort gehn."

„Bajonett auf!" entschied der Wachtmeister, „doch nein, bringen Sie Ihn her."

„Sie wolln auf den Abort gehn?" sagte der Wachtmeister freundlich, „steckt da nicht was anderes dahinter?" Und er heftete seinen Blick auf Schwejks Gesicht.

„Es steckt wirklich nur die große Seite dahinter, Herr Wachmajster", antwortete Schwejk.

„Daß nur nicht was anderes dahintersteckt", wiederholte der Wachtmeister bedeutungsvoll, den Dienstrevolver umgürtend, „ich geh mit Ihnen!"

„Das is ein sehr guter Revolver", sagte er unterwegs zu Schwejk, „sieben Schuß und schießt präzis."

Bevor sie jedoch den Hof betraten, rief er den Postenführer und sagte ihm leise: „Bajonett auf! Sie stellen sich, bis er im Abort sein wird, dahinter, damit er sich nicht durch die Mistgrube durchgräbt." Der Abort war klein, ein gewöhnliches Holzhäuschen, das verzweifelt mitten im Hof über einer Grube voll Jauche stand, die aus dem nahen Misthaufen herausfloß.

Er war bereits ein alter Veteran, in dem ganze Generationen ihre Notdurft verrichtet hatten. Jetzt saß hier Schwejk, mit einer Hand hielt er mittels eines Strickes die Türe zu, während ihm rückwärts durch das Fenster der Postenführer auf den Hintern blickte, damit sich Schwejk nicht durchgrabe.

Und die Falkenaugen des Gendarmeriewachtmeisters waren unverwandt auf die Türe gerichtet; er überlegte, in welches Bein er Schwejk schießen solle, falls dieser einen Fluchtversuch machen würde. Aber die Türe öffnete sich ruhig, der zufriedene Schwejk trat heraus und sagte zum Wachtmeister:

„War ich nicht zu lang drin? Hab ich Sie nicht vielleicht aufgehalten?"

„Oh, nicht im geringsten, nicht im geringsten", antwortete der Wachtmeister, während er im Geiste dachte: „Was für feine, anständige Leute das sind. Er weiß, was auf ihn wartet, aber alle Ehre! Bis zum letzten Augenblick benimmt er sich anständig. Mächt das unsereiner an seiner Stelle tun?"

Der Wachtmeister setzte sich in der Wachstube neben Schwejk auf das leere Kavallett des Gendarmen Rampa, der bis früh Dienst hatte und einen Rundgang durch das Dorf machen sollte; zu dieser Stunde saß er friedlich im „Schwarzen Roß" in Protiwin und spielte mit dem Schustermeister Mariage, wobei er in den Pausen auseinandersetzte, daß Österreich siegen müsse.

Der Wachtmeister zündete sich eine Pfeife an, ließ Schwejk die seine stopfen, der Postenführer legte Kohle in den Ofen, und die Gendarmeriestation verwandelte sich in den angenehmsten Ort der Erdkugel: In einen stillen Winkel, ein warmes

Nest in der heranrückenden Winterdämmerung, in der man Plauderstündchen zu halten pflegt. Aber alle schwiegen. Der Wachtmeister verfolgte einen bestimmten Gedanken und zum Schluß äußerte er sich, zum Postenführer gewendet:

„Meiner Ansicht nach ist es nicht richtig, Spione zu hängen. Ein Mensch, der sich für seine Pflicht, für sein — sozusagen — Vaterland opfert, soll auf ehrenhafte Weise hingerichtet werden, mit Pulver und Blei, was meinen Sie, Herr Postenführer?"

„Entschieden soll man ihn nur erschießen und nicht hängen", stimmte der Postenführer zu, „sagen wir, man würde uns schicken und uns sagen: Ihr müßt auskundschaften, wieviel Maschinengewehre die Russen in ihrer Maschinengewehrabteilung haben. Wir würden uns verkleiden und gehn. Und dafür sollt man mich hängen wie einen Raubmörder?" Der Postenführer regte sich so auf, daß er aufstand und ausrief:

„Ich verlange, daß man mich erschießt und mit militärischen Ehren begräbt."

„Da is ein Hakerl dran", ließ sich Schwejk vernehmen, „nämlich wenn man gescheit is, kann einem keiner nie nichts nachweisen."

„Aber man weists einem nach!" behauptete der Wachtmeister, „wenn man auch noch so gescheit ist und seine eigene Methode hat. Sie werden sich selbst davon überzeugen."

„Sie werden sich überzeugen", wiederholte er in gemäßigtem Ton, dem er ein liebenswürdiges Lächeln folgen ließ, „bei uns hat niemand mit Ausflüchten Erfolg, nicht wahr, Herr Postenführer?"

Der Postenführer nickte zustimmend mit dem Kopf und bemerkte, daß bei manchen Leuten die Sache schon im voraus verloren sei, daß da nicht einmal die Masche vollkommener Ruhe helfe, denn je ruhiger jemand aussehe, desto mehr zeuge das gegen ihn.

„Sie haben meine Schule, Herr Postenführer", erklärte der Wachtmeister stolz, „Ruhe ist eine Seifenblase. Künstliche Ruhe ist ein corpus delicti."

Und die Darlegung seiner Theorie unterbrechend, wandte er sich an den Postenführer: „Was solln wir uns denn heut zum Nachtmahl geben lassen?"

„Sie gehn heute nicht ins Wirtshaus, Herr Wachmajster?" Durch diese Frage erstand für den Wachtmeister ein neues schweres Problem, das augenblicklich gelöst werden mußte.

Was, wenn der da, seine nächtliche Abwesenheit benützend, entfliehen würde? Der Postenführer ist zwar ein verläßlicher, vorsichtiger Mensch, aber es sind ihm schon zwei Landstreicher durchgebrannt. In Wirklichkeit verhielt sich die Sache allerdings so, daß er die beiden, da er sich im Schnee nicht bis nach Pisek schleppen wollte, bei Razitz in den Feldern freigelassen und nur pro forma einen Schuß in die Luft abgefeuert hatte. „Wir werden unsere Alte ums Nachtmahl schicken und uns das Bier immer im Krug holen lassen", löste der Wachtmeister das schwierige Problem, „soll die Alte bißl Bewegung machen."

Und die alte Pejsler, die sie bediente, machte wirklich Bewegung. Nach dem Nachtmahl war der Weg zwischen der Gendarmeriestation und dem Gasthaus „Zum Kater" ununterbrochen belebt. Ungewöhnlich viele Spuren der großen Stiefel der alten Pejsler auf dieser Verbindungslinie zeugten dafür, daß sich der Wachtmeister für die Abwesenheit im „Kater" in vollem Maße schadlos hielt.

Und als schließlich die alte Pejsler in der Schenkstube mit der Botschaft erschien, der Herr Wachtmeister lasse sich schön empfehlen und wünsche, daß man ihm eine Flasche Kontuschowka schicke, platzte die Neugierde des Wirtes.

„Wen sie dort ham?" antwortete die alte Pejsler, „einen verdächtigen Menschen. Grad bevor ich weggegangen bin, ham sie ihn beide um den Hals gefaßt gehabt, und der Herr Wachmajster hat ihn am Kopf gestreichelt und zu ihm gesagt: „Du mein goldener Slawenjunge, du mein kleiner Spion!"

Und dann, lange nach Mitternacht, schlief der Postenführer, fest schnarchend, auf sein Kavallett gestreckt, in voller Uniform ein. Ihm gegenüber saß der Wachtmeister mit dem Rest der Kontuschowka auf dem Flaschenboden und hielt Schwejks Hals umschlungen; Tränen flössen ihm über die gebräunten Wangen, sein Bart war von der Kontuschowka verklebt, und er lallte nur: „Sag, daß sie in Rußland nicht so eine gute Kontuschowka ham, sags, damit ich ruhig schlafen kann. Gesteh wie ein Mann."

„Sie ham keine so gute." Der Wachtmeister wälzte sich auf Schwejk.

„Du hast mir Freude gemacht, du hast gestanden. So solls sein beim Verhör. Wenn ich schuldig bin, wozu leugnen?"

Er erhob sich und mit der leeren Flasche in sein Zimmer taumelnd, lallte er: „Wenn ich nicht auf den unrechten Wwwweg geraten war, hätt alles anders ausfalln können."

Bevor er in der Uniform auf sein Bett sank, zog er aus dem Schreibtisch seinen Rapport hervor und versuchte, ihn mit folgendem Material zu ergänzen:

„Ich muß noch hinzufügen, daß die russische Kontuschowka auf Grund des § 56 …" Er machte einen Klecks, leckte ihn ab, fiel blödsinnig lächelnd aufs Bett und schlief wie ein Klotz.

Gegen früh begann der Postenführer, der in dem Bett an der gegenüberliegenden

Wand lag, so zu schnarchen und so durch die Nase zu pfeifen, daß Schwejk erwachte. Er stand auf, rüttelte den Postenführer und legte sich wieder hin. Da begannen bereits die Hähne zu krähen, und als die Sonne aufging, kam die alte Pejsler,
die infolge des nächtlichen Hin-und Herlaufens ebenfalls länger geschlafen hatte,
um Feuer zu machen. Sie fand die Tür offen und alles in tiefen Schlaf versunken.
Die Petroleumlampe im Wachzimmer qualmte noch. Die alte Pejsler schlug Alarm
und zog den Postenführer und Schwejk aus den Betten. Dem Postenführer sagte
sie: „Daß Sie sich nicht schämen, angezogen zu schlafen wie ein Rindvieh Gottes",
und Schwejk ermahnte sie, sich wenigstens das Hosentürl zuzumachen, wenn
er eine Frau sähe.

Zum Schluß forderte sie den verschlafenen Postenführer energisch auf, den
Herrn Wachtmeister zu wecken, das sei keine Ordnung, so lange zu schlafen.

„Da sind Sie in gute Hände gefalln", brummte die Alte zu Schwejk gewendet, als
sich der Postenführer entfernte, um den Wachtmeister zu wecken, „einer ein größerer Säufer als der andere. Die wern noch die Nase zwischen den Augen versau-
fen. Mir sind sie schons dritte Jahr fürs Aufräumen schuldig, und wenn ich sie
mahn, sagt der Wachmajster immer: ‚Schweigen Sie, Alte, oder ich laß Sie einsperren; wir wissen, daß Ihr Sohn ein Wilddieb ist und der Herrschaft Holz stiehlt.'
Und so plag ich mich mit ihnen schons vierte Jahr."

Die Alte seufzte tief und brummte weiter: „Vor allem geben Sie sich acht vorm
Wachmajster, der is so ein Glatter, und derweils er ein Luder erster Klasse. Wo er
einen hopnehmen und einsperren kann, tut ers."

Der Wachtmeister war sehr schwer zu erwecken. Dem Postenführer verursachte
es große Schwierigkeiten, ihn zu überzeugen, daß es bereits früh sei.

Endlich erwachte er, rieb sich die Augen und begann sich undeutlich an den
gestrigen Abend zu erinnern. Plötzlich durchzuckte ihn ein furchtbarer Gedanke,
dem er mit einem unsicheren Blick auf den Postenführer Ausdruck gab:

„Er ist uns weggelaufen?"

„Aber woher denn, er ist doch ein ehrlicher Mensch." Der Postenführer fing an,
im Zimmer auf und ob zu gehen, schaute aus dem Fenster, kehrte wieder zurück,
riß ein Stück Papier von der am Tisch liegenden Zeitung ab und formte daraus
zwischen den Fingern ein Papierkügelchen. Man merkte ihm an, daß er etwas sagen wollte. Der Wachtmeister blickte ihn unsicher an und sagte schließlich,
um völlige Gewißheit über das zu gewinnen, was er nur ahnte: „Ich werde Ihnen
helfen, Herr Postenführer. Ich hab gestern wieder was treiben und aufführen müssen, was?"

Der Postenführer schaute seinen Vorgesetzten vorwurfsvoll an:

„Wenn Sie wüßten, Herr Wachmajster, was Sie gestern alles zusammgeredet harn, was Sie mit ihm für Reden geführt ham!"

Zum Ohr des Wachtmeisters geneigt, flüsterte er: „Daß wir alle, Tschechen und Russen, slawischen Blutes sind, daß Nikolai Nikolajewitsch nächste Woche in Prerau sein wird, daß sich Österreich nicht halten kann — er soll, bis er weiter verhört wern wird, nur leugnen und Kraut und Rüben durcheinanderwerfen, er soll durchhalten bis zum Tag, wo ihn die Kosaken befreien, daß es jeden Augenblick aus den Fugen gehn muß, daß alles sein wird wie in den Hussitenkriegen, daß die Bauern mit Dreschflegeln nach Wien ziehn wern, daß der Kaiser ein kranker Greis is und über Nacht ins Gras beißen wird, daß Kaiser Wilhelm ein Tier is, daß Sie ihm ins Gefängnis Geld zum Zubessern schicken wern und noch mehr solcher Sachen..."

Der Postenführer entfernte sich vom Wachtmeister: „An das alles erinner ich mich gut, weil ich anfangs nur wenig besoffen war. Dann hab ich mir auch einen Affen zugelegt und weiter weiß ich nichts mehr."

Der Wachtmeister blickte den Postenführer an.

„Und ich erinner mich wieder", erklärte er, „daß Sie gesagt haben, daß wir auf Rußland zu kurz sind und daß Sie vor unserer Alten gebrüllt haben: Es lebe Rußland!"

Der Postenführer begann nervös im Zimmer auf und ab zu gehen.

„Sie habens gebrüllt wie ein Stier", sagte der Wachtmeister, „dann haben Sie sich aufs Bett gewälzt und haben angefangen zu schnarchen."

Der Postenführer blieb beim Fenster stehen und sagte, während er darauf trommelte: „Sie ham sich vor unsrer Alten auch kein Blatt vom Mund genommen, Herr Wachmajster, und ich erinner mich, daß Sie gesagt ham: ‚Merken Sie sich, daß jeder Kaiser und König nur an seine eigene Tasche denkt und drum führt er Krieg, auch wenns meintwegen so ein Greis is wie der alte Prochazka, den man nicht mehr ausn Scheißhaisl lassen kann, damit er nicht ganz Schönbrunn vollmacht.'"

„Das soll ich gesagt haben?"

„Ja, Herr Wachmajster, das ham Sie gesagt, bevor Sie auf den Hof heraus kotzen gegangen sind. Sie ham noch geschrien: ‚Alte Vettel, steck mir den Finger in den Hals.'"

„Sie haben sich auch schön ausgedrückt", unterbrach ihn der Wachtmeister, „wo sind Sie nur auf so eine Dummheit gekommen, daß Nikolai Nikolajewitsch König von Böhmen werden wird?"

„An das erinner ich mich nicht", ließ sich schüchtern der Postenführer vernehmen.

„Na, wie sollen Sie sich dran erinnern! Sie waren ja vollgesogen wie ein Sack, haben Schweinsäuglein gehabt, und wie Sie herausgehn wollten, sind Sie statt durch die Tür aufn Ofen gekrochen."

Beide verstummten, bis der Wachtmeister das Schweigen unterbrach: „Ich hab Ihnen immer gesagt, daß Alkohol unser Verderben ist. Sie vertragen nicht viel und trinken. Wie, wenn Ihnen unser Arrestant entlaufen wär? Gott, mir zerspringt der Kopf."

„Ich sag, Herr Postenführer", fuhr der Wachtmeister fort, „grad weil er nicht weggelaufen ist, ist die Sache vollständig klar, was das für ein gefährlicher und raffinierter Mensch ist. Bis man ihn verhören wird, wird er sagen, daß die ganze Nacht

Abbildung 40: Nikolai Nikolajewitsch und Zar Nikolaus II. 1915 im ersten Weltkrieg (Quelle: Nicolas_II_et_grand_duc.jpg: ??? Guy de Rambaud)

offen war, daß wir betrunken waren und daß er tausendmal hätt weglaufen können, wenn er sich schuldig gefühlt hätt. Noch ein Glück, daß man so einem Menschen nicht glaubt, und wenn wir unterm Diensteid aussagen werden, daß das Erfindung und freche Lüge ist, hilft ihm nicht mal der liebe Herrgott, und er hat noch einen Paragraphen mehr am Hals. Bei seinem Fall spielt das freilich keine Rolle. — Wenn mir nur nicht der Kopf so weh tat."

Stille.

Nach einer Pause ließ sich der Wachtmeister vernehmen: „Rufen Sie unsere Alte her."

„Hören Sie, Alte", sagte der Wachtmeister zur Pejsler, während er ihr streng ins Gesicht blickte, „treiben Sie irgendwo ein Kruzifix auf einem Postament auf und bringen Sies her."

Als Antwort auf den fragenden Blick der Pejsler brüllte der Wachtmeister: „Schaun Sie, daß Sie schon hier sind."

Der Wachtmeister zog zwei Kerzen aus dem Tisch, auf denen sich die vom Versiegeln der Amtsakten herrührenden Spuren von Siegellack befanden, und als die Pejsler schließlich mit dem Kruzifix anrückte, stellte der Wachtmeister das Kreuz zwischen die beiden Kerzen an den Rand des Tisches, zündete die Kerzen an und sagte ernst: „Setzen Sie sich, Alte."

Die erstarrte Pejsler sank auf das Kanapee und schaute verstört auf den Wachtmeister, die Kerzen und das Kruzifix. Sie war erfüllt von Angst, und man konnte sehen, wie die Hände, die sie auf der Schürze hielt, samt den Knien zitterten.

Der Wachtmeister schritt ernst vor ihr auf und ab, blieb dann vor ihr stehen und sagte feierlich: „Gestern abend waren Sie Zeugin einer großen Begebenheit. Kann sein, daß Ihr blöder Verstand das nicht begriffen hat. Dieser Soldat da ist ein Kundschafter, ein Spion, Alte."

„Jesusmaria", rief die Pejsler, „Heilige Jungfrau Maria aus Skotschitz!"

„Ruhig, Alte! Damit wir was aus ihm herauskriegen, haben wir verschiedene Sachen reden müssen. Sie haben doch gehört, was für komische Sachen wir geredet haben?"

„Das hab ich gehört", ließ sich die Pejsler mit zitternder Stimme vernehmen.

„Aber alle diese Reden, Alte, haben ihn nur dazu bewegen sollen, zu gestehen und uns Vertrauen zu schenken. Und es ist uns gelungen. Wir haben alles aus ihm herausgekriegt. Er ist uns aufn Leim gegangen."

Der Wachtmeister unterbrach seine Rede für einen Augenblick, um die Dochte an den Kerzen in Ordnung zu bringen, dann fuhr er ernsthaft fort, während er die Pejsler streng anblickte:

„Sie waren dabei, Alte, und sind in das ganze Geheimnis eingeweiht. Dieses Geheimnis ist ein Amtsgeheimnis. Davon dürfen Sie niemandem gegenüber was erwähnen. Nicht mal am Totenbett, sonst dürft man Sie nicht mal am Friedhof begraben."

„Jesusmariandjosef", jammerte die Pejsler, „daß ich Unglückliche jemals meinen Fuß hier hereingesetzt hob."

„Heulen Sie nicht, stehn Sie auf, treten Sie zum Kruzifix, legen Sie zwei Finger von der rechten Hand darauf. Sie werden schwören. Sprechen Sie mir nach."

Unaufhörlich jammernd, taumelte die Pejsler zum Tisch: „Jungfrau Maria aus Skotschitr, daß ich jemals meinen Fuß hier hereingesetzt hab."

Und vom Kreuz blickte auf sie das abgehärmte Antlitz Christi, die Kerzen qualmten, und das alles erschien der Pejsler wie etwas gespenstisch Überirdisches. Sie verlor jeden Halt, ihre Knie schlotterten und ihre Hände bebten.

Sie hob zwei Finger empor, und der Gendarmeriewachtmeister sagte ihr bedeutungsvoll und feierlich vor: „Ich schwöre Gott dem Allmächtigen und Ihnen, Herr Wachtmeister, daß ich von dem, was ich hier gehört und gesehn habe, niemandem bis zu meinem Tode auch nur ein Wort erwähnen werde, selbst wenn ich vielleicht von ihm gefragt werden sollte. Dazu verhelfe mir Gott."

„Küssen Sie noch das Kruzifix, Alte", befahl der Wachtmeister, als die Pejsler unter entsetzlichem Schluchzen geschworen hatte und sich fromm bekreuzigte.

„So, und jetzt tragen Sie das Kruzifix wieder hin, wo Sie sichs ausgeborgt haben, und sagen Sie, daß ichs zum Verhör gebraucht hab!" Die bestürzte Pejsler verließ mit Kruzifix auf den Fußspitzen das Zimmer, und durch das Fenster konnte man sehen, daß sie sich unaufhörlich nach der Gendarmeriestation umschaute, als wollte sie sich überzeugen, daß es nicht nur ein Traum war, sondern daß sie in der Tat just vor einigen Augenblicken etwas Furchtbares erlebt hatte. Der Wachtmeister überschrieb inzwischen seinen Rapport, den er in der Nacht mit Klecksen ergänzt hatte, die er dann samt den Schriftzügen ableckte, als wäre Marmelade auf dem Papier.

Jetzt überarbeitete er ihn vollständig, und es fiel ihm dabei ein, daß er nach einem Punkt nicht gefragt hatte. Deshalb ließ er Schwejk rufen und fragte ihn: „Können Sie fotografieren?"

„Ja."

„Und warum tragen Sie keinen Apparat mit?"

„Weil ich keinen hab", lautete die aufrichtige und klare Antwort.

„Und wenn Sie einen hätten, würden Sie fotografieren?" fragte der Wachtmeister.

„Wenn das Wenn nicht wär", antwortete Schwejk einfach und ertrug ruhig den fragenden Ausdruck im Gesicht des Wachtmeisters, dessen Kopf gerade wieder so zu schmerzen begonnen hatte, daß er keine andere Frage ersinnen konnte als folgende: „Fällt es Ihnen schwer, einen Bahnhof zu fotografieren?"

„Leichter als was andres", antwortete Schwejk, „weil er sich nicht rührt und fort auf einem Fleck bleibt und man ihm nicht sagen muß, er soll freundlich schaun."

Der Wachtmeister konnte also seinen Rapport ergänzen: „Zu dem Bericht Nr. 2172 melde ich..."

Und der Wachtmeister schrieb eifrig darauflos: „Unter anderem hat er bei meinem Kreuzverhör angegeben, er könne fotografieren und fotografiere am liebsten Bahnhöfe. Ein fotografischer Apparat wurde zwar bei ihm nicht gefunden, aber es besteht die Vermutung, daß er ihn irgendwo versteckt hält und deshalb nicht mit sich trägt, um die Aufmerksamkeit von sich abzulenken, wofür auch sein eigenes Geständnis spricht, daß er fotografieren würde, wenn er den Apparat bei sich hätte."

Der Wachtmeister, dessen Kopf schwer war nach dem verflossenen Abend, verwickelte sich immer mehr und mehr in seinen Bericht über das Fotografieren und schrieb weiter: „Sicher ist, daß ihn nach seinem eigenen Geständnis nur der Umstand, daß er keinen fotografischen Apparat bei sich hat, daran gehindert hat, das Bahnhofsgebäude sowie überhaupt Orte von strategischer Wichtigkeit zu fotografieren, und es steht unbestreitbar fest, daß er es getan hätte, wenn er den betreffenden fotografischen Apparat, den er versteckt hält, bei sich hätte. Nur dem Umstand, daß der fotografische Apparat nicht bei der Hand war, ist es zu danken, daß bei ihm keine Fotografien gefunden wurden."

„Das genügt", sagte der Wachtmeister und setzte seinen Namen darunter.

Der Wachtmeister war vollkommen zufrieden mit seinem Werk und las es dem Postenführer voller Stolz vor.

„Das ist mir gelungen", sagte er ihm, „also sehn Sie, so schreibt man Berichte. Alles muß drinstehn. Ein Verhör, mein Lieber, das ist keine einfache Sache; Hauptsache ist, alles hübsch im Bericht zusammenstelln, damit sie dort oben davon ganz perplex sind. Führen Sie unsern Arrestanten vor, damit wir mit ihm fertig werden."

„Also der Herr Postenführer wird Sie jetzt nach Pisek aufs Bezirksgendarmeriekommando führen", sagte er ernst zu Schwejk.

„Nach Vorschrift solln Sie Spangen bekommen. Weil ich jedoch denke, daß Sie ein anständiger Mensch sind, geben wir Ihnen keine Spangen. Ich bin überzeugt, daß Sie auch unterwegs keinen Fluchtversuch machen werden."

Der Wachtmeister, offensichtlich gerührt durch den Anblick des gutherzigen Gesichtes Schwejks, fügte hinzu: „Und erinnern Sie sich meiner nicht im bösen. - Abtreten, Herr Postenführer, hier haben Sie den Bericht."

„Also Gott zum Gruß", sagte Schwejk weich, „ich dank Ihnen für alles, Herr Wachmajster, was Sie für mich getan ham, und wenn ich Gelegenheit haben wer, wer ich Ihnen schreiben, und wenn ich mal hier vorbeikommen sollt, wer ich mich bei Ihnen sicher aufhalten."

Schwejk trat mit dem Postenführer hinaus auf die Straße, und wer ihnen begegnet war, wie sie in ein freundschaftliches Gespräch vertieft dahinschritten, hätte sie für alte Bekannte gehalten, die zufällig denselben Weg zur Stadt, sagen wir in die Kirche gehen.

„Das hätt ich mir nie gedacht", erzählte Schwejk, „daß so ein Weg nach Budweis mit solchen Schwierigkeiten verbunden is. Das kommt mir vor wie der Fall mit dem Fleischer Chaura aus Kobylis. Der is mal in der Nacht vors Palackymonument geraten und is bis früh herumgegangen, weil ihm vorgekommen is, daß die Mauer kein Ende hat. Er war davon ganz verzweifelt, gegen früh hat er nicht mehr können, so hat er angefangen ‚Patrull' zu schreien, und wie die Polizisten gelaufen gekommen sind, hat er sie gefragt, wo man nach Kobylis geht, daß er schon fünf Runden an einer Mauer entlanglauft und daß es immerfort kein Ende nimmt. Da ham sie ihn mitgenommen, und er hat ihnen in der Separation alles zerdroschen."

Der Postenführer sagte darauf kein Wort und dachte: „Was erzählst du mir da. Schon wieder fängst du an, Märchen von Budweis zu erzählen."

Sie gingen an einem Teich vorbei, und Schwejk fragte den Postenführer mit Interesse, ob es in der Umgebung viel Fischdiebe gäbe.

„Hier sind alle Leute Wilderer", antwortete der Postenführer, „den vorigen Wachtmeister ham sie ins Wasser werfen wolln. Der Teichwächter auf dem Damm spickt ihnen den Hintern mit Schrot, aber das nützt nichts. Sie tragen in den Hosen Stücke Blech."

Der Postenführer begann über den Fortschritt zu reden, wie die Leute alles herausbekommen und wie einer den andern betrügt, und entwickelte die neue Theorie, daß der Weltkrieg ein großes Glück für die Menschheit sei, weil man bei den Kämpfen neben braven Menschen auch Lumpen und Gauner erschießen werde.

„Es sind sowieso zuviel Leut auf der Welt", sagte der Postenführer bedächtig, „einer drängt schon den andern, und die Menschheit hat sich schon schrecklich vermehrt!"

Sie hatten sich inzwischen einem Wirtshaus genähert. „Es zieht ja heute verdammt, ich denk, ein Stamperl kann uns nicht schaden. Sagen Sie niemandem, daß ich Sie nach Pisek führ. Das is ein Staatsgeheimnis."

Vor dem Postenführer tanzte die Instruktion der Zentralbehörde über verdächtige und auffallende Leute und über die Pflicht jeder Gendarmeriestation.

„Jene vom Verkehr mit der Ortsbevölkerung auszuschließen und streng darauf zu achten, daß es bei der Oberführung zu weiteren Instanzen nicht zu überflüssigen Gesprächen mit der Umgebung komme".

„Man darf nicht verraten, was für einer Sie sind", ließ sich der Postenführer abermals vernehmen, „niemanden gehts was an, was Sie angestellt ham. Man darf keine Panik verbreiten."

„Eine Panik is in diesen Kriegszeiten eine böse Sache", fuhr er fort, „man sagt was, und schon gehts wie eine Lawine durch die ganze Gegend. Verstehn Sie?"

„Ich wer also keine Panik verbreiten", sagte Schwejk und verhielt sich auch demgemäß, denn er sagte nachdrücklich, als der Wirt mit ihnen in ein Gespräch geriet: „Hier mein Bruder sagt, wir wern um ein Uhr in Pisek sein."

„Ihr Herr Bruder hat wohl Urlaub?" fragte der Wirt neugierig den Postenführer, der, ohne mit der Wimper zu zucken, frech erwiderte:

„Heut läuft er schon ab!"

„Den hamr drangekriegt", meinte er lachend zu Schwejk, als der Wirt die Stube verlassen hatte, „nur keine Panik nicht! Es is Krieg!" Hatte der Postenführer vor Betreten des Wirtshauses erklärt, ein Stamperl könne nicht schaden, so war er ein Optimist, weil er nicht an die Mehrzahl gedacht hatte; und als er ihrer zwölf getrunken hatte, erklärte er ganz entschieden, daß der Kommandant der Bezirksgendarmeriestation bis drei Uhr beim Mittagessen sei, daß es vergeblich wäre, früher hinzukommen, und daß es überdies zu schneien begonnen habe. Wenn sie um vier Uhr Nachmittag in Pisek ankommen würden, sei dies immer noch früh genug. Sie hätten bis sechse Zeit. Da Winter sei, würden sie dann schon im Finstern gehen, wie das heutige Wetter zeige. Es sei überhaupt egal, ob man jetzt gehe oder erst später. Pisek könne ihnen nicht davonlaufen.

„Sein wir froh, daß wir im Warmen sitzen", war sein entschiedenes Wort, „in den Schützengräben machen sie in so einem Unwetter mehr durch als wir beim Ofen."

Der alte Kachelofen glühte vor Hitze, und der Postenführer stellte fest, daß man die äußere Wärme mit Hilfe verschiedener süßer und kräftiger Schnäpse, wie man in Galizien sagt, vorteilhaft durch eine innere ergänzen könne.

Der Wirt in dieser Einöde hatte achterlei Sorten; er langweilte sich und trank mit bei den Tönen der Melusine, die hinter jedem Winkel des Hauses pfiff.

Der Postenführer forderte den Wirt unaufhörlich auf, mit ihm Schritt zu halten, beschuldigte ihn, zuwenig zu trinken, womit er ihm offensichtlich Unrecht tat, denn der konnte kaum mehr auf den Füßen stehen, wollte fortwährend Färbl spielen und behauptete, er habe in der Nacht im Osten Kanonendonner gehört, worauf der Postenführer schluchzte: „Nur das nicht, keine Panik nicht. Dazu sind die Instruktionen da."

Und er fing an zu erklären, Instruktionen seien eine Zusammenfassung unmittelbarer Verordnungen. Dabei verriet er einige Geheimreservate. Der Wirt begriff nichts mehr und raffte sich nur zu der Erklärung auf, daß man mit Instruktionen den Krieg nicht gewinnen werde. Es war bereits finster, als der Postenführer den Entschluß faßte, sich nun auf den Weg zu machen. Es schneite so, daß man keinen Schritt weit sehen konnte, und der Postenführer sagte ununterbrochen: „Immer der Nase nach nach Pisek."

Als er dies zum drittenmal sagte, klang seine Stimme nicht mehr auf der Straße, sondern irgendwo von unten her, wohin er den Hang entlang über den Schnee hinabgerutscht war. Mit Hilfe des Gewehrs kletterte er mühsam wieder auf die Straße. Schwejk hörte, daß er leise vor sich hin lachte: „Rutschbahn."

Kurz darauf hörte man ihn schon wieder nicht auf der Straße, denn er war abermals den Hang hinabgerutscht, wobei er so brüllte, daß er den Wind übertönte: „Ich fall, Panik!" Der Postenführer verwandelte sich in eine emsige Ameise, die, wenn sie irgendwo hinabfällt, wieder standhaft emporklettert. Fünfmal wiederholte der Postenführer den Ausflug von dem Hang, und als er wieder bei Schwejk anlangte, sagte er ratlos und verzweifelt: „Ich könnt Sie sehr leicht verlieren."

„Ham Sie keine Angst nicht, Herr Postenführer", sagte Schwejk, „am besten wird sein, wenn wir uns zusammenkoppeln. So kann einer dem andern nicht verloren gehn. Ham Sie Spangen mit?"

„Jeder Gendarm muß immer Spangen bei sich tragen", sagte der Postenführer nachdrücklich, um Schwejk herumstolpernd, „das is unser tägliches Brot."

„Also wem wir uns halt zusammkoppeln", forderte Schwejk ihn auf, „versuchen Sies nur."

Mit einer meisterhaften Bewegung legte der Postenführer Schwejk die Spangen an und befestigte das andere Ende am Handgelenk seiner rechten Hand. So waren sie miteinander verbunden wie Zwillinge. Sie stolperten auf der Straße hin und her, konnten aber nicht voneinander. Der Postenführer zog Schwejk über Schotterhaufen, und als er umfiel, zog er Schwejk mit sich. Dabei schnitten die Spangen in ihre Hände; schließlich erklärte der Postenführer, daß das so nicht weitergehe, man werde die Spangen wieder abnehmen müssen. Nach langen, vergeblichen Anstrengungen, sich und Schwejk von den Spangen zu befreien, seufzte der Postenführer: „Wir sind für alle Ewigkeiten vereint."

„Amen", fügte Schwejk hinzu und setzte den beschwerlichen Weg fort. Dem Postenführers bemächtigte sich eine vollständige Depression, und als sie nach fürchterlichen Qualen spät am Abend in Pisek auf dem Gendarmeriekommando anlangten, sagte er auf der Stiege völlig zerknirscht zu Schwejk: „Jetzt wirds schrecklich sein, wir können nicht auseinander."

Und es war wirklich schrecklich, als der Wachtmeister den Kommandanten der Station, Rittmeister König, holen ließ. Das erste Wort des Rittmeisters war: „Hauchen Sie mich an!"

„Jetzt versteh ich", sagte der Rittmeister, mit seinem scharfen, erprobten Geruchssinn die untrügliche Situation feststellend: „Rum, Kontuschowka, Grotte, Wacholder-, Nuß-, Weichsel- und Vanilleschnaps."

„Herr Wachtmeister", wandte er sich an seinen Untergebenen, „hier haben Sie ein Beispiel, wie ein Gendarm nicht aussehn soll. Sich so zu benehmen, ist ein solches Vergehen, daß darüber das Kriegsgericht entscheiden wird. Sich mit dem Delinquenten mit Spangen zusammenkoppeln. Besoffen zu kommen, total besoffen. Herzukriechen wie das liebe Vieh! Nehmen Sie ihnen die Spangen ab!"

„Was gibts?" wandte er sich an den Postenführer, der mit der freien Hand verkehrt salutierte.

„Melde gehorsamst, Herr Rittmeister, ich bring einen Bericht."

„Über Sie wird ein Bericht zu Gericht gehen", sagte der Rittmeister kurz.

„Herr Wachtmeister, sperren Sie die beiden ein, früh führen Sie sie zum Verhör, und den Bericht aus Putim studieren Sie durch und schicken Sie mir ihn in die Wohnung."

Der Piseker Rittmeister war ein sehr amtlicher, in der Verfolgung von Untergebenen konsequenter und in bürokratischen Angelegenheiten ausgezeichneter Mann.

In den Gendarmeriestationen seines Bezirkes konnte man nirgends sagen, daß ein Unwetter vorüberziehe. Es kehrte in jeder vom Rittmeister unterschriebenen Zuschrift zurück, der den ganzen Tag hindurch Verweise, Ermahnungen und Drohungen für den ganzen Bezirk aussandte. Seit Ausbruch des Krieges schwebten über der Gendarmeriestation in Pisek schwere Wolken.

Es war eine geradezu gespenstische Stimmung. Die Donner des Bürokratismus erdröhnten und trafen Gendarmeriewachtmeister, Postenführer, Mannschaft und Angestellte. Wegen jeder Dummheit ein Disziplinarverfahren.

„Wenn wir den Krieg gewinnen wollen", sagte er bei seinen Inspektionen in den Gendarmeriestationen, „muß jedes ‚a' ein ‚a' sein, jedes ‚b' ein ‚b', nirgends darf ein I-Tüpfel fehlen."

Er fühlte sich von Verrat umgeben und hatte den untrüglichen Eindruck, daß jeder Gendarm seines Bezirks irgendeine auf den Krieg zurückführende Sünde begangen und jeder in dieser schweren Zeit irgendeinen Dienstverweis hinter sich habe.

Und von oben bombardierte man ihn mit Zuschriften, in denen das Landesverteidigungsministerium darauf hinwies, daß die Soldaten aus dem Piseker Bezirk, den Berichten des Kriegsministeriums zufolge, zum Feind übergingen.

Man verlangte von ihm, er solle die Loyalität in seinem Bezirk auskundschaften. Es sah gespenstisch aus. Die Frauen aus der Umgebung begleiteten ihre Männer beim Einrücken, und er wußte, daß diese Männer ihnen mit Bestimmtheit versprachen, daß sie sich für Seine Majestät den Kaiser nicht erschlagen lassen würden.

Die schwarzgelben Horizonte begannen sich unter den Wolken der Revolution zu verfinstern. In Serbien, in den Karpaten gingen die Bataillone zum Feind über. Das 28. Regiment, das 11. Regiment. Im letzteren die Soldaten aus dem Piseker Bezirk. In dieser vorrevolutionären Schwüle langten aus Vodnan Rekruten mit Nelken aus schwarzem Organtin an. Den Piseker Bahnhof passierten Soldaten aus Prag und schleuderten die Zigaretten und die Schokolade aus dem Fenster, die ihnen Damen aus der Piseker Gesellschaft in die Schweinewagen reichten.

Dann fuhr ein Marschbataillon durch, und einige Piseker Juden brüllten: „Heil, nieder mit den Serben!", wofür sie ein paar so tüchtige Ohrfeigen bekamen, daß sie sich eine Woche lang nicht auf der Gasse zeigen konnten.

Und während sich diese Episoden ereigneten, die deutlich zeigten, daß das: „Gott erhalte, Gott beschütze", das in den Kirchen gespielt wurde, nur eine armselige Vergoldung und allgemeine Verstellung sei, langten aus den Gendarmeriestationen die bekannten Antworten auf die Fragebogen á la Putim ein, alles sei in bester Ordnung, nirgends werde eine Agitation gegen den Krieg geführt, die Gesinnung der Bevölkerung sei römisch Eins a, die Begeisterung römisch Eins a-b.

„Ihr seid nicht Gendarmen, sondern Gemeindepolizisten", pflegte der Rittmeister auf seinen Rundgängen zu sagen, „statt daß ihr eure Aufmerksamkeit um tausend Prozent verschärft, werden langsam Rindviecher aus euch."

Nachdem er diese zoologische Entdeckung gemacht hatte, fügte er hinzu: „Ihr wälzt euch hübsch zu Hause herum und denkt euch: Mit dem ganzen Krieg kann man uns im Arsch lecken."

Abbildung 41: Serbische Truppen beim Rückzug (Quelle: Everett, Marshall, 1863-1939)

Hierauf folgte stets eine Aufzählung aller Pflichten der unglücklichen Gendarmen, ein Vortrag über die ganze Situation und der Nachweis der Notwendigkeit, alles fest in die Hand zu nehmen, damit es wirklich so sei, wie es sein sollte. Auf diese Schilderung des strahlenden Bildes eines vollkommenen Gendarmen, der auf eine Stärkung der österreichischen Monarchie hinarbeitet, folgten Drohungen, Disziplinarverfahren, Versetzungen und Beschimpfungen.

Der Rittmeister war fest überzeugt, daß er hier auf Vorposten stehe, daß er etwas rette und daß alle Gendarmen der Gendarmeriestationen, die ihm unterstanden, ein faules Gesindel seien, egoistische Schurken, Betrüger, die sich auf nichts anderes verstehen als auf Schnaps, Bier und Wein. Und daß sie sich, weil sie zu geringe Einnahmen hatten, um saufen zu können, bestechen ließen und langsam, aber sicher, Österreich zugrunde richteten. Der einzige Mensch, dem er vertraute, war sein eigener Wachtmeister auf der Bezirkshauptmannschaft, der im Wirtshaus zu

260

sagen pflegte:

„Hab ich heut wieder eine Hetz gehabt mit unserm alten Bullenbeißer..."

Der Rittmeister studierte den Bericht des Gendarmeriewachtmeisters aus Putim über Schwejk. Vor ihm stand sein Gendarmeriewachtmeister Matejka und wünschte, der Rittmeister möge ihm samt allen Berichten auf den Buckel steigen, denn unten an der Ottawa wartete man auf ihn mit einer Partie „Schnops".

„Ich habe Ihnen neulich gesagt, Matejka", hub der Rittmeister an, „daß der größte Idiot, den ich kennengelernt habe, der Gendarmeriewachtmeister aus Protiwin ist, aber nach diesem Bericht hat ihn der Wachtmeister aus Putim übertrumpft. Der Soldat, den dieser besoffene Lump von einem Postenführer hergebracht hat und mit dem er zusammengekoppelt war wie ein Hund an den andern, ist doch kein Spion. Es ist sicher ein ganz gewöhnlicher Deserteur. Er schreibt hier so einen Unsinn, daß jedes kleine Kind auf den ersten Blick erkennt, daß der Kerl besoffen war wie ein päpstlicher Prälat."

„Bringen Sie den Soldaten sofort her", befahl er, nachdem er den Rapport aus Putim eine Zeitlang studiert hatte. „Nie im Leben hab ich so eine Kollektion von Blödsinn gesehn, und noch dazu schickt er mit diesem verdächtigen Kerl so ein Rindvieh wie diesen Postenführer. Die Leute kennen mich noch zuwenig, ich kann auch unangenehm werden. Solang sie sich nicht dreimal täglich aus lauter Angst vor mir bemachen, sind sie überzeugt, daß ich auf mir Holz spalten laß."

Der Rittmeister begann lang und breit davon zu sprechen, wie ablehnend sich die Gendarmerie heutzutage allen Befehlen gegenüber verhalte; wenn sie Berichte verfasse, könne man sofort sehen, daß sich jeder Wachtmeister aus allem einen Jux mache, nur um die Sache noch mehr zu verwickeln.

Wenn man von oben darauf aufmerksam mache, es sei nicht ausgeschlossen, daß sich Spione in der Gegend herumtrieben, begännen die Gendarmeriewachtmeister sie en gros zu erzeugen, und wenn der Krieg noch lange dauern sollte, werde aus dem allem ein großes Irrenhaus entstehen. In der Kanzlei solle man nach Putim depeschieren, der Wachtmeister möge morgen nach Pisek kommen. Er werde ihm schon die ungeheure Begebenheit, von der er zu Beginn seines Rapports schreibe, aus dem Kopf schlagen.

„Von welchem Regiment sind Sie desertiert?" begrüßte der Rittmeister Schwejk.

„Von keinem." Der Rittmeister blickte Schwejk an und sah in seinem ruhigen Gesicht so viel Unbefangenheit, daß er fragte: „Wie sind Sie zu der Uniform gekommen?"

„Jeder Soldat kriegt eine Uniform, wenn er einrückt", antwortete Schwejk mit sanftem Lächeln, „ich dien beim 91. Regiment und bin nicht nur nicht von meinem Regiment weggelaufen, sondern im Gegenteil."

Das Wort „Gegenteil" sprach er mit so einer Betonung aus, daß der Rittmeister wehmütig dreinschaute und fragte: „Wieso im Gegenteil?"

„Das is eine sehr einfache Sache", vertraute Schwejk ihm an, „ich bin auf dem Wege zu meinem Regiment, ich such es und lauf nicht davon weg. Ich wünsch mir nichts andres, als so bald wie möglich zu meinem Regiment zu kommen. Ich hin hier ganz nervös davon, weil ich mich, mir scheint, von Budweis entfern. Wenn ich bedenk, daß dort das ganze Regiment auf mich wartet. Der Herr Wachmajster in Putim hat mir auf der Karte gezeigt, daß Budweis im Süden liegt, und er hat mich stattdessen nach Norden geschickt." Der Rittmeister winkte mit der Hand, als wollte er sagen: „Der stellt noch ärgere Sachen an, als Leute nach Norden zu schicken."

„Sie können also Ihr Regiment nicht finden?" sagte er, „Sie waren auf der Suche nach ihm?"

Schwejk klärte ihm die ganze Situation auf. Er nannte Tabor und sämtliche Orte, durch die er nach Budweis gegangen war:

„Mühlhausen — Kvetov — Wraz— Maltschin — Tschizowa — Sedletz — Hofazdowitz — Radomyschl — Putim — Schtekno — Strakonit — Wolyn — Ticha — Vodnan — Protiwin und wiederum Putim."

Mit ungeheurer Begeisterung schilderte Schwejk seinen Kampf mit dem Schicksal, wie er, ohne der Hindernisse zu achten, zu seinem Regiment nach Budweis gelangen wollte und wie alle seine Anstrengungen vergeblich waren.

Er sprach feurig, und der Rittmeister zeichnete mechanisch mit einem Bleistift auf ein Stück Papier den toten Kreis, aus dem der brave Soldat Schwejk nicht herauskommen konnte, obwohl er zu seinem Regiment gelangen wollte.

„Das war eine Herkulesarbeit", sagte er schließlich wohlgefällig, nachdem er gehört hatte, wie sehr es Schwejk verdrieße, daß er so lange sein Regiment nicht erreichen konnte, „das muß ein großartiger Anblick gewesen sein, wie Sie im Kreis um Putim marschiert sind."

„Es hätt sich schon damals entscheiden können", bemerkte Schwejk, „wenn nicht der Herr Wachmajster in diesem unglückseligen Nest gewesen wär. Nämlich hat er mich weder nachm Namen noch nachm Regiment gefragt, und es war ihm alles ungemein sehr auffällig. Er hätt mich nach Budweis führen lassn solln, und in der Kaserne hätt man ihm schon gesagt, ob ich der Schwejk bin, der sein Regiment sucht, oder ein verdächtiger Mensch. Heut hätt ich schon den zweiten Tag bei meinem Regiment sein und meine militärischen Pflichten erfüllen können."

„Warum haben Sie in Putim nicht drauf aufmerksam gemacht, daß es sich um einen Irrtum handelt?"

„Weil ich gesehn hab, daß es umsonst is, mit ihm zu sprechen. Das hat schon der alte Gastwirt Rampa auf der Weinberge gesagt, wenn ihm jemand schuldig bleiben wollt, daß manchesmal über einen Menschen so ein Moment kommt, daß er für alles taub is wie ein Klotz."

Der Rittmeister überlegte nicht lange. Er war überzeugt, daß der Kreismarsch eines Menschen, der zu seinem Regiment gefangen will, das Zeichen tiefster menschlicher Degeneration ist, und ließ in der Kanzlei unter Berücksichtigung aller Regeln und Schönheiten des Amtsstils folgende Zeilen klopfen:

„An das hohe Kommando des k. u. k. Infanterieregiments Nr. 91 in Budweis. Beigeschlossen wird Josef Schwejk vorgeführt, nach des Betreffenden Behauptung Infanterist oben angeführten Regimentes, auf Grund seiner Aussage in Putim, Bezirk Pisek, von der Gendarmeriestation unter Desertionsverdacht angehalten. Derselbe führt an, auf dem Wege zu seinem oben angeführten Regiment zu sein. Der Vorgeführte ist von kleinerer untersetzter Gestalt, Gesicht und Nase proportioniert, Augen blau, ohne besonderes Merkmal. In der Beilage b. 1. erfolgt die Zustellung der Verzeichnung für die Verköstigung des Betreffenden zwecks freundlicher Überweisung an das Landesverteidigungsministerium, mit dem Ersuchen um Bestätigung der Übernahme des Vorgeführten. In der Beilage C. 1. Gelangt ein Verzeichnis der ärarischen Kleidungsstücke zur Einsendung, die der Angehaltene zur Zeit seiner Anhaltung anhatte."

Die Bahnfahrt von Pisek nach Budweis verging Schwejk wie im Flug. Ein junger Gendarm, ein Neuling, der kein Auge von Schwejk wandte und schreckliche Angst hatte, daß dieser flüchten könnte, begleitete ihn. Den ganzen Weg über suchte er das schwierige Problem zu lösen: „Wenn ich jetzt auf die kleine oder große Seite gehn müßt, wie stelle ich das an?"

Er löste es in der Weise, daß Schwejk ihm Pate stehen mußte. Den ganzen Weg über vom Bahnhof bis in die Marienkaserne heftete er Augen krampfhaft auf Schwejk, und sooft sie zu irgendeiner Straßenecke oder Kreuzung kamen, erzählte er Schwejk gleichsam nebenhin, wieviel scharfe Patronen jeder Gendarm bei jeder Eskorte erhalte, worauf Schwejk entgegnete, er sei davon überzeugt, daß kein Gendarm auf der Gasse auf jemanden schießen würde, um nicht ein Unglück anzurichten. Der Gendarm bestritt dies, und so gelangten sie in die Kaserne. Den Kasernendienst versah bereits den zweiten Tag Oberleutnant Lukasch. Er saß ahnungslos in der Kanzlei am Tisch, als man Schwejk mit den Papieren zu ihm brachte.

„Melde gehorsamst, Herr Oberlajtnant, daß ich wieder hier bin", salutierte Schwejk mit feierlicher Miene.

Während dieser ganzen Szene war Fähnrich Kotatko zugegen, der später erzählte, Oberleutnant Lukasch sei nach der Meldung Schwejks in die Höh gesprungen, habe sich am Kopf gepackt und sei rücklings auf Kotatko gefallen. Als man ihn zur Besinnung brachte, habe Schwejk, der die ganze Zeit hindurch die Ehrenbezeigung geleistet habe, wiederholt: „Melde gehorsamst, Herr Oberlajtnant, ich bin wieder hier."

Und da habe Oberleutnant Lukasch, leichenblaß, mit zitternden Händen die Schwejk betreffenden Papiere ergriffen, habe sie unterschrieben und alle gebeten, das Zimmer zu verlassen; dem Gendarmen habe er gesagt, es sei gut, worauf er sich mit Schwejk in der Kanzlei eingesperrt habe.

Hiermit endete Schwejks Budweiser Anabasis. Sicher ist, daß Schwejk, wenn ihm seine Bewegungsfreiheit belassen worden wäre, auch allein nach Budweis gekommen wäre. Wenn die Behörden sich dessen rühmten, Schwejk an seinen Dienstort gebracht zu haben, so ist dies einfach ein Irrtum. In Anbetracht seiner Energie und seiner unverwüstlichen Kampfeslust war das Einschreiten der Behörden in diesem Falle nichts anderes als ein Knüppel, den man ihm zwischen die Füße warf.

Schwejk und Oberleutnant Lukasch blickten einander in die Augen. Aus den Augen des Oberleutnants leuchtete etwas Entsetzliches, Fürchterliches, und Verzweifeltes, und Schwejk blickte den Oberleutnant sanft und liebevoll an, wie eine verlorene und wiedergefundene Geliebte. In der Kanzlei wurde es still wie in einer Kirche.

In dem anstoßenden Gang hörte man jemanden auf und ab gehen. Einen gewissenhaften Einjährig-Freiwilligen, der wegen Schnupfens zu Hause geblieben war, was man seiner Stimme anmerkte, denn er schnaufelte das, was er laut auswendig lernte, vor sich hin: „Wie man in Festungen Mitglieder des Kaiserhauses empfängt."

Man hörte deutlich: „Sobald die höchste Herrschaft in der Nähe der Festung anlangt, ist das Geschütz auf allen Bastionen und Werken abzufeuern, der Platzmajor empfängt dieselben mit Degen in der Hand zu Pferde und reitet sodann davon."

„Halten Sie dort das Maul", brüllte der Oberleutnant in den Gang, „scheren Sie sich zu allen Teufeln! Wenn Sie Fieber haben, so bleiben Sie zu Haus im Bett."

Man hörte, wie sich der fleißige Einjährig-Freiwillige entfernte, und sogleich einem leisen Echo ertönte vom Ende des Ganges das Geschnaufel:

„In dem Augenblicke, als der Kommandant salutiert, ist das Abfeuern des Geschützes zu wiederholen, was beim Absteigen der höchsten Herrschaft zum drittenmal zu geschehen hat."

Und wiederum betrachteten der Oberleutnant und Schwejk einander stumm, bis Oberleutnant Lukasch schließlich mit scharfer Ironie sagte: „Schön willkommen in Budweis, Schwejk. Wer gehängt werden soll, der ertrinkt nicht. Man hat schon einen Steckbrief hinter Ihnen erlassen, und morgen werden Sie zum Regimentsrapport gehn. Ich werde mich nicht mehr mit Ihnen ärgern. Ich hab mich schon mehr als genug mit Ihnen abgeärgert, und meine Geduld ist zu Ende. Wenn ich bedenke, daß ich so lange mit einem Idioten wie Sie leben konnte..."

Er fing an, in der Kanzlei auf und ab zu gehen: „Nein, das ist schrecklich. Jetzt wunder ich mich, daß ich Sie nicht erschossen hab. Was könnt mir geschehn? Nichts, ich würde freigesprochen werden. Begreifen Sie das?"

„Melde gehorsamst, Herr Oberlajtnant, daß ich das vollkommen begreif."

„Fangen Sie nicht wieder mit Ihren Blödheiten an, Schwejk, oder es geschieht wirklich etwas. Endlich werden wir Ihnen das Handwerk legen. Sie haben Ihre Blödheiten ins unendliche gesteigert, bis alles zu einer Katastrophe herangereift ist."

Oberleutnant Lukasch rieb sich die Hände: „Es ist aus mit Ihnen, Schwejk."

Er kehrte zu seinem Tisch zurück, schrieb auf ein Stückchen Papier einige Zeilen, rief den Wachposten vor der Kanzlei und befahl ihm, Schwejk zum Profosen zu führen und diesem das Schreiben zu übergeben. Man führte Schwejk über den Hof ab, und der Oberleutnant schaute mit unverhohlener Freude zu, wie der Profos die Türe mit der schwarzgelben Tafel:

„Regimentsarrest" öffnete, wie Schwejk hinter dieser Tür verschwand und wie bald darauf der Profos allein aus dieser Türe trat.

„Gott sei Dank", sagte der Oberleutnant laut, „er ist schon drin."

In dem dunklen Raum des Hungerturmes der Marienkaserne begrüßte Schwejk herzlich ein dicker Einjährig-Freiwilliger, der sich auf einem Strohsack wälzte. Er war der einzige Arrestant und langweilte sich schon den zweiten Tag allein. Auf Schwejks Frage, warum er sitze, erwiderte er, wegen einer Kleinigkeit. Er hatte irrtümlich einen Leutnant von der Artillerie in der Nacht auf dem Marktplatz unter den Lauben in trunkenem Zustand abgeohrfeigt. Eigentlich nicht einmal geohrfeigt, sondern ihm nur die Mütze vom Kopf gestoßen. Das hatte sich folgendermaßen zugetragen: Der Artillerieleutnant war in der Nacht unter den Lauben gestanden und hatte offenbar auf eine Prostituierte gewartet. Er stand mit dem Rücken zu dem Einjährig-Freiwilligen, und dieser hatte geglaubt, einen bekannten Einjährig-Freiwilligen, einen gewissen Materna Franz, vor sich zu haben.

„Der is grad so ein Knirps", erzählte er Schwejk, „und so hab ich mich hübsch von hinten herangeschlichen und hab ihm die Mütze hinuntergehaut und gesagt: Servus, Franzi! Und der blöde Kerl hat gleich angefangen nach der Patrouille zu pfeifen, und die hat mich abgeführt!"

„Kann sein", gab der Einjährig-Freiwillige zu, „daß es bei dieser Balgerei ein paar Ohrfeigen gesetzt hat, aber ich denk, das ändert nichts an der Sache, weil es sich um einen aufgelegten Irrtum handelt. Er gibt selbst zu, daß ich gesagt hab: Servus, Franzi, und sein Taufname ist Anton. Das ist ganz klar. Mir kann höchstens schaden, daß ich aus dem Spital weggelaufen bin und wenn die Geschichte mit dem ‚Krankenbuch' herauskommt."

„Wie ich nämlich eingerückt bin", fuhr er fort, „hab ich mir vor allem ein Zimmer in der Stadt gemietet und mich bemüht, mir einen Rheumatismus zuzulegen. Dreimal nacheinander hab ich mich besoffen und hab mich dann hinter der Stadt im Regen in den Straßengraben gelegt und die Stiefel ausgezogen. Es hat nichts genützt. Dann hab ich im Winter eine Woche lang in der Maltsch gebadet, hab aber das grade Gegenteil erzielt, Kamerad; ich hab mich so abgehärtet, daß ichs ausgehalten hab, in dem Haus, wo ich gewohnt hab, die ganze Nacht im Hof auf dem Schnee zu liegen, und früh, wenn mich die Hausleute geweckt haben, hab ich die Füße so warm gehabt, wie wenn ich Pantoffel angehabt hätt. Wenn ich wenigstens Angina bekommen hätt, oberes ist mir absolut nichts passiert. Ja nicht mal einen dummen Tripper hab ich erwischt. Jeden Tag bin ich ins ‚Port-Arthur' gegangen, einige Kollegen hatten sich schon Hodenentzündungen geholt, man hat ihnen die Eier geschnitten, und ich war und blieb immun. Pech, Kamerad, unchristliches Pech. Bis ich hier in der ‚Rose' mit einem Invaliden aus Hluboka bekannt geworden bin. Der hat mir gesagt, ich soll einmal Sonntag zu ihm auf Besuch kommen, am nächsten Tage würde ich die Füße wie Kannen haben. Er hat die bewußte Nadel und Spritze gehabt, und ich bin wirklich kaum aus Hluboka nach Haus gekommen.

Diese goldne Seele hat mich nicht enttäuscht. So hab ich endlich doch meinen Muskelrheumatismus erwischt.

Gleich ins Spital, und schon wars gut. Und dann hat mir das Glück zum zweitenmal gelächelt. Nach Budweis wurde mein Bauernschwager Doktor Masak aus Zizkov versetzt, und dem hab ichs zu verdanken, daß ich mich so lang im Spital gehalten hab. Er hätt es mit mir bis zur Superarbitrierungsvisit gebracht, aber ich hab mirs mit dem unglückseligen ,Krankenbuch' verdorben! Der Einfall war gut, ausgezeichnet. Ich hab mir ein großes Buch verschafft, hab ein Schild draufgeklebt und draufgeschrieben: ,Krankenbuch des 91. Reg.' Rubriken und alles war in Ordnung. Ich hab fingierte Namen hineingeschrieben, Temperaturen, Krankheiten, und jeden Tag nachmittags nach der Visite bin ich frech mit dem Buch unterm Arm in die Stadt gegangen. Im Tor haben Landwehrsoldaten Wache gehalten, so daß ich auch von dieser Seite vollständig sicher war. Ich zeig ihnen das Buch, und sie salutierten mir noch. Dann bin ich zu einem bekannten Beamten vom Steueramt gegangen, hab mich dort umgezogen und bin in Zivil ins Wirtshaus gegangen, wo wir in einer bekannten Gesellschaft allerhand hochverräterische Reden geführt haben. Später war ich schon so frech, daß ich mich nicht mal umgezogen hab und in Uniform in den Wirtshäusern und in der Stadt herumgegangen bin. Erst gegen früh bin ich in mein Bett ins Krankenhaus zurückgekehrt, und wenn die Patrouille mich angehalten hat, hab ich ihr mein Krankenbuch vom 91. Regiment gezeigt, und weiter hat mich niemand was gefragt. Im Tor des Spitals hab ich wieder stumm auf das Buch gezeigt, und auf irgendeine Art bin ich immer ins Bett gekommen. Meine Frechheit hat solche Dimensionen angenommen, daß ich gedacht hab, daß mir niemand etwas anhaben kann, bis es zu der verhängnisvollen Verwechslung auf dem Marktplatz unter den Lauben gekommen ist, zu jener Verwechslung, die klar bewiesen hat, daß nicht alle Bäume in den Himmel wachsen, Kamerad. Hochmut kommt vor dem Fall. Glück und Glas, wie leicht bricht das. Ikarus hat sich die Flügel verbrannt. Der Mensch möchte ein Gigant sein und ist ein Dreck, Kamerad. Man soll nicht an den Zufall glauben und soll sich früh und abend ohrfeigen, damit man nicht daran vergißt, daß Vorsicht die Mutter der Weisheit ist und daß allzuviel schadet. Nach Bacchanalien und Orgien stellt sich immer ein moralischer Katzenjammer ein. Das ist ein Naturgesetz, lieber Freund. Wenn ich bedenke, daß ich mir die Superarbitrierungsvisit verdorben hab! Daß ich hätte felddiensttauglich werden können. So eine ungeheure Protektion! Ich hätt mich in der Kanzlei auf dem Ergänzungskommando herumspielen können, aber meine Unvorsichtigkeit hat mich zu Fall gebracht."

Der Einjährig-Freiwillige beendete seine Beichte mit den feierlichen Sätzen:
„Auch Karthago ist zerstört worden, aus Ninive hat man Ruinen gemacht, lieber Freund, aber Kopf hoch! Man soll nicht glauben, daß ich, wenn man mich an die Front schickt, einen Schuß abfeuern werde. Regimentsrapport! Aus der Schule ausgeschlossen! Der k. u. k. Kretinismus soll leben! Akkurat in der Schule werd ich ihnen sitzen und Prüfungen ablegen! Kadett, Fähnrich, Leutnant, Oberleutnant. Ich werd ihnen was scheißen! Offiziersschule, Behandlung jener Schüler, welche einen Jahrgang repetieren müssen! Militärparalyse. Trägt man das Gewehr auf der linken oder der rechten Schulter? Wieviel Sternchen hat ein Korporal? Evidenzhaltung. Militärreservisten! — Himmelherrgott, wir haben nichts zu rauchen, Kamerad, Wollen Sie, daß ich Sie auf den Plafond zu spucken unterrichte? Schaun Sie, das macht man so. Denken Sie sich etwas dabei, und Ihr Wunsch geht in Erfüllung. Wenn Sie gern Bier trinken, kann ich Ihnen ein großartiges Wasser dort im Krug empfehlen. Wenn Sie Hunger haben und mit Appetit essen wollen, empfehle ich Ihnen die ‚Bürgerressource'. Ich kann Ihnen auch raten, aus Langweile Gedichte zu schreiben. Ich hab hier eine Epopöe verfaßt:

Ist der Profos da? Schlaft sie nicht, die brave Seele?
Hier liegt der Schwerpunkt der Armee,
doch nur bevor aus Wien einlangen die Befehle,
daß wieder mal gelitten unser Renommee.
Da baut er gleich dem Feind zu Schaden,
aus unsern Pritschen Barrikaden,
Speichel rinnt dem wackern Sohne
aus dem Mund, wenn er sie eint:
Innig bleibt mit Habsburgs Throne
Österreichs Geschick vereint."

„Sehn Sie, Kamerad", fuhr der dicke Einjährig-Freiwillige fort, „dann soll Jemand sagen, daß unter dem Volk die Achtung vor unsern geliebten Monarchen ausstirbt. Ein gefangener Mann, der nichts zu rauchen hat und den der Regimentsrapport erwartet, liefert das schönste Beispiel der Anhänglichkeit an den Thron. Er bringt in seinen Liedern seinem weiteren, von allen Seiten mit Dresche bedrohten Vaterland eine Huldigung dar. Er ist der Freiheit beraubt, aber aus seinem Mund strömen Verse voll unerschütterlicher Ergebenheit. Morituri te salutant, Caesar! Die

Toten grüßen dich, Kaiser, aber der Profos ist ein Schuft. Hast eine hübsche Dienerschaft in deinen Diensten. Vorgestern hab ich ihm fünf Kronen gegeben, er soll mir Zigaretten kaufen, und der Kerl, der elende, hat mir heute früh gesagt, daß man hier nicht rauchen darf, daß er damit Unannehmlichkeiten hätt und daß er mir die fünf Kronen zurückgeben wird, bis er die Löhnung bekommt. Ja, Kamerad, ich glaub heutzutage an nichts mehr. Die besten Wahrworte sind auf den Kopf gestellt. Arrestanten zu bestehlen! Und der Kerl singt zu allem noch den ganzen Tag. Wo man singt, da laß dich ruhig nieder, böse Menschen haben keine Lieder! Halunke, Schuft, Schurke, Verräter!"

Der Einjährig-Freiwillige richtete nun an Schwejk die Frage, was er angestellt habe.

„Das Regiment gesucht?" sagte er, „das ist eine hübsche Tour, Tabor, Mühlhausen, Kvetov, Wraz, Maltschin, Tschizowa, Sedletz, Horazdowit, Radomyschl, Putim, Schtekno, Strakonitz, Wolyn, Ticha, Vodnan, Protiwin, Putim, Pisek, Budweis. Ein dorniger Weg. Auch Sie kommen morgen zum Regimentsrapport? Bruder, auf dem Richtplatz treffen wir einander also wieder. Da wird unser Oberst Schröder aber eine hübsche Freude haben. Sie können sich gar nicht vorstellen, wie Regimentsaffären auf ihn wirken. Er fliegt auf dem Hof herum wie ein toller Bullenbeißer und steckt die Zunge heraus wie eine Schindmähre. Und seine Reden und Ermahnungen, und wie er dabei um sich herum spuckt, wie ein geiferndes Kamel. Und sein Gequatsch hat kein Ende, und man meint, daß im nächsten Augenblick die ganze Marienkaserne einstürzen muß. Ich kenn ihn gut, weil Ich schon mal bei so einem Regimentsrapport war. Ich bin in hohen Stiefeln eingerückt, auf dem Kopf hab ich einen Zylinder gehabt, und weil mir der Schneider die Uniform nicht rechtzeitig geliefert hat, bin ich der Einjährig-Freiwilligenschule sogar in hohen Stiefeln und im Zylinder auf den Exerzierplatz nachmarschiert und hab mich in Reih und Glied gestellt und bin mit den übrigen am linken Flügel marschiert. Oberst Schröder ist direkt auf mich zugeritten und hat mich beinahe zu Boden geworfen. ‚Donnerwetter', hat er gebrüllt, daß mans bestimmt bis im Böhmerwald gehört hat, was machen Sie hier, Sie Zivilist?' Ich hab ihm höflich geantwortet, daß ich Einjährig-Freiwilliger bin und mich an der Übung beteilige. Und da hätten Sie ihn sehn solln. Er hat eine halbe Stunde geredet und dann erst hat er bemerkt, daß ich im Zylinder salutier. Da hat er nur noch gerufen, daß ich morgen zum Regimentsrapport kommen soll, und ist vor Wut weiß Gott bis wohin galoppiert wie der wilde Reiter und ist wieder zurückgetrabt, hat wieder von neuem gebrüllt und getobt, hat sich an die Brust geschlagen und hat Befehl gegeben, mich augenblicklich vom Exerzierplatz zu entfernen und auf die Hauptwache zu bringen. Beim Regimentsrapport hat er mir vierzehn Tage Regimentsarrest aufgebrummt, hat mich unmögliche Lumpen aus dem Magazin anziehn lassen und mir mit dem Abtrennen der Einjährig-Freiwilligenstreifen gedroht.

‚Einjährig-Freiwillige', hat dieser Idiot von einem Oberst getobt, sind etwas Erhabenes, sie sind Embryos des Ruhms, militärische Chargen, Helden. Der Einjährig-Freiwillige Wohltat, der nach überstandener Prüfung zum Korporal ernannt wurde, hat sich freiwillig an die Front gemeldet und hat fünfzehn Feinde gefangengenommen, und bei der Übergabe ist er von einer Granate zerrissen worden. Fünf Minuten später ist der Befehl eingetroffen, daß der Einjährig-Freiwillige Wohltat zum Kadetten ernannt wird. Auch auf Sie würde eine so glänzende Zukunft, Avancement, Auszeichnungen warten, Ihr Name würde in das goldene Buch des Regiments eingetragen werden.

Der Einjährig-Freiwillige spuckte aus: „Sehn Sie, Kamerad, was für Rindviecher unter der Sonne geboren werden. Ich pfeif ihnen auf die Einjährig-Freiwilligenstreifen und auf alle Privilegien: ‚Einjährig-Freiwilliger, Sie sind ein Vieh.' Wie hübsch das klingt: ‚Sie sind ein Vieh' und nicht das ordinäre: ‚Du bist ein Vieh.' Und nach dem Tod bekommt man das Signum laudis oder die große silberne Medaille: k. u. k. Leichenlieferanten mit Sternchen und ohne Sternchen. Um wieviel glücklicher ist jeder Ochs. Den erschlägt man auf der Schlachtbank und schleppt ihn nicht vorher auf den Exerzierplatz und zum Scharfschießen."

Der dicke Einjährig-Freiwillige wälzte sich auf die andere Seite und fuhr fort: „Das steht fest, daß das alles einmal explodieren muß und nicht ewig dauern kann. Versuchen Sie es, in ein Schwein Rum zu pumpen, es wird Ihnen zum Schluß doch explodieren. Wenn ich an die Front fahren würde, möchte ich auf den Viehwagen schreiben:

Mit Menschengliedern düngen wir den Plan,
acht Pferde oder achtundvierzig Mann."

Die Tür wurde geöffnet, und der Profos trat ein; er brachte eine viertel Portion Kommißbrot für beide und frisches Wasser.

Ohne sich vom Strohsack zu erheben, sprach der Einjährig-Freiwillige den Profosen mit folgenden Worten an: „Wie erhaben und schön ist es, Arrestanten zu besuchen, heilige Agnes des 91. Regiments! Sei gegrüßt, Engel der Wohltätigkeit, dessen Herz voll Teilnahme ist. Du seufzest unter der Last eines Korbes mit Speisen und Getränken, unsere Leiden zu lindern. Niemals werde ich dir die uns erwiesenen Wohltaten vergessen. Du bist eine strahlende Erscheinung in unserm Kerker."

„Beim Regimentsrapport werden Ihnen die Witze vergehn", brummte der Profos.

„Blas dich nur nicht auf, du Hamster", entgegnete von der Pritsche her der Einjährig-Freiwillige, „sag uns lieber, was du tun würdest, wenn du zehn Einjährig-Freiwillige einsperren solltest. Schau mich nicht so dumm an, Beschließer der Marienkaserne. — Du würdest zwanzig einsperren und zehn freilassen. Jesusmaria, wenn ich Kriegsminister wäre, du hättest bei mir einen Dienst! Kennst du den Lehrsatz, daß der Einfallswinkel gleich ist dem Ausfallswinkel? Um eins bitt ich dich nur: Zeig und gib mir einen festen Punkt im Weltall, und ich hebe die ganze Erde samt dir empor, du aufgeblasener Kerl!"

Der Profos wälzte die Augen heraus, schüttelte sich und schlug die Tür zu. „Gegenseitiger Hilfsverein zur Vertilgung der Profosen", sagte der Einjährig-Freiwillige, die Brotportion gerecht in zwei Teile zerlegend, „nach § 16 der Gefängnisordnung sollen die Arrestanten in den Kasernen bis zum Urteil mit Militärmenage versorgt werden, aber hier herrscht das Gesetz der Prärie: Wer es den Arrestanten zuerst auffrißt!" Sie saßen auf der Pritsche und nagten an dem Kommißbrot.

„Am Profosen kann man am besten sehn", fuhr der Einjährig-Freiwillige in seinen Betrachtungen fort, „wie der Krieg den Menschen verroht. Gewiß war unser Profos, bevor er den Militärdienst angetreten hat, ein junger Mann mit Idealen, ein blonder Cherub, sanft und gefühlvoll für jedermann, ein Verteidiger der Unglücklichen, für die er sich bei Raufereien um ein Mädl bei der Kirmes im heimatlichen Dorf immer eingesetzt hat. Es besteht kein Zweifel, daß ihn alle schätzten, aber heute — mein Gott, wie gern möchte ich ihm eins übers Maul geben, ihm den Kopf an die Pritsche schlagen, ihn kopfüber in die Latrine werfen. Auch das, lieber Freund, ist ein Beweis der vollständigen Verrohung beim Kriegshandwerk."

Er begann zu singen:

> „Hatte nicht mal Angst vor Teufeln,
> da begegnet ihr ein Kanonier..."

„Lieber Freund", setzte er seine Darlegungen fort, „wenn wir das alles im Maßstab unserer lieben Monarchie betrachten, gelangen wir unwiderruflich zu dem

Schluß, daß es sich mit ihr genauso verhält wie mit dem Onkel Puschkins. Puschkin hat von ihm geschrieben, da der Onkel ein Scheusal sei, bleibe nichts übrig als:

Seufzen und denken still für sich,
wann holt der Teufel endlich dich!"

Von neuem ertönte das Rasseln von Schlüsseln, und der Profos zündete auf dem Gang die Petroleumlampe an.

„Ein Lichtstrahl in der Finsternis!" schrie der Einjährig-Freiwillige.

„Die Aufklärung dringt in die Armee! Gute Nacht, Herr Profos, grüßen Sie alle Chargen und lassen Sie sich etwas Hübsches träumen. Meinetwegen daß Sie mir schon die fünf Kronen zurückgegeben haben, die ich ihnen für Zigaretten gegeben hab und die Sie auf meine Gesundheit vertrunken haben. Schlafen Sie süß, Ungeheuer."

Man hörte, daß der Profos etwas vom morgigen Regimentsrapport brummte.

„Wieder allein", sagte der Einjährig-Freiwillige, „Ich pflege die Zeit vor dem Einschlafen einem Vortrage über die tägliche Zunahme der zoologischen Kenntnisse der Unteroffiziere und Offiziere zu widmen. Um neues lebendes Kriegsmaterial und militärisch bewußte Bissen für die Rachen der Kanonen aus dem Boden zu stampfen, dazu braucht man gründliche Naturgeschichtsstudien oder das Buch ‚Quellen des wirtschaftlichen Wohlstandes', Verlag Koch, wo sich auf jeder Seite das Wort Rindvieh, Schwein, Sau befindet. In der letzten Zeit sehen wir jedoch, daß unsere fortgeschrittenen Militärkreise neue Benennungen für die Rekruten einführen. Bei der 11. Kompanie benützt der Korporal Althof das Wort: Engadiner Ziege. Gefreiter Müller, ein deutscher Lehrer aus Berg Reichenstein, nennt die Rekruten tschechische Stinktiere, Feldwebel Sondernummer nennt sie Ochsenfrösche, Yorkshire-Eber und verspricht dabei, daß er jeden Rekruten ausstopfen wird. Er sagt dies mit einer solchen fachmännischen Sachkenntnis, als stamme er aus einer Familie von Tierausstopfern. Alle militärischen Vorgesetzten bemühen sich, auf diese Weise die Liebe zur Heimat mit besonderen Hilfsmitteln einzuimpfen, als da sind Gebrüll und Gehops um die Rekruten, Kriegsgeheul, das an Wilde in Afrika erinnert, die sich anschicken, eine unschuldige Antilope abzuhäuten oder einen Missionärsschlegel zu braten, der dazu bestimmt ist, verspeist zu werden. Auf die Deutschen bezieht sich das allerdings nicht. Wenn Feldwebel Sondernummer etwas von ‚Saubande' spricht, fügt er immer rasch hinzu ‚tschechische', damit die Deutschen nicht beleidigt sind und es nicht auf sich beziehen. Dabei rollen alle

Unteroffiziere bei der 11. Marschkompanie die Augen wie ein bedauernswerter Hund, der aus Freßgier einen in Öl getauchten Schwamm schluckt und ihn nicht aus dem Hals herausbekommen kann. Einmal habe ich ein Gespräch zwischen Gefreiten Müller und Korporal Althof gehört, daß das weitere Vorgehn bei Ausbildung der Landsturmmänner betraf. In diesem Gespräch wurden Worte laut, wie: ein paar Ohrfeigen. Ich dachte ursprünglich, daß es zwischen ihnen zu einem Streit gekommen sei, daß die deutsche militärische Einheit in Brüche gehe, aber ich irrte mich bedeutend. Es handelte sich wirklich nur um die Soldaten.

„Wenn so ein tschechisches Schwein", belehrte Korporal Althof, „nicht einmal nach dreißig „Nieder" wie eine Kerze gradstehen lernt, genügt es nicht, ihm nur paar übers Maul zu geben. Versetz ihm mit einer Hand, mit der Faust eins in den Bauch, mit der andern schlag ihm die Kappe über die Ohren und sag: „Kehrt euch!", und wie er sich umdreht, gibst du ihm einen Fußtritt den Hintern, und du wirst sehn, wie er sich strecken und wie Fähnrich Dauerling lachen wird."

„Jetzt muß ich Ihnen etwas über diesen Dauerling sagen, Kamerad", fuhr der Einjährig-Freiwillige fort, „von ihm sprechen die Rekruten der 11. Kompanie, wie eine verlassene Großmutter auf einer Farm in der Nähe der mexikanischen Grenze von einem mexikanischen Banditen faselt. Dauerling hat den Ruf eines Menschenfressers, eines Anthropophagen aus einem australischen Stamme, der die Angehörigen anderer Stämme auffrißt, die ihm in die Hände fallen. Sein Lebenslauf ist glänzend. Bald nach der Geburt ist das Kindermädchen mit ihm gefallen, und der kleine Konrad Dauerling hat sich das Köpfchen angeschlagen, so daß heute an seinem Kopf ein Plateau zu sehen ist, wie wenn ein Komet an den Nordpol stößt. Alle zweifelten daran, daß etwas aus ihm werden würde, falls er diese Gehirnerschütterung überleben sollte; nur sein Vater, der Oberst, verlor nicht die Hoffnung und behauptete, daß ihm dies in keiner Weise schaden könne. Sollte sich doch der kleine Dauerling im Falle seiner Genesung, wie sich dies von selbst verstand, dem Soldaten beruf widmen. Der kleine Dauerling ist nach einem fürchterlichen Kampf mit den vier Klassen der Unterrealschule, die er privat studierte, wobei einer seiner Hauslehrer vorzeitig ergraute und verblödete, während ein anderer aus Verzweiflung vom Stephansturm hinunterspringen wollte, in die Hainburger Kadettenschule gekommen. In der Kadettenschule wurde nie auf Vorbildung gesehen, denn die eignet sich meistens nicht für österreichische aktive Offiziere. Das militärische Ideal hat man immer im ‚Soldatenspielen' gesehen. Bildung wirkt auf die Veredlung der Seele, und das kann man beim Militär nicht brauchen. Je gröber die Offiziere sind, desto besser. Dauerling zeichnete sich als Kadettenschüler nicht einmal in den

Gegenständen aus, die jeder Schüler recht und schlecht beherrscht. Auch in der Kadettenschule merkte man die Spuren des Anpralls, den Dauerlings Köpfchen in der Jugend erlitten hatte.

Seine Antworten bei den Prüfungen sprachen deutlich von dem Unglück und zeichneten sich durch solche Dummheit aus, daß sie wegen ihrer tiefen Dummheit und Verworrenheit als klassisch angesehen wurden und die Professoren der Kadettenschule ihn nicht anders nannten als ‚unser braver Trottel'. Seine

Abbildung 42: Stephansturm (Quelle: Lovecz 12:08, 14 June 2006 (UTC))

Dummheit war so blendend, daß sie zu der Hoffnung berechtigte, er werde vielleicht nach einigen Jahrzehnten in die Theresianische Offiziersakademie oder ins Kriegsministerium gelangen. Als der Krieg ausbrach und alle jungen Kadetten zu Fähnrichen befördert wurden, stand auf der Liste der Hainburger Beförderten auch Konrad Dauerling, auf diese Weise kam er zum 91. Regiment."

Der Einjährig-Freiwillige seufzte auf und fuhr in seiner Erzählung fort: „Im Verlage des Kriegsministeriums ist ein Buch erschienen ‚Drill oder Erziehung', in dem Dauerling gelesen hat, daß man auf die Soldaten mit Furcht einwirken muß. Dem Grad der Furcht entspreche der Erfolg der Übungen. Und in dieser Tätigkeit hatte er immer Erfolg. Um nicht sein Geschrei anhören zu müssen, meldeten sich die

Soldaten in ganzen Zügen zur Marodenvisit, was jedoch nicht von Erfolg gekrönt war. Wer sich marod meldete, bekam drei Tage ‚Verschärften'. Wissen Sie übrigens, was das ist ‚Verschärfter'? Man jagt Sie den ganzen Tag auf dem Exerzierplatz umher, und über Nacht sperrt man Sie noch ein. So kam es, daß es bei der Kompanie Dauerlings keine Maroden gab. — Die ‚Kompaniemaroden' saßen im Loch. Dauerling schlägt unausgesetzt auf dem Exerzierplatz jenen ungezwungenen Kasernenton an, der mit dem Worte ‚Sau' beginnt und mit dem merkwürdigen zoologischen Rätsel ‚Sauhund' endet. Dabei ist er sehr liberal. Er läßt den Soldaten die Freiheit der Entscheidung. Er sagt: ‚Was willst du, Elefant, ein paar in die Nase oder drei Tage Verschärften?' Wählt jemand ‚Verschärften', so bekommt er dazu noch zwei Hiebe In die Nase, was Dauerling mit folgender Erklärung begleitet: ‚Du Feigling, du fürchtest dich um deinen Rüssel, was wirst du tun, bis die schwere Artillerie losgeht?'

Als er einmal einem Rekruten ein Auge zerdroschen hatte, äußerte er sich: ‚Pah, was für Geschichten mit so einem Kerl, er muß sowieso krepieren.' Das hat auch Feldmarschall Conrad von Hötzendorf gesagt: ‚Die Soldaten müssen sowieso krepieren.'

Ein beliebtes und wirksames Mittel Dauerlings besteht darin, die tschechische Mannschaft zu einem Vortrag zu versammeln und von den militärischen Aufgaben Österreichs zu sprechen, wobei er die allgemeinen Grundsätze der militärischen Erziehung, angefangen von den Spangen bis zum Hängen und Erschießen, erörtert. Zu Beginn des Winters, bevor ich ins Krankenhaus kam, haben wir auf dem Exerzierplatz neben der 11. Kompanie geübt, und wie Rast war, hat Dauerling seinen tschechischen Rekruten folgende Rede gehalten:

‚Ich weiß', legte er los ‚daß ihr Lumpen seid und daß man euch eure Verrücktheit aus dem Kopf schlagen muß. Mit eurem Tschechisch kommt ihr nicht mal bis untern Galgen. Unser allerhöchster Kriegsherr ist auch ein Deutscher. Hört ihr zu? Himmellaudon, nieder!'

Alles macht ‚Nieder', und wie sie so auf der Erde liegen, geht Dauerling vor ihnen auf und ab und sagt: , „Nieder" bleibt „Nieder", und wenn ihr euch, Bande, da in dem Kot zerschneiden möchtet.

‚Nieder' hat es schon im alten Rom gegeben; damals haben schon alle von 17 bis 60 Jahren einrücken müssen, und man hat 30 Jahre im Feld gedient und hat sich nicht in der Kaserne wie Schweine herumgewälzt. Damals hat es auch eine einheitliche Armeesprache und ein Kommando gegeben. Das hätten sich die römischen Offiziere ausgebeten, daß die Mannschaft ‚etruskisch' gesprochen hätte. Ich will auch, daß ihr alle deutsch antwortet und nicht mit eurem Kauderwelsch. Seht ihr, wie hübsch sichs im Kot liegt, und jetzt denkt euch, daß jemand von euch keine Lust hätte, liegenzubleiben, und aufstehn tat. Was würde ich tun? Ich würde ihm das Maul bis zu den Ohren zerreißen, weil das eine Subordinationsverletzung ist, Meuterei, Widersetzlichkeit, Vergehen gegen die Pflichten eines ordentlichen Soldaten, Störung der Ordnung und Zucht, Mißachtung der dienstlichen Vorschriften überhaupt, woraus hervorgeht, daß auf so einen Kerl der Strick wartet und die ‚Verwirkung des Anspruchs auf Achtung seitens der Standesgenossen'''.

Der Einjährig-Freiwillige verstummte und fuhr dann fort, nachdem er sich offenbar in der Pause das Thema der Schilderung der Verhältnisse in den Kasernen zurechtgelegt hatte.

„Es war unter Hauptmann Adamitschka, einem vollkommen apathischen Menschen. Wenn der in der Kanzlei saß, blickte er gewöhnlich ins Leere wie ein stiller Narr und hatte einen Ausdruck, als wollte er sagen: ‚Freßt mich nur auf, Fliegen.' Weiß Gott, woran er beim Bataillonsrapport dachte. Einmal meldete sich zum Bataillonsrapport ein Soldat von der 11. Kompanie mit der Beschwerde, Fähnrich Dauerling habe ihn auf der Straße am Abend tschechisches Schwein geschimpft. In Zivil war er Buchbinder, ein selbstbewußter nationaler Arbeiter.

‚Also so stehn die Dinge', sagte Hauptmann Adamitschka leise, denn er sprach immer sehr leise, ‚das hat er Ihnen am Abend auf der Straße gesagt. Es muß festgestellt werden, ob Sie die Erlaubnis hatten, die Kaserne zu verlassen. Abtreten!'

Einige Zeit danach ließ Hauptmann Adamitschka den Beschwerdeführer rufen.

‚Es wurde festgestellt', sagte er wiederum so leise, ‚daß Sie die Erlaubnis hatten, an diesem Tage bis zehn Uhr abend auszubleiben. Deshalb werden Sie nicht bestraft werden. Abtreten!'

Von diesem Hauptmann hieß es später, er habe Sinn für Gerechtigkeit, lieber Kamerad, deshalb schickte man ihn ins Feld, und an seine Stelle kam Major Wenzl her. Das war ein Sohn des Teufels, soweit es sich um nationale Hetzereien handelte; der hat Fähnrich Dauerling den Pips genommen. Major Wenzl hat eine Tschechin zur Frau und hat die größte Angst vor nationalen Zwistigkeiten. Wie er vor Jahren als Hauptmann in Kuttenberg gedient hat, beschimpfte er einmal in der Trunkenheit den Ober in einem Hotel ‚Tschechische Bagage'. Ich mache dabei darauf aufmerksam, daß Hauptmann Wenzl in Gesellschaft ebenso wie daheim ausschließlich Tschechisch sprach und daß seine Söhne Tschechisch studieren. Es fiel ein Wort, und schon stands in der Lokalzeitung, und irgendein Abgeordneter brachte wegen des Verhaltens des Major Wenzl im Hotel eine Interpellation im Wiener Parlament ein. Wenzl hatte davon große Unannehmlichkeiten, weil das gerade in die Zeit der parlamentarischen Bewilligung der Heeresvorlagen fiel, und da kommt ihnen grad so ein besoffener Major Wenzl aus Kuttenberg dazwischen. Dann erfuhr Hauptmann Wenzl, daß ihm das alles der Kadettstellvertreter Zitek von der Einjährig-Freiwilligenschule eingebrockt hatte. Der hatte den Vorfall in die Zeitung gegeben, denn zwischen ihm und Major Wenzl herrschte Feindschaft, seit Zitek in einer Gesellschaft in Anwesenheit Major Wenzls zu meditieren begonnen hatte, daß es genüge, sich in Gottes Natur umzusehen, zu beobachten, wie die Wolken den Horizont bedecken, wie am Horizont Berge emporragen und wie der Wasserfall in den Wäldern braust und die Vögel singen.

,Das genügt', sagte Kadettstellvertreter Zitek, ,um zu erkennen, was ein Major gegen die erhobene Natur bedeutet! Er ist genauso eine Null wie jeder Kadett Stellvertreter.'

Da damals alle Offiziere besoffen waren, wollte Major Wenzl den unglücklichen Philosophen Zitek verprügeln wie ein Pferd; diese Feindschaft steigerte sich, und der Hauptmann sekkierte Zitek, wo er konnte, um so mehr, weil der Ausspruch des Kadettstellvertreters Zitek zum geflügelten Worte wurde.

,Was ist Major Wenzl gegen die erhabene Natur?' das kannte man in ganz Kuttenberg.

,Ich werde den Lumpen zum Selbstmord treiben', sagte Major Wenzl — doch Zitek quittierte und fuhr fort, Philosophie zu studieren. Von damals datiert das Toben des Majors gegen junge Offiziere. Nicht einmal ein Leutnant ist vor seiner Raserei sicher — von Fähnrichen und Kadetten gar nicht zu reden.

,Ich werde ihn zerquetschen wie eine Wanze', pflegte Major Wenzl zu sagen, und wehe dem Fähnrich, der jemanden wegen einer Kleinigkeit vor den Bataillonsrapport brachte. Für Major Wenzl ist nur ein großes und furchtbares Vergehen maßgebend, zum Beispiel wenn jemand beim Pulverturm auf der Wache einschläft oder etwas noch Ärgeres anstellt, oder wenn ein Soldat in der Nacht über die Mauer der Marienkaserne klettert und auf der Mauer oben einschläft, sich in der Nacht von der Landwehr- oder Artilleriepatrouille fangen läßt, kurz, etwas so Schreckliches anstellt, daß er dem Regiment Schande macht.

,Um Christi willen!! hörte ich ihn einmal auf dem Gong brüllen, da hat ihn also zum dritten Mal die Landwehrpatrouille gefangen. Werft ihn gleich ins Loch, die Bestie, der Kerl muß vom Regiment weg, irgendwohin zum Train, damit er Mist fährt. Und er hat sich nicht mal mit ihnen gerauft! Das sind keine Soldaten, sondern Straßenkehrer! Zu fressen gebt ihm erst übermorgen, nehmt ihm den

Strohsack fort und steckt ihn in den Einzelarrest, ohne Decke, Dreckskerl!"

Jetzt stellen Sie sich vor, lieber Freund, daß dieser blöde Fähnrich Dauerling gleich nach seinem Eintreffen einen Mann zum Bataillonsrapport schickt, weil er ihn angeblich absichtlich nicht gegrüßt hat, als Dauerling Sonntag nachmittag mit einem Fräulein im Fiaker übern Marktplatz fuhr! Damals soll es, wie die Unteroffiziere erzählt haben, beim Bataillonsrapport ein wahres Jüngstes Gericht gegeben haben. Der Feldwebel der Bataillonskanzlei lief mit den Registern bis auf den Gang, und Major Wenzl brüllte Dauerling an:

,Das bitt ich mir aus. Himmeldonnerwetter, das verbitt ich mir. Wissen Sie, Herr Fähnrich, was ein Bataillonsrapport ist? Ein Bataillonsrapport ist kein Schweinefest! Wie hat er Sie sehen können, wenn Sie über den Marktplatz gefahren sind? Haben Sie nicht gelernt, daß man die Ehrenbezeigung Vorgesetzten leistet, denen man begegnet? Das bedeutet nicht, daß sich ein Soldat herumdrehen muß wie ein Rabe, um einen Herrn Fähnrich zu erspähen, der auf dem Marktplatz spazieren fährt. Schweigen Sie, ich bitt Sie. Der Bataillonsrapport ist eine sehr ernste Einrichtung. Wenn der Soldat Ihnen schon gesagt hat, daß er Sie nicht gesehen hat, weil er auf dem Korso grad zu mir gewendet, verstehn Sie, mir, Major Wenzl, die Ehrenbezeugung geleistet hat und nicht nach hinten auf den Fiaker schaun könnt, in dem Sie gesessen sind, so muß man das dem Mann, denk ich, glaub ich. Nächstens bitt ich, mich nicht mit solchen Kleinigkeiten zu belästigen. Seit dieser Zeit hat sich Dauerling geändert."

Der Einjährig-Freiwillige gähnte: „Wir müssen uns vor dem Regimentsrapport ausschlafen. Ich wollte Ihnen nur sagen, wie es beiläufig beim Regiment ausschaut. Oberst Schröder kann Major Wenzl nicht leiden, er ist überhaupt eine komische Spinne. Hauptmann Sagner, der die Einjährig-Freiwilligenschule kommandiert, sieht in Schröder den wahren Typus des Soldaten, obwohl sich Oberst Schröder vor nichts so sehr fürchtet wie davor, ins Feld zu gehn. Sagner ist ein mit allen Salben geriebener Kerl und kann, ebenso wie Schröder, die Reserveoffiziere nicht ausstehn. Er nennt sie Zivilstinker. Die Einjährig-Freiwilligen betrachtet er wie wilde Tiere, aus denen man militärische Maschinen machen, ihnen Sternchen annähen und Sie an die Front schicken muß, damit man sie glatt vor den edlen aktiven Offiziere vernichtet, die für die Rasse erhalten werden müssen."

„Überhaupt", sagte der Einjährig-Freiwillige, während er sich die Decke über den Kopf zog, „stinkt alles in der Armee nach Fäulnis. Bis jetzt sind die bestürzten Massen noch nicht zur Besinnung gekommen. Mit herausgewälzten Augen lassen sie sich zu Nudeln zerhacken, und wenn einen eine Kugel trifft, flüstert er nur:

„Mutter...' Es gibt keine Helden, sondern Schlachtvieh und Fleischer in den Gene-
ralstäben. Aber zum Schluß wird alles meutern, und das wird eine hübsche

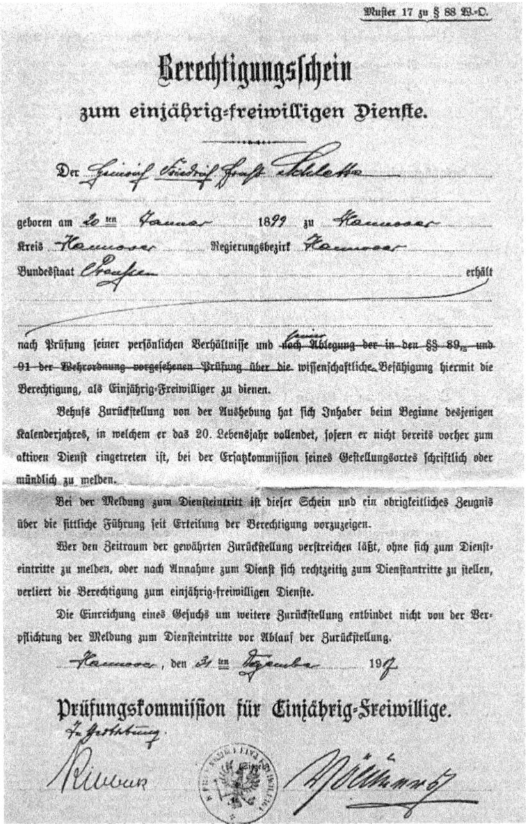

Abbildung 43: Berechtigungsschein (amtliches Formular)

Schweinerei werden. Es lebe die Armee! Gute Nacht!"
Der Einjährig-Freiwillige verstummte, begann dann sich unter der Decke herum-
zuwerfen und fragte: „Schlafen Sie, Kamerad?"
    „Nein", antwortete Schwejk auf dem zweiten Kavallett, „ich denk nach."
    „Worüber denken Sie nach, Kamerad?"

„Über die große silberne Tapferkeitsmedaille, die ein Tischler aus der Wawrogasse in der Königlichen Weinberge gekriegt hat, ein gewisser Mlitschko, weil er der erste war, dem bei seinem Regiment zu Kriegsbeginn eine Granate ein Bein abgerissen hat. Er hat ein künstliches Bein bekommen und hat angefangen, sich überall mit seiner Medaille patzig zu machen und hat gesagt, daß er überhaupt der erste und allererste Krippel vom Regiment im Krieg is. Einmal is er ins ‚Apollo' auf der Weinberge gekommen, und dort is er mit den Fleischern von der Schlachtbank in Streit geraten, sie ham ihm zum Schluß das künstliche Bein abgerissen und ihm damit eins übern Kopf gegeben. Der, was es ihm abgerissen hat, hat nicht gewußt, daß es ein künstliches Bein is, und is vor Schreck ohnmächtig geworn. Auf der Wachstube ham sie Mlitschko das Bein wieder angemacht, aber seit der Zeit hat Mlitschko Wut auf seine große silberne Tapferkeitsmedaille gekriegt und is sie ins Versatzamt versetzen gegangen, und dort ham sie ihn samt der Medaille festgenommen. Er hat draus Schererein gehabt, und es gibt irgendein besonderes Ehrengericht für Kriegsinvalide und das hat ihn dazu verurteilt, daß man ihm die silberne Medaille genommen hat, und dann hat man ihn noch zum Verlust des Beines verurteilt..."

„Wieso?"

„Sehr einfach. Nämlich eines Tages is eine Kommission zu ihm gekommen und hat ihm mitgeteilt, daß er nicht wert is, ein künstliches Bein zu tragen, so ham sies ihm abgenommen Und weggetragen."

„Oder", fuhr Schwejk fort, „is es auch ein großer Jux, wenn die Hinterbliebenen nach jemandem, was im Krieg gefalln is, auf einmal so eine Medaille kriegen mit der Zuschrift, daß man ihnen diese Medaille verleiht, damit sie sie irgendwo auf einen bedeutungsvollen Platz aufhängen. In der Bozetechgasse in Wyschehrad hat ein aufgeregter Vater, was gedacht hat, daß sich die Ämter einen guten Tag aus ihm machen, diese Medaille aufn Abort gehängt, und ein Polizist, was diesen Abort auf der ‚Pawlatsch' mit ihm zusamm gehabt hat, hat ihn wegen Hochverrat angezeigt, und so hat sichs der arme Kerl davongetragen."

„Daraus geht hervor", sagte der Einjährig-Freiwillige, „daß Glück und Glas leicht brechen. Jetzt hat man in Wien das ‚Tagebuch eines Einjährig-Freiwilligen' herausgegeben, und dort steht der bezaubernde Vers:

> ‚Es war einmal ein braver Einjähriger,
> der fiel für seinen König auf dem Feld,
> sein Tod machte die Kameraden fähiger,

auch ihrerseits zu sterben wie ein Held.
Schon tragen sie den Leib auf der Lafette,
auf seine Brust der Hauptmann einen Orden gab,
Gebete steigen auf zum Himmel um die Wette,
und heiße Tränen fallen auf das Heldengrab.'"

„Mir scheint", sagte der Einjährig-Freiwillige nach einer kurzen Pause, „daß der kriegerische Geist bei uns verfällt, ich schlage vor, lieber Freund, daß wir mal in der nächtlichen Finsternis, in der Stille unseres Kerkers das Lied vom Kanonier Jaburek singen. Das stärkt den kriegerischen Geist. Aber wir müssen brüllen, damit man es in der ganzen Marienkaserne hört. Ich schlage deshalb vor, daß wir uns zur Türe stellen." Und aus dem Arrest ertönte bald darauf ein Gebrüll, das auf dem Gang die Fenster zum Zittern brachte:

„Bei der Kanone dort, lud er in einem fort.
Bei der Kanone dort, lud er in einem fort.
Eine Kugel kam behende,
riß vom Leib ihm beide Hände.
und er stand weiter dort.
lud er in einem fort. Bei der Kanone dort,
lud er in einem fort."

Auf dem Hof ließen sich Schritte und Stimmen vernehmen. „Das ist der Profos", sagte der Einjährig-Freiwillige, „Leutnant Pelikan, der heute Dienst hat, geht mit ihm. Er ist Reserveoffizier, ein Bekannter von mir aus der ‚Tschechischen Ressource', in Zivil ist er Versicherungsmathematiker. Von dem bekommen wir Zigaretten. Lassen wir uns nicht stören." Und es ertönte abermals:

„Bei der Kanone dort..."

Als die Türe sich öffnete, sagte der durch die Anwesenheit des diensthabenden Offiziers augenscheinlich aufgeregte Profos scharf:
„Hier ist keine Menagerie!"
„Pardon", entgegnete der Einjährig-Freiwillige, „hier ist eine Filiale des Rudolfinums, ein Konzert zugunsten der Arrestanten. Die erste Programmnummer ‚Kriegssymphonie' ist gerade beendet."
„Lassen Sie das", sagte Leutnant Pelikan zum Scheine streng, „ich glaube, Sie wissen, daß Sie nach neun Uhr zu schlafen haben und keinen Lärm machen solln.

Ihre Konzertnummer ist bis auf den Ringplatz zu hören."

„Melde gehorsamst, Herr Leutnant", sagte der Einjährig-Freiwillige, „daß wir uns nicht gebührend vorbereitet haben, und wenn vielleicht eine Disharmonie..."

„Das macht er jeden Abend", bemühte sich der Profos, gegen seinen Feind zu hetzen, „er benimmt sich überhaupt sehr unintelligent."

„Bitte, Herr Leutnant", sagte der Einjährig-Freiwillige, „ich möchte mit Ihnen unter vier Augen sprechen. Lassen Sie den Profos vor der Tür warten."

Als dieser Wunsch erfüllt war, sagte der Einjährig-Freiwillige vertraulich:

„Also gib Zigaretten her, Franz."

„Sport? Du als Leutnant hast nichts Besseres? Vorläufig dank ich dir. Noch Streichhölzchen."

„Sport", sagte der Einjährig-Freiwillige verächtlich, nachdem der Leutnant gegangen war, „auch in der Not soll man vornehm sein."

„Rauchen Sie, Kamerad? Morgen erwartet uns das Jüngste Gericht."

Ehe der Einjährig-Freiwillige einschlief, vergaß er nicht zu singen:

„Berge, Täler und Felsen, die sind mein liebstes Gut,
doch sie können nicht ersetzen, was ich muß verschmerzen, mein
blondes Mägdelein...?"

Wenn der Einjährig-Freiwillige Oberst Schröder als ein Ungetüm geschildert hatte, so war er im Irrtum; denn Oberst Schröder besaß teilweise Sinn für Gerechtigkeit; nach den Nächten, in denen sich Oberst Schröder in der Gesellschaft, mit der er die Abende im Hotel verbrachte, gut amüsiert hatte, trat sein Gerechtigkeitssinn deutlich zutage. Und wenn er sich nicht amüsiert hatte?

Während der Einjährig-Freiwillige diese vernichtende Kritik der Verhältnisse in der Kaserne vom Stapel ließ, saß Oberst Schröder im Hotel in einer Gesellschaft von Offizieren. Er hörte zu, wie Oberleutnant Kretschmann, der mit einem wunden Fuß aus Serbien zurückgekehrt war (eine Kuh hatte ihn gestoßen), erzählte, daß er von seinem Stab aus den Angriff auf die serbischen Positionen mit angesehen hatte.

„Ja, nun stürzen sie aus den Schützengräben. Auf der ganzen Linie von zwei Kilometern kriechen sie über die Drahtverhaue und werfen sich auf den Feind, Handgranaten hinter dem Gürtel, Masken, Gewehre über der Schulter, schußfertig, stoßbereit. Die Kugeln pfeifen. Ein Soldat, der aus dem Schützengraben gesprungen ist, fällt, der zweite fällt auf dem aufgeworfenen Wall, der dritte fällt nach einigen

Schritten, aber die Leiber der Kameraden stürmen vorwärts, mit Hurrarufen, vorwärts in Rauch und Staub. Und der Feind feuert von allen Seiten, aus den Schützengräben, aus den Granattrichtern, zielt auf uns mit den Maschinengewehren. Wieder fallen Soldaten. Ein Schwärm will zu den feindlichen Maschinengewehren gelangen. Sie fallen. Aber die Kameraden sind bereits vorn. Hurra! Ein Offizier fällt. Man hört nicht mehr die Infanteriegewehre, etwas Furchtbares bereitet sich vor. Wieder fällt ein ganzer Schwärm, und man hört die feindlichen Maschinengewehre: Ratatata. Da fällt ... ich, verzeihn Sie, ich kann nicht mehr weiter, ich bin betrunken..."

Und der Offizier mit dem wunden Fuß verstummte und blieb stumpf auf dem Stuhl sitzen. Oberst Schröder lächelte huldvoll und hörte zu, wie ihm gegenüber Hauptmann Spira mit der Faust auf den Tisch schlug, als wollte er einen Streit beginnen, wobei er etwas wiederholte, was keinen Sinn hatte und woraus absolut nicht hervorging, was es eigentlich bedeuten sollte und was er damit sagen wollte:

„Überlegen Sie gut, bitte! Wir haben österreichische Landwehrulanen unter den Waffen, österreichische Landwehrmänner, bosnische Jäger, österreichische Jäger, österreichische Infanteristen, ungarische Infanteristen, Tiroler Kaiserschützen, bosnische Infanteristen, magyarische Honved- Infanterie, ungarische Husaren, Landwehrhusaren, berittene Jäger, Dragoner, Artilleristen, den Train, Pioniere, die Sanität, Matrosen. Verstehn Sie? Und Belgien? Das erste und zweite Aufgebot der Armee bildet die Operationsarmee, das dritte Aufgebot versieht den Dienst in ihrem Rücken..."

Hauptmann Spira schlug mit der Faust auf den Tisch: „Die Landwehr versieht den Dienst im Lande in der Friedenszeit."

Ein junger Offizier neben ihm war eifrig bemüht, den Oberst von seiner militärischen Härte zu überzeugen, und sagte sehr laut zu seinem Nachbar: „Tuberkulöse Menschen muß man an die Front schicken, es tut ihnen gut, und dann ist es besser, es fallen Kranke als Gesunde."

Der Oberst lächelte. Aber plötzlich wurde er traurig, wandte sich an Major Wenzl und sagte: „Mich wundert, daß uns Oberleutnant Lukasch meidet; seit er angekommen ist, ist er noch nicht einmal in unsere Gesellschaft gekommen."

„Er schreibt Gedichte", ließ sich Hauptmann Sagner höhnisch vernehmen, „kaum ist er angekommen, hat er sich in Frau Ingenieur Schreiter verliebt, die er im Theater kennengelernt hat."

Der Oberst blickte düster vor sich hin: „Er kann angeblich Couplets singen?"

„Schon in der Kadettenschule hat er uns sehr gut mit Couplets unterhalten", erwiderte Hauptmann Sagner, „und Anekdoten kennt er, ein Vergnügen, sag ich euch. Warum er nicht in unsere Gesellschaft kommt, weiß ich nicht."

Der Oberst schüttelte traurig den Kopf: „Heutzutage besteht keine wahre Kameradschaft mehr unter uns. Ich erinner mich, wie sich früher jeder von uns Offizieren bemüht hat, im Kasino mit irgendetwas zur Unterhaltung beizutragen. Einer, ich erinner mich ganz genau, ein gewisser Oberleutnant Dankl, hat sich nackt ausgezogen, hat sich auf den Fußboden gelegt, hat den Schwanz von einem Hering in den Hintern gesteckt und eine Meerjungfrau gespielt. Ein anderer, Leutnant Schleißner, konnte die Ohren spitzen und wiehern wie ein Hengst, das Miauen einer Katze und das Summen einer Hummel nachmachen. Ich erinner mich auch an Hauptmann Skoday. Der hat immer, wenn wir wollten, Weiber ins Kasino gebracht, es waren drei Schwestern, und er hat sie dressiert gehabt wie Hunde. Er hat sie auf den Tisch gestellt, und sie haben sich vor uns im Takt ausgezogen. Er hat einen kleinen Taktstock gehabt, und alle Ehre, er war ein ausgezeichneter Kapellmeister. Und was er mit ihnen am Kanapee aufgeführt hat! Einmal hat er eine Wanne mit warmem Wasser mitten ins Zimmer bringen lassen, und wir haben einer nach dem anderen mit den Mädls baden müssen, und er hat uns fotografiert."

Bei dieser Erinnerung lächelte Oberst Schröder glückselig.

„Und was für Wetten wir in der Wanne abgeschlossen haben", fuhr er widerlich schmatzend und auf dem Stuhl hin- und herrückend fort, „aber heutzutage? Ist das eine Unterhaltung? Nicht mal dieser Coupletsänger zeigt sich. Nicht mal trinken können heutzutage die jungen Offiziere. Es ist noch nicht zwölf Uhr, und wie Sie sehn, sind schon fünf Betrunkene am Tisch. Es hat Zeiten gegeben, wo wir zwei Tage gesessen sind, und je mehr wir getrunken haben, desto nüchterner waren wir, und dabei haben wir ununterbrochen Bier, Wein, Likör in uns hineingegossen.

Heutzutage gibt's keinen wahren militärischen Geist mehr. Weiß der Teufel, was die Ursache ist. Kein Witz, nur lauter solche Redereien ohne Ende. Hören Sie nur zu, wie man dort unten am Tisch über Amerika spricht."

Vom andern Ende des Tisches ließ sich eine Stimme vernehmen: „Amerika kann sich nicht in den Krieg einmengen. Die Amerikaner und Engländer sind bis aufs Messer verfeindet. Amerika ist nicht auf einen Krieg vorbereitet."

Oberst Schröder seufzte: „Das ist das Gewäsch der Reserveoffiziere. Die hat uns der Teufel auf den Hals gehetzt. So ein Mensch hat noch gestern irgendwo in einer Bank geschrieben oder Tüten gedreht und Gewürz, Zimt und Stiefelputzmittel verkauft oder den Kindern in der Schule erzählt, daß der Hunger die Wölfe aus den

Wäldern treibt, und heute mächt er sich mit den aktiven Offizieren messen, alles verstehn und in alles die Nase hineinstecken. Und wenn wir aktive Offiziere bei uns haben, wie Oberleutnant Lukasch, dann kommt der Herr Oberleutnant nicht in unsere Gesellschaft."

Oberst Schröder ging schlechtgelaunt nach Hause, und als er am Morgen erwachte, war seine Laune noch schlechter; in der Zeitung, die er im Bette las, fand er nämlich in den Berichten vom Kriegsschauplatz einige Mal den Satz, daß unsere Truppen auf die bereits vorher vorbereiteten Stellungen zurückgeführt worden seien. Das waren glorreiche Tage der österreichischen Armee, die den Tagen von Schobatz wie ein Ei dem andern glichen. Und unter diesem Eindruck schritt Oberst Schröder um zehn Uhr früh zu jener Amtshandlung, die der Einjährig-Freiwillige vielleicht richtig als „Jüngstes Gericht" bezeichnet hatte.

Schwejk und der Einjährig-Freiwillige standen auf dem Hof und warteten auf den Oberst. Die Chargen, der diensthabende Offizier, der Regimentsadjutant und der Feldwebel aus der Regimentskanzlei mit den Akten der Schuldigen, derer die Axt der Gerechtigkeit harrte, waren bereits da. Endlich erschien in Begleitung Hauptmann Sagners aus der Einjährig-freiwilligenschule der düster dreinblickende Oberst, der nervös mit der Peitsche auf die Schäfte seiner hohen Stiefel schlug.

Den Rapport entgegennehmend, schritt er einigemal unter Grabesstille um Schwejk und den Einjährig-Freiwilligen herum, die „Rechtsschaut" oder „Linksschaut" machten, je nachdem, auf welchem Flügel sich der Oberst gerade befand. Sie taten dies mit ungewöhnlicher Gründlichkeit, so daß sie sich beinahe die Hälse verrenkten, weil es hübsch lange dauerte.

Endlich blieb der Oberst vor dem Einjährig-Freiwilligen stehen, der meldete: „Einjährig-Freiwilliger..."

„Ich weiß", sagte der Oberst kurz, „ein Auswurf der Einjährig-Freiwilligen. Was sind Sie in Zivil? Student der klassischen Philosophie? Also ein besoffener Intelligenzler..."

„Herr Hauptmann", rief er Sagner zu, „führen Sie die ganze Einjährig-Freiwilligenschule her."

„Verstellt sich", sprach er weiter zu dem Einjährig-Freiwilligen, „ein Student der klassischen Philosophie, mit dem sich unsereins beschmutzen muß. Kehrt euch! Das hab ich gewußt. Mantelfalten in Unordnung. Wie wenn er von einer Hure kam oder sich im Bordell herumgewälzt hätt. Ich werde Sie lehren, Bürscherl."

Die Einjährig-Freiwilligenschule betrat den Hof.

„Karree!" kommandierte der Oberst. Sie umspannten die Angeklagten und den

Oberst in einem engen Quadrat.

„Schaun Sie sich diesen Mann an", brüllte der Oberst, mit der Peitsche auf den Einjährig-Freiwilligen weisend, „er hat die Ehre der Einjährig-Freiwilligen versoffen, aus denen ein Kader ordentlicher Offiziere erzogen werden soll, damit sie die Mannschaft zum Ruhm auf dem Schlachtfeld führen. Aber wohin würde der da, dieser Saufbold, seine Mannschaft führen? Aus einem Wirtshaus ins andere. Allen ausgefaßten Rum möchte er der Mannschaft austrinken. Können Sie etwas zu Ihrer Entschuldigung sagen? Nein. Schaun Sie sich ihn an. Er kann nicht einmal etwas zu seiner Entschuldigung sagen und in Zivil studiert er klassische Philosophie. Wirklich, ein klassischer Fall."

Der Oberst brachte die letzten Worte bedeutungsvoll langsam vor und spuckte aus: „Ein klassischer Philosoph, der in der Trunkenheit Offizieren in der Nacht die Mützen vom Kopf schlägt. Mensch! Noch ein Glück, daß es nur so ein Artillerieoffizier war."

In den letzten Worten gipfelte aller Haß des 91. Regimentes gegen die Artilleristen in Budweis. Wehe dem Artilleristen, der des Nachts in die Hände der Patrouille des Regimentes fiel und umgekehrt. Der Haß war fürchterlich, unversöhnlich, Vendetta und Blutrache, die sich von Jahrgang zu Jahrgang vererbte, auf beiden Seiten von traditionellen Histörchen begleitet. Entweder hatten die Infanteristen die Artilleristen in die Moldau geworfen oder umgekehrt. Oder sie hatten sich im „Port-Arthur", bei der „Rose" und in vielen anderen Vergnügungslokalen der südböhmischen Metropole gerauft.

„Nichtsdestoweniger", fuhr der Oberst fort, „muß so eine Sache exemplarisch bestraft werden, der Kerl muß aus der Einjährig-Freiwilligenschule ausgeschlossen, moralisch vernichtet werden. Wir haben schon genug solche Intelligenzler in der Armee. Regimentskanzlei!"

Der Feldwebel aus der Regimentskanzlei näherte sich ernst mit Akten und Bleistift.

Es herrschte Stille wie in einem Gerichtssaal, wo man Mörder richtet und wo der Vorsitzende des Gerichtes sagt: „Vernehmen Sie das Urteil." Und mit ebensolcher Stimme verkündete der Oberst:

„Einjährig-Freiwilliger Marek wird bestraft mit 21 Tagen verschärften Arrestes und nach Verbüßung der Strafe zum Kartoffel kratzen in der Küche."

Zu der Einjährig-Freiwilligenschule gewendet gab der Oberst den Befehl zum Abtreten. Man hörte, wie sich die Einjährigen schnell in Viererreihen formierten und entfernten, wobei der Oberst Hauptmann Sagner sagte, es klappe nicht, er solle mit ihnen auf dem Hof nachmittags die Marschschritte wiederholen.

„Das muß donnern, Herr Hauptmann. Und noch etwas. Beinahe hätte ich vergessen. Sagen Sie ihnen, daß die ganze Einjährig-Freiwilligenschule fünf Tage Kasernarrest hat, damit sie nie an ihren gewesenen Kollegen, diesen Lumpen Marek, vergißt."

Und der Lump Marek stand neben Schwejk und sah ganz zufrieden aus. Besser hätte es gar nicht ausfallen können. Es ist entschieden besser, in der Küche Kartoffeln zu kratzen, Knödel zu drehen und Rippen abzunehmen, als mit vollen Hosen unter dem orkanartigen Feuer des Feindes zu brüllen: „Einzeln abfallen! Bajonett auf!"

Als Oberst Schröder von Hauptmann Sagner zurückkehrte, blieb er vor Schwejk stehen und betrachtete ihn aufmerksam. Schwejks Gestalt wurde in diesem Augenblick durch sein volles, lächelndes Gesicht repräsentiert, das große, unter der in die Stirn gedrückten Mütze hervorschauende Ohren abgrenzten. Sein ganzes Äußere machte den Eindruck vollständiger Sicherheit und Unkenntnis irgendeiner Schuld. Seine Augen fragten: „Bitte, kann ich für etwas?"

Und der Oberst faßte seine Beobachtung in der Frage zusammen, die er an den Feldwebel der Regimentskanzlei richtete: „Blöd?" Und da sah der Oberst, wie der Mund des gutmütigen Gesichtes vor ihm sich öffnete:

„Melde gehorsamst, Herr Oberst, blöd", antwortete Schwejk für den Feldwebel.

Oberst Schröder winkte dem Adjutanten und trat mit ihm zur Seite. Dann riefen sie den Feldwebel und prüften mit ihm das Material über Schwejk.

„Aha", sagte Oberst Schröder, „das ist also der Putzer von Oberleutnant Lukasch, der ihm seinem Rapport zufolge in Tabor verlorengegangen ist. Ich denke, die Herren Offiziere sollten sich ihre Putzer selbst erziehen. Wenn sich Herr Oberleutnant Lukasch schon so einen notorischen Blödian als Putzer ausgesucht hat, soll er sich selbst mit ihm ärgern. Er hat dazu genug freie Zeit, wenn er nirgends hingeht. Daß Sie ihn auch noch nie in unserer Gesellschaft gesehn haben? Na also, sehn Sie. Er hat also genug Zeit, sich seinen Diener selbst zu dressieren."

Oberst Schröder trat zu Schwejk, und während er dessen gutmütiges Gesicht betrachtete, sagte er: „Blödes Vieh. Sie haben drei Tage Verschärften, und bis Sie sichs abgesessen haben, melden Sie sich beim Oberleutnant Lukasch."

So traf Schwejk abermals mit dem Einjährig-Freiwilligen im Regimentsarrest zusammen, und Oberleutnant Lukasch hatte Anlaß, sich ungemein zu freuen, als Oberst Schröder ihn rufen ließ, um ihm zu sagen: „Herr Oberleutnant. Etwa eine Woche nach Ihrer Ankunft beim Regiment haben Sie mir ein Ansuchen betreffs der Zuweisung eines Putzers überreicht, weil Ihr Bursch auf dem Bahnhof in Tabor verlorengegangen ist. Da er zurückgekehrt ist..."

„Herr Oberst...", ließ sich Oberleutnant Lukasch bittend vernehmen. „Ich habe mich entschlossen", fuhr der Oberst mit Nachdruck fort, „ihn auf drei Tage einzukasteln, und dann schick ich ihn wieder zu Ihnen..."

Oberleutnant Lukasch taumelte niedergeschmettert aus der Regimentskanzlei. Während der drei Tage, die Schwejk in Gesellschaft des Einjährig-Freiwilligen Marek verbrachte, unterhielt er sich sehr gut. Jeden Abend veranstalteten beide auf den Pritschen patriotische Kundgebungen. Am Abend erscholl es immer aus dem Arrest: „Gott erhalte, Gott beschütze" und „Prinz Eugen, der edle Ritter". Sie sangen auch eine ganze Reihe von Soldatenliedern, und wenn der Profos kam, ertönte es zu seiner Begrüßung:

> „Unserem guten Profosen
> soll niemals was zustoßen,
> den soll mal erst der Teufel
> selbst aus der Hölle holen.
> Der kommt mit einem Wagen,
> wird an die Wand ihn schlagen,
> und die Teufel in der Hölle heizen mit ihm ein..."

Und über die Pritsche zeichnete der Einjährig-Freiwillige den Profosen, und darunter schrieb er den Text des alten Liedes:

> „Als ich nach Prag ging, um Blutwurst zu kaufen,
> kam mir ein Hanswurst entgegengelaufen.
> Es war kein Hanswurst, s´ war ein Profos,
> wär ich nicht weggerannt, ich wär in der Soß."

Und während sie beide den Profosen so reizten, wie man in Sevilla einen andalusischen Stier mit einem roten Tuche reizt, wartete Oberleutnant Lukasch ängstlich auf das Erscheinen Schwejks und auf seine Meldung über den Wiederantritt des Dienstes.

3. Schwejks Erlebnisse in Kiralyhida

Das Einundneunziger-Regiment übersiedelte nach Brück an der Leitha, nach Kiralyhida.

Gerade drei Stunden bevor Schwejk nach dreitägigem Arrest in Freiheit gesetzt werden sollte, wurde er mit dem Einjährig-Freiwilligen auf die Hauptwache geführt und mit einer Eskorte Soldaten auf den Bahnhof gebracht.

„Man hat schon längst gewußt", sagte ihm unterwegs der Einjährig-Freiwillige, „daß man uns nach Ungarn versetzen wird.

Dort werden Marschbataillone zusammengestellt, die Soldaten werden im Feldschießen ausgebildet, raufen sich mit den Magyaren, und es geht vergnügt in die Karpaten. Hier nach Budweis kommt eine magyarische Garnison, und die Rassen werden sich vermischen. Es gibt eine Theorie, daß die Vergewaltigung von Mädchen einer fremden Nation das beste Mittel gegen Degeneration ist. Das haben die Schweden und Spanier im Dreißigjährigen Krieg und die Franzosen unter Napoleon gemacht, und jetzt werden es in der Budweiser Gegend die Magyaren machen, und es wird nicht mit groben Vergewaltigungen verbunden sein. Mit der Zeit gibt sich alles. Es wird ein bloßer Austausch werden. Der tschechische Soldat wird mit einem magyarischen Mädchen schlafen und ein armes tschechisches Mädchen einen magyarischen Honved bei sich empfangen, und nach Jahrhunderten wird es für die Anthropologen eine interessante Überraschung sein, an den Ufern der Maltsch Menschen mit hervorstehenden Backenknochen zu finden."

„Mit dieser gegenseitigen Paarung", bemerkte Schwejk, „is es überhaupt eine interessante Sache. In Prag is ein Kellner, der Neger Kristian, sein Vater war ein abyssinischer König und is in Prag auf der Hetzinsel in einem Zirkus aufgetreten. In den hat sich eine Lehrerin verliebt, die in der ‚Lada' Gedichte von Hirten und Bächlein im Wald geschrieben hat, die is mit ihm ins Hotel gegangen und hat mit ihm Unzucht getrieben, wies in der Heiligen Schrift heißt, und hat sich sehr gewundert, daß ihr ein ganz weißes Knäblein geboren worden is. Ja, aber in vierzehn Tagen hat das Knäblein angefangen, braun zu wern. Brauner und brauner is es geworn, und in einem Monat hat es angefangen, schwarz zu wern. Mit einem halben Jahr is es schwarz wie sein Vater, der abyssinische König. Sie is mit ihm auf die Klinik für Hautkrankheiten gegangen, damit man ihr ihn irgendwie entfärbt, aber dort hat man ihr gesagt, daß es eine wirkliche schwarze Negerhaut is und daß sich nichts machen läßt. Sie is davon verrückt geworn, hat angefangen, in Zeitschriften um Rat zu fragen, was man gegen Neger machen soll, und man hat sie in die Katerinky geschafft, und den kleinen Neger hat man ins Waisenhaus gegeben, wo man mit ihm einen großen Jux gehabt hat. Dann is er ausgelernter Kellner worn und is in Nachtcafes tanzen gegangen. Heut wern nach ihm mit großem Erfolg tschechische Mulatten geboren, was nicht mehr so gefärbt sind wie er. Ein Mediziner, der zum ‚Kelch' gegangen is, hat uns mal erklärt, daß das aber nicht so einfach is. Nämlich so ein Mischling bringt wieder Mischlinge zur Welt, und die sind schon nicht von weißen Menschen zu unterscheiden. Aber plötzlich in einem Geschlecht zeigt sich herich ein Neger. Stelln Sie sich das Malör vor. Sie heiraten ein Fräulein. Das Luder is ganz weiß, und plötzlich bringt sie Ihnen einen Neger zur Welt. Und wenn sie sich vor neun Monaten ohne Sie im Variete athletische Wettkämpfe angeschaut hat, wo ein Neger aufgetreten is, so wirds Ihnen, denk ich, doch bisserl im Kopf herumgehn."

„Der Fall Ihres Negers Kristian", sagte der Einjährig-Freiwillige, „muß auch vom Standpunkt des Krieges aus erwogen werden. Nehmen wir an, man hat diesen Neger assentiert. Er ist Prager, also gehört er zum 28. Regiment. Sie haben doch gehört, daß die Achtundzwanziger zu den Russen übergegangen sind. Die Russen würden sich wohl nicht wenig wundern, wenn sie auch den Neger Kristian gefangengenommen hätten. Die russischen Zeitungen würden sicher schreiben, daß Österreich seine Kolonialtruppen, die es nicht besitzt, in den Krieg jagt und schon zu den Reserven gegriffen hat."

„Es heißt", warf Schwejk dazwischen, „daß Österreich doch Kolonien hat. Nämlich irgendwo im Norden. Ein Kaiser-Franz-Josef-Land..."

„Schenkt euch das, Jungens", sagte ein Soldat aus der Eskorte, „es is sehr unvorsichtig, heutzutage von einem Kaiser-Franz-Josef-Land zu sprechen. Nennt niemanden, und ihr tut besser dran..."

„Also schauts euch auf der Karte an", fiel ihm der Einjährig-Freiwillige ins Wort, „daß es wirklich ein Land unseres allergnädigsten Monarchen Kaiser Franz Josef gibt. Nach der Statistik ist dort lauter Eis und wird von dort auf Eisbrechern ausgeführt, die den Prager Eiswerken gehören. Diese Eisindustrie wird auch von den Ausländern sehr geschätzt und gewürdigt, weil es ein einträgliches, aber gefährliches Unternehmen ist. Die größte Gefahr ergibt sich beim Transport des Eises aus dem Franz-Josef- Land über den Polarkreis. Könnt ihr euch das vorstellen?"

Der Soldat aus der Eskorte brummte etwas Undeutliches, und der Korporal, der

Abbildung 44: Auf der Schonerbark Admiral Tegetthoff mit dem Packeis driftend sichtete 1873 die Nordpolarexpe-
dition unter Weyprecht und Payer Land bei rund 80° N und benannte es nach Kaiser Franz Joseph I.
Quelle: Sammlung B. Kralik un 1872

die Eskorte begleitete, kam näher heran und hörte den weiteren Auseinandersetzungen des Einjährig-Freiwilligen zu, der ernsthaft fortfuhr: „Diese einzige österreichische Kolonie kann ganz Europa mit Eis versorgen und ist ein hervorragender
volkswirtschaftlicher Faktor. Die Kolonisation schreitet allerdings langsam vor,
weil die Kolonisten sich zum Teil nicht melden, zum Teil erfrieren. Nichtsdestoweniger besteht infolge der Regelung der klimatischen Verhältnisse, an der das
Handels- und Außenministerium großes Interesse hat, die Hoffnung, daß man die
großen Flächen der Eisberge gründlich ausnützen wird. Durch die Erbauung einiger Hotels wird man eine Unmenge von Touristen anlocken. Es wird allerdings
nötig sein, die Touristenwege und Straßen zwischen den Eisschollen vorteilhaft
anzulegen und auf die Eisberge Orientierungszeichen zu malen. Die einzige

Schwierigkeit bilden die Eskimos, die unseren Lokalbehörden die Arbeit unmöglich machen..."

„Die Kerle wollen nicht Deutsch lernen", fuhr der Einjährig-Freiwillige fort, während der Korporal mit Interesse lauschte. Er war aktiver Soldat, in Zivil war er Knecht gewesen, ein Dummkopf und Rohling, der nach allem schnappte, wovon er nichts verstand, und dessen Ideal es war, „Längerdienender" zu werden.

„Das Unterrichtsministerium, Herr Korporal, hat für sie mit großen Kosten und Opfern, wobei fünf Baumeister erfroren sind..."

„Die Maurer ham sich gerettet", unterbrach ihn Schwejk, „weil sie sich an der brennenden Pfeife erwärmt ham."

„Nicht alle", sagte der Einjährig-Freiwillige, „zweien ist ein Malör passiert, sie haben vergessen zu ziehn, und die Pfeifen sind ihnen ausgegangen. Man hat sie im Eis begraben müssen. — Aber zum Schluß wurde doch eine Schule aus Eisziegeln und Eisbeton erbaut, was sehr gut hält, aber die Eskimos haben ringsherum aus den Holzbestandteilen von Handelsschiffen, die im Eis eingefroren waren, Feuer gemacht und erreicht, was sie wollten. Das Eis, auf dem die Schule erbaut war, ist aufgetaut, und die ganze Schule samt dem leitenden Lehrer und dem Vertreter der Regierung, der am nächsten Tag bei der feierlichen Einweihung der Schule anwesend sein sollte, ist ins Meer gestürzt. Man hörte nur noch, wie der Regierungsvertreter, als er schon bis zum Hals im Wasser stand, aufschrie: ‚Gott strafe England!' Jetzt wird man wahrscheinlich Militär hinschicken, um bei den Eskimos Ordnung zu schaffen. Es versteht sich von selbst, daß es schwer sein wird, mit ihnen Krieg zu führen. Am meisten werden unserem Militär die zahmen Eisbären schaden."

„Das tät noch fehlen", bemerkte der Korporal weise, „es gibt ohnedies schon verschiedene Kriegserfindungen. Zum Beispiel die Gasmasken zum Vergiften mit Gas. Du ziehst dirs übern Kopf und bist vergiftet, wie mans uns in der Unteroffiziersschule erklärt hat."

„Man macht euch nur Angst", ließ sich Schwejk vernehmen, „kein Soldat soll sich nie vor nichts fürchten. Sogar wenn er im Kampf in eine Latrine fällt, so soll er sich nur ablecken und wieder ins Gefecht gehn, und an Giftgas is jeder aus der Kaserne gewöhnt, wenns frisches Kommißbrot und Erbsen mit Graupen gibt. Aber jetzt ham herich die Russen was gegen die Chargen erfunden..."

„Das wern wahrscheinlich besondere elektrische Ströme sein", ergänzte der Einjährig-Freiwillige, „sie werden mit den Sternchen am Kragen verbunden, und die explodieren, weil sie aus Zelluloid sind. Das wird wieder eine neue Katastrophe sein."

Obwohl der Korporal in Zivil mit Ochsen zu tun hatte, begriff er vielleicht zu guter Letzt dennoch, daß man ihn zum besten hielt, und begab sich an die Spitze der Patrouille.

Man näherte sich bereits dem Bahnhof, wo die Budweiser von ihrem Regiment Abschied nahmen. Der Abschied hatte keinen offiziellen Charakter, aber der Platz vor dem Bahnhof war voll von Menschen, die das Militär erwarteten.

Schwejks Interesse konzentrierte sich auf das spalierstehende Publikum, und wie dies immer zu sein pflegte, so geschah es auch jetzt, daß die braven Soldaten hinten schritten und die unterm Bajonett voran. Die braven Soldaten sollten später in Viehwagen gezwängt werden, während Schwejk und der Einjährig-Freiwillige in einem separaten Arrestantenwagen fahren sollten, den man den Militärzügen immer gleich hinter dem Stabswaggon beigab. In so einem Arrestantenwagen gibts Platz im Überfluß.

Schwejk konnte sich nicht enthalten, dem Spalier „Nazdar!" zuzurufen und die Mütze zu schwenken. Das wirkte so suggestiv, daß die Menge es laut wiederholte; das „Nazdar" flog von Mund zu Mund und erdröhnte vor dem Bahnhof, wo man bereits zu sagen begann: „Sie kommen schon."

Der Korporal der Eskorte war ganz unglücklich und brüllte Schwejk zu, er möge das Maul halten. Aber der Ruf verbreitete sich wie eine Lawine. Die Gendarmen drängten das Spalier zurück und bahnten der Eskorte einen Weg, die Massen fuhren fort, „Nazdar!" zu brüllen und winkten mit Mützen und Hüten.

Es war eine richtige Manifestation. Aus den Fenstern des dem Bahnhof gegenüberliegenden Hotels winkten Damen mit Taschentüchern und schrien: „Heil!" In das „Nazdar" mengten sich Heilrufe aus der Menge, und einem Begeisterten, der die Gelegenheit benützte, um auszurufen: „Nieder mit den Serben!", stellte man ein Bein und trat in einem künstlichen Gedränge ein bißchen auf ihm herum. Und wie ein elektrischer Funke sprang es überall empor: „Sie kommen schon!"

Und sie kamen, wobei Schwejk unter den Bajonetten den Massen freundlich zuwinkte und der Einjährig-Freiwillige ernsthaft salutierte. So betraten sie den Bahnhof und näherten sich dem bereitstehenden Zug; die Scharfschützenkapelle, deren Kapellmeister durch die unerwartete Manifestation ernstlich verwirrt war, hätte beinahe angefangen, „Gott erhalte, Gott beschütze" zu spielen. Zum Glück tauchte im letzten Augenblick der Oberfeldkurat Pater Lacina von der 7. Reiterdivision in schwarzem hartem Hut auf und fing an, Ordnung zu schaffen.

Seine Geschichte war recht einfach. Er - ein Nimmersatt und der Schrecken aller

Offiziersmenagen - war am Tage vorher in Budweis eingetroffen und hatte gleichsam zufällig an dem kleinen Bankett des abfahrenden Regiments teilgenommen. Er aß und trank für zehn und ging in mehr oder minder nüchternem Zustand in die Küche der Offiziersmenage, um von den Köchen Überreste herauszulocken. Er verschlang schüsselweise Soße und Knödel, riß wie eine wilde Katze Fleisch von den Knochen und stöberte schließlich in der Küche Rum auf; als er so viel getrunken hatte, daß er rülpste, kehrte er zu dem Abschiedsabend zurück, wo er von neuem durch Saufen brillierte. Er hatte in dieser Hinsicht reiche Erfahrungen gesammelt, und bei der 7. Reiterdivision zahlten die Offiziere immer auf ihn drauf.

Am Morgen fiel ihm ein, daß er bei der Abfahrt des Regiments Ordnung schaffen müsse. Deshalb trieb er sich längs des ganzen Spaliers herum und spielte sich auf dem Bahnhof in solcher Weise auf, daß die Offiziere, die die Einwaggonierung des Regiments leiteten, sich vor ihm in der Kanzlei des Stationsvorstandes verbargen. So geschah es, daß er zur rechten Zeit vor dem Bahnhof auftauchte, um dem Kapellmeister der Scharfschützen, der gerade „Gott erhalte, Gott beschütze" spielen lassen wollte, den Taktstock zu entreißen. „Halt", sagte er, „noch nicht, bis ich das Zeichen gebe. Jetzt ‚Ruht', ich komm wieder zurück."

Er verschwand im Bahnhof und ging der Eskorte nach, die er mit seinem lauten: „Halt!" anhielt.

„Wohin denn?" fragte er streng den Korporal, der sich in dieser neuen Situation keinen Rat wußte. Statt seiner antwortete Schwejk gutmütig:

„Nach Brück führt man uns, wenn Sie wollen, Herr Oberfeldkurat, können Sie mit uns fahren."

„Das werde ich auch tun", verkündete Pater Lacina, und der Eskorte zugewendet fügte er hinzu: „Wer sagt, daß ich nicht fahren kann? Vorwärts! Marsch!"

Als sich der Oberfeldkurat im Arrestantenwagen befand, legte er sich auf die Bank; der gutherzige Schwejk zog den Mantel aus und legte ihn Pater Lacina unter den Kopf, wozu der Einjährig-Freiwillige zum Entsetzen des Korporals leise bemerkte: „Oberfeldkuraten pflegen..."

Pater Lacina begann, bequem auf die Bank gestreckt, zu erzählen: „Ragout mit Pilzen, meine Herren, ist um so besser, je mehr Pilze drin sind, aber die Pilze müssen zuerst auf Zwiebeln gedünstet werden, und dann gibt man erst ein Lorbeerblatt zu und die Zwiebel..."

„Die Zwiebel haben Sie schon zuerst zu geben geruht", ließ sich der Einjährig-Freiwillige vernehmen, von einem verzweifelten Blick des Korporals gefolgt, der zwar in Pater Lacina einen Betrunkenen, trotzdem aber seinen Vorgesetzten sah.

Die Situation des Korporals war wirklich verzweifelt.

„Ja", bemerkte Schwejk, „der Herr Oberfeldkurat hat vollkommen recht. Je mehr Zwiebel, desto besser. In Pacho-Meritz war ein Brauer, und der hat sogar ins Bier Zwiebeln gegeben, nämlich weil Zwiebeln Durst machen. Zwiebeln sind überhaupt eine sehr nützliche Sache. Gebackene Zwiebeln gibt man sogar auf Asten..."

Pater Lacina sprach inzwischen halblaut auf seiner Bank wie im Traum: „Alles kommt auf die Gewürze an, was für Gewürze man hineingibt und in welcher Menge. Nichts darf überpfeffert, überpapriziert werden."

Er redete immer langsamer und leiser: „O- ber-nelkt, Ü-ber-üitro-niert, ü-ber-neu-ge-würzt, ü-ber-musch- kotiert."

Er sprach nicht zu Ende und schlief ein, ab und zu durch die Nase pfeifend, wenn er von Zeit zu Zeit aufhörte zu schnarchen. Der Korporal blickte ihn unverwandt an, während die Infanteristen der Eskorte leise auf ihren Bänken lachten.

„Der kommt nicht so bald auf", meinte Schwejk bald danach, „er is vollständig besoffen."

„Das is wurscht", fuhr Schwejk fort, als ihm der Korporal ängstlich ein Zeichen gab, zu schweigen, „dran läßt sich nichts ändern, er is besoffen, wie es das Gesetz vorschreibt. Er is im Rang von einem Hauptmann. Jeder von diesen Feldkuraten, ob niedriger oder höher, hat schon von Gott so ein Talent, daß er sich bei jeder Gelegenheit unter den Tisch säuft. Ich hab beim Feldkurat Katz gedient, und der hätt fast die Nase zwischen den Augen vertrunken. Das, was der da aufführt, is noch nichts gegen das, was der aufgeführt hat. Wir ham zusamm die Monstranz vertrunken und hätten vielleicht den lieben Gott selbst vertrunken, wenn uns jemand was auf ihn geborgt hätt."

Schwejk trat zu Pater Lucena, drehte ihn zur Wand und sagte mit Kennermiene: „Der wird bis nach Brück schnarchen."

Dann kehrte er auf seinen Platz zurück, gefolgt von einem verzweifelten Blick des unglücklichen Korporals, der zaghaft sagte: „Ich solls vielleicht melden gehn."

„Das lassen Sie sich nicht einfallen", sagte der Einjährig-Freiwillige, „Sie sind Eskortekommandant. Sie dürfen sich nicht von uns entfernen. Und nach der Vorschrift dürfen Sie auch niemanden von der begleitenden Wache herauslassen, um Meldung zu erstatten, solange Sie keinen Ersatz haben. Sie sehn, es ist eine harte Nuß. Mit einem Schuß ein Zeichen geben, daß jemand hereinkommen soll, geht auch nicht. Es ist hier nichts geschehen. Anderseits besteht wieder die Vorschrift, daß sich außer den Arrestanten und der sie begleitenden Eskorte im Arrestantenwaggon keine fremde Person befinden darf. Unbefugten ist der Eintritt streng verboten. Die Spuren Ihrer Übertretung zu verwischen und den Oberfeldkuraten während der Fahrt auf unauffällige Art aus dem Zug zu werfen, geht auch nicht, weil Zeugen zugegen sind, die gesehen haben, daß Sie ihn in den Waggon gelassen haben, wohin er nicht gehört. Das bedeutet sichere Degradation, Herr Korporal."

Der Korporal sagte verlegen, daß er den Oberfeldkuraten nicht in den Waggon gelassen habe, sondern daß dieser sich ihnen selbst angeschlossen habe und daß er doch sein Vorgesetzter sei.

„Hier sind Sie der einzige Vorgesetzte", behauptete nachdrücklich der Einjährig-Freiwillige, dessen Worte Schwejk ergänzte: „Selbst wenn sich uns Seine Majestät der Kaiser hätt anschließen wolln, so ham Sies nicht erlauben dürfen. Das is wie auf der Wache, wenn zu einem Rekruten der Inspektionsoffizier kommt und ihn bittet, er soll ihm Zigaretten holen, und der fragt ihn noch, welche Sorte er bringen soll. Auf solche Sachen gibts Festung."

Der Korporal wandte schüchtern ein, Schwejk habe doch als erster dem Oberfeldkuraten gesagt, daß er mit ihnen fahren könne.

„Ich kann mirs erlauben, Herr Korporal", antwortete Schwejk, „weil ich blöd bin, aber von Ihnen möchts niemand erwarten."

„Dienen Sie schon lange aktiv?" fragte den Korporal gleichsam nebenhin der Einjährig-Freiwillige.

„Das dritte Jahr. Jetzt soll ich zum Zugsführer befördert wern."

„Also darüber machen Sie ein Kreuz", sagte der Einjährig-Freiwillige zynisch, „wie ich Ihnen schon gesagt hab, draus schaut Degradation heraus."

„Es is alles eins", ließ sich Schwejk vernehmen, „ob man als Charge fällt oder als gemeiner Soldat - aber wahr is, daß sie Degradierte herich in die ersten Reihen stecken." Der Oberfeldkurat regte sich.

„Er schnarcht", verkündete Schwejk, als er festgestellt hatte, daß mit dem Oberfeldkuraten alles in bester Ordnung sei, „jetzt träumt er gewiß von einer Fresserei. Ich fürcht mich nur, er soll sich uns hier nicht ausmachen. Nämlich mein Feldkurat, wenn der sich besoffen hat, hat er sich im Schlaf nicht gespürt. Einmal hat er euch..."

Und Schwejk fing an seine Erfahrungen mit dem Feldkuraten Otto Katz so detailliert und interessant darzulegen, daß sie gar nicht merkten, wie sich der Zug in Bewegung setzte.

Erst das Gebrüll aus den rückwärtigen Waggons unterbrach Schwejks Erzählung.

Die 12. Kompanie, bei der lauter Deutsche aus Knimau und Bergreichenstein standen, schmetterte:

„Wann ich kumm, wann ich kumm,
wann ich wieda-wiedakumm."

Und aus einem andern Waggon brüllte irgendein Verzweifelter dem sich entfernenden Budweis zu:

„Und du mein Schatz
bleibst hier.
Holarja, holarjo holo!"

Es war ein so schreckliches Gejohle und Gekreisch, daß ihn die Kameraden von der offenen Türe des Viehwaggons zerren mußten.

„Es wundert mich", sagte der Einjährig-Freiwillige dem Korporal, „daß sich bei uns noch keine Inspektion gezeigt hat. Vorschriftsmäßig hätten Sie uns gleich auf dem Bahnhof beim Zugskommandanten melden und sich nicht mit einem betrunkenen Oberfeldkuraten abgeben sollen."

Der unglückliche Korporal schwieg hartnäckig und blickte eigensinnig auf die nach rückwärts laufenden Telegrafenstangen.

„Wenn ich bedenke, daß wir bei niemandem gemeldet sind", fuhr der Einjährig-Freiwillige fort, „und daß auf der nächsten Station sicher der Kommandant zu uns in den Zug kommen wird, bäumt sich in mir mein militärisches Blut auf. Wir sind ja wie..."

„Zigeuner", fiel Schwejk ein, „oder Landstreicher. Mir kommts vor, wie wenn wir uns vor Gottes Licht fürchten müßten und uns nirgends melden dürfen, damit man uns nicht einsperrt."

„Außerdem", sagte der Einjährig-Freiwillige, „muß man auf Grund der Verordnung vom 21. November 1879 bei der Überführung militärischer Arrestanten mittels Zügen folgende Vorschriften einhalten: Erstens: Der Arrestantenwaggon muß mit Gittern versehen sein. Das ist klar wie die Sonne und hier auch nach Vorschrift durchgeführt. Wir befinden uns hinter vollendeten Gittern. Das wäre also in Ordnung. Zweitens: Nach der ergänzenden k. u. k. Verordnung vom 21. November 1879 soll sich in jedem Arrestantenwaggon ein Abort befinden. Ist er nicht vorhanden, soll der Waggon mit einem bedeckten Gefäß zur Verrichtung der großen und kleinen Notdurft der Arrestanten und der begleitenden Wache versehen sein. Hier bei uns kann man eigentlich nicht von einem Arrestantenwaggon sprechen, in dem sich ein Abort befinden sollte. Wir befinden uns einfach in einem besonderen Kupee, das von der ganzen Welt isoliert ist. Und es ist auch kein Gefäß hier..."

„Sie können es aus dem Fenster machen", bemerkte der Korporal voll Verzweiflung.

„Sie vergessen", sagte Schwejk, „daß kein Arrestant zum Fenster darf."

„Und drittens", fuhr der Einjährig-Freiwillige fort, „soll für ein Gefäß mit Trinkwasser gesorgt sein. Darum haben Sie sich nicht gekümmert. Apropos! Wissen Sie, in welcher Station Menage verteilt werden wird? Sie wissen es nicht? Ich hab mir gedacht, daß Sie sich nicht informiert haben..."

„Also sehn Sie, Herr Korporal", bemerkte Schwejk, „daß es keine Hetz is, Arrestanten zu fahren. Um uns muß man sich kümmern, wir sind keine gewöhnlichen Soldaten, die sich selbst um sich sorgen müssen. Uns muß man alles unter die Nase bringen, weil drauf Verordnungen und Paragraphen sind, nach denen sich jeder richten muß, weil sonst keine Ordnung war. ‚Ein eingesperrter Mensch is wie ein Kind im Wickelbett', pflegte ein bekannter Landstreicher von mir zu sagen, ‚man muß ihn pflegen, damit er sich nicht erkältet, damit er sich nicht aufregt und mit seinem Schicksal zufrieden is und sieht, daß man ihm nichts zuleid tut.'"

„Übrigens", sagte Schwejk bald darauf, den Korporal freundschaftlich anblickend, „bis elf sein wird, sagen Sies mir freundlichst."

Der Korporal schaute Schwejk fragend an.

„Sie ham mich, mir scheint, fragen wolln. Herr Korporal, warum Sie mir sagen solln, bis elf sein wird. Von elf Uhr an gehör ich in den Viehwagen, Herr Korporal", sagte Schwejk nachdrücklich und fuhr mit feierlicher Stimme fort: „Ich bin beim Regimentsrapport zu drei Tagen verurteilt worn. Um elf Uhr hab ich meine Strafe angetreten, und heut um elf muß ich freigelassen wern. Ab elf Uhr hab ich hier nichts zu tun. Kein Soldat darf länger eingesperrt sein, wies ihm gebührt, weil man beim Militär Disziplin und Ordnung wahren muß, Herr Korporal."

Der verzweifelte Korporal konnte sich nach diesem Schlag lange nicht erholen, bis er schließlich einwandte, daß er keine Papiere erhalten habe.

BEVÖLKERUNGSGRUPPEN IN ÖSTERREICH-UNGARN IM JAHR 1910

Abbildung 45Abbildung 44: Sprachenkarte Österreich-Ungarns 1910

(Quelle: File:Austria Hungary ethnic.svg: Andrein / *derivative work Furfur)

„Lieber Herr Korporal", ließ sich der Einjährig-Freiwillige vernehmen, „die Papiere kommen nicht von selbst zum Eskortekommandanten. Wenn der Berg nicht zu Mohammed kommt, muß der Eskortekommandant selbst die Papiere holen. Sie befinden sich jetzt vor einer neuen Situation. Unbedingt dürfen Sie niemanden zurückhalten, der in die Freiheit gelangen soll. Andrerseits darf nach den geltenden Vorschriften niemand den Arrestantenwaggon verlassen. Wirklich, ich weiß nicht, wie Sie sich aus dieser Situation herausdrehn werden. Je weiter, desto schlimmer. Jetzt ist es halb elf."

Der Einjährig-Freiwillige steckte die Taschenuhr ein:

„Ich bin sehr neugierig, Herr Korporal, was Sie in einer halben Stunde machen werden."

„In einer halben Stunde gehör ich in den Viehwagen", wiederholte Schwejk träumerisch, worauf sich der Korporal völlig verwirrt und vernichtet an ihn wandte:

„Wenns Ihnen nicht unangenehm sein wird, denk ich, daß es hier viel bequemer is als im Viehwagen. Ich denk..."

Er wurde durch einen Schrei unterbrochen, den der Oberfeldkurat im Schlafe ausstieß: „Mehr Soße!"

„Schlaf, schlaf", sagte Schwejk gutmütig, einen Mantelzipfel, der von der Bank gefallen war, unter den Kopf des Oberfeldkuraten schiebend, „laß dir weiter was Hübsches vom Fressen träumen."

Und der Einjährig-Freiwillige begann zu singen:

„Schlaf, Kindlein, schlaf,
deine Mütter hütet Schaf,
dein Vater ist in Pommerland,
Pommerland ist abgebrannt."

Der verzweifelte Korporal reagierte auf nichts mehr. Er blickte stumpf auf die Landschaft und ließ der vollkommenen Desorganisation im Arrestantenkupee freien Lauf.

An der Seitenwand spielten die Soldaten aus der Eskorte „Maso", und auf die Hinterbacken fielen kräftige und ehrliche Hiebe. Als er sich in dieser Richtung umdrehte, blickte ihn gerade der Hintere eines Infanteristen herausfordernd an. Der Korporal seufzte und wandte sich abermals dem Fenster zu.

Der Einjährig-Freiwillige dachte eine Zeitlang über etwas nach, dann kehrte er sich dem vernichteten Korporal zu: „Kennen Sie vielleicht die Zeitschrift ‚Die Tierwelt'?"

„Diese Zeitschrift", entgegnete der Korporal, sichtlich erfreut, weil das Gespräch auf ein anderes Gebiet überging, „hat der Wirt bei uns im Dorf abonniert gehabt, weil er schrecklich gern Angoraziegen gehabt hat und ihm alle krepiert sind. Drum hat er in dieser Zeitung um Rat gefragt."

„Lieber Kamerad", sagte der Einjährig-Freiwillige, „das, was ich Ihnen jetzt erzählen werde, wird Ihnen ungemein deutlich beweisen, daß niemand fehlerfrei ist! Ich bin überzeugt, meine Herren, daß Sie dort hinten aufhören werden ‚Maso' zu spielen, denn das, was ich Ihnen jetzt sagen werde, wird schon deshalb interessant sein, weil Sie viele fachmännische Ausdrücke nicht verstehen werden. Ich werde Ihnen eine Geschichte aus der ‚Tierwelt' erzählen, damit wir unsere heutigen Kriegssorgen vergessen.

Wie ich seinerzeit Redakteur der ‚Tierwelt', einer ungemein interessanten Zeitschrift, geworden bin, war mir selbst lange Zeit ein ziemlich kompliziertes Rätsel, bis ich einmal zu der Ansicht kam, daß es nur in vollkommen unzurechnungsfähigem Zustand geschehn sein konnte. In einem solchen Zustand wurde ich aus freundschaftlicher Zuneigung zu meinem alten Freund Hajek dazu verführt. Er hatte die Zeitschrift bis dahin ehrlich redigiert, verliebte sich aber in das Töchterchen des Eigentümers, namens Fuchs, der ihn Knall und Fall hinauswarf und Hajek die Bedingung stellte, ihm einen anständigen Redakteur zu verschaffen. Wie Sie sehn, gabs damals seltsame Dienstverhältnisse. Als mich mein Freund Hajek dem Eigentümer des Blattes vorstellte, empfing der mich sehr freundlich, fragte mich, ob ich überhaupt eine Ahnung von Tieren habe, und war sehr zufrieden mit meiner Antwort, daß ich Tiere immer sehr geschätzt und in ihnen einen Übergang zum Menschen gesehn und ihre Wünsche und ihre Sehnsucht vor allem vom Standpunkt des Tierschutzes aus immer respektiert habe. Kein Tier wünsche etwas anderes, als so schmerzlos wie möglich getötet zu werden, bevor man es auffrißt.

Der Karpfen hat schon von Geburt an die fixe Idee, daß es von der Köchin nicht hübsch ist, ihm bei Lebzeiten den Bauch aufzuschlitzen, und der Gewohnheit, Hühnern den Hals umzudrehen, tritt die Intention des Tierschutzvereines entgegen, Geflügel nicht mit unkundiger Hand zu schlachten. Die gekrümmten Gestalten gebackener Grundeln zeugen davon, daß sie beim Sterben dagegen protestieren, in Podol lebendig auf Margarine gesotten zu werden. Truthahnschenkel ...

In diesem Augenblick unterbrach er mich und fragte, ob ich mich in der Geflügelzucht, in Hunden, Kaninchen, in der Bienenzucht und in den Eigentümlichkeiten des Tierreichs auskenne, ob ich aus fremden Journalen Bilder zum Reproduzieren herausschneiden, aus ausländischen Zeitungen fachmännische Artikel über Tiere übersetzen, im Brehm blättern und mit ihm Leitartikel aus dem ‚Tierleben' unter Berücksichtigung der katholischen Feiertage verfassen könne. Ob ich über die Veränderung des Wetters, über Rennen, Jagden, die Erziehung von Polizeihunden, nationale und Kirchenfeiertage schreiben könne, kurz, ob ich einen gewissen journalistischen Überblick über die Situation habe und diesen in einem kurzen inhaltsreichen Leitartikelchen auszunützen verstehe. Ich erklärte, daß ich schon sehr viel über die richtige Leitung einer Zeitschrift wie die ‚Tierwelt' nachgedacht hätte und in der Lage sei, alle diese Rubriken und Punkte vollkommen zu repräsentieren, da ich die erwähnten Themen vollkommen beherrsche. Mein Bestreben werde es sein, der Zeitschrift zu einer ungewohnten Höhe zu verhelfen. Sie inhaltlich und sachlich zu reorganisieren, neue Rubriken einzuführen, zum Beispiel: Eine lustige Tierecke, Tiere über Tiere, unter sorgfältiger Berücksichtigung der politischen Situation. Dem Leser Überraschung auf Überraschung zu bieten, damit er nicht zu Atem kommen könne. Die Rubrik ‚Vom Tage der Tiere' müsse abwechseln mit dem neuen ‚Programm der Lösung der Frage der Haustiere' und der ‚Bewegung

unter dem Rindvieh'. Er unterbrach mich abermals und sagte, daß ihm dies vollkommen genüge; wenn mir nur die Hälfte davon gelingen sollte, werde er mir ein
Paar Zwergwyandottetauben von der letzten Berliner Geflügelausstellung schenken. Sie seien mit dem ersten Preis ausgezeichnet worden, während ihr Eigentümer
die Medaille für ausgezeichnetes Paaren erhalten hat.

Ich kann sagen, daß ich mir wirklich Mühe gab, mein Regierungsprogramm in
der Zeitschrift einzuhalten, soweit meine Fähigkeiten reichten. Ja, ich machte sogar
die Entdeckung, daß meine Artikel meine Fähigkeiten übertrafen.

Da ich dem Publikum etwas vollkommen Neues bieten wollte, dachte ich mir
Tiere aus.

Ich ging von dem Prinzip aus, daß zum Beispiel der Elefant, der Tiger, der Löwe,
der Affe, der Maulwurf, das Pferd, das Ferkel usw. jedem Leser der ‚Tierwelt' bereits längst vollständig bekannte Geschöpfe sein mußten. Daß es daher nötig sei,
den Leser mit etwas Neuem, mit neuen Entdeckungen zu überraschen. Deshalb
versuchte ich es mit dem schwefelbauchigen Walfisch. Diese neue Walfischgattung
hatte die Größe eines Stockfisches und besaß eine mit Ameisensäure gefüllte, mit
einer besonderen Kloake versehene Blase. Aus ihr verspritzte der Schwefelbau-
chige Walfisch unter Explosionen über die kleinen Fische, die er auffressen wollte,
eine betäubende giftige Säure, der der englische Gelehrte - ich erinner mich nicht
mehr, wie ich ihn genannt habe - später den Namen Walfischsäure gab. Walfisch-
fett war bereits sehr bekannt, aber die neue Säure erregte die Aufmerksamkeit einiger Leser, die nach der Firma fragten, die diese Säure erzeugte.

Ich kann Ihnen versichern, daß die Leser der ‚Tierwelt' überhaupt sehr neugierig
sind.

Kurz nach dem schwefelbauchigen Walfisch entdeckte ich eine ganze Reihe anderer Tiere. Ich nenne davon: den durchtriebenen Seehirsch, ein Säugetier aus dem
Geschlechte der Känguruhs, den eßbaren Ochsen, den Urtypus der Kuh, das Se-
picinfusionstier, das ich als eine Art Wanderratte definierte.

Mit jedem Tage nahmen meine neuen Tiere zu. Ich selbst war sehr überrascht
von meinen Erfolgen auf diesem Gebiete. Niemals hatte ich geglaubt, daß es nötig
sei, das Tierreich so stark zu ergänzen, und daß Brehm so viele Tiere in seiner
Schrift ‚Tierleben' ausgelassen hatte.

Wußte Brehm und alle, die in seinen Fußtapfen gingen, von meiner Fledermaus
aus Island, der ‚entfernten Fledermaus', von meiner Hauskatze vom Gipfel des
Berges Kilimandscharo unter dem Namen ‚wildlebendes Hirschkätzchen'?
Hatten die Naturforscher eine Ahnung von dem ‚Floh des Ingenieurs Khuna', den

ich im Bernstein fand und der vollkommen blind war, weil er auf einem prähistorischen Maulwurf lebte, der ebenfalls blind war, zumal seine Urgroßmutter sich, wie ich schrieb, mit einem unterirdischen blinden Grottenolm aus der Adelsburger Grotte gepaart hatte, die in alten Zeiten bis an das jetzige Baltische Meer reichte?

Aus dieser geringfügigen Begebenheit entwickelte sich eine Polemik zwischen dem ‚Cos' und dem ‚Cech', weil der ‚Cech', als er meinen Artikel über den von mir entdeckten Floh zitierte, erklärte:

‚Was Gott tut, ist wohlgetan.' Der ‚Cas' zerschmetterte naturgemäß rein realistisch meinen Floh samt dem ehrenwürdigen ‚Cedi', und seit damals schien es, als verlasse mich der Glücksstern des Erfinders und Entdeckers neuer Geschöpfe. Die Abonnenten der ‚Tierwelt' begannen sich zu beunruhigen. Anlaß dazu gaben meine verschiedenen kleinen Berichte über Bienen- und Geflügelzucht, in denen ich meine neuen Theorien darlegte, die wahres Entsetzen hervorriefen, denn meine einfachen Ratschläge hatten zur Folge, daß den bekannten Bienenzüchter Pazourek der Schlag traf und die Bienenzucht im Böhmerwald und im Riesengebirge ausstarb. Das Geflügel wurde von einer Seuche befallen, und kurz und gut, alles krepierte. Die Abonnenten schrieben Drohbriefe und schickten die Zeitschrift zurück.

Ich warf mich auf die in Freiheit lebenden Vögel, und noch heute erinner ich mich an meine Affäre mit einem Redakteur der ‚Selski Obzor''', dem klerikalen Abgeordneten Direktor Jos. M. Kadltschak!

Ich schnitt aus der englischen Zeitschrift ‚Country Life' das Bild irgendeines Vogels, der auf einem Nußbaum saß, heraus. Ich nannte ihn Nußkiebitz, ebenso wie ich logischerweise nicht gezögert hätte, einen Vogel, der auf einem Wacholderbaum gesessen wäre, Wacholderkiebitz, gegebenenfalls Wacholderkiebitzweibchen zu nennen.

Und was geschah? Auf einer gewöhnlichen Korrespondenzkarte fiel mich Herr Kadltschak an. Der Vogel sei angeblich ein Eichelhäher und kein Nußkiebitz, und meine Behauptung sei vollkommen falsch.

Da ‚Cas', eine fortschrittliche, ‚Cech', eine klerikale tschechische Tageszeitung. Der ‚Cas' war das Organ Masarylts.

Ich schrieb einen Brief, in dem ich meine ganze Theorie über den Nußkiebitz darlegte, und mischte in den Brief zahlreiche Beschimpfungen und erdachte Zitate aus dem Brehm.

Abgeordneter Kadltschak antwortete im ‚Selsky Obior' mit einem Leitartikel.

Mein Chef, Herr Fuchs, saß wie immer im Kaffeehaus und las die Provinzblätter, denn in der letzten Zeit suchte er sehr häufig Bemerkungen über meine fesselnden Artikel in der ‚Tierwelt'; als ich kam, zeigte er auf den auf dem Tisch liegenden ‚Selsky Obzor' und sprach ruhig, während er mich mit dem traurigen Ausdruck anblickte, den seine Augen in der letzten Zeit ununterbrochen hatten. Ich las laut, vor dem ganzen Kaffeehauspublikum:

„Geehrte Redaktion! Ich habe darauf hingewiesen, daß Ihre Zeitschrift eine ungewohnte und unbegründete Terminologie einführt, daß sie zuwenig auf die Reinheit der tschechischen Sprache achtet und sich verschiedene Tiere ausdenkt. Ich habe als Beweis angeführt, daß Ihr Redakteur statt der alten Bezeichnung ‚Eichelhäher' ‚Nußkiebitz' verwendet."

„Eichelhäher" sprach mir der Eigentümer der Zeitschrift verzweifelt nach.

Ich las ruhig weiter:

„Darauf habe ich von dem Redakteur der ‚Tierwelt' einen maßlos groben Brief persönlicher und unhöflicher Natur erhalten, in dem ich strafwürdig ‚Ignorant' und ‚Rindvieh' genannt werde, was einen energischen Verweis verdient. So antwortet man unter anständigen Menschen nicht auf sachlich wissenschaftliche Einwände. Ich möchte gern wissen, wer von uns beiden das größere Rindvieh ist. Vielleicht, das ist wahr, hätte ich die Vorwürfe nicht auf einer Postkarte niederlegen und einen Brief schreiben sollen, aber wegen Überhäufung mit Arbeit habe ich dieser Kleinigkeit keine Beachtung geschenkt; jetzt aber, nach diesem gemeinen Ausfall, werde ich den Redakteur der ‚Tierwelt' an den öffentlichen Pranger stellen. Ihr Herr Redakteur irrt bedeutend, wenn er meint, daß ich ein ungebildetes Rindvieh bin und keine Ahnung habe, wie der oder jener Vogel heißt. Ich befasse mich seit Jahren mit Ornithologie, und zwar keineswegs nur auf der Grundlage von Büchern, sondern auf Grund von Studien in der Natur, und habe mehr Vögel in Käfigen, als Ihr Redakteur in seinem ganzen Leben gesehen hat. Wie sollte auch ein Mensch wie er, der aus den Prager Schnapsbutiken und Wirtshäusern noch nicht herausgekommen ist, mit Vögeln in Berührung gekommen sein?

Doch das sind nebensächliche Dinge, obwohl es sicherlich nicht schaden könnte, wenn sich Ihr Redakteur erst überzeugen würde, wem er vorwirft, ein Rindvieh zu sein, bevor ihm diese Bezeichnung aus der Feder fließt, mag sie auch für Friedland in Mähren bei Mistek bestimmt sein, wo Ihre Zeltschrift vor Erscheinen dieses Artikels ebenfalls Abonnenten hatte.

Es handelt sich übrigens nicht um eine persönliche Polemik mit dem verrückten Kerl, sondern um die Sache selbst, und deshalb wiederhole ich neuerdings, daß es unzulässig ist, sich in der Übersetzung Benennungen auszudenken, wenn wir die allgemein bekannte übliche Benennung ‚Eichelhäher' haben.

Ja, ‚Eichelhäher', brachte mein Chef mit noch verzweifelterer Stimme vor.

Ich lese friedlich weiter, ohne mich unterbrechen zu lassen: ‚Es ist eine Gemeinheit, wenn sich das Menschen herausnehmen, die nicht Fachleute, sondern Rohlinge sind. Wer hat jemals einen Eichelhäher ‚Nußkiebitz' genannt? Im Werke ‚Unsere Vögel', S. 148, steht die lateinische Bezeichnung: Garrulus glandarius B. A. Mein Vogel ist ein Eichelhäher.

Der Redakteur Ihres Blattes wird sicherlich einsehen, daß ich meinen Vogel besser kenne als jemand, der kein Fachmann ist. Der Nußkiebitz heißt nach Dr. Boyer ‚nucifraga caryocatoctes B'. Und dieses ‚B' bedeutet nicht, wie Ihr Redakteur geschrieben hat, den Anfangsbuchstaben des Wortes Blödian. Tschechische Vogelforscher kennen überhaupt nur den gewöhnlichen Eichelhäher und keineswegs Ihren ‚Nußkiebitz', den gerade jener Herr erfunden hat, für den der Anfangsbuchstabe B nach seiner Theorie paßt. Das ist ein unbeholfener persönlicher Ausfall, der an der Sache nichts ändert.

Ein Eichelhäher bleibt ein Eichelhäher, und wenn der Redakteur der ‚Tierwelt' sich deswegen bema ... n sollte. Es ist nur ein Beweis, wie leichtsinnig und unsachlich er manchmal schreibt, selbst wenn er sich mit besonderer Grobheit auf den Brehm beruft. Dieser gemeine Kerl schreibt, daß der Eichelhäher nach Brehm, S. 452, wo vom Neuntöter oder vom Schwarzstirnigen Würger (Lanius minor L.) die Rede ist, in die Familie der Krokodile gehört. Weiter sagt dieser Ignorant, wenn ich seinen Namen verkleinern darf, wiederum unter Berufung auf Brehm, daß der Eichelhäher nach Brehm in die fünfzehnte Familie der Rabenvögel gehört, und Brehm reiht doch die Raben in die siebzehnte Familie ein, zu denen auch die Raben und die Sippe der Dohlen gehören. Er ist so gemein, auch mich eine Dohle (colaeus) von der Gattung der Elstern aus der Unterart der ungeschickten Blödiane zu nennen, obwohl auf derselben Seite von Waldeichelnähern und Elstern die Rede ist ... ‚Waldeichelhäher', seufzte der Herausgeber meiner Zeitschrift, während er sich am Kopf packte, ‚geben Sie her, damit ich es zu Ende lese.' Ich erschrak, denn seine Stimme klang heiser:

‚Der Kolibri oder die türkische Amsel bleibt in der tschechischen Übersetzung ebenso Kolibri, wie ein Krammetsvogel ein Krammetsvogel bleibt.'

‚Den Krammetsvogel soll man Wacholderling oder Wacholderweibchen nennen, Herr Chef, bemerkte ich, weil er sich von Wacholder nährt.'

Herr Fuchs schlug mit der Zeitung auf den Tisch und kroch unter das Billard, während er die letzten Worte, die er gelesen hatte, hervor röchelte. ‚Turdus, Kolibri.'

‚Kein Eichelhäher!', brüllte er unter dem Billard, ein Nußkiebitz. Ich beiße, meine Herren!'

Schließlich wurde er hervorgezogen, und am dritten Tag starb er im Familienkreise an Gehirngrippe.

Sein letztes Wort in seinem letzten klaren Augenblick war: ‚Es handelt sich mir nicht um mein persönliches Interesse, sondern um Gemeinnutz. Von diesem Standpunkt aus wollen Sie mein Urteil entgegennehmen, das so sachlich ist wie...' — und er schluckte."

Der Einjährig-Freiwillige brach ab und sagte giftig zum Korporal:

„Damit wollte ich nur sagen, daß sich jeder Mensch manchmal in heiklen Situationen befindet und Fehler begeht!"

Alles in allem begriff der Korporal davon nur so viel, daß er den Fehler begangen hatte; deshalb wandte er sich abermals dem Fenster zu und schaute finster auf die zurücklaufende Landschaft.

Etwas mehr Interesse erregte die Erzählung bei Schwejk. Die Soldaten der Eskorte blickten einander dumm an.

Schwejk hub an: „Auf der Welt bleibt nichts verborgen. Alles kommt ans Licht, wie ihr gehört habt, läßt sich nicht mal so ein blöder Eichelhäher mit einem Nußkiebitz verwechseln. Es is wirklich sehr interessant, daß jemand auf so was aufn Leim gegangen is. Tiere zu erfinden is, das is wahr, eine schwere Sache, aber ausgedachte Tiere vorführen is noch schwerer.

Einmal vor Jahren war in Prag ein gewisser Mestek, und der hat eine Meerjungfrau entdeckt und hat sie in der Hawlitschekgasse in der Weinberge hinter einer Plente gezeigt. In der Plente war eine Öffnung, und jeder hat im Halbdunkel ein ganz gewöhnliches Kanapee sehn können, auf dem sich ein Frauenzimmer aus Zizkov gewälzt hat. Die Beine hat sie in grüne Gaze gewickelt gehabt, was den Schwanz vorstelln sollt, die Haare hat sie grün angestrichen gehabt und auf den Händen Handschuh und dran angemachte Flossen aus Pappendeckel: die waren auch grün, und auf dem Rücken hat sie mit einem Strick ein Steuer angemacht gehabt. Jugendliche unter sechzehn Jahre ham keinen Zutritt gehabt, und alle, was über sechzehn Jahre waren und das Eintrittsgeld bezahlt ham, ham sichs sehr gelobt, daß die Meerjungfrau einen großen Hintern gehabt hat, auf dem die Aufschrift war: ‚Auf Wiedersehn!' Was die Brüste betrifft, das war nix. Sie ham sich ihr bis am Nabel herumgewälzt wie einer abgeschleppten Flunder. Um sieben Uhr abend hat der Mestek dann das Panorama zugemacht und gesagt: ‚Meerjungfrau, Sie können nach Haus gehn.' Sie hat sich umgezogen, und um zehn Uhr abend hat man sie sich in der Taborgasse herumgehn und ganz unauffällig jedem Herrn, dem sie begegnet is, sagen sehn: ‚Na, du hübscher Junge, komm bißl titschkerln.' Weil sie kein Büchel gehabt hat, hat sie der Herr Draschner mit andern ähnlichen Mäuserln eingesperrt, und der Mestek hat Schluß gehabt mitn Gschäft!"

In diesem Augenblick fiel der Oberfeldkurat von der Bank, erwachte jedoch nicht und blieb schlafend auf der Erde liegen. Der Korporal blickte ihn mit blöden Augen an und hob ihn dann in der allgemeinen Stille ohne jede Hilfe selbst auf die Bank. Man sah, daß er alle Autorität verloren hatte, und als er mit schwacher, hoffnungsloser Stimme sagte: „Ihr könntet mir auch helfen", blickten alle Soldaten der Eskorte starr vor sich, ohne daß sich auch nur ein einziger Fuß regte.

„Sie ham ihn schnarchen lassen solln, wo er war", sagte Schwejk, „ich habs mit meinem Feldkuraten nicht anders gemacht. Einmal hab ich ihn am Abort schlafen lassen, einmal hat er sich oben auf der Almer ausgeschlafen, im Waschtrog in einem fremden Haus, und weiß Gott, wo er sich noch überall ausgeschnarcht hat."

Der Korporal hatte plötzlich eine Anwandlung von Entschlossenheit. Er wollte zeigen, daß er hier der Herr war, und deshalb sagte er grob: „Halten Sies Maul und quatschen Sie nicht! Jeder Putzfleck quatscht lauter überflüssiges Zeug. Sie sind eine Wanze."

„Ja, gewiß, und Sie sind ein Gott, Herr Korporal", entgegnete Schwejk mit dem Gleichmut eines Philosophen, der auf der ganzen Welt den irdischen Frieden verwirklichen will und sich dabei in fürchterliche Polemiken einläßt.

„Sie sind eine schmerzensreiche Gottesmutter."

„Herrgott", rief der Einjährig-Freiwillige, die Hände ringend, „erfüll unsere Herzen mit Liebe zu allen Chargen, damit wir sie nicht mit Abneigung betrachten. Segne unser Beisammensein in diesem Arrestantenloch auf Rädern."

Der Korporal errötete und sprang in die Höh: „Ich verbitte mir alle Bemerkungen, Sie Einjähriger, Sie."

„Sie können für nichts", fuhr der Einjährig-Freiwillige in beschwichtigendem Tone fort. „Bei vielen Geschlechtern und Arten hat die Natur den Lebewesen jede Intelligenz versagt. Haben Sie einmal von menschlicher Dummheit erzählen gehört? Wäre es nicht besser, wenn Sie als eine andere Art Säugetier geboren worden wären und nicht den blöden Namen Mensch und Korporal tragen würden? Es ist ein großer Irrtum, wenn Sie von sich denken, daß Sie das vollkommenste und entwickeltste Geschöpf sind. Wenn man Ihnen die Sternchen abtrennt, so sind Sie eine Null, die man ganz interesselos in allen Schützengräben an allen Fronten tot-schießt. Wenn man Ihnen noch ein Sterndl zugibt und ein Geschöpf aus Ihnen macht, das man Kommißknopf nennt, dann wirds mit Ihnen noch immer nicht ganz richtig sein. Ihr geistiger Horizont wird sich noch mehr verengen, und wenn Sie irgendwo auf dem Schlachtfeld Ihre kulturell verkümmerten Knochen zur Ruhe betten werden, wird niemand in ganz Europa um Sie weinen."

„Ich laß Sie einsperrn", schrie der Korporal verzweifelt. Der Einjährig-Freiwillige lachte: „Sie möchten mich offenbar deshalb einsperrn lassen, weil ich Sie be-schimpft habe. Da müßten Sie lügen, denn Ihr geistiger Besitz vermag überhaupt keine Beleidigungen zu begreifen, und außerdem möchte ich mit Ihnen jede Wette eingehn, daß Sie sich kein Wort von unserer ganzen Unterredung gemerkt haben. Wenn ich Ihnen sage, daß Sie ein Embryo sind, so vergessen Sie das vielleicht nicht, bevor wir auf der nächsten Station eintreffen, sondern schon bevor die nächste Telegrafenstange an uns vorüberfliegt. Sie sind ein abgestorbener Gehirnstrudel. Ich kann mir überhaupt nicht vorstellen, daß Sie alles zusammenhängend wiederge-ben könnten, was Sie mich sprechen gehört haben. Außerdem können Sie fragen, wen Sie wollen, ob meine Worte auch nur die geringste Anspielung auf Ihren geis-tigen Horizont enthalten haben und ob ich Sie mit etwas beleidigt habe."

„Gewiß", bestätigte Schwejk, „niemand hat Ihnen hier ein Wörtchen gesagt, das Sie sich schief auslegen könnten. Es fällt immer schlecht aus, wenn man sich belei-digt fühlt. Einmal bin ich im Nachtcafe ,Tunnel' gesessen, und wir ham uns von Orang-Utans unterhalten. Einer von der Marine ist mit uns gesessen und hat er-zählt, daß man einen Orang-Utan oft nicht von einem bärtigen Bürger auseinan-derkennt, daß so ein Orang-Utan das Kinn mit Haaren bewachsen hat wie … ,Wie', sagt er, ,sagen wir meinetwegen dort der Herr am Nebentisch.' Wir ham uns alle umgedreht, und der Herr mit dem Kinn is zu dem von der Marine gegangen und hat ihm eine Watschen gegeben, und der von der Marine hat ihm den Kopf mit einer Bierflasche zerdroschen, und der Herr mit dem Kinn is umgefalln und be-wußtlos liegengeblieben, und von dem von der Marine hamr uns empfohlen, weil er gleich weggegangen is, wie er gesehn hat, daß er ihn so bisserl erschlagen hat. Dann hamr den Herrn zu sich gebracht, und das hamr entschieden nicht machen solln, weil er gleich, wie er zu sich gekommen is, auf uns alle, was wir doch rein nichts damit zu tun gehabt ham, die Patrouille gerufen hat, was uns aufs Kommis-sariat geführt hat. Dort hat er dasselbe gedroschen, daß wir ihn für einen Orang-Utan gehalten ham, daß wir von nix anderm gesprochen ham wie von ihm. Und fort dasselbe. Wir. daß nicht, daß er kein Orang-Utan is. Und er, daß ja, daß ers gehört hat. Ich hob den Kommissär gebeten, er solls ihm erklären. Er hats ihm ganz gutmütig erklärt, aber nicht mal dann hat er sich sagen lassen und hat dem Herrn Kommissär gesagt, daß ers nicht versteht und daß er mit uns verbandelt is. Der Herr Kommissär hat ihn einsperrn lassen, damit er nüchtern wird, und wir ham wieder ins ‚Tunnel' zurückgehn wolln, ham aber nicht mehr können, weil man uns auch hinters ‚Katr' gesetzt hat. Also sehn Sie, Herr Korporal, daß aus einem kleinen und belanglosen Mißverständnis etwas entstehn kann, was gar nicht der Rede wert is. In Scheibe wieder war ein Bürger, und der war beleidigt, wie man ihm in Deutsch-Brod gesagt hat, daß er eine Tigerschlange is. Es gibt mehr solche Worte, was absolut nicht strafbar sind. Zum Beispiel, wenn wir Ihnen sagen möchten, daß Sie eine Ratte sind. Könnten Sie sich dafür auf uns ärgern?"

Der Korporal kreischte auf. Man kann nicht sagen, daß er brüllte. Ärger, Wut, Verzweiflung, alles ergoß sich in einer Reihe starker Töne, und diese Konzertnummer wurde ergänzt von den Pfiffen, die der schnarchende Oberfeldkurat mit der Nase vollführte.

Dem Kreischen folgte volle Depression. Der Korporal setzte sich auf die Bank, und seine wasserblauen, ausdruckslosen Augen hefteten sich in die Ferne auf Wälder und Berge.

„Herr Korporal", sagte der Einjährig-Freiwillige, „wenn Sie die rauschenden Berge und duftenden Wälder betrachten, erinnern Sie mich an die Gestalt Dantes. Dasselbe edle Dichterantlitz eines Mannes von feinem Herzen und Geist, vornehmen Regungen zugänglich. Bleiben Sie, bitte, so sitzen, es steht Ihnen so gut. Mit welcher Vergeistigung, ungezwungen, ohne jede Geziertheit Sie die Augen auf die Landschaft herauswälzen. Sicher denken Sie daran, wie schön es sein wird, bis sich hier im Frühling statt der öden Stellen ein Teppich bunter Wiesenblumen ausbreiten wird..."

„Welchen Teppich ein Bächlein umarmt", bemerkte Schwejk, „und der Herr Korporal macht mit Speichel den Bleistift naß, sitzt auf einem Baumstamm und schreibt ein Gedicht in den ‚Maly Ctena'."

Der Korporal wurde vollständig apathisch, und der Einjährig-Freiwillige behauptete, daß er den Kopf des Korporals ganz bestimmt in einer Ausstellung von Plastiken modelliert gesehen habe:

„Erlauben Sie, Herr Korporal, sind Sie nicht vielleicht dem Bildhauer Stursa Modell gestanden?"

Abbildung 46: Banknote der Doppelmonarchie

Der Korporal schaute den Einjährig-Freiwilligen an und sagte traurig: „Nein."
Der Einjährig-Freiwillige verstummte und streckte sich auf die Bank aus. Die
Soldaten der Eskorte spielten mit Schwejk Karten, der Korporal kiebitzte aus Ver-
zweiflung und erlaubte sich zu guter Letzt die Bemerkung, Schwejk habe das grüne
As ausgespielt, was ein Fehler sei. Er hätte nicht damit trumpfen sollen, dann wäre
ihm der Siebner für den letzten Stich geblieben.

„In den Wirtshäusern", sagte Schwejk, „hats früher so hübsche Aufschriften für
Kiebitze gegeben. Ich erinner mich nur an eine:
,Kiebitz, halt die Goschen, sonst wirst du gedroschen.'"
Der Militärzug fuhr in eine Station ein, wo ein Inspektionsoffizier die Waggons
revidieren sollte. Der Zug hielt.

„Na also", sagte der Einjährig-Freiwillige unerbittlich, indem er den Korporal
bedeutungsvoll anblickte, „die Inspektion ist schon da..."
In den Waggon trat die Inspektion.

Zum Kommandanten des Militärzuges war vom Stab der Reserveoffizier Doktor
Mraz bestimmt worden.

Zu so einem dummen Dienst werden immer Reserveoffiziere befohlen, Doktor
Mraz war davon ganz blöd. Er zählte fortwährend einen Waggon zuwenig, obwohl
er in Zivil Mathematikprofessor am Realgymnasium war. Außerdem kollidierte der
auf der letzten Station gemeldete Stand der Mannschaft in den einzelnen Waggons

mit der Ziffer, die nach beendeter Einwaggonierung auf dem Budweiser Bahnhof angegeben worden war. Als er in die Papiere blickte, schien es ihm, daß er weiß Gott woher, um zwei Feldküchen zuviel habe. Die Konstatierung, daß sich die Pferde auf unbekannte Weise vermehrt hatten, rief auf seinem Rücken ein ungewöhnlich unangenehmes Kitzeln hervor. Im Verzeichnis der Offiziere konnte er zwei Kadetten nicht eruieren, die ihm fehlten. In der Regimentskanzlei im vordersten Waggon suchte man unaufhörlich eine Schreibmaschine. Dieses Chaos verursachte ihm Kopfschmerzen; er hatte bereits drei Aspirine genommen und revidierte jetzt den Zug mit einem schmerzlichen Ausdruck im Gesicht.

Als er mit seinem Begleiter das Arrestantenkupee betrat, blickte er, während er den Rapport des vernichteten Korporals entgegennahm, in die Papiere. Der Korporal meldete, daß er zwei Arrestanten führe und soundso viel Mannschaft habe. Doktor Mraz verglich nochmals in den Akten die Richtigkeit der Angaben und schaute sich dann im Kupee um.

„Wen führen Sie denn da mit?" fragte er streng, auf den Oberfeldkuraten weisend, der auf der Bank schlief und dessen Hinterbacken herausfordernd auf die Inspektion blickten.

„Melde gehorsamst, Herr Lajtnant", stotterte der Korporal, „daß wir, will ich sagen..."

„Was für will ich sagen", brummte Doktor Mraz, „drücken Sie sich deutlich aus."

„Melde gehorsamst Herr Lajtnant", ließ sich statt des Korporals Schwejk vernehmen, „nämlich dieser Herr, der aufm Bauch schläft, is ein betrunkener Herr Oberfeldkurat. Er hat sich uns angeschlossen und is zu uns in den Waggon gekrochen, und weils unser Vorgesetzter is, so hamr ihn nicht herauswerfen können, damits nicht eine Subordinationsverletzung is. Er hat sich scheinbar den Stabswaggon mitm Arrestantenwaggon verwechselt."

Doktor Mraz seufzte und blickte in seine Papiere. Von einem Feldkuraten, der nach Brück mit dem Zuge fahren sollte, war in dem Verzeichnis keine Rede. Er zuckte nervös mit der Wimper. Auf der letzten Station haben sich ihm plötzlich die Pferde vermehrt, und nun erscheinen ihm aus heiterem Himmel sogar Oberfeldkuraten im Arrestantenkupee. Doktor Mraz raffte sich zu nichts anderem auf als zu der Aufforderung, der Korporal möge den auf dem Bauche Schlafenden umdrehen, weil es nicht möglich sei, seine Identität in dieser Lage festzustellen. Nach längeren Anstrengungen gelang es dem Korporal, den Oberfeldkuraten auf den Rücken zu legen. Der Oberfeldkurat erwachte, und als er einen Offizier vor sich sah, sagte er: „Eh, servus, Fredy, was gibts Neues? Abendessen schon fertig?"

Worauf er abermals die Augen schloß und sich zur Wand drehte.

Doktor Mraz erkannte sofort, daß es der Vielfraß von gestern aus dem Offizierskasino, der berüchtigte Fresser aller Offiziersmenagen war, und seufzte leise.

„Dafür", sagte er dann dem Korporal, „werden Sie zum Rapport gehn." Er wandte sich zum Gehn, allein Schwejk hielt ihn zurück.

„Melde gehorsamst, Herr Lajtnant, daß ich nicht hergehör. Ich soll nur bis elf eingesperrt sein, weil grad heut meine Strafzeit abgelaufen is. Ich war auf drei Tage eingesperrt und jetzt soll ich schon mit den übrigen im Viehwagen sitzen. Weil schon längst es vorbei is, bitt ich Sie, Herr Lajtnant, daß ich schon auf der Strecke ausgesetzt wer oder in den Viehwagen geführt wer, wohin ich gehör, oder zum Herrn Oberlajtnant Lukasch."

„Wie heißen Sie?" fragte Doktor Mraz, abermals in seine Papiere blickend.

„Schwejk, Josef, melde gehorsamst, Herr Lajtnant."

„Ehm, Sie sind also der bekannte Schwejk", sagte Doktor Mraz, „Sie ham wirklich um elf herauskommen solln. Aber Herr Oberleutnant Lukasch hat mich gebeten, ich soll Sie erst in Brück herauslassen, es ist angeblich sicherer, wenigstens stelln Sie am Weg nichts an."

Nachdem die Inspektion gegangen war, konnte der Korporal nicht die giftige Bemerkung verbeißen:

„Also sehn Sie, Schwejk, daß es Ihnen einen Dreck geholfen hat, sich an die höhere Instanz zu wenden. Wenn ich gewollt hätt, hätt ich euch beiden einheizen können."

„Herr Korporal", ließ sich der Einjährig-Freiwillige vernehmen, „mit Dreck herumwerfen ist mehr oder weniger eine glaubwürdige Argumentation, aber ein intelligenter Mensch soll solche Worte nicht gebrauchen, wenn er aufgeregt ist oder Ausfälle gegen jemanden machen will. Und Ihre Drohung, daß Sie uns beiden hätten einheizen können, ist geradezu lächerlich. Warum, bei allen Teufeln, haben Sies nicht getan, wenn Sie Gelegenheit dazu hatten? Darin zeigt sich bestimmt Ihre große geistige Reife und ungewöhnliche Delikatesse."

„Jetzt hab ich schon genug!" sagte der Korporal und schnellte empor, „ich kann euch beide ins Kriminal bringen!"

„Und weswegen, Täubchen?" fragte unschuldig der Einjährig-Freiwillige.

„Das ist meine Sache!" suchte sich der Korporal Mut zu machen.

„Ihre Sache", sagte der Einjährig-Freiwillige lächelnd, „Ihre und unsere. So wie in den Karten ‚Meine Tante — deine Tante'. Ich möchte eher sagen, daß auf Sie die Bemerkung gewirkt hat, daß Sie zum Rapport gehn werden. Deshalb fangen

Sie an, uns anzubrülln, allerdings nicht auf dienstlichem Wege."

„Ihr seid gemeine Kerle!" sagte der Korporal, seinen ganzen Mut zusammenfassend, um ihnen Furcht einzujagen.

„Ich wer Ihnen was sagen, Herr Korporal", bemerkte Schwejk, „ich bin schon ein alter Soldat, ich hab vorm Krieg gedient, und diese Beschimpfungen zahlen sich nicht immer aus. Wie ich damals vor Jahren gedient hab, ich erinner mich ganz genau, war bei uns bei der Kompanie ein Kommißknopf namens Schreiter. Er hat wegen der Suppe gedient, hat als Korporal schon längst nach Haus gehn können, aber er war, was man sagt, aufn Kopf gefalln. Also dieser Mensch is uns Soldaten aufn Kappn gesessen, is an uns geklebt wie Dreck am Hemd; das war ihm nicht recht, das wieder war gegen alle Vorschriften, er hat uns sekkiert, wie er nur gekonnt hat, und hat uns gesagt: ‚ihr seid keine Soldaten, sondern Wächter.' Ich hab eines Tages Wut gekriegt und bin zum Kompanierapport gegangen. ‚Was willst du?' sagt der Hauptmann. ‚Melde gehorsamst, Herr Hauptmann, ich hab eine Beschwerde auf unsern Herrn Feldwebel Schreiter: Wir sind doch kaiserliche Soldaten und keine Wächter nicht. Wir dienen Seiner Majestät dem Kaiser, aber wir sind keine Obsthüter.' ‚Schau, du Ungeziefer', hat der Hauptmann geantwortet, ‚daß du mir ausn Augen kommst.' Und ich drauf, daß ich gehorsamst bitt, mich zum Bataillonsrapport zu führen.

Beim Bataillonsrapport, wie ichs dem Oberstlajtnant erklärt hab, daß wir keine Wächter sind, sondern kaiserliche Soldaten, hat er mich auf zwei Tage einsperrn lassn, und ich hab verlangt, daß man mich zum Regimentsrapport führt. Beim Regimentsrapport hat mich der Herr Oberst nach meiner Erklärung angebrüllt, daß ich ein Idiot bin, ich soll mich zu allen Teufeln scheren. Ich wieder zu ihm: ‚Melde gehorsamst, Herr Oberst, ich will dem Brigaderapport vorgeführt wern.' Davor is er erschrocken und hat gleich unsern Kommißknopf Schreiter in die Kanzlei rufen lassen, und der hat mich vor allen Offizieren abbitten müssen für das Wort Wächter. Dann hat er mich aufn Hof eingeholt und hat mir mitgeteilt, daß er mich von heut an nicht aufheißen wird, aber daß er mich ins Garnisonsarrest bringen wird. Ich hab von der Zeit sehr gut auf mich Obacht gegeben, aber es hat mir nichts genützt. Ich bin beim Magazin Posten gestanden, und auf der Wand hat jeder Posten immer was aufgeschrieben. Entweder hat man einen weiblichen Geschlechtsteil hingemalt oder irgendeinen Vers hingeschrieben. Mir is nix eingefallen, und so hab ich mich aus Langweil auf die Wand unter die Aufschrift: ‚Kommißknopf Schreiter is ein Lümmel' unterschrieben. Und dieser Kerl von einem Kommißknopf hats gleich angezeigt, weil er mir nachspioniert hat wie ein roter

Hund. Durch einen unglücklichen Zufall war über dieser Aufschrift eine andere: ‚Fällt uns nicht ein, in Krieg zu ziehn, wir scheißen auf ihn.' Das war im Jahre 1912, wie wir wegen dem Konsul Prochazka nach Serbien ham ziehn solln. Sie ham mich gleich nach Theresienstadt zum Landesgericht geschickt. Ungefähr fünfzehnmal ham die Herrn vom Kriegsgericht die Wand vom Magazin mit diesen Aufschriften und mit meiner Unterschrift fotografiert, zehnmal ham sie mich aufschreiben lassen, damit man meine Handschrift prüft: ‚Fällt uns nicht ein, in Krieg zu ziehn, wir scheißen auf ihn', fünfzehnmal hob ich vor ihnen schreiben müssen: ‚Kommiß-knopf Schreiter is ein Lümmel', und zum Schluß is ein Grapholog gekommen und hat mich schreiben lassen: ‚Es war am 29. Juni 1897, als Königinhof an der Elbe die Schrecken der wilden und angeschwollenen Elbe kennenlernte.' ‚Das genügt noch nicht', hat der Auditor gesagt, ‚uns handelt sichs um das Scheißen. Diktieren Sie ihm was, wo viele „sch" und „n" vorkommen.' Also hat er mir diktiert: ‚Schneck, Schneid, Schanker, Scharitza, Schweinebande'. Nämlich dieser Gerichtsgrapholog war davon schon ganz beteppert und hat fort nach rückwärts geschaut, wo ein Soldat mit einem Bajonett gestanden is, und zum Schluß hat er gesagt, daß das nach Wien muß, ich soll dreimal hintereinander aufschreiben: ‚Auch die Sonne fängt schon an zu scheinen, die Hitze is ausgezeichnet.' Sie ham das ganze Material nach Wien geschafft und zum Schluß hat man gesagt, soweit es sich um die Aufschriften handelt, daß es nicht meine Schrift is, daß aber die Unterschrift mein is, zu der ich mich bekannt hab, und daß ich dafür zu sechs Wochen verurteilt bin und herich in der Zeit, was ich mich auf der Mauer unterschrieben hab, nicht wachen gekonnt hab."

„Da kann man sehn", sagte der Korporal mit Befriedigung, „daß es doch nicht ungestraft bleibt, wenn man ein richtiger Galgenvogel is.

Wenn ich an Stelle dieses Landgerichtes gewesen war, so hätt ich Ihnen sechs Jahre aufgepfeffert und nicht sechs Wochen."

„Sein Sie nicht so grausam", ergriff der Einjährig-Freiwillige das Wort, „und denken Sie lieber an Ihr Ende. Gerade jetzt hat Ihnen die Inspektion gesagt, daß Sie zum Rapport gehn werden. Auf so etwas sollten Sie sich sehr vorbereiten und über die letzten Dinge eines Korporals nachdenken. Was sind Sie eigentlich gegen das Weltall, wenn Sie bedenken, daß der uns nächste Fixstern von diesem Militärzug 275000 mal weiter entfernt ist als die Sonne und daß seine Parallaxe erst so eine Bogensekunde bilden kann. Würden Sie sich als Fixstern im Weltall befinden, wären Sie entschieden zu unbedeutend, als daß man Sie mit den besten astronomischen Instrumenten wahrnehmen könnte. Für unsere Unbedeutenheit im Weltall gibt es keinen Begriff. In einem halben Jahr würden Sie so einen kleinen Bogen beschreiben, in einem Jahr eine kleine Ellipse, die sich überhaupt nicht mit Ziffern ausdrücken läßt, so unbedeutend wäre sie. Ihre Parallaxe wäre nicht meßbar."

„In so einem Falle", bemerkte Schwejk, „könnt der Herr Korporal stolz drauf sein, daß ihn niemand ausmessen kann, und solls mit ihm beim Rapport ausfalln wie immer, er muß ruhig sein und darf sich nicht aufregen, weil jede Aufregung der Gesundheit schadet, und jetzt im Krieg muß sich jeder Gesunde schonen, weil die Kriegsstrapazen von jedem einzelnen fordern, daß er kein Krepierl is."

„Wenn man Sie einsperren wird, Herr Korporal", fuhr Schwejk mit freundlichem Lächeln fort, „wenn man Ihnen eine Kränkung zufügen wird, dürfen Sie nicht den Verstand verlieren, und wenn die andern sich ihren Teil denken, denken Sie sich auch Ihren Teil. So wie ein Kohlenmann, den ich gekannt hab, ein gewisser Franz Schkwor, was mit mir am Anfang des Kriegs auf der Polizeidirektion in Prag wegen Hochverrat eingesperrt war und später vielleicht wegen der sogenannten pragmatischen Sanktion auch gehängt worn is. Wie man diesen Menschen beim Verhör gefragt hat, ob er Einwände gegen das Protokoll hat, hat er gesagt: ‚Wenns auch war, wies halt war, irgendwie wars, denn noch nie wars, daß es nicht irgendwie war.'

Dann hat man ihn dafür in eine Dunkelzelle gesteckt und ihm zwei Tage nichts zu essen und zu trinken gegeben und hat ihn wieder zum Verhör geführt, und er hat immerfort gesagt: ‚Wenns auch war, wies halt war, irgendwie wars, denn noch nie wars, daß es nicht irgendwie war.' Kann sein, daß er damit auch untern Galgen gegangen is, wie sie ihn dann zum Militärgericht gebracht harn."

„Jetzt hängt man und erschießt man ihrer herich viel", sagte einer von der Eskorte, „unlängst hat man uns am Exerzierplatz einen Befehl vorgelesen, daß man in Motol den Reservisten Kudrna erschossen hat, weil der Hauptmann seinem Buben einen Säbelhieb versetzt hat, wie seine Frau am Bahnhof in Beneschau von ihm Abschied nehmen wölk. Sie hat den Buben am Arm gehabt, und er war furchtbar aufgeregt. Und politische Leute sperrt man überhaupt ein. Auch einen Redakteur in Mähren ham sie erschossen. Und unser Hauptmann hat gesagt, daß es auf die übrigen noch wartet."

„Alles hat seine Grenzen", sagte der Einjährig-Freiwillige zweideutig.

„Da ham Sie recht", ließ sich der Korporal vernehmen, „solchen Redakteuren geschieht recht. Sie wiegeln nur das Volk auf. Wie vorvoriges Jahr, wie ich noch Gefreiter war, da hat unter mir ein Redakteur gedient, und der hat mich nicht anders genannt als Verderbnis der Armee, aber wie ich ihn Gelenksübungen gelernt hab, bis er geschwitzt hat, hat er immer gesagt: ‚ich bitte, daß Sie den Menschen in mir achten.' Ich hab ihm aber beim ‚Nieder', wenn viele Pfützen am Kasernenhof waren, gezeigt, was ein Mensch is. Ich hab ihn vor so eine Pfütze geführt, und der Kerl hat hineinfalln müssen, daß das Wasser gespritzt is wie auf der Schwimmschul. Und nachmittags hat schon wieder alles an ihm blitzen müssen, die Montur hat sauber sein müssen wie Glas, und er hat geputzt und geächzt und Bemerkungen gemacht, und am nächsten Tag war er wieder wie eine Sau, was sich im Morast gewälzt hat, und ich bin über ihm gestanden und hab ihm gesagt; ‚So, Herr Redakteur, was is mehr, das Verderbnis der Armee oder Ihr Mensch?' Das war ein richtiger Intelligenzler. Der Korporal blickte siegesbewußt auf den Einjährig-Freiwilligen und fuhr fort:

„Er hat grad wegen seiner Intelligenz die Einjährig-Freiwilligenstreifen verloren, weil er in die Zeitung über Soldatenmißhandlungen geschrieben hat. Aber wie soll man ihn nicht mißhandeln, wenn so ein gebildeter Mensch nicht den Gewehrverschluß auseinandernehmen kann, nicht mal, wenn ichs ihm schon zum zehntenmal zeig, und wenn man sagt: ‚Links schaut', so dreht er seinen Schädel wie absichtlich nach rechts und schaut dabei drein wie ein Rabe, und bei den Gewehrgriffen weiß er nicht, was er erst packen soll, ob den Riemen oder die Patronentasche und glotzt Sie an wie ein Kalb ein neues Tor, wenn Sie ihm zeigen, wie die Hand am Riemen herunterfahren soll. Er hat nicht mal gewußt, auf welcher Schulter man das Gewehr trägt, und hat salutiert wie ein Äff, und diese Wendungen, Gott steh mir bei, wenn man marschiert is und er gehn gelernt hat. Wenn er sich hat umdrehn solln, wars ihm wurscht, mit welcher Haxen ers gemacht hat, zap, zap, zap, meinetwegen sechs Schritt is er noch nach vorn gegangen, und dann hat er sich erst umgedreht wie ein Bierhahn, und beim Marsch hat er Schritt gehalten wie ein Podagrist, oder er hat getanzt wie eine alte Hure auf der Kirchweih." Der Korporal spuckte aus: „Er hat absichtlich ein leicht rostiges Gewehr ausgefaßt, damit er putzen lernt, er hats gerieben wie ein Hund eine Hündin, aber wenn er sich auch zwei Kilo Werg gekauft hätt, hätt er sowieso nichts ausgeputzt, je mehr er hats geputzt, desto ärger und rostiger wars, und beim Rapport is das Gewehr von Hand zu Hand gegangen, und jeder hat sich gewundert, wies möglich is, daß es lauter Rost is.

Unser Hauptmann, der hat ihm immer gesagt, daß aus ihm kein Soldat wern wird, er soll sich lieber aufhängen, daß er das Kommißbrot nicht wert is, und er hat unter seinen Brillengläsern nur so geblinzelt. Das war für ihn ein großer Feiertag, wo er nicht Verschärften oder Kasernarrest gehabt hat. An dem Tag hat er gewöhnlich seine Artikelchen in die Zeitung über Soldatenmißhandlungen geschrieben, bis man ihm mal eine Koffervisitation gemacht hat. Der hat dort Bücher gehabt, Leutl! Lauter Bücher über Abrüstung, über Frieden zwischen den Völkern. Dafür is er in den Garnisonsarrest marschiert, und seit der Zeit hamr von ihm Ruh gehabt, bis er uns auf einmal wieder in der Kanzlei aufgetaucht is und die Fassungen herausgeschrieben hat, damit die Mannschaft nicht mit ihm verkehrt. Das war ein trauriges Ende von einem Intelligenzler. Er hätt ein andrer Herr sein können, wenn er nicht wegen seiner Blödheit das Einjährig-Freiwilligen recht verloren hätt. Er hätt Lajtnant sein können."

Der Korporal seufzte: „Nicht mal die Falten am Mantel hat er in Ordnung gehabt. Bis aus Prag hat er sich Tinkturen und verschiedene Salben zum Knöpfeputzen bestellt, und doch hat so ein Knopf von ihm rostig ausgesehn wie Esau. Aber quatschen hat er können, und wie er in der Kanzlei war, so hat er nichts anderes gemacht, als fortwährend philosophiert. Er hat schon früher dran Gefallen gefunden. Er war fort, wie ich schon gesagt hab, lauter ‚Mensch‘. Einmal, wie er so über eine Pfütze nachgedacht hat, in die er beim ‚Nieder‘ plumpsen mußt, hab ich ihm gesagt: ‚Wenn Sie sofort vom Mensch und vom Kot reden, so erinner ich mich dran, daß der Mensch aus Kot erschaffen worn is, und es hat ihm auch recht sein müssen.‘"

Jetzt, nachdem er sich ausgesprochen hatte, war der Korporal mit sich selbst zufrieden und wartete, was der Einjährig-Freiwillige dazu sagen würde. Allein Schwejk ergriff das Wort:

„Wegen diesen selben Sachen, wegen solchen Sekkaturen hat vor Jahren beim fünfunddreißigsten Regiment ein gewisser Konitsdiek sich und den Korporal erstochen. Es is im ‚Kurier‘ gestanden. Der Korporal hat vielleicht dreißig Stichwunden im Leib gehabt, von denen über ein Dutzend tödlich waren. Der Soldat hat sich dann noch auf den toten Korporal gesetzt und hat sich auf ihm im Sitzen erstochen. Ein andrer Fall ist vor Jahren in Dalmatien vorgekommen, dort hat man einem Korporal den Hals durchgeschnitten, und noch heut weiß man nicht, wers gemacht hat. Es is in ein Rätsel gehüllt geblieben, man weiß nur soviel, daß der Korporal mit dem durchgeschnittenen Hals Fiala geheißen hat und aus Drabowa bei Turnau war. Dann weiß ich noch von einem Korporal von den Fünfundsiebzigern, einem gewissen Reimann..."

Die erquickliche Erzählung wurde in diesem Augenblick von einem lauten Stöhnen auf der Bank unterbrochen, wo Oberfeldkurat Lacina schlief. Der Pater erwachte in seiner ganzen Schönheit und Würde. Sein Erwachen war vor denselben Erscheinungen begleitet wie das Erwachen des jungen Riesen Gargantua, das der alte lustige Rabelais schilderte. Der Oberfeldkurat furzte und rülpste auf der Bank und gähnte dröhnend übers ganze Maul. Schließlich setzte er sich und fragte verwundert:

„Kruzilaudon, wo bin ich da?"

Als der Korporal das Erwachen des hohen Herrn sah, antwortete er sehr devot: „Melde gehorsamst, Herr Oberfeldkurat, daß Sie sich im Arrestantenwagen zu befinden geruhen."

Ein Blitz des Erstaunens huschte über das Gesicht des Feldkuraten. Er saß eine Weile stumm und dachte angestrengt nach. Vergeblich, über das, was er in der Nacht und am Morgen erlebt hatte sowie über das Erwachen im Waggon, dessen Fenster mit Gittern versehen waren, breitete sich ein Meer der Undeutlichkeit.

Schließlich fragte er den Korporal, der noch immer devot vor ihm stand: „Und auf wessen Befehl, ich als..."

„Melde gehorsamst, ohne Befehl, Herr Oberfeldkurat."

Der Pater erhob sich, fing an, zwischen den Bänken auf und ab zu gehen, und murmelte vor sich hin, daß ihm das unklar sei. Er setzte sich wieder mit den Worten: „Wohin fahren wir eigentlich?"

„Melde gehorsamst, nach Brück!"

„Und warum fahren wir nach Brück?"

„Melde gehorsamst, daß unser ganzes einundneunzigstes Regiment hin versetzt ist."

Der Pater begann abermals angestrengt nachzudenken, was eigentlich mit ihm geschehen sei, wie er in den Waggon geraten sei, warum er eigentlich nach Brück fahre und wieso gerade mit dem einundneunzigsten Regiment in Begleitung einer Eskorte.

Er war bereits aus seinem Kater erwacht, so daß er sogar den Einjährig-Freiwilligen unterscheiden konnte, weshalb er sich an ihn mit der Frage wandte:

„Sie sind ein intelligenter Mensch, können Sie mir ohne Umstände erklären, ohne etwas zu verschweigen, wie ich zu euch gekommen bin?"

„Sehr gern", sagte der Einjährig-Freiwillige in kameradschaftlichem Ton, „Sie haben sich uns einfach früh auf dem Bahnhof beim Einsteigen angeschlossen, weil Sie einen schweren Kopf hatten." Der Korporal blickte ihn streng an.

„Sie sind zu uns in den Waggon gekrochen", fuhr der Einjährig-Freiwillige fort, „und schon war die Sache perfekt. Sie haben sich auf die Bank gelegt, und hier der Schwejk hat Ihnen seinen Mantel unter den Kopf geschoben. Bei der Zugkontrolle auf der vorigen Station sind Sie ins Verzeichnis der im Zug befindlichen Offiziere eingetragen worden. Sie sind, wenn ich so sagen darf, amtlich entdeckt, und unser Korporal wird deshalb zum Rapport gehn."

„So, so", seufzte der Pater, „da sollt ich also auf der nächsten Station in den Stabswaggon steigen. Wissen Sie nicht, ob man schon das Mittagmahl verabreicht hat?"

„Gemittagmahlt wird erst in Wien, Herr Oberfeldkurat", meldete sich der Korporal zu Wort.

„Sie haben mir also den Mantel unter den Kopf geschoben?" wandte sich der Pater an Schwejk. „Ich danke Ihnen herzlichst."

„Ich verdien keinen Dank nicht", antwortete Schwejk, „ich hab so gehandelt, wie jeder Mensch handeln soll, wenn er sieht, daß sein Vorgesetzter nichts unterm Kopf hat und daß er dingsda is. Jeder Soldat soll seinen Vorgesetzten schätzen, sogar wenn er in andern Umständen is. Ich hab große Erfahrungen mit Feldkuraten, weil ich beim Herrn Feldkurat Otto Katz Bursch war. Es is ein lustiges Volk und gutherzig."

Der Oberfeldkurat bekam infolge des Katers einen Anfall von Demokratie, zog eine Zigarette heraus und reichte sie Schwejk: „Rauch und paff!"

„Du wirst herich meinetwegen zum Rapport gehn", wandte er sich an den Korporal, „fürcht dich nicht, ich hau dich schon heraus, nichts wird dir geschehn."

„Und dich", sagte er zu Schwejk, „nehm ich mit. Du wirst bei mir leben wie im Steckkissen."

Er bekam abermals einen Anfall von Großmut und behauptete, daß er allen etwas Gutes erweisen werde: dem Einjährig-Freiwilligen werde er Schokolade kaufen, den Männern aus der Eskorte Rum, den Korporal werde er in die Fotografenabteilung des Stabes der 7. Reiterdivision versetzen lassen, alle werde er erlösen und sie niemals vergessen. Er zog Zigaretten aus der Tasche und begann sie an alle, nicht nur an Schwejk, zu verschenken; dabei verkündete er, daß er allen Arrestanten zu rauchen gestatte und dafür sorgen werde, daß man ihre Strafe mildere und sie wieder dem normalen militärischen Leben zurückgebe.

„Ich will nicht", sagte er, „daß ihr euch meiner im Bösen erinnert. Ich habe viele Bekanntschaften, und mit mir seid ihr nicht verloren. Ihr macht überhaupt auf mich den Eindruck anständiger Menschen, die Gott liebt. Wenn ihr gesündigt habt, so büßt ihr eure Strafe ab, und ich sehe, daß ihr gern und willfährig erduldet, was Gott über euch verhängt hat."

„Aus welchem Grunde", wandte er sich an Schwejk, „sind Sie bestraft worden?"

Abbildung 47: Dobrovsky und Jungmann: Zwei der Begründer der tschechischen Schriftsprache (Quelle: Jan Vilimek)

„Gott hat durch den Regimentsrapport eine Strafe über mich verhängt, Herr Oberfeldkurat", erwiderte Schwejk fromm, „wegen unverschuldetem Zuspätkommen zum Regiment."

„Gott ist im höchsten Maße barmherzig", sagte der Oberfeldkurat feierlich, „er weiß, wen er strafen soll, denn dadurch zeigt er nur seine Voraussicht und Allmacht. Und warum sitzen Sie, Einjährig-Freiwilliger?"

„Ich sitze", antwortete der Einjährig-Freiwillige, „weil der barmherzige Gott geruht hat, Rheumatismus über mich zu verhängen, und ich übermütig geworden bin. Nach Verbüßung der Strafe werde ich in die Küche geschickt werden."

„Was Gott tut, ist wohlgetan", bemerkte der Pater begeistert, als er von der Küche hörte, „auch dort kann ein anständiger Mensch Karriere machen. Gerade zur Küche sollte man intelligente Menschen geben, wegen der Kombinationen, denn es kommt nicht drauf an, wie man kocht, sondern mit welcher Liebe man die Speisen zusammensetzt, auf die Zubereitung und andere Dinge. Nehmen Sie die Soßen. Wenn ein intelligenter Mensch Zwiebelsoße macht, so nimmt er alle Arten Gemüse und dünstet sie auf Butter, dann gibt er Gewürze, Pfeffer, Neugewürz, etwas Muskat, Ingwer dazu; aber ein gewöhnlicher, ordinärer Koch läßt die Zwiebeln kochen und wirft schwarze Einbrenn aus Rindsfett hinein. Sie möcht ich wirklich am liebsten irgendwo in der Offiziersmenage sehn. Ohne Intelligenz kann der Mensch in einem gewöhnlichen Beruf und im Leben durchkommen, aber bei der Küche merkt mans. Gestern Abend in Budweis im Offizierskasino hat man uns unter anderem Nieren a la Madeira serviert. Wer das gemacht hat, dem soll Gott alle Sünden verzeihn, das war wirklich ein Gebildeter, und in der dortigen Küche der Offiziersmenage ist auch wirklich ein Lehrer aus Skutsch. Und dieselben Nieren a la Madeira hab ich in der Offiziersmenage vom 64. Landwehrregiment gegessen. Dort hat man Kümmel hineingetan, so wie man es in einem gewöhnlichen Wirtshaus auf Pfeffer macht. Und wer hat sie gemacht, was war der Koch in Zivil? Viehknecht in einem Bauerngut."

Der Oberfeldkurat verstummte, leitete dann das Gespräch auf das Küchenproblem im Alten und Neuen Testament über und erklärte, daß man die Zubereitung schmackhafter Speisen nach Gottesdiensten und anderen Kirchenfeiern sehr berücksichtige. Dann forderte er alle auf, etwas zu singen, worauf Schwejk, unglücklich wie immer, loslegte:

„Geht das Jungfräulein in die Stadt hinein, der Pfarrer hinterdrein mit einem Fäßchen Wein." Aber der Oberfeldkurat wurde nicht böse.

„Wenns wenigstens bißchen Rum gäbe, es müßt nicht mal ein Fäßchen Wein sein", sagte er lächelnd in durchaus freundschaftlicher Stimmung, „und das Jungfräulein möchten wir uns auch verzeihn, das verführt ohnehin nur zum Sündigen."

Der Korporal griff behutsam in den Mantel und zog eine flache Flasche mit Rum heraus.

„Melde gehorsamst, Herr Oberfeldkurat", meldete er leise, und man konnte merken, welches Opfer er sich selbst brachte, „wenn es Sie vielleicht nicht beleidigt."

„Mich beleidigt nichts, Junge", antwortete mit heller gewordener Stimme freudig der Pater, „ich werde auf eine glückliche Reise trinken."

„Jesusmaria", seufzte der Korporal für sich, als er sah, daß durch den gründlichen Schluck die Flasche halb leer geworden war.

„Ach, Sie Einer, Sie", sagte der Oberfeldkurat lächelnd und blinzelte dem Einjährig-Freiwilligen bedeutungsvoll zu, „fangen Sie noch an zu fluchen. Dann muß der liebe Gott Sie strafen."

Der Pater führte abermals die flache Flasche zum Mund, reichte sie Schwejk und befahl gebieterisch: „Trinks aus."

„Krieg is Krieg", sagte Schwejk gutherzig zum Korporal, während er ihm die leere Flasche reichte. Die Antwort des Korporals bestand in einem sonderbaren Aufblitzen der Augen, wie man es nur bei geisteskranken Menschen zu sehen pflegt.

„Jetzt werde ich bis Wien noch ein bißchen schnarchen", sagte der Oberfeldkurat, „und wünsche, daß ihr mich sofort weckt, wie wir in Wien ankommen."

„Und Sie", wandte er sich an Schwejk, „Sie gehn in die Küche der Offiziersmenage, nehmen ein Besteck und bringen mir das Mittagmahl. Sagen Sie, daß es
für Herrn Oberfeldkurat Lacina ist. Trachten Sie, daß Sie eine doppelte Portion
bekommen. Wenn es Knödel geben sollte, nehmen Sie nicht vom Eck, daran büßt
man nur ein. Dann bringen Sie mir aus der Küche eine Flasche Wein, und nehmen
Sie die Eßschale mit, damit man Ihnen Rum hineingießt."

Pater Lacina wühlte in seinen Taschen.

„Hören Sie", sagte er dem Korporal, „ich hab kein Kleingeld, borgen Sie mir
einen Gulden. So, da haben Sie! Wie heißen Sie?"

„Schwejk."

„Da haben Sie einen Gulden für den Weg, Schwejk. Herr Korporal, borgen Sie
mir noch einen Gulden. - Sehn Sie, Schwejk, den zweiten Gulden bekommen Sie,
wenn Sie alles ordentlich besorgen. - Man soll Ihnen auch Zigaretten und Zigarren
für mich geben. Wenn man Schokolade fassen sollte, so packen Sie eine doppelte
Portion ein, wenns Konserven gibt, so trachten Sie, daß man Ihnen geräucherte
Zunge gibt oder Gansleber. Wenn man Emmentaler gibt, so schaun Sie, daß man
Ihnen nicht vom Rand gibt, und wenn Sie ungarischen Salami fassen sollten, so
kein Ende, hübsch aus der Mitte, damit sie saftig ist."

Der Oberfeldkurat legte sich auf die Bank und schlief bald darauf ein. „Ich
denke", sagte der Einjährig-Freiwillige zum Korporal, während der Pater
schnarchte, „daß Sie mit unserem Findling ganz zufrieden sein können. Er hat sich
ganz nett herausgemaust."

„Er is schon, wie man zu sagen pflegt, abgestillt, Herr Korporal", ergriff Schwejk
das Wort, „er zuzelt schon aus der Flasche."

Der Korporal kämpfte eine Zeitlang mit sich selbst, dann verlor er plötzlich alle
Unterwürfigkeit und sagte hart: „Er is aber sehr zahm."

„Er erinnert mich mit dem Kleingeld, das er nicht hat, an einen gewissen
Mlitschko", bemerkte Schwejk. „Er war Maurer in Dejwitz und hat auch solang
kein Kleingeld gehabt, bis er sich bis zum Hals verschuldet hat und wegen Betrug
eingesperrt worn is. Das große Geld hat er verfressen, und Kleingeld hat er keins
gehabt."

„Beim fünfundsiebzigsten Regiment", ließ sich ein Mann aus der Eskorte vernehmen, „hat der Hauptmann vorm Krieg die ganze Regimentskassa versoffen und

hatn Abschied nehmen müssen, und jetzt is er wieder Hauptmann, und ein Feldwebel, was das Ärar um Tuch auf Aufschläge bestohln hat — es waren über zwanzig Pakete — is heut Stabsfeldwebel, und ein Infanterist is unlängst in Serbien erschossen worn, weil er seine Konserve auf einmal aufgegessen hat, die er sich auf drei Tage hat lassen solln."

„Das gehört nicht her", verkündete der Korporal, „aber das is wahr, sich von einem armen Korporal zwei Gulden auf Trinkgeld ausborgen..."

„Da ham Sie den Gulden", sagte Schwejk, „ich will mich nicht auf Ihr Konto bereichern. Und wenn er mir noch den andern Gulden gibt, so gib ich ihn Ihnen auch zurück, damit Sie nicht heulen. Es sollt Ihnen Freude machen, wenn sich ein militärischer Vorgesetzter von Ihnen Geld auf die Zeche ausborgt. Sie sind aber sehr egoistisch. Hier handelt sichs um elende zwei Gulden. Ich möcht Sie gern sehn, wenn Sie Ihrem militärischen Vorgesetzten das Leben opfern sollten, wenn er verwundet vor der feindlichen Stellung liegen möcht, und Sie ihn retten und auf Ihren Armen wegtragen sollten, und man möcht mit Schrapnells und allem möglichen auf Sie schießen."

„Sie möchten sich bemachen", wehrte sich der Korporal, „Sie Pfeifendeckel, Sie."

„In jedem Gefecht gibts mehrere, was bemacht sind", ließ sich abermals ein Mann aus der Eskorte vernehmen, „unlängst hat uns ein verwundeter Kamerad in Budweis erzählt, daß er sich, wie sie vorgerückt sind, dreimal hintereinander bemacht hat. Zuerst wie sie aus den Deckungen auf den Platz vor den Drahthindernissen hinaufgekrochen sind, dann wie sie angefangen ham sie durchzuschneiden, und zum dritten Mal hat ers in die Hosen gelassen, wie die Russen mit Bajonetten auf sie gestürzt sind und ,Uraa' gebrüllt ham. Dann ham sie angefangen wieder in die Deckungen zurückzulaufen, und von ihrem Schwärm war kein einziger, was nicht bemacht gewesen war. Und ein Toter, der mitn Füßen nach unten oben auf der Deckung gelegen is und dem beim Vorrücken ein Schrapnell den halben Kopf abgerissen hat, wie wenn man ihn entzweigeschnitten hätt, der hat sich im letzten Augenblick so bemacht, daß es aus seinen Hosen über die Schuh heruntergeflossen is in die Deckungen mit samtn Blut. Und die Hälfte von seinem Schädel mitsamtm Hirn is grad druntergelegen. Man weiß gar nicht, wies einem passiert."

„Manchmal", sagt Schwejk, „macht sich einem wieder im Gefecht schlecht, etwas wird einem zuwider. In Prag aufm Pohofejec in der ,Aussicht' hat ein kranker Rekonvaleszent von Przemysl erzählt, daß er dort unter der Festung zum Bajonettangriff gekommen is. Ihm gegenüber is ein Russ' aufgetaucht, ein Kerl wie ein Berg, und is auf ihn mitm Bajonett losgegangen und hat einen großen Tropfen unter der

Nas gehabt. Wie er ihm auf diesen Tropfen geschaut hat, auf diesen Rotz, hat sich ihm herich gleich so schlecht gemacht, daß er hat aufn Hilfsplatz gehn müssen, wo man ihn für cholerakrank befunden hat, man hat ihn in die Cholerabaracke in Pest geschafft, wo er sich auch wirklich angesteckt hat."

„War es ein gewöhnlicher Infanterist oder ein Korporal?" fragte der Einjährig-Freiwillige.

„Ein Korporal", antwortete Schwejk ruhig.

„Das könnt auch jedem Einjährig-Freiwilligen geschehn", sagte der Korporal blöd, aber dabei blickte er siegesbewußt den Einjährig-Freiwilligen an, als wollte er sagen: „Hab ichs dir aber gegeben, was wirst du darauf antworten?"

Der Einjährig-Freiwillige aber schwieg und legte sich auf die Bank. Sie näherten sich Wien. Diejenigen, die nicht schliefen, beobachteten aus dem Fenster die Drahtverhaue und Befestigungen um Wien, was sichtlich im ganzen Zug das Gefühl einer gewissen Niedergeschlagenheit hervorrief.

Das Gebrüll der Hammelhüter aus Bergreichenstein,

„Wann ich kumm, wann ich kumm,
wann ich wieda-wieda kumm",

das aus den Waggons ertönte, verstummte unter dem unangenehmen Eindruck des Stacheldrahtes, mit dem Wien verdrahtet war. „Alles is in Ordnung", sagte Schwejk, die Schützengräben betrachtend.

„Alles is vollkommen in Ordnung, nur daß sich hier die Wiener auf Ausflügen die Hosen zerreißen können. Hier muß man vorsichtig sein."

„Wien ist überhaupt eine wichtige Stadt", fuhr er fort, „wieviel wilde Tiere es nur in der Schönbrunner Menagerie gibt. Wie ich vor Jahren in Wien war, so bin ich mir am liebsten die Affen anschaun gegangen, aber wenn eine Persönlichkeit aus dem kaiserlichen Schloß fährt, so läßt man niemanden durchn Kordon durch. Ein Schneider ausn zehnten Bezirk war mit mir, und den hat man eingesperrt, weil er um jeden Preis die Affen hat sehn wolln."

„Waren Sie auch im Schloß?" fragte der Korporal.

„Dort is sehr schön", antwortete Schwejk, „ich war nicht dort, aber jemand hats mir erzählt, der dort war. Am schönsten is die Burgwache. Jeder von ihnen muß herich zwei Meter hoch sein, und dann kriegt er eine Trafik. Und Prinzessinnen gibts dort wie Mist."

Sie fuhren durch irgendeinen Bahnhof. Hinter ihnen verhallten die Klänge der österreichischen Hymne, die eine wohl irrtümlich hierhergekommene Kapelle spielte, denn erst nach geraumer Zeit fuhren sie mit dem Zug in einen Bahnhof ein, auf dem sie hielten. Es wurde Menage verteilt, und ein feierlicher Empfang fand statt.

Aber es war nicht mehr so wie zu Kriegsbeginn. Zu Kriegsbeginn hatten sich die Soldaten auf der Fahrt an die Front auf jedem Bahnhof überfressen, waren von Kranzeljungfern mit idiotischen weißen Kleidern und noch blöderen Gesichtern, verdammt dummen Blumensträußen und einer noch dümmeren Ansprache irgendeiner Dame empfangen worden, deren Gatte heute den überzeugten Patrioten und Republikaner spielt. Beim Empfang in Wien waren drei Mitglieder des österreichischen Roten Kreuzes anwesend, zwei Mitglieder irgendeines Kriegsvereines, Wiener Frauen und Mädchen, ein offizieller Vertreter des Wiener Magistrats und des Militärkommandanten.

Auf allen Gesichtern zeichnete sich Ermüdung. Die Militärzüge fuhren bei Tag und bei Nacht, Sanitätswagen mit Verwundeten fuhren jede Stunde durch, auf den Bahnhöfen wurden beinahe ununterbrochen Waggons mit Gefangenen von einem Gleis auf das andere verschoben, und bei allem mußten die Mitglieder dieser verschiedenen Korporationen und Vereine zugegen sein. So ging es Tag für Tag, und die ursprüngliche Begeisterung verwandelte sich in Gähnen. Man löste einander im Dienst ab, und jeder, der die Pflicht hatte, auf einem Wiener Bahnhof zu erscheinen, sah genauso müde und erschöpft aus wie diejenigen, welche heute den Zug mit dem Budweiser Regiment erwarteten.

Aus den Viehwagen schauten Soldaten mit dem Ausdruck der Hoffnungslosigkeit, wie ihn jene haben, die zum Galgen gehen. Damen näherten sich ihnen und verteilten Pfefferkuchen an sie mit der Aufschrift aus Zucker „Sieg und Rache!", „Gott strafe England".

„Der Österreicher hat ein Vaterland, er liebt's und hat auch Ursach, fürs Vaterland zu kämpfen".

Man sah, wie sich die Bergbewohner aus Bergreichenstein mit Pfefferkuchen stopften, wobei der Ausdruck der Hoffnungslosigkeit nicht von ihnen wich.

Dann wurde der Befehl erteilt, kompanieweise zu den auf dem Bahnhof stehenden Feldküchen zu marschieren und die Menage zu holen. Dort befand sich auch die Offiziersküche, wo Schwejk die Empfehlung des Oberfeldkuraten bestellte, während der Einjährig-Freiwillige aufs Essen wartete, denn zwei Mann der Eskorte waren für den ganzen Arresrantenwagen Menage holen gegangen.

Schwejk richtete pflichtgetreu den Auftrag aus, und während er das Gleis über-schritt, erblickte er Oberleutnant Lukasch, der zwischen den Schienen auf und ab ging. Er wartete, ob in der Offiziersmenage etwas für ihn übrigbleiben werde.

Seine Situation war recht unangenehm, denn vorläufig hatte er mit Oberleutnant Kirschner zusammen einen Burschen. Der Kerl kümmerte sich eigentlich aus-schließlich um seinen Herrn und führte eine vollständige Sabotage durch, soweit es sich um Oberleutnant Lukasch handelte.

„Wem tragen Sie das, Schwejk?" fragte der unglückliche Oberleutnant, als Schwejk eine Unmenge Sachen, die er aus der Offiziersmenage herausgelockt und in den Mantel eingewickelt hatte, auf die Erde legte. Schwejk war einen Augenblick erschrocken, faßte sich jedoch sofort wieder. Sein Gesicht war voll Jubel und Ruhe, als er entgegnete: „Das is für Sie, melde gehorsamst, Herr Oberlajtnant. Ich weiß nur nicht, wo Sie Ihr Kupee ham, und dann weiß ich auch nicht, ob nicht der Herr Zugkommandant was dagegen haben wird, daß ich mit Ihnen geh. Mir scheint, er is ein Schwein."

Oberleutnant Lukasch blickte fragend auf Schwejk, der jedoch gutmütig und ver-traulich fortfuhr: „Er is wirklich ein Schwein, Herr Oberlajtnant. Wie er im Zug auf Inspektion war, hab ich ihm gleich gemeldet, daß schon elf Uhr is und daß ich die ganze Strafe abgesessen hab und daß ich entweder in den Viehwagen oder zu Ihnen gehör, und er hat mich gemein abgefertigt, ich soll herich nur bleiben, wo ich bin, damit ich Ihnen, Herr Oberlajtnant, wenigstens am Weg nicht wieder einen Schkandal mach."

Schwejk setzte eine Märtyrermiene auf...

„Wie wenn ich Ihnen, Herr Oberlajtnant, überhaupt je Schkandal machen möcht." Oberleutnant Lukasch seufzte.

„Schkandal", fuhr Schwejk fort, „hab ich Ihnen sicher nie gemacht, wenn was passiert is, so wars ein Zufall, eine reine Fügung Gottes, wie der alte Wanitschek aus Pilgram immer gesagt hat, wie er sich die sechsunddreißigste Strafe abgesessen hat. Nie hab ich was zufleiß gemacht, Herr Oberlajtnant, immer hab ich was Ge-schicktes, Gutes machen wolln, und ich kann nicht dafür, wenn wir beide keinen Profit davon gehabt ham und nur lauter Kummer und Unglück."

„Weinen Sie nicht so, Schwejk", sagte Oberleutnant Lukasch mit weicher Stimme, als sie sich dem Stabswaggon näherten, „ich werde alles einrichten, damit Sie wieder bei mir bleiben."

„Melde gehorsamst, Herr Oberlajtnant, ich wein nicht. Mir hats nur plötzlich so furchtbar leid getan, daß wir beide die unglücklichsten Menschen in diesem Krieg und unter der Sonne sind und daß wir beide für nix können. Es is ein gräßliches Schicksal, wenn ich bedenk, daß ich seit jeher so fürsorglich bin."

„Beruhigen Sie sich, Schwejk."

„Melde gehorsamst, Herr Oberlajtnant, wenns nicht gegen die Subordination war, mächt ich sagen, daß ich mich überhaupt nicht beruhigen kann, aber so muß ich sagen, daß ich Ihrem Befehl gemäß schon ganz ruhig bin."

„Also kriechen Sie nur in den Waggon, Schwejk."

„Melde gehorsamst, daß ich schon kriech, Herr Oberlajtnant."

Über das Militärlager in Brück breitete sich nächtliche Stille. In den Mannschaftsbaracken zitterten die Soldaten vor Kälte, und in den Offiziersbaracken wurden die Fenster geöffnet, weil die Baracken überheizt waren.

Von den einzelnen Objekten her, vor denen Wachposten standen, ließen sich von Zeit zu Zeit die Schritte der Wachen vernehmen, die durch Auf- und Abgehen den Schlaf verscheuchten.

Unten in Brück an der Leitha glänzten die Lichter der k. u. k. Fleischkonservenfabrik, wo Tag und Nacht gearbeitet und allerhand Abfälle verarbeitet wurden. Da der Wind von dort in die Allee des Militärlagers wehte, brachte er den Gestank von verfaulenden Sehnen, Hufen, Klauen und Knochen mit, aus denen die Suppenkonserven zubereitet wurden. Von einem verlassenen Pavillon aus, wo in Friedenszeiten irgendein Fotograf die Soldaten fotografiert hatte, die ihre Jugend auf der Militärschießstätte verbrachten, konnte man unten im Tal der Leitha das rote elektrische Licht des Bordells „Zum Kukuruzkolben" sehen, das Erzherzog Stephan während der großen Manöver bei Sopron im Jahre 1908 mit einem Besuch beehrt hatte. Täglich versammelte sich hier eine Offiziersgesellschaft.

Es war das beste verrufenste Lokal, das gemeine Soldaten und Einjährig-Freiwillige nicht betreten durften.

Die gingen ins „Rosenhaus", dessen grüne Lichter man ebenfalls von dem verlassenen Fotografenatelier aus sehen konnte. Es war dieselbe Klasseneinteilung wie später an der Front, als die Monarchie ihren Truppen mit nichts anderem mehr helfen konnte als mit fahrbaren Bordellen beim Brigadestab, den sogenannten „Puffs". Es gab also einen k. u. k. Offizierspuff, einen k. u. k. Unteroffiziers- und einen k. u. k. Mannschaftspuff.

Brück an der Leitha erstrahlte, ebenso wie auf der anderen Seite der Brücke Kiralyhida leuchtete. Zisleithanien und Transleithanien. In beiden Städten, in der ungarischen sowie in der österreichischen, spielten Zigeunerkapellen, strahlten die Fenster der Kaffeehäuser und Restaurants, sang und trank man. Die eingeborenen

Bürger und Beamten führten ihre Frauen und erwachsenen Töchter in diese Kaffeehäuser und Restaurants, und Brück an der Leitha und Kiralyhida waren nichts anderes mehr als ein großes Bordell.

In einer der Offiziersbaracken im Lager wartete Schwejk des Nachts auf Oberleutnant Lukasch, der am Abend in die Stadt ins Theater gegangen und noch nicht zurückgekehrt war. Schwejk saß auf dem offenen Bett des Oberleutnants, und ihm gegenüber auf dem Tisch saß der Diener Major Wenzls.

Der Major war wieder zum Regiment zurückgekehrt, nachdem in Serbien an der Drina seine vollständige Unfähigkeit festgestellt worden war. Man sprach davon, daß er die Pontonbrücke hatte auseinandernehmen und zerstören lassen, als noch die Hälfte seines Bataillons auf der andern Seite stand.

Jetzt war er in Kiralyhida als Kommandant der Militärschießstätte zugeteilt und hatte auch mit der Intendantur im Lager zu tun. In Offizierskreisen munkelte man, Major Wenzl werde sich jetzt wieder auf die Beine helfen. Die Zimmer Lukaschs und Wenzls befanden sich auf dem gleichen Gang. Mikulaschek, der Diener Major Wenzls, ein kleiner, blatternarbiger Bursche, baumelte mit den Beinen und schimpfte: „Ich wunder mich, daß dieser alte Fallott noch nicht kommt! Ich möchte gern wissen, wo sich dieser Zappelgreis die ganze Nacht herumtreibt. Wenn er mir wenigstens den Schlüssel vom Zimmer geben möcht, ich macht mich niederlegen und saufen. Ich hab dort massenhaft Wein."

„Er stiehlt herich", unterbrach ihn Schwejk, der behaglich die Zigaretten seines Oberleutnants rauchte, da ihm dieser verboten hatte, im Zimmer aus der Pfeife zu paffen, „du mußt doch was davon sehn, woher ihr den Wein habt?"

„Ich geh dorthin, wohin er mich schickt", sagte Mikulaschek mit dünner Stimme, „ich krieg eine Karte von ihm, und schon geh ich für Kranke fassen und trags nach Haus."

„Und wenn er dir befehln möcht", fragte Schwejk, „daß du die Regimentskassa stiehlst, möchtest dus machen? Hier bei mir schimpfst du, aber vor ihm zitterst du wie Espenlaub." Mikulaschek blinzelte mit den kleinen Äuglein: „Das mächt ich mir überlegen."

„Nichts darfst du dir überlegen, du grüner Junge, du!" schrie ihn Schwejk an, verstummte jedoch, weil sich die Türe öffnete und Oberleutnant Lukasch eintrat. Er war, wie man sofort merken konnte, in sehr guter Laune, denn er hatte die Mütze verkehrt auf.

Mikulaschek erschrak so sehr, daß er vom Tisch zu springen vergaß; aber er salutierte im Sitzen, denn er vergaß auch, daß er keine Mütze auf dem Kopf hatte.

„Melde gehorsamst, Herr Oberlajtnant, alles in Ordnung", meldete Schwejk, ein streng militärisches, vorschriftsmäßiges Aussehen annehmend, wobei er vergaß, die Zigarette aus dem Mund zu nehmen. Der Oberleutnant bemerkte es jedoch nicht und schritt geradewegs auf Mikulaschek zu, der mit herausgewälzten Augen jede Bewegung des Oberleutnants beobachtete, ununterbrochen salutierte und noch immer auf dem Tisch saß.

„Oberleutnant Lukasch", sagte dieser, mit nicht allzu festen Schritten zu Mikulaschek tretend. „Und wie heißen Sie?"

Mikulaschek schwieg. Lukasch zog einen Stuhl vor den auf dem Tisch sitzenden Mikulaschek, setzte sich, schaute zu ihm hinauf und sagte: „Schwejk, bringen Sie mir aus dem Koffer den Dienstrevolver."

Während Schwejk im Koffer suchte, schwieg Mikulaschek unentwegt und blickte nur entsetzt den Oberleutnant an. Wenn es ihm in diesen Augenblicken klar wurde, daß er auf dem Tisch saß, versetzte ihn dies bestimmt in eine noch größere Verzweiflung, denn seine Füße berührten die Knie des sitzenden Oberleutnants.

„Hölle, wie heißen Sie, Menschenskind?" rief der Oberleutnant zu Mikulaschek hinauf.

Der aber schwieg beharrlich. Wie er später erklärte, hatte ihn bei dem unverhofften Eintritt des Oberleutnants eine Art Lähmung befallen. Er wollte hinunterspringen und konnte nicht, wollte antworten und konnte nicht, wollte aufhören zu salutieren, aber es ging nicht. „Melde gehorsamst, Herr Oberlajtnant", meldete sich Schwejk, „daß der Revolver nicht geladen is."

„Also laden Sie ihn, Schwejk!"

„Melde gehorsamst, Herr Oberlajtnant, daß wir keine Patronen ham und daß man den da sicher schwer vom Tisch herunterschießen können wird. Ich erlaube mir zu bemerken, Herr Oberlajtnant, daß es der Mikulaschek is, der Bursch vom Herrn Major Wenzl. Der verliert immer die Sprache, wenn er jemanden von den Herrn Offizieren sieht. Er schämt sich überhaupt zu sprechen. Es is überhaupt, wie ich sag, so ein blödes grünes Füllen. Der Herr Major Wenzl läßts immer am Gang stehn, wenn er in die Stadt geht, und es treibt sich mit Ach und Krach bei den andern Burschen in den Baracken herum. Wenns noch einen Grund hätt, so zu erschrecken, aber es hat ja eigentlich nichts angestellt."

Schwejk spuckte aus, und seiner Stimme sowie dem Umstand, daß er von Mikulaschek im sächlichen Geschlecht sprach, merkte man seine vollständige Verachtung der Feigheit und des unmilitärischen Betragens seines Kollegen an.

Abbildung 48: Portrait Wenzels II, König von Böhmen (14. Jh.)

„Erlauben Sie", fuhr Schwejk fort, „daß ich zu ihm rieche." Schwejk zog den unaufhörlich idiotisch auf den Oberleutnant schauenden Mikulaschek vom Tisch, stellte ihn auf den Boden und roch zu seinen Hosen.

„Noch nicht", verkündete er, „aber es fängt schon an. Soll ich ihn hinauswerfen?"

„Werfen Sie ihn hinaus, Schwejk."

Schwejk führte den zitternden Mikulaschek auf den Gang, schloß hinter sich die Türe zu und sagte ihm: „Ich hab dir also das Leben gerettet, du blöder Kerl. Daß du mir dafür still eine Flasche Wein bringst, bis der Herr Major zurückkommt. Spaß beiseite. Ich hab dir wirklich das Leben gerettet. Wenn mein Oberleutnant besoffen is, so is es schlimm, mit dem verstehs nur ich und kein anderer."

„Ich bin..."

„Ein Furz bist du", drückte sich Schwejk verächtlich aus, „sitz auf der Schwelle und wart, bis dein Major zurückkommt."

330

„Daß Sie endlich kommen", wurde Schwejk von Oberleutnant Lukasch empfangen, „ich will mit Ihnen sprechen. Sie müssen nicht wieder so blöd Habtacht stehn — setzen Sie sich, Schwejk, und lassen Sie sich das in Befehl! Halten Sie das Maul und passen Sie gut auf! Wissen Sie, wo in Kiralyhida die Sopronyi utca ist? Lassen Sie sich schon endlich mal Ihr: ‚Melde gehorsamst, Herr Oberlajtnant, ich weiß es nicht.' Wenn Sies nicht wissen, so sagen Sie: ich weiß nicht, und basta. Schreiben Sie sich auf ein Stückchen Papier auf: ‚Sopronyi utca, Nummer 16'. In dem Haus ist ein Eisengeschäft. Wissen Sie, was das ist, ein Eisengeschäft? Herrgott, sagen Sie nicht: Melde gehorsamst. Sagen Sie: ich weiß oder ich weiß nicht. Wissen Sie also, was ein Eisengeschäft ist? Sie wissen es, gut. Der Laden gehört einem Magyaren, einem gewissen Kakonyi. Wissen Sie, was das ist, ein Magyar? Also Himmelherrgott, wissen Sies oder wissen Sies nicht? Sie wissen es, gut. Oben über dem Laden ist der erste Stock, und dort wohnt er. Wissen Sie davon? Sie wissen es nicht, Kruzifix, ich sag Ihnen also, daß er dort wohnt. Genügt Ihnen das? Es genügt Ihnen, gut. Wenn es Ihnen nicht genügen sollte, laß ich Sie einsperren. Haben Sie sich notiert, daß der Kerl Kakonyi heißt? Gut, also Sie werden morgen früh ungefähr um zehn Uhr in die Stadt hinuntergehn, das Haus finden und in den ersten Stock hinaufgehn und Frau Kakonyi diesen Brief übergeben."

Oberleutnant Lukasch öffnete die Brusttasche und gab Schwejk gähnend einen weißen Briefumschlag ohne Adresse in die Hand. „Es ist eine sehr wichtige Angelegenheit, Schwejk", fuhr er fort.

„Vorsicht schadet nie, und deshalb steht, wie Sie sehn, keine Adresse drauf. Ich verlaß mich vollständig auf Sie, daß Sie den Brief richtig abgeben. Notieren Sie sich noch, daß die Dame Etelka heißt, schreiben Sie sich auf ‚Frau Etelka Kakonyi'. Ich sag Ihnen noch, daß Sie den Brief unter allen Umständen diskret überreichen und auf Antwort warten müssen. Daß Sie auf Antwort warten solln, das steht schon im Brief. Was wolln Sie noch?"

„Wenn sie mir keine Antwort geben möchte, Herr Oberlajtnant, was soll ich machen?"

„Dann werden Sie sie daran erinnern, daß ich um jeden Preis Antwort bekommen muß", antwortete der Oberleutnant, neuerdings über das ganze Gesicht gähnend, „jetzt geh ich aber schon schlafen, ich bin heut wirklich müde. Was ich nur zammgetrunken hab. Ich denke, jeder war so müde nach so einem Abend und so einer Nacht."

Oberleutnant Lukasch hatte ursprünglich nicht die Absicht gehabt, lange auszubleiben. Er war gegen Abend aus dem Lager in die Stadt gegangen, um das magyarische Theater in Kiralyhida zu besuchen. Man spielte eine magyarische Operette, deren Hauptrollen mit mollerten jüdischen Schauspielerinnen besetzt waren, deren fabelhafter Vorzug darin bestand, daß sie beim Tanzen die Beine in die Höhe warfen und weder Trikots noch Hosen anhatten. Der größeren Attraktionskraft auf die Offiziere zulieb rasierten sie sich unten aus wie die Tatarinnen. Die Galerie hatte davon allerdings keinen Genuß, einen um so größeren aber die Artillerieoffiziere, die unten im Parkett saßen und dieses schönen Anblicks halber ins Theater ihre Artillerietrieder mitnahmen.

Oberleutnant Lukasch interessierte diese interessante Schweinerei jedoch nicht, denn der ausgeborgte Operngucker war nicht achromatisch, und Lukasch erblickte statt der Schenkel nur wackelnde violette Flächen. In der Pause nach dem ersten Akt fesselte ihn eher eine Dame, die einen Herrn in mittleren Jahren, der sie begleitete, zur Garderobe zog und ihm erklärte, daß sie sofort nach Hause gehen und solche Sachen nicht mit ansehen werde. Das sagte sie ziemlich laut in deutscher Sprache, worauf ihr Begleiter auf magyarisch erwiderte: „Ja, Engelchen, wir gehn, ich bin einverstanden. Es ist wirklich eine geschmacklose Sache."

„Es ist ekelhaft", antwortete die Dame entrüstet, als der Herr ihr den Abendmantel umwarf. Ihre Augen loderten dabei vor Aufregung über diese Unverschämtheit, große, schwarze Augen, die so gut zu ihrer schönen Gestalt paßten. Sie schaute dabei Oberleutnant Lukasch an und wiederholte noch einmal energisch: „Ekelhaft, wirklich ekelhaft!" Das war entscheidend für einen kurzen Roman.

Die Informationen der Garderobiere gingen dahin, daß es sich um das Ehepaar Kakonyi handle. Der Herr habe in der Sopronyi utca Nummer 16 ein Eisengeschäft.

„Und wohnt mit Frau Etelka im ersten Stock", sagte die Garderobiere mit der Genauigkeit einer alten Kupplerin, „sie ist eine Deutsche aus Sopron, und er ist Magyar; hier ist alles durcheinandergemischt."

Oberleutnant Lukasch nahm ebenfalls seinen Mantel aus der Garderobe und ging in die Stadt, wo er in der großen Weinstube „Zum Erzherzog Albrecht" mit einigen Offizieren vom 91. Regiment zusammentraf. Er sprach nicht viel und trank desto mehr. Dabei kombinierte er, was er der strengen, moralischen, hübschen Dame, die ihn entschieden mehr anzog als all die Affen auf der Bühne - wie die andern Offiziere sie bezeichneten -, eigentlich schreiben solle.

Überaus gut gelaunt, begab er sich dann in das kleine Kaffeehaus „Zum Kreuz des heiligen Stephan", zog sich in ein kleines Chambre separee zurück, jagte eine

Rumänin davon, die sich erbötig machte, sich nackt auszuziehen, worauf er mit ihr machen könne, was er wolle, bestellte Tinte, Feder, Briefpapier und eine Flasche Kognak und schrieb noch bedächtiger Erwägung folgenden Brief, der ihm der schönste zu sein schien, den er jemals geschrieben hatte:

„Gnädige Frau!
Ich war gestern im Stadttheater bei dem Stück zugegen, das Sie so entrüstet hat. Ich habe Sie schon während des ganzen ersten Aktes beobachtet, Sie und Ihren Herrn Gemahl. Wie ich bemerkt habe..."

„Nur los auf ihn", sagte sich Oberleutnant Lukasch, „welches Recht hat dieser Kerl, so eine reizende Frau zu haben. Er sieht ja aus wie ein rasierter Pavian."

Er fuhr fort: „hat Ihr Herr Gemahl mit größtem Verständnis die Obszönitäten betrachtet, die auf der Bühne vor sich gingen und bei Ihnen, gnädige Frau, Abscheu erweckten, weil das keine Kunst war, sondern eine ekelhafte Spekulation auf die intimsten Gefühle des Menschen."

„Das Weib hat einen Busen", dachte Oberleutnant Lukasch, „nur frisch drauflos!"

„Verzeihen Sie, gnädige Frau, daß ich, ohne daß Sie mich kennen, trotzdem aufrichtig zu Ihnen bin. Ich habe in meinem Leben viele Frauen gesehen, aber keine hat auf mich so einen Eindruck gemacht wie Sie, denn Ihr Urteil und Ihre Lebensanschauung stimmen vollkommen mit meinen Anschauungen überein. Ich bin überzeugt, daß Ihr Herr Gemahl ein krasser Egoist ist, der Sie mit sich schleppt..."

„Das geht nicht", sagte sich Oberleutnant Lukasch, strich das „mit sich schleppt" durch und schrieb stattdessen: „...der Sie, gnädige Frau, in seinem Interesse zu Theateraufführungen mitnimmt, die einzig und allein seinem Geschmack entsprechen. Ich liebe die Aufrichtigkeit. Ich will mich durchaus nicht in Ihr Privatleben drängen und wünsche nur, mit Ihnen privat über reine Kunst sprechen zu können..."

„Hier in den Hotels wirds nicht gehn, ich werde sie nach Wien mitnehmen müssen", dachte der Oberleutnant noch, „ich werde mir einen kleinen Urlaub nehmen."

„Deshalb wage ich es, gnädige Frau, Sie um eine Zusammenkunft zu bitten, damit wir uns in allen Ehren näher kennenlernen. Sie werden dies gewiß nicht einem Menschen verwehren, dessen in kürzester Zeit der traurige Frontdienst harrt und der für den Fall Ihrer liebenswürdigen Zustimmung im Schlachtgetümmel die schönste Erinnerung an eine Seele bewahren wird, die ihn ebenso begriffen hat, wie er selbst sie begriff. Ihre Entscheidung wird mir ein Wink sein, Ihre Antwort ein entscheidender Augenblick in meinem Leben."

Er setzte seinen Namen darunter, trank den Kognak aus und bestellte noch eine Flasche. Und während er ein Gläschen nach dem andern trank, weinte er beinahe nach jedem Satz, als er seine letzten Zeilen las.

Es war neun Uhr früh, als Schwejk Oberleutnant Lukasch weckte:

„Melde gehorsamst, Herr Oberlajtnant, daß Sie den Dienst verschlafen ham und ich schon mit Ihrem Brief nach Kiralyhida gehn muß. Ich hab Sie schon um sieben Uhr geweckt, dann um halb acht, dann um acht, wie man schon zur Übung vorbeimarschiert is, und Sie ham sich nur auf die andere Seite umgedreht, Herr Oberlajtnant ... Hallo, Herr Oberlajtnant...!"

Oberleutnant Lukasch wollte sich nämlich, etwas vor sich hin murmelnd, wieder auf die Seite legen, was ihm nicht gelang, weil Schwejk ihn unbarmherzig rüttelte und brüllte: „Herr Oberlajtnant, ich geh mit dem Brief nach Kiralyhida."

Der Oberleutnant gähnte: „Mit dem Brief? Ja, mit dem Brief, das ist eine diskrete Angelegenheit, verstehn Sie, ein Geheimnis zwischen uns. Abtreten."

Der Oberleutnant wickelte sich abermals in die Decke, aus der Schwejk ihn herausgezogen hatte, und schlief wieder ein, während Schwejk nach Kiralyhida pilgerte.

Die Sopronyi utca Nummer 16 zu finden wäre nicht so schwer gewesen, wenn er nicht zufällig dem alten Sappeur Woditschka begegnet wäre, der den „Steirerbuam" zugeteilt war, deren Kaserne unten im Lager stand. Woditschka hatte Vorjahren in Prag in „Na Bojischti" gewohnt, und deshalb war es selbstverständlich, daß die beiden, als sie einander begegneten, beim „Schwarzen Lamm" in Brück einkehrten, wo eine Bekannte von ihnen, namens Ruzenka, als Kellnerin angestellt war, eine Tschechin, bei der sämtliche tschechische Einjährig-Freiwilligen, die im Lager waren, Schulden machten.

In letzter Zeit spielte sich Sappeur Woditschka, ein alter Fuchs, als ihr Kavalier auf, führte alle Marschbataillone, die aus dem Lager abgingen, in Evidenz und mahnte die tschechischen Einjährig-Freiwilligen zur rechten Zeit, um sie davon abzuhalten, im Kriegsgetümmel zu verschwinden, ohne ihre Schulden bezahlt zu haben.

„Wohin gehst du eigentlich?" fragte Woditschka, als sie zum ersten Mal von dem guten Wein getrunken hatten.

334

„Das is ein Geheimnis", antwortete Schwejk, „aber dir als altem Kameraden vertrau ichs an."

Er erklärte ihm alles haarklein, und Woditschka sagte, er sei ein alter Sappeur und könne Schwejk nicht verlassen, und sie würden den Brief deshalb zusammen abgeben.

Sie unterhielten sich ausgezeichnet über verflossene Zeiten, und als sie nach zwölf Uhr aus dem „Schwarzen Lamm" traten, erschien ihnen alles natürlich und leicht.

Außerdem waren sie im Innern fest überzeugt, daß sie sich vor niemandem fürchteten. Woditschka legte während des ganzen Wegs in die Sopronyi utca Nummer 16 einen fürchterlichen Haß gegen die Magyaren an den Tag und erzählte ununterbrochen, wie er sich mit ihnen raufe, wann und wo er sich mit ihnen herumgerauft habe und wann und wo ihn etwas daran gehindert habe, sich mit ihnen zu raufen.

„Einmal hatten wir dir schon so einen magyarischen Lackl in Pausdorf, wohin wir Sappeure auf Wein gegangen sind, an der Kehle, ich will ihm im Finstern eins mitn Überschwung übern Schädel geben, denn gleich, wies angefangen hat, ham wir mit der Flasche die Hängelampe zerhaut, und er fängt auf einmal an zu schrein: ‚Tondo, das bin doch ich, der Purkrabelc, vom 16. Landwehr!' Um ein Haar wärs ein Irrtum gewesen. Dafür hamr ihnen, den Hampelmännern, den magyarischen, am Neusiedler See ordentlich heimgezahlt, wie wir uns ihn vor drei Wochen anschaun gegangen sind. Dort liegt in einem nahen Dorf eine Abteilung Maschinengewehre von irgendeinem Honvedregiment, und wir sind zufällig alle in ein Wirtshaus gegangen, wo sie ihren Csardas getanzt ham wie tolle Hunde und das Maul angelweit aufgesperrt ham mit ihrem: ‚Uram, uram, birö uram', oder „Leanyok, leanyok, leanyok a falubra'. Wir setzen uns ihnen vis-a-vis; nur die Überschwünge hamr uns aufn Tisch gelegt und sagen uns: Ihr verflixten Kerle, wir wern euch geben, leanyok, und ein gewisser Mejstrik, was eine Flosse gehabt hat wie der Weiße Berg, hat sich gleich angeboten, daß er bißl tanzen und einem Lauskerl das Mädl mitten im Tanz wegnehmen wird. Die Mädels waren verdammt fesche Kröten, solche dickwadige, mit großen Popos, großen Hüften und Augen, und wie diese magyarischen Kerle sich an sie gequetscht ham, hat man gesehn, daß die Mädls volle, harte Brüste ham wie Bälle und daß ihnen das sehr guttut und daß sie sich im Wurstkessel auskennen. Also unser lieber Mejstrik springt in den Kreis und will einem Honved die Fescheste wegnehmen; der hat was zu knurren angefangen, und der Mejstrik hat ihm gleich eins aufgeklebt; er is umgefalln, wir ham gleich die

Überschwünge gepackt, ham uns sie um die Hand gewickelt, damit uns die Bajonetts nicht wegfliegen, sind zwischen sie gesprungen, ich hab aufgeschrien: ‚Schuldig, unschuldig, nehmts der Reihe nach!', und schon is es gegangen wie geschmiert. Sie ham angefangen, aus den Fenstern hinauszuspringen, wir ham sie in den Fenstern an den Füßen gefangen und wieder in den Saal gezogen. Wer nich von den Unsern war, der hat was abgekriegt. Der Bürgermeister mitm Gendarm ham sich auch hineinverwickelt, und gleich ham sie auch eins aufn Buch gekriegt. Der Wirt hat auch Prügel bekommen, weil er angefangen hat, deutsch aufzuheißen, daß wir herich die Unterhaltung verderben. Wir ham dann noch die, was sich vor uns ham verstecken wolln, im Dorf gefangen. Zum Beispiel einen von ihren Zugführern, den hamr aufn Boden in einem Bauernhof ganz unten unterm Dorf im Heu vergraben gefunden. Sein Mädl hat uns verraten, weil er dort mit einer andern getanzt hat. Sie hat sich in unsern Mejstrik verschossen und is dann mit ihm den Weg hinauf nach Kiralyhida gegangen, wo unterm Wald Heuschober stehn. Sie hat ihn in so einen Heuschober hineingezogen und hat dann fünf Kronen von ihm haben wolln, und er hat ihr eins übers Maul gegeben. Dann hat er uns oben knapp beim Lager eingeholt und hat gesagt, daß er immer geglaubt hat, daß die Magyarinnen feuriger sind, aber daß diese Sau gelegen is wie ein Klotz und fort was geplappert hat.

Die Magyaren sind mit einem Wort ein Gesindel", schloß der alte Sappeur Woditschka, worauf Schwejk bemerkte: „Mancher Magyar kann auch nicht dafür, daß er ein Magyar is."

„Was soll er nicht dafür können", regte sich Woditschka auf, „jeder kann dafür, das is eine Dummheit. Ich möchts dir wünschen, daß sie dich mal so in Parad nehmen möchten, wies mir passiert is, wie ich den ersten Tag zu den Kursen hergekommen bin. Noch am selben Nachmittag ham sie uns schon in die Schule zusammgetrieben wie eine Herde Vieh, und so ein Blödian hat uns dort angefangen vorzuzeichnen und zu erklären, was das sind Blindagen, wie man Fundamente legt, wie man das ausmißt, und wers herich früh nicht aufgezeichnet haben wird, wie ers erklärt, wird eingesperrt und angebunden wern. ‚Kruzifix', denk ich mir, ‚hast du dich an der Front deshalb in diese Kurse gemeldet, damit du dich von der Front drückst oder damit du am Abend mit einem Bleistift ein Heft voll malst wie ein Schuljunge?' So eine Wut hat mich gepackt, ich hab kein Sitzfleisch nicht gehabt, nicht mal anschaun hab ich den Blödian können, was uns das erklärt hat. Am liebsten hätt ich alles zerdroschen, so eine Wut hab ich gehabt. Nicht mal aufn Kaffee hab ich gewartet und bin gleich aus der Baracke nach Kiralyhida gegangen und hab vor Wut an nichts anderes gedacht, als mir in der Stadt eine stille Butike zu finden, mich dort zu besaufen und einen Krawall zu schlagen, jemanden übers Maul zu haun und dann ausgetobt nach Haus zu gehn. Der Mensch denkt, aber Gott lenkt. Beim Fluß zwischen den Gärten hab ich wirklich so ein Lokal gefunden, still wie eine Kapelle, wie geschaffen für einen Krawall. Zwei Gäste sind dort gesessen und ham sich mitsamm magyarisch unterhalten, was mich noch mehr aufgebracht hat, und ich war auch schon früher und stärker besoffen, als ich mir gedacht hab, so daß ich bei diesem Affen gar nicht bemerkt hab, daß nebenan noch ein Lokal is, wohin während der Zeit, was ich mich vorbereitet hab, ungefähr acht Husaren ge-kommen sind, was auf mich losgegangen sind, wie ich den beiden ersten Gäster eins übers Maul gegeben hab. Diese Saukerle, die Husaren, ham mich dir so zu richtet und zwischen den Gärten herumgejagt, daß ich überhaupt nicht nach   is getroffen hab bis gegen früh und gleich aufs Marodenzimmer hab gehn   ssen, wo ich mich ausgeredet hab, daß ich in die Ziegelei gefallen bin, un·   .e ganze Woche ham sie mich in ein nasses Leintuch gewickelt, damit si·'   .r nicht der Rücken entzündet. Das wünsch dir, mein Lieber, unter solche·   .unken zu gera-ten. Das sind keine Menschen, das sind Viecher."

„Womit man umgeht, dadurch kommt man ur·'   .agte Schwejk, „du darfst dich auch nicht über sie wundern, daß sie sich ä   .n, wenn sie den ganzen Wein aufm Tisch stehn lassen müssen und dich i·   .nstern in den Gärten herumjagen solln. Sie hätten sichs mit dir auf der S·   .n Lokal abmachen solln und dich dann herauswerfen. Für sie wärs besser   .esen und für dich auch, wenn sie sichs mit dir bei Tisch ausgemacht h·   .n. Ich hab einen gewissen Paroubek gekannt, einen Schnapsbutikbesitzer ·   Lieben. Einmal hat sich bei ihm ein Drahtbinder mit Wacholderschnaps besof·   und hat angefangen zu schimpfen, daß der Schnaps schwach is, daß er Was·   .ineingießt und daß man hundert Jahre drahten und sich fürn ganzen Verdier   Wacholderschnaps kaufen und ihn auf einmal austrinken könnt und noch ir   ·r die Kraft hätt, auf einem Seil zu gehn und ihn, den Paro-ubek, in den Arr   . zu tragen. Dann hat er dem Paroubek noch gesagt, daß er ein Hund und ein·   .e Bestie is. Da hat ihn der liebe Paroubek gepackt, hat ihm seine Mausefallen ·   . Drähte um den Kopf geschlagen und ihn herausgeworfen und hat ihn auf der   .aße mit dem Stock, womit man die Rouleaus herunterzieht, bis her-unter auf·   .validenplatz geprügelt. Dann hat er ihn, so wild war er geworn, übern Invalide·   .atz durch Karolinenthal bis hinauf nach Zizkov gejagt, von dort über die Jud·   .öfen nach Maleschitz, wo er endlich an ihm den Stock zerbrochen hat, so daß ·   ·at nach Lieben zurückgehn können. Ja, aber in der Aufregung hat er dran vergessen, daß wahrscheinlich noch alle Gäste in der Schnapsbutik waren und daß diese Halunken dort wahrscheinlich allein wirtschaften wern. Und er hat sich auch davon überzeugt, wie er endlich wieder in seine Schnapsbutik gekommen is. Bei der Schnapsbutik waren die Rouleaus halb heruntergelassen, zwei Polizisten sind dabeigestanden, was auch stark beschwipst waren, wie sie drinnen Ordnung gemacht ham. Alles war halb ausgetrunken, auf der Gasse ein leeres Rumfaß, und unterm Pult hat der Paroubek zwei besoffene Kerle gefunden, was von den Polizisten übersehn worn sind und was ihm, wie er sie herausgezogen hat, zu zwei Kreuzern ham zahln wolln, daß sie herich nicht mehr Kümmel getrunken ham. So wird Übereiltheit bestraft. Das hast du wie im Krieg. Erst schlagen wir den Feind und dann fort und fort hinter ihm her, und zum Schluß können wir selbst nicht schnell genug laufen."

„Ich hab mir die Kerle gut gemerkt", ließ sich Woditschka vernehmen, „wenn mir so einer von diesen Husaren in den Weg laufen tat, ich möchts ihm zeigen. Mit uns Sappeuren is, wenns in uns hineinfährt, nicht zu spaßen. Wir sind nicht wie die eisernen Fliegen. Wie wir an der Front bei Przemysl waren, so war bei uns ein gewisser Hauptmann Jetzbacher, eine Sau, wie es keine zweite unter der Sonne gibt. Der hats so getroffen, uns zu sekkieren, daß ein gewisser Bitterlich von unserer Kompanie, ein Deutscher, aber ein sehr braver Mensch, sich wegen ihm erschossen hat. Also hamr uns gesagt, bis es von der russischen Seite zu pfeifen anfangen wird, darf auch unser Hauptmann Jetzbacher nicht am Leben bleiben. Und so hamr auch gleich, wie die Russen auf uns zu schießen angefangen ham, bei dem Geplänkel fünf Schüsse auf ihn abgegeben. Das Luder hat noch gelebt wie eine Katze, so hamr ihm mit zwei Schüssen den Rest geben müssen, damit nichts draus wird; nur gebrummt hat er, aber so komisch, es war sehr gelungen."

Woditschka lachte: „Das hast du an der Front an der Tagesordnung. Ein Kamerad von mir, er is jetzt auch bei uns, hat mir erzählt, daß seine Kompanie, wie er als Infanterist vor Belgrad war, im Gefecht ihren Oberlajtnant erschossen hat, auch so einen Hund, was selbst zwei Soldaten am Marsch erschossen hat, weil sie schon nicht weiterkonnten. Der, wies mit ihm zu End gegangen is - hat plötzlich das Rückzugssignal zu pfeifen angefangen. Sie ham sich herich um ihn herum totlachen können."

Während dieses fesselnden und lehrreichen Gesprächs fanden Schwejk und Woditschka schließlich die Eisenhandlung Herrn Kakonyis in der Sopronyi utca 16.

„Du solltest doch nur lieber hier warten", sagte Schwejk zu Woditschka vor der

Einfahrt des Hauses, „ich lauf nur in den ersten Stock und geb den Brief ab, wart auf Antwort und bin gleich wieder unten."

„Ich soll dich verlassen?" meinte Woditschka verwundert, „du kennst nicht die Magyaren, ich sag dirs fort. Hier müssen wir aufpassen. Ich wer ihm eins aufhaun..."

„Hör mal, Woditschka", sagte Schwejk ernst, „hier handelt sichs nicht um einen Magyar, hier handelt sichs um seine Frau. Ich hab dir das doch alles erklärt, wie wir mit der tschechischen Kellnerin gesessen sind, daß ich einen Brief von meinem Oberlajtnant trag und daß es ein großes Geheimnis is. Nämlich mein Oberlajtnant hat mir doch ans Herz gelegt, daß davon keine lebendige Seele wissen darf, und deine Kellnerin hat doch selbst gesagt, daß das ganz gut is, daß das eine diskrete Sache is. Nämlich es niemand erfahren darf, daß sich der Herr Oberlajtnant mit einem verheirateten Weibsbild Briefe schreibt. Und du selbst warst auch dafür und hast dazu mitn Kopf genickt. Ich habe euch doch erklärt, wie sichs gehört und gebührt, daß ich den Befehl meines Oberlajtnants genau ausführen will, und auf einmal willst du mit aller Gewalt mit hinaufgehn."

„Du kennst mich noch nicht, Schwejk", antwortete ebenfalls sehr ernst der alte Sappeur Woditschka, „wenn ich schon mal gesagt hab, daß ich dich begleit, so merk dir, daß mein Wort für hundert gilt. Wenn zwei gehn, is es immer sicherer."

„Davon, Woditschka, wer ich dich abbringen. Weißt du, wo aufn Wyschehrad die Neklangasse is? Dort hat der Schlosser Wobornik seine Werkstatt gehabt. Er war ein ehrlicher Mensch, und eines Tags, wie er vom Flamendieren nach Haus gekommen is, hat er sich noch einen Flamender zum Schlafen mitgebracht. Dann is er lang und lang gelegen, und jeden Tag, wenn ihm seine Frau die Wunden am Kopf verbunden hat, hat sie ihm gesagt: ‚Siehst du, Toni, wenn ihr nicht zwei gekommen wärt, hätts nur einen Krawall gesetzt, und ich hätt dir nicht die Dezimalwaage aufn Kopf geworfen.' Und er hat dann, wie er schon sprechen könnt, gesagt: „Hast recht, Mutter, bis ich nächstens wohin geh, wer ich niemanden mitschleppen.'"

„Das macht noch so fehln", ereiferte sich Woditschka, „daß uns dieser Magyar noch was an den Kopf werfen wollt. Ich pack ihn am Hals und werf ihn vom ersten Stock die Stiegen herunter, daß er fliegen wird wie ein Schrapnell. Auf diese magyarischen Kerle muß man Schorf kommen. Was für Faxen mit ihnen."

„Woditschka, du hast doch nicht so viel getrunken. Ich hab zwei Viertel mehr gehabt wie du. Überleg dir nur das eine, daß wir keinen Schkandal machen dürfen. Ich bin dafür verantwortlich. Es handelt sich doch um ein Weibsbild."

Abbildung 49: Rumänische Gefangene (Quelle: Unbekannter Kriegs-Fotograf)

„Ich hau auch dem Weibsbild eins herunter, Schwejk, mir is das alles eins, da kennst du noch nicht den alten Woditschka. Einmal in Zabehlitz auf der ,Roseninsel' hat so eine Larve nicht mit mir tanzen wolln, daß ich herich ein geschwollenes Maul hob. Ich hab ein geschwollenes Maul gehabt, das is wahr, weil ich grad aus einer Tanzunterhaltung in Hostiwaf gekommen bin, aber stell dir diese Beleidigung von dem Flitscherl vor. ,Also da ham Sie auch eins, sehr geehrtes Fräulein', hab ich gesagt, ,damits Ihnen nicht leid tut.' Wie ich ihr eins hinuntergehaut hab, hat sie im Garten den ganzen Tisch mitsamt den Gläsern umgeworfen, an dem sie mit Vater und Mutter und zwei Brüdern gesessen is. Aber ich hab mich vor der ganzen ,Roseninsel' nicht gefürchtet. Es waren dort Bekannte aus Wrschowiti, und die ham mir geholfen. Wir ham vielleicht fünf Familien samt den Kindern verprügelt. Man hats bis nach Michle hören müssen, und dann is die ganze Geschichte von dieser Garten Unterhaltung, von diesem Wohltätigkeitsverein von irgendwelchen Landsleuten aus irgendeiner Stadt auch in der Zeitung gestanden. Und dann, wie gesagt, wie mir andere geholfen harn, so helf auch ich immer jedem Kameraden, wenns zu was kommen soll. Um keinen Preis rühr ich mich von dir. Diese Magyaren kennst du nicht. — Das kannst du mir doch nicht antun, daß du mich von dir wegstoßt, wenn wir uns nach so vielen Jahren sehn und noch dazu unter solchen Umständen."

„Na, also, komm mit", entschied Schwejk, „aber vorsichtig vorgehn, damit wir keine Unannehmlichkeiten ham."

„Nur keine Angst nicht, Kamerad", sagte Woditschka leise, als sie auf die Treppe zuschritten, „ich hau ihm eins herunter..."

Und noch leiser fügte er hinzu: „Du wirst sehn, dieser magyarische Junge wird uns keine Arbeit geben."

Und wenn jemand im Flur gewesen wäre und tschechisch verstanden hätte, würde er das auf der Stiege bereits lauter gesprochene Schlagwort Woditschkas vernommen haben: „Diese Magyaren kennst du nicht..."

Ein Schlagwort, zu dem er in dem stillen Lokal an der Leitha zwischen den Gärten des berühmten Kiralyhida gekommen war. Der Berge, die es umgeben, werden die Soldaten immer unter Flüchen gedenken, wenn sie sich an all die „Übungen" vor dem Weltkrieg und während des Weltkrieges erinnern werden, bei denen sie theoretisch für die praktischen Massakers und Metzeleien vorbereitet wurden.

Schwejk und Woditschka standen vor der Wohnungstür Herrn Kakonyis. Bevor sie auf den Knopf der Klingel drückten, bemerkte Schwejk: „Hast du mal gehört, Woditschka, daß Vorsicht die Mutter der Weisheit is?"

„Ich kümmer mich nicht drum", antwortete Woditschka, „er darf nicht mal Zeit haben, das Maul aufzumachen..."

„Ich hab auch mit niemandem nichts zu verhandeln, Woditschka."

Schwejk klingelte, und Woditschka sagte laut: „Eins, zwei, und er fliegt die Stiege herunter."

Die Türe wurde geöffnet, ein Dienstmädchen erschien und fragte auf magyarisch, was sie wünschten.

„Nem tudom", sagte Woditschka verächtlich, „lern tschechisch, Mädl."

„Verstehe Sie Deutsch?" fragte Schwejk.

„A pischen."

„Also sogen Sie der Frau, ich will die Frau sprechen, sagen Sie, daß ein Brief is von einem Herrn, draußen im Gang!"

„Ich wunder mich über dich", sagte Woditschka, hinter Schwejk ins Vorzimmer tretend, „daß du mit so einem Luder sprichst." Sie standen im Vorzimmer, schlossen die Türe, und Schwejk bemerkte nur:

„Hübsch ham sies hier eingerichtet, sogar zwei Regenschirme am Rechen, und das Bild vom Herrn Jesus ist auch nicht schlecht." Aus einem Zimmer, aus dem das Klappern von Löffeln und Klirren von Tellern drang, trat abermals das Dienstmädchen und sagte zu Schwejk:

„Frau is gesagt, daß sie hat ka Zeit, wenn was is, daß mir geben und sagen."

„Also", sagte Schwejk feierlich, „der Frau ein Brief, aber halten Kuschen." Er zog den Brief Oberleutnant Lukaschs aus der Tasche.

„Ich", sagte er, mit dem Finger auf sich zeigend, „Antwort warten hier im Vorzimmer."

„Was setzt du dich nicht?" fragte Woditschka, der schon auf einem Stuhl an der Wand saß, „dort hast du einen Sessel. Wirst hier stehn wie ein Bettler. Erniedrig dich nicht vor dem Magyaren. Wirst sehn, daß wir Scherereien mit ihm haben wern, aber ich hau ihm eins herunter."

„Hör mal", sagte er nach einer Pause, „wo hast du Deutsch gelernt?"

„Von selbst", antwortete Schwejk. Wieder war es eine Zeitlang still. Dann drang aus dem Zimmer, wohin das Dienstmädchen den Brief getragen hatte, großer Lärm und Geschrei. Jemand schlug mit etwas Schwerem auf den Boden, dann konnte man deutlich erkennen, daß Gläser flogen und Teller zersplitterten; in das Klirren der Scherben mischte sich das Gebrüll: „Baszom az anyndat, baszom az istenit, baszom a Krisztus Mariat, baszom az atyädat, baszom a vildgot!"

Die Türe flog auf, und ins Vorzimmer stürzte ein Mann in den besten Jahren mit der Serviette um den Hals und schwenkte den soeben abgegebenen Brief hin und her.

Der Tür zunächst saß der Sappeur Woditschka, und der aufgeregte Herr wandte sich auch zuerst an ihn: „Was soll das heißen, wo ist der verfluchte Kerl, der diesen Brief gebracht hat?"

„Nur sachte", sagte Woditschka, indem er sich erhob, „brüll uns hier nicht so viel herum, damit du nicht herausfliegst, und wenn du wissen willst, wer den Brief gebracht hat, dann frag dort den Kameraden. Aber sprich anständig mit ihm, sonst bist du eins, zwei, drei hinter der Tür."

Nun war es an Schwejk, sich von der schwungvollen Beredsamkeit des aufgeregten Herrn mit der Serviette um den Hals zu überzeugen, der allerlei unsinniges Zeug schwatzte und immer wieder wiederholte, daß sie gerade zu Mittag gegessen hatten.

„Wir ham gehört, daß Sie mittagmahlen", stimmte Schwejk in gebrochenem Deutsch zu, worauf er tschechisch hinzufügte: „Es hätt uns auch einfalln können, daß wir Sie wahrscheinlich unnütz beim Mittagmahl stören wern."

„Erniedrig dich nicht", ließ sich Woditschka vernehmen. Der aufgeregte Herr, dessen Serviette nach der lebendigen Gestikulation nur noch an einem Zipfel festhielt, setzte auseinander, er habe zuerst gedacht, daß es sich in dem Brief um die Zuweisung von Räumen für das Militär in diesem Hause handle, das seiner Frau gehöre.

„Hier möcht noch viel Militär hereingehn", sagte Schwejk, „aber drum hat sichs in dem Brief nicht gehandelt, wie Sie sich vielleicht überzeugt ham."

Der Herr packte sich am Kopf, wobei er eine ganze Reihe von Vorwürfen hervorsprudelte. Er sei auch Reserveleutnant gewesen, jetzt würde er gern dienen, habe aber ein Nierenleiden. Zu seiner Zeit wären die Offiziere nicht so übermütig gewesen, den häuslichen Frieden zu stören. Den Brief werde er aufs Regimentskommando ins Kriegsministerium schicken und in der Zeitung veröffentlichen.

„Herr", sagte Schwejk würdevoll, „den Brief habe ich geschrieben. Ich geschrieben, kein Oberleutnant. Die Unterschrift, der Name is falsch. Mir gefällt Ihre Frau sehr gut. Ich liebe Ihre Frau. Ich bin in Ihre Frau bis über die Ohren verliebt, wie Vrchlidcy gesagt hat. Kapitale Frau."

Der aufgeregte Herr wollte sich auf Schwejk stürzen, der ruhig und zufrieden vor ihm stand; aber der alte Sappeur Woditschka, der jede Bewegung beobachtete, stellte ihm ein Bein, riß ihm den Brief aus der Hand, mit dem Kakonyi ununterbrochen herumfuchtelte, und steckte ihn in die Tasche; als sich Herr Kakonyi hierauf aufrichtete, packte ihn Woditschka, trug ihn zur Tür, öffnete sie mit einer Hand, und schon konnte man hören, wie etwas die Stiegen hinabkollerte. Das ging so schnell wie im Märchen, wenn der Teufel einen Menschen holt.

Von dem aufgeregten Herrn blieb nur die Serviette zurück. Schwejk hob sie auf, klopfte höflich an die Zimmertür, aus der vor fünf Minuten Herr Kakonyi getreten war und woher das Weinen einer Frau drang.

„Ich bring Ihnen die Serviette", sagte Schwejk weich zu der Frau, die auf einem Kanapee saß und weinte, „man könnt auf ihr herumtreten. Hab die Ehre."

Er schlug die Absätze aneinander, salutierte und ging auf den Gang hinaus. Auf der Stiege waren weiter keine Spuren des Kampfes zu bemerken; wie Woditschka vorausgesetzt hatte, hatte sich daselbst alles ruhig abgespielt. Nur am Tor in der Einfahrt fand Schwejk einen abgerissenen Halskragen. Dort hatte sich offenbar, als sich Herr Kakonyi verzweifelt an das Haustor klammerte, um nicht auf die Straße geschleppt zu werden, der letzte Akt der Tragödie abgespielt.

Dafür ging es auf der Straße lebhaft zu. Herrn Kakonyi hatte man ins gegenüberliegende Haus geschleppt, wo man ihn mit Wasser begoß; mitten auf der Straße

stand der alte Sappeur Woditschka wie ein Löwe einigen Honveds und Honved-
husaren gegenüber, die sich für ihren Landsmann einsetzten. Er wehrte sich meis-
terhaft mit dem Bajonettriemen wie mit einem Dreschflegel. Und er war nicht allein. Ihm zur Seite kämpften einige tschechische Soldaten von verschiedenen Regimentern, die gerade über die Straße gegangen waren.

Wie Schwejk später behauptete, wußte er selbst nicht, wieso auch er hineingeraten war und — da er kein Bajonett hatte — wie ihm der Stock eines erschrockenen
Zuschauers in die Hand geraten war. Es dauerte hübsch lange, aber auch alles
Schöne hat sein Ende. Es kam „Bereitschaft" und packte alles zusammen, Schwejk
schritt mit dem Stock, der vom Kommandanten der Bereitschaft als corpus delicti
erklärt wurde, neben Woditschka. Er schritt friedlich dahin, den Stock wie eine
Flinte auf der Schulter. Der alte Sappeur Woditschka schwieg den ganzen Weg über
hartnäckig. Erst als sie die Hauptwache betraten, sagte er melancholisch zu
Schwejk: „Hab ich dirs nicht gesagt, daß du die Magyaren nicht kennst?"

4. Neue Leiden

Oberst Schröder beobachtete wohlgefällig das bleiche Gesicht Oberleutnant Lukaschs, der große Ringe unter den Augen hatte; in seiner Verlegenheit blickte der Oberleutnant nicht auf den Oberst, sondern schaute verstohlen, als studiere er etwas, auf den Plan der Dislokation der Mannschaft im Militärlager, der den einzigen Schmuck der Kanzlei des Obersten bildete.

Vor Oberst Schröder auf dem Tisch lagen einige Zeitungen und blau angestrichene Artikel, die der Oberst nochmals flüchtig überflog, worauf er Oberleutnant Lukasch anblickte und sagte:

„Sie wissen also schon, daß sich Ihr Bursche Schwejk in Haft befindet und aller Wahrscheinlichkeit nach dem Divisionsgericht eingeliefert werden wird?"

„Jawohl, Herr Oberst."

„Damit", sagte der Oberst nachdrücklich, indem er sich an dem bleichen Gesicht Oberleutnant Lukaschs weidete, „ist freilich die Angelegenheit nicht beendet. Es steht fest, daß die hiesige Öffentlichkeit durch den Vorfall mit Ihrem Burschen beunruhigt ist, und die Affäre wird auch mit Ihrem Namen in Zusammenhang gebracht, Herr Oberleutnant. Vom Divisionskommando wurde uns schon diverses Material eingesandt. Wir haben hier einige Zeitungen, die sich mit dem Fall beschäftigen. Sie können mir die Stellen laut vorlesen."

Er reichte Oberleutnant Lukasch einige Zeitungen mit angestrichenen Artikeln, die dieser mit monotoner Stimme zu lesen begann, als lese er in einem Lesebuch den Satz: „Der Honig ist viel nahrhafter und leichter verdaulich als der Zucker."

„Wo liegt die Garantie für unsere Zukunft?"

„Ist das der, Pester Lloyd'?" fragte der Oberst.

„Jawohl, Herr Oberst", antwortete Oberleutnant Lukasch und fuhr fort zu lesen: „Die Kriegführung erfordert die Mitarbeit aller Schichten der Bevölkerung der österreichisch-ungarischen Monarchie. Wenn wir den Staat gesichert wissen wollen, müssen alle Nationen einander gegenseitig unterstützen. Die Garantie unserer Zukunft liegt gerade in der spontanen Achtung, die eine Nation vor der andern empfindet. Die größten Opfer unserer wackeren Krieger in den Kampflinien, wo sie unaufhörlich vorrücken, wären nicht möglich, wenn das Hinterland, jene ernährende und politische Pulsader unserer siegreichen Armee, nicht einträchtig wäre, wenn im Rücken unserer Armee Elemente auftauchten, die die Einheit des Staates zertrümmern und mit ihrer Agitation und Böswilligkeit die Autorität der staatlichen Einheit untergraben und in den Bund der Völker unseres Reiches Verwirrung tragen würden. Wir können in diesem historischen Augenblick nicht ruhig auf eine Schar von Leuten blicken, die es aus lokal patriotischen Gründen versuchen, die einheitliche Tätigkeit und den Kampf aller Nationen dieses Reiches um die gerechte Bestrafung jener Elenden zu stören, die unser Reich grundlos angefallen hoben und es aller Güter der Kultur und Zivilisation berauben wollen. Wir können diese abscheulichen Erscheinungen des Ausbruchs einer kranken Seele, die nur nach Auflösung der Eintracht in den Herzen der Nationen strebt, nicht mit Stillschweigen übergehen. Wir hatten bereits einige mal Gelegenheit, in unseren Spalten darauf hinzuweisen, daß die Militärgerichte gezwungen sind, mit aller Strenge gegen jene Individuen aus tschechischen Regimentern einzuschreiten, die, ohne der siegreichen Regimentstradition zu achten, mit ihrem unsinnigen Treiben in unseren magyarischen Städten Groll gegen die ganze tschechische Nation säen, die als Ganzes keine Schuld daran trägt und stets energisch für die Interessen dieses Reiches eingetreten ist, wovon eine ganze Reihe hervorragender tschechischer Heerführer zeugt, von denen wir an die berühmte Gestalt des Feldmarschalls Radetzky und andere Verteidiger der Österreichisch-ungarischen Monarchie erinnern. Diesen lichten Erscheinungen stehen einige Nichtswürdige aus dem verkommenen tschechischen Mob gegenüber, die den Weltkrieg dazu benutzen, um sich freiwillig zum Militär zu melden und in die Eintracht der Nationen der Monarchie Verwirrung zu tragen, ohne dabei ihrer niedrigsten Triebe zu vergessen. Wir haben schon einmal auf das wüste Treiben des Regimentes Nr. ... in Debreczin aufmerksam gemacht, dessen Exzesse vom Pester Parlament erörtert und verurteilt wurden und dessen Regimentsfahne später an der Front konfisziert wurde. Was sich die Fremden in unserer magyarischen Heimat herausnehmen, davon zeugt am besten der Fall in Kiralyhtda, der magyarischen Feste an der Leitha. Welcher Nation haben die Soldaten aus dem unfernen Militärlager in Brück an der Leitha angehört, die den dortigen Kaufmann, Herrn Gyula Kakonyi, überfallen und mißhandelt haben? Es ist entschieden Pflicht der Behörden, dieses Verbrechen zu untersuchen und an das Militärkommando, das sich sicherlich bereits mit dieser Affäre befaßt, die Anfrage zu richten, welche Rolle in dieser beispiellosen Hetze gegen die Angehörigen des ungarischen Königreiches Oberleutnant Lukasch spielt, dessen Name in der Stadt in Zusammenhang mit den Begebenheiten der letzten Tage viel genannt wird, wie uns unser Lokalkorrespondent mitteilt, der bereits reiches Material über diese ganze Affäre gesammelt hat, die in der heutigen ernsten Zeit geradezu zum Himmel schreit. Die Leser des ‚Pester Lloyd' werden gewiß mit Interesse den Verlauf der Untersuchung verfolgen, und wir ermangeln nicht, ihnen zu versichern, daß wir sie mit dieser Angelegenheit von eminenter Wichtigkeit näher bekannt machen werden. Gleichzeitig aber erwarten wir den amtlichen Bericht über das an der magyarischen Bevölkerung verübte Verbrechen von Kiralyhida. Es liegt auf der Hand, daß sich das Pester Parlament mit der Sache befassen wird, damit endlich deutlich dargetan wird, daß die tschechischen Soldaten, die über das Königreich Ungarn an die Front fahren, das Land der heiligen Stephanskrone nicht so ansehen dürfen, als ob sie es gepachtet hätten. Wenn dann gewisse Angehörige dieser Nation, die in Kiralyhida die Stammesverwandtschaft aller Nationen dieser Monarchie so gut repräsentiert hat, die Situation noch immer nicht begreifen, dann sollten sie sich wenigstens hübsch ruhig verhalten, denn im Krieg werden diese Leute durch Kugel, Strick, Kriminal und Bajonett lernen, zu gehorchen und sich den höchsten Interessen unseres gemeinsamen Vaterlands unterzuordnen."

„Wer ist unter dem Artikel unterschrieben, Herr Oberleutnant?"

„Bela Barabasz, Redakteur und Abgeordneter, Herr Oberst."

„Das ist eine bekannte Bestie, Herr Oberleutnant; aber noch vor dem ‚Pester Lloyd' ist derselbe Artikel bereits im ‚Pesti Hirlap" veröffentlicht worden. Jetzt lesen Sie mir die amtliche Übersetzung des magyarischen Artikels in der Soproner Zeitung ‚Sopronyi Naplo' vor."

Oberleutnant Lukasch las laut den Artikel vor, in dem sichs der Schreiber desselben außergewöhnlich angelegen sein ließ, die Mischung nachstehender Sätze zur Geltung zu bringen:

„Das Gebot der Staatsraison", „Die Staatsordnung", „Menschliche Würde und Gefühl", „Kannibalisches Festessen", „Massakrierte menschliche Gesellschaft", „Mameluckenrotte", „Hinter den Kulissen werdet ihr sie erkennen". So gings weiter, als wären die Magyaren das im eigenen Lande verfolgteste Element.

„Die tschechischen Soldaten sind gekommen, haben den Redakteur zu Boden geworfen, ihm mit den Stiefeln auf seinem Bauch herumgetrampelt, während er vor Schmerz aufbrüllte, wobei jemand mitstenografierte."

„Über einige der wichtigsten Dinge", jammerte der „Sopronyi Naplo", ein Soproner Tageblatt, „wird bedenklich geschwiegen und nichts geschrieben. Jeder von uns weiß, was ein tschechischer Soldat in Ungarn und an der Front ist. Jeder von uns weiß, was für Dinge die Tschechen anstellen, was die Schuld daran trägt, wie es bei den Tschechen aussieht und wer da am Werke ist. Die Wachsamkeit der

Behörden ist allerdings von anderen wichtigen Dingen in Anspruch genommen, die jedoch in engem Zusammenhang mit der Gesamtsituation stehen müssen, damit sich nicht Dinge ereignen wie dieser Tage in Kiralyhida. Unser gestriger Artikel ist an fünfzehn Stellen konfisziert worden. Deshalb bleibt uns nichts anderes übrig, als zu erklären, daß wir auch heute aus technischen Gründen nicht allzuviel Ursache haben, uns ausführlich mit dem Zwischenfall von Kiralyhida zu befassen. Der von uns entsandte Berichterstatter hat festgestellt, daß die Behörden in der ganzen Affäre wirklichen Eifer bekunden und die Untersuchung mit Volldampf betreiben. Es scheint uns nur verwunderlich, daß gewisse Teilnehmer des ganzen Massakers sich noch in Freiheit befinden. Das bezieht sich hauptsächlich auf einen Herrn, der sich den Gerüchten zufolge noch immer ungestraft im Militärlager befindet und immer noch die Abzeichen seines ,Papageien-Regiments' trägt und dessen Name ebenfalls vorgestern im ,Pester Lloyd' und ,Pesti Hirlap' veröffentlicht wurde. Es ist der bekannte tschechische Chauvinist Lukasch, über dessen Umtriebe von unserem Abgeordneten Geza Savanyü, der den Kiralyhidaer Kreis vertritt, eine Interpellation eingebracht werden wird."

„Ebenso liebevolle Artikel über Sie", ließ sich Oberst Schröder vernehmen, „sind in der Kiralyhidaer Wochenschrift und in den Preßburger Blättern erschienen. Das wird Sie aber nicht mehr interessieren, denn sie sind alle nach einem Leisten! Politisch läßt sichs begründen, weil wir Österreicher, ob wir nun Deutsche oder Tschechen sind, gegen die Magyaren doch nur recht... Sie verstehn mich, Herr Oberleutnant. Es liegt eine bestimmte Tendenz darin. Eher wird Sie vielleicht der Artikel im „Komorner Abendblatt" interessieren, wo man von Ihnen behauptet, daß Sie versucht hätten, Frau Kakonyi direkt im Speisezimmer beim Mittagmahl in Gegenwart ihres Gatten zu vergewaltigen, den Sie mit dem Säbel bedroht und gezwungen hätten, mit dem Handtuch den Mund seiner Gattin zu verstopfen, damit sie nicht schreie. Das ist die letzte Nachricht über Sie, Herr Oberleutnant."

Der Oberst lachte und fuhr fort: „Die Behörden haben ihre Pflicht nicht erfüllt. Die Präventivzensur der hiesigen Blätter befindet sich ebenfalls in den Händen der Magyaren. Sie machen mit uns, was sie wollen. Unser Offizier ist vor den Beleidigungen so eines magyarischen Schweineredakteurs in Zivil nicht geschützt, und erst auf Grund unseres scharfen Auftretens, respektive eines Telegramms unseres Divisionsgerichtes, hat die Staatsanwaltschaft in Pest Schritte unternommen, um diverse Verhaftungen in allen erwähnten Redaktionen durchzuführen. Am meisten wirds der Redakteur des ,Komorner Abendblatts' davontragen. Der wird an sein Abendblatt bis in den Tod nicht vergessen. Mich hat das Divisionsgericht damit betraut, Sie als Ihr Vorgesetzter zu verhören; gleichzeitig schickt es mir die ganzen Akten ein, die Ihre Untersuchung betreffen. Alles wäre gut abgelaufen, wenn dieser unglückselige Schwejk nicht wäre. Mit ihm wurde ein Sappeur, ein gewisser Woditschka, verhaftet, bei dem man nach der Rauferei, als man ihn auf die Hauptwache brachte, den Brief gefunden hat, den Sie Frau Kakonyi geschickt haben. Ihr Schwejk hat angeblich bei der Untersuchung behauptet, daß der Brief nicht von Ihnen, sondern von ihm stamme, und wie man ihm den Brief vorlegte und er aufgefordert wurde, ihn abzuschreiben, damit seine Handschrift verglichen werde, hat er ihn aufgefressen. Aus der Regimentskanzlei sind dann Ihre Rapporte zum Vergleich mit der Handschrift Schwejks zum Divisionsgericht geschickt worden, und hier haben Sie das Ergebnis."

Der Oberst blätterte in den Akten und verwies Oberleutnant Lukasch auf nachstehenden Passus: „Der angeklagte Schwejk weigerte sich, die diktierten Sätze zu schreiben, welche Weigerung er mit der Behauptung begleitete, er habe über Nacht das Schreiben verlernt."

Abbildung 50: Zerstörte Geschützpanzerkuppel (Quelle: Unbekannter Fotograf)

„Ich messe dem, was Schwejk oder der Sappeur beim Divisionsgericht aussagen, überhaupt keine Bedeutung bei, Herr Oberleutnant. Schwejk und der Sappeur behaupten, daß es sich nur um einen kleinen Scherz handelt, der mißverstanden wurde, und daß sie selbst von Zivilisten überfallen wurden und sich gewehrt hätten, um ihre Soldatenehre zu retten. Durch die Untersuchung wurde festgestellt, daß Schwejk überhaupt ein feines Früchtel ist. So hat er zum Beispiel auf die Frage, warum er nicht gesteht, dem Protokoll zufolge gesagt: ‚Ich bin in grad so einer Situation wie mal der Diener vom akademischen Maler Panuschka wegen einem Bild von der Jungfrau Maria. Der hat auch, wie es sich um die Bilder gehandelt hat, was er hat veruntreut haben soll, nichts anderes drauf antworten können, wie: Soll ich Blut spucken?' Selbstverständlich habe ich im Namen des Regimentskommandos dafür gesorgt, daß im Namen des Divisionsgerichtes in allen Zeitungen eine Berichtigung all dieser niederträchtigen Artikel der hiesigen Zeitungen veröffentlicht wird. Heute werden sie verschickt, und ich hoffe, daß ich alles getan habe, um gutzumachen, was durch das nichtswürdige Betragen dieser journalistischen ungarischen Zivilbestien geschehen ist. Ich glaube, ich habe es gut stilisiert:

„Das Divisionsgericht Nummer N. und das Kommando des Regiments Nummer N. erklären, daß der in den hiesigen Blättern über vermeintliche Exzesse der Mannschaft des Regiments N. veröffentlichte Artikel in keiner Hinsicht auf Wahrheit beruht und von der ersten bis zur letzten Zeile erdacht ist und daß die gegen jene Blätter eingeleitete Untersuchung die strenge Bestrafung der Schuldigen zur Folge haben wird.'"

„Das Divisionsgericht", fuhr der Oberst fort, „gelangt in seiner Zuschrift an das Kommando unseres Regiments zu der Anschauung, daß es sich eigentlich um nichts anderes handelt als um eine organisierte Hetze gegen diejenigen militärischen Truppenteile, die aus Zisleithanien nach Transleithanien kommen. Vergleichen Sie dabei, wieviel Militär von uns an die Front gegangen ist und wieviel von ihr folgen. Ich sage Ihnen, daß mir der tschechische Soldat lieber ist als dieses magyarische Gesindel. Wenn ich mich so erinner, daß bei Belgrad die Magyaren auf unser zweites Marschbataillon geschossen haben, das nicht gewußt hat, daß da die Magyaren schießen, und angefangen hat auf die Deutschmeister auf dem rechten Flügel zu feuern, worauf sich die Deutschmeister auch geirrt haben und auf das danebenstehende bosnische Regiment gefeuert haben! Das war damals eine Situation! Ich war gerade beim Brigadestab zum Mittagessen, am Tag vorher hatten wir uns mit Schinken und Suppe aus Konserven zufriedengeben müssen und an diesem Tag hatten wir eine ordentliche Hühnersuppe, Filet mit Reis und Buchteln mit

Chaudeou; am Abend vorher hatten wir im Städtchen einen serbischen Weinhänd-
ler aufgehängt, und unsere Köche fanden in seinem Keller dreißig Jahre alten Wein.
Sie können sich vorstelln, wie wir uns alle aufs Mittagmahl gefreut haben. Die
Suppe war verspeist, und wir machen uns gerade an die Henne, da fängt auf
einmal das Geplänkel an; dann wird geschossen, und unsere Artillerie, die keine
Ahnung hatte, daß da unsere Truppenkörper aufeinander schießen, beginnt auf
unsere Linie zu feuern, und eine Granate fällt dicht neben unsern Brigadestab. Die
Serben dachten vielleicht, daß bei uns eine Meuterei ausgebrochen ist, und haben
angefangen von allen Seiten auf uns loszugehn und über den Fluß zu uns überzu-
setzen. Den Brigadegeneral hat man zum Telefon gerufen, und der Divisionär hat
Krawall geschlagen, was das für eine Viecherei im Brigadeabschnitt ist. Er habe
gerade vom Armeestab den Befehl bekommen, um 2 Uhr 35 Minuten nachts einen
Angriff auf den linken Flügel der serbischen Positionen zu machen. Wir seien die
Reserve, und man solle das Feuer sofort einstellen. Aber woher kann man denn in
so einer Situation verlangen ‚Feuer einstellen'. Die Brigadetelefonzentrale meldet,
daß sie nirgendshin eine Verbindung bekommen kann, daß sich nur der Stab des
75. Regiments meldet, daß sie gerade von der Division daneben den Befehl erhalten
hat ‚ausharren', daß man mit unserer Division nicht reden kann, daß die Serben
Kote 212, 226 und 327 besetzt haben, daß man die Entsendung eines Bataillons
zum Zweck der telefonischen Verbindung mit der Division verlangt. Wir haben
die Linie auf die Division umgestellt, aber die Verbindung war schon unterbrochen,
weil die Serben uns inzwischen auf beiden Flügeln in den Rücken gefallen waren
und unser Zentrum zu einem Dreieck zusammengedrängt hatten, in dem dann alles
blieb. Regimenter, Artillerie und Train mit der ganzen Autokolonne, das Magazin
und das Feldlazarett. Zwei Tage war ich im Sattel, und der Divisionär ist samt unserem Brigadier in Gefangenschaft geraten. Und das alles haben die Magyaren verschuldet, weil sie auf unser zweites Marschbataillon geschossen haben. Es versteht
sich von selbst, daß sies dann auf unser Regiment geschoben haben."

Der Oberst spuckte aus:

„Sie haben sich jetzt selbst überzeugt, Herr Oberleutnant, wie ausgezeichnet man
Ihr Abenteuer in Kiralyhida ausgenützt hat."

Oberleutnant Lukasch hustete verlegen.

„Herr Oberleutnant", wandte sich der Oberst vertraulich an ihn, „Hand
aufs Herz. Wie oft haben Sie mit Frau Kakonyi geschlafen?"

Oberst Schröder war heute sehr guter Laune.

„Sagen Sie nicht, Herr Oberleutnant, daß Sie erst zu korrespondieren angefangen haben. Wie ich in Ihrem Alter war bin ich drei Wochen in Erlau auf Geometerkursen gewesen, und Sie hätten sehen sollen, wie ich die ganzen drei Wochen nichts anderes getan habe, als mit Magyarinnen geschlafen. Jeden Tag mit einer anderen. Junge, ledige, ältere, verheiratete, wies grad gekommen ist, ich hab sie so gründlich gebügelt, daß ich bei meiner Rückkehr zum Regiment kaum die Beine rühren konnte. Am meisten hat mich eine Advokatenfrau hergenommen. Die hat mir gezeigt, was die Magyarinnen zuweg bringen. Sie hat mich dabei in die Nase gebissen, die ganze Nacht hat sie mich kein Auge schließen lassen."

„Zu korrespondieren begonnen...", der Oberst schlug dem Oberleutnant vertraulich auf die Schulter, „wir kennen das. Sagen Sie nichts, ich habe mein Urteil über die ganze Sache. Sie haben sich mit ihr eingelassen, ihr Mann ist draufgekommen, und dieser idiotische Schwejk..."

„Aber wissen Sie, Herr Oberleutnant, dieser Schwejk ist doch nur ein Charakter, sonst hätt er das mit Ihrem Brief nicht angestellt. Um so einen Menschen ists wirklich schade. Ich sage, daß das Erziehungssache ist. Mir gefällt das von dem Kerl sehr gut. Auf jeden Fall muß die Untersuchung in dieser Hinsicht eingestellt werden. Sie, Herr Oberleutnant, hat man in den Zeitungen kompromittiert. Ihre Anwesenheit hier ist vollkommen überflüssig. Im Laufe einer Woche wird eine Marschkompanie an die russische Front abgehn. Sie sind der älteste Offizier bei der 11. Kompanie, Sie werden als Kompaniekommandant mit ihr abgehen. Bei der Brigade ist schon alles vorbereitet. Sagen Sie dem Rechnungsfeldwebel, er soll Ihnen statt des Schwejk einen Burschen suchen."

Oberleutnant Lukasch blickte den Oberst dankbar an, während dieser fortfuhr: „Den Schwejk teile ich Ihnen als Kompanieordonnanz zu."

Der Oberst stand auf, reichte dem erbleichenden Oberleutnant die Hand und sagte:

„Damit ist also alles geregelt. Ich wünsche ihnen viel Glück. Zeichnen Sie sich auf dem östlichen Kriegsschauplatz aus. Und wenn wir uns vielleicht noch einmal sehen sollten, dann kommen Sie in unsere Gesellschaft. Nicht daß Sie uns wieder meiden wie in Budweis..."

Oberleutnant Lukasch wiederholte sich während des ganzen Heimwegs: „Kompaniekommandant, Kompanieordonnanz." Und Schwejks Gestalt tauchte deutlich vor ihm auf.

Als Rechnungsfeldwebel Wanek von Oberleutnant Lukasch den Befehl erhielt, ihm statt des Schwejk einen neuen Putzer auszusuchen, sagte er: „Ich hab gedacht, Herr Oberleutnant, daß Sie mitm Schwejk zufrieden sind."

Und als er hörte, daß der Oberst Schwejk zur Ordonnanz der 11. Kompanie ernannt hatte, rief er aus: „Gott steh uns bei!"

Im Divisionsgericht, in einem mit Gittern versehenen Gebäude, stand man vorschriftsgemäß um sieben Uhr früh auf und brachte die Kavalletts in Ordnung, die sich auf der Erde im Staub wälzten. Pritschen gab es keine. Hinter einer Verschalung in einem langen Raum legte man vorschriftsgemäß die Decken auf die Strohsäcke, und wer mit der Arbeit fertig war, saß auf den Bänken längs der Wand; die, welche von der Front gekommen waren, suchten sich entweder Läuse oder unterhielten sich mit der Wiedergabe verschiedener Erlebnisse.

Schwejk und der alte Sappeur Woditschka saßen mit einigen Soldaten von verschiedenen Regimentern und Formationen auf einer Bank bei der Tür.

„Schaut euch diesen magyarischen Lackl dort beim Fenster an, Jungens", ließ sich Woditschka vernehmen, „wie der Kerl betet, daß es gut mit ihm ausfallen soll. Möchtet ihr ihm nicht das Maul von einem Ohr zum andern zerreißen?"

„Aber das is ja ein braver Mensch", sagte Schwejk, „der is hier, weil er nicht einrücken wollt. Er is gegen den Krieg, gehört irgendeiner Sekte an und is deshalb eingesperrt, weil er niemanden erschlagen will, er hält sich an das Gebot Gottes, aber sie wern ihm dieses Gebot Gottes schon eintränken. Vorm Krieg hat in Mähren ein gewisser Herr Nemrava gelebt, und der hat nicht mal eine Flinte auf die Schulter nehmen wolln, wie er assentiert worn is, daß es herich gegen seine Grundsätze is, eine Flinte zu tragen. Er war dafür eingesperrt, bis er schwarz war, und man hat ihn wieder vom frischen zum Schwören geführt. Und er, daß er nicht schwören wird, daß das gegen seinen Grundsatz is, und is auch dabei geblieben."

„Das war ein dummer Kerl", sagte der alte Sappeur Woditschka, „er hat schwören und dabei doch auf alles scheißen können mit samtn ganzen Schwur."

„Ich hob schon dreimal geschworen", ergriff ein Infanterist das Wort, „und bin schon dreimal nach der Desertion wieder hier, und wenn ich nicht das ärztliche Zeugnis hätt, daß ich vor fünfzehn Jahren aus Schwachsinn meine Tante erschlagen hab, war ich vielleicht schon zum drittenmal an der Front erschossen worn. Aber so hilft mir meine selige Tante immer aus der Schlamastik, und zum Schluß wer ich vielleicht dadurch unverletzt ausm Krieg nach Haus kommen."

„Und warum", fragte Schwejk, „hast du sie erschlagen, deine Tante?"

„Warum erschlägt man Leute", antwortete der angenehme Mann, „das kann sich jeder an den Fingern abzählen. Wegen Geld. Die alte Hexe hat fünf Sparkassabücher gehabt, und man hat ihr die Zinsen geschickt, wie ich ganz zerfetzt und abgerissen zu ihr auf Besuch gekommen bin. Außer ihr hab ich keine Seele auf Gottes Welt gehabt. Da hab ich sie gebeten, sie soll sich meiner annehmen, und sie, das Luder. Ich soll herich arbeiten, daß ich herich ein junger, starker und gesunder Mensch bin. Ein Wort hat das andere gegeben, und ich hab sie nur paarmal mitm Schürhaken übern Kopf geschlagen und hab ihr das ganze Gesicht so zugerichtet, daß ich nicht gewußt hab, obs meine Tante is oder nicht. Dann bin ich dort bei ihr auf der Erde gesessen und sag mir fort: ,Is das die Tante oder is das nicht die Tante?' Und so ham mich die Nachbarn am nächsten Tag bei ihr sitzen gefunden. Dann war ich im Irrenhaus in Slupi, und wie sie uns dann vorm Krieg in Bohnitz vor die Kommission gestellt ham, bin ich für geheilt erklärt worn und hab gleich zum Militär müssen, die Jahre nachdienen, was ich versäumt hab."

Ein magerer, aufgeschossener Soldat von abgehärmtem Äußerem mit einem Besen ging vorbei.

„Das is ein Lehrer von unserer Marschkompanie", stellte ihn der neben Schwejk sitzende Jäger vor, „jetzt geht er nach sich auskehren. Ein sehr ordentlicher Mensch. Er is hier wegen einem Gedicht, das er verfaßt hat."

„Komm her, Lehrer!" rief er dem Mann mit dem Besen zu, der sich ernsthaft der Bank näherte. „Sag uns das von den Läusen auf."

Der Soldat mit dem Besen hustete und legte los:

> „Verlaust ist alles, alle juckt es,
> auf uns kriecht eine große Laus.
> Mit unsrem Kommandanten zuckt es,
> und fort zieht er sich an und aus.
> Der Laus, der geht es gut im Heere,
> selbst Chargen bleibt sie nicht erspart.
> Seht, wie die Laus vom Preußenheere
> sich mit dem österreichischen Lauser paart."

Der abgehärmte Soldat, ein Lehrer, setzte sich zu ihnen auf die Bank und seufzte: „Das ist alles, und deswegen bin ich schon zum vierten Mal vom Herrn Auditor verhört worden."

„Das is wirklich nicht der Rede wert", sagte Schwejk aufrichtig, „es kommt nur drauf an, wen sie bei Gericht unter diesem österreichischen Lauser verstehen wern.

Noch gut, daß Sie das von dem ‚Paaren' hineingegeben ham, das wird sie so verwirrn, daß sie davon ganz blöd sein wern. Machen Sie ihnen nur klar, daß ein Lauser das Männchen von der Laus is und daß auf ein Lauseweibchen nur ein Lausemännchen kriechen kann. Anders wern Sie sich draus nicht herauswinden. Sie hams sicher nicht drum geschrieben, weil Sie jemanden ham beleidigen wolln, das is klar. Sagen Sie nur dem Herrn Auditor, daß Sies zu Ihrem Vergnügen geschrieben ham und daß das so is wie bei den Schweinen: das Männchen von der Sau heißt Eber, das Männchen von der Laus heißt überall Lauser."

Der Lehrer seufzte: „Wenn aber der Herr Auditor schlecht tschechisch kann! Ich hab es ihm auch schon auf ähnliche Art erklärt, aber er hat mich angefahren, daß das Männchen von der Laus tschechisch ‚Feschak' heißt. Kein ‚Lauser' hat der Herr Auditor erklärt, sondern ein ‚Feschak'. Die ‚Fesch' ist femininum, Sie gebildeter Kerl, Sie, folglich heißt das masculinum ‚Feschak'. Wir kennen unsere Pappenheimer."

„Kurz und gut", sagte Schwejk, „es steht mit Ihnen mies, aber Sie dürfen nicht die Hoffnung verlieren, alles kann sich noch zum Bessern wenden, wie der Zigeuner Janitschek in Pilsen gesagt hat, wie man ihm im Jahre 1879 wegen einem Doppelraubmord den Strick um den Hals gelegt hat. Und er hat auch recht gehabt, denn im letzten Moment hat man ihn vom Galgen weggeführt, weil man ihn wegen dem Geburtstag Seiner Majestät nicht hat hängen können, der grad auf denselben Tag gefalln is, wo man ihn hängen wollt. So hat man ihn erst am nächsten Tag gehängt, bis der Geburtstag vorüber war, und der Kerl hat noch so ein Glück gehabt, daß er am dritten Tag drauf begnadigt worn is und die Verhandlung mit ihm hat erneuert wern solln, weil alles drauf hingewiesen hat, daß eigentlich ein anderer Janitschek den Mord verübt hat. Man hat ihn also ausm Sträflingsfriedhof ausgraben müssen und hat ihn aufm Pilsner katholischen Friedhof rehabilitiert, und dann is man erst drauf gekommen, daß er ein Evangelischer is, und hat ihn auf den evangelischen Friedhof überführen müssen und dann..."

„Dann kriegst du paar Fraß", fiel ihm der alte Sappeur Woditschka ins Wort, „was sich der Kerl nicht alles ausdenkt. Man is in einer Sorge mitm Divisionsgericht, und der Mistkerl da hat mir gestern, wie man uns zum Verhör geführt hat, lang und breit erklärt, was das is, die Rose von Jericho."

„Das waren aber nicht meine Worte, das hat der Mathias, der Diener vom Maler Panuschka, einem alten Weib erzählt, wie sie ihn gefragt hat, wie die Rose von Jericho aussieht. Nämlich er hat ihr gesagt: ‚Nehmen Sie trockenen Kuhdreck, geben Sie ihn auf einen Teller, begießen Sie ihn mit Wasser, und er wird sich Ihnen schon grün färben, und das is die Rose von Jericho'", verteidigte sich Schwejk, „ich hab mir diesen Blödsinn nicht ausgedacht, und wir ham doch was reden müssen, wenn wir zum Verhör gehn. Ich hab dich nur trösten wolln, Woditschka."

„Du und Jemand trösten", spuckte Woditschka verächtlich aus, „man hat den Kopf voll Sorgen, damit man sich aus der Schlamastik herauswindet und freikommt, und mit diesen magyarischen Fallotten abzurechnen, und er will einen mit Kuhdreck trösten.

Wie kann ichs diesen magyarischen Fallotten heimzahln, wenn ich eingesperrt sitz und man sich noch dazu verstelln und dem Auditor erklären muß, daß man auf die Magyaren keinen Haß hat. Das is, so wahr ich leb, ein Hundeleben. Aber bis ich mal so einen Kerl unter die Pfoten krieg, dann erwürg ich ihn wie einen jungen Hund. Ich wer ihnen geben, ,isten almeg a magyar', ich wer mit ihnen abrechnen, von mir wird man noch reden."

„Hamr nur niemand um nichts keine Angst", sagte Schwejk, „alles wird in Ordnung kommen. Hauptsache is immer, bei Gericht die Unwahrheit reden. Welcher Mensch sich drankriegen läßt zu gestehn, der is immer verloren. Aus dem wird nie was Rechtes wern. Wie ich mal in Mährisch-Ostrau gearbeitet hab, so is dort so ein Fall passiert: Ein Bergarbeiter hat dort unter vier Augen einen Ingenieur verprügelt, so daß es niemand gesehn hat. Und der Advokat, was ihn verteidigt hat, hat ihm immerfort gesagt, daß ihm nichts geschehen kann, er soll leugnen, aber der Vorsitzende vom Senat hat ihm immerfort ans Herz gelegt, daß ein Geständnis ein erleichternder Umstand is, aber er is fort drauf bestanden, daß er nicht gestehn kann, so is er freigesprochen worn, weil er sein Alibi nachgewiesen hat. Am selben Tag war in Brünn..."

„Jesusmaria", rief Woditschka, „ich halt das nicht mehr aus! Warum erzählt er das alles, ich begreif das nicht. Da war gestern mit uns beim Verhör grad so ein Mensch. Wie ihn der Auditor gefragt hat, was er in Zivil ist, hat er gesagt: ,Ich mach Rauch beim Kreuz.' Und es hat über eine halbe Stunde gedauert, bevor er dem Auditor erklärt hat, daß er beim Schmied Kreuz den Blasebalg zieht, und wie man ihn dann gefragt hat: ,Sie sind also in Zivil Hilfsarbeiter?', hat er geantwortet: ,Woher denn Hilfsabräumer, das is ja der Franta Hibsch.'"

Auf dem Gang wurden Schritte und die Rufe der Wache laut: „Zuwachs."

„Wieder wern unser hier mehr sein", sagte Schwejk erfreut, „vielleicht ham sich die paar Zigarrenstummel aufgehoben."

Die Türe wurde geöffnet, und der Einjährig-Freiwillige, der mit Schwejk in Budweis im Arrest gesessen und für die Küche irgendeiner Marschkompanie bestimmt worden war, wurde hereingeschoben.

„Gelobt sei Jesus Christus", sagte er bei seinem Eintritt, worauf Schwejk für alle antwortete: „In Ewigkeit, Amen."

Der Einjährig-Freiwillige schaute zufrieden auf Schwejk, legte die Decke, die er mitgebracht hatte, auf die Erde und setzte sich auf die Bank zu der tschechischen Kolonie; er wickelte die Gamaschen auf, zog geschickt die zwischen den Falten versteckten Zigaretten heraus und verteilte sie; dann zog er aus einem Stiefel einen Teil der Reibfläche einer Streichholzschachtel und einige kunstfertig in der Mitte der Köpfchen entzweigeschnittene Streichhölzchen.

Er entzündete sie, brannte sich vorsichtig eine Zigarette an, gab allen Feuer und sagte gleichmütig: „Ich bin wegen Meuterei angeklagt."

„Das is nichts", ließ sich Schwejk beschwichtigend vernehmen, „das is nur ein Jux."

„Selbstredend", sagte der Einjährig-Freiwillige, „wenn wirs auf solche Weise, mit Hilfe verschiedener Gerichte gewinnen wolln. Wenn sie sich mit mir mit aller Gewalt prozessieren wolln, solln sie sich prozessieren. Alles in allem ändert ein Prozeß nichts an der ganzen Situation."

„Und wie hast du gemeutert?" fragte der alte Sappeur Woditschka, indem er den Einjährig-Freiwilligen mit Sympathie anblickte. Ich wollte nicht die Häuschen auf der Hauptwache reinigen", erwiderte dieser, „deshalb hat man mich zum Oberst geführt. Das ist eine feine Sau. Er hat mit mir herumgeschrien, daß ich auf Grund des Regimentsrapports eingesperrt und ein gemeiner Arrestant bin, daß er sich überhaupt wundert, daß mich die Erde noch trägt und nicht aufhört sich zu drehn wegen der Schande, daß in der Armee ein Mensch mit dem Einjährig-Freiwilligen-Recht aufgetaucht ist, der Anspruch auf die Offizierswürde hat, aber mit seinem Benehmen bei seinen Vorgesetzten nur Ekel und Verachtung erwecken kann. Ich hab geantwortet, daß die Rotation der Erdkugel nicht durch das Erscheinen eines Einjährig-Freiwilligen, wie ich es bin, unterbrochen werden kann, daß die Naturgesetze stärker sind als die Einjährig-Freiwilligen-Streifen und daß ich gern wissen möchte, wer mich zwingen kann, ein Häusl zu putzen, des ich nicht bemacht hab, obzwar ich drauf ein Recht hätt, nach dieser schweinischen Küche beim Regiment, nach dem verfaulten Kraut und eingeweichten Schöpsenfleisch. Dann hab ich dem Oberst noch gesagt, daß auch seine Anschauung, warum mich die Erde trägt, etwas merkwürdig ist, weil doch meinetwegen kein Erdbeben ausbrechen kann. Der Herr Oberst hat während meiner ganzen Rede nichts gemacht als mit den Zähnen geklappert wie eine Stute, wenn sie gefrorene Rüben auf der Zunge fühlt, und dann hat er mich angebrüllt:

‚Also werden Sie das Häusl putzen oder nicht? ‚Melde gehorsamst, ich werds nicht putzen.' ‚Sie werdens putzen, Sie Einjähriger, Sie!'

‚Melde gehorsamst, ich werds nicht putzen.'

‚Kruzitürken, Sie werdens putzen, nicht eins, sondern hundert Häusln.'

‚Melde gehorsamst, daß ich weder hundert noch ein Häusl putzen werde.'

Und so ist es fortwährend gegangen: ‚Werden Sie putzen?' Ich werde nicht putzen.' Die Häusl sind hin und her geflogen, wie wenn es sich um ein Kindersprüchlein von der Schriftstellerin Paula Moudra handeln würde. Der Oberst ist in der Kanzlei herumgerannt wie verrückt, zum Schluß hat er sich gesetzt und hat gesagt:

„überlegen Sie sichs gut, ich werde Sie dem Divisionsgericht wegen Meuterei einliefern. Glauben Sie nicht, daß Sie der erste Einjährig-Freiwillige sind, der in diesem Krieg erschossen wird. In Serbien haben wir zwei Einjährig-Freiwillige von der 10. Kompanie erhängt und einen von der 9. haben wir erschossen wie ein Lamm. Und warum? Wegen ihrer Hartschädel. Die zwei, die gehängt worden sind, haben sich geweigert, bei Schabatz die Frau und den Jungen eines Komitadschi zu erstechen, und der Einjährig-Freiwillige von der 9. Kompanie ist erschossen worden, weil er nicht vorwärtsgehen wollt und sich ausgeredet hat, daß er geschwollene Füße hat und einen Plattfuß. Also, werden Sie das Häusl putzen oder nicht?' ‚Melde gehorsamst, ich werds nicht putzen.' Der Oberst schaute mich an und sagte: ‚Hören Sie, sind Sie nicht slawophil?'

‚Melde gehorsamst, nein.'

Dann hat er mich abgeführt und mir gesagt, daß ich wegen Meuterei angeklagt bin."

„Am besten tust du", sagte Schwejk, „wenn du dich jetzt für einen Idioten ausgeben wirst. Wie ich im Garnisonsarrest gesessen bin, war dort mit uns so ein gescheiter, gebildeter Mensch, ein Professor an der Handelsschule. Der is von der Front desertiert, und es hat mit ihm einen sehr großen Prozeß geben solln, damit er als abschreckendes Beispiel verurteilt und aufgehängt wird. Aber er hat sich sehr einfach herausgedreht. Er hat angefangen, einen erblich Belasteten zu spielen, und wie der Stabsarzt ihn untersucht hat, so hat er erklärt, daß er nicht desertiert ist, daß er schon von klein an gern reist, daß er immer die Sehnsucht hat, irgendwohin in die Ferne zu verschwinden. Daß er einmal in Hamburg aufgekommen is und ein andres Mal wieder in London und daß er nicht gewußt hat, wie er hingekommen is. Daß der Vater Alkoholiker war und durch Selbstmord vor seiner Geburt gestorben is, daß die Mutter Prostituierte war und getrunken hat und an Delirium gestorben is. Daß die jüngere Schwester sich ertränkt hat, daß die ältere sich untern Zug geworfen hat, daß der Bruder am Wyschefirad von der Eisenbahnbrücke gesprungen is, daß der Großvater seine Frau ermordet hat und sich mit Petroleum begossen und angezündet hat, daß die zweite Großmutter sich mit Zigeunern herumgetrieben hat und sich im Gefängnis mit Streichhölzern vergiftet hat, daß ein Vetter von ihm paarmal wegen Brandstiftung verurteilt worden is und sich in Karthaus mit Stückchen Glas die Adern am Hals durchgeschnitten hat, daß sich eine Kusine väterlicherseits in Wien vom sechsten Stock heruntergeworfen hat, daß er selbst eine sehr vernachlässigte Erziehung hat und daß er bis zum zehnten Jahr nicht sprechen gekonnt hat, weil ihm im Alter von sechs Monaten, wie man ihn am Tisch überwickelt hat und weggegangen is, eine Katze vom Tisch gezogen hat und er sich beim Fallen den Kopf angehaut hat, daß er auch von Zeit zu Zeit große Kopfschmerzen hat und in solchen Momenten nicht weiß, was er macht, und daß er in so einem Zustand auch von der Front nach Prag gegangen is, und erst wie ihn die Militärpolizei beim „Fleck" verhaftet hat, zu sich gekommen is. Freunde, ihr hättet sehn solln, wie gern sie ihn vom Militär nach Haus geschickt ham, und ungefähr fünf Gemeine, was mit ihm im Zimmer gesessen sind, ham sichs für alle Fälle beiläufig so auf ein Stück Papier geschrieben:

Vater Alkoholiker. Mutter Prostituierte.

I.   Schwester (ertränkt)

II.   Schwester (Zug)

Bruder (von der Brücke)

Großvater tot, Frau, Petroleum, angezündet

III. Großmutter (Zigeuner, Streichhölzeln), usw.

Und der eine, wie ers dem Stabsarzt vortragen angefangen hat, is nicht mal übern Vettern hinausgekommen, und weils schon der dritte Fall war, hat der Stabsarzt gesagt: ‚Du Kerl, und deine Kusine väterlicherseits hat sich in Wien vom sechsten Stock heruntergeworfen, du hast eine schrecklich vernachlässigte Erziehung, und drum wird dich die Korrektion bessern.' So hat man ihn in die Korrektion geführt, hat ihn krummgeschlossen, und gleich is ihm die schrecklich vernachlässigte Erziehung und der alkoholische Vater und die prostituierte Mutter vergangen, und er hat sich lieber freiwillig an die Front gemeldet."

„Heute", sagte der Einjährig-Freiwillige, „glaubt beim Militär niemand mehr an erbliche Belastung, weil man sonst alle Generalstäbe ins Irrenhaus sperren müßte."

In der eisenbeschlagenen Tür rasselte ein Schlüssel und der Profos trat ein. „Infanterist Schwejk und Sappeur Woditschka zum Herrn Auditor!" Sie standen auf, und Woditschka sagte zu Schwejk:

„Siehst du sie, die Halunken, jeden Tag ein Verhör und fort kein Ergebnis. Wenn sie uns schon, Himmelherrgott, lieber verurteilen möchten. So wälzen wir uns den ganzen Tag herum, und diese magyarischen Fallotten laufen herum..."

Auf dem Wege in die Kanzleien des Divisionsgerichtes, die auf der andern Seite in einer andern Baracke untergebracht waren, erwogen Sappeur Woditschka und Schwejk, wann man sie eigentlich vor ein ordentliches Gericht stellen werde.

„Fort nur lauter Verhöre", ärgerte sich Woditschka, „wenn wenigstens was herausschaun mächt. Sie verbrauchen einen Stoß Papier, und man bekommt das Gericht nicht mal zu sehn. Man verfault hinter den Gittern. Sag aufrichtig, is die Suppe zum Fressen? Und das Kraut mit den erfrorenen Erdäpfeln? Kruzifix, so einen blöden Weltkrieg hab ich noch nicht gefressen! Ich hab mir das ganz anders vorgestellt."

„Ich bin ganz zufrieden", sagte Schwejk, „noch vor Jahren, wie ich aktiv gedient hab, hat unser Kommißknopf Solpera gesagt, daß jeder sich beim Militär seiner Pflichten bewußt sein muß, und hat dir dabei so eine übers Maul gegeben, daß du dran nie vergessen hast. Oder der selige Oberlajtnant Kwajser, wenn der die Gewehre untersuchen gekommen is, so hat er uns immer erklärt, daß jeder Soldat die größte seelische Abhärtung zeigen soll, weil Soldaten nur Rindviecher sind, was der Staat füttert, denen er zu fressen, Kaffee zu trinken und Tabak in die Pfeifen gibt, wofür sie ziehen müssen wie Ochsen."

Sappeur Woditschka wurde nachdenklich, und nach einer Pause erklärte er:

„Bis du bei diesem Auditor sein wirst, Schwejk, so irr dich nicht und wiederhol, was du das letztemal beim Verhör gesagt hast, daß ich nicht in eine Schlamastik komm. Also Hauptsache is, daß du gesehn hast, daß mich die magyarischen Fallotten überfalln ham. Wir ham alles auf gemeinsame Rechnung unternommen."

„Fürcht dich nicht, Woditschka", beschwichtigte ihn Schwejk, „nur Ruhe, keine Aufregung nicht, is denn was dran, vor so einem Divisionsgericht zu stehn? Da hättest du sehn soll, wie so ein Militärgericht vor Jahren rasch gearbeitet hat. Da hat dir bei uns ein Lehrer Heral aktiv gedient, und der hat uns einmal, wie wir alle ausn Zimmer Kasernarrest gekriegt ham, aufm Kavallett erzählt, daß im Prager Museum ein Buch mit Aufzeichnungen von einem Militärgericht unter Maria Theresia is. Jedes Regiment hat seinen Scharfrichter gehabt, was die Soldaten von seinem Regiment hingerichtet hat, ein Stück nachm andern um einen Theresianischen Taler. Und der Scharfrichter hat sich nach diesen Aufzeichnungen an manchem Tag bis fünf Taler verdient."

Abbildung 51: Maria-Theresien-Taler

„Das versteht sich", fügte Schwejk ernsthaft hinzu, „damals hats starke Regimenter gegeben und fort hat man sie in den Dörfern ergänzt."

„Wie ich in Serbien war", sagte Woditschka, „so ham sich bei unsrer Brigade manche dazu gemeldet, die Komitadschi für Zigaretten zu hängen. Wenn ein Soldat einen Mann gehängt hat, hat er zehn ‚Sport' bekommen, für eine Frau und für ein Kind fünf. Dann hat die Intendantur anzufangen zu sparen und man hat massenweis erschossen. Mit mir hat ein Zigeuner gedient und von dem hamrs lang nicht gewußt. Es war uns nur auffällig, daß man ihn immer auf die Nacht in die Kanzlei gerufen hat. Wir sind damals an der Drina gestanden, und einmal in der Nacht, wie er weg war. is jemandem eingefalln, ihm in seinen Sachen herumzuwühlen, und der Kerl hat im Rucksack ganze drei Schachteln zu hundert ‚Sport' gehabt. Dann is er gegen früh in unsere Scheune zurückgekommen, und wir ham mit ihm kurzen Prozeß gemacht. Wir ham ihn zu Boden geworfen, und ein gewisser Beloun hat ihn mitm Riemen erkrängelt. Der Kerl hat ein zähes Leben gehabt wie eine Katze."

Der alte Sappeur Woditschka spuckte aus: „Er war nicht und recht zum Erkrän-
geln, er hat sich uns schon bemacht, die Augen sind ihm herausgekrochen, und
fort hat er gelebt wie ein nicht ganz totgeschnittener Hahn. Da ham sie ihn zerrissen wie eine Katze. Zwei beim Kopf, zwei bei den Füßen und ham ihm das Genick
umgedreht. Dann ham sie ihm seinen Rucksack samt Zigaretten übern Kopf gezogen und ham ihn hübsch in die Drina geworfen. Wer macht solche Zigaretten
rauchen. Früh hat man ihn überall gesucht."

„Da habt ihr melden solln, das er desertiert is", bemerkte Schwejk rechtschaffen,
„daß er sich schon drauf vorbereitet hat und daß er jeden Tag gesagt hat, daß er
verduften wird."

„Aber wem möcht so was einfalln", antwortete Woditschka, „wir ham das Unsrige getan und das andre hat uns nicht gekümmert. Das war dort ganz leicht. Jeden
Tag is jemand verschwunden, und man hat sie nicht mal mehr aus der Drina ge-
fischt. Ein aufgedunsener Komitadschi is dort neben einem zerschlagenen Landwehrmann von uns hübsch auf der Drina in die Donau geschwommen. Ein paar
Unerfahrene, die das zum ersten Mal gesehn ham, ham ein kleines Fieber gekriegt."
„Denen ham sie Chinin geben solln", sagte Schwejk. Sie betraten das Gebäude mit
den Kanzleien des Divisionsgerichtes, und die Patrouille führte sie sofort in die
Kanzlei Nummer 8, wo hinter einem langen Tisch mit Aktenstößen Auditor Ruller
saß.

Vor ihm lag ein Gesetzbuch, auf dem ein nicht ganz geleertes Teeglas stand. Auf
der rechten Seite des Tisches stand ein Kruzifix aus imitiertem Elfenbein mit einem
verstaubten Christus, der verzweifelt auf das Postament seines Kreuzes blickte, wo
sich Asche und Zigarettenabfälle befanden.

Auditor Ruller klopfte gerade zum Leidwesen des gekreuzigten Gottes an dem
Postament die Asche einer frischen Zigarette ab, wobei er mit der andern Hand
das Teeglas emporhob, das an dem Gesetzbuch klebte. Während er das Glas aus
der Umarmung des Gesetzbuches befreite, fuhr er fort in einem Buch zu blättern,
das er aus dem Offizierskasino entliehen hatte.

Es war ein Buch von Fr. S. Kraus mit dem vielversprechenden Titel „Untersu-
chungen zur Entwicklungsgeschichte der geschlechtlichen Moral".

Er betrachtete hingegeben die naiven Zeichnungen der männlichen und weiblichen Geschlechtsorgane nebst dem dazu passenden Vers, den der Gelehrte Fr. S.
Kraus in den Klosetts des Berliner Nordbahnhofs entdeckt hatte, und wendete
deshalb seine Aufmerksamkeit nicht den Eintretenden zu.

Er riß sich aus der Betrachtung der Reproduktionen erst los, als Woditschka hustete.

„Was ist los?" fragte er weiterblätternd und die Fortsetzung der naiven Zeichnungen und Skizzen suchend:

„Melde gehorsamst, Herr Auditor", antwortete Schwejk, „Kamerad Woditschka hat sich verkühlt und hustet."

Erst jetzt schaute Auditor Ruller Schwejk und Woditschka an. Er war bemüht, seinem Gesicht einen strengen Ausdruck zu geben.

„Daß ihr endlich kommt, Kerle", sagte er und wühlte in dem vor ihm liegenden Aktenstoß auf dem Tische, „ich hab euch auf neun Uhr vorladen lassen und jetzt ist langsam elf."

„Wie stehst du denn, du Ochs?" fragte er Woditschka, der sich erlaubt hatte, „Ruht" zu stehen: „Bis ich sage ‚Ruht', kannst du mit den Haxen machen was du willst."

„Melde gehorsamst, Herr Auditor", ließ sich Schwejk vernehmen, „daß er Rheuma hat."

„Du halt lieber das Maul", sagte Auditor Ruller. „Bis ich dich was fragen werde, dann kannst du erst antworten. Dreimal warst du mir beim Verhör und nichts war aus dir herauszukriegen. Also werd ich eure Akten finden oder nicht? Hab ich aber mit euch Dreckkerlen eine Arbeit. Aber es wird sich euch nicht auszahlen, das Gericht überflüssig zu belästigen!"

„Also da schaut her, ihr Heuochsen", sagte er, als er aus dem Aktenstoß ein umfangreiches Schriftstück hervorzog, das die Aufschrift trug: „Schwejk und Woditschka".

„Denkt euch nicht, daß ihr euch wegen einer dummen Rauferei beim Divisionsgericht herumwälzen und euch von der Front drücken werdet. Wegen euch hab ich bis zum Armeegericht telefonieren müssen, ihr Trottel."

Er seufzte: „Stell dich nicht so ernst, Schwejk, es wird dir an der Front vergehn, dich mit Honveds zu raufen", fuhr er fort. „Die Untersuchung gegen euch beide wird eingestellt und jeder von euch geht zu seinem Truppenteil, wo ihr beim Rapport bestraft werden werdet. Dann geht ihr mit der Marschkompanie an die Front. Wenn ich euch noch einmal in die Hand bekomm, ihr Fallotten, werde ich euch einheizen, daß ihr euch wundern werdet. Hier habt ihr den Entlassungsschein und benehmt euch anständig. Führt sie ab auf Nummer 2."

„Melde gehorsamst, Herr Auditor", sagte Schwejk, „daß wir uns beide Ihre Worte zu Herzen nehmen wern und daß wir Ihnen vielmals für Ihre Güte danken. Wenn ich in Zivil war, macht ich mir zu sagen erlauben, daß Sie ein goldener Mensch sind. Und gleichzeitig müssen wir Sie beide vielmals um Verzeihung bitten, daß Sie sich ham so viel mit uns abgeben müssen. Wir verdienens wirklich nicht."

„Also scheren Sie sich schon zu allen Teufeln!" schrie der Herr Auditor Schwejk an, „wenn sich nicht Herr Oberst Schröder für euch beide eingesetzt hätte, so weiß ich nicht, wies mit euch ausgefalln wäre."

Woditschka fühlte sich erst wieder auf dem Gang, während sie mit der Patrouille in die Kanzlei Nummer 2 gingen, als der alte Woditschka.

Der Soldat, der sie begleitete, hatte Angst, daß er zu spät zum Mittagessen kommen werde und sagte deshalb: „Also bissel rascher, Burschen, ihr schleppt euch ja wie Läuse."

Da erklärte Woditschka, der Soldat solle die Kuschen nicht zu sehr aufreißen, er könne von Glück sagen, daß er ein Tscheche sei. Wenn er ein Magyar wäre, würde er, Woditschka, ihn zerreißen wie einen Hering. Da die Militärschreiber in den Kanzleien gerade Menage holen gegangen waren, war der Soldat, der die beiden begleitete, gezwungen, sie inzwischen in den Arrest des Divisionsgerichtes zurückzuführen, was seinerseits nicht ohne Flüche abging, die er an die verhaßte Rasse der Militärschreiber adressierte.

„Die Kameraden wern mir wieder alles Fett von der Suppe abschöpfen", grollte er tragisch, „und statt Fleisch wern sie mir nur Flaxen lassen. Gestern hab ich auch zwei ins Lager eskortiert, und jemand hat mir den halben Wecken aufgefressen, den sie für mich gefaßt ham."

„Ihr denkt hier beim Divisionsgericht halt an nichts als an Fressen", sagte Woditschka, der schon ganz zu sich gekommen war. Als sie dem Einjährig-Freiwilligen meldeten, wies mit ihnen ausgefallen war, rief dieser aus: „Also die Marschkompanie, Freunde! Das ist wie in der Zeitschrift der tschechischen Touristen, ‚Gut Wind!'

Die vorbereitenden Arbeiten für die Reise sind bereits beendet, für alles ist von der hohen Armeeleitung gesorgt. Auch ihr seid eingeladen, euch dem Ausflug nach Galizien anzuschließen. Tretet den Weg mit frohem Sinn und leichtem, freudigem Herzen an. Bringt den Gegenden, wo man euch die Schützengräben vorstelln wird, ungewöhnliche Liebe entgegen. Es ist dort schön und im höchsten Maße interessant. Ihr werdet euch In der weiten Fremde wie zu Hause fühlen, wie in einer verwandten Gegend, ja beinahe wie in der lieben Heimat. Tretet mit erhabenen Gefühlen die Pilgerfahrt in Länder an, von denen bereits der alte Humboldt gesagt hat: ‚In der ganzen Welt habe ich nichts Großartigeres gesehn als dieses blöde Galizien.' Die zahlreichen und seltenen Erfahrungen, die unsere glorreiche Armee auf dem Rückzug aus Galizien gesammelt hat, werden uns sicherlich bei Festsetzung des Programms des zweiten Feldzuges ein willkommener Wegweiser sein. Nur fortwährend der Nase nach nach Rußland und feuert vor Freude alle Patronen in die Luft."

Bevor sich Schwejk und Woditschka nach dem Mittagessen in die Kanzlei begaben, näherte sich ihnen der unglückliche Lehrer, der das Gedicht von den Läusen verfaßt hatte, und sagte geheimnisvoll, während er beide zur Seite zog: „Vergeßt nicht, bis ihr auf der russischen Seite sein werdet, gleich den Russen zu sagen: .Sdrawstwujte, russkije bratja, my bratja tschechy, my net awstrijci.'"

Als sie das Gebäude verließen, trat Woditschka, der seinen Haß gegen die Magyaren manifestieren und zeigen wollte, daß die Haft ihn in seiner Überzeugung nicht wankend gemacht oder zermürbt hatte, einem Magyaren, der nicht dienen wollte, auf den Fuß und brüllte ihn an: „Zieh dir Stiefel an, Schlappschwanz!"

„Er hätt mir so was antworten solln", äußerte Sappeur Woditschka hierauf unwillig zu Schwejk, „er hätt sich so hören lassen solln, ich hätt ihm seine magyarische Schnauze von einem Ohr zum andern zerrissen. Aber der blöde Kerl schweigt und läßt sich auf den Stiefeln herumtreten. Herrgott, Schwejk, ich hab so eine Wut, daß ich nicht verurteilt worden bin. Das schaut ja aus, wie wenn sie uns auslachen möchten, daß das mit den Magyaren nicht mal der Rede wert is. Und wir ham uns doch geschlagen wie Löwen. Das hast du verpatzt, daß sie uns nicht verurteilt ham und uns so ein Zeugnis gegeben ham, wie wenn wir nicht mal ordentlich das Raufen treffen möchten. Was meinen sie eigentlich von uns? Es war ja ein ganz anständiger Konflikt."

„Lieber Junge", sagte Schwejk gutmütig, „ich versteh das nicht recht, wie dich das nicht freun kann, daß uns das Divisionsgericht amtlich für ganz ordentliche Leute anerkannt hat, gegen die man nichts haben kann. Ich hab mich beim Verhör, das is wahr, verschieden herausgeredet, aber das muß man machen, lügen is Pflicht, wie Advokat Baß seinen Klienten sagt. Wie mich der Auditor gefragt hat, warum wir in die Wohnung vom Herrn Kakonyi gedrungen sind, hab ich ihm einfach gesagt: ‚ich hab gedacht, daß wir Herrn Kakonyi am besten kennenlernen wern, wenn wir ihn besuchen wern.' Der Herr Auditor hat mich dann nach nichts mehr gefragt und hat schon genug gehabt."

„Das merk dir", fuhr Schwejk in seinen Erwägungen fort, „daß vorm Militärgericht niemand gestehn darf. Wie ich beim Garnisonsgericht gesessen bin, so hat im

Nebenzimmer ein Soldat gestanden, und wies die andern erfahren ham, ham sie ihm eine ‚Decke' gegeben und ham ihm befohlen, daß er sein Geständnis widerrufen muß."

„Wenn ich was Unehrenhaftes machen mächt, mächt ich nicht gestehn!" ‚sagte der Sappeur Woditschka, „aber wie mich dieser Kerl von einem Auditor direkt gefragt hat: ‚Ham Sie sich gerauft?', so hab ich gesagt: Ja, ich hab mich gerauft.' ‚Ham Sie jemanden mißhandelt?' ‚Gewiß, Herr Auditor.' ‚Ham Sie jemanden dabei verletzt?' ‚Freilich, Herr Auditor.' Soll er wissen mit wem er redet!

Und grad das is der Schkandal, daß sie uns freigesprochen ham. Das is so, wie wenn ers nicht glauben wollt, daß ich an diesen magyarischen Fallotten den Überschwung entzweigehauen hab, daß ich aus ihnen Nudeln gemacht hab. Beulen und blaue Flecken. Du warst doch dabei, wie ich einen Moment lang drei magyarische Fallotten auf mir gehabt hab und wie sich alle drei nach einem Weilchen auf der Erde gewälzt ham und ich auf ihnen herumgetrampelt bin. Und nach dem allen stellt so ein Rotzbub von einem Auditor die Untersuchung mit uns ein. Das is, wie wenn er mir sagen möcht: ‚Was fällt Ihnen ein, Sie und raufen.' Bis der Krieg vorbei sein wird und ich in Zivil sein wer, wer ich ihn, diesen Tagedieb, irgendwo finden und dann wer ich ihm zeigen, ob ich mich raufen kann. Dann fahr ich her nach Kiralyhida und mach hier so ein Braigi, daß es die Welt nicht gesehn hat und daß sich die Leut in den Kellern verstecken wem, bis sie erfahren wem, daß ich mir diese Lausbuben in Kiralyhida anschaun gekommen bin, diese Lumpen, diese Rotzkerle."

In der Kanzlei wurde alles ungemein schnell erledigt Ein Feldwebel mit einem noch vom Mittagessen fetten Mund übergab Schwejk und Woditschka mit überaus ernstem Gesicht die Papiere und ließ sich die Gelegenheit nicht entgehen, den beiden eine Rede zu halten, in der er an ihren militärischen Geist appellierte. Dabei flocht er, weil er ein Wasserpollacke war, verschiedene feine Ausdrücke seines Dialektes ein wie „marekwium", „glupi rolm- opsie", „krajcova siedmina", „swinia porypano" und „dum warn banie na miesnjutsch wasche gsichty". Als Schwejk und Woditschka Abschied nahmen, weil jeder von ihnen zu seinem Truppenteil abgehen sollte, sagte Schwejk: „Bis der Krieg vorbei sein wird, so komm mich besuchen. Du findest mich jeden Abend ab sechs Uhr beim ‚Kelch', Na Bojischti."

„Freilich komm ich hin", antwortete Woditschka, „gibts dort Unterhaltung?"

„Jeden Tag kommst dort zu was", versprach Schwejk, „und wenns zu ruhig war, da wern wir schon aufmischen."

Sie trennten sich, und als sie bereits einige Schritte voneinander entfernt waren, rief der alte Sappeur Woditschka Schwejk nach:

„Also schau aber bestimmt, daß du eine Unterhaltung zustand bringst, bis ich hinkomm!"

Worauf Schwejk zurückrief: „Komm aber bestimmt, bis der Krieg zu Ende is!"

Dann entfernten sie sich voneinander, und nach einer beträchtlichen Pause konnte man hinter der Ecke von der zweiten Reihe der Baracken her abermals Woditschkas Stimme vernehmen:

„Schwejk, Schwejk, was für Bier ham sie beim ‚Kelch'?"

Und wie ein Echo ertönte Schwejks Antwort: „Großpopowitzer."

„Ich hab gedacht, Smichover!" rief Sappeur Woditschka von weitem. „Mädl gibts dort auch!" schrie Schwejk.

„Also nachm Krieg, um sechs Uhr Abend!" schrie Woditschka von unten. „Komm lieber um halb sieben, wenn ich mich irgendwo verspäten möcht", antwortete Schwejk.

Dann ließ sich noch aus weiter Ferne Woditschka vernehmen:

„Um sechs Uhr kannst du nicht kommen?"

„Also komm ich um sechs", erreichte Woditschka die Antwort des sich entfernenden Kameraden.

Und so trennte sich denn der brave Soldat Schwejk vom alten Sappeur Woditschka. „Wenn Menschen auseinandergehn, so sagen sie auf Wiedersehn!"

Dritter Teil

Der glorreiche Zusammenbruch

1. Aus Bruck an der Leitha nach Sokal

Oberleutnant Lukasch ging aufgeregt in der Kanzlei der 11. Marschkompanie auf und ab. Es war ein dunkles Loch in der Kompaniebaracke, vom Gang durch einen Bretterverschlag getrennt. Ein Tisch, zwei Stühle, eine Kanne mit Petroleum und eine Pritsche. Vor ihm stand Rechnungsfeldwebel Wanek, der die Listen zur Löhnungsauszahlung zusammenstellte, die Rechnungen der Mannschaftsküche führte, kurz, der Finanzminister der ganzen Kompanie war. Er verbrachte den ganzen Tag in der Kanzlei und schlief auch in ihr. Bei der Tür stand ein dicker Infanterist mit einem Bart wie Rübezahl. Es war Baloun, der neue Diener des Oberleutnants, in Zivil Müller irgendwo in der Nahe von Krumau.

„Sie haben mir wirklich einen ausgezeichneten Putzfleck ausgesucht", sagte Oberleutnant Lukasch zum Rechnungsfeldwebel. „Ich danke Ihnen herzlich für die angenehme Überraschung. Den ersten Tag schick ich ihn ums Mittagmahl in die Offiziersmanege, und er frißt mir die Hälfte auf."

„Ich habs ausgegossen, bitte", sagte der dicke Riese. „Gut, du hasts ausgegossen. Du hast aber nur Suppe oder Soße ausgießen können und nicht Frankfurter Braten. Du hast mir doch nur so ein Stückchen gebracht, was hintern Nagel geht. Und wohin hast du den Strudl gegeben?"

„Ich hab..."

„Aber leugne nicht, du hast ihn aufgefressen."

Oberleutnant Lukasch brachte die letzten Worte mit einem solchen Ernst und so strenger Stimme vor, daß Baloun unwillkürlich um zwei Schritte zurückwich.

„Ich hab mich in der Küche informiert, was wir heute gehabt haben. Es gab Suppe mit Leberknödeln. Wohin hast du die Knödeln gegeben? Du hast sie am Weg herausgefischt, das ist die pure Wahrheit. Dann gabs Rindfleisch mit Gurken. Was hast du damit gemacht? Auch aufgefressen. Zwei Scheiben Frankfurter Braten. Und du hast nur eine halbe Scheibe gebracht, he? Zwei Stück Strudl! Wohin hast du ihn gegeben? Du hast dich damit angestopft, Schwein, elendes, abscheuliches. Sprich, wohin hast du den Strudl gegeben? Daß er dir in den Kot gefallen ist? Du Lump, du. Kannst du mir die Stelle zeigen, wo er im Kot liegt? Daß gleich ein Hund gelaufen gekommen ist wie gerufen, ihn gepackt und weggetragen hat? Jesusmaria, ich werde dir paar solche ums Maul schmieren, daß du einen Kopf haben wirst wie ein Eimer! Er leugnet noch, das Schwein. Weißt du, wer es gesehn hat? Hier, der Rechnungsfeldwebel Wanek. Der ist zu mir gekommen und sagt:

‚Melde gehorsamst, Herr Oberleutnant, daß dieses Schwein, Ihr Baloun, Ihr Mittagmahl frißt. Ich schau aus dem Fenster, und er stopft sich, wie wenn er die ganze Woche nicht gegessen hätt.' Hören Sie, Rechnungsfeldwebel, haben Sie wirklich kein anderes Rindvieh für mich aussuchen können als diesen Kerl?"

„Melde gehorsamst, Herr Oberlajtnant, daß Baloun von unserer ganzen Marschkompanie der anständigste Mann zu sein schien. Er ist so ein Tölpel, daß er sich nicht einen Gewehrgriff merkt, und wenn man ihm eine Flinte in die Hand geben tät, möcht er noch ein Unglück anstelln. Bei der letzten Übung mit blinden Patronen hätt er fast seinem Nachbar ein Aug herausgeschossen. Ich hab gedacht, daß er wenigstens so einen Dienst versehen kann."

Abbildung 52: MG-Abteilung auf der Höhe Gora Sokal am Bug 1915

„Und seinem Herrn immer das ganze Mittagmahl auffressen wird", sagte Lukasch, „als ob ihm nicht eine Portion genügen würde. Hast du vielleicht Hunger?"

„Melde gehorsamst, Herr Oberlajtnant, ich hab fort Hunger. Wenn jemandem Brot übrigbleibt, so kauf ichs ihm für Zigaretten ab, und das is alles noch zuwenig. Ich bin schon so von Natur aus. Immer denk ich, daß ich schon satt bin, aber keine Spur. In einer Weile fängts mir wieder wie vorm Essen im Magen zu knurren an, und richtig, das Luder meldet sich schon wieder. Manchmal denk ich, daß ich wirklich schon genug hab, daß nichts mehr in mich hineingehn kann, aber woher. Ich seh jemanden, daß er ißt, oder spür nur den Geruch, und gleich is mir im Magen wie nachn Auskehren. Gleich fängt der Magen an, sich wiederum sein Recht zu melden, und ich möchte am liebsten Nägel schlucken. Melde gehorsamst, Herr Oberlajtnant, daß ich schon gebeten hab, daß ich eine doppelte Portion kriegen soll; ich war deshalb in Budweis beim Regimentsarzt, und der hat mich derweil auf drei Tage ins Marodenzimmer gegeben und hat mir täglich nur ein Töpferl lautere Suppe verschrieben. Ich wer dich, sagt er, du Kanaille, lernen, Hunger haben. Komm noch einmal her, so wirst du sehn, daß du von hier weggehn wirst wie eine Hopfenstange! Ich brauch nicht erst gute Sachen zu sehn, Herr Oberlajtnant, auch gewöhnliche fangen an, mich zu reizen, und gleich läuft mir Speichel zusammen. Melde gehorsamst, Herr Oberlajtnant, daß ich untertänigst bitte, daß mir eine doppelte Portion bewilligt wird. Wenn schon kein Fleisch sein wird, so wenigstens die Zuspeis, Erdäpfel, Knödl, bißl Soße, das bleibt immer..."

„Gut, ich hab deine Frechheiten angehört, Baloun", antwortete Oberleutnant Lukasch.

„Sie, Rechnungsfeldwebel, haben Sie jemals gehört, daß ein Soldat früher noch zu allem so frech gewesen wäre wie dieser Kerl? Frißt mir das Mittagmahl auf und will noch, daß man ihm eine doppelte Portion bewilligt: Aber ich werde dir zeigen, Baloun, daß du verdaun wirst."

„Sie, Rechnungsfeldwebel", wandte er sich an Wanek, „führen Sie ihn zu Korporal Weidenhofer, er soll ihn hübsch auf dem Hof bei der Küche auf zwei Stunden anbinden, bis man heute abend Gulasch verteilen wird. Er soll ihn hübsch hoch anbinden, damit er nur soso auf den Spitzen steht und sieht, wie im Kessel das Gulasch kocht. Und richten Sie es so ein, daß das Luder noch angebunden ist, bis man in der Küche das Gulasch verteilen wird, damit ihm der Speichel aus dem Maul fließt wie einer hungrigen Hündin, wenn sie vor einem Selcherladen schnuppert. Sagen Sie den Koch, er soll seine Portion verteilen!"

„Zu Befehl, Herr Oberlajtnant. Kommen Sie, Baloun."

Als sie sich anschickten zu gehen, hielt sie der Oberleutnant in der Türe an, und während er in das entsetzte Gesicht Balouns blickte, rief er siegesbewußt: „Da hast du dir geholfen, Baloun. Guten Appetit wünsch ich! Und wenn du mir das noch einmal anstellst, schick ich dich ohne Erbarmen vors Feldgericht!"

Als Wanek zurückkehrte und meldete, daß Baloun schon angebunden sei, sagte Oberleutnant Lukasch: „Sie kennen mich, Wanek, daß ich solche Sachen nicht gern mache, aber ich kann mir nicht helfen. Erstens werden Sie einsehn, daß der Hund knurrt, wenn man ihm den Knochen wegnimmt. Ich will keinen niederträchtigen Kerl um mich haben, und zweitens hat schon der Umstand, daß Baloun angebunden wird, eine große moralische und psychologische Bedeutung für die ganze Mannschaft. Die Kerle machen in der letzten Zeit, seit sie bei der Marschkompanie sind und wissen, daß sie morgen oder übermorgen ins Feld gehen, was sie wollen." Oberleutnant Lukasch sah recht abgehärmt aus und fuhr mit leiser Stimme fort: „Vorgestern bei der Nachtübung haben wir, wie Sie wissen, gegen die Einjährig-Freiwilligenschule hinter der Zuckerfabrik manövrieren sollen. Der erste Schwärm, die Vorhut, der ist noch ruhig über die Straße gegangen, weil ich ihn selbst geführt hab, aber der zweite, der nach links gehen und Vorpatrouillen zu der Zuckerfabrik vorschicken sollte, der hat sich betragen, wie wenn er von einem Ausflug heimkehren würde. Sie haben gesungen und gestampft, daß mans bis im Lager hören mußte. Dann ist am rechten Flügel der dritte Schwärm das Terrain unterhalb des Waldes rekognoszieren gegangen, gute zehn Minuten von uns entfernt, und noch auf diese Entfernung war zu sehn, wie die Kerle rauchen, lauter feurige Punkte in der Finsternis. Und der vierte Schwärm, der die Nachhut bilden sollte, der Teufel weiß, wie es geschehen ist, ist plötzlich vor unserer Vorhut aufgetaucht, so daß er für den Feind gehalten wurde, und ich vor der eigenen Nachhut zurückweichen mußte, die gegen mich vorrückte. Das ist die 11. Marschkompanie, die ich übernommen habe. Was kann ich aus ihnen machen? Wie werden Sie sich im wirklichen Gefecht benehmen?"

Oberleutnant Lukasch hatte dabei die Hände gefaltet, sah aus wie ein Märtyrer, und seine Nasenspitze wurde immer länger. „Daraus machen Sie sich nichts, Herr Oberlajtnant", bemühte sich Rechnungsfeldwebel Wanek ihn zu beruhigen, „zerbrechen Sie sich nicht damit den Kopf. Ich war schon bei drei Marschkompanien, jede ham sie uns samtn ganzen Bataillon zerdroschen, und wir sind uns neu formieren gegangen. Und alle Marschkompanien waren eine wie die andere, keine war um ein Haar besser als die Ihre, Herr Oberlajtnant. Am ärgsten war die neunte. Die hat alle Chargen samt dem Kompaniekommandanten in die Gefangenschaft geschleppt. Mich hat nur das gerettet, daß ich zum Regimentstrain für die Kompanie Rum und Wein fassen gegangen bin, und sie es ohne mich abgemacht ham.

Und das wissen Sie nicht, Herr Oberlajtnant, daß bei der letzten Nachtübung, von der Sie erzählt ham, die Einjährig-Freiwilligenschule, die unsere Kompanie einkreisen sollte, bis zum Neusiedler See gekommen is? Sie is fortweg marschiert, bis früh, und die Vorposten sind bis in den Sumpf geraten. Und Hauptmann Sagner

372

hat sie selbst geführt. Sie wären vielleicht bis nach Sapron gekommen, wenns nicht getagt hätt", fuhr der Rechnungsfeldwebel, dem solche Vorkommnisse viel Vergnügen bereiteten und der alle ähnlichen Begebenheiten in Evidenz hielt, mit geheimnisvoller Stimme fort.

„Und wissen Sie, Herr Oberlajtnant", sagte er, vertraulich blinzelnd, „daß der Hauptmann Sagner Bataillonskommandant unseres Marschbataillons werden soll? Zuerst hat man, wie der Stabsfeldwebel Hegner gesagt hat, gedacht, daß Sie, weil Sie der älteste Offizier bei uns sind, Bataillonskommandant sein wern, und dann is es herich von der Division zur Ungade gekommen, daß Herr Hauptmann Sagner ernannt ist."

Oberleutnant Lukasch biß sich auf die Lippe und zündete sich eine Zigarette an. Er wußte davon und war überzeugt, daß ihm ein Unrecht geschah. Hauptmann Sagner hatte ihn bereits zweimal im Avancement übersprungen; aber er sagte nichts anderes als: „Was den Hauptmann Sagner..."

„Ich hab davon keine große Freude", meinte der Rechnungsfeldwebel vertraulich, „Stabsfeldwebel Hegner hat erzählt, daß sich Herr Hauptmann Sagner in Serbien bei Kriegsbeginn irgendwo bei Montenegro in den Bergen auszeichnen wollt und eine Kompanie seines Bataillons nach der andern in die Maschinengewehre der serbischen Stellungen gejagt hat, obzwar das eine ganz unnütze Sache war und die Infanterie dort einen stillen Dreck wert war, nur die Artillerie hätt die Serben von dort aus diesen Felsen wegbekommen können. Vom ganzen Regiment sind nur achtzig Mann übriggeblieben, Herr Hauptmann Sagner selbst hat einen Handschuß bekommen und dann im Spital noch Ruhr und is wieder in Budweis beim Regiment aufgetaucht, und gestern abend hat er herich im Kasino erzählt, wie er sich auf die Front freut, daß er das ganze Marschbatallion dort lassen, aber etwas leisten wird und das Signum laudis kriegen wird, daß er für Serbien eine Nase bekommen hat, aber jetzt, daß er herich entweder mit dem ganzen Bataillon fallen oder zum Oberstleutnant befördert werden wird und daß das Marschbataillon dran glauben muß. Ich denk, Herr Oberlajtnant, daß dieses Risiko auch uns angeht. Stabsfeldwebel Hegner hat neulich erzählt, daß Sie mit Herrn Hauptmann Sagner nicht sehr gut stehn und daß er grad unsre 11. Kompanie zuerst an den ärgsten Streifen ins Gefecht schicken wird."

Der Rechnungsfeldwebel seufzte: „Ich war der Ansicht, daß man in so einem Krieg, wie dieser is, wos so viel Militär gibt und so eine lange Front, eher was mit ordentlichem Manövrieren erreichen möcht wie mit irgendwelchen verzweifelten Attacken. Ich habs unterm Duklapaß bei der 10. Marschkompanie gesehn. Damals is das alles ganz glatt abgelaufen, ein Befehl is gekommen, „nicht schießen", und so hat man nicht geschossen und gewartet, bis die Russen bis zu uns gekommen sind. Wir hätten sie ohne Schuß gefangengenommen, nur daß wir damals neben uns am linken Flügel die „eisernen Fliegen" gehabt ham, und die idiotische Landwehr is so erschrocken, daß die Russen heranrücken, daß sie angefangen hatt, sich am Schnee den Hang herunterzulassen wie auf einer Rutschbahn, und wir ham den Befehl gekriegt, daß die Russen den linken Flügel durchbrochen ham, wir solln trachten, zur Brigade zu kommen. Ich war damals grad bei der Brigade, damit ich mir das Kompanieverpflegungsbuch bestätigen laß, weil ich unsern Regimentstrain nicht finden könnt, und in dem Moment fangen die ersten aus der 10. Marschkompanie an, zur Brigade zu kommen. Bis zum Abend sind 120 gekommen, die andern sind herich übern Schnee, wie sie sich beim Rückzug verirrt ham, irgendwo in die russischen Stellungen heruntergerutscht, wie wenns ein Toboggan war. Dort wars fürchterlich, Herr Oberlajtnant, die Russen ham in den Karpaten oben und unten Stellungen gehabt. Und dann, Herr Oberlajtnant, Herr Hauptmann Sagner..."

„Geben Sie mir schon Ruh mit Herrn Hauptmann Sagner", sagte Oberleutnant Lukasch, „ich kenn das alles, und glauben Sie nicht, daß Sie, wenn irgendein Sturm oder Gefecht sein wird, wieder zufällig irgendwo beim Regimentstrain Rum oder Wein fassen werden. Man hat mich darauf aufmerksam gemacht, daß Sie schrecklich saufen, und wer sich Ihre rote Nase anschaut, der sieht gleich, wen er vor sich hat."

„Das is von den Karpaten, Herr Oberlajtnant, dort hamr das machen müssen, die Menage is kalt zu uns hinaufgekommen, die Schützengräben hamr im Schnee gehabt, Feuer hat man keins machen dürfen, so hat uns nur der Rum gehalten, Und wenn ich nicht gewesen war, wärs so ausgefalln wie bei den andern Kompanien, daß es nicht mal Rum gegeben hat und die Leute gefroren ham. Dafür hamr bei uns alle rote Nasen vom Rum gehabt, aber das hat wieder den Nachteil gehabt, daß vom Bataillon der Befehl gekommen is, daß nur die Mannschaft auf Patrouille gehen soll, was eine rote Nase hat."

„Jetzt haben wir den Winter schon hinter uns", warf der Oberleutnant bedeutungsvoll dazwischen.

„Rum is, Herr Oberlajtnant, im Feld in jeder Jahreszeit immer eine unentbehrliche Sache genauso wie Wein. Er bewirkt, damit ichs so sag, eine gute Laune. Für eine halbe Eßschale Wein und einen Viertelliter Rum wern sich Ihnen die Leute mit jedem raufen. — Welches Rindvieh klopft da schon wieder an die Tür, kann es denn nicht an der Tür lesen: ‚Nicht klopfen'?! Herein!"

Oberleutnant Lukasch drehte sich auf dem Stuhl zur Türe und sah, wie sich die Türe langsam und leise öffnete: und ebenso leise trat in die Kanzlei der 11. Marschkompanie der brave Soldat Schwejk, der bereits zwischen der Türe salutierte, was er augenscheinlich schon getan hatte, als er geklopft und die Aufschrift „Nicht klopfen" betrachtet hatte. Dieses Salutieren war die vollklingende Begleitung zu seinem unendlich zufriedenen, sorglosen Gesicht. Er sah aus wie der griechische Gott des Diebstahls in der nüchternen Uniform eines österreichischen Infanteristen.

Oberleutnant Lukasch schloß für einen Augenblick die Augen vor dem Anblick des braven Soldaten Schwejk, der ihn mit seinem Blick umarmte und küßte.

Ungefähr mit demselben Wohlgefallen hatte der verschwenderische verlorene und wiedergefundene Sohn seinen Vater betrachtet, als dieser ihm zu Ehren ein Lamm am Spieße drehte.

„Melde gehorsamst, Herr Oberlajtnant, daß ich wieder hier bin", meldete sich Schwejk von der Türe her mit einer so aufrichtigen Ungezwungenheit, daß der Oberleutnant mit einem Schlag zu sich kam. Seit dem Augenblick, da Oberst Schröder ihm mitgeteilt hatte, daß er ihm Schwejk wieder auf den Hals schicken werde, hatte Oberleutnant Lukasch im Geiste täglich dieses Zusammentreffen hinausgeschoben. Jeden Morgen sagte er sich: „Er kommt heut noch nicht, er hat dort vielleicht etwas angestellt, und sie lassen ihn noch dort."

Und all diese Kombinationen führte Schwejk mit seinem so lieb und einfach durchgeführten Eintreten auf das richtige Maß zurück. Schwejk schaute jetzt den Rechnungsfeldwebel Wanek an, wandte sich an ihn und reichte ihm mit einem freundlichen Lächeln die Papiere, die er aus der Manteltasche zog: „Melde gehorsamst, Herr Rechnungsfeldwebel, daß ich diese Papiere übergeben soll, die man mir in der Regimentskanzlei ausgestellt hat. Es is wegen der Löhnung und meiner Verpflegungsvorschüsse."

Schwejk bewegte sich so frei und gesellschaftlich in der Kanzlei der 11. Marschkompanie, als wäre er Waneks bester Kamerad, worauf der Rechnungsfeldwebel einfach mit den Worten reagierte:

„Legen Sies aufn Tisch."

„Sie werden sehr gut daran tun, Rechnungsfeldwebel, wenn Sie mich mit Schwejk allein lassen werden", sagte Oberleutnant Lukasch mit einem Seufzer.

Wanek ging und blieb hinter der Türe stehen, um zuzuhören, was die beiden einander sagen würden.

Anfangs vernahm er nichts, denn Schwejk und Oberleutnant Lukasch schwiegen.

Beide blickten einander lange an und beobachteten einander; Lukasch blickte auf Schwejk, als wollte er ihn hypnotisieren wie ein Hahn, der einem Hühnchen gegenübersteht und sich anschickt, sich darauf zu stürzen.

Schwejk blickte wie immer mit seinem feuchten, sanften Blick auf Oberleutnant Lukasch, als wollte er ihm sagen: „Wieder vereint, mein süßes Seelchen, jetzt wird uns nichts mehr trennen, mein Täubchen."

Und als der Oberleutnant lange nicht sprach, redete der Ausdruck in Schwejks Augen in wehmütiger Zärtlichkeit: „Also sag etwas, mein Goldener, äußer dich!"

Oberleutnant Lukasch unterbrach dieses peinliche Schweigen mit folgenden Worten, in die er eine tüchtige Portion Ironie zu legen suchte: „Schön willkommen, Schwejk. Ich danke Ihnen für den Besuch. Sind das aber Gäste."

Er konnte sich jedoch nicht zurückhalten, und die Wut der letzten Tage machte sich Luft in einem furchtbaren Faustschlag auf den Tisch, so daß das Tintenfaß in die Höhe sprang und Tinte auf die „Löhnungsliste" spritzte.

Gleichzeitig sprang Oberleutnant Lukasch empor, stellte sich direkt vor Schwejk und brüllte ihn an: „Sie Rindvieh!" Dann fing er an, in dem schmalen Raum der Kanzlei auf und ab zu gehen, wobei er immer vor Schwejk ausspuckte.

„Melde gehorsamst, Herr Oberlajtnant", sagte Schwejk, als Oberleutnant Lukasch nicht aufhörte, herumzugehen und zerknüllte Papierklumpen, die er jedesmal vom Tisch nahm, zornig in eine Ecke zu werfen, „daß ich den Brief ordentlich abgegeben hab. Ich hab Frau Kakonyi glücklich gefunden und kann sagen, daß sie ein sehr hübsches Frauenzimmer is, ich hab sie zwar gesehn, wie sie geweint hat..."

Oberleutnant Lukasch setzte sich auf das Kavallett des Rechnungsfeldwebels und rief mit heiserer Stimme: „Wann wird das ein Ende nehmen, Schwejk?"

Schwejk erwiderte, als hätte er es überhört: „Dann hab ich dort eine kleine Unannehmlichkeit gehabt, aber ich hab alles auf mich genommen. Man hat mir zwar nicht geglaubt, daß ich mit der Frau korrespondier, so hab ich den Brief lieber beim Verhör verschluckt, damit ich jede Spur verwisch. Dann hab ich mich durch einen puren Zufall, anders kann ich mirs nicht erklären, in ein kleines und ganz unbedeutendes Prügeleichen verwickelt. Auch draus bin ich herausgekommen, und man hat meine Unschuld eingesehn und mich zum Regimentsrapport geschickt und beim Divisionsgericht die ganze Untersuchung eingestellt. In der Regimentskanzlei war ich paar Minuten, bis der Herr Oberst gekommen is, und der hat mich bißl ausgeschimpft und hat gesagt, daß ich mich sofort bei Ihnen, Herr Oberlajtnant, als Ordonnanz melden soll, und hat mir befohlen, ich soll Ihnen melden, daß er Sie auffordert, daß Sie sogleich wegen der Marschkompanie zu ihm kommen solln. Es is

376

schon mehr wie eine halbe Stunde, nämlich der Herr Oberst hat nicht gewußt, daß man mich noch in die Regimentskanzlei schleppen wird und daß ich dort noch über eine Viertelstunde sitzen wer, weil man in der ganzen Zeit meine Löhnung zurückgehalten hat und sie mir hat vom Regiment und nicht von der Kompanie ausgezahlt wern solln, weil ich als Regimentsarrestant geführt worn bin. Überhaupt is dort alles so konfus und durcheinand, daß man davon verrückt wern könnt."

Als Oberleutnant Lukasch hörte, daß er bereits vor einer halben Stunde hätte bei Oberst Schröder sein sollen, sagte er, während er sich schnell ankleidete: „Sie haben mir wieder auf die Beine geholfen, Schwejk."

Er sagte dies mit einer so verzweifelten Stimme voll Hoffnungslosigkeit, daß Schwejk versuchte, ihn mit freundschaftlichen Worten zu beschwichtigen; so rief er also, als Oberleutnant Lukasch aus der Türe stürzte: „Aber er wird ja schon warten, der Herr Oberst, er hat eh nichts zu tun."

Kurz nachdem der Oberleutnant gegangen war, trat Rechnungsfeldwebel Wanek in die Kanzlei.

Schwejk saß auf einem Stuhl und fachte das Feuer in dem kleinen eisernen Ofen an, indem er Kohlenstückchen durch das offene Türchen hineinwarf. Der Ofen rauchte und verbreitete einen üblen Geruch, und Schwejk fuhr in seiner Unterhaltung fort, ohne Wanek zu beachten, der Schwejk eine Zeitlang beobachtete, dann aber mit dem Fuß in das Türchen stieß und ihn aufforderte, sich von hier wegzuscheren.

„Herr Rechnungsfeldwebel", sagte Schwejk würdig, „ich erlaube mir, Ihnen bekanntzugeben, daß ich Ihrem Befehl, mich meinetwegen ausn ganzen Lager zu stehlen, beim besten Willen nicht Folge leisten kann, denn ich untersteh höheren Anordnungen."

„Nämlich ich bin hier Ordonnanz", fügte er stolz hinzu, „Herr Oberst Schröder hat mich hier zur 11. Marschkompanie zu Oberlajtnant Lukasch zugeteilt, bei dem ich Putzfleck war, aber durch meine angeborene Intelligenz bin ich zur Ordonnanz avanciert. Ich und der Herr Oberlajtnant sind schon alte Bekannte. Was sind Sie denn in Zivil, Herr Rechnungsfeldwebel?"

Der Rechnungsfeldwebel war so überrascht von diesem familiären kameradschaftlichen Ton des braven Soldaten Schwejk, daß er seine Würde - die er sehr gern vor den Soldaten seiner Kompanie zur Schau trug - außer Acht ließ und antwortete, als wäre er Schwejks Untergebener: „Ich bin sozusagen der Drogist Wanek aus Kralup."

„Ich war auch bei einem Materialisten in der Lehre", sagte Schwejk, „bei einem gewissen Herrn Kokoschka am Bergstein in Prag. Das war ein großer Sonderling, und wie ich ihm mal aus Versehen im Keller ein Faß Benzin angezündet hab und er abgebrannt is, so hat er mich herausgeworfen, und das Gremium hat mich schon nirgends angenommen, so daß ich wegen einem dummen Faß Benzin nicht auslernen hab können. Erzeugen Sie auch Gewürz für Kühe?"

Wanek schüttelte den Kopf.

„Bei uns hat man Gewürz für Kühe mit geweihten Bildern erzeugt. Nämlich unser Herr Chef Kokoschka war ein sehr frommer Mensch und hat einmal wo gelesen, daß der heilige Pelegrinus bei Wassersucht beim Vieh geholfen hat. So hat er sich irgendwo in Smichov Bilder vom heiligen Pelegrinus drucken lassen und hat sie in Emmaus für 200 Gulden weihn lassen. Und dann hamr sie in die Packerin von unserm Gewürz für Kühe beigelegt. Der Kuh hat man dieses Gewürz in warmes Wasser gemischt, hat ihrs ausn Schaff zu trinken gegeben und dabei hat man dem Vieh ein kleines Gebet zum heiligen Pelegrinus vorgelesen, das Herr Tauchen, unser Kommis, verfaßt hat. Nämlich wie die Bilder vom heiligen Pelegrinus gedruckt waren, so hat man noch auf der andern Seite ein kleines Gebet abdrucken müssen. So hat sich unser alter Kokoschka abends Herrn Tauchen gerufen und hat ihm gesagt, er soll bis früh irgendein kleines Gebet auf das Bild und auf das Gewürz zusamrnenstelln, bis er um zehn Uhr in den Laden kommt, daß es schon fertig sein muß, damits in die Druckerei geht, daß die Küh schon auf das Gebet warten. Entweder - oder. Verfaßt ers hübsch, so hat er einen Gulden am Brett, oder er kann in vierzehn Tagen gehn.

Herr Tauchen hat die ganze Nacht geschwitzt und is früh ganz unausgeschlafen in den Laden aufmachen gekommen und hat nichts geschrieben gehabt. Er hat sogar vergessen gehabt, wie der Heilige in diesem Gewürz für Kühe heißt. Da hat ihn unser Diener Ferdinand aus der Not herausgerissen. Der hat alles getroffen. Wenn wir am Boden Kamillentee getrocknet ham, is er immer hinaufgekrochen, hat sich die Stiefel ausgezogen und hat uns gelernt, wie die Füße aufhören zu schwitzen. Er hat am Boden Tauben gefangen, hat das Pult mit Geld aufmachen getroffen und hat uns noch andre Schwindeleien mitn Waren gelernt.

Ich hab als Junge zu Haus so eine Apotheke gehabt, was ich mir ausn Laden nach Haus gebracht hab, daß sie nicht mal ‚Bei den Barmherzigen' so eine gehabt ham. Und der hat Herrn Tauchen geholfen; er hat nur gesagt: ‚Also geben Sies her, Herr Tauchen, daß ich mirs anschau', und schon hat mich der Herr Tauchen um Bier geschickt. Und bevor ichs Bier gebracht hab, da war unser Diener Ferdinand schon halb fertig damit und hats schon vorgelesen.

> Von Himmelshöhen komm ich her,
> verkünde allen frohe Mär.
> Kuh und Kalb und Ochs und Schwein
> brauchen nicht mehr krank zu sein.
> Denn Kokoschkas Kräuterlein
> heilen alle, groß und klein.

Dann, wie er das Bier ausgetrunken und ordentlich an der Tinktur Amara geleckt gehabt hat, is es ihm rasch gegangen, und er hats in einem Moment sehr hübsch fertiggebracht:

> Pelegrinus Sanctus hats ersonnen,
> für zwei Gulden nur ist es gewonnen.
> Pelegrine Soncte, schütze unsre Herden,
> die dafür stets deinen Balsam trinken werden.
> Dein Lob singt der Landmann spät und frühe,
> Pelegrine Sancte, schütze unsre Kühe!

Dann, wie Herr Kokoschka gekommen is, is Herr Tauchen mit ihm ins Kontor gegangen, und wie er herausgegangen is, hat er uns zwei Gulden gezeigt, nicht einen, wie er versprochen gehabt hat, und hat mitn Herrn Ferdinand zur Hälfte teiln wolln. Aber den Diener Ferdinand hat auf einmal, wie er die zwei Gulden gesehn hat, der Mammon gepackt. Herich daß nein, entweder alles oder nix. So hat ihm Herr Tauchen also nix gegeben und hat sich die zwei Gulden für sich gelassen, hat mich daneben ins Magazin genommen, hat mir eine Watschen gegeben und hat gesagt, daß ich hundert solche Watschen kriegen wer, wenn ich mich wo zu sagen unterstehn wer, daß er das nicht zusammengestellt und verfaßt hat, und daß ich, auch wenn sich der Ferdinand zu unserm Alten beschweren gehn macht, sagen muß, daß der Diener Ferdinand ein Lügner is. Das hab ich ihm vor einem Ballon mit Estragonessig beschwören müssen, und unser Diener hat angefangen, sich an diesem Gewürz für Kühe zu rächen. Nämlich wir hams in großen Kisten aufm Dachboden gemischt, und er, wo er einen Mausedreck hat zammkehren können, hat er ihn gebracht und hat ihn ins Gewürz gemischt. Dann hat er auf der Straße Roßäpfel zusammengeklaubt, hat sie zu Haus getrocknet, im Mörser zu Gewürz zerstoßen und hat das auch in das Gewürz für Kühe mit dem Bild vom heiligen Pelegrinus geworfen. Und dran hat er noch nicht genug gehabt. Er hat in diese Kisten gepischt, hat sich in sie ausgemacht und hats zusammgemischt, daß es wie Kasch aus Kleie war..."

Das Telefon klingelte. Der Rechnungsfeldwebel sprang zur Hörmuschel und schleuderte sie mißmutig beiseite: „Ich muß in die Regimentskanzlei gehn. So plötzlich, das gefällt mir nicht!"

Schwejk war wieder allein. Kurz danach klingelte abermals das Telefon.

Schwejk fing an, sich zu verständigen: „Wanek? Der is in die Regimentskanzlei gegangen. Wer beim Telefon is? Die Ordonnanz von der 11. Marschkompanie. Wer is dort? Die Ordonnanz von der 12. Marschka? Servus, Kollege. Wie ich heiß? Schwejk. Und du? Braun. Bist du nicht verwandt mit einem gewissen Braun, Hutmacher aus der Ufergasse in Karolinenthal? Nein, du kennst ihn nicht? - Ich kenn ihn auch nicht, ich bin nur mal mit der Elektrischen vorbeigefahren, da is mir die Firma ins Aug gefallen. Was Neues is? - Ich weiß nix. - Wann wir fahren?"

„Ich hab noch mit niemandem von der Abfahrt gesprochen. Wohin solln wir fahren?"

Abbildung 53: Karlin (Karolinenthal) mit Kirche St. Cyrill und Method (Quelle: Petr Kadlec)

„Du Schafskopf, mit der Marschka an die Front."
„Davon hab ich noch nichts gehört."

„Da bist du eine feine Ordonnanz. Weißt du nicht, ob dein Lajtnant..."

„Der meinige is Oberlajtnant..."

„Das is alles eins, also dein Oberlajtnant zur Besprechung zum Oberst gegangen is?"

„Er hat sich ihn hin eingeladen."

„Also siehst du, der unsrige is auch hingegangen und der von der 13. Marschka auch; grad hab ich mit der Ordonnanz von ihr telefonisch gesprochen. Mir gefällt diese Eile nicht. Und weißt du nichts, ob man bei der Musik packt?"

„Ich weiß von nichts."

„Mach keinen Ochsen aus dir. Nicht wahr, euer Rechnungsfeldwebel hat schon das Waggonaviso gekriegt? Wieviel Mannschaft habt ihr?"

„Ich weiß nicht."

„Du Trottl, wer ich dich denn auffressen? (Man hört, wie der Mann beim Telefon daneben spricht: ‚Nimm dir den zweiten Hörer, Franz, damit du weißt, was für eine blöde Ordonnanz sie dort bei der 11. Marschka ham.') — Haloo, schläfst du dort, oder was? Also Antwort, wann dich ein Kollege fragt. Du weißt also noch nichts? Lüg nicht. Hat euer Rechnungsfeldwebel nichts gesagt, daß ihr Konserven fassen werdet? Daß du mit ihm von solchen Sachen nicht gesprochen hast? Du Trottl, du. Daß dich das nichts angeht? (Man hört lachen.) Du bist, mir scheint, aufm Kopf gefalln. Bis du also was wissen wirst, so telefonier uns zur 12. Marschkompanie, mein goldenes Söhnchen, mein blödes. Woher bist du?"

„Aus Prag."

„Da solltest du gescheiter sein. — Und noch was! Wann is euer Rechnungsfeldwebel in die Kanzlei gegangen?"

„Vor einer Weile hat man ihn gerufen."

„Da schau her, das hast du nicht früher sagen können? Der unsrige is auch vor einem Weilchen gegangen, da geht was vor. Hast du nicht mitn Train gesprochen?"

„Nein."

„Jesus Maria Josef, und du sagst, daß du aus Prag bist? Du kümmerst dich um nichts. Wo lungerst du denn den ganzen Tag herum?"

„Ich bin erst vor einer Stunde vom Divisionsgericht gekommen."

„Das ist ein anderer Kren, Kamerad, da komm ich dich noch heut besuchen. Läut zweimal ab."

Schwejk wollte sich die Pfeife anzünden, als das Telefon abermals klingelte: „Steigt mir am Buckel mit euerm Telefon", dachte Schwejk, „ich wer mich mit euch unterhalten."

Das Telefon ratterte aber unerbittlich weiter, so daß Schwejk schließlich die Geduld verlor; er ergriff ein Hörrohr und brüllte ins Telefon: „Haloo, wer dort? Hier Ordonnanz Schwejk von der 11. Marschkompanie."

An der Antwort erkannte Schwejk die Stimme Oberleutnant Lukaschs:

„Was treibt ihr dort alle? Wo ist Wanek, rufen Sie sofort den Wanek zum Telefon!"

„Melde gehorsamst, Herr Oberlajtnant, vorhin hat das Telefon geklingelt."

„Hören Sie, Schwejk, ich hab keine Zeit, mich mit Ihnen zu unterhalten. Telefonische Gespräche beim Militär, das ist keine Plauderei per Telefon, wie wenn man jemanden einlädt, er soll zum Mittagessen kommen. Telefongespräche müssen klar und kurz sein. Bei Telefongesprächen fällt auch das ‚melde gehorsamst, Herr Oberlajtnant' weg. Ich frage Sie also, Schwejk, haben Sie den Wanek bei der Hand? Er soll gleich zum Telefon kommen!"

„Ich hab ihn nicht bei der Hand, melde gehorsamst, Herr Oberlajtnant, er is vor einer Weile von hier aus der Kanzlei, es kann noch nicht mal eine Viertelstunde sein, in die Regimentskanzlei abberufen worn."

„Bis ich komm, wer ich mit Ihnen Ordnung machen, Schwejk. Können Sie sich nicht knapp ausdrücken? Passen Sie jetzt gut drauf auf, was ich Ihnen sagen werde. Verstehn Sie deutlich, damit Sie sich dann nicht ausreden, daß es im Telefon heiser geklungen hat? Augenblicklich, sofort wie Sie den Hörer aufhängen..."

Pause. Neuerliches Läuten. Schwejk ergriff den Hörer und wurde von einer Fülle von Schimpfworten überschüttet.

„Sie Rindvieh, Sie Gassenbub, Sie Halunke, Sie. Was machen Sie da, warum unterbrechen Sie das Gespräch?"

„Sie ham mir, bitte, gesagt, ich soll den Hörer aufhängen."

„Ich bin in einer Stunde zu Haus, Schwejk, und dann freun Sie sich. Sie packen sich also gleich zusammen, gehn in die Baracke und treiben irgendeinen Zugführer auf, meinetwegen den Fuchs, und sagen ihm, daß er gleich zehn Mann nehmen soll und mit ihnen ins Magazin Konserven fassen gehn soll. Wiederholn Sie das, was soll er machen?"

„Mit zehn Mann ins Magazin Konserven für die Kompanie fassen gehn."

„Endlich blödeln Sie einmal nicht. Ich werde inzwischen dem Wanek in die Regimentskanzlei telefonieren, er soll auch ins Magazin gehn und die Konserven übernehmen. Wenn er inzwischen in die Baracke kommt, soll er alles liegenlassen und Laufschritt ins Magazin nehmen. Und jetzt hängen Sie den Hörer auf."

Schwejk suchte nicht nur Zugführer Fuchs, sondern auch die übrigen Chargen hübsch lange vergeblich. Sie waren in der Küche, nagten das Fleisch von den Knochen ab und erfreuten sich am Anblick des angebundenen Baloun, der zwar mit den Füßen fest auf dem Boden stand, weil sie sich seiner erbarmt hatten, trotzdem aber einen interessanten Anblick bot. Einer von den Köchen brachte ihm ein Stück Rippenfleisch und steckte es ihm in den Mund, und der angebundene Riese Baloun, der nicht die Möglichkeit hatte, mit den Händen zu manipulieren, schob den Knochen behutsam im Mund herum und ließ ihn mit Hilfe der Zähne und des Zahnfleisches balancieren, wobei er das Fleisch mit dem Ausdruck eines Waldschrecks abnagte.

„Wer is denn hier von euch der Zugführer Fuchs?" fragte Schwejk, als er sie schließlich fand.

Zugführer Fuchs hielt es nicht einmal der Mühe wert, sich zu melden, als er sah, daß ein gemeiner Soldat nach ihm fragte.

„Holla", sagte Schwejk, „wie lang wer ich noch fragen? Wo is denn der Zugführer Fuchs?"

Fuchs trat vor und fing voll Würde an, auf alle möglichen Arten zu schimpfen, er sei kein Zugführer, sondern Herr Zugführer, man solle nicht sagen: „Wo ist der Zugführer?", sondern „Melde gehorsamst, wo ist der Herr Zugführer?"

Wenn jemand bei seinem Zug nicht sage: „Ich melde gehorsamst", so bekomme er gleich eins übers Maul.

„Nur nicht so hastig", sagte Schwejk bedächtig, „packen Sie sich gleich zusamm, gehn Sie in die Baracke, nehmen Sie dort zehn Mann und im Laufschritt mit ihnen zum Magazin, Sie wern Konserven fassen."

Zugführer Fuchs war so überrascht, daß er nur aus sich hervorstieß: „Was?"

„Gar kein ‚was'", antwortete Schwejk, „ich bin Ordonnanz bei der 11. Marschkompanie, und grad vor einer Weile hab ich telefonisch mit Herrn Oberlajtnant Lukasch gesprochen. Und der hat gesagt: ‚Laufschritt mit zehn Mann zum Magazin.' Wenn Sie nicht gehn wern, Herr Zugführer Fuchs, so geh ich sofort zurück zum Telefon. Der Herr Oberlajtnant wünscht sich ausdrücklich, daß Sie gehn. Es is überhaupt unnütz, darüber zu reden.

‚Ein telefonisches Gespräch', hat Herr Oberlajtnant Lukasch gesagt, ‚muß kurz und klar sein. Wenn man sagt: Zugführer Fuchs geht, so geht er. So ein Befehl, das is keine Plauderei per Telefon, wie wenn man jemanden zum Mittagessen einladen möcht. Beim Militär, besonders im Krieg, is jede Verspätung ein Verbrechen.

Wenn der Zugführer Fuchs nicht gleich gehn wird, bis Sies ihm melden, so telefonieren Sies mir gleich, und ich wers mir mit ihm schon ausmachen. Vom Zugführer Fuchs wird nicht mal ein Andenken übrigbleiben.' Ja, mein Lieber, Sie kennen den Herrn Oberlajtnant nicht."

Schwejk schaute siegesbewußt auf die Chargen, die sein Auftreten in der Tat überraschte und deprimierte.

Zugführer Fuchs brummte etwas Unverständliches und entfernte sich schnellen Schritts, während Schwejk ihm nachrief: „Kann ich also dem Herrn Oberlajtnant telefonieren, daß alles in Ordnung is?"

„Gleich wer ich mit zehn Mann im Magazin sein", rief von der Baracke her Zugführer Fuchs, und Schwejk, der kein Wort mehr sagte, entfernte sich aus der Gruppe der Chargen, die ebenso überrascht waren wie Zugführer Fuchs.

„Es fängt schon an", sagte der kleine Korporal Blazek, „wir wern packen."

Als Schwejk in die Kanzlei der 11. Marschkompanie zurückkehrte, fand er wiederum keine Zeit, seine Pfeife anzuzünden, denn das Telefon klingelte abermals. Es war wiederum Oberleutnant Lukasch, der mit Schwejk sprach:

„Wo laufen Sie herum, Schwejk? Ich klingle schon zum drittenmal, und niemand meldet sich."

„Ich hab alles zammgetrommelt, Herr Oberlajtnant."

„Sind sie also schon gegangen?"

„Versteht sich, daß sie gegangen sind, aber ich weiß noch nicht, ob sie schon dort sein wern. Soll ich vielleicht noch mal hinlaufen?"

„Haben Sie also Zugführer Fuchs gefunden?"

„Jawohl, Herr Oberlajtnant. Erst hat er mich angefahren: ,Was?', und erst wie ich ihm erklärt hab, daß Telefongespräche kurz und klar sein müssen..."

„Unterhalten Sie sich nicht, Schwejk - Wanek ist noch nicht zurückgekommen?"

„Nein, Herr Oberlajtnant."

„Brüllen Sie nicht so ins Telefon. Wissen Sie nicht, wo dieser verfluchte Wanek sein könnt?"

„Ich weiß nicht, Herr Oberlajtnant, wo dieser verfluchte Wanek sein könnt."

„In der Kanzlei beim Regiment war er und ist irgendwohin gegangen. Ich denke, er wird wahrscheinlich in der Kantine sein. Gehn Sie ihm also nach, Schwejk, und sagen Sie ihm, er soll gleich ins Magazin gehn. Dann noch etwas. Treiben Sie Korporal Blaiek auf, und sagen Sie ihm, er soll diesen Baloun sofort abbinden, und den Baloun schicken Sie zu mir. Hängen Sie den Hörer auf!"

Schwejk fing tatsächlich an, sich um das alles zu kümmern. Als er den Korporal

Blaiek gefunden und ihm den Befehl des Oberleutnants bezüglich des Losbindens Balouns übermittelt hatte, brummte Korporal Blaiek: „Sie kriegen Angst, wenns Ihnen in die Stiefel fließt."

Schwejk schaute sich das Losbinden an und ging ein Stück mit Baloun, weil dessen Weg an der Kantine vorbeiführte, wo Schwejk Rechnungsfeldwebel Wanek finden sollte.

Baloun blickte Schwejk an wie seinen Erlöser und versprach ihm, jede Sendung, die er von zu Hause bekommen werde, mit ihm zu teilen. „Bei uns wird man jetzt schlachten", sagte Baloun melancholisch, „hast du gern Speckwurst aus Blut oder ohne Blut? Ich sag dir, ich schreib heut abend nach Haus. Mein Schwein wird so beiläufig 150 Kilo haben. Es hat einen Kopf wie eine Bulldogge, und so ein Schwein is am besten. Unter solchen Schweinen gibts keine Drückeberger. Das is eine sehr gute Rasse, die schon was aushält. Es wird gegen acht Finger Fett haben. Wie ich zu Haus war, hab ich mir die Leberwürste selbst gemacht, und immer hab ich mich so vollgestopft, daß ich zerspringen könnt. Das vorjährige Schwein hat 160 Kilo gehabt."

„Aber das war ein Schwein", sagte er begeistert, Schwejk beim Abschied fest die Hand drückend, „ich habs nur mit lauter Erdäpfeln großgezogen und hab mich selbst gewundert, wies hübsch zunimmt. Die Schinken hab ich in Salzwasser gegeben und so ein hübsches gebratenes Stück ausn Salzwasser mit Erdäpfelknödeln, mit Grieben bestreut und mit Kraut, das is was Delikates. Dann schmeckt das Bier! Man is so zufrieden. Um das alles hat uns der Krieg gebracht!"

Der bärtige Baloun seufzte schwer und wandte sich zur Regimentskanzlei, während Schwejk durch die Alleen alter hoher Linden auf die Kantine zuschritt.

Rechnungsfeldwebel Wanek saß inzwischen zufrieden in der Kantine und erzählte einem bekannten Stabsfeldwebel, wieviel man vor dem Krieg an Emailfarben und Zementanstrich hatte verdienen können. Der Stabsfeldwebel war schon unzurechnungsfähig. Am Vormittag war ein Gutsbesitzer aus Pardubitz angekommen, dessen Sohn im Lager war, und hatte ihm eine anständige Bestechung gegeben und ihn den ganzen Vormittag unten in der Stadt bewirtet.

Jetzt saß er verzweifelt da, weil ihm nichts mehr schmeckte, er wußte nicht einmal, wovon er sprach, und auf das Gespräch über die Emailfarben reagierte er gar nicht.

Er beschäftigte sich mit seinen eigenen Vorstellungen und lallte irgend etwas davon, daß eine Lokalbahn von Wittingau nach Pilgram und wieder zurückführen sollte.

Als Schwejk eintrat, bemühte sich Wanek nochmals, dem Stabsfeldwebel in Ziffern klarzumachen, was man an einem Kilo Zementanstrich bei einem Bau verdient hatte, worauf der Stabsfeldwebel, an etwas ganz andres denkend, erwiderte:

„Auf dem Rückweg is er gestorben, er hat nur Briefe hinterlassen."

Als er Schwejk erblickte, verwechselte er ihn offenbar mit einem ihm unsympathischen Menschen und fing an, ihn Bauchredner zu schimpfen. Schwejk näherte sich Wanek, der ebenfalls in Stimmung, dabei aber sehr freundlich und lieb war.

„Herr Rechnungsfeldwebel", meldete ihm Schwejk, „Sie solln gleich zum Magazin gehn, dort wartet schon Zugführer Fuchs mit zehn Gemeinen, man wird Konserven fassen. Sie solln Laufschritt nehmen. Der Herr Oberlajtnant hat schon zweimal telefoniert."

Wanek brach in ein Gelächter aus: „Da wär ich ein Narr, Schatzerl. Da müßt ich mich selbst ausschimpfen, mein Engerl. Alles hat Zeit genug, es brennt nicht, Kind, goldenes. Bis der Herr Oberlajtnant Lukasch so oft Marschkompanien ausgerüstet haben wird wie ich, dann kann er erst von was reden, und unnütz wird er niemanden nicht belästigen mit seinem Laufschritt. Ich hab schon in der Regimentskanzlei so einen Befehl bekommen, daß wir morgen fahren, daß man packen und gleich auf die Fahrt fassen gehn soll. Und was hab ich gemacht: Ich bin hübsch her auf ein Viertel Wein gegangen, hier sitzt sichs mir hübsch, und ich laß alles laufen.

Konserven bleiben Konserven, Fassung bleibt Fassung. Ich kenn das Magazin besser als der Herr Oberlajtnant und weiß, was man bei so einer Besprechung der Herren Offiziere beim Herrn Oberst redet. Das stellt sich der Herr Oberst nur in seiner Phantasie vor, daß im Magazin Konserven sind. Das Magazin von unserm Regiment hat nie nicht keine Konserven in Vorrat gehabt und hat sie von Fall zu Fall von der Brigade bekommen oder sich sie von andern Regimentern ausgeborgt, mit denen es im Verkehr getreten is. Dem Beneschauer Regiment allein sind wir über dreihundert Konserven schuldig. Cheche Sie solln nur bei der Besprechung sagen, was sie wolln, nur keine Eile nicht! No, der Magazineur wird ihnen schon selbst sagen, bis die unsrigen hinkommen, daß sie verrückt geworn sind. Nicht eine Marschka hat Konserven aufn Weg bekommen."

„Gell, du alter Erdäpfel", wandte er sich an den Stabsfeldwebel. Der aber war entweder im Einschlafen begriffen oder bekam einen kleinen Anfall von Delirium, denn er erwiderte:

„Wie sie schritt, hielt sie einen offenen Regenschirm über sich."

„Am besten machen Sie", fuhr Rechnungsfeldwebel Wanek fort, „wenn Sie alles schwimmen lassen. Wenn man heut in der Regimentskanzlei gesagt hat, daß man morgen fährt, so darfs nicht mal ein kleines Kind glauben. Können wir ohne Waggons fahren? Während ich noch dort war, hat man aufn Bahnhof telefoniert. Sie ham dort nicht einen leeren Waggon. Mit der vorigen Marschka wars dasselbe. Wir sind damals zwei Tage am Bahnhof gestanden und ham gewartet, bis sich unser jemand erbarmt und einen Zug um uns schickt. Und nachher hamr nicht gewußt, wohin wir fahren. Nicht mal der Oberst hats gewußt, wir sind dann schon durch ganz Ungarn gefahren, und fort hat niemand nix gewußt, ob wir nach Serbien oder nach Rußland fahren. Auf jeder Station hat man direkt mitn Divisionsstab gesprochen. Und wir waren nur so ein Flicklappen. Schließlich hat man uns bei Dukla angenäht, dort hat man uns zerdroschen, und wir sind uns neu formieren gefahren. Nur keine Hast nicht. Alles wird sich mit der Zeit aufklären, und auf nichts muß man eilen. Jawohl, noch amol."

„Wein hams hier heut einen ungewöhnlich guten", fuhr Wanek fort, ohne auch nur darauf zu hören, wie der Stabsfeldwebel vor sich hin plapperte:

„Glauben Sie mir, ich hab bisher wenig von meinem Leben gehabt. Ich wundere mich über diese Frage."

„Wozu sollt ich mir unnütze Sorgen mit der Abfahrt vom Marschbataillon machen. Nämlich bei der ersten Marschka, mit der ich gefahren bin, war alles in zwei Stunden in bester Ordnung. Bei den andern Marschkompanien von unserm damaligen Marschbataillon ham sie sich drauf schon ganze zwei Tage vorbereitet. Aber bei uns war Lajtnant Prenosil Kompaniekommandant, ein sehr fescher Kerl, und der hat uns gesagt:

„Habts keine Eile nicht, Jungens", und es is gegangen wie geschmiert. Zwei Stunden vor der Abfahrt vom Zug hamr erst angefangen zu packen. „Sie wern gut machen, wenn Sie sich auch erst setzen wern..."

„Ich kann nicht", sagte mit fürchterlicher Selbstverleugnung der brave Soldat Schwejk, „ich muß in die Kanzlei, was, wenn jemand telefonieren macht."

„Gehn Sie also, mein Gold, aber merken Sie sich Ihr ganzes Leben lang, daß das nicht hübsch von Ihnen is und daß eine richtige Ordonnanz nie dort sein darf, wo man sie braucht. Sie dürfen sich nicht gar so eifrig in den Dienst stürzen. Es gibt wirklich nichts Scheußlicheres als eine meschuggene Ordonnanz, was das Militär fressen mächt, Seelchen, liebes."

Aber Schwejk war bereits aus der Tür und eilte in die Kanzlei seiner Marschkompanie.

Wanek blieb verlassen zurück, denn man kann unmöglich behaupten, daß ihm der Stabsfeldwebel Gesellschaft geleistet hätte. Der machte sich vollständig selbständig und lallte, die Weinflasche streichelnd, auf deutsch und tschechisch höchst sonderbare Dinge ohne jeden Zusammenhang:

„Oft bin ich durch dieses Dorf gegangen und hatte nicht einmal eine Ahnung davon, daß es auf der Welt ist. In einem halben Jahr habe ich meine Staatsprüfung hinter mir und meinen Doktor gemacht. Aus mir ist ein alter Krüppel geworden, ich danke Ihnen, Luzi. Erscheinen Sie in schön ausgestatteten Bänden - vielleicht ist hier jemand unter Ihnen, der sich nicht daran erinnert."

Der Rechnungsfeldwebel trommelte aus Langeweile irgendeinen Marsch; aber er mußte sich nicht lange langweilen, denn die Türe öffnete sich, und herein trat Jurajda, der Koch aus der Offiziersmenage, und sank auf einen Stuhl.

„Wir ham heut", plapperte er, „Befehl bekommen, aufn Weg Kognak fassen zu gehn. Weil wir keine Korbflasche vom Rum leer gehabt ham, ham wir sie ausleeren müssen. Das hat uns gegeben. Die Mannschaft bei der Küche hats ganz umgeworfen. Ich hab mich um paar Portionen verrechnet. Der Herr Oberst ist spät gekommen und auf ihn ist nichts gekommen. So machen sie ihm dort jetzt eine Omelette. Das ist euch eine Hetz."

„Das ist ein nettes Abenteuer", bemerkte Wanek, dem beim Wein hübsche Worte immer sehr gut gefielen.

Abbildung 54: Hingerichtete, serbische Zivilisten 1 (Quelle: unbekannter Fotograf)

388

Koch Jurajda fing an zu philosophieren, was tatsächlich seiner früheren Beschäftigung entsprach. Er hatte nämlich vor dem Krieg eine okkultistische Zeitschrift und die Bibliothek „Rätsel des Lebens und des Todes" herausgegeben.

Im Krieg hatte er sich in die Offiziersküche des Regiments gedrückt und ließ sehr häufig einen Braten anbrennen, wenn er sich in die Lektüre von Übersetzungen der altindischen „Süter Pragüa- Paramita" (Offenbarte Weisheit) vertiefte.

Oberst Schröder schätzte ihn als ein Original des Regiments, denn welche Offiziersküche konnte sich eines Okkultisten als Koch rühmen, der in die Rätsel des Lebens und des Todes blickend, mit einem so guten Lungenbraten oder so einem Ragout überraschte, daß der bei Komarow tödlich verwundete Leutnant Dufek ununterbrochen nach Jurajda verlangt hatte.

„Ja", sagte von nichts und wieder nichts Jurajda, der sich kaum auf dem Stuhl hielt und nach zehn Runden Rum roch, „wie heut nichts aufn Herrn Oberst gekommen ist und wie er nur geröstete Erdäpfel gesehn hat, ist er in den Stand der Gaki verfallen. Wißt ihr, was das ist, Gaki? Das ist der Stand hungriger Geister. Ich hab gesagt:

„Haben Sie, Herr Oberst, Kraft genug, die Bestimmung des Schicksals zu überwinden, daß kein Nierenbraten auf Sie gekommen ist? Im Karma ist bestimmt, daß Sie, Herr Oberst, heut zum Nachtmahl eine fabelhafte Omelette mit gekochter und gedünsteter Kalbsleber bekommen."

„Lieber Freund", sagte er nach einer Weile leise zum Rechnungsfeldwebel, wobei er unwillkürlich eine Handbewegung machte, mit der er alle Gläser umwarf, die vor ihm auf dem Tisch standen.

„Alle Erscheinungen, Gestalten und Dinge sind wesenlos", meinte nach dieser Tat melancholisch der Koch-Okkultist. „Die Gestalt ist Wesenlosigkeit und die Wesenlosigkeit ist Gestalt. Die Wesenlosigkeit ist nicht verschieden von der Gestalt, die Gestalt ist nicht verschieden von der Wesenlosigkeit. Was Wesenlosigkeit ist, ist Gestalt, was Gestalt ist, ist Wesenlosigkeit."

Der Koch-Okkultist hüllte sich in Schweigen, stützte den Kopf auf die Hand und schaute auf den nassen, begossenen Tisch. Der Stabsfeldwebel fuhr fort etwas zu plappern, was weder Hand noch Fuß hatte.

„Das Getreide is vom Feld verschwunden, verschwunden - in dieser Stimmung erhielt er eine Einladung und ging zu ihr - die Pfingstfeiertage sind im Frühling."

Rechnungsfeldwebel Wanek trommelte ununterbrochen auf den Tisch, trank und erinnerte sich ab und zu, daß zehn Mann mit dem Zugführer beim Magazin auf ihn warteten.

Bei diesem Gedanken lachte er jedes Mal vor sich hin und winkte mit der Hand.

Als er spät in die Kanzlei der 11. Marschkompanie zurückkehrte, fand er Schwejk am Telefon.

„Die Gestalt is Wesenlosigkeit und die Wesenlosigkeit is Gestalt", stieß er aus sich heraus, kroch angezogen aufs Kavallett und schlief sofort ein.

Und Schwejk saß fortwährend am Telefon, denn vor zwei Stunden hatte Oberleutnant Lukasch mit ihm gesprochen und hatte ihm gesagt, daß er noch immer bei einer Besprechung beim Herrn Oberst sei, hatte aber vergessen hinzuzufügen, daß Schwejk vom Telefon weggehen könne. Dann rief ihn Zugführer Fuchs an, der die ganze Zeit hindurch mit zehn Mann nicht nur vergeblich auf den Rechnungsfeldwebel wartete, sondern sogar sah, daß das Magazin versperrt war.

Schließlich ging er fort, und die zehn Mann kehrten einer nach dem andern in ihre Baracken zurück.

Zeitweilig unterhielt sich Schwejk damit, den Hörer zu ergreifen und zu lauschen. Es war ein Telefon nach irgendeinem neuen System, das gerade bei der Armee eingeführt wurde und den Vorteil hatte, daß man ziemlich klar und deutlich fremde Telefongespräche auf der ganzen Linie vernehmen konnte.

Der Train und die Artilleriekasernen beschimpften einander, die Sappeure drohten der Kriegspost, die Artillerieschießstätte brummte die Maschinengewehrabteilung an. Und Schwejk saß fortwährend am Telefon. Die Beratung beim Oberst zog sich in die Länge.

Oberst Schröder entwickelte die neueste Theorie des Felddienstes und legte hauptsächlich Gewicht auf die Minenwerfer.

Er redete alles mögliche Zeug durcheinander, sprach von der Front, wie sie noch vor zwei Monaten im Süden und im Osten verlaufen sei, von der Wichtigkeit einer genauen Verbindung zwischen den einzelnen Truppenteilen, von Giftgasen, von der Beschießung feindlicher Aeroplane, von der Versorgung der Mannschaft im Felde mit Nahrungsmitteln, worauf er auf die inneren Verhältnisse in der Armee überging. Er fing an, von dem Verhältnis der Offiziere zur Mannschaft und dem Verhältnis der Mannschaft zu den Chargen zu sprechen, vom Überlaufen an den Fronten zum Feind, von politischen Ereignissen und davon, daß fünfzig Prozent der tschechischen Soldaten „politisch verdächtig" seien.

„Jawohl, meine Herren, der Kramar, Scheiner und Klöfac."

Die Mehrzahl der Offiziere dachte dabei, wann das alte Ekel wohl endlich aufhören werde zu quasseln, aber Oberst Schröder quatschte weiter von den neuen

Aufgaben der neuen Marschbataillone, von den gefallenen Offizieren des Regiments, von Zeppelinen, spanischen Reitern, vom Eid. Bei dem letzteren erinnerte sich Oberleutnant Lukasch daran, daß der brave Soldat Schwejk, als das ganze Marschbataillon den Eid ablegte, nicht daran teilgenommen hatte, weil er zu dieser Zeit gerade im Divisionsgericht saß.

Und plötzlich mußte er darüber lachen. Es war gleichsam ein hysterisches Lachen, das die Offiziere ansteckte, zwischen denen er saß, wodurch er die Aufmerksamkeit des Obersten erregte, der gerade zu den beim Rückzug der deutschen Truppen in den Ardennen erworbenen Erfahrungen gelangt war. Er warf alles durcheinander und schloß: „Meine Herren, das ist nicht zum Lachen."

Dann begaben sich alle ins Offizierskasino, weil Oberst Schröder vom Brigadestab ans Telefon gerufen wurde.

Schwejk setzte seinen Schlaf beim Telefon fort, als ihn ein Läuten weckte.

„Haloo", hörte er „hier Regimentskanzlei."

„Haloo", antwortete er, „hier Kanzlei der 11. Marschkompanie."

„Halt nicht auf", hörte er eine Stimme, „nimm einen Bleistift und schreib. Nimm ein Telefonogramm auf."

„11. Marschkompanie..."

Jetzt folgten nacheinander irgendwelche Sätze in einem merkwürdigen Chaos, weil die 12. und 13. Marschkompanie gleichzeitig dazwischen sprachen und das Telefonogramm in dieser Panik von Tönen vollständig verlorenging. Schwejk verstand kein Wort. Zu guter Letzt beruhigte sich der Lärm und Schwejk verstand:

„Haloo, haloo, also jetzt lies es vor und halt mich nicht auf."

„Was soll ich vorlesen?"

„Was du vorlesen sollst, du Ochs? Das Telefonogramm."

„Was für ein Telefonogramm?"

„Krutzihimmel, bist du denn taub? Das Telefonogramm, das ich dir diktiert hab, Blödian."

„Ich hab nichts gehört; jemand hat hier hineingesprochen."

„Du Äff du, denkst du denn, daß ich mich mit dir nur unterhalten werde? Also nimmst du das Telefonogramm auf oder nicht? Hast du Bleistift und Papier? Daß du keins hast, du Rindvieh, daß ich warten soll, bis dus findest? Das sind Soldaten. Also was, wirds? Daß du schon vorbereitet bist? Na, daß du dich endlich aufgerafft hast! Am Ende hast du dich nicht dazu umgekleidet, Menschenskind, also hör zu: 11. Marschkompanie. Wiederhols!"

„11. Morschkompanie..."

„Kompaniekommandant, hast du das? Wiederhols."

„Kompaniekommandant, ..."

„Zur Besprechung morgen... Bist du fertig? Wiederhols."

„Zur Besprechung morgen..."

„Um neun Uhr... Unterschrift. Weißt du, was das ist, Unterschrift, du Äff? Das ist der Name. Wiederhols!"

„Um neun Uhr ... Unterschrift. Weißt du – was – das ist Unterschrift, du Äff? - Das ist - der Name."

„Du Idiot, du. Also die Unterschrift: Oberst Schröder. Rindvieh. Hast du das?"

„Oberst Schröder, Rindvieh."

„Gut, du Ochs. Wer hat das Telefonogramm aufgenommen?"

„Ich."

„Himmelherrgott, wer ist das, dieser Ich?"

„Schwejk. Noch was?"

„Gott sei Dank, schon nichts. Aber du solltest Kuh heißen. - Was gibts bei euch Neues?"

„Nichts, alles beim alten."

„Da bist du froh, was? Bei euch hat man heut herich jemanden angebunden?"

„Nur den Putzfleck vom Herrn Oberlajtnant, er hat ihm die Menage aufgefressen. Weißt du nicht, wann man geht?"

„Menschenskind, das is eine Frage, das weiß nicht mal der Alte. Gute Nacht. Habt ihr dort Flöh?"

Schwejk legte den Hörer hin und fing an, den Rechnungsfeldwebel zu wecken, der sich zornig wehrte; und als Schwejk ihn zu rütteln begann, versetzte ihm Wanek eins in die Nase. Dann legte er sich auf den Bauch und schlug mit den Füßen auf dem Kavallett rings um sich. Schwejk gelang es aber trotzdem, Wanek so weit zu erwecken, daß dieser sich, während er sich die Augen rieb, auf den Rücken legte und erschrocken fragte, was geschehen sei.

„Soweit nichts", antwortete Schwejk, „ich möcht mich nur gern mit Ihnen beraten. Jetzt grad hamr ein Telefonogramm gekriegt, daß Herr Oberlajtnant Lukasch morgen um neun Uhr zum Herrn Oberst zur Besprechung kommen soll. Ich weiß jetzt nicht, woran ich bin. Soll ich ihms gleich ausrichten gehn oder erst früh? Ich hab lang geschwankt, ob ich Sie wecken soll, wenn Sie so schön geschnarcht ham, aber dann hab ich mir gedacht, was liegt dran, lieber berätst du dich." —

„Um Gottes willn, bitte Sie, lassen Sie mich schlafen", stöhnte Wanek, übers ganze Gesicht gähnend, „gehn Sie erst früh hin und wecken Sie mich nicht!"

Er wälzte sich auf die Seite und schlief augenblicklich wieder ein.

Schwejk ging abermals zum Telefon, setzte sich und fing an, über dem Tisch einzunicken. Ein Läuten weckte ihn. „Haloo, 11. Marschkompanie."

„Ja, 11. Marschkompanie. Wer dort?"

„13. Marschka. Haloo. Wieviel Uhr hast du? Ich kann die Zentrale nicht anrufen. Mich kommen sie etwas lang nicht ablösen."

„Bei uns steht die Uhr."

„Da seid ihr so dran wie wir. Weißt du nicht, wann man fährt?"

„Hast du nicht mit der Regimentskanzlei gesprochen?"

„Dort wissen sie einen Dreck, wie wir."

„Sein Sie nicht so ordinär, Fräulein. Habt ihr schon Konserven gefaßt? Von uns sind sie hingegangen und ham nichts gebracht. Das Magazin war zugesperrt."

„Die Unsrigen sind auch leer zurückgekommen."

„Es is überhaupt eine unnütze Panik. Wohin glaubst du, fahren wir?"

„Nach Rußland."

„Ich denk, daß eher nach Serbien. Das wern wir sehn, bis wir in Pest sind. Wenn man uns nach rechts fahren wird, so schaut draus Serbien heraus, und nach links Rußland. Habt ihr schon Brotsäcke? Herich wird jetzt die Löhnung erhöht wern? Spielst du Frische Viere? Spielst du? Also komm morgen. Wir spielen jeden Abend. Wieviel seid ihr dort beim Telefon? Allein? Also scheiß drauf und leg dich. Da habt ihr bei euch eine komische Ordnung. Daß du dazu gekommen bist wie ein Blinder zu einer Geige? Na, endlich sind sie mich ablösen gekommen. Schnarch süß."

Und Schwejk schlief tatsächlich beim Telefon süß ein, nachdem er vergessen hatte, den Hörer anzuhängen, so daß ihn niemand in seinem Schlummer auf dem Tisch störte und der Telefonist in der Regimentskanzlei schimpfte, weil er die 11. Marschkompanie mit einem neuen Telefonogramm nicht erreichen konnte, dessen Inhalt lautete: Alle diejenigen, die nicht gegen Typhus geimpft worden sind, mögen sich morgen bis zwölf Uhr in der Regimentskanzlei einfinden.

Oberleutnant Lukasch saß einstweilen noch im Offizierskasino mit Militärarzt Schanzler, der, rücklings auf einem Stuhle sitzend, in regelmäßigen Intervallen mit einem Queue auf den Boden schlug und dabei nacheinander folgende Sätze hervorstieß:

„Der sarazenische Sultan Salah-Edin hat zum ersten Mal die Neutralität des Sanitätskorps anerkannt."

„Man soll die Verwundeten bei beiden Parteien pflegen."

„Man soll ihnen die Medikamente und die Pflege gegen Ersatz der Kosten durch die andere Partei bezahlen."

„Es soll ihnen erlaubt sein, ihnen Ärzte und deren Gehilfen mit Pässen von Generalen zu schicken."

„Gefangene Verwundete sollen auch unter dem Schutz und der Garantie von Generalen zurückgeschickt oder ausgetauscht werden. Aber sie können dann weiterdienen."

„Die Kranken auf beiden Seiten sollen nicht gefangengenommen und erschlagen, sondern ohne Gefahr in die Spitäler geschafft werden, und es soll ihnen eine Wache belassen werden, die ebenso wie die Kranken mit den Pässen der Generale zurückkehren soll. Das gilt auch für Feldgeistliche, Ärzte, Chirurgen, Apotheker und Krankenpfleger, Gehilfen und andere Personen, die für die Bedienung der Kranken bestimmt sind. Sie dürfen nicht gefangengenommen werden, sondern müssen auf die gleiche Art zurückgeschickt werden."

Doktor Schanzler hatte dabei bereits zwei Queues zerbrochen und war noch immer nicht fertig mit seinen sonderbaren Erörterungen der Verwundetenfürsorge im Kriege, in die er unablässig etwas von irgendwelchen Generalpässen einflocht.

Oberleutnant Lukasch trank den schwarzen Kaffee aus und ging nach Hause, wo er den bärtigen Riesen Baloun antraf, der damit beschäftigt war, in einem Töpfchen auf dem Spirituskocher Oberleutnant Lukaschs Salami zu braten.

„Ich erlaube mir", stotterte Baloun, „erlaube mir, melde gehorsamst..."

Lukasch blickte ihn an. In diesem Augenblick erschien ihm Baloun wie ein großes Kind, ein naives Geschöpf, und Oberleutnant Lukasch tat es plötzlich leid, daß er ihn seines großen Hungers halber hatte anbinden lassen.

„Koch dir nur, Baloun", sagte er, den Säbel abknöpfend, „morgen laß ich dir noch eine Portion Brot zuschreiben."

Oberleutnant Lukasch setzte sich an den Tisch und war so melancholisch gestimmt, daß er anfing, seiner Tante einen sentimentalen Brief zu schreiben:

„Liebe Tante!

Soeben habe ich den Befehl erhalten, mich mit meiner Marschkompanie zur Abfahrt an die Front bereit zu halten. Es kann sein, daß dieses Schreiben das letzte ist, das du von mir erhältst, denn es wird überall hart gekämpft, und unsere Verluste sind groß. Deshalb fällt es mir schwer, diesen Brief mit den Worten zu schließen: ‚Auf Wiedersehen! Es wäre passender, Dir ein letztes Lebewohl zu schicken."

„Das Weitere werde ich erst früh zu Ende schreiben", dachte Oberleutnant Lukasch und ging zu Bett.

Als Baloun sah, daß der Oberleutnant fest eingeschlafen war, fing er abermals an, in der Wohnung zu wirtschaften und zu schnüffeln wie Schaben in der Nacht. Er öffnete den Koffer des Oberleutnants und biß eine Tafel Schokolade an, erschrak aber, als der Oberleutnant im Schlaf zusammenzuckte. Er legte schnell die angebissene Schokolade in den Koffer und verhielt sich still.

Dann schaute er leise nach, was der Oberleutnant geschrieben hatte. Er las und war gerührt, insbesondere durch das „Letzte Lebewohl!" Er legte sich auf seinen Strohsack bei der Tür und dachte an daheim und an die Schlachtfeste.

Er konnte sich nicht von der Vorstellung befreien, daß er eine Preßwurst durchsteche, damit er die Luft aus ihr herausbekomme, weil sie sonst beim Kochen platzen könne.

Und bei der Erinnerung daran, wie beim Nachbarn einmal eine ganze Speckwurst geplatzt und zerkocht war, fiel er in einen unruhigen Schlaf. Ihm träumte, daß er irgendeinen Schlemihl von einem Metzger eingeladen hatte und daß diesem beim Füllen der Leberwürste die Leberwurstdärme platzten. Dann wieder, daß der Metzger vergessen hatte, Blutwürste zu machen, daß das Wellfleisch verlorengegangen war und nicht genug Speile für die Leberwürste vorhanden waren. Dann träumte ihm etwas vom Feldgericht, denn man hatte ihn erwischt, als er aus der Feldküche ein Stück Fleisch gezogen hatte. Zum Schluß sah er sich selbst, wie er an einer Linde in der Allee des Militärlagers in Brück an der Leitha hing.

Als Schwejk mit dem anbrechenden Morgen, der mit dem Geruch gekochter Kaffeekonserven aus allen Kompanieküchen in das Zimmer drang, erwachte, hängte er mechanisch, als hätte er gerade ein Telefongespräch beendet, den Hörer auf und unternahm in der Kanzlei einen kleinen Morgenspaziergang, wobei er sang.

Er fing sofort mitten im Text des Liedes an: ein Soldat verkleidet sich als Mädel und geht seiner Liebsten in die Mühle nach, wo ihn der Müller zu der Tochter legt, nachdem er vorher der Müllerin zugerufen hat:

> Gebt, Gevatterin, zu essen,
> das Mädchen hat noch nicht gegessen.

Die Müllerin füttert den nichtswürdigen Kerl. Und dann folgt die Familientragödie:

Müllers wachten auf um sieben,
auf der Türe stand geschrieben:
Eure Tochter, liebe Leute,
ist nicht Jungfrau mehr ab heute.

Schwejk legte in den Schluß des Liedes so viel Stimme, daß die Kanzlei sich neu belebte, denn Rechnungsfeldwebel Wanek erwachte und fragte, wie spät es sei.

„Grad vor einer Weile hat man geblasen."

„Da steh ich erst nachm Kaffee auf", entschloß sich Wanek, der immer zu allem genug Zeit hatte, „ohnedies wern sie uns heut wieder mit Eile sekkieren und unnütz herumhetzen, wie gestern mit den Konserven..."

Wanek gähnte und fragte aber, wie er nach Hause gekommen war, noch lange geredet habe.

„Nur so bißl unverständliches Zeug", sagte Schwejk, „immerfort ham Sie was aus sich herausgestoßen von Gestalten, daß eine Gestalt keine Gestalt is, und was keine Gestalt is, daß eine Gestalt is, und diese Gestalt, daß wieder keine Gestalt is. Aber es hat Sie bald übermannt, und Sie ham bald angefangen zu schnarchen, wie wenn eine Säge sägt."

Schwejk verstummte, ging bis zur Tür und wieder zurück zum Kavallett des Rechnungsfeldwebels, vor dem er stehenblieb, und bemerkte: „Was meine Person anlangt, Herr Rechnungsfeldwebel, wie ich das gehört hab, was Sie von diesen Gestalten gesagt ham, so hab ich mich an einen gewissen Zatka, einen Gasarbeiter, erinnert, was auf der Gasstation am Belvedere gearbeitet und Lampen angezündet hat und wieder ausgelöscht hat. Er war ein aufgeklärter Mann und is in allen möglichen Butiken am Belvedere herumgegangen, weil man zwischen dem Anzünden und Auslöschen der Lampen Langweil hat, und dann gegen früh hat er auf der Gasstation grad solche Gespräche geführt wie Sie, nur daß er wieder gesagt hat, der Würfel is eine Kante, deshalb is ein Würfel kantig. Ich habs auf eigene Augen gehört, wie mich ein besoffener Polizist wegen Verunreinigung der Straße irrtümlich statt auf der Polizeiwache auf der Gasstation vorgeführt hat."

„Und dann", sagte Schwejk leise, „hat das mit dem Zatka nach einiger Zeit sehr schlecht geendet. Er is in die Marienkongregation eingetreten, is mit den himmlischen Jungfrauen zu den Predigten vom Pater Jemelka zum heiligen Ignaz am Karlsplatz gegangen und hat mal, wie die Missionäre am Karlsplatz beim heiligen Ignaz waren, vergessen, die Gaslaternen in seinem Rayon auszulöschen, so daß dort auf den Straßen drei Tage und Nächte ununterbrochen Gas gebrannt hat."

„Das is sehr schlecht", fuhr Schwejk fort, „wenn jemand auf einmal anfängt, sich ins Philosophieren einzulassen, draus stinkt immer ein Delirium tremens. Vor Jahren ham sie zu uns von den Fünfundsiebzigern einen gewissen Major Blüher versetzt. Der hat sich uns immer einmal im Monat antreten, uns ins Karree stelln lassen und hat mit uns nachgedacht, was das is: militärische Obrigkeit. Der hat nichts anderes getrunken wie Sliwowitz.

Jeder Offizier, Soldaten', hat er uns aufn Kasernhof erklärt, ,is von sich selbst das vollkommenste Geschöpf, was hundertmal soviel Verstand hat wie ihr alle zusamm, ihr könnt euch überhaupt nichts Vollkommeneres vorstelln, Soldaten, wie einen Offizier, nicht mal, wenn ihr euer ganzes Leben dran denken möchtet. Jeder Offizier is ein notwendiges Geschöpf, derweil ihr Soldaten nur bloß zufällige Geschöpfe seid. Ihr könnt existieren, aber ihr müßt nicht. Wenns zu einem Krieg kommen möcht, Soldaten, und ihr für Seine Majestät den Kaiser falln möchtet, gut, damit mächt sich nicht viel ändern, aber wenn zuerst euer Offizier falln möcht, dann erst möchtet ihr sehn, wie ihr von ihm abhängig wart und was für ein Verlust das is. Der Offizier muß existieren, und ihr habt eure Existenz eigentlich nur von den Herren Offizieren geliehen: ihr stammt von ihnen ab, ihr könnt nicht ohne Offiziere bestehn, ihr könnt ohne eure militärische Obrigkeit nicht mal furzen. Für euch, Soldaten, is der Offizier ein moralisches Gesetz, ob ihrs versteht oder nicht, und weil jedes Gesetz seinen Gesetzgeber haben muß, Soldaten, so is es nur der Offizier, dem ihr euch in allem verpflichtet fühlt und verpflichtet fühln müßt und dessen jede Anordnung ihr erfülln müßt, wenns euch auch nicht gefalln sollt. Dann einmal, wie er fertig war, is er ums Karree herumgegangen und hat einen nach dem andern gefragt: ,Was fühlst du, wenn du zu spät nach Haus kommst?' Sie ham so verwirrte Antworten gegeben, daß sie noch nie zu spät gekommen sind oder daß ihnen nach jedem Zuspätkommen schlecht vorm Magen is, einem war, wie wenn er Kasernarrest hätt, usw. Die alle hat Major Blüher gleich zur Seite führen lassen, daß sie dann Nachmittag aufn Hof Klenkübungen machen wern zur Strafe, weil sie sich nicht ausdrücken können, was sie fühln. Bevor die Reihe an mich gekommen is, hab ich mich erinnert, worüber er zuletzt mit uns nachgedacht hat, und wie er zu mir gekommen is, hab ich ihm ganz ruhig gesagt: ,Melde gehorsamst, Herr Major, daß wenn ich zu spät komm, fühl ich immer irgendeine Unruhe, Angst und Gewissensbisse. Wenn ich aber, wenn ich Überzeit krieg, ordentlich zur Zeit in die Kaserne zurückkomm, dann befällt mich irgendeine glückselige Ruhe, kriecht eine innere Zufriedenheit in mich.' Alles herum hat gelacht, und Major Blüher hat mich angeschrien:

,Auf dich kriechen höchstens Wanzen, du Lümmel, wenn du am Kavallett schnarchst. Er macht sich noch eine Hetz, der Kerl, der elende. Und ich hab dafür Spangen bekommen, daß es eine Freude war."

„Beim Militär gehts nicht anders", sagte der Rechnungsfeldwebel, während er sich faul auf seinem Bette rekelte, „das is schon so eingebürgert, du kannst antworten, was du willst, kannst machen, was du willst, immer müssen Wolken über dir hängen und die Donner fangen an zu rollen. Ohne das is keine Disziplin möglich."

„Ganz gut gesagt", meinte Schwejk. „Dran wer ich nie vergessen, wie sie den Rekruten Pech eingesperrt ham. Lajtnant bei der Kompanie war ein gewisser Moc, und der hat sich die Rekruten zusammgerufen und hat jeden gefragt, woher er is.

„Ihr grünen Rekruten, ihr verfluchten', sagt er zu ihnen, ,ihr müßt lernen, klar zu antworten, präzis und wie wenn man mit der Peitsche knallt. Also fangen wir an. Woher sind Sie, Pedi?' Pech war ein intelligenter Mensch und hat geantwortet Unterbautzen, 267 Häuser, 1936 tschechische Einwohner, Hauptmannschaft Jitschin, Bezirk Sobotka, ehemalige Herrschaft Kost, Pfarrkirche der heiligen Katharina aus dem 14. Jahrhundert, renoviert durch Graf Wenzel Wratislav Netolitzky, Schule, Post, Telegraf, Station der böhmischen Handelsbahn, Zuckerfabrik, Mühle mit Säge, Einzelhof Walch, sechs Jahrmärkte.' Und da is Lajtnant Moc schon auf ihn zugesprungen und hat angefangen, ihm eine nach der andern übers Maul zu haun, und hat geschrien: ,Da hast du einen Jahrmarkt, da hast du den zweiten, den dritten, den vierten, den fünften, den sechsten.' Und Pech, obzwar er Rekrut war, hat sich zum Bataillonsrapport gemeldet. In den Kanzleien war damals so eine lustige Packasch, so hat sie aufgeschrieben, daß er wegen den Jahrmärkten in Unterbautzen zum Bataillonsrapport geht. Bataillonskommandant war Major Rohell. ,Also was gibts?' hat er Pech gefragt, und der hat losgelegt: ,Melde gehorsamst, Herr Major, daß in Unterbautzen sechs Jahrmärkte sind.' Da hat ihn Major Rohell angebrüllt, mit den Füßen gestampft und ihn gleich in die Meschuggenenabteilung vom Militärspital abführen lassen; seit der Zeit is aus Pech der ärgste Soldat worden, lauter Strafe."

„Soldaten sind schwer zu erziehen", sagte Rechnungsfeldwebel Wanek gähnend. „Ein Soldat, der beim Militär nicht bestraft worden is, is kein Soldat. Das hat vielleicht im Frieden gegolten, daß ein Soldat, was sich seinen Dienst ohne Strafe abgetan hat, dann im Zivildienst den Vorrang gehabt hat. Heutzutag sind grad die ärgsten Soldaten, was sonst im Frieden nicht ausn Arrest gekrochen sind, im Krieg die besten Soldaten.

Ich erinner mich bei der 5.Marschka an den Infanteristen Sylvanus. Der hat früher eine Strafe nach der andern gekriegt, und was für Strafen. Er hat sich nicht geniert, einem Kameraden den letzten Kreuzer zu stehln, und wie er ins Gefecht gekommen is, hat er als erster die Drahthindernisse durchschnitten, drei Kerle gefangengenommen und einen gleich am Weg erschossen, weil er ihm herich nicht getraut hat. Er hat die große silberne Medaille bekommen, man hat ihm zwei Sterndln angenäht, und wenn man ihn später nicht bei Dukla gehängt hätt, war er schon längst Zugführer. Aber hängen ham sie ihn müssen, weil er sich nach einem Gefecht zur Rekognoszierung gemeldet hat und irgendeine Patrouille von einem andern Regiment ihn gefunden hat, wie er Leichen ausgeraubt hat. Man hat bei ihm etwa acht Uhren und viele Ringe gefunden. So ham sie ihn beim Brigadestab gehängt."

„Draus sieht man", bemerkte Schwejk weise, „daß jeder Soldat sich seine Stellung selbst erobern muß."

Das Telefon klingelte. Der Rechnungsfeldwebel ging zum Telefon, und man konnte die Stimme Oberleutnant Lukaschs unterscheiden, der fragte, wies mit den Konserven stehe. Dann vernahm man irgendwelche Vorwürfe.

„Wirklich, es sind keine, Herr Oberlajtnant!" schrie Wanek ins Telefon, „wo wären sie denn, das is nur eine Phantasie von oben, von der Intendantur. Das war ganz unnütz, die Leute hinzuschicken. Ich hab Ihnen telefonieren wolln ... Daß ich in der Kantine war? Wer, daß das gesagt hat? Dieser Okkultistenkoch aus der Offiziersmenage. Ich hab mir erlaubt, dort einzukehren. Wissen Sie, Herr Oberlajtnant, wie dieser Okkultist diese Panik mit diesen Konserven genannt hat? ‚Schrecken des Ungeborenen'. Keineswegs, Herr Oberlajtnant, ich bin ganz nüchtern. Was der Schwejk macht? Er is hier. Soll ich ihn rufen?"

„Schwejk, zum Telefon", sagte der Rechnungsfeldwebel und fügte leise hinzu, „und wenn er Sie fragen mächt, wie ich gekommen bin, so sagen Sie, in Ordnung."

Schwejk beim Telefon: „Schwejk, melde gehorsamst, Herr Oberlajtnant."

„Hören Sie, Schwejk, wie ist das mit diesen Konserven? Stimmt das?"

„Es gibt keine, Herr Oberlajtnant, es gibt gar keine Spur von ihnen."

„Ich möchte mir wünschen, Schwejk, daß Sie sich immer früh bei mir melden, solange ich im Lager bin. Bis wir fahren werden, werden Sie fortwährend bei mir sein. Was haben Sie in der Nacht gemacht?"

„Ich war die ganze Nacht beim Telefon."

„Gabs was Neues?"

„Jawohl, Herr Oberlajtnant."

„Schwejk, fangen Sie nicht wieder an zu blödeln. Hat jemand von irgendwo etwas Wichtiges gemeldet?"

„Jawohl, Herr Oberlajtnant, aber erst auf neun Uhr."

„Ich hab Sie nicht beunruhigen wolln, Herr Oberlajtnant, ich war weit davon entfernt."

„Also, sakra, sagen Sie mir schon, was es für neun Uhr so Wichtiges gibt!"

„Ein Telefonogramm, Herr Oberlajtnant."

„Ich versteh Sie nicht, Schwejk."

„Ich habs aufgeschrieben, Herr Oberlajtnant: ‚Nehmen Sie ein Telefonogramm auf. Wer ist beim Telefon? Hast du das? Lies, oder so was Ähnliches.'"

„Kruzifix, Schwejk, mit ihnen ist ein Kreuz. Sagen Sie mir den Inhalt, oder ich spring auf Sie los und hau Ihnen eins herunter. Also was gibts?"

„Wieder irgendeine Besprechung, Herr Oberlajtnant, heut früh um neun Uhr beim Herrn Oberst. Ich hab Sie in der Nacht wecken wolln, aber dann hab ich mirs überlegt."

„Das hätten Sie sich so unterstehn solln, mich wegen jeder Dummheit herauszutrommeln, wenn dazu bis früh Zeit ist. Wieder eine Besprechung, der Teufel soll das alles buserieren! Hängen Sie den Hörer auf, rufen Sie mir den Wanek zum Telefon."

Rechnungsfeldwebel Wanek beim Telefon: „Rechnungsfeldwebel Wanek, Herr Oberlajtnant."

„Wanek, finden Sie mir augenblicklich einen andern Putzfleck. Dieser Halunke Baloun hat mir bis früh alle Schokolade aufgefressen. Ihn anbinden? Nein, wir geben ihn zur Sanität. Der Kerl ist wie ein Berg, soll er also die Verwundeten aus dem Gefecht tragen. Ich schick ihn gleich zu Ihnen. Richten Sies in der Regimentskanzlei aus und kommen Sie gleich zur Kompanie zurück. Glauben Sie, daß wir bald fahren werden?"

„Es is keine Eile nicht, Herr Oberlajtnant. Wie wir mit der 9. Marschkompanie ham fahren solln, hat man uns volle vier Tage an der Nase herumgezogen. Mit der 8. wars genauso. Nur mit der 10. wars besser. Da waren wir Felddienstfleck. Mittag hamr den Befehl gekriegt, und abends sind wir gefahren, aber dafür ham sie uns in ganz Ungarn herumgehetzt und ham nicht gewußt, welches Loch auf welchem Schlachtfeld sie mit uns zustopfen solln."

Seit Oberleutnant Lukasch Kommandant der 11. Marschkompanie geworden war, befand er sich in dem Zustand eines sogenannten Synkretismus, das heißt philosophisch gesprochen: Er war bemüht, begriffliche Konflikte mit Hilfe von Kompromissen bis zur Begriffsvermischung auszugleichen.

Deshalb antwortete er auch: Ja, kann sein, das ist schon so. Sie glauben also nicht, daß man heut fahren wird? Um neun Uhr haben wir eine Besprechung mit dem Herrn Oberst. — Apropos, wissen Sie davon, daß Sie Dienstführender sind? Ich sags Ihnen nur so. Stelln Sie mir fest — warten Sie, was könnten Sie mir feststelln - ? Ein Verzeichnis der Chargen mit der Angabe, seit wann sie dienen. Dann die Vorräte der Kompanie. Nationalität? Ja, ja, das auch - aber Hauptsache ist, daß Sie mir diesen neuen Putzfleck schicken. - Was Fähnrich Pleschner heute mit der Mannschaft machen soll? Vorbereitungen zum Abmarsch. Rechnungen? Ich komm die Menage unterschreiben. Lassen Sie niemanden in die Stadt. In die Kantine im Lager? Nach der Menage auf eine Stunde. — Rufen Sie den Schwejk!"

„Schwejk, Sie bleiben indessen beim Telefon."

„Melde gehorsamst, Herr Oberlajtnant, ich hab noch nicht Kaffee getrunken."

„Also holen Sie sich Kaffee und bleiben Sie dort in der Kanzlei beim Telefon, solang ich Sie nicht rufe. Wissen Sie, was eine Ordonnanz ist?"

„Es läuft herum, Herr Oberlajtnant."

„Daß Sie also zur Stelle sind, wenn ich Sie rufe. Sagen Sie dem Wanek noch einmal, er soll für mich einen Putzfleck aussuchen, Schwejk, haloo, wo sind Sie?"

„Hier, Herr Oberlajtnant, grad ham sie den Kaffee gebracht."

„Schwejk, haloo!"

„Ich hör, Herr Oberlajtnant, der Kaffee is ganz kalt."

„Sie wissen schon gut, wie ein Putzfleck sein soll, Schwejk. Schaun Sie sich den Mann an, und teilen Sie mir dann mit, was er für ein Mensch ist. Hängen Sie den Hörer auf."

Wanek, der den schwanen Kaffee schlürfte, in den er Rum aus einer Flasche zugoß, die (der Vorsicht halber) mit der Aufschrift „Tinte" versehen war, blickte Schwejk an und sagte: ,Unser Oberlajtnant schreit aber ins Telefon; ich hab jedes Wort verstanden. Sie müssen sehr gut bekannt sein mitn Herrn Oberlajtnant, Schwejk."

„Wir sind eine Hand", antwortete Schwejk. „Eine Hand wäscht die andere. Wir ham schon viel zusamm mitgemacht. Paarmal hat man uns schon auseinanderreißen wolln, aber wir ham uns wieder gefunden. Er hat sich immer mit allem auf mich verlassen, daß ich mich manchmal selbst wunder. Sie ham jetzt sicher auch gehört, daß ich Sie noch mal erinnern soll, daß Sie ihm einen neuen Putzfleck finden solln und daß ich ihn besichtigen muß und ein Gutachten von ihm abgeben soll. Nämlich der Herr Oberlajtnant is nicht mit jedem Putzfleck zufrieden."

Als Oberst Schröder alle Offiziere des Marschbataillons zu einer Konferenz berief, tat er dies abermals sehr gern, um sich aussprechen zu können. Außerdem war es nötig, eine Entscheidung in der Affäre des Einjährig-Freiwilligen Marek zu treffen, der nicht die Aborte reinigen wollte und wegen Meuterei von Oberst Schröder zum Divisionsgericht geschickt worden war.

Vom Divisionsgericht war er gerade gestern in der Nacht auf die „Hauptwache" gebracht worden, wo er festgehalten wurde. Gleichzeitig mit ihm war in die Regimentskanzlei eine maßlos verworrene Zuschrift des Divisionsgerichtes eingeliefert worden, in der man darauf hinwies, daß es sich in diesem Falle nicht um Meuterei handle, weil Einjährig-Freiwillige nicht Aborte reinigen sollen, daß es sich aber nichtsdestoweniger um eine „Subordinationsverletzung" handle, welches Delikt auf Grund eines tapferen Verhaltens im Felde nachgesehen werden könne. Aus diesen Gründen werde der angeklagte Einjährig-Freiwillige Marek zu seinem Regiment zurückgeschickt. Die Untersuchung wegen Verletzung der militärischen Zucht sollte bis zum Abschluß des Krieges eingestellt oder bei der nächsten Übertretung, der sich der Einjährig-Freiwillige Marek schuldig machen werde, neu aufgenommen werden.

Es handelte sich auch noch um einen zweiten Fall. Gleichzeitig mit dem Einjährig-Freiwilligen Marek war der Hauptwache vom Divisionsgericht der falsche Zugführer Teweles eingeliefert worden, der vor kurzem beim Regiment aufgetaucht war, wohin man ihn aus dem Krankenhaus in Agram geschickt hatte. Er hatte die große silberne Medaille, die Abzeichen eines Einjährig-Freiwilligen und drei Sternchen. Er erzählte von Heldentaten der 6. Marschkompanie in Serbien, von der er angeblich ganz allein übriggeblieben sei. Durch die Untersuchung wurde festgestellt, daß in der Tat zu Beginn des Krieges mit der 6. Marschkompanie irgendein Teweles abgegangen war, der jedoch nicht das Einjährig-Freiwilligenrecht besessen hatte. Man forderte einen Bericht von der Brigade, zu der die 6. Marschkompanie kommandiert worden war, als man am 2. Dezember 1914 aus Belgrad flüchtete, und stellte fest, daß sich im Verzeichnis der für die silberne Medaille Vorgeschlagenen oder Ausgezeichneten kein Teweles befand. Ob aber der Infanterist Teweles in der Belgrader Kriegskampagne zum Zugführer befördert worden war, ließ sich auf keine Weise sicherstellen, weil die ganze 6. Marschkompanie bei der Kirche des heiligen Sava in Belgrad samt ihren Offizieren in Verlust geraten war.

Beim Divisionsgericht verteidigte sich Teweles, indem er behauptete, daß ihm die große silberne Medaille tatsächlich versprochen worden war und er sich sie deshalb im Spital von einem Bosniaken gekauft habe.

Was die Einjährig-Freiwilligenstreifen betreffe, so habe er sich sie in der Trunkenheit angenäht und fahre deshalb fort, sie zu tragen, weil er fortwährend betrunken sei, da er einen durch Dysenterie geschwächten Organismus habe.

Als die Besprechung begann, teilte Oberst Schröder vor Erörterung dieser beiden Fälle mit, daß es nötig sei, vor der Abfahrt, die nicht lange auf sich warten lassen werde, häufiger zusammenzukommen.

Abbildung 55: Karte des Serbienfeldzugs 1915 (Quelle: Boldair)

Von der Brigade sei ihm mitgeteilt worden, daß man Befehle von der Division erwarte. Die Mannschaft möge bereit sein, und die Kompaniekommandanten sollten wachsam dafür Sorge tragen, daß niemand fehle. Er wiederholte dann nochmals alles, was er gestern vorgebracht hatte. Gab abermals eine Übersicht der Kriegsbegebenheiten und fügte hinzu, daß nichts den kampflustigen Charakter und den kriegerischen Unternehmungsgeist in der Armee hemmen dürfe.

Auf dem Tisch vor ihm befand sich eine Karte des Kriegsschauplatzes mit Fähnchen auf Stecknadeln, allein die Fähnchen waren überworfen und die Fronten verschoben. Herausgezogene Stecknadeln mit Fähnchen wälzten sich unter dem Tisch.

Der ganze Kriegsschauplatz war in der Nacht fürchterlich zugerichtet worden; ein Kater, den sich die Schreiber in der Regimentskanzlei hielten, hatte, als er sich in der Nacht auf dem österreichisch-ungarischen Kampfplatz ausmachte und den Dreck vergraben wollte, die Fähnchen herausgezogen, den Dreck auf allen Positionen verschmiert, auf die Fronten und Brückenköpfe gespritzt und alle Armeekorps verunreinigt. Oberst Schröder war sehr kurzsichtig.

Die Offiziere des Marschbataillons schauten mit Interesse zu, wie der Finger Oberst Schröders sich diesem Häufchen näherte.

„Von hier, meine Herren, nach Sokal am Bug", sagte Oberst Schröder prophetisch und schob den Zeigefinger nach dem Gedächtnis auf die Karpaten zu, wobei er ihn in eines von den Häufchen bohrte, die der Kater in seinem Vorsatz, die Karte des Kriegsschauplatzes plastisch zu gestalten, hinterlassen hatte.

„Was ist das, meine Herren?" fragte er verwundert, nachdem ihm etwas auf dem Finger klebenblieb.

„Das scheint Katzendreck zu sein, Herr Oberst", sagte für alle sehr höflich Hauptmann Sagner.

Oberst Schröder stürzte in die anstoßende Kanzlei, woher man fürchterliche Flüche und Verwünschungen nebst der entsetzlichen Drohung vernehmen konnte, daß er ihnen den ganzen Katzendreck abzulecken geben werde. Das Verhör war kurz.

Es wurde sichergestellt, daß der Jüngste Schreiber Zwieblfisch den Kater vor vierzehn Tagen in die Kanzlei gebracht hatte. Nach dieser Feststellung packte Zwiebelfisch seine sieben Zwetschken, und ein älterer Schreiber führte ihn auf die Hauptwache, wo er bis auf einen weiteren Befehl des Herrn Oberst sitzen sollte.

Damit war eigentlich die ganze Konferenz beendet. Als Oberst Schröder mit purpurrotem Gesicht zu dem Offizierskorps zurückkehrte, vergaß er, daß er noch über das Schicksal des Einjährig-Freiwilligen Marek und des Lügen-Zugführers Teweles hatte sprechen wollen.

Er sagte ganz kurz: „Ich bitte die Herren Offiziere bereit zu sein und die weiteren Befehle und Instruktionen abzuwarten."

Und so blieben der Einjährig-Freiwillige und Teweles weiterhin auf der Hauptwache, und als später Zwieblfisch hinzukam, konnten sie Mariage spielen und nach Beendigung der Partie ihren Wärter mit dem Verlangen belästigen, die Flöhe auf dem Strohsack zu fangen.

Dann steckte man noch den Gefreiten Peroutka von der 13. Marschkompanie zu ihnen, der, als sich am Tage vorher im Lager das Gerücht verbreitet hatte, daß man an die Front fahre, verschwunden und am Morgen von der Patrouille bei der „Weißen Rose" in Brück gefunden worden war. Er redete sich aus, er habe vor der

Abfahrt das bekannte Glashaus des Grafen Harrach bei Brück besichtigen wollen und sei auf dem Rückweg fehlgegangen und erst am Morgen todmüde bei der „Weißen Rose" angelangt, (inzwischen hatte er mit dem Dornröschen aus der „Weißen Rose" geschlafen.)

Die Situation blieb fortwährend ungeklärt. Wird gefahren werden oder nicht? Schwejk hörte beim Telefon in der Kanzlei der 11. Marschkompanie die verschiedensten pessimistischen und optimistischen Ansichten darüber. Die 12. Marschkompanie telefonierte, jemand in der Kanzlei habe gehört, daß man auf Schießübungen mit beweglichen Figuren werten und erst nach den feldmäßigen Schießübungen fahren werde. Dieser optimistischen Meinung war nicht die 13. Marschkompanie, die telefonierte, daß soeben Korporal Hawik aus der Stadt zurückgekehrt sei und von einem Eisenbahnbediensteten gehört habe, daß die Waggons bereits auf der Station bereitstehen.

Wanek riß Schwejk den Hörer aus der Hand und schrie aufgeregt, daß die Eisenbahner einen alten Dreck wissen, gerade jetzt sei er in der Regimentskanzlei gewesen.

Schwejk harrte mit wahrer Liebe beim Telefon aus und erwiderte auf alle Fragen, was es Neues gebe, daß man noch nichts Bestimmtes wisse. Auf solche Weise beantwortete er auch die Frage Oberleutnant Lukaschs:

„Was gibts bei uns Neues?"

„Man weiß noch nichts Bestimmtes, Herr Oberlajtnant", entgegnete Schwejk stereotyp.

„Sie Ochs, hängen Sie den Hörer auf."

Dann kam eine Reihe Telefonogramme, die Schwejk nach längerem Mißverständnis entgegennahm. Vor allem dasjenige, das ihm in der Nacht nicht diktiert werden konnte, weil er den Hörer nicht aufgehängt hatte und schlief, und das die Geimpften und Nichtgeimpften betraf. Dann wieder ein verspätetes Telefonogramm betreffs der Konserven, das bereits gestern aufgeklärt worden war.

Und dann kam ein Telefonogramm an alle Bataillone, Kompanien und Regimentsteile.

„Kopie des Telefonogrammes der Brigade Nr. 75692, Brigadebefehl Nr. 172. - Bei Ausweisen über den Verbrauch bei den Feldküchen ist nachfolgende Ordnung bei der Aufzählung von verbrauchten Produkten einzuhalten: 1. Fleisch, 2. Konserven, 3. frisches Gemüse, 4. getrocknetes Gemüse, 5. Reis, 6. Makkaroni, 7. Graupen und Grieß, 8. Kartoffeln, statt des früheren: 4. getrocknetes Gemüse, 5. frisches Gemüse."

Als Schwejk dies dem Rechnungsfeldwebel vorgelesen hatte, verkündete Wanek feierlich, daß man solche Telefonogramme in die Latrine werfe. „Das hat sich irgendein Idiot beim Armeestab ausgedacht, und schon schickt mans an alle Divisionen und Regimenter."

Dann nahm Schwejk noch ein Telefonogramm in Empfang, das so rasch diktiert wurde, daß Schwejk davon auf dem Block nur etwas einfangen konnte, das wie eine Chiffre aussah:

„In der Folge genauer erlaubt gewesen oder das selbst einem hingegen immerhin eingeholt werden."

„Das sind lauter überflüssige Sachen", sagte Wanek, als sich Schwejk ungeheuer über das, was er aufgeschrieben hatte, wunderte und es dreimal hintereinander laut las, „lauter Dummheiten, obzwar der Teufel weiß, es kann auch chiffriert sein, aber drauf sind wir bei uns bei der Kompanie nicht eingerichtet. Man kanns auch wegwerfen."

„Ich denk auch", sagte Schwejk, „wenn ich dem Herrn Oberlajtnant melden rnöcht, daß es in der Folge genauer erlaubt gewesen oder das selbst einem hingegen immerhin eingeholt werden, möcht er sich noch beleidigen."

„Mancher is Ihnen heiklig, daß es geradezu schrecklich is", fuhr Schwejk abermals in Erinnerungen versunken, fort. „Einmal bin ich von Wysotschan mit der Elektrischen nach Prag gefahren, und in Lieben hat sich ein gewisser Herr Novotny zu uns gesetzt. Gleich wie ich ihn erkannt hab, bin ich zu ihm auf die Plattform gegangen und hab mit ihm zu sprechen angefangen, daß wir beide aus Drosau sind. Er hat mich aber angeschrien, ich soll ihn nicht belästigen, daß er mich herich nicht kennt. Ich hab angefangen, es ihm zu erklären, er soll sich nur erinnern, daß ich als kleiner Junge mit der Mutter, was Antonie geheißen hat, oft zu ihm gegangen bin, daß der Vater Prokop geheißen hat und Meier war. Nicht mal dann hat er was davon wissen wolln, daß wir uns kennen. So hab ich ihm noch nähere Einzelheiten gesagt, daß in Drosau zwei Novotnys waren, der Tonda und der Josef. Er, das der Josef is, daß sie mir von ihm aus Drosau geschrieben ham, daß er seine Frau erschossen hat, weil sie ihn wegen dem Saufen gezankt hat. Und da hat er Ihnen einen Anlauf genommen, ich bin beiseite gesprungen, und er hat die Tafel auf der vordern Plattform zerhaut, die große vorm Lenker. So hat man uns herausgesetzt, abgeführt und am Kommissariat hat sich gezeigt, daß er drum so heiklig war, weil er überhaupt nicht Josef Novotny geheißen hat, sondern Eduard Doubrava und aus Montgomery aus Amerika war und hier auf Besuch bei Verwandten war, von denen seine Familie abgestammt is."

Das Telefon unterbrach seine Erzählung, und eine heisere Stimme aus der Maschinengewehrabteilung fragte abermals, ob man fahren werde. Es finde angeblich am Morgen eine Besprechung beim Herrn Oberst statt.

In der Tür zeigte sich der sehr blasse Kadett Biegler, der größte Trottel bei der Kompanie, denn er hatte sich in der Einjährig-Freiwilligenschule bemüht, durch seine Kenntnisse hervorzuragen. Er winkte Wanek, er möge ihm auf den Gang folgen, wo er eine lange Auseinandersetzung mit ihm hatte.

Als Wanek zurückkehrte, lächelte er verächtlich:

„Is das ein Ochs", sagte er zu Schwejk, „hier bei unserer Marschka hamr aber Exemplare. Er war auch bei der Besprechung, und wie sie auseinandergegangen sind, so hat der Herr Oberlajtnant angeordnet, daß alle Zugkommandanten eine Gewehrvisitation machen und dabei streng sein solln. Und jetzt kommt er mich fragen, ob er den Zlabek anbinden lassen soll, weil er sich das Gewehr mit Petroleum ausgeputzt hat." Wanek regte sich auf.

„So eine Blödheit fragt er mich, wo er weiß, daß man ins Feld geht. Na, der Herr Oberlajtnant hat sichs gestern ganz gut überlegt mit dem Anbinden von seinem Putzfleck. Ich hab diesem Grünschnabel aber auch gesagt, er soll sichs gut überlegen, aus der Mannschaft Tiere zu machen."

„Wenn Sie schon von dem Putzfleck reden", sagte Schwejk, „wissen Sie vielleicht nicht, ob man schon irgendeinen für den Herrn Oberlajtnant aufgetrieben hat?"

„Ham Sie doch bißl Grütze", antwortete Wanek, „auf alles is genug Zeit, übrigens denk ich, daß sich der Herr Oberlajtnant an Baloun gewöhnen wird, hie und da wird er ihm noch was auffressen und dann wird er sichs auch abgewöhnen, bis wir im Feld sein wern. Dort wern sie oft beide nichts zu fressen haben. Wenn ich sag, daß Baloun bleibt, so läßt sich nichts machen. Das is meine Sorge, und der Herr Oberlajtnant hat nichts dreinzureden. Nur keine Eile nicht."

Wanek legte sich wieder auf sein Bett und sagte: „Schwejk, erzähln Sie mir eine Anekdote ausn Soldatenleben."

„Das möchte gehen", antwortete Schwejk, „aber ich hab Angst, daß wieder jemand auf uns läuten wird."

„Also schalten Sie aus, Schwejk, schrauben Sie die Leitung ab, oder nehmen Sie den Hörer herunter."

„Gut", sagte Schwejk, den Hörer abnehmend, „ich wer Ihnen was erzähln, was in diese Situation paßt, nur daß damals statt dem wirklichen Krieg nur Manöver waren und auch so eine Panik war wie heut, weil man nicht gewußt hat, wann wir aus der Kaserne ausrücken. Mit mir hat ein gewisser Schic vom Porrc gedient, ein braver Mann, aber fromm und furchtsam. Der hat sich vorgestellt, daß die Manöver was Schreckliches sind, daß die Menschen auf ihnen vor Durst umfalln und daß die Sanitäter das aufklauben wie Fallobst. Drum hat er in Vorrat getrunken, und wie wir zu den Manövern aus den Kasernen ausgerückt sind und nach Mnischka gekommen sind, so hat er gesagt: ‚Ich halts nicht aus, Jungens, mich kann nur Gott allein retten.' Dann sind wir zu Horowitz gekommen und dort hamr zwei Tage Rast gehabt, weils irgendein Irrtum war und wir so schnell vorgerückt sind, daß wir mit den übrigen Regimentern, was mit uns an den Flügeln gegangen sind, den ganzen feindlichen Stab gefangengenommen hätten, was ein Schkandal gewesen war, weils unser Armeekorps hat bescheißen und der Feind gewinnen solln, weil bei den Feinden so ein abgelebtes Erzherzogerl war. Da hat der Schic folgendes angestellt. Wie wir gelagert sind, hat er sich zusammgepackt und is sich was in irgendein Dorf hinter Horowite kaufen gegangen und is Mittag ins Lager zurückgekommen. Heiß wars, beschwipst war er auch grad akkurat, da hat er aufn Weg eine Säule gesehn, und auf der Säule war ein Kästchen und drin eine ganz kleine Statue vom heiligen Johann von Nepomuk. Er hat vorn heiligen Johann gebetet und sagt zu ihm: ‚Heiß is dir, was, wenn du wenigstens bißl was zu trinken hättest. Bist hier auf der Sonne, sicher schwitzt du fort.' So hat er die Feldflasche geschüttelt, hat getrunken und sagt: ‚ich hab dir auch einen Schluck gelassen, heiliger Johann von Nepomuk.' Aber er hat sich erschreckt, hat alles ausgesoffen und aufn Heiligen is nix geblieben. Jesusmariandjosef, sagte er, heiliger Johann von Nepomuk, das mußt du mir verzeihn, ich wer dirs einbringen, ich nimm dich mit ins Lager und geb dir so viel zu trinken, daß du nicht aufn Füßn stehn wirst' Und der liebe Schic hat aus Mitleid mitn heiligen Johann von Nepomuk das Glas zerdroschen, die Statue des Heiligen herausgezogen und hat sich sie unter die Bluse gesteckt und ins Lager getragen. Dann hat der heilige Nepomuk mit ihm am Stroh geschlafen, er hat ihn auf den Märschen im Tornister mitgetragen und hat großes Glück in den Karten gehabt. Wo wir gelagert ham, dort hat er gewonnen, bis wir in die Gegend von Prachotitz gekommen sind; da sind wir in Drohenitz gelegen, und er hat alles sackumpack verspielt. Wie wir früh ausgerückt sind, so is aufn Birnbaum beim Weg der heilige Johann von Nepomuk aufgehängt gehangen. So, das ist die Anekdote, und jetzt häng ich wieder den Hörer auf."

Und das Telefon vermittelte wiederum die Erschütterungen eines neuen, nervösen Lebens, denn die alte Harmonie im Lager war gestört. Zu dieser Zeit studierte Oberleutnant Lukasch in seiner Kemenate die soeben vom Regimentsstab an ihn gelangten Chiffren samt der Belehrung, wie sie zu lösen seien, und gleichzeitig den chiffrierten Geheimbefehl über die Richtung, in der das Marschbataillon sich an die galizische Grenze (erste Etappe) begeben sollte:

7217 – 1238 – 475 - 2121 - 35 = Wieselburg
8922 – 375 - 7282 = Raab
4432 - 1238 - 7217 - 35 - 8922 – 35 = Komorn
7282 - 9299 - 310 - 375 - 7881 - 298 - 475 - 7979 = Budapest.

Während er diese Chiffre löste, seufzte Oberleutnant Lukasch: „Der Teufel soll das buserieren."

2. Quer durch Ungarn

Endlich war jener Augenblick da, wo man alle im Verhältnis von 42 Mann zu 3 Pferden in die Waggons pferchte. Die Pferde fuhren freilich bequemer als die Mannschaft, denn sie konnten im Stehen schlafen, aber das tat nichts. Der Militärzug brachte abermals eine neue, zur Schlachtbank getriebene Menschen nach Galizien.

Im Ganzen brachte er diesen Geschöpfen doch nur eine gewisse Erleichterung, es war doch nun etwas Bestimmtes, als der Zug sich in Bewegung setzte; vorher jedoch gabs nur eine quälende Ungewißheit, eine panische Unsicherheit, ob man schon heute oder morgen oder erst übermorgen fahren werde. Einigen war zumute wie zum Tode Verurteilten, die angstvoll darauf warteten, wann der Scharfrichter sie abholen wird. Und dann tritt eine Beruhigung ein, weil es gleich vorbei sein wird.

Deshalb brüllte ein Soldat aus dem Waggon wie toll: „Wir fahren, wir fahren!"

Rechnungsfeldwebel Wanek hatte vollkommen recht, wenn er zu Schwejk gesagt hatte, daß keine Eile sei.

Bevor der Augenblick herankam, in dem man in die Waggons kletterte, waren mehrere Tage verflossen. Während dieser Tage wurde unablässig von Konserven gesprochen, und der erfahrene Wanek erklärte, daß das nur Phantasien seien. Was für Konserven! Eine Feldmesse, das schon eher, weil es auch bei der vorigen Marschkompanie eine gegeben hätte. Wenn es Konserven gibt, entfällt die Feldmesse. Im umgekehrten Fall hat die Feldmesse ein Ersatz für die Konserven.

Und so tauchte also statt der Gulaschkonserven Oberfeldkurat Ibl auf, der drei Fliegen auf einen Schlag erschlug. Er zelebrierte die Feldmesse auf einmal für drei Marschbataillone, zwei davon segnete er für Serbien ein und eins für Rußland.

Er hielt dabei eine begeisterte Ansprache, und man merkte, daß er das Material dazu den Militärkalendern entnommen hatte. Es war eine so ergreifende Rede, daß sich Schwejk, der sich zusammen mit Wanek in der improvisierten Kanzlei im Waggon befand, als sie nach Wieselburg fuhren, an diese Ansprache erinnerte und zum Rechnungsfeldwebel sagte: „Das wird sehr fein sein, wies der Herr Feldkurat gesagt hat, bis der Tag zur Neige geht und die Sonne mit ihren goldenen Strahlen hinter den Bergen untergehn wird und auf dem Schlachtfeld, wie er gesagt hat, der letzte Atemzug der Sterbenden zu hören sein wird, das Röcheln der sterbenden Pferde und das Stöhnen der Verwundeten und das Jammern der Bevölkerung, wenn ihnen die Hütten überm Kopf brennen wern. Ich hab das sehr gern, wenn

Leute so blödeln wie verrückt."

Wanek nickte zustimmend mit dem Kopf: „Es war eine verdammt rührende Geschichte."

„Es war sehr hübsch und lehrreich", sagte Schwejk, „ich hab mirs sehr gut gemerkt, und bis ich ausn Krieg zurückkomm, wer ichs beim ‚Kelch' erzähln. Der Herr Kurat hat sich, wie er uns das auseinandergesetzt hat, so hübsch in Positur gestellt, daß ich Angst gehabt hab, daß ihm eine Haxen ausrutscht und er aufn Feldaltar fällt und sich seine Kokosnuß an der Monstranz zerbricht. Er hat uns so hübsche Beispiele aus der Geschichte unserer Armee erzahlt, wie noch Radetzky gedient hat und wie sich mit der Abendröte das Feuer vermischt hat, wie die Scheunen aufn Schlachtfeld gebrannt ham, als ob ers gesehn hätt."

Und am nämlichen Tag war Kurat Ibl bereits in Wien und trug dort wiederum einem andern Marschbataillon die rührende Geschichte vor, von der Schwejk gesprochen und die ihm so gut gefallen hatte, daß er sie als Höhepunkt der Blödheit bezeichnet hat.

„Liebe Soldaten", sprach Feldkurat Ibl, „stellt euch also vor, versetzt euch also ins Jahr achtundvierzig und denkt euch, daß die Schlacht bei Custozza siegreich geendet hat, wo nach zehnstündigem hartem Kampf der italienische König Albert das blutige Schlachtfeld unserem Soldatenvater Marschall Radetzky überlassen mußte, der in seinem vierundachtzigsten Lebensjahre einen so glänzenden Sieg errang.

Und siehe da, liebe Soldaten! Auf einer Anhöhe vor dem eroberten Custozzo blieb

Abbildung 56: Josef Wenzel Radetzky von Radetz
Quelle: Georg Decker (Heeresgeschichtliches Museum)

der greise Marschall stehen. Rings um ihn die treuen Heerführer. Der Ernst des Augenblicks lagerte über dem ganzen Kreise, denn, liebe Soldaten, nicht weit entfernt von dem Feldmarschall konnte man einen Krieger sehen, der mit dem Tode rang. Mit zerschmetterten Gliedern auf dem Felde der Ehre fühlte der verwundete Fähnrich, wie Marschall Radetzky auf ihn blickte. Der brave verwundete Fähnrich drückte noch in der erstarrenden Rechten die goldene Medaille mit krampfhafter Begeisterung. Beim Anblick des edlen Feldmarschalls lebte der Pulsschlag seines Herzens nochmals auf; durch den erstarrenden Leib zuckte der letzte Rest an Kraft, und der Sterbende versuchte mit übermenschlicher Anstrengung zu seinem Feldmarschall zu kriechen.

„Gönn dir Ruhe, mein braver Krieger", rief ihm der Marschall zu, stieg vom Pferd und wollte ihm die Hand reichen.

„Es geht nicht, Herr Feldmarschall", sagte der sterbende Krieger, „ich habe beide Hände abgeschossen, nur um eines bitte ich. Sagen Sie mir die volle Wahrheit. Ist die Schlacht vollständig gewonnen?'

„Vollständig, lieber Bruder", sagte der Feldmarschall freundlich, „schade, daß deine Freude durch deine Verwundung getrübt ist.

„Freilich, edler Herr, mit mir gehts zu Ende", sagte der Krieger mit dumpfer Stimme, freundlich lächelnd. ‚Hast du Durst?' fragte Radetzky. ‚Der Tag war heiß, Herr Feldmarschall, wir hatten 30 Grad Hitze.' Da ergriff Radetzky die Flasche seines Adjutanten und reichte sie dem Sterbenden. Dieser trank einen mächtigen Schluck.

„Vergelts Gott tausendmal", rief er, indem er sich bemühte, seinem Befehlshaber die Hand zu küssen. „Wie lange dienst du?" fragte ihn dieser, „über vierzig Jahre, Herr Feldmarschall! Bei Aspern habe ich die goldene Medaille erworben. Auch bei Leipzig war ich, das Kriegskreuz besitze ich ebenfalls, fünfmal war ich tödlich verletzt, aber jetzt ist es endgültig aus mit mir. Aber welche Wonne und Seligkeit, daß ich den heutigen Tag erlebt habe. Was liegt mir am Tod, da wir einen glorreichen Sieg errungen haben und der Kaiser sein Land zurückerhält."

In diesem Augenblick, liebe Soldaten, ertönten aus dem Lager die erhabenen Klänge unserer Volkshymne:

„Gott erhalte, Gott beschütze", mächtig und erhaben schwebten sie über das Schlachtfeld. Der gefallene Krieger, der vom Leben Abschied nahm, versuchte nochmals sich aufzurichten.

„Hoch Österreich', rief er begeistert, ‚Hoch Österreich! Fahrt fort in dem herrlichen Lied. Hoch unsere Heerführer. Es lebe die Armee!"

Der Sterbende beugte sich nochmals über die Rechte des Feldmarschalls und küßte sie; dann sank er nieder, und ein leiser letzter Seufzer entrang sich seiner edlen Seele. Der Heerführer stand mit entblößtem Haupt vor der Leiche eines der bravsten Krieger.

„Dieses schöne Ende ist in der Tat beneidenswert", sagte der Feldmarschall bewegt, das Antlitz auf die gefalteten Hände gesenkt.

„Liebe Krieger, auch ich wünsche euch, daß ihr alle ein so schönes Ende erleben möget."

Abbildung 57: Autograph (Reinschrift) der Kaiserhymne von Joseph Haydn 1797 (Quelle: Österreichische Nationalbibliothek)

Als Schwejk an diese Rede des Oberfeldkuraten Ibl dachte, konnte er ihn tatsächlich, ohne ihm das geringste Unrecht zuzufügen, einen Blödian ohnegleichen nennen.

Dann begann Schwejk von den bekannten Befehlen zu sprechen, die ihnen vor der Einwaggonierung verlesen worden waren. Der eine war der von Franz Joseph unterschriebene Armeebefehl, der zweite der Befehl des Erzherzogs Joseph Ferdinand, des Oberkommandanten der Armeegruppe Ost, beide die Begebenheiten am Duklapaß am 3. April 1915 betreffend, an welchem Tag zwei Bataillone des 28. Regiments samt den Offizieren unter den Klängen der Regimentskapelle zu den

Russen übergegangen waren. Beide Befehle wurden mit zitternder Stimme verlesen und lauteten:

„Armeebefehl vom 17. April 1915
Schmerzerfüllt verordne ich, daß das k. u. k. Infanterie-Regiment Nr. 28 wegen Feigheit und Hochverrat ausgestoßen werde aus meinem Heere. Die Fahne ist dem entehrten Regimente abzunehmen und dem Heeresmuseum einzuverleiben. Die Geschichte des Regimentes, das vergiftet in seiner Moral von Hause aus ins Feld gezogen ist, um Hochverrat zu üben, hat mit heutigem Tage aufgehört.

Franz Joseph m.p."

„Armeebefehl des Erzherzogs Joseph Ferdinand
Am 3. April haben sich in den schweren Kämpfen am Duklapaß zwei Bataillone des 26. Infanterie-Regimentes samt den Offizieren, ohne von der Feuerwaffe Gebrauch gemacht zu haben, einem einzigen russischen Bataillone ergeben und dadurch die größte Schmach und Schande auf sich geladen.

Dem 73. Infanterie-Regiment im Verein mit reichsdeutschen Truppen ist es gelungen, mit schweren Opfern an Toten und Verwundeten die Stellung bis zum Eintreffen neuer Truppenkörper zu behaupten. Das 28. Infanterie-Regiment wird auf ewige Zeiten aus der Liste österreichischer Regimenter gestrichen, und die zurückgebliebene Mannschaft sowie die Offiziere haben, im Heer und der Marine aufgeteilt, diese schwere Schuld mit ihrem eigenen Blute zu sühnen.

Tschechische Truppen haben im Laufe des Feldzuges, besonders in den letzten Kämpfen, wiederholt versagt oder doch nicht ganz entsprochen. Speziell in der Verteidigung wohlvorbereiteter und durch längere Zeit besetzter Stellungen haben sie oft völlig versagt. Im stehenden Schützengrabenkriege gelingt es dem Feinde meist nach kurzer Zeit, mit nichtswürdigen Elementen solcher Truppen Verbindungen anzuknüpfen. Fast immer richtet der Feind, durch diese Verräter unterstützt, seine Angriffe gegen die von solchen Truppen besetzten Frontteile. Häufig gelingt es dann dem Gegner, überraschend und fast ohne Widerstand an diesen Stellen einzudringen und zahlreiche Gefangene zu machen. Schimpf und Schande, Verachtung und Schmach jenen gewissen- und ehrlosen Gesellen, die Kaiser und Reich verraten, die Fahnen unserer ruhmreichen tapferen Armee und zugleich die Ehre ihrer eigenen Nation beschmutzen. Früher oder später ereilt sie die Kugel oder wartet ihrer des Henkers Strick. Pflicht jedes einzelnen Tschechen, der Ehre im Leibe hat, ist es, jene schurkischen Hetzer und Verräter, die in ihrer Mitte sind, dem vorgesetzten Kommando zu meiden. Wer dies nicht tut, ist ein ebensolcher Schurke wie der Hetzer und Verräter selbst.

Dieser Befehl ist der gesamten Mannschaft, der tschechischen Mannschaft an wiederholten Tagen, erläuternd zu verlautbaren.

Erzherzog Joseph Ferdinand"

„Das ham sie uns ein bißl spät vorgelesen", sagte Schwejk zu Wanek, „ich wunder mich sehr, daß sies uns erst jetzt verlesen ham, wo doch Seine Majestät der Kaiser den Befehl am 17. April herausgegeben hat. Das könnt so aussehn, wie wenn sies uns aus irgendwelchen Gründen nicht gleich zu lesen gegeben hätten. Ich, wenn ich Kaiser war, möcht ich mir so eine Zurücksetzung nicht gefalln lassen. Wenn ich am 17. April einen Befehl ausgeben tat, dann muß man ihn auch am 17. April bei allen Regimentern verlesen, und wenns Schusterbuben hageln würde."

Auf der andern Seite des Waggons, Wanek gegenüber, saß der okkultistische Koch aus der Offiziersmenage und schrieb etwas. Hinter ihm saß der Putzfleck des Oberleutnants Lukasch, der bärtige Riese Baloun, und der der 11. Marschkompanie zugeteilte Telefonist Chodounsky. Baloun wiederkäute ein Stück Kommißbrot und setzte dem Telefonisten Chodounsky entsetzt auseinander, er könne nicht dafür, daß er in dem Gedränge beim Einsteigen nicht in den Stabswaggon zu seinem Oberleutnant hatte gelangen können.

Chodounsky machte ihm Angst, daß der Spaß jetzt aufhöre, darauf stehe Pulver und Blei.

„Wenn diese Quälerei schon mal ein Ende hätte", jammerte Baloun, „einmal war ich schon nah dran, auf den Manövern bei Wotitz. Dort hamr hungrig und durstig marschieren müssen, und wie der Bataillonsadjutant zu uns geritten is, so hab ich aufgeschrien:

‚Gebt uns Wasser und Brot!' Er hats Pferd auf mich umgedreht und hat gesagt, wenns im Krieg wär, so müßt ich aus der Reihe treten, und er mächt mich totschie-ßen lassen und jetzt, daß er mich einsperrn läßt in Garnisonsarrest, aber ich hab großes Glück gehabt, weil, wie er zum Stab geritten is, es melden, is sein Pferd scheu geworden, und er is heruntergefalln und hat sich gottlob das Genick gebrochen."

Baloun seufzte tief auf, und ein Bissen Brot blieb ihm in der Kehle stecken; und als er zu sich kam, schaute er verlangend auf die beiden Rucksäcke Oberleutnant Lukaschs, die er behütete.

„Sie ham gefaßt, die Herren Offiziere", sagte er schwermütig, „Leberkonserven und ungarische Salami. So ein Stückl kosten!"

Er blickte dabei so sehnsüchtig auf die beiden Rucksäcke seines Oberleutnants wie ein von allen verlassenes Hündchen, das hungrig ist wie ein Wolf, vor der Tür eines Selcherladens sitzt und den Geruch kochenden Selchfleischs spürt.

„Es macht nicht schaden", sagte Chodounsky, „wenn man uns irgendwo mit einem guten Mittagmahl erwarten tat. Wie wir zu Kriegsbeginn nach Serbien gefahren sind, so hamr uns euch auf jeder Station überfressen, so hat man uns überall bewirtet. Aus Gansbiegeln hat man Würfel vom besten Fleisch herausgeschnitten und mit ihnen auf Schokoladetafeln Wolf und Schaf gespielt. In Esseg in Kroatien ham uns zwei Herrn von den Veteranen einen großen Kessel mit gebratenen Hasen in den Waggon gebracht, und da hamrs schon nicht ausgehalten und ihnen das alles übern Kopf gegossen. Auf allen Strecken hamr nichts anderes gemacht als ausn Waggon gekotzt. Korporal Matejka in unserm Waggon hat sich so überstopft, daß wir ihm ham ein Brett aufn Bauch geben müssen und drauf herumspringen, wie wenn man Kraut stampft, und das hat ihn erst erleichtert, und es is oben und unten aus ihm heraus. Wie wir durch Ungarn gefahren sind, so hat man uns auf jeder Station gebratene Hennen in den Waggon geworfen. Von denen hamr nichts anderes gegessen wie das Hirn. In Kaposfalva ham uns die Magyaren ganze Stücke von gebratenen Schweinen in den Waggon geworfen, und ein Kamerad hat einen ganzen gebratenen Schweinskopf so aufn Kopf bekommen, daß er den Spender dann mitn Überschwung über drei Geleise gejagt hat. Dafür hamr in Bosnien nicht mal mehr Wasser gekriegt. Aber bis nach Bosnien, obzwars verboten war, hamr alle möglichen Schnäpse gehabt, was du ausgehalten hast, und Wein in Strömen. Ich erinner mich, daß uns auf einer Station so Frauen und Fräuleins mit Bier traktiert ham, und wir ham uns vor ihnen in eine Kanne mit Bier ausgepischt. Die sind aber vom Waggon geflogen. Wir waren alle den ganzen Weg benebelt, ich hab nicht mal aufs Eichelas gesehn, und bevor wir was gemerkt ham, auf einmal ein Befehl, wir ham nicht mal zu End gespielt und alles ausn Waggon. Irgendein Korporal, ich weiß nicht mehr wie er geheißen hat, hat auf seine Leut geschrien, daß sie singen sollen: ‚Und die Serben müssen sehn, daß wir Österreicher Sieger, Sieger sind.' Aber jemand hat ihm von hinten einen Fußtritt gegeben, und er is aufs Geleise gefalln. Dann hat er geschrien, man soll die Gewehre in Pyramiden aufstellen, und der Zug hat gleich umgedreht und is leer zurückgefahren, nur, das versteht sich, wies in so einer Panik zu sein pflegt, daß er uns die Verpflegung auf zwei Tage mitgenommen hat. Und so weit wie von hier bis dort zu den Bäumen ham euch dorten schon die Schrapnells angefangen zu explodieren. Vom andern Ende is der

Bataillonskommandant geritten gekommen und hat alle zur Beratung zusammengerufen, und dann is unser Oberlajtnant Macek gekommen, ein Tschech wie ein Klotz, aber er hat nur deutsch gesprochen und sagt, bleich wie Kreide, daß man nicht weiterfahren kann, daß die Strecke in der Nacht in die Luft gesprengt worden is, daß die Serben übern Fluß gekommen sind und jetzt am linken Flügel sind. Aber das is noch weit von uns. Wir wem herich Verstärkungen bekommen, und dann wem wir sie verdreschen. Das sich niemand ergeben soll, wenns zu was kommen sollt, die Serben schneiden herich den Gefangenen Ohren und Nasen ab und stechen Ihnen die Augen aus. Daß unweit von uns Schrapnells explodieren, draus solln wir uns nichts machen. Da schießt sich herich unsere Artillerie ein. Auf einmal hat sich irgendwo hinter den Bergen ein Tatatatata gemeldet. Da schießen sich herich unsere Maschinengewehre ein. Dann hat man von links eine Kanonade gehört, wir hams zuerst gehört und sind aufn Bauch gelegen, über uns sind paar Granaten geflogen und ham den Bahnhof angezündet, und von der rechten Seite über uns ham die Kugeln zu pfeifen angefangen, und in der Ferne hat man Salven gehört und das Rattern von Gewehren. Oberlajtnant Macek hat befohlen, die Pyramiden auseinanderzunehmen und die Gewehre zu laden. Der Dienstführende is zu ihm gegangen und hat gesagt, daß das überhaupt nicht möglich is, weil wir keine Munition mit haben, daß er doch gut weiß, daß wir erst auf der weitern Etappe vor der Front ham Munition fassen solln. Daß der Zug mit Munition vor uns gefahren is und daß er wahrscheinlich schon den Serben in die Hände gefallen is. Oberlajtnant Macek is eine Weile wie versteinert dagestanden und dann hat er den Befehl gegeben ,Bajonett auf', ohne daß er gewußt hätt, warum, nur so aus Verzweiflung, damit man was macht, dann sind wir wieder eine hübsche Weile in Bereitschaft gestanden, dann sind wir wieder auf den Bahnschwellen gekrochen, weil sich ein Aeroplan gezeigt hat und die Chargen gebrüllt ham:

,Alles decken, decken!'. Dann hat sichs gezeigt, daß er einer von unsern is, und er is auch von unserer Artillerie überschossen worn. So sind wir wieder aufgestanden und kein Befehl ,Ruht'. Von der einen Seite is ein Kavallerist auf uns zugaloppiert. Schon von weitem hat er geschrien: ,Wo is das Bataillonskommando?' Der Bataillonskommandant is ihm entgegengeritten, der hat ihm irgendein Schriftstück gereicht und is nach rechts weitergeritten. Der Bataillonskommandant hats am Weg gelesen und dann wars auf einmal, wie wenn er verrückt geworn war. Er hat den Säbel gezückt und is zu uns zurückgeflogen. ,Alles zurück, alles zurück!' hat er die Offiziere angebrüllt, ,Direktion Mulde, einzeln abfallen.' Und da hats angefangen. Von allen Seiten, wie wenn sie drauf gewartet hättn, ham sie auf uns zu feuern angefangen. Auf der linken Seite war ein Kukuruzfeld, und das war wie ein Teufel. Wir sind auf allen vieren ins Tal gekrochen, die Rucksäcke hamr auf den verfluchten Bahnschwellen gelassen. Den Oberlajtnant Macek hats von der Seite in den Kopf erwischt, er hat nicht mal mau gesagt. Bevor wir ins Tal gelaufen sind, hats Tote und Verwundete die Menge gegeben. Die hamr dort gelassen und sind bis abend gelaufen, und die Gegend vor uns war schon von den unsrigen wie ausgekehrt. Wir ham nur den ausgeraubten Train zu Gesicht bekommen. Bis wir schließlich auf die Station gekommen sind, wo man schon neue Befehle bekommen hat: in den Zug setzen und zurück zum Stab fahren, was wir nicht ham ausführen können, weil der ganze Stab am Tag vorher in Gefangenschaft geraten war, was wir erst früh erfahren ham. Dann waren wir wie die Waisen, niemand hat was von uns wissen wolln, und man hat uns dem 73. Regiment zugeteilt, damit wir mit ihm zurückgehn, was wir mit der größten Freude gemacht ham, aber zuerst hamr ungefähr einen Tag nach vorn marschieren müssen, bevor wir zum 73. Regiment gekommen sind. Dann hamr..."

Niemand hörte mehr zu, denn Schwejk und Wanek spielten Mariage zu zweit; der okkultistische Koch aus der Offiziersmenage fuhr fort, einen ausführlichen Brief an seine Frau zu schreiben, die während seiner Abwesenheit begonnen hatte, eine neue theosophische Zeitschrift herauszugeben; Baloun schlummerte auf der Bank, und so blieb dem Telefonisten Chodounsky nichts übrig als zu wiederholen: „Ja, dran wer ich nie vergessen..."

Er stand auf und fing an, beim Mariagen zu kiebitzen: „Wenn du mir wenigstens die Pfeife anzünden möchtest", sagte Schwejk freundschaftlich zu Chodounsky, „wenn du schon kiebitzen kommst. Mariage zu zweit is eine ernstere Sache wie der ganze Krieg und wie euer verfluchtes Abenteuer an der serbischen Grenze. — So eine Blödheit zu machen, ich sollt mich ohrfeigen! Daß ich nicht noch eine Weile gewartet hab mitn König, jetzt grad is mir der Ober gekommen. Ich Rindvieh."

Der okkultistische Koch beendete inzwischen seinen Brief und überflog ihn noch einmal, sichtlich zufrieden, daß er ihn der Militärzensur zulieb so gut verfaßt hatte.

„Teures Weib!

Bis Du diese Zeilen erhalten wirst, werde ich mich bereits einige Tage im Zug befinden, denn wir fahren an die Front. Das freut mich nicht allzusehr, weil ich im Zug müßig gehen muß und nicht nützlich sein kann, denn in unserer Offiziersküche wird nicht gekocht und Essen bekommt man auf den Stationsetappen. Ich hätte unseren Herrn Offizieren gern während der Fahrt durch Ungarn Szegediner-gulasch gekocht, aber es ist nichts draus geworden. Vielleicht werde ich, bis wir nach Galizien kommen, Gelegenheit hoben, ein echt galizisches Scholet, gedüns-tete Gans in Graupen oder Reis zu kochen. Glaub mir, teures Helenchen, daß ich mich wirklich bestrebe, unseren Herren Offizieren ihre Sorgen und Bemühungen sosehr wie möglich zu erleichtern. Ich wurde vom Regiment zum Marschbataillon versetzt, was mein heißester Wunsch war, um, wenn auch mit den bescheidensten Mitteln, die Offiziersfeldküche an der Front aufs beste bedienen zu können. Du wirst Dich erinnern, teures Helenchen, daß Du mir beim Einrücken zum Regiment gewünscht hast, ich möge brave Vorgesetzte bekommen. Dein Wunsch hat sich erfüllt, und nicht nur, daß ich mich nicht im mindesten beklagen kann, im Gegen-teil, alle Herren Offiziere sind unsere wahren Freunde, und insbesondere mir ge-genüber benehmen sie sich wie ein Vater. Sobald als möglich werde ich Dir die Nummer unserer Feldpost bekanntgeben..."

Dieser Brief war ein Ergebnis der Umstände; der okkultistische Koch hatte sich nämlich die Gunst Oberst Schröders, der ihm bisher die Stange gehalten hatte und für den durch einen unglücklichen Zufall beim Abschiedsmahl der Offiziere des Marschbataillons wieder keine Portion Rollbraten übriggeblieben war, total verscherzt. Oberst Schröder schickte ihn mit der Marschkompanie ins Feld, nachdem er die Offiziersküche des Regiments irgendeinem unglücklichen Lehrer aus der Blindenanstalt auf dem Klarow in Prag anvertraut hatte. Der Koch-Ok-kultist überflog noch einmal, was er geschrieben und was ihm als diplomatisch dazu angetan schien, doch nur etwas entfernt vom Schlachtfeld zu bleiben, denn, mag jeder sagen, was er will, auch an der Front gibt es eine Tachiniererei. Er hatte zwar, als er in Zivil Redakteur und Eigentümer einer okkultistischen Zeitschrift für die Wissenschaften des Jenseits war, eine lange Betrachtung über die Grund-losigkeit der Furcht vor dem Tode und eine Betrachtung über die Seelenwande-rung geschrieben.
Aber das tat jetzt nichts zur Sache.
Jetzt trat er näher, um Schwejk und Wanek zu kiebitzen. Zwischen den beiden Spielern bestand in diesem Augenblick kein Rangunterschied. Sie spielten nicht mehr zu zweit, sondern Mariage zu dritt mit Chodounsky. Ordonnanz Schwejk beschimpfte Rechnungsführer Wanek in gemeiner Weise: „Ich wunder mich über Sie, wie Sie so blöd spielen können. Sie sehn doch, daß er Bettl spielt. Ich hab kein Schell, und Sie spieln den Achter nicht und spieln wie das blödeste Rindvieh den

Eichelunter aus, und der Dummkopf gewinnts."

„So ein Geschrei wegen einem verlorenen Bettl", lautete die höfliche Antwort des Rechnungsfeldwebels, „Sie spielen selbst wie ein Idiot. Ich soll mir den Schellachter ausn kleinen Fingern zuzeln. Wenn ich überhaupt kein Schell hab, ich hab nur hohes Grün und Eichel gehabt, Sie Idiot."

„So ham Sie Durchmarsch spieln solln, Sie Gescheiter", sagte Schwejk mit einem Lächeln, „das is grad so wie einmal bei Walesch, unten in der Restauration, da hat auch so ein Nebbich Durch gehabt und hat ihn nicht gespielt und hat immer die kleinsten Karten in den Talon gelegt und hat jeden Bettl spielen lassen. Aber was für Karten der gehabt hat! Von allen Karten die höchsten. So wie ich jetzt nichts davon hätt, wenn Sie Durch spielen möchten, so hatt ich auch damals nichts davon gehabt, und niemand von uns nicht, wies mal herumgegangen is, hätten wir ihm fort zahlen müssen. Endlich sag ich: ‚Herr Herold, sind Sie so freundlich, spieln Sie Durch und blödln Sie nicht.' Aber er fährt mich an, daß er spielen kann, was er will, wir sollen herich Maul halten, daß er die Universität besucht hat. Aber das is ihm teuer zu stehn gekommen. Der Wirt war ein Bekannter, die Kellnerin war mit uns sogar allzu intim, so hamr der Polizeipatrouille erklärt, daß alles in Ordnung is.

Erstens, daß es von ihm gemein is, daß er die Patrouille ruft und dadurch die Nachtruh stört, weil er irgendwo vorm Wirtshaus auf dem Glatteis ausrutscht und mit der Nase drüberfährt, daß er sich sie zerschlägt. Daß wir ihn nicht mal angerührt ham, wie er falschen Mariage gespielt hat, und daß er, wie mans aufgedeckt hat, so rasch herausgelaufen is, daß er hingeflogen is. Der Wirt und die Kellnerin hams uns bestätigt, daß wir uns zu ihm wirklich zu gentlemänisch benommen ham. Er hat auch nichts Besseres verdient. Er is von sieben Uhr abends bis Mitternacht bei einem Bier und Sodawasser gesessen und hat sich weiß Gott auf was für einen Herrn aufgespielt, weil er Universitätsprofessor war und vom Mariage soviel verstanden hat wie eine Ziege von Petersilie. Also wer soll jetzt teilen?"

„Spieln wir Kaufzwick", schlug der Koch-Okkultist vor, „Kaufzwick zu einem Sechserl."

„Erzähln Sie uns lieber", sagte der Rechnungsfeldwebel, „von der Seelenwanderung, was Sie dem Fräulein in der Kantine erzählt ham, wie Sie sich die Nase zerschlagen ham."

„Von Seelenwanderung hab ich auch schon gehört", ließ sich Schwejk vernehmen, „ich hab mir auch mal vor Jahren vorgenommen, daß ich mich, wie man mit

Vergeben sagt, selbst bilden wer, damit ich nicht zurückbleib, und bin ins Lesezimmer der Gewerbevereinigung in Prag gegangen, aber weil ich abgefetzt war und mir am Hintern Löcher geglänzt ham, hab ich mich nicht bilden können, weil sie mich nicht hineingelassen, sondern herausgeführt ham, denn sie ham geglaubt, daß ich Winterröcke stehln gekommen bin. So hab ich mir meinen Feiertagsanzug genommen und bin mal in die Museumsbibliothek gegangen und hab mir mit meinem Kameraden so ein Buch über Seelenwanderung ausgeborgt, und dort hab ich gelesen, daß ein indischer Kaiser sich nachn Tod in ein Schwein verwandelt hat und daß er sich, wie man das Schwein abgestochen hat, in einen Affen verwandelt hat, daß er ausn Affen ein Dachshund geworn is und ausn Dachshund ein Minister. Beim Militär hab ich mich dann überzeugt, daß etwas Wahres dran sein muß, denn jeder, wers auch gewesen is, der ein Sterndl gehabt hat, hat die Soldaten entweder Meerschwein oder überhaupt mit einem Tiernamen geschimpft, und demnach sollte man meinen, daß die gemeinen Soldaten vor tausend Jahren irgendwelche berühmten Heerführer waren. Aber wenn Krieg is, is so eine Seelenwanderung eine sehr dumme Sache. Der Teufel weiß, wieviel Verwandlungen der Mensch durchmacht, bevor er, sagen wir, Telefonist, Koch oder Infanterist wird, und auf einmal zerreißt ihn eine Granate, und seine Seele fährt in ein Pferd der Artillerie, und in die ganze Batterie platzt, wie sie auf irgendeine Kote fährt, eine neue Granate und erschlägt wieder das Pferd, in dem sich der Verstorbene wieder verkörpert hat, und gleich übersiedelt die Seele in irgendeine Kuh beim Train, aus der man Gulasch für die Mannschaft macht, und aus der Kuh übersiedelt sie meinetwegen gleich in einen Telefonisten, ausn Telefonisten..."

„Ich bin überrascht", sagte der Telefonist sichtlich beleidigt, „daß gerade ich die Zielscheibe dummer Witze sein soll."

„Is nicht der Chodounsky in Prag, was das private Detektivinstitut mit dem Aug wie die Dreifaltigkeit Gottes hat, Ihr Verwandter?" fragte Schwejk unschuldig, „Ich hab Privatdetektivs sehr gern. Ich hab auch mal vor Jahren beim Militär mit einem Privatdetektiv gedient, mit einem gewissen Stendler. Der hat einen so spitzen Kopf gehabt, daß ihm unser Feldwebel immer gesagt hat, daß er während der zwölf Jahre schon viel spitzige militärische Köpfe gesehn hat, aber daß er sich so einen Zapfen nicht mal im Traum vorgestellt hat."

„Hören Sie mal, Stendler", hat er ihm immer gesagt, „wenn heuer nicht Manöver wären, mächt Ihr spitzer Kopf gar nicht zum Militär passen, aber so wird sich wenigstens die Artillerie nach Ihrem Kopf einschießen, wenn wir in eine Gegend kommen wern, wo kein besserer Orientierungspunkt sein wird."

Der hat was von ihm ausgestanden! Manchmal, beim Marsch, hat er ihn fünfhundert Schritte vorausgeschickt und hat dann befohlen: ‚Direktion Spitzkopf.' Nämlich dieser Herr Stendler hat überhaupt, auch als Privatdetektiv, sehr großes Pech gehabt. Wie oft hat er uns in der Kantine erzählt, was für Leiden er sich oft ausgestanden hat. Er hat solche Aufgaben bekommen, wie zum Beispiel herauszubekommen, ob die Gattin von irgendeinem Klienten, was ganz außer sich zu ihnen gekommen is, sich nicht mit einem andern herumzieht, und wenn sie sich schon herumzieht, mit wem sie sich herumzieht, wo und wie sie sich herumzieht. Oder wieder im Gegenteil. So eine eifersüchtige Frau wollt herausbekommen, mit wem sich der Mann herumtreibt, damit sie ihm zu Haus noch einen größeren Krawall machen kann. Er war ein gebildeter Mensch, hat nur in ausgewählten Worten von Verletzung der ehelichen Treue gesprochen und hat immer fast geweint, wenn er uns erzählt hat, daß alle gewollt ham, daß er sie oder ihn in flagranti erwischt. Ein andrer hätt sich vielleicht darüber gefreut, wenn er so ein Pärchen in flagranti gefunden hätt und hätt sich die Augen herausschaun können, aber der Herr Stendler war davon ganz weg, wie er uns erzählt hat. Er hat sehr intelligent gesagt, daß er diese unzüchtigen Ausschweifungen nicht mal mehr anschaun hat können. Uns is oft der Speichel ausn Mund gelaufen, wie wenn ein Hund geifert, wenn man gekochten Schinken an ihm vorbeiträgt, wenn er uns von allen diesen verschiedenen Positionen erzählt hat, wie er die Pärchen angetroffen hat. Wenn wir Kasernenarrest gehabt ham, hat ers uns immer gezeichnet. „So hab ich", sagt er, „Frau Soundso mit dem und dem Herrn gesehn." Auch die Adressen hat er uns gesagt. Und er war so traurig. „Diese Watschen", hat er immer gesagt, „was ich von beiden Seiten gekriegt hab! Und das hat mich nicht so verdrossen wie das, daß ich Bestechungsgelder genommen hab. Auf eine solche Bestechung wer ich mein Leben lang nicht vergessen. Er nackt, sie nackt. Im Hotel, und ham sich nicht zugeriegelt, die Idioten! Aufn Diwan ham sie nicht Platz gehabt, weil sie beide dick waren, so ham sie aufm Teppich geschäkert wie junge Katzen. Und der Teppich war ganz durchgetreten, verstaubt, und Zigarettenstummel ham sich drauf herumgewälzt. Und wie ich hineingekommen bin, sind beide aufgesprungen, er is mir gegenübergestanden und hat die Hand gehalten wie ein Feigenblatt. Und sie hat sich mitn Rücken zu mir gedreht, und auf der Haut hat man gesehn, daß sie das ganze Muster vom Gitter am Teppich abgedruckt hat, und am Rückgrat hat sie eine angeklebte Zigarettenhülse gehabt.

„Verzeihn Sie, Herr Zemek", sagte ich, „ich bin der Privatdetektiv Stendler vom Chodounsky und hab die amtliche Pflicht, Sie in flagranti zu erwischen, auf

Grund der Anzeige Ihrer Frau Gemahlin. Diese Dame, mit der Sie hier ein unerlaubtes Verhältnis unterhalten, is Frau Grat."

Nie im Leben hab ich so einen ruhigen Bürger gesehn.

„Erlauben Sie", hat er gesagt, wie wenn sichs von selbst verstehn mächt, „ich zieh mich an. Schuld is nur meine Frau, die mich durch grundlose Eifersucht zu einem unerlaubten Verhältnis verführt und, von einem bloßen Verdacht getrieben, den Gatten mit Vorwürfen und schändlichem Mißtrauen beleidigt." — „Es besteht aber kein Zweifel mehr, daß sich die Schande nicht mehr verheimlichen läßt..." „Wo hab ich die Unterhosen?" fragte er dabei ruhig. „Aufn Bett."

Derweil er sich die Unterhosen angezogen hat, is er in seinen Erklärungen fortgefahren: „Wenn sich die Schande nicht verheimlichen läßt, so heißt es: Scheidung. - Aber dadurch wird der Schandfleck nicht verheimlicht. Eine Scheidung ist überhaupt eine heikle Sache", hat er weitergeredet, derweil er sich angezogen hat, „am besten is, wenn sich die Gattin mit Geduld wappnet und keinen Anlaß zu öffentlicher Entrüstung gibt, übrigens tun Sie, was Sie wolln, ich laß Sie hier mit der gnädigen Frau allein."

Frau Grat war derweil ins Bett gekrochen, Herr Zemek hat mir die Hand gereicht und is weggegangen. Ich erinner mich nicht mehr gut, was Herr Stendler uns noch erzählt hat und was er dann alles gesprochen hat, weil er sich mit der Frau im Bett sehr intelligent unterhalten hat. Zum Beispiel, daß die Ehe nicht dazu bestimmt is, daß sie jeden einfach geradewegs zum Glück führt und daß es eines jeden Pflicht is, in der Ehe die Begierde zu unterdrücken und seinen körperlichen Teil zu läutern und zu vergeistigen. „Und dabei hab ich", hat Herr Stendler erzählt, „langsam angefangen mich auszuziehn, und wie ich schon ausgezogen und ganz verblendet und wild war wie ein Hirsch in Brunstzeit, is mein guter Bekannter Stach ins Zimmer gekommen, auch ein Privatdetektiv aus unserm Konkurrenzinstitut vom Herrn Stein, wohin sich Herr Grat um Hilfe gewendet gehabt hat, was seine Frau betrifft, die herich eine Bekanntschaft hat, und mehr hat er nicht gesagt wie: „Aha, Herr Stendler in flagranti mit Frau Grat, ich gratuliere!" Er hat wieder leise die Tür zugemacht und is weggegangen. „Jetzt is schon alles egal", hat Frau Grat gesagt, „Sie müssen sich nicht so schnell anziehn, Sie ham neben mir genug Platz." — „Mir handelt sichs akkurat um Platz, gnädige Frau", hab ich gesagt und hab schon nicht mal mehr gewußt, was ich sprech, ich erinner mich nur, daß ich was davon gesprochen hab, daß, wenn zwischen Ehegatten Zwistigkeiten herrschen, daß auch die Erziehung der Kinder darunter leidet. Dann hat er uns noch erzählt, wie er sich rasch angezogen hat und wie er Reißaus genommen und sich vorgenommen hat, daß ers gleich seinem Chef, dem Herrn Chodounsky, sagen wird, aber daß er sich dazu stärken gegangen is, und bevor er gekommen is, daß schon Schluß mit Jubel war. Daß derweil schon dieser Stach im Auftrag von seinem Chef, dem Herrn Stern, dort gewesen war, damit er dem Herrn Chodounsky einen Stich gibt, was er für Angestellte in seinem Privatdefektivinstitut hat, und der hat wieder nichts Bessers gewußt, wie rasch um die Gattin vom Herrn Stendler zu schicken, damit sie sichs selbst mit ihm ausmacht, wenn er in amtlicher Obliegenheit irgendwohin geschickt wird und man ihn ausn Konkurrenzinstiut in flagranti erwischt. ‚Seit dieser Zeit', hat Herr Stendler immer gesagt, wenn die Rede drauf gekommen is, „hab ich noch einen spitzem Kopf.'"

„Spieln wir also zu fünfe - oder zu zehn?"

Sie spielten. Der Zug hielt in der Station Wieselburg. Es war bereits Abend, und man ließ niemanden aus den Waggons.

Als sich der Zug in Bewegung setzte, ließ sich aus einem Waggon eine starke Stimme vernehmen, als wollte sie sein Rattern übertönen. Irgendein Soldat aus Bergreichenstein besang in andächtiger Abendstimmung mit fürchterlichem Gebrüll die stille Nacht, die sich den ungarischen Ebenen näherte:

„Gute Nacht! Gute Nacht!
Allen Müden seis gebracht.
Neigt der Tag sich still zu Ende,
Ruhen alle fleißgen Hände,
Bis der Morgen ist erwacht.
Gute Nacht! Gute Nacht!"

„Halts Maul, du Elender", unterbrach jemand den sentimentalen Sänger, der verstummte. Man zog ihn vom Fenster fort.

Aber die fleißigen Hände ruhten nicht bis zum Morgen. Ebenso wie überall im Zug im Lichte der Kerzen, fuhr man auch hier fort, im Schein einer kleinen, an der Wand hängenden Petroleumlampe Kaufzwick zu spielen, und sooft jemand beim Angehn hineinfiel, erklärte Schwejk, daß dies das gerechteste Spiel sei, weil sich jeder so viele Karten austauschen könne, als er wolle.

„Beim Kaufzwick", behauptete Schwejk, „braucht man nur das As und den Siebner nehmen, aber dann kann mans niederlegen. Die übrigen Karten muß man nicht nehmen. Das macht man schon auf eigenes Risiko."

„Spielen wir eins", schlug Wanek unter allgemeinem Beifall vor.

„Rotsiebner", meldete Schwejk, die Karten abhebend. Jeder zahlt ein Fünferl, und gegeben wird zu vier. Macht schnell, damit wir viele Partien spielen können."

Und auf den Gesichtern aller spiegelte sich eine solche Zufriedenheit, als gäbe es keinen Krieg und als befänden sie sich nicht im Zug, der sie an die Front, in die großen blutigen Schlachten und Massaker führte, sondern in einem Prager Kaffeehaus an Spieltischen.

„Das hab ich mir nicht gedacht", sagte Schwejk nach einer Partie, „daß ich, wo ich auf nichts eingegangen bin und alle vier Karten Wechsel, ein As krieg. Was habt ihr gegen mich mit dem König aufstecken wolln. Ich schlag den König, bevor du muh sagst."

Und während man hier den König mit dem As schlug, schlugen einander fern an der Front die Könige mit ihren Untertanen.

Im Stabswaggon, wo die Offiziere des Marschbataillons saßen, herrschte zu Beginn der Fahrt eine sonderbare Stille. Die Mehrzahl der Offiziere war in ein kleines, in Leinen gebundenes Buch mit der Aufschrift: „Die Sünden der Väter", Novelle von Ludwig Ganghofer, vertieft, und alle waren gleichzeitig mit der Lektüre der Seite 161 beschäftigt. Bataillonskommandant Hauptmann Sagner stand am Fenster und hielt in der Hand dasselbe Buch, ebenfalls auf Seite 161 aufgeschlagen. Er betrachtete die Landschaft und überlegte, wie er es wohl am verständlichsten klarmachen könnte, was die Offiziere mit dem Buch beginnen sollten. Es war eigentlich streng vertraulich.

Abbildung 58_ Ludwig Ganghofer
(Quelle: DHM)

Die Offiziere dachten inzwischen darüber nach, ob Oberst Schröder vollständig verrückt geworden sei. Er war zwar längst übergeschnappt, aber es hatte sich doch nicht voraussehen lassen, daß es ihn so plötzlich packen werde. Vor Abfahrt des Zuges hatte er sie zu einer letzten Besprechung rufen lassen, bei der er ihnen mitteilte, daß für einen jeden ein Exemplar der „Sünden der Väter" von Ludwig Ganghofer bestimmt sei und daß er die Bücher in die Bataillonskanzlei habe tragen lassen.

„Meine Herren", sagte er mit schrecklich geheimnisvollem Ausdruck, „vergessen Sie nie auf Seite 161!"

In diese Seite vertieft, vermochten sie aus dem Ganzen nicht klug zu werden. Irgendeine Martha trat auf dieser Seite zum Schreibtisch, zog von dort irgendeine Rolle heraus und erwog laut, daß das Publikum mit dem Helden dieser Rolle Mitleid empfinden müsse. Dann tauchte auf dieser Seite noch irgendein Albert auf, der sich ununterbrochen bemühte, scherzhaft zu sprechen, was, aus der unbekannten vorangehenden Handlung herausgerissen, so blöd schien, daß Oberleutnant Lukasch vor Wut die Zigarettenspitze zerbiß.

„Der Alte ist verrückt geworden", dachten alle, „mit ihm ist schon Schluß. Jetzt wird man ihn ins Kriegsministerium versetzen."

Hauptmann Sagner trat vom Fenster zurück, nachdem er alles im Kopf gut zusammengestellt hatte. Er hatte keine allzu große pädagogische Begabung, deshalb dauerte es so lange, bevor er den ganzen Plan eines Vortrags über die Bedeutung der hunderteinundsechzigsten Seite zusammenstellte.

Bevor er zu erklären begann, redete er die Offiziere „Meine Herren" an, wie es der alte Oberst tat, obwohl er, Hauptmann Sagner, sie früher, noch bevor sie in den Zug stiegen, „Kameraden" tituliert hatte. „Also, meine Herren!" - Und er fing an vorzutragen, daß er gestern Abend vom Oberst eine die Seite 161 der „Sünden der Väter" von Ludwig Ganghofer betreffende Instruktion erhalten habe.

„Also, meine Herren", fuhr er feierlich fort, „eine ganz vertrauliche Information betreffs des neuen Systems des Chiffrierens von Depeschen im Feld."

Kadett Biegler zog Notizbuch und Bleistift heraus und sagte in ungewöhnlich diensteifrigem Ton: „Ich bin fertig, Herr Hauptmann."

Alle schauten den Dummkopf an, dessen Strebsamkeit in der Einjährig-Freiwilligenschule an Blödheit grenzte. Er war freiwillig zum Militär gegangen und erklärte sofort bei der ersten Gelegenheit dem Kommandanten der Einjährig-Freiwilligenschule, als sich dieser mit den Familienverhältnissen der Schüler bekannt machte, daß seine Ahnen sich ursprünglich Bügler von Leuthold geschrieben und im Wappen einen Storchenflügel mit einem Fischschwanz gehabt hätten. Seit dieser Zeit nannte man ihn nach seinem Wappen nur den „Storchenflügel mit dem Fischschwanz": er wurde grausam verfolgt und war mit eine mal unsympathisch geworden; denn das alles paßte in keiner Weise zu dem ehrbaren Hasen- und Kaninchenfellgeschäft seines Vaters, obwohl der romantische, begeisterte Sohn sich ehrlich bemühte, die ganze Kriegswissenschaft zu fressen, und durch Fleiß und die Kenntnis nicht nur all dessen, was man ihm zum Lernen vorlegte, hervorragte, sondern sich selbst immer mehr und mehr in das Studium von Schriften über die Kriegskunst und die Geschichte der Kriegführung vertiefte, von der er stets zu sprechen begann, bis man ihn abtrumpfte und kaltstellte. Er glaubte, daß er in Offizierskreisen den hohen Chargen ebenbürtig sei.

„Sie, Kadett", sagte Hauptmann Sagner, „solange ich Ihnen nicht zu sprechen erlaube, so schweigen Sie, weil Sie niemand nach was gefragt hat. Übrigens sind Sie ein verflucht gescheiter Soldat. Jetzt lege ich Ihnen ganz vertrauliche Informationen vor, und Sie schreiben sie sich in Ihr Notizbuch ein. Bei Verlust des Notizbuches erwartet Sie das Feldgericht."

Kadett Biegler hatte noch obendrein die üble Gewohnheit, sich immer zu bemühen, jeden mittels irgendeiner Ausrede zu überzeugen, daß er es gut meine.

„Melde gehorsamst, Herr Hauptmann", antwortete er, „daß selbst bei einem eventuellen Verlust des Notizbuches niemand entziffern kann, was ich geschrieben habe, weil ich es stenografiere und niemand meine Kürzungen nach mir lesen kann. Ich benütze das englische Stenografiesystem."

Alle schauten ihn verächtlich an, Hauptmann Sagner winkte mit der Hand und fuhr in seinem Vortrag fort.

„Ich habe bereits über die neue Art des Chiffrierens von Depeschen im Felde gesprochen. Es wird Ihnen vielleicht unverständlich, warum Ihnen in der Novelle Ludwig Ganghofers ‚Die Sünden der Väter' gerade Seite 161 empfohlen wurde; es ist dies, meine Herren, der Schlüssel zu der neuen Chiffriermethode, die auf Grund einer neuen Verordnung des Generalstabs des Armeekorps, dem wir zugeteilt sind, in Gültigkeit getreten ist. Wie Ihnen bekannt ist, gibt es viele Methoden der Chiffrierung wichtiger Mitteilungen im Felde, Die neueste, die wir benützen, ist die ergänzende Ziffernmethode. Damit entfallen auch die Ihnen in der vorigen Woche vom Regimentsstab eingehändigten Chiffren und die Anleitung zu ihrer Entzifferung."

„Erzherzog-Albrecht-System", murmelte der strebsame Kadett Biegler vor sich hin, „8922-R, übernommen aus Methode Granfeld."

„Das neue System ist sehr einfach", tönte die Stimme des Hauptmanns durch den Waggon.

„Ich habe persönlich vom Herrn Oberst das zweite Buch samt der Information bekommen."

„Wenn wir zum Beispiel den Befehl erhalten sollten: ‚Auf Kote 228 Maschinengewehrfeuer links richten', erholten wir, meine Herren, diese Depesche: ‚Sache - mit - uns - das - wir - auf - sehen - in - die - versprachen - die - Martha - dich - das - ängstlich - dann - wir - Martha - wir - den - wir - Dank - wohl - Regiekollegium - Ende - wir - versprachen - wir - gebessert - versprachen - wirklich - denke -Idee - ganz - herrscht - Stimme - letzten. Also sehr einfach, ohne jede überflüssige Kombination. Vom Stab per Telefon zum Bataillon, vom Bataillon per Telefon zur Kompanie. Sobald der Kommandant diese chiffrierte Depesche erhalten hat, entziffert er sie auf folgende Weise:

Er nimmt ‚Die Sünden der Väter', schlägt Seite 161 auf und fängt an, oben auf der gegenüberliegenden Seite das Wort ‚Sache' zu suchen. Bitte, meine Herren. Vor allem ist ‚Sache' auf Seite 160 in der Reihenfolge der Sätze das zweiundfünfzigste Wort, er sucht also auf der gegenüberliegenden Seite 161 den zweiundfünfzigsten Buchstaben von oben. Beachten Sie, daß es ‚A' ist. Das nächste Wort in der Depesche ist ‚mit'. Es ist auf Seite 160 in der Aufeinanderfolge der Sätze das siebente Wort, das dem siebenten Buchstaben auf Seite 161, dem Buchstaben ‚u' entspricht. Dann kommt ‚uns', das ist, folgen Sie mir, bitte, aufmerksam, das achtundachtzigste Wort, das dem achtundachtzigsten Buchstaben auf der gegenüberliegenden Seite 161 entspricht, der ein ‚f' ist, und wir haben ‚Auf' entziffert. Und so fahren wir fort, bis wir den Befehl feststellen: ‚Auf Kote 228' Maschinengewehrfeuer links richten. Sehr scharfsinnig, meine Herren, und einfach unmöglich, ohne den Schlüssel, Seite 161, Ludwig Ganghofer, ‚Die Sünden der Väter', zu entziffern."

Alle betrachteten schweigend die unglückseligen Seiten und wurden bedenklich nachdenklich. Eine Weile herrschte Stille, bis Kadett Biegler plötzlich sorgenvoll ausrief: „Herr Hauptmann, melde gehorsamst, Jesusmaria! Es stimmt nicht!"

Und es war wirklich sehr rätselhaft.

Man mochte sich anstrengen, wie man wollte, niemand außer Hauptmann Sagner fand auf Seite 160 jene Worte, denen auf Seite 161 die Buchstaben entsprachen, die den Schlüssel bildeten.

„Meine Herren", stotterte Hauptmann Sagner, als er sich überzeugt hatte, daß der verzweifelte Aufschrei des Kadetten Biegler der Wahrheit entsprach, „was ist da geschehen? In meinen ‚Die Sünden der Väter' von Ganghofer ist es und in Ihren ist es nicht?"

„Erlauben Sie, Herr Hauptmann", meldete sich abermals Kadett Biegler.

„Ich erlaube mir darauf aufmerksam zu machen, daß der Roman von Ludwig Ganghofer zwei Teile hat. Wollen Sie sich gefälligst auf der Titelseite überzeugen ‚Roman in 2 Bänden'. Wir haben den I. Teil und Sie haben den II. Teil", fuhr der gründliche Kadett Biegler fort, „es ist deshalb klar wie der Tag, daß unsere 160. und 161. Seite Ihrer nicht entspricht. Wir haben dort etwas ganz anderes. Das erste Wort der entzifferten Depesche soll bei Ihnen ‚Auf' sein, und bei uns ist ‚Heu' herausgekommen!"

Allen ward nun vollständig klar, daß Biegler vielleicht doch nicht so ein Dummkopf sei.

„Ich habe den II. Teil vom Brigadestab", sagte Hauptmann Sagner, „und es handelt sich hier offenbar um einen Irrtum. Der Herr Oberst hat für Sie den I. Teil bestellt. Allem Anschein nach", fuhr er fort, als wäre alles klar und deutlich und als hätte er es schon längst gewußt, bevor er seinen Vortrag über die überaus einfache Art des Chiffrierens begonnen hatte, „hat man es beim Brigadestab verwechselt. Man hat dem Regiment nicht angegeben, daß es sich um den II. Teil handelt, und so ist das Ganze geschehen."

Kadett Biegler blickte inzwischen alle siegesbewußt an, und Leutnant Dub flüsterte Oberleutnant Lukasch zu, daß der „Storchenflügel mit dem Fischschwanz" Sagner ganz gehörig kleingekriegt habe.

„Ein merkwürdiger Fall, meine Herren", ließ sich Hauptmann Sagner abermals vernehmen, als wollte er ein Gespräch anknüpfen, denn die Stille war überaus peinlich. „In der Brigadekanzlei gibt es Hohlköpfe."

„Ich erlaube mir zu bemerken", meldete sich abermals der unermüdliche Kadett Biegler, der wiederum mit seinem Wissen prahlen wollte, „daß ähnliche Dinge vertraulicher, streng vertraulicher Natur von der Division nicht durch die Brigadekanzlei gehen sollten. Eine die vertraulichsten Angelegenheiten des Armeekorps betreffende Angelegenheit könnte mittels eines streng vertraulichen Zirkulars nur den Kommandanten der Divisions- und Brigadetruppenteile der Regimenter bekanntgegeben werden. Ich kenne ein Chiffre System, das in den Kriegen um Sardinien und Savoyen, im anglo-französischen Feldzug bei Sewastopol, beim Boxeraufstand in China und während des letzten russisch- japanischen Krieges benützt wurde. Dieses System wurde weitergeleitet..."

„Daran liegt uns ein Dreck, Kadett Biegler", sagte Hauptmann Sagner mit einem

Ausdruck der Verachtung und des Mißfallens, „es ist sicher, daß das System, von dem die Rede war und daß ich Ihnen erklärt habe, nicht nur eines der besten ist, sondern, wir können sagen, das unerreichbarste. Da können alle feindlichen Gegenspionagemaßnahmen nicht dran. Wenn sie sich zerschneiden, können sie unsere Chiffren nicht lesen. Es ist etwas ganz Neues. Diese Chiffren haben keine Vorläufer." Der strebsame Kadett Biegler hustete bedeutungsvoll.

„Ich erlaube mir", sagte er, „auf das Buch Kerickhoffs über das militärische Chiffrierungswesen aufmerksam zu machen, Herr Hauptmann. Dieses Buch kann sich ein jeder im Verlag des ‚Militärischen Sachlexikons' bestellen. Dort ist die Methode beschrieben, von der ich Ihnen erzählt habe, genau beschrieben, Herr Hauptmann. Ihr Erfinder ist Oberst Kircher, der unter Napoleon I. in der sächsischen Armee gedient hat. ‚Kirchers chiffrierte Worte', Herr Hauptmann. Jedes Wort der Depesche wird auf der gegenüberliegenden Seite mittels Schlüssel erklärt. Diese Methode wurde von Oberleutnant Fleißner in dem Buch „Handbuch der militärischen Kryptographie" vervollständigt, daß sich jeder im Verlag der „Militär-Akademie in Wiener-Neustadt" kaufen kann. Bitte, Herr Hauptmann."

Kadett Biegler griff in seinen Handkoffer, zog das Buch heraus, von dem er gesprochen hatte, und fuhr fort: „Fleißner führt dasselbe Beispiel an, überzeugen Sie sich gefälligst alle. Dasselbe Beispiel, das wir gehört haben.

Depesche: Auf Kote 288 Maschinengewehrfeuer links. Schlüssel: Ludwig Ganghofer, ‚Die Sünden der Väter', Zweiter Band. Und sehen Sie, bitte, weiter: ‚Chiffre: Sache - mit - uns - das - wir -auf - sehen - in - die - versprachen - die - Martha -' usw. Genau dasselbe, was wir vor einer Weile gehört haben."

Dagegen ließ sich nichts einwenden. Dieser Rotzbub von einem „Storchenflügel mit Fischschwanz" hatte recht.

Beim Armeestab hatte sich jemand von den Herren Generälen die Arbeit erleichtert. Er hatte Fleißners Buch über die militärische Chiffrierung entdeckt, und fertig wars.

Während dieser ganzen Zeit konnte man bemerken, daß Oberleutnant Lukasch eine seltsame seelische Aufregung bezwang. Er biß sich in die Lippe, wollte etwas sagen, aber zum Schluß fing er von etwas anderem zu sprechen an, als er anfangs beabsichtigt hatte.

„Man darf das nicht so tragisch nehmen", sagte er in sonderbarer Verlegenheit, „während unseres Aufenthaltes im Lager in Brück an der Leitha hat man schon einige Systeme der Depeschenchiffrierung verwendet. Bevor wir an die Front kommen, wird es wieder neue Systeme geben, aber ich denke, daß man im Feld keine

Zeit hat, solche Kryptogramme zu entziffern. Bevor jemand von uns ein ähnlich chiffriertes Beispiel entziffern würde, wärs schon längst um die Kompanie, ums Bataillon und die Brigade geschehn. Eine praktische Bedeutung hat es nicht." Hauptmann Sagner nickte sehr ungern zustimmend mit dem Kopf. „In der Praxis", sagte er, „wenigstens sofern meine Erfahrungen vom serbischen Kriegsschauplatz in Betracht kommen, hat niemand Zeit gehabt, Chiffren zu dechiffrieren. Ich sage nicht, daß die Chiffren bei einem längeren Aufenthalt in den Schützengräben keine Bedeutung haben, wenn wir uns eingegraben haben und abwarten. Daß die Chiffren sich ändern, ist auch wahr."

Hauptmann Sagner wich auf der ganzen Linie zurück: „Ein großer Teil der Schuld, das heute die Stäbe an der Front immer weniger Chiffren benützen, liegt daran, daß unsere Telefone nicht deutlich sind und insbesondere im Kanonenfeuer die einzelnen Silben nicht klar reproduzieren. Man hört einfach nichts, und so entsteht ein unnützes Chaos." Er verstummte.

„Verwirrung ist das ärgste, was im Feld eintreten kann, meine Herren", fügte er prophetisch hinzu und schwieg. „In einer Weile", sagte er, aus dem Fenster blickend, „sind wir in Raab, meine Herren! Die Mannschaft erhält dort je 15 Deka ungarische Salami. Eine halbe Stunde Rast."

Er schaute auf die Marschroute: „Um 4 Uhr 12 wird abgefahren. Um 3 Uhr 58 alles in die Waggons. Es wird kompanieweise ausgestiegen. Die 11. usw. zugsweise Direktion Verpflegungsmagazin Nr.6 Kontrolle bei der Ausgabe: Kadett Biegler."

Alle schauten den Kadetten Biegler mit einem Blick an, der besagte: „Du wirst kein Honiglecken haben, du Milchbart."

Aber der strebsame Kadett Biegler zog schon aus dem Koffer einen Bogen Papier und ein Lineal, liniierte den Bogen, teilte ihn in Marschkompanien ein und fragte die Kommandanten der einzelnen Züge nach dem Mannschaftsstand; keiner von ihnen wußte ihn auswendig, und sie konnten Biegler die verlangten Ziffern nur nach den undeutlichen Anmerkungen in ihren Notizbüchern angeben.

Hauptmann Sagner begann inzwischen aus Verzweiflung „Die Sünden der Väter" zu lesen, und als der Zug auf dem Bahnhof in Raab hielt, klappte er die gelesenen Seiten zu und bemerkte: „Dieser Ludwig Ganghofer schreibt nicht schlecht."

Oberleutnant Lukasch stürzte als erster aus dem Stabswaggon und schritt auf jenen zu, in dem sich Schwejk befand.

Schwejk und die anderen hatten bereits längst aufgehört, Karten zu spielen, und Baloun, der Putzfleck Oberleutnant Lukaschs, hatte schon so einen Hunger, daß er anfing, sich gegen die militärische Obrigkeit aufzulehnen und auseinanderzusetzen, daß er sehr gut wisse, wie die Offiziere sich die Mäuler stopften. Das sei ärger als zur Zeit der Leibeigenschaft. Früher habe es so etwas beim Militär nicht gegeben. Wie sein Großvater zu Hause im Ausgedinge zu sagen pflege, hätten die Offiziere noch im Sechsundsechzigerkrieg mit den Soldaten Hennen und Brot geteilt. Sein Gejammer nahm kein Ende, bis Schwejk es schließlich für gut befand, den Militärstand im gegenwärtigen Krieg zu loben. „Du hast aber einen jungen Großvater", sagte er freundlich, als sie sich Raab näherten, „daß er sich nur an den Krieg vom Jahre 66 erinnern kann."

„Da kenn ich einen gewissen Ranowsky, und der hat einen Großvater gehabt, der war in Italien gewesen, noch zur Zeit vom Robot, und hat dort seine zwölf Jahre gedient und is nach Haus als Korporal gekommen. Und er hat keine Arbeit gehabt, so hat den Großvater sein Vater zu sich in Dienst genommen. Und damals sind sie mal auf Robot gefahren, Baumstämme abführen, und ein solcher Baumstamm war, wie uns der Großvater erzählt hat, was bei seinem Vater gedient hat, wie ein Trumm, und so ham sie mit ihm nicht mal rühren können. Und da hat er also gesagt: ‚Laß ihn nur hier, das Luder, wer wird sich mit ihm schinden.' Und der Heger, was das gehört hat, hat angefangen zu schreien und hat den Stock gehoben, daß er den Baumstamm aufladen muß. Und der Großvater von unserm Ranowsky hat nichts anderes gesagt als: ‚Du junger Hund du, ich bin ein alter ausgedienter Soldat.' Aber in einer Woche hat er eine Zuschrift gekriegt und hat wieder nach Italien einrücken müssen, und dort war er wieder ganze zehn Jahre und hat nach Haus geschrieben, daß er diesem Heger, bis er zurückkommt, mit der Axt eins übern Kopf haun wird. Der Heger hat von Glück sagen können, daß er inzwischen gestorben is."

In diesem Augenblick tauchte Oberleutnant Lukasch in der Waggontür auf.

„Schwejk, kommen Sie her", sagte er, „unterlassen Sie Ihre dummen Auseinandersetzungen, und kommen Sie mir lieber was erklären."

„Ohne weiters, melde gehorsamst, Herr Oberlajtnant." Oberleutnant Lukasch führte Schwejk fort, und der Blick, mit dem er ihn betrachtete, war sehr verdächtig.

Oberleutnant Lukasch hatte sich während des ganzen Vortrags von Hauptmann Sagner, der mit einem solchen Fiasko endete, zu gewissen Detektiv-Erkenntnissen durchgearbeitet, wozu es nicht vieler besonderer Kombinationen bedurfte, denn einen Tag vor der Abfahrt hatte Schwejk Oberleutnant Lukasch gemeldet: „Herr Oberlajtnant, aufn Bataillon sind irgendwelche Bücheln für die Herren Lajtnants, Ich hab sie aus der Regimentskanzlei weggetragen."

Deshalb fragte Oberleutnant Lukasch ohne Umschweife, als sie das zweite Geleise überschritten hatten und hinter eine ungeheizte Lokomotive traten, die bereits seit einer Woche auf irgendeinen Zug mit Munition wartete:

„Schwejk, wie war das damals mit den Büchern?"

„Melde gehorsamst, Herr Oberlajtnant, das is eine sehr lange Geschichte, und Sie regen sich immer so auf, wenn ich Ihnen alles ausführlich erzähl.

So wie damals, wie Sie mir die Ohrfeige ham geben wolln, wie Sie die Zuschrift vor der Kriegsanleihe zerrissen ham und ich Ihnen erzählt hab, daß ich mal in einem Buch gelesen hab, daß die Leute früher, wenn Krieg war, für die Fenster zahlen mußten, für jedes Fenster einen Zwanziger, für die Gänse auch soviel —."

„So möchten wir nicht fertig werden, Schwejk", sagte Oberleutnant Lukasch, im Verhör fortfahrend, wobei er sich vornahm, daß das strengst Vertraulichste natürlich vollkommen geheim gehalten bleiben müsse, damit dieser Kerl, der Schwejk, nicht wieder Gebrauch davon mache. „Kennen Sie Ganghofer?"

„Was is er?" fragte Schwejk mit Interesse.

„Ein deutscher Schriftsteller, Sie blöder Kerl, Sie", antwortete Oberleutnant Lukasch.

„Meiner Seel, Herr Oberlajtnant", sagte Schwejk mit dem Ausdruck eines Märtyrers, „ich kenn keinen deutschen Schriftsteller persönlich. Ich habe nur einen tschechischen Schriftsteller persönlich gekannt, einen gewissen Ladislaus Hajek aus Taus. Er war Redakteur von der ‚Welt der Tiere', und ich hab ihm mal so einen Köter für einen reinrassigen Spitz verkauft. Das war ein sehr lustiger und braver Herr. Er is ins Wirtshaus gegangen und hat dort immer seine Geschichten gelesen, solche traurige, daß alle gelacht ham, und er hat dabei geweint und hat für alle im Wirtshaus gezahlt, und wir ham ihm singen müssen: ‚Tauser Tor und Türen, der euch könnt verzieren, der hat malen müssen und die Mädel küssen. - Aus dem kann nichts mehr werden, liegt schon in der Erden...'"

„Sie sind doch nicht im Theater. Was brüllen Sie wie ein Opernsänger, Schwejk?" meinte Oberleutnant Lukasch erschrocken, als Schwejk den letzten Satz: „Aus dem kann nichts mehr werden, liegt schon in der Erden" gesungen hatte. „Danach habe ich Sie nicht gefragt. Ich wollte nur wissen, ob Sie bemerkt haben, daß die Bücher, von denen Sie selbst zu mir gesprochen haben, von Ganghofer waren. Was war also mit diesen Büchern los?" platzte er zornig heraus.

„Mit den, was ich aus der Regimentskanzlei aufs Bataillon getragen hab?" fragte Schwejk. „Die waren wirklich von dem geschrieben, nach dem Sie mich gefragt ham, ob ich ihn nicht kenn, Herr Oberlajtnant. Ich hab ein Telefonogramm direkt von der Regimentskanzlei bekommen. Man hat diese Bücher nämlich in die Bataillonskanzlei schicken wolln, aber dort waren alle fort mitsamtn Dienstführenden, weil sie in der Kantine ham sein müssen, wenn man an die Front gefahren is, und weil niemand weiß, ob er noch mal in der Kantine sitzen wird. Sie waren also dort, Herr Oberlajtnant, waren dort und ham getrunken, nirgends, nicht mal bei allen andern Marschkompanien hat man per Telefon niemanden nicht auftreiben können, aber weil Sie mir angeordnet ham, daß ich derweil als Ordonnanz beim Telefon sein soll, bevor man uns den Telefonisten Chodounsky zuteilt, so bin ich gesessen und hab gewartet, bis auch auf mich die Reihe kommt. Aus der Regimentskanzler ham sie geschimpft, daß sie nirgends niemanden errufen können, daß ein Telefonogramm da is, daß sich die Marschbataillonskanzlei in der Regimentskanzlei irgendwelche Bücher für die Herren Offiziere vom ganzen Marschbatjak beheben soll. Weil ich weiß, Herr Oberlajtnant, daß man im Krieg schnell handeln muß, so hab ich an die Regimentskanzlei telefoniert, daß ich die Bücher selbst beheben wer und in die Bataillonskanzlei tragen wer. Dort hab ich so einen Ranzen bekommen, daß ichs mit Müh zu uns in die Bataillonskanzlei geschleppt hab, und da hab ich mir diese Bücher durchgeschaut. Aber da hab ich mir meinen Teil gedacht. Der Regimentsfeldwebel in der Regimentskanzlei hat mir zwar gesagt, daß man nachn Telefonogramm vom Regiment schon beim Bataillon wissen wird, was man sich von den Büchern aussuchen soll, nämlich *welchen Teil*. Nämlich diese Bücher ham *zwei Teile* gehabt. Der I. Teil extra, der II. Teil extra. Nie im Leben hab ich so gelacht, weil ich schon viel Bücher im Leben gelesen hab, aber nie hab ich mitn II. Teil angefangen. Und er sagt mir dort noch einmal: ‚Da ham Sie den I. Teil und da ham Sie den II. Teil. *Welchen Teil* die Herren Offiziere lesen solln, das wissen sie schon. So hab ich mir gedacht, daß alle besoffen sind, weil, wenn man ein Buch von Anfang lesen soll, so einen Roman, was ich gebracht hab, von den ‚Sünden der Väter', denn ich kann auch Deutsch, so muß man mitn ersten Teil anfangen, weil wir keine Juden sind und nicht von rückwärts lesen. Drum hab ich Sie auch per Telefon gefragt, Herr Oberlajtnant, wie Sie ausn Kasino zurückgekommen sind, und hab Ihnen das von den Büchern gemeldet, obs vielleicht jetzt beim Militär umgekehrt is und ob man nicht die Bücher in verkehrter Reihenfolge liest, zuerst den *Zweiten* und dann den *Ersten Teil*. Und, Sie ham mir gesagt, daß ich ein besoffenes Rindvieh bin, wenn ich nicht mal weiß, daß im Vaterunser zuerst steht: ‚Vater unser' und dann erst ‚Amen'."

„Is Ihnen schlecht, Herr Oberlajtnant?" fragte Schwejk mit Interesse, als sich der bleiche Oberleutnant Lukasch am Trittbrett der Lokomotive festhielt.

In seinem bleichen Gesicht zeigte sich kein Zeichen von Wut. Es war etwas verzweifelt Hoffnungsloses.

„Weiter, weiter, Schwejk, es ist schon egal, es ist schon gut..."

„Wie ich sag", erklang auf dem verlassenen Geleise die weiche Stimme Schwejks, „ich war auch dieser Meinung. Einmal hab ich mir so einen blutigen Roman von dem Rosza Sandor ausn Bakonyer Wald gekauft, und es hat dort der I. Teil gefehlt, so hab ichn Anfang erraten müssen, und nicht mal in so einer Räubergeschichte kommt man ohne den I. Teil aus. So wars mir vollständig klar, daß es eigentlich überflüssig ist, wenn die Herren Offiziere anfangen täten, zuerst den zweiten Teil zu lesen und dann den ersten, und wie dumm es ausschaun macht, wenn ich beim Bataillon ausgerichtet hätt, was man mir in der Regimentskanzlei gesagt hat, daß die Herren Offiziere schon wissen, welchen Teil sie lesen solln. Mir is das mit diesen Büchern, Herr Oberlajtnant, überhaupt schrecklich komisch und rätselhaft vorgekommen. Ich hab gewußt, daß die Herren Offiziere überhaupt wenig lesen, und im Kampfgewühl..."

„Lassen Sie sich schon Ihre Blödheiten, Schwejk", stöhnte Oberleutnant Lukasch.

„Ich hob Sie ja auch gleich per Telefon gefragt, Herr Oberlajtnant, ob Sie gleich beide Teile auf einmal wolln, und Sie ham mir gesagt, grad so wie jetzt, daß ich mir diese Blödheiten lassen soll, wer wird herich noch Bücher mitschleppen. Und da hab ich mir gedacht, daß, wenn das Ihre Meinung is, daß es auch die andern Herren so betrachten müssen. Ich hab unsern Wanek danach gefragt, der hat ja schon Erfahrungen von der Front. Er hat gesagt, daß zuerst jeder von den Herren Offizieren gedacht hat, daß der ganze Krieg nur ein kleiner Jux is und sich ins Feld eine ganze Bibliothek mitgeführt hat wie auf die Sommerfrische. Sie ham sogar ganze gesammelte Werke von verschiedenen Dichtern als Geschenk ins Feld bekommen, so daß sich die Putzflecke drunter gewunden und den Tag ihrer Geburt verflucht ham.

Der Wanek hat gesagt, daß die Bücher überhaupt nicht zu brauchen waren, was das Rauchen anbetrifft, denn sie waren auf sehr feinem, dickem Papier, und daß man sich auf der Latrine mit solchen Gedichten, mit Verlaub, Herr Oberlajtnant, den ganzen Hintern abgeschunden hat. Zum Lesen war keine Zeit, weil man fort hat fliehn müssen, so hat mans weggeworfen, und dann wars schon so eine Gewohnheit, daß der Putzfleck, gleich wie die erste Kanonade zu hören war, alle Unterhaltungsbücher weggeworfen hat.

Abbildung 59: Ganghofer: Die Sünden der Väter

Nach dem, was ich gehört hab, hab ich noch mal Ihre Meinung hören wolln, Herr Oberlajtnant, und wie ich Sie am Telefon gefragt hab, was mit diesen Büchern geschehn soll, so ham Sie gesagt, daß, wenn mir was in meinen blöden Schädel kriecht, ich so lange nicht ablaß, bis ich nicht eins übers Maul kriege. So hab ich also, Herr Oberlajtnant, nur die Ersten Teile in die Bataillonskanzlei getragen und den II. Teil hab ich derweil in unserer Kompaniekanzlei gelassen. Ich hab die gute Absicht gehabt, bis die Herren Offiziere den I. Teil gelesen ham wern, daß man ihnen dann den II. Teil ausfolgt wie aus der Bibliothek, aber auf einmal is der Befehl gekommen, daß man fährt, und ein Telefonogramm ans ganze Bataillon, daß man alles überflüssige in das Regimentsmagazin geben soll. So hab ich noch den Herrn Wanek gefragt, ob er den II. Teil von diesem Roman für was überflüssiges hält, und er hat mir gesagt, daß man seit den traurigen Erfahrungen in Serbien, in Galizien und Ungarn keine Unterhaltungsbücher an die Front führt und daß die Kasteln in den Städten, wo man abgefegte Zeitungen für die Soldaten sammelt, das einzige Gute sind, weil sich in Zeitungen gut Tabak wickeln läßt, oder Heu, was die Soldaten in den Deckungen rauchen. Aufn Bataillon hat man schon die I. Teile von diesem Roman verteilt, und die II. Teile hamr ins Magazin getragen."

Schwejk verstummte und fügte sofort hinzu: „Dort gibt es Ihnen verschiedene

Sachen, in dem Magazin, Herr Oberlajtnant, sogar der Zylinder vom Budweiser Regenschori, wie er in ihm beim Regiment eingerückt is..."

„Ich werde Ihnen was sagen, Schwejk", erklärte Oberleutnant Lukasch mit einem tiefen Seufzer. „Sie sind sich der Tragweite Ihrer Handlung überhaupt nicht bewußt. Mir ist es selbst schon zuwider, Sie einen Blödian zu schimpfen. Für Ihre Blödheit gibt es überhaupt keine Worte. Wenn ich Sie ‚Blödian' nenne, so gebe ich Ihnen noch einen Kosenamen. Sie haben etwas so Fürchterliches angestellt, daß Ihre schrecklichsten Verbrechen, deren Sie sich während der Zeit, in der ich Sie kenne, schuldig gemacht haben, dagegen eine wahre Engelsmusik sind. Wenn Sie wüßten, Schwejk, was Sie gemacht haben. - Aber Sie werden es nie erfahren. Wenn vielleicht einmal von diesen Büchern die Rede wäre, so unterstehn Sie sich nicht auszuquatschen, daß ich Ihnen telefonisch was gesagt hab, daß der *zweite Teil* ... Wenn einmal davon die Rede wäre, wie das mit dem ersten und dem zweiten Teil war, so beachten Sie es nicht. Sie wissen von nichts, kennen nichts, erinnern sich an nichts. Nicht, daß Sie mich in etwas verwickeln, Sie..."

Oberleutnant Lukasch sprach mit einer Stimme, als ob ihn Fieber schüttelte. Den Augenblick, in dem er verstummte, benützte Schwejk zu der unschuldigen Frage: „Melde gehorsamst, Herr Oberlajtnant, verzeihn Sie gütigst, warum wer ich nie erfahren, was ich Fürchterliches angestellt hab? Ich hab mich, Herr Oberlajtnant, nur deshalb unterstanden danach zu fragen, damit ich nächstens so einer Sache ausweichen kann, denn man sagt allgemein, daß der Mensch aus Fehlern lernt, wie der Gießer Adamec aus der Danekschen Fabrik, wie er aus Versehn Salzsäure getrunken hat..."

Er sprach nicht zu Ende, denn Oberleutnant Lukasch unterbrach sein Beispiel aus dem Leben mit den Worten: „Sie Idiot, Sie! Erklären werde ich Ihnen nichts. Kriechen Sie wieder in den Waggon und sagen Sie dem Baloun, bis wir in Budapest sein werden, soll er mir in den Stabswaggon eine Semmel und dann die Leberpastete bringen, die unten im Koffer in Stanniolpapier gewickelt ist. Dann sagen Sie dem Wanek, daß er ein Esel ist. Dreimal hab ich von ihm verlangt, er soll mir den genauen Mannschaftsstand angeben. Und wie ichs heute gebraucht habe, hab ich nur den alten Stand von der vorigen Woche gehabt."

„Zu Befehl, Herr Oberlajtnant", bellte Schwejk und schritt langsam auf seinen Waggon zu. Oberleutnant Lukasch ging auf dem Geleise auf und ab und dachte: „Ich hätt ihm doch ein paar Ohrfeigen geben solln, und statt dessen unterhalt ich mich mit ihm wie mit einem Kameraden."

Schwejk kletterte ernst in seinen Waggon. Er empfand Achtung vor sich selbst.

Nicht jeden Tag stellt man etwas so Fürchterliches an, daß man niemals erfahren darf, was es war.

„Herr Rechnungsfeldwebel", sagte Schwejk, als er auf seinem Platz saß, „Herr Oberlajtnant Lukasch scheint heut sehr guter Laune zu sein. Er läßt Ihnen durch mich sagen, daß Sie ein Esel sind, weil er Sie schon dreimal aufgefordert hat, daß Sie ihm den genauen Mannschaftsstand angeben solln."

„Herrgott", geriet Wanek in Wut, „das wer ich den Zugführern einsalzen. Kann ich denn dafür, daß jeder Vagabund von einem Zugführer macht, was er will und mir nicht den Stand vom Zug schickt? Soll ich mirn Stand ausn kleinen Finger zuzeln? Das sind Verhältnisse bei unserer Marschkompanie! Das kann nur bei der 11. Marschkompanie geschehn. Aber ich habs geahnt, ich habs gewußt. Ich hab keine Minute dran gezweifelt, daß bei uns Unordnung sein wird. Einen Tag fehln in der Küche vier Portionen, am zweiten Tag bleiben wieder drei übrig. Wenn mir diese Fallotten wenigstens melden möchten, ob jemand im Spital is. Noch vorigen Monat hab ich einen gewissen Nikodem geführt, und erst bei der Löhnung hab ich erfahren, daß der Nikodem in Budweis im Krankenhaus an galoppierender Schwindsucht gestorben is. Und fort hat man für ihn gefaßt. Eine Montur hamr für ihn gefaßt, aber Gott weiß, wohin das gekommen is. Dann sagt mir noch der Herr Oberlajtnant, daß ich ein Esel bin, wenn er selbst nicht auf Ordnung bei seiner Kompanie hält."

Rechnungsfeldwebel Wanek schritt aufgeregt im Waggon auf und ab: „Ich sollt Kompaniekommandant sein! Da müßt alles klappen, über jeden Gemeinen hätt ich eine Übersicht. Die Chargen müßten mir zweimal täglich den Stand melden. Aber wenn die Chargen zu nichts taugen! Und am ärgsten is bei uns der Zugführer Zyka. Lauter Witze, lauter Anekdoten, aber wenn ich ihm sag, daß der Kolarik von seinem Zug zum Train abkommandiert is, meldet er mir am nächsten Tag wieder denselben Stand, wie wenn sich der Kolarik noch immer bei der Kompanie und bei seinem Zug herumwälzen macht. Und wenn sich das jeden Tag wiederholt und man dann noch von mir sagt, daß ich ein Esel bin - so macht sich der Herr Oberlajtnant keine Freunde. Der Rechnungsfeldwebel bei der Kompanie is kein Gefreiter, mit dem sich jeder was auswischen kann."

Baloun, der mit offenem Mund zuhörte, sprach jetzt statt Wanek, vielleicht um sich auch ins Gespräch zu mischen, das schöne Wort aus, das dieser nicht gesagt hatte.

„Sie dort wern kuschen", sagte der Rechnungsfeldwebel aufgeregt.

438

„Hör mal, Baloun". ließ sich Schwejk vernehmen, „dir soll ich ausrichten, du sollst dem Herrn Oberlajtnant, bis wir nach Pest kommen, eine Semmel und die Leberpastete, was der Oberlajtnant unten im Koffer in Stanniol hat, in den Waggon bringen."

Der Riese Baloun ließ verzweifelt seine langen Schimpansenarme herabhängen, verkrümmte den Rücken und verharrte ziemlich lange in dieser Stellung.

„Ich habs nicht", sagte er mit leiser, verzweifelter Stimme, auf den schmutzigen Boden des Waggons bückend.

„Ich habs nicht", wiederholte er abgerissen, „ich hab gedacht... Ich hab sie vor der Abfahrt aufgewickelt... Ich hab zu ihr gerochen - ob sie nicht verdorben is..."

„Ich hab sie gekostet", rief er in einer so aufrichtigen Verzweiflung, daß allen alles völlig klar ward.

„Sie ham sie mitsamt Stanniol aufgefressen", sagte Rechnungsfeldwebel Wanek und blieb vor Baloun stehen: Wanek war froh, weil er nicht länger seine Ansicht vertreten mußte, daß er nicht allein ein Esel sei, wie ihm der Oberleutnant hatte sagen lassen, sondern daß die Ursache des unbekannten schwankenden Standes tiefere Gründe in anderen Eseln habe und weil das Gespräch jetzt auf den angefressenen Baloun übergegangen war und sich nun um ihn und diese neue tragische Begebenheit drehte. Wanek bekam große Lust, Baloun etwas unangenehm Moralisches zu sagen, als ihm der Koch-Okkultist Jurajda zuvorkam; er legte sein geliebtes Buch, die Übersetzung der altindischen „Süter Pragüa-Paramita", beiseite und wandte sich an den verdutzten Baloun, der sich unter der Last des Schicksals noch mehr duckte: „Sie sollten selbst über sich wachen, Baloun, damit Sie nicht das Vertrauen zu sich selbst und das Vertrauen zum Schicksal verlieren. Sie sollten nicht auf Ihre Rechnung schreiben, was das Verdienst anderer ist. Wann immer Sie einem ähnlichen Problem gegenüberstehen, daß Sie aufgefressen haben, fragen Sie sich stets selbst: ,in welchem Verhältnis steht die Leberpastete zu mir?'"

Schwejk hielt es für angezeigt, diese Erwägung durch ein praktisches Beispiel zu ergänzen: „Du hast mir selbst neulich erzählt, Baloun, daß man bei euch schlachten und räuchern wird und daß man dir gleich, wie du, bis wir nur an Ort und Stelle sein wern, die Feldpostnummer wissen wirst, einen Schinken schicken wird. Jetzt stell dir vor, daß sie diesen Schinken zur Kompanie schicken möchten und wir uns mitn Herrn Rechnungsfeldwebel jeder ein Stückerl abschneiden würden und es uns schmecken möcht, als noch ein Stückerl, bis es mit dem Schinken ausfalln tät wie mit einem bekannten Briefträger von mir, einem gewissen Kozl. Der hat Beinfraß gehabt, so hat man ihm zuerst das Bein bis zum Knöchl abgeschnitten, dann bis unters Knie, dann den Schenkel, und wenn er nicht rechtzeitig gestorben wär, hätten sie fort an ihm herumgeschnitten wie an einem abgebrochenen Bleistift. Stell dir also vor, Baloun, daß wir dir den Schinken so aufgefressen hätten, wie du dem Herrn Oberlajtnant die Leberpastete aufgefressen hast."

Der Riese Baloun blickte alle traurig an.

„Nur durch meine Fürsprache und mein Verdienst", sagte der Rechnungsfeldwebel zu Baloun, „sind Sie Bursch beim Herrn Oberlajtnant geblieben. Sie hätten zur Sanität versetzt werden und die Verwundeten ausn Gefecht tragen solln. Bei Dukla sind die Sanitäter von uns dreimal hintereinander um einen verwundeten Fähnrich hinausgegangen, der vor den Drahthindernissen einen Bauchschuß bekommen hat, und alle sind dortgeblieben, lauter Kopfschüsse. Erst das vierte Paar hat ihn gebracht, aber bevor sie ihn auf den Hilfsplatz getragen ham, war der Fähnrich tot."

Baloun hielt sich nicht mehr zurück und schluchzte laut. „Daß du dich nicht schämst", sagte Schwejk verächtlich, „du willst ein Soldat sein...!"

„Wenn ich nicht fürn Krieg geschaffen bin", jammerte Baloun, „es ist wahr, ich bin nicht angefressen, nicht satt gefressen, weil man mich aus meinem ordentlichen Leben herausgerissen hat. Nämlich das is bei uns in der Familie. Mein seliger Vater, der hat in Protiwin im Wirtshaus gewettet, daß er auf einen Sitz 50 Würste auffrißt und zwei Laib Brot, und hats gewonnen. Ich hab mal wegen einer Wette vier Gänse und zwei Schüsseln voll Knödeln mit Kraut aufgegessen. Zu Haus erinner ich mich nachn Mittagmahl, daß ich noch was zum Nachtisch essen möcht. Ich geh in die Kammer, schneid mir ein Stückl Fleisch ab, schick mir um einen Krug Bier und putz zwei Kilo Gselchtes herunter, ich hab zu Haus einen alten Knecht gehabt, den Womela, und der hat mich immer ermahnt, ich soll nur nicht so großtun, mich nicht so stopfen, daß er sich erinnert, wie ihm sein Großvater früher von so einem Nimmersatt erzählt hat. Und dann, wie Krieg war, daß ganze acht Jahre nichts geborn worn is und daß man Brot aus Stroh gebacken hat und aus dem, was vom Flachssamen übriggeblieben is; und das war ein Feiertag, wenn man in die Milch hat ein bißl Quark brocken können, weils kein Brot gegeben hat. Und dieser Bauer is, gleich wie diese Not angefangen hat, in einer Woche gestorben, weil sein Magen nicht an so eine Bauernnot gewöhnt war..."

Baloun hob sein bekümmertes Gesicht empor: „Aber ich denk mir, daß Gott der Herr die Menschen straft und doch nicht verläßt."

„Gott der Herr hat die Nimmersatten in die Welt gesetzt, und Gott der Herr wird für sie sorgen", bemerkte Schwejk, „einmal warst du schon angebunden, und jetzt möchtest du verdienen, daß man dich in die vorderste Linie schicken möcht; wie ich beim Herrn Oberlajtnant Bursch war, hat er sich auf mich in allem verlassen können, und es is ihm nie auch nur eingefalln, daß ich ihm was aufgefressen hab. Wenn man was Besonderes gefaßt hat, hat er mir immer gesagt: ‚Lassen Sie sichs Schwejk', oder: ‚Ach was, ich steh nicht so drum, geben Sie ein Stückerl her und mitn andern machen Sie, was Sie wolln.' Und wie wir in Prag waren und er mich manchmal ums Mittagmahl in die Restauration geschickt hat, so hab ich, damit er sich nicht vielleicht denkt, daß ich ihm eine kleine Portion bring, weil ich die Hälfte am Weg aufgefressen hab, wenn mir die Portion klein vorgekommen is, selbst mit meinem letzten Geld noch eine zugekauft, damit sich der Herr Oberlajtnant anißt und sich nichts Schlechtes von mir denkt. Bis er mal so draufgekommen is. Ich hab ihm immer aus der Restauration die Speisekarte bringen müssen, und er hat sich ausgesucht. Er hat sich also an dem Tag gefüllte Taube ausgesucht. Ich hab mir gedacht, wie sie mir eine halbe gegeben ham, daß sich der Herr Oberlajtnant vielleicht denken könnt, daß ich ihm die andre Hälfte aufgefressen hab, so hab ich noch eine Portion von meinem Geld gekauft und hab so eine prachtvolle Portion gebracht, daß der Herr Oberlajtnant Scheba, was an dem Tag ein billiges Mittagmahl auftreiben gewollt hat und grad vor Mittag zu meinem Oberlajtnant auf Besuch gekommen is, sich auch angegessen hat. Aber wie er sich angegessen hat, sagt er: ‚Das sag mir nicht, daß das eine Portion is. Auf der ganzen Welt kriegst du nicht aufs Menü eine ganze gefüllte Taube. Wenn ich heut Geld auftreib, so schick ich mir in deine Restauration um ein Mittagmahl. Sag aufrichtig, daß das eine doppelte Portion is.' Der Herr Oberlajtnant hat mich vor ihm gefragt, damit ich bezeug, daß er mir nur auf eine einfache Portion Geld gegeben hat, weil er nicht gewußt hat, daß er kommt. Ich hab geantwortet, daß er mir Geld auf ein einfaches Mittagmahl gegeben hat. ‚Also siehst du', hat mein Oberlajtnant gesagt, ‚das is noch nichts. Neulich hat mir der Schwejk zwei Gansbiegel zum Mittagmahl gebracht. Also stell dir vor: Nudelsuppe, Rindfleisch mit Sardellensoße, zwei Gansbiegel, Knödl und Kraut bis zum Plafond und Palatschinken!"

„S-s, ta-ta, sakra!" schnalzte Baloun.

Schwejk fuhr fort: „Das war der Stein des Anstoßes. Herr Oberlajtnant Scheba hat wirklich am nächsten Tag seinen Putzfleck ums Mittagmahl in unsere Restauration geschickt, und er hat ihm als Mehlspeis so ein kleines Häufel Pilaf aus Huhn gebracht, wie wenn sich ein Sechswochenkind ins Bettl auskackt, so ungefähr auf zwei Löffel. Und der Herr Oberlajtnant Scheba auf ihn los, daß er die Hälfte aufgefressen hat. Und er, daß er unschuldig is. Und der Herr Oberlajtnant Scheba hat ihm eine übers Maul gegeben und hat ihm mich zum Beispiel gegeben. Das sind herich Portionen, was ich dem Herrn Oberlajtnant Lukasch bring. Und so hat sich der unschuldige, abgeohrfeigte Soldat am nächsten Tag in der Restauration, wie er ums Mittagmahl gegangen is, über alles erkundigt und hats seinem Herrn gesagt und der wieder meinem Oberleutnant. Ich sitz abend hinter der Zeitung und les mir die Berichte der feindlichen Generalstäbe vom Kriegsschauplatz, wie mein Herr Oberlajtnant hereinkommt; ganz blaß war er und is gleich auf mich los, ich soll ihm sagen, wieviel von diesen doppelten Portionen ich in der Restauration bezahlt hab, daß er alles weiß, daß mir kein Leugnen helfen wird, daß er schon längst weiß, daß ich ein Blödian bin, aber daß ich irrsinnig bin, das war ihm nicht eingefalln. Ich hab ihm herich so einen Schkandal gemacht, daß er die größte Lust hat, erst mich und dann sich zu erschießen. ,Herr Oberlajtnant', hab ich ihm gesagt, ,wie Sie mich aufgenommen ham, ham Sie am ersten Tag davon gesprochen, daß jeder Putzfleck ein Dieb und ein niederträchtiger Kerl is. Und wenn man in der Restauration wirklich so kleine Portionen bekommen hat, so hätten Sie sich denken können, daß ich wirklich auch einer von diesen niederträchtigen Kerlen bin, daß ichs Ihnen aufgefressen hab..."

„Mein Gott im Himmel", flüsterte Baloun, bückte sich nach Oberleutnant Lukaschs Koffer und ging mit ihm nach rückwärts.

„Dann hat Oberlajtnant Lukasch angefangen, sich die Taschen zu durchsuchen, und weils umsonst war, hat er sich in die Weste gegriffen und hat mir seine silberne Uhr gegeben. Er war so gerührt.

,Bis ich die Gage bekomm, Schwejk', hat er gesagt, ,so schreiben Sie mir zusamm, wieviel ich Ihnen schuldig bin. - Diese Uhr lassen Sie sich extra. Und nächstens seien Sie nicht verrückt.' Dann sind wir mal in so eine Not geraten, daß ich die Uhr hab ins Versatzamt tragen müssen..."

„Was machen Sie denn dort hinten, Baloun?" fragte in diesem Augenblick Rechnungsfeldwebel Wanek.

Statt einer Antwort fing der unglückliche Baloun an zu husten. Er hatte nämlich den Koffer Oberleutnant Lukaschs geöffnet und stopfte sich mit dessen letzter Semmel...

Den Bahnhof passierte ohne Aufenthalt ein anderer Militärzug, der von oben bis unten voll mit Deutschmeistern war, die man an die serbische Front schickte. Sie standen noch im Bann ihres begeisterten Abschiedes von Wien und brüllten ohne Pause von Wien bis hierher:

> „Prinz Eugenius, der edle Ritter,
> Wollt dem Kaiser wiedrum kriegen
> Stadt und Festung Belgerad.
> Er ließ schlagen eine Brucken,
> Daß man kunnt hinüberrucken
> Mit der Armee wohl vor die Stadt."

Irgendein Korporal mit herausfordernd aufgezwirbeltem Schnurrbart stützte sich mit den Ellenbogen auf die Mannschaft, die die Füße aus dem Waggon baumeln ließ, neigte sich hinaus und gab Takt, wobei er aus vollem Halse schmetterte:

> „Als die Brücken war geschlagen.
> Daß man kunnt mit Stück und Wagen
> Frei passiern den Donaufluß,
> Bei Semlin schlug man das Lager
> Alle Serben zu verjagen..."

In diesem Augenblick aber verlor er das Gleichgewicht, flog zum Waggon hinaus und schlug mit aller Kraft im Flug mit dem Bauch auf den Weichenhebel, auf dem er aufgespießt hängenblieb, während der Zug weiterfuhr und man in den rückwärtigen Waggons ein anderes Lied anstimmte:

> „Graf Radetzky, edler Degen,
> Schwur des Kaisers Feind zu fegen,
> Aus der falschen Lombardei.
> In Verona langes Hoffen.
> Als mehr Truppen eingetroffen,
> Fühlt und rührt der Held sich frei..."

Auf die dumme Weiche aufgespießt, war der kampflustige Korporal bereits tot: es währte nicht lange, und schon hielt irgendein junger Soldat von der Mannschaft des Bahnhofskommandos, der seine Aufgabe sehr ernst nahm, mit aufgepflanztem Bajonett bei ihm Wache. Er stand aufrecht bei der Weiche und gebärdete sich so siegesbewußt, als wäre das Aufspießen des Korporals auf die Weiche sein Werk.

Weil er ein Magyar war, brüllte er übers ganze Geleise, als sichs die Leute des Marschbataillons vom 91. Regiment anschaun kamen: „Nem szabat! Nem szabat! Kommission Militär nem szabat!"

„Der hats schon hinter sich", sagte der brave Soldat Schwejk, der ebenfalls unter den Neugierigen war, „und das hat einen Vorteil; wenn er schon ein Stuck Eisen im Bauch hat, so wissen wenigstens alle, wo er begraben worn is. Es is grad am Bahnhof, und man muß sein Grab nicht auf allen Kriegsschauplätzen suchen."

„Er hat sich akkurat aufgespießt", sagte Schwejk noch mit Kennermiene, den Korporal von der andern Seite betrachtend, „er hat die Därme in den Hosen."

„Nem szabat, nem szabat!" schrie der junge magyarische Soldat, „Kommission Militär Bahnhof, nem szabat!"

Hinter Schwejk wurde eine strenge Stimme laut: „Was macht ihr hier?"

Schwejk salutierte. Vor ihm stand Kadett Biegler. „Melde gehorsamst, wir schaun uns den Seligen an, Herr Kadett."

„Und was treiben Sie hier für eine Agitation? Was haben Sie hier zu tun?"

„Melde gehorsamst, Herr Kadett", antwortete Schwejk mit würdevoller Ruhe, „daß ich nirgends keine Agitation nicht getrieben hab." Hinter dem Kadetten fingen ein paar Soldaten zu lachen an, und Rechnungsfeldwebel Wanek trat nach vorn und stellte sich vor den Kadetten.

„Herr Kadett", sagte er, „der Herr Oberlajtnant hat Ordonnanz Schwejk herge-schickt, damit er ihm sagt, was geschehn ist. Ich war jetzt beim Stabswaggon, und Bataillonsordonnanz Matuschitz sucht Sie auf Befehl des Bataillonskommandan-ten, Sie solln gleich zum Herrn Hauptmann kommen."

Als bald darauf das Signal zum Einsteigen in die Waggons ertönte, begaben sich alle in ihre Waggons zurück.

Wanek, der neben Schwejk ging, sagte: „Wenn wo mehr Menschen beisammen sind, so lassen Sie sich Ihren Verstand, Schwejk. Es könnt Sie sonst verdrießen. Weil der Korporal von den Deutschmeistern war, könnt mans so auslegen, wie wenn Sie eine Freude davon hätten. Der Biegler ist ein schrecklicher Tschechen-fresser."

„Ich hab ja nichts gesagt", antwortete Schwejk in einem Ton, der jeden Zweifel ausschloß, „als daß sich der Korporal akkurat aufgespießt hat, er hat die Därme in den Hosen gehabt ... Er hätt können..."

„Also hören Sie schon auf, davon zu reden, Schwejk." Und Rechnungsfeldwebel Wanek spuckte aus.

„Es ist alles eins", bemerkte Schwejk noch, „solln ihm die Gedärme für Seine

Majestät den Kaiser hier ausn Bauch kriechen oder dort. Er hat sowieso seine Pflicht getan ... Er hätt können..."

„Schaun Sie, Schwejk",unterbrach ihn Wanek, „wie Bataillonsordonnanz Matuschitz wieder zum Stabswaggon stolziert. Es wundert mich, daß er noch nicht über die Schienen gestolpert is."

Kurz vorher hatte zwischen Hauptmann Sagner und dem strebsamen Kadetten Biegler eine sehr scharfe Unterredung stattgefunden. „Ich wundere mich über Sie, Kadett Biegler", sagte Hauptmann Sagner, „daß Sie mir nicht gleich melden gekommen sind, daß diese 15 Deka ungarische Salami nicht gefaßt werden. Ich muß erst selbst hinausgehen und mich selbst überzeugen, warum die Mannschaft vom Magazin zurückkommt Und die Herren Offiziere auch, wie wenn ein Befehl nicht ein Befehl war. Ich hab doch gesagt: ,ins Magazin zugweise, eine Kompanie nach der andern.' Das hat geheißen, daß man, auch nachdem wir im Magazin nichts bekommen haben, zugweise, eine Kompanie nach der andern, auch in die Waggons zurückkehren soll. Ihnen hab ich angeordnet, Kadett Biegler, daß Sie die Ordnung aufrechterhalten sollen; aber Sie haben alles schwimmen lassen. Sie waren froh, daß Sie sich nicht um das Abzählen der Salamiportionen kümmern mußten, und sind sich, wie ich aus dem Fenster gesehen hab, ruhig den aufgespießten Korporal von den Deutschmeistern anschaun gegangen. Und als ich Sie dann herbeirufen ließ, haben Sie nichts anderes zu tun gehabt, als in Ihrer Kadettenphantasie davon zu faseln, daß Sie sich überzeugen gegangen sind, ob dort bei dem aufgespießten Korporal nicht agitiert wird..."

„Melde gehorsamst, daß Ordonnanz Schwejk von der 11. Kompanie..."

„Lassen Sie mich mit dem Schwejk in Ruh", schrie Hauptmann Sagner, „glauben Sie nicht, Kadett Biegler, daß Sie gegen Oberleutnant Lukasch intrigieren werden. Wir haben den Schwejk hingeschickt. - Also schaun Sie mich nicht an, wie wenn Sie sich denken würden, daß ich Ihnen aufsässig bin. - Ja, ich bin Ihnen aufsässig, Kadett Biegler. - Wenn Sie nicht Ihren Vorgesetzten respektieren können, wenn Sie sich bemühen, ihn zu blamieren, so werde ich Ihnen so einen Kriegsdienst machen, daß Sie sich an die Station Raab erinnern werden, Kadett Biegler. - Mit Ihren theoretischen Kenntnissen großtun. - Warten Sie, bis wir an der Front sein werden. - Bis ich Ihnen befehlen werde, vor die Drahtverhaue auf Offizierspatrouille zu gehen. - Ihr Rapport? Nicht einmal den Rapport haben Sie mir gegeben, wie Sie gekommen sind. - Nicht einmal theoretisch, Kadett Biegler..."

Abbildung 60: Muschik (russischer Bauer, scherzhaft: russischer Soldat)

„Melde gehorsamst, Herr Hauptmann, daß die Mannschaft statt 15 Deka ungarischer Salami je zwei Ansichtskarten erhalten hat. Bitte, Herr Hauptmann..."

Kadett Biegler überreichte dem Bataillonskommandanten zwei von jenen Ansichtskarten, die die Direktion des Kriegsarchivs in Wien herausgegeben, wo Infanteriegeneral Wojnowich Kommandant war. Auf der einen Karte befand sich die Karikatur eines russischen Soldaten, eines russischen Muschiks mit bärtigem Kinn, den ein Skelett umarmte. Unter der Karikatur stand der Text:

„Der Tag, an dem das perfide Rußland krepieren wird, wird ein Tag der Erlösung für unsere ganze Monarchie sein."

Die zweite Ansichtskarte stammte aus dem Deutschen Reich. Es war ein Geschenk der Deutschen an die österreichisch-ungarischen Krieger. Oben stand „Viribus unitis" und darunter war Sir Edward Grey auf einem Galgen abgebildet, und unter ihm salutierten lustig ein Österreichischer und ein deutscher Soldat.

Das Gedicht darunter war dem Buche „Die eiserne Faust" von Greinz entnommen. Auf unsere Feinde gemünzte Witze, von denen die reichs-deutschen Zeitun-

gen schrieben, die Verse von Greinz seien Hiebe mit der Reitpeitsche, voll unge-
zügelten Humors und unübertrefflichen Witzes. Der Text unter dem Galgen lautete:

Grey

An dieses Galgens luftiger Höh
Baumelt der Sir Edward Grey;
Doch ist es noch nicht Wirklichkeit,
Obwohl es längst war an der Zeit.
Ich fürcht, es bleibt ein frommer Traum,
Dieweil auf Erden findet sich kein Baum,
Der trüge solches Ärgernis,
Der also bar an Scham und Stolz,
Daß er für diesen Schurken ließ
Verwenden sich als Galgenholz.

Hauptmann Sagner hatte noch nicht einmal die Lektüre dieser Verse voll „unge-
zügelten Humors" und unübertrefflichen Witzes beendet, als Bataillonsordonnanz
Matuschitz in den Waggon stürzte. Er war von Hauptmann Sagner in die Telegra-
fenzentrale des Bahnhofskommandos geschickt worden, um sich zu erkundigen,
ob dort nicht vielleicht andere Dispositionen eingetroffen waren, und brachte ein
Telegramm von der Brigade. Es war jedoch nicht nötig, zu einem Chiffrenschlüssel
zu greifen. Das Telegramm lautete, unchiffriert: „Rasch abkochen, dann Vormarsch nach Sokal." Hauptmann Sagner schüttelte nachdenklich den Kopf.

„Melde gehorsamst", sagte Matuschitz, „der Kommandant der Station läßt Sie
um eine Unterredung bitten. Es is noch ein Telegramm dort." Dann fand zwischen
dem Bahnhofskommandanten und Hauptmann Sagner eine Unterredung streng
vertraulicher Natur statt.

Das Telegramm mußte übergeben werden, wenn auch sein Inhalt ungemein
überraschend war, da das Bataillon erst auf der Station in Raab stand. „Rasch abkochen, dann Vormarsch nach Sokal". Adressiert war es unchiffriert an das
Marschbataillon des 91. Regiments nebst einer Kopie an das Marschbataillon des
75. Regiments, das noch hinter ihnen war. Die Unterschrift war richtig:

„Ritter von Herbert, Brigadekommandant."

„Streng vertraulich, Herr Hauptmann", sagte geheimnisvoll der Militärkommandant des Bahnhofs. „Ein Geheimtelegramm von Ihrer Division. Der Kommandant Ihrer Brigade ist verrückt geworden. Man hat ihn nach Wien geschickt, nachdem er von der Brigade einige Dutzend ähnlicher Telegramme nach allen Seiten abschickte. In Budapest werden Sie sicher ein neues Telegramm vorfinden. Alle seine Telegramme müssen natürlich annulliert werden, aber wir haben in dieser Richtung noch keinen Wink erhalten. Ich habe, wie ich sage, nur den Befehl von der Division, daß unchiffrierte Telegramme nicht in Erwägung gezogen werden sollen. Einhändigen muß ich sie, weil ich in dieser Hinsicht von meinen Instanzen keine Antwort erhalten habe. Durch meine Instanzen habe ich mich beim Armeekommando informiert, und es ist eine Untersuchung eingeleitet worden."

„Ich bin ehemaliger aktiver Offizier, Pionier", fügte er hinzu, „ich war beim Bau unserer strategischen Bahn in Galizien..."

„Herr Hauptmann", sagte er nach einer Weile, „nur an die Front mit uns alten Knaben, die von der Pike auf gedient haben! Heute gibts Zivilingenieure bei der Bahn mit Einjährigenprüfung wie Hunde im Kriegsministerium. - Übrigens fahren Sie in einer Viertelstunde wieder weiter. - Ich erinner mich noch dran, daß ich Ihnen als einer von den älteren Jahrgängen einmal in der Kadettenschule in Prag aufs Reck geholfen hab. Damals durften wir beide nicht heraus. Sie haben sich damals auch mit den deutschen Mitschülern gerauft. Der Lukasch war auch dort mit Ihnen. Ihr wart die besten Freunde. Als wir das Telegramm mit dem Verzeichnis der Offiziere erhalten haben, die mit dem Marschbataillon die Station passieren, hab ich mich deutlich erinnert. - Es ist schon hübsch ein paar Jahre her. - Kadett Lukasch war mir damals sehr sympathisch."

Auf Hauptmann Sagner machte das ganze Gespräch einen recht peinlichen Eindruck. Er erkannte in dem Sprecher sehr gut denjenigen, der in der Kadettenschule die Opposition gegen das Österreichertum geführt hatte, von der das Streben nach Karriere sie später abbrachte. Am unangenehmsten war ihm die Bemerkung über Oberleutnant Lukasch, der, einerlei aus welchem Grunde, überall zurückgesetzt wurde.

„Oberleutnant Lukasch", sagte er nachdrücklich, „ist ein sehr guter Offizier. Wann fährt der Zug?"

Der Bahnhofskommandant schaute auf die Uhr. „In 6 Minuten."

„Ich gehe", sagte Sagner.

„Ich habe gedacht, daß Sie mir etwas sagen werden, Sagner."

„Also: Nazdar!" antwortete Sagner und trat aus dem Gebäude des Bahnhofskommandanten.

Als Hauptmann Sagner vor Abfahrt des Zuges in den Stabswaggon zurückkehrte, fand er alle Offiziere auf ihrem Platz. Sie spielten in Gruppen „Frische Viere", nur Kadett Biegler spielte nicht.

Er blätterte in einem Stoß begonnener Manuskripte, die Szenen aus dem Kriege behandelten, denn er wollte sich nicht nur auf dem Schlachtfeld auszeichnen, sondern sich durch Beschreibung von Begebenheiten aus dem Kriege auch als literarisches Phänomen hervortun. Der Mann mit dem „Fischschwanz" wollte ein bedeutender Kriegsschriftsteller werden. Seine literarischen Versuche begannen mit vielversprechenden Titeln, in denen sich zwar der Militarismus jener Zeit spiegelte, die aber noch nicht verarbeitet waren, so daß auf den Papierbogen nur die Namen der Arbeiten standen, die entstehen sollten.

„Die Charaktere der Krieger des großen Krieges. — Wer begann den Krieg? — Die Politik Österreich-Ungarns und die Entstehung des Weltkrieges. — Kriegsbetrachtungen. — Österreich-Ungarn und der Weltkrieg. — Der Nutzen des Krieges. — Populärer Vortrag über den Kriegsausbruch. — Kriegspolitische Erwägungen. — Ein feierlicher Tag Österreich-Ungarns. — Der slawische Imperialismus und der Weltkrieg. — Dokumente aus dem Weltkrieg. — Dokumente zur Geschichte des Weltkriegs. — Tagebuch aus dem Weltkrieg. — Der erste Weltkrieg. — Unsere Dynastie im Weltkrieg. — Die Nationen der österreichisch-ungarischen Monarchie unter den Waffen. - Das Weltringen um die Macht. — Meine Erfahrungen in dem Wertkriege. — Chronik meines Feldzugs. — Wie die Feinde Österreich-Ungarns kämpfen. — Wessen ist der Sieg? — Unsere Offiziere und Soldaten. — Denkwürdige Taten meiner Krieger. — Aus der Zeit des großen Krieges. — Im Kriegsgewühl, — Ein Österreich-ungarisches Heldenbuch. — Die eiserne Brigade. — Meine gesammelten Frontbriefe. — Die Helden unseres Marschbataillons. — Handbuch für Soldaten im Feld. — Tage des Kampfes und Tage des Sieges. — Was ich im Feld gesehen und gelitten habe. — Im Schützengraben. — Ein Offizier erzählt. — Vorwärts mit den Söhnen Österreich-Ungarns! Die feindlichen Aeroplane und unsere Infanterie. — Nach der Schlacht. — Unsere Artilleristen, treue Söhne des Vaterlandes. — Und wenn die Welt voll Teufel war … — Defensiv- und Offensivkriege, — Blut und Eisen. — Sieg oder Tod. — Unsere Helden in der Gefangenschaft."

Als Hauptmann Sagner zum Kadetten Biegler trat und sich das alles angesehen hatte, fragte er, wozu Biegler das geschrieben habe und was er damit meine.

Kadett Biegler antwortete mit aufrichtiger Begeisterung, jede dieser Aufschriften bedeute ein Buch, das er schreiben werde. Soviel Aufschriften, soviel Bücher.

„Ich möchte, daß ein Andenken an mich zurückbleibt, wenn ich im Kampf fallen sollte, Herr Hauptmann. Mein Beispiel ist der deutsche Professor Udo Kraft. Er wurde im Jahre 1870 geboren, jetzt im Weltkrieg hat er sich freiwillig gemeldet und ist am 22. August in Anloy gefallen. Vor seinem Tod hat er ein Buch herausgegeben: ‚Selbsterziehung zum Tod für den Kaiser'."

Hauptmann Sagner führte den Kadetten Biegler zum Fenster.

„Zeigen Sie, was Sie noch haben, Kadett Biegler, mich interessiert Ihre Tätigkeit ungemein", sagte Hauptmann Sagner ironisch, „was für ein Heftchen haben Sie sich da in die Bluse gesteckt?"

„Das ist nichts, Herr Hauptmann", antwortete Kadett Biegler mit kindischem Erröten, „wollen Sie sich, bitte, überzeugen." Das Heftchen hatte die Aufschrift:

„Schema der hervorragendsten und berühmtesten Schlachten der Krieger der österreichisch-ungarischen Armee, nach historischen Studien zusammengestellt von k. u. k. Offizier Adolf Biegler. Mit Anmerkungen und Erläuterungen versehen von k. u. k. Offizier Adolf Biegler."

Die Schemata waren furchtbar einfach.

Von der Schlacht bei Nördlingen am 6. September 1634 gings über die Schlacht bei Zenta am 11. September 1697, die Schlacht bei Caldiera am 31. Oktober 1805, die Schlacht bei Aspern am 22. Mai 1809 und die Völkerschlacht bei Leipzig im Jahre 1813, die Schlacht bei St. Lucio im Mai 1848 und die Schlacht bei Trautenau am 27. Juni 1866 bis zur Eroberung von Sarajevo am 19. August 1878. Die Schemata und Skizzen der Pläne dieser Schlachten waren alle gleich, überall hatte Kadett Biegler Rechtecke gezeichnet, die auf einer Seite leer waren, während gestrichelte Rechtecke den Feind darstellten. Auf beiden Seiten gabs einen linken Flügel, ein Zentrum und einen rechten Flügel. Dahinter liefen dann die Reserven und Pfeile hin und her. Die Schlacht bei Nördlingen ebenso wie die Schlacht bei Sarajevo sah wie die Aufstellung der Spieler bei einem beliebigen Fußballmatch zu Beginn des Spieles aus, und die Pfeile schienen anzuzeigen, wohin die oder jene Partei den Ball schicken solle.

Das fiel Hauptmann Sagner auch sofort auf, und erfragte: „Kadett Biegler, Sie spielen Fußball?"

Biegler errötete noch mehr und blinzelte nervös, so daß er den Eindruck machte, als hielte er nur mühsam die Tränen zurück. Hauptmann Sagner fuhr mit einem Lächeln fort, in dem Heftchen zu blättern, und hielt inne bei der Anmerkung zum Schema der Schlacht bei Trautenau während des preußisch-österreichischen Krieges. Kadett Biegler hatte geschrieben: „Die Schlacht bei Trautenau hätte nicht geschlagen werden sollen, denn die bergige Gegend behinderte die Entfaltung der von starken preußischen Kolonnen bedrahten Divisionen des Generals Mazzucheli. Diese befanden sich auf den Anhöhen, welche den linken Flügel der Österreichischen Divisionen umgaben."

„Nach Ihnen", sagte Hauptmann Sagner mit einem Lächeln, während er Kadett Biegler das Heftchen zurückgab, „hätte die Schlacht bei Trautenau nur in dem Fall geschlagen werden können, wenn Trautenau auf einer Ebene liegen würde, Sie Benedek von Budweis.

Kadett Biegler, es ist sehr hübsch von Ihnen, daß Sie sich während der kurzen Zeit Ihres Verweilens in den Reihen des Militärs bemüht haben, in die Strategie einzudringen. Nur ist es bei Ihnen so ausgefallen, wie wenn Buben Soldaten spielen und sich den Titel General geben. Sie haben sich selbst so rasch avancieren lassen, daß es eine Freude ist. K. u. k. Offizier Adolf Biegler! Bevor wir nach Pest kommen, werden Sie Feldmarschall sein. Vorgestern haben Sie noch irgendwo zu Hause beim Vater Kuhhäute gewogen. K. u. k. Leutnant Adolf Biegler! — Menschenskind, Sie sind doch noch kein Offizier. Sie sind Kadett, Sie hängen in der Luft zwischen Fähnrich und Unteroffizier. Sie sind so weit davon entfernt, Offizier zu sein, wie wenn sich irgendwo im Gasthaus ein Gefreiter ‚Herr Stabsfeldwebel' nennen läßt."

„Hör mal, Lukasch", wandte er sich an den Oberleutnant, „du hast den Kadetten Biegler bei deiner Kompanie, also dressier den Burschen. Er unterschreibt sich als Offizier, soll er sichs im Gefecht verdienen! Bis wir im Trommelfeuer einen Angriff machen werden, soll er mit seinem Zug Drahthindernisse zerschneiden, der gute Junge. Apropos, der Zykan läßt dich grüßen, er ist Bahnhofskommandant in Raab."

Kadett Biegler sah, daß die Unterredung mit ihm beendet war, salutierte und schritt mit rotem Gesicht durch den Waggon in den Quergang am Ende desselben. Wie ein Mondsüchtiger öffnete er die Klosettür, und während er die deutsch-magyarische Aufschrift las: „Die Benützung des Klosetts ist nur während der Fahrt gestattet", fing er wimmernd und schluchzend leise zu weinen an. Dann ließ er die

Hosen hinuntergleiten — und drückte, während er sich die Tränen abwischte. Hierauf benützte er das Heftchen mit der Aufschrift „Schema der hervorragendsten und berühmtesten Schlachten der Krieger der österreichisch-ungarischen Armee, nach historischen Studien zusammengestellt von k. u. k. Offizier Adolf Biegler", das entehrt in der Öffnung verschwand und, auf das Geleise fallend, unter dem enteilenden Militärzug umhergewirbelt wurde.

Kadett Biegler wusch sich im Klosett am Waschtisch die geröteten Augen und trat in den Gang mit dem Vorsatz, stark, verdammt stark zu sein.

Der Kopf und der Bauch schmerzten ihn schon seit früh. Er ging um das rückwärtige Kupee herum, wo Bataillonsordonnanz Matuschitz mit Batzer, dem Diener des Marschbataillonskommandanten, das Wiener Spiel „Schnapsen" (Sechsundsechzig) spielte. In die offene Kupeetür blickend, hustete er. Sie drehten sich um und spielten weiter.

„Wißt ihr nicht, was sich gebührt?" fragte Kadett Biegler. „I hab net kunnt", antwortete Batzer, der Putzfleck Hauptmann Sagners, mit seinem entsetzlichen Deutsch aus Bergreichenstein, „mir is d' Trump ausganga."

„I hab suln spieln Eichl, höhn Eichl und gleich draufn grienen Kenig bringen ... Dos hab i suln spieln."

Kadett Biegler sagte kein Wort mehr und verkroch sich in seinen Winkel. Als später Fähnrich Pleschner zu ihm kam, um ihm einen Schluck Kognak aus der Flasche anzubieten, die er im Kartenspiel gewonnen hatte, wunderte er sich, wie fleißig Kadett Biegler in dem Buche von Professor Udo Kraft: „Die Selbsterziehung zum Tode für den Kaiser" las.

Bevor sie in Pest anlangten, war Kadett Biegler so betrunken, daß er sich aus dem Waggonfenster neigte und ununterbrochen in die öde Gegend schrie: „Frisch drauflos! In Gottes Namen frisch drauflos!"

Dann zog ihn Bataillonsordonnanz Matuschitz auf Befehl Hauptmann Sagners ins Kupee, wo er ihn mit Batzers Hilfe auf die Bank legte, worauf Kadett Biegler folgenden Traum hatte.

Traum des Kadetten Biegler von Budapest

Er hatte das Signum laudis, das Eiserne Kreuz, war Major und fuhr zur Inspizierung eines Abschnitts der ihm zugeteilten Brigade. Er konnte sich zwar nicht erklären, warum er fortwährend nur Major war, da er eine ganze Brigade zu befehligen hatte. Er hegte den Verdacht, daß er zum Generalmajor hätte ernannt werden sollen und daß das „General" irgendwo in dem Rummel auf der Feldpost verlorengegangen war. Er mußte im Geist darüber lachen, daß ihm Hauptmann Sagner im Zug, als sie an die Front gefahren waren, gedroht hatte, er werde die Drahtverhaue zerschneiden müssen. Übrigens war Hauptmann Sagner schon längst auf Grund seines Vorschlages bei der Division samt Oberleutnant Lukasch zu einem andern Regiment versetzt worden. Zu einer andern Division, zu einem andern Armeekorps.

Jemand hatte ihm auch erzählt, daß beide auf der Flucht irgendwo in einem Sumpf elend zugrunde gegangen waren.

Wie er da im Auto zur Inspizierung seiner Brigade an die Front fuhr, ward ihm alles klar. Er war eigentlich vom Generalstab der Armee ausgeschickt worden.

Vorüber zogen Soldaten und sangen ein Lied, das er in der Sammlung österreichischer Kriegslieder „Es gilt" gelesen hatte:

„Haltet euch brav, ihr tapferen Brüder,
werft den Feind nur herzhaft nieder,
laßt des Kaisers Fahne wehn..."

Die Gegend hatte denselben Charakter wie auf den Bildern der „Wiener Illustrierten Zeitung".

Auf der rechten Seite sah man bei einer Scheune Artillerie, die die feindlichen Schützengräben neben der Straße, über die er im Auto fuhr, beschoß. Links stand ein Haus, aus dem geschossen wurde, während der Feind sich bemühte, mit den Gewehrkolben die Türe einzuschlagen. Neben der Straße brannte ein feindlicher Aeroplan. Am Horizont sah man Kavallerie und ein brennendes Dorf. Außerdem die Schützengräben eines Marschbataillons und eine kleine Anhöhe, von wo der Feind mit Maschinengewehren beschossen wurde. Etwas weiter erstreckten sich die Straße entlang feindliche Schützengräben. Und der Chauffeur fährt mit ihm über die Straße auf den Feind zu.

Er brüllte durch das Sprachrohr zum Chauffeur: „Weißt du nicht, wohin wir fahren? Dort ist der Feind." Aber der Chauffeur antwortet ruhig:

„Herr General, das ist der einzige anständige Weg. Die Straße ist in gutem Stand. Auf den Seitenwegen würdens die Pneumatiks nicht aushalten."

Je mehr sie sich den Positionen des Feindes näherten, desto stärker wird das Feuer. Granaten explodieren rings um die Schützengräben auf beiden Seiten der Pflaumenallee.

Aber der Chauffeur antwortet ruhig durch das Sprachrohr: „Das ist eine ausgezeichnete Straße, Herr General, auf der fährt sichs wie auf Butter. Wenn wir in die Felder abbiegen täten, könnten uns die Pneumatiks platzen."

„Schaun Sie, Herr General", schreit der Chauffeur ins Sprachrohr, „diese Straße ist so gut gebaut, daß nicht einmal ein Dreißigfünfzehntel-Mörser uns etwas tun könnt. Die Straße ist wie eine Tenne, aber auf den steinigen Wegen in den Feldern täten uns die Pneumatiks platzen. Umkehren können wir ohnehin nicht, Herr General."

„Bzzz-dzum!" hört Biegler, und das Auto macht einen ungeheuren Sprung.

„Hab ich Ihnen nicht gesagt, Herr General", brüllt der Chauffeur ins Sprachrohr, „daß das eine verflucht gut gebaute Straße ist? Jetzt ist gerade dicht vor uns ein Achtunddreißiger explodiert. Aber kein Loch, eine Straße wie eine Tenne. Aber in die Felder einbiegen, und die Pneumatiks sind hin. Jetzt beschießt man uns aus der Entfernung von vier Kilometern."

„Wohin fahren wir denn?"

„Das wird sich zeigen", antwortete der Chauffeur, „solange die Straße fortwährend so bleibt, garantiere ich für alles."

Ein Flug, ein ungeheurer Flug, und das Automobil hält. „Herr General", schreit der Chauffeur, „haben Sie nicht die Generalstabskarte?"

General Biegler zündet die elektrische Lampe an. Er sieht, daß er die Karte auf den Knien hat. Aber es ist jene des Helgoländer Strandes vom Jahre 1864 im österreichisch-preußischen Krieg gegen Dänemark um Schleswig.

„Hier ist ein Kreuzweg", sagt der Chauffeur, „beide Kreuzwege führen zu den feindlichen Positionen. Mir handelt sichs um eine ordentliche Straße, damit die Pneumatiks nicht leiden. Herr General. — Ich bin verantwortlich für das Stabsautomobil."

Dann ein Knall, ein ohrenbetäubender Knall, und Sterne so groß wie Räder. Die Milchstraße ist dick wie Schmetten.

Er schwebt durch das Weltall auf dem Sitz neben dem Chauffeur. Das ganze Automobil ist dicht vor dem Sitz entzweigeschnitten wie mit einer Schere. Vom Automobil ist nur der kampflustige aggressive Vorderteil übriggeblieben.

„Noch ein Glück", sagt der Chauffeur, „daß Sie mir von rückwärts die Karte gezeigt haben. Sie sind zu mir herumgeflogen, und der andere Teil ist explodiert. Es war ein Zweiundvierziger. — Ich habs gleich geahnt, wie man zu einem

Abbildung 61: Karl Philipp zu Schwarzenberg (Quelle: Sir Edward Grey)

Kreuzweg kommt, ist die Straße einen alten Dreck wert. Nach dem Achtunddreißiger hats nur ein Zweiundvierziger sein können. Etwas Größeres wird bisher nicht hergestellt, Herr General."

„Wohin lenken Sie nun?"

„Wir fliegen in den Himmel, Herr General, und müssen den Kometen ausweichen. Die sind ärger als ein Zweiundvierziger."

„Jetzt ist der Mars unter uns", sagt der Chauffeur nach einer langen Pause. Biegler war wieder ruhig geworden.

„Kennen Sie die Geschichte der Völkerschlacht bei Leipzig?" fragt er, „wie der Feldmarschall Fürst Schwarzenberg am 14. Oktober des Jahres 1813 auf Liebertwolkwitz marschierte, und wie am 16. Oktober um Lindenau gekämpft wurde, kennen Sie die Schlachten des Generals Merweldt, und wie die Österreichischen Truppen bereits in der Wachau waren, und wie am 19. Oktober Leipzig gefallen ist?"

„Herr General", sagt in diesem Augenblick der Chauffeur ernst, „wir sind gerade vor dem Himmelstor, kriechen Sie heraus, Herr General! Wir können nicht durchs Himmelstor fahren, hier gibts ein großes Gedränge. Lauter Militär."

„Überfahr nur jemanden", schreit er dem Chauffeur zu, „sie werden schon ausweichen."

Und während er sich aus dem Automobil neigt, schreit er:

„Achtung, Ihr Schweinebande! Sind das Rindviecher, sie sehn den General und können nicht ,Rechts schaut!' machen."

Der Chauffeur beschwichtigte ihn hierauf ruhig: „Eine schwere Sache, Herr General, die Mehrzahl hat den Kopf abgeschlagen." General Biegler bemerkte erst jetzt, daß die, welche sich vor dem Himmelstor drängten, die verschiedenartigsten Invaliden waren: sie hatten im Krieg irgendeinen Körperteil verloren und trugen im „Rucksack" Köpfe, Arme, Beine. Ein ehrlicher Artillerist, der sich in einem zerfetzten Mantel beim Himmelstor drängte, hatte seinen ganzen Bauch samt den unteren Extremitäten im Tornister zusammengelegt. Aus einem andern Tornister eines gerechten Landwehrmannes blickte General Biegler ein halber Hinterer an, den der Mann bei Lemberg verloren hatte. „Das ist von wegen der Ordnung", ließ sich der Chauffeur abermals vernehmen, während er durch die dichte Menge fuhr, „das geschieht offenbar wegen der himmlischen Supravisite."

Beim Himmelstor wurde man nur auf das Schlagwort „Für Gott und Kaiser" durchgelassen, das General Biegler sofort einfiel. Das Auto fuhr ins Paradies.

„Herr General", sagte ein Offiziers-Engel mit Flügeln, als sie an der Kaserne mit Rekruten-Engeln vorüberfuhren, „Sie müssen sich auf dem Hauptkommando melden."

Sie fuhren weiter an einem Exerzierplatz vorbei, wo es von Rekruten-Engeln nur so wimmelte, die „Halleluja" rufen lernten. Sie fuhren an einer Gruppe vorbei, wo gerade ein rothaariger Korporal- Engel einen ungeschickten Rekruten-Engel in der Parade hatte, ihn mit den Fäusten in den Bauch schlug und ihn anbrüllte:

„Sperr deine Kuschen besser auf, Sau, bethlehemitische. So ruft man ,Halleluja'?! Hast du denn einen Knödel im Maul? - Ich mächt gern wissen, welcher Ochs dich ins Paradies hereingelassen hat, du Rindvieh. Probiers noch einmal - Hahlehluhja? Was, du Bestie, noch hier im Paradies wirst du uns schnaufeln. - Probiers noch einmal, du Zeder vom Libanon."

Sie fuhren weiter, und hinter ihnen konnte man noch lange den schnaufelnden Engel-Rekruten ängstlich „Hla-hle-hlu-hja" brüllen und den Engel-Korporal schreien hören; „A-le-lu-ja, a-le-lu-ja, du Jordan-Kuh, du!"

Hierauf ein ungeheurer Lichtreflex über einem Gebäude, das so groß war wie die Marienkaserne in Budweis, und darüber zwei Aeroplane, einer auf der linken, der zweite auf der rechten Seite, und in der Mitte zwischen ihnen eine riesengroße Leinwand gespannt mit der ungeheuren Aufschrift:

„K. u. k. Gottes Hauptquartier"

Zwei Engel in der Uniform von Feldgendarmen rissen General Biegler aus dem Automobil, packten ihn beim Kragen und führten ihn in das Gebäude hinauf in den ersten Stock.

„Benehmen Sie sich anständig vor dem lieben Gott", sagten sie ihm noch oben vor der Tür und schoben ihn hinein.

In der Mitte des Zimmers, in dem an den Wänden Fotografien Franz Josephs und Wilhelms, des Thronfolgers Karl Franz Ferdinand, General Viktor Dankls, Erzherzog Friedrichs und Conrad von Hötzendorffs, des Generalstabschefs, hingen, stand der liebe Gott.

„Kadett Biegler", sagte Gott nachdrücklich, ...Sie erkennen mich nicht? Ich bin Ihr gewesener Hauptmann Sagner von der 11. Marschkompanie." Biegler erstarrte.

„Kadett Biegler", ließ sich der liebe Gott abermals vernehmen, ...mit welchem Recht haben Sie sich den Titel Generalmajor angeeignet? Mit welchem Recht sind Sie, Kadett Biegler, im Stabsautomobil zwischen feindlichen Positionen über die Straße gefahren?"

„Melde gehorsamst..."

„Halten Sies Maul, Kadett Biegler, wenn der liebe Gott mit Ihnen spricht."

„Melde gehorsamst", klapperte Biegler noch einmal. „So, Sie werden also nicht das Maul halten?" schrie der liebe Gott ihn an, öffnete die Tür und rief: „Zwei Engel her!"

Zwei Engel mit über den linken Flügel gehängten Gewehren traten ein. Biegler erkannte in ihnen Matuschitz und Batzer.

Und aus dem Munde Gottes tönte eine Stimme: „Werft ihn in die Latrine!" Kadett Biegler fiel irgendwohin in einen schrecklichen Gestank.

Dem schlafenden Kadetten Biegler gegenüber saßen Matuschitz und Hauptmann Sagners Putzfleck Batzer und spielten ununterbrochen „66".

„Stinkt aber da Kerl wie a Stockfisch", bemerkte Batzer, der mit Interesse beobachtete, wie sich der schlafende Kadett Biegler bedenklich krümmte, „muß d' Hosen voll ham."

„Das kann jedem passieren", sagte Matuschitz philosophisch, „laß ihn in Ruh, überziehn wirst du ihn eh nicht. Teil lieber die Karten."

Über Budapest sah man bereits einen Lichtschein, und über der Donau sprang ein Reflektor hin und her.

Kadett Biegler träumte schon wieder etwas anderes, denn er sprach aus dem Schlaf: „Sagen Sie meiner tapferen Armee, daß sie sich in meinem Herzen ein unvergängliches Denkmal der Liebe und Dankbarkeit errichtet hat."

Weil er sich bei diesen Worten abermals umzudrehen begann, duftete es Batzer intensiv unter der Nase, so daß er ausspuckend bemerkte: „Stinkt wie a Haislputza, wie a beschissener Haislputza."

Und Kadett Biegler krümmte sich immer unruhiger und unruhiger, und sein neuer Traum wer sehr phantastisch. Er verteidigte Linz im österreichischen Erbfolgekrieg.

Er sah Redouten, Retranchements und Palisaden rings um die Stadt. Sein Hauptquartier verwandelte sich in ein ungeheures Krankenhaus, überall wälzten sich Kranke herum und hielten sich den Bauch. Unter den Palisaden der Stadt Linz ritten die französischen Dragoner Napoleons I.

Und er, der Stadtkommandant, stand über dieser Menschenmenge und hielt sich ebenfalls den Bauch und schrie irgendeinem französischen Parlamentär zu: „Richten Sie Ihrem Kaiser aus, daß ich mich nicht ergebe..."

Dann war es, als fielen diese Bauchschmerzen plötzlich von ihm ab; er stürzte mit dem Bataillon über die Palisaden hervor aus der Stadt, einem Weg des Ruhmes und des Sieges zu und sah, wie Oberleutnant Lukasch mit seiner Brust den Hieb des Schwertes eines, französischen Dragoners auffing, der ihm, Biegler, dem Verteidiger des belagerten Linz galt. Oberleutnant Lukasch stirbt zu seinen Füßen mit dem Aufschrei: „Ein Mann wie Sie, Herr Oberst, ist wichtiger als ein nichtsnutziger Oberleutnant."

Der Verteidiger von Linz wandte sich gerührt von dem Oberleutnant ab, als eine Kartätsche geflogen kam und Biegler in die Sitzmuskeln traf. Biegler greift mechanisch nach hinten auf die Hosen und fühlt etwas Feuchtes; etwas Klebriges schmiert sich auf seine Hand. Er schreit: „Sanität! Sanität!" und fällt vom Pferd.

Kadett Biegler wurde von Batzer und Matuschitz vom Boden gehoben, wohin er von der Bank gekollert war, und wieder auf seinen Platz gelegt.

Dann ging Matuschitz zu Hauptmann Sagner und meldete ihm, daß sich mit Kadett Biegler merkwürdige Dinge ereigneten.

„Das ist sicher nicht nachn Kognak", sagte er, „es könnt eher Cholera sein. Kadett Biegler hat überall auf den Stationen Wasser getrunken. In Wiesenburg hab ich gesehn, wie er..."

„Das geht nicht so rasch mit der Cholera, Matuschitz, sagen Sie nebenan im Kupee dem Herrn Doktor, er soll sich ihn anschaun." Dem Bataillon war ein „Kriegsdoktor" zugeteilt, der alte Medikus und Burschenschafter Weifer. Er verstand sich aufs Trinken und aufs Raufen und hatte dabei die Medizin im kleinen Finger. Er hatte an der medizinischen Fakultät verschiedener Universitätsstädte Österreich - Ungarns studiert und in den mannigfachsten Krankenhäusern praktiziert; aber das Doktorat machte er dennoch nicht, einfach aus dem Grunde, weil das Testament, das sein Onkel hinterlassen hatte, eine Bestimmung enthielt, der zufolge die Erben dem stud. med. Friedrich Welfer bis zu dem Zeitpunkt, da dieser das Ärztediplom erhalten werde, alljährlich ein Stipendium auszahlen mußten.

Dieses Stipendium war beiläufig viermal so groß wie das Gehalt eines Assistenten im Spital, und M.U.C. Friedrich Welfer trachtete ehrlich seine Ernennung zum Dr. med., auf die entfernteste Zeit abzuschieben. Die Erben konnten toll werden. Sie erklärten ihn für einen Idioten, versuchten ihm wohlhabende Bräute aufzuzwingen, um ihn loszuwerden. Um sie noch mehr aufzubringen, veröffentlichte M.U.C. Friedrich Welfer, Mitglied von etwa zwölf Burschenschaften, einige Sammlungen recht guter Gedichte in Wien, Leipzig und Berlin. Er war Mitarbeiter des „Simplizissimus" und studierte weiter, wie wenn nichts geschehen wäre. Dann brach der Krieg aus, der M.U.C. Friedrich Welfer schändlich in den Rücken fiel.

Der Dichter der Bücher: „Lachende Lieder", „Krug und Wissenschaft", „Märchen und Parabeln" wurde ganz ordinär einberufen, und ein Erbe im Kriegsministerium sorgte dafür, daß der biedere Friedrich Welfer das „Kriegsdoktorat" machte. Er machte es schriftlich. Mußte eine Reihe von Fragen ausfüllen, die er alle stereotyp folgendermaßen beantwortete: „Lecken Sie mich am Arsch!"

Nach drei Tagen teilte der Oberst Welfer mit, daß er das Doktordiplom der gesamten Heilkunde erworben habe, daß er bereits längst reif sei für das Doktorat, daß der Oberstabsarzt ihn dem Ergänzungsspital zugeteilt habe und daß sein weiteres rasches Avancement von seinem Verhalten abhängen werde; er habe zwar in verschiedenen Universitätsstädten Duelle mit Offizieren gehabt, man wisse das alles, aber heute, im Krieg, werde das vergessen. Der Autor des Gedichtsbuches „Krug und Wissenschaft" biß sich in die Lippen und trat den Militärdienst an. Nachdem mehrmals festgestellt wurde, daß er sich zu den Soldaten-Patienten

Abbildung 62: Kreis des Simplicissimus mit Kark Arnold (1907)
(Quelle: Deutsches Kunstarchiv im Germanischen Nationalmuseum, Nürnberg)

ungewöhnlich nachsichtig gezeigt und ihren Aufenthalt im Krankenhaus solange wie möglich verlängert hatte, während das Losungswort lautete: „Solln sie sich in den Spitälern herumwälzen oder im Schützengraben krepieren - solln sie in den Spitälern krepieren oder in der Schwarmlinie", schickte man Doktor Welfer mit dem 11. Infanteriemarschbataillon an die Front.

Die aktiven Offiziere beim Bataillon hielten ihn für etwas Minderwertiges. Die Reserveoffiziere kümmerten sich gleichfalls nicht um ihn und knüpften keinerlei Freundschaft mit ihm an, damit die Kluft zwischen ihnen und den aktiven Offizieren nicht noch größer werde. Hauptmann Sagner fühlte sich natürlich ungeheuer erhaben über diesen gewesenen M.U.C., der während der Zeit seiner langjährigen Studien mehrere Offiziere versäbelt hatte. Als Doktor Welfer, der „Kriegsdoktor", an ihm vorüberging, schaute er ihn nicht einmal an und fuhr fort, mit Oberleutnant Lukasch über etwas ganz Belangloses zu sprechen. Er erklärte, daß man bei Budapest Kürbisse züchte, worauf Oberleutnant Lukasch erwiderte, als er im dritten Jahrgang der Kadettenschule gewesen sei, wäre er mit einigen Kameraden „in Zivil" in der Slowakei gewesen, wo sie zu einem evangelischen Pfarrer, einem Slowaken, gekommen seien. Der habe ihnen zum Schweinsbraten Kürbiskraut vorgesetzt, habe dann Wein eingeschenkt und gesagt:

460

„Kürbis, Schwein, wollen Wein",

was ihn, Oberleutnant Lukasch, fürchterlich beleidigt habe.

„Von Budapest werden wir nicht viel sehen", sagte Hauptmann Sagner, „wir fahren nur durch. Nach der Marschroute solln wir hier zwei Stunden stehn."

„Ich glaube, man wird die Waggons verschieben", antwortete Oberleutnant Lukasch, „wir werden auf den Rangierbahnhof gebracht werden. Er ist jetzt der Militärtransport-Bahnhof."

„Kriegsdoktor" Welfer ging vorüber. „Es ist nichts", sagte er mit einem Lächeln, „die Herren, die darauf aspirieren, mit der Zeit Armeeoffiziere zu werden und noch in Brück im Kasino mit ihren strategisch-historischen Kenntnissen geprahlt haben, sollte man darauf aufmerksam machen, daß es gefährlich ist, ein ganzes Paket Süßigkeiten, das ihnen die Mama ins Feld schickt, auf einmal aufzuessen. Kadett Biegler, der, wie er mir gestanden hat, seit wir aus Brück weggefahren sind 30 Kremerollen gegessen und überall auf den Bahnhöfen nur gekochtes Wasser getrunken hat, erinnert mich an einen Vers von Schiller, Herr Hauptmann: ‚Wer sagt von...‘"

„Hören Sie, Doktor", unterbrach ihn Hauptmann Sagner, „es handelt sich nicht um Schiller. Was ist eigentlich mit dem Kadetten Biegler los?"

„Kriegsdoktor" Weifer lachte. „Der Aspirant auf die Offizierswürde, Ihr Kadett Biegler hat sich beschissen. Es ist keine Cholera, es ist keine Dysenterie, sondern einfach und kurz gesagt, er hat sich beschissen. Er hat ein bißchen zuviel Kognak getrunken, Ihr Herr Aspirant auf die Offizierswürde hat sich bemacht. Er hätte sich offenbar auch ohne Ihren Kognak bemacht. Er hat alle Kremerollen aufgefressen, die man ihm von zu Hause geschickt hat. – Er ist ein Kind. – Im Kasino hat er, wie ich weiß, immer ein Viertel Wein getrunken. Abstinenzler." Doktor Weifer spuckte aus. „Er hat sich Linzerschnitten gekauft."

„Also nichts Ernstes?" ließ sich Hauptmann Sagner vernehmen, „aber so eine Sache wenn es sich verbreiten würde."

Oberleutnant Lukasch stand auf und sagte zu Sagner: „Danke für so einen Zugkommandanten..."

„Ein bißchen habe ich ihm auf die Füße geholfen", sagte Weifer, der nicht aufhörte, zu lächeln, „der Herr Bataillonskommandant wird das Weitere verfügen. — Ich werde den Kadetten Biegler hier ins Spital einliefern. — Ich stell ihm ein Zeugnis aus, daß es Dysenterie ist. Ein schwerer Fall von Dysenterie. Isolierung, — Kadett Biegler kommt in die Desinfektionsbaracke."

„Es ist entschieden besser", fuhr Weifer mit demselben widerwärtigen Lächeln fort, „ein an Dysenterie erkrankter Kadett als ein beschissener Kadett zu sein..."

Hauptmann Sagner wandte sich an Lukasch in rein amtlichem Ton: „Herr Oberleutnant, Kadett Biegler von Ihrer Kompanie ist an Dysenterie erkrankt und bleibt in Budapest in Pflege."

Hauptmann Sagner schien es, als lache Welfer furchtbar herausfordernd, aber als er den „Kriegsdoktor" anblickte, sah er, daß dieser sehr gleichgültig dreinschaute.

„Es ist also alles in Ordnung, Herr Hauptmann", antwortete Welfer ruhig, „die Aspiranten auf die Offizierswürde..."

Er winkte mit der Hand. „Bei Dysenterie macht jeder in die Hosen."

So kam es, daß der tapfere Kadett Biegler in das Militärisolierspital in Altofen transportiert wurde.

Seine bemachten Hosen verloren sich im Wirbel des Weltkrieges. Die Träume von den großen Siegen des Kadetten Biegler waren in ein Krankenzimmer der Isolierbaracke eingeschlossen.

Als er erfuhr, daß er Dysenterie hatte, war Kadett Biegler davon aufrichtig begeistert. Es war ja gleichgültig, ob er in Ausübung seiner Pflicht für Seine Majestät den Kaiser verwundet oder krank wurde. Dann widerfuhr ihm ein kleines Mißgeschick. Da alle Plätze für Dysenteriekrankenzimmer überfüllt waren, schaffte man ihn in die Cholerabaracke. Irgendein magyarischer Stabsarzt schüttelte den Kopf, als man Kadett Biegler gebadet hatte und ihm das Thermometer unter die Achsel schob: „37 Grad!" Bei Cholera ist das bedenkliche Sinken der Temperatur das ärgste Symptom. Der Kranke wird apathisch.

Kadett Biegler zeigte in der Tat keine Aufregung. Er war ungewöhnlich ruhig, während er sich im Geiste wiederholte, daß er doch für Seine Majestät den Kaiser leide.

Der Stabsarzt ließ dem Kadetten Biegler das Thermometer in den Mastdarm stecken.

„Letztes Cholerastadium", dachte der Stabsarzt, „Symptome der Agonie, äußerste Schwäche, der Kranke verliert den Sinn für die Umgebung, und sein Bewußtsein verschleiert sich. Er lächelt in Todeskrämpfen."

Kadett Biegler lächelte während dieser Manipulation tatsächlich wie ein Märtyrer und spielte sich als Held auf, als man ihm das Thermometer in den Mastdarm steckte. Aber er rührte sich nicht. „Symptome", dachte der Stabsarzt, „die bei Cholera allmählich zum Tode führen, passive Lage..."

Er fragte den Sanitätsunteroffizier noch auf magyarisch, ob Kadett Biegler in der

462

Wanne erbrochen und Diarrhöe gehabt habe. Als er eine verneinende Antwort erhielt, schaute er Biegler unverwandt an. Wenn bei Cholera Diarrhöe und Erbrechen schwinden, ist dies abermals, so wie die früheren Symptome, ein Bild dessen, was bei Cholera in den letzten Todesstunden zu geschehen pflegt.

Kadett Biegler, der vollkommen nackt aus der warmen Wanne ins Bett getragen worden war, fror und klapperte mit den Zähnen. Sein ganzer Körper war mit Gänsehaut bedeckt.

„Sehn Sie", sagte der Stabsarzt auf magyarisch, „großer Schüttelfrost, die Extremitäten sind kalt. Das ist das Ende."

Zu Kadett Biegler geneigt, fragte er ihn auf deutsch: „Also wie geht's?"

„S-s-se-hr-hr gu-gu-gu-tt", klapperte Kadett Biegler mit den Zähnen, „ei-ne De-deck-ke-."

„Bewußtsein teilweise gestört, teilweise erhalten", sagte der magyarische Stabsarzt, „Körper sehr mager, Lippen und Nägel sollten schwarz sein, — Das ist der dritte Fall, daß mir jemand ohne schwarze Nägel und Lippen an Cholera stirbt..."

Er beugte sich über Kadett Biegler und fuhr magyarisch fort: „Der zweite Nachhall über dem Herzen hat aufgehört - ..."

„Ei—ei-ne—ne De—de—de—deck—ke—ke", klapperte Kadett Biegler.

„Das, was er spricht, sind seine letzten Worte", sagte der Stabsarzt auf magyarisch zum Sanitätsunteroffizier, „morgen werden wir ihn mit Major Koch begraben. Jetzt wird er das Bewußtsein verlieren. Seine Dokumente sind in der Kanzlei?"

„Sie wern dort sein", antwortete der Sanitätsunteroffizier ruhig,

„Ei-ei-ne-ne De-de-de-deck-ke-ke", klapperte Kadett Biegler hinter den sich Entfernenden her.

Im ganzen Zimmer lagen in sechzehn Betten fünf Menschen. Einer von ihnen war tot. Er war vor zwei Stunden gestorben, war mit einem Leintuch zugedeckt und hieß wie der Entdecker des Cholerabazillus. Es war Major Koch, von dem der Stabsarzt erwähnt hatte, daß er morgen zusammen mit dem Kadetten Biegler begraben werden sollte.

Kadett Biegler richtete sich im Bett auf und sah zum ersten Male, wie man für Seine Majestät den Kaiser an Cholera stirbt, denn von den vier übriggebliebenen lagen zwei im Sterben. Sie würgten und wurden blau, wobei sie etwas aus sich herausstießen, ohne daß man erkennen konnte, was und welche Sprache sie redeten: es war eher das Röcheln unterdrückter Stimmen.

Die beiden andern mit ihrer auffallend stürmischen Reaktion auf die Genesung erinnerten an von typhösem Delirium befallene Menschen. Sie schrien unverständlich und schleuderten die mageren Beine unter der Decke hervor, über ihnen stand ein bärtiger Sanitätssoldat, der (was Kadett Biegler erkannte) einen steirischen Dialekt redete und sie beruhigte:

„I hob a scho Cholera ghobt, meine goldne Herrschaft, aber i hob net in die Decke gstoßen. Jetzt is es scho fei gut mit euch. Ihr kriegts Urlaub, bis..."

„Wirf di net so rum", brüllte er den einen an, der so heftig in die Decke stieß, daß sie ihm über den Kopf rutschte, „das tuat ma bei uns net. Sei froh, daß d' Fieber hast, wenigstens wird ma di net mit Musik von hier wegführen. Ihr seid scho beide draus raus." Er schaute umher:

„Dort san scho wieda zwa gstorben. Das hamr erwartet", sagte er gutmütig, „seids froh, daß ihr schon draus raus seid. I muß um Leintücher gehn."

In einer Weile kehrte er zurück. Er breitete Leintücher über die Verstorbenen, die vollständig schwarze Lippen hatten, zog ihre Hände mit den schwarzen Nägeln hervor, die sie in der letzten Agonie des Erstickens auf den emporragenden Geschlechtsteil gelegt hatten, und bemühte sich, ihnen die Zunge in den Mund zu schieben. Dann kniete er bei den Betten nieder und legte los:

„Heilige Maria, Mutter Gottes..." Und der alte Sanitätssoldat aus der Steiermark schaute dabei auf seine genesenden Patienten, deren Delirium die Reaktion auf ein neues Leben bedeutete.

„Heilige Maria, Mutter Gottes", wiederholte er, als ihn irgendein nackter Mann auf die Schulter klopfte. Es war Kadett Biegler.

„Hören Sie", sagte er, „ich hab — gebadet ... Das heißt, man hat mich gebadet... Ich b-brauch eine Decke ... Mir ist kalt."

„Das ist ein besonderer Fall", sagte eine halbe Stunde später derselbe Stabsarzt zum Kadetten Biegler, der unter der Decke ausruhte: „Sie sind Rekonvaleszent, Herr Kadett; morgen schicken wir Sie ins Reservespital in Tarnow. Sind ein Träger von Cholerabazillen ... Wir sind so weit fortgeschritten, daß wir das alles kennen. Sie sind vom 91. Regiment..."

„13. Marschbataillon", antwortete der Sanitätsunteroffizier für Kadett Biegler, „11. Kompanie."

„Schreiben Sie", sagte der Stabsarzt: „Kadett Biegler, 13. Marschbataillon, 11. Marschkompanie, 91. Regiment, zur Beobachtung in die Cholerabaracke in Tarnow. Träger von Cholerabazillen..."

Und so wurde aus dem Kadetten Biegler, dem begeisterten Kämpfer, ein Träger von Cholerabazillen.

3. In Budapest

Auf dem Militärbahnhof in Budapest brachte Matuschitz Herrn Hauptmann Sagner ein Telegramm vom Kommando, das der unglückliche Brigadekommandant geschickt hatte, der ins Sanatorium geschafft worden war. Es hatte denselben, nicht chiffrierten Inhalt wie jenes, das auf der vorigen Station eingetroffen war: „Rasch abkochen, dann Vormarsch auf Sokal." Hinzugefügt war: „Train bei der Ortsgruppe einreihen. Aufklärungsdienst wird aufgehoben. Das 13. Marschbataillon baut eine Brücke über den Bug. Näheres in den Zeitungen."

Abbildung 63: Soldaten der Ersten Brigade überqueren den Bug 1915 (Quelle: Biblioteka Jagiellonska)

Hauptmann Sagner begab sich sofort zum Bahnhofskommando. Ein kleiner dicker Offizier begrüßte ihn mit freundschaftlichem Lächeln. „Der hat was aufgeführt, euer Brigadekommandant", sagte er, übers ganze Gesicht lächelnd, „aber einhändigen hab ich euch den Blödsinn müssen, weil von der Division noch keine Verordnung gekommen ist, daß man seine Telegramme den Adressaten nicht zustelln soll. Gestern ist das 14. Marschbataillon des 75. Regiments durchgefahren, und für den Bataillonskommandanten lag ein Telegramm vor, daß man der Mannschaft als besondere Belohnung für Przemysl je sechs Kronen auszahlen soll, und gleichzeitig der Befehl, daß jeder Mann von diesen sechs Kronen hier in der Kanzlei zwei Kronen für die Kriegsanleihe erlegen muß. — Verläßlichen Berichten zufolge hat euer Brigadegeneral Paralyse."

„Herr Major", fragte Hauptmann Sagner den Bahnhofskommandanten, „dem Regimentsbefehl zufolge fahren wir laut Marschroute nach Gödöllö. Die Mannschaft soll hier 15 Deka Emmentaler Käse bekommen. Auf der letzten Station hat die Mannschaft 15 Deka ungarische Salami bekommen sollen. Aber sie hat nichts bekommen."

„Offenbar wird auch hier nichts draus werden", antwortete der Major, indem er unaufhörlich liebenswürdig lächelte, „ich weiß von keinem ähnlichen Befehl für Regimenter aus Böhmen, übrigens ist das nicht meine Sache, wenden Sie sich an das Verpflegungskommando."

„Wann fahren wir ab, Herr Major?"

„Vor Ihnen steht ein Zug mit schwerer Artillerie nach Galizien. Wir lassen ihn in einer Stunde abgehen, Herr Hauptmann. Auf dem dritten Geleise steht ein Sanitätszug. Er fährt 25 Minuten nach der Artillerie ab. Auf dem zwölften Geleise haben wir einen Munitionszug. Er fährt 10 Minuten nach dem Sanitätszug ab, und 20 Minuten nach ihm geht Ihr Zug."

„Das heißt, wenn daran nichts geändert wird", fügte er abermals lächelnd hinzu, so daß er Hauptmann Sagner vollends unsympathisch wurde.

„Erlauben Sie, Herr Major", fragte Sagner, „können Sie mir eine Aufklärung darüber geben, wieso Sie von keinem Befehl wissen, der die Ausfolgung von 15 Deka Emmentaler Käse an Regimenter aus Böhmen betrifft?"

„Das ist ein Reservat", antwortete unaufhörlich lächelnd der Kommandant des Militärbahnhofs in Budapest.

„Da bin ich schön reingefallen", dachte Hauptmann Sagner, aus dem Kommandogebäude tretend, „warum, zum Teufel, hab ich dem Lukasch gesagt, er soll alle Kommandanten zusammennehmen und mit ihnen und der Mannschaft in die Verpflegungsabteilung 15 Deka Emmentaler Käse pro Kopf fassen gibt's."

Bevor der Kommandant der 11. Kompanie, Oberleutnant Lukasch, dem Befehl des Hauptmanns Sagner gemäß die Befehle für den Marsch der Mannschaft zum Magazin erteilte, wo man 15 Deka Emmentaler Käse pro Mann fassen sollte, tauchte Schwejk mit dem unglücklichen Baloun vor ihm auf.

Baloun zitterte am ganzen Körper.

„Melde gehorsamst, Herr Oberlajtnant", sagte mit seiner gewohnten Gewandtheit Schwejk, „die Sache, um die sichs handelt, is unendlich wichtig. Ich gibt's bitten, Herr Oberlajtnant, daß wir die ganze Angelegenheit irgendwo nebenan erledigen möchten, wie mein Kamerad Schpatina aus Zhof gesagt hat, wie er einmal Heiratszeuge war und in der Kirche auf einmal hat müssen..."

„Also was gibt's, Schwejk?" unterbrach ihn Oberleutnant Lukasch, dem bereits ebenso bange nach Schwejk gewesen war, wie Schwejk nach ihm, „gibt's wir also ein Stückchen weiter."

Baloun ging hinter ihnen her, ohne daß er zu zittern aufhörte. Dieser Riese hatte das seelische Gleichgewicht vollständig verloren und schleuderte in entsetzlicher hoffnungsloser Verzweiflung die Arme hin und her.

„Also, was gibt's, Schwejk?" fragte Oberleutnant Lukasch, als sie ein Stückchen weitergegangen waren.

„Melde gehorsamst, Herr Oberlajtnant", sagte Schwejk, „es is immer besser, sich früher zu was zu bekennen, bevor alles explodiert. Sie ham einen bestimmten Befehl gegeben, Herr Oberlajtnant, daß Ihnen Baloun, bis wir nach Budapest kommen, Ihre Leberpastete und eine Semmel bringen soll."

„Hast du den Befehl bekommen oder nicht?" wandte sich Schwejk an Baloun.

Baloun begann noch mehr mit den Armen zu schlenkern, als wehre er sich gegen einen vordringenden Feind.

„Dieser Befehl", sagte Schwejk, „hat leider Gottes nicht ausgeführt wern können, Herr Oberlajtnant Ich hab Ihre Leberpastete aufgefressen..."

„Ich hab sie aufgefressen", sagte Schwejk, den entsetzten Baloun puffend, „weil ich mir gedacht hab, daß Leberpastete verderben kann. Ich hab ein paarmal in der Zeitung gelesen, daß sich eine ganze Familie mit Leberpastete vergiftet hat. Einmal is so was in Pisek geschehn, einmal in Beroun, einmal in Tabor, einmal in Jungbunzlau, einmal in Pribram. Alle sind dieser Vergiftung erlegen. Leberpastete is der ärgste Mist..."

Baloun, der am ganzen Leibe zitterte, trat beiseite, steckte sich den Finger in den Mund und erbrach in kurzen Intervallen. „Was ist Ihnen, Baloun?"

„I—ch k-k-kotz, ee-ee Herr Obr-ee-ee Obr-lajtnant ee-ee", rief der unglückliche Baloun, die Pausen benützend, „i—i—dl hab sie—ie-ie auf— ge-ge-fr-essn, ee— ee, ich—ee, a—llein ee—ee, ii—ee..."

Aus dem Mund des unglücklichen Baloun kamen sogar Stückchen von der Stanniolhülle der Pastete hervor.

„Wie Sie sehn, Herr Oberlajtnant", sagte Schwejk, nichts von seinem seelischen Gleichgewicht einbüßend, „geht jede solche aufgefressene Pastete heraus wie die ausn Wasser. Ich habs selbst auf mich nehm wolln, und der Dummkopf verrät sich so. Er is ein ganz braver Mensch, aber er frißt alles auf, was man ihm anvertraut.

Ich hab auch so einen Menschen gekannt. Er war Diener in einer Bank. Dem hat man Tausende anvertraun können; einmal hat er wieder in einer andern Bank Geld abgehoben, und man hat ihm um tausend Kronen mehr gegeben, und er hats gleich auf der Stelle zurückgetragen; aber wenn man sich hat um 15 Kreuzer Rauchfleisch holen lassen, so hat er die Hälfte am Wege aufgefressen. Er war schrecklich happig aufs Fressen, und wenn ihn die Beamten um Leberwürste geschickt harn, so hat er die Würste am Weg mitn Taschenmesser zerschnitten und die Löcher mit Englischpflaster zugeklebt, was ihn bei fünf Leberwürsten mehr gekostet haben muß wie eine ganze Leberwurst."

Oberleutnant Lukasch atmete auf und ging davon.

„Geruhen Sie irgendwelche Befehle zu haben, Herr Oberlajtnant?" rief Schwejk ihm nach, während sich der unglückliche Baloun unaufhörlich den Finger in den Mund steckte.

Oberleutnant Lukasch winkte mit der Hand und wandte sich dem Verpflegungsmagazin zu, wobei der sonderbare Gedanke in ihm auftauchte, daß Österreich den Krieg nicht gewinnen könne, weil die Soldaten ihren Offizieren die Leberpasteten auffressen.

Inzwischen führte Schwejk Baloun auf die andere Seite des Militärbahnhofs. Dabei tröstete er ihn, daß sie gemeinsam in die Stadt gehn und dem Herrn Oberleutnant Debocziner Würstchen bringen würden, der Begriff einer Wurstspezialität, die bei Schwejk naturgemäß mit dem Begriff der Hauptstadt des Königreichs Ungarn verschmolz. „Der Zug könnt uns davonfahren", jammerte Baloun, dessen Geiz ebenso groß war wie seine Gefräßigkeit.

„Wenn man an die Front fährt", erklärte Schwejk, „versäumt man nie was, weil sichs jeder Zug, was an die Front fährt, sehr gut überlegt, auf die Endstation nur einen halben Marschbatjak zu bringen, übrigens versteh ich dich sehr gut, Baloun. Hast eine zugenähte Tasche."

Sie gingen aber nirgends hin, denn das Signal zum Einsteigen ertönte. Die Mannschaft der einzelnen Züge kehrte mit leeren Händen vom Verpflegungsmagazin wieder zu ihren Waggons zurück. Statt der 15 Deka Emmentaler Käse, die hier ausgegeben werden sollten, hatte jeder je eine Schachtel Streichhölzer und eine Ansichtskarte erhalten, die von dem Komitee für Kriegsgräber (Wien IX, Canisiusgasse 4) herausgegeben wurde. Statt 15 Deka Emmentaler hielt jeder den westgalizischen Soldatenfriedhof in Sedlisk mit einem Denkmal der unglücklichen Landwehrmänner in der Hand, das der Tachinierer-Bildhauer, Einjährig-Freiwilliger-Feldwebel Scholz, angefertigt hatte.

Beim Stabswaggon herrschte ebenfalls eine ungewöhnliche Erregung. Die Offiziere des Marschbataillons versammelten sich um Hauptmann Sagner, der ihnen aufgeregt etwas auseinandersetzte. Er war gerade vom Bahnhofskommando zu-rückgekommen und hielt in der Hand ein streng vertrauliches echtes Telegramm des Brigadestabs mit ellenlangen Instruktionen und Winken, wie man sich in der neuen Situation, in der sich Österreich mit dem 23. Mai 1915 befand, zu verhalten habe. Die Brigade telegrafierte, daß Italien Österreich-Ungarn den Krieg erklärt habe.

Noch in Brück an der Leitha hatte man im Offizierskasino häufig beim Mittags-tisch und Nachtmahl mit vollem Mund von dem sonderbaren Vorgehen und Ver-halten Italiens gesprochen, aber alles in allem hatte niemand erwartet, daß sich die prophetischen Worte des Idioten Kadetten Biegler erfüllen würden, der einmal beim Nachtmahl die Makkaroni beiseite geschoben und erklärt hatte: „An denen werde ich mich erst vor den Toren Veronas satt essen."

Nachdem Hauptmann Sagner die soeben von der Brigade eingetroffenen In-struktionen studiert hatte, ließ er Alarm blasen.

Als die ganze Mannschaft des Marschbataillons versammelt war, wurde sie im Karree aufgestellt, und Hauptmann Sagner verlas mit ungewöhnlich erhobener Stimme den ihm telegrafisch zugestellten Brigadebefehl: „Von beispiellosem Ver-rat und maßloser Habgier verführt, hat der italienische König die brüderlichen Bande vergessen, die ihn zu einem Verbündeten unserer Monarchie machten. Seit Ausbruch des Krieges, in dem er sich unseren tapferen Truppen hätte zur Seite stellen sollen, spielte der verräterische italienische König die Rolle eines maskierten Meuchlers: während seines zweideutigen Verhaltens pflegte er geheime Unterhand-lungen mit unseren Feinden, ein Verrat, der in der Nacht vom 22. auf den 23. Mai in der Kriegserklärung an unsere Monarchie gipfelte. Unser allerhöchster Kriegs-herr ist überzeugt, daß unsere stets tapferen und glorreichen Truppen auf den nichtswürdigen Verrat des treulosen Feindes mit einem Schlag antworten werden, der den Verräter zu der Erkenntnis bringen wird, daß er sich durch das schändliche und verräterische Eingreifen in diesen Krieg selbst vernichtet hat. Wir hegen die feste Zuversicht, daß mit Gottes Hilfe bald der Tag anbrechen wird, an dem die italienischen Ebenen wieder die Sieger von Santa Lucio, Vicenza, Novara, Custoza sehen werden. Wir wollen siegen, müssen siegen und werden bestimmt siegen!"

Dann folgte das übliche dreimalige „Hoch!", und die Soldaten setzten sich wie-der, einigermaßen bestürzt, in den Zug. Statt 15 Deka Emmentaler hatten sie den Krieg mit Italien in der Tasche.

In dem Waggon, wo Schwejk, Feldwebel Wanek, Telefonist Chodounsky, Baloun und Koch Jurajdo saßen, entspann sich ein interessantes Gespräch über das Eingreifen Italiens in den Krieg.

„In der Taborgasse in Prag war auch so ein Fall", begann Schwejk, „dort war ein gewisser Kaufmann Horejsi. Ein Stückl weiter von ihm, grad gegenüber, hat der Kaufmann Poschmourny seinen Laden gehabt, und zwischen ihnen beiden war der Höker Hawlasa. Also der Kaufmann Horejsi hat mal den Einfall gehabt, daß er sich sozusagen mitn Höker Hawlasa gegen den Kaufmann Poschmourny verbinden könnt, und hat angefangen mit ihm zu verhandeln, daß sie die beiden Läden unter einer Firma ,Horejsi und Hawlosa' vereinigen könnten. Aber der Höker Hawlasa is gleich zum Kaufmann Poschmourny gegangen und sagt ihm, daß ihm der Horejsi zwölfhundert für seinen Hökerladen gibt und will, daß er mit ihm in Kompanie geht. Wenn er, der Poschmourny, ihm aber achtzehnhundert gibt, so wird er lieber mit ihm gegen den Horejsi in Kompanie gehen. So sind sie einig geworden, und der Hawlasa is eine Zeitlang immer um diesen Horejsi, was er betrogen hat, herum gesprungen und hat gemacht, wie wenn er sein bester Freund war, und wie die Rede drauf gekommen is, wann sies also abschließn wern, hat er gesagt: ,Ja, das wird schon bald sein. Ich wart nur, bis die Parteien von der Sommerwohnung zurückkommen.' Und wie die Parteien gekommen sind, so wars wirklich schon perfekt, wie ers dem Horejsi immerfort versprochen hat, daß sies perfekt machen wern. Nämlich wie der Horejsi mal früh den Laden aufmachen gegangen is, hat er eine große Aufschrift über dem Laden von seinem Konkurrenten gesehen, eine riesengroße Firmentafel: „Poschmourny und Hawlasa.'"

„Bei uns", bemerkte der dumme Baloun, „war auch mal so ein Fall: ich wollt nebenan im Dorf ein Mutterkalb kaufen, ich habs zugesagt gehabt, und der Wotitzer Fleischer hat mirs vor der Nase weggeschnappt."

„Wo wir also schon wieder einen neuen Krieg ham", fuhr Schwejk fort, „wo wir um einen Feind mehr ham, und wo wir wieder eine neue Front ham, wird man mit der Munition sparen müssen. ,Je mehr Kinder in der Familie sind, desto mehr Rohrstaberln verbraucht man', pflegte der alte Chowanek in Motol zu sagen, was den Eltern in der Nachbarschaft für ein Pauschal die Kinder durchgewichst hat."

„Ich hab nur Angst", sagte Boloun, am ganzen Körper zitternd, „daß wegen dem Italien kleinere Portionen sein wern."

Rechnungsfeldwebel Wanek wurde nachdenklich und sagte ernst: „Das alles kann sein, denn jetzt wird sich unser Sieg ein bißchen hinziehn."

„Jetzt möchten wir einen neuen Radetzky brauchen", meinte Schwejk, „der hat sich schon in der dortigen Gegend ausgekannt, der hat schon gewußt, wo die

470

schwache Seite der Italiener is und was man stürmen soll und von welcher Seite. Nämlich es is nicht so leicht, irgendwohin zu kriechen. Das trifft jeder, aber von dort wegzukommen, das is die wahre militärische Kunst. Wenn man schon irgendwohin kriecht, so muß man von allem wissen, was um einen herum vorgeht, damit man sich nicht plötzlich in einer Schlamastik befindet, was man Katastrophe nennt. Da hat man euch mal bei uns im Haus, noch in der alten Wohnung, aufn Boden einen Dieb erwischt, und der Kerl hat sich achtgegeben, wie er hineingekrochen is, daß grad Maurer den Lichthof ausbessern, so hat er sich ihnen also losgerissen, hat die Hausmeisterin umgeworfen und hat sich aufn Gerüst heruntergelassen in den Lichthof, und von dort hat er überhaupt nicht herauskönnen. Aber unser Väterchen Radetzky hat von jedem Weg gewußt, man hat ihn nie erwischen können. In einem Buch über den General war das alles beschrieben; wie er von Santa Lucia weggelaufen is und wie die Italiener auch weggelaufen sind und wie er erst am nächsten Tag draufgekommen is, daß ers eigentlich gewonnen hat. Weil er die Italiener dort nicht gefunden hat und nicht mit dem Fernrohr gesehn hat, so is er also zurück und hat das verlassene Santa Lucia besetzt. Das hat ihm den Feldmarschall eingetragen."

„Was denn, Italien, das ist ein feines Land", warf Koch Jurajda dazwischen, „ich war einmal in Venedig und weiß, daß der Italiener einen jeden Schwein nennt. Wenn er sich aufregt, ist man bei ihm gleich ein porco maledetto. Sogar der Papst ist bei ihm ein porco, sogar ‚madonna mia e porco, papa e porco'."

Feldwebel Wanek äußerte sich demgegenüber sehr wohlwollend über Italien. Er habe in Kralup in seiner Drogerie eine Erzeugung von Zitroensaft, den er aus verfaulten Zitronen anfertige, und die billigsten und verfaultesten Zitronen habe er stets aus Italien bezogen. Jetzt werde Schluß sein mit dem Versand von Zitronen aus Italien nach Kralup. Es bestehe kein Zweifel, daß der Krieg mit Italien verschiedene Überraschungen mit sich bringen werde, denn Österreich werde sich rächen wollen.

„Das sagt sich so", lachte Schwejk, „sich rächen! — Jemand denkt sich, daß er sich rächt, und zum Schluß trägts der davon, den sich so ein Mensch sozusagen zum Instrument seiner Rache ausgesucht hat. Wie ich vor Jahren auf der Weinberge gewohnt hab, so hat dort im Parterre ein Hausmeister gewohnt, und bei dem war so ein kleiner Bankbeamter auf Quartier, und der is in einen Ausschank in die Krameriusgasse gegangen und hat sich dort mal mit einem Herrn gestritten, was irgendwo auf der Weinberge ein Institut für Harnanalysen gehabt hat. Dieser Herr hat überhaupt an nichts anderes gedacht und von nichts anderem gesprochen und

hat lauter Flascherln mit Urin bei sich getragen, jedem hat ers unter die Nase gesteckt, er soll auch urinieren und sich den Urin untersuchen lassen, weil von so
einer Untersuchung das Glück des Menschen und der Familie abhängt und weils
auch billig ist, weils nur sechs Kronen kostet. Alle, was in den Ausschank gegangen
sind, auch der Wirt und die Wirtin, ham sich den Urin analysieren lassen, nur der
Beamte hat sich noch gehalten, obzwar der Herr ihm fort aufs Pissoir nachgekrochen is, wenn er herausgegangen is, und ihm immer besorgt gesagt hat: ‚ich weiß
nicht, Herr Skorkowsky, mir will Ihr Urin nicht gefallen, urinieren Sie in ein Fla-
scherl, bevors zu spät ist!' Endlich hat er ihn überredet. Es hat den Beamten sechs
Kronen gekostet, und der Herr hat ihm die Analyse gehörig versüßt, wie ers schon
allen ausn Ausschank gemacht hat, nicht mal den Wirt ausgenommen, dem er das
Gewerbe verdorben hat, weil er so eine Analyse immer mit solchen Reden begleitet
hat, daß es ein sehr ernster Fall is, daß niemand nichts trinken darf, nur Wasser,
daß er nicht rauchen darf, daß er nicht heiraten darf und daß er nur lauter Gemüse
essen soll. Also dieser Beamte hat auf ihn eine schreckliche Wut gehabt wie alle
und hat sich den Hausmeister zum Instrument seiner Rache ausgesucht, weil er
den Hausmeister als einen rohen Menschen gekannt hat. Also einmal sagt er diesem
Herrn, was diese Harnanalysen gemacht hat, daß sein Hausmeister sich schon einige Zeit nicht wohl fühlt und daß er ihn bittet, er soll sich morgen früh gegen
sieben Uhr zu ihm um Urin kommen, daß er sich ihn nachsehn lassen will. Und er
is hingegangen. Der Hausmeister hat noch geschlafen, wie ihn der Herr geweckt
hat und freundschaftlich zu ihm gesagt hat:
‚Habe die Ehre, Herr Malek, guten Morgen, wünsch ich. Hier is, bitte, ein Fla-
scherl, urinieren Sie gefälligst, und ich krieg sechs Kronen.' Aber dann hats was
gesetzt! Der Hausmeister is in Unterhosen ausn Bett gesprungen, hat den Herrn
beim Hals gepackt und hat ihn an den Kasten geworfen, daß er drin hängengeblie-
ben is! Wie er ihn ausn Kasten gezogen hat, hat er einen Ochsenziemer gepackt
und hat ihn in Unterhosen die Tscheikowskygasse heruntergejagt, und der Herr hat
gekreischt, wie wenn man einem Hund aufn Schwanz tritt, und in der Hawlitschekgasse is er in die Elektrische gesprungen, und den Hausmeister hat ein Polizist
hoppgenommen und sich mit ihm gerauft, und weil der Hausmeister in Unterhosen
war und ihm alles aus ihnen herausgekrochen is, so hat man ihn wegen so einem
Ärgernis in die Gemeindetruhe geworfen und ihn auf die Polizei gebracht, und er
hat noch aus der Gemeindetruhe gebrüllt wie ein Stier: ‚ihr Halunken, ich wer euch
zeigen, mir den Urin analysieren.' Er is sechs Monate gesessen wegen öffentlicher
Gewalttätigkeit und Wachebeleidigung und hat sich dann nach Verkündung des

Urteils einer Beleidigung des Herrscherhauses schuldig gemacht, so sitzt er vielleicht noch heut, und darum sag ich, wenn man sich an jemanden rächen will, so trägts immer ein unschuldiger Mensch davon."

Baloun dachte inzwischen mühsam über etwas nach, bis er schließlich angsterfüllt fragte: „Bitte, Herr Rechnungsfeldwebel, Sie glauben also, daß wir wegen dem Krieg mit Italien kleinere Portionen fassen wern?"

„Das is klar wie Schuhwichs", antwortete Wanek.

„Jesusmaria", schrie Baloun, legte den Kopf in die Hände und saß still in seinem Winkel. Damit endete in diesem Waggon endgültig die Debatte über Italien.

Im Stabswaggon wäre, da der berühmte Kriegstheoretiker Biegler nicht mehr zugegen war, das Gespräch über die durch das Eingreifen Italiens in den Krieg neu entstandene Kriegslage sicherlich recht langweilig gewesen, wenn Leutnant Dub von der dritten Kompanie Biegler nicht gewissermaßen ersetzt hätte.

Leutnant Dub war in Zivil Tschechisch-Professor und hatte bereits damals eine ungewöhnliche Neigung bekundet, überall, wo dies nur möglich war, seine Loyalität on den Tag zu legen. Als schriftliche Arbeiten legte er seinen Schülern Themen aus der Geschichte des Hauses Habsburg vor. In den niedrigeren Klassen schreckte die Schüler Kaiser Maximilian, der auf einen Felsen kroch und nicht hinunterklettern konnte, Joseph II. als Pflüger und Ferdinand der Gute. In den höheren Klassen waren die Themen allerdings komplizierter, wie zum Beispiel das Thema für die Septima:

Abbildung 64: Franz-Joseph-Brücke 1885 (Quelle: František Fridrich (21. 5. 1829 – 23. 3. 1892))

473

„Kaiser Franz Joseph I. als Förderer der Wissenschaften und der Kunst", eine Arbeit, die den Ausschluß eines Septimaners aus sämtlichen Mittelschulen der österreichisch-ungarischen Monarchie zur Folge hatte; er hatte nämlich geschrieben, daß die schönste Tat dieses Monarchen die Gründung der Kaiser-Franz-Josephs-Brücke in Prag gewesen sei.

Dub achtete stets sehr darauf, daß alle seine Schüler am Geburtstag des Kaisers und an ähnlichen Kaiserfeiern mit Begeisterung die Volkshymne sangen. In Gesellschaft war er unbeliebt, weil feststand, daß er ein Denunziant seiner Kollegen war. In der Stadt, wo er unterrichtete, war er Mitglied eines Kleeblatts der größten Dummköpfe und Esel, das aus ihm, dem Bezirkshauptmann und dem Direktor des Gymnasiums bestand. In diesem engen Kreis lernte er im Rahmen der österreichisch-ungarischen Monarchie politisieren. Auch jetzt begann er mit der Stimme und dem Ton eines verknöcherten Professors seine Anschauungen darzulegen.

„Alles in allem hat mich das Verhalten Italiens nicht im Geringsten überrascht. Ich habe es schon vor drei Monaten erwartet. Es steht fest, daß Italien in der letzten Zeit infolge des siegreichen Krieges mit der Türkei um Tripolis bedeutend stolzer geworden ist. Außerdem verläßt es sich zu sehr auf seine Flotte und auf die Stimmung der Bevölkerung in unseren Küstenländern und in Südtirol. Noch vor dem Krieg habe ich mit unserem Bezirkshauptmann darüber gesprochen, daß unsere Regierung die irredentistische Bewegung im Süden nicht unterschätzen sollte. Er hat mir auch vollkommen recht gegeben, weil jeder scharfsinnige Mensch, dem an der Erhaltung unseres Reiches gelegen ist, schon längst voraussetzen mußte, wohin wir es mit der allzu großen Nachsicht gegen solche Elemente bringen würden. Ich erinnere mich deutlich, etwa vor zwei Jahren in einem Gespräch mit dem Bezirkshauptmann erklärt zu haben, daß Italien - es war in der Zeit des Balkonkrieges während der Affäre unseres Konsuls Prochazka - auf die nächste Gelegenheit wartet, um uns meuchlings anzufallen."

„Und da haben wirs!" schrie er mit einer Stimme, als ob alle mit ihm stritten, obwohl sich sämtliche anwesenden aktiven Offiziere bei seiner Rede dachten, daß ihnen dieser quasselnde Zivilist auf den Buckel steigen möge.

„Wahr ist", fuhr er in gemäßigterem Tone fort, „daß man in der Mehrzahl der Fälle sogar in den Schulaufgaben an unser früheres Verhältnis zu Italien vergaß, an jene großen Tage der glorreichen siegreichen Armeen sowohl des Jahres 1848 als auch des Jahres 1866, von denen in den heutigen Brigadebefehlen die Rede ist. Ich habe immer meine Pflicht erfüllt und noch vor Schluß des Schuljahrs, knapp vor Kriegsbeginn, meinen Schülern die Stilaufgabe gegeben: ,Unsere Helden in Italien von Vicenza bis Custoia oder..."

Und der blöde Leutnant Dub fügte feierlich hinzu: „... Blut und Leben für Habsburg! Für ein Österreich, ganz, einig und groß!"

Er schwieg und wartete offenbar, daß die übrigen Insassen des Stabswaggons ebenfalls von der neuen Situation sprechen würden, worauf er ihnen nochmals bewiesen hätte, daß er bereits vor fünf Jahren Italiens Verhalten dessen Verbündeten gegenüber vorausgeahnt habe. Er täuschte sich jedoch ganz und gar, denn Hauptmann Sagner, dem Ordonnanz Matuschitz vom Bahnhof die Abendausgabe des „Pester Lloyd" brachte, sagte, in die Zeitung blickend: „Da schau her, diese Weiner, die wir in Brück als Gast gesehn haben, hat hier gestern auf der Bühne des Kleinen Theaters gespielt."

Damit war im Stabswaggon die Debatte über Italien beendet. Bataillonsordonnanz Matuschitz und Batzer, der Diener Hauptmann Sagners, die rückwärts saßen, betrachteten den Krieg mit Italien von einem rein praktischen Standpunkt, denn vor vielen Jahren, noch während ihrer aktiven Dienstzeit, hatten beide an irgendwelchen Manövern in Südtirol teilgenommen.

„Das wird ne hübsche Schinderei sein, auf diesen Berg zu klettern", sagte Batzer, „Hauptmann Sagner hat einen ganzen Berg Koffer. Ich bin zwar ausm Gebirg, abers is ganz was andres, wenn man die Flint untern Rock nimmt und sichn Hasen in der Schwarzenbergschen Herrschaft aussuchen geht."

„Das heißt, wenn wir nach Italien hinunterdirigiert wern. Mir wärs auch nicht recht, auf den Bergen und Gletschern mit Befehlen herumzusausen. Dann das Fressen dort unten, lauter Palenta und Öl", sagte Matuschitz traurig.

„Und warum solltens nicht grad uns ins Gebirg schicken", geriet Batzer in Erregung, „unser Regiment war schon in Serbien, in den Karparten, i hob mi scho mitn Koffern vom Herrn Hauptmann in die Berg rumgeschleppt, i wo amol hab ichs scho verloren, amol in Serbien, das zweitemol in den Karpaten, in so ner Schlamastik, unds kann san, daß dasselbe zum drittenmal a auf der italienischen Grenze auf mi wartet - und was den Fraß dort unten anbelangt" — er spuckte aus und rückte zutraulich zu Matuschitz: „Weißt, bei uns in Bergreichenstein mach mr so kleine Teigknödel aus rohen Erdäpfeln, die kocht man, dann wickelt mans in Ei, bestreuts hübsch mit Semmeln und bäckts auf Speck aus." Das Wort Speck sagte er mit geheimnisvoll feierlicher Stimme.

„Und am besten sans mit Sauerkraut", fügte er melancholisch hinzu, „da müssen sich die Makkaroni verstecken."

475

Damit endete auch hier das Gespräch über Italien. Da der Zug bereits zwei Stunden auf dem Bahnhof stand, herrschte in den übrigen Waggons eine Stimme: der Zug werde wahrscheinlich umdirigiert und nach Italien geschickt werden.

Dafür sprach auch der Umstand, daß inzwischen mit dem Transport sonderbare Dinge geschahen. Man jagte wieder alle Mann aus den Waggons, die Sanitätsinspektion kam mit der Desinfektionsabteilung und besprengte alle Waggons hübsch mit Lysol, was, hauptsächlich in den Waggons, wo man Kommißbrotvorräte mitführte, sehr mißfällig aufgenommen wurde. Aber Befehl ist Befehl, die Sanitätskommission hatte den Befehl erteilt, alle Waggons des Transports Nr. 723 zu desinfizieren, deshalb bespritzte man die Kommißbrothaufen und Reissäcke ganz ruhig mit Lysol. Daran konnte man wohl merken, daß etwas Besonderes vor sich ging. Dann jagte man wieder alles in die Waggons und noch einer halben Stunde jagte man wieder alle heraus, weil ein General kam, um den Transport zu besichtigen. Er war so alt, daß Schwejk sofort eine ganz natürliche Bezeichnung für den alten Herrn einfiel. Hinter der Front stehend, bemerkte Schwejk zu Feldwebel Wanek: „Das ist aber ein Krepierl!"

Und der alte General ging, von Hauptmann Sagner begleitet, vor der Front auf und ab, blieb vor einem jungen Soldaten stehen und fragte ihn, gewissermaßen um die ganze Mannschaft zu begeistern, woher er sei, wie alt er sei und ob er eine Uhr habe. Der Soldat besaß zwar eine Uhr, aber weil er dachte, daß er von dem alten Herrn noch eine bekommen werde, sagte er, daß er keine habe, worauf der greise Krepierl-General mit einem so idiotischen Lächeln, wie es Kaiser Franz Joseph zu haben pflegte, wenn er irgendwo in einer Stadt den Bürgermeister ansprach, meinte: „Das ist gut, das ist gut."

Dann wandte er sich an den danebenstehenden Korporal und beehrte ihn mit der Frage, ob seine Gattin gesund sei.

„Melde gehorsamst", brüllte der Korporal, „daß ich nicht verheiratet bin", worauf der General mit seinem herablassenden Lächeln wiederum sein „Das ist gut, das ist gut" sagte.

Dann forderte der General in greisenhafter Kindlichkeit Hauptmann Sagner auf, ihm vorzuführen, wie sich die Mannschaft selbst in Doppelreihen abzählt, und einen Augenblick später ertönte es schon: „Erster-zweiter, erster-zweiter, erster-zweiter!"

Das hatte der alte General-Krepierl sehr gern. Er hatte sogar zu Hause zwei Burschen, die er vor sich aufzustellen pflegte und zählen ließ: „Erster-zweiter, erster-zweiter." Solcher Generale gabs in Österreich eine Menge.

Als die Inspektion glücklich vorüber war, wobei es der General Hauptmann Sagner gegenüber nicht an Lob fehlen ließ, erlaubte man der Mannschaft, sich im Bereiche des Bahnhofs frei zu bewegen, denn es war die Meldung eingetroffen, daß erst in drei Stunden abgefahren werde. Die Leute gingen also auf und ab und schauten lauernd umher, denn auf den Bahnhöfen herrschte ein reger Verkehr, und ab und zu erbettelte sich doch einer der Soldaten eine Zigarette. Man konnte sehen, daß die erste Begeisterung, die sich in der feierlichen Begrüßung der Transporte auf den Bahnhöfen geäußert hatte, beträchtlich nachgelassen hatte und bis zur Bettelei herabgesunken war. Bei Hauptmann Sagner stellte sich eine Deputation des „Vereines zur Begrüßung der Helden" ein; sie bestand aus zwei fürchterlich strapazierten Damen, die ein für das Marschbataillon bestimmtes Geschenk überreichten, nämlich zwanzig Schachteln wohlriechender Mundpastillen, Reklameartikel einer Pester Zuckerwarenfirma. Die Blechschächtelchen, in denen sich diese wohlriechenden Mundpastillen befanden, waren recht hübsch. Auf die Deckel war ein ungarischer Honved gemalt, der einem österreichischen Landsturmmann die Hand drückte, und darüber strahlte die heilige Stephanskrone. Ringsherum befand sich die deutsche und magyarische Aufschrift: „Für Kaiser, Gott und Vaterland." Die Zuckerwarenfabrik war so loyal, daß sie dem Kaiser vor Gott den Vorrang gab.

Jedes Schächtelchen enthielt 80 Pastillen, so daß im Ganzen etwa fünf Pastillen auf drei Mann kamen. Außerdem brachten die abgehärmten, strapazierten Damen ein großes Paket mit zwei gedruckten Gebeten, die den Budapester Erzbischof Gezsa von Szatmar-Budafal zum Verfasser hatten. Sie waren deutsch-magyarisch und enthielten die fürchterlichsten Verfluchungen aller Feinde. Geschrieben waren diese Gebete so leidenschaftlich, daß ihnen nur zum Schluß das schneidende magyarische „Bas-zom a KrisUismarjat!" fehlte.

Dem ehrenwerten Erzbischof zufolge sollte der liebe Gott die Russen, Engländer, Serben, Franzosen, Italiener zu Nudeln und Paprikagulasch zerhacken. Der gütige Gott sollte in dem Blute der Feinde baden und alles ermorden, wie es der Rohling Herodes mit den Kindern getan hatte.

Der ehrwürdige Erzbischof von Budapest verwendete in seinen Gebeten beispielsweise folgende hübsche Sätze: „Gott segne eure Bajonette, damit sie tief in die Bäuche eurer Feinde dringen. Möge der überaus gerechte Gott das Feuer der Kanonen auf die Köpfe der feindlichen Stäbe richten. Der barmherzige Gott gebe, daß alle Feinde in dem Blute ihrer eigenen Wunden ersticken, die ihr ihnen zufügen werdet!" Deshalb muß man abermals wiederholen, daß diesen Gebeten nichts anderes fehlte, als zum Schluß das „Baszom a Kristusmarjat!"

Als die beiden Damen das alles abgegeben hatten, äußerten sie Hauptmann Sagner gegenüber den verzweifelten Wunsch, bei der Verteilung der Geschenke anwesend sein zu dürfen. Die eine hatte sogar so viel Mut, zu erwähnen, daß sie bei dieser Gelegenheit gerne eine Ansprache an die Soldaten halten würde, die sie nicht anders nannte als „unsere braven Feldgrauen".

Beide taten sehr beleidigt, als Hauptmann Sagner ihr Verlangen zurückwies. Einstweilen wanderten diese Liebesgaben in die Waggons, in denen sich das Magazin befand. Die ehrenwerten Damen schritten durch die Reihen der Soldaten, und die eine von ihnen verabsäumte nicht, bei dieser Gelegenheit einen bärtigen Soldaten im Gesicht zu tätscheln. Es war ein gewisser Schimek aus Budweis, der von der erhabenen Stellung der Damen nichts wußte und, als sie gegangen waren, zu seinen Freunden sagte: „Sind aber die Huren hier frech! Wenn so ein Äff wenigstens nach was aussehn macht, sein tuts wie ein Storch, man sieht nix anderes als die Haxn und ausschaun tuts wie das Martyrium Gottes; und so ne olle Raschpl will sich noch was mit Soldaten anfangen."

Auf dem Bahnhof ging es sehr lebhaft zu. Das Ereignis in Italien verursachte hier eine gewisse Panik, weil zwei Artillerietransporte angehalten und in die Steiermark geschickt worden waren. Auch ein Transport Bosniaken war da, der schon seit zwei Tagen aus irgendwelchen unbekannten Gründen hier wartete und vollkommen vergessen und verschollen war. Die Bosniaken hatten schon zwei Tage keine Menage gefaßt und bettelten in Neu-Pest um Brot. Man hörte nichts anderes als das aufgeregte Gespräch der lebhaft gestikulierenden vergessenen Bosniaken, die unaufhörlich aus sich herausstießen: „Jeben ti boga, jeben ti duschu, jeben ti majku."

Dann wurde das Marschbataillon der Einundneunziger wieder zusammengetrieben und nahm die Plätze in den Waggons ein. Bald darauf kehrte aber Bataillonsordonnanz Matuschitz vom Bahnhofskommando mit der Nachricht zurück, daß man erst in drei Stunden fahren werde. Deshalb wurde die abermals zusammenberufene Mannschaft wieder aus den Waggons entlassen. Knapp vor Abfahrt des Zuges stieg Leutnant Dub sehr aufgeregt in den Stabswaggon und verlangte von Hauptmann Sagner, er möge Schwejk unverzüglich einsperren lassen. Leutnant Dub, ein alter bekannter Denunziant in seinem Wirkungskreis als Gymnasialprofessor, knüpfte gern Gespräche mit Soldaten an, um ihre Überzeugung zu erforschen, und gleichzeitig suchte er die Gelegenheit, sie zu belehren und aufzuklären, warum sie kämpften, wofür sie kämpften. Bei seinem Rundgang hatte er hinter dem Bahnhofsgebäude bei einer Laterne Schwejk stehen gesehen, wie er mit Interesse das Plakat irgendeiner Kriegslotterie betrachtete. Dieses Plakat stellte einen österreichischen Soldaten dar, wie er einen entsetzten bärtigen Kosaken an eine Mauer bohrte.

Leutnant Dub klopfte Schwejk auf die Schulter und fragte ihn, wie ihm das gefalle.

„Melde gehorsamst, Herr Lajtnant", antwortete Schwejk, „daß das ein Blödsinn is, ich hab schon viel blöde Plakate gesehn, aber so was Blödes hab ich noch nie gesehn."

„Was gefällt Ihnen denn dran nicht?" fragte Leutnant Dub. „Was mir an dem Plakat nicht gefällt, Herr Lajtnant, is, wie der Soldat mit den ihm anvertrauten Waffen umgeht, er kann doch das Bajonett an der Mauer zerbrechen, und dann is das Ganze doch überhaupt überflüssig, er macht dafür gestraft wern, weil der Russe die Hände oben hat und sich ergibt. Er is ein Gefangener und mit Gefangenen muß man anständig umgehn, denn das nützt nichts, es sind doch auch Menschen."

Leutnant Dub fuhr also fort, Schwejks Gesinnung zu erforschen, und fragte ihn: „Ihnen tut also dieser Russe leid, nicht wahr?"

„Mir tun beide leid, Herr Lajtnant, der Russe, weil er durchgebohrt is, und auch der Soldat, weil er dafür eingesperrt wern wird. Er hat doch das Bajonett dabei zerbrechen müssen, Herr Lajtnant, das nützt nichts, es sieht ja aus wie eine steinerne Wand, wo er das hineinbohrt, und Stahl is zerbrechlich. Da hamr Ihnen mal, Herr Lajtnant, noch vorn Krieg, in der aktiven Dienstzeit, einen Herrn Lajtnant bei der Kompanie gehabt. Nicht mal ein alter Kommißknopf hat sich so ausdrücken können wie der Herr Lajtnant. Aufn Exerzierplatz hat er uns gesagt: ‚Wenn Habtacht is, so mußt du die Augen herauswälzen, wie wenn ein Kater ins Futter scheißt.' Aber sonst war er ein sehr braver Mensch. Einmal Weihnachten is er verrückt worn, hat für die Kompanie einen ganzen Wagen Kokosnüsse gekauft, und seit der Zeit weiß ich, wie zerbrechlich Bajonette sind. Die halbe Kompanie hat sich an diesen Kokosnüssen die Bajonette zerbrochen, und unser Oberlajtnant hat die ganze Kompanie einsperren lassen, drei Monate hamr nicht aus der Kaserne dürfen, der Herr Lajtnant hat Hausarrest gehabt..."

Leutnant Dub schaute ärgerlich in das arglose Gesicht des braven Soldaten Schwejk und fragte ihn zornig; „Kennen Sie mich?"

„Ich kenn Sie, Herr Lajtnant."

Leutnant Dub rollte die Augen und stampfte mit den Füßen: „Ich sag Ihnen, daß Sie mich noch nicht kennen."

Schwejk antwortete wiederum mit ahnungsloser Ruhe, als melde er einen Rapport: „Ich kenn Sie doch, Herr Lajtnant, Sie sind, melde gehorsamst, von unserm Marschbataillon."

„Sie kennen mich noch nicht!" schrie Leutnant Dub abermals, „Sie kennen mich vielleicht von der guten Seite, aber bis Sie mich von der schlechten kennenlernen werden: ich bin bös, Sie werden sich wundern, ich bringe jeden zum Weinen. Also kennen Sie mich, oder kennen Sie mich nicht?"

„Ich kenn Sie, Herr Lajtnant."

„Ich sag Ihnen zum letztenmal, daß Sie mich nicht kennen, Sie Esel. Haben Sie Brüder?"

„Melde gehorsamst, Herr Lajtnant, ich hab einen."

Leutnant Dub geriet beim Anblick des ruhigen, arglosen Gesichtes Schwejks in schreckliche Wut und rief, ohne sich länger beherrschen zu können: „Da wird Ihr Bruder auch so ein Rindvieh sein wie Sie. Was war er denn."

„Professor, Herr Lajtnant. Er war auch beim Militär und hat die Offiziersprüfung abgelegt." Leutnant Dub schaute Schwejk an, als wollte er ihn durchbohren. Schwejk ertrug mit würdevoller Gemessenheit den bösen Blick Leutnant Dubs, worauf das ganze Gespräch zwischen ihm und dem Leutnant vorläufig mit dem Wort „Abtreten!" endete.

Jeder ging also seines Weges, und jeder dachte sich das seine. Leutnant Dub dachte, daß er den Herrn Hauptmann veranlassen werde, Schwejk einsperren zu lassen, und Schwejk wiederum dachte, daß er schon viele dumme Offiziere gesehen habe, aber daß so einer wie Leutnant Dub doch nur eine Seltenheit beim Regiment war. Leutnant Dub, der sich gerade heute vorgenommen hatte, die Soldaten zu erziehen, fand hinter dem Bahnhof ein neues Opfer. Es waren zwei Soldaten vom Regiment, aber von einer andern Kompanie; sie verhandelten im Dunkeln in gebrochenem Deutsch mit zwei Straßenmädchen, die sich zu Dutzenden um den Bahnhof herumtrieben. Der sich entfernende Schwejk vernahm noch ganz deutlich die scharfe Stimme Leutnant Dubs: „Kennen Sie mich!?"

„Aber Ich sage euch, daß ihr mich nicht kennt!" —

„Aber bis wir mich kennenlernen werdet!"

„Ihr kennt mich vielleicht von der guten Seite!" —

„Ich sage euch, bis ihr mich von der schlechten Seite kennenlernen werdet!" —

„Ich werde euch zum Weinen bringen, ihr Esel!"

„Habt ihr Brüder?" —

„Das werden auch Rindviecher sein wie ihr! — Was waren sie? — Beim Train?

— Also gut. — Denkt daran, daß ihr Soldaten seid, — Seid ihr Tschechen? — Wißt ihr, daß Palacký gesagt hat, wenn es kein Österreich geben würde, müßten wir eins schaffen? — Abtreten!"

Der Rundgang Leutnant Dubs hatte jedoch alles in allem kein positives Ergebnis. Er hielt noch etwa drei Soldatengruppen an, aber seine erzieherischen Bestrebungen, „zum Weinen zu bringen", scheiterten vollständig. Das Material, das ins Feld geschleppt wurde, war so beschaffen, daß Leutnant Dub aus den Augen jedes einzelnen herausfühlte, daß ein jeder etwas sehr Unangenehmes über ihn dachte. Er war in seinem Stolz verletzt, und das Resultat war, daß er vor Abfahrt des Zuges im Stabswaggon von Hauptmann Sagner verlangte, er möge Schwejk einsperren lassen. Er begründete die Notwendigkeit einer Isolierung des braven Soldaten Schwejk mit dessen sonderbarem, frechem Auftreten, wobei er die aufrichtigen Antworten Schwejks auf seine letzte Frage „boshafte Bemerkungen" nannte. Sollte es so weitergehn, würde das Offizierskorps in den Augen der Mannschaft alle Würde verlieren, woran gewiß niemand von den Herren Offizieren zweifle. Er selbst habe noch vor dem Krieg mit dem Herrn Bezirkshauptmann davon gesprochen, daß jeder Vorgesetzte trachten müsse, seinen Untergebenen gegenüber eine gewisse Autorität zu bewahren. Der Herr Bezirkshauptmann wäre gleichfalls dieser Meinung gewesen, insbesondere jetzt im Krieg, je näher man dem Feinde komme, sei es notwendig, die Soldaten in einem gewissen Schrecken zu erhalten. Deshalb verlange er also, daß Schwejk disziplinarisch bestraft werde. Hauptmann Sagner, der als aktiver Offizier alle diese Reserveoffiziere aus den verschiedenen Zivil brauchen haßte, machte Leutnant Dub darauf aufmerksam, daß ähnliche Anzeigen nur in Form eines Rapports zu erstatten seien und nicht auf eine solche wunderbare Hökerart, wie wenn man um den Preis von Kartoffeln feilsche. Soweit es sich um Schwejk selbst handle, sei die erste Instanz, deren Rechtskraft Schwejk unterstehe, Herr Oberleutnant Lukasch. So eine Sache erledige man nur beim Rapport. Von der Kompanie gehe so eine Sache zum Bataillon, das sei dem Herrn Leutnant vielleicht bekannt. Wenn Schwejk etwas angestellt habe, so werde er vor den Kompanierapport kommen und, falls er Berufung einbringen sollte, zum Bataillonsrapport. Wenn Herr Oberleutnant Lukasch dies wünsche und die Erzählung des Herrn Leutnant Dub für eine offizielle Anzeige halte, habe er nichts dagegen, daß Schwejk vorgeführt und verhört werde.

Oberleutnant Lukasch wandte nichts dagegen ein; er bemerkte nur, daß er selbst aus Schwejks Erzählung sehr gut wisse, daß Schwejks Bruder tatsächlich Professor und Reserveoffizier sei. Leutnant Dub schwankte und sagte, er habe nur eine Bestrafung in weiterem Sinne verlangt, es könne sein, daß sich der bewußte Schwejk nicht recht auszudrücken verstehe und seine Antworten deshalb den Eindruck von Frechheit, Boshaftigkeit und Mißachtung des Vorgesetzten erwecken. Abgesehen davon sei aus dem ganzen Gehaben des bewußten Schwejk ersichtlich, daß er von schwachem Verstande sei. Damit verzog sich das ganze Gewitter über Schwejks Haupt, ohne daß der Blitz eingeschlagen hätte.

In dem Waggon, wo sich die Kanzlei und das Magazin des Bataillons befanden, schenkte Bautanzel, Rechnungsfeldwebel des Marschbataillons, zwei Bataillonsschreibern mit großer Herablassung je eine Handvoll Pastillen aus den Schachteln, die für das ganze Bataillon bestimmt waren. Es war eine alltägliche Erscheinung, daß alles, was für die Mannschaft bestimmt war, die nämliche Manipulation in der Bataillonskanzlei durchmachen mußte wie die unglückseligen Pastillen.

Das war überall im Krieg etwas ganz Selbstverständliches, und selbst dann, wenn sich irgendwo bei der Inspektion zeigte, daß nicht gestohlen worden war, stand doch nur jeder Rechnungsfeldwebel in den verschiedenen Kanzleien im Verdacht, das Budget zu überschreiten und sich gewisser Unterschleife schuldig zu machen, um alles wieder in Ordnung zu bringen.

Deshalb sprach Bautanzel, während sich alle mit den Pastillen stopften, um wenigstens diese Schweinerei zu genießen, wenn schon nichts anderes da war, um das man die Mannschaft hätte bestehlen können, von den traurigen Verhältnissen auf dieser Fahrt: „Ich hab schon zwei Marschbataillone durchgemacht, aber so eine elende Fahrt wie jetzt hamr noch nicht gehabt. Ja, Freunderln, bevor wir damals nach Eperjes gekommen sind, hamr Berge von allem bekommen, woran man sich erinnert hat. Ich hab zehntausend Memphis versteckt gehabt, zwei Räder Emmentaler, dreihundert Konserven und dann, wies schon nach Bartfeld in die Schützengräben gegangen is, ham die Russen unsere Verbindung von Eperjes nach Musin abgeschnitten, und da hat man Geschäfte gemacht. Ich hab von allem so zum Schein den zehnten Teil fürs Marschbataillon hergegeben, wie wenn ichs erspart hätt, und das andre hab ich alles beim Train verkauft. Wir ham bei uns einen gewissen Major Sojka gehabt, das war eine hübsche Sau. Er war zwar kein Held und hat sich am liebsten bei uns beim Train herumgeschlagen, weil dort oben die Kugerln gepfiffen ham und die Schrapnells.

Und da is er immer zu uns gekommen, unter dem Vorwand, daß er sich überzeugen muß, ob man für die Mannschaft beim Bataillon gut kocht.

Abbildung 65: Nachschublager mit Trainfahrzeugen (Quelle: Deutsches Bundesarchiv)

Gewöhnlich ist er zu uns heruntergekommen, wenn die Nachricht eingetroffen is, daß die Russen wieder was vorbereiten; er hat am ganzen Körper gezittert, hat in der Küche Rum trinken müssen, und dann hat er eine Inspektion bei allen Feldküchen gemacht, die um den Train herumgestanden sind, weil man in die Schützengräben nicht hat hinauf können und die Menage in der Nacht hinaufgetragen werden mußte. Wir waren damals in so einer Schlamastik, daß von irgendeiner Offiziersmenage nicht mal die Rede sein könnt. Einen Weg, was noch nachn Hinterland frei war, ham die Deutschen ausn Reich besetzt gehabt, die ham alles zurückbehalten, was Besseres war, uns hat mans ausn Hinterland geschickt, und sie hams selbst aufgefressen, so daß auf uns nichts mehr geblieben is; wir sind alle beim Train ohne Offiziersmenage geblieben. In der ganzen Zeit is es mir nicht gelungen, in der Kanzlei mehr für uns zu ersparen wie ein Schweinerl, was wir uns ham räuchern lassen, und damit der Major Sojka nicht drauf kommt, hamrs eine Stunde weit weg bei der Artillerie aufgehoben gehabt, wo ich einen bekannten Feuerwerker gehabt hab. Also dieser Major, wenn er zu uns gekommen ist, hat immer angefangen in der Küche die Suppe zu kosten. Wahr is, Fleisch hat man nicht viel kochen können, nur was man an Schweinen oder mageren Kühen in der Umgebung aufgetrieben hat. Da ham uns noch die Preußen große Konkurrenz gemacht und ham bei der Requisition zweimal soviel fürs Vieh gegeben. In der ganzen Zeit, was wir bei Bartfeld gestanden sind, hamr uns beim Einkauf von Vieh nichts erspart wie ein bißl was über zwölfhundert Kronen, und da hamr noch meistens anstatt Geld Anweisungen mitn Bataillonsstempel gegeben, besonders in der letzten Zeit, wie wir gewußt ham, daß die Russen im Osten von uns in Radvany und im Westen in Podolin sind. Am ärgsten arbeitet sichs mit so einem Volk, wies dort is, was nicht lesen und schreiben kann und sich nur mit drei Kreuzeln unterschreibt, was unsere Intendanz sehr gut gewußt hat, so daß ich, wenn wir um Geld auf die Intendanz geschickt ham, nicht die gefälschte Quittung hab beilegen können, daß ich ihnen Geld ausgezahlt hab: das kann man nur dort machen, wo das Volk gebildeter is und sich unterschreiben kann. Und dann, wie ich schon gesagt hab, die Preußen ham uns überzahlt und ham bar gezahlt, und wenn wir wohin gekommen sind, so hat man uns angeschaut wie Räuber, und die Intendanz hat noch dazu einen Befehl herausgegeben, daß die Quittungen, was mit Kreuzeln unterschrieben sind, der Feldrechnungskontrolle übergeben werden müssen. Und von diesen Kerlen hats nur so gewimmelt. So ein Kerl is gekommen, hat sich bei uns angefressen und angetrunken und am nächsten Tag is er uns anzeigen gegangen. Der Major Sojka hat fort in den Küchen herumgeschnüffelt, meiner Seel, glaubts mir, einmal hat er ausn Kessel das Fleisch für die ganze vierte Kompanie herausgezogen. Mitn Schweinskopf hats angefangen, von dem hat er gesagt, daß er nicht genug gekocht is, so hat er sich ihn noch ein Weilchen kochen lassen; es is wahr, man hat damals nicht viel Fleisch gekocht, auf die ganze Kompanie sind ungefähr zwölf alte ehrliche Portionen Fleisch gekommen, aber er hat alles aufgegessen, dann hat er die Suppe gekostet und Krawall geschlagen, daß sie wie Wasser is, was das für eine Ordnung is, Fleischsuppe ohne Fleisch, er hat Einbrenn hineingeben lassen und hat meine letzten Makkaroni hineingeworfen, was ich in der ganzen Zeit erspart hab. Aber das hat mich nicht so verdrossen wie das, daß auf diese Einbrenn zwei Kilo Teebutter draufgegangen sind, was ich noch in der Zeit abgespart hab, was eine Offiziersmenage gegeben hat. Ich hob sie auf einem Regal überm Kavallett gehabt, er hat mich angebrüllt, wem das herich gehört. Ich hab ihm also gesagt, daß nachn Budget für die Verpflegung der Soldaten auf einen einzelnen Soldaten zum Zubessern fünfzehn Gramm Butter kommen oder einundzwanzig Gramm Fett und daß die Buttervorräte, weils nicht langt, so lang stehnbleiben, solang man der Mannschaft nicht die volle Waage Butter zubessern kann. Major Sojka hat sich sehr aufgeregt, hat zu schrein angefangen, daß es wahrscheinlich wart, bis die Russen kommen und uns die letzten zwei Kilo Butter wegnehmen, daß es gleich in die Suppe kommen muß, wenn die Suppe ahne Fleisch is. So bin ich um den ganzen Vorrat gekommen, und ihr könnts mir glauben, dieser Major hat mir, wie er sich nur gezeigt hat, lauter Pech gebracht. Er hat nach und nach so einen entwickelten Geruch gehabt, daß er gleich von allen meinen Vorräten gewußt hat. Einmal, wie ich an der Mannschaft Rindsleber abgespart hab und sie mir dünsten wollt, is er direkt unters Kavallett gekrochen und hat sie herausgezogen. Ich hab ihm auf sein Gebrüll gesagt, daß die Leber zum Eingraben bestimmt is, daß das vormittags von einem Hufschmied von der Artillerie festgestellt worden is, was einen Veterinärkurs hat. Der Major hat einen Gemeinen vom Train zusammengepackt und dann ham sie sich mit dem Gemeinen oben unter den Felsen in einem Kessel die Leber gebraten, und das war auch sein Unglück. Denn die Russen ham das Feuer gesehn und auf den Major und auf den Kessel mit einem Achtzehner gefeuert. Dann sind wir hin schaun gegangen und man hat nicht auseinander gekannt, ob sich auf den Felsen die Rindsleber wälzt oder die Leber vom Herrn Major..."

Dann kam die Nachricht, daß man erst in vier Stunden abfahren werde. Die nach Hatvan führende Strecke sei mit Verwundetenzügen verstellt. Auf den Bahnhöfen verbreitete sich überdies das Gerücht, daß bei Jagr ein Sanitätszug mit Kranken und Verwundeten mit einem Artillerietransport zusammengestoßen sei. Aus Pest seien angeblich Hilfszüge abgefahren.

Bald darauf arbeitete bereits die Phantasie des ganzen Bataillons. Man sprach von 200 Toten und Verwundeten, und es hieß, daß der Zusammenstoß absichtlich herbeigeführt worden sei, damit die Betrügereien bezüglich der Verpflegung der Kranken nicht an den Tag kämen.

Das gab Anlaß zu einer scharfen Kritik an der unzureichenden Verpflegung des Bataillons und den Dieben in Kanzlei und Magazin.

Die Mehrzahl war der Meinung, daß Bataillonsrechnungsfeldwebel Baitanzel alles zur Hälfte mit den Offizieren teile.

Im Stabswaggon verkündete Hauptmann Sagner, daß man der Marschroute nach eigentlich schon an der galizischen Grenze sein sollte. In Jagr hätte man bereits für drei Tage Brot und Konserven für die Mannschaft fassen sollen. Bis Jagr seien noch zehn Stunden Fahrt. In Jagr stünden tatsächlich so viele Züge mit Verwundeten von der Offensive bei Lemberg, daß dem Telegramm zufolge in Jagr weder ein Kommißbrot noch eine einzige Konserve vorhanden sei. Er habe Befehl erhalten, statt Brot und Konserven 6 K 72 h pro Mann auszuzahlen, die bei der Verteilung der Löhnung für neun Tage ausgezahlt werden sollten, das heißt, falls er bis dahin Geld von der Brigade erhalten werde. In der Kassa habe er nur etwas über 12 000 Kronen.

„Das ist aber eine Schweinerei vom Regiment", sagte Oberleutnant Lukasch,

„uns so miserabel in die Welt zu schicken."

Ein gegenseitiges Geflüster zwischen Fähnrich Wolf und Oberleutnant Kolar ergab, daß Oberst Schröder während der letzten drei Wochen an sein Konto in einer Wiener Bank 16 000 Kronen geschickt habe. Hierauf erzählte Oberleutnant Kolar, auf welche Weise gespart werde. Man stiehlt dem Regiment 6000 Kronen, steckt sie in die eigene Tasche und erteilt mit konsequenter Logik an alle Küchen den Befehl, täglich jedem Mann 3 Gramm Erbsen abzuzwicken.

In einem Monat macht das 90 Gramm pro Mann, und bei jeder Kompanieküche muß wenigstens ein Vorrat von 16 Kilogramm Erbsen erspart werden, mit dem der Koch sich ausweisen muß.

Oberleutnant Kolar und Wolf erzählten einander nur so allgemein von bestimmten Fällen, die sie beobachtet hatten.

Es stand jedoch fest, daß es in der ganzen Militärverwaltung eine Fülle von solchen Fällen gab. Mit dem Rechnungsfeldwebel bei irgendeiner unglücklichen Kompanie fing es an, und mit dem Hamster in Generaluniform, der Vorrate für den Nachkriegswinter anhäufte, endete es. Der Krieg erforderte Tapferkeit auch beim Stehlen.

Die Intendanten schauten einander liebevoll an, als wollten sie sagen:

„Wir sind ein Leib und eine Seele, wir stehlen. Kamerad, wir betrügen, Brüderlein, aber du kannst dir nicht helfen, gegen den Strom kann man schwer schwimmen. Wenn dus nicht nimmst, nimmts ein anderer und sagt noch von dir, daß du deshalb nicht stiehlst, weil du schon genug zusammengerafft hast."

Den Waggon betrat ein Herr mit roten und goldenen Lampassen. Es war wieder einer von den Generalen, die alle Strecken inspizierten. „Setzen Sie sich, meine Herren", nickte er leutselig, erfreut, wieder einen Transport überrascht zu haben, von dem er nicht gewußt hatte, daß er ihn hier vorfinden werde.

Als Hauptmann Sagner ihm Rapport erstatten wollte, winkte er nur mit der Hand: „Ihr Transport ist nicht in Ordnung. Ihr Transport schläft nicht. Ihr Transport sollte schon schlafen. Bei Transporten soll, wenn sie auf dem Bahnhof stehen, wie in den Kasernen um neun Uhr geschlafen werden."

Er sagte abgehackt: „Vor neun Uhr führt man die Mannschaft zu den Latrinen hinter dem Bahnhof hinaus - und dann geht man schlafen. Sonst verunreinigt die Mannschaft in der Nacht die Strecke. Verstehn Sie, Herr Hauptmann? Wiederholen Sie mir das. Oder wiederholen Sie mirs nicht und machen Sies so, wie ich mirs wünsche. Alarm blasen. Alles zu den Latrinen jagen. Retraite blasen und schlafen. Kontrollieren, wer nicht schläft. Strafen! Ja! Ist das alles? Abendessen um sechs

Uhr verteiln."

Er sprach jetzt von etwas in der Vergangenheit, von etwas, was nicht geschehen war und sich gewissermaßen hinter einer zweiten Ecke befand. Er stand da wie ein Phantom aus der Region der vierten Dimension. „Abendessen um sechs Uhr verteiln", fuhr er fort und schaute auf die Uhr, die zehn Minuten nach elf Uhr nachts zeigte.

„Um halb neun Alarm, Latrinenscheißen, dann schlafen gehn. Zum Abendessen um sechs Uhr Gulasch mit Kartoffeln statt 15 Deka Emmentaler."

Dann folgte der Befehl: Bereitschaft. Hauptmann Sagner ließ also abermals Alarm blasen, und der Inspektionsgeneral, der der Aufstellung des Marschbataillons zusah, ging mit den Offizieren auf und ab und redete ununterbrochen auf sie ein, als wären sie Idioten und könnten nicht gleich begreifen; dabei zeigte er auf die Zeiger der Uhr: „Also sehn Sie. Um halb neun scheißen und nach einer halben Stunde schlafen. Das genügt vollkommen. In dieser Übergangszeit hat die Mannschaft ohnedies weichen Stuhl. Hauptsächlich lege ich Gewicht auf den Schlaf. Das ist die Stärkung zu weiteren Märschen. Solange die Mannschaft im Zug ist, muß sie sich ausruhn. Wenn nicht genug Platz in den Waggons ist, schläft die Mannschaft partieweise. Ein Drittel der Mannschaft legt sich im Waggon bequem hin und schläft von neun bis Mitternacht und die übrigen stehn und schaun zu. Dann machen die ersten Ausgeschlafenen dem zweiten Drittel Platz, das von Mitternacht bis drei Uhr früh schläft. Die dritte Partie schläft von drei bis sechs, dann ist Reveille, und die Mannschaft wäscht sich. Während der Fahrt nicht aus dem Wagen abspringen! Vor den Transport eine Patrouille stellen, damit die Mannschaft während der Fahrt nicht abspringt. Wenn der Feind einem Soldaten ein Bein bricht..."

Der General klopfte sich dabei aufs Bein: „So ist das etwas Lobenswertes, aber sich durch überflüssiges Abspringen aus dem Waggon in voller Fahrt verkrüppeln, ist sträflich."

„Das ist also Ihr Bataillon?" fragte er Hauptmann Sagner, die schläfrigen Gestalten der Mannschaft beobachtend, von denen sich viele nicht zurückhalten konnten, und, aus dem Schlaf getrommelt, in der frischen Nachtluft gähnten: „Das ist ein gähnendes Bataillon, Herr Hauptmann. Die Mannschaft muß um neun Uhr schlafen gehn."

Der General stellte sich vor die 11. Kompanie, an deren linkem Flügel Schwejk stand, der über das ganze Gesicht gähnte und sich dabei manierlich die Hand vor den Mund hielt; aber unter der Hand ertönte so ein Brummen, daß Oberleutnant

Lukasch zitterte, der General könnte dem eine genauere Aufmerksamkeit schenken. Ihm schien, daß Schwejk absichtlich gähnte.

Und der General drehte sich um, überzeugt, daß es so war, und trat auf ihn zu: „Böhm oder Deutscher?"

„Böhm, melde gehorsamst, Herr Generalmajor."

„Gut", sagte der General, der ein Pole war und ein wenig tschechisch verstand, „du brüllst wie eine Kuh. Stul pysk, drsch gubu, nebutschl Warst du schon auf der Latrine?"

„Nein, melde gehorsamst, Herr Generalmajor."

„Warum bist du nicht mit den übrigen scheißen gegangen?"

„Melde gehorsamst, Herr Generalmajor, auf den Manövern in Pisek hat uns der Herr Oberst Wachtl gesagt, wie die Mannschaft während der Rast ins Korn gekrochen is, daß ein Soldat nicht immerfort nur ans Scheißen denken darf, ein Soldat soll ans Kämpfen denken, übrigens, melde gehorsamst, was möchten wir dort auf der Latrine machen? Man hat nicht was herauszudrücken. Nach der Marschroute hatten wir schon auf einigen Stationen Nachtmahl kriegen solln, und gekriegt hamr nichts. Mit leeren Magen kriech ich nicht auf die Latrine!"

Nachdem Schwejk dem Herrn General die allgemeine Situation mit so einfachen Worten klargelegt hatte, schaute er ihn so zutraulich an, daß der General die Bitte herausfühlte, ihnen allen zu helfen. Wenn schon Befehl erteilt wird, in Marschformation zur Latrine zu gehen, so muß dieser Befehl auch innerlich durch etwas gestützt sein.

„Schicken Sie alles wieder in die Wagen", sagte der General zu Hauptmann Sagner, „wie kommt es, daß die Mannschaft kein Abendessen bekommen hat? Alle Transporte, die diese Station passieren, müssen ein Abendessen bekommen. Hier ist die Verpflegungsstation. Das geht nicht anders. Es besteht ein bestimmter Plan."

Der General sagte dies mit einer Bestimmtheit, die bedeutete, daß es jetzt bereits nach elf Uhr nachts sei, daß das Nachtmahl, wie er bereits vorher bemerkt hatte, um sechs Uhr hatte verabreicht werden solln und daß daher nichts anderes übrigbleibe, als den Zug noch eine Nacht und einen Tag über bis sechs Uhr abends hier zurückzuhalten, damit die Mannschaft Gulasch mit Kartoffeln bekomme.

„Es gibt nichts Ärgeres", sagte er mit ungeheurem Ernst, „als im Krieg während des Transportes von Soldaten an ihre Verpflegung zu vergessen. Meine Pflicht ist festzustellen, wie es eigentlich in der Kanzlei des Bahnhofskommandos ausschaut. Denn, meine Herren, manchmal sind die Transportkommandanten selbst schuld.

Bei der Revision der Station Sabatka auf der bosnischen Südbahn habe ich festgestellt, daß sechs Transporte kein Nachtmahl bekommen haben, weil die Transportkommandanten vergessen haben, es zu verlangen. Sechsmal hat man auf der Station Gulasch mit Kartoffeln gekocht und niemand hat es verlangt. Man hat es haufenweise weggegossen. Es war eine Senkgrube für Kartoffeln mit Gulasch, meine Herren, und drei Stationen weiter haben die Soldaten der Transporte, die in Sabatka an Haufen und Bergen von Gulasch vorbeigefahren sind, auf dem Bahnhof um ein Stück Brot gebettelt. Hier, wie Sie sehen, trug nicht die Militärverwaltung die Schuld."

Er winkte heftig mit der Hand: „Die Transportkommandanten haben ihre Pflicht nicht erfüllt. Gehn wir in die Kanzlei."

Sie folgten ihm, während sie darüber nachdachten, warum alle Generale verrückt geworden seien.

Auf dem Kommando stellte sich heraus, daß man von dem Gulasch wirklich nichts wußte. Es hätte heute - das stimmte - für alle Transporte gekocht werden sollen, die durchfuhren, aber dann war der Befehl gekommen, bei der Verrechnung der Verpflegung der Soldaten je 72 Heller pro Mann abzurechnen, so daß jeder durchfahrende Truppenteil ein Guthaben von 72 Heller pro Mann hatte, das ihm von seiner Intendanz bei der nächsten Löhnungsfassung auszuzahlen war. Was das Brot betrifft, werde die Mannschaft in Watian auf der Station je einen halben Wecken erhalten. Der Kommandant der Verpflegungsstation fürchtete sich nicht. Er sagte dem General geradewegs ins Gesicht, daß die Befehle jede Stunde geändert wurden. Bisweilen habe er Menage für die Transporte vorbereitet. Aber es kommt ein Sanitätszug, weist sich mit einem höheren Befehl aus und, nichts zu machen, der Transport steht vor dem Problem leerer Kessel. Der General nickte zustimmend mit dem Kopf und bemerkte, daß sich die Verhältnisse entschieden besserten, zu Beginn des Krieges sei es viel ärger gewesen. Es gehe nicht alles auf einmal, es erforderte entschieden Erfahrungen. Praxis. Theorie hemme eigentlich die Praxis. Je länger der Krieg dauere, desto mehr komme alles in Ordnung. „Ich kann Ihnen ein praktisches Beispiel geben", sagte er, entzückt davon, daß ihm etwas Ausgezeichnetes eingefallen war: „Vor zwei Tagen haben die Transporte, die durch die Station Hatvan fuhren, kein Brot bekommen, und Sie werden es dort morgen fassen. Gehn wir jetzt in die Bahnhofsrestauration."

Im Bahnhofsrestaurant lenkte der Herr General das Gespräch abermals auf die Latrinen und fügte hinzu, wie häßlich es aussehe, wenn überall auf den Schienen Kakteen seien. Er aß dabei Beefsteak, und allen schien es, als wälze sich ein Kaktus in seinem Mund herum. Auf die Latrinen legte er so ein Gewicht, als hänge von ihnen der Sieg der Monarchie ab.

In Anbetracht der neuen Lage in Bezug auf Italien erklärte er, daß gerade in den Latrinen unserer Armee der unleugbare Vorteil der italienischen Kampagne beruhe. Der Sieg Österreichs kroch aus der Latrine.

Für den Herrn General war alles so einfach. Der Weg zum Kriegsruhm war laut Rezept: „Um sechs Uhr bekommen die Soldaten Gulasch mit Kartoffeln, um halb neun scheißt sich das Militär in der Latrine aus, und um neun Uhr wird schlafen gegangen. Vor so einem Heer flieht jeder Feind entsetzt."

Der Generalmajor wurde nachdenklich, zündete sich eine Operas an und schaute lange, lange auf den Plafond. Er dachte nach, was er noch sagen könnte, da er nun einmal hier war, und womit er die Offiziere des Marschbataillons belehren sollte.

„Der Kern Ihres Bataillons ist gesund", sagte er plötzlich, als alle erwarteten, daß er fortfahren werde, auf den Plafond zu schauen und zu schweigen.

„Ihr Stand ist vollkommen in Ordnung. Der Mann, mit dem ich gesprochen habe, erweckt mit seiner Aufrichtigkeit und seiner militärischen Haltung die beste Hoffnung in Bezug auf das Ganze. Er wird gewiß bis zum letzten Blutstropfen kämpfen."

Er verstummte und schaute, auf die Lehne des Sessels gestützt, wieder auf den Plafond, dann sprach er in der gleichen Haltung weiter, wobei nur Leutnant Dub, dem Trieb seiner sklavischen Seele folgend, mit dem General auf den Plafond blickte: „Ihr Bataillon braucht aber, daß seine Taten nicht in Vergessenheit geraten. Die Bataillone Ihrer Brigade haben schon ihre Geschichte, die Ihr Bataillon fortsetzen muß. Und Ihnen fehlt gerade der Mann, der genaue Notizen macht und die Geschichte des Bataillons schreibt. Bei ihm müssen alle Fäden zusammenlaufen. Er muß wissen, was jede Kompanie des Bataillons vollbringt. Es muß ein intelligenter Mensch sein, kein Rindvieh, keine Kuh, Herr Hauptmann. Sie müssen im Bataillon einen Bataillonsgeschichtsschreiber ernennen."

Dann schaute er auf die Wanduhr, deren Zeiger die ganze schläfrige Gesellschaft daran erinnerte, daß es bereits Zeit sei, auseinanderzugehen.

Der General hatte seinen Inspektionszug vor der Station und forderte die Herren auf, ihn in seinen Schlafwaggon zu begleiten. Der Bahnhofskommandant seufzte. Der General dachte nicht daran, sein Beefsteak und seine Flasche Wein zu begleichen. Der Kommandant mußte das wieder selbst bezahlen. Solche Besuche gab es täglich einige. Ihretwegen waren schon zwei Fuhren Heu draufgegangen, die er auf ein blindes Geleise hatte ziehen lassen und der Firma Löwenstein, Heereslieferant, verkauft hatte, genauso wie man ungemähtes Korn auf dem Felde verkauft. Das Ärar hatte diese zwei Waggons der Firma wieder abgekauft, aber er hatte sie sicherheitshalber stehnlassen. Vielleicht würde er sie der Firma Löwenstein wieder einmal weiterverkaufen müssen. Dafür sagten sämtliche Inspizierende, die diese Hauptstation in Pest passierten, daß man dort beim Bahnhofskommandanten gut trinke und esse.

Am Morgen stand der Transport noch auf dem Bahnhof, es wurde Reveille geblasen, die Soldaten wuschen sich bei den Pumpen in der Eßschale, der General mit seinem Zug war noch nicht weggefahren und revidierte persönlich die Latrinen, wohin man sich dem Tagesbefehl des Bataillons gemäß unter Kommando der Schwarmkommandanten in Schwärmen begab, damit der Herr Generalmajor eine Freude habe. Damit auch Leutnant Dub eine Freude habe, teilte ihm Hauptmann Sagner mit, daß er - Leutnant Dub - heute Inspektion habe. Leutnant Dub beaufsichtigte also die Latrinen.

Die langgestreckte zweireihige Latrine nahm je zwei Schwärme einer Kompanie auf.

Und jetzt hockten die Soldaten hübsch einer neben dem andern über den aufgeworfenen Gräben wie Schwalben auf Telegrafendrähten, wenn sie sich im Herbst zum Flug nach Afrika rüsten.

Jedem schauten die Knie aus den herabgelassenen Hosen, jeder hatte einen Riemen um den Hals, als wollte er sich jeden Augenblick aufhängen und warte auf irgendeinen Befehl. Daran konnte man freilich die militärische eiserne Disziplin, die Organisation erkennen. Auf dem linken Flügel saß Schwejk, der zufällig hierhergeraten war, und las mit Interesse ein aus weiß Gott welchem Roman von Ruzena Jesenska herausgerissenes Blatt:

> ...sigen Pensionat leider Damen
> es unbestimmt, tatsächlich vielleicht mehr
> de größtenteils in sich abgeschlossene Ver
> men in ihre Kemenaten, oder sie
> eigentümliche Unterhaltung. Und wenn er auch
> ging ein Mensch und seufzte ti
> ch bessere, denn sie wollte nicht so sehn
> zen, wie sie selbst es gewünscht hätte. Er
> war nichts für den jungen Kritschka

Als er die Augen von dem Papier losriß, blickte er unwillkürlich zum Ausgang der Latrine und erstaunte. Dort stand in voller Parade der Herr Generalmajor von gestern nacht mit seinem Adjutanten und neben ihm Leutnant Dub, der ihm eifrig etwas erklärte.

Schwejk schaute rund umher. Alles blieb ruhig auf der Latrine sitzen, nur die Chargen waren gewissermaßen regungslos erstarrt. Schwejk empfand den Ernst der Situation.

Er sprang so wie er war, mit herabgelassenen Hosen, den Riemen um den Hals, noch im letzten Augenblick das Stück Papier benützend, in die Höh und brüllte: „Einstellen! Auf! Habt acht! Rechts schaut!" Und salutierte.

Zwei Schwärme mit herabgelassenen Hosen und Riemen um den Hals erhoben sich von der Latrine.

Der Generalmajor lächelte freundlich und sagte: „Ruht! Weitermachen!"

Feldwebel Malek ging seinem Schwarm mit gutem Beispiel voran und kehrte in die ursprüngliche Position zurück. Nur Schwejk stand und fuhr fort zu salutieren, denn von der einen Seite näherte sich ihm drohend Leutnant Dub und von der andern der lächelnde Generalmajor. „Sie hab ich in der Nacht gesehen", sagte der Generalmajor, als er die komische Positur Schwejks sah, worauf sich der aufgeregte Leutnant Dub an den Generalmajor wandte: „Melde gehorsamst, Herr Generalmajor, der Mann ist blödsinnig und als Idiot bekannt, ein notorischer Dummkopf."

„Was sagen Sie, Herr Leutnant?" brüllte der Generalmajor Leutnant Dub plötzlich an und erklärte schreiend, daß gerade das Gegenteil der Fall sei. Ein Mann, der weiß, was sich gehört, wenn er einen Vorgesetzten sieht, und eine Charge, die ihn nicht sieht und ignoriert! Genau wie im Felde. Ein gemeiner Soldat übernimmt zur Zeit der Gefahr das Kommando. Und gerade Herr Leutnant Dub hätte selbst das Kommando geben sollen, das dieser Soldat gegeben hat: „Einstellen! — Auf! — Habt-acht! Rechts schaut!"

„Hast du dir den Arsch abgewischt?" fragte der Generalmajor Schwejk.

„Melde gehorsamst, Herr Generalmajor, daß alles in Ordnung is."

„Wjencej sratsch niebendziesch?"

„Melde gehorsamst, Herr Generalmajor, daß ich fertig bin."

„Zieh dir also die Hosen hinauf und stell dich dann wieder Habtacht!"

Da der Generalmajor dieses Habtacht ein weniger lauter sagte, fingen die Zunächstsitzenden an, von der Latrine aufzustehen. Der Generalmajor winkte jedoch freundschaftlich mit der Hand und sagte in sanftem, väterlichem Ton: „Aber nein, ruht, ruht, nur weitermachen."

Schwejk stand bereits in voller Parade vor dem Generalmajor, und der Generalmajor richtete eine kurze deutsche Ansprache an ihn: „Achtung vor den Vorgesetzten, Kenntnis des Dienstreglements und Geistesgegenwart bedeutet beim Militär alles. Und wenn sich dazu noch Tapferkeit gesellt, gibt es keinen Feind, den wir fürchten müßten."

Zu Leutnant Dub gewendet sagte er, Schwejk mit dem Finger in den Bauch stoßend: „Notieren Sie sich: Diesen Mann bei Eintreffen an der Front unverzüglich befördern und bei nächster Gelegenheit für die Bronzene Medaille vorschlagen, für genaue Ausübung des Dienstes und Kenntnis ... Sie wissen doch, was ich meine ... Abtreten!"

Der Generalmajor entfernte sich von der Latrine, während Leutnant Dub, damit der Generalmajor es hörte, laut die Befehle erteilte: „Erster Schwarm auf! Doppelreihen ... Zweiter Schwarm..."

Schwejk ging inzwischen hinaus, und als er an Leutnant Dub vorüberging, leistete er diesem zwar wie sichs gebührt die Ehrenbezeigung, aber Leutnant Dub sagte dennoch: „Herstellt", und Schwejk mußte von neuem salutieren, wobei er abermals zu hören bekam: „Kennst du mich? Du kennst mich nicht! Du kennst mich nur von der guten Seite, bis du mich von der schlechten Seite kennenlernen wirst, werde ich dich zum Weinen bringen."

Schwejk ging schließlich zu seinem Waggon und dachte dabei:

„Einmal, wie ich noch in Karolinenthal in der Kaserne war, war dort ein gewisser Lajtnant Chudawy, und der hats anders gesagt, wenn er sich aufgeregt hat: Jungens, merkts euch, wenn ihr mich seht, daß ich wie eine Sau auf euch bin und daß ich diese Sau bleib, solang ihr bei der Kompanie sein werdet."

Als Schwejk am Stabswaggon vorüberging, rief ihm Oberleutnant Lukasch zu, er möge Baloun bestellen, er solle sich mit dem Kaffee beeilen und die Milchkonserve wieder hübsch zumachen, damit sie nicht verderbe. Baloun kochte nämlich auf einem kleinen Spirituskocher im Waggon bei Rechnungsfeldwebel Wanek für Oberleutnant Lukasch Kaffee. Als Schwejk es bestellte, merkte er, daß der ganze Waggon während seiner Abwesenheit angefangen hatte, Kaffee zu trinken. Die Kaffee- und Milchkonserve Oberleutnant Lukaschs war bereits halb leer, und Boloun, der aus seiner Schale Kaffee schlürfte, stocherte mit dem Löffel in der Milchkonserve herum, um sich den Kaffee noch zu verbessern.

Der okkultistische Koch Jurajda und Rechnungsfeldwebel Wanek versicherten einander gegenseitig, man werde Herrn Oberleutnant Lukasch die Milch beim Eintreffen von Kaffee- und Milchkonserven ersetzen. Schwejk wurde ebenfalls Kaffee angeboten, aber er lehnte ab und sagte zu Baloun: „Grad is ein Befehl vom Armeestab gekommen, daß jeder Putzfleck, was seinem Offizier eine Milch- oder Kaffeekonserve veruntreut, unverzüglich binnen 24 Stunden erhängt wern soll. Das soll ich dir vom Herrn Oberleutnant ausrichten, und du sollst augenblicklich mitn Kaffee zu ihm kommen."

Der erschrockene Baloun riß dem Telegrafisten Chodounsky die Portion aus der Hand, die er ihm gerade vor einer Weile eingeschenkt hatte, wärmte sie noch ein wenig, goß konservierte Milch zu und sauste damit in den Stabswaggon.

Mit herausgewälzten Augen reichte er Oberleutnant Lukasch den Kaffee, wobei ihm der Gedanke durch den Kopf fuhr, Oberleutnant Lukasch müsse ihm an den Augen ansehen, wie er mit seinen Konserven gewirtschaftet hatte.

„Ich hab mich aufgehalten", stotterte er, „weil ich sie nicht hab aufmachen können."

„Da hast du gewiß die Milchkonserve ausgegossen, was?" fragte Oberleutnant Lukasch, ein wenig Kaffee trinkend, „oder hast sie mit Löffeln gefressen wie Suppe. Weißt du, was auf dich wartet?!"

Baloun seufzte und jammerte: „Ich hab drei Kinder, melde gehorsamst, Herr Oberlajtnant."

„Gib acht, Baloun, ich warne dich noch einmal vor deiner Gefräßigkeit. Hat dir Schwejk nichts gesagt?"

„Binnen 24 Stunden könnt ich aufgehängt worden", antwortete Baloun, dessen ganzer Körper schlotterte, traurig.

„Schlotter mir hier nicht herum, du Dummkopf, sagte Oberleutnant Lukasch mit einem Lächeln, „und bessere dich. Schlag dir schon diese Gefräßigkeit aus dem Kopf und sag dem Schwejk, er soll sich irgendwo auf dem Bahnhof oder in der Umgebung nach etwas Gutem zum Essen umsehn. Gib ihm hier diesen Zehner. Dich schicke ich nicht. Du wirst erst gehn, bis du schon zum Platzen angefressen sein wirst. Hast du mir nicht die Büchse Sardinen aufgefressen? Du sagst, daß nicht. Bring sie her und zeig mir sie!"

Baloun bestellte Schwejk, daß ihm der Herr Oberleutnant einen Zehner schickte, damit Schwejk irgendwo auf dem Bahnhof etwas Gutes zum Essen auftreibe; dann zog er mit einem Seufzer aus dem Koffer des Oberleutnants eine Büchse Sardinen und trug sie beklommen zum Oberleutnant zur Revision.

Der Arme hatte sich so gefreut, daß Oberleutnant Lukasch vielleicht schon an die Sardinen vergessen hatte, und jetzt war alles aus. Der Oberleutnant wird sich sie wohl im Waggon lassen und Baloun um sie bringen. Er fühlte sich bestohlen.

„Hier sind, melde gehorsamst, Herr Oberlajtnant, Ihre Sardinen", sagte er bitter, die Büchse dem Eigentümer übergebend. „Soll ich sie aufmachen?"

„Schon gut, Baloun, laß es gehn und trag die Büchse wieder an ihren Ort. Ich wollte mich nur überzeugen, ob du nicht hineingeguckt hast. Mir kam vor, als du den Kaffee brachtest, daß du den Mund fett hast wie von Öl. Ist Schwejk schon gegangen?"

„Melde gehorsamst, Herr Oberlajtnant, daß er schon gegangen is", meldete Baloun aufgeheitert. „Er hat gesagt, der Herr Oberlajtnant wird zufrieden sein, und daß den Herrn Oberlajtnant alle beneiden wern. Er is irgendwohin ausn Bahnhof gegangen und hat gesagt, daß er hier alles bis nach Rakos-Palota kennt. Wenn der Zug vielleicht ohne ihn wegfahren sollt, daß er zur Automobilkolonne gehen wird und uns auf der nächsten Station mitn Automobil einholn wird. Wir solln keine Sorge um ihn ham, er weiß, was seine Pflicht is, und wenn er sich auf seine Kosten einen Fiaker nehmen sollt, mit ihm dem Transport bis nach Galizien nachfahren müßt. Später kann mans ihm von der Löhnung abziehn. Auf keinen Fall solln Sie herich um ihn Angst ham, Herr Oberlajtnant."

„Schieb ab", sagte Oberleutnant Lukasch traurig.

Aus der Kommandokanzlei brachte man die Nachricht, daß erst Nachmittag um zwei Uhr nach Gödöllö-Aszöd gefahren werde und daß man auf den Bahnhöfen für die Offiziere je zwei Liter roten Wein und eine Flasche Kognak fassen werde.

Abbildung 66: Weinetikett um 1907 (Quelle: Gumpoldskirchen.org)

Es hieß, daß es sich um irgendeine in Verlust geratene Sendung fürs Rote Kreuz handle. Wie immer sich dies auch verhalten mochte, die Spirituosen waren geradewegs vom Himmel gefallen, und im Stabswaggon gings lustig zu. Der Kognak hatte drei Sternchen, und der Wein war von der Marke Gumpoldskirchen. Nur Oberleutnant Lukasch war unablässig irgendwie beklommen. Es war bereits eine Stunde verflossen, und Schwejk kam noch immer nicht zurück. Nach einer weiteren halben Stunde näherte sich dem Stabswaggon ein sonderbarer Zug, der aus der Kanzlei des Bahnhofskommandos herausgetreten war.

Voran ging Schwejk, ernst und würdevoll wie die ersten christlichen Märtyrer, als man sie in die Arena schleppte.

Zu beiden Seiten je ein magyarischer Honved mit aufgepflanztem Bajonett. Auf dem linken Flügel ein Zugführer vom Bahnhofskommando, hinter ihm eine Frau in einem roten, gefalteten Rock und ein Mann in ungarischen Stiefeln, mit rundem Hütchen und verbeultem Aug, eine lebende, geängstigt schreiende Henne tragend.

Das alles kletterte in den Stabswaggon, aber der Zugführer brüllte den Mann mit der Henne auf magyarisch an, er möge unten bleiben. Als Schwejk Oberleutnant Lukasch erblickte, blinzelte er ihm bedeutungsvoll zu.

Der Zugführer wollte mit dem Kommandanten der 11. Marschkompanie sprechen. Oberleutnant Lukasch nahm von ihm ein Aktenstück des Stationskommandos in Empfang, in dem er erbleichend las:

An das Kompaniekommando der 11. Marschkompanie des Marschbataillons 91. k. u. k. Infanterieregiments zur weiteren Amtshandlung. Vorgeführt wird Infanterist Schwejk, Josef, nach seiner Angabe Ordonnanz derselben Marschkompanie des Marschbataillons des k. u. k. 91. Infanterieregiments, wegen Verbrechens der Plünderung, begangen an den Ehegatten Istwan in Isatarcsa im Rayon des Bahnhofskommandos.

Gründe: Infanterist Schwejk, Josef, der sich einer hinter dem Hause der Istwangatten (ein im Original fabelhaft neugebildetes deutsches Wort) in Isatarcsa im Rayon des Bahnhofskommandos herumlaufenden, den Istwangatten gehörenden Henne bemächtigt hat und dem Eigentümer, der ihn anhielt, um ihm die Henne abzunehmen, um dies zu verhindern, mit der Henne in das linke Auge schlug, wurde von der herbeigerufenen Patrouille angehalten und zu seinem Truppenteil eingeliefert, worauf die Henne dem Eigentümer zurückgegeben wurde.

Unterschrift des diensthabenden Offiziers.

Als Oberleutnant Lukasch die Bestätigung über den Empfang Schwejks unterschrieb, zitterten seine Knie unter ihm.

Schwejk stand so nahe bei Oberleutnant Lukasch, daß er sah, wie dieser das Datum hinzuzufügen vergaß.

„Melde gehorsamst, Herr Oberlajtnant", ließ er sich vernehmen, „daß heut der vierundzwanzigste is. Gestern war der 23. Mai, wo uns Italien den Krieg erklärt hat. Wie ich jetzt draußen war, so spricht man Ihnen von nichts anderem."

Die Honveds mit dem Zugführer entfernten sich, und zurück blieben nur die Istwangatten, die fortwährend in den Waggon klettern wollten.

„Wenn Sie noch einen Fünfer bei sich hätten, Herr Oberlajtnant, so könnten wir die Henne kaufen. Nämlich der Lump will für sie fünfzehn Gulden, aber da rechnet er sich schon einen Zehner für sein blaues Auge zu", sagte Schwejk im Erzählerton, „aber ich denk, Herr Oberlajtnant, daß zehn Gulden für so ein blödes Auge zuviel is. Da hat man bei der ‚Alten Frau' dem Drechsler Matej die ganze Kinnlade mit einem Ziegel samt sechs Zähnen für zwanzig Gulden herausgeschlagen, und damals hat das Geld noch einen größeren Wert gehabt wie jetzt. Sogar der Wahlschlager hängt für vier Gulden."

„Komm her", winkte Schwejk dem Mann mit dem verbeulten Auge und der Henne auf dem Arm, „und du, Alte, bleib dort."

Der Mann trat in den Waggon. „Er kann bißl deutsch", bemerkte Schwejk, und versteht die Schimpfworte und kann auch selbst ziemlich gut deutsch schimpfen."

„Also zehn Gulden", wandte er sich an den Mann, „fünf Gulden Henne, fünf Auge, öt forint siehst du Itikiriki, öt forint kukuk, igen? Hier Stabswaggon, du Dieb. Gib Henne her!"

Er steckte dem überraschten Mann zehn Gulden in die Hand, nahm ihm die Henne ab, drehte ihr den Hals um und schob ihn dann aus dem Waggon hinaus, wobei er freundschaftlich seine Hand ergriff und herzlich schüttelte: „Jo napot, baratom, adieu, kriech zu deiner Alten. Oder ich schmeiße dich heraus."

„Also sehn Sie, Herr Oberlajtnant, daß sich alles in Ordnung bringen läßt", sagte Schwejk zu Oberleutnant Lukasch, „am besten is, wenn man alles ohne Schkandal, ohne große Faxen erledigt. Jetzt kochen wir Ihnen mit Baloun so eine Hühnersuppe, daß man sie bis in Siebenbürgen riechen wird."

Oberleutnant Lukasch hielt es nicht mehr aus; er schlug Schwejk die unglückselige Henne aus der Hand und schrie dann auf: „Wissen Sie, Schwejk, was ein Soldat verdient, der in Kriegszeiten die friedliche Bevölkerung plündert?"

„Den Ehrentod durch Pulver und Blei", antwortete Schwejk feierlich.

„Sie verdienen allerdings den Strick, Schwejk, denn Sie haben als erster angefangen zu plündern. Sie Lump, Sie, ich weiß wirklich nicht, wie ich Sie nennen soll, Sie haben an Ihren Eid vergessen. Mir kann der Kopf zerspringen."

Schwejk schaute Oberleutnant Lukasch mit einem fragenden Blick an und sagte schnell: „Melde gehorsamst, daß ich an meinen Eid nicht vergessen hab, den unser Kriegsvolk ablegen muß. Melde gehorsamst, Herr Oberlajtnant, daß ich meinem erlauchtesten Fürsten und Herrn Franz Joseph I. feierlich geschworen hab, auch den Generalen Seiner Majestät treu und gehorsam zu sein und überhaupt allen meinen Vorgesetzten und Oberen zu gehorchen, sie zu achten und zu beschützen, ihre Anordnungen und Befehle in allen Dienstleistungen zu erfüllen, gegen jeden Feind, wer immer es auch sei und wo immer es der Wille Seiner kaiserlichen und königlichen Majestät erfordert, zu Wasser, unter Wasser, auf der Erde, in der Luft, bei Tag und bei Nacht, in Schlachten, Angriffen, Kämpfen, und auch allen anderen Unternehmungen, überhaupt an jedem Ort..."

Schwejk hob die Henne vom Boden auf und fuhr fort, während er Habt acht stand und Oberleutnant Lukasch in die Augen blickte, „Zu jeder Zeit und bei jeder Gelegenheit tapfer und mutig zu kämpfen, meine Armee, Fahnen, Feldzeichen und Geschütze nie zu verlassen, mit dem Feind niemals das geringste Einverständnis zu pflegen, mich immer zu benehmen, wie es die Kriegsgesetze erfordern und wie es braven Soldaten ziemt, und auf diese Weise in Ehren zu leben und zu sterben, wozu mir Gott helfe. Amen. Und diese Henne hob ich, melde gehorsamst, nicht gestohlen, ich hab nicht geplündert und hab mich eingedenk meines Schwures anständig benommen."

„Wirst du die Henne loslassen, du Vieh", brüllte ihn Oberleutnant Lukasch an, indem er Schwejk mit dem Schriftstück über die Hand schlug, in der dieser die tote Henne hielt, „schau dir diese Akten an. Siehst du, hier hast dus schwarz auf weiß: Vorgeführt wird Infanterist Schwejk, Josef, nach seiner Angabe Ordonanz, wegen Verbrechens des Plünderns ... Und jetzt sag mir, du Marodeur, du Hyäne — nein, ich werde dich noch einmal erschlagen, erschlagen, verstehst du — sag mir, du diebischer Dummkopf, wie hast du dich so vergessen können."

„Melde gehorsamst", sagte Schwejk freundlich, „daß es sich entschieden um nichts anderes handeln kann wie um einen Irrtum. Wie ich Ihren Befehl bekommen hab, Ihnen irgendwo etwas Gutes zum Essen zu verschaffen und zu kaufen, so hab ich angefangen zu überlegen, was wohl am besten wär. Hinterm Bahnhof war überhaupt nichts, nur Pferdewurst und gedörrtes Eselfleisch. Ich hab mir, melde gehorsamst, Herr Oberlajtnant, alles gut überlegt. Im Feld braucht man was sehr

Nahrhaftes, damit man die Kriegsstrapazen besser aushalten kann. Und da hab ich Ihnen eine horizontale Freude machen wolln. Ich hob Ihnen, Herr Oberlajtnant, eine Hühnersuppe kochen wolln."

„Hühnersuppe", sprach ihm der Oberleutnant noch und packte sich am Kopf.

„Ja, melde gehorsamst, Herr Oberlajtnant, Hühnersuppe, ich hab Zwiebeln gekauft und fünf Deka Nudeln. Hier is alles, bitte. Hier in dieser Tasche Zwiebeln und in dieser sind die Nudeln. Salz hamr in der Kanzlei und Pfeffer auch. Es hat nichts mehr gefehlt, nur noch die Henne. Ich bin also hintern Bahnhof nach Isatarcsa gegangen. Es ist eigentlich ein Dorf, wie wenns keine Stadt war, obzwar dort in der ersten Gasse Isa-Tarcsa Varos aufgeschrieben is. Ich geh durch eine Gasse mit Gärtchen, durch die zweite, dritte, vierte, fünfte, sechste, siebte, achte, neunte, zehnte, elfte, und erst in der dreizehnten Gasse ganz am Ende, wo hinter einem Haus schon die Wiesen angefangen ham, is eine Schar Hennen gewesen und is herumspaziert. Ich bin zu ihnen gegangen und hab mir die größte, schwerste ausgesucht, schaun Sie sich sie gefälligst an, Herr Oberlajtnant, sie is lauter Fett, man muß sie gar nicht angreifen und erkennts gleich am ersten Blick, daß man ihr hat viel Körner streun müssn. Ich hob sie also genommen, ganz öffentlich in Gegenwart der Bevölkerung, was etwas magyarisch auf mich geschrien hat, ich halt sie bei den Füßen und frag paar Leute, tschechisch und deutsch, wem diese Henne gehört, damit ich sie von jemandem kaufen kann; da kommt grad aus dem Häuschen ganz am Ende ein Mann mit einer Frau gelaufen und fängt an, mich zuerst magyarisch aufzuheißen und dann deutsch, daß ich ihm bei hellichten Tag eine Henne gestohlen hab. Ich hab ihm gesagt, er soll nicht auf mich schrein, daß ich geschickt worn bin, damit ich sie für Sie kauf, und hab ihm erzählt, wie sich die Sache verhält. Und die Henne, wie ich sie bei den Füßen gehalten hab, hat plötzlich angefangen mit den Flügeln zu schlagen und hat in die Höh fliegen wollt, und wie ich sie nur so leicht in der Hand gehalten hab, hat sie mir die Hand in die Höh gezogen und hat sich ihrem Herrn auf die Nase setzen wolln. Und er hat gleich angefangen zu schrein, daß ich ihm herich mit der Henne über die Nase gehaut hab. Und das Weib hat was gekreischt und hat fort auf die Henne geschrien: Puta, puta, puta, puta. Da ham aber schon irgendwelche Blödiane, was das nicht verstanden ham, eine Honvedpatrouille auf mich gehetzt, und ich hab sie selbst aufgefordert, sie solln mit mir aufs Bahnhofskommando gehn, damit meine Unschuld herauskommt wie Öl ausn Wasser. Aber mit dem Herrn Lajtnant, was dort Dienst gehabt hat, war keine Rede nicht, nicht mal wie ich ihn gebeten hab, er soll Sie fragen, obs wahr is, daß Sie mich geschickt ham, daß ich Ihnen was Gutes kaufen soll. Er hat mich noch angeschrien, ich solls Maul halten, daß mir herich sowieso ein starker Ast mit einem guten Strick aus den Augen schaut. Er war, mir scheint, in sehr schlechter Laune, denn er hat mir gesagt, daß nur ein Soldat, was plündert und stiehlt, so ausgefressen sein kann. Es sind herich schon auf der Station mehr Beschwerden, vorgestern is herich irgendwo nebenan jemandem ein Truthahn verlorengegangen, und wie ich ihm gesagt hab, daß wir in der Zeit noch in Raab waren, so hat er gesagt, daß so eine Ausrede für ihn nicht gilt. So hat man mich zu Ihnen geschickt, und dann hat mich dort noch ein Gefreiter angeschrien, weil ich ihn nicht gesehn hab, ob ich herich nicht weiß, wen ich vor mir hab. Ich hab ihm gesagt, daß er ein Gefreiter is, wenn er bei den Jägern war, daß er Patrouillenführer war und bei der Artillerie Oberkanonier."

„Schwejk", sagte nach einer Weile Oberleutnant Lukasch, „Sie haben schon so viele ungewöhnliche Zufälle und Unfälle gehabt, so viele ‚Irrtümer' und ‚Mißverständnisse', wie Sie zu sagen pflegen, daß Ihnen eines Tages vielleicht doch nur ein dicker Strick um den Hals mit allen militärischen Ehren im Karree von Ihren Malheuren helfen wird. Verstehn Sie?"

„Ja, melde gehorsamst, Herr Oberlajtnant, ein Karree oder ein sogenanntes geschlossenes Bataillon besteht aus vier, ausnahmsweise auch aus drei oder fünf Kompanien. Befehlen Sie, Herr Oberlajtnant, in die Suppe aus dieser Henne mehr Nudeln, damit sie dicker is?"

„Schwejk, ich befehle Ihnen, daß Sie schon mitsamt der Henne verschwinden, sonst schlage ich Ihnen sie um den Kopf, Sie Idiot, Sie..."

„Zu Befehl, Herr Oberlajtnant, aber Sellerie habe ich, melde gehorsamst, nicht bekommen können, Möhren auch nicht! Ich gib Kar..."

Schwejk sprach -toffeln nicht zu Ende und flog samt der Henne von den Stabswaggon. Oberleutnant Lukasch trank in einem Zug ein Wasserglas Kognak aus. Schwejk salutierte vor den Fenstern des Waggons und verschwand.

Baloun schickte sich just nach glücklich beendetem seelischem Kampf an, die Büchse Sardinen seines Oberleutnants doch zu öffnen, als Schwejk mit der Henne auftauchte, was selbstverständlich alle Insassen des Waggons in Aufregung versetzte; alle schauten ihn an, als wollten sie gradhinaus sagen: Wo hast du das gestohlen?

„Gekauft hab ich sie fürn Herrn Oberlajtnant", antwortete Schwejk, Zwiebeln und Nudeln aus der Tasche ziehend. „Ich wollt ihm Suppe aus ihr kochen, aber er will sie nicht mehr, so hat er mir sie geschenkt."

„War sie nicht krepiert?" fragte Rechnungsfeldwebel Wanek argwöhnisch.

„Ich hab ihr selbst den Hals umgedreht", antwortete Schwejk, ein Messer aus der Tasche ziehend.

Baloun schaute Schwejk dankbar und gleichzeitig mit einem Ausdruck der Ehrfurcht an und bereitete schweigend den Spiritusbrenner des Oberleutnants vor. Dann nahm er ein paar Eßschalen und lief mit ihnen um Wasser.

Zu Schwejk trat Telefonist Chodounsky und machte sich erbötig, die Henne rupfen zu helfen, wobei er Schwejk die intime Frage ins Ohr flüsterte: „Is es weit von hier? Muß man in den Hof klettern oder is es im Freien?"

„Ich hab sie gekauft."

„Aber schweig, bist ein schöner Kamerad, wir ham gesehn, wie sie dich geführt ham!"

Er beteiligte sich jedoch eifrig am Rupfen der Henne. An den großen feierlichen Vorbereitungen beteiligte sich auch Koch- Okkultist Jurajda, der Kartoffeln und Zwiebeln für die Suppe kleinschnitt. Die Federn, die aus dem Waggon geworfen wurden, erweckten die Aufmerksamkeit Leutnants Dubs, der die Waggons entlang schritt. Er rief hinein, derjenige, der die Henne rupfe, möge sich zeigen, worauf in der Türe das zufriedene Gesicht Schwejks erschien. „Was ist das?" schrie Leutnant Dub ihn an, den abgeschnittenen Kopf der Henne vom Boden hebend.

„Das is, melde gehorsamst", antwortete Schwejk, „der Kopf einer Henne aus der Gattung der schwarzen welschen Hennen. Das sind sehr gute Eierleger, Herr Lajtnant. Sie legen bis 260 Eier im Jahr. Schaun Sie sich gefälligst an, was für einen reichen Eierstock sie gehabt hat." Schwejk hielt Leutnant Dub die Eingeweide der Henne unter die Nase. Dub spuckte aus, ging fort und kam nach einer Weile zurück: „Für wen wird diese Henne zubereitet?"

„Für uns, melde gehorsamst, Herr Lajtnant. Schaun Sie, wieviel Fett sie hat."

Leutnant Dub entfernte sich und brummte dabei: „Bei Philippi sehen wir uns wieder."

„Was hat er dir gesagt?" wandte sich Jurajda an Schwejk. „Aber wir ham uns irgendwo bei Philippi Rendezvous gegeben. Nämlich diese vornehmen Herrn sind gewöhnlich Buseranten." Der Koch- Okkultist erklärte, daß nur Ästheten homosexuell seien, was schon aus dem Wesen der Ästhetik selbst hervorgehe. Rechnungsfeldwebel Wanek erzählte hierauf vom Mißbrauch von Kindern durch Pädagogen in den spanischen Klöstern.

Und während das Wasser in dem Kessel über dem Spiritus zu kochen begann, meinte Schwejk so nebenhin, daß man einem Erzieher eine Kolonie verlassener

Wiener Kinder anvertraut habe und daß dieser Lehrer die ganze Kolonie miß-
brauchte.

„Es ist halt eine Leidenschaft, aber am ärgsten is es, wenns über Weiber kommt.
In Prag II gabs vor Jahren zwei verlassene Frauen, sie waren geschieden, weil sie
Schlampen waren, eine gewisse Mourek und Schousek, und die ham einmal in den
Alleen von Rostok, wie dort die Kirschen geblüht ham, einen alten impotenten
hundertjährigen Leierkastenmann abgefangen und ham sich ihn ins Rostoker
Wäldchen geschleppt, und dort ham sie ihn vergewaltigt. Was die mit ihm gemacht
ham! Da is in Zivkov ein Herr Professor Axamit, und der hat dort gegraben, er hat
Gräber von Zwergen gesucht und hat paar ausgenommen, und sie ham sich ihn,
diesen Leierkastenmann, in so ein ausgegrabenes Grab geschleppt und dort ham
sie ihn geschunden und mißbraucht. Und der Professor Axamit is am nächsten Tag
hingekommen und sieht, daß etwas im Grab liegt. Er war froh, aber es war der
abgemarterte, abgequälte Leierkastenmann, was diese geschiedenen Frauen so zugerichtet ham. Um ihn herum waren lauter kleine Hölzer. Dann is der Leierkastenmann am fünften Tag gestorben, und diese Ludern waren noch so frech, daß sie
ihm aufs Begräbnis gegangen sind. Das is schon Perversität."

„Hast dus gesalzen?" wandte sich Schwejk an Baloun, der das allgemeine Interesse an der Erzählung Schwejks benützte und etwas in seinem Rucksack versteckt
hatte, „zeig, was du dort machst!"

„Baloun", sagte Schwejk ernst, „was willst du mit diesem Hühnerschenkel? Also
schaut euch das an. Er hat uns einen Hühnerschenkel gestohlen, damit er sich ihn
dann heimlich kochen kann. Weißt du, Boloun, was du da angestellt hast? Du
weißt, wie das im Krieg bestraft wird, wenn jemand seinen Kameraden im Feld
bestiehlt. Man bindet ihn an ein Geschützrohr und schießt ihn mit einer Kartätsche
in die Luft. Jetzt is schon zu spät zum Seufzen. Bis wir irgendwo an der Front
Artillerie begegnen wern, so meldest du dich beim nächsten Feuerwerker. Derweil
wirst du aber zur Strafe exerzieren. Kriech ausn Waggon."

Der unglückliche Baloun kroch hinunter, und Schwejk kommandierte, in der Tür
des Waggons sitzend:

„Habt acht! Ruht! Habt acht! Rechts schaut! Habt acht! Gradaus schaut! Ruht!"

„Jetzt wirst du Gelenksübungen auf der Stelle machen. Rechts um! Menschenskind! Sie sind eine Kuh. Ihre Hörner solln sich dort befinden, wo Sie früher die
rechte Schulter gehabt ham. Herstellt! Rechts um! Links um! Halbrechts! Nicht so,
Ochs! Herstellt! Halbrechts! Na, siehst du, Esel, daß es geht! Halblinks! Links um!
Links! Front! Front! Blödian! Weißt du nicht, was Front is! Gradaus! Kehrt euch!

Kniet! Nieder! Setzen! Auf! Setzen! Nieder! Auf! Nieder! Auf! Setzen! Auf! Ruht!"

„Also stehst du, Baloun, das is gesund, so verdaust du wenigstens gut!"

Ringsumher sammelten sich Gruppen und brachen in Jubel aus.

„Macht gefälligst Platz", schrie Schwejk, „er wird marschieren. Also, Baloun, gib dir acht, daß ich nicht herstellen muß. Ich quäl die Mannschaft nicht gern überflüssig. Also: Direktion Bahnhof! Schau, wohin ich zeig. Marschieren marsch! Glied — halt! Steh, zum Teufel, oder ich sperr dich ein! Glied - halt! Daß du endlich stehngeblieben bist, Dummkopf. Kurzer Schritt! Weißt du nicht, was kurzer Schritt is? Ich wer dirs zeigen, bis du blau sein wirst! Voller Schritt! Wechselschritt! Ohne Schritt! Hornochs einer! Wenn ich sag ohne Schritt, so bewegst du nur die Haxen auf der Stelle."

Ringsumher standen bereits mindestens zwei Kompanien. Baloun schwitzte und wußte nicht, wie ihm geschah, und Schwejk kommandierte weiter:

„Gleicher Schritt! Glied rückwärts marsch!" „Glied halt!" „Laufschritt!" - „Glied marsch!" „Schritt!" „Glied halt!" „Ruht!" „Habt acht! Direktion Bahnhof Laufschritt marsch! Halt! Kehrt euch! Direktion Waggon! Laufschritt marsch! Kurzer Schritt! Glied holt! Ruht! Jetzt wirst du dich ein Weilchen ausruhn! Und dann fangen wir von neuem an. Mit gutem Willen bringt man alles zustand."

„Was geht da hier vor?" ertönte die Stimme Leutnants Dubs, der beunruhigt herbeigelaufen kam.

„Melde gehorsamst, Herr Lajtnant", sagte Schwejk, „daß wir uns so bißl üben, damit wir nicht ans Exerzieren vergessen und die kostbare Zeit nicht vertrödeln."

„Klettern Sie aus dem Waggon", befahl Leutnant Dub, „ich habs wirklich schon satt. Ich werde Sie dem Herrn Bataillonskommandanten vorführen."

Als sich Schwejk im Stabswaggon befand, verließ Oberleutnant Lukasch durch den zweiten Ausgang den Waggon und trat auf den Perron. Als Leutnant Dub Hauptmann Sagner von der, wie er sich ausdrückte, merkwürdigen Allotria des braven Soldaten Schwejk berichtete, war Sagner gerade sehr gut gelaunt, denn der Gumpoldskirchner war tatsächlich ausgezeichnet.

„Sie wollen also nicht die kostbare Zeit überflüssig vertrödeln", lachte er bedeutungsvoll. „Matuschitz, kommen Sie her!"

Die Bataillonsordonnanz erhielt Befehl, Feldwebel Nasaklo von der 12. Kompanie zu holen, der als größter Tyrann bekannt war, und Schwejk sofort mit einem Gewehr zu versehen.

„Hier, dieser Mann", sagte Hauptmann Sagner zu Feldwebel Nasaklo, „will die kostbare Zeit nicht überflüssig vertrödeln. Nehmen Sie ihn hinter den Waggon und üben Sie eine Stunde mit ihm Gewehrgriffe. Aber ohne jede Barmherzigkeit, ohne Atemholen. Hauptsächlich hübsch nacheinander: Setzt ab, an setzt ab!"

„Sie werden sehn, Schwejk, daß Sie sich nicht langweilen werden", sagte er zu Schwejk, als dieser ging. Und bald darauf ließ sich bereits hinter dem Waggon ein scharfes Kommando vernehmen, das feierlich zwischen den Geleisen erscholl. Feldwebel Nasaklo, der gerade einundzwanzig gespielt und die Bank gehalten hatte, brüllte in Gottes weitem Raum: „Beim Fuß! Schultert! Beim Fuß! Schultert!"

Dann verstummte er für eine Weile, und man konnte Schwejk zufrieden und bedächtig sagen hören: „Das hab ich alles vor Jahren in der aktiven Dienstzeit gelernt. Wenn ‚Beim Fuß!' is, so steht das Gewehr auf die rechte Hüfte gestützt. Die Spitze des Kolbens is in einer graden Linie mit der Fußspitze. Die rechte Hand is natürlich straff ausgestreckt und hält das Gewehr so, daß der Daumen den Lauf umspannt, die übrigen Finger müssen den Kolben am Vorderteil umklammern, und wenn ‚Schultert!' is, so hängt das Gewehr leicht am Riemen auf der rechten Schulter und mit der Laufmündung hinauf und mitn Lauf nach rückwärts..."

„Also schon genug mit dem Gequatsch!" Das Kommando Feldwebel Nasaklos ertönte abermals: „Habt acht! Rechts schaut! Herrgott, wie machen Sie das..."

„Ich bin ‚schultert' und bei ‚rechts schaut' glitscht meine Hand am Riemen herunter, ich umarm den Hals am Kolben und werf den Kopf nach rechts, aufs ‚Habt acht!' nehm ich wieder mit der rechten Hand den Riemen und mein Kopf schaut gradaus auf Sie."

Und wieder erscholl des Feldwebels: „In die Balance! Beim Fuß! In die Balance! Schultert! Bajonett auf! Bajonett ab! Fällt das Gewehr! Zum Gebet! Vom Gebet! Kniet nieder zum Gebet! Laden! Schießen! Schießen halbrechts! Ziel Stabswaggon! Distanz 200 Schritt - Fertig! An! Feuer! Setzt ab! An! Feuer! An! Feuer! Setzt ab! Aufsatz normal! Patronen versorgen! Ruht!" Der Feldwebel drehte sich eine Zigarette. Schwejk musterte inzwischen die Nummer auf dem Gewehr und sagte:

„4268! So eine Nummer hat eine Lokomotive in Petschka auf der Bahn am 16. Geleise gehabt. Man hat sie wegziehn solln nach Lissa an der Elbe ins Depot, zur Reparatur, aber es is nicht so leicht gegangen, Herr Feldwebel, weil der Lokomotivführer, was sie hat dort hinbringen solln, hat ein sehr schlechtes Gedächtnis auf Nummern gehabt. Da hat ihn der Streckenmeister in seine Kanzlei gerufen und sagt ihm: ‚Aufn 16. Geleis is die Lokomotiv 4268. Ich weiß, daß Sie ein schlechtes Gedächtnis auf Nummern ham, und wenn man Ihnen eine Nummer auf ein Papier aufschreibt, daß Sie dieses Papier verlieren. Geben Sie sich aber gut acht, wenn Sie so schwach auf Nummern sind, und ich wer Ihnen zeigen, daß es sehr leicht is,

sich jede Nummer immer zu merken. Schaun Sie. Die Lokomotiv, was Sie ins Depot nach Lissa an der Elbe ziehn solln, hat die Nummer 4268. Geben Sie also acht.
Die erste Ziffer is ein Vierer, die zweite ein Zweier. Merken Sie sich also schon 42,
das is zweimal 2, das is der Reihe nach von vorn 4, dividiert durch 2 gleicht 2 und
wieder ham sie nebeneinander 4 und 2. Jetzt erschrecken Sie nicht. Wieviel is
zweimal 4, acht, nicht wahr? Also graben Sie sich ins Gedächtnis ein, daß der
Achter, was in Nummer 4268 is, der letzte in der Reihe is, so brauchen Sie sich also
nur noch zu merken, daß die erste Zahl eine 4 is, die zweite eine 2, die vierte eine
8, und jetzt merken Sie sich noch irgendwie gescheit die 6, was vor der 8 kommt.
Das ist schrecklich einfach. Die erste Ziffer ist eine 4, die zweite eine 2, vier und
zwei is sechs. Also da sind Sie schon sicher, die zweite vom Ende ist eine 6 und
schon schwindet uns die Reihenfolge der Ziffern nie mehr ausn Gedächtnis. Sie
ham die Nummer 4268 fest im Kopf. Oder können Sie zum selben Resultat noch
einfacher kommen...!'"

Der Feldwebel hörte auf zu rauchen, wälzte die Augen heraus und stotterte nur:
„Kappe ab!"

Schwejk fuhr ernsthaft fort: „Er hat ihm also angefangen die einfachere Art zu
erklären, wie er sich die Nummer der Lokomotiv 4268 merken könnt. 8 weniger
2 is 6, Also weiß er schon 68, 6 weniger 2 is 4, so weiß er also schon 4 - 68.
Dann noch die 2 dazwischen, und er hat 4 - 2 - 6 - 8. Es is auch nicht zu anstren-
gend, wenn mans noch anders macht, mit Hilfe vom Multiplizieren und Dividieren.
Da kommt man zu so einem Resultat. ‚Merken Sie sich', hat der Streckenmeister
gesagt, ‚daß zweimal 42 84 is. Das Jahr hat 12 Monate. Man zieht also 12 von 84
ab, und es bleibt uns 72, davon noch 12 Monate, das is 60, wir ham also schon eine
sichere 6 und die Null streichen wir. Wir wissen also 42 - 6 - 84. Wenn wir die
Null gestrichen ham, streichen wir auch hinten die 4 und ham ganz ruhig 4268, die
Nummer der Lokomotiv, was ins Depot nach Lissa an der Elbe gehört.' Wie ich
sag, auch mitn Dividieren is es leicht. Wir rechnen uns den Koeffizienten nachn
Zolltarif aus. Am End is Ihnen nicht schlecht, Herr Feldwebel. Wenn Sie wolln,
fang ich meinetwegen mit Generaldecharge an! Fertig!

Hoch an! Feuer! Donnerwetter! Der Herr Hauptmann hat uns nicht auf die
Sonne schicken solln Ich muß eine Bahre holn!"

Als der Arzt kam, stellte er fest, daß die Ohnmacht des Feldwebels entweder ein
Sonnenstich sei oder eine akute Gehirnhautentzündung. Als der Feldwebel zu sich
kam, stand Schwejk neben ihm und sagte: „Damit ichs Ihnen also zu Ende erzähl.
Glauben Sie, Herr Feldwebel, daß sichs der Lokomotivführer gemerkt hatt. Er hat

sich geirrt und hat alles mit drei multipliziert, weil er sich an die Dreifaltigkeit Gottes erinnert hat, und hat die Lokomotive nicht gefunden, sie steht noch heute dort auf Strecke Nummer 16."

Der Feldwebel schloß abermals die Augen.

Und als Schwejk in seinen Waggon zurückkehrte, antwortete er auf die Frage, wo er so lange gewesen sei: „Wer einem andern Laufschnitt lernt, macht hundertmal schultert!"

Hinten im Waggon zitterte Baloun. Während der Abwesenheit Schwejks, als ein Teil der Henne bereits gekocht war, hatte er die halbe Portion Schwejks aufgefressen. Vor Abfahrt des Zuges wurde der Transport von einem gemischten Militärzug mit verschiedenen Truppenteilen eingeholt. Es waren Nachzügler, Soldaten aus Spitälern, die ihren Truppenteilen nachfuhren, sowie verschiedene andere verdächtige Individuen, die von Kommandierungen oder aus dem Arrest zurückkehrten.

Diesem Zug entstieg auch der Einjährig-Freiwillige Marek, der seinerzeit wegen Meuterei angeklagt war, weil er nicht die Aborte reinigen wollte, den das Divisionsgericht aber freigesprochen hatte; die Untersuchung wurde eingestellt, und deshalb tauchte Einjährig-Freiwilliger Marek jetzt im Stabswaggon auf, um sich beim Bataillonskommandanten zu melden. Der Einjährig-Freiwillige gehörte nämlich bisher noch nirgends hin, weil man ihn aus einem Arrest in den anderen geschleppt hatte. Als Hauptmann Sagner den Einjährig-Freiwilligen erblickte und die Schriftstücke von ihm entgegennahm, die seine Ankunft mit der sekreten Bemerkung begleiteten: „Politisch verdächtig! Vorsichtig!", war er nicht allzu sehr erfreut; glücklicherweise erinnerte er sich an den Latrinengeneral, der so nachdrücklich empfohlen hatte, das Bataillon durch einen „Bataillonsgeschichtsschreiber" zu ergänzen.

„Sie sind sehr nachlässig, Sie Einjährig-Freiwilliger, Sie", sagte er zu ihm, „In der Einjährig-Freiwilligenschule waren sie eine wahre Geißel. Anstatt zu trachten, sich hervorzutun und den Rang zu erlangen, der Ihnen nach Ihrer Intelligenz gebührt, sind Sie aus einem Arrest in den andern gewandert. Das Regiment muß sich für Sie schämen, Sie Einjährig-Freiwilliger, Sie. Aber Sie können Ihren Fehler gutmachen, wenn Sie sich durch die ordentliche Erfüllung Ihrer Pflichten wieder in die Reihen der braven Soldaten begeben werden. Widmen Sie Ihre Kräfte dem Bataillon mit Liebe. Ich werde es mit Ihnen versuchen. Sie sind ein intelligenter junger Mann und haben gewiß auch die Fähigkeit zu schreiben, zu stilisieren. Ich werde Ihnen etwas sagen. Jedes Bataillon im Feld braucht einen Mann, der eine chronologische

Übersicht über alle Kriegsbegebenheiten führt, die das direkte Auftreten des Bataillons auf dem Schlachtfeld betreffen. Es ist notwendig, alle siegreichen Feldzüge, alle bedeutungsvollen glorreichen Momente, an denen das Bataillon sich beteiligt, in denen es eine führende und hervorragende Rolle spielt, zu beschreiben, langsam einen Beitrag zu der Geschichte der Armee zusammenzustellen. Verstehen Sie mich?"

„Melde gehorsamst, ja, Herr Hauptmann, es handelt sich um Episoden aus dem Leben aller Truppenteile. Das Bataillon hat seine Geschichte. Das Regiment stellt auf Grundlage der Geschichte seiner Bataillone die Geschichte des Regiments zusammen. Die Regimenter bilden die Geschichte der Brigaden, die Geschichte der Brigaden die Geschichte der Divisionen usw. Ich werde mich mit allen Kräften bemühen, Herr Hauptmann."

Der Einjährig-Freiwillige Marek legte die Hand aufs Herz. „Ich werde mit wirklicher Liebe die glorreichen Tage unseres Bataillons verzeichnen, insbesondere heute, wo die Offensive in vollem Zuge ist, wo es ernst wird und unser Bataillon das Schlachtfeld mit seinen Heldensöhnen bedecken wird. Ich werde gewissenhaft alle Begebenheiten verzeichnen, die sich ereignen müssen, damit die Seiten der Geschichte unseres Bataillons von Lorbeeren umkränzt sind."

„Sie werden sich beim Bataillonsstab aufhalten, Einjährig-Freiwilliger, werden aufpassen, wer zur Auszeichnung vorgeschlagen wurde, werden - allerdings nach unseren Aufzeichnungen - die Märsche verzeichnen, die besonders auf eine außergewöhnliche Kampflust und stählerne Disziplin des Bataillons schließen lassen. Das ist nicht so leicht, Einjährig-Freiwilliger, aber ich hoffe, daß Sie soviel Beobachtungstalent haben, um unser Bataillon, wenn Sie von mir bestimmte Direktiven erhalten, über die andern Regimentsteile zu erheben. Ich werde ein Telegramm ans Regiment abschicken, daß ich Sie zum Bataillonsgeschichtsschreiber ernannt habe. Melden Sie sich bei Feldwebel Wanek von der 11. Kompanie, damit er Sie dort im Waggon unterbringt. Dort ist noch so am meisten Platz, und sagen Sie ihm, er soll zu mir herkommen. Geführt werden Sie allerdings beim Bataillonsstab werden. Das wird mittels Bataillonsbefehl durchgeführt."

Der Koch-Okkultist schlief. Baloun zitterte fortwährend, weil er auch schon die Sardinenbüchse des Oberleutnants geöffnet hatte; Rechnungsfeldwebel Wanek war zu Hauptmann Sagner gegangen, und Telefonist Chodounsky, der irgendwo auf dem Bahnhof ein Fläschchen Wacholderschnaps aufgetrieben und ausgetrunken hatte, war jetzt sentimentaler Stimmung und sang:

„Als ich noch in süßen Tagen irrte,
Schien der Himmel voller Treue,
Da kannte meine Brust noch Frieden,
Schien der Himmel voller Bläue.

Doch als ich, wer kanns ertragen,
Mußte sehen, wie Verrat
Liebe tötet, Glauben raubte,
Mußt ich weinen, Kamerad."

Dann stand er auf, trat zu dem Tisch des Rechnungsfeldwebels Wanek und schrieb auf ein Stück Papier mit großen Buchstaben:

„Ich verlange hiermit höflich, daß ich zum Bataillonshornisten ernannt und befördert werde.

Chodounsky, Telefonist."

Hauptmann Sagner hatte eine nicht allzulange Unterredung mit Rechnungsfeldwebel Wanek. Er machte ihn nur darauf aufmerksam, daß der Bataillonsgeschichtsschreiber Einjährig-Freiwilliger Marek sich mit Schwejk in einem Waggon aufhalten werde.

„Ich kann Ihnen nur soviel sagen, daß dieser Marek, damit ichs so sag, verdächtig ist. Politisch verdächtig. Mein Gott! Das ist heutzutage weiter nichts Merkwürdiges. Von wem sagt man das nicht. Es gibt so verschiedene Vermutungen. Sie verstehen mich doch. Ich mach Sie also nur drauf aufmerksam, daß Sie ihn, wenn er vielleicht was sprechen sollte, na, Sie verstehn schon, gleich zum Schweigen bringen, damit ich nicht vielleicht noch irgendwelche Unannehmlichkeiten habe. Sagen Sie ihm einfach, er soll alle solchen Reden sein lassen, und damit wirds schon erledigt sein. Ich meine aber nicht, daß Sie am Ende gleich zu mir rennen solln. Erledigen Sies mit ihm freundschaftlich, so eine Rücksprache ist immer besser als eine dumme Angeberei. Kurz, ich wünsche nichts zu hören, weil - Sie verstehen. So eine Sache fällt hier immer aufs ganze Bataillon zurück."

Als Wanek also zurückkehrte, nahm er Einjährig-Freiwilligen Marek beiseite und sagte ihm: „Menschenskind, Sie sind verdächtig, aber das macht nichts. Nur reden Sie hier nicht viel überflüssig vor dem Telefonisten Chodounsky."

Kaum hatte er zu Ende gesprochen, als Chodounsky getaumelt kam, dem Rechnungsfeldwebel in die Arme fiel und mit trunkener Stimme etwas schluchzte, was vielleicht Gesang sein sollte.

„Als mich alles einst verlassen.
Lenkte ich auf dich die Blicke,
Und an deinem treuen Herzen
Weint ich über diesem Glücke.
Durch dein Antlitz ging ein Leuchten,
Wie ein Schimmer, kaum zu fassen,
Und dein rotes Mündchen seufzte:
Nimmer werd ich dich verlassen."

„Wir wern uns nie verlassen", brüllte Chodounsky, „was ich beim Telefon hör, sag ich euch gleich. Ich scheiß auf den Eid."

In der Ecke bekreuzigte sich Baloun mit Entsetzen und fing an laut zu beten: „Mutter Gottes, weise mein flehentliches Gebet nicht zurück, sondern erhör mich gnädig, tröste mich gütig, hilf mir Ärmsten, der ich dich in diesem Tränental mit Glauben, fester Hoffnung und inbrünstiger Liebe anrufe. Oh, himmlische Königin, mach durch deine Fürbitte, daß ich bis zum Ende meiner Tage unter deinem Schutz und auch in der Gnade Gottes bleibe..."

Die gnadenreiche Jungfrau Maria setzte sich wirklich für ihn ein, denn der Ein-jährig-Freiwillige zog nach einem Weilchen aus seinem magern Rucksack ein paar Büchsen Sardinen hervor und gab jedem eine, Baloun öffnete unerschrocken den Koffer des Oberleutnants Lukasch und legte die vom Himmel gefallenen Sardinen hinein.

Als dann alle die Büchsen öffneten und sich die Sardinen schmecken ließen, ge-riet Baloun in Versuchung, öffnete den Koffer und die Sardinen und verschlang sie gierig.

Und da kehrte sich die gnadenreiche und süßeste Jungfrau Maria von ihm ab, denn gerade, wie er das letzte Öl aus der Büchse trank, erschien vor dem Waggon Bataillonsordonnanz Matuschitz und rief hinauf: „Baloun, du sollst deinem Ober-leutnant die Sardinen bringen."

„Das wird Ohrfeigen setzen", sagte Rechnungsfeldwebel Wanek. „Mit leeren Händen geh lieber nicht", riet Schwejk, „nimm dir wenigstens fünf leere Blech-büchsen mit."

„Was haben Sie denn angestellt, daß Sie Gott so straft", bemerkte der Einjährig-Freiwillige, „in Ihrer Vergangenheit muß es irgendeine große Sünde geben. Haben

Sie nicht vielleicht einen Kirchenraub begangen oder Ihrem Pfarrer einen Schinken im Schornstein aufgegessen? Haben Sie ihm nicht im Keller den Meßwein ausgetrunken? Sind Sie nicht vielleicht als Junge in den Pfarrgarten um Birnen geklettert?" Baloun wandte sich mit verzweifeltem Gesicht ab, von Hoffnungslosigkeit erfüllt. Sein gehetzter Ausdruck sprach herzzerreißend: „Wann werden diese Leiden aufhören?"

„Das kommt davon", sagte der Einjährig-Freiwillige, der die Worte des unglücklichen Baloun vernommen hatte, „weil Sie den Zusammenhang mit Gott verloren haben. Sie beten nicht intensiv genug, daß Sie Gott so bald als möglich aus der Welt nimmt." Schwejk fügte hinzu:

„Der Baloun kann sich fort nicht dazu entschließen, daß er sein militärisches Leben, seine militärische Gesinnung, seine Worte, Taten und seinen militärischen Tod der Güte des mütterlichen Herzens des allerhöchsten Gottes empfiehlt, wies mein Feldkurat zu sagen pflegte, wenn er schon anfing besoffen zu sein und aus Versehn auf der Gasse einen Soldaten anrempelte."

Baloun stöhnte, er habe schon das Vertrauen zu Gott verloren, weil er bereits mehrmals gebetet habe, Gott möge ihm Kraft geben und seinen Magen irgendwie zusammenschrumpfen lassen.

„Das datiert nicht von diesem Krieg her", jammerte er, „das is schon eine alte Krankheit, diese Gefräßigkeit. Wegen ihr is meine Frau mit den Kindern nach Klokota zur Kirchweih gegangen."

„Den Ort kenn ich", bemerkte Schwejk, „das is bei Tabor, und sie ham dort eine reiche Jungfrau Maria mit falschen Brillanten, und ein Kirchendiener irgendwo aus der Slowakei hat sie bestehln wolln. Ein sehr frommer Mensch. Er is also hingekommen und hat gedacht, daß es ihm vielleicht besser gelingen wird, wenn er zuerst von allen Sünden gereinigt sein wird, und hat auch das gebeichtet, daß er morgen die Jungfrau Maria bestehln will. Er hat nicht mal muh gesagt, und bevor er die dreihundert Vaterunser gebetet hat, was ihm der Herr Pater gegeben hat, damit er ihm derweil nicht wegläuft, ham ihn die Kirchendiener schon direkt auf die Gendarmeriestation geführt."

Der Koch-Okkultist fing an, mit Telefonisten Chodounsky zu streiten, ob dies ein zum Himmel schreiender Verrat des Beichtgeheimnisses und ob das ganze überhaupt der Rede wert sei, da es sich doch um falsche Brillanten handelte. Zum Schluß bewies er jedoch Chodounsky, daß dies alles Karma, also ein vorbestimmtes Schicksal aus einer fernen, unbekannten Vergangenheit sei, in der dieser unglückliche Kirchendiener aus der Slowakei vielleicht ein Kopffüßler auf einem fremden

Planeten war; so hatte das Schicksal vielleicht schon vor ebenso langer Zeit, als dieser Pater aus Klokota vielleicht noch eine aufgequollene Stachelmaus oder irgendein heute schon ausgestorbenes Säugetier war, vorbestimmt, daß er das Beichtgeheimnis verletzen müsse, obwohl man vom juristischen Standpunkt aus nach dem kanonischen Recht auch dann Absolution erteilt, wenn es sich um ein Klostervermögen handelt.

Daran knüpfte Schwejk folgende einfache Bemerkung: „O ja, kein Mensch weiß, was er in paar Millionen Jahren aufführen wird, und darf sich nichts versagen. Oberlajtnant Kwasnitschka hat immer gesagt, wie ich noch in Karolinenthal beim Ergänzungskommando gedient hab, wenn er Schule gehalten hat: „Denkt euch nicht, ihr Dreckfresser, ihr faulen Kühe und Hornochsen, daß für euch dieser Krieg schon auf dieser Welt endet. Wir wern uns noch nachn Tod wiedersehn, und ich wer euch so ein Fegefeuer hermachen, daß ihr davon ganz plemplerrt sein werdet, ihr Saubande, ihr!"

Hierauf fuhr Baloun, der vollständig verzweifelt war und unablässig dachte, daß man nur von ihm spreche und daß sich alles auf ihn beziehe, in seiner öffentlichen Beichte fort: „Nicht ma Klokota hat gegen meine Gefräßigkeit genützt. Die Frau mitn Kindern kommt von der Kirchweih und fängt schon an, die Hennen zu zähln. Eine oder zwei fehln. Aber ich hab mir nicht helfen können, ich hab gewußt, daß sie in der Wirtschaft wegen den Eiern nötig sind, aber ich geh hinaus, verschau mich in sie, auf einmal spür ich euch im Magen einen Abgrund und in einer Stunde is mir schon gut, is die Henne schon abgenagt. Einmal, wie sie in Klokota waren, damit sie für mich beten, damit der Vater derweil zu Haus nichts auffrißt und nicht wieder einen, neuen Schaden macht, geh ich am Hof herum und auf einmal fällt mir euch ein Truthahn in die Augen. Damals hab ichs mitn Leben bezahlen können. Der Schenkelknochen von ihm is mir im Hals steckengeblieben, und wenn nicht mein Müllerbursch gewesen wär, so ein junger Bub, was mir den Knochen herausgezogen hat, so möcht ich heut nicht mehr mit euch hier sitzen und hält nicht mal diesen Weltkrieg erlebt. Ja, ja. Dieser Müllerbursch, das war ein flinker Bursch. So ein kleiner, dicker, untersetzter, fetter..."

Schwejk trat zu Baloun „Zeig die Zunge!"

Baloun steckte die Zunge heraus, worauf Schwejk sich an alle im Waggon befindlichen wandte: „Ich habs gewußt, er hat sogar seinen Müllerburschen aufgefressen. Gesteh, wann du ihn aufgefressen hast! Wie deine Leute wieder in Klokota waren, gell?"

Baloun faltete verzweifelt die Hände und rief: „Laßt mich, Kameraden! Zu allem noch das von den eigenen Kameraden."

„Wir verurteilen Sie deshalb nicht", sagte der Einjährig-Freiwillige, „im Gegenteil, man sieht, daß Sie ein guter Soldat sein werden. Als die Franzosen während der napoleonischen Kriege Madrid belagerten, da fraß der spanische Kommandant der Festung Madrid, um die Festung nicht vor Hunger übergeben zu müssen, seinen Adjutanten ohne Salz auf."

„Das is schon wirklich ein Opfer, weil ein gesalzener Adjutant entschieden genießbarer gewesen war. — Wie heißt denn unser Bataillonsadjutant, Herr Rechnungsfeldwebel? — Ziegler? Das is einer von diesen Tachinierern, aus dem könnt man nicht mal Portionen für eine Marschkompanie machen."

„Da schau her", sagte Rechnungsfeldwebel Wanek, „Baloun hat einen Rosenkranz in der Hand."

Und wirklich, Baloun in seinem größten Schmerz suchte Erlösung bei den kleinen Kügelchen des Rosenkranzes von der Firma Moritz Löwenstein in Wien.

„Der is auch aus Klokota", sagte Baloun traurig. „Bevor man ihn gebracht hat, harn zwei junge Gänse dran glauben müssen, aber das is kein Fleisch, das is Kasch."

Eine Weile später traf der Befehl ein, daß man in einer Viertelstunde abfahren werde. Weil es niemand glauben wollte, geschah es, daß einige trotz aller Vorsicht irgendwohin verschwanden. Als sich der Zug in Bewegung setzte, fehlten achtzehn Infanteristen; unter ihnen befand sich Zugführer Nasaklo von der 12. Marschkompanie, der, als der Zug bereits längst hinter Isatarcsa verschwunden war, noch immer in dem kleinen Akazienwald hinter dem Bahnhof in einem Hohlweg mit irgendeiner Straßendirne feilschte, die fünf Kronen verlangte, während der Zugführer für den bereits geleisteten Dienst eine Entlohnung von einer Krone oder ein paar Ohrfeigen vorschlug, zu welch letztem Ausgleich es zum Schluß mit so einer Vehemenz kam, daß auf ihr Geschrei hin vom Bahnhof Leute herbeizulaufen begannen.

4. Aus Hatvan an die galizische Grenze

Während der ganzen Dauer des Eisenbahntransportes des Bataillons, das in einem Fußmarsch von Laborce durch Ostgalizien an die Front marschieren sollte, um dort Kriegsruhm einzuheimsen, wurden in dem Waggon, wo sich der Einjährig-Freiwillige und Schwejk befanden, wiederum seltsame Gespräche mehr oder weniger hochverräterischen Inhalts geführt. In kleinerem Maßstabe, dennoch aber im Allgemeinen, war dies auch in anderen Waggons der Fall, ja sogar im Stabswaggon herrschte gewisse Unzufriedenheit, weil in Füzes-Abony vom Regiment her ein Armeebefehl eingetroffen war, in dem die Portion Wein für die Offiziere um ein Achtel Liter herabgesetzt wurde. Allerdings wurde dabei auch die Mannschaft nicht vergessen, der die Sago-Ration um ein Dekagramm pro Mann gekürzt wurde, was um so rätselhafter war, als niemand je beim Militär Sago gesehen hatte. Nichtsdestoweniger mußte dies Rechnungsfeldwebel Bautanzel gemeldet werden, der sich dadurch fürchterlich beleidigt und bestohlen fühlte, was er mit den Worten ausdrückte, Sago sei heutzutage eine Seltenheit und er hätte fürs Kilo mindestens acht Kronen bekommen. In Füzes-Abony kam man darauf, daß einer Kompanie die Feldküche abhanden gekommen war, denn in dieser Station sollte endlich das Gulasch mit Kartoffeln gekocht werden, auf das der „Latrinengeneral" so großes Gewicht gelegt hatte. Nachforschungen ergaben, daß die unglückliche Feldküche überhaupt nicht aus Brück mitgekommen war und wahrscheinlich noch immer verlassen und ausgekühlt irgendwo hinter Baracke 186 stand.

Das Küchenpersonal, das zu dieser Feldküche gehörte, war nämlich vor der Abfahrt wegen übermütigen Benehmens in der Stadt auf der Hauptwache eingesperrt worden und hatte es so einzurichten verstanden, daß es noch immer im Arrest saß, als seine Marschkompanie bereits durch Ungarn fuhr.

Die Kompanie ohne Küche wurde also einer anderen Feldküche zugeteilt, was allerdings nicht ohne Streit vor sich ging, weil es zwischen der von beiden Kompanien zum Kartoffelschälen zugeteilten Mannschaft zu einer großen Auseinandersetzung kam, da die einen den anderen gegenüber behaupteten, sie seien nicht solche Rindviecher, um sich für einen anderen zu schinden. Zum Schluß zeigte es sich, daß das Kochen des Gulaschs mit Kartoffeln eigentlich nur ein Manöver war.

Abbildung 67: Lage der historischen Landschaft Galizien in Österreich-Ungarn (1867-19818)
(Quelle: Austro-Hungarian Monarchy(1914).svg(by TRAJAN 117))

Die Soldaten sollten sich daran gewöhnen, bis man im Feld vor dem Feinde Gulasch kochen und plötzlich der Befehl kommen werde „alles zurück", das Gulasch-
auszuschütten, ohne auch nur daran zu lecken. Das war also gewissermaßen eine
nicht gerade konsequent tragische, jedoch lehrreiche Vorbereitung. Als das Gulasch schon verteilt werden sollte, kam der Befehl „In die Waggons", und schon
fuhr man nach Miskolcz. Auch dort wurde das Gulasch nicht verteilt, denn auf der
Strecke stand ein Zug mit russischen Waggons; die Mannschaft wurde deshalb
nicht aus den Waggons herausgelassen, und man ließ ihrer Phantasie freien Spiel-
raum. Die Leute glaubten, daß man das Gulasch an der Grenze Galiziens beim
Verlassen des Zuges verteilen, für sauer und ungenießbar erklären und ausgießen
werde.

Dann transportierte man das Gulasch weiter nach Tisza-Lucz, Zambor, und als
schon niemand mehr erwartete, daß man das Gulasch verteilen werde, hielt der
Zug in Neustadt bei Satoraljaujhely, wo neuerdings unter dem Kessel Feuer gemacht, das Gulasch gewärmt und endlich verteilt wurde.

Die Station war überfüllt, zuerst sollten zwei Munitionszüge abgehen und dann
zwei Artillerietransporte und ein Zug mit einer Pontonabteilung, überhaupt kann
man sagen, daß hier Militärzüge aller möglichen Truppenkörper der Armee zusam-
mentrafen.

Hinter dem Bahnhof hatten Honved-Husaren zwei polnische Juden in der Parade, denen sie einen Rückenkorb mit Schnaps ausgeplündert hatten und die sie

514

jetzt, statt zu bezahlen, gutgelaunt über den Mund schlugen; das war offenbar gestattet, denn in ihrer nächsten Nähe stand ihr Rittmeister und lächelte der ganzen Szene freundlich zu, während hinter dem Magazin einige andere Honved- Husaren den schwarzäugigen Töchterchen der geprügelten Juden unter die Röcke griffen. Auch ein Zug mit einer Flugzeugabteilung stand hier. Auf einem anderen Geleise standen ebenfalls Aeroplane und Kanonen auf Waggons, allein in zerbrochenem Zustand. Es waren abgeschossene Flugmaschinen und zerstörte Haubitzen. Während so alles Frische und Neue hinauffuhr, fuhren diese Überbleibsel des Ruhmes ins Hinterland zur Reparatur und Rekonstruktion.

Leutnant Dub erklärte allerdings den Soldaten, die sich rings um die zerbrochenen Kanonen und Aeroplane versammelt hatten, daß dies Kriegsbeute sei; dabei bemerkte er, daß ein Stückchen weiter Schwejk in einer Gruppe stand und ebenfalls etwas erläuterte. Dub näherte sich daher diesem Ort und vernahm die biedere Stimme Schwejks:

„Man kanns nehmen wie man will, es is doch nur Kriegsbeute. Man wird zwar aufn ersten Blick stutzig, wenn man hier auf der Lafette k. u. k. Artilleriedivision liest. Aber es wird wahrscheinlich so sein, daß die Kanone den Russen in die Hände gefalln is, und wir uns sie ham zurückerobern müssen, und so eine Beute is viel wertvoller, weil..."

„Weil", sagte er feierlich, als er Leutnant Dub bemerkte, „weil man den Feinden nichts in den Händen lassen darf. Das habt ihr wie in Przemysl oder mit dem Soldaten, dem der Feind beim Gefecht die Feldflasche aus der Hand gerissen hat. Das war noch in den napoleonischen Kriegen, und der Soldat is in der Nacht ins feindliche Lager gegangen und hat sich wieder die Feldflasche zurückgeholt und hat noch dabei verdient, weil der Feind auf die Nacht Schnaps gefaßt hat." Leutnant Dub sagte nur: „Schaun Sie, daß Sie verschwinden, Schwejk. Daß ich Sie hier ein zweitesmal nicht mehr sehe!"

„Zu Befehl, Herr Lajtnant." Schwejk schritt auf eine andere Waggon-Reihe zu; wenn Leutnant Dub gehört hätte, was er noch hinzufügte, wäre er sicher aus der Uniform gefahren, obwohl es ein ganz unschuldiges Bibelwort war: „Über ein kurzes, und ihr werdet mich sehen, und über ein kurzes, und ihr werdet mich nicht mehr sehen."

Nachdem Schwejk gegangen war, war Leutnant Dub noch so dumm, die Soldaten auf einen herabgeschossenen österreichischen Aeroplan aufmerksam zu machen, auf dessen Kupferreifen deutlich „Wiener-Neustadt" zu lesen stand.

„Den haben wir den Russen bei Lemberg heruntergeschossen", sagte Leutnant

Dub. Diese Worte hörte Oberleutnant Lukasch; er kam näher und fügte laut hinzu: „Wobei beide russischen Flieger verbrannt sind." Dann ging er wortlos weiter, wobei er dachte, daß Leutnant Dub ein Rindvieh ist.

Hinter dem zweiten Waggon begegnete er Schwejk und trachtete, ihm auszuweichen, denn an Schwejks Gesicht, als er Oberleutnant Lukasch anblickte, konnte man merken, daß der Mann viel auf dem Herzen hatte und es seinem Oberleutnant gern sagen wollte.

Schwejk schritt geradewegs auf Oberleutnant Lukasch zu.

„Meide gehorsamst, Kompanieordonnanz Schwejk bittet um weitere Befehle. Melde gehorsamst, Herr Oberlajtnant, daß ich Sie schon im Stabswaggon gesucht hab."

„Hören Sie, Schwejk", sagte Oberleutnant Lukasch in durchaus abweisendem und feindlichem Ton, „wissen Sie, wie Sie heißen? Haben Sie schon vergessen, wie ich Sie genannt habe?"

„Melde gehorsamst, Herr Oberlajtnant, daß ich an so eine Sache nicht vergessen hab, weil ich nicht ein gewisser Einjährig-Freiwilliger Eisner bin. Nämlich da waren wir damals, noch lang vorm Krieg, in der Karolinenthaler Kaserne, und dort gabs einen gewissen Oberst Fliedler von Bumerang oder so was."

Oberleutnant Lukasch lachte unwillkürlich über dieses „so was" auf, und Schwejk fuhr fort: „Melde gehorsamst, Herr Oberlajtnant, daß unser Herr Oberst die Hälfte von Ihrer Größe hatte, er hat Vollbart getragen wie der Fürst Lobkowitz, so daß er ausgesehn hat wie ein Affe, und wenn er sich aufgeregt hat, is er zweimal so hoch gesprungen wie er hoch war, so daß wir ihn Kautschukgreis genannt ham. Damals war grad Erster Mai und wir ham Bereitschaft gehabt, und er hat am Abend vorher am Hof an uns eine große Ansprache gehalten, daß wir darum morgen alle in der Kaserne bleiben und uns nicht herausrühren dürfen, damit wir auf höchsten Befehl, wenns nötig war, die ganze Sozialistenbande niederschießen können. Deshalb, welcher Soldat heut Überzeit hat und nicht in die Kaserne zurückkommt und bis zum nächsten Tag bummelt, der hat herich Landesverrat verübt, weil so ein besoffener Kerl nicht mal jemanden trifft, wenns zu Salven kommt, und in die Luft schießen wird. Also der Einjährig-Freiwillige Eisner is aufs Zimmer zurückgekommen und sagt, daß der Kautschukgreis doch nur einen guten Einfall gehabt hat. Es is ja im ganzen großen wahr, morgen wird man niemanden in die Kaserne lassen, so is es herich am besten, überhaupt nicht zu kommen, und das hat er auch, melde gehorsamst, Herr Oberlajtnant, wirklich gemacht wie ein Ehrenmann. Aber dieser Oberst Fliedler, das war Ihnen, Gott hab ihn selig, so ein niederträchtiges Luder, daß er am nächsten Tag in Prag herumgegangen is und die Leute gesucht hat, was sich unterstanden ham, von unserm Regiment aus der Kaserne auszugehn, und irgendwo beim Pulverturm hat er auch glücklich den Eisner getroffen und is gleich auf ihn losgezogen: ‚Ich wer dir geben, ich wer dich lehren, ich wer dir schon deinen Dienst versüßen!' Er hat ihm noch mehr gesagt und ihn zammgepackt und in die Kaserne mitgeschleppt, und am ganzen Weg hat er ihm verschiedene häßliche Drohungen gesagt und ihn immerfort gefragt, wie er heißt. ‚Eisner, Eisner, das wirst du abscheißen, ich bin froh, daß ich dich erwischt hab, ich wer dir den Ersten Mai zeigen. Eisner, Eisner, jetzt bist du mein, ich laß dich einsperren, fein einsperren!' Dem Eisner war schon alles egal. Wie sie also übern Porrc gegangen sind, am Rozvaril vorbei, is der Eisner in einen Hausflur gesprungen und is ihm durchs Durchhaus verschwunden und hat dem Kautschukgreis die große Freude verdorben, daß er ihn ins Arrest sperren wird. Den Oberst hats so aufgeregt, daß er ihm weggelaufen is, daß er vor Wut vergessen hat, wie sein Delinquent heißt, er hat sichs verwechselt, und wie er in die Kaserne gekommen is, hat er angefangen, zum Plafond zu springen, der Plafond war niedrig, und der, was Bataillonsinspektion gehabt hat, hat sich gewundert, warum der Alte auf einmal gebrochen tschechisch spricht und schreit: ‚Den Kupfermann einsperren, den Kupfermann net einsperren, den Bleier einsperren, den Nickelmann einsperren!' Und so hat der Alte Tag für Tag sekkiert und hat fort gefragt, ob sie schon den Kupfermann, den Bleier und den Nickelmann erwischt ham und hat auch das ganze Regiment ausrücken lassen, aber sie ham schon den Eisner, von dem sies alle gewußt ham, aufs Marodenzimmer gegeben, weil er Zahntechniker war. Bis es dann einmal einem von unserm Regiment gelungen is, einen Dragoner im Gasthaus bei Brück zu erstechen, was seinem Mädl nachgelaufen is, und da hat man uns ins Karree gestellt, alle ham heraus müssen, auch das Marodenzimmer, wer sehr marod war, den ham zwei gehalten. So hat auch das nichts genützt, der Eisner hat aufn Hof ausrücken müssen, und dort hat man uns den Regimentsbefehl vorgelesen, ungefähr so, daß Dragoner auch Soldaten sind und daß es verboten is, sie zu erstechen, weils unsere Kriegskameraden sind. Ein Einjähriger hats übersetzt, und unser Oberst hat dreingeschaut wie ein Tiger. Zuerst is er an der Front vorbeigegangen, dann is er wieder nach hinten gegangen, is ums Karree herumgegangen, und auf einmal hat er den Eisner entdeckt, was wie ein Berg war, so daß es schrecklich komisch war, Herr Oberlajtnant, wie er ihn ins Karree hineingezogen hat. Der Einjährige hat aufgehört zu übersetzen und unser Oberst hat angefangen, vorm Eisner in die Höh zu springen, wie wenn ein Hund auf ne Stute losgeht, und dabei hat er gebrüllt:

„Also du bist mir nicht entgangen, du bist mir nirgendshin weggelaufen, jetzt wirst du wieder sagen, daß du der Eisner bist, und ich hob fort gesagt Kupfermann, Bleier, Nickelmann, Kupfermann, du Mistvieh, du Schwein, du Eisner!' Dann hat er ihm dafür einen Monat aufgebrummt, aber dann ham ihm in vierzehn Tage so die Zähne zu schmerzen angefangen, und er hat sich erinnert, daß der Eisner Zahntechniker is, so hat er ihn ausn Arrest ins Marodenzimmer führen lassen und hat sich von ihm einen Zahn ziehn lassen wolln, und der Eisner hat ihn ihm vielleicht eine halbe Stunde gezogen, so daß man den Alten vielleicht dreimal hat abwaschen müssen, aber der Alte is irgendwie zahm geworn und hat dem Eisner die andern vierzehn Tage verziehn. Das is halt so, Herr Oberlajtnant, wenn der Vorgesetzte den Namen seines Untergebenen vergißt, aber der Untergebene darf nie an den Namen seines Vorgesetzten vergessen, wie uns auch der Herr Oberst gesagt hat, daß wir nicht mal nach Jahren vergessen wern, daß wir einmal den Oberst Fliedler gehabt ham, - War das nicht vielleicht zu lang, Herr Oberlajtnant?"

„Wissen Sie, Schwejk", antwortete Oberleutnant Lukasch, „je mehr ich Ihnen zuhöre, desto mehr komme ich zu der Überzeugung, daß Sie Ihre Vorgesetzten überhaupt nicht schätzen. Ein Soldat soll von seinen Vorgesetzten noch nach Jahren nur Gutes sprechen." Oberleutnant Lukasch begann sich offensichtlich zu amüsieren.

„Melde gehorsamst, Herr Oberlajtnant", fiel ihm Schwejk in entschuldigendem Ton ins Wort, „der Herr Oberst Fliedler is ja schon längst tot, aber wenn Sie wünschen, Herr Oberlajtnant, wer ich nur lauter Gutes von ihm sprechen. Er war Ihnen, Herr Oberlajtnant, ein fertiger Engel auf die Soldaten. Er war Ihnen so brav wie der heilige Martin, was Martinsgänse an die Armen und Hungrigen verteilt hat. Er hat sein Mittagmahl aus der Offiziersmenage mit dem nächsten Soldaten geteilt, was er am Hof getroffen hat, und wie wir uns alle an Knödln überfressen ham, so hat er uns in der Menage Grenadiermarsch mit Schweinefleisch machen lassen, und bei den Manövern, da hat er sich erst recht ausgezeichnet mit seiner Güte. Wie wir nach Unterkrafowitz gekommen sind, so hat er Befehl gegeben, das ganze dortige Bräuhaus auf seine Kosten auszutrinken, und wenn er Namenstag oder Geburtstag gehabt hat, so hat er fürs ganze Regiment Hasen auf Schmetten mit Semmelknödln kochen lassen. Er war so brav auf die Mannschaft, daß er Ihnen einmal, Herr Oberlajtnant..."

Oberleutnant Lukasch schlug Schwejk sanft übers Ohr und sagte in freundschaftlichem Ton: „Also geh schon, Bestie, laß ihn schon."

„Zu Befehl, Herr Oberlajtnant!" Schwejk ging zu seinem Waggon, während sich

518

vor dem Bataillonstrain, dort wo in einem Waggon die Telefongeräte und Drähte eingesperrt waren, folgende Szene abspielte. Es stand dort ein Posten, denn auf Befehl Hauptmann Sagners mußte alles feldmäßig gehen. Die Posten wurden also noch Wichtigkeit der Waggons auf beiden Seiten aufgestellt und erhielten „Feldruf" und „Losung" aus der Bataillonskanzlei.

An jenem Tage lautete der Feldruf „Kappe" und die Losung „Hatvan". Der Posten, der bei den Telefonapparaten stand, war ein Pole aus Kolomea, der durch irgendeinen merkwürdigen Zufall zum 91. Regiment gekommen war.

Er hatte keinen Dunst, was eine „Kappe" ist, aber weil er irgendeine Ahnung von Memotechnik hatte, merkte er sich dennoch, daß das Wort mit „K" begann; deshalb antwortete er stolz, als Leutnant Dub, der Bataillonsinspektion hatte, ihn beim Herankommen nach dem Feldruf des Tages fragte: „Kaffee". Das war freilich sehr natürlich, denn der Pole aus Kolomea dachte noch immer an den Morgen- und Abendkaffee im Lager von Brück.

Und als der Pole nochmals „Kaffee" brüllte und Leutnant Dub immer näher an ihn herankam, rief der Pole, eingedenk seines Eides und dessen, daß er Wache stand, drohend aus: „Halt!" Als Leutnant Dub dann noch zwei Schritte näher kam und unablässig den Feldruf von ihm wissen wollte, zielte er mit dem Gewehr auf ihn, wobei er sich, der deutschen Sprache nicht vollkommen mächtig, eines sonderbaren Durcheinanders von Polnisch und Deutsch bediente. Er schrie: „Bende schaisn, bende schaisn."

Leutnant Dub begriff und wich langsam zurück, wobei er rief:

„Wachkommandant, Wachkommandant!"

Zugführer Jelinek, der den Polen auf den Wachposten geführt hatte, erschien und fragte ihn selbst nach dem Feldruf; dann fragte ihn Leutnant Dub, auf dessen Fragen der verzweifelte Pole aus Kolomea mit dem Geschrei „Kaffee, Kaffee" antwortete, daß der ganze Bahnhof erdröhnte, Aus allen Waggons, die dort standen, begannen Soldaten mit ihren Eßschalen herauszuspringen; es entstand eine fürchterliche Panik, die damit endete, daß man den entwaffneten, ehrenwerten Soldaten in den Arrestantenwaggon abführte.

Aber Leutnant Dub hegte einen bestimmten Verdacht gegen Schwejk, den er als ersten mit der Eßschale aus dem Waggon klettern gesehen hatte: er hätte den Hals darauf gesetzt, daß er Schwejk rufen gehört hatte:

„Mit den Eßschalen heraus, mit den Eßschalen heraus." Nach Mitternacht fuhr der Zug nach Ladovec und Trebisov ab, wo er am Morgen auf der Station von einem Veteranenverein willkommen geheißen wurde. Der Verein verwechselte dieses Marschbataillon nämlich mit dem Marschbataillon des 14. ungarischen Honvedregiments, das schon in der Nacht die Station passiert hatte. Sicher war, daß die Veteranen besoffen waren und mit ihrem Gebrüll: „Isten almeg a kiraly" den ganzen Transport weckten. Einige Selbstbewußtere neigten sich aus dem Waggon und antworteten ihnen: „Leckst uns im Arsch, eljen!" Worauf die Veteranen so laut „Eljen! Eljen a tizennegyedig regiment!" (vierzehntes Regiment) brüllten, daß die Fenster des Bahnhofsgebäudes erzitterten.

Fünf Minuten später ging der Zug weiter nach Humenna. Hier waren bereits deutlich Spuren des Kampfes bemerkbar, der stattgefunden hatte, als die Russen ins Tal der Theiß vorgerückt waren. Auf den Hängen sah man primitive Schützengräben, hie und da ein abgebranntes Gehöft, vor dem ein eilig errichtetes Haus bekundete, daß die Besitzer wieder zurückgekehrt waren.

Dann, als man gegen Mittag in der Station Humenna eintraf, wo der Bahnhof ebenfalls Spuren der Kämpfe aufwies, wurden Vorbereitungen zum Mittagessen getroffen, und die Mannschaft des Transports konnte inzwischen in das Öffentliche Geheimnis Einblick nehmen, wie die Behörden nach Abzug der Russen mit der Ortsbevölkerung verfahren, die der Sprache und Religion nach mit den russischen Soldaten verwandt war. Auf dem Perron, von ungarischen Gendarmen umgeben, stand eine Gruppe verhafteter ungarischer Russen. Es waren einige Popen, Lehrer und Bauern aus der ganzen Umgebung. Alle hatten die Hände mit Stricken auf dem Rücken gefesselt und waren paarweise zusammengebunden. Größtenteils hatten sie zerschlagene Nasen und Beulen auf dem Kopf, denn sie waren gleich nach der Verhaftung von den Gendarmen verprügelt worden.

Ein Stückchen weiter trieb ein magyarischer Gendarm mit einem Popen ein liebliches Spiel. Er band ihm einen Strick, den er in der Hand hielt, um den linken Fuß und zwang ihn mit dem Kolben, Csardas zu tanzen, wobei er an dem Strick zerrte, so daß der Pope auf die Nase fiel und, da er die Hände nach rückwärts gebunden hatte, nicht aufstehen konnte; er machte verzweifelte Versuche, sich auf den Rücken umzudrehen, um sich so vom Boden erheben zu können. Der Gendarm lachte darüber so aufrichtig, daß ihm Tränen aus den Augen flössen, und als der Pope sich erhob, riß er am Strick und der Pope lag wieder auf der Nase. Endlich machte der Gendarmerieoffizier der Szene ein Ende; er ließ die Verhafteten vor Eintreffen des Zuges in den leeren Schuppen hinter dem Bahnhof führen und sie dort prügeln und schlagen, damit es niemand sehe.

Von dieser Episode redete man im Stabswaggon, und alles in allem kann gesagt werden, daß die Mehrzahl sie verurteilte. Fähnrich Kraus meinte, wenn sie schon Hochverräter sind, so solle man sie auf der Stelle und ohne jede Quälerei hängen; hingegen stimmte Leutnant Dub mit dem ganzen Auftritt vollständig überein; er führte den Vorfall sofort auf das Attentat in Sarajevo zurück und erklärte ihn in der Weise, als ob die magyaiischen Gendarmen in der Station Humenna den Tod des Erzherzogs Franz Ferdinand und seiner Gemahlin rächen wollten. Um seinen Worten Gewicht zu verleihen, sagte er, daß in einer Zeitschrift (Schimatscheks Vierblatt), deren Abonnent er war, schon vor dem Kriege in der Julinummer von dem Attentat geschrieben worden sei, daß dieses beispiellose Verbrechen in den Herzen der Menschen lange Zeit hindurch eine unheilbare Wunde hinterlassen werde, die um so schmerzlicher sei, weil durch das Verbrechen nicht nur das Leben des Repräsentanten der Exekutivgwalt des Staates, sondern auch das Leben seiner treuen und geliebten Lebensgefährtin vernichtet worden sei, und daß die Vernichtung dieser zweier Leben ein glückliches, mustergültiges Familienleben zerstört und die von allen geliebten Kinder zu Waisen gemacht habe.

Oberleutnant Lukasch brummte nur vor sich hin, daß die Gendarmen hier in Humenna wahrscheinlich Abonnenten von Schimatscheks Vierblatt mit seinem ergreifenden Artikel seien. Ihm war überhaupt auf einmal alles zuwider, und er fühlte nur das Bedürfnis, sich zu betrinken, um seinen Weltschmerz zu vertreiben. Er verließ also den Waggon und suchte Schwejk.

„Hören Sie, Schwejk", sagte er ihm, „wissen Sie nicht von einer Flasche Kognak? Mir ist nicht ganz gut."

„Das macht alles die Luftveränderung, melde gehorsamst, Herr Oberlajtnant. Kann sein, daß Ihnen, bis wir am Kriegsschauplatz sein wern, noch schlechter sein wird. Je mehr man sich von seiner Ursprünglichen militärischen Basis entfernt, desto übler is einem. Ein gewisser Josef Kalenda, Gärtner in Straschnitz, hat sich auch mal von zu Haus entfernt, er is aus Straschnitz in die Weinberge gegangen und hat sich im Gasthaus ,Zur Haltestelle' aufgehalten, aber da war ihm noch nichts, aber wie er in der Weinberge in die Kronengasse zum Wasserturm gekommen is, is er in der Kronengasse hinter der heiligen Ludmillakirche von einem Wirtshaus ins andere gegangen, und da war er schon wie erschlagen. Er hat sich aber nicht davon abschrecken lassen, weil er am Abend vorher in Straschnitz im Wirtshaus ,Zur Remise' mit einem Kondukteur von der Elektrischen gewettet hat, daß er zu Fuß in drei Wochen eine Reise um die Welt machen wird. Er hat also angefangen, sich noch weiter und weiter von seinem Heim zu entfernen, bis er ins ,Schwarze Bräuhaus' am Karlsplatz gekommen is, und von dort is er auf die

Kleinseite zum heiligen Thomas ins Bräuhaus gegangen und von dort über die Restauration ‚Zum Montag' und noch weiter übers Wirtshaus ‚Zum König von Brabant' in die ‚Schöne Aussicht' und von dort ins Strahower Kloster ins Brauhaus. Aber dort is ihm die Luftveränderung schon nicht mehr bekommen. Er is bis aufn Lorettoplatz gekommen, und dort hat er auf einmal so eine Sehnsucht nach der Heimat bekommen, daß er sich auf die Erde hingehaut hat und angefangen hat, sich am Trottoir zu wälzen und geschrien hat: ‚Leutl, ich geh nimmer weiter. Ich pfeif euch' - mit Vergeben, Herr Oberlajtnant - ‚auf die Reise um die Welt.' Wenn Sie aber wünschen, Herr Oberlajtnant, wer ich Ihnen den Kognak auftreiben, ich fürcht nur, daß mir der Zug früher wegfährt."

Oberleutnant Lukasch versicherte ihm, daß man nicht früher abfahren werde als in zwei Stunden, gleich hinter dem Bahnhof verkaufe man im geheimen Kognak in Flaschen, Hauptmann Sagner habe bereits Matuschitz hingeschickt und der habe ihm für 15 Kronen eine Flasche ganz guten Kognak gebracht. Hier habe er 15 Kronen, und jetzt solle er schon gehn und nur niemandem sagen, daß der Kognak für Oberleutnant Lukasch bestimmt sei oder daß der Oberleutnant ihn schicke, denn es sei eigentlich verboten.

„Seien Sie versichert, Herr Oberlajtnant", sagte Schwejk, „daß alles in Ordnung gehn wird, weil ich hab sehr gern verbotene Sachen, ich hab mich immer in was Verbotenem befunden, ohne daß ich was davon gewußt hab. Einmal in der Karolinenthaler Kaserne hat man uns verboten..."

„Kehrt euch - marschieren - marsch!" unterbrach ihn Oberleutnant Lukasch.

Schwejk ging also hinter den Bahnhof, wobei er sich unterwegs sämtliche Bedingungen seiner Expedition wiederholte: daß es ein guter Kognak sein sollte, weshalb er ihn zuerst kosten müsse, daß es verboten sei, weshalb er vorsichtig sein müsse.

Gerade als er hinter dem Perron einbog, stieß er wieder mit Leutnant Dub zusammen: „Was treibst du dich hier herum?" fragte er Schwejk. „Kennst du mich?"

„Melde gehorsamst", antwortete Schwejk salutierend, „daß ich Sie nicht von Ihrer schlechten Seite kennenzulernen wünsche."

Leutnant Dub erstarrte vor Schrecken, aber Schwejk stand ruhig vor ihm, die Hand fortwährend am Mützenschild, und fuhr fort:

„Melde gehorsamst, Herr Lajtnant, daß ich Sie nur von der guten Seite kennenlernen will, damit Sie mich nicht zum Weinen bringen, wie Sie mir letztesmal gesagt haben."

Leutnant Dubs Kopf drehte sich ob dieser Frechheit, und er raffte sich nur zu dem entrüsteten Ausruf auf: „Schieb ab, du Schuft, wir sprechen noch miteinander."

Schwejk ging hinter den Perron, und Leutnant Dub, der sich gefaßt hatte, folgte ihm. Hinterm Bahnhof, gleich an der Straße, stand eine Reihe mit dem Boden nach oben gekehrter Rückenkörbe, auf denen sich Strohschüsseln befanden; auf diesen Strohschüsseln wieder befanden sich verschiedene Näschereien, die so unschuldig aussahen, als wären diese guten Dinge für die Schuljugend irgendwo auf einem Ausflug bestimmt. Da gab es Zuckerstangen, Bonbons, Röllchen aus Oblaten, einen Haufen saurer Bonbons, hie und da auch auf einer Strohschüssel ein paar Scheiben schwarzen Brots mit Wurst, die ganz bestimmt von Pferden stammte. Im Innern aber enthielten die Rückenkörbe verschiedene Sorten von Alkohol: Flaschen mit Kognak, Rum, Wacholderbranntwein und andere Liköre und Schnäpse.

Gleich hinter dem Straßengraben stand eine Bude, in der eigentlich alle diese Geschäfte mit verbotenen Getränken abgewickelt wurden. Zuerst verhandelten die Soldaten bei den Rückenkörben, dann zog ein Jude mit Schläfenlöckchen unter dem Rückenkorb eine unschuldig aussehende Flasche hervor und brachte sie unter dem Kaftan in die hölzerne Bude, wo sie der Soldat irgendwie unauffällig in den Hosen oder unter der Bluse versteckte.

Hierher steuerte also Schwejk, während Leutnant Dub mit seinem Detektivtalent ihn vom Bahnhof aus beobachtete. Schwejk fing gleich bei dem ersten Rückenkorb an. Er suchte Bonbons aus, die er bezahlte und in die Tasche steckte, wobei der Herr mit den Schläfenlöckchen ihm zuflüsterte: „Schnaps hab ich auch, gnädiger Herr Soldat."

Die Unterhandlung war rasch abgeschlossen. Schwejk ging in die Bude und zahlte erst, als der Herr mit den Schläfenlöckchen die Flasche geöffnet und Schwejk den Schnaps gekostet hatte. Er war mit dem Kognak zufrieden, und nachdem er die Flasche unter die Bluse gesteckt hatte, kehrte er auf den Bahnhof zurück.

„Wo warst du denn, du Schuft", vertrat ihm Leutnant Dub den Weg zum Perron. „Melde gehorsamst, Herr Lajtnant, daß ich mir Bonbons kaufen gegangen bin." Schwejk griff in die Tasche und zog eine Handvoll schmutziger, verstaubter Bonbons heraus.

„Wenn sich Herr Lajtnant nicht ekeln mächt. - Ich hab sie schon gekostet, sie sind nicht schlecht. Sie ham so einen angenehm, merkwürdigen Geschmack wie von Powidel, Herr Lajtnant."

Unter der Bluse zeichneten sich rundlich die Umrisse der Flasche ab. Leutnant Dub klopfte Schwejk auf die Bluse: „Was trägst du hier, du Schuft. Zieh das heraus!"

Schwejk zog die Flasche mit dem gelblichen Inhalt und der vollkommen deutlichen Etikette „Kognak" heraus.

„Melde gehorsamst, Herr Lajtnant", antwortete Schwejk unerschrocken, „daß ich mir in eine leere Kognakflasche ein bißl Wasser zum Trinken pumpen war. Ich hab noch von dem Gulasch, was wir gestern gehabt ham, einen schrecklichen Durst. Nur daß das Wasser dort bei der Pumpe, wie Sie sehn, Herr Lajtnant, bißl gelb is, es wird wahrscheinlich eisenhaltiges Wasser sein. So ein Wasser is sehr gesund und zuträglich."

„Wenn du so einen Durst hast, Schwejk", sagte Leutnant Dub mit einem teuflischen Lächeln und in der Absicht, die Szene, in der Schwejk vollkommen unterliegen mußte, so lang wie möglich auszudehnen, „so trink, aber tüchtig. Trink das Ganze auf einmal aus!"

Leutnant Dub kombinierte schon im voraus, wie Schwejk ein paar Schluck machen und nicht mehr weiterkönnen werde, und wie er, Leutnant Dub, ihn glorreich besiegen und sagen werde: „Reich mir auch die Flasche, damit ich ein bißchen trink, ich hab auch Durst." Wie sich dieser Lump, der Schwejk, in diesem für ihn so fürchterlichen Augenblick benehmen und ein Rapport folgen werde usw. usw.

Schwejk entkorkte die Flasche, führte sie an den Mund und Schluck auf Schluck verschwand in seiner Kehle. Leutnant Dub versteinerte. Schwejk trank vor seinen Augen die ganze Flasche leer, ohne mit der Wimper zu zucken, warf die leere Flasche über die Straße in den Teich, spuckte aus und sagte, als hätte er ein Gläschen Mineralwasser ausgetrunken:

„Melde gehorsamst, Herr Lajtnant, daß das Wasser wirklich einen Eisengeschmack gehabt hat. In Kamyk an der Moldau hat ein Wirt für seine Sommergäste eisenhaltiges Wasser auf die Weise gemacht, daß er in den Brunnen alte Hufeisen geworfen hat."

„Ich werde dir geben, alte Hufeisen! Komm und zeig mir den Brunnen, aus dem du das Wasser geholt hast!"

Es is nur ein Stückel von hier, Herr Lajtnant, gleich hier hinter der Holzbude."

„Geh voran, du Fallott, damit ich seh, ob du Schritt hältst!"

„Das ist wirklich merkwürdig", dachte Leutnant Dub, „dem elenden Kerl merkt man gar nichts an."

Schwejk ging also, ergeben in den Willen Gottes, voran; aber etwas sagte ihm ununterbrochen, daß ein Brunnen da sein müsse, und es überraschte ihn auch nicht im mindesten, daß einer da war. Es war sogar eine Pumpe da, und als sie bei ihr anlangten und Schwejk pumpte, floß ein gelblich gefärbtes Wasser hervor, so daß Schwejk feierlich erklären konnte: „Hier is das eisenhaltige Wasser, Herr Lajtnant."

Der erschrockene Mann mit den Schläfenlöckchen näherte sich ihnen, und Schwejk sagte ihm auf deutsch, er möge ein Gläschen bringen, der Herr Lajtnant wolle trinken.

Leutnant Dub war von dem ganzen so blöd, daß er ein ganzes Glas Wasser austrank, worauf sich in seinem Mund der Geschmack von Pferdeurin und Mistjauche verbreitete; total verblödet von seinem Erlebnis gab er dem Juden mit dem Schläfenlöckchen für das Glas Wasser ein Fünfkronenstück und sagte, indem er sich zu Schwejk umdrehte: „Was gaffst du hier herum, scher dich nach Haus."

Fünf Minuten später tauchte Schwejk im Stabswaggon bei Oberleutnant Lukasch auf, lockte ihn mit einer geheimnisvollen Grimasse aus dem Waggon und teilte ihm draußen mit: „Melde gehorsamst, Herr Oberlajtnant, daß ich in fünf, höchstens in zehn Minuten ganz besoffen sein wer, aber ich wer in meinem Waggon liegen und möcht Sie bitten, daß Sie mich wenigstens auf drei Stunden nicht rufen, Herr Oberlajtnant, und mir keine Befehle geben, solang ich mich draus nicht ausschlaf. Alles is in Ordnung, aber Herr Lajtnant Dub hat mich abgefangen, ich hab ihm gesagt, daß das Wasser is, so hab ich müssen vor ihm die ganze Flasche Kognak austrinken, damit ich ihm beweis, daß es Wasser is. Alles is in Ordnung, nichts hab ich verraten, wie Sies gewünscht ham, und vorsichtig war ich auch, aber jetzt meld ich schon gehorsamst, Herr Oberlajtnant, daß ichs schon spür, mir schlafen schon die Füße ein. Melde gehorsamst, Herr Oberlajtnant, daß ich allerdings gewöhnt bin zu saufen, weil mitn Herrn Feldkurat Katz..."

„Geh, Bestie!" rief der Oberleutnant, doch ohne jeden Groll. Dafür aber war ihm Leutnant Dub um fünfzig Prozent unsympathischer geworden als bisher.

Schwejk kletterte vorsichtig in seinen Waggon, und als er sich auf seinen Mantel und Rucksack legte, sagte er zum Rechnungsfeldwebel und den anderen: „Einmal hat sich euch ein Mensch besoffen und hat gebeten, daß man ihn nicht wecken soll..."

Nach diesen Worten wälzte er sich auf die Seite und fing an zu schnarchen.

Die Gase, die er beim Rülpsen von sich gab, erfüllten bald den ganzen Raum, so daß Koch-Okkultist Jurajda, der die Atmosphäre mit den Nüstern einzog, erklärte: „Sakra, hier riecht Kognak." Vor dem zusammenlegbaren Tischchen saß der Einjährig-Freiwillige Marek, der es schließlich nach all den Leiden zum Bataillonsgeschichtsschreiber gebracht hatte.

Jetzt stellte er Vorrat an Heldentaten des Bataillons zusammen, und man konnte sehen, daß ihm dieser Blick in die Zukunft große Freude machte. Rechnungsfeldwebel Wanek beobachtete mit Interesse, wie der Einjährig-Freiwillige fleißig schrieb und dabei übers ganze Gesicht lachte. Deshalb stand Wanek auf und neigte sich über den Einjährig-Freiwilligen, der ihm das Ganze zu erklären begann: „Sie, es ist eine schreckliche Hetz, die Geschichte des Bataillons auf Vorrat zu schreiben. Hauptsache ist, daß man systematisch vorgeht. In allem muß System herrschen."

„Ein systematisches System?" bemerkte Rechnungsfeldwebel Wanek mit einem mehr oder minder verächtlichen Lächeln.

„Ja", sagte der Einjährig-Freiwillige nachlässig, „ein systematisiertes, systematisches System bei der Aufzeichnung der Bataillonsgeschichte. Gleich zu Beginn können wir nicht mit einem großen Sieg herausrücken. Das muß alles langsam gehn, nach einem bestimmten Plan. Unser Bataillon kann den Weltkrieg nicht auf einmal gewinnen. Nihil nisi bene. Die Hauptsache für einen gründlichen Historiker, wie ich es bin, ist, zuerst einen Plan für unsere Siege zusammenzustellen. Zum Beispiel schildere ich hier, wie unser Bataillon — das wird beiläufig in zwei Monaten geschehen — fast die russische Grenze überschreitet, die sehr stark, sagen wir mit Donkosaken, besetzt ist, während einige feindliche Divisionen in den Rücken unserer Stellungen gelangen. Auf den ersten Blick scheint es, daß unser Bataillon verloren ist und daß wir zu Nudeln zerhackt werden müssen; da gibt Hauptmann Sagner folgenden Bataillonsbefehl aus: ‚Gott will nicht, daß wir hier zugrunde gehn, fliehen wir!' Unser Bataillon ergreift also die Flucht, aber die feindliche Division, die bereits in unserem Rücken ist, sieht, daß wir ihr eigentlich nachlaufen, beginnt zu fliehen und fällt ohne Schuß unserer Armeereserve in die Hände. Damit fängt also eigentlich die Geschichte unseres Bataillons an. Aus einer unbedeutenden Begebenheit, um prophetisch zu sprechen, Herr Wanek, entwickeln sich weittragende Dinge. Unser Bataillon schreitet von Sieg zu Sieg. Interessant wird es sein, wie unser Bataillon den schlafenden Feind überfalln wird, wozu man freilich den Stil des ‚Illustrierten Kriegsberichterstatters' braucht, der während des russisch-japanischen Kriegs bei Vilímek erschienen ist. Unser Bataillon überfällt das Lager des schlafenden Feindes. Jeder von unsern Soldaten sucht sich einen Feind aus und stößt ihm mit aller Kraft das Bajonett in die Brust. Das ausgezeichnet geschliffene Bajonett fährt in den Mann hinein wie in Butter, und nur hier und da kracht eine Rippe; die schlafenden Feinde zucken mit dem ganzen Körper, wälzen für einen Augenblick die erschrockenen, aber nichts mehr sehenden Augen heraus, röcheln und strecken alle viere von sich. Auf den Lippen der schlafenden Feinde zeigt sich blutiger Speichel, damit ist die Sache erledigt, und der Sieg ist auf Seite unseres Bataillons. Oder noch besser wirds etwa so ungefähr in drei Monaten sein, da wird unser Bataillon den russischen Zaren gefangen nehmen. Davon sprechen wir aber erst später, Herr Wanek, inzwischen muß ich mir kleine Episoden auf Vorrat zurechtlegen, die das beispiellose Heldentum beweisen. Ich werde mir ganz neue Kriegsausdrücke ausdenken müssen. Einen hab ich mir schon ausgedacht, ich werde von der opferfreudigen Entschlossenheit unserer mit Granatsplittern gespickten Mannschaft schreiben. Infolge der Explosion einer feindlichen Mine kommt einer von unseren Zugführern, sagen wir von der zwölften oder dreizehnten Kompanie, um den Kopf."

„Apropos", sagte der Einjährig-Freiwillige und schlug sich an den Kopf, „fast hätte ich vergessen, Herr Rechnungsfeldwebel, oder bürgerlich gesagt, Herr Wanek, Sie müssen mir ein Verzeichnis aller Chargen verschaffen. Nennen Sie mir einen Feldwebel von der zwölften Kompanie — Houska? Gut, also Houska kommt durch diese Mine um den Kopf, der Kopf fliegt ihm weg, der Körper macht aber noch ein paar Schritte, zielt und schießt noch einen feindlichen Aeroplan herab. Das versteht sich ganz von selbst, daß der Widerhall dieser Siege in der Zukunft in Schönbrunn im Familienkreis gefeiert werden muß. Österreich hat sehr viele Bataillone, aber das einzige Bataillon, das sich auszeichnet, ist unseres, so daß ihm zulieb eine kleine intime Familienfeier im kaiserlichen Hause stattfindet. Wie aus meinen Notizen hervorgeht, stell ichs mir so vor, daß die Familie der Erzherzogin Marie Valerie deshalb aus Wallsee nach Schönbrunn übersiedelt. Die Feier ist ganz intim und findet im Saal neben dem Schlafgemach des Monarchen statt, das mit weißen Kerzen erleuchtet ist, denn bekanntlich liebt man bei Hof elektrische Glühbirnen wegen Kurzschluß nicht, gegen den der greise Monarch voreingenommen is. Um sechs Uhr abend beginnt die Feier zum Lob und Preis unseres Bataillons. In diesem Augenblick werden die Enkel Seiner Majestät in den Saal geführt, der eigentlich zu den Gemächern der verewigten Kaiserin gehört. Jetzt ist die Frage, wer außer der kaiserlichen Familie zugegen sein wird. Der Generaladjutant des Monarchen, Graf Paar, muß und wird zugegen sein. Weil bei solchen familiären und intimen Festen zuweilen jemandem übel zu werden pflegt, womit ich allerdings nicht sagen will, daß Graf Paar kotzen wird, ist die Anwesenheit des Leibarztes, des Hofrats Doktor Kerzl, erforderlich. Von wegen der Ordnung, damit sich die Hoflakaien nicht gewisse Vertraulichkeiten gegen die beim Festmahl anwesenden Hofdamen erlauben, erscheint der Oberhofmeister Baron Lederer, Kammergraf Bellegarde und die erste Hofdame, Gräfin Botnbelles, die unter den Hofdamen dieselbe Rolle spielt wie die Madame im Prager Bordell Schuha. Nachdem sich die vornehme Gesellschaft versammelt hat, wird der Kaiser davon verständigt; er erscheint hierauf im Gefolge seiner Enkel, setzt sich an den Tisch und spricht einen Toast zu Ehren unseres Marschbataillons.

Nach ihm ergreift Erzherzogin Marie Valerie das Wort und gedenkt besonders rühmend Ihrer, Herr Feldwebel. Allerdings erduldet unser Bataillon nach meinen Notizen schwere und fühlbare Verluste, denn ein Bataillon ohne Tote ist kein Bataillon. Man wird einen Artikel über unsere Toten schreiben müssen. Die Geschichte des Bataillons darf sich nicht nur aus trockenen Tatsachen über die Siege zusammensetzen, von denen ich schon im Vorhinein etwa zweiundvierzig vermerkt habe. Sie zum Beispiel, Herr Wanek, fallen an einem kleinen Flüßchen, und hier der Baloun, der uns so komisch anschaut, der stirbt eines ganz andern Todes als durch eine Kugel, ein Schrapnell oder eine Granate. Er wird mit einem Lasso erdrosselt, das gerade in dem Augenblick, wie er das Mittagmahl seines Oberleutnants Lukasch verzehrt, aus einem feindlichen Aeroplan geschleudert wird."

Baloun trat zurück, winkte verzweifelt mit den Händen und bemerkte niedergeschlagen: „Wenn ich für meine Veranlagung nicht kann! Wie ich noch aktiv gedient hab, hab ich mich vielleicht dreimal in der Küche um Minasch gezeigt, solang man mich nicht eingesperrt hat. Einmal hab ich dreimal Rippenfleisch zum Mittagmahl gehabt, wofür ich einen Monat gesessen bin. Der Wille des Herrn geschehe!"

„Fürchten Sie sich nicht, Baloun", tröstete ihn der Einjährig-Freiwillige, „in der Geschichte des Bataillons wird nicht von Ihnen gesagt werden, daß Sie am Weg von der Offiziersmenage in den Schützengraben beim Fressen umgekommen sind. Sie werden gemeinsam mit allen Männern unseres Bataillons genannt werden, die für den Ruhm unseres Reiches gefallen sind, zum Beispiel zusammen mit Rechnungsfeldwebel Wanek."

„Welchen Tod bestimmen Sie mir, Marek?"

„Nur nicht so eilig, Herr Rechnungsfeldwebel, so schnell geht das nicht. Der Einjährig-Freiwillige wurde nachdenklich: „Sie sind aus Kralup, nicht wahr, schreiben Sie also nach Haus, nach Kralup, daß Sie spurlos verschwinden werden, aber schreiben Sies vorsichtig. Oder wünschen Sie schwer verwundet zu werden und hinter den Drahthindernissen liegen zu bleiben? Sie liegen da hübsch den ganzen Tag mit zerschmettertem Bein. In der Nacht beleuchtet der Feind unsere Stellung mit einem Reflektor und bemerkt Sie; er denkt, daß Sie als Kundschafter ausgesandt sind, und beginnt Sie mit Granaten und Schrapnells zu bombardieren. Sie haben der Armee einen ungeheuren Dienst geleistet, denn die feindliche Armee hat für Sie solche Unmengen von Munition verbraucht wie für ein ganzes Bataillon, und Ihre Gliedmaßen schwimmen nach all diesen Explosionen über Ihnen frei in der Luft, durchdringen diese mit ihrer Rotation, singen ein Lied des großen Sieges. Kurz und gut, jeder kommt dran, und jeder von unserem Bataillon zeichnet sich aus, so daß die glorreichen Seiten unserer Geschichte mit Siegen überfüllt sein werden — obwohl ich sie sehr ungern überfüllen möchte, aber Feh kann mir nicht helfen, alles muß gründlich durchgeführt werden, damit eine Erinnerung an uns zurückbleibt, bevor von unserem Bataillon, sagen wir, im Monat September, rein senkrecht nichts übrigbleibt als diese glorreichen Seiten der Geschichte, die den Herzen aller Österreicher sagen werden, daß sich alle, die ihre Heimat nicht mehr wiedersehen werden, ebenso tapfer wie unerschrocken geschlagen hoben. Den Schluß, wissen Sie, Herr Wanek, den Nekrolog, habe ich schon verfaßt. Ehre dem Andenken der Gefallenen! Ihre Liebe zur Monarchie ist die heiligste Liebe, denn sie gipfelt im Tod. Mögen ihre Namen mit Ehrfurcht ausgesprochen werden, wie zum Beispiel der Name Wanek. Diejenigen, die der Verlust des Ernährers am fühlbarsten betroffen hat, mögen stolz ihre Tränen trocknen, denn die Gefallenen waren — Helden unseres Bataillons."

Telefonist Chodounsky und Koch Jurajda lauschten mit großem Interesse dieser

Schilderung der vorbereiteten Geschichte des Bataillons. „Kommen Sie näher, meine Herren", sagte der Einjährig-Freiwillige, in seinen Notizen blätternd, „Seite 15: Telefonist Chodounsky fiel am 3. September gleichzeitig mit Bataillonskoch Jurajda. Hören Sie meine Notizen weiter: Beispielloses Heldentum. Der erstere, der bereits seit drei Tagen beim Telefon nicht abgelöst wurde, rettet mit Einsetzung seines Lebens den Telefondraht in seiner Deckung. Der zweite, der die drohende Gefahr seiner Umgebung sieht, wirft sich mit einem Kessel kochender Suppe auf den Feind und verbreitet unter den Feinden Entsetzen und Brandwunden. - Schöner Tod der beiden. Der erste von einer Mine zerrissen, der zweite von Giftgasen erstickt, die man ihm unter die Nase hielt, als er nichts mehr hatte, um sich damit zu wehren. - Beide sterben mit dem Ausruf: Es lebe unser Bataillonskommandant! Das Oberkommando kann nichts tun, als uns täglich Danksagungen in der Form von Befehlen zu senden, damit auch andere Truppenkörper unserer Armee die Tapferkeit unseres Bataillons kennenlernen und sich ein Beispiel daran nehmen. Ich kann euch einen Auszug aus einem Armeebefehl vorlegen, der in allen Armeeteilen verlesen werden wird; er ähnelt sehr dem Befehl des Erzherzogs Karl, den dieser im Jahre 1805 erteilte, als er mit seinem Heer vor Padua stand und einen Tag nach dem Befehl tüchtige Wichse bekam. Hört also, was man von unserm Bataillon als vorbildlich heldenhaften Truppenkörper der ganzen Armee verlesen wird: ... Ich hoffe, daß die ganze Armee sich an dem oben angeführten Bataillon ein Beispiel nehmen wird, insbesondere, daß sie sich jenen Geist des Selbstvertrauens, der Unerschütterlichkeit und der dauernden Unbesiegbarkeit in der Gefahr aneignen wird, jenen beispiellosen Heldenmut, die Liebe und das Vertrauen zu den Vorgesetzten, jene Tugenden, die das Bataillon auszeichnen und die es zu bewunderungswürdigen Toten, zum Glück und Sieg unseres Reiches führen. Alle seinem Beispiel nach..."'

Von dem Platz her, wo Schwejk lag, ertönte ein Gähnen, und man konnte hören, wie Schwejk aus dem Schlaf sprach: „Da ham Sie recht, Frau Müller, daß sich Leute ähnlich sind. In Kralup hat ein gewisser Herr Jarosch Pumpen gebaut, und der hat dem Uhrmacher Lejhanz aus Pardubitz ähnlich geschaut, wie wenn er ihm ausn Gesicht geschnitten war, und der hat wieder dem Jitschiner Piskor so ähnlich geschaut und alle drei zusamm einem unbekannten Selbstmörder, was man aufgehängt und vollkommen verwest in einem Teich bei Neuhaus gefunden hat, grad unter der Bahn, wo er sich wahrscheinlich untern Zug geworfen hat." — Ein neuerliches Gähnen wurde laut und dann noch die Ergänzung: „Dann hat man alle übrigen zu einer großen Geldstrafe verurteilt, und morgen machen Sie mir geseihte

Nudeln, Frau Müller." - Schwejk wälzte sich auf die andere Seite und schnarchte weiter, während sich zwischen dem Koch-Okkultisten Jurajda und dem Einjährig-Freiwilligen eine Debatte über die Dinge der Zukunft entspann.

Okkultist Jurajda meinte, daß es vielleicht auf den ersten Blick ein Unsinn zu sein scheine, wenn ein Mensch hetzhalber über etwas schreibe, was in der Zukunft geschehen werde: dennoch sei es sicher, daß so eine Hetz sehr oft prophetische Tatsachen enthalte, wenn der seelische Blick des Menschen unter dem Einfluß geheimnisvoller Mächte den Schleier der unbekannten Zukunft durchdringt. Von diesem Augenblick an war Jurajda in seiner Rede lauter Schleier. In jedem zweiten Satz offenbarte sich irgendein Schleier der Zukunft, bis er schließlich zur Regeneration überging, das heißt auf die Erneuerung des menschlichen Körpers, worauf er von der Fähigkeit der Infusorien, Körperteile zu erneuern, sprach und mit der Erklärung schloß, daß jeder Mensch einer Eidechse den Schwanz abreißen könne und daß ihr dieser wieder wachse.

Telefonist Chodounsky bemerkte dazu, daß die Menschen sich alle Finger ablecken könnten, wenn sie dasselbe brächten wie die Eidechse mit ihrem Schwanz. Zum Beispiel im Krieg, wenn jemandem der Kopf oder andere Körperteile abgerissen werden, war so was der Militärverwaltung sehr erwünscht, weils keine Invaliden geben würde. So ein österreichischer Soldat, dem fortwährend Beine, Arme, Köpfe nachwachsen würden, wäre bestimmt wertvoller als eine ganze Brigade.

Der Einjährig-Freiwillige erklärte, daß es heute, dank der entwickelten Kriegstechnik, möglich sei, den Feind eventuell auf drei diagonale Teile zu halbieren. Es existiere ein Gesetz über die Erneuerung der Körper der Geißeltierchen aus dem Geschlecht der Infusorien; jeder halbierte Teil erneuert sich, bekommt neue Organe und wächst selbständig wie ein ganzes Geißeltierchen. Im analogen Fall würde sich das österreichische Heer nach jeder Schlacht, an der es teilgenommen hat, verdreifachen, verzehnfachen, aus jedem Fuß würde sich ein neuer, frischer Infanterist entwickeln.

„Der Schwejk sollte Sie hören", bemerkte Rechnungsfeldwebel Wanek, „der möcht uns gewiß ein Beispiel anführen."

Schwejk reagierte auf seinen Namen, murmelte „Hier" und schnarchte weiter, nachdem er diesen Ausdruck militärischer Disziplin von sich gegeben hatte.

In der halbgeöffneten Waggontür zeigte sich der Kopf Leutnant Dubs. „Wo ist der Schwejk?" fragte er.

„Er schläft, melde gehorsamst, Herr Leutnant", antwortete der Einjährig-Freiwillige.

531

„Wenn ich nach ihm frage, Sie Einjährig-Freiwilliger, haben Sie sofort aufzuspringen und ihn zu rufen."

„Das geht nicht, Herr Leutnant, er schläft."

„Also wecken Sie ihn! Ich wunder mich sehr, daß Ihnen das nicht gleich einfällt, Sie Einjährig-Freiwilliger! Sie sollten Ihren Vorgesetzten mehr Entgegenkommen zeigen! Sie kennen mich noch nicht ... Aber bis Sie mich kennenlernen werden..."

Der Einjährig-Freiwillige begann Schwejk zu wecken.

„Schwejk, es brennt, stehn Sie auf!"

„Wie damals die Odkolek-Mühlen gebrannt ham", brummte Schwejk, während er sich wieder auf die andere Seite wälzte, „is die Feuerwehr bis aus Wysotschan gekommen..."

„Bitte, Sie sehn", sagte der Einjährig-Freiwillige freundlich zu Leutnant Dub, „daß ich ihn wecke, aber daß es nicht geht."

Leutnant Dub ward ärgerlich. „Wie heißen Sie, Einjährig-Freiwilliger? — Marek? — Aha, Sie sind der Einjährig-Freiwillige Marek, der fortwährend im Arrest gesessen ist, nicht wahr?"

„Jawohl, Herr Leutnant, ich habe den Einjährigen-Kurs sozusagen im Kriminal durchgemacht und bin redegradiert worden, das heißt, nach meiner Entlassung vom Divisionsgericht, wo meine Unschuld an den Tag kam, zum Bataillonsgeschichtsschreiber mit Belassung des Ranges eines Einjährig-Freiwilligen ernannt worden."

„Sie werdens nicht lange sein", brüllte Leutnant Dub und wurde puterrot im Gesicht — was den Eindruck erweckte, als seien seine Wangen nach ein paar Ohrfeigen angeschwollen —, „dafür werde ich sorgen!"

„Ich bitte, Herr Leutnant, zum Rapport vorgeführt zu werden", sagte der Einjährig-Freiwillige ernst.

„Sie, spielen Sie sich nicht mit mir", sagte Leutnant Dub. „Ich werde Ihnen geben, Rapport. Wir werden noch miteinander zu tun haben, aber dann wird es Sie verflucht verdrießen; denn dann werden Sie mich kennenlernen, wenn Sie mich jetzt noch nicht kennen."

Leutnant Dub entfernte sich grollend vom Waggon und vergaß in der Aufregung, daß er vor einer Weile die beste Absicht gehabt hatte, Schwejk zu rufen und ihm zu sagen: „Hauch mich an!", gleichsam als letztes Mittel, Schwejks ungesetzlichen Alkoholismus festzustellen. Jetzt war es freilich schon zu spät, denn als er nach einer halben Stunde in den Waggon zurückkehrte, hatte man inzwischen an die Mannschaft schwarzen Kaffee mit Rum verteilt; Schwejk war bereits wach und sprang auf den Ruf Leutnant Dubs wie ein Reh aus dem Waggon.

„Hauch mich an!" brüllte ihn Leutnant Dub an.

Schwejk atmete den ganzen Vorrat seiner Lungen auf ihn aus, wie wenn ein heißer Wind den Geruch einer Spiritusfabrik in die Felder trägt.

„Was spürt man da aus dir, Kerl?"

„Melde gehorsamst, Herr Lajtnant, aus mir spürt man Rum."

„Also siehst du, Bürscherl", rief Leutnant Dub siegesbewußt. „Endlich hab ich dich gefangen."

„Jawohl. Herr Lajtnant", sagte Schwejk ohne jedes Zeichen einer Beunruhigung. „Grad hamr Rum in Kaffee gefaßt, und ich hab den Rum zuerst ausgetrunken. Wenn aber irgendeine neue Verordnung besteht, Herr Lajtnant, daß man zuerst Kaffee trinken soll und dann erst Rum, bitt ich um Verzeihung, nächstens wirds nicht mehr geschehn."

„Und warum hast du geschnarcht, wie ich vor einer halben Stunde im Waggon war? Man hat dich doch nicht erwecken können."

„Ich hab, melde gehorsamst, Herr Lajtnant, die ganze Nacht nicht geschlafen, weil ich an die Zeiten gedacht hab, wie wir noch in Veszprem Manöver gehabt ham. Damals is das supponierte erste und zweite Armeekorps über Steiermark vorgegangen und hat von Westungarn unser viertes Korps umzingelt, was in Wien und Umgebung auf Lager war, wo wir überall Festungen gehabt ham, aber sie sind an uns vorbeigekommen und sind bis auf die Brücke gekommen, was die Pioniere vom rechten Donauufer geschlagen ham. Wir ham eine Offensive machen solln, und Truppen ausn Norden und dann auch ausn Süden, aus Wosek, ham uns zu Hilfe kommen solln. Da hat man uns einen Befehl verlesen, daß uns das dritte Armeekorps zu Hilfe kommt, damit man uns nicht zwischen dem Plattensee und Preßburg zermalmt, bis wir gegen das zweite Armeekorps vorrücken wem. Aber es hat nichts genützt, wie wir ham gewinnen solln, hat man abgeblasen und die mit den weißen Binden hams gewonnen."

Leutnant Dub sagte nicht ein Wort und ging, den Kopf schüttelnd, verlegen fort, aber gleich darauf kehrte er vom Stabswaggon zurück und sagte zu Schwejk: „Merkt euch alle, daß eine Zeit kommen wird, wo ihr vor mir heulen werdet!"

Zu mehr konnte er sich nicht aufraffen, deshalb ging er wieder zum Stabswaggon, wo Hauptmann Sagner gerade einen Unglücklichen von der 12. Kompanie verhörte, den Feldwebel Strnad vorgeführt hatte, weil der Soldat schon jetzt für seine Sicherheit im Schützengraben vorzusorgen begonnen hatte und von der Station die mit Blech beschlagene Tür eines Schweinestalls weggeschleppt hatte. Jetzt stand er erschrocken, mit herausgewälzten Augen da und entschuldigte sich, er habe die Türe gegen die Schrapnells mit in die Deckung nehmen, sich „sichern" wollen.

Das benutzte Leutnant Dub zu einer großen Predigt darüber, wie sich ein Soldat zu benehmen habe, was seine Pflichten gegenüber dem Vaterland und dem Monarchen seien, der der oberste Kommandant und höchste Kriegsherr ist. Wenn sich aber im Bataillon solche Elemente befänden, dann sei es nötig, sie auszurotten, zu bestrafen und einzusperren. Dieses Gequassel war so abgeschmackt, daß Hauptmann Sagner dem Schuldigen auf die Schulter klopfte und ihm sagte:

„Wenn Sies nur gut gemeint haben, nächstens machen Sies nicht, es ist eine Dummheit von Ihnen, die Tür geben Sie wieder zurück, wo Sie sie genommen haben, und scheren Sie sich zum Teufel!"

Leutnant Dub biß sich in die Lippen und war überzeugt, daß eigentlich die Rettung der sich zersetzenden Disziplin im Bataillon einzig und allein von ihm abhänge. Deshalb umschritt er noch einmal den ganzen Bahnhofsplatz. In der Nähe eines Magazins, an dem sich eine große Tafel mit der magyarisch-deutschen Aufschrift befand, daß man hier nicht rauchen dürfe, erblickte er einen Soldaten, der dort saß und eine Zeitung las, die ihn so verdeckte, daß man seine Aufschläge nicht sah. Er schrie ihm „Habtacht!" zu; es war ein Soldat des magyarischen Regimentes, das in Humenna in Reserve stand.

Leutnant Dub rüttelte ihn, der magyarische Soldat stand auf, hielt es nicht einmal für nötig, zu salutieren, steckte nur die Zeitung in die Tasche und entfernte sich in der Richtung der Straße. Leutnant Dub ging ihm wie benebelt nach, aber der magyarische Soldat beschleunigte seine Schritte; dann drehte er sich um und hob höhnisch die Hände in die Höh, damit Leutnant Dub keinen Augenblick lang daran zweifle, daß der Soldat Dubs Angehörigkeit zu einem tschechischen Regiment sofort erkannt hatte. Dann verschwand der Magyar im Galopp zwischen den nahen Hütten der Straße.

Um irgendwie zu bekunden, daß er mit dieser Szene nichts gemein habe, betrat Leutnant Dub majestätisch einen kleinen Laden an der Straße. Zeigte verwirrt auf eine Spule schwarzen Zwirns, steckte sie in die Tasche, bezahlte und kehrte in den Stabswaggon zurück; dann ließ er von der Bataillonsordonnanz seinen Diener Kunert holen und sagte ihm, indem er ihm den Zwirn übergab:

„Ich muß mich um alles kümmern, Sie haben gewiß vergessen, Zwirn mitzunehmen."

„Melde gehorsamst, Herr Lajtnant, daß ich ein ganzes Dutzend hob."

„Also zeigen Sie mir ihn sofort, und daß Sie gleich damit wieder da sind, oder meinen Sie, daß ich Ihnen glaube?"

Als Kunert mit einer ganzen Schachtel weißer und schwarzer Spulen zurückkehrte, sagte Leutnant Dub:

„Siehst, du Kerl, schau dir den Zwirn an, den du gebracht hast, und schau dir meine große Spule an! Schau, wie dünn dein Zwirn ist und wie leicht er zerreißt, und schau dir meinen an, was das für Arbeit gibt, bevor du ihn abreißt. Im Feld können wir keine Fetzen brauchen, im Feld muß alles gediegen sein. Also nimm wieder alle Spulen mit und wart meine Befehle ab und merk dir, nächstens mach nichts selbständig nach deinem Kopf und komm mich fragen, wenn du etwas kaufst! Wünsch dir nicht, mich kennenzulernen, du kennst mich noch nicht von der schlechten Seite."

Nachdem Kunert gegangen war, wandte sich Leutnant Dub an Oberleutnant Lukasch: „Mein Bursch ist ein sehr intelligenter Mensch. Hie und da macht er einen Fehler, aber sonst kapiert er sehr gut. Das Beste an ihm ist seine vollständige Ehrlichkeit. Ich hab nach Brück ein Paket von meinem Schwager vom Land bekommen, ein paar gebratene junge Gänse, und werden Sie glauben, daß er sie nicht einmal berührt hat? Und weil ich sie nicht rasch genug aufessen konnte, hat er sie lieber verstinken lassen. Das macht freilich die Disziplin: Ein Offizier muß sich die Soldaten erziehen."

Um merken zu lassen, daß er dem Gequatsch dieses Idioten nicht zuhöre, kehrte sich der Oberleutnant dem Fenster zu und sagte: „Ja, heute ist Mittwoch."

In dem Bedürfnis, etwas zu sprechen, wandte sich Leutnant Dub also an Hauptmann Sagner und sagte in einem ganz vertraulichen, kameradschaftlichen Ton: „Hören Sie, Hauptmann Sagner, was halten Sie..."

„Pardon, einen Moment", sagte Hauptmann Sagner und verließ den Waggon.

Inzwischen unterhielten sich Schwejk und Kunert über Kunerts Herrn.

„Wo warst du die ganze Zeit, daß du gar nicht zu sehn warst?" fragte Schwejk.

„Aber das weißt du doch", sagte Kunert, „mit meinem blöden Alten is fort Arbeit. Der ruft dich jede Weile zu sich und fragt dich nach Sachen, die dich nichts angehn. Er hat mich auch gefragt, ob ich dein Kamerad bin, und ich hab gesagt, daß wir uns sehr wenig sehn."

„Das is sehr hübsch von ihm, daß er nach mir fragt. Ich hab ihn sehr gern, deinen Herrn Lajtnant. Er is so brav und gutherzig und auf die Soldaten wie ein Vater", sagte Schwejk ernst.

„Ja, da irrst du dich", widersprach Kunert, „das is ein hübsches Schwein, und blöd is er wie Dreck. Ich hab ihn schon bis zum Hals satt, fort sekkiert er mich nur."

„Aber geh weg", wunderte sich Schwejk, „ich hab doch gedacht, daß er so ein wirklich braver Mensch is. Du sprichst aber sehr komisch von deinem Lajtnant, aber das is schon bei jedem Putzfleck angeboren. Da hast du diesen Burschen vom Major Wenzl, der sagt nicht anders von seinem Herrn als: is das ein Stück von einem verfluchten, idiotischen Blödian, und der Putzfleck vom Oberst Schröder, der, wenn er von seinem Herrn gesprochen hat, hat er ihn nicht anders genannt als bepischtes Luder und Gestank stinkender. Das hast du davon, weil das jeder Bursch von seinem Herrn lernt. Wenn der Herr nicht selbst schimpfen macht, so möchts der Putzfleck nicht nach ihm wiederhole. In Budweis war zu meiner Dienstzeit ein Lajtnant Prodiazka, der hat nicht viel aufgeheißen, der hat seinem Putzfleck nur gesagt: ‚Du edle Kuh.' Einen andern Schimpfnamen hat der Putz-fleck, ein gewisser Hibmann, nicht von ihm gehört. Er hat sichs so angewöhnt, der Hibmann, daß, wie er in Zivil gekommen is, hat er dem Vater, der Mutter und den Schwestern gesagt: ‚Du edle Kuh!', und hats auch seiner Braut gesagt, die is mit ihm bös geworn und hat ihn auf Ehrenbeleidigung geklagt, weil ers ihr, ihrem Vater und ihrer Mutter gesagt hat, auf einer Tanzunterhaltung, ganz öffentlich. Und hats ihm nicht verziehn, und vor Gericht hat sie auch angegeben, daß, wenn er sie Kuh irgendwo abseits geschimpft hätt, daß sie sich vielleicht versöhnt hätt, aber so, daß es ein europäischer Schkandal is. Unter uns gesagt, Kunert, das hätte ich mir von deinem Lajtnant nie gedacht. Auf mich hat er schon damals, wie ich zum erstenmal mit ihm gesprochen hab, so einen sympathischen Eindruck gemacht wie eine Wurst, was frisch aus der Selchkammer gezogen is, und wie ich zum zweitenmal mit ihm gesprochen hab, is er mir sehr belesen und irgendwie so beseelt vorge-kommen. — Woher bist du eigentlich? Direkt aus Budweis? Das laß ich mir gefal-len, wenn jemand direkt von irgendwo is. Und wo wohnst du dort? Unter den Lauben? Das ist gut, dort is wenigstens im Sommer Schatten. Hast du Familie? — Eine Frau und drei Kinder? — Da bist du glücklich, Kamerad, wenigstens wird dich jemand zu beweinen haben, wies mein Feldkurat Katz immer in der Predigt gesagt hat, und es is auch wahr, weil ich mal so eine Rede von einem Oberst an die Reservisten in Brück gehört hob, was von dort nach Serbien gefahren sind, daß jeder Soldat, was zu Haus eine Familie hinterläßt und am Schlachtfeld fällt, daß er zwar alle Familienbande zerreißt - das heißt, er hats so gesagt: ‚Wenn er eine Leiche is, eine Leiche der Familie is, sind die Familienbande zerrissen, aber er is ein Held, weil er sein Leben für eine größere Familie, fürs Vaterland geopfert hat. Wohnst du im vierten Stock? — Im Mezzanin? — Da hast du recht, ich hab mich jetzt erinnert, daß dort, am Budweiser Ring, kein vierstöckiges Haus steht. Du gehst also schon? — Aha, dein Herr Offizier steht vorn Stabswaggon und schaut her. Wenn er dich also vielleicht fragt, ob ich vielleicht nicht auch von ihm gesprochen hab, so sag ihm ohne weiteres, daß ich von ihm gesprochen hab, und vergiß nicht, ihm zu sagen, wie hübsch ich von ihm gesprochen hab, ich hab selten so einen Offizier getroffen, was sich so freundschaftlich und väterlich benehmen mächt wie er. Vergiß ihm nicht zu sagen, daß er mir sehr belesen vorkommt, und sag ihm auch, daß er sehr intelligent is. Sag ihm auch, daß ich dich ermahnt hab, daß du brav bist und ihm alles machst, was du ihm an den Augen absiehst. Merkst du dir das?"

Schwejk kletterte in den Waggon und Kunert mit dem Zwirn begab sich wieder in seine Höhle.

Nach einer Viertelstunde fuhr man weiter nach Nogy-Czoba, an den abgebrannten Dörfern Brestow und Groß-Radwany vorbei. Man sah, daß es hier bereits ernst wurde.

Die Berglehnen und Hänge der Karpaten waren von Schützengräben zerfurcht, die längs der Bahnstrecke mit neuen Schwellen von Tal zu Tal führten. Zu beiden Seiten befanden sich große, von Granaten gebildete Löcher. Irgendwo über dem nach Laborce fließenden Bach, dessen oberem Lauf die Bahn folgte, waren Brücken und die abgebrannten Balken alter Flußübergänge sichtbar.

Das ganze Tal in Richtung Medzi Laborce war zerfurcht und aufgeworfen, als hätten hier Armeen riesenhafter Maulwürfe gearbeitet. Die Straße hinter dem Flüßchen war zerfurcht, zerschmettert, und daneben sah man zerstampfte Flächen, wo die Truppen vorwärts rückten. Hinter Nagy-Czaba, auf einer alten, abgebrannten Kiefer, im Gewirr der Zweige, hing ein Stiefel irgendeines Österreichischen Infanteristen mit einem Stück Schienbein drin.

Man sah Wälder ohne Laub, ohne Nadeln — so hatte das Kanonenfeuer hier gewüstet —, Bäume ohne Kronen und zerschossene Gehöfte. Der Zug fuhr langsam über die frisch aufgeschütteten Erdwälle; so konnte das Bataillon alle Kriegsfreuden gründlich in sich aufnehmen und genießen und vorausahnen und sich beim Anblick der Militärfriedhöfe mit weißen Kreuzen, die auf der Ebene und auf den verwüsteten Hängen schimmerten, langsam, aber sicher auf das Feld der Ehre vorbereiten, deren Abschluß eine von Straßenkot beschmutzte Mütze bildete, die auf einem weißen Kreuze schwankte.

Die Deutschen aus Bergreichenstein, die in den rückwärtigen Waggons saßen und noch in der Station Michalany bei der Einfahrt

„Wann ich kumm, wann ich wiedo kumm..." gebrüllt hatten, waren ab Humenna bedenklich verstummt; sie sahen ein, daß viele von denen, deren Mützen sich auf den Gräbern befanden, genau dasselbe gesungen hatten: wie hübsch es sein werde, bis sie wieder zurückkehren und mit ihrem Liebchen zu Hause bleiben würden.

Laborce war eine Station hinter einem zertrümmerten, abgebrannten Bahnhof, aus dessen verrauchten Mauern verbogene Traversen hervorsahen.

Eine neue langgestreckte Baracke aus Holz, die man rasch an Stelle des abgebrannten Bahnhofs erbaut hatte, war mit Plakaten in allen Sprachen bedeckt: „Zeichnet die österreichische Kriegsanleihe!" In einer anderen langgestreckten Baracke befand sich auch eine Station des Roten Kreuzes, aus der zwei Schwestern mit einem dicken Militärarzt traten; sie lachten aus vollem Hals über den dicken Militärarzt, der zu ihrer Belustigung verschiedene Tierstimmen nachahmte und erfolglos zu grunzen versuchte. Unterhalb des Eisenbahndammes, im Tal des Baches, lag eine zerdroschene Feldküche. Schwejk zeigte auf sie und sagte zu Baloun: „Schau, Baloun, was uns in der nächsten Zukunft erwartet. Grad hat die Menage verteilt wern solln, in dem Moment is eine Granate geflogen gekommen und hat sie so zugerichtet."

„Das is schrecklich", seufzte Baloun, „ich hab mir nie gedacht, daß was Ähnliches auf mich wartet, aber dran war mein Hochmut schuld, ich Biest, ich hab mir ja in Budweis vorigen Winter Lederhandschuh gekauft. Es war mir schon zu schlecht, auf meinen Bauernpratzen die gestrickten alten Handschuh zu tragen, was mein seliger Vater getragen hat, und ich war nur fort wie besessen auf die ledernen, städtischen. — Der Vater hat Erbsen gefressen, und ich kann Erbsen nicht mal sehn, nur lauter Geflügel. Gewöhnliches Schweinefleisch is mir auch nicht unter die Nas gegangen: meine Alte hat mirs, Gott straf mich nicht, auf Bier machen müssen."

Baloun begann in völliger Verzweiflung eine Generalbeichte abzulegen:

„Ich hab euch alle Heilige Gottes gelästert, in Maltsch, im Wirtshaus, und in Unterzahej hab ich den Kaplan verprügelt. An Gott hab ich noch geglaubt, das leugne ich nicht, aber am heiligen Josef hab ich gezweifelt. Alle Heiligen hab ich im Haus geduldet, nur das Bild vom heiligen Josef hat fortmüssen, und so hat mich jetzt Gott für alle meine Sünden und für meine Sittenlosigkeit gestraft. Wieviel solche Sittenlosigkeiten hab ich in der Mühle angestellt, wie oft hab ich meinen Vater beschimpft und ihm das Ausgedinge verbittert und meine Frau sekkiert."

Abbildung 69: Alfred Offner (1879-1937) Zeichnet 8. Kriegsanleihe
Quelle: Eybl, Plakatmuseum Wien/Wikimedia Commons / CC BY-SA 4.0

Schwejk ward nachdenklich. „Du bist Müller, nicht wahr? — So hast du also wissen
solln, daß Gottes Mühlen zwar langsam, aber sicher mahlen, wenn wegen dir der
Weltkrieg ausgebrochen is." Der Einjährig-Freiwillige mengte sich ins Gespräch:

„Mit dem Lästern, Baloun, und dem Nichtanerkennen aller Heiligen haben Sie
sich entschieden nicht genützt, denn Sie müssen wissen, daß unsere österreichische
Armee schon seit Jahren eine rein katholische Armee ist, deren glänzendstes Vor-
bild unser allhöchster Kriegsherr ist. Wie können Sie sich überhaupt unterstehn,
mit dem Gift des Hasses gegen einige Heilige Gottes in den Kampf zu gehn, wenn
das Kriegsministerium für die Garnisonskommandanturen Jesuitenexemtien für
Offiziere eingeführt hat und wir die Feier der militärischen Auferstehung miter-
lebt haben? Verstehn Sie mich wohl, Baloun? Begreifen Sie, daß Sie eigentlich etwas gegen den heiligen Geist unserer glorreichen Armee unternehmen? Und dann
der heilige Josef, von dem Sie gesagt haben, daß sein Bild nicht bei Ihnen in der

Stube hängen durfte. Er ist ja eigentlich der Patron aller, die sich vom Militär drücken wollen. Er war Zimmermann, und Sie kennen doch den Wahlspruch: ‚Schaun wir, wo der Zimmermann das Loch gelassen hat.' Wieviel Menschen sind schon mit diesem Wahlspruch in die Gefangenschaft gegangen — wenn sie, von allen Seiten umringt, ohne einen andern Ausweg, sich nicht vielleicht aus Egoismus zu retten versuchten, sondern als Mitglied der Armee, damit sie dann, wenn sie aus der Gefangenschaft heimkehren, Seiner Majestät dem Kaiser sagen können: Wir sind hier und erwarten weitere Befehle! Verstehn Sie das, Baloun?"

„Ich verstehs nicht", seufzte Baloun, „ich hab überhaupt einen dummen Schädel. Mir sollt man alles zehnmal wiederholen."

„Kannst du nichts nachlassen?" fragte Schwejk, „also ich wer dirs noch mal erklären. Soeben hast du gehört, daß du dich dran halten mußt, was für ein Geist in der Armee herrscht, daß du an den heiligen Josef glauben mußt und, wenn du von Feinden umringt sein wirst, daß du schaun mußt, wo der Zimmermann das Loch gelassen hat, damit du dich für den Kaiser rettest und für neue Kriege. Jetzt verstehst dus vielleicht und wirst gut dran tun, wenn du uns ein bißl ausführlicher beichten wirst, was für Unsittlichkeiten du in deiner Mühle angestellt hast, nicht aber, daß du dann so was erzählst, wie in der Anekdote von dem Mädl, was zum Herrn Pfarrer beichten gegangen is und sich dann, wie sie schon verschiedene Sünden gebeichtet gehabt hat, angefangen hat zu schämen und gesagt hat, daß sie jede Nacht Unsittlichkeiten getrieben hat. Das versteht sich, wie das der Herr Pfarrer gehört hat, is ihm gleich der Speichel aus der Goschen geflossen, und er hat gesagt: ‚Na, schäm dich nicht, liebe Tochter, ich bin doch an Gottes Statt, und erzähl mir hübsch genau von deinen Unsittlichkeiten.' Und sie hat euch dort zu weinen angefangen, daß sie sich schämt, daß es so eine schreckliche Unsittlichkeit is, und er hat ihr wieder erklärt, daß er ihr geistlicher Vater is. Endlich, nach langem Sträuben, hat sie damit angefangen, daß sie sich immer ausgezogen hat und ins Bett gekrochen is. Und wieder hat er kein Wort aus ihr herausbringen können, und sie hat nur noch mehr zu heuln angefangen. Er also wieder, sie soll sich nicht schämen, daß der Mensch von Natur aus ein sündhaftes Gefäß is, aber daß die Gnade Gottes unermeßlich is. Sie hat sich also entschlossen und hat weinend gesagt: ‚Wie ich mich also ausgezogen ins Bett gelegt hab, hab ich anfangen, mir den Schmutz zwischen den Zehn herauszukratzen und hab dazu gerochen.' Das war also die ganze Unsittlichkeit. Ich hoff aber, Baloun, daß du das in der Mühle nicht gemacht hast und daß du uns etwas Interessanteres sagen wirst, irgendeine wirkliche Unsittlichkeit."

Es zeigte sich, daß Baloun nach seiner Aussage in der Mühle mit den Bäuerinnen Unsittlichkeiten getrieben hatte, Unsittlichkeiten, die darin bestanden, daß er ihnen das Mehl mischte, was er in seiner geistigen Einfalt Unsittlichkeit nannte. Am meisten enttäuscht war Telefonist Chodounsky; er fragte ihn, ob er in der Mühle mit den Bäuerinnen auf den Mehlsäcken wirklich nichts gehabt habe, worauf Baloun die Hände ringend erwiderte: „Dazu war ich zu dumm."

Der Mannschaft wurde angekündigt, daß sie hinter Palata im Lubicapaß ein Mittagessen erhalten werde, und der Bataillonsrechnungsfeldwebel, die Kompanieköche und Leutnant Cajthaml, der die Bataillonsverpflegung zu überwachen hatte, begaben sich auch in die Gemeinde Medzi Laborce. Vier Mann wurden ihnen als Patrouille zugeteilt.

Sie kehrten in einer knappen halben Stunde mit drei an den Hinterfüßen zusammengebundenen Schweinen, der brüllenden Familie eines ungarischen Russen, dem die Schweine requiriert worden waren, und dem dicken Militärarzt aus der Roten-Kreuz- Baracke zurück, der dem achselzuckenden Leutnant Cajthaml eifrig etwas erklärte.

Vor dem Stabswaggon erreichte der ganze Zwist seinen Höhepunkt, als der Militärarzt anfing, Hauptmann Sagner ins Gesicht zu sagen, daß diese Schweine für das Spital des Roten Kreuzes bestimmt seien, wovon wiederum der Bauer nichts wissen wollte; hingegen verlangte er, die Schweine mögen ihm zurückerstattet werden, sie seien sein letzter Besitz und er könne sie auf keinen Fall, entschieden aber nicht für den ihm ausbezahlten Preis hergeben.

Dabei streckte er das Geld, das er für die Schweine erhalten hatte, in der Faust Hauptmann Sagner zu, während die Bäuerin dessen andere Hand festhielt und mit jener Unterwürfigkeit küßte, die dieser Gegend immer eigentümlich war.

Hauptmann Sagner war darob ganz verwirrt, und es dauerte geraume Zeit, bevor es ihm gelang, die alte Bäuerin fortzuschieben. Das nützte jedoch nichts; statt ihrer kamen junge Kräfte, die sich wieder daranmachten, seine Hände abzuknutschen.

Leutnant Cajthaml meldete jedoch in rein geschäftlichem Ton:

„Dieser Kerl hat noch zwölf Schweine und wurde entsprechend dem letzten Divisionskommandobefehl Nummer 12 420, Verpflegungsreferat, ganz rechtmäßig bezahlt. Nach diesem Befehl, § 16, werden Schweine in vom Kriege nicht betroffenen Orten nicht teurer als zu 2 Kronen 16 Heller für ein Kilogramm Lebendgewicht gekauft; in vom Krieg betroffenen Orten sind auf ein Kilogramm Lebendgewicht 36 Heller zuzugeben, also für ein Kilogramm 2 Kronen 52 Heller zu entrichten. Dazu die Bemerkung: Falls Fälle festgestellt wurden, wo im Kriegsgebiet die Schweinewirtschaft mit verschnittenen Schweinen, die zu Verpflegungszwecken der durchfahrenden Transporte verwendet werden können, intakt blieb, wird für das Schweinefleisch wie in den vom Krieg nicht betroffenen Gegenden eine besondere Zulage von 12 Hellern auf ein Kilogramm Lebendgewicht bezahlt. Ist diese Lage nicht vollkommen klar, möge sofort an Ort und Stelle eine Kommission zusammengestellt werden, bestehend aus dem Interessenten, dem Kommandanten des durchfahrenden Militärtransportes und jenem Offizier oder Rechnungsfeldwebel (wenn es sich um eine kleinere Formation handelt), dem die Verpflegung anvertraut ist."

All das las Leutnant Cajthaml aus einer Kopie des Divisionskommandobefehls vor, den er ununterbrochen bei sich trug, wodurch er bereits beinahe auswendig wußte, daß die Bezahlung für ein Kilogramm Möhren im Kriegsgebiet auf 15 bis 30 Heller und für Karfiol, der für die Offiziersmenageküchenabteilung im Kriegsgebiet bestimmt ist, auf 1 Krone 75 Heller pro Kilogramm erhöht wird.

Diejenigen, die das in Wien ausgearbeitet hatten, stellten sich das Kriegsgebiet als eine Gegend vor, in der es von Möhren und Karfiol wimmelte. Leutnant Cajthaml las das dem aufgeregten Bauer allerdings in deutscher Sprache vor und fragte ihn dann, ob er es verstehe; als der Bauer den Kopf schüttelte, brüllte er ihn an: „Willst du also die Kommission?"

Der Bauer verstand das Wort Kommission, deshalb nickte er mit dem Kopf. Während seine Schweine bereits geraume Zeit vorher zur Hinrichtung zu den Feldküchen geschleppt worden waren, umstanden ihn die der Requisitionsabteilung zugeteilten Soldaten mit aufgepflanzten Bajonetten; dann brach die Kommission auf, um in seinem Gehöft festzustellen, ob er 2 Kronen 52 Heller oder nur 2 Kronen 28 Heller pro Kilogramm bekommen solle.

Sie hatten noch nicht einmal den zur Gemeinde führenden Weg betreten, als von den Feldküchen her das dreifache Todesquietschen der Schweine ertönte. Der Bauer begriff, daß alles zu Ende sei, und rief verzweifelt: „Gebt mir für jede Sau zwei rheinische Gulden!"

Die vier Soldaten umringten ihn enger, und die ganze Familie versperrte Hauptmann Sagner und Leutnant Cajthaml den Weg, indem sie in den Straßenstaub kniete. Die Mutter und zwei Töchter umschlangen die Knie der beiden und nannten sie Wohltäter, dann brachte der Bauer die Weiber zum Schweigen und befahl ihnen im ukrainischen Dialekt der ungarischen Russen aufzustehen; die Soldaten mögen nur die Schweine auffressen und an ihnen krepieren.

So wurde also von der Kommission Abstand genommen, und weil der Bauer sich plötzlich auflehnte und mit den Fäusten drohte, versetzte ihm ein Soldat eins mit dem Kolben, der dröhnend an des Bauern Pelz abprallte, worauf sich die ganze Familie bekreuzigte und mit dem Vater die Flucht ergriff.

Zehn Minuten später tat sich der Bataillonsfeldwebel in seinem Waggon mit Bataillonsordonnanz Matuschitz bereits an dem Schweinehirn gütlich, und während sie sich wacker stopften, sagte der Feldwebel giftig zu den Schreibern: „Das möchtet ihr fressen, was? Ja, Jungens, das is nur für die Chargen. Den Köchen die Nieren und die Leber, Hirn und Wellfleisch den Herren Rechnungsfeldwebeln, und den Schreibern nur doppelte Portionen vom Fleisch für die Mannschaft."

Hauptmann Sagner hatte ebenfalls bereits einen Befehl betreffs der Offiziersküche erteilt: „Schweinefleisch auf Kümmel, das beste Fleisch aussuchen, nicht zu fett!"

Und so geschah es, daß jeder Mann, als im Lubkapaß die Menage an die Mannschaft verteilt wurde, in seiner Menageschale in der Portion Suppe zwei kleine Stückchen Fleisch fand, und der, welcher auf einem noch ärgern Planeten geboren worden war, nur ein Stückchen Haut. In der Küche herrschte der gewohnte militärische Nepotismus, der allen gab, die der herrschenden Clique nahestanden. Die Putzflecke erschienen im Lubkapaß mit fetten Mäulern. Jede Ordonnanz hatte einen Bauch wie einen Stein. Es ereigneten sich himmelschreiende Dinge. Einjährig-Freiwilliger Marek verursachte bei der Küche einen Skandal, denn er wollte gerecht sein; als ihm der Koch mit der Bemerkung: „Das ist für unseren Geschichtsschreiber" eine tüchtige Scheibe gekochten Schlegel in die Suppe warf, erklärte er, daß unter der Mannschaft alle gleich sind, was allgemeinen Beifall erweckte und Ursache zur Beschimpfung der Köche gab.

Der Einjährige warf das Fleisch zurück, wobei er bekräftigte, daß er keine Protektion wünsche. In der Küche begriff man das jedoch nicht und meinte, der Bataillonsschreiber sei nicht zufrieden, und der Koch sagte ihm er soll wieder kommen bis die Menage verteilt sein werde, er wern ihn neues geben.

Den Schreibern glänzten gleichfalls die Mäuler, die Sanitäter schnaubten vor Wohlbehagen und rings um diesen Segen Gottes waren noch überall die nicht vertilgten Spuren der letzten Kämpfe sichtbar.

Überall wälzten sich Patronenhülsen, blecherne, leere Konservenbüchsen, Fetzen russischer, österreichischer und deutscher Uniformen, Teile zerbrochener Wagen, blutige lange Streifen von Gazeverbänden und Watte. In eine alte Kiefer beim ehemaligen Bahnhof, von dem nur ein Haufen übriggeblieben war, war eine Granate geklemmt, die nicht explodiert war. Überall sah man Granatsplitter, und irgendwo in unmittelbarer Nähe hatte man offenbar Soldatenleichen begraben, denn es roch hier fürchterlich nach Verwesung.

Und wie die Truppen hier vorbeigekommen waren und ringsumher gelagert hatten, waren überall Häuflein von Menschenkot internationalen Ursprungs aller Völker Österreichs, Deutschlands und Rußlands sichtbar. Der Kot der Soldaten aller Nationen und aller religiösen Bekenntnisse lag hier nebeneinander oder türmte sich in Haufen aufeinander, ohne daß sich diese Haufen untereinander gestritten hätten.

Eine halb zerdroschene Zisterne, die hölzerne Bude eines Eisenbahnwärters und überhaupt alles, was irgendeine Wand hatte, war von Gewehrprojektilen durchlöchert wie ein Sieb. Um den Eindruck der Kriegsfreuden zu vervollständigen, stieg hinter dem unfernen Berg Rauch empor, als brenne dort ein ganzes Dorf, das den Mittelpunkt großer militärischer Operationen bildete. Man verbrannte dort die Cholera- und Dysenteriebaracken, zur großen Freude jener Herren, die mit der Einrichtung jenes Spitals unter dem Protektorat der Erzherzogin Marie zu tun hatten und dabei gestohlen und sich durch Vorlegung von Rechnungen für nichtexistierende Cholera- und Dysenteriebaracken die Taschen gefüllt hatten.

Jetzt trugs eine Barackengruppe für alle übrigen davon, und im Gestank der brennenden Strohsäcke hob sich die ganze Dieberei des erzherzoglichen Protektorats gen Himmel.

Hinter dem Bahnhof auf einem Felsen hatten sich bereits die Reichsdeutschen beeilt, den gefallenen Brandenburgern ein Denkmal zu errichten, das die Aufschrift „Den Helden vom Lubkapaß" und ein großer, aus Bronze gegossener Reichsadler schmückte, wobei man auf dem Postament ausdrücklich vermerkt hatte, daß dieses Abzeichen aus russischen Kanonen angefertigt sei, die bei der Befreiung der Karpaten durch reichs-deutsche Regimenter erobert worden waren.

In dieser merkwürdigen und bisher ungewohnten Atmosphäre rastete das Bataillon nach dem Mittagessen in den Waggons, während sich Hauptmann Sagner mit dem Bataillonsadjutanten noch immer nicht über das Chiffre-Telegramm des Brigadekommandos bezüglich des weiteren Vorrückens des Bataillons einigen konnte. Die Angaben waren so unklar, daß es den Anschein hatte, als hätten sie gar nicht in den Lubkapaß kommen und von Neustadt in ganz anderer Richtung fahren sollen, denn in den Telegrammen war irgendwie die Rede von den Orten: „Cap-Ungvar, Kis-Berezna-Uczok."

Binnen zehn Minuten zeigte es sich, daß der im Brigadestab sitzende Stabsoffizier ein Tolpatsch war, denn ein Chiffre- Telegramm langt an, in dem gefragt wird, ob es sich um das 8. Marschbataillon des 75. Regiments (Militärchiffre G, 3.) handelt. Der Tolpatsch beim Brigadestab ist erstaunt über die Antwort, daß es sich um das 7. Marschbataillon des 91. Regiments handelt und fragt an, wer den Befehl erteilt hat, auf der Militärstrecke von Stryj nach Munkacz zu fahren, während die Marschroute doch über den Lubkapaß nach Sanok in Galizien laute. Der Tolpatsch wunderte sich ungemein, daß man vom Lubkapaß aus telegrafiert, und schickt die Chiffre: „Marschroute unverändert Lubkapaß-Sanok, wo weitere Befehle abzuwarten sind."

Nach der Rückkehr Hauptmann Sagners entwickelte sich im Stabswaggon eine Debatte über eine gewisse Kopflosigkeit, und man äußerte in bestimmten Anspielungen, daß die östliche Heeresgruppe vollständig ohne Kopf wäre, wenn es nicht die Reichsdeutschen gäbe.

Leutnant Dub versuchte die Kopflosigkeit des österreichischen Stabs zu verteidigen und quatschte etwas davon, daß die Gegend von den kürzlich stattgefundenen Kämpfen ziemlich verwüstet worden sei und die Strecke noch nicht gebührend in Ordnung gebracht werden konnte. Alle Offiziere blickten ihn teilnahmsvoll an, als wollten sie sagen: Der Herr kann nicht für seine Blödheit. Da er keinen Einspruch fand, fuhr Leutnant Dub fort, über den wunderbaren Eindruck zu faseln, den diese zerfleischte Gegend auf ihn mache, da sie davon zeuge, wie eisern die Faust unserer Armee zu sein vermag. Wiederum antwortete ihm niemand, worauf er wiederholte: „Ja, gewiß, freilich, die Russen sind hier in vollständiger Panik zurückgewichen."

Hauptmann Sagner nimmt sich vor, Leutnant Dub bei der nächsten Gelegenheit, bis die Lage in den Schützengräben im höchsten Maße gefährlich sein werde, als Offizierspatrouille auf Rekognoszierung zu den feindlichen Positionen hinter die Drahtverhaue hinauszuschicken, und flüstert Oberleutnant Lukasch aus dem Waggonfenster zu: „Diese Zivilisten war uns der Teufel schuldig. Je intelligenter so einer ist, ein um so größeres Rindvieh ist er."

Es scheint, daß Leutnant Dub überhaupt nicht aufhören wird zu sprechen. Er fährt fort, allen Offizieren zu erzählen, was er in der Zeitung über die Kämpfe in den Karpaten und über das Ringen um die Karpatenpässe während der österreichisch-deutschen Offensive am San gelesen hatte. Er erzählt davon so, als hätte er nicht nur an diesen Kämpfen teilgenommen, sondern sogar alle Operationen selbst geleitet. Besonders widerwärtig wirken Sätze wie:

„Dann sind wir auf Bukowsko marschiert, um die Linie Bukowsko-Dynow gesichert zu haben, immer in Fühlung mit der Gruppe von Bardijow bei Groß-Pollanka, wo wir die Samara-Division des Feindes zersprengten."

Abbildung 70: Die Schlacht um die Karpatenpässe 1914
(Quelle: unbekannter Künstler)

Oberleutnant Lukasch hielt es nicht mehr aus und bemerkte zu Leutnant Dub: „Wovon du wahrscheinlich schon vor dem Krieg mit deinem Bezirkshauptmann gesprochen hast."

Leutnant Dub schaute Oberleutnant Lukasch feindselig an und verließ den Waggon.

Der Militärzug stand auf dem Damm, und unten, einige Meter unterhalb des Hangs, lagen verschiedene Gegenstände, die die fliehenden russischen Soldaten zurückgelassen hatten, als sie, wahrscheinlich durch den Graben des Bahndamms, zurückgewichen waren. Man sah hier verrostete Teekannen, Töpfe, Patronentaschen usw. Außerdem wälzten sich hier neben den verschiedensten Gegenständen Rollen von Stacheldraht und abermals jene blutigen Gazestreifen von Verbänden und Watte. Über dem Graben stand an einer Stelle eine Gruppe von Soldaten, und Leutnant Dub stellte sofort fest, daß sich Schwejk unter ihnen befand und ihnen etwas erzählte. Leutnant Dub ging also hin.

„Was ist hier los?" ließ sich seine strenge Stimme vernehmen, während er sich direkt vor Schwejk stellte.

„Melde gehorsamst, Herr Lajtnant", antwortete Schwejk für alle, „daß wir schaun."

„Und worauf schaun Sie?" schrie Leutnant Dub ihn an.

„Melde gehorsamst, Herr Lajtnant, daß wir herunter in den Graben schaun."

„Und wer hat Ihnen dazu die Erlaubnis gegeben?"

„Melde gehorsamst, Herr Lajtnant, daß es der Wunsch unseres Herrn Oberst Schlager aus Brück is. Wie er sich von uns verabschiedet hat, wie wir damals aufn Kriegsschauplatz abgefahren sind, so hat er in seiner Rede gesagt, daß wir uns, wenn wir durch einen verlassenen Kriegsschauplatz ziehn wern, alle alles gut anschaun solln, wie man gekämpft hat und was uns von Nutzen sein könnt. Und wir sehn hier jetzt, Herr Lajtnant, in dieser Mulde, was ein Soldat bei seiner Flucht alles wegwerfen muß. Wir sehn hier, melde gehorsamst, Herr Lajtnant, wie es dumm is, wenn ein Soldat verschiedene überflüssige Sachen mitschleppt. Er is damit überflüssig belastet. Er macht sich damit unnütz müde, und wenn er so eine Last mitschleppt, kann er nicht leicht kämpfen."

Leutnant Dub durchzuckte plötzlich die Hoffnung, daß er Schwejk endlich wegen hochverräterischer Propaganda vors Feldkriegsgericht bekommen werde, deshalb fragte er rasch:

„Sie denken also, daß ein Soldat die Patronen wegwerfen soll, so wie sie sich hier in der Mulde wälzen, oder die Bajonette, wie ich sie dort sehe?"

„Oh, keineswegs nicht, melde gehorsamst, Herr Lajtnant", antwortete Schwejk, freundlich lächelnd, „belieben Sie, hier auf den weggeworfenen Blechnachttopf herunterzuschaun."

Und in der Tat, unter dem Wall wälzte sich herausfordernd ein von Rost zerfressener Nachttopf mit abgeschlagener Email zwischen Splittern von Töpfen; diese für den Haushalt nicht mehr geeigneten Gegenstände wurden hier offenbar vom Stationsvorstand abgelagert, wohl als Material für Diskussionen der Archäologen eines künftigen Jahrhunderts, die nach Auffindung dieser Siedlung ganz verblüfft sein werden, worauf man den Kindern in den Schulen von einem Zeitalter der Emailnachttöpfe erzählen wird.

Leutnant Dub schaute unverwandt auf diesen Gegenstand, konnte aber nichts tun, als einfach festzustellen, daß dies wirklich einer von jenen Invaliden sei, die ihre frische Jugend unterm Bett verbracht hatten. Das machte auf alle einen ungeheuren Eindruck, und als Leutnant Dub schwieg, sagte Schwejk: „Melde gehorsamst, Herr Lajtnant, mit so einem Nachttopf is einmal im Bad Podebrad eine hübsche Hetz gewesen. Man hats bei uns auf den Weinbergen im Gasthaus erzählt. Damals hat man nämlich angefangen, in Podebrad die Zeitschrift ‚Unabhängigkeit' herauszugeben, und der Podebrader Apotheker war die Hauptperson dabei; und zum Redakteur ham sie dort einen gewissen Ladislaus Hajek Domazlicky gemacht. Und dieser Herr Apotheker, das war Ihnen so ein Sonderling, daß er alte Töpfe gesammelt hat und andere solche Kleinigkeiten, bis es ein ganzes Museum war. Und da hat sich mal dieser Hajek Domazlicky einen Kameraden, was auch in Zeitungen geschrieben hat, nach Podebrad auf Besuch eingeladen, und sie ham sich dort zusamm besoffen, weil sie sich schon über eine Woche nicht gesehn gehabt ham, und der hat ihm versprochen, daß er ihm für die Bewirtung ein Fejiton in die ‚Unabhängigkeit' schreiben wird, in diese unabhängige Zeitschrift, von der er abhängig war. Und er hat ihm, der Kamerad, so ein Fejiton geschrieben, von so einem Sammler, wie er im Sand am Strand von der Elbe einen alten blechernen Nachttopf gefunden hat und gedacht hat, daß es der Helm vom heiligen Wenzel is, und damit so ein Aufsehn gemacht hat, daß der Bischof Brynych aus Königgrätz sich ihn anschaun gefahren is mit Prozessionen und Fahnen. Der Podebrader Apotheker hat gedacht, daß es auf ihn gemünzt is, und da ham beide, er und der Hajek, eine Zwistigkeit gehabt."

Leutnant Dub hätte Schwejk am liebsten den Hang hinuntergestoßen, beherrschte sich aber und schrie alle an: „Ich sag euch, daß ihr hier nicht unnütz herumgaffen sollt! Ihr kennt mich alle noch nicht, aber bis ihr mich kennenlernen werdet...!"

„Sie bleiben hier, Schwejk", sagte er mit drohender Stimme, als Schwejk mit den übrigen in den Waggon gehen wollte.

Sie blieben einander allein gegenüber, und Leutnant Dub überlegte, was er Fürchterliches sagen sollte.

Schwejk kam ihm jedoch zuvor: „Melde gehorsamst, Herr Lajtnant, wenn uns wenigstens das Wetter aushalten wollt. Bei Tag is nicht zu heiß und die Nächte sind auch ganz angenehm, so daß jetzt die passendste Zeit zum Kriegführen is."

Leutnant Dub zog den Revolver heraus und fragte: „Kennst du das?"

„Melde gehorsamst, Herr Lajtnant, jawohl; Herr Oberleutnant Lukasch hat nämlich so einen."

„Also merk dir, du Kerl!" sagte Leutnant Dub ernst und würdevoll, den Revolver wieder einsteckend, „damit dus weißt, daß dir etwas sehr Unangenehmes geschehn könnt, wenn du in deiner Propaganda fortfahren solltest."

Leutnant Dub entfernte sich, indem er sich wiederholte: „Jetzt hab ichs ihm am besten gesagt: In deiner Propaganda, ja, in deiner Propaganda!"

Bevor Schwejk wieder seinen Waggon betrat, ging er noch ein Weilchen auf und ob und brummte: „Wohin soll ich ihn nur einreihn?" Und je länger er dies tat, desto deutlicher erstand vor Schwejk die Benennung dieser Menschensorte: „Halbfurzer".

Im Militärwörterbuch wurde das Wort Furzer seit jeher mit großer Liebe benützt, hauptsächlich bezog sich diese ehrenhafte Benennung auf Oberste, ältere Hauptleute oder Majore; es bedeutete eine gewisse Steigerung der häufig gebrauchten Worte „vertrottelter Greis". Ohne diesen Beinamen war das Wort Greis die freundliche Bewertung eines alten Obersten oder Majors, der viel herumschrie, seine Soldaten dabei aber lieb hatte und gegen andere Regimenter schützte, besonders, wenn es sich um fremde Patrouillen handelte, von denen seine Soldaten, wenn sie nicht Überzeit hatten, in Butiken ausgehoben wurden. Ein Greis sorgte für seine Soldaten, die Menage mußte in Ordnung sein, aber er hatte immer irgendein Steckenpferdchen; auf etwas verlegte er sich, und deshalb war er ein „Greis".

Wenn der Greis aber dabei die Mannschaft und die Chargen überflüssigerweise sekkierte, Nachtübungen und ähnliche Dinge ersann, war er ein „vertrottelter Greis".

Aus dem „vertrottelten Greis" wurde als höherer Grad in der Entwicklung der Niedertracht, Sekkatur und Blödheit ein „Furzer".

Dieses Wort bedeutete alles, und der Unterschied zwischen einem Furzer in Zivil und einem Furzer beim Militär ist groß.

Der erstere, der Zivilfurzer, ist gleichfalls ein Vorgesetzter, und die Diener und Subalternbeamten in den Ämtern nennen ihn allgemein so. — Er ist der Philister-Bürokrat, der zum Beispiel bemängelt, daß ein Konzept nicht gut mit dem Löschblatt abgetrocknet ist und dergleichen. Er ist überhaupt eine blöde, tierische Erscheinung in der menschlichen Gesellschaft, denn so ein Esel spielt sich dabei auf einen ehrlichen Menschen auf, will alles verstehen, weiß alles zu erklären und ist über alles beleidigt.

Wer beim Militär war, begreift allerdings den Unterschied zwischen dieser Erscheinung und dem Furzer in Uniform. Hier bedeutet das Wort einen Greis, der ein „Schubiack" ist, ein wirklicher Schubiack, der gegen alles scharf loszieht, aber dennoch vor jedem Hindernis haltmacht; die Soldaten liebt er nicht und kämpft vergeblich gegen sie: er versteht es nicht, sich die Autorität zu erwerben, deren sich der „Greis" und der „vertrottelte Greis" erfreuen.

In manchen Garnisonen, wie zum Beispiel in Trient, nannte man ihn „unser altes Häusl". In allen Fällen handelt es sich um eine ältere Person, und wenn Schwejk

Leutnant Dub im Geiste Halbfurzer normte, erfaßte er durchaus logisch, daß Leutnant Dub ebenso wie zum After, zur Würde, ja überhaupt zu allem, so auch zum Furzer noch fünfzig Prozent fehlten.

In solche Gedanken versunken zu seinem Waggon zurückkehrend, begegnete er Dubs Putzfleck. Er hatte ein geschwollenes Gesicht und murmelte unverständlich, er sei gerade mit seinem Herrn Leutnant Dub zusammengestoßen, der ihn auf Grund der Feststellung, daß Kunert mit Schwejk verkehre, mir nix dir nix abgeohrfeigt habe.

„In diesem Fall", sagte Schwejk ruhig, „wern wir zum Rapport gehen. Ein österreichischer Soldat muß sich nur in gewissen Fällen ohrfeigen lassen. Aber dein Herr hat alle Grenzen überschritten, wies der alte Eugenius von Savoyen gesagt hat: ‚Von daher bis daher!' Jetzt mußt du selbst zum Rapport gehen, und wenn du nicht gehst, wer ich dich selbst abohrfeigen, damit du siehst, was das is: Disziplin in der Armee. In der Karolinenthaler Kaserne war ein gewisser Lajtnant Hausner, und der hat auch einen Burschen gehabt und hat ihn auch geohrfeigt und mitn Füßen gestoßen. Einmal war der Bursch so abgeohrfeigt, daß er davon blöd geworden is und sich zum Rapport gemeldet hat, und beim Rapport hat er gemeldet, daß er mitn Füßen gestoßen worn is, weil er sich das alles verwechselt hat, und sein Herr hat auch wirklich nachgewiesen, daß er lügt, daß er ihn an dem Tag nicht mitn Füßen gestoßn, sondern nur abgeohrfeigt hat, so hat man den lieben Jungen wegen falscher Beschuldigung auf drei Wochen eingesperrt."

„Aber das ändert nichts an der ganzen Sache", fuhr Schwejk fort, „das is grad dasselbe, wovon immer der Mediziner Houbitschka erzählt hat, daß es egal is, im pathologischen Institut einen Menschen zu zerschneiden, was sich aufgehängt hat oder vergiftet. Und ich geh mit dir. Ein paar Ohrfeigen machen beim Militär viel."

Kunert war ganz benommen und ließ sich von Schwejk zum Stabswaggon führen.

Leutnant Dub brüllte, während er sich aus dem Fenster beugte:
„Was wollt ihr hier, Bagage?"

„Benimm dich würdevoll", ermahnte Schwejk und schob Kunert voraus in den Waggon.

Im Gang zeigte sich Oberleutnant Lukasch und hinter ihm Hauptmann Sagner.

Oberleutnant Lukasch, der mit Schwejk bereits so viel erlebt hatte, war ungeheuer überrascht, denn Schwejk betrug sich nicht mehr so gutmütig ernst wie sonst; auch sein Gesicht hatte nicht mehr den bekannten gutmütigen Ausdruck, sondern kündigte eher neue unangenehme Ereignisse an.

„Melde gehorsamst, Herr Oberlajtnant", sagte Schwejk, „die Sache geht zum Rapport."

„Blödl nur nicht wieder, Schwejk, ich hab gerade genug davon."

„Erlauben Sie gefälligst", sagte Schwejk, „ich bin Ordonnanz bei Ihrer Kompanie, Sie sind Kompaniekommandant der 11. Kompanie. Ich weiß, daß es schrecklich komisch aussieht, aber ich weiß auch, daß Herr Lajtnant Dub Ihr Untergebener is."

„Sie sind ganz verrückt geworden, Schwejk", fiel ihm Oberleutnant Lukasch ins Wort, „Sie sind besoffen, und Sie tun besser, wenn Sie weggehn! Verstehst du, du Blödian, du Rindvieh!"

„Melde gehorsamst, Herr Oberlajtnant", sagte Schwejk, Kunert vor sich schiebend, „es sieht grad so aus, wie einmal, wie man in Prag einen Versuch mit einem Schutzrahmen gegens Überfahren-werden von der Elektrischen gemacht hat. Der Herr Erfinder hat sich selbst fürn Versuch geopfert, und dann hat die Stadt seiner Witwe Schadenersatz zahln müssen."

Hauptmann Sagner, der nicht wußte, was er sagen sollte, nickte zustimmend mit dem Kopf, während Oberleutnant Lukasch verzweifelt schien. „Alles muß nachn Rapport gehen, melde gehorsamst, Herr Oberlajtnant", fuhr Schwejk unerbittlich fort, „noch in Brück ham Sie mir gesagt, Herr Oberlajtnant, daß, wenn ich Kompanieordonnanz bin, daß ich noch andere Pflichten hab als bloß die Befehle. Daß ich von allem, was in der Kompanie vorgeht, informiert sein soll. Auf Grund dieses Befehls erlaube ich mir, Ihnen zu melden, Herr Oberlajtnant, daß Herr Lajtnant Dub mir nix dir nix seinen Burschen abgeohrfeigt hat. Ich möchts, melde gehorsamst, Herr Oberlajtnant, von mir aus nicht sagen. Wenn ich aber seh, daß Herr Lajtnant Dub Ihrem Kommando zugeteilt is, so hab ich mir vorgenommen, daß es vorn Rapport kommen muß."

„Das is eine merkwürdige Angelegenheit", sagte Hauptmann Sagner, „warum schleppen Sie diesen Kunert her, Schwejk?"

„Melde gehorsamst, Herr Bataillonskommandant, daß alles nachn Rapport gehen muß. Er is dumm, er is vom Herrn Lajtnant Dub abgeohrfeigt worn, und er kann sichs nicht leisten, daß er allein zum Rapport geht. Melde gehorsamst, Herr Hauptmann, wenn Sie sich ihn anschaun möchten, wie ihm die Knie zittern, er is ganz tot, daß er zum Rapport gehen muß. Und wenn ich nicht wär, gehen er vielleicht überhaupt nicht zum Rapport gehen, wie der Kudela aus Bytouchow, was im aktiven Dienst solang zum Rapport gegangen is, bis er zur Marine versetzt worn is, wo er Kornett geworn is und dann auf einer Insel im Stillen Ozean als Deserteur berühmt geworn is. Er hat dann dort geheiratet und hat auch mitn Weltreisenden Howlasa gesprochen, und der hat überhaupt nicht erkannt, daß es kein Eingeborener is. — Es is überhaupt sehr traurig, wenn jemand wegen solchen paar blöden Ohrfeigen zum Rapport gehen soll. Aber er wollt überhaupt nicht hergehn, weil er gesagt hat, daß er nicht hergehn wird. Es is überhaupt so ein abgeohrfeigter Bursch, daß er nicht mal weiß, um welche Ohrfeige sichs hier handelt Er war überhaupt nicht hergegangen, er hat überhaupt nicht zum Rapport gehen wolln, er läßt sich manchmal noch mehr verprügeln. Melde gehorsamst, Herr Hauptmann, schaun Sie sich ihn an, er is davon schon ganz beschissen. Und auf der andern Seite wieder hat er sich gleich beschweren solln, daß er diese paar Ohrfeigen gekriegt hat, aber er hat sich nicht getraut, weil er gewußt hat, daß es besser is, wie dieser Dichter geschrieben hat, ein bescheidenes Veilchen zu sein. Er dient nämlich bei Herrn Lajtnant Dub." Kunert vor sich herschiebend, sagte Schwejk: „Zitter nicht fort wie eine Eiche im Sturm!"

Hauptmann Sagner fragte Kunert, was eigentlich geschehen sei. Kunert sagte aber, am ganzen Körper zitternd, der Herr Hauptmann möge den Herrn Leutnant Dub fragen, dieser habe ihn überhaupt nicht geohrfeigt.

Unablässig am ganzen Körper zitternd, erklärte Judas-Kunert sogar, Schwejk habe sich das Ganze überhaupt ausgedacht. Dieser peinlichen Begebenheit bereitete Leutnant Dub ein Ende, der plötzlich auftauchte und Kunert anbrüllte: „Willst du noch ein paar Ohrfeigen bekommen?"

Die Sache war also ganz klar, und Hauptmann Sagner sagte einfach zu Leutnant Dub: „Kunert ist von heute an der Bataillonsküche zugeteilt und bezüglich eines neuen Burschen wende dich an Rechnungsfeldwebel Wanek."

Leutnant Dub salutierte, und während er sich entfernte, sagte er nur zu Schwejk: „Ich wette, daß Sie einmal hängen werden."

Als er verschwunden war, wandte sich Schwejk an Oberleutnant Lukasch und sagte in sanftem, freundschaftlichen Ton: „In Münchengrätz war auch so ein Herr und hat so mit einem andern geredet, und der hat ihm geantwortet: ‚Aufn Richtplatz sehn wir uns wieder.'"

„Schwejk", sagte Oberleutnant Lukasch, „Sie sind oberblöd; unterstehn Sie sich nicht, mir zu sagen, wie Sies in der Gewohnheit haben: ‚Melde gehorsamst, daß ich blöd bin.'"

„Frappant", ließ sich Hauptmann Sagner vernehmen, der sich aus dem Fenster beugte; er wäre gern zurückgetreten, hatte aber keine Zeit mehr dazu, denn es geschah ein Unglück: Leutnant Dub tauchte unter dem Fenster auf.

Leutnant Dub sagte, er bedaure sehr, daß Hauptmann Sagner fortgegangen sei, ohne seine Begründung der Offensive an der Ostfront anzuhören.

„Wenn wir die ungeheure Offensive verstehen sollen", rief Leutnant Dub zum Fenster hinauf, „müssen wir uns vergegenwärtigen, wie sich die Offensive Ende April entwickelt hat. Wir müßten die russische Front durchbrechen und haben erkannt, daß der günstigste Ort für diesen Durchbruch die Front zwischen den Karpaten und der Weichsel ist."

„Ich streit mich darüber nicht mit dir", entgegnete Hauptmann Sagner trocken und trat vom Fenster zurück.

Als man eine halbe Stunde später die Fahrt nach Sanok fortsetzte, streckte sich Hauptmann Sagner auf der Bank aus; er tat, als ob er schliefe, damit Leutnant Dub inzwischen an seine abgedroschenen Ausführungen der Offensive vergesse.

In dem Waggon, wo Schwejk war, fehlte Baloun. Er hatte nämlich die Erlaubnis erwirkt, den Gulaschkessel mit Brot auswischen zu dürfen. Jetzt befand er sich auf dem Waggon mit den Feldküchen in einer unangenehmen Situation, denn als der Zug den Kessel in Bewegung gesetzt hatte, war Baloun kopfüber in den Kessel geflogen und nur seine Füße schauten daraus hervor. Er gewöhnte sich jedoch an diese Situation; aus dem Kessel tönte ein Schmatzen, wie wenn ein Igel Schaben jagt, und später erscholl dann Balouns bittende Stimme: „Ich bitt euch, Kameraden, um Gottes willen, werft mir ein Stückl Brot herein, es is noch viel Soße hier." Diese Idylle dauerte bis zur nächsten Station, wo die 11. Kompanie mit einem so gut gesäuberten Kessel anlangte, daß die Verzinnung nur so glänzte.

„Vergelts euch der liebe Herrgott, Kameraden", dankte Baloun herzlich. „Zum erstenmal, seit ich beim Militär bin, hat mich das Glück angelächelt."

Und dem war in der Tat so. Im Lubkapaß hatte Baloun zwei Portionen Gulasch erhalten; Oberleutnant Lukasch hatte seine Zufriedenheit darüber geäußert, daß ihm Baloun aus der Offiziersküche die unberührte Menage gebracht hatte, und ließ ihm eine gute Hälfte übrig. Baloun war vollkommen glücklich, baumelte mit den Beinen, die aus dem Waggon heraushingen, und mit einem Male schien ihm dieser Krieg etwas Trauliches, Familiäres zu sein.

Der Kompaniekoch fing an, ihn zum Besten zu halten: Man werde, bis man in Sanok eintreffen werde, Nachtmahl und noch ein Mittagessen kochen, denn dieses Nachtmahl und Mittagessen gebühre ihnen für die ganze Reise, während der sie es nicht erhalten hatten, Baloun nickte nur beifällig mit dem Kopf und flüsterte: „Ihr werdet sehn, Kameraden, Gott wird uns nicht verlassen." Darüber lachten alle aufrichtig, und der Koch sang auf der Feldküche sitzend:

„Jupheidija, juphijda,
Gott, der Gnädge, ist stets nah.
Wirft er uns auch in den Dreck,
Zieht er uns draus wieder weg,
Setzt er uns auf trocken Brot,
Hilft er wieder aus der Not.
Jupheidija, juphijda,
Gott, der Gnädge, ist stets da."

Hinter der Station Sczawna tauchten wiederum in den Tälern neue Soldatenfriedhöfe auf. Unterhalb Sczawna konnte man vom Zuge aus ein steinernes Kreuz mit einem Christus ohne Kopf sehen. Er hatte bei der Beschießung der Strecke den Kopf verloren.

Der Zug beschleunigte seine Geschwindigkeit, während er hinunter ins Tal und auf Sanok zueilte, die Horizonte weiteten sich, und gleichzeitig wurden ganze Gruppen zerschossener Dörfer auf beiden Seiten der Landschaft sichtbar.

Bei Kulaschno sah man unten in einem Flüßchen einen vom Eisenbahndamm gestürzten, zertrümmerten Roten-Kreuz-Zug.

Baloun wälzte die Augen heraus und wunderte sich hauptsächlich über die im Tale zerstreuten Teile einer Lokomotive. Der Schornstein war in den Eisenbahndamm gekeilt und schaute aus ihm hervor wie ein Achtundzwanziger.

Diese Erscheinung erweckte auch die Aufmerksamkeit der Mitreisenden Schwejks.

Am meisten regte sich Koch Jurajda auf: „Darf man denn auf Waggons vom Roten Kreuz schießen?"

„Man darf nicht, aber man kann", sagte Schwejk. „Es war jedenfalls ein guter Schuß, und jeder redet sich dann aus, daß es in der Nacht war und daß das rote Kreuz nicht zu sehn gewesen is. Es gibt überhaupt viele Sachen auf der Welt, was man nicht machen darf, aber machen kann. Hauptsache is, daß jeder probiert, obs ihm gelingt, und wenn ers nicht darf, ob ers kann. Bei den Kaisermanövern in der Umgebung von Pisek is so ein Befehl gekommen, daß man die Soldaten am Marsch nicht krummschließen darf. Aber unser Hauptmann is drauf gekommen, daß mans darf, weil so ein Befehl schrecklich lächerlich is, denn jeder hat leicht begreifen können, daß ein krummgeschlossener Soldat nicht marschieren kann. Er hat also

554

den Befehl eigentlich nicht umgangen, hat einfach und vernünftig die krumm ge-
schlossenen Soldaten in die Trainwagen werfen lassen, und man is mit ihnen weitermarschiert. Oder so ein Fall is in unserer Gasse vor fünf, sechs Jahren passiert.
Dort hat ein gewisser Herr Karlik im ersten Stock gewohnt. Und einen Stock höher
hat ein sehr braver Mensch gewohnt, ein Konservatorist, ein gewisser Mikesdi. Der
hat sehr gern Weiber gehabt, und unter andern hat er auch angefangen, der Tochter
von diesem Herrn Karlik nachzusteigen, was ein Spediteurgeschäft gehabt hat und
eine Zuckerbäckerei und auch irgendwo in Mähren unter irgendeiner ganz fremden
Firma eine Buchbinderei. Wie dieser Herr Karlik erfahren hat, daß dieser Konservatorist seiner Tochter nachläuft, so hat er ihn in der Wohnung besucht und hat
ihm gesagt:

,Sie dürfen sich meine Tochter nicht nehmen, Sie Haderlump, Sie. Ich gib sie
Ihnen nicht! — ,Gut', hat ihm der Herr Mikesch geantwortet, ,was soll ich machen,
wenn ich mir sie nicht nehmen darf, soll ich mich zerreißen?' In zwei Monaten is
der Herr Karlik wiedergekommen und hat sich seine Frau mitgebracht und beide
ham ihm einstimmig gesagt: ,Sie Klachl, Sie ham unsre Tochter um die Ehre gebracht.' — ,Gewiß', hat er ihnen drauf geantwortet, ,ich hab mir erlaubt, sie zu
einer Hure zu machen, gnä Frau.' Der Herr Karlik hat angefangen, überflüssig auf
ihn zu brülln, daß er ihm doch gesagt, daß er sich sie nicht nehmen darf, daß er
ihm sie nicht gibt, aber er hat ihm ganz richtig geantwortet, daß er sich sie auch
nicht nehmen wird und daß damals keine Rede davon war, was er mit ihr machen
kann. Daß sichs nicht drum gehandelt hat, und er, daß er Wort hält, sie solln ohne
Sorge sein, daß er sie nicht will, daß er ein Charakter is, daß er nicht is wie ein
Strohhalm im Wind und daß er Wort hält, daß, wenn er etwas sagt, so is es heilig.
Und wenn er deswegen verfolgt wem wird, daß er sich nichts draus macht, weil er
ein reines Gewissen hat und seine selige Mutter ihn noch am Totenbett beschworen hat, daß er nie im Leben lügen soll und daß er ihr die Hand drauf gegeben hat
und daß so ein Schwur gilt. Daß in seiner Familie überhaupt niemand gelogen hat
und daß er immer in der Schule aus sittlichem Betragen die beste Note gehabt hat.
Also da sehn sie, daß man Verschiedenes nicht darf, aber kann und daß die Wege
verschieden sein können, nur Willen müssen wir den gleichen ham."

„Liebe Freunde", sagte der Einjährig-Freiwillige, der eifrig Notizen machte, „alles
Schlechte hat auch seine gute Seite. Dieser in die Luft gesprengte, halbverbrannte
und vom Damm geschleuderte Krankenzug bereichert die glorreiche Geschichte
unseres Bataillons um eine neue künftige Heldentat. Ich stelle mir vor, daß sich so

etwa am 16. September, wie ich mir bereits notiert habe, von jeder Kompanie unseres Bataillons ein paar Gemeine unter Führung eines Korporals freiwillig melden und einen Panzerzug des Feindes, der auf uns feuert und uns daran hindert, über den Fluß zu setzen, in die Luft sprengen. Als Bauern verkleidet haben sie ihre Aufgabe ehrenhaft erfüllt..."

„Was seh ich da", rief der Einjährig-Freiwillige, in seine Notizen blickend. „Wie is mir da unser Herr Wanek hergekommen?"

„Hören Sie zu, Herr Rechnungsfeldwebel", wandte er sich an Wanek, „was für ein hübscher Artikel über Sie in der Bataillonsgeschichte stehen wird. Ich glaube, daß Sie schon einmal drinstehen, aber das hier wird entschieden besser und ausgiebiger sein." Der Einjährig-Freiwillige las mit erhobener Stimme:

Heldentod des Rechnungsfeldwebels Wanek. Zu dem kühnen Beginnen, den feindlichen Panzerzug in die Luft zu sprengen, meldete sich auch Rechnungsfeldwebel Wanek, wie die übrigen als Bauer verkleidet. Durch die herbeigeführte Explosion wurde er betäubt, und als er aus seiner Besinnungslosigkeit erwachte, sah er sich vom Feind umringt, der ihn augenblicklich zum Stabe der feindlichen Division schaffte, wo er Aug in Aug mit dem Tode jede Aufklärung bezüglich der Stellung und Stärke unserer Armee verweigerte. Da er verkleidet war, wurde er als Spion zum Tode durch den Strang verurteilt, welche Strafe in Anbetracht seines hohen Ranges in den Tod durch Erschießen umgewandelt wurde. Die Exekution wurde sofort an der Friedhofsmauer vollzogen, und der tapfere Rechnungsfeldwebel Wanek verlangte, man möge ihm nicht die Augen verbinden. Auf die Frage, ob er irgendeinen Wunsch habe, erwiderte er: ,Bestellt durch Vermittlung eines Parlamentärs meinem Bataillon meinen letzten Gruß und richtet ihm aus, daß ich mit der Überzeugung sterbe, daß unser Bataillon seinen siegreichen Weg fortsetzen wird. Ferner bestellt Hauptmann Sagner, daß die Fleischration nach dem letzten Brigadekommandobefehl täglich auf zweieinhalb Konserven pro Mann erhöht wird.' So starb unser Rechnungsfeldwebel Wanek; mit seinem letzten Satze verursachte er beim Feinde eine panische Angst; dieser hatte nämlich angenommen, daß er uns, indem er unsern Übergang über den Fluß verhinderte, von den Verproviantierungspunkten abschneide und unsere baldige Aushungerung und damit auch eine Demoralisierung in unseren Reihen herbeiführen werde. Von der Ruhe Waneks, mit der dieser dem Tod entgegensah, zeugt der Umstand, daß er mit den feindlichen Stabsoffizieren vor seiner Hinrichtung Kaufzwick spielte. ,Den von mir gewonnenen Betrag übergebt dem russischen Roten Kreuz', sagte er, als er schon vor den Mündungen der Gewehre stand. Diese edelsinnige Großmut rührte die anwesenden Militärpersonen bis zu Tränen."

„Verzeihen Sie, Herr Wanek", fuhr der Einjährig-Freiwillige fort, „daß ich mir erlaubt habe, über Ihr gewonnenes Geld zu disponieren. Ich habe darüber nachgedacht, ob mans vielleicht dem österreichischen Roten Kreuz abführen sollte, aber schließlich setze ich voraus, daß es vom Standpunkt der Menschlichkeit egal ist, wenn mans nur einer humanitären Institution übergibt."

„Unser seliger Feldwebel", sagte Schwejk, „hätts der Suppenanstalt der Stadt Prag vermachen können, aber so is es halt doch besser, der Herr Bürgermeister macht sich am End für den Betrag eine Leberwurst zum Gabelfrühstück kaufen."

„Nun ja, überall wird gestohlen", sagte Telefonist Chodounsky.

„Besonders viel gestohlen wird beim Roten Kreuz", erklärte Koch Jurajda ungemein erzürnt. „Ich hab in Brück einen bekannten Koch gehabt, der für die Schwestern in der Baracke gekocht hat, und der hat mir gesagt, wie die Vorsteherin dieser Schwestern und die Oberpflegerinnen ganze Kisten Malaga und Schokolade nach Hause geschickt haben. Das bringt die Gelegenheit mit sich, das ist die Selbstbestimmung des Menschen. Jeder Mensch macht in seinem unendlichen Leben unzählige Verwandlungen durch, und einmal muß er auf dieser Welt in einer bestimmten Periode seiner Tätigkeit als Dieb auftreten. Ich selbst habe diese Periode schon durchgemacht."

Koch-Okkultist Jurajda zog aus seinem Rucksack eine Flasche Kognak. „Hier seht ihr", sagte er, die Flasche öffnend, „einen untrüglichen Beweis meiner Behauptung. Ich habe sie vor der Abfahrt aus der Offiziersmenage genommen. Ein Kognak der besten Marke: man hat ihn zu Zuckerübergüssen auf Linzertorten verwenden sollen. Er war aber dazu vorbestimmt, von mir gestohlen zu werden, ebenso wie ich dazu vorbestimmt war, ein Dieb zu werden."

„Und es war auch nicht schlecht", ließ sich Schwejk vernehmen, „wenn wir dazu vorbestimmt wären, Ihre Mitschuldigen zu wern, ich wenigstens hab so eine Vorahnung."

Diese Vorbestimmung erfüllte sich tatsächlich. Die Flasche machte die Runde trotz des Protestes seitens Feldwebel Waneks, der behauptete, daß man den Kognak aus der Eßschale trinken und gerecht verteilen solle, da sie alle zusammen fünf auf eine Flasche seien, so daß es in Anbetracht der ungeraden Zahl leicht geschehen könne, daß jemand um einen Schluck mehr trinke als die andern; dazu bemerkte Schwejk: „Das is wahr, wenn der Herr Wanek eine gerade Zahl haben will, so soll er ausn Verein austreten, damits keine Unannehmlichkeiten und Streitereien gibt."

Wanek widerrief also seinen Vorschlag und machte den neuen, großmütigen, der

Spender Jurajda möge in der Reihenfolge einen Platz einnehmen, der es ihm ermögliche, zweimal zu trinken, was einen Sturm des Widerspruchs erweckte, denn Wanek hatte bereits einmal getrunken, als er den Kognak beim Öffnen der Flasche verkostete.

Schließlich wurde der Vorschlag des Einjährig-Freiwilligen angenommen, nach dem Abc zu trinken; er begründete ihn damit, daß es ebenfalls eine gewisse Vorbedeutung habe, wie jemand heiße. Chodounsky, der erste im Abc, machte den Anfang, wobei er mit einem drohenden Blick auf Wanek schaute, der ausrechnete, daß er als letzter um einen Schluck mehr haben werde; das war ein grober mathematischer Fehler, denn es waren einundzwanzig Schluck vorhanden. Hierauf spielten sie gewöhnlichen Zwick mit drei Karten; es zeigte sich, daß der Einjährig-Freiwillige dabei bei jedem „Rauben" fromme Sprüche aus der Heiligen Schrift anwendete. Den Unter raubend, rief er:

„Mein Herr und Gott, laß mir diesen Knappen auch dieses Jahr, auf daß ich mit ihm ackere und dünge, auf daß er mir Früchte bringe." Als man ihm vorwarf, daß er es sogar gewagt hatte, den Achter zu rauben, rief er mit erhobener Stimme: „Oder gibt es ein Weib, das zehn Groschen hat und davon einen verlieret, daß sie nicht ein Licht anzündet, das Haus auskehrt und mit Fleiß suchet, bis sie ihn findet? Und wenn sie ihn gefunden hat rufet sie ihre Freundinnen und Nachbarinnen und spricht: ‚Freut euch mit mir, denn ich habe den Achter und den Trumpfkönig samt dem As gekauft.' Also gebt die Karten her, ihr seid alle hineingefallen."

Einjährig-Freiwilliger Marek hatte in der Tat großes Glück im Kartenspiel. Während die andern einander gegenseitig übertrumpften, stach er ihre übertrumpften Karten immer mit dem höchsten Blatt, so daß einer nach dem andern hineinfiel; er nahm einen Einsatz nach dem andern und rief den Geschlagenen zu:

„Und es wird ein großes Beben sein an den Orten und die Greuel des Hungers und der Pest und große Zeichen am Himmel."

Schließlich hatten sie genug davon und hörten auf zu spielen, nachdem Telefonist Chodounsky seine Löhnung für ein halbes Jahr im voraus verspielt hatte. Er war darüber sehr bestürzt, und der Einjährig-Freiwillige verlangte von ihm eine Schuldverschreibung dahin lautend, daß Rechnungsfeldwebel Wanek bei Auszahlung der Löhnung diejenige Chodounskys ihm auszuzahlen höbe.

„Fürcht dich nicht, Chodounsky", tröstete ihn Schwejk. „Wenn du Glück hast, fällst du im ersten Gefecht, und Marek wird sich an deinen Löhnungen das Maul abwischen; unterschreibs ihm nur."

Die Bemerkung, er könne fallen, berührte Chodounsky sehr unangenehm; deshalb sagte er mit Bestimmtheit: „Ich kann nicht fallen, weil ich Telefonist bin, und Telefonisten sind immer in der Deckung. Das Drähtespannen und Aufsuchen von Störungen erfolgt immer erst nach dem Gefecht."

Der Einjährig-Freiwillige bemerkte, die Telefonisten seien im Gegenteil großen Gefahren ausgesetzt, und die feindliche Artillerie habe es immer hauptsächlich auf die Telefonisten abgesehen. Kein Telefonist sei in seiner Deckung sicher. Wenn er auch zehn Meter unter der Erde wäre, die feindliche Artillerie findet ihn dennoch. Die Telefonisten schwänden hin wie Hagelkörner im Sommerregen. Das beweise der Umstand, daß in Brück, gerade als er abgefahren sei, der 28. Telefonistenkurs eröffnet wurde.

Chodounsky schaute abgehärmt vor sich hin, was Schwejk zu einem freundschaftlich gütigen Wort bewegte: „Kurz und gut, es is halt ein hübscher Schwindel." Chodounsky entgegnete freundlich: „Kusch, Tantchen!"

„Ich werde mir in meinen Notizen zur Bataillonsgeschichte den Buchstaben ‚Ch' anschaun Chodounsky – Chodounsky hm, aha, hier haben wirs: Telefonist Chodounsky, von einer Mine verschüttet.

Telefoniert aus seiner Gruft an den Stab: ‚Ich sterbe und gratuliere meinem Bataillon zum Sieg!'"

„Das muß dir genügen", sagte Schwejk, „oder willst du noch was hinzufügen? Erinnerst du dich an den Telefonisten von der Titanic, der was, wie das Schiff schon gesunken is, fort herunter in die überschwemmte Küche telefoniert hat, wann schon das Mittagmahl sein wird?"

„Mir solls nicht drauf ankommen", sagte der Einjährig-Freiwillige, „der Ausspruch Chodounskys vor dem Tode kann eventuell dadurch ergänzt werden, daß er zum Schluß ins Telefon ruft: ‚Grüßt mir unsere Eiserne Brigade.'"

5. Marschieren, marsch!

Als man in Sanok anlangte, zeigte es sich, daß man eigentlich in dem Waggon mit der Feldküche der 11. Kompanie, wo der satte Baloun vor Wonne furzte, im großen Ganzen recht gehabt hatte; es sollte tatsächlich ein Nachtmahl und außer dem Nachtmahl sogar irgendein Kommißbrotausgabe werden, als Ersatz für all die Tage, an denen das Bataillon nichts erhalten hatte. Als man aus den Waggons kletterte, zeigte es sich, daß sich in Sanok auch der Stab der „Eisernen Brigade" befand, zu der Bataillon des 91. Regiments seinem Taufschein nach gehörte. Obwohl die Eisenbahnverbindung von Sanok bis Lemberg und auch nördlich davon bis an die Grenze unversehrt geblieben war, blieb es eigentlich ein Rätsel, warum der Stab des östlichen Frontabschnittes die Disposition getroffen hatte, die „Eiserne Brigade" solle mit ihrem Stab die Marschbataillone hundertfünfzig Kilometer hinter der Front konzentrieren, während zur nämlichen Zeit die Front von Brod zum Bug und längs des Flusses bis nördlich nach Sokal reichte.

Abbildung 71: Sanok (Polen) von Parkberg aus gesehen (1920) (Quelle: unbekannter Autor)

Diese ungemein interessante strategische Frage wurde auf äußerst einfache Art gelöst, als Hauptmann Sagner in Sanok zum Brigadestab ging, um das Eintreffen des Marschbataillons zu melden. Ordonnanzoffizier war Brigadeadjutant Hauptmann Tayrle.

„Ich bin sehr überrascht", sagte Hauptmann Tayrle, „daß ihr keine bestimmten Meldungen erhalten habt. Die Marschroute steht fest. Eure Vormarschlinie hättet ihr uns natürlich im voraus melden sollen. Nach den Dispositionen des Oberkommandos seid ihr um zwei Tage zu früh eingetroffen."

Hauptmann Sagner errötete ein wenig, doch fiel es ihm nicht ein, alle Chiffre-Telegramme zu wiederholen, die er während des ganzen Transportes erhalten hatte.

„Ich wunder mich über Sie", sagte Adjutant Tayrle.

„Ich glaube", entgegnete Hauptmann Sagner, „daß wir Offiziere uns alle duzen."

„Meinetwegen", sagte Hauptmann Tayrle, „sag mir, bist du Aktiver oder Zivilist? Aktiv? — Das ist ganz was anderes. — Man kennt sich drin nicht aus. Hier sind dir schon solche Trottel von Reserveleutnants durchgekommen! – Wie wir uns von Limanow und von Krasnik zurückgezogen haben, haben alle diese „Auch- Leutnants" den Kopf verloren, sobald sie nur eine Kosakenpatrouille gesehen haben. Wir vom Stab haben solche Schmarotzer nicht gern. So ein blöder Kerl mit dem Intelligenzknopf läßt sich zum Schluß noch aktivieren oder macht in Zivil die Offiziersprüfung und bleibt weiter ein blöder Zivilist, und wenns Krieg gibt, wird ein Leutnant aus ihm, aber ein Scheißkerl!"

Hauptmann Tayrle spuckte aus und klopfte Hauptmann Sagner vertraulich auf die Schulter:

„Ihr werdet ungefähr zwei Tage hierbleiben. Ich werde euch alle ausführen, wir werden ein bißl tanzen. Wir haben hier Huren wie Engerln. Dann ist eine Generalstochter da, die früher der lesbischen Liebe gehuldigt hat. Da ziehn wir uns alle Frauenkleider an, und du wirst sehn, was die trifft! Das ist dir so eine magere Sau, nicht vorzustellen! Aber sie kennt sich aus, Kamerad. Das ist dir ein Lude — übrigens, du wirst ja sehn."

„Pardon", fuhr er zusammen, „ich muß wieder kotzen gehen, heut schon zum drittenmal." Als er zurückkam, erklärte er Hauptmann Sagner, um ihm zu beweisen, wie lustig es hier zugehe, daß dies die Folgen des gestrigen Abends seien, an dem auch die Pionierabteilung teilgenommen habe. Den Kommandanten dieser Abteilung, der gleichfalls den Rang eines Hauptmanns bekleidete, lernte Hauptmann Sagner recht bald kennen. In die Kanzlei stürzte nämlich ein uniformierter langer Mensch mit drei goldenen Sternen und redete Tayrle gewissermaßen wie im Halbtraum ganz familiär an, ohne die Anwesenheit Hauptmann Sagners zu bemerken: „Was machst du, du Sau? Du hast uns gestern unsere Gräfin gut zugerichtet." Er setzte sich auf einen Stuhl und lachte, während er sich mit einem dünnen Rohrstab über die Waden schlug, übers ganze Gesicht: „Wenn ich mich erinner, wie du dich ihr in den Schoß ausgekotzt hast..."

„Ja", sagte Tayrle, „gestern wars sehr lustig." Dann erst machte er Hauptmann Sagner mit dem Offizier mit dem Rohrstab bekannt, worauf sich alle durch die Kanzlei der Administrationsabteilung der Brigade ins Kaffeehaus begaben, das über Nacht aus einem ehemaligen Bierausschank entstanden war.

Als sie durch die Kanzlei schritten, nahm Hauptmann Tayrle dem Kommandanten der Pionierabteilung den Rohrstab weg und schlug mit ihm auf den langen Tisch, um den sich auf dieses Kommando zwölf Militärschreiber in Reih und Glied aufstellten. Es waren Anhänger der ruhigen, gefahrlosen Arbeit im Rücken der Armee, in Extrauniform, mit großen, zufriedenen Bäuchen.

Und diesen zwölf dicken Aposteln des Tachinierens sagte Hauptmann Tayrle, bestrebt, sich vor Sagner und dem andern Hauptmann hervorzutun: „Glaubt nicht, daß ich euch hier halt wie in einem Maststall, Saukerle! Weniger fressen und saufen, aber mehr herumlaufen."

„Jetzt zeig ich euch noch eine andere Dressur", teilte Tayrle seinen Kameraden mit.

Er schlug abermals mit dem Rohrstab auf den Tisch und fragte die zwölf: „Wann werdet ihr platzen, Ferkel?"

Alle zwölf antworteten unisono: „Auf Ihren Befehl, Herr Hauptmann."

Über seine eigene Blödheit und Dummheit lachend, trat Hauptmann Tayrle aus der Kanzlei.

Als sie alle drei im Kaffeehaus saßen, bestellte Tayrle eine Flasche Wacholderschnaps und gab Befehl, ein paar Fräuleins herbeizurufen, die frei waren. Es stellte sich heraus, daß das Kaffeehaus eigentlich nicht anderes war als ein verrufenes Haus; und da keines von den Fräuleins frei war, regte sich Hauptmann Tayrle im höchsten Maße auf, beschimpfte die Madame im Vorzimmer in ordinärer Weise und schrie, wer bei Fräulein Elly sei. Als er aber hörte, es sei irgendein Leutnant, wetterte er noch mehr.

Bei Fräulein Elly befand sich Leutnant Dub, der, als das Marschbataillon in seinen Ubikationen im Gymnasium untergebracht war, seine ganze Truppenabteilung zusammenrief und sie in einer langen Rede darauf aufmerksam machte, daß die

Russen bei ihrem Rückzug überall Bordelle mit geschlechtlich angestecktem Personal errichtet hatten, um der österreichischen Armee durch diesen Trick große Verluste zuzufügen. Er warne daher hiermit die Soldaten vor dem Besuch ähnlicher Lokale. Er selbst werde sich persönlich in diesen Häusern überzeugen, ob sein Befehl befolgt werde, denn man befinde sich bereits in jener Zone; jeder, der erwischt werden sollte, werde vor das Feldgericht gestellt. Leutnant Dub wollte sich persönlich überzeugen, ob sein Befehl nicht hintergangen werde; deshalb wählte er offenbar zum Ausgangspunkt seiner Untersuchung das Kanapee in Ellys Zimmerchen im ersten Stock des sogenannten „Stadtcafés", ein Kanapee, auf dem er sich ausgezeichnet amüsierte.

Inzwischen hatte sich Hauptmann Sagner bereits zu seinem Bataillon begeben. Tayrles Gesellschaft hatte sich also aufgelöst. Er selbst wurde von der Brigade aus gesucht, wo der Brigadekommandant mehr als eine Stunde nach seinem Adjutanten rief.

Es waren neue Befehle von der Division eingetroffen. Man mußte eine definitive Marschroute für das neu angekommene 91. Regiment festsetzen, da in der ursprünglichen Richtung nach den neuen Dispositionen das Marschbataillon des 102. Regimentes vorrücken sollte. Das alles war sehr verwickelt, die Russen wichen im nordöstlichen Zipfel Galiziens ungemein rasch zurück, so daß sich dort einige österreichische Truppenkörper untereinander vermengten; stellenweise drangen Teile der deutschen Armee wie Keile in sie ein; es entstand ein Chaos, das durch das Eintreffen neuer Marschbataillone und anderer Truppenkörper noch erhöht wurde. Dasselbe war auch an anderen Frontabschnitten der Fall, die noch weiter hinten lagen, wie zum Beispiel hier in Sanok, wo plötzlich die Reserven einer deutschen Hannoveranischen Division unter Führung eines Obersten eintrafen; dieser Oberst hatte einen so häßlichen Blick, daß der Brigadekommandant in restlose Verwirrung geriet. Der Kommandant der Reserven der Hannoveranischen Division wies nämlich die Disposition seines Stabes vor, derzufolge seine Mannschaft im Gymnasium einquartiert werden sollte, wo gerade die Einundneunziger einquartiert worden waren. Behufs Unterbringung seines Stabs verlangte er die Räumung des Gebäudes der Krakauer Bank, in dem sich gerade der Brigadestab befand.

Der Brigadekommandant ließ sich direkt mit der Division verbinden, der er die genaue Situation darlegte; hierauf folgte eine Unterredung der Division mit dem Hannoveraner mit dem bösen Blick; auf Grund dieses Gesprächs langte bei der Brigade der Befehl ein: „Die Brigade verläßt die Stadt um sechs Uhr abends und bezieht die Linie Turowa-Wolska-Liskowiec-Storasol-Sambor, wo weitere Befehle warten. Gleichzeitig mit ihr rückt das Marschbataillon des 91. Infanterieregiments vor, das die Deckung nach folgendem Schema bildet: die Vorpatrouille rückt um halb sechs auf Turowa vor, zwischen dem Flankenschutz im Norden und Süden 3 Kilometer Distanz. Die Nachhut tritt um Viertel sieben den Marsch an."

So entstand also im Gymnasium ein großes Hin und Her, und bei der Beratung der Bataillonsoffiziere fehlte niemand anders als Leutnant Dub; Schwejk erhielt den Befehl, ihn zu suchen. „Ich hoffe", sagte Oberleutnant Lukasch, „daß Sie ihn ohne alle Schwierigkeiten finden werden, ihr habt ja ohnehin fortwährend etwas miteinander."

„Melde gehorsamst, Herr Oberlajtnant, daß ich um einen schriftlichen Befehl von der Kompanie bitte. Grad deswegen, weil eben immer zwischen uns was is."

Während Oberleutnant Lukasch in seinen Kopierblock den Befehl schrieb, Leutnant Dub möge sich sofort im Gymnasium zu einer Beratung einfinden, fuhr Schwejk in seiner Meldung fort: „Ja, Herr Oberlajtnant, Sie können unbesorgt sein wie immer. Ich wer ihn finden, weils den Soldaten verboten is, in Bordells zu gehen, und er sicher in einem sitzen wird, damit er sich überzeugt, ob von seinem Zug keiner vors Feldgericht kommen will, mit was er immer droht. Er selbst hat vor der Mannschaft von seinem Zug erklärt, daß er in alle Bordelle gehen wird, und dann, daß wehe ihnen, daß sie ihn von der schlechten Seite kennenlernen wern. Übrigens weiß ich, wo er is. Er is grad da gegenüber in dem Kaffeehaus, weil die ganze Mannschaft ihm nachgeschaut hat, wohin er zuerst geht."

Die Vereinigten Städtischen Vergnügungsetablissements und das „Stadtcafe", von dem Schwejk gesprochen hatte, bestanden aus zwei Abteilungen. Wer nicht durch das Kaffeehaus gehen wollte, ging rückwärts herum, wo sich eine alte Frau an der Sonne wärmte, die etwa in nachstehendem Sinn auf deutsch, polnisch und magyarisch sagte: „Komm, Kleiner, hier gehen hübsche Fräuleins."

War der Soldat eingetreten, führte sie ihn durch einen Gang in ein Vorzimmer, das gewissermaßen einen Empfangsraum bildete; dann rief sie eines der Mädchen herbei, das sofort im Hemd gelaufen kam; zuerst verlangte das Fräulein Geld, das Madame auf der Stelle einkassierte, indes der Soldat das Bajonett abknöpfte.

Die Offiziere gingen durch das Kaffeehaus. Der Weg der Herren Offiziere war düsterer, denn er führte im Hintergrunde an den Chambres vorbei, wo sich eine Auswahl aus der zweiten Garnitur befand, die für die Offizierschargen bestimmt war, und wo es Spitzenhemdchen gab und Wein und Likör getrunken wurde. Madame duldete hier nichts, alles spielte sich oben in den Zimmern ab, wo sich in einem solchen Paradies voller Wanzen Leutnant Dub in Unterhosen auf dem Diwan wälzte, während ihm Fräulein Elly — wie dies in solchen Fällen immer üblich ist — die ausgedachte Tragödie ihres Lebens erzählte: ihr Vater sei Fabrikant und sie Professorin am Lyzeum in Pest gewesen, und das hier habe sie aus unglücklicher Liebe getan.

Rückwärts, eine Handbreit hinter Leutnant Dub, standen auf einem kleinen Tischchen eine Flasche Wacholderschnaps und Gläser. Daß die Flasche halb leer war und Elly und Leutnant Dub bereits unverständliche Dinge sprachen, war eine Belastungsprobe dafür, daß Leutnant Dub nichts vertrug. Aus seinen Reden ging hervor, daß er bereits alles verwechselte und Elly für seinen Diener Kunert hielt; er nannte sie auch so und drohte dem vermeintlichen Kunert nach seiner Gewohnheit: „Kunert, Kunert, du Bestie, bis du mich von meiner schlechten Seite kennenlernen wirst..."

Schwejk sollte derselben Prozedur unterworfen werden wie alle übrigen Soldaten, die rückwärts herumgingen; er riß sich aber sanft von irgendeinem Mädl im Hemd los, auf deren Geschrei die polnische Madame gelaufen kam und Schwejk frech ins Gesicht leugnete, daß ein Herr Leutnant hier zu Gast sei.

„Schrein Sie nicht viel mit mir herum, gnä Frau", sagte Schwejk freundlich, indem er dabei süß lächelte, „oder ich gib Ihnen eins übers Maul. Bei uns in der Plattnergasse hat man mal eine Madame so verdroschen, daß sie nix von sich gewußt hat. Nämlich ein Sohn hat dort seinen Vater gesucht, einen gewissen Wondratschek, was ein Geschäft mit Pneumatiks gehabt hat. Die Madame hat Chrowanowa geheißen, und wie man sie zu sich gebracht hat und auf der Rettungsstation gefragt hat, wie sie heißt, hat sie gesagt, daß so was mit ‚Ch'. Und wie is Ihr werter Name?" Die ehrenwerte Matrone begann fürchterlich zu brüllen, als Schwejk sie nach diesen Worten beiseite schob und ernsthaft über die Holzstiege zum ersten Stockwerk emporschritt.

Unten erschien der Besitzer des Freudenhauses, ein verarmter polnischer Adeliger, der Schwejk die Stiege hinauf nachlief und ihn an der Bluse zu zerren begann, wobei er ihm auf deutsch zuschrie, daß dort hinauf Soldaten nicht dürften, oben sei es nur für die Herren Offiziere, für die Mannschaft sei es unten.

Schwejk machte ihn darauf aufmerksam, daß er im Interesse der ganzen Armee hergekommen sei und einen Herrn Leutnant suche, ohne den die Armee nicht ins Feld rücken könne; und als der andere immer lästiger wurde, stieß ihn Schwejk die Treppe hinunter und setzte die Untersuchung der Räumlichkeiten fort. Er überzeugte sich, daß alle Zimmer leer waren, erst am Ende des Ganges ließ sich, nachdem er geklopft, nach der Klinke gegriffen und die Tür ein wenig geöffnet hatte, die quietschende Stimme Ellys vernehmen:

„Besetzt." Und gleich darauf die tiefe Stimme Leutnant Dubs, der wohl glaubte, daß er sich noch in seinem Zimmer im Lager befinde:

„Herein!"

Schwejk trat ein, näherte sich dem Diwan, und während er Leutnant Dub die Kopie auf dem abgerissenen Blatt des Notizblockes überreichte, meldete er, verstohlen auf die in der Ecke des Bettes verstreuten Teile der Uniform blickend:

„Melde gehorsamst, Herr Lajtnant, Sie solln sich anziehn und sich gleich nach diesem Befehl, was ich Ihnen überbring, in unserer Kaserne im Gymnasium einfinden, wir ham dort nämlich eine große militärische Beratung!"

Leutnant Dub wälzte die Augen mit den kleinen Pupillen auf ihn heraus, dann besann er sich, daß er doch nicht so besoffen war, um Schwejk nicht zu erkennen. Es fiel ihm sofort ein, daß man ihm Schwejk wohl zum Rapport schicke, und deshalb sagte er: „Gleich werde ich mit dir abrechnen, Schwejk. Du wirst — sehn — wies — mit — dir ausfallen — wird..."

„Kunert", rief er Elly zu, „gieß — mir — noch — eins — ein!" Er trank, und während er den schriftlichen Befehl zerriß, lachte er:

„Das ist — eine Entschuldigung? Bei — uns — gelten — keine Entschuldigungen. Wir sind — im Krieg — und nicht — in der — Schule. Hat man — dich — also — im Bordell — erwischt? Komm — näher — zu — mir — Schwejk — ich — geb — dir ein paar — Ohrfeigen. — In — welchem Jahr — Philipp — von — Mazedonien — die Römer — geschlagen — hat, das — weißt — du nicht — du Ochs."

„Melde gehorsamst, Herr Lajtnant", fuhr Schwejk unerbittlich fort, „allerhöchster Brigadekommandobefehl, die Herren Offiziere solln sich anziehen und zur Bataillonsbesprechung kommen; wir brechen nämlich auf. Und erst jetzt wird sichs entscheiden, welche Kompanie Vorhut, Seitenhut oder Nachhut sein wird. Grad jetzt wird man darüber entscheiden, und ich denk, Herr Lajtnant, daß Sie auch was hineinzureden ham."

Diese diplomatische Rede brachte Leutnant Dub ein wenig zur Besinnung; er begann allmählich zu erkennen, daß er sich doch nicht in der Kaserne befinde, aber aus Vorsicht fragte er noch: „Wo bin ich?"

„Herr Lajtnant belieben im Bordell zu sein. Gottes Wege sind verschieden."

Leutnant Dub seufzte tief auf, kletterte vom Diwan herunter und fing an, seine

Uniform zu suchen, wobei ihm Schwejk behilflich war; als er endlich angekleidet war, gingen beide hinaus, aber gleich darauf kehrte Schwejk zurück, und ohne Elly zu beachten, die, seiner Rückkehr eine ganz andere Bedeutung beimessend, aus unglücklicher Liebe gleich wieder ins Bett kroch, trank er schnell aus der Flasche den Rest des Wacholderschnapses aus und ging wieder dem Leutnant nach. Auf der Straße stieg Leutnant Dub wieder alles zu Kopf, denn es war sehr schwül. Er erzählte Schwejk allerhand zusammenhanglosen Unsinn. Er sprach davon, daß er zu Hause eine Briefmarke aus Helgoland habe und daß sie gleich nach der Matura Billard spielen gegangen seien und den Klassenvorstand nicht gegrüßt hätten. Zu jedem Satz fügte er hinzu: „Ich denke, daß Sie mich gut verstehn."

„Natürlich verstehe ich Sie gut", antwortete Schwejk. „Sie reden so ähnlich wie der Klempner Pokorny in Budweis. Der, wenn ihn die Leute gefragt ham: ‚Ham Sie schon heuer in der Maltsch gebadet?' hat er geantwortet: ‚Nein, aber dafür gehen heuer viel Zwetschken geben.' Oder man hat ihn gefragt: ‚Ham Sie heuer schon Schwammerln gegessen', und er hat drauf geantwortet: ‚Nein, aber dieser neue marokkanische Sultan soll herich ein sehr braver Mensch sein.'"

Leutnant Dub blieb stehn und stieß heraus: „Marokkanischer Sultan? Das ist eine abgetane Größe." Er wischte sich den Schweiß von der Stirn und murmelte, mit verschleierten Augen auf Schwejk blickend: „So hab ich nicht mal im Winter geschwitzt. Sind Sie damit einverstanden? Verstehn Sie mich?"

„Ich versteh, Herr Lajtnant. Zu uns ins Wirtshaus zum ‚Kelch' is immer ein alter Herr gegangen, ein Herr Rat vom Landesausschuß in Pension, und der hat dasselbe behauptet. Er hat immer gesagt, daß er sich wundert, was für ein Unterschied zwischen der Temperatur im Sommer und im Winter is. Daß es ihm sehr komisch vorkommt, warum die Menschen noch nicht drauf gekommen sind."

Im Tor des Gymnasiums verließ Schwejk Leutnant Dub, der über die Stiege hinauf in den Konferenzsaal taumelte, wo die militärische Beratung stattfand, und Hauptmann Sagner sofort meldete, daß er, Dub, vollkommen betrunken sei. Während der ganzen Beratung saß er mit gesenktem Kopfe da, und bei der Debatte erhob er sich ab und zu, um zu rufen: „Ihre Ansicht ist richtig, meine Herren, aber ich bin ganz betrunken."

Als alle Dispositionen ausgearbeitet waren und die Kompanie des Oberleutnants Lukasch zur Vorpatrouille bestimmt wurde, zuckte Leutnant Dub plötzlich zusammen, erhob sich und sagte: „Ich erinnere mich an unseren Klassenvorstand in der Prima, meine Herren. Er lebe hoch, er lebe hoch, er lebe hoch!"

Oberleutnant Lukasch dachte, es werde am besten sein, wenn er Leutnant Dub einstweilen von dessen Burschen Kunert im anstoßenden physikalischen Kabinett zur Ruhe bringen lassen werde, wo eine Wache vor der Türe stand, damit nicht am Ende jemand die Reste der bereits zur Hälfte ausgeraubten Mineraliensammlung des Kabinetts stehle. Darauf wurden auch die durchmarschierenden Truppenkörper unaufhörlich von der Brigade aufmerksam gemacht.

Die Vorsichtsmaßregel datierte von dem Zeitpunkt, da ein Honvedbataillon, das im Gymnasium einquartiert war, angefangen hatte, das Kabinett zu plündern. Besonders gut hatte den Honveds die Mineraliensammlung gefallen — bunte Kristalle und Kieselsteine — , die sie in ihre Rucksäcke gesteckt hatten.

Auf dem kleinen Soldatenfriedhof befindet sich auch auf einem weißen Kreuze die Inschrift „Laszlo Gargany". Dort schläft den ewigen Traum ein Honved, der bei jener Plünderung der Sammlungen des Gymnasiums allen denaturierten Spiritus aus einem Gefäß ausgetrunken hatte, in dem verschiedene Reptilien aufbewahrt waren.

Der Weltkrieg rottete das Menschengeschlecht sogar mit Branntwein aus Reptiliensammlungen aus. Als bereits alle gegangen waren, ließ Oberleutnant Lukasch Leutnant Dubs Putzfleck Kunert rufen, der seinen Leutnant fortführte und auf den Diwan bettete. Leutnant Dub ward plötzlich wie ein kleines Kind; er ergriff Kunerts Hand, fing an, seine Handfläche zu untersuchen, und sagte, daß er aus der Hand den Namen von Kunerts zukünftiger Gattin erraten werde.

„Wie heißen Sie? Ziehn Sie mir aus der Brusttasche der Bluse Notizbuch und Bleistift heraus. Sie heißen also Kunert: also kommen Sie in einer Viertelstunde, und ich laß Ihnen einen Zettel mit dem Namen Ihrer zukünftigen Frau Gemahlin hier."

Kaum hatte er dies gesagt, begann er schon zu schnarchen; aber er erwachte wieder und fing an, etwas in sein Notizbuch zu schmieren; was er geschrieben hatte, riß er heraus, warf es auf die Erde und lallte, den Finger geheimnisvoll an den Mund legend; „Jetzt noch nicht, bis in einer Viertelstunde. Am besten gehen sein, wenn Sie den Zettel mit verbundenen Augen suchen werden."

Kunert war so ein guter Kerl, daß er tatsächlich nach einer Viertelstunde kam; als er den Zettel entfaltete, las er aus den Hieroglyphen Leutnant Dubs:

„Der Name Ihrer zukünftigen Gemahlin wird lauten: Frau Kunert."

Als er den Zettel noch einer Weile Schwejk zeigte, meinte dieser, Kunert möge ihn nur recht gut aufbewahren, solche Dokumente militärischer Persönlichkeiten müsse ein jeder in Ehren halten. Früher, im aktiven Dienst, habe es so was nicht gegeben, daß ein Offizier mit seinem Burschen korrespondiert oder ihn gar Herr tituliert hätte.

Als die Vorbereitungen zum Aufbruch gemäß den ausgegebenen Dispositionen beendet waren, ließ der Brigadekommandant, den der Hannoveranische Oberst so gut hinausgehetzt hatte, das ganze Bataillon in dem üblichen Karree zusammentreten und hielt eine Ansprache. Der Mann redete nämlich überaus gern; er warf Kraut und Rüben durcheinander, und als er nichts mehr zu sagen hatte, erinnerte er sich noch an die Feldpost.

„Soldaten!" donnerte es aus seinem Mund in das Karree, „jetzt nähern wir uns der Front des Feindes, von dem uns einige Tagesmärsche trennen. Soldaten! Bisher habt ihr auf eurem Marsch keine Gelegenheit gehabt, euren Lieben, die ihr verlassen habt, eure Adressen anzugeben, damit eure Lieben wissen, wohin sie euch schreiben sollen, damit ihr euch an den Briefen eurer lieben Hinterbliebenen erfreut."

Er konnte sich irgendwie nicht draus hinauswinden und wiederholte unzähligemal hintereinander: „Eure Lieben — eure Verwandten, eure lieben Hinterbliebenen" usw., bis er schließlich diesen Kreis mit dem mächtigen Ruf sprengte: „Dazu haben wir die Feldpost an der Front."

Abbildung 72: Österreichische Postkarte (Correspondenz-Karte) (Quelle: austrian-hungarian postal service)

Seine weitere Rede erweckte den Anschein, als sollten sich all diese Menschen in grauer Uniform einzig und allein deshalb mit der größten Freude erschlagen lassen, weil es an der Front die Einrichtung der Feldpost gab, und als sei es für einen, dem eine Granate beide Beine abreiße, eine Lust zu sterben, wenn er daran denke, daß seine Feldpost die Nummer 72 habe, bei der vielleicht ein Brief seiner lieben Daheimgebliebenen samt einer Sendung, bestehend aus einem Stück Selchfleisch, Speck und hausgemachtem Zwieback, liege.

Dann, nach dieser Rede, als die Brigadekapelle die Volkshymne gespielt hatte und Hochrufe auf den Kaiser ausgebracht worden waren, traten die einzelnen Gruppen dieses menschlichen, für die Schlachtbänke irgendwo hinter dem Bug bestimmten Viehs, eine nach der andern, den erteilten Dispositionen gemäß, den Marsch an.

Die 11. Kompanie marschierte um halb sechs Uhr auf Turowa-Wolska. Schwejk watschelte ganz hinten mit dem Kompaniestab und der Sanität, und Oberleutnant Lukasch ritt ständig die ganze Kolonne ab, wobei er jeden Augenblick nach rückwärts kam, teils um sich vom Zustand Leutnant Dubs zu überzeugen, der in einem Wägelchen unter Segeltuch neuen Heldentaten in einer unbekannten Zukunft entgegenfuhr, teils um sich den Weg durch Gespräche mit Schwejk zu verkürzen, der geduldig seinen Rucksack und sein Gewehr schleppte und mit Feldwebel Wanek davon sprach, wie man vor Jahren auf den Manövern bei Groß-Meseritsch so angenehm marschiert sei.

„Das war akkurat so eine Gegend wie hier, nur daß wir nicht so feldmäßig gegangen sind, weil wir damals noch nicht mal gewußt ham, was Reservekonserven sind; wenn wir eine Konserve gefaßt ham, hamr sie bei unserm Zug gleich beim nächsten Nachtlager aufgefressen und ham uns dafür einen Ziegel in den Rucksack gesteckt. In einem Dorf is Inspizierung gekommen, man hat uns alle Ziegel ausn Rucksack geworfen, und es waren ihrer so viel, daß sich dann dort draus jemand ein Familienhaus gebaut hat."

Eine Weile später marschierte Schwejk stramm neben dem Pferd Oberleutnant Lukaschs und redete über die Feldpost: „Sehr hübsch war die Rede, und es is sicher jedem angenehm, wenn er ins Feld einen hübschen Brief von zu Haus kriegt. Aber ich, wie ich vor Jahren in Budweis gedient hab, hab ich beim Militär nur einen Brief in die Kaserne bekommen, und den hab ich noch aufgehoben."

Schwejk zog aus einer schmutzigen Ledertasche einen Brief voller Fettflecke hervor, und während er mit dem Pferd Oberleutnant Lukaschs Schritt hielt, der einen mäßigen Trab angeschlagen hatte, las er laut:

„Du niederträchtiger Halunke, Du Mörder und Schuft! Korpora! Kriz is nach

Prag auf Urlaub gekommen, und ich hab mit ihm bei Kocan getanzt, und er hat mir erzählt, daß Du herich in Budweis beim ‚Grünen Frosch‘ mit irgendeinem blöden Flitscherl tanzt und daß Du mich schon ganz verlassen hast. Daß Dus weißt, ich schreib diesen Brief im Häusl aufn Brett neben dem Loch, zwischen uns is aus. Deine gewesene Bozena. Damit ich nicht vergeß, der Korporal kanns und wird Dich noch sekkieren, ich hab ihn drum gebeten. Und noch damit ich nicht vergeß, Du wirst mich nicht mehr unter den Lebenden finden, bis Du auf Urlaub kommst.“

„Versteht sich“, fuhr Schwejk während seines mäßigen Trabs fort, „daß sie, wie ich auf Urlaub gekommen bin, unter den Lebenden war, und noch dazu unter was für Lebenden. Ich hab sie auch bei ‚Kocan‘ gefunden, zwei Soldaten ham sie grad angezogen, und einer von ihnen war so lebhaft, daß er ihr ganz öffentlich unter die Bluse gegriffen hat, als ob er, melde gehorsamst, Herr Oberlajtnant, von dort den Schmelz ihrer Unschuld hätt herausziehn wolln, wie die Venceslava Luzicka sagt, oder wies einmal so ähnlich ein junges Mädl von ungefähr sechzehn Jahren in der Tanzstunde einem Gymnasiasten unter lautem Weinen gesagt hat, wie er sie in den Arm gezwickt hat: ‚Mein Herr, Sie ham den Schmelz meiner Jungfräulichkeit vernichtet.‘ Natürlich ham alle gelacht, und ihre Mutter, was dort auf sie achtgegeben hat, hat sie in der „Beseda“ aufn Gang geführt und hat dort ihre dumme Urschel ordentlich verwichst. Ich bin, Herr Oberlajtnant, zu der Ansicht gekommen, daß die Mädln vom Lande doch nur aufrichtiger sind wie diese abgequetschten Stadtfräuleins, was in Tanzstunden gehen. Wie wir vor Jahren in Mnischek auf Übung waren, bin ich nach Alt-Knin tanzen gegangen und hab mir dort eine Bekanntschaft mit einer gewissen Karla Weklow gemacht, aber sehr hab ich ihr nicht gefalln. Einmal Sonntagabend hab ich sie zum Teich begleitet, dort hamr uns aufn Damm gesetzt, und ich hab sie gefragt, wie die Sonne untergegangen is, ob sie mich auch gern hat. Melde gehorsamst, Herr Oberlajtnant, daß die Luft so lau war, alle Vögel ham gesungen, und sie hat mir mit einem entsetzlichen Lachen geantwortet: ‚Ich hab dich so gern, wie einen Strohhalm im Arsch, du bist ja blöd.‘ Und ich war auch wirklich blöd, so fürchterlich blöd, daß ich Ihnen, melde gehorsamst, Herr Oberlajtnant, vor dem mit ihr zwischen Feldern, zwischen hohem Getreide, in menschenleerem Raum herumgegangen bin, nicht mal einmal hamr uns gesetzt, und ich hab ihr nur diesen Segen Gottes gezeigt, und ich Idiot, ich erklär diesem Bauernmädl, daß das da Korn is, das da Gerste und das da wieder Hafer.“ Und gleichsam zur Bestätigung dieser Worte ertönten von vorn die Stimmen der Soldaten der Kompanie; sie sangen die Fortsetzung des Liedes, mit dem die tschechischen Regimenter bereits vor Solferino für Österreich bluten gegangen waren:

„Mit dem Mittnachtsglockenschlag,
Springt der Hafer aus dem Sack,
Jupheidija, juphijda!
Jedes Weib gibt da."

Worauf wiederum die andern einfielen:

„Gibt da, gibt da, gibt da,
Wozu wäre sie denn da,
Gibt zwei Küsse dir statt einen,
Ja, auf jede Wange einen.
Juphejdio, juphejda,
Jedes Weib gibt da,
Gibt da, gibt da, gibt da.
Wozu wäre sie denn da."

Dann begannen die Deutschen dasselbe Lied in deutscher Sprache zu singen.

Es ist ein altes Soldatenlied, das vielleicht schon die Soldateska während der napoleonischen Schlachten in allen Sprachen gesungen hatte. Jetzt erscholl es jauchzend auf der verstaubten Straße vor Turowa-Wolska in der galizischen Ebene, wo auf beiden Seiten bis weit zu den grünen Hügeln im Süden hin die Felder unter den Hufen der Pferde zerstampft und unter Tausenden von schweren Soldatenstiefeln vernichtet worden waren.

„So ähnlich hamr mal die Gegend auf den Manövern bei Pisek zugerichtet", ließ sich Schwejk vernehmen, indem er umherblickte.

„Ein Herr Erzherzog war dort mit uns, das war so ein gerechter Herr, daß, wenn er mit seinem Stab aus strategischen Gründen durchs Getreide geritten is, so hat gleich hinter ihm der Adjutant den ganzen Schaden abgeschätzt. Ein gewisser Bauer Picho hat keine Freude an dem Besuch gehabt und hat vom Ärar die achtzehn Kronen Entschädigung für zerstampfte fünf Joch Feld nicht angenommen, er wollt sich Ihnen, Herr Oberlajtnant, prozessieren und hat dafür achtzehn Monate gekriegt. Ich denk, Herr Oberlajtnant, daß er eigentlich hat froh sein können, daß ihm jemand ausn kaiserlichen Haus auf seinem Grundstück besucht hat. Ein anderer Bauer, was gebildeter war, mächt alle seine Mädln in weiße Kleider anziehn wie Kranzeljungfern, mächt ihnen Blumensträuße in die Hand geben und mächt sie auf seinem Grundstück aufstelln, und jede von ihnen müßt den hohen Herrn begrüßen, wie ichs von Indien gelesen hab, wo sich die Untertanen von irgendeinem Herrscher von dem Elefant ham zertreten lassen."

„Was reden Sie da, Schwejk?" rief ihm Oberleutnant Lukasch vom Pferde herab zu.

„Melde gehorsamst, Herr Oberlajtnant, daß ich den Elefanten mein, was auf seinem Rücken den Herrscher getragen hat, von dem ich gelesen hab."

„Das muß man Ihnen lassen, Schwejk, daß Sie alles richtig erklären können", sagte Oberleutnant Lukasch und ritt nach vorn. Dort riß die Marschkolonne bereits entzwei, der ungewohnte Marsch nach der Rast im Eisenbahnzug und die volle, komplette Ausrüstung bewirkten, daß allen die Arme zu schmerzen begannen und jeder sichs so bequem machte, wie er konnte. Man hing das Gewehr von einer Seite auf die andere, die Mehrzahl trug es nicht mehr geschultert, sondern über den Rücken geworfen wie einen Rechen oder eine Heugabel. Manche dachten, daß es bequemer sei, durch den Graben oder über den Rain zu gehen, wo der Boden unter den Füßen denn doch weicher schien als auf der verstaubten Landstraße.

Die Mehrzahl schritt mit zu Boden gesenktem Kopf und alle litten großen Durst, denn, obwohl die Sonne bereits unterging, herrschte dennoch eine solche Schwüle und Hitze wie am Mittag und keiner hatte auch nur noch einen Tropfen Wasser in der Feldflasche. Es war der erste Marschtag, und diese ungewohnte Situation, gleichsam eine Stufe zu größeren und größeren Leiden, machte alle immer schwächer und matter. Sie hörten auf zu singen und schätzten gegenseitig untereinander ab, wie weit es wohl nach Turowa-Wolska sein mochte, wo ihrer Meinung nach übernachtet werden sollte. Manche setzten sich für ein Weilchen in den Graben, und damit man ihnen die Müdigkeit nicht anmerke, schnürten sie sich die Schuhe auf und erweckten auf den ersten Blick den Eindruck von Leuten, deren Fußlappen schlecht zusammengelegt sind und die sich bemühen, sie so zu richten, daß sie auf dem weitem Marsch nicht drücken. Andere wiederum verlängerten oder verkürzten den Gewehrriemen oder öffneten den Rucksack und schichteten die darin untergebrachten Gegenstände um, wobei sie sich selbst einredeten, daß sie dies aus Rücksicht auf eine richtige Verteilung der Belastung tun, damit die Rucksackriemen nicht die eine oder die andere Schulter herabzögen. Als sich ihnen Oberleutnant Lukasch der Reihe nach näherte, standen sie auf und meldeten, daß sie etwas drücke oder sonst etwas behindere, sofern sie nicht von den Kadetten oder Zugführern schon vorher, sobald diese aus der Ferne das Pferd des Oberleutnants Lukasch bemerkten, vorwärtsgetrieben wurden.

Wenn Oberleutnant Lukasch vorüberritt, forderte er sie ganz freundlich auf, sich zu erheben, nach Turowa-Wolska wäre es nur noch drei Kilometer und dort werde man rasten.

Inzwischen kam Leutnant Dub durch das unaufhörliche Rütteln auf dem zwei-rädrigen Sanitätswagen zur Besinnung. Er kam zwar nicht vollständig zu sich, aber er konnte sich bereits erheben und aus dem Wagen beugen und die Leute vom Kompaniestab rufen, die sich unbeschwert ringsumher bewegten, denn alle, ange-fangen von Baloun und endend mit Chadounsky, hatten ihre Rucksäcke in dem Wagen untergebracht.

Nur Schwejk schritt mutig vorwärts, den Rucksack auf dem Rücken, das Gewehr nach Dragonerart auf dem Riemen über der Brust; er rauchte seine Pfeife und sang beim Marsche:

> „Als wir nach Jaromer zogen,
> glaubt man auch, es sei erlogen,
> kamen wir so ungefähr grad zum Nachtmahl hin."

Mehr als fünfhundert Schritte vor Leutnant Dub erhoben sich auf der Straße Staubwirbel, aus denen die Gestalten von Soldaten auftauchten. Leutnant Dub, dessen Begeisterung wieder zurückgekehrt war, neigte den Kopf aus dem Wagen und fing an, in den Straßenstaub zu brüllen: „Soldaten! Eure erhabene Aufgabe ist schwer, beschwerliche Märsche, vielfacher Mangel an allem und Strapazen aller Art heben für euch an. Aber ich vertraue vollkommen auf eure Ausdauer und euren festen Willen."

„Und Ochsen brüllen", dichtete Schwejk hinzu.

Leutnant Dub fuhr fort: „Für euch, Soldaten, ist kein Hindernis zu groß, daß ihr es nicht überwinden könntet. Noch einmal, Soldaten, wiederhole ich euch: Ich führe euch zu keinem leichten Sieg. Es wird eine harte Nuß für euch sein, aber ihr werdets leisten! Euch wird die Geschichte seligsprechen."

„Und wer dir zuhört, kann brechen", dichtete Schwejk abermals hinzu. Und als hätte Leutnant Dub dies gehört, begann er plötzlich mit gesenktem Kopf in den Straßenstaub zu kotzen; als er genug gekotzt hatte, rief er noch: „Vorwärts, Solda-ten!", fiel abermals auf den Rucksack des Telefonisten Chodounsky und schlief bis Turowa-Wolska, wo man ihn endlich auf Befehl Oberleutnant Lukaschs auf die Beine stellte und vom Wagen hob; es dauerte lange, bevor sich Leutnant Dub nach der langen und schwierigen Unterredung mit Oberleutnant Lukasch soweit erholte, um schließlich erklären zu können: „Logisch beurteilt, habe ich eine Dummheit begangen, die ich vor dem Feinde gutmachen werde."

Er war allerdings noch nicht ganz bei Besinnung, denn bevor er zu seinem Zuge ging, sagte er zu Oberleutnant Lukasch: „Sie kennen mich noch nicht, aber bis Sie mich kennenlernen werden...!"

„Sie können sich darüber, was Sie aufgeführt haben, beim Schwejk informieren."

Leutnant Dub ging also, bevor er sich zu seinem Zug begab, zu Schwejk, den er in der Gesellschaft Balouns und des Rechnungsfeldwebels Wanek antraf, Baloun erzählte gerade, daß er zu Hause in der Mühle immer eine Flasche Bier im Brunnen gehabt habe. Das Bier sei so kalt gewesen, daß die Zähne daran stumpf wurden. In andern Mühlen habe man solches Bier zu Quark und Butter getrunken, er aber, in seiner Gefräßigkeit, für die Gott ihn jetzt strafe, habe danach immer noch ein tüchtiges Stück Fleisch verschlungen. Jetzt habe ihn Gottes Gerechtigkeit mit warmem, stinkendem Wasser aus dem Brunnen in Turowa-Wolska bestraft, in das alle wegen der Choleragefahr Zitronensäure gießen mußten, die man gerade vor einem Weilchen ausgegeben hatte, als man schwarmweise Brunnenwasser holen gegangen war. Baloun bekundete die Ansicht, daß man diese Zitronensäure offenbar dam austeilte, um die Mannschaft auszuhungern. Es sei zwar wahr, daß er sich in Sanok ein wenig angegessen und sogar Oberleutnant Lukasch ihm wieder eine halbe Portion Kalbfleisch überlassen habe, das er diesem von der Brigade gebracht habe, allein es sei schrecklich; er habe doch gedacht, daß man, bis sie hier eintreffen würden, rasten und übernachten und wieder etwas kochen werde. Er war davon schon ganz überzeugt gewesen, als die Feldköche Wasser in die Kessel gossen. Er war sofort zu der Küche gegangen, um nach dem Was und Wie zu fragen, und man habe ihm geantwortet, es sei nur der Befehl gekommen, inzwischen Wasser zu holen, in einer Weile könne wieder der Befehl kommen, das Wasser auszugießen. In diesem Augenblick näherte sich ihnen Leutnant Dub, und weil er sich selbst gegenüber recht unsicher war, fragte er: „Unterhaltet ihr euch?"

„Wir unterhalten uns, Herr Lajtnant", antwortete für alle Schwejk, „bei uns is die Unterhaltung in vollem Gang. Es is überhaupt am besten, sich immer gut zu unterhalten. Jetzt unterhalten wir uns grad über Zitronensäure. Ohne Unterhaltung kann ein Soldat nicht sein, so vergißt er wenigstens besser all die Strapazen."

Leutnant Dub sagte, Schwejk möge ein Stückchen mit ihm gehen, er wolle ihn etwas fragen. Als sie sich ein wenig entfernt hatten, sagte Leutnant Dub mit schrecklich unsicherer Stimme: „Habt ihr euch nicht über mich unterhalten?"

„Keinesfalls, niemals nicht, Herr Lajtnant, nur von der Zitronensäure und Geselchtem."

„Oberleutnant Lukasch hat mir gesagt, daß ich angeblich etwas aufgeführt haben soll und daß Sie sehr gut darüber informiert sind, Schwejk."

Schwejk sagte ungemein ernst und nachdrücklich:

„Nichts ham Sie aufgeführt, Herr Lajtnant, Sie waren nur zu Besuch in einem öffentlichen Haus. Aber das war wahrscheinlich ein Irrtum. Den Klempner Pimpro von Ziegelplatz hat man auch immer gesucht, wenn er in die Stadt Blech kaufen gegangen is, und hat ihn auch immer in so einem Lokal gefunden, entweder bei ‚Schuha' oder bei ‚Dvorak', so wie ich Sie gefunden hab. Unten war ein Kaffeehaus und oben waren in unserm Fall Weiber. Sie waren wahrscheinlich im Irrtum, Herr Lajtnant, wo Sie sich da eigentlich befinden, denn es war heiß, und wenn der Mensch nicht gewöhnt is zu trinken, so betrinkt er sich in so einer Hitze sogar mit gewöhnlichem Rum, was erst Sie mit Wacholderschnaps, Herr Lajtnant. Ich hab also Befehl gekriegt, bevor wir aufgebrochen sind, Ihnen eine Einladung zu der Besprechung zu überbringen und hab Sie auch bei dem Mädl dort oben gefunden; vor Hitze und dem Wacholderschnaps ham Sie mich gar nicht erkannt und sind dort ausgezogen auf dem Kanapee gelegen. Sie ham dort gar nichts aufgeführt und ham nicht mal gesagt: ‚Sie kennen mich noch nicht', aber so was kann jedem passieren, wenns heiß is. Mancher leidet schrecklich dran, ein andrer kommt wieder dazu wie ein blindes Huhn zu einem Korn. Wenn Sie den alten Wejwoda, Polierer in Wrschowitz, gekannt hätten, der hat sich Ihnen, Herr Lajtnant, vorgenommen, daß er nichts trinken wird, womit er sich betrinken könnt. So hat er Ihnen also noch ein Stamperl auf den Weg getrunken und is von zu Haus weggegangen, solche alkoholfreie Getränke suchen. Zuerst hat er sich Ihnen also im Wirtshaus ‚Zur Station' aufgehalten, hat sich dort ein Viertel Wermut geben lassen und hat angefangen, den Wirt unauffällig auszufragen, was diese Abstinenzler eigentlich trinken. Er hat ganz richtig geurteilt, daß reines Wasser halt auch für Abstinenzler ein hartes Getränk is. Der Wirt hat ihm also erklärt, daß die Abstinenzler Sodawasser, Limonade, Milch und dann Wein ohne Alkohol trinken, kalte Wassersuppe und andere alkoholfreie Getränke. Davon hat dem alten Wejwoda doch nur der alkoholfreie Wein am besten gefalln. Er hat noch gefragt, ob es auch alkoholfreien Schnaps gibt, hat noch ein Viertel getrunken, hat mitn Wirten davon gesprochen, daß es wirklich eine Sünde is, sich oft zu besaufen, worauf ihm der Wirt gesagt hat, daß er alles auf der Welt verträgt, nur nicht einen Besoffenen, was sich anderwärts besauft und dann zu ihm kommt, damit er bei einer Flasche Sodawasser nüchtern wird und noch Krawall schlägt. ‚Besauf dich bei mir', sagt der Wirt, ‚dann bist du mein Mann, aber sonst kenn ich dich nicht. Der alte Wejwoda hat also ausgetrunken und is weitergegangen, bis er Ihnen, Herr Lajtnant, am Karlsplatz in eine Weinhandlung gekommen is, wo er auch manchmal eingekehrt is, und dort gefragt hat, ob sie nicht alkoholfreien Wein ham. ‚Alkoholfreien Wein hamr nicht, Herr Wejwoda‘, hat man ihm gesagt, ‚aber Wermut oder Sherry.‘ Dem alten Wejwoda war irgendwie eine Schande, so hat er dort ein Viertel Wermut und ein Viertel Sherry getrunken, und wie er so sitzt, wird er Ihnen, Herr Lajtnant, auch mit so einem Abstinenzler bekannt. Ein Wort gibt das andere, sie trinken jeder noch ein Viertel Sherry und schließlich kommts heraus, daß dieser Herr einen Ort kennt, wo man alkoholfreien Wein verzapft. ‚Es is in der Bolzanogasse, man geht über Stufen hinunter und ein Grammophon is auch dort.‘ Für diese Nachricht hat der alte Wejwoda eine ganze Flasche Wermut aufn Tisch kommen lassen, und dann sind beide in die Bolzarogasse gegangen, wo man über Stufen hinuntergeht und wos ein Grammophon gibt, und wirklich, dort hat man lauter Obstwein verzapft, nicht nur spiritusfreien, sondern sogar ohne Alkohol. Zuerst hat sich jeder einen halben Liter Stachelbeerwein geben lassen, dann einen halben Liter Ribislwein, und wie sie noch einen halben Liter alkoholfreien Stachelbeerwein ausgetrunken ham, sind ihnen nach allen den früheren Wermuts und Sherrys die Füße eingeschlafen, sie ham angefangen zu schrein, man soll ihnen die amtliche Bestätigung bringen, daß das, was sie hier trinken, alkoholfreier Wein is. Daß sie herich Abstinenzler sind, und wenn mans ihnen herich nicht gleich bringt, wern sie hier herich alles mitsam den Grammophon zerdreschen. Dann ham die Polizisten beide über die Stufen in die Bolzanogasse hinaufziehn müssen, und ham sie in die Gemeindetruhe legen und in die Separation werfen müssen. Und zum Schluß hat man dann beide als Abstinenzler wegen Trunkenheit verurteiln müssen."

„Warum erzähln Sie mir das?" rief Leutnant Dub, der durch diese Rede ganz nüchtern geworden war.

„Melde gehorsamst, Herr Lajtnant, daß es eigentlich nicht zusammgehört, aber wenn wir uns schon so erzähln…"

Leutnant Dub fiel in diesem Augenblick ein, daß ihn Schwejk abermals beleidigt habe, und da er bereits bei ganz klarem Bewußtsein war, schrie er Schwejk an: „Du wirst mich einmal kennenlernen! Wie stehst du eigentlich?"

„Melde gehorsamst, daß ich schlecht steh, ich hab, melde gehorsamst, vergessen, die Fersen zusammzuschlagen. Gleich wer ichs machen." Schwejk stand schon wieder in der besten Habtachtstellung. Leutnant Dub dachte nach, was er noch sagen solle, aber zum Schluß sagte er nur: „Gib dir acht, damit ich dirs nicht zum letztenmal sagen muß." Worauf er als Ergänzung seinen alten Spruch abänderte: „Du kennst mich noch nicht, aber ich kenne dich."

Als Leutnant Dub Schwejk verließ, dachte er in seinem Katzenjammer:

„Kann sein, daß es besser auf ihn wirken würde, wenn ich ihm gesagt hätte: ‚ich kenn dich schon längst von deiner schlechten Seite Halunke!'"

Dann ließ Leutnant Dub seinen Putzfleck Kunert rufen und befahl ihm, einen Krug Wasser aufzutreiben.

Zur Ehre Kunerts sei gesagt, daß er in Turowa-Wolska lange einen Krug und Wasser suchte.

Schließlich gelang es ihm, dem Herrn Pfarrer einen Krug zu stehlen, und in diesem Krug schöpfte er aus einem mit Brettern vernagelten Brunnen Wasser. Zu diesem Zweck mußte er allerdings einige Bretter abreißen, denn der Brunnen war sehr gut verwahrt, da das Wasser darin typhusverdächtig war.

Leutnant Dub trank jedoch ohne alle weiteren Folgen den ganzen Krug leer, womit er das Sprichwort bestätigte: „Ein gutes Schwein verträgt alles."

Alle irrten sich sehr, wenn sie annahmen, daß man etwa in Turowa-Wolska übernachten werde.

Oberleutnant Lukasch versammelte den Telefonisten Chodounsky, Rechnungsfeldwebel Wanek, die Kompanieordonnanz Schwejk und Baloun um sich. Die Befehle waren einfach: Alle vier lassen die Ausrüstung bei der Sanität, marschieren sofort auf einem Feldweg nach Polanec und von dort längs des Baches in südöstlicher Richtung gegen Liskowiec. Schwejk, Wanek und Chodounsky sind Quartiermacher. Alle müssen Nachtlager für die Kompanie vorbereiten, die ihnen in einer, höchstens anderthalb Stunden folgen wird. Baloun muß inzwischen dort, wo er, Oberleutnant Lukasch, übernachten wird, eine Gans braten lassen, und alle drei müssen auf Baloun achtgeben, damit er nicht die Hälfte auffrißt. Außerdem müssen Wanek und Schwejk ein Schwein für die Kompanie kaufen, je nachdem, wieviel Fleisch auf die ganze Mannschaft entfällt. In der Nacht wird Gulasch gekocht werden. Die Nachtquartiere für die Leute müssen ordentlich sein; verlausten Hütten ausweichen, damit sich die Mannschaft gründlich ausruht, weil die Kompanie von Liskowiec bereits um halb sieben Uhr früh über Kroscienka gegen Starasol weitermarschiert. Das Bataillon war nämlich nicht mehr arm. Die Brigadeintendanz in Sanok hatte dem Bataillon einen Vorschuß auf die künftige Schlachtbank ausgezahlt. In der Kompaniekassa befanden sich über hunderttausend Kronen, und Rechnungsfeldwebel Wanek hatte bereits Befehl erhalten, irgendwo an Ort und

Stelle — das heißt in den Schützengräben — vor dem Tod der Kompanie abzurechnen und der Mannschaft die ihr unbedingt gebührenden Beträge für nicht verabreichtes Kommißbrot und die entfallene Menage auszuzahlen.

Während sich alle vier wegbereit machten, erschien bei der Kompanie der Pfarrer des Ortes und verteilte an die Soldaten nach ihrer Nationalität Zettelchen mit einem „Lourder Lied" in allen Sprachen. Er hatte ein ganzes Paket dieser Lieder, die irgendein hoher militärischer Kirchenwürdenträger, der im Auto mit ein paar Dirnen durch das verwüstete Galizien gefahren war, zur Verteilung an die durchmarschierenden Truppen bei ihm zurückgelassen hatte:

„Wo zum Tale der Strom unaufhaltsam fließt,
Dort alle Andächtigen der Glockenton grüßt:
Ave, ave, ave Maria — Ave, ave, ave Maria.

Bernarde, du Mädchen, ein himmlischer Geist
Zur grünenden Flur am Ufer dich weist. Ave!

Da sieht sie am Felsen ein himmlisches Licht,
Darinnen ein herrliches Himmelsgesicht. Ave!

Schön steht ihr ein blütenweißes Gewand,
Von einem himmelblauen Gürtel umspannt. Ave!

Die gefalteten Hände halten den Kranz,
So steht dort Maria in himmlischem Glanz. Ave!

Bernarde verwandelt blickt in das Licht,
Ein unirdisch Leuchten verklärt ihr Gesicht. Ave!

Schon kniet sie und betet. Maria blickt hin
Und spricht mit der knienden Beterin. Ave!

Kind, ich hab empfangen unbefleckt,
Nun sei dir ein großes Geheimnis entdeckt. Ave!

Hierher wird in Scharen der Gläubige ziehn,
Wird mich anbeten und vor mir knien. Ave!

Hier werde zur Werke ein Marmordom,
Zum Dank, weit hier quillt der Gnade Strom. Ave!

Der Quell jedoch, der sich hier offenbart,
Sei ewig das Ziel frommer Pilgerfahrt. Ave!

O Heil dir, gnadenverklärtes Tal,
Wo Maria erschien in Glanz und Strahl, Ave!

Wo du uns die göttliche Grotte gezeigt,
Dort wollen wir beten, zu Boden gebeugt. Ave!

Du wolltest die Scharen der Gläubigen sehn,
Sieh nun auch uns hier vor dir flehn. Ave!

O Stella maria! Zeuch vor uns hin,
Und führ uns zu Gott, Himmelskönigin. Ave!

O heilige Jungfrau! Behalt uns in Huld,
Und vergib uns allen Sünde und Schuld. Ave!"

In Turowa-Wolska gab es viele Latrinen, und in allen wälzten sich Papiere mit dem „Lourder Lied".

Korporal Nachtigall aus der Gegend von Bergreichenstein, der irgendwo bei einem verängstigten Juden eine Flasche Schnaps aufgetrieben hatte, versammelte ein paar Kameraden um sich, und nun begannen alle den deutschen Text des Lourder Liedes ohne den Refrain „Ave" nach der Melodie des Liedes „Prinz Eugen" zu singen.

Es war ein verdammt häßlicher Marsch, als die vier, die für das Nachtquartier der 11. Kompanie zu sorgen hatten, bei Anbruch der Finsternis auf den Waldweg jenseits des Bächleins gerieten, der nach Liskowiec führen sollte.

Baloun, der sich zum erstenmal in einer Situation befand, die irgendwohin ins Unbekannte führte, und dem alles — die Finsternis und das „Quartiermachen" —

ungewöhnlich geheimnisvoll erschien, faßte plötzlich den entsetzlichen Verdacht, daß alles nicht so harmlos sei. „Kameraden", sagte er leise, während er über den Weg oberhalb des Baches stolperte, „man hat uns geopfert."

„Wieso?" brüllte Schwejk ihn leise an.

„Kameraden, nicht so brülln", bat Baloun leise, „ich spürs schon im Kreuz, sie wern uns hören und gleich anfangen, auf uns zu schießen. Ich weiß es. Man hat uns voraus geschickt, damit wir auskundschaften, ob dort kein Feind is, und wenn man schießen hören wird, so wird man gleich wissen, daß man nicht weiter darf. Wir sind Vorpatrouille, Kamerad, wie mirs Korporal Terna gelernt hat."

„Also geh voraus", sagte Schwejk. „Wir wern hübsch hinter dir gehen, damit du uns mit deinem Körper schützt, wenn du so ein Riese bist. Sobald man dich anschießt, laß uns wissen, damit wir rechtzeitig ‚Nieder' machen können. Bist du aber ein Soldat!"

Er fürchtet sich, daß man auf ihn schießen wird. Grad das soll jeder Soldat sehr gern haben, wenn man auf ihn schießt, je öfter der Feind auf ihn schießt, desto mehr verringern sich die Munitionsvorräte vom Feind, das soll jeder Soldat wissen. Mit jedem Schuß, was ein feindlicher Soldat auf dich abfeuert, vermindert sich seine Kampfkraft. Er is dabei froh, daß er auf dich schießen kann, weil er sich wenigstens nicht mit den Patronen schleppen muß und sichs ihm so leichter läuft."

Baloun seufzte tief:

„Wenn ich aber zu Haus eine Wirtschaft hab!"

„Pfeif auf die Wirtschaft", riet ihm Schwejk, „fall lieber für Seine Majestät den Kaiser. Hat man dir das denn nicht beim Militär gelernt?"

„Man hats nur erwähnt", sagte der dumme Baloun. „Man hat uns nur aufn Exerzierplatz geführt, und dann hab ich schon nie mehr von was Ähnlichem gehört, weil ich Bursch geworn bin. — Wenn uns der Kaiser wenigstens besser füttern tät..."

„Du bist aber eine verflucht unersättliche Sau. Einen Soldaten vorn Gefecht soll man überhaupt nicht füttern, das hat uns schon vor Jahren in der Schule der Hauptmann Untergriez erklärt. Der hat uns immer gesagt: ‚Verdammte Kerle, wenns mal zu einem Krieg kommen sollt, wenn ihr ins Gefecht kommen sollt, nicht daß ihr euch vor der Schlacht überfresst! Wer überfressen is und einen Schuß in den Bauch kriegt, der is fertig, weil alle Suppe und das ganze Kommißbrot nach so einem Schuß ausn Därmen herauskriecht, und so ein Soldat hat gleich eine Entzündung und is fertig. Wenn er aber nichts im Magen hat, so is so ein Bauchschuß für ihn eine Hetz; wie wenn ihn eine Gelse sticht.'"

„Ich verdau schnell", sagte Baloun, „bei mir bleibt nie viel im Magen. Ich freß dir meintwegen eine ganze Schüssel Knödl mit Schweinernem und Kraut auf, Kamerad, und in einer halben Stunde scheiß ich dir von allem nicht mehr aus als so auf drei Suppenlöffel, das andere geht dir in mir verloren. Mancher Mensch zum Beispiel sagt, daß, wenn er Pilze ißt, so gehen sie ihm so heraus, wie sie waren, nur sie auswaschen und wieder von neuem sauer kochen, und bei mir im Gegenteil. Ich freß mich dir mit Pilzen an, daß ein anderer zerspringen mächt, und wann ich dann aufn Abort geh, so furz ich dir nur ein bißl gelben Kasch heraus, wie von einem Kind, das andere geht euch in mir verloren."

„In mir, Kamerad", teilte Baloun Schwejk vertraulich mit, „lösen sich dir sogar Fischgräten und Zwetschkenkerne auf. Einmal hab ichs absichtlich gezählt. Ich hab siebzig Zwetschkenknödel samt Kernen aufgegessen, und wie meine Stunde gekommen is, bin ich hinter die Scheune gegangen, hab drin mit einem Hölzl herumgestochert, hab die Kerne beiseite geschoben und gezählt. Von siebzig Kernen ham sich in mir mehr wie die Hälfte aufgelöst."

Balouns Mund entrang sich ein leiser, gedehnter Seufzer: „Meine Alte hat Zwetschgenknödl aus Erdäpfelteig gemacht und hat ein bißl Quark zugegeben, damit sie ausgiebiger sind. Sie hat sie immer lieber mit Mohn bestreut gehabt wie mit Quark, und ich wieder umgekehrt, so daß ich sie dafür einmal abgeohrfeigt hab. — Ich hab mir mein häusliches Glück nicht genug geschätzt."

Baloun hielt inne, schmatzte, schleckte sich ab und sagte traurig und weich: „Weißt du, Kamerad, daß es mir jetzt, wo ichs nicht hab, vorkommt, daß die Frau doch nur recht gehabt hat, daß sie mit Mohn besser sind? Damals is mirs fort vorgekommen, daß mir der Mohn in die Zähne kommt, und jetzt denk ich mir, wenn er nur kommen möchte ... Meine Frau hat mit mir häufig große Streitigkeiten gehabt. Wie oft hat sie geweint, wenn ich gewollt hab, daß sie mehr Majoran in die Leberwürste gibt, und dabei hab ich ihr immer eine heruntergehaut. Einmal hab ich die Arme so verbläut, daß sie zwei Tage gelegen is, weil sie mir zum Nachtmahl keinen Truthahn schlachten wollt, daß mir herich ein Hendl genügt."

„Ja, Kamerad", fing Baloun zu weinen an, „wenn ich jetzt eine Leberwurst ohne Majoran hätt und Hendln ... Ißt du gern Dillensoße? Siehst du, wegen der hats was Krawalle gesetzt, und heut gehen ich sie dir trinken wie Kaffee."

Baloun vergaß langsam an die Vorstellung einer vermeintlichen Gefahr; in der Stille der Nacht, auch noch als sie hinunter nach Liskowiec stiegen, fuhr er unaufhörlich fort, Schwejk bewegt aufzuzählen, was er sich früher alles nicht geschätzt hatte und was er jetzt essen möchte, daß ihm die Augen überfließen würden.

Hinter ihnen schritt Telefonist Chodounsky mit Rechnungsfeldwebel Wanek. Chodounsky setzte Wanek auseinander, daß der Weltkrieg seiner Ansicht nach ein Blödsinn sei. Das ärgste daran sei, daß man, wenn irgendwo die Telefonleitung zerreiße, den Schaden in der Nacht in Ordnung bringen müsse; aber noch Ärger sei, daß der Feind einen jetzt gerade bei der Reparatur dieser verdammten Drähte mit dem Reflektor sofort findet und die ganze Artillerie auf einen feuert, während es in früheren Kriegen keine Reflektoren gab.

Unten im Dorf, wo sie ein Nachtlager für die Kompanie ausfindig machen sollten, war es dunkel, und alle Hunde begannen zu bellen, was die Expedition nötigte, haltzumachen und nachzudenken, wie man mit diesen Ludern fertig werden könnte.

Die öster. ungar. Infanterie schlägt russ. Kavallerie bei Lemberg zurück

„Was, wenn wir zurückgehn möchten?" flüsterte Baloun. „Baloun, Baloun, wenn wir das melden möchten, möchtest du wegen Feigheit erschossen wern", sagte darauf Schwejk.

Die Hunde bellten immer mehr und begannen schließlich sogar im Süden hinter dem Fluß in Kroscienka und einigen andern Dörfern anzuschlagen, denn Schwejk brüllte in die nächtliche Stille: „Wirst du kuschen! — kusch — kusch", wie er einst seine Hunde angebrüllt hatte, als er noch mit ihnen handelte.

Die Hunde bellten noch mehr, so daß Rechnungsfeldwebel Wanek zu Schwejk sagte:

„Brülln Sie nicht auf die Hunde, Schwejk, sonst bringen Sie noch ganz Galizien zum Belln.“

„Was Ähnliches“, antwortete Schwejk, „is uns auf den Manövern in der Taborer Gegend passiert. Wir sind euch dort in der Nacht in ein Dorf gekommen, und die Hunde ham angefangen, einen schrecklichen Radau zu machen. Die Gegend is dort überall hübsch bevölkert, so daß das Gekläff von einem Dorf zum andern gesprungen is, immer weiter und weiter, und die Hunde aus unserm Dorf, wo wir gelagert ham, ham wieder, wie sie verstummt sind, von weitem belln gehört, meintwegen von irgendwo bis aus Pilgram, so ham sie wieder angefangen zu belln, und in einer Weile hat euch ganz Tabor, Pilgram, Budweis, Humpoletz, Wittingau und Iglau gebellt. Unser Hauptmann, so ein nervöser alter Kerl, hat Hundegebell nicht ausstehn können, er hat die ganze Nacht nicht geschlafen, fortwährend is er gekommen und hat die Patrouille gefragt: ‚Wer bellt, was bellt?‘ Die Soldaten ham gehorsamst gemeldet, daß Hunde belln, und das hat ihn so fuchtig gemacht, daß dafür die, was damals auf Patrouille waren, Kasernarrest gekriegt ham, wie wir von den Manövern zurückgekommen sind. Dann hat er immer ein ‚Hundekommando‘ ausgesucht und hats vorausgeschickt. Das hat den Zweck gehabt, der Bevölkerung im Dorf, wo wir ham übernachten solln, bekanntzugeben, daß kein Hund in der Nacht belln darf oder daß er hingerichtet wird. Ich war auch bei so einem Kommando, und wie wir in ein Dorf bei Mühlhausen gekommen sind, so hab ich mirs verwechselt und hob dem Bürgermeister der Gemeinde gemeldet, daß jeder Eigentümer von einem Hund, was in der Nacht belln wird, aus strategischen Gründen hingerichtet wern wird. Der Bürgermeister is erschrocken, hat gleich eingespannt und is aufn Hauptstab gefahren, fürs ganze Dorf um Gnade bitten. Dort ham sie ihn überhaupt nicht durchgelassen, die Posten hätten ihn beinah erschossen, so is er nach Haus zurückgekommen, und bevor wir ins Dorf einmarschiert sind, ham alle auf seinen Rat den Hunden Hadern ums Maul gebunden, bis drei von ihnen toll geworn sind.“

Sie stiegen ins Dorf hinab, nachdem Schwejk die Lehre erteilt hatte, daß sich Hunde in der Nacht vor dem Feuer einer angezündeten Zigarette fürchten. Zum Unglück rauchte niemand von ihnen Zigaretten, so daß Schwejks Rat kein positives Ergebnis hatte. Es zeigte sich jedoch, daß die Hunde vor Freude bellten, weil sie sich mit Liebe der durch marschierenden Soldaten erinnerten, die ihnen stets etwas zum Fressen zurückgelassen hatten. Sie spürten schon von weitem, daß sich Geschöpfe näherten, die Knochen und Pferdeleichen hinterlassen. Plötzlich, wie aus dem Boden gestampft, umringten Schwejk vier Köter und drangen mit emporgehobenen Schwänzen freundschaftlich auf ihn ein.

Schwejk streichelte und tätschelte sie und redete sie in der Finsternis wie Kinder an:

„Also wir sind schon da, wir sind zu euch schlaferln und papperln gekommen, wir wern euch Knocherln geben und Krusterln, und früh wern wir dann wieder weite ziehn aufn Feind."

In den Hütten des Dorfes tauchten Lichter auf, und als sie bei der ersten Hütte an die Türe klopften, um zu erfahren, wo der Bürgermeister wohne, ließ sich die kreischende und gellende Stimme einer Frau vernehmen, die nicht auf polnisch, aber auch nicht auf ukrainisch erklärte, ihr Mann sei im Krieg, ihre Kinder seien an Blattern erkrankt, die Moskowiter hätten alles requiriert und ihr Mann habe ihr, bevor er in den Krieg gezogen sei, verboten, jemandem in der Nacht zu öffnen. Erst als die vier den Angriff auf die Tür mit der Versicherung bekräftigten, daß sie „Quartiermacher" seien, wurde die Tür von einer unbekannten Hand geöffnet; nachdem sie eingetreten waren, zeigte es sich, daß hier eigentlich der Dorfälteste wohnte, der sich vergeblich bemühte, Schwejk auszureden, daß er diese kreischende weibliche Stimme nachgeahmt habe. Er entschuldigte sich, er habe im Heu geschlafen und seine Frau wisse nicht, was sie rede, wenn sie jemand plötzlich aus dem Schlafe wecke. Was das Nachtquartier für die ganze Kompanie betreffe, so sei das Dorf so klein, daß nicht einmal ein Soldat hineingehe. Es sei überhaupt kein Platz zum Schlafen da. Zu kaufen gäbe es hier auch nichts, die Moskowiter hätten alles requiriert.

Wenn die Herren Wohltäter damit einverstanden seien, würde er sie nach Kroscienka führen; dort seien große Höfe, es sei nur drei Viertelstunden entfernt von hier, Platz sei dort genug, jeder Soldat werde sich mit einem Schafspelz zudecken können, es gäbe dort so viele Kühe, daß jeder Soldat eine Eßschale Milch erhalten werde, man habe dort gutes Wasser, die Herren Offiziere würden dort im Schlößchen schlafen können, aber hier in Liskowiec? Nichts als Not, Krätze und Läuse. Er selbst habe einmal fünf Kühe gehabt, aber die Moskowiter hätten ihm dolle requiriert, so daß er selbst, wenn er Milch für seine kranken Kinder haben wolle, bis nach Kroscienka gehen müsse.

Gleichsam zum Beweis muhten nebenan in seinem Stall die Kühe, und man vernahm eine weibliche Stimme, die die unglücklichen Tiere zur Ruhe wies und ihnen wünschte, die Cholera möge ihnen ins Gebein fahren. Den Vorsteher jedoch brachte dies nicht aus der Fassung, und er fuhr fort, während er sich hohe Stiefel anzog:

„Die einzige Kuh hier hat Nachbar Voijcik, die haben Sie grad muhn gehört, meine gnädigen Herren. Es ist eine kranke, ängstliche Kuh. Die Moskowiter ham ihr das Kalb weggenommen. Seit damals gibt sie keine Milch mehr, aber dem Wirt tuts leid, sie zu schlachten, er denkt, daß die Mutter Gottes von Czestochowa wieder alles zum Bessern wenden wird."

Während er dies sagte, zog er sich den Schafspelz an:

„Nicht mal drei Viertelstunden haben wir nach Kioscienka zu gehen, meine Herren Wohltäter, was sag ich sündiger Mensch, keine halbe Stunde dauerts. Ich kenn einen Weg übern Bach, dann durchs Birkenwald dien an der Eiche vorbei ... Es ist ein großes Dorf, und einen Wodka gehen dort ... Gehen wir, meine Herren Wohltäter! Wozu zögern? Die Herren Soldaten von Ihrem glorreichen Regiment hams verdient, daß sie sich ordentlich und bequem ausruhn können. Ein Herr kaiserlicher und königlicher Soldat, was sich mit den Moskowitern schlägt, braucht doch ein sauberes, bequemes Nachtlager ... Und bei uns? — Läuse, Krätze, Blattern und Cholera. Gestern sind bei uns in unserm verfluchten Dorf drei Burschen on Cholera schwarz geworn... Der barmherzigste Gott hat Liskowiec verflucht..."

In diesem Augenblick winkte Schwejk majestätisch mit der Hand.

„Meine Herren Wohltäter", sagte er, die Stimme des Dorfältesten nachahmend, „ich hab mal in einem Buch gelesen, wie sich ein Bürgermeister in den schwedischen Kriegen ausgeredet hat, wie der Befehl gekommen is, daß man sich in dem und dem Dorf einquartieren soll; er hat ihnen nicht an die Hand gehen wolln, so daß man ihn aufn nächsten Baum aufgehängt hat. Dann hat mir heute in Sanok ein polnischer Korporal erzählt, daß der Bürgermeister, wenn Quartiermacher kommen, alle Gemeindeältesten zusammenrufen muß, und dann geht man mit ihnen in die Hütten und sagt einfach: ‚Hier gehen drei herein, hier vier, auf der Pfarre wem die Herren Offiziere schlafen, und in einer halben Stunde muß alles vorbereitet sein.'"

„Herr Wohltäter", wandte sich Schwejk ernst an den Bürgermeister, „wo hast du hier den nächsten Baum?"

Der Bürgermeister verstand nicht, was das Wort Baum bedeute, deshalb erklärte ihm Schwejk, daß dies eine Birke, eine Eiche, ein Birnbaum, ein Apfelbaum, kurz alles sein könne, was starke Zweige habe. Der Dorfälteste verstand wieder nicht, und als er von Obstbäumen hörte, erschrak er, weil die Kirschen bereits reif waren, und sagte, daß er von etwas Ähnlichem nichts wisse, er habe nur eine Eiche vor dem Haus.

„Gut", sagte Schwejk, indem er mit der Hand das internationale Zeichen des

Hängens machte, „wir wern dich hier vor deiner Hütte aufhängen, weil du dir darüber klar sein mußt, daß Krieg is und daß wir Befehl ham, hier zu schlafen und nicht in irgendeinem Kroscienka. Du wirst uns nicht unsere strategischen Pläne ändern, Kerl, oder du wirst hängen, wies im Buch von den schwedischen Kriegen steht. — Da war euch, meine Herren, einmal so ein Fall auf den Manövern bei Groß..."

In diesem Augenblick wurde Schwejk von Rechnungsfeldwebel Wanek unterbrochen:

„Das wern Sie uns erst später erzähln, Schwejk."

Hierauf sagte Wanek, zum Dorfältesten gewendet:

„Also jetzt Alarm und Quartiere!" Der Dorfälteste fing an zu zittern, stotterte, daß ers mit den Herren Wohltätern nur gut gemeint habe, aber wenn es nicht anders gehe, werde sich vielleicht doch etwas im Dorfe finden, um alle Herren zufriedenzustellen, er werde sofort eine Laterne bringen. Als er die Stube verlassen hatte, die ein Petroleumlämpchen unter dem Bilde irgendeines Heiligen, der sich auf dem Bilde wie der ärgste Krüppel krümmte, recht spärlich beleuchtete, rief Chodounsky plötzlich: „Wohin is uns denn der Baloun verschwunden?"

Bevor sie sich jedoch richtig umschaun konnten, öffnete sich leise die Türe hinter dem Herd, die irgendwohin hinausführte, und Baloun zwängte sich in die Stube; er blickte ringsumher, ob der Dorfälteste nicht da sei, dann sagte er schnaufend, als hätte er den größten Schnupfen:

„Ich war in der Speis, ich hab in was hineingegriffen, hob mirs ins Maul gestopft, und jetzt klebt mir alles am Gaumen. Es ist nicht gesalzen und nicht süß, es is Brotteig."

Rechnungsfeldwebel Wanek beleuchtete ihn mit der elektrischen Taschenlampe, und alle stellten fest, daß sie ihr Leben lang noch keinen so verschmierten österreichischen Soldaten gesehen hatten. Dann erschraken sie, denn sie sahen, daß die Bluse Balouns so aufgebläht war, als befände er sich im letzten Stadium der Schwangerschaft. „Was ist dir da geschehen, Baloun?" fragte Schwejk mitleidig, während er ihn In den aufgeblähten Bauch stupste.

„Das sind Gurken", röchelte Baloun, an dem Teig würgend, der weder hinauf noch hinunter ging, „vorsichtig, das sind Salzgurken. Drei hab ich rasch aufgegessen, und die andern hab ich euch gebracht."

Baloun fing an, eine Gurke noch der andern aus dem Busen hervorzuziehen und verteilte sie.

Auf der Schwelle stand bereits der Vorsteher mit einem Licht; als er diese Szene sah, bekreuzigte er sich und quietschte:

„Die Moskowiter ham requiriert, und jetzt requirieren auch unsere Leute."

Alle begaben sich ins Dorf, begleitet von einer Hundemeute, die sich am hartnä-ckigsten rings um Baloun sammelte und auf seine Taschen loszog, wo Baloun ein Stück Speck versteckt hatte, den er gleichfalls in der Speisekammer erobert, aber aus Gefräßigkeit verräterisch vor den Kameraden verheimlicht hatte.

„Was laufen dir die Hunde so nach?" fragte Schwejk. Baloun antwortete nach längerer Überlegung: „Sie spüren in mir einen guten Menschen." Er sagte jedoch nicht, daß er in der Hand in der Tasche ein Stück Speck hielt und daß der eine Hund fortwährend mit den Zähnen noch seiner Hand schnappte...

Auf dem Rundgang für die Einquartierung wurde festgestellt, daß Liskowiec ein großes, durch die Kriegswirren allerdings bereits gehörig ausgepreßtes Dorf war. Es hatte zwar keine Brandschäden erlitten, beide kriegführenden Parteien hatten es wie durch ein Wunder nicht in die Sphäre der Kriegsoperationen einbezogen, dafür aber hatten sich hier die Bewohner der benachbarten vernichteten Dörfer Chyrow, Grabow und Holubla angesiedelt.

In mancher Hütte lebten oft acht Familien in der größten Not; es war ihre letzte Zuflucht nach all den Verlusten, die sie durch den räuberischen Krieg erlitten hat-ten, von dem eine Epoche über sie hinweggetost war wie die wilden Ströme einer Überschwemmung.

Die Kompanie mußte in einer kleinen verwüsteten Spiritusbrennerei am andern Ende des Dorfes untergebracht werden, wo eine Hälfte der Mannschaft in der Gärkammer Platz finden konnte. Die übrigen wurden zu je zehn Mann in einigen Höfen untergebracht, wo die reichen Bauern das arme Gesindel der an den Bettel-stab gebrachten Obdachlosen nicht aufgenommen hatten.

Der Kompaniestab mit allen Offizieren samt Rechnungsfeldwebel Wanek, Offi-ziersburschen, Telefonisten, Sanität, Köchen und Schwejk quartierte sich in der Pfarre beim Herrn Pfarrer ein, der ebenfalls keine einzige zugrunde gerichtete Fa-milie aus der Umgebung bei sich aufgenommen hatte, so daß Raum genug da war.

Er war ein hochgewachsener, magerer alter Herr in einer verblaßten und fettigen Soutane und aß vor lauter Geiz beinahe nicht. Sein Vater hatte ihn in großem Haß gegen die Russen erzogen, einem Haß, den er plötzlich verlor, als die Russen zu-rückwichen und das österreichische Militär kam, das ihm alle Gänse und Hennen auffraß, die die Russen unbehelligt gelassen hatten, solange einige struppige Bai-kalkosaken bei ihm wohnten. Dann, als die Ungarn ins Dorf kamen und ihm allen

Honig aus den Bienenkörben nahmen, steigerte sich sein Groll gegen das österreichische Militär noch mehr. Jetzt betrachtete er haßerfüllt seine unverhofften nächtlichen Gäste, und es tat ihm sehr wohl, wenn er an einem vorübergehn, die Achseln zucken und wiederholen konnte: „Ich habe nichts. Ich bin ein Bettler. Sie finden bei mir nicht einmal ein Stückchen Brot, meine Herren."

Am traurigsten von allen war freilich Baloun zumute, der ob so einer Not beinahe in Tränen ausbrach. Im Kopf hatte er fortwährend die unklare Vorstellung von einem Spanferkel, dessen Haut wie Marzipan knusperte und duftete. Jetzt schlummerte er sitzend in der Küche des Herrn Pfarrers, wohin von Zeit zu Zeit ein aufgeschossener junger Bursch blickte, der dem Pfarrer gleichzeitig als Knecht und Köchin diente und den strengen Befehl hatte, überall aufzupassen, damit nicht gestohlen werde.

Baloun fand auch in der Küche nichts als auf dem Salzfaß ein wenig in Papier gewickelten Kümmel, den er sich in den Mund stopfte und dessen Aroma in ihm die Geschmackshalluzination eines Spanferkels erweckte. Auf dem Hof der kleinen Spiritusbrennerei hinter der Pfarre flackerten Feuer unter den Kesseln der Feldküche, das Wasser kochte schon – und in dem Wasser kochte nichts.

Der Rechnungsfeldwebel und der Koch liefen im ganzen Dorf umher und wollten ein Schwein auftreiben, aber vergeblich, überall erhielten sie dieselbe Antwort: die Moskowiter hätten alles aufgegessen und requiriert.

Sie weckten auch den Juden in der Schenke; der begann sich die Schläfenlöckchen zu raufen und schmerzlich zu jammern, weil er den Herren Soldaten nicht dienen könne. Zum Schluß zwang er sie, ihm eine alte, hundertjährige Kuh abzukaufen, ein mageres Krepierl, das nichts anderes war als Haut und Knochen. Er verlangte für sie eine horrende Summe, raufte sich den Bart und schwur, daß sie so eine Kuh in ganz Galizien, in ganz Österreich und Deutschland, in ganz Europa und in der ganzen Welt nicht finden würden; dabei winselte, weinte und beteuerte er, daß es die dickste Kuh sei, die jemals auf Befehl Jehovas auf die Welt gekommen war. Er schwur bei allen Patriarchen, daß sich diese Kuh Leute bis aus Wolocziska anschauen kämen, daß man von dieser Kuh im ganzen Umkreis wie von einem Wunder spreche, daß es nicht einmal eine Kuh sei, sondern der saftigste Büffel. Zum Schluß kniete er vor ihnen nieder und rief, während er der Reihe nach ihre Knie umschlang:

„Erschlagt lieber einen alten, armen Juden, aber geht nicht fort ohne Kuh."

Er verwirrte alle dermaßen mit seinem Gekreisch, daß sie schließlich dieses Luder, vor dem sich jeder Schlächter geekelt hätte, zur Feldküche schleppten. Dann, als er das Geld bereits längst in der Tasche hatte, weinte und jammerte er ihnen vor, sie hätten ihn vollständig zugrunde gebracht und vernichtet, er habe sich selbst zum Bettler gemacht, weil er ihnen eine so herrliche Kuh so billig verkauft habe. Er bat sie, ihn dafür aufzuhängen, daß er auf die alten Tage so eine Dummheit gemacht habe, derentwillen sich seine Väter im Grabe umdrehen müßten. Nachdem er sich noch vor ihnen im Staub gewälzt hatte, schüttelte er plötzlich alles Leid von sich ab und ging nach Hause, wo er in der Kammer zu seiner Frau sagte:

„Elseleben, die Soldaten sind dumm, und dein Nathan ist sehr gescheit."

Die Kuh gab viel Arbeit. Manchmal schien es, als würde man ihr die Haut überhaupt nicht abziehen können. Einige Mal riß die Haut, und unter ihr kamen die Muskeln zum Vorschein, die gekrümmt waren wie ein ausgetrocknetes Schiffsseil.

Inzwischen schleppte man von irgendwoher einen Sack Kartoffeln herbei und fing hoffnungslos an, diese Sehnen und Knochen zu kochen, während der Koch daneben, bei der kleineren Küche, in wahrer Verzweiflung aus einem Stück dieses Skeletts die Offiziersmenage zubereitete. Die unglückliche Kuh, wenn man diese Naturerscheinung überhaupt Kuh nennen konnte, blieb allen Teilnehmern lebhaft in Erinnerung, und man kann nahezu als sicher annehmen, daß die 11. Kompanie, wenn die Kommandanten vor der Schlacht bei Sokal die Mannschaft an die Kuh von Liskowiec erinnert hätten, unter fürchterlichem Wutgebrüll mit dem Bajonett auf den Feind losgestürmt wäre.

Die Kuh war so unverschämt, daß man aus ihr überhaupt keine Rindssuppe machen konnte. Je länger das Fleisch kochte, desto fester blieb es an den Knochen haften; es verwuchs mit ihnen zu einem Ganzen und verknöcherte wie ein Bürokrat, der ein halbes Leben lang zwischen Amtsschimmeln weidet und nur Akten frißt.

Schwejk, der als Kurier eine dauernde Verbindung zwischen Stab und Küche unterhielt, um festzustellen, wann abgekocht sein werde, meldete schließlich Oberleutnant Lukasch:

„Herr Oberlajtnant, es is schon Porzellan draus. Die Kuh hat so hartes Fleisch, daß man damit Glas schneiden kann. Der Koch Pawlitschek hat sich, wie er mit Baloun das Fleisch gekostet hat, einen Vorderzahn herausgebrochen und Baloun einen Backenzahn."

Baloun trat ernst vor Oberleutnant Lukasch und reichte ihm stotternd seinen in ein Lourder Lied gewickelten Backenzahn.

„Melde gehorsamst, Herr Oberlajtnant, daß ich gemacht hab, was ich könnt. Nämlich der Zahn ist bei der Offiziersmenage herausgebrochen, wie wir probiert ham, ob man ausn Fleisch doch ein Bifstek machen könnt."

Bei diesen Worten erhob sich aus dem Lehnstuhl beim Fenster irgendeine traurige Gestalt. Es war Leutnant Dub, den man als völlig vernichteten Menschen in einem Sanitätskarren hergebracht hatte: „Bitte um Ruhe", sagte er mit verzweifelter Stimme, „mir ist schlecht!"

Er setzte sich abermals in den alten Lehnstuhl, wo sich in jeder Ritze Tausende Wanzeneier befanden.

„Ich bin müde", sagte er mit tragischer Stimme, „ich bin leidend und krank, ich bitte, daß man vor mir nicht von herausgebrochenen Zähnen spricht. Meine Adresse ist: Smichov, Königsstraße 18. Wenn ich den Morgen nicht erleben sollte, bitte ich, daß man meine Familie von allem schonend benachrichtigt und nicht vergißt, auf meinem Grab zu vermerken, daß ich vor dem Kriege auch k. u. k. Gymnasialprofessor war." Er fing leise zu schnarchen an und hörte nicht mehr, wie Schwejk den Vers aus einem Totenliede sprach:

> „Marien hast du verziehen,
> Halfst dem Sünder aus den Mühen,
> Laß auch mir die Hoffnung glühen."

Hierauf wurde von Rechnungsfeldwebel Wanek festgestellt, daß die famose Kuh noch zwei Stunden in der Offiziersküche kochen müsse, daß an ein Beefsteak nicht zu denken sei und daß man statt Beefsteak Gulasch machen werde.

Man kam überein, daß die Mannschaft schlafen könne, bevor zur Menage geblasen werden sollte, denn das Nachtmahl werde ohnehin erst gegen früh fertig sein.

Rechnungsfeldwebel Wanek schleppte von irgendwoher ein Bündel Heu herbei, bettete es im Speisezimmer der Pfarre unter sich, zwirbelte nervös den Schnurrbart und sagte leise zu Oberleutnant Lukasch, der über Ihm auf einem alten Kanapee ausruhte:

„Glauben Sie mir, Herr Oberleutnant, daß ich im Krieg so eine Kuh noch nicht gefressen hab..."

In der Küche saß vor dem angezündeten Lichtstumpf einer Kirchenkerze Telefonist Chodounsky und schrieb Briefe in Vorrat nach Hause, um sich nicht anstrengen zu müssen, wenn sie endlich eine bestimmte Feldpostnummer haben würden. Er schrieb:

Liebes und teures Weib, teuerste Bozena! Es ist Nacht, und ich denke unaufhörlich an Dich, mein Gold, und sehe Dich, wie Du an mich denkst, wenn Du auf das leere Bett neben Dir blickst. Du mußt mir verzeihen, daß mir dabei allerhand in den Sinn kommt. Du weißt gut, daß ich bereits seit Kriegsbeginn im Felde stehe und daß ich schon allerhand von meinen Kameraden gehört habe, die verwundet wurden, Urlaub erhielten und die, wenn sie nach Hause kamen, sich lieber unter der Erde gesehen hätten, als die Gewißheit zu haben, daß irgendein Lausbub ihrer Frau nachstellt. Es ist für mich schmerzlich, wenn ich Dir das schreiben muß, teure Bozena. Ich würde es Dir gar nicht schreiben, aber Du weißt selbst gut, daß Du mir gestanden hast, daß ich nicht der erste bin, der eine ernste Bekanntschaft mit Dir gehabt hat, und daß Dich vor mir schon der Herr Kraus aus der Niklasstraße gehabt hat. Wenn ich mich jetzt in dieser Nacht daran erinnere, daß dieser Krüppel in meiner Abwesenheit noch irgendwelche Ansprüche auf Dich erheben könnte, so denke ich mir, teure Bozena, daß ich ihn auf der Stelle erwürgen möchte. Lange habe ichs getragen, aber wenn ich bedenke, daß er Dir wieder nachlaufen könnte, so krampft sich mir das Herz zusammen, und ich mache Dich nur auf eines aufmerksam, daß ich neben mir keine Sau dulde, die mit jedermann herumhuren möchte und meinem Namen Schande macht. Verzeih mir, teure Bozena, meine schroffen Worte, aber gib Dir acht, damit ich nichts Schlechtes von Dir erfahre. Sonst wäre ich gezwungen, euch beide auszuweiden, denn ich bin schon zu allem entschlossen, auch wenn es mich das Leben kosten sollte. Tausendmal küßt Dich und grüßt Vater und Mutter

Dein Tonousch.

P. S Vergiß nicht, daß ich Dir meinen Namen gegeben habe.

Ein anderer Brief in Vorrat:

„Meine allerliebste Bozena!

Wenn Du diese Zeilen erhalten wirst, so wisse, daß wir eine große Schlacht hinter uns haben, in der sich das Kriegsglück auf unsere Seite geneigt hat. Unter anderem haben wir 10 feindliche Aeroplane heruntergeschossen samt einem General mit einer großen Warze auf der Nase. Mitten im Toben der Schlacht, als über uns Schrapnells explodierten, habe ich an Dich gedacht, teure Bozena, was Du wohl machst, wie es Dir geht und was es zu Hause Neues gibt. Immer denke ich dabei daran, wie wir zusammen im Brauhaus beim ‚Tomasch' waren und wie Du mich nach Hause geführt hast und wie Dir am nächsten Tag die Hand weh getan hat vor Anstrengung. Jetzt rücken wir wieder vor, so daß mir nicht mehr Zeit bleibt, den Brief fortzusetzen. Ich hoffe, daß Du mir treu geblieben bist, weil Du gut weißt, daß ich in dieser Hinsicht nicht mit mir spaßen lasse. Aber es ist bereits Zeit zum Aufbruch! Ich küsse Dich tausendmal, teure Bozena, und hoffe, daß alles gut ausfallen wird.

Dein aufrichtiger Tonousch.

Telefonist Chodounsky ließ den Kopf auf die Zeilen sinken und schlummerte über dem Tisch ein.

Der Pfarrer, der nicht schlief und unaufhörlich in der Pfarre umherging, öffnete die Küchentür und blies aus Sparsamkeit den niederbrennenden Lichtstumpf der Kirchenkerze neben Chodounsky aus. Im Speisezimmer schlief niemand außer Leutnant Dub. Rechnungsfeldwebel Wanek studierte sorgfältig einen neuen Erlaß über die Verproviantierung der Truppen, den er in Sanok auf der Brigadekanzlei erhalten hatte, und stellte fest, daß man den Soldaten die Rationen eigentlich immer mehr kürze, je näher man zur Front kam. Zum Schluß mußte er über einen Paragraphen des Befehls lachen, in dem verboten wurde, bei der Zubereitung der Suppe für die Mannschaft Safran und Ingwer zu verwenden. In dem Befehl befand sich auch der Vermerk, bei den Feldküchen die Knochen zu sammeln und ins Hinterland in die Divisionsmagazine zu senden. Das war etwas unklar, denn man wußte nicht recht, um was für Knochen es sich handelte, ob um Menschenknochen oder um Knochen von anderem Schlachtvieh.

„Hören Sie, Schwejk", sagte Oberleutnant Lukasch, vor Langweile gähnend, „bevor wir etwas zu essen bekommen, könnten Sie mir etwas erzählen."

„O je", antwortete Schwejk, „bevor wir was zu essen bekommen, da mußt ich Ihnen, Herr Oberlajtnant, die ganze Geschichte von der tschechischen Nation erzählen. Ich weiß aber nur eine sehr kurze Geschichte von einer Frau Postmeisterin in Seitschon, was nach dem Tod von ihrem Mann diese Post bekommen hat Mir is das von ihr gleich eingefalln, wie ich von der Feldpost erzählen gehört hab, obzwar es gar nichts mit der Feldpost zu tun hat."

„Schwejk", ließ sich vom Kanapee her Oberleutnant Lukasch vernehmen, „Sie fangen schon wieder mit Ihren Blödeleien an."

„Gewiß, melde gehorsamst, Herr Oberlajtnant, es is wirklich eine schrecklich blöde Geschichte Ich weiß selbst nicht, wie ich auf den blöden Einfall hab kommen können, von so was zu sprechen. Entweder is das angeborene Blödheit oder es sind Erinnerungen aus der Jugend. Es gibt auf unserer Erdkugel verschiedene Naturelle, Herr Oberlajtnant, und er hat doch nur Recht gehabt, der Koch Jurajda, wie er damals in Brück besoffen war und m den Abart gefalln is und nicht hat von dort herauskriechen können, und geschrien hat: ‚Der Mensch is dazu bestimmt und berufen, die Wahrheit zu erkennen, um durch seinen Geist in der Harmonie des ewigen Alis zu herrschen, sich fortwährend zu entwickeln und zu bilden und allmählich in die höhren Sphären einer intelligenteren und Liebe erfüllten Welt einzugehn.' Wie wir ihn dort ham herausziehn wolln, so hat er Ihnen gekratzt und gebissen Er hat gedacht, daß er zu Haus is, und erst wie wir ihn wieder hineingeworfen ham, dann hat er erst angefangen zu betteln, wir solln ihn von dort herausziehn."

„Was ist aber mit der Postmeisterin geschehen?" rief Oberleutnant Lukasch verzweifelt.

Abbildung 73: „Unantastbares deutsches Besitztum in Cisleithanien"
(Tschechische Karikatur, 1904)

„Das war ein sehr braves Frauerl, aber sie war doch nur ein Luder, Herr Oberlajtnant, sie hat alle ihre Pflichten auf der Post erfüllt, aber sie hat nur einen Fehler gehabt, daß sie gedacht hat, daß ihr alle nachlaufen, daß sies auf sie abgesehn ham, und deshalb hat sie nach der täglichen Arbeit Anzeigen auf sie an die Ämter gemacht. Je nachdem, wie alle diese Umstände zusammgekommen sind. Einmal früh is sie in den Wald auf Schwämme gegangen und hat sehr gut bemerkt, wie sie an der Schule vorbeigegangen is, daß der Herr Lehrer schon auf war und daß er sie gegrüßt hat und sie gefragt hat, wohin sie so zeitig früh geht. Wie sie ihm gesagt

594

hat, daß sie auf Schwämme geht, so hat er ihr gesagt, daß er ihr nachkommen wird. Draus hat sie geschlossen, daß er mit ihr, mit dieser alten Schachtel, gewisse unsaubere Absichten vorhat, und dann, wie sie gesehn hat, daß er wirklich ausn Gebüsch kommt, is sie erschrocken und is weggelaufen und hat gleich eine Anzeige an den Ortsschulrat geschrieben, daß er sie hat vergewaltigen wolln. Der Lehrer is in Disziplinaruntersuchung gekommen, und damit draus nicht vielleicht ein öffentlicher Schkandal wird, is es der Schulinspektor selbst untersuchen gekommen; der hat sich an den Gendarmeriewachtmeister gewendet, damit der ein Urteil davon abgibt, ob der Lehrer vielleicht zu so einer Handlung fähig is. Der Gendarmeriewachtmeister hat in die Akten geschaut und hat gesagt, daß das nicht möglich is, weil der Lehrer schon einmal vom Pfarrer beschuldigt worn is, daß er seiner Nichte nachgelaufen is, mit der der Pfarrer immer selbst geschlafen hat, aber daß sich der Herr Lehrer vom Bezirksarzt ein Zeugnis geholt hat, daß er seit sechs Jahren impotent is, wie er mit gespreizten Beinen vom Boden auf die Deichsel von einem Leiterwagen gefalln is. Also hat das Luder eine Anzeige auf den Gendarmeriewachtmeister, auf den Bezirksarzt und auf den Schulinspektor gemacht, daß alle von dem Lehrer bestochen sind. Also ham sich Ihnen alle geklagt, und die is verurteilt worn, und sie hat sich drauf berufen, daß sie unzurechnungsfähig is. Sie is auch von den Gerichtsärzten untersucht worn, und die ham ihr das Gutachten gegeben, daß sie zwar blöd is, aber daß sie jeden beliebigen Staatsdienst versehn kann."

Oberleutnant Lukasch rief: „Jesusmaria", wobei er noch hinzufügte:

„Ich mächt Ihnen was sagen, Schwejk, aber ich will mir nicht das Nachtmahl verderben", worauf Schwejk erwiderte:

„Ich hab Ihnen doch gesagt, Herr Oberlajtnant, das, was ich Ihnen erzähln wer, is schrecklich blöd."

Oberleutnant Lukasch winkte nur mit der Hand und sagte: „Von Ihnen kann man auch schon was Gescheites hören!"

„Jeder kann nicht gescheit sein, Herr Oberlajtnant", sagte Schwejk überzeugend, „die Dummen müssen eine Ausnahme machen, weil, wenn jeder gescheit war, so war auf der Welt so viel Verstand, daß jeder zweite Mensch davon ganz blöd war. Wenn zum Beispiel, melde gehorsamst, Herr Oberlajtnant, jeder die Naturgesetze kennen macht und sich die himmlischen Entfernungen ausrechnen könnt, so mächt er nur seine Umgebung belästigen, so wie ein gewisser Tschapek, was ins Wirtshaus zum ‚Kelch' gegangen is, und in der Nacht immer ausn Ausschank auf die Gasse herausgegangen is und am bestirnten Himmel herumgeschaut hat, und wie er zurückgekommen is, von einem zum andern gegangen is und gesagt hat: ‚Heute scheint der Jupiter herrlich, du weißt gar nicht, Kerl, was du überm Kopf hast. Das sind Entfernungen; wenn man dich aus einer Kanone schießen macht, du Lump, möchtest du mit der Geschwindigkeit einer Kanonenkugel Millionen und Millionen Jahre hin brauchen.' Er war dabei so ordinär, daß er dann gewöhnlich selbst ausn Wirtshaus herausgeflogen is mit der gewöhnlichen Geschwindigkeit einer Elektrischen, ungefähr zehn Kilometer; in der Stunde, Herr Oberlajtnant. - Oder hamr zum Beispiel, Herr Oberlajtnant, die Ameisen…"

Oberleutnant Lukasch richtete sich auf dem Kanapee auf und faltete die Hände: „Ich muß mich über mich selbst wundern, daß ich mich immer mit Ihnen unterhalte, Schwejk. ich kenn Sie doch schon so lange…"

Schwejk nickte dazu beifällig mit dem Kopf: „Das is Gewohnheit, Herr Oberlajtnant, das kommt davon, daß wir uns zusamm schon lange kennen und daß wir schon hübsch viel zusamm erlebt ham. Wir ham schon was zusamm durchgemacht, und immer sind wir dazugekommen wie ein blindes Huhn zu einem Korn. Das is Schicksal, melde gehorsamst, Herr Oberlajtnant. Was Seine Majestät der Kaiser lenkt, lenkt er gut, er hat uns zusammengegeben, und ich wünsch mir auch nichts, als daß ich Ihnen einmal recht nützlich sein macht. — Ham Sie nicht Hunger, Herr Oberlajtnant?"

Oberleutnant Lukasch, der sich inzwischen wieder auf das alte Kanapee gestreckt hatte, sagte, daß die letzte Frage Schwejks die beste Lösung der peinlichen Unterhaltung sei, er möge nachfragen gehen, was mit der Menage los sei. Es werde entschieden besser sein, wenn Schwejk ein wenig hinausgehen und ihn verlassen werde, denn die Blödsinne, die man von Schwejk zu hören bekomme, seien ermüdender als der ganze Marsch von Sanok. Er möchte gern ein wenig schlafen, könne aber nicht.

„Das machen die Wanzen, Herr Oberlajtnant. Es is schon ein alter Aberglaube, daß die Pfarrer Wanzen gebären. Nirgends finden Sie so viel Wanzen wie in Pfarren. In der Pfarre in Oberstadeln hat der Pfarrer Zamastil sogar ein ganzes Buch über Wanzen geschrieben, sie sind sogar bei der Predigt auf ihm herumgekrochen."

„Also, was hab ich gesagt, Schwejk, werden Sie in die Küche gehn oder nicht?"

Schwejk ging, und wie ein Schatten trat Baloun hinter ihm auf den Fußspitzen aus dem Winkel…

Als sie früh aus Liskowiec nach Starasal und Sambor aufbrachen, führten sie in der Feldküche die unglückliche Kuh mit, die noch immer nicht gekocht war. Man war übereingekommen, daß man sie unterwegs kochen und aufessen werde, bis man auf halbem Wege zwischen Liskowiec und Starasal rasten werde.

Vor Aufbruch kochte man für die Mannschaft schwarzen Kaffee. Leutnant Dub wurde wieder auf einem Sanitätskarren befördert, denn nach dem gestrigen Tag war ihm noch schlechter. Am meisten litt darunter sein Bursch, der unaufhörlich neben dem Karren laufen mußte und dem Leutnant Dub fortwährend zurief, daß er sich gestern überhaupt nicht um seinen Herrn gekümmert habe, an Ort und Stelle würde er schon mit ihm abrechnen. Jede Weile verlangte er, man möge ihm Wasser reichen, und sobald er es ausgetrunken hatte, gab er es sofort wieder von sich.

„Über wen - über was lachen Sie?" schrie er aus dem Karren. „Ich werde euch lehren, spielt euch nicht mit mir, ihr werdet mich kennenlernen!"

Oberleutnant Lukasch saß zu Pferd, und Schwejk, der ihm Gesellschaft leistete, schritt so scharf aus, als könne er den Augenblick nicht erwarten, in dem er mit dem Feind zusammenstoßen werde. Dabei erzählte er: „Ham Sie sich achtgegeben, Herr Oberlajtnant, daß manche von unsern Leuten wirklich sind wie die Fliegen? Sie ham nicht mal dreißig Kilo am Buckel, und schon können sies nicht aushalten. Man sollt ihnen Vorträge halten, wie sie uns der selige Herr Oberlajtnant Buchanek gehalten hat, was sich wegen der Kaution erschossen hat, was er sich zum Heiraten von seinem künftigen Schwiegervater hat auszahlen lassen und mit fremden Huren verputzt hat. Dann hat er sich wieder die zweite Kaution von seinem zweiten zukünftigen Schwiegervater genommen, und mit der hat er schon besser gewirtschaftet, die hat er langsam in Karten verspielt, und die Mäderln hat er dabei links liegengelassen. Es hat ihm nicht lang gelangt, so daß er hat zum dritten zukünftigen Schwiegervater von wegen der Kaution greifen müssen. Von dieser dritten Kaution hat er sich ein Pferd gekauft, einen arabischen Hengst, einen nicht reinrassigen..."

Oberleutnant Lukasch sprang vom Pferd.

„Schwejk", sagte er mit drohender Stimme, „wenn Sie noch von der vierten Kaution sprechen werden, so werf ich Sie in den Graben." Er saß wieder auf, und Schwejk fuhr ernsthaft fort:

„Melde gehorsamst, Herr Oberlajtnant, daß von einer vierten Kaution nicht die Rede sein kann, weil er hat sich nach der dritten Kaution erschossen."

„Endlich", sagte Oberleutnant Lukasch.

„Damit wir also nicht vergessen, wovon wir geredet ham", fuhr Schwejk fort, „solche Vorträge, was uns immer der Herr Oberlajtnant Buchanek gehalten hat, wenn die Soldaten schon am Marsch hingefalln sind, sollt man meiner bescheidenen Ansicht nach der ganzen Mannschaft halten, so wie ers gemacht hat. Er hat Rast gemacht, hat uns alle um sich gesammelt wie Küken um die Henne und hat angefangen, uns zu erklären: ‚Ihr Kerle, ihr könnts euch überhaupt nicht schätzen, daß ihr auf der Erdkugel marschiert, weil ihr so eine ungebildete Bande seid, daß es zum Kotzen is, wenn man euch anschaut, euch sollt man so auf der Sonne marschieren lassen, wo ein Mensch, was auf unserem elenden Planeten sechzig Kilo wiegt, über siebzehnhundert Kilogramm wiegt, da möchtet ihr krepieren. Da macht sichs euch marschieren, wenn ihr im Tornister über zweihundertachtzig Kilogramm hättet, ungefähr drei Meterzentner, und das Gewehr zweieinhalb Meterzentner schwer war. Da möchtet ihr ächzen und die Zungen herausstecken wie abgehetzte Hunde.' Da war Ihnen dort unter uns ein unglücklicher Lehrer, der hat sich unterstanden, sich auch zum Wort zu melden:

‚Mit Verlaub, Herr Oberlajtnant, aufn Mond wiegt ein Sechzigkilomensch nur dreizehn Kilogramm. Am Mond möcht sichs uns besser marschieren, weil unser Tornister dort nur vier Kilogramm wiegen möcht. Am Mond möchten wir schweben und nicht marschieren!' — ‚Das ist schrecklich', sagte drauf der selige Herr Oberlajtnant Buchanek, ‚du hast, mir scheint, Lust auf einen Watschen, du miserabler Kerl du, sei froh, daß ich dir nur einen gewöhnlichen irdischen Watschen geb, wenn ich dir so einen vom Mond geben mächt, so möchtest du bei deiner Leichtigkeit bis irgendwohin in die Alpen fliegen und möchtest an ihnen klebenbleiben. Wenn ich dir die Schwere von der Sonne geben möcht, so tat sich die Montur an dir in Blei verwandeln, und der Kopf möcht dir bis irgendwohin nach Afrika wegfliegen.' Er hat ihm also einen gewöhnlichen irdischen Watschen gegeben, der vorlaute Kerl hat zu weinen angefangen, und wir sind weitermarschiert. Den ganzen Weg am Marsch hat er geflennt und hat Ihnen, Herr Oberlajtnant. von so was wie menschlicher Würde gesprochen, daß man mit ihm umgeht wie mit einem Tier. Dann hat ihn der Herr Oberlajtnant zum Rapport geschickt, man hat ihn auf vierzehn Tage eingesperrt, und er hat noch sechs Wochen zu Ende dienen solln, aber er hat nicht zu Ende gedient, weil er Bruch gehabt hat, und man hat ihn gezwungen, daß er in der Kaserne aufn Reck turnt; und er hats nicht ausgeholten und is als Simulant im Spital gestorben."

„Es ist wirklich merkwürdig, Schwejk", sagte Oberleutnant Lukasch, „daß Sie, wie ich ihnen schon oft gesagt hab, die Gewohnheit haben, das Offizierskorps in sonderbarer Weise herabzusetzen."

„Woher denn", antwortete Schwejk aufrichtig. Ich hab Ihnen nur erzähln wolln,

Herr Oberlajtnant, wie sich die Leute früher beim Militär selbst ins Unglück gestürzt ham. Nämlich der Mensch hat sich gedacht, daß er gebildeter is wie der Herr Oberlajtnant, er hat ihn mitn Mond in den Augen der Mannschaft erniedrigen wolln, und wie er den irdischen Watschen übers Maul gekriegt hat, so ham Ihnen alle so aufgeatmet, niemanden hats verdrossen, im Gegenteil, alle ham Freude gehabt, daß der Herr Oberlajtnant so einen guten Witz gemacht hat mit dem irdischen Watschen; das nennt man eine Situation retten. Es muß einem gleich was einfalln, und schon is gut. Gegenüber den Karmelitern in Prag, Herr Oberlajtnant, hat ein gewisser Herr Jenom vor Jahren ein Geschäft mit Kaninchen und andern Vögeln gehabt. Der hat sich eine Bekanntschaft mit der Tochter vom Buchbinder Bilek gemacht. Der Herr Bilek hat diese Bekanntschaft nicht leiden wolln und hat auch öffentlich im Wirtshaus erklärt, daß, wenn Herr Jenom um die Hand seiner Tochter anhalten macht, daß er ihn die Stiegen hinunterwirft, daß es die Welt nicht gesehn hat. Drauf hat der Herr Jenom sich Mut angetrunken und is doch zum Herrn Bilek gegangen, was ihn im Vorzimmer mit einem großen Messer empfangen hat, womit sie den Buchrand beschnitten ham, was ausgesehn hat wie ein Mordwerkzeug. Er hat ihn angebrüllt, was er hier will, und in diesem Augenblick hat Ihnen der Herr Jenom so stark gefurzt, daß die Pendeluhr an der Wand stehngeblieben is. Der Herr Bilek hat zu lachen angefangen, hat ihm gleich die Hand gereicht und war nur lauter: ‚Bitte, kommen Sie weiter, Herr Jenom, bitte, setzen Sie sich, am Ende ham Sie sich nicht bemacht — ich bin ja nicht so ein böser Mensch, es is wahr, daß ich Sie hab herauswerfen wolln, aber jetzt seh ich, daß Sie ein ganz angenehmer Herr sind, Sie sind ein Original. Ich bin Buchbinder und hab viele Romane und Geschichten gelesen, aber in keinem Buch hab ich gelesen, daß sich ein Bräutigam so vorstelln mächt.' Er hat dabei gelacht, daß er sichn Bauch gehalten hat und hat Ihnen voller Freude gesagt, daß es ihm vorkommt, wie wenn sie sich seit ihrer Geburt kennen möchten, wie wenn sie Brüder wären, er hat ihm gleich eine Zigarre gebracht, hat um Bier und Würstl geschickt, hat die Frau gerufen und hat ihr ihn mit allen Einzelheiten von diesem Furz vorgestellt. Die Frau hat ausgespuckt und is weggegangen. Dann hat er die Tochter gerufen und sagt ihr: ‚Dieser Herr is unter den und den Umständen um deine Hand anhalten gekommen. Die Tochter hat gleich zu weinen angefangen und hat erklärt, daß sie ihn nicht kennt, daß sie ihn nicht mal sehn will; so is nichts anderes übriggeblieben, wie daß beide das Bier ausgetrunken und die Wurst aufgegessen ham und auseinandergegangen sind. Dann hat der Herr Jenom noch im Wirtshaus Schkandal gehabt, wohin der Herr Bilek immer gegangen is, und zum Schluß hat man ihn überall im ganzen Viertel nicht anders genannt wie ‚Der Scheißer Jenom' und hat sichs überall erzählt, wie er die Situation hat retten wolln. - Das menschliche Leben, melde gehorsamst, Herr Oberlajtnant, is so kompliziert, daß das bloße Leben von einem einzelnen Menschen dagegen ein Hader is. — Zu uns, ins Wirtshaus ‚Zum Kelch' aufn Na Bojischti, is vorn Krieg ein Oberpolizist, ein gewisser Herr Hubitschka, gegangen und ein Herr Redakteur, was gebrochene Beine, überfahrene Menschen, Selbstmörder gesammelt und in die Zeitung gegeben hat. Das war Ihnen so ein lustiger Herr, daß er mehr im Polizeiwachzimmer war wie in seiner Redaktion. Der hat mal diesem Herrn Oberpolizisten Hubitschka einen Rausch angehängt, und sie ham sich in der Küche die Kleider ausgewechselt, so daß der Oberpolizist in Zivil war und ausn Herrn Redakteur ein Oberpolizist geworn is, nur die Nummer vom Revolver hat er sich noch zugedeckt und is nach Prag auf Patrouille gegangen. In der Resselgasse, hinter der früheren Sankt-Wenzels-Strafanstalt, hat er in der nächtlichen Stille einen älteren Herrn im Zylinder getroffen, was mit einer älteren Dame in einem Pelzmantel eingehängt gegangen is. Beide ham nach Haus geeilt und ham kein Wort gesprochen. Er is auf sie losgestürzt und hatn Herrn ins Ohr gebrüllt: ‚Brülln Sie nicht so, oder ich führ Sie ab!' Stelln Sie sich ihren Schreck vor, Herr Oberlajtnant. Umsonst ham sie ihm erklärt, daß das wahrscheinlich ein Irrtum is, weil beide von einer Gesellschaft beim Herrn Statthalter kommen. Die Equipage hat sie herich bis zum Nationaltheater gefahren und jetzt, daß sie auslüften wolln und in der Nähe ‚Na Moroni' wohnen und er, daß er Oberstatthalterbeirat is mit Gemahlin. ‚Sie wern mich nicht zum besten ham', hat der verkleidete Redakteur ihn wieder angebrüllt, ‚da können Sie sich schämen, wenn Sie, wie Sie sagen, ein Oberstatthalterbeirat sind und sich dabei benehmen wie ein Junge.

Ich beobacht Sie schon sehr lang, wie Sie mitn Stock in die Rolleaus von allen Läden haun, wo Sie vorbeigegangen sind, und dabei hat Ihnen Ihre, wie Sie sagen, Gemahlin geholfen.' - ‚Ich hab ja keinen Stock, wie Sie sehn. Das war vielleicht jemand vor uns.' - ‚Natürlich, haben wern Sie ihn', sagt drauf der verkleidete Redakteur, ‚wenn Sie ihn dort hinter der Ecke an einem Weib, was mit gebratenen Erdäpfeln und Kastanien in Wirtshäuser geht, zerhaut ham, wie ich gesehn hab.' Die Frau hat schon nicht mal mehr weinen können, und der Herr Oberstatthalterbeirat hat sich so aufgeregt, daß er angefangen hat, etwas von Gemeinheit zureden, worauf er ihn verhaftet hat. Dann is er von der nächsten Patrouille im Rayon dem Kommissariat in der Salmgasse vorgeführt worn, der verkleidete Redakteur hat ihr gesagt, daß man das Paar aufs Kommissariat führen soll, daß er herich aus der Heinrichsgasse is und dienstlich auf der Weinberge war, daß er die beiden bei

Störung der Nachtruhe, bei einer nächtlichen Rauferei abgefaßt hat und daß sie sich gleichzeitig noch eine Wachebeleidigung zuschulden ham kommen lassen. Daß er seine Angelegenheit am Kommissariat in der Heinrichsgasse in Ordnung bringen wird und in einer Stunde aufs Kommissariat in der Salmgasse kommt. So hat die Patrouille beide mitgeschleppt, wo sie bis früh gesessen sind und auf den Oberwachmann gewartet ham, was derweil auf Umwegen zum ‚Kelch' zurückgekommen is; dort hat er den Oberpolizisten Hubitschka geweckt und hat ihm mit aller Schonung mitgeteilt, was geschehn is und was für eine Untersuchung draus wern wird, wenn er nicht das Maul halten wird."

Oberleutnant Lukasch schien bereits durch das Gespräch ermüdet, bevor er das Pferd jedoch zum Trab anspornte, um die Spitze zu überholen, sagte er zu Schwejk: „Wenn Sie bis abend sprechen, wird das Ganze fort blöder und blöder werden."

„Herr Oberlajtnant", rief Schwejk dem fortsprengenden Oberleutnant nach, „wünschen Sie nicht zu wissen, wie es geendet hat?" Oberleutnant Lukasch begann zu galoppieren.

Der Zustand Leutnant Dubs hatte sich so weit gebessert, daß er aus dem Sanitätskarren kletterte, den ganzen Kompaniestab um sich versammelte und die Soldaten wie im Halbtraum zu belehren begann. Er hielt eine ungeheuer lange Ansprache an sie, die auf allen schwerer lastete als Munition und Gewehre. Es war ein Mischmasch verschiedener Gleichnisse.

Er hub an: „Die Liebe der Soldaten zu den Herren Offizieren ermöglicht unglaubliche Opfer, aber darauf kommts nicht an, im Gegenteil, wenn diese Liebe dem Soldaten nicht angeboren ist, muß man sie erzwingen.

Im Zivilleben hält die gezwungene Liebe, sagen wir des Schuldieners zum Professorenkollegium, so lange stand wie die äußere Macht, die sie erzwingt; im Krieg jedoch sehen wir das gerade Gegenteil, weil ein Offizier dem Soldaten nicht einmal die kleinste Lockerung jener Liebe gestatten darf, die den Soldaten an seinen Vorgesetzten fesselt. Diese Liebe ist nicht nur eine gewöhnliche Liebe, sondern es ist eigentlich Achtung, Angst und Disziplin."

Schwejk schritt die ganze Zeit über auf der linken Seite von Leutnant Dub, und wenn dieser sprach, machte Schwejk ununterbrochen, mit dem Gesicht zu Leutnant Dub gekehrt, „Rechts schaut". Leutnant Dub bemerkte es anfangs nicht und fuhr in seiner Rede fort: „Diese Disziplin und Pflicht, zu gehorchen, die verbindliche Liebe des Soldaten zum Offizier, ist kurz und bündig, weil das Verhältnis zwischen Soldat und Offizier ganz einfach ist; der eine gehorcht, der andere befiehlt.

Wir haben schon längst in Büchern über die Kriegskunst gelesen, daß der militärische Lakonismus, die militärische Einfachheit gerade jene Tugend ist, die sich jeder Soldat aneignen soll, der, mag er wollen oder nicht, seinen Vorgesetzten liebt; dieser Vorgesetzte muß in seinen Augen für ihn der größte, vollendetste, herauskristallisierteste Gegenstand einer festen und vollendeten Willensanstrengung sein."

Jetzt erst bemerkte Leutnant Dub Schwejks „Rechts schaut", das ihn verfolgte; es war ihm furchtbar unangenehm, weil er gewissermaßen plötzlich selbst herausfühlte, daß er sich irgendwie in seine Rede verwickelt hatte und aus diesem Hohlweg der Liebe des Soldaten zu seinem Vorgesetzten nirgends herausgelangen konnte; deshalb schrie er Schwejk an:

„Was glotzt du mich an wie ein Kalb ein neues Tor?"

„Laut Befehl, melde gehorsamst, Herr Lajtnant, Sie ham mich selbst mal aufmerksam gemacht, daß ich, wenn Sie sprechen, mit meinem Blick Ihren Mund verfolgen soll. Weil jeder Soldat die Befehle seines Vorgesetzten befolgen und sich sie für alle Ewigkeit merken muß, konnte ich nicht anders."

„Schau auf die andere Seite", schrie Leutnant Dub, „nur auf mich schau nicht, du blöder Kerl, du weißt, daß ich das nicht gern hab, daß ich das nicht vertrag, wenn ich dich seh, ich werde dich mir so ausborgen..."

Schwejk machte mit dem Kopf eine Wendung nach links und schritt so unbeweglich neben Leutnant Dub weiter, daß Leutnant Dub schrie: „Wohin schaust du denn, wenn ich mit dir spreche?"

„Melde gehorsamst, Herr Lajtnant, daß ich nach Ihrem Befehl ,Links schaut' gemacht hab."

„Ach", seufzte Leutnant Dub, „mit dir ist ein Kreuz. Schau gradaus vor dich und denk dir von dir: Ich bin so ein Dummkopf, daß nicht schad um mich sein wird. Wirst du dir das merken?" Schwejk blickte vor sich und sagte:

„Melde gehorsamst, Herr Lajtnant, soll ich drauf antworten?"

„Was erlaubst du dir denn?" brüllte ihn Leutnant Dub an. „Wie sprichst du da mit mir, was meinst du damit?"

„Melde gehorsamst, Herr Lajtnant, daß ich damit nur an Ihren Befehl auf einer Station denk, wo Sie mich gerügt ham, daß ich überhaupt nicht antworten soll, wenn Sie die Rede beenden."

„Du hast also Angst vor mir", sagte Leutnant Dub erfreut, „aber du hast mich noch nicht kennengelernt. Vor mir haben schon andere Leute gezittert als du, merk dir das. Ich hab andere Burschen kleingekriegt, deshalb halts Maul und bleib hübsch hinten, damit ich dich nicht seh!"

Schwejk blieb also rückwärts bei der Sanität und fuhr bequem in dem zweirädrigen Karren bis an den zur Rast bestimmten Ort, wo endlich die Suppe und das Fleisch von der unglückseligen Kuh ausgeteilt wurde.

„Diese Kuh hat man wenigstens auf vierzehn Tage in Essig einlegen solln, und wenn schon nicht die Kuh, so wenigstens den Menschen, was sie gekauft hat", erklärte Schwejk.

Von der Brigade kam zu Pferd ein Kurier mit neuen Befehlen für die 11. Kompanie galoppiert; die Marschroute wurde auf Feldstein abgeändert, Woralycr und Sambor waren links liegenzulassen, denn es war nicht möglich, die Kompanie dort unterzubringen, weil bereits zwei Posener Regimenter dort standen.

Oberleutnant Lukasch traf augenblicklich Dispositionen: Rechnungsfeldwebel Wanek und Schwejk suchen für die Kompanie Nachtquartier in Feldstein.

„Nicht, daß Sie unterwegs etwas anstellen, Schwejk", machte ihn Oberleutnant Lukasch aufmerksam, „Hauptsache ist, daß Sie sich zur Einwohnerschaft anständig betragen!"

„Melde gehorsamst, Herr Oberlajtnant, daß ich mich bemühen wer. Ich hab zwar einen häßlichen Traum gehabt, wie ich gegen früh ein bißl eingeschlafen bin. Mir hat von einem Waschtrog geträumt, was die ganze Nacht am Gang geronnen is, in dem Haus, wo ich gewohnt hab, bis er leer war und den Plafond beim Herrn Hausherrn durchnäßt hat, was mir gleich früh gekündigt hat. So ein Fall, Herr Oberlajtnant, is schon in Wirklichkeit vorgekommen, in Karolinenthal hinterm Viadukt..."

„Geben Sie uns Ruh mit Ihren dummen Reden, Schwejk, und schaun Sie sich lieber mit Wanek die Karte an, damit Sie wissen, welchen Weg Sie gehn solln. Also hier sehn Sie die Dörfer. Von diesem Dorf wenden Sie sich nach rechts zum Flüßchen, und längs des Flüßchens marschieren Sie wieder bis zum nächsten Dorf, und von dort, wo sich der erste Bach in den Fluß ergießt, den Sie zu Ihrer Rechten haben werden, gehn Sie den Feldweg hinauf, genau nach Norden, und so können Sie sich nirgendswohin verirren, als nach Feldstein! Werden Sie sich das merken?"

Schwejk machte sich also mit Feldwebel Wanek nach der Marschroute auf den Weg.

Es war Nachmittag; die Landschaft atmete schwer in der drückenden Hitze, und die schlecht zugeschütteten Gruben mit den begrabenen Soldaten strömten einen Fäulnisgestank aus. Sie kamen in eine Gegend, wo die Kämpfe beim Vormorsch auf Przemysl stattgefunden hatten und ganze Bataillone von Maschinengewehren hinweggemäht worden waren. In dem kleinen Wäldchen am Fluß hatte das Wüten der Artillerie deutliche Spuren hinterlassen. Auf großen Flächen und Abhängen ragten stellenweise statt der Bäume Baumstümpfe aus der Erde, und diese Wüste war von Schützengräben zerfurcht.

„Hier schauts anders aus wie bei Prag", sagte Schwejk, um das Schweigen zu unterbrechen.

„Bei uns hamr schon nach der Ernte", sagte Rechnungsfeldwebel Wanek, „In Kralup fangen wir zuerst an."

„Hier wird nachn Krieg eine sehr gute Ernte sein", sagte nach einer Weile Schwejk. „Man wird sich hier nicht Knochenmehl kaufen müssen, es is sehr vorteilhaft für die Bauern, wenn ihnen aufn Feld ein ganzes Regiment verwest; kurz, es is guter Dünger. Nur eins macht mir Sorge, daß sich die Bauern von niemandem anschmieren lassen solln und diese Soldatenknochen nicht unnütz auf Spodium in die Zuckerfabriken verkaufen. Da war euch in der Karolinenthaler Kaserne ein gewisser Oberleutnant Holub, der war so gelehrt, daß ihn alle bei der Kompanie für einen Idioten gehalten ham, weil er wegen seiner Gelehrtheit nicht gelernt hat, die Soldaten zu beschimpfen, und alles nur vom wissenschaftlichen Standpunkt betrachtet hat. Einmal ham ihm die Soldaten gemeldet, daß das gefaßte Kommißbrot nicht zum Fressen is. Ein andrer Offizier hätt sich aufgeregt über so eine Frechheit, aber er nicht, er is ruhig geblieben, hat niemandem nicht mal Schwein, nicht mal Sau gesagt, und hat nicht mal jemanden übers Maul gehaut. Er hat nur alle seine Germanen zammgerufen und sagt ihnen mit seiner angenehmen Stimme: ,Vor allem, Soldaten, müßt ihr euch bewußt sein, daß eine Kaserne keine Delikatessenhandlung is, daß ihr euch dort marinierten Aal, Ölsardinen und belegte Brötchen aussuchen könnt. Jeder Soldat soll so intelligent sein, daß er ohne Murren alles auffrißt, was er faßt, und er muß so viel Disziplin in sich haben, daß er sich nicht über die Qualität von dem aufhält, was er auffressen soll. Stellt euch vor, Soldaten, daß Krieg war. Dem Feld, wo man euch nach der Schlacht begraben wird, is es vollständig egal, mit was für einem Kommißbrot ihr euch vor eurem Tod angestopft habt. Mütterchen Erde wird euch zerfasern und samtn Stiefeln auffressen. In der Welt kann sich nichts verlieren, aus euch Soldaten wird wieder neues Getreide auf Kommißbrot für neue Soldaten wachsen, die vielleicht wieder nicht zufrieden sein wern wie ihr, sich beschweren gehn wern und auf jemanden kommen wem, was sie bis Halleluja einsperren lassen wird, weil er drauf ein Recht hat. Jetzt hab ichs euch, Soldaten, alles hübsch erklärt und muß euch vielleicht nie mehr dran erinnern, daß, wer sich künftighin beschweren wird, der wird sichs sehr schätzen, bis er wieder an Gottes Licht sein wird.' — ,Wenn er wenigstens aufheißen macht', ham die Soldaten untereinander gesagt, und diese Feinheiten in den Vorträgen vom Herrn Oberlajtnant ham sie schrecklich verdrossen. So ham sie mich mal aus der Kompanie gewählt, daß ichs ihm herich sagen soll, daß ihn alle gern ham und daß das kein Militär is, wenn er nicht aufheißt. So bin ich also zu ihm in die Wohnung gegangen und hab ihn gebeten, daß er alle Schüchternheit sein lassen soll, daß das Militär sein muß wie ein Riemen, daß die Soldaten dran gewöhnt sind, daß man sie jeden Tag dran erinnert, daß sie Hunde und Schweine sind, daß sie sonst die Achtung vor ihrem Vorgesetzten verlieren. Er hat sich zuerst gewehrt und hat was von Intelligenz geredet und davon, daß man heut nicht mehr unterm Prügelstecken dienen darf, aber zum Schluß hat er sichs doch sagen lassen, hat mich abgeohrfeigt und zur Tür hinausgeworfen, damit er wieder unsere Achtung gewinnt. Wie ich das Resultat meiner Verhandlungen gemeldet hab, ham alle große Freude darüber gehabt, aber er hats ihnen gleich am nächsten Tag verdorben. Er kommt zu mir und sagt vor allen:

,Schwejk, ich hab mich gestern übereilt, da ham Sie einen Gulden und trinken Sie auf meine Gesundheit. Mit Soldaten muß man umgehen können.'"

Schwejk schaute in der Gegend umher.

„Ich denk", sagt er, „daß wir schlecht gehn. Der Herr Oberlajtnant hats uns doch gut erklärt. Wir sollen rechts hinaufgehen und herunter, dann nach links und dann wieder nach rechts, dann nach links - und wir gehn fort gradaus. Oder hamr das alles schon so nebenbei beim Reden gemacht? Ich seh entschieden zwei Wege nach diesem Feldstein vor mir. Ich möcht vorschlagen, daß wir uns jetzt nach links wenden."

Rechnungsfeldwebel Wanek behauptete - wie dies so üblich ist, wenn sich zwei auf einem Kreuzweg befinden, daß man nach rechts gehen müsse.

„Mein Weg", sagte Schwejk, „is bequemer als Ihrer. Ich wer den Bach entlanggehn, wo Vergißmeinnicht wachsen, und Ihr werdet euch irgendwo in der Sonnenglut herumdrücken. Ich halt mich dran, was uns der Herr Oberlajtnant gesagt hat, daß wir uns überhaupt nicht verirren können, und wenn wir uns nicht verirren können, wozu möcht ich also irgendwohin auf einen Berg klettern, ich wer hübsch über die Wiesen gehn, wer mir ein Blümchen hinter die Mütze stecken und wer einen ganzen Strauß fürn Herrn Oberlajtnant pflücken. Übrigens wem wir uns überzeugen, wer von uns recht hot, und ich hoff, daß wir hier wie gute Kameraden auseinandergehn. Hier is so eine Gegend, daß alle Wege in dieses Feldstein führen müssen."

„Sein Sie nicht verrückt, Schwejk", sagte Wanek, „grad hier müssen wir nach der

Karte, wie ich sag, nach rechts gehn."

„Die Karte kann sich auch irren", antwortete Schwejk, in das von einem Bach durchströmte Tal hinabsteigend. „Einmal is der Selcher Krenek aus der Weinberge nachn Plan von der Stadt Prag vom Montage auf der Kleinseite in der Nacht nach Haus auf die Weinberge gegangen und is gegen früh nach Rozdelov bei Kladno gekommen, wo man ihn gegen früh ganz erstarrt im Korn gefunden hat, in das er vor Müdigkeit gefalln is. Wenn Sie sich also nichts sagen lassen, Herr Rechnungsfeldwebel, und Ihren Kopf ham, so müssen wir halt auseinandergehn und uns erst an Ort und Stelle in Feldstein treffen. Schaun Sie nur auf die Uhr, damit wir wissen, wer zuerst dort sein wird. Und wenn Ihnen vielleicht eine Gefahr drohn mächt, so schießen Sie nur in die Luft, damit ich weiß, wo Sie sind."

Nachmittag erreichte Schwejk einen kleinen Teich, wo er einem geflüchteten russischen Gefangenen begegnete, der hier badete und beim Anblick Schwejks nackt, wie er war, die Flucht ergriff.

Schwejk war neugierig, wie ihn die russische Uniform, die hier unter den Trauerweiden lag, wohl kleiden würde: er zog daher seine Uniform aus und die russische des unglücklichen nackten Gefangenen an, der einem im Dorf hinter dem Wald einquartierten Transport entsprungen war. Schwejk wollte sein Spiegelbild im Wasser gründlich betrachten, deshalb schritt er so lange auf dem Damm des Teiches auf und ab, bis ihn dort eine Patrouille der Feldgendarmerie fand, die den russischen Flüchtling suchte. Es waren Magyaren, die Schwejk trotz seines Protestes nach Chyrow brachten, wo sie ihn in einen Transport russischer Gefangener steckten, der bestimmt war, an der Ausbesserung der Eisenbahnstrecke nach Przemysl zu arbeiten.

All das ging so rasch vor sich, daß Schwejk sich erst am folgenden Tag der Situation bewußt ward, worauf er mit einem Kienspan auf die weiße Wand des Schulzimmers, in dem ein Teil der Gefangenen einquartiert war, die Worte schrieb:

„Hier hat Josef Schwejk aus Prag geschlafen, Kompanieordonnanz der 11. Marschkompanie des 91. Infanterieregimentes, der als Quartiermacher irrtümlich bei Feldstein in österreichische Kriegsgefangenenschaft gefallen ist."

Vierter Teil

Fortsetzung des glorreichen Debakels

1. Schwejk als russischer Kriegsgefangener

Als Schwejk, der infolge seiner russischen Uniform irrtümlicherweise für einen russischen Kriegsgefangenen gehalten wurde, der aus einem Dorfe bei Feldstein entsprungen war, mit einem Kienspan seine verzweifelten Aufschreie an die Wände malte, nahm davon niemand Notiz; und als er auf dem Transport in Chyrow einem vorübergehenden Offizier alles erzählen wollte (man teilte gerade Stücke harten Kukuruzbrotes aus), da haute einer von den ungarischen Soldaten, die den Transport bewachten, ihm eins mit dem Kolben über die Schulter mit den Worten: „Baszom az elet, gehst du zurück in die Reihe, russisches Schwein!"

Das war so ganz in der Art und Weise, wie die Magyaren mit den russischen Kriegsgefangenen umgingen, deren Sprache sie nicht verstanden.

Schwejk kehrte also in den Zug zurück und wandte sich an den nächststehenden Gefangenen:

„Der da erfüllt zwar seine Pflicht, aber dabei bringt er sich selbst in Gefahr. Was, wenn er zufällig geladen hätt und der Verschluß war offen? Da könnts leicht geschehen, daß ihm, wie er einem so in die Schulter drischt und der Lauf auf ihn schaut, das Gewehr losgeht und ihm die ganze Ladung ins Maul fliegt und er in Ausübung seiner Pflicht stirbt. Da ham dir mal im Böhmerwald in einem Steinbruch die Arbeiter Dynamitzünder gestohlen, damit sie Vorrat aufn Winter ham, wenn sie Bäume sprengen. Der Wächter in den Steinbrüchen hat Befehl bekommen, wenn die Arbeiter aus der Arbeit gehn, daß er jedem die Taschen durchsucht, und hats dir mit so viel Liebe gemacht, daß er gleich den ersten Arbeiter gepackt hat und angefangen hat, ihm so leidenschaftlich auf die Taschen zu klopfen, daß dem die Dynamitzünder in der Tasche explodiert sind und beide samtn Wächter in die Luft geflogen sind, so daß es ausgesehn hat, wie wenn sie sich noch im letzten Moment um den Hals nehmen möchten."

Der russische Gefangene, dem Schwejk dies erzählte, blickte ihn mit vollem Verständnis an, denn er hatte kein Wort verstanden.

„Nicht ponymat, ich krimski Tatarin, Allah achper."

Der Tatare setzte sich, die Beine kreuzend, auf die Erde, legte die Hände auf die Brust und begann zu beten: „Allah achper — Allah achper — beze-mila — arachman — crachim, malinkin mustafir."

„Also du bist ein Tatar", sagte Schwejk teilnahmsvoll, „na, du bist aber gelungen.

Dann sollst du mich verstehn und ich dich, wenn du ein Tatar bist. Hm — kennst du den Jaroslav von Sternberg? Den Namen kennst da nicht, Junge, tatarischer? Der hat euch doch bei Hostein den Hintern verdroschen. Damals seid ihr Jungens, tatarische, im Laufschritt von uns aus Mähren gesaust. Wahrscheinlich lernt mans euch nicht so in euren Lesebüchern, wie mans uns gelernt hat. Kennst du die Host-einer Jungfrau Maria? Versteht sich, daß du sie nicht kennst - die war auch dabei; na wart, Junge, sie wem euch schon in der Gefangenschaft taufen."

Schwejk wandte sich einem zweiten Gefangenen zu: „Du bist auch ein Tatar?"

Der Angeredete verstand das Wort Tatar und schüttelte den Kopf:

„Tatarin net, Tscherkes, rodneja Tscherkes, golowy reshu." Schwejk hatte über-haupt das Glück, sich in Gesellschaft von Angehörigen der verschiedenen Natio-nen des Ostens zu befinden. Es gab hier im Transport Tataren, Grusinier, Osseten, Tscherkessen, Mordwinen und Kalmüken. Schwejk hatte also das Unglück, daß er sich mit niemandem verständigen konnte; man schleppte ihn mit den andern nach Dobromil; von dort aus sollte die Bahnstrecke, die über Przemysl und Nirankowitz führte, repariert werden.

Abbildung 74: Lage des Bezirkes Dobromil
(Quelle: Murli, original file Image:Halič,_Židé_1910.svg made by Daniel_Baránek, traslation by Furfur)

In Dobromil schrieb man in der Etappenkanzlei einen nach dem andern ein, was große Schwierigkeiten bereitete, weil von sämtlichen 300 Gefangenen, die man nach Dobromil geschleppt hatte, kein einziger das Russisch des Feldwebels ver-stand, der dort hinter dem Tisch saß; er hatte sich seinerzeit als der russischen

Sprache mächtig gemeldet und vertrat jetzt die Stelle eines Dolmetschs in Ostgalizien. Vor reichlich drei Wochen hatte er sich ein deutsch-russisches Lexikon und ein Lehrbuch bestellt, die jedoch bisher nicht eingetroffen waren; deshalb sprach er statt russisch ein gebrochenes Slowakisch, das er sich recht und schlecht angeeignet hatte, als er als Vertreter einer Wiener Firma in der Slowakei das Bild des heiligen Stephan, Weihkessel und Rosenkränze verkauft hatte.

Ob dieser sonderbaren Gestalten, mit denen er überhaupt nicht sprechen konnte, war er ganz verstört. Nun trat er vor und brüllte in die Gruppe der Gefangenen: „Wer kann deutsch sprechen?" Aus der Gruppe trat Schwejk hervor und lief mit freudestrahlendem Gesicht auf den Feldwebel zu, der ihm bedeutete, er möge ihm sofort in die Kanzlei folgen.

Der Feldwebel setzte sich hinter seine Schriftstücke, einen Berg von Blanketten für den Vermerk von Namen, Herkunft, Zuständigkeit der Gefangenen, und nun entspann sich ein unterhaltsames deutsches Gespräch: „Du bist ein Jud, gell?" redete er Schwejk an. Schwejk schüttelte den Kopf.

„Du mußt es nicht leugnen", fuhr der Feldwebel-Dolmetsch mit Bestimmtheit fort, „jeder von euch Gefangenen, der Deutsch verstanden hat, war ein Jud, und basta. Wie heißt du? Schwejch? Also siehst du, was leugnest du, wenn du so einen jüdischen Namen hast. Bei uns mußt du nicht fürchten, dich dazu zu bekennen. Bei uns in Österreich macht man keine Progroms gegen die Juden. Woher bist du? Aha, Praga, das kenn ich, das kenn ich, das ist bei Warschau. Vor einer Woche hab ich auch zwei Juden aus Praga bei Warschau hier gehabt; und dein Regiment, was hat es für eine Nummer? 91?"

Der Feldwebel nahm den Schematismus zur Hand und blätterte darin: „Das einundneunzigste Regiment ist aus Eriwan im Kaukasus, seinen Kader hat es in Tiflis, da schaust du, was, wie wir hier alles wissen?"

Schwejk schaute wirklich verwundert drein, und der Feldwebel fuhr ungemein ernst fort, indem er Schwejk seine halb ausgerauchte Zigarette reichte: „Das ist ein anderer Tabak als eure Machorka. - Ich bin hier der höchste Herr, du Jüdel. Wenn ich was sag, so muß alles zittern und sich verkriechen. Bei uns in der Armee herrscht eine andere Disziplin als bei euch. Euer Zar ist ein Hundsfott, aber unser Zar ist ein offener Kopf. Jetzt werd ich dir was zeigen, damit du weißt, was für eine Disziplin bei uns herrscht."

Er öffnete die Tür zum Nebenzimmer und rief: „Hans Löfler!" Jemand meldete sich: „Hier!" und herein trat ein Soldat mit einem Kropf, ein Steirer Bua, mit dem Ausdruck eines verheulten Kretins. Er war in der Etappe Mädchen für alles.

„Hans Löfler", befahl der Feldwebel, „nimm dir dort meine Pfeife, steck sie dir ins Maul, wie wenn ein Hund apportiert, und lauf so lang auf allen vieren um den Tisch herum, bis ich „Halt" sag. Dabei mußt du bellen, aber so, daß dir die Pfeife nicht aus dem Maul fällt, sonst laß ich dich anbinden!"

Der Steirer mit dem Kropf fing an, auf allen vieren zu kriechen und zu bellen.

Der Feldwebel schaute Schwejk siegesbewußt an:

„Na, hab ich dirs nicht gesagt, Jüdel, was für eine Disziplin bei uns herrscht?" Und der Feldwebel blickte erfreut auf das arme Soldatengeschöpf aus irgendeiner Alpensenne: „Haiti" sagte er schließlich, „jetzt mach ein Manderl und apportier die Pfeife. - Gut, und jetzt jodel."

Durch den Raum erscholl das Gebrüll: „Holarijo, holarijo..."

Als die Vorstellung vorüber war, zog der Feldwebel vier Zigaretten aus der Schublade und schenkte sie großmütig dem Steirer; da begann Schwejk dem Feldwebel in gebrochenem Deutsch zu erzählen, ein Offizier habe einen Diener gehabt, der so gehorsam war, daß er alles tat, was sein Herr wünschte, und als man ihn einmal fragte, ob er mit einem Löffel auffressen würde, was sein Herr ausscheißt, wenn es dieser befehlen sollte, da habe er gesagt:

„Wenn mirs mein Herr Lajtnant befehln macht, macht ichs auf Befehl auffressen, aber ich dürft kein Haar drin finden, davor ekel ich mich schrecklich, da möcht mir gleich schlecht wern." Der Feldwebel lachte: „Ihr Juden habt gelungene Anekdoten, aber ich mächt wetten, daß die Disziplin in eurer Armee nicht so fest ist wie bei uns. Damit wir also zum Kern der Sache kommen, ich übergeb dir den Transport! Bis Abend wirst du mir die Namen aller andern Gefangenen zusammschreiben. Du wirst für sie Menage fassen, wirst sie in Gruppen von zehn Mann einteilen und haftest dafür, daß niemand wegläuft. Wenn dir jemand wegläuft, Jüdel, so erschießen wir dich!"

„Ich möcht mit Ihnen sprechen, Herr Feldwebel", sagte Schwejk. „Handel nur nicht", antwortete der Feldwebel. „Das hab ich nicht gern, sonst schick ich dich ins Lager. Du hast dich aber sehr rasch bei uns in Österreich akklimatisiert. — Will privat mit mir sprechen! — Je braver man zu euch Gefangenen ist, desto ärger ist es. — Pack dich gleich zusammen, hier hast du Papier und Bleistift und schreib ein Verzeichnis — Was willst du noch?"

„Melde gehorsamst, Herr Feldwebel..."

„Schau, daß du verduftest! Du siehst, was ich zu tun hab!" Das Gesicht des Feldwebels nahm den Ausdruck eines völlig überarbeiteten Menschen an.

Schwejk salutierte und ging zu den Gefangenen, wobei er daran dachte, daß Geduld für Seine Majestät den Kaiser Früchte trage. Ärger war es freilich mit der Zusammenstellung des Verzeichnisses, denn die Gefangenen begriffen nur schwer, daß sie ihre Namen nennen sollten. Schwejk hatte in seinem Leben viel erlebt, aber diese tatarischen, grusinischen und mordwinischen Namen gingen ihm doch nicht in den Kopf. „Das wird mir niemand nicht glauben", dachte Schwejk, „daß jemand jemals so heißen könnt wie diese Tataren hier: ‚Muhlalej Abdrachmanow — Bejmurat Allahali — Dsheredshe Tsherdedshe — Dawlat-balej Nerdagalejew' usw, Da hamr bei uns doch bessere Namen, wie den Pfarrer in Zidohoust, was Wobejda geheißen hat."

Und weiter schritt er durch die ausgerichteten Reihen der Kriegsgefangenen, die einer nach dem anderen ihre Zu- und Vornamen riefen: „Dschindraiej Homenalej — Babamulej Mirzahali" usw.

„Daß du dir nur nicht die Zunge überbeißt", sagte Schwejk jedem von ihnen mit gutmütigem Lächeln. „Ob es nicht besser is, wenn jemand bei uns Bohuslav Schtepanek, Jaroslav Matouschek oder Ruzena Swobodowa heißt?"

Als Schwejk schließlich nach furchtbaren Schwierigkeiten alle diese Babula Haltejes und Chudschi Mudschis aufgeschrieben hatte, faßte er den Entschluß, noch einen Versuch zu wagen und dem Feldwebel zu erklären, daß er das Opfer eines Irrtums geworden sei; allein, wie bereits so oft auf dem Wege, als man ihn mit den Gefangenen mitschleppte, rief er auch jetzt vergeblich die Gerechtigkeit an.

Der Feldwebel-Dolmetsch, der bereits vorher nicht ganz nüchtern gewesen war, hatte inzwischen vollständig seine Urteilskraft verloren. Er hatte den Inseratenteil irgendeiner deutschen Zeitung vor sich ausgebreitet und sang die Inserate nach der Melodie des Radetzkymarsches: „Tausche ein Grammophon gegen einen Kinderwagen — Splitter von weißem und grünem Tafelglas zu kaufen gesucht! — Buchführung und Bilanzierung lernt jeder, der einen schriftlichen Handelskurs absolviert hat", usw.

Zu manchem Inserat paßte der Marschtakt nicht, der Feldwebel aber wollte diese Unzulänglichkeit mit aller Gewalt überwinden, deshalb gab er mit den Fäusten auf dem Tisch den Takt an und stampfte dazu mit den Füßen. Seine beiden mit Kontuschowka verklebten Schnurrbartspitzen ragten zu beiden Seiten des Gesichtes empor, als hätte man ihm in jede Wange einen Pinsel mit eingetrocknetem Gummiarabikum gestoßen. Seine geschwollenen Augen nahmen Schwejk zwar wahr, aber dieser Entdeckung folgte keine Reaktion; der Feldwebel hörte nur auf mit den Fäusten zu schlagen und mit den Füßen zu stampfen, und trommelte auf den Stuhl nach der Melodie: „Ich weiß nicht, was soll es bedeuten..." ein neues Inserat: „Karolina Dreyer, Hebamme, empfiehlt sich den geehrten Damen in allen Fällen." Das sang er immer leiser und leiser, bis er schließlich verstummte, unbeweglich und unverwandt auf die ganze große Fläche der Inserate zu blicken begann und Schwejk die Gelegenheit gab, in gebrochenem Deutsch mit Müh und Not ein Gespräch über sein Unglück anzuknüpfen.

Schwejk begann damit, daß er doch nur recht gehabt hätte, daß man den Fluß entlang nach Feldstein hätte gehen sollen, daß er aber nicht dafür könne, wenn ein unbekannter russischer Soldat aus der Gefangenschaft entspringe und in einem Teich bade, an dem er, Schwejk vorübergehen mußte, weil es seine Pflicht gewesen sei, als Quartiermeister den kürzesten Weg nach Feldstein zu gehen. Der Russe sei davongelaufen, sobald er ihn erblickte, und habe seine ganze Uniform im Gebüsch gelassen. Er, Schwejk, habe gehört, daß man an der Front zum Spionagedienst die Uniformen gefallener Feinde verwende, deshalb habe er versuchsweise die zurückgelassene Uniform angezogen, um sich zu überzeugen, wie er sich in so einem Fall in der fremden Uniform fühlen würde.

Nachdem er den Irrtum aufgeklärt hatte, sah Schwejk ein, daß er vollständig nutzlos gesprochen hatte, denn der Feldwebel schlief bereits längst, ehe Schwejk beim Teich angelangt war.

Schwejk trat vertraulich zu ihm und berührte seine Schulter, was vollkommen genügte, um den Feldwebel vom Stuhl auf die Erde purzeln zu lassen, wo er ruhig weiterschlief.

„Tschuldigen Sie, Herr Feldwebel", sagte Schwejk, salutierte und verließ die Kanzlei.

Zeitlich früh änderte das militärische Baukommando seine Dispositionen und bestimmte, daß jene Gruppe, in der sich Schwejk befand, direkt nach Prezemysl zur Erneuerung der Strecke Przemysi- Lubaczow dirigiert werden sollte.

So blieb also alles beim alten, und Schwejk setzte seine Odyssee unter den russischen Kriegsgefangenen fort. Die magyarischen Wachposten trieben alles in scharfem Tempo vorwärts.

In einem Dorf, wo gerastet wurde, stießen sie auf dem Marktplatz mit einer Trainabteilung zusammen. Vor einer Wagengruppe stand ein Offizier und schaute auf die Gefangenen. Schwejk sprang aus der Reihe, stellte sich vor den Offizier und rief: „Herr Lajtnant, melde gehorsamst." Mehr sagte er aber nicht, denn gleich waren zwei magyarische Soldaten da, die ihn mit Fausthieben in den Rücken zwischen die Gefangenen stießen.

Der Offizier warf ihm einen Zigarettenstummel nach, den ein anderer Gefangener schnell aufhob und weiterrauchte. Hierauf erklärte der Offizier dem neben ihm stehenden Korporal, daß es in Rußland deutsche Kolonisten gebe, die gleichfalls kämpfen müßten.

Während des ganzen Weges nach Przemysl hatte Schwejk keine Gelegenheit mehr, sich bei jemandem zu beschweren, daß er eigentlich Kompanieordonnanz der 11. Marschkompanie des 91. Regiments sei. In Przemysl angelangt, jagte man sie gegen Abend in ein zerschossenes Fort in der inneren Zone, wo die Ställe für die Pferde der Festungsartillerie stehengeblieben waren.

In den Ställen war so viel verlaustes Stroh angehäuft, daß über die kurzen Halme Läuse liefen, als wären es nicht Läuse, sondern Ameisen, die Material zum Bau ihres Haufens herbeischleppten. Es wurde auch ein wenig schwarzes Abspülwasser aus bloßer Zichorie verteilt und je ein Stück vertrocknetes Kukuruzbrot.

Dann wurde der Transport von Major Wolf übernommen, der zu jener Zeit über alle Gefangenen herrschte, die bei den Reparaturen in der Festung Przemysl und der Umgebung beschäftigt waren. Er war ein gründlicher Mensch und hatte einen ganzen Stab Dolmetscher bei sich, die unter den Gefangenen je nach deren Fähigkeit und Vorbildung Spezialisten für die Bauten aussuchten.

Major Wolf hatte die fixe Idee, daß die russischen Gefangenen ihre Fähigkeiten verleugneten, denn es pflegte zu geschehen, daß auf seine verdolmetschte Frage: „Kannst du eine Eisenbahn bauen?" alle Gefangenen stereotyp erwiderten: „Ich weiß von nichts, hab von was Ähnlichem nicht gehört, hab ehrenhaft und redlich gelebt."

Als sie also bereits in Reih und Glied vor Major Wolf und seinem ganzen Stab standen, fragte Major Wolf die Gefangenen zuerst auf deutsch, wer von ihnen Deutsch verstehe.

Schwejk trat energisch vor, stellte sich vor den Major, leistete ihm die Ehrenbezeigung und meldete, daß er Deutsch verstehe. Major Wolf, sichtlich erfreut, fragte Schwejk sofort, ob er nicht Ingenieur sei.

„Melde gehorsamst, Herr Major", antwortete Schwejk, „daß ich nicht Ingenieur bin, sondern Kompanieordonnanz bei der 11. Marschkompanie vom 91. Infanterieregiment. Ich bin in unsere eigene Gefangenschaft geraten. Das ist so geschehn, Herr Major..."

„Was?" brüllte Major Wolf.

„Melde gehorsamst, Herr Major, daß es sich so verhält..."

„Sie sind Tscheche", fuhr Major Wolf zu brüllen fort, „Sie haben sich verkleidet, eine russische Uniform angezogen."

„Melde gehorsamst, Herr Major, daß das alles voll und ganz stimmt. Ich bin wirklich froh, daß sich Herr Major gleich in meine Situation eingelebt ham. Möglich, daß die Unsrigen schon irgendwo kämpfen, und ich soll hier unnütz den ganzen Krieg vertrödeln. Ich sollts Ihnen noch mal ordentlich erklären, Herr Major."

„Genug", sagte Major Wolf und rief zwei Soldaten, um den Mann sofort auf die Hauptwache führen zu lassen; er selbst folgte Schwejk langsam mit einem Offizier, wobei er im Gespräch heftig mit den Händen gestikulierte. In jedem seiner Sätze kam etwas von tschechischen Hunden vor; gleichzeitig fühlte der andere aus den Reden des Majors heraus, daß dieser hocherfreut war, weil er das Glück gehabt hatte, mit seinem Scharfblick einen jener Vögel zu entdecken, über deren hochverräterische Tätigkeit jenseits der Grenzen an die Kommandanten der Truppenkörper schon vor einigen Monaten geheime Reservate gesandt worden waren, deren Inhalt besagte, daß manche Überläufer der tschechischen Regimenter, uneingedenk ihres Treueides, in die Reihen der russischen Armee eintreten und dem Feinde dienen oder ihm zumindest wirksame Spionagedienste leisten.

Abbildung 75: Russische Soldaten (Quelle: George Mewes (1917))

Das österreichische Innenministerium tappte noch im Dunkeln, ob es irgendwelche Kampforganisationen, bestehend aus Überläufern zu den Russen, gäbe. Es wußte noch nichts bestimmtes über die Revolutionsorganisationen im Auslande, und erst im August, auf der Linie Sokal — Milijatin — Bubnow erhielten die Bataillonskommandanten Geheimreservate des Inhalts, daß der ehemalige österreichische Professor Masaryk über die Grenze geflüchtet sei, wo er eine antiösterreichische Propaganda entfalte. Irgendein Dummkopf von der Division ergänzte das Reservat noch durch folgenden Befehl: „Im Falle der Gefangennahme unverzüglich dem Divisionsstab vorführen!"

Dies als Erinnerung für Herrn Präsidenten Masaryk, damit er wisse, welche Anschläge und Schlingen für ihn zwischen Sokal — Milijatin — Bubnow vorbereitet waren.

Major Wolf hatte zu jener Zeit noch keine Ahnung davon, auf welche Weise die Überläufer gegen Österreich arbeiteten, die später, wenn sie einander in Kiew oder anderswo begegneten: „Was machst du hier?" lustig antworteten: „Ich habe Seine Majestät den Kaiser verraten."

Er wußte aus den Reservaten nur von Überläufer-Spionen, deren einer, den man soeben auf die Hauptwache brachte, ihm so einfach in die Falle gelaufen war. Major Wolf, ein einigermaßen eitler Mensch, vergegenwärtigte sich das Lob der höheren Stellen, die Auszeichnung für seine Wachsamkeit, seine Vorsicht und Begabung.

Bevor sie die Hauptwache erreichten, war er überzeugt, daß er die Frage: „Wer versteht Deutsch?" absichtlich gestellt hatte, weil ihm bei der Inspizierung gerade dieser eine Gefangene sofortverdächtig erschienen wär. Der ihn begleitende Offizier nickte mit dem Kopf und meinte, man werde die Verhaftung beim Garnisonskommando zur weiteren Amtshandlung und Vorführung des Angeklagten vor das Kriegsgericht melden müssen, denn es gehe unbedingt nicht an, den Mann, wie der Herr Major beabsichtige, auf der Hauptwache zu verhören und dann gleich hinter der Hauptwache zu hängen. Er werde gehängt werden, aber auf gerichtlichem Wege nach der Kriegsgerichtsordnung, damit vor der Hinrichtung durch ein genaues Verhör der Zusammenhang mit ähnlichen anderen Verbrechern aufgedeckt werden könne. Wer wisse, was da noch an den Tag kommen werde.

Major Wolf wurde von plötzlicher Unnachgiebigkeit erfaßt, eine bisher verborgene Unmenschlichkeit befiel ihn, und er erklärte, er werde diesen Überläufer-Spion sofort nach dem Verhör auf eigenes Risiko hängen lassen. Er könne sich dies übrigens erlauben, weil er hohe Bekanntschaften habe, ihm sei alles andere vollständig gleichgültig. Es sei genauso wie an der Front. Hätte man den Mann gleich hinter dem Schlachtfeld erwischt und gefangengenommen, dann hätte man ihn verhört und gleich gehängt und auch keine Faxen mit ihm gemacht, übrigens wisse der Herr Hauptmann vielleicht, daß ein Kommandant im Kriegsgebiete, jeder Kommandant vom Hauptmann aufwärts, das Recht besitze, alle verdächtigen Individuen zu hängen.

Major Wolf irrte sich allerdings ein wenig, soweit es sich um die Rechtsvollmacht zum Hängen handelte.

In Ostgalizien erstreckte sich diese Gerichtsbarkeit, je näher man zur Front kam, auf immer niedrigere Chargen, bis sich schließlich Fälle ereigneten, wo ein Korporal, der eine Patrouille führte, einen zwölfjährigen Jungen hängen ließ, der ihm verdächtig schien, weil er in einem verlassenen und ausgeplünderten Dorf in einer eingestürzten Hütte Kartoffelschalen kochte.

Der Streit zwischen Hauptmann und Major steigerte sich. „Sie haben kein Recht dazu", schrie der Hauptmann aufgeregt. „Er wird auf Grund des gerichtlichen Urteils des Kriegsgerichtes gehängt werden."

„Er wird ohne Urteil gehängt werden", zischte Major Wolf. Schwejk, der vor den beiden Offizieren geführt wurde und das ganze interessante Gespräch mit anhörte, sagte seinen Begleitern nichts anderes als: „Gehupft wie gesprungen. Da hamr uns euch mal im Wirtshaus ‚Na Zavadilce' in Lieben miteinander gestritten, ob wir einen gewissen Hutmacher Waschak, was immer bei der Unterhaltung einen Radau angefangen hat, gleich, wie er sich in der Tür zeigt, herauswerfen solln oder ob wir ihn erst herauswerfen solln, bis er ein Bier hat, bezahlt und austrinkt oder bis er zum erstenmal eine Runde getanzt hat. Der Wirt wieder hat vorgeschlagen, daß wir ihn erst mitten in der Unterhaltung herauswerfen solln, bis er eine Zeche haben wird, daß er dann bezahlen und gleich heraus muß. Und wißt ihr, was uns der Lump angestellt hat? Er is nicht gekommen. Was sagt ihr da dazu?" Beide Soldaten, die von irgendwo aus Tirol waren, antworteten gleichzeitig: „Nix böhmisch."

„Verstehn Sie Deutsch?" fragte Schwejk ruhig.

„Jawohl", antworteten beide, worauf Schwejk bemerkte: „Das is gut, wenigstens geht ihr unter euren Landsleuten nicht verloren."

Während dieses freundschaftlichen Gesprächs erreichte man die Hauptwache, wo Major Wolf die Debatte mit dem Hauptmann über das Schicksal Schwejks fortsetzte, indes Schwejk bescheiden hinten auf einer Bank saß.

Major Wolf schloß sich schließlich doch der Meinung des Hauptmanns an, daß dieser Mensch erst nach der längeren Prozedur gehängt werden müsse, die man so lieblich „Rechtsweg" nennt.

Hätte man Schwejk gefragt, was er von dem allen halte, hätte er wohl geantwortet: „Es tut mir sehr leid, Herr Major, weil Sie eine höhere Charge haben wie der Herr Hauptmann, aber der Herr Hauptmann hat recht. Nämlich jede Übereilung is schädlich. Bei einem Bezirksgericht in Prag is mal ein Richter verrückt geworn. Lang hat man ihm nichts angemerkt, bis es bei ihm einmal bei einer Verhandlung wegen Ehrenbeleidigung zum Ausbruch gekommen is. Ein gewisser Znomenotschek hat zum Kaplan Hortik, der in der Religionsstunde seinen Jungen abgeohrfeigt hat, wie er ihn auf der Gasse getroffen hat, gesagt: ,Sie, Ochs, du schwarzes Luder, du frommer Idiot, du schwarzes Schwein, du Ziegenbock von einem Pfarrer, du Schänder der Lehre Christi, du Heuchler und Scharlatan in der Kutte!' Dieser verrückte Richter war ein sehr frommer Mensch. Er hat drei Schwestern gehabt, und die waren alle Pfarrersköchinnen, und bei allen ihren Kindern war er Pate gestanden, so hat ihn das so aufgeregt, daß er auf einmal den Verstand verloren hat und den Angeklagten angebrüllt hat: ,Im Namen Seiner Majestät des Kaisers und Königs verurteile ich Sie zum Tod durch den Strang. Gegen dieses Urteil is keine Berufung möglich.' - ,Herr Horatschek!' hat er dann den Aufseher gerufen: ,Nehmen Sie hier diesen Herrn und hängen Sie ihn dort auf, Sie wissen schon, wo man Teppiche klopft, und dann kommen Sie her, Sie bekommen auf Bier!' Das versteht sich, daß der Herr Znamenatschek samtn Aufseher stehngeblieben sind wie angewurzelt, aber er hat mitn Fuß gestampft und hat sie angeschrien: ,Wern Sie folgen oder nicht!' Der Aufseher is so erschrocken, daß er den Herrn Znamenatschek schon heruntergezogen hat, und wenn nicht der Verteidiger gewesen war, der sich ins Mittel gelegt hat und die Rettungsstation gerufen hat, ich weiß nicht, wie es mitn Herrn Znamenatschek ausgefalln war. Noch wie man den Herrn Richter in den Wagen der Rettungsstation gesetzt hat, hat er geschrien: ,Wenn Sie keinen Strick finden, hängen Sie ihn an einem Leintuch auf, wir verrechnens dann in den Halbjahrsausweisen.'"

Schwejk wurde also, nachdem das von Major Wolf aufgesetzte Protokoll unterschrieben worden war, unter Eskorte zum Garnisonskommando gebracht. Das Protokoll besagte, Schwejk habe als Angehöriger der österreichischen Armee wissentlich, ohne jede Pression, eine russische Uniform angezogen und sei hinter der Front, als die Russen zurückwichen, durch die Feldgendarmerie angehalten worden.

Das alles war heilige Wahrheit, und Schwejk, als redlicher Mensch, konnte dagegen nicht protestieren. Als er beim Niederschreiben des Protokolls versuchte, dasselbe durch irgendeinen Ausspruch, der die Situation vielleicht hätte näher beleuchten können, zu ergänzen, erscholl sofort der Befehl des Herrn Major: „Halten Sies Maul, danach frag ich Sie nicht! Die Sache ist vollständig klar."

Schwejk salutierte dann jedesmal und erklärte: „Melde gehorsamst, daß ich das Maul halt und daß die Sache vollständig klar is."

Als man ihn hierauf zum Garnisonskommando brachte, sperrte man ihn in irgendein Loch, das früher als Reismagazin und gleichzeitig als Mäusepensionat gedient hatte. Auf dem Boden war noch überall Reis verstreut, und die Mäuse fürchteten sich durchaus nicht vor Schwejk, sondern liefen munter umher, während sie die Körner auflasen. Schwejk mußte sich einen Strohsack holen, und als er im Finstern umherschaute, bemerkte er, daß in diesen Strohsack sofort eine ganze Mäusefamilie übersiedelte. Es bestand kein Zweifel, daß sie sich dort in den Trümmern des Ruhms, in einem morschen österreichischen Strohsack, ein neues Nest begründen wollte.

Schwejk fing an, auf die versperrte Tür zu hämmern; irgendein Korporal — ein Pole — kam, und Schwejk verlangte, in einen andern Raum gebracht zu werden, weil er die Mäuse in seinem Strohsack zerdrücken und so dem Militärärar einen Schaden zufügen könne, denn was sich in den Militärmagazinen befinde, sei alles Eigentum des Ärars.

Der Pole verstand teilweise, drohte Schwejk vor der versperrten Tür mit der Faust, sagte noch etwas von „beschissen" und „Arsch" und entfernte sich, während er aufgeregt „Cholera!" brummte, als hätte ihn Schwejk weiß Gott wie beleidigt.

Die Nacht verbrachte Schwejk ruhig, denn die Mäuse stellten keine großen Ansprüche an ihn, sondern hatten offenbar ihr nächtliches Programm, das sie im anstoßenden Magazin, voll Soldatenmänteln und Mützen, abhielten, die sie mit großer Sicherheit und Selbstverständlichkeit durchbissen; die Intendantur besann sich nämlich erst ein Jahr später, in den Militärmagazinen ärarische Katzen (ohne Anspruch auf Pension) einzuführen, die in den Intendanturen unter der Rubrik „k. u. k. Militärmagazinkatze" geführt wurden. Dieser Katzenrang war eigentlich nur die Erneuerung einer alten Institution, die nach dem Krieg im Jahre sechsundsechzig aufgehoben worden war.

Früher, noch unter Maria Theresia, hatte man zu Kriegszeiten gleichfalls Katzen in die Militärmagazine gebracht, als die Herren von der Intendantur alle ihre Unterschleife mit den Monturen auf die unglücklichen Mäuse abwälzen wollten.

Die k. u. k. Katzen erfüllten aber in vielen Fällen nicht ihre Pflicht, und so geschah es, daß einmal unter Kaiser Leopold im Militärmagazin auf dem Pohofeiec auf Grund eines Kriegsgerichts Urteils sechs den Militärmagazinen zugeteilte Katzen gehängt wurden. Ich bin überzeugt, daß sich damals alle in den Bart lachten, die mit diesem Militärmagazin zu tun hatten.

Mit dem Morgenkaffee steckte man zu Schwejk irgendeinen Menschen in russischer Uniform und russischem Militärmantel hinein. Der Mann sprach Tschechisch mit polnischem Akzent. Er war einer von jenen Lumpen, die in jedem Armeekorps, dessen Kommando sich in Przemysl befand, bei der Gegenspionage dienten. Er war ein Mitglied der militärischen Geheimpolizei und ließ sich einen raffinierten Übergang zur Auskundschaftung Schwejks nicht einmal besonders angelegen sein. Er begann ganz einfach: „In eine hübsche Schweinerei bin ich da durch meine Unvorsichtigkeit geraten. Ich hab beim 28. Regiment gedient und bin gleich bei den Russen in Dienst getreten, und dann laß ich midi so dumm fangen. Ich meld mich den Russen, daß ich auf Vorpatrouille gehen werde. Ich hab bei der 6. Kiewer Division gedient. Bei welchem russischen Regiment hast du gedient, Kamerad? Mir kommt so vor, daß wir uns irgendwo in Rußland gesehen haben. Ich hab in Kiew viele Tschechen gekannt, die mit uns an die Front gegangen sind, wie wir zur russischen Armee übergegangen sind, ich kann mich jetzt aber nicht an ihre Namen erinnern und woher sie waren, vielleicht erinnerst du dich an jemanden; mit wem hast du dort verkehrt, ich mächt gern wissen, wer von unserm 28. Regiment dort ist?"

Statt zu antworten, griff ihm Schwejk besorgt an die Stirn, dann prüfte er ihm den Puls; zum Schluß führte er ihn zu dem kleinen Fensterchen und forderte ihn auf, die Zunge herauszustecken. Gegen diese ganze Prozedur wehrte der Schuft sich nicht, da er vermutete, daß es sich vielleicht um ein bestimmtes Zeichen der Verschworenen handle. Dann fing Schwejk an, an die Türe zu trommeln, und als eine Wache kam und fragte, weshalb er Lärm schlage, verlangte er auf deutsch und tschechisch, man möge sofort einen Doktor holen, weil der Mann, den man ihm hereingegeben habe, verrückt geworden sei.

Es nützte jedoch nichts, der Mann wurde nicht gleich geholt. Er blieb ganz ruhig dort und fuhr fort, etwas von Kiew zu faseln; er habe Schwejk dort entschieden gesehen, wie dieser mit den russischen Soldaten marschiert sei.

„Sie ham entschieden Sumpfwasser trinken müssen", sagte Schwejk, „wie der junge Tynezkej von uns, was ein ganz vernünftiger Mensch war, aber einmal eine Reise unternommen hat und bis nach Italien gekommen is. Der hat auch von nichts anderm gesprochen wie von diesem Italien, daß dort lauter sumpfiges Wasser is und sonst keine Denkwürdigkeiten. Und er hat auch von diesem Sumpfwasser Fieber gekriegt. Es hat ihn viermal im Jahr gepackt. An Allerheiligen, am heiligen Josef, an Peter und Paul und an Maria Himmelfahrt. Wenns ihn gepackt hat, so hat er alle Leute, ganz fremde und unbekannte, grad so erkannt wie Sie. Er hat meinetwegen einen x-beliebigen Menschen in der Elektrischen angesprochen, daß er ihn kennt, daß sie sich am Bahnhof in Wien gesehen ham. Alle Leute, was er auf der Gasse begegnet hat, hat er entweder am Bahnhof in Mailand gesehn gehabt, oder er is mit ihnen in Graz im Rathauskeller beim Wein gesessen. Wenn er in der Zeit, wo dieses Sumpffieber über ihn gekommen is, im Wirtshaus gesessen is, so hat er alle Gäste erkannt, alle hat er auf dem Dampfer gesehn gehabt, mit dem er nach Venedig gefahren is. Dagegen hats aber kein anderes Mittel gegeben, als was ein neuer Wärter in der Prager Irrenanstalt gemacht hat. Er hat einen Geisteskranken in Pflege bekommen, was den ganzen lieben Tag nichts anderes gemacht hat, als in einem Winkel sitzen und zählen: ‚Eins, zwei, drei, vier, fünf, sechs', und wieder vom Anfang: ‚Eins, zwei, drei, vier, fünf, sechs.' Es war irgendein Professor. Der Wärter hat vor Wut aus der Haut fahren können, wie er gesehn hat, daß dieser Narr nicht über Sechse herauskommen kann. Zuerst hat er im guten mit ihm angefangen, er soll sagen: ‚Sieben, acht, neun, zehn,' Aber woher! Der Professor hat sich nicht die Bohne drum geschert. Er sitzt im Winkerl und zählt: ‚Eins, zwei, drei, vier, fünf, sechs!' Und wieder: ‚Eins, zwei, drei, vier, fünf, sechs!' So hat der Wärter Wut gekriegt, is auf seinen Pflegling zugesprungen und hat ihm wie dieser ‚sechs' gesagt, einen Watschen gegeben. ‚Da hast du sieben', sagt er, ‚und da hast du acht, neun, zehn.' Soviel Zahlen, soviel Ohrfeigen. Der Professor hat sich am Kopf gepackt und hat gefragt, wo er is. Wie er ihm gesagt hat, daß im Irrenhaus, hat er sich schon an alles erinnert, daß er wegen irgendeinem Kometen ins Irrenhaus gekommen ist, wie er ausgerechnet hat, daß er übers Jahr am 18. Juni, um 6 Uhr früh, auftauchen wird, und man ihm bewiesen hat, daß sein Komet schon vor vielen Millionen Jahren verbrannt is. Den Wärter hab ich gekannt. Wie der Professor ganz zu sich gekommen is und man ihn entlassen hat, hat er sich ihn als Diener zu sich genommen. Er hat nichts anderes zu tun gehabt, wie dem Herrn Professor jeden Morgen vier Watschen herunterzuhaun, was er gewissenhaft und genau ausgeführt hat."

„Ich kenne alle Ihre Bekannten in Kiew", fuhr der Agent der Gegenspionage unermüdlich fort, „war nicht so ein Dicker und so ein Magerer dort mit Ihnen? Jetzt weiß ich nicht, wie sie geheißen haben und von welchem Regiment sie waren."

„Machen Sie sich nix draus", tröstete ihn Schwejk, „das kann jedem passieren, daß er sich nicht merkt, wie alle dicken und mageren Leute heißen. Magere Leute merkt man sich freilich schwerer, weil die meisten Leute der Welt mager sind. Sie bilden also eine Mehrheit, wie man sagt."

„Kamerad", ließ sich der k. u. k. Schuft klagend vernehmen, „du glaubst mir nicht. Es erwartet uns doch das gleiche Schicksal."

„Zudem sind wir Soldaten", sagte Schwejk nachlässig, dazu ham uns unsere Mütter geboren, damit man uns auf Nudeln zerhackt, bis man uns die Montur anzieht. Und wir machens gern, weil wir wissen, daß unsere Knochen nicht umsonst faulen wem. Wir wem für Seine Majestät den Kaiser und sein Haus falln, für das wir die Herzegowina erobert harn. Aus unsern Knochen wird man Spodium für die Zuckerfabriken erzeugen, das hat uns schon vor Jahren der Herr Lajtnant Zimmer erklärt. ‚Ihr Schweinebande', hat er gesagt, ‚ihr ungebildeten Säue, ihr nutzlosen, indolenten Affen, ihr verwechselt euch die Haxen, wie wenn sie keinen Wert hätten. Wenn ihr mal im Krieg fallen möchtet, so macht man aus jedem Knochen von euch 11 kg Spodium, aus jedem Mann über 2 kg, Beine und Pratzen zusammengenommen, und in der Zuckerfabrik wird man Zucker durch euch filtrieren, ihr Idioten. Ihr wißt gar nicht, wie ihr euren Nachkommen noch nachn Tod nützlich sein werdet. Eure Buben wem Kaffee trinken, was mit Zucker gesüßt sein wird, was durch eure Gebeine gegangen is, ihr Taugenichtse. Einmal bin ich nachdenklich geworn, und er auf midi los. worüber ich nachdenk.

‚Melde gehorsamst', sag ich, ‚ich denk mir so, daß Spodium von den Herrn Offizieren viel teurer sein muß als aus gemeinen Soldaten.' Drauf hab ich drei Tage Einzel gekriegt."

Schwejks Gefährte pochte an die Tür und unterhandelte mit dem Wächter, der etwas in die Kanzlei rief. Bald darauf holte irgendein Stabsfeldwebel Schwejks Gefährten ab, und Schwejk war wieder allein.

Beim Gehen sagte diese Kreatur laut zum Stabsfeldwebel, auf Schwejk weisend: „Es ist mein alter Kamerad aus Kiew."

Volle vierundzwanzig Stunden lang blieb Schwejk allein, die Unterbrechungen abgerechnet, in denen man ihm Essen brachte. In der Nacht kam er zu der Überzeugung, daß der russische Soldatenmantel warmer und größer sei als der österreichische und daß es nicht unangenehm ist, wenn eine Maus des Nachts das Ohr eines schlafenden Menschen beschnuppert. Schwejk erschien dies im Schlaf wie ein zärtliches Geflüster, aus dem man ihn im Morgengrauen erweckte, als man ihn abholte.

Schwejk vermag sich heute nicht mehr vorzustellen, was für ein gerichtliches Forum es war, vor das man ihn an jenem traurigen Morgen schleppte. Daß es sich um ein Kriegsgericht handelte, darüber bestand kein Zweifel. Beisitzer war sogar irgendein General, dann ein Oberst, ein Major, ein Oberleutnant, ein Leutnant, ein Feldwebel und irgendein Infanterist, der eigentlich nichts anderes machte, als daß er den andern Zigaretten anzündete, Schwejk wurde nicht viel gefragt.

Der Major zeigte ein etwas größeres Interesse und sprach Tschechisch. „Sie haben Seine Majestät den Kaiser verraten", fuhr er Schwejk an. „Jesusmaria, wann?" rief Schwejk, „ich sollt Seine Majestät den Kaiser verraten ham, unsern durchlauchtigsten Monarchen, für den ich schon so viel gelitten hab?"

„Lassen Sie die Dummheiten", sagte der Major.

„Melde gehorsamst, Herr Major, daß das keine Dummheit is, Seine Majestät den Kaiser zu verraten. Wir Kriegsvolk ham Seiner Majestät dem Kaiser Treue geschworen, und diesen Eid, wie man im Theater gesungen hat, hab ich als treuer Mann erfüllt."

„Da haben wirs", sagte der Major, „hier sind Beweise für Ihre Schuld und für die Wahrheit." Er zeigte auf einen umfangreichen Aktenstoß. Das Hauptmaterial hatte der Mann geliefert, den man zu Schwejk gesteckt hatte.

„Sie wollen also noch nicht gestehn?" fragte der Major, „Sie haben doch schon selbst zugegeben, daß Sie die russische Uniform freiwillig als Angehöriger der österreichischen Armee angezogen haben. Ich frage Sie zum letztenmal: Waren Sie dazu durch irgend etwas gezwungen?"

„Ich hab es ohne Zwang getan."

„Freiwillig?"

„Freiwillig."

„Ohne Druck?"

„Ohne Druck."

„Wissen Sie, daß Sie verloren sind?"

„Ich weiß. Vom 91. Regiment hat man mich gewiß schon gesucht, aber erlauben Sie, Herr Major, eine kleine Bemerkung, wie sich Leute freiwillig fremde Kleider anziehn. Im Jahre 1908, einmal im Juli, hat Ihnen der Buchbinder Bozetech aus der Langengasse in Prag in Zbraslaw im alten Arm der Beraun gebadet. Die Kleider hat er sich zwischen die Weiden gelegt, und es war ihm sehr angenehm, wie später noch ein Herr zu ihm ins Wasser gestiegen is. Ein Wort hat das andere gegeben, sie ham sich geneckt, ham sich angespritzt, ham bis Abend getaucht. Dann is der fremde Herr zuerst ausn Wasser gekrochen, daß er herich nachtmahln gehn muß. Der Herr Bozetech is noch eine Weile im Wasser geblieben, und dann is er sich in die Weiden um die Kleider gegangen und hat statt seiner Kleider ein paar zerfetzte Landstreicherkleider und einen Zettel gefunden:

,Ich hab mirs lang überlegt: soll ich — soll ich nicht. Weil wir uns zusamm so schön im Wasser unterhalten ham, so hab ich mir eine Butterblume abgerissen, und das letzte abgerissene Blatt war: Soll! Drum hab ich mir mit Ihnen die Hadern verwechselt, Sie müssen sich nicht fürchten hineinzukriechen. Entlaust sind sie vor einer Woche beim Bezirksamt in Dobris worn. Nächstens geben Sie sich besser acht, mit wem Sie baden. Im Wasser sieht jeder nackte Mensch aus wie ein Abgeordneter und is meinetwegen ein Mörder. Sie ham auch nicht gewußt, mit wem Sie gebadet ham. Das Bad ist dafür gestanden. Jetzt gegen Abend is das Wasser am angenehmsten. Kriechen Sie noch mal hinein, damit Sie zu sich kommen.'

Herrn Bozetech ist nichts anderes übriggeblieben, wie zu warten bis es finster wird, und dann hat er sich die Landstreicherkleider angezogen und is in der Richtung nach Prag gegangen. Er is den Bezirksstraßen ausgewichen und is auf Feldwegen über die Wiesen gegangen und is mit der Gendarmeriepatrouille aus Kudielbad zusammengestoßen. Die hat den Landstreicher verhaftet und am nächsten Tag früh nach Zbraslaw zum Bezirksgericht gebracht, denn das könnt jeder sagen, daß er der Josef Bozetech, Buchbinder aus der Langengasse Nr. 16 in Prag is." Der Schriftführer, der nur sehr wenig Tschechisch verstand, begriff, daß der Angeklagte die Adresse seines Mitschuldigen eingab, deshalb fragte er nochmals:

„Ist das genau, Prag Nr. 16, Josef Bozetech?"

„Ob er noch dort wohnt, weiß ich nicht", antwortete Schwejk, „aber damals im Jahre 1908 hat er dort gewohnt. Er hat sehr hübsch Bücher gebunden, aber es hat lang gedauert, weil er sie zuerst hat lesen müssen und nachn Inhalt gebunden hat. Wenn er ein Buch schwarz beschnitten hat, hats schon niemand mehr lesen müssen. Da hat man gleich gewußt, daß es in dem Roman sehr schlecht ausgefalln is. Wünschen Sie vielleicht noch was Näheres? Daß ich nicht vergeß: er is jeden Tag beim ‚Fleck' gesessen und hat den Inhalt von allen Büchern erzählt, die er grad zum Einbinden bekommen hat."

Der Major trat zum Schriftführer und flüsterte ihm etwas zu, worauf dieser in den Akten die Adresse des neuen vermeintlichen Verschwörers Bozetech strich.

Dann wurde diese sonderbare Verhandlung nach Art eines Standgerichtes, daß der General Fink von Finkenstein arrangierte, fortgesetzt. So wie mancher Mensch das Steckenpferd hat, Streichholzschachteln zu sammeln, war es wiederum das Steckenpferd dieses Herrn, Standgerichte einzusetzen, obwohl dies in der Mehrzahl der Fälle gegen die Kriegsgerichtsordnung verstieß.

Dieser General pflegte zu sagen, daß er keinen Auditor brauche, daß er das Gericht selbst einsetze und jeder Kerl binnen drei Stunden hängen müsse. Solange er an der Front war, hatte es bei ihm nie Not um ein Standgericht gegeben.

So wie jemand täglich regelmäßig eine Partie Schach, Kegel oder Mariage spielen muß, so ließ dieser treffliche General täglich ein Standgericht zusammentreten,

führte den Vorsitz und kündigte mit großem Ernst und großer Freude dem Angeklagten ein Schach und Matt an. Wollte man sentimental sein, so müßte man schreiben, daß dieser Mann viele Dutzend Menschen auf dem Gewissen hatte, hauptsächlich im Osten, wo er, wie er sagte, mit der großrussischen Agitation unter den
galizischen Ukrainern zu kämpfen hatte. Von seinem Standpunkt aus kann aber
nicht die Rede davon sein, daß er jemanden auf dem Gewissen hatte.

Abbildung 76: Soldatenfriedhof 1916 (Quelle: Leopold Gormanns)

Das existierte nicht bei ihm. Hatte er einen Lehrer, eine Lehrerin, einen Popen oder
eine ganze Familie auf Grund des Urteils seines Standgerichts hängen lassen, kehrte
er ruhig in seine Ubikation zurück, wie ein leidenschaftlicher Mariagespieler zufrieden aus dem Wirtshaus heimkehrt und darüber nachdenkt, wie man ihm an den
Leib gerückt war, wie er „re" gab, sie „supre", er „tutl", und wie er gewonnen und
hundert und den Siebner gehabt hatte. Er hielt Hängen für etwas Einfaches und
Natürliches, gewissermaßen für das tägliche Brot, vergaß bei der Urteilsfällung häufig genug des Kaisers und sagte nicht einmal mehr: „Im Namen Seiner Majestät
des Kaisers verurteile ich Sie zum Tode durch den Strang", sondern verkündete:
„Ich verurteile Sie..." Zuweilen gewann er dem Hängen sogar eine komische Seite
ab, worüber er auch einmal seiner Gattin nach Wien schrieb: „... oder kannst Du
Dir zum Beispiel, meine Teure, nicht vorstellen, wie ich letzthin gelacht habe, als

ich vor einigen Tagen einen Lehrer wegen Spionage verurteilte. Ich habe einen geübten Menschen zum Hängen, er hat schon eine größere Praxis, es ist ein Feldwebel und betreibt das als Sport. Ich war in meinem Zelt, wie dieser Feldwebel nach dem Urteil zu mir kommt und mich fragt, wo er diesen Lehrer aufhängen soll. Ich sagte ihm, an dem nächsten Baum, und jetzt stell Dir die Komik der Situation vor! Wir waren mitten in der Steppe, wo wir weit und breit nichts anderes sahen als Gras und meilenweit kein Bäumchen. Befehl ist Befehl, deshalb nahm der Feldwebel den Lehrer mit einer Eskorte mit, und sie ritten fort, um einen Baum zu suchen.

Erst am Abend kehrten sie zurück, und zwar mit dem Lehrer. Der Feldwebel kam zu mir und fragte mich abermals: ‚Woran soll ich den Kerl aufhängen?' Ich schimpfte ihn aus, mein Befehl habe doch gelautet, an dem nächsten Baum. Er sagte, daß er es also am Morgen versuchen werde, und am Morgen kam er ganz bleich, der Lehrer sei seit früh verschwunden. Mir kam das so lächerlich vor, daß ich allen verzieh, die ihn bewacht hatten, und noch den Witz machte, daß der Lehrer sich wahrscheinlich selbst nach einem Baum umschaun gegangen war. Also Du siehst, meine Teure, daß wir uns hier nicht langweilen, und sag dem kleinen Willichen, daß der Papa ihn küssen läßt und ihm bald einen lebendigen Russen schicken wird, auf dem Willichen reiten wird wie auf einem Pferdchen. Noch an einen zweiten komischen Vorfall erinnere ich mich, meine Teure. Wir hängten neulich einen Juden wegen Spionage. Der Kerl ist uns in den Weg gelaufen, obwohl er dort nichts zu tun hatte, und hat sich ausgeredet, daß er Zigaretten verkauft. Er ist also gehangen, aber bloß ein paar Sekunden, der Strick riß, und er fiel herunter, kam sofort zur Besinnung und schrie mich an: ‚Herr General, ich geh nach Haus, ihr habt mich schon gehängt, nach dem Gesetz kann ich nicht für eine Sache zweimal gehängt werden.' Ich brach in ein Gelächter aus, und wir ließen den Juden laufen. Bei uns, meine Teure, geht es lustig zu..."

Als General Fink Garnisonskommandant der Festung Przemysl wurde, hatte er nicht mehr so oft Gelegenheit, ähnliche Schauspiele zu arrangieren; deshalb griff er Schwejks Fall mit großer Freude auf. Schwejk stand also vor einem Tiger, der, im Vordergrund an einem langen Tische sitzend, eine Zigarette nach der andern rauchte und sich die Aussprüche Schwejks übersetzen ließ, wobei er zustimmend mit dem Kopf nickte.

Der Major stellte den Antrag, an die Brigade eine telegrafische Anfrage zwecks Sicherstellung des augenblicklichen Aufenthaltsortes der 11. Marschkompanie des 91. Regimentes zu richten, dem der Angeklagte laut seiner Aussage angehörte.

Der General trat dagegen auf und erklärte, daß dadurch das rasche Verfahren des Standgerichtes und die eigentliche Bedeutung dieser Institution illusorisch gemacht werde. Es liege doch das vollständige Geständnis des Angeklagten vor, daß er die russische Uniform angezogen habe, weiter die wichtige Zeugenaussage über das Geständnis des Angeklagten, in Kiew gewesen zu sein. Er beantrage daher, sich zur Beratung zurückzuziehen, damit das Urteil verkündet und sofort vollstreckt werden könne.

Allein der Major beharrte auf seiner Ansicht, es sei nötig, die Identität des Angeklagten festzustellen, da die ganze Angelegenheit von außergewöhnlicher politischer Bedeutung sei. Durch die Feststellung seiner Identität könne man den weiteren Verkehr des Beschuldigten mit den ehemaligen Kameraden von jener Abteilung aufdecken, der er angehörte.

Der Major war ein romantischer Träumer. Er sprach noch davon, daß man eigentlich gewisse Fäden suchen müsse, daß es nicht genüge, einen Menschen zu verurteilen. Die Verurteilung sei nur die Resultante einer bestimmten Untersuchung, die Fäden in sich berge, welche ... Er konnte sich aus diesen Fäden nicht herauswinden, aber alle verstanden ihn und nickten zustimmend mit dem Kopf, sogar der Herr General, dem diese Fäden so gut gefielen, daß er sich die neuen Standgerichte vorstellte, die an den Fäden des Majors hängen würden. Deshalb protestierte er auch nicht mehr, daß bei der Brigade festgestellt werden sollte, ob Schwejk tatsächlich zum 91. Regiment gehörte und wann beiläufig und gelegentlich welcher Operationen der 11. Marschkompanie er zu den Russen übergegangen sei.

Schwejk wurde während der ganzen Dauer dieser Debatte auf derm Gang von zwei Bajonetten bewacht; dann wurde er abermals vor das Gericht geführt und noch einmal gefragt, zu welchem Regiment er eigentlich gehöre. Hierauf wurde er ins Garnisonsgefängnis übergeführt. Als General Fink nach dem erfolglosen Standgericht heimkehrte, legte er sich aufs Kanapee und dachte darüber nach, wie er eigentlich die ganze Verhandlung beschleunigen könne.

Er war fest überzeugt, daß die Antwort zwar bald, aber dennoch nicht mit jener Geschwindigkeit eintreffen werde, durch die sich seine Standgerichte auszeichneten; außerdem stand jetzt noch die geistliche Tröstung des Verurteilten bevor, was die Vollstreckung des Urteils zwecklos um zwei Stunden hinausschieben würde.

„Das ist egal", dachte General Fink, „wir können ihm die geistliche Tröstung vor Fällung des Urteils gewähren, noch bevor die Berichte von der Brigade eintreffen. Hängen wird er ohnehin." General Fink ließ Feldkurat Martinec zu sich rufen.

Das war ein unglücklicher Katechet und Kaplan irgendwo aus Mähren, der so ein

Luder von Pfarrer zum Vorgesetzten gehabt hatte, daß er lieber zum Militär gegangen war. Er war ein wahrhaft religiös veranlagter Mann und gedachte bekümmerten Herzens seines Pfarrers, der langsam, aber sicher der Verderbnis verfiel. Er dachte daran, daß sein Pfarrer wie ein Bürstenbinder Sliwowitz gesoffen und ihm einmal des Nachts mit Gewalt eine herumziehende Zigeunerin ins Bett gesteckt hatte, die er hinter dem Dorfe fand, als er aus einer Branntweinschenke taumelte. Feldkurat Martinec glaubte, daß er als geistlicher Tröster der Verwundeten und Sterbenden auf dem Schlachtfeld auch die Sünden seines gottvergessenen Pfarrers sühne, der ihn, wenn er des Nachts nach Hause kam, unzählige mal geweckt und gesagt hatte: „Hänschen, Hänschen! Ein dralles Mädl, das ist mein ganzes Glück."

Seine Hoffnungen erfüllten sich nicht. Man schob ihn von einer Garnison in die andere, wo er überhaupt nichts anderes zu tun hatte, als in den Garnisonskirchen einmal in vierzehn Tagen vor der Messe den Soldaten zu predigen und der Versuchung zu widerstehen, die vom Offizierskasino ausging, wo Reden geführt wurden, daß die drallen Mädel seines Pfarrers im Vergleich damit Gebete zum Schutzengel waren. Zu General Fink wurde er für gewöhnlich zur Zeit großer Operationen auf dem Kriegsschauplatz gerufen, wenn irgendein Sieg der österreichischen Armee gefeiert werden sollte; in solchen Fällen arrangierte General Fink mit der gleichen Vorliebe, die er sonst für Standgerichte hatte, Feldmessen.

Dieser Fink war so ein österreichischer Patriot, daß er für den Sieg der reichsdeutschen oder türkischen Waffen nicht betete. Wenn die Reichsdeutschen irgendwo über Frankreich oder England gesiegt hatten, überging er dies am Altar mit völligem Schweigen.

Ein bedeutungsloses Scharmützel einer österreichischen Kundschafterabteilung mit einer russischen Vorpatrouille dagegen, die der Stab zu der ungeheuren Seifenblase einer Niederlage eines ganzen russischen Armeekorps aufblies, gab General Fink Anlaß zu feierlichen Gottesdiensten, so daß der unglückliche Feldkurat Martinec den Eindruck hatte, General Fink sei gleichzeitig das Oberhaupt der katholischen Kirche in Przemysl.

General Fink entschied auch über das Zeremoniell anläßlich einer solchen Messe und hätte sie am liebsten immer so wie den Fronleichnamstag gesehen.

Er hatte in der Gewohnheit, nach beendeter Elevation zu Pferd auf den Exerzierplatz zum Altar zu galoppieren und dreimal zu rufen: „Hurra — hurra — hurra!"

Feldkurat Martinec, eine gläubige und gerechte Seele, einer der wenigen, die noch an Gott glaubten, ging ungern zu General Fink. Nachdem der Garnisonskommandant alle Instruktionen erteilt hatte, ließ General Fink stets etwas Scharfes eingießen und erzählte dann die neuesten Anekdoten aus den idiotischsten Bändchen, die von den „Lustigen Blättern" fürs Militär herausgegeben wurden.

Er besaß eine ganze Bibliothek solcher Bändchen mit blödsinnigen Aufschriften wie: „Humor im Tornister für Aug und Ohr", „Hindenburg-Anekdoten", „Hindenburg im Spiegel des Humors", „Der zweite Tornister voll Humor, gefüllt von Felix Schlemper", „Aus unserer Gulaschkanone", „Saftige Granatsplitter aus dem Schützengraben" oder folgende Trotteleien: „Unter dem Doppeladler", „Ein Wiener Schnitzel aus der k. u. k. Feldküche, aufgewärmt von Artur Lokesch".

Bisweilen sang er ihm aus der Sammlung lustiger Soldatenlieder das Lied „Wir müssen siegen!" vor, wobei er ununterbrochen etwas Scharfes einschenkte und Feldkurat Martinec nötigte, mit ihm zu trinken und zu grölen. Dann führte er unflätige Reden, bei denen Kurat Martinec mit Kümmernis im Herzen seines Pfarrers gedachte, der hinter General Fink, was derbe Worte betraf, in nichts zu zurückgestanden war.

Kurat Martinec bemerkte mit Entsetzen, daß er moralisch immer mehr verfiel, je öfter er zu General Fink ging.

Dem Unglücklichen begannen die Liköre zu schmecken, die er beim General trank, und auch die Reden des Generals begannen ihm allmählich zu gefallen; er bekam wüste Vorstellungen, und über der Kontuschowka, dem Wacholderschnaps und den Spinnweben auf den Flaschen alten Weins, den ihm General Fink vorsetzte, vergaß er Gott; zwischen den Zeilen des Breviers tanzten vor seinen Augen die Weiber aus den Erzählungen des Generals. Der Abscheu gegen die Besuche beim General ließ allmählich nach.

Der General fand Gefallen an Kurat Martinec, der ihm anfangs als irgendein heiliger Ignaz von Loyola entgegengetreten war und sich der Umgebung des Generals langsam anpaßte.

Einmal lud der General zwei Schwestern aus dem Feldspital zu sich ein, die dort eigentlich gar nicht bedienstet, sondern nur wegen des Gehaltes eingeschrieben waren und ihre Einnahmen durch bessere Prostitution vergrößerten, wie dies in diesen schweren Zeiten üblich war. Er ließ Feldkurat Martinec rufen, der bereits so tief in die Klauen des Teufels gefallen war, daß er nach einer halbstündigen Unterhaltung beide Damen gewechselt hatte, wobei er wie ein Hirsch röhrte und das ganze Kissen auf dem Kanapee bespuckte. Danach warf er sich lange Zeit hindurch diese verworfene Handlung vor, obwohl er sie nicht einmal dadurch gutmachen konnte, daß er in jener Nacht auf dem Heimweg irrtümlich im Park vor der Statue des Baumeisters und Bürgermeisters der Stadt, des Mäzens Herrn Grabowsky, der sich in den achtziger Jahren große Verdienste um Przemysl erworben hatte, andächtig niederkniete. Nur das Stampfen der Militärwache mengte sich in seine inbrünstigen Worte:

„Richte nicht Deinen Diener, denn kein Mensch wird vor Dir bestehen, so Du ihm nicht läßt Vergebung für alle seine Sünden widerfahren. So sei denn, ich flehe dich an, Dein Richtspruch nicht allzu hart. Deine Hilfe erbitte ich herab, und in Deine Hände befehle ich meine Seele, o Herr."

Seit damals machte er einige mal den Versuch, sobald man ihn zu General Fink berief, allen irdischen Freuden zu entsagen und redete sich dabei mit einem verdorbenen Magen aus; er hielt diese Lüge für notwendig, wenn seiner Seele höllische Martern erspart bleiben sollten, denn er war gleichzeitig der Ansicht, daß die militärische Disziplin es erfordere, daß ein Feldkurat, wenn der General ihm sagte: „Sauf, Kamerad", schon aus bloßer Achtung vor dem Vorgesetzten saufen müsse. Bisweilen gelang ihm dies allerdings nicht, hauptsächlich wenn der General nach feierlichen Gottesdiensten noch feierlichere Fressereien auf Kosten der Garnisonskassa veranstaltete; das Geld wurde dann auf allerhand Art im Kontor zusammengetrommelt, damit man auch was dran verdiene, und der Feldkurat stellte sich dann immer vor, daß er vor dem Antlitz Gottes moralisch verdammt und zu einem zitternden Menschen geworden sei.

Er ging umher wie im Nebel, und während er in dem Chaos den Glauben an Gott nicht verlor, begann er bereits ganz ernsthaft darüber nachzudenken, ob er sich nicht täglich regelmäßig geißeln sollte. In einer ähnlichen Stimmung stellte er sich auch jetzt auf Einladung des Generals ein.

General Fink ging ihm strahlend und erfreut entgegen.

„Haben Sie schon", rief er ihm jubelnd zu, „von meinem Standgericht gehört? Wir werden einen Landsmann von Ihnen hängen."

Bei dem Wort „Landsmann" schaute Feldkurat Martinec schmerzerfüllt auf den General. Schon einige mal hatte er die Vermutung zurückgewiesen, ein Tscheche zu sein, und hatte bereits unzähligemal erklärt, daß zu seinem mährischen Pfarrsprengel zwei Gemeinden gehörten, eine tschechische und eine deutsche, und daß er oft an einem Sonntag für die Tschechen und am zweiten für die Deutschen predigen müsse; und da in der tschechischen Gemeinde keine tschechische, sondern nur eine deutsche Schule sei, müsse er in beiden Gemeinden deutsch unterrichten, deshalb sei er kein Tscheche. Diese logische Begründung hatte einmal einem Major bei Tisch Anlaß zu der Bemerkung gegeben, daß der Feldkurat aus Mähren eigentlich eine Gemischtwarenhandlung sei. „Pardon", sagte der General, „ich habe vergessen, es ist nicht Ihr Landsmann. Er ist Tscheche, ein Überläufer, ein Verräter, hat bei den Russen gedient, wird hängen. Inzwischen aber stellen wir der Form zulieb seine Identität fest, das macht nichts, hängen wird er sofort, wie die telegrafische Nachricht eintrifft."

Während er den Feldkuraten neben sich auf das Kanapee setzen ließ, fuhr der General lustig fort: „Wenn bei mir ein Standgericht stattfindet, muß alles auch wirklich der Schnelligkeit dieses Gerichtes entsprechen, das ist mein Prinzip. Als ich noch zu Kriegsbeginn hinter Lemberg war, hab ich es zuwege gebracht, daß wir einen Kerl drei Minuten nach Verkündung des Urteils gehängt haben. Das war allerdings ein Jude, aber einen Ruthenen haben wir fünf Minuten nach unserer Beratung gehängt."

Der General lachte gutmütig: „Beide haben zufällig keinen geistlichen Trost gebraucht. Der Jude war Rabbiner und der Ruthene Pope. Dieser Fall ist allerdings anders, hier handelt es sich darum, einen Katholiken zu hängen. Um die Sache nicht zu verzögern, bin ich auf den kapitalen Einfall gekommen, daß Sie ihm den geistlichen Trost im Voraus erteilen sollen; wie gesagt, damit sich die Sache dann nicht verzögert." Der General klingelte und befahl dem Diener:

„Bring zwei von der gestrigen Batterie."

Und während er gleich darauf dem Feldkuraten ein Weinglas füllte, sagte er freundlich: „Trösten Sie sich selbst ein bißchen vor der geistlichen Tröstung..."

Aus dem vergitterten Fenster, hinter dem Schwejk auf dem Kavallett saß, ertönte in dieser schrecklichen Zeit sein Gesang:

„Wir Soldaten, wir sind Herrn,
Uns ham alle Mädl gern,
Wir fassen viel Geld,
Hams gut auf der Welt...
Za rara ... Eins, zwei..."

2. Die geistliche Tröstung

Feldkurat Martinec kam nicht, sondern schwebte im wahrsten Sinne des Wortes zu Schwejk hinein wie eine Balletteuse auf die Bühne. Die himmlische Sehnsucht und eine Flasche alten „Gumpoldskirchner" machten ihn in dieser rührenden Stunde so leicht wie eine Feder. Ihm schien, daß er sich in jener ernsten und heiligen Stunde Gott nähere, während er sich Schwejk näherte.

Man sperrte hinter ihm die Türe zu, ließ beide allein, und er sagte begeistert zu Schwejk, der auf dem Kavallett saß: „Lieber Sohn, ich bin Feldkurat Martinec."

Diese Ansprache war ihm den ganzen Weg über am passendsten und gewissermaßen väterlich ergreifend erschienen.

Schwejk erhob sich in seiner Höhle, schüttelte dem Feldkuraten beide Hände und sagte: „Freut mich sehr, mein Name is Schwejk, Ordonnanz von der 11. Marschkompanie, 91. Regiment. Unlängst hat man unsern Kader nach Brück an der Leitha transferiert, also setzen Sie sich hübsch neben mich, Herr Feldkurat, und erzähln Sie mir, warum man Sie eingesperrt hat. Sie sind doch im Rang eines Offiziers, da gebührt Ihnen doch der Offiziersarrest der Garnison, woher denn hier, das Kavallett is ja voller Läuse. Manchmal kommts freilich vor, daß jemand nicht weiß, in welchen Arrest er eigentlich gehört, aber dann is es in der Kanzlei oder zufällig verwechselt worn. Einmal bin ich Ihnen, Herr Feldkurat, im Arrest in Budweis beim Regiment gesessen, und man hat einen Kadettstellvertreter zu mir gebracht. So ein Kadettstellvertreter, das war was Ähnliches wie Feldkurat, nicht Schwein und nicht Maus, hat die Soldaten angebrüllt wie ein Offizier, und wenn was geschehn is, so hat man ihn zwischen die gemeine Mannschaft gesperrt. Das waren Ihnen, Herr Feldkurat, solche Bastarde, daß man sie in der Unteroffiziersküche nicht in die Menage aufgenommen hat, auf die Menage für die Mannschaft ham sie keinen Anspruch gehabt, da waren sie höher, und die Offiziersmenage hat ihnen wieder nicht gebührt. Wir ham ihrer damals fünf dort gehabt, und am Anfang ham sie Ihnen in der Kantine lauter Käs gefressen, weil sie nirgendwo Menage gekriegt ham, bis dort einmal der Oberlajtnant Wurm auf sie gekommen is und es Ihnen verboten hat, weil sichs herich nicht mit der Ehre eines Kadettstellvertreters verträgt, in die Mannschaftskantine zu gehn. Aber was ham sie machen solln, in die Offizierskantine hat man sie nicht gelassen. So sind sie in der Luft gegangen und ham in einigen Tagen so einen Leidensweg durchgemacht, daß einer von ihnen in die Maltsch gesprungen is und einer vom Regiment gegangen is und nach zwei

Monaten in die Kaserne geschrieben hat, daß er in Marokko Kriegsminister is. Es waren ihrer vier, weil man den aus der Maltsch lebendig herausgezogen hat, er hat nämlich in der Aufregung, wie er hineingesprungen is, vergessen, daß er schwimmen kann und die Freischwimmerprüfung mit Auszeichnung abgelegt hat. Man hat ihn ins Krankenhaus geschafft und dort hat man sich wieder keinen Rat mit ihm gewußt, ob man ihn mit einer Offiziersdecke oder mit einer gewöhnlichen für die Mannschaft zudecken soll. So hat man also einen Weg gefunden und hat ihm überhaupt keine Decke gegeben und hat ihn nur in ein nasses Leinentuch eingewickelt, so daß er in einer halben Stunde gebeten hat, man soll ihn zurücklassen in die Kaserne, und das war grad der, was man noch ganz naß zu mir eingesperrt hat. Er is ungefähr vier Tage dort gesessen, und es hat ihm sehr gefallen, weil er dort Menage bekommen hat, zwar Arrestantenmenage, aber doch Menage, er hats sicher gehabt, wie man sagt. Am fünften Tage hat man sich ihn geholt, und er is dann nach einer halben Stunde um die Mütze zurückgekommen und hat Ihnen vor Freude geweint. Er sagte mir: ‚Endlich is eine Entscheidung über uns gekommen. Von heut an wern wir Kadettstellvertreter auf der Hauptwache zwischen den Offizieren eingesperrt wern, auf die Menage wern wir uns in der Offiziersküche zuzahlen, und bis sich die Offiziere angegessen ham, so bekommen wir zu essen, schlafen wern wir mit der Mannschaft und Kaffee wern wir auch von der Mannschaftsküche kriegen und Tabak fassen wir auch mit der Mannschaft.'"

Erst jetzt faßte sich der Feldkurat so weit, daß er Schwejk mit einem Satz unterbrechen konnte, dessen Inhalt in keiner Weise zu dem vorangehenden Gespräch paßte.

„Ja, ja, lieber Sohn! Es gibt Dinge zwischen Himmel und Erde, über die man mit inbrünstigem Herzen und voll Vertrauen in die unendliche Gnade Gottes nachdenken muß. Ich komme, lieber Sohn, um dir den geistlichen Trost zu gewähren."

Er verstummte, weil ihm das alles irgendwie nicht stimmen wollte. Bereits unterwegs hatte er sich eine vollständige Skizze zu seiner Rede vorbereitet, durch die er den Unglücklichen zur Meditation über sein Leben und zur Verzeihung im Jenseits führen wollte, die ihm zuteilwerden sollte, wenn er Buße tat und wirkliche Reue bezeugte.

Nun überlegte er, wie er fortfahren sollte, aber Schwejk kam ihm mit der Frage zuvor, ob er eine Zigarette besitze.

Wenn Feldkurat Martinec bisher Nichtraucher geblieben war, so war dies eigentlich das Einzige, was er von seiner früheren Lebenshaltung beibehalten hatte. Zuweilen, wenn er bei General Fink schon ein wenig benebelt war, versuchte er eine

Britannika zu rauchen, aber sofort ging alles wieder heraus, wobei er den Eindruck hatte, daß ihn sein Schutzengel warnend im Hals kitzle.

„Ich rauche nicht, lieber Sohn", antwortete er Schwejk mit ungewöhnlicher Würde.

„Das wundert mich", sagte Schwejk. „Ich hab viele Feldkuraten gekannt, aber alle ham geraucht wie die Spiritusfabrik in Zlichow. Einen Feldkurat kann ich mir überhaupt nicht vorstelln, ohne daß er raucht und trinkt. Nur einen hab ich gekannt, was nicht gepafft hat, aber der hat wieder lieber statt zu rauchen Tabak gekaut und beim Predigen die ganze Kanzel bespuckt. - Woher sind Sie denn, Herr Feldkurat?"

„Aus Jitschin", ließ sich mit gebrochener Stimme k. u. k. Hochwürden Martinec vernehmen.

„Da ham Sie vielleicht eine gewisse Rosa Gandes gekannt, Herr Feldkurat, sie war vorvoriges Jahr in einer Weinstube in der Plattnergasse in Prag angestellt und hat Ihnen auf einmal achtzehn Männer auf Paternität geklagt, weil ihr Zwillinge geboren worn sind. Der eine von diesen Zwillingen hat ein Aug blau gehabt und das andere war braun, der zweite Zwilling hat ein Aug grau und das andere schwarz gehabt, so hat sie angenommen, daß dran schon vier Herren mit solchen Augen angaschiert sind, was in die Weinstube gegangen sind und etwas mit ihr gehabt ham. Einer von den Zwillingen wieder hat ein krummes Beinchen gehabt wie ein Magistratsrat, was auch hingegangen is, und das andere hat wieder sechs Zehen auf einem Fuß gehabt, wie ein Abgeordneter, was dort täglicher Gast war. Und jetzt stelln Sie sich vor, Herr Feldkurat, daß achtzehn solche Gäste hingegangen sind, und die Zwillinge ham von jedem ein Merkmal gehabt, von allen achtzehn, mit denen sie entweder in Privatzimmer oder ins Hotel gegangen is. Zum Schluß hat das Gericht entschieden, daß der Vater bei so einem Andrang unbekannt is, und sie hats zum Schluß auf den Weinstubenbesitzer geschoben und hat den Weinstubenbesitzer geklagt, bei dem sie gedient hat, aber er hat bewiesen, daß er schon über zwanzig Jahre auf Grund einer Operation bei irgendeiner Entzündung der unteren Extremitäten impotent is. Dann hat man sie, Herr Feldkurat, zu Ihnen nach Jitschin abgeschoben; draus sieht man am besten, daß, wer nach Macht strebt, gewöhnlich einen alten Dreck kriegt. Sie hat sich an einen halten solln und nicht vorm Gericht behaupten, daß ein Zwilling vom Herrn Abgeordneten is und der zweite vom Herrn Magistratsrat oder von dem und dem. Jede Geburt von einem Kind kann man leicht ausrechnen. Am soundsovielten war ich mit ihm im Hotel und am soundsovielten is es mir geboren worn. Versteht sich, wenn es eine normale Geburt is, Herr Feldkurat. In solchen Absteigs findet sich immer für einen Fünfer ein Zeuge, zum Beispiel der Hausknecht oder das Stubenmädchen, was das beschwören, daß er wirklich in dieser Nacht mit ihr dort war und daß sie ihm noch gesagt hat, wie sie über die Stiegen hinuntergegangen sind: ‚Und was, wenn was draus wird?‘ und er, daß er ihr drauf geantwortet hat:

Unser Einmarsch in Albanien.

Endlich kommt der Rechte!

Abbildung 77: Propaganda-Karikatur zur Besetzung Albaniens durch österreichische Truppen 1916 (Quelle: Zeitschrift Kikeriki)

‚Mach dir keine Sorgen, Mauserl, ums Kind wer ich mich schon kümmern.'"

Der Feldkurat wurde nachdenklich, und die ganze geistliche Tröstung schien ihm jetzt irgendwie schwierig. Er hatte sich zwar schon vorher einen ganzen Plan entworfen, wie und was er mit dem lieben Sohn sprechen werde: von der allerhöchsten Gnade am Tag des Jüngsten Gerichtes, an dem alle Kriegsverbrecher mit dem

Strick um den Hals aus dem Grabe auferstehen und, falls sie Buße tun, in Gnade aufgenommen werden, genauso wie jener Halunke aus dem Neuen Testament. Er hatte eine der schönsten geistlichen Tröstungen vorbereitet, die aus drei Teilen bestehen sollte. Zuerst wollte er davon sprechen, daß der Tod durch den Strang für einen mit Gott vollständig ausgesöhnten Menschen ein leichter sei. Das Kriegsgesetz strafe den Schuldigen für den Verrat an Seiner Majestät dem Kaiser, der der Vater seiner Soldaten ist, so daß das kleinste Vergehen gegen ihn wie Vatermord, wie eine Beschimpfung des Vaters anzusehen sei. Dann wollte er die Theorie entwickeln, daß Seine Majestät, Kaiser von Gottes Gnaden und von Gott zur Verwaltung der weltlichen Angelegenheiten eingesetzt sei, so wie der Papst zur Verwaltung der geistlichen Dinge. Ein am Kaiser verübter Verrat sei ein an Gott dem Herrn selbst verübter Verrat.

Den Kriegsverbrecher erwarte also außer dem Strick eine ewige Strafe und die ewige Verdammnis des Lästerers. Wenn jedoch die irdische Gerechtigkeit in Anbetracht der militärischen Disziplin das Urteil nicht aufheben könne und den Verbrecher hängen müsse, so sei noch nicht alles verloren, soweit es sich um die zweite, für die Ewigkeit bestimmte Strafe handle. Der Mensch könne sie mit einem ausgezeichneten Zug parieren, indem er Buße tut. Der Feldkurat hatte sich diese ergreifende Szene vorgestellt, die ihm selbst dort oben zur Streichung aller Anmerkungen über seine eigene Tätigkeit und sein Wirken in der Wohnung General Finks in Przemysl verhelfen sollte.

Er hatte sich ausgemalt, wie er ihn, den Verurteilten, als Einleitung anbrülln werde: „Tue Buße, Sohn, knien wir zusammen nieder. Wiederhol mir nach, Sohn!"

Und wie dann in der stinkenden, verlausten Zelle das Gebet ertönen werde: „O Gott, dessen Eigenschaft es ist, sich immer wieder zu erbarmen und zu vergeben, ich bitte flehentlich für die Seele dieses Kriegers, dem du befohlen hast, diese Welt auf Grund des Urteils des Standgerichtes in Przemysl zu verlassen. O hilf, daß dieser Infanterist in seiner flehentlichen und vollkommenen Buße die höllischen Qualen nicht erfahre und der ewigen Freuden teilhaftig werde."

„Mit Verlaub, Herr Feldkurat. Sie sitzen schon fünf Minuten da wie abgestochen, wie wenn Sie das Gespräch gar nichts angehn mächt. Ihnen merkt man gleich an, daß Sie zum erstenmal im Arrest sind."

„Ich bin", sagte der Feldkurat ernst, „wegen des geistlichen Trostes gekommen."

„Das is merkwürdig, was Sie fort mit dem geistlichen Trost ham, Herr Feldkurat. Ich fühl mich nicht so stark, um Ihnen einen geistlichen Trost zu gewähren. Sie sind weder der erste noch der letzte Feldkurat, was hinters Katzer gekommen is.

Übrigens, damit ich Ihnen die Wahrheit sag, Herr Feldkurat, ich hab nicht die Beredsamkeit, daß ich jemandem in schwieriger Lage einen Trost geben könnt. Einmal hab ichs probiert, aber es is nicht besonders gut ausgefalln, setzen Sie sich hübsch neben mich, und ich wers Ihnen erzähln. Wie ich in der Opatowitzergasse wohnt hab, so hab ich dort einen Kameraden, einen gewissen Faustin gehabt, einen Portier aus einem Hotel. Er war ein sehr braver Mensch, ehrlich und strebsam. Wos ein Straßenmädl gegeben hat, hat ers gekannt, und Sie hätten zu jeder beliebigen Nachtzeit zu ihm ins Hotel kommen können, Herr Feldkurat, und ihm sagen: ‚Herr Faustin, ich brauch ein Fräulein‘, und er hätt Sie gleich gewissenhaft gefragt, ob Sie eine Blondine haben wolln oder eine Brünette, kleiner, größer, dünn, dick, eine Deutsche, eine Tschechin oder eine Jüdin, ledig, geschieden oder eine verheiratete Frau, intelligent oder ohne Intelligenz."

Schwejk schmiegte sich vertraulich an den Feldkuraten und fuhr fort, indem er ihn um die Taille faßte: „Sagen wir also, Herr Feldkurat, Sie hätten gesagt: ‚ich brauch eine Blondine mit langen Beinen, Witwe, ohne Intelligenz‘, und in zehn Minuten. Sie hätten Sie sie samtn Taufschein im Bett gehabt."

Dem Feldkuraten ward es allmählich heiß und Schwejk sprach weiter, während er den Feldkurat mütterlich an sich drückte: „Sie möchten nicht glauben, Herr Feldkurat, was der Herr Justin für einen Sinn für Sittlichkeit und Ehrlichkeit gehabt hat. Von den Weibern, was er auf Zimmer vermittelt und geliefert hat, hat er Ihnen keinen Kreuzer Trinkgeld genommen, und wenn sich manchmal eine von den Weibern vergessen hat und ihm was zustecken wollt, da hätten Sie sehn solln, wie er sich aufgeregt hat und angefangen hat, sie anzuschreien: ‚Du Sau, du, wenn du deinen Körper verkaufst und eine Todsünde begehst, so denk nicht, daß es mir auf ein Sechserl von dir ankommt. Ich bin kein Kuppler nicht, du schamlose Hure. Ich tus nur aus Mitleid mit dir, damit, wenn du schon so verkommen bist, deine Schande nicht öffentlich den Vorübergehenden preisgeben mußt, damit dich in der Nacht nicht irgendwo die Patrouille erwischt, daß du dann drei Tage lang auf der Polizeidirektion den Boden waschen mußt. So bleibst du wenigstens im Warmen und niemand sieht, wie tief du schon gesunken bist.‘"

Er hat sich nie den Gästen eingebracht, obzwar er nicht Geld nehmen wollt aber er hat schon seine Taxe gehabt: blaue Augen ham einen Sechserl, schwarze fünfzehn Kreuzer, und er hat das alles geradezu detailliert, wie eine Rechnung hat ers auf einem Stückel Papier ausgerechnet, was er dem Gast gereicht hat. Es waren sehr mäßige Vermittlungsgebühren. Auf ein Frauenzimmer ohne Intelligenz hats einen Zuschlag von einem Sechser gegeben, weil er von dem Grundsatz ausgegangen is, daß so ein ordinäres Waserl mehr unterhält als irgendeine gebildete Dame. Einmal gegen Abend kommt Ihnen der Herr Faustin sehr aufgeregt und außer Rand und Band zu mir in die Opatowitzergasse, wie wenn man ihn grad unter dem Schutzrahmen von der Elektrischen herausgezogen und ihm dabei die Uhr gestohlen hätt. Zuerst hat er überhaupt nichts gesprochen: er hat nur eine Flasche Rum aus der Tasche herausgezogen, hat getrunken, hat sie mir gereicht und gesagt: ‚Trink!' So hamr nichts gesprochen, erst bis wir die Flasche ausgetrunken gehabt ham, sagt er auf einmal: ‚Kamerad, sei so gut, tu mir was zu Gefalln. Mach das Fenster auf die Gasse auf, ich wer mich aufs Fenster setzen, und du packst mich bei den Füßen und wirfst mich ausn dritten Stock herunter. Was andres brauch ich schon nicht vom Leben, ich will nur den letzten Trost ham, daß sich ein guter Kamerad gefunden hat, was mich in eine bessere Welt schafft. Ich kann nicht länger leben in dieser Welt, ich, ich ehrlicher Mensch bin wegen Kuppelei angeklagt wie irgendein Zuhälter aus der Judenstadt, Unser Hotel ist doch erstklassig, alle drei Stubenmädchen und auch meine Frau ham Büchel und sind dem Herrn Doktor für die Visite keinen Kreuzer schuldig. Wenn du mich nur bißchen gern hast, wirf mich ausn dritten Stock herunter, gewähr mir diesen letzten Trost.' Ich hob ihm gesagt, er soll also aufs Fenster klettern und hab ihn auf die Straße heruntergeworfen, - Erschrecken Sie nicht, Herr Feldkurat."

Schwejk stieg auf die Pritsche, wobei er den Feldkuraten mit sich zog: „Sehn Sie, Herr Feldkurat, so hab ich ihn gepackt und schups mit ihm herunter." Schwejk hob den Feldkuraten in die Höh, ließ ihn auf den Fußboden fallen und fuhr unentwegt fort, während der erschrockene Feldkurat auf dem Boden seine Knochen zusammenklaubte: „Sehn Sie, Herr Feldkurat, daß Ihnen nix geschehn is, und ihm auch nicht, dem Herrn Faustin, nämlich es war nur ungefähr dreimal so hoch. Nämlich der Herr Faustin war Ihnen vollständig besoffen und hat vergessen, daß ich in der Opatowitzergasse ganz niedrig im Erdgeschoß gewohnt hab und nicht mehr im dritten Stock, wie ein Jahr vorher, wie ich in der Kremenecgasse gewohnt hab, und er zu mir auf Besuch gekommen is."

Der Feldkurat schaute von der Erde entsetzt zu Schwejk empor, der, auf der Pritsche stehend, über ihn mit den Armen fuchtelte.

Den Kuraten überkam der Gedanke, daß er es mit einem Wahnsinnigen zu tun habe, deshalb wandte er sich mit den Worten:

„Ja, lieber Sohn, es war kaum dreimal so hoch", langsam rücklings zur Tür, an die er plötzlich mit einem so fürchterlichen Gebrüll zu trommeln begann, daß man ihm sofort öffnete.

Schwejk sah durch das vergitterte Fenster, wie der Feldkurat in Begleitung der Wache eilig über den Hof schritt, wobei er heftig gestikulierte. „Jetzt führen sie ihn wahrscheinlich auf die ‚Magorko'", dachte Schwejk, sprang von der Pritsche und sang, im Stechschritt auf und ab marschierend:

„Den Ring, den du mir gegeben, den trag ich nicht mehr, Mord je, warum denn nicht? Bis ich bei meinem Regiment bin lad ich ihn in das Gewehr..."

Einige Minuten später meldete man den Feldkuraten bei General Fink. Beim General gab es wiederum große „Sitzung", bei der zwei liebenswürdige Damen, Wein und Likör die Hauptrolle spielten. Sämtliche Offiziere, Mitglieder des Standgerichts waren hier versammelt — mit Ausnahme des gemeinen Infanteristen, der ihnen am Morgen die Zigaretten angezündet hatte.

Der Feldkurat schwebte wiederum so märchenhaft wie ein Gespenst zu den Versammelten hinein. Er war bleich, aufgeregt und würdevoll wie ein Mensch, der das Bewußtsein hat, unschuldig geohrfeigt worden zu sein.

General Fink, der in der letzten Zeit den Feldkuraten in sein Herz geschlossen hatte, zog ihn zu sich auf das Kanapee und fragte ihn mit trunkener Stimme: „Was ist dir geschehn, geistlicher Trost?" Dabei warf eine der lustigen Damen eine Zigarette auf den Feldkuraten.

„Trinken Sie, geistlicher Trost", sagte General Fink, während er dem Feldkuraten in einen großen grünen Pokal Wein einschenkte. Da der Kurat nicht gleich trank, begann der General ihm eigenhändig den Wein einzuflößen, und hätte der Kurat nicht wacker gesoffen, wäre alles danebengegangen.

Dann erst wurde der Feldkurat befragt, wie sich der Verurteilte bei der Verabreichung des geistlichen Trostes verhalten habe. Der Feldkurat stand auf und sagte mit einer Stimme voller Tragik: „Er ist wahnsinnig geworden!"

„Das hat ein ausgezeichneter geistlicher Trost sein müssen", lachte der General, worauf alle in ein fürchterliches Gelächter ausbrachen; beide Damen begannen abermals auf den Feldkuraten Zigaretten zu werfen. Am Ende des Tisches schlummerte in einem Lehnstuhl der Major, der schon ein bißchen zuviel getrunken hatte; jetzt erwachte er aus seiner Apathie, goß schnell in zwei Weingläser Likör, bahnte sich über die Stühle hinweg einen Weg zum Feldkuraten und zwang den verwirrten Diener Gottes, mit ihm Bruderschaft zu trinken. Dann wälzte er sich wieder auf seinen Platz zurück und döste weiter.

Mit diesem Trank fiel der Feldkurat in die Schlingen des Teufels, der aus allen Flaschen auf dem Tisch, aus den Blicken und Lächeln der lustigen Damen, die ihm gegenüber ihre Beine auf den Tisch gelegt hatten, seine Arme nach ihm ausstreckte, so daß ihn Beelzebub aus lauter Spitzen ansah.

Bis zum letzten Augenblick blieb der Feldkurat überzeugt, daß es um seine Seele gehe und daß er ein Märtyrer sei. Das drückte er auch in einer Meditation an die beiden Burschen des Generals aus, die ihn ins Nebenzimmer auf das Kanapee trugen.

„Ein trauriges, allein erhabenes Schauspiel eröffnet sich euren Augen, wenn ihr euch unbefangen und reinen Sinns der vielen berühmten Dulder erinnert, die Opfer ihres Glaubens wurden und unter dem Namen Märtyrer bekannt sind. An mir seht ihr, wie der Mensch sich über mannigfache Leiden erhaben fühlt, wenn in seinem Herzen Wahrheit und Tugend wohnen, die ihn zur Gewinnung eines glorreichen Sieges über die gräßlichsten Leiden wappnen."

In diesem Augenblick kehrten sie ihn mit dem Gesicht zur Wand, und er schlief sofort ein. Er schlief einen unruhigen Schlaf.

Ihm träumte, daß er tagsüber die Pflichten eines Feldkuraten ausübe und am Abend statt Faustin, den Schwejk aus dem dritten Stockwerk geworfen hatte, Hotelportier sei.

Von allen Seiten langten beim General Klagen gegen ihn ein; er habe einen Gast statt einer Blondine eine Brünette, statt einer geschiedenen intelligenten Frau eine Witwe ohne Intelligenz geliefert. Er erwachte am Morgen, verschwitzt wie eine Maus, sein Magen schaukelte, als befinde er sich auf einer Seereise, und ihm schien, daß sein Pfarrer in Mähren gegen ihn ein Engel sei.

3. Schwejk wiederum bei seiner Marschkompanie

Jener Major, der am Vormittag des vorhergehenden Tages während der Verhandlung mit Schwejk als Auditor fungiert hatte, war der nämliche Offizier, der am Abend beim General mit dem Feldkuraten Bruderschaft getrunken und weitergeschlummert hatte. Fest steht, daß niemand wußte, wann und wie der Major in der Nacht den General verlassen hatte. In dem Zustand, in dem sich alle Anwesenden befanden, bemerkte niemand seine Abwesenheit; der General verwechselte sogar, wer eigentlich sprach. Der Major war bereits seit zwei Stunden nicht mehr zugegen, aber der General drehte sich dennoch den Schnurrbart und rief mit idiotischem Lachen: „Gut haben Sie das gesagt, Herr Major!"

Am Morgen konnte man den Major nirgends finden. Sein Mantel hing im Vorzimmer, der Säbel an dem Kleiderhaken, und nur seine Offiziersmütze fehlte. Man nahm an, daß er vielleicht irgendwo auf einem Klosett im Hause eingeschlafen sei, durchsuchte alle Klosetts, fand ihn aber nirgends. Statt seiner entdeckte man im zweiten Stock einen schlafenden Oberleutnant aus der Gesellschaft des Generals, der kniend, mit dem Mund über der Öffnung, schlief, so wie ihn der Schlaf beim Erbrechen übermannt hatte.

Der Major war wie ins Wasser gefallen.

Hätte aber jemand hinter das vergitterte Fenster der Zelle geschaut, in der Schwejk eingesperrt war, dann hätte er gesehen, wie unter Schwejks russischem Soldatenmantel zwei Personen auf einem Kavallett schliefen und unter dem Mantel zwei Paar Stiefel hervorguckten. Die mit den Sporen gehörten dem Major, die ohne Sporen Schwejk. Die beiden lagen aneinandergeschmiegt wie zwei Kätzchen. Schwejk hatte die Pratze unter den Kopf des Majors geschoben, und der Major hielt Schwejks Leib umfangen, während er sich an ihn drückte wie ein junger Hund an die Hündin.

Daran war nichts Rätselhaftes. Es war nichts anderes als die Erfüllung der Obliegenheiten des Herrn Majors.

Auch euch ist gewiß schon folgendes widerfahren. Ihr sitzt mit jemandem beisammen und trinkt die ganze Nacht hindurch bis zum nächsten Vormittag, und plötzlich packt sich euer Zechgenosse am Kopf, springt auf und schreit: „Jesusmaria, ich hab um acht Uhr im Amt sein solln!"

Das ist ein sogenannter Anfall von Pflichtbewußtsein, der sich gewissermaßen als Nebenprodukt von Gewissensbissen einstellt. Einen Menschen, den dieser Anfall erfaßt, bringt nichts von der heiligen Überzeugung ab, daß er augenblicklich im Amt ersetzen muß, was er versäumt hat. Das sind jene Gestalten ohne Hut, die der Portier in den Ämtern auf dem Gong abfängt und in seiner Klappe aufs Kanapee legt, damit sich der Betreffende ausschläft.

Einen ähnlichen Anfall bekam der Major. Als er im Lehnstuhl erwachte, fiel ihm plötzlich ein, daß er Schwejk augenblicklich verhören müsse. Dieser Anfall amtlicher Pflichten kam so plötzlich und rasch und wurde so eilig und entschlossen ausgeführt, daß überhaupt niemand das Verschwinden des Majors bemerkte. Um so fühlbarer machte sich die Anwesenheit des Majors in der Wachstube des Militärarrestes. Er platzte hinein wie eine Bombe. Der diensthabende Feldwebel schlief am Tisch, und ringsumher schlummerte die übrige Mannschaft in den verschiedensten Stellungen. Der Major mit der schiefgerückten Mütze fluchte so kräftig, daß alle mitten im Gähnen innehielten; ihre Gesichter wurden zu Fratzen, und den Major blickte nicht ein Haufen Soldaten verzweifelt und affektiert an, sondern ein Haufen Grimassen schneidender Affen. Der Major schlug mit der Faust auf den Tisch und brüllte den Feldwebel an: „Sie indolenter Kerl, ich hab Ihnen schon tausendmal gesagt, daß Ihre Leute eine beschissene Saubande sind."

Während er sich an die erschrockene Mannschaft wandte, schrie er: „Soldaten! Euch schaut sogar, wenn ihr schlaft, die Blödheit aus den Augen, und wenn ihr aufwacht, ihr Kerle, so benehmt ihr euch, wie wenn jeder von euch einen Waggon Dynamit aufgefressen hätt."

Hierauf folgte eine lange und ausgiebige Predigt über die Pflichten der Wachmannschaft und die Aufforderung, ihm sofort den Arrest zu öffnen, in dem sich Schwejk befinde, er wolle den Delinquenten einem neuen Verhör unterwerfen.

So kam also der Major in der Nacht zu Schwejk.

Er kam zu ihm in einem Stadium, in dem - wie man zu sagen pflegt - alles zum Reifen gekommen war. Sein letzter Ausbruch bestand in der Anordnung, ihm die Arrestschlüssel zu übergeben.

Der Feldwebel lehnte dies, gleichsam in einer letzten verzweifelten Erinnerung an seine Obliegenheiten, ab, was auf den Major plötzlich einen großartigen Eindruck machte.

„Ihr beschissene Saubande", schrie er auf dem Hof, „wenn ihr mir so die Schlüssel in die Hand gegeben hättet, ich hätt euch gezeigt!"

„Melde gehorsamst", antwortete der Feldwebel, „daß ich gezwungen bin, Sie einzusperren und Ihrer Sicherheit wegen zum Arrestanten eine Wache zu stellen. Bis

Sie herauszugehen wünschen, klopfen Sie bitte an die Tür, Herr Major."

„Du Dummkopf", sagte der Major, „du Pavian, du Kamel, denkst du denn, daß ich mich vor dem Arrestanten fürchte, daß du mir eine Wache zu ihm stelln willst, wenn ich ihn verhören werde? Kruzihimmeldonnerwetter, sperrt mich ein, und schaut schon, daß ihr draußen seid!"

In der Öffnung über der Tür strömte eine vergitterte Petroleumlampe mit herabgezogenem Docht ein mattes Licht aus, so schwach, daß der Major den erwachten Schwejk kaum finden konnte, der in militärischer Haltung bei seinem Kavallett stand und geduldig wartete, was sich aus diesem Besuch entwickeln werde.

Schwejk überkam der Einfall, daß es am besten sein werde, dem Herrn Major Rapport zu erstatten, deshalb rief er energisch:

„Melde gehorsamst, Herr Major, ein eingesperrter Mann, sonst nichts vorgefallen."

Der Major konnte sich plötzlich nicht erinnern, wozu er eigentlich hierher gekommen sei, deshalb sagte er: „Ruht! Wo hast Du den eingesperrten Mann?"

„Das bin ich, melde gehorsamst, Herr Major", sagte Schwejk stolz. Der Major beachtete diese Antwort aber nicht, denn die Weine und Liköre des Generals begannen in seinem Hirn die letzte alkoholische Reaktion hervorzurufen. Er gähnte so fürchterlich, daß sich jeder Zivilist die Kinnladen verrenkt hätte. Beim Major verschob dieses Gähnen seine Gedanken jedoch in jene Gehirnwindungen, die beim Menschen der Sitz der Gabe des Gesanges sind. Er fiel völlig ungezwungen auf Schwejks Kavallett und kreischte wie ein abgestochenes Schwein vor dem Tode:

„O Tannenbaum! O Tannenbaum, wie schön sind deine Blätter!"

Was er einigemal hintereinander wiederholte, wobei er unverständliche Schreie in das Lied mengte.

Dann wälzte er sich auf den Rücken wie ein kleiner Bär, rollte sich im Winkel zusammen und begann zu schnarchen.

„Herr Major", weckte ihn Schwejk, „melde gehorsamst, Sie wern Läuse kriegen."

Es nützte aber nichts. Der Major schlief wie ins Wasser gefallen. Schwejk blickte ihn zärtlich an und sagte: „Also schlaf nur, du Schnapsnase", und deckte ihn mit dem Mantel zu. Später kroch er zu ihm, und so fand man sie denn am Morgen eng aneinandergeschmiegt. Gegen neun Uhr, als die Jagd nach dem Major ihren Gipfelpunkt erreichte, kroch Schwejk vom Kavallett und hielt es für angezeigt, den Herrn Major zu wecken. Er rüttelte ihn einige mal sehr gründlich und nahm ihm den russischen Mantel ab; schließlich setzte sich der Major auf dem Kavallett auf, schaute stumpf auf Schwejk und suchte bei ihm die Lösung des Rätsels: was war eigentlich mit ihm vorgefallen?

„Melde gehorsamst, Herr Major", sagte Schwejk, „daß man schon paarmal ausn Wachzimmer nachschaun war, ob Sie noch am Leben sind. Drum hab ich mir erlaubt, Sie jetzt zu wecken, weil ich nicht weiß, wie lang Sie gewöhnlich schlafen, damit Sie am Ende nicht verschlafen. Im Brauhaus in Aufinowetz war Ihnen ein Tischler, der hat immer bis sechs Uhr früh geschlafen, wenn er aber verschlafen hat, meinetwegen nur ein Viertelstündchen, bis Viertel sieben, so hat er dann schon bis Mittag geschläfert, und daß er so lang gemacht, bis man ihn aus der Arbeit herausgeworfen hat, und er hat ihnen dann vor Wut das Verbrechen der Beleidigung der Kirche und eines Mitglieds unseres Herrscherhauses begangen."

„Du bist blöd, gell?" sagte der Major in gebrochenem Tschechisch, nicht ohne den Unterton einer gewissen Verzweiflung, weil ihm nach dem gestrigen Abend der Kopf herumging, wie ein Mühlrad und er in keiner Weise eine Antwort darauf fand, warum er eigentlich hier sitze, wieso er aus der Wachstube hergekommen sei und warum der Kerl, der vor ihm stand, solchen Blödsinn quatsche, der weder Hand noch Fuß hatte. Das alles kam ihm furchtbar komisch vor. Undeutlich erinnerte er sich, daß er schon einmal in der Nacht hier gewesen war, aber wozu?

„War ich schon hier bei Nacht?" fragte er unsicher.

„Zu Befehl, Herr Major", antwortete Schwejk, „wie ich den Reden des Herrn Major entnommen hab, is mich, melde gehorsamst, der Herr Major verhören gekommen."

Und da leuchtete es im Kopf des Majors auf, und er schaute auf sich selbst und dann hinter sich, als ob er etwas suchen würde.

„Machen Sie sich nicht die geringsten Sorgen, Herr Major", sagte Schwejk, „Sie sind grad so aufgekommen, wie Sie hergekommen sind. Sie sind ohne Mantel gekommen, ohne Säbel und mit der Mütze. Die Mütze is dort, ich hab sie Ihnen aus der Hand nehmen müssen, weil Sie sich ham untern Kopf geben wolln. Eine Paradeoffiziersmütze, das is so wie ein Zylinder. Aufn Zylinder schlafen, das hat nur ein gewisser Herr Karderaz in Lodenic getroffen. Der hat sich im Wirtshaus auf den Bauch ausgestreckt, hat sich den Zylinder untern Kopf gegeben, er hat nämlich bei Begräbnissen gesungen und is auf jedes Begräbnis im Zylinder gegangen; er hat sich also hübsch den Zylinder untern Kopf gegeben und hat sich suggeriert, daß er ihn nicht durchdrücken darf, und hat die ganze Nacht auf irgendeine Art mit einem unbedeutenden Körpergewicht über ihm geschwebt, so daß es dem Zylinder überhaupt nicht geschadet hat, sondern noch eher genützt hat, weil er ihn, wie er sich von einer Seite auf die andere umgedreht hat, langsam mit seinen Haaren gebürstet hat, bis er ihn ausgebügelt gehabt hat."

Der Major, der bereits wußte, um was es sich handelte, hörte nicht auf, stumpf auf Schwejk zu schauen, und wiederholte nur: „Du bist blöd, gell? Ich bin also hier und geh jetzt weg." Stand auf, schritt zur Tür und trommelte auf sie.

Bevor man öffnete, sagte er noch zu Schwejk: „Wenn kein Telegramm kommt, daß du du bist, wirst du hängen!"

Abbildung 78: Flüchtlingstransport aus Serbien 1914/15 (Quelle: Hubertl)

„Herzlichsten Dank", sagte Schwejk, „ich weiß, Herr Major, daß Sie sich sehr um mich kümmern, aber wenn Sie, Herr Major, hier am Kavallett vielleicht eine erwischt ham, so sein Sie überzeugt, wenn sie klein is und einen rötlichen Hintern hat, so is es ein Männchen, und wenns nur eine is und Sie nicht so eine lange mit rötlichen Streifen aufn Bauch finden, so is es gut, denn sonst is es ein Pärchen, und diese Luder vermehren sich unglaublich, noch mehr wie Kaninchen."

„Lassen Sie das!" sagte der Major niedergeschlagen zu Schwejk, als ihm dieser die Tür öffnete.

Der Major machte in der Wachstube keine Szene mehr; er befahl ganz gemessen, man möge eine Droschke holen, und während die Droschke über das elende Pflaster Przemysl ratterte, hatte er nur die Vorstellung im Kopf, daß der Delinquent zwar ein Idiot ersten Ranges, wahrscheinlich aber dennoch nur ein unschuldiges

Rindvieh sei. Soweit es sich um ihn selbst, den Major handle, so bleibe ihm nichts anderes übrig, als sich entweder sofort nach seiner Ankunft in der Wohnung zu erschießen oder sich beim General Mantel und Säbel holen zu lassen, ins Stadtbad zu fahren, sich nach dem Bad in der Weinstube beim Vollgruber aufzuhalten, den Appetit aufzufrischen und telefonisch für den Abend eine Eintrittskarte zur Vorstellung im Stadttheater zu bestellen. Bevor er seine Wohnung erreichte, entschloß er sich für das letztere. In der Wohnung erwartete ihn eine kleine Überraschung. Er war gerade zur rechten Zeit gekommen...

Auf dem Gang seiner Wohnung stand General Fink, hielt den Burschen des Majors am Kragen fest und brüllte ihn an: „Wo hast du deinen Major, Rindvieh? Sprich, du Tier!"

Das Tier sprach aber nicht, weil es im Gesicht blau wurde, so fest würgte es der General.

Der Major bemerkte beim Eintreten, daß der unglückliche Putzfleck den vermißten Mantel und Säbel, die er offenbar aus dem Vorzimmer des Generals gebracht hatte, unter der Achsel festhielt.

Die Szene begann den Major sehr zu amüsieren, deshalb blieb er in der halbgeöffneten Türe stehen und fuhr fort, auf die Leiden seines treuen Dieners zu blicken, der die merkwürdige Eigenschaft besaß, dem Major schon seit langem wegen verschiedener Diebereien im Magen zu liegen. Der General ließ den blaugewordenen Burschen für einen Augenblick los, und zwar deshalb, um aus der Tasche ein Telegramm zu ziehen, mit dem er den Putzfleck des Majors aufs Maul und auf die Lippen zu schlagen begann, wobei er schrie: „Wo hast du deinen Major, du Rindvieh, wo hast du deinen Major-Auditor, du Rindvieh, damit du ihm ein amtliches Telegramm übergeben kannst?"

„Hier bin ich!" rief Major Derwota, den die Kombination der Worte: Major-*Auditor* und Telegramm neuerlich an eine gewisse Pflicht erinnerte.

„Ah!" rief General Fink, „du kommst zurück?" In der Betonung lag so viel Bosheit, daß der Major nicht antwortete und unentschlossen stehenblieb.

Der General sagte ihm, er möge mit ihm ins Zimmer kommen, und als sie sich an den Tisch setzten, warf der General das an dem Burschen zerfetzte Telegramm auf den Tisch und sagte mit tragischer Stimme: „Lies, das ist dein Werk!"

Während der Major das Telegramm las, erhob sich der General vom Stuhl, lief im Zimmer auf und ab, warf Stühle und Taburetts um und schrie: „Und ich werde ihn doch hängen!" Das Telegramm lautete folgendermaßen:

„Infanterist Josef Schwejk, Ordonnanz der 11. Marschkompanie, ist am 16. d.M.

beim Übergang Chyrow — Feldstein bei einem Dienstwege als Quartiermacher verlorengegangen. Infanterist Schwejk ist unverzüglich zum Brigadekommando nach Wojalycza zu überführen."

Der Major öffnete das Tischfach, zog eine Landkarte heraus und wurde nachdenklich; Feldstein lag 40 km südöstlich von Przemysl, so daß das schreckliche Rätsel auftauchte, auf welche Weise der Infanterist Schwejk an über 150 km von der Front entfernten Orten zu einer russischen Uniform gekommen sein konnte, da die Front in der Linie Sokal — Turze — Kozlow verlief.

Als der Major dies dem General mitteilte und ihm auf der Landkarte die Stelle zeigte, wo Schwejk dem Telegramm zufolge vor einigen Tagen verlorengegangen war, brüllte der General wie ein Stier, denn er fühlte heraus, daß all seine Hoffnungen auf ein Standgericht zuschanden wurden. Er ging zum Telefon, ließ sich mit der Wachstube verbinden und erteilte den Befehl, ihm den Arrestanten Schwejk augenblicklich in der Wohnung des Majors vorzuführen.

Bevor der Befehl erfüllt wurde, gab der General unzähligemal durch fürchterliche Flüche sein Mißfallen darüber kund, daß er Schwejk nicht auf eigenes Risiko ohne jede Untersuchung sofort hatte hängen lassen.

Der Major opponierte und sprach etwas davon, daß Recht und Gerechtigkeit einander die Hände reichen; er sprach in glänzenden Perioden über gerechte Urteile im Allgemeinen, über Justizmorde und alles Mögliche, was ihm der Augenblick auf die Zunge brachte, denn er hatte nach dem verflossenen Abend einen unbeschreiblichen Kater, der einer Auslösung bedurfte.

Als man Schwejk endlich vorführte, forderte der General von ihm eine Aufklärung: Was war eigentlich in Feldstein vorgefallen und was bedeutete die Geschichte mit der russischen Uniform?

Schwejk erklärte ihm dies gründlich und belegte es mit einigen Beispielen aus seiner Geschichte menschlicher Mißgeschicke. Als der Major ihn dann fragte, warum er das alles nicht schon beim Verhör vor Gericht gesagt habe, antwortete Schwejk, daß ihn eigentlich niemand danach gefragt habe, wie er zu der russischen Uniform gekommen sei, sondern daß alle Fragen nur gelautet hätten:

„Gestehn Sie, daß Sie freiwillig und ohne jede Pression die Uniform des Feindes angezogen haben?"

Da dies der Wahrheit entsprochen habe, hätte er nichts anderes sagen können als: „Freilich — ja — gewiß — so ists — ohne Zweifel."

Deshalb habe er doch auch mit Entrüstung die bei Gericht gefallene Beschuldigung zurückgewiesen, daß er Seine Majestät den Kaiser verraten habe.

„Der Mann ist ein vollkommener Idiot", sagte der General zum Major. „Auf dem Damm eines Teiches eine russische Uniform anziehen, die dort Gott weiß wer gelassen hat, sich in eine Abteilung russischer Gefangener einreihen lassen, das kann nur ein Idiot tun!"

„Melde gehorsamst", ließ sich Schwejk vernehmen, „daß ich wirklich manchmal an mir selbst bemerk, daß ich schwachsinnig bin, besonders so gegen Abend..."

„Kusch, Ochs", sagte ihm der Major und wandte sich an den General mit der Frage, was mit Schwejk geschehen solle.

„Sollen sie ihn bei seiner Brigade aufhängen", entschied der General. Eine Stunde später wurde Schwejk von einer Eskorte, die ihn zum Brigadestab nach Wojolycza begleiten sollte, auf den Bahnhof gebracht. Im Arrest hinterließ Schwejk ein kleines Andenken, indem er an die Wand mit einem Stückchen Holz in drei Kolonnen ein Verzeichnis sämtlicher Suppen, Soßen und Zuspeisen einkratzte, die er in Zivil gegessen hatte. Es war gewissermaßen ein Protest dagegen, daß man ihm innerhalb vierundzwanzig Stunden keinen Bissen verabreicht hatte. Mit Schwejk ging gleichzeitig ein Aktenstück nachstehenden Inhaltes an die Brigade ab:

„Auf Grund des Telegramms Nr. 469 wird Infanterist Josef Schwejk, Deserteur der 11. Marschkompanie, dem Brigadestab zur weiteren Amtshandlung eingeliefert."

Die Eskorte selbst, die aus vier Mann bestand, war ein Durcheinander von Nationen. Sie bestand aus einem Polen, einem Magyaren, einem Deutschen und einem Tschechen, der Eskortenkommandant war, und den Rang eines Gefreiten bekleidete. Er spielte sich gegen seinen Landsmann, den Arrestanten, groß auf und ließ ihn sein schreckliches Übergewicht fühlen. Als Schwejk nämlich auf dem Bahnhof den Wunsch äußerte, man möge ihm gestatten zu urinieren, sagte ihm der Gefreite ganz grob, er könne Wasser abschlagen, bis er bei der Brigade anlangen werde.

„Gut", sagte Schwejk, „das müssen Sie mir schriftlich geben, damit man weiß, bis mir die Harnblase platzt, wer dran schuld is. Drauf is ein Gesetz, Herr Gefreiter."

Der Gefreite, ein Viehknecht, erschrak vor der Harnblase, und so wurde Schwejk auf dem Bahnhof feierlich von der ganzen Eskorte auf den Abort geführt. — Der Gefreite machte überhaupt während des ganzen Wegs den Eindruck eines eigensinnigen Menschen und benahm sich so aufgeblasen, als sollte ihm am nächsten Tage zumindest der Rang eines Korpskommandanten verliehen werden.

Als sich der Zug auf der Strecke Przemysl — Chyrow befand, sagte Schwejk zum Gefreiten:

„Herr Gefreiter, wenn ich Sie mir anschau, so erinner ich mich immer an einen gewissen Gefreiten Bosber, was in Trient gedient hat. Nämlich, wie man den zum Gefreiten gemacht hat, hat er gleich den ersten Tag angefangen, an Umfang zuzunehmen. Die Backen ham ihm angefangen anzuschwellen, und der Bauch is ihm so aufgelaufen, daß ihm am zweiten Tag nicht mal mehr die ärarischen Hosen genügt ham. Und was das ärgste war, die Ohren ham ihm angefangen in die Länge zu wachsen. Man hat ihn also ins Marodenzimmer gebracht, und der Regimentsarzt hat gesagt, daß es allen Gefreiten passiert. Anfangs blasen sie sich auf, bei manchen geht es bald vorbei, aber dies sei so ein schwerer Fall, daß er platzen könnt, weils ihm von dem Sternderl bis zum Nabel geht. Um ihn zu retten, hat man ihm das Sternderl abschneiden müssen, und er is wieder abgefallen."

Von diesem Augenblick an bemühte sich Schwejk vergeblich, mit dem Gefreiten ein Gespräch anzuknüpfen und ihm freundschaftlich zu sagen, warum man allgemein sage, daß der Gefreite das Unglück der Kompanie sei.

Der Gefreite antwortete nur mit ein paar dunklen Drohungen, wer von den beiden wohl lachen werde, bis sie zur Brigade kommen würden. Kurz, der Landsmann bewährte sich nicht, und als Schwejk ihn fragte, woher er sei, antwortete er, das gehe Schwejk nichts an. Schwejk versuchte es mit ihm auf verschiedene Arten. Er erzählte ihm, es sei nicht das erstemal, daß ihn eine Eskorte begleite, aber er habe sich dabei immer mit allen Begleitern gut unterhalten.

Aber der Gefreite schwieg unentwegt, und Schwejk fuhr fort: „Mir scheint, Herr Gefreiter, Ihnen hat auf der Welt ein Unglück zustoßen müssen, so daß Sie die Sprache verloren ham. Ich hab viele traurige Gefreite gekannt, aber so ein Unglück Gottes, wie Sie, Herr Gefreiter, verzeihn Sie und ärgern Sie sich nicht, hab ich noch nicht gesehn. Vertraun Sie mir an, was Sie kränkt, vielleicht kann ich Ihnen raten, weil ein Soldat, was man mit einer Eskorte führt, der hat immer größere Erfahrungen wie die, was ihn bewachen. Oder wissen Sie was, Herr Gefreiter, damit uns der Weg besser vergeht, erzähln Sie was, meintwegen wies bei Ihnen in der Umgebung ausschaut, obs dort einen Teich gibt, oder vielleicht is eine Ruine dort von einer Burg, und Sie könnten uns dann erzähln, was für eine Sage sich dranknüpft."

„Jetzt hab ich schon genug", schrie der Gefreite.

„Da sind Sie ein glücklicher Mensch", sagte Schwejk, „mancher Mensch hat nie nicht genug."

Der Gefreite sagte noch: „Bei der Brigade wern sie dir den Standpunkt klarmachen, aber ich wer mich nicht mit dir abgeben", und hüllte sich dann in vollständiges Schweigen.

Bei diesem Transport gab es überhaupt sehr wenig Amüsement. Der Magyare unterhielt sich mit dem Deutschen auf eigenartige Weise, da er von der deutschen Sprache nur die Worte: „Jawohl" und „was" kannte. Wenn der Deutsche ihm was erklärte, nickte der Magyare mit dem Kopf und sagte: „Jawohl", und wenn der Deutsche verstummte, sagte der Magyare „was?", und der Deutsche legte von neuem los. Der Pole von der Eskorte verhielt sich aristokratisch, kümmerte sich um niemanden und unterhielt sich mit sich allein, indem er sich auf den Boden schneuzte, wozu er ungemein geschickt den Daumen der rechten Hand benützte; dann verschmierte er den Schleim auf dem Boden melancholisch mit dem Gewehrkolben und wischte hierauf den verschmutzten Kolben manierlich an der Hose ab, wobei er unaufhörlich vor sich hinbrummte: „Heilige Jungfrau."

„Na, da kannst du grad nicht viel", sagte ihm Schwejk. „In Bojischti hat in einer Kellerwohnung der Straßenkehrer Machatschek gewohnt, der hat sich aufs Fenster geschneuzt und hats so geschickt verschmiert, daß draus ein Bild geworn is, wie Libuscha den Ruhm der Stadt Prag prophezeit. Für jedes Bild hat er von der Frau so ein Staatsstipendium gekriegt, daß er ein Maul gehabt hat wie ein Schlauch, aber er hats nicht gelassen und hat sich drin fort vervollkommnet. Es war auch sein einziges Vergnügen."

Der Pole antwortete ihm darauf nicht, und zum Schluß versank die ganze Eskorte in tiefes Schweigen, als fahre sie zu einem Begräbnis und denke mit Pietät des Verstorbenen. So näherten sie sich dem Brigadestab in Wojalycza.

Inzwischen waren beim Brigadestab gewisse grundlegende Veränderungen vor sich gegangen.

Mit dem Kommando des Brigadestabs war Oberst Gerbich betraut worden. Das war ein Herr von großen militärischen Fähigkeiten, die sich ihm in der Form von Podagra in die Beine geschlagen hatten. Er hatte jedoch im Ministerium sehr einflußreiche Bekannte, die dahin wirkten, daß er nicht in Pension ging und sich nun in verschiedenen Stäben größerer militärischer Formationen herumtrieb, eine erhöhte Gage nebst den mannigfachsten Kriegszuschlägen bezog und so lange an einem Ort blieb, als er nicht in einem Podagraanfall irgendeinen Blödsinn begangen hatte. Dann versetzte man ihn wieder anderswohin, und gewöhnlich war dies eigentlich ein Avancement. Mit den Offizieren pflegte er beim Mittagessen von nichts anderem zu sprechen als von einer geschwollenen Zehe, die von Zeit zu Zeit schreckliche Dimensionen annahm, so daß er einen eigens angefertigten großen Schuh tragen mußte. Während des Essens bildete es seine liebste Unterhaltung, allen zu erzählen, wie feucht seine Zehe sei und wie diese unaufhörlich schwitze, so daß er sie in Watte wickeln müsse und daß ihre Ausdünstungen den Geruch sauer gewordener Rindssuppe hätten.

Deshalb nahm auch immer das ganze Offizierskorps mit großer Aufrichtigkeit von ihm Abschied, wenn er nach einem andern Ort abging. Sonst war er ein sehr jovialer Herr und verhielt sich recht freundschaftlich zu den Subalternoffizieren, denen er erzählte, wieviel Gutes er früher, bevor ihn das Podagra gepackt hatte, getrunken und gegessen hatte. Als man Schwejk zur Brigade brachte und über Befehl des diensthabenden Offiziers mit den entsprechenden Akten Oberst Gerbich vorführte, saß gerade Leutnant Dub bei ihm in der Kanzlei.

Während der wenigen Tage seit dem Marsch Sanok — Sambor hatte Leutnant Dub abermals ein Abenteuer erlebt. Hinter Feldstein war die 11. Marschkompanie nämlich einem Pferdetransport begegnet, der zum Dragonerregiment nach Sadowa Wisznia instradiert war. Leutnant Dub wußte eigentlich selbst nicht, wie es kam, daß er Oberleutnant Lukasch seine Reitkunst zeigen wollte und auf ein Pferd sprang, das mit ihm im Tale des Flusses verschwand, wo man Leutnant Dub später in einem kleinen Sumpf so festgeklemmt fand, daß ihn vielleicht der beste Gärtner nicht hätte geschickter einsetzen können. Als man ihn mit Hilfe von Kufen herauszog, klagte Leutnant Dub über nichts, sondern stöhnte nur leise, als gehe es mit ihm zu Ende. Deshalb lieferte man ihn beim Vorbeimarsch beim Brigadestab ab und legte ihn dort in das kleine Lazarett. Nach einigen Tagen erholte er sich, so daß der Arzt erklärte, man werde ihm nur noch zwei- oder dreimal Rücken und Bauch mit Jodtinktur einschmieren, dann könne er wieder ruhig bei seiner Abteilung einrücken. Jetzt saß er also bei Oberst Gerbich und plauderte mit ihm von den verschiedensten Krankheiten.

Als er Schwejk erblickte, rief er mit mächtiger Stimme, denn ihm war das rätselhafte Verschwinden Schwejks bei Feldstein bekannt:

„Also wir haben dich schon wieder! Viele ziehen als Bestien aus und kommen als noch ärgere Raubtiere zurück. Du bist auch einer von ihnen."

Der Vollständigkeit halber ziemt es sich zu vermerken, daß Leutnant Dub bei seinem Abenteuer mit dem Pferd eine kleine Gehirnerschütterung erlitten hatte; deshalb dürfen wir uns nicht wundern, daß er, während er dicht an Schwejk herantrat, Gott zum Kampf mit diesem herausfordernd, in Versen schrie:

„Vater, ich rufe dich, brüllend umwölkt mich der Dampf der Geschütze, sprühend umzucken mich rasselnde Blitze, Lenker der Schlachten, ich flehe dich an, Vater, hilf mir diesen Lumpen ... Wo warst du so lange, Kerl? Was hast du da für eine Uniform an?"

Es ziemt sich noch hinzuzufügen, daß der von Gicht geplagte Oberst alles in seiner Kanzlei sehr demokratisch eingerichtet hatte, wenn er nicht gerade an einem Anfall litt. Alle möglichen Chargen lösten einander bei ihm ab, um seine Anschauungen über die geschwollene Zehe mit dem Geruch sauer gewordener Rindssuppe anzuhören.

An Tagen, an denen Oberst Gerbich nicht an Anfallen litt, war seine Kanzlei immer voll von den verschiedensten Chargen, denn in diesen außergewöhnlichen Fällen war er recht lustig und gesprächig und hatte gern Zuhörer um sich, denen er schweinische Anekdoten erzählte, was ihm wohltat und den andern die freudige Gelegenheit gab, über die alten Anekdoten gezwungen zu lachen, die vielleicht schon zur Zeit des Generals Laudon im Umlauf waren.

Der Dienst bei Oberst Gerbich war zu solchen Zeiten sehr leicht, alle taten, was sie wollten, und es galt als Regel, daß bei jedem Stab, bei dem Oberst Gerbich auftauchte, gestohlen und Allotria aller Art getrieben wurde.

Auch jetzt drangen zugleich mit dem vorgeführten Schwejk die verschiedensten Chargen in die Kanzlei des Obersten und harrten der kommenden Dinge, während der Oberst die von dem Major aus Przemysl verfaßte Zuschrift an den Brigadestab studierte.

Leutnant Dub setzte jedoch in seiner gewohnten, reizenden Art seine Unterredung mit Schwejk fort: „Du kennst mich noch nicht, aber bis du mich kennenlernen wirst, wirst du vor Angst verrecken."

Der Oberst konnte aus dem Aktenstück des Majors nicht klug werden, denn der Major hatte es noch unter dem Eindruck einer leichten Alkoholvergiftung diktiert. Oberst Gerbich war aber trotzdem gut gelaunt, da die unangenehmen Schmerzen heute und gestern nicht eingetreten waren und seine Zehe sich ruhig verhielt wie ein Lämmchen.

„Also was haben Sie eigentlich angestellt", fragte er Schwejk in liebenswürdigem Tone, und Leutnant Dub fühlte einen Stich im Herzen, was ihn dazu bewog, statt Schwejks zu antworten.

„Dieser Mann, Herr Oberst", stellte er Schwejk vor, „spielt sich auf einen Idioten auf, um mit seiner Blödheit seine Niedertracht zu bemänteln. Ich kenne zwar nicht den Inhalt der mit ihm eingelangten Akten, vermute aber nichtsdestoweniger, daß der Kerl wieder etwas angestellt hat, diesmal aber in größerem Maßstab. Wenn Sie erlauben, Herr Oberst, daß ich in den Inhalt des Aktenstückes Einblick nehme, könnte ich Ihnen entschieden eventuell bestimmte Direktiven geben, wie man mit ihm zu verfahren hat."

Sich an Schwejk wendend, sagte er zu ihm auf tschechisch: „Du saugst mir das

Mark aus den Knochen, nicht wahr?"

„Jawohl", antwortete Schwejk würdevoll.

„Da haben Sie ihn, Herr Oberst", fuhr Leutnant Dub auf deutsch fort. „Sie können ihn noch nichts fragen, Sie können mit ihm überhaupt nicht sprechen. Der Krug geht so lange zum Brunnen, bis er bricht, und man wird ihn exemplarisch bestrafen müssen. Erlauben Sie, Herr Oberst..."

Leutnant Dub vertiefte sich in das von dem Major in Przemysl verfaßte Aktenstück, und als er zu Ende gelesen hatte, rief er Schwejk feierlich zu: „Jetzt ist Schluß mit dir. Wohin hast du die ärarische Uniform gegeben?"

„Ich hab sie auf dem Teichdamm gelassen, wie ich probiert hab, wie sich die russischen Soldaten in diesen Hadern fühlen müssen", antwortete Schwejk, „das Ganze is eigentlich nichts anderes wie ein Irrtum."

Schwejk fing an, Leutnant Dub zu erzählen, was er wegen dieses Irrtums alles erlitten hatte, und als er schloß, brüllte ihn Leutnant Dub an: „Jetzt wirst du mich erst kennenlernen. Weißt du, was das ist, ärarisches Eigentum zu verlieren, du Fallott, weißt du, was das heißt, im Krieg die Uniform zu verlieren?"

„Melde gehorsamst, Herr Lajtnant", antwortete Schwejk, „ich weiß, wenn ein Soldat eine Uniform verliert, muß er eine neue fassen."

„Jesusmaria", schrie Leutnant Dub, „du Ochs, du Vieh, du wirst dich so lange mit mir spielen, daß du nach dem Krieg noch hundert Jahre nachdienen wirst."

Oberst Gerbich, der bisher still und rechtschaffen hinter dem Tisch gesessen hatte, schnitt plötzlich eine gräßliche Grimasse, denn seine bisher ruhige Zehe hatte sich pötzlich aus einem sanften und ruhigen Lämmchen durch einen Gichtanfall in einen brüllenden Tiger, in einen elektrischen Strom von 600 Volt, in ein von einem Schotterhammer langsam zermalmtes Glied verwandelt. Oberst Gerbich winkte nur mit der Hand und brüllte mit der fürchterlichen Stimme eines allmählich auf dem Rost gebratenen Menschen: „Alle heraus! Reichen Sie mir den Revolver!"

Das kannten bereits alle, deshalb stürzten sie samt Schwejk, den die Wache auf den Gang schleppte, aus dem Zimmer. Nur Leutnant Dub blieb und wollte noch in dieser ihm günstig scheinenden Stunde gegen Schwejk hetzen, deshalb sagte er dem grimassenschneidenden Oberst: „Ich erlaube mir, Sie darauf aufmerksam zu machen, Herr Oberst, daß dieser Mann..."

Der Oberst miaute und warf das Tintenfaß auf Leutnant Dub, worauf dieser erschrocken salutierte, „Allerdings, Herr Oberst" sagte und in der Tür verschwand.

Dann drang aus der Kanzlei des Obersten lange hindurch Gebrüll und Gewinsel, bis das schmerzliche Jammern schließlich verstummte. Die Zehe des Obersten hatte sich plötzlich wieder in ein ruhiges Lämmchen verwandelt, der Gichtanfall war vorüber, der Oberst klingelte und befahl, daß man ihm Schwejk wieder vorführe.

„Also was ist eigentlich mit dir los?" fragte der Oberst, als wäre alles Unangenehme von ihm abgefallen; ihm war so wohl und leicht zumut, als wälze er sich im Sand auf dem Meeresstrand herum. Schwejk lächelte den Oberst freundschaftlich an und erzählte ihm seine ganze Odyssee; er sei Ordonnanz der 11. Marschkompanie des 91. Regiments und wisse nicht, was man dort ohne ihn anfangen werde. Der Oberst lächelte gleichfalls und erteilte dann folgenden Befehl: Schwejk eine Soldatenkarte über Lemberg nach der Station Zoltanecz auszufertigen, wo morgen seine Marschkompanie eintreffen soll, und ihm im Magazin eine neue ärarische

Montur sowie 6 Kronen 82 Heller als Menagerelutum auf die Reise auszuhändigen. Als dann Schwejk in der neuen österreichischen Montur den Brigadestab verließ, um sich auf den Bahnhof zu begeben, saß Leutnant Dub beim Stab und war nicht wenig überrascht, als Schwejk sich streng militärisch bei ihm abmeldete, die Dokumente vorwies und besorgt fragte, ob er Oberleutnant Lukasch etwas von ihm bestellen solle. Leutnant Dub raffte sich zu keiner anderen Bemerkung auf, als zu dem Wörtchen: „Abtreten!" Und als er dem sich entfernenden Schwejk nachschaute, murmelte er nur vor sich hin: „Du wirst mich noch kennenlernen, Jesusmaria, du wirst mich kennenlernen..."

Auf der Station Zoltanecz war das ganze Bataillon Hauptmann Sagners versammelt; nur die „Nachhut" von der 14. Kompanie fehlte, die beim Abmarsch aus Lemberg irgendwo verlorengegangen war. Beim Betreten der Stadt befand sich Schwejk in einem vollständig neuen Milieu, denn hier war bereits an dem allgemeinen Treiben zu merken, daß man nicht allzu weit von der Front entfernt war, wo gekämpft wurde, überall lag Artillerie und Train, aus jedem Haus traten Soldaten der verschiedensten Regimenter, zwischen denen gleichsam als Elite die Reichsdeutschen umhergingen und als Aristokraten an die Österreicher Zigaretten aus ihren reichen Vorräten verteilten. Bei der reichsdeutschen Küche auf dem Ringplatz standen sogar Fässer mit Bier, aus denen man den Soldaten zum Mittagessen und Abendbrot Bier in Krüge verzapfte; um die Fässer schlichen wie naschhafte Kätzchen die vernachlässigten österreichischen Soldaten mit ihren von dem schmutzigen Absud der gesüßten Zichorie aufgeblähten Bäuchen herum.

Gruppen von Juden mit Schläfenlöckchen, in langen Kaftans, zeigten einander die Rauchwolken im Westen und fuchtelten mit den Händen herum, überall hieß es, daß es am Flusse Bug, in Uciszkow, Busk und Derewjan brenne.

Der Donner der Kanonen war deutlich hörbar. Bald darauf hieß es wieder, daß die Russen von Grabow her Kamionka Strumilowa bombardierten, daß man den ganzen Bug entlang kämpfe und daß das Militär die Flüchtlinge anhalte, die wieder in ihre Heimat zurückkehren wollten, überall herrschte Verwirrung, und niemand wußte etwas Bestimmtes, man vermutete, daß die Russen wieder zur Offensive übergegangen seien und ihren ununterbrochenen Rückzug an der ganzen Front eingestellt hätten.

Jeden Augenblick führten die Posten der Feldgendarmerie irgendeine eingeschüchterte Judenseele wegen Verbreitung falscher und trügerischer Nachrichten zum Hauptkommando des Städtchens. Dort wurden dann die unglücklichen Juden bis aufs Blut geschlagen und mit zerdroschenem Hintern nach Haus gejagt.

Mitten in diese Verwirrung kam nun Schwejk und forschte im Städtchen nach seiner Marschkompanie.

Schon auf dem Bahnhof wäre er beinahe mit dem Etappenkommando in Konflikt geraten. Als er sich dem Tisch näherte, wo den Soldaten, die ihre Truppenteile suchten, Informationen erteilt wurden, schrie ihn irgendein Korporal vom Tisch heran, ob er am Ende wolle, daß er seine Marschkompanie für ihn suchen gehe. Schwejk sagte ihm, er wolle nur wissen, wo hier im Städtchen die 11. Marschkompanie des 91. Regimentes einquartiert sei.

„Für mich is sehr wichtig", bekräftigte Schwejk, „daß ich weiß, wo die 11. Marschkompanie is, weil ich die Ordonnanz von ihr bin."

Zum Unglück saß am Nebentisch irgendein Stabsfeldwebel, der wie ein Tiger in die Höhe sprang und Schwejk anbrüllte: „Verfluchtes Schwein, du bist Ordonnanz und weißt nicht, wo deine Marschkompanie ist?"

Bevor Schwejk antworten konnte, verschwand der Stabsfeldwebel in der Kanzlei, und eine Weile später brachte er von dort einen dicken Oberleutnant mit, der so würdevoll aussah wie der Besitzer einer Großselcherei. Die Etappenkommandos pflegten auch Fangeisen für herumstreifende verwilderte Soldaten zu sein, die am liebsten während des ganzen Kriegs ihre Truppenkörper gesucht, sich in den Etappen herumgeschlagen und in langen Zügen an den Tischen auf den Etappenkommandos gewartet hätten, wo sich die Aufschrift befand: „Menagegeld."

Als der dicke Oberleutnant eintrat, schrie der Feldwebel: „Habt acht!", und der Oberleutnant fragte Schwejk: „Wo hast du die Dokumente?"

Schwejk legte sie dem Oberleutnant vor, und als sich dieser von der Richtigkeit der Marschroute Schwejks, von seinem Brigadestab nach Zoltanecz zu seiner Kompanie überzeugt hatte, gab er sie Schwejk wieder zurück und sagte huldvoll zu dem Korporal am Tisch: „Geben Sie ihm Informationen", worauf die Tür zur Kanzlei wieder geschlossen wurde. Nachdem die Türe hinter dem Oberleutnant zugefallen war, packte der Stabsfeldwebel Schwejk an der Schulter, führte ihn zur Türe und erteilte ihm folgende Information: „Schau, daß du verschwindest, du Stinkvieh!"

Und so befand sich Schwejk abermals im Unklaren und forschte nun nach jemandem Bekannten vom Bataillon. Er ging lange in den Gassen hin und her, bis er schließlich alles auf eine Karte setzte. Er hielt einen Oberst an und fragte ihn in seinem gebrochenen Deutsch, ob er vielleicht wisse, wo Schwejks Bataillon mit der Marschkompanie liege.

„Mit mir kannst du Tschechisch sprechen", sagte der Oberst, „ich bin auch ein

Tscheche. Dein Bataillon liegt nebenan im Dorfe Klimontow hinter der Bahn, und ins Städtchen darf man nicht, weil sich die Soldaten von eurer Kompanie gleich nach ihrer Ankunft auf dem Marktplatz mit den Bayern gerauft haben."

Schwejk machte sich also auf den Weg nach Klimontow. Der Oberst rief ihn zurück, griff in die Tasche, gab Schwejk fünf Kronen, damit er sich dafür Zigaretten kaufe, nahm nochmals freundschaftlich von ihm Abschied, entfernte sich und dachte im Geiste: „Was für ein sympathischer Soldat."

Schwejk setzte seinen Weg ins Dorf fort und dachte über den Oberst nach. Dabei kam er zu dem Schlusse, daß es vor zwölf Jahren in Trient einen Oberst namens Habermater gegeben hatte, der sich den Soldaten gegenüber auch so freundlich benahm, worauf es sich dann herausgestellt hatte, daß er homosexuell war, denn er wollte in einem Bad an der Ada einen Kadett-Aspiranten schänden und drohte ihm dabei mit dem Dienstreglement.

In solch düstere Gedanken versunken, erreichte Schwejk langsam das unferne Dorf; es bereitete ihm keine große Mühe, den Bataillonsstab zu finden, denn obwohl sich das Dorf sehr in die Länge zog, befand sich darin nur ein einziges anständiges Gebäude, die große Volksschule, die in dieser rein ukrainischen Gegend von der galizischen Landesverwaltung zwecks ausgiebiger Polonisierung der Gemeinde erbaut worden war.

Die Schule hatte während des Krieges einige Phasen durchgemacht. Einigemal waren hier russische Stäbe, österreichische Stäbe einquartiert gewesen, eine Zeitlang, während der großen Schlachten, die über das Schicksal Lembergs entschieden, war der Turnsaal als Operationssaal benutzt worden. Hier wurden Beine und Arme abgeschnitten und Kopftrepanationen durchgeführt.

Hinter der Schule im Schulgarten befand sich eine große trichterförmige Grube, die durch die Explosion einer großkalibrigen Granate entstanden war. In der Ecke des Gartens stand ein starker Birnbaum; auf einem Ast desselben hing ein Stück eines entzweigeschnittenen Stricks, an dem kurz vorher der griechisch-katholische Pfarrer des Ortes gehangen hatte, der auf Grund einer Anzeige des polnischen Ortslehrers gehängt worden war; der Lehrer hatte angegeben, daß der Pfarrer Mitglied einer Gruppe von Altrussen sei und während der russischen Okkupation in der Kirche eine Messe für den Sieg des russischen rechtgläubigen Zaren gelesen habe. Das war zwar nicht wahr, denn der Angeklagte war zu jener Zeit gar nicht im Orte anwesend, sondern hielt sich gerade in einem kleinen vom Kriege unberührten Badeort, in Bodlina-Zamurowan, zur Kur seiner Gallensteine auf, allein, das tat nichts zur Sache. Bei der Hinrichtung des griechisch-katholischen Pfarrers spielten einige Umstände mit: die Nationalität, die religiöse Streitfrage und eine Henne. Der unglückliche Pfarrer hatte nämlich knapp vor dem Kriege in seinem Garten eine von den Hennen des Lehrers, die ihm die eingesetzten Melonenkörner aus dem Boden gepickt hatten, erschlagen. Nach dem Tode des griechisch-katholischen Pfarrers blieb das Pfarrgebäude verwaist zurück, und man kann sagen, daß jeder etwas zum Andenken an den Herrn Pfarrer mitnahm.

Ein polnisches Bäuerlein trug sogar das alte Klavier mit nach Hause, dessen Deckel er zum Ausbessern der Türe seines Schweinestalls benützte. Einen Teil der Möbel spalteten die Soldaten, wie dies üblich war, und nur durch einen glücklichen Zufall blieb der große Küchenofen unberührt, der eine ausgezeichnete Herdplatte hatte, denn der griechisch-katholische Pfarrer war in keiner Hinsicht anders als seine Ultra-Kollegen; er legte großen Wert aufs Essen und hatte gern viele Töpfe und Pfannen auf dem Herd und in der Röhre stehen.

Es war zur Tradition geworden, daß von allen durchmarschierenden Truppen in dieser Küche für die Offiziere gekocht wurde. Oben, in dem großen Zimmer, richtete man eine Art Offizierskasino ein. Tische und Stühle verschaffte man sich von der Dorfbevölkerung.

An jenem Tage veranstalteten die Offiziere des Bataillons gerade ein Festmahl; sie hatten aus gemeinsamer Kasse ein Schwein gekauft, und Koch Jurajda rüstete für die Offiziere ein Schweinefest; er war umringt von verschiedenen Günstlingen aus den Reihen der Offiziersburschen, unter denen die Hauptrolle der Rechnungsfeldwebel spielte. Er erteilte Jurajda Ratschläge, wie der Schweinskopf zu zerlegen sei, damit ein Stück vom Rüssel übrigbleibe.

Die heißhungrigsten Augen von allen jedoch hatte Nimmersatt Baloun. So etwa schauen Menschenfresser lüstern und begierig zu, wenn von einem auf dem Rost gebratenen Missionär das Fett träufelt und beim Schmoren einen angenehmen Duft ausströmt. Baloun war ungefähr so zumute wie einem Hund, der einen Wagen mit Milch zieht und an dem ein Selcherlehrling mit einem Korb voll frisch geräucherter Würste auf dem Kopf vorbeigeht. Aus dem Korb baumelt eine Kette von Würsten auf seinen Rücken herab, man brauchte nur nach ihnen zu springen und zu schnappen, wenn nicht der verfluchte Maulkorb und das widerwärtige Riemenzeug wäre, in das der bedauernswerte Hund eingespannt ist. Und die Leberwurstfülle, die die erste Epoche ihrer Geburt durchlebte, ein ungeheures Leberwurstembryo, ein großer Haufen auf dem Hackbrett, roch nach Pfeffer, Fett und Leber.

Jurajda hantierte mit aufgestülpten Ärmeln so ernsthaft, daß er dem Bilde Gottes, wie dieser aus dem Chaos die Erdkugel schafft, hätte zum Modell dienen können. Baloun konnte nicht mehr an sich halten und schluchzte auf. Sein Schluchzen steigerte sich zu einem unstillbaren Weinen. „Was brüllst du wie ein Stier?" fragte ihn Koch Jurajda.

„Ich hab mich so an zu Haus erinnert", antwortete Baloun unter Schluchzen, „wie ich immer zu Haus dabei war, und wie ich nie nicht mal meinem besten Nachbarn was davon schicken wollt, ich hab nur immer alles allein auffressen wolln und auch aufgefressen. Einmal hab ich mich so mit Leberwürsten, Blutwürsten und Wellfleisch angepampft, daß alle gemeint ham, daß ich zerspringen wer, und mich mit einer Peitsche im Hof im Kreise herumgejagt ham, wie wenn eine Kuh nach zuviel Klee aufgebläht is. Herr Jurajda, erlauben Sie mir einen Griff in die Fülle, soll ich dann angebunden wern, sonst überleb ich diese Martern nicht."

Baloun stand von der Bank auf, trat schwankend wie ein Betrunkener zum Tisch und streckte seine Pratze in der Richtung der Wurstfülle aus.

Ein hartnäckiger Kampf entspann sich. Nur mit Mühe konnten ihn sämtliche Anwesende davon abhalten, sich auf die Fülle zu stürzen. Sie konnten jedoch nicht verhindern, daß er, als sie ihn aus der Küche hinauswerfen, in seiner Verzweiflung in den Topf mit den eingeweichten Därmen für die Leberwürste griff.

Koch Jurajda war so aufgeregt, daß er dem fliehenden Baloun ein ganzes Bündel Speile nachwarf und ihm nach brüllte: „Friß dich an den Speilen satt, Biest!"

Um diese Zeit waren oben schon die Offiziere des Bataillons versammelt, und während sie feierlich erwarteten, was unten in der Küche in die Welt gesetzt wurde, tranken sie in Ermangelung eines anderen Getränkes ordinären, mittels eines Zwiebelabsuds gelb gefärbten Kornbranntwein, von dem der jüdische Händler behauptete, daß es der echteste französische Kognak sei, den er von seinem Vater geerbt habe, der ihn seinerseits vom Großvater geerbt habe.

„Du Kerl, du", sagte ihm bei dieser Gelegenheit Hauptmann Sagner, „wenn du noch sagst, daß ihn dein Urgroßvater von einem Franzosen gekauft hat, wie er aus Moskau flüchtete, so laß ich dich einsperren, und du wirst spinnen, bis der Jüngste von deiner Familie der Älteste sein wird."

Während sie bei jedem Schluck den unternehmungslustigen Juden verfluchten, saß Schwejk schon in der Bataillonskanzlei, wo sich niemand anders befand als der Einjährig-Freiwillige Marek, der als Bataillonshistoriker die Rast des Bataillons in Zoltanecz benutzt hatte, um auf Vorrat einige siegreiche Kämpfe zu beschreiben, die unbedingt in der Zukunft stattfinden mußten.

Vorläufig entwarf er nur diverse Skizzen, und als Schwejk eintrat, hatte er gerade

659

niedergeschrieben: „Wenn vor unserem geistigen Auge all die Helden auftauchen, die an dem Kampf bei dem Dorfe N., wo an der Seite unseres Bataillons ein Bataillon des Regimentes N. und ein zweites Bataillon des Regimentes N. kämpften, teilgenommen haben, dann erkennen wir, daß unser n.-tes Bataillon die glänzendsten strategischen Fähigkeiten an den Tag legte und unstreitig zu dem Siege der n.-ten Division beigetragen hat, die die Aufgabe hatte, unsere Linie im Abschnitt N. definitiv zu festigen."

„Na also, siehst du", sagte Schwejk zum Einjährig-Freiwilligen, „ich bin schon wieder da."

„Erlaube, daß ich dich beschnuppere", sagte der Einjährig-Freiwillige Marek angenehm berührt, „hm, du stinkst wirklich nach Kriminal."

„Wie gewöhnlich", sagte Schwejk, „war es nur ein kleines Mißverständnis; und was machst du?"

„Wie du siehst", antwortete Marek, „werfe ich die heldenmütigen Reiter Österreichs aufs Papier, aber es will mir irgendwie nicht klappen, lauter Schweinedreck kommt heraus. Ich unterstreiche darin das ‚N', ein Buchstabe, der sowohl in der Gegenwart wie in der Zukunft eine ungewöhnliche Bedeutung in sich birgt. Außer meinen früheren Eigenschaften hat Hauptmann Sagner noch ein ungewöhnliches mathematisches Talent in mir entdeckt. Ich muß die Bataillonsrechnungen kontrollieren und bin bisher zu dem Rechnungsabschluß gekommen, daß das Bataillon vollständig passiv ist und nur darauf wartet, sich mit seinen russischen Gläubigern ausgleichen zu können, da nach einer Niederlage, ebenso wie nach einem Sieg am meisten gestohlen wird, übrigens ist das alles wurscht. Auch wenn wir bis auf den letzten Mann aufgerieben werden sollten, hier sind die Dokumente über unsern Sieg, denn ich als Bataillonsgeschichtsschreiber habe die Ehre, schreiben zu dürfen: ‚Eine neuerliche Wendung gegen den Feind, der bereits geglaubt hatte, der Sieg sei auf seiner Seite. Ein Ausfall unserer Krieger und ein Bajonettangriff waren das Werk eines Augenblicks. Der Feind flieht verzweifelt, wirft sich in die eigenen Schützengräben, wir stechen ohne Gnade in ihn hinein, so daß er in Unordnung seine Schützengräben verläßt und in unseren Händen verwundete und unverwundete Gefangene zurückläßt. Es ist einer der feierlichsten Augenblicke. Wer es überlebt, schreibt per Feldpost eine Karte nach Hause: „Haben übern Arsch gekriegt, teure Frau! Ich bin gesund. Hast du schon unsern Fratz abgestillt? Lehr ihn nur nicht fremden Leuten ‚Vater' sagen, da das für mich traurig wäre.'"

Die Zensur streicht dann auf der Karte das: ‚Haben übern Arsch gekriegt', da man nicht weiß, um wen es sich handelt und im Hinblick auf die unklare Ausdrucksweise mancherlei kombinieren könnte."

„Die Hauptsache is, klar zu sprechen", bemerkte Schwejk. „Wie die Missionäre im Jahre 1912 beim heiligen Ignaz in Prag gepredigt ham, da war dir dort ein Prediger, und der hat von der Kanzel heruntergesagt, daß er wahrscheinlich niemanden im Himmel wiedersehn wird. Und bei diesem Abendexerzitium war ein Klempner namens Kulischek zugegen, und der hat nach der Andacht im Gasthaus erzählt, daß der Missionär herich viel Sachen hat anstellen müssen, wenn er in der Kirche, wie bei einer öffentlichen Beichte ankündigt, daß er niemanden im Himmel wiedersehen wird; warum man solche Leute auf die Kanzel schickt. Man soll immer klar und deutlich sprechen, und nicht in solchen Schnörkeln. Beim ‚Brejschka' war vor Jahren ein Kellermeister, und der hat in der Gewohnheit gehabt, wenn er in Wut war und nach der Arbeit nach Haus gegangen is, sich in einem Nachtcafe aufzuhalten und fremden Gästen zuzutrinken und immer beim Zutrinken zu sagen: ‚Wir wern uns auf euch, ihr werdet euch auf uns...' Dafür hat er mal von einem anständigen Herrn so eins übers Maul gekriegt, daß der Cafetier früh, wie er die Zähne ausgekehrt hat, sein Töchterchen gerufen hat, was in die fünfte Volksschulklasse gegangen is, und sie gefragt hat, wieviel Zähne ein erwachsener Mensch im Mund hat. Weil sies nicht gewußt hat, so hat er ihr zwei Zähne herausgeschlagen, und am dritten Tag hat er eine Zuschrift vom Kellermeister gekriegt, in der sich dieser für alle Unannehmlichkeiten entschuldigt hat, daß er nichts Ordinäres hat sagen wolln. Aber daß man ihn immer mißversteht, weil es eigentlich lauten soll: ‚Ihr werdet euch auf uns, wir wern uns auf euch nicht ärgern!' Wer zweideutige Sachen redet, muß sichs zuerst überlegen. Ein aufrichtiger Mensch, was spricht, wie ihm der Schnabel gewachsen ist, kriegt selten übers Maul. Und wenns ihm paarmal passiert ist, dann gibt er sich überhaupt acht und hält lieber in Gesellschaft die Guschen. Es is wahr, daß von so einem Menschen jeder denkt, er is geschnapst, und Gott weiß wie, und daß man ihn auch oft verprügelt, aber das bringt schon seine Überlegenheit mit sich, seine Selbstbeherrschung, weil er damit rechnen muß, daß er allein is und gegen ihn viele Menschen, was sich beleidigt fühlen, und wenn er anfangen möcht, sich mit ihnen herumzuschlagen, könnt er noch doppelt soviel abkriegen. So ein Mensch muß bescheiden und geduldig sein. In Nusle lebte ein gewisser Herr Hauber, den hat man mal Sonntag in Kundratitz auf der Straße aus Versehn mitn Messer gestochen, wie er von einem Ausflug von der Bartunek-Mühle heimgegangen is. Und er is mit dem Messer im Rücken nach Haus gekommen, und wie ihn seine Frau den Rock ausgezogen hat, hat sies ihm hübsch ausn

Rücken herausgezogen, und Vormittag hat sie schon mit dem Messer Fleisch auf Gulasch zerschnitten, weil es aus Solinger Stahl und gut geschliffen war und sie lauter stumpfe Messer zu Haus gehabt ham. Sie hat dann eine ganze Garnitur von solchen Messern in die Wirtschaft ham wolln und hat ihn immer Sonntag auf einen Ausflug nach Kundratitz geschickt, aber er war so bescheiden, daß er nirgends woanders hingegangen is als zu ‚Banzet' nach Nusle, denn wenn er dort in der Küche gesessen ist, hat er gewußt, daß ihn der Wirt Banzet herauswirft, bevor ihn jemand anrühren kann."

„Du hast dich gar nicht verändert", sagte der Einjährig-Freiwillige.

„Nicht verändert", sagte Schwejk, „ich habe keine Zeit dazu gehabt. Man hat mich sogar erschießen wolln, aber das war noch nicht das ärgste, ich hab seit dem zwölften noch nirgendwo meine Löhnung gekriegt."

„Bei uns wirst du sie jetzt nicht kriegen, weil wir nach Sokal gehn und die Löhnung erst nach der Schlacht ausgezahlt werden wird, wir müssen sparen. Wenn ich annehme, daß das Vergnügen in vierzehn Tagen abgetan sein wird, so belaufen sich die Ersparnisse bei jedem gefallenen Soldaten samt Zulage auf 24 Kronen 72 Heller."

„Und was gibts sonst Neues bei euch?"

„Erstens ist uns die Nachhut verlorengegangen, dann gibts für das Offizierskorps in der Pfarre ein Schweinefest, und die Mannschaft treibt sich im Dorf herum und verübt allerhand Unsittlichkeiten an der hiesigen weiblichen Bevölkerung. Vormittag hat man einen Soldaten von eurer Kompanie angebunden, weil er einem siebzigjährigen Weib auf den Dachboden nachgekrochen ist. Der Mensch ist unschuldig, denn im Tagesbefehl ist nichts davon gestanden, bis zu wieviel Jahren es erlaubt ist."

„Das denk ich mir auch", sagte Schwejk, „daß der Mensch unschuldig is, weil, wenn so eine alte Babe auf der Leiter hinaufkriecht, so sieht man ihr nicht ins Gesicht. Grad so ein Fall is dir auf den Manövern bei Tabor passiert. Ein Zug von uns war im Gasthaus einquartiert, und ein Frauenzimmer hat im Vorzimmer den Fußboden gescheuert, und ein gewisser Chramosta hat sich an sie herangemacht und hat ihr - wie soll ichs sagen - die Röcke getätschelt. Sie hat sehr entwickelte Röcke gehabt, und wie er sie so getätschelt hat, so macht sie, wie wenn nichts war, er tätschelt sie zum zweitenmal, tätschelt sie zum drittenmal, sie wieder wie wenns sie nichts angehn mächt, so hat er sich dir zu einer Tat entschlossen und sie hat ruhig weiter den Fußboden gescheuert, und dann dreht sie sich mitn ganzen Gesicht zu ihm um und sagt: ‚Schön hab ich dich drangekriegt.' Die Alte war über siebzig Jahre alt, und sie hats dann im ganzen Dorf herumerzählt. - Und jetzt mächt ich mir erlauben zu fragen, ob du in meiner Abwesenheit nicht auch eingesperrt warst?"

„Es war keine Gelegenheit dazu", entschuldigte sich Marek, „dagegen muß ich dir, soweit es dich betrifft, mitteilen, daß das Bataillon einen Haftbefehl gegen dich erlassen hat."

„Das macht nichts", meinte Schwejk, „da ham sie ganz recht gehabt, das Bataillon hat das tun müssen und einen Haftbefehl gegen mich erlassen müssen, das war seine Pflicht, weil man so lange nichts von mir gewußt hat. Das war gar keine Übereilung vom Bataillon. - Du sagst also, daß alle Offiziere auf der Pfarre beim Schweinefest sind? Da muß ich hingehn und mich vorstelln, daß ich wieder hier bin, der Herr Oberlajtnant Lukasch hat ohnehin sicher große Sorgen um mich gehabt." Schwejk machte sich in festem Soldatenschritt auf den Weg nach der Pfarre, wobei er sang:

> „Schau mich an und staune.
> Meine Lust und Freude,
> Schau mich an und staune,
> Was für einen Herrn
> man aus mir gemacht hat..."

Dann stieg Schwejk in der Pfarre die Stiegen empor, dorthin, woher die Stimmen der Offiziere drangen.

Man sprach von allem möglichen und redete gerade über die Brigade und über die Unordnung, die dort beim Stab herrsche; auch der Brigadeadjutant warf einen Stein auf die Brigade, indem er bemerkte: „Wir haben doch wegen Schwejk telegrafiert, der Schwejk..."

„Hier!" rief durch die halbgeöffnete Türe Schwejk, trat ein und wiederholte: „Hier! Melde gehorsamst, Infanterist Schwejk, Kompanieordonnanz der 11. Marschkompanie!"

Als er Hauptmann Sagners und Oberleutnant Lukaschs verdutzte Gesichter sah, auf denen sich eine gewisse stille Verzweiflung spiegelte, wartete er keine Frage ab, sondern rief: „Melde gehorsamst, man hat mich erschießen wolln, weil ich Seine Majestät den Kaiser verraten hab."

„Um Christi willen, was reden Sie da, Schwejk?" schrie der bleiche Oberleutnant Lukasch verzweifelt.

„Melde gehorsamst, das war so, Herr Oberlajtnant..."

Und Schwejk fing an, umständlich zu schildern, wie das alles eigentlich gekommen war.

Die Offiziere blickten ihn mit herausgewälzten Augen an, während er mit allen erdenklichen Einzelheiten in seiner Erzählung fortfuhr und zum Schluß nicht zu bemerken vergaß, daß auf dem Damm des Teiches, wo ihm das Unglück begegnet war, Vergißmeinnicht wuchsen. Als er dann die Namen der Tataren nannte, die er auf seiner Pilgerfahrt kennengelernt hatte, zum Beispiel den Namen Hallimulaballbej, dem er eine ganze Reihe selbst erfundener Namen, wie Waliwolawaliwej, Malimula-Malimej hinzufügte, konnte der Oberleutnant nicht mehr die Bemerkung verbeißen: „Daß ich Ihnen eins aufhau, Sie Rindvieh, fahren Sie fort, kurz, aber zusammenhängend!"

Und Schwejk fuhr mit der ihm eigenen Konsequenz fort; als er dann beim Standgericht, beim General und beim Major angelangt war, ließ er nicht unerwähnt, daß der General auf dem linken Auge schielte und der Major blaue Augen hatte.

„Auf dem Kopfe eine Platte", fügte er dann in einem Vers hinzu. Hauptmann Zimmermann, Kompaniekommandant der 12. Kompanie, warf das Töpfchen, aus dem er den kräftigen Branntwein des Juden getrunken hatte, auf Schwejk.

Das brachte Schwejk jedoch nicht aus der Ruhe, und er erzählte, wie es dann zum geistlichen Trost gekommen sei und wie der Major bis früh in seinen Armen geschlafen habe. Dann verteidigte er glänzend die Brigade, wohin man ihn gesandt hatte, als das Bataillon seine Auslieferung als Vermißten gefordert hatte. Und als er dann vor Hauptmann Sagner seine Dokumente ausbreitete, aus denen hervorging, daß ihn die hohe Brigadeinstanz von jedwedem Verdacht reingewaschen hatte, meinte er: „Ich erlaube mir gehorsamst zu bemerken, daß Herr Lajtnant Dub sich mit Gehirnerschütterung bei der Brigade befindet und alle grüßen läßt. Bitte um die Löhnung und um die Tabakzulage."

Hauptmann Sagner und Oberleutnant Lukasch tauschten untereinander fragende Bücke aus, allein in diesem Augenblick öffnete sich bereits die Türe und herein wurde in einem Zuber die dampfende Leberwurstsuppe getragen. Das war der Beginn all der Freuden, derer man hier harrte. „Sie verdammter Kerl, Sie", sagte Hauptmann Sagner in Anbetracht der nahenden Genüsse gut gelaunt zu Schwejk, „Sie hat nur das Schweinefest gerettet."

„Schwejk", fügte Oberleutnant Lukasch hinzu, „wenn noch etwas passiert, wirds mit Ihnen schlecht enden."

„Melde gehorsamst, daß es mit mir schlecht enden muß", sagte Schwejk, „wenn man beim Militär is, muß man wissen..."

„Verschwinden Sie!" brüllte ihn Hauptmann Sagner an. Schwejk verschwand und begab sich hinunter in die Küche. Der bestürzte Baloun war bereits zurückgekehrt und bat, seinen Oberleutnant Lukasch beim Essen bedienen zu dürfen.

Schwejk kam geradezu der Polemik zwischen Koch Jurajda und Baloun, Jurajda benützte dabei ziemlich unverständliche Ausdrücke.

„Du bist ein gefräßiges Berstel", sagte er zu Baloun, „du würdest fressen, bis du schwitzen möchtest, und wenn ich dich die Leberwürste hinauftragen lassen mächt, würdest du dich mit ihnen auf der Stiege dem Satan verschreiben."

Die Küche hatte nunmehr ein anderes Aussehen. Die Rechnungsfeldwebel der Bataillone und Kompanien naschten dem Rang nach, einem von Koch Jurajda ausgearbeiteten Plan gemäß. Die Bataillonsschreiber, die Kompanietelefonisten und einige Chargen aßen gierig aus einem rostigen Waschbecken die mit heißem Wasser verdünnte Leberwurstsuppe, um auch etwas abzubekommen.

„Nazdar!" sagte Rechnungsfeldwebel Wanek, eine Klaue abnagend, zu Schwejk. „Vor einer Weile war unser Einjährig-Freiwilliger Marek hier und hat uns mitgeteilt, daß Sie wieder hier sind und eine neue Montur anhaben. Sie ham mich jetzt in eine hübsche Schlamastik hineingebracht. Er hat mir Angst eingejagt, daß wir die Montur jetzt nicht mit der Brigade wern verrechnen können. Ihre Montur hat man auf dem Teichdamm gefunden, und wir hams schon durch die Bataillonskanzlei der Brigade gemeldet. Bei mir sind Sie als beim Baden ertrunken geführt. Sie ham überhaupt nicht mehr zurückkommen und uns mit den zwei Monturen Unannehmlichkeiten machen müssen. Sie wissen gar nicht, was Sie dem Bataillon eingebrockt ham. Jeder Teil Ihrer Montur is bei uns verzeichnet. Er befindet sich im Verzeichnis der Monturen bei mir und bei der Kompanie als Zuwachs. Die Kompanie hat nun keine vollständige Montur mehr. Davon hab ich dem Bataillon Mitteilung gemacht. Jetzt bekommen wir von der Brigade die Verständigung, daß Sie dort eine neue Montur bekommen ham. Da das Bataillon derweil in den Bekleidungsausweisen anzeigt, daß ein Zuwachs von einer kompletten Montur ... Ich kenn das, draus kann eine Revision wern. Wenn sichs um so eine Kleinigkeit handelt, kommen sie von der Intendanz zu uns gefahren. Wenn 2000 Paar Stiefel verlorengehn, kümmert sich kein Mensch drum..."

„Aber uns is Ihre Montur verlorengegangen", sagte Wanek tragisch, indem er aus dem Knochen, der ihm in die Hände gefallen war, das Mark sog und den Rest mit einem Streichholz, das er als Zahnstocher benützt hatte, herausbohrte, „wegen so einer Kleinigkeit kommt bestimmt eine Inspektion her. Wie ich in den Karpaten war, is eine Inspektion zu uns gekommen, weil wir nicht den Befehl eingeholten ham, den erfrorenen Soldaten die Stiefel unbeschädigt auszuziehen. Man hat sie heruntergezogen und heruntergezogen, und dabei sind sie bei zweien geplatzt und einer hat sie schon vorn Tod zerrissen gehabt. Und das Malör war fertig. Ein Oberst von der Intendanz is gekommen, und wenn er nicht gleich, wie er gekommen is, von der russischen Seite eins in den Kopf erwischt hatt und ins Tal hinuntergekollert war, weiß ich nicht, was passiert war."

„Hat man ihm auch die Stiefel abgezogen?" fragte Schwejk interessiert.

„Ja", sagte Wanek melancholisch, „aber niemand hat gewußt wer, so daß wir diese Stiefel von dem Oberst nicht mal in den Ausweis ham aufnehmen können."

Koch Jurajda kehrte von oben zurück, und sein erster Blick galt dem vernichteten Baloun, der traurig und niedergeschlagen auf der Bank beim Ofen saß und in fürchterlicher Verzweiflung auf seinen abgemagerten Bauch blickte.

„Du gehörst unter die Sekte der Hesychasten", sagte der gelehrte Koch Jurajda mitleidig, „die haben auch den ganzen Tag auf ihren Nabel geschaut, bis ihnen vorgekommen ist, daß ihnen um den Nabel herum ein Heiligenschein leuchtet. Dann haben sie geglaubt, daß sie den dritten Grad der Vollkommenheit erreicht haben."

Jurajda griff in die Ofenröhre und entnahm ihr eine Blutwurst.

„Friß, Baloun", sagte er freundlich, „friß dich an, bis du zerspringst, erstick, du Vielfraß."

Baloun schossen Tränen in die Augen.

„Zu Haus, wenn wir geschlachtet ham", erklärte Baloun weinerlich, während er die kleine Blutwurst verspeiste, „hob ich zuerst ein tüchtiges Stück Wellfleisch aufgegessen, den ganzen Rüssel, das Herz, ein Ohr, ein Stück Leber, die Niere, die Milz, ein Stück Schlegel, die Zunge und dann..."

Und mit leiser Stimme fügte er hinzu, als erzählte er ein Märchen:

„Und dann sind die Leberwürste gekommen, sechs Stück, zehn Stück und dickbäuchige Blutwürste mit Graupen und Semmeln, daß du gar nicht weißt, wohinein man zuerst beißen soll, in die aus Semmeln oder in die aus Graupen. Alles zerfließt auf der Zunge, alles duftet, und der Mensch frißt und frißt."

„So denk ich mir", fuhr Baloun zu jammern fort, „daß mich die Kugeln verschonen wern, aber der Hunger wird mich umbringen, und ich wer nie mehr im Leben so eine Pfanne mit Wurstfülle sehn wie zu Haus. Sülz hab ich nicht so gern gehabt, weils zittert und nichts ausgibt. Die Frau wieder hat sich für Sülz erschlagen lassen, und ich hab ihr in die Sülz nicht mal ein Stück Ohr gegönnt, weil ich alles allein auffressen wollt, so wies mir am besten geschmeckt hat.

Ich hab sie mir nicht geschätzt, die Leckerbissen nämlich, den Überfluß, und dem Schwiegervater auf dem Altenteil hab ich mal sogar ein Schwein abgeleugnet; ich habs geschlachtet und aufgefressen, und dann hats mir noch leid getan, ihm, dem armen Alten, auch nur ein kleines Stück davon zu schicken - und er hat mir prophezeit, daß ich mal vor Hunger krepiern wer."

„Und schon is es da, das Malör", sagte Schwejk, dem heute unwillkürlich Verse von den Lippen strömten.

Koch Jurajda hatte den plötzlichen Anfall von Mitleid mit Baloun bereits überwunden; Baloun wandte sich auffällig rasch zum Herd, zog aus der Tasche ein Stück Brot hervor und versuchte, die ganze Scheibe in die Soße zu tauchen, die in einer großen Pfanne auf allen Seiten eines großen Schweinebratens brodelte.

Jurajda schlug ihn über die Hand, so daß die Brotscheibe in die Soß fiel, wie wenn ein Schwimmer auf der Schwimmschule von der Brücke in den Fluß springt.

Ohne ihm Gelegenheit zu geben, den Leckerbissen aus der Pfanne zu ziehen, packte Jurajda Baloun und warf ihn zur Tür hinaus. Der bestürzte Baloun sah noch durchs Fenster, wie Jurajda mit der Gabel die von der Soße braun gefärbte Brotscheibe herauszog, ein von der Oberfläche des Bratens abgeschnittenes Stück Fleisch hinzufügte und es mit den Worten: „Essen Sie, mein bescheidener Freund", Schwejk reichte.

„Jungfrau Maria", jammerte Baloun hinter dem Fenster, „mein Brot is beim Teufel." Mit den langen Armen schlenkernd, ging er ins Dorf, um etwas für den Gaumen aufzutreiben.

Während Schwejk die edelmütige Gabe Jurajdas verzehrte, sagte er mit vollem Mund: „Da bin ich wirklich gern, daß ich wieder unter den Meinigen bin. Es möcht mich sehr verdrießen, wenn ich der Kompanie nicht länger meine wertvollen Dienste erweisen könnte."

Und sich die von der Brotscheibe geflossenen Tropfen und das Fett vom Kinn wischend, fuhr er fort:

„Weiß Gott, weiß Gott, was ihr hier ohne mich angefangen hättet, wenn man mich dort irgendwo zurückbehalten hätt und der Krieg sich noch um paar Jahre verlängern tät."

Rechnungsfeldwebel Wanek fragte mit Interesse: „Was meinen Sie, Schwejk, wird der Krieg lange dauern?"

„Fünfzehn Jahre", antwortete Schwejk. „Das ist selbstverständlich, weils schon einmal einen dreißigjährigen Krieg gegeben hat, und wir jetzt um die Hälfte gescheiter sind wie früher, also 30:2 = 15."

„Der Putzfleck unseres Hauptmanns", ließ sich Jurajda vernehmen, „hat erzählt, daß er gehört hat, daß wir, sobald wir die Grenzen Galiziens besetzt haben werden, nicht mehr weiterziehn werden. Die Russen werden dann anfangen wegen Frieden zu verhandeln."

„Das möcht nicht mal dafür stehn, Krieg zu führen", sagte Schwejk nachdrücklich. „Wenn schon Krieg, so solls ein ordentlicher Krieg sein. Ich wer entschieden nicht früher von Frieden reden, solang wir nicht in Moskau und in Petersburg sind. Das steht doch nicht dafür, wenns schon einen Weltkrieg gibt, nur hinter den Grenzen herumzustänkern. Nehmen wir zum Beispiel die Schweden während dem Dreißigjährigen Krieg. Von wo waren die her und sind doch bis zu Deutsch-Brod und Leipnik gekommen und ham dort so eine Bresche geschlagen, daß man dort noch heut in den Gasthäusern nach Mitternacht schwedisch spricht, so daß sich gegenseitig niemand versteht. Oder die Preußen, die waren auch nicht grad Nachbarn, und in Leipnik gibts nach ihnen Preußen in Überfluß. Sie sind bis nach Jedouch und nach Amerika gekommen und wieder zurück."

„Übrigens", sagte Jurajda, den das Schweinefest heute vollständig aus dem Gleichgewicht gebracht und verwirrt hatte, „sind alle Menschen aus Karpfen entstanden. Nehmen wir die Entwicklungstheorie Darwins, liebe Freunde..."

Seine weiteren Erwägungen wurden durch den Eintritt des Einjährig-Freiwilligen Marek unterbrochen. „Rette sich, wer kann", rief Marek. „Leutnant Dub ist vor einer Weile mit einem Automobil beim Bataillonsstab angekommen und hat den beschissenen Kadetten Biegler mitgebracht."

„Es ist schrecklich mit ihm", setzte Marek seine Information fort, „wie er mit ihm aus dem Automobil geklettert ist, ist er in die Kanzlei gestürzt. Ihr wißt, daß ich die Absicht gehabt hab, wie ich von hier gegangen bin, ein Schläfchen zu machen, ich hab mich also in der Kanzlei auf eine Bank gestreckt und hab grad angefangen einzuschlafen, wie er auf mich zuspringt. Kadett Biegler hat gebrüllt: ‚Habt acht!' Leutnant Dub hat mich auf die Füße gestellt, und dann hat er losgelegt: ‚Da schaun Sie, was, wie ich Sie In der Kanzlei bei Nichterfüllung Ihrer Pflicht überrascht hab! Geschlafen wird erst nach dem Zapfenstreich', wozu Biegler hinzufügte: ‚Abschnitt 16, § 9 der Kasernenordnung.' Dann hat Leutnant Dub mit der Faust auf den Tisch geschlagen und geschrien: ‚Vielleicht habt ihr mich beim Bataillon loswerden wollen, glaubt nicht, daß es Gehirnerschütterung war, mein Schädel hält schon was aus.' Kadett Biegler hat inzwischen auf dem Tisch geblättert und dabei laut für sich aus einem Schriftstück vorgelesen: ‚Divisionsbefehl Nr. 280!' Der Leutnant hat gedacht, daß er sich über ihn wegen des letzten

Satzes, daß sein Schädel was aushält, lustig macht, und hat anfangen, ihm sein unwürdiges und freches Verhalten älteren Offizieren gegenüber vorzuhalten, und jetzt führt er ihn her zum Hauptmann, um sich über ihn zu beschweren."

Kurz darauf kamen die beiden in die Küche, die man passieren mußte, um in das Zimmer zu gelangen, wo das ganze Offizierskorps saß und wo der feiste Fähnrich Maly nach dem Schweinsschlegel eine Arie aus „Traviata" sang, wobei er infolge des Krautes und des fetten Mittagessens rülpste.

Als Leutnant Dub eintrat, rief Schwejk: „Habt acht, alles aufstehn!" Leutnant Dub trat dicht zu Schwejk, um ihm direkt ins Gesicht zu rufen: „Jetzt freu dich, jetzt ist Schluß mit dir! Ich laß dich zum Andenken fürs 91. Regiment ausstopfen."

„Zu Befehl, Herr Lajtnant", salutierte Schwejk, „Ich hab mal gelesen, melde gehorsamst, daß es mal eine große Schlacht gab, in der ein schwedischer König mit seinem treuen Pferd gefalln is. Beide Kadaver hat man nach Schweden geschafft, und jetzt stehn die beiden Leichen ausgestopft im Stockholmer Museum."

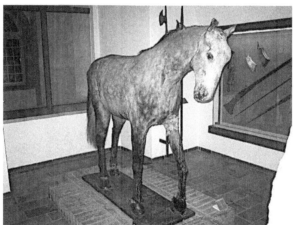

Abbildung 79: Der Schwedenschimmel, Pferd des schwedischen Königs Gustav Adolf
(Quelle: Foto von Brian Clontarf)

„Woher hast du diese Kenntnisse, Kerl", schrie Leutnant Dub.

„Melde gehorsamst, Herr Lajtnant, von meinem Bruder, was Professor is."

Leutnant Dub drehte sich um, spuckte aus und schob Kadetten Biegler vor sich hinaus, in der Richtung zum Speisezimmer. Aber er konnte nicht widerstehen, sich noch in der Türe umzudrehen und mit der unerbittlichen Strenge eines Cäsaren, der im Zirkus über das Schicksal verwundeter Gladiatoren entscheidet, eine

Gebärde mit dem Daumen der rechten Hand zu machen und Schwejk zuzu-
schreien: „Daumen herunter!"

„Melde gehorsamst", schrie ihm Schwejk nach, „ich gib sie schon hinunter."

Kadett Biegler war wie eine Fliege. Er hatte in der Zwischenzeit einige Choleras-
tationen passiert und sich mit vollem Recht nach all den Manipulationen, deren
man ihn als choleraverdächtig unterzog, daran gewöhnt, unwillkürlich ununterbrochen in die Hose zu machen. Schließlich geriet er in so einer Beobachtungsstation
einem Fachmann in die Hände, der in den Exkrementen Bieglers keine Cholerabazillen fand, ihm die Gedärme mit Tannin stählte wie ein Schuster zerrissene Schuhe
mit Pechdraht, und ihn zum nächsten Etappenkommando schickte, zumal er Kadett Biegler, der dem Dampf über einem Topfe glich, für „frontdiensttauglich" erklärte.

Es war ein „lieber" Mensch.

Als ihn Kadett Biegler darauf aufmerksam machte, daß er sich sehr schwach
fühle, sagte der Arzt mit einem Lächeln: „Die goldene Tapferkeitsmedaille werden
Sie noch ertragen. Sie haben sich doch freiwillig zum Militär gemeldet."

So machte sich Kadett Biegler also auf, um die goldene Tapferkeitsmedaille zu
erwerben.

Seine abgehärteten Gedärme schleuderten keine dünne Flüssigkeit mehr in die
Hose, aber das häufige Drängen blieb doch noch zurück, so daß der Weg von der
letzten Etappe bis zum Brigadestab, wo er mit Leutnant Dub zusammentraf, eigentlich ein Manifestationsweg über alle möglichen Aborte war. Einigemal ver-
säumte er den Zug, weil er auf den Bahnhöfen so lange in den Aborten saß, bis der
Zug abgefahren war. Einige mal geschah es, daß er nicht umstieg, weil er im Zug
auf dem Aborte saß.

Aber dennoch, trotz aller Klosetts, die ihm im Wege standen, näherte sich Kadett
Biegler der Brigade.

Leutnant Dub sollte damals noch einige Tage bei der Brigade in Pflege bleiben,
aber an dem Tage, als Schwejk zum Bataillon fuhr, wurde der Stabsarzt bezüglich
Leutnant Dubs anderer Meinung; der Stabsarzt hatte nämlich erfahren, daß am
Nachmittag in der Richtung des Standortes des 91. Regimentes ein Sanitätsautomobil abfahren sollte. Er war sehr erfreut, Leutnant Dub loszuwerden, der verschiedene seiner Behauptungen unentwegt mit den Worten bekräftigte: „Davon
habe ich schon vor dem Kriege bei uns mit dem Herrn Bezirkshauptmann gesprochen."

„Mit deinem Bezirkshauptmann kannst du mir den Arsch auswischen", dachte der Stabsarzt und dankte dem Zufall, der das Sanitätsautomobil zufällig über Zoltanecz hinauf nach Kamionka Strumilowa führte. Schwejk hatte den Kadetten Biegler bei der Brigade nicht gesehen, weil dieser schon wieder seit mehr als zwei Stunden auf einem für die Offiziere der Brigade bestimmten Wasserklosett saß.

Man kann schlechthin behaupten, daß Kadett Biegler an ähnlichen Orten nie die Zeit vertrödelte, denn er wiederholte sich dort die berühmten Schlachten der glorreichen österreichisch-ungarischen Armee, angefangen von der Schlacht bei Nördlingen am 6. September 1634 bis zu der von Sarajevo am 19. August 1878.

Während er so unzähligemal nacheinander die Schnur des Wasserklosetts zog und das Wasser geräuschvoll in das Becken stürzte, stellte er sich, die Augen schließend, den Schlachtenlärm vor, den Kavallerieangriff und den Donner der Geschütze.

Die Begegnung zwischen Leutnant Dub und Kadett Biegler war nicht gerade erfreulich und bildete unzweifelhaft die Ursache der Bitterkeit in ihren späteren Beziehungen im Dienst und außerhalb desselben. Als Leutnant Dub nämlich bereits zum vierten Mal die Klosettür öffnen wollte, schrie er erzürnt: „Wer ist dort?"

„Kadett Biegler, 11. Marschkompanie, Bataillon N, 9t. Regiment", lautete die stolze Antwort.

„Hier Leutnant Dub von derselben Kompanie!" stellte sich der Konkurrent vor der Türe vor. „Sofort bin ich fertig, Herr Leutnant!"

„Ich werde warten!"

Leutnant Dub schaute ungeduldig auf die Uhr. Niemand würde glauben, welcher Energie und Beharrlichkeit es bedarf, in so einer Situation neuerlich fünfzehn Minuten vor der Tür auszuharren, dann nochmals fünf und noch weitere fünf, und auf sein Klopfen, Trommeln und Klopfen unablässig die gleiche Antwort zu erhalten:

„Sofort bin ich fertig, Herr Leutnant!"

Leutnant Dub begann zu fiebern, insbesondere als nach dem hoffnungsvollen Rascheln von Papier weitere sieben Minuten verflossen, ohne daß die Türe sich geöffnet hätte.

Kadett Biegler war überdies noch so taktvoll, noch immer kein Wasser fließen zu lassen.

Leutnant Dub begann, von einem leichten Fieber geschüttelt, zu überlegen, ob er sich vielleicht beim Brigadekommandanten beschweren solle, der möglicherweise den Befehl geben werde, die Türe zu sprengen und Kadetten Biegler herauszutragen. Ihm fiel auch ein, daß dieses Verhalten vielleicht eine Subordinationsverletzung sei.

Leutnant Dub wurde es im Verlauf von noch weiteren fünf Minuten klar, daß er dort hinter der Tür nichts mehr zu suchen habe und daß ihm das Verlangen danach schon längst vergangen sei. Aus irgendeinem Prinzip verharrte er jedoch vor dem Klosett und fuhr fort, mit den Füßen an die Tür zu stoßen, hinter der sich unablässig dieselben Worte vernehmen ließen: „In einer Minute bin ich fertig, Herr Leutnant." Endlich hörte man, wie Biegler das Wasser laufen ließ, und bald darauf standen einander beide Angesicht in Angesicht gegenüber.

„Kadett Biegler", donnerte Leutnant Dub, „glauben Sie nicht, daß ich zu demselben Zweck hier war wie Sie. Ich bin gekommen, weil Sie sich bei Ihrer Ankunft beim Stab nicht bei mir gemeldet haben. Kennen Sie nicht die Vorschriften? Wissen Sie, wem Sie den Vorzug gegeben haben?"

Kadett Biegler forschte ein Weilchen in seinem Gedächtnis nach, ob er vielleicht nicht doch etwas begangen habe, was nicht mit der Disziplin und den Verordnungen über den Verkehr zwischen niedrigeren Offizieren mit Höheren im Einklang stand.

In seinem Bewußtsein klaffte in dieser Hinsicht ein ungeheurer Zwischenraum und Abgrund.

In der Schule hatte sie niemand darüber belehrt, wie sich in so einem Fall ein niedrigerer Offizier einem andern, höhergestellten gegenüber zu verhalten habe.

Hätte er nicht zu Ende scheißen und zur Aborttür stürzen sollen, mit einer Hand die Hose festhaltend und mit der andern die Ehrenbezeigung leistend?

„Also antworten Sie, Kadett Biegler!" rief Leutnant Dub herausfordernd. Und da fiel Biegler eine ganz einfache Antwort ein, die alles aufklärte: „Herr Leutnant, bei meiner Ankunft beim Brigadestab wußte ich nicht, daß Sie hier zugegen sind, und nachdem ich in der Kanzlei meine Angelegenheiten geregelt hatte, begab ich mich sofort auf den Abort, wo ich blieb, bis Sie kamen."

Wozu er mit feierlicher Stimme hinzufügte:

„Kadett Biegler meldet sich gehorsamst bei Herrn Leutnant Dub."

„Sehn Sie, daß das keine Kleinigkeit ist", sagte Leutnant Dub mit Bitterkeit, „meiner Ansicht nach hätten Sie sofort, wie Sie zum Brigadestab gekommen sind, in der Kanzlei fragen sollen, Kadett Biegler, ob nicht zufällig ein Offizier von Ihrem Bataillon oder von Ihrer Kompanie hier zugegen ist. Aber Ihr Verhalten werden wir beim Bataillon entscheiden. Ich fahre per Automobil hin, und Sie fahren mit. - Kein aber!"

672

Kadett Biegler wandte nämlich ein, man habe ihm in der Brigadekanzlei eine Marschroute per Eisenbahn ausgehändigt, eine Art zu reisen, die ihm in Anbetracht des Zitterns seines Mastdarms angezeigter erschien. Weiß doch jedes Kind, daß Automobile nicht für derlei Dinge eingerichtet sind. Bevor man 180 Kilometer durchfliegt, hat mans schon längst in der Hose.

Der Teufel weiß, wie es geschah, daß die Erschütterungen des Automobils anfangs, als sie losfuhren, auf Biegler keinen Einfluß hatten. Leutnant Dub war ganz verzweifelt, daß es ihm nicht gelang, seinen Racheplan auszuführen.

Zu Beginn der Fahrt dachte Leutnant Dub nämlich im Geiste:

„Wart nur, Kadett Biegler, wenns über dich kommt, glaub nicht, daß ich halten laß."

In diesem Sinn knüpfte er auch, soweit dies in Anbetracht der Geschwindigkeit möglich war, mit der sie die Kilometer zurücklegten, ein angenehmes Gespräch darüber an, daß die Militärautomobile, da sie ihren Weg genau bemessen haben, mit Benzin nicht verschwenderisch umgehen und nirgends halten dürfen.

Kadett Biegler wandte dagegen ganz richtig ein, daß ein Automobil, wenn es irgendwo auf etwas warte, überhaupt kein Benzin verbrauche, da der Chauffeur den Motor abstelle.

„Wenn ein Automobil", fuhr Leutnant Dub unerschütterlich fort, „zur bestimmten Zeit an seinem Bestimmungsort ankommen soll, darf es sich nirgendwo aufhalten."

Seitens Kadett Bieglers erfolgte keine Antwort mehr. So durchschnitten sie über eine Viertelstunde lang die Luft, als Leutnant Dub plötzlich fühlte, daß er einen aufgeblähten Bauch hatte und daß es angezeigt wäre, zu halten, auszusteigen, sich in den Straßengraben zu begeben, die Hose hinunterzulassen und Erleichterung zu suchen. Er hielt sich wie ein Held bis 126 Kilometer; dann zog er den Chauffeur energisch am Mantel und schrie ihm ins Ohr: „Halt!"

„Kadett Biegler", sagte Leutnant Dub gnädig, indem er rasch aus dem Automobil in den Straßengraben sprang, „jetzt haben Sie auch Gelegenheit."

„Danke", erwiderte Kadett Biegler, „ich will das Automobil nicht überflüssig aufhalten."

Und Kadett Biegler, der auch schon höchste Zeit hatte, sagte sich im Geiste, daß er sich lieber bemachen werde, als die schöne Gelegenheit zu verpassen, Leutnant Dub zu blamieren.

Bevor sie Zoltanecz erreichten, ließ Leutnant Dub noch zweimal halten, und nach der letzten Station sagte er zornig zu Biegler: „Ich hab zum Mittagsmahl Bikosch mit polnischer Soße gehabt. Vom Bataillon aus werde ich eine Beschwerde an die Brigade telegrafieren. Verdorbenes Sauerkraut und zum Essen ungeeignetes Schweinefleisch. Die Frechheit der Köche übersteigt alle Grenzen. Wer mich noch nicht kennt, der wird mich kennenlernen."

„Feldmarschall Nostitz-Rhieneck, die Elite der Reservekavallerie", entgegnete Biegler, „hat eine Schrift mit dem Titel ‚Was schadet dem Magen im Kriege' herausgegeben, in der er nicht empfiehlt, während der Strapazen und Leiden des Krieges überhaupt Schweinefleisch zu essen. Jede Unmäßigkeit auf dem Marsch schadet."

Leutnant Dub antwortete kein Wort, sondern dachte nur: „Deine Gelehrsamkeit werde ich dir schon austreiben, Kerl."

Dann überlegte er sichs doch und antwortete Biegler mit einer recht dummen Frage:

„Sie denken also, Kadett Biegler, daß ein Offizier, dem gegenüber Sie sich Ihrer Charge gemäß als Untergebener betrachten müssen, unmäßig ist? Wolln Sie damit vielleicht sagen, Kadett Biegler, daß ich mich überfressen habe? Ich danke Ihnen für diese Gemeinheit. Seien Sie versichert, daß ich mit Ihnen abrechnen werde: Sie kennen mich noch nicht, aber bis Sie mich kennenlernen werden, dann werden Sie an Leutnant Dub denken." Bei den letzten Worten hätte er sich beinahe die Zunge abgebissen, weil sie auf der Straße über eine Spalte sausten.

Kadett Biegler antwortete wieder nicht, was Leutnant Dub abermals aufstachelte, weshalb er grob fragte: „Hören Sie, Kadett Biegler, ich denke, Sie haben gelernt, daß Sie auf Fragen Ihres Vorgesetzten antworten sollen."

„Allerdings", sagte Kadett Biegler, „einen solchen Passus gibt es. Aber es ist erforderlich, vorher unser gegenseitiges Verhältnis zu analysieren. Soweit mir bekannt ist, bin ich noch nirgendshin zugeteilt, so daß von einer unmittelbaren Subordination Ihnen gegenüber überhaupt keine Rede sein kann, Herr Leutnant. Das Wichtigste jedoch ist, daß man auf Fragen von Vorgesetzten in Offizierskreisen nur in dienstlichen Angelegenheiten antwortet. So wie wir zwei hier im Auto sitzen, stellen wir keine militärische Einheit dar. Zwischen uns besteht kein Dienstverhältnis. Wir fahren beide zu unseren Truppenkörpern, und es wäre entschieden keine dienstliche Äußerung, wenn ich Ihre Frage, ob ich sagen wollte, daß Sie sich überfressen haben, beantworten würde, Herr Leutnant."

„Sind Sie fertig?" brüllte Leutnant Dub ihn an, „Sie einer, Sie..."

„Jawohl", erklärte Kadett Biegler mit fester Stimme, „vergessen Sie nicht, Herr

Leutnant, daß über das, was zwischen uns geschehen ist, wahrscheinlich das Offiziersehrengericht entscheiden wird."

Leutnant Dub war beinahe ohnmächtig vor Zorn und Wut. Er hatte die merkwürdige Gewohnheit, in der Aufregung noch mehr Dummheiten und Blödsinn zu sprechen, als wenn er ruhig war.

Deshalb murmelte er auch: „Über Sie wird das Kriegsgericht entscheiden."

Kadett Biegler benutzte diese Gelegenheit, um Dub vollständig aus der Fassung zu bringen; deshalb sagte er in freundschaftlichstem Ton: „Du scherzest, Kamerad."

Leutnant Dub rief dem Chauffeur zu, er möge halten.

„Einer von uns muß zu Fuß gehen", stotterte er.

„Ich fahre", sagte Kadett Biegler hierauf ruhig, „und du mach, was du willst, Kamerad."

„Fahren Sie weiter", donnerte Leutnant Dub den Chauffeur mit einer Stimme an, die wie im Delirium zitterte, und hüllte sich dann würdevoll in Schweigen, wie Julius Cäsar, als ihm die Verschwörer mit Dolchen nahten, um ihn zu erstechen. So langten sie in Zoltanecz an, wo sie die Spur des Bataillons fanden.

Während Leutnant Dub und Kadett Biegler noch auf der Treppe darüber stritten, ob ein Kadett, der noch nirgends eingereiht ist, Anspruch auf die Leberwürste jener Ration hat, die dem Offizierskorps der einzelnen Kompanien zugeteilt ist, hatte man sich unten in der Küche bereits gesättigt und auf die breiten Bänke gelegt; jetzt wurde über alles mögliche geplaudert, wobei, was das Zeug hielt, die Pfeifen qualmten. Koch Jurajda erzählte: „Heut hab ich euch eine großartige Erfindung gemacht. Ich glaube, daß sie einen vollständigen Umsturz in der Kochkunst bedeuten wird. Du weißt doch, Wanek, daß ich nirgends in diesem verdammten Dorf Majoran für die Leberwürste auftreiben könnt."

„Herba majoranae", sagte Rechnungsfeldwebel Wanek, der sich daran erinnerte, daß er Drogist war.

Jurajda fuhr fort: „Es ist unerforschlich, wie der menschliche Geist in der Not zu den verschiedensten Mitteln greift, wie sich ihm neue Horizonte erschließen, wie er anfängt, die unmöglichsten Dinge zu erfinden, die sich die Menschheit bisher nicht einmal träumen ließ. — Ich suche also in allen Bauernhöfen Majoran, lauf herum, versuch alles mögliche, erklär ihnen, wozu ich ihn brauch, wie er aussieht..."

„Du hast noch den Geruch beschreiben solln", ließ sich von seiner Bank her Schwejk vernehmen. „Du hast sagen solln, daß Majoran so riecht, wie wenn man in einer Allee von aufgeblühten Akazienbäumen zu einer Flasche Tinte riecht. Auf dem Berg Bohdaletz bei Prag..."

„Aber Schwejk", unterbrach ihn der Einjährig-Freiwillige Marek mit bittender Stimme, „laß Jurajda ausreden."

Jurajda fuhr fort: „In einem Bauerngut bin ich auf einen alten ausgedienten Soldaten aus der Zeit der Okkupation von Bosnien und Herzegowina gestoßen, der bei den Ulanen in Pardubitz ausgedient und noch heute nicht Tschechisch vergessen hat. Der hat angefangen mit mir zu streiten, daß man in Böhmen nicht Majoran, sondern Kamillen in Leberwürste gibt. Ich hab also wirklich nicht gewußt, was ich anfangen soll, denn wahrhaftig, jeder vernünftige und unvoreingenommene Mensch muß Majoran für die Königin aller Gewürze halten, die man in Leberwürste gibt. Ich mußte also rasch einen Ersatz finden, der den charakteristischen würzigen Geschmack gibt. Und da hab ich in einem Bauernhof unter dem Bild irgendeines Heiligen einen Hochzeitskranz aus Myrten hängen gesehn. Es war ein junges Ehepaar, die Myrtenzweige an dem Kranz waren noch ziemlich frisch. Ich hab also die Myrte in die Leberwürste gegeben, allerdings hab ich den ganzen Hochzeitskranz dreimal mit kochendem Wasser abbrühen müssen, damit die Blätter weich werden und den etwas beißenden Duft und Geschmack verlieren. Selbstverständlich hat es viele Tränen gesetzt, wie ich ihnen den Myrtenkranz zu den Leberwürsten genommen hab. Sie haben von mir mit der Versicherung Abschied genommen, daß mich für diese Lästerung - der Kranz war nämlich geweiht - die nächste Kugel töten wird. Ihr habt doch meine Leberwurstsuppe gegessen, und niemand von euch hat erkannt, daß sie statt nach Majoran nach Myrten riecht."

„In Neuhaus", ließ sich Schwejk vernehmen, „gabs vor Jahren einen Selcher namens Josef Linek, und der hat auf dem Regal zwei Schachteln stehn gehabt. In einer war eine Mischung von allen Gewürzen, was er in Leberwürste und Blutwürste gegeben hat. In der zweiten Schachtel war Insektenpulver, weil dieser Selcher paarmal festgestellt hat, daß seine Kundschaften in einer Wurst eine Wanze oder einen Schwaben zerbissen ham. Er hat immer gesagt, was die Wanzen betrifft, so ham sie den würzigen Geschmack von bittern Mandeln, was man in Gugelhupf gibt, daß aber Schaben in Würsten stinken wie eine alte, verschimmelte Bibel. Drum hat er in seiner Werkstatt auf Sauberkeit gehalten und hat überall dieses Insektenpulver gestreut. Einmal macht er euch Blutwürste und hat dabei Schnupfen gehabt. Er packt die Schachtel mit dem Insektenpulver und schüttet sie in die Wurstfülle, und seit der Zeit hat man in Neuhaus nur beim Linek Leberwürste gekauft. Die Leute ham sich geradezu um sie gerissen. Und er war so gscheit, daß er draufgekommen is, daß es dieses Insektenpulver macht, und seit der Zeit hat er sich per Nachnahme ganze Kisten von diesem Pulver bestellt, nachdem er vorher die Firma, von der er es gekauft hat, drauf aufmerksam gemacht hat, daß sie auf die Kiste aufschreiben soll „Indisches Gewürz." Das war sein Geheimnis, mit dem is er ins Grab gegangen, und das interessanteste dran is, daß bei den Familien, wo man seine Blutwürste gekauft hat, alle Schaben und Wanzen ausgewandert sind. Seit der Zeit gehört Neuhaus zu den reinsten Städten in ganz Böhmen."

„Bist du schon fertig?" fragte Einjährig-Freiwilliger Marek, der sich offenbar auch ins Gespräch mischen wollte.

„Damit war ich schon fertig", antwortete Schwejk, „aber ich kenn noch einen ähnlichen Fall in den Beskiden, aber den wer ich euch erzählen, bis wir im Gefecht stehn wern."

Einjährig-Freiwilliger Marek begann zu sprechen: „Die Kochkunst lernt man am besten im Krieg kennen, besonders an der Front. Ich erlaube mir, einen kleinen Vergleich anzustellen. Im Frieden haben wir von sogenannten Eissuppen gehört, das sind Suppen, in die man Eis gibt und die in Norddeutschland, Dänemark und Schweden sehr beliebt sind. Und seht ihr, der Krieg ist gekommen, und heuer im Winter in den Karpaten haben die Soldaten so viel gefrorene Suppen gehabt, daß sie sie nicht einmal gegessen haben, und es ist doch eine Spezialität."

„Gefrorenes Gulasch kann man essen", wandte Rechnungsfeldwebel Wanek ein, „aber nicht lange, höchstens so eine Woche. Seinetwegen hat unsere 9. Kompanie die Front verlassen."

„Im Frieden", sagte Schwejk mit ungewöhnlichem Ernst, „hat sich der ganze Dienst nur um die Küche und die verschiedensten Speisen gedreht. Da hamr euch in Budweis einen gewissen Oberlajtnant Zakrejs gehabt, der is fortwährend um die Offiziersküche herum scherwenzelt, und wenn ein Soldat was angestellt hat, hat er sich ihn Habtacht hingestellt und hat losgelegt: ‚Du Kerl, du, wenn sich das noch mal wiederholt, so mach ich aus deinem Maul einen gründlich geklopften Rostbraten, zertret ich dich zu Erdäpfelkasch und gib dirs dann aufzufressen. Reisgekrös wird aus dir herausfließen, du wirst ausschaun wie ein gespickter Hase in der Pfanne. Also siehst du, daß du dich bessern mußt, wenn du nicht willst, daß die Leute denken solln, daß ich aus dir Hackbraten mit Kraut gemacht hab."

Die weitere Auseinandersetzung und das interessante Gespräch über die Verwendung der Speisekarte zur Erziehung der Soldaten vor dem Krieg wurde durch ein lautes Geschrei unterbrochen, das von oben kam, wo das feierliche Mahl beendet war.

Aus dem Durcheinander von Stimmen löste sich das Geschrei des Kadetten Biegler: „Ein Soldat soll schon im Frieden wissen, was der Krieg fordert, und im Krieg nicht vergessen, was er auf dem Exerzierplatz gelernt hat."

Dann wurde das Keuchen Leutnant Dubs vernehmbar: „Bitte zu konstatieren, daß ich bereits zum drittenmal beleidigt wurde!"

Oben gingen große Dinge vor. Leutnant Dub, der bekanntlich mit dem Kadetten Biegler in Bezug auf den Bataillonskommandanten hinterhältige Absichten hegte, war von den Offizieren gleich bei seinem Eintritt mit großem Geschrei begrüßt worden. Der jüdische Schnaps wirkte auf alle ausgezeichnet. Deshalb rief einer über den andern, auf die Reitkunst Leutnant Dubs anspielend: „Ohne Stallmeister gehts nicht! — Ein scheugewordener Mustang — Wie lange hast du dich unter den Cowboys im Westen herumgetrieben, Kamerad? — Der Kunstreiter! Hauptmann Sagner goß ihm rasch ein Wasserglas von dem verdammten Schnaps ein, und der beleidigte Leutnant Dub setzte sich an den Tisch. Er schob einen alten zerbrochenen Stuhl neben Oberleutnant Lukasch, der ihn mit den freundschaftlichen Worten begrüßte:

„Wir haben schon alles aufgegessen, Kamerad."

Die traurige Gestalt des Kadetten Biegler wurde irgendwie übersehen, obwohl er um den Tisch herumging, um sich streng vorschriftsmäßig bei allen zu melden; bei Hauptmann Sagner dienstlich und bei den anderen Offizieren, indem er, obwohl ihn alle sahen und kannten, einigemal wiederholte: „Kadett Biegler wieder eingerückt beim Bataillonsstab." Biegler ergriff ein volles Glas, setzte sich dann ganz bescheiden ans Fenster und wartete einen geeigneten Augenblick ab, um etwas von seinen Kenntnissen aus Lehrbüchern von sich geben zu können. Leutnant Dub, dem der schreckliche Fusel in den Kopf gestiegen war, klopfte mit dem Finger auf den Tisch und wandte sich aus heiterem Himmel an Hauptmann Sagner:

„Mit dem Bezirkshauptmann zusammen haben wir immer gesagt: Patriotismus, Pflichttreue, Selbstüberwindung, das sind die richtigen Waffen im Krieg. Ich erinnere mich gerade heute daran, wo unsere Armee in absehbarer Zeit die Grenzen überschreiten wird."

Hier endet das Manuskript Hašeks

(gestorben am 3. Januar 1923 im Alter von 39 Jahren).

Nachwort

Grete Reiner-Straschnow (geb. Margarethe Stein am 7. Dezember 1891 in Prag) war eine deutsche Übersetzerin und Herausgeberin.

1936 gab sie die „Deutsche Volkszeitung" in Prag heraus, eine Emigrantenzeitung. Sie heiratet Oskar Straschnow, mit dem sie ein Kind hatte.

In zweiter Ehe war sie mit Karel Reiner verheiratet. Karl Reiner wurde 1943 in Auschwitz ermordet. Am 22. Dezember wurde Grete Reiner von den deutschen Besetzern im Rahmen der „Endlösung der Judenfrage" in das Sammellager in Terezin (Theresienstadt) deportiert und von hier am 6. September 1943 nach Auschwitz.

Abbildung 80: Grete Reiner (Quelle: Národní archiv (dále jen NA))

Falls sie der Misshandlung nicht schon früher zum Opfer gefallen war, wurde Grete Reiner mit den übrigen Menschen aus dem Transport in der Nacht vom 8. auf den 9. März 1944 vergast.

Die vorliegende Übersetzung aus dem Jahr 1926 ist die wohl bekannteste und beste Übersetzung. Sie schuf mit ihrer Übersetzung eine künstliche Mischform des Prager Kleinseitner Deutsch und des Wiener Deutsch. Bekannt wurde diese als „Böhmakeln" bekannte Sprachform durch die Verfilmung mit dem österreichischen Komiker Fritz Muliar.

Jaroslav Hašek wurde am 30. April 1883 in Prag als Sohn des Oberschulhilfslehrers Josef Hašek geboren. Er besuchte zunächst das Gymnasium, welches er jedoch nach dem frühen Tod des Vaters 1896 verlassen musste. In der Prager Drogerie Kokoška begann er eine Lehre. Als ihm sein Lehrherr ein knappes Jahr später kündigte, trat er in die neu gegründete Handelsakademie ein und absolvierte sie mit Erfolg. Mit 17 Jahren veröffentlichte Hašek seine ersten Gedichte und Reiseskizzen, die bis 1903 hauptsächlich in der Zeitung „Národní listy" erschienen. 1902 trat er eine Stellung in der Prager Bank „Slavia" an, die er jedoch nach wiederholtem unentschuldigtem Fernbleiben verlor. Von da ab widmete er sich nur noch der Schriftstellerei. 1904 schloss sich Hašek der tschechischen anarchistischen Bewegung an, deren Ziele nach heutigem Verständnis eher als linksextrem einzustufen waren. Zeitweise kam es bei diversen Protestaktionen zu Konflikten mit den Ordnungshütern. 1907 wurde er Redakteur der Zeitschrift „Komuna". 1908 gab er die Verbindungen zu den Anarchisten wegen seiner geplanten Heirat mit Jarmila Mayerová auf.

In den Jahren 1908 bis 1911 schrieb er viele Humoresken für verschiedene Zeitschriften, z. B. Kopřivy (Brennnesseln) und Karikatury. Sein Schreibstil widersprach der damaligen Literaturkonvention, er verwendete die derbe und vulgäre Volkssprache in einem für die damalige Zeit unerhörten Maße. Deshalb wurde er auch von der damaligen Literaturszene ignoriert, die ihn in die Sparte „Gossenliteratur" einordnete. Hašek selbst brachte seinen Manuskripten ebenfalls wenig Achtung entgegen, meist verzichtete er darauf, sie nach Drucklegung überhaupt zu lesen.

Abbildung 81: Jaroslav Hasek 1921
(Quelle: IMS Vintage Photos)

1910 wurde er Redakteur der Zeitschrift Svět zvířat (Welt der Tiere), der er zu kurzer Berühmtheit verhalf, indem er Artikel über erfundene Tiere veröffentlichte. Die spektakuläre Entdeckung eines Flohs aus der Urzeit beispielsweise sorgte für großes Aufsehen in der Fachwelt – Hašek korrespondierte mit Zoologen aus aller Welt. Er schreckte auch nicht vor der Schilderung von sich bis zur Bewusstlosigkeit betrinkenden Papageien zurück und gab Tipps zur Zucht von Werwölfen. Nachdem er diese Stelle hatte aufgeben müssen, da das Ansehen der Zeitschrift nachhaltig geschädigt war, betrieb er einen Hundehandel, indem er gestohlene Hunde mit eigenhändig gefälschten Stammbäumen verkaufte.

Er war Mitbegründer der Partei für gemäßigten Fortschritt in den Schranken der Gesetze, die 1911 die Wahlmethoden und Phrasen der anderen Parteien satirisch kommentierte. In seinen Reden im Prager Lokal „Kravin" (Kuhstall) forderte er im Namen seiner Partei „vernünftiger Staatsbürger, die sich dessen bewusst sind, dass jeder Radikalismus schadet und dass gesunder Fortschritt nur langsam und allmählich erreicht werden kann", u. a. die Wiedereinführung der Sklaverei, die Verstaatlichung der Hausmeister und versprach den Wählern der Partei ein Taschenaquarium.

1912 gebar seine Frau Jarmila den gemeinsamen Sohn Richard Hašek.

Im Ersten Weltkrieg zur k. u. k. Armee eingezogen, diente Hašek im Böhmischen Infanterie-Regiment „Freiherr von Czibulka" Nr. 91 an der Ostfront. Er ließ sich ohne Gegenwehr von den Russen überrennen, um in Gefangenschaft zu geraten. In russischer Kriegsgefangenschaft schloss er sich den Tschechoslowakischen Legionen an und wechselte dann zur Roten Armee.

Abbildung 82: Hasek als österreischischer Soldat 1915
Quelle: Autor unbekannt

Er wurde politischer Kommissar und trat 1918 der kommunistischen Partei Russlands bei. 1920 kehrte er mit einer russischen Frau nach Prag zurück, ohne vorher von seiner ersten Frau Jarmila geschieden worden zu sein. Er nahm die Arbeit an seinem Hauptwerk „Die Abenteuer des braven Soldaten Schwejk während des Weltkriegs" auf. Der Roman erschien zunächst in wöchentlichen Lieferungen mit einer Titelillustration seines Freundes Josef Lada. Er sollte unvollendet bleiben. Sein Autor litt an im Krieg zugezogener Tuberkulose und war zusätzlich geschwächt durch langjährigen, starken Alkoholkonsum. Jaroslav Hašek starb im Alter von nur 39 Jahren. Bereits sein Vater war 1896 einer Alkoholvergiftung erlegen. Hašeks Hauptwerk wurde Anfang der 1920er Jahre von seinem Freund Emil Artur Longen auf der Bühne uraufgeführt. 1927 schrieben die Autoren Max Brod und Hans Reimann eine Bühnenfassung des „Schwejk" (Bühnenbild: George Grosz), die der Regisseur Erwin Piscator zur Uraufführung gebracht hat und die bis heute (zum Beispiel mit Walter Plathe als Schwejk) gespielt wird.

Bis zu seinem Tod konnte Hašek lediglich die ersten drei Teile des Romans vollenden, mitten im vierten Teil bricht er ab. Sein Freund Karel Vaněk versuchte dann noch zwei weitere Bände, die jedoch nicht mehr die Qualität der Vorlage erreichten. Später fanden weitere Versuche statt, den Erfolg der Erstveröffentlichung in weiteren Werken fortzuführen; Erfolge bleiben jedoch aus. Der Schwejk-Stoff wurde zahlreiche Male erfolgreich verfilmt und für die Bühne oder den Hörfunk bearbeitet.

Vermutlich lieh Hašek den Namen seines braven Soldaten bei einem Reichsratsabgeordneten der tschechischen Bauernpartei (Agrarier) aus, der Josef Švejk hieß und dafür bekannt war, immer mit der Regierungspartei zu stimmen und in seinen seltenen Wortmeldungen meist Unsinn von sich zu geben. Auf diesen Abgeordneten soll die damals populäre Redensart „Pan Švejk – něco žvejk« (etwa: „Herr Schwejk sprach eben – wieder mal daneben") gemünzt gewesen sein.

Inhaltlich hat die literarische Figur Josef Schwejk aber nichts mit dem vermutlich namensgebenden Abgeordneten zu tun. Möglicherweise kam Hašek die Idee für den „Braven Soldaten Schwejk" durch die Lektüre einer Geschichte, die 1905 in der auch in Prag erhältlichen und von Hašek viel gelesenen deutschen satirischen Wochenzeitschrift „Simplicissimus" erschien und in tschechischer Übersetzung in der sozialdemokratischen Prager Tageszeitung „Právo lidu" nachgedruckt wurde.

Der österreichisch-tschechische Schriftsteller und Journalist Egon Erwin Kisch schrieb mal über *Schwejk*:

Die Lokalreporter haben ihn vorgestern begraben. Die Literaturkritik hat ihm kein Wort geweiht, denn er war kein seriöser Mensch. Bei Gott, das war er nicht! Noch über seinen jungen Tod hinaus muß man über ihn lachen. Vor allem: Jaroslav Hašek war beinahe immer betrunken. Der Rausch löste seine Zunge, und er begann, in den Schankstuben den Leuten verschiedene Dinge zu erzählen. Dabei blieb sein feistes Gesicht, das eine frappante Ähnlichkeit mit dem Balzacs hatte, immer ganz ernst, nur seine Schweinsäuglein schienen ironisch zu blinzeln, aber das konnte auch Täuschung sein. Er erzählte das Unwahrscheinlichste, die Einwände seiner Zuhörer widerlegte er, und dann nahm er ein Briefpapier, schrieb alles nieder und trug die Geschichte in die nächstgelegene Redaktion, das Honorar zu vertrinken.

Bekam er mit Hinweis auf seine Vorschüsse keins, so pumpte er den Redaktionsdiener Šefrua an und schrieb dann für die politischen Gegner oder die journalistische Konkurrenz ein Feuilleton, daß die Mitarbeiter des „České slovo" genötigt seien, sich vom Redaktionsdiener Šefrua Geld auszupumpen. Oder er verdingte sich als Arbeiter und lud vor dem Redaktionslokal Eis ab. Dabei hielt er Reden, bis sich Leute ansammelten und die Redaktion ihn hinaufholen lassen musste. Reden hielt er überhaupt gern. Seine Partei hieß „Partei des gemäßigten Fortschrittes in den Grenzen des gesetzmäßig Erlaubten", und er hielt für sie über tausend Wählerversammlungen ab.

Abbildung 83: Egon Erwin Kisch (1934) (Quelle: Sam Hood)

Am Schluss einer jeden sammelte er für den Wahlfonds, über dessen Zweck er jeden Zweifel ausschloss. Er versoff ihn an Ort und Stelle.

Seine tausend begangenen und geschriebenen Streiche aufzuzählen ist so unmöglich, wie bei Mark Twain. Aber eine Figur hat er geschaffen, die geradezu von historischer Bedeutung ist: den „guten Soldaten Schwejk", den tschechischen Soldaten, der als dumm gilt und so folgsam ist, dass er den ganzen Dienstbetrieb vernichtet. In seiner aktiven Resistenz steckt er als Wachposten das Pulvermagazin in Brand (dass er nicht rauchen dürfe, wurde ihm vom Wachkommandanten nicht eingeschärft) und verwehrt mit geladenem Gewehr der Feuerwehr die Einfahrt. Vom Leutnant geschickt, eine Flasche Klosterneuburger Weins zu holen, setzt er sich in die Eisenbahn und fährt nach Klosterneuburg. An diesem Soldaten Schwejk, der im Frieden von Hašek geschaffen wurde, musste die österreichisch-ungarische Monarchie zugrunde gehen. Im Weltkrieg wird Schwejk verhaftet, als er vor dem Plakat der Kriegserklärung Rumäniens (1916, als es schon in ganz Prag nur noch Defätisten gab!) in Hochrufe auf den Kaiser Franz Josef ausbricht. Die Passanten lachen, aber der Festgenommene (als Höhner Festgenommene) muß freigelassen werden: er hat's in aller Unschuld ernst gemeint. So macht er's von Tag zu Tag, stiftet immer größere Verwirrung und trägt (mehr als viele heroischer Gesten offener Hochverräter) zur Vernichtung der Staaten bei. Diese Gestalt ist echt und ewig, wenn sie auch im Inhalt den Politikern, in der Form den Literarhistorikern mit niederen und höheren Weiten nicht gefallen mag. Und ihr lustiger Schöpfer wird zu Grabe getragen, wie der junge Werther: Handwerker trugen ihn, kein Geistlicher hat ihn begleitet."

Kurt Tucholsky über *Schwejk*:

Neulich habe ich hier davon erzählt, wie mir in den sechs so sehr zu empfehlenden Bänden des „Welthumors" von Roda Roda (erschienen bei Albert Langen) im letzten Band ein Mann aufgefallen ist, dessen Humor völlig neuartig erscheint: Jaroslav Hašek. Ein pariser Leser der „Weltbühne" hat uns dann einiges vom Lebenslauf dieses seltsamen Menschen mitgeteilt, der, vierzigjährig, vor drei Jahren gestorben ist, und auch davon, wie populär, ja, berühmt Hašek bei den Tschechen ist. Ich wäre schrecklich stolz auf meine Entdeckung, wenn die eine wäre, und wenn Hašek nicht so groß wäre, dass er sofort auffallen muss.

Das Kapitel im „Welthumor" ist der Anfang von Hašeks Hauptwerk, dessen erster Band jetzt in deutscher Übersetzung vorliegt. „Die Abenteuer des braven Soldaten Schwejk während des Weltkrieges" (bei Adolf Synek in Prag). Zu diesem Buch ist mir in der gesamten Literatur kein Gegenstück bekannt. Deshalb will ich erzählen, was ich darin gefunden habe.

Herr Schwejk ist dumm-pfiffig, klein, völlig unbekümmert um alles, was mit ihm geschieht, aber voll des größten Interesses für alles, was um ihn herum vorgeht. Wo bei andern Pathos ist, da blinzelt er treuherzig-gelassen, und oft fragt man bei so viel Unbekümmertheit, ob er spaße. Nein, es ist ihm nur leicht ums Herz.

Abbildung 84: Kurt Tucholsky 1928 (Quelle: Sonja Thomassen)

Diesen Schwejk nun stellt der Verfasser in den Weltkrieg, und es begibt sich, daß
der kleine Tscheche die gesamte österreichische Monarchie übers Ohr haut, wozu
nicht viel gehört mehr: dass er ihrer Herr wird, daß er sich mit der unschuldigsten
Miene von der Welt über sie lustig macht, und daß alles vor diesem idiotisch-
schlauen Kerl versinkt, Sieg, Niederlage, Ehre, Ruhm, General und Kranken-
schwester. Die Gespräche des Herrn Soldaten sind alle von leichter Blödelei angefüllt, an jeder Gesprächsecke überfallen ihn die Erinnerungen seiner Gasse, und
wenns ernst wird, beginnt er, dem erstaunten Partner mit einer Geschichte aufzu-
warten. So etwas von Pointenlosigkeit soll noch mal geboren werden. Aber um von
dem Wesen des bekanntesten aller Soldaten einen Begriff zu geben, setze ich den
Anfang des Buches hierher.

"„Also sie ham uns den Ferdinand erschlagen', sagte die Bedienerin des Herrn Schwejk, der vor Jahren den Militärdienst verlassen hatte, nachdem er von der militärärztlichen Kommission endgültig für blöd erklärt worden war, und der sich nun durch den Verkauf von Hunden, häßlichen, schlechtrassigen Scheusälern ernährte, deren Stammbäume er fälschte. Neben dieser Beschäftigung war er von Rheumatismus heimgesucht und rieb sich gerade die Knie mit Opodeldok ein. ,Was für einen Ferdinand, Frau Müller?' fragte Schwejk, ohne aufzuhören, sich die Knie zu massieren. ,Ich kenn zwei Ferdinande. Einen, der is Diener beim Drogisten Pruscha und hat dort mal aus Versehn eine Flasche mit irgendeiner Haartinktur ausgetrunken, und dann kenn ich noch den Ferdinand Kokoschka, der was den Hundedreck sammelt. Um beide is kein Schad.' ,Aber, gnä Herr, den Herrn Erzherzog Ferdinand, den aus Konopischt, den dicken, frommen.'

,Jesus Maria', schrie Schwejk auf. ,Das is aber gelungen. Und wo is ihm denn das passiert, dem Herrn Erzherzog?'

,In Sarajewo ham sie ihn mit einem Revolver niedergeschossen, gnä Herr. Er ist dort mit seiner Erzherzogin im Automobil gefahren.' ,Da schau her, im Automobil, Frau Müller, ja, so ein Herr kann sich das erlauben und denkt gar nicht dran, wie so eine Fahrt unglücklich ausgehn kann ... Der Herr Erzherzog ruht also schon in Gottes Schoß? Hat er sich lang geplagt?' - ,Der Herr Erzherzog war gleich weg, gnä Herr, Sie wissen ja, so ein Revolver is kein Spaß. Unlängst hat auch ein Herr bei uns in Nusle mit einem Revolver gespielt und die ganze Familie erschossen, mitsamt dem Hausmeister, der nachschaun gekommen is, wer dort im dritten Stock schießt.' ,Mancher Revolver geht nicht los, Frau Müller, wenn Sie sich aufn Kopf stelln. Solche Systeme gibts viel. Aber auf den Herrn Erzherzhog ham sie gewiss was Bessres gekauft, und ich möcht wetten. Frau Müller, daß sich der Mann, der das getan hat, dazu schön angezogen hat.'"

Schwejk also setzt sich den Hut auf und geht ins Wirtshaus. Dort sitzt schon, beim Wirt Palivec, der Polizeispitzel Bretschneider, der auf Hochverräter aus ist. Es gelingt ihm, dem Wirt und dem eintreffenden Schwejk hochverräterische Redensarten gegen das kaiserliche Haus herauszulocken, und Schwejk nimmt er gleich mit. So kommt Schwejk via Polizeigefängnis, Irrenhaus und Garnisonsarrest als Bursche zum Feldkurat Katz, später zum Oberleutnant Lukasch. Was sich da unterwegs begibt, ist nicht aufzuzählen. Das völlig Absonderliche des Buches ist sein Humor, der aus Flaschenbier und Schnaps anmutig gemischt ist. Nicht nur Schwejk ist blöd, sondern auch die kleine Welt, die da vor uns aufgebaut wird: verzerrt, schief und krumm und schauerlich wahr. Es gluckert ein Hohn unter den

Zeilen, eine solche hassende Verachtung Österreichs, des Militärs, der Kriege, dieses ganzen militärischen Gehabes, da der Autor, wäre Ludendorff nicht nach Schweden ausgerissen, hätte alt werden müssen wie Methusalem, um alles abzusitzen. Der Höhepunkt dieses Trubels ist Schwejk.

Dem kann nichts passieren: er hats gut, er ist blöd. Er sagts auch – und wenn ihn der Oberleutnant anbrüllt: „Kerl, ich glaube, Sie sind ein großer Idiot", dann spricht er sanft und freundlich: „Melde gehorsamst, Herr Oberlajtnant, jawohl. Ich bin sogar für völlig blödsinnig erklärt worden. Da hatten wir mal in der Gasse bei mir zu Hause ..." Und dann wird er rausgeschmissen.

Dabei ist er dankbar und bescheiden und freut sich dessen, was das Leben beut. „Heutzutag ist eine Hetz, eingesperrt zu sein", sagt er. „Kein Vierteilen, keine spanischen Stiefel, einen Tisch hamr, Bänke hamr, wir drängen uns nicht einer auf den andern, Suppe kriegen wir, Brot geben sie uns, einen Krug mit Wasser bringen sie uns, den Abort hamr direkt vorm Mund. In allem sieht man den Fortschritt." Und so ganz nebenbei er zählen die Zellengenossen Schwejks ihre Schicksale, und die sind in ihrer Unsinnigkeit, ihrer Qual, ihrem Wahnsinn die hohnvollste Satire auf das kaiserliche Österreich, die mir jemals unter die Augen gekommen ist. Vor allem deshalb, weil gar kein Wesen aus diesem Bruhaha gemacht wird. Das Narrenhafte ist das Primäre.

Manchmal spricht Schwejk die gehobene Sprache kleinerer Provinzblätter, dann ist er besonders erheiternd. Wimmert ihm ein Arrestant etwas vor, so tröstet er ihn, und das macht er so, daß er dem die Folgen seiner Verhaftung recht grauslich schildert, immer ganz pomadig. „Ja, so ein Augenblick der Lust, wie Sie ihn sich vergönnt ham, zahlt sich nicht aus. Und hat Ihre Frau mit Ihren Kindern von was zu leben, für die Zeit, wo Sie sitzen wern? Oder wird sie betteln gehn und die Kinder verschiedene Laster lernen müssen?" Verschiedene ... Schwejk denkt an alles.

Und er ist gelehrig und ein Mann von Welt. „Zu mir kommen Damen zu Besuch, sagt der Oberleutnant, „manchmal bleibt eine über Nacht hier, wenn ich früh keinen Dienst habe. In so einem Fall bringen Sie uns den Kaffee zum Bett, wenn ich läute, verstehn Sie?"- „Melde gehorsamst, daß ich versteh, Herr Oberlajtnant, wenn ich unverhofft zum Bett kommen möcht, könnt es vielleicht mancher Dame unangenehm sein. Ich hab mir mal ein Fräulein nach Haus geführt, und meine Bedienerin hat uns grad, wie wir uns sehr gut unterhalten ham, den Kaffee ans Bett gebracht. Sie is erschrocken und hat mir den ganzen Rücken begossen und hat noch gesagt: ,Guten Morgen wünsch ich!' Ich weiß, was sich schickt und gehört, wenn irgendwo eine Dame schläft."

Man sieht: durchaus nicht der Wurstl von Offiziersbursche, diese alte, tausendmal gebrauchte Figur, die dumm war Zum Ruhm des so klugen Leutnants, schmutzig vor dem, ach, in allen Wassern gewaschenen General... Sondern etwas ganz
andres. Es ist der kleine Mann, der in das riesige Getriebe des Weltkriegs kommt,
wie man eben da so hineinrutscht, schuldlos, ahnungslos, unverhofft, ohne eignes
Zutun. Da steht er nun, und die andern schießen. Und nun tritt dieses Stückchen
Malheur den großen Mächten der Erde gegenüber und sagt augenzwinkernd leise,
schlecht rasiert die Wahrheit. Man stellt alles Mögliche mit ihm an, man gibt ihm
Klistiere und Arrest, steckt ihn zu den Verrückten und zu den Offizieren - nichts
hilft. Er bleibt ernsthaft dabei, unmöglich zu sein und hat das Gelächter einer ganzen Welt für sich, weil nur er ausspricht, was alle gefühlt haben. Und es wird doppelt gelacht, weil sich die Würdenträger so anstrengen, ihn hinzumachen, und weil
es nicht gelingt, denn er ist aus Gelatine, Gummi und Watte ein runder Kullerball
der Dummheit. Die - oh, Hegel! - so gesteigert ist, daß sie in ihr Gegenteil umkippt.

Denn so ist dieser Humor beschaffen: Schwejk, der nicht weiß, wo Gott wohnt,
geschweige denn, was er mit ihm anfangen sollte, weil der liebe Gott ja keine
Hunde kauft, Schwejk, der von seinem Feldkuraten im Kartenspiel gesetzt und an
den Oberleutnant Lukasch verloren wird Schwejk ist der einzige kleine Kreis unter
Millionen Rechtecken. Sie trudelt so dahin, die kleine Kugel und man muß unbän-
dig lachen, weil in diesem gesalbten Trottel das letzte Restchen heruntergetretenen
Menschenverstandes inkarniert ist, der auf den Kasernenhöfen noch übrig war. Er
ist der ewige Zivilist unter verkleideten Soldaten; die Uniform macht ihn nur noch
ziviler, noch nie in seinem Leben hat er so wenig Paraden mitgemacht wie beim
Militär. Er wirkt, wie wenn im feierlichsten Augenblick einer Fürstenbesichtigung
der rechte Flügelmann einmal schnell in die Luft spränge gezogen am Schnürl der
Komik. Kasperle hat immer recht; vor ihm sind Stabsärzte, Feldintendanten,
Obersten und Feldmarschälle nichts als putzige Figuren. Nur die Betrunkenheit
des edeln Feldpredigers, der doppelt sieht, auf Schwejk zeigt und sagt: „Sie haben
schon einen erwachsenen Sohn? kann an Wahnsinn mit ihm wetteifern Während
jener aber nur vom Alkohol angefüllt ist, lebt Schwejk klar dahin, besonnen, ein
Tell im See des Militarismus, die letzte Hoffnung der Vernünftigen. Daher seine
ungeheure Popularität, daher unsre Freude, und daher die knockout gehauten Vorgesetzten: ihre gereckte Würde wird völlig zuschanden vor diesem kleinen dicken
Kerl. Es ist immer schön, wenn der Schwächere der Stärkere ist.

Es ist die urgesunde Volkskraft, die gegen die Brillen-und Monokelmenschen revoltiert. Schwejk hat einen entfernt Verwandten in Amerika, einen kleinen Mann mit Hütchen und Stock... Aber er ist verschmitzter als der, von einer bösartigen Harmlosigkeit, die da meldet, die Angorakatze habe den Schuhcreme gefressen. „Und ich habe sie in den Keller geworfen, aber in den von nebenan"... „aber - eine der seltsamsten Schuldrechnungen, die jemals aufgemacht worden sind. Dieser Katze übrigens gibt Schwejk die drei Tage Kasernenarrest weiter, die ihm verliehen sind, er hat den Herrn Vorgesetzten so verstanden und führt getreulich einen Befehl aus, der gar keiner war. Die Katze kriecht wieder unter das Kanapee. Schwejk und die österreichische Würde bleiben oben sitzen.

Könnte der deutsch-nationale Student lesen und läse er dieses Buch, so wäre er schnell bei der Hand, etwa zu sagen: „Solch einen Feldkuraten hats sicherlich nicht einmal bei den Nazis gegeben." Vielleicht hats ihn nicht gegeben. Die schwerflüssige Besoffenheit dieser Figur ist himmlisch, wenn auch um eine Kleinigkeit zu gedehnt beschrieben, und im übrigen kommt es gar nicht darauf an, obs das gegeben hat. Was Hašek aber über die Offiziersburschen und die Gefängnisse, in denen ein Zigarrenstummel, sonntags aus einem Spucknapf aufgeklaubt, mehr galt als das ganze Evangelium, was er über die Kasernen sagt und über die Arreste das klingt verdammt echt und wird schon stimmen. Schwejk sieht demgegenüber sanft darein, ihm ist der eine Vertreter der Militärmacht so viel wie der andre, und wir schließen uns dem vollinhaltlich an. Nur tut er etwas, was nicht allen gegeben ist: er lächelt freundlich, ist noch eine Kleinigkeit gerissener als die andern und nimmt nichts ernst. Und das ist das Klügste, was er tun kann..."

Über den Freund und Zeichner Josef Lada:
Literaturhistoriker beschäftigt besonders die Frage, wie sich in der Vorstellungswelt seines Autors Jaroslay Hašek der Ur-Schwejk, der amtlich anerkannte, notorische Idiot, der allein durch sein absolutes Verlangen, Seiner Majestät dem Kaiser „bis zum letzten Atemzug" zu dienen, die k. u. k. österreichisch-ungarische Armee zersetzte, im Verlaufe von zehn Jahren in eine heroische Gestalt verwandelte: in den volkstümlichen Humoristen, der nicht

nur in drastischer Parodie die morschen Stützen sondern Gesellschaft durchschaut, der auch voll grenzenlosem Optimismus und Verstand die urwüchsigem, realistischem zweifelhaften Werte der bürgerlichen Gesellschaftsordnung zum

Abbildung 85: Josef Lada (1940) (Quelle: Tschechischer Maler 1940)

alten Eisen wirft, die Phantasmagorien des Beamten- und Militärapparats verurteilt und dem Krieg den Kampf ansagt. Der Weg vom originellen Einfall bis zum klassischen literarischen Kunstwerk und großen Zeitsymbol, von den Satiren der Vorkriegszeit, die oft durch zynische Übertreibung, Absurdität und Galgenhumor erschütterten, bis zur wahrheitsgetreuen, fortschrittlichen und künstlerisch neuen Sicht der gesellschaftlichen Wirklichkeit, bis zur überzeugenden Darstellung des Vertrauens positiven Kräfte in der in den Sieg der Entwicklung der Menschheit - dieser Prozess steht in engem Zusammenhang mit den Veränderungen im Leben, mit der zunehmenden Lebenserfahrung und gedanklichen Reife Jaroslav Hašeks, des Verfassers des Schwejk.

Vor dem Krieg ist Hašek ein Schriftsteller, der nach kurzer, mißglückter Beamtenlautbahn völlig ungebunden lebt und, äußerlich betrachtet, an der Peripherie der Literatur steht. Mit genialer Leichtigkeit schreibt er für verschiedene Zeitschriften

Erzählungen und Feuilletons, ist wie alle seine jungen Freunde Bohemien, Rebell und Anarchist, hungert mit ihnen, treibt mit ihnen Allotria, wendet aber seine Aufmerksamkeit immer mehr dem einfachen Mann in der Stadt und auf dem Lande zu. Im Weltkrieg wird diese Tendenz noch deutlicher, vertieft sich und erhält ihren besonderen Schliff, ihre Schärfe, um sich durch die Ideen der Oktoberrevolution weltanschaulich und künstlerisch zu vollenden. In den Jahren 1918 bis 1920 durchquert Hašek als begeisterter Journalist und politischer Funktionär mit der Roten Armee halb Europa und Asien. Nach seiner Rückkehr in die Heimat schreibt er während kaum zweier Jahre seinen Schwejk.

Am 2. Januar 1923 stirbt Jaroslav Hašek, kurz vor Vollendung seines vierzigsten Lebensjahres. Wir müssen jedoch die Schicksale seines Schwejk auch von einer anderen Seite betrachten - besonders wenn wir in diesem Buch blättern. Der brave Soldat Schwejk hat nämlich noch einen zweiten Vater. Literatur und bildende Kunst kennen mehrere solcher großen Wunder schöpferischen Zusammenwirkens. Der Ritter von der traurigen Gestalt, wie ihn uns das Erlebnis durch Wort und Bild kennenlernen lässt, vereint seine Eltern über Jahrhunderte hinweg, genauso wie Äsops vermenschlichte Tierwelt oder der shakespearische Kosmos. So haben sich hier zwei tschechische Künstler, Zeitgenossen und Freunde, Jaroslav Hašek und der Maler Josef Lada, die Hand gereicht. Beiden, die ihrem ganzen Wesenund Fühlen nach mit dem einfachen Volk verbunden waren, hat ihr gemeinsames Werk - der brave Soldat Schwejk - Weltruhm gebracht.

Hašek und Lada lernten sich im Jahre 1907 kennen.

Lada hatte zu dieser Zeit die härtesten Jahre schon hinter sich. Zuerst war er bei einem Zimmer- und Dekorationsmaler, später bei einem Buchbinder in der Lehre gewesen. Kurze Zeit besuchte er auch die Kunstgewerbeschule. Seine wahren Lehrjahre durchlebte er jedoch auf eigene Faust. Originell und einzigartig wie sein Talent war auch der Gefühlsreichtum dieses Knaben, der aus einem tschechischen Dorf nach Prag gekommen war, der den dörflichen Wechsel der Jahreszeiten noch im Blut hatte, der die Lieder und Sagen, den Charakter und die Bräuche, die Lebensweisheit und Feste der Bewohner seines Heimatdorfes in der Erinnerung bewahrte.

Schon damals verdiente Lada seinen Unterhalt mit Zeichnungen für Zeitungen und humoristische Zeitschriften und illustrierte seine ersten Bücher. Aber zeitbedingte Einflüsse - wie der Jugendstil und die damals weltberühmten Karikaturen im „Simplicissimus", der „L'Assiette au beurre" und den „Fliegenden Blättern" –

ließen es vorläufig nicht zu, daß sich Ladas spezifische Begabung hätte durchsetzen können. Charakterisierende Vereinfachung bei breitester Skala des Ausdrucks, einfache, straffe, feste und präzise Linienführung, diese allen verständliche und überwältigende Sprache - eben: „Lada" konnte erst nach dem frühen Dekorativismus Erfolg hoben. Die Entstehung dieser einzigartigen Ausdrucksform wird bei Lada sowohl von den Arbeitsbedingungen als auch von Zeiteinflüssen bestimmt, unter denen er arbeitet. Einerseits wird sie verlangt durch die schnelle Lieferung für die Zeitung, andererseits äußern sich hier schon neue Tendenzen in seiner Kunst, die prägnanten Ausdruck und klare Form fordern. Einfache Linienführung, verbunden mit übersichtlicher Komposition, das Wesentlichste der Physiognomie und des Milieus erfassend, nichts Improvisiertes und doch der suggestive Pulsschlag des Lebendigen - auf das Gefühl wirkend, psychologisch erfahren und in seinem Humor unwiderstehlich -, so tritt uns Lada als vollendeter Illustrator und glänzender Karikaturist entgegen.

Den ganzen unermesslichen Makrokosmos menschlicher Figuren und Figürchen, der Bewohner von Himmel und Hölle in Menschengestalt, sprechender und beredter Säugetiere, Vögel, Fische, Reptilien und Käfer, reizender, aber auch gespenstischer Gestalten aus der Märchenwelt - sie alle hat Lada in seinen köstlichen Bildern eingefangen, einmal im einfachem Holzschnittdruck, dann wieder auf ornamentalem Hintergrund reich schraffiert und weich koloriert und später in besonders schönen Landschaftsbildern mit Motiven aus dem tschechischen Dorf.

In seinen Zeichnungen für humoristische Zeitschriften und in den Buchillustrationen für Erwachsene und Kinder bedenkt uns Lada reichlich mit aufrichtiger Freude und Optimismus, die aus verständnisinnigem Mitgefühl mit dem Menschen und seinem Ungemach, aber auch aus dem Glauben an des Menschen Güte und Vernunft entstanden sind. Diese Tendenz hindert Lada jedoch nicht daran, über die Thematik fröhlicher, idyllischer und gutmütiger Szenen hinauszugehen. Nach den Klassikern der tschechischen Malerei Josef Mánes und Mikoláš Aleš ist es vor allem Lada, der Reinheit, Unschuld und Güte, die zarte Anmut der Mädchen, den Liebreiz der Kinder und die Weisheit des Alters verherrlicht. Die Erinnerung an das verlorene Paradies der Kindheit und der Märchen geht bei ihm in die Sehnsucht nach einer Gesellschaftsordnung über, die die wahren Werte menschlichen Lebens und menschlicher Beziehungen pflegen und erhalten soll.

Den Kräften, die dieser Sehnsucht im Wege stehen, sagt Lada aber ebenso gründlich Bescheid. Hunderte politischer Zeichnungen beweisen, zu welch schar-

fer sozialer Kritik sich seine Linien verdichten können, wie treffend Lada Beschränktheit, Protzerei und Böswilligkeit zu erledigen weiß. Im Zusammenhang
mit den übrigen Seiten in Ladas Kunst beweisen das auch all die k. u. k. Regimenter
mit ihren ehrenhaften und ehrlosen Offizieren und das Panorama ziviler Vortreff-
lichkeit und Erbärmlichkeit um seinen Josef Schwejk.

Als Lada im Jahre 1907 Jaroslav Hašek kennenlernte, fand er unter vielen Gefährten in ihm den liebsten, am allermeisten verehrten Freund. Zeitweilig war Jaroslav Hašek sogar sein Untermieter, für den er ständig aufopferungsvoll sorgte.
In der „Chronik seines Lebens" schreibt Lada über seinen ersten Eindruck von
Hašek: „Diese Bekanntschaft hat mir Freude bereitet. Aber mit dem Äußeren Jaroslav Hašeks war ich wirklich nicht zufrieden. Das sollte der Autor jener Feuilletons sein? Ich hatte mir zumindest einen Voltaire oder Victor Sardou vorgestellt,
und nun trat mir ein junger Mann mit fast ausdruckslosem, ja nahezu kindlichem
Antlitz entgegen. Vergeblich suchte ich in seinem kugelrunden Gesicht die gewohnten Züge des Satirikers: die Adlernase, die schmalen Lippen und die argwöh-
nischen Augen. Auch das hämische Lachen fehlte. Hašek machte eher den Eindruck eines durchschnittlichen, gutgenährten Söhnchens aus besserer Familie, das
seinen Kopf nur ungern mit irgendwelchen Problemen belastet. Das Gesicht fast
weiblich, ohne Bart und arglos, auf richtige Augen, alles erinnerte eher an einen
naiven Gymnasiasten als an einen genialen Satiriker. Aber all das dachte man sich
nur, solange Hašek den Mund nicht aufgemacht hatte. Dann wurde man sogleich
seinen Irrtum gewahr, sei es auch nur durch eine Bemerkung, die jedoch so witzig,
originell und treffend war, daß sich jeder sagen musste: Ja, mein Junge, du hast's
faustdick hinter den Ohren."

Im Jahre 1911 verfasste Hašek seine ersten drei Erzählungen über den braven
Soldaten Schwejk, und Lada veröffentlichte sie als Redakteur der humoristischen
Zeitschrift „Karikatury". Wir wissen, daß Lada und Hošek befreundet waren, wissen aber auch, daß beide Schadenfreude und unsentimentale, nicht gerade rück-
sichtsvolle Späße gern hatten. So ließ Hašek die dritte Fortsetzung des Schwejk
gleichzeitig auch in Konkurrenzblatt einem veröffentlichen. Diese Verletzung des
Copyrights gefiel jedoch den Besitzern der Zeitschrift „Karikatury" nicht gerade,
und sie bestellten bei einem anderen Humoristen Schwejks Ende. Und so erschien
in Ladas „Karikatury" nur noch die Erzählung: Jaroslav Hašek, „Das Ende des
braven Soldaten Schwejk".

Die Zusammenarbeit beider Freunde am Schwejk begann erst nach dem Krieg,
in den Hašek mit dem 91. Infanterieregiment gezogen war und wo er auch seine

Pappenheimer kennenlernte: den Hauptmann Sagner, den Oberleutnant Lukáš und dessen Offiziersdiener, den Rechnungsfeldwebel Vaněk und viele andere Soldaten. Hašek suchte Lada im Jahre 1921 auf: „Er forderte mich auf, den Umschlag für die „Abenteuer des braven Soldaten Schwejk während des Weltkriegs' zu illustrieren. Diese erste Ausgabe erschien noch in Heften. Ich begann sofort mit der Arbeit. Die Figur des Schwejk gestaltete ich nicht nach einer bestimmten personifizierten Vorstellung, sondern nach der Beschreibung Jaroslav Hašeks, die er von Schwejk in seinem Roman gemacht hatte. Ich malte den Schwejk, wie er sich inmitten fliegender Kugeln und Granaten und explodierender Schrapnelle gerade seine Pfeife anzündet. Er blickt gutmütig und ruhig drein, als ereigne sich um ihn herum gar nichts. Diesen Umschlag brachte ich am vereinbarten Tag in die Weinstube ‚U Mohelských'. Er gefiel Hašek und seinem Freund Sauer sehr, und die versprachen mir sofort ein Honorar. Anstatt aber Geld zu erhalten, musste ich die Zeche bezahlen."

Der Umschlag, von dem Lada hier spricht, ist die einzige Illustration des Schwejk, die Hašek noch zu Gesicht bekam. Dieses lustige, charakteristische Soldatenbild hat vorläufig noch wenig mit dem späteren, so ausdrucksvollen Typ gemeinsam. Es fehlt noch jene sichere souveräne Linienführung, die mit wenigen Strichen so eindeutig den Typ eines Menschen darstellt, der unter der Maske einfältiger Gutmütigkeit mit Erfolg zu verteidigen weiß. Zu diesem Typ des Schwejks arbeitet sich jedoch Lada, nachdem er ihn in einer zweiten Zeichnung für den Umschlag der Buchausgabe schon vorausgeahnt hatte, erst in seiner großen Folge von fünfhundertvierzig Bildern durch, die er in den Jahren 1924-1925 für die Beilage der Sonntagsausgabe der Zeitung „České slovo" zeichnete. Mit schöpferischer Leidenschaft schuf Lada hier ein Illustrationswerk, das wohl einzig in seiner Art ist. Wusste er doch sehr gut, daß er bei einer Neuausgabe des Schwejk, der bisher nur mit illustriertem Buchumschlag herauskam, kaum einen Bruchteil seiner übersprudelnden Phantasie, seiner eigenen intimen Kenntnisse des Soldatenlebens veröffentlichen könnte - hier konnte er die „Kriegserlebnisse" aus der Kindheit, alles das, was er aus Erzählungen erfahren oder selbst gesehen hatte, festhalten. Die Lektüre inspirierte ihn, und die Freundschaftsbande mit dem Toten verpflichteten ihn. Josef Lada gestaltete eine Galerie von Militär- und Ziviltypen, großen Herren und kleinen Leuten, die sich um den stets lächelnden, immer und überall sich gehorsamst meldenden Josef Schwejk bewegen. Auslesen aus diesem gezeichneten Roman gelangten dann in immer neue Buchausgaben des Schwejk, der von seiner Heimat aus den Siegeszug in die ganze Welt angetreten hatte. Damit war jedoch

Ladas Interesse für den Schwejk nicht erschöpft. Ebenso wie alle anderen Leser dieses Romans wandte sich auch Lada immer wieder mit Ergötzen den Geschichten und Abenteuern dieses Anonymus zu. Hatte er doch dem Schwejk seine endgültige Gestalt verliehen, und so vollkommen, daß uns jede neue Verkörperung, sei sie im Theater oder im Film, fremd erscheint und wir einige Zeit brauchen, uns mit ihr vertraut zu machen. Erst in den Jahren 1953-1954 verwirklichte Lada seinen alten Wunsch und schuf für eine neue Buchausgabe der „Abenteuer des braven Soldaten Schwejk während des Weltkriegs" 212 kolorierte Illustrationen. „Ich war mir bewusst", sagt er über diese Arbeit, „daß ich die Typen der einzelnen Helden nicht ändern kann, weil sie sich schon eingebürgert haben, andererseits aber auch deshalb, weil ich mit ihrer Darstellung zufrieden war." Können wir mit Gewissheit behaupten, daß dies Ladas letztes Wort zum Schwejk und über den Schwejk gewesen wäre? Alles spricht dafür, daß er sich ihm sicher wieder zugewandt hätte- wie er sich auch mit seinen Wassermännern und Hansnarren, seinen Tieren und gutmütigen Teufelchen immer wieder beschäftigte -, wenn ihn nicht der Tod am 14. Februar 1957, knapp vor Vollendung des siebzigsten Lebensjahrs, vom Arbeitstisch, aus seiner lächelnden Weisheit und seinem weisen Lächeln gerissen hätte, mit denen dieser wahre Volkskünstler die Menschen so reichlich bedachte.

Abbildung 86: K.u.K. Offiziere im 1. Weltkrieg
(Quelle: Privatbesitz Herausgeber)